"全国安全生产月"法规标准系列丛书

安全生产执法基础性标准文本手册

（下　册）

全国公共安全基础标准化技术委员会
全国安全生产标准化技术委员会　组织编写

应急管理出版社

·北　京·

目录

上 册

一、安全基础标准 ... 1

1. 基础通用 ... 1
安全色(GB 2893—2008) ... 1
安全标志及其使用导则(GB 2894—2008) ... 11
防止静电事故通用导则(GB 12158—2006) ... 43
工业管道的基本识别色、识别符号和安全标识(GB 7231—2003) ... 71
生产设备安全卫生设计总则(GB 5083—1999) ... 75
生产过程安全卫生要求总则(GB/T 12801—2008) ... 83

2. 作业安全 ... 94
座板式单人吊具悬吊作业安全技术规范(GB 23525—2009) ... 94
缺氧危险作业安全规程(GB 8958—2006) ... 105
高处作业分级(GB/T 3608—2008) ... 109

3. 安全管理 ... 115
生产经营单位生产安全事故应急预案编制导则(GB/T 29639—2020) ... 115
企业安全生产标准化基本规范(GB/T 33000—2016) ... 124
安全生产责任保险事故预防技术服务规范(AQ 9010—2019) ... 138
生产安全事故应急演练评估规范(AQ/T 9009—2015) ... 142
安全生产应急管理人员培训大纲及考核规范(AQ/T 9008—2012) ... 152
生产安全事故应急演练基本规范(AQ/T 9007—2019) ... 160
生产经营单位生产安全事故应急预案评估指南(AQ/T 9011—2019) ... 167

4. 事故调查和处理 ... 174
事故伤害损失工作日标准(GB/T 15499—1995) ... 174
企业职工伤亡事故分类(GB/T 6441—1986) ... 222
企业职工伤亡事故经济损失统计标准(GB/T 6721—1986) ... 237

二、危险化学品及化工安全 ... 241

1. 基础通用 ... 241
化工园区安全风险排查治理导则(试行)(2019 版) ... 241
危险化学品企业安全风险隐患排查治理导则(2019 版) ... 254

化工和危险化学品生产经营单位重大生产安全事故隐患判定标准(试行)
(2017版) ·· 309
危险化学品经营企业安全技术基本要求(GB 18265—2019) ············ 318
危险化学品重大危险源辨识(GB 18218—2018) ···················· 325
危险化学品单位应急救援物资配备要求(GB 30077—2013) ············ 336
常用化学危险品贮存通则(GB 15603—1995) ······················ 350
化学品作业场所安全警示标志规范(AQ 3047—2013) ················ 609
危险化学品从业单位安全标准化通用规范(AQ 3013—2008) ··········· 615
危险化学品事故应急救援指挥导则(AQ/T 3052—2015) ·············· 633

  2. 安全规程 ·· 638
危险化学品企业特殊作业安全规范(GB 30871—2022) ··············· 638
液体石油产品静电安全规程(GB 13348—2009) ···················· 668
石油与石油设施雷电安全规范(GB 15599—2009) ·················· 673
氢气使用安全技术规程(GB 4962—2008) ························· 678
氯气安全规程(GB 11984—2008) ································ 693
光气及光气化产品生产安全规程(GB 19041—2003) ················ 700
危险化学品储罐区作业安全通则(AQ 3018—2008) ················· 707
危险场所电气防爆安全规范(AQ 3009—2007) ····················· 711
加油站作业安全规范(AQ 3010—2007) ··························· 763

  3. 设备、装置与系统 ··· 769
危险化学品生产装置和储存设施风险基准(GB 36894—2018) ········· 769
危险化学品生产装置和储存设施外部安全防护距离确定方法
(GB/T 37243—2019) ·· 774
危险化学品重大危险源安全监控通用技术规范(AQ 3035—2010) ······ 830

中　　册

三、烟花爆竹与民爆物品安全 ·· 841

  1. 基础通用 ·· 841
烟花爆竹生产经营单位重大生产安全事故隐患判定标准(试行)(2017版) ··· 841
烟花爆竹　标志(GB 24426—2015) ······························ 847
烟花爆竹　包装(GB 31368—2015) ······························ 860
烟花爆竹　安全与质量(GB 10631—2013) ························ 867
烟花爆竹安全生产标志(AQ 4114—2011) ························· 885

  2. 安全规程 ·· 896
烟花爆竹作业安全技术规程(GB 11652—2012) ···················· 896
民用爆炸物品生产、销售企业安全管理规程(GB 28263—2012) ······· 927
烟花爆竹工程设计安全规范(GB 50161—2009) ···················· 956

民用爆炸品危险货物危险特性检验安全规范(GB 19455—2004) ……………… 1020
　　烟花爆竹零售店(点)安全技术规范(AQ 4128—2019) ……………………… 1032
　　烟花爆竹工程设计安全审查规范(AQ 4126—2018) ………………………… 1038
　　烟花爆竹防止静电通用导则(AQ 4115—2011) ……………………………… 1051
　3. 安全管理 ……………………………………………………………………………… 1056
　　烟花爆竹流向登记通用规范(AQ 4102—2008) ……………………………… 1056
　　烟花爆竹出厂包装检验规程(AQ 4112—2008) ……………………………… 1065
　　烟花爆竹企业安全评价规范(AQ 4113—2008) ……………………………… 1069

四、矿山安全 …………………………………………………………………………………… 1084
　1. 基础通用 ……………………………………………………………………………… 1084
　　悬挂输送机安全规程(GB 11341—2008) …………………………………… 1084
　　矿山安全标志(GB 14161—2008) …………………………………………… 1089
　　矿用电梯安全技术要求(AQ 2069—2019) ………………………………… 1109
　　矿用产品安全标志标识(AQ 1043—2007) ………………………………… 1132
　　矿山救护规程(AQ 1008—2007) …………………………………………… 1136
　2. 煤矿安全 ……………………………………………………………………………… 1184
　　(1)煤矿安全规程 …………………………………………………………………… 1184
　　煤矿重大事故隐患判定标准(2020版) ……………………………………… 1184
　　煤矿建设项目安全审核基本要求(AQ 1049—2018) ……………………… 1189
　　煤矿建设项目安全设施设计审查和竣工验收规范(AQ 1055—2018) …… 1193
　　煤矿建设安全规范(AQ 1083—2011) ……………………………………… 1246
　　煤层气地面开采防火防爆安全规程(AQ 1081—2010) …………………… 1318
　　矿井密闭防灭火技术规范(AQ 1044—2007) ……………………………… 1324
　　煤矿瓦斯抽放规范(AQ 1027—2006) ……………………………………… 1335
　　选煤厂安全规程(AQ 1010—2005) ………………………………………… 1355
　　煤矿井下安全标志(AQ 1017—2005) ……………………………………… 1391
　　(2)煤矿设备、装置与系统 ………………………………………………………… 1413
　　煤矿用带式输送机　安全规范(GB 22340—2008) ………………………… 1413
　　煤矿安全监控系统及检测仪器使用管理规范(AQ 1029—2019) ………… 1422
　　煤矿安全监控系统通用技术要求(AQ 6201—2019) ……………………… 1441
　　煤矿井下作业人员管理系统通用技术条件(AQ 6210—2007) …………… 1461
　　(3)煤矿安全管理 …………………………………………………………………… 1476
　　煤矿主要负责人安全生产培训大纲及考核标准(AQ 1069—2008) ……… 1476
　　煤矿安全生产管理人员安全生产培训大纲及考核标准(AQ 1070—2008) … 1484
　3. 非煤矿山安全 ………………………………………………………………………… 1493
　　(1)非煤矿山安全规程 ……………………………………………………………… 1493
　　金属非金属矿山重大生产安全事故隐患判定标准(试行)(2017版) ……… 1493
　　金属非金属矿山安全规程(GB 16423—2020) ……………………………… 1509

尾矿库安全规程(GB 39496—2020) ……………………………………………… 1581
　金属非金属地下矿山防治水安全技术规范(AQ 2061—2018) …………………… 1611
　超深竖井施工安全技术规范(AQ 2062—2018) ………………………………… 1643
　磷石膏库安全技术规程(AQ 2059—2016) ……………………………………… 1650
　石膏矿地下开采安全技术规范(AQ 2015—2008) ……………………………… 1671
　金属非金属矿山排土场安全生产规则(AQ 2005—2005) ……………………… 1674
　(2)非煤矿山设备、装置与系统 …………………………………………………… 1682
　金属非金属矿山提升系统日常检查和定期检测检验管理规范
　　(AQ 2068—2019) ……………………………………………………………… 1682
　金属非金属地下矿山监测监控系统建设规范(AQ 2031—2011) ……………… 1687
　金属非金属地下矿山紧急避险系统建设规范(AQ 2033—2011) ……………… 1691
　(3)非煤矿山安全管理 ……………………………………………………………… 1694
　金属非金属矿山主要负责人安全生产培训大纲(AQ 2008—2006) …………… 1694
　金属非金属矿山主要负责人安全生产考核标准(AQ 2009—2006) …………… 1699
　金属非金属矿山安全生产管理人员安全生产培训大纲(AQ 2010—2006) …… 1704
　金属非金属矿山安全生产管理人员安全生产考核标准(AQ 2011—2006) …… 1709
 4. 石油天然气安全 …………………………………………………………………… 1714
　海洋石油生产设施发证检验工作通则(AQ 2079—2020) ……………………… 1714
　石油行业安全生产标准化　导则(AQ 2037—2012) …………………………… 1798
　石油天然气安全规程(AQ 2012—2007) ………………………………………… 1805

下　册

五、粉尘防爆与涂装安全 ………………………………………………………………… 1853

 1. 安全规程 …………………………………………………………………………… 1853
　工贸企业粉尘防爆安全规定(2021 版) …………………………………………… 1853
　粉尘防爆安全规程(GB 15577—2018) …………………………………………… 1859
　涂装作业安全规程　安全管理通则(GB 7691—2003) ………………………… 1867
　涂装职业健康安全通用要求(AQ 5208—2011) ………………………………… 1890
 2. 设备、装置与系统 ………………………………………………………………… 1897
　粉尘爆炸危险场所用除尘系统安全技术规范(AQ 4273—2016) ……………… 1897
　涂料生产企业安全生产标准化实施指南(AQ 3040—2010) …………………… 1907
　涂料生产企业安全技术规程(AQ 5204—2008) ………………………………… 1925
　涂装工程安全设施验收规范(AQ 5201—2007) ………………………………… 1948

六、冶金有色与工贸安全 ………………………………………………………………… 1954

　铝电解安全生产规范(GB 29741—2013) ………………………………………… 1954
　焦化安全规程(GB 12710—2008) ………………………………………………… 1985

工业企业煤气安全规程(GB 6222—2005) ······ 2017
打火机生产安全规程(GB 19288—2003) ······ 2047
炼钢安全规程(AQ 2001—2018) ······ 2063
炼铁安全规程(AQ 2002—2018) ······ 2086
新型干法水泥生产安全规程(AQ 7014—2018) ······ 2114
氨制冷企业安全规范(AQ 7015—2018) ······ 2142
纺织工业企业安全管理规范(AQ 7002—2007) ······ 2154
制冷空调作业安全技术规范(AQ 7004—2007) ······ 2209

七、个体防护装备 ······ 2221

1. 基础通用 ······ 2221
   个体防护装备配备规范　第1部分:总则(GB 39800.1—2020) ······ 2221
   个体防护装备配备规范　第2部分:石油、化工、天然气(GB 39800.2—2020) ······ 2248
   个体防护装备配备规范　第3部分:冶金、有色(GB 39800.3—2020) ······ 2309
   个体防护装备配备规范　第4部分:非煤矿山(GB 39800.4—2020) ······ 2350
2. 头及眼面部防护 ······ 2371
   头部防护　安全帽(GB 2811—2019) ······ 2371
   个人用眼护具技术要求(GB 14866—2006) ······ 2381
   个体防护装备　护听器的通用技术条件(GB/T 31422—2015) ······ 2396
3. 呼吸防护 ······ 2429
   呼吸防护　自吸过滤式防颗粒物呼吸器(GB 2626—2019) ······ 2429
   呼吸防护　自给开路式压缩空气逃生呼吸器(GB 38451—2019) ······ 2463
   呼吸防护　动力送风过滤式呼吸器(GB 30864—2014) ······ 2477
   呼吸防护　自吸过滤式防毒面具(GB 2890—2009) ······ 2517
4. 防护服装 ······ 2557
   防护服装　化学防护服(GB 24539—2021) ······ 2557
   防护服装　职业用高可视性警示服(GB 20653—2020) ······ 2621
   防护服装　阻燃服(GB 8965.1—2020) ······ 2647
   防护服装　防静电服(GB 12014—2019) ······ 2659
5. 手部防护 ······ 2675
   手部防护　电离辐射及放射性污染物防护手套(GB 38452—2019) ······ 2675
   手部防护　化学品及微生物防护手套(GB 28881—2012) ······ 2690
   手部防护　机械危害防护手套(GB 24541—2009) ······ 2699
6. 足部防护 ······ 2712
   足部防护　安全鞋(GB 21148—2020) ······ 2712
   足部防护　防化学品鞋(GB 20265—2019) ······ 2741
7. 坠落防护 ······ 2761
   坠落防护　安全带(GB 6095—2021) ······ 2761
   安全网(GB 5725—2009) ······ 2779

五、粉尘防爆与涂装安全

1. 安全规程

工贸企业粉尘防爆安全规定

(2021年7月25日应急管理部令第6号公布,自2021年9月1日起施行)

第一章 总 则

第一条 为了加强工贸企业粉尘防爆安全工作,预防和减少粉尘爆炸事故,保障从业人员生命安全,根据《中华人民共和国安全生产法》等法律法规,制定本规定。

第二条 存在可燃性粉尘爆炸危险的冶金、有色、建材、机械、轻工、纺织、烟草、商贸等工贸企业(以下简称粉尘涉爆企业)的粉尘防爆安全工作及其监督管理,适用本规定。

第三条 本规定所称可燃性粉尘,是指在大气条件下,能与气态氧化剂(主要是空气)发生剧烈氧化反应的粉尘、纤维或者飞絮。

本规定所称粉尘爆炸危险场所,是指存在可燃性粉尘和气态氧化剂(主要是空气)的场所,根据爆炸性环境出现的频率或者持续的时间,可划分为不同危险区域。

第四条 粉尘涉爆企业对粉尘防爆安全工作负主体责任,应当具备有关法律法规、规章、国家标准或者行业标准规定的粉尘防爆安全生产条件,建立健全全员安全生产责任制和相关规章制度,加强安全生产标准化、信息化建设,构建安全风险分级管控和隐患排查治理双重预防机制,健全风险防范化解机制,确保安全生产。

第五条 县级以上地方人民政府负责粉尘涉爆企业安全生产监督管理的部门(以下统称负责粉尘涉爆企业安全监管的部门),根据本级人民政府规定的职责,按照分级属地的原则,对本行政区域内粉尘涉爆企业的粉尘防爆安全工作实施监督管理。

国务院应急管理部门应当加强指导监督。

第二章 安全生产保障

第六条 粉尘涉爆企业主要负责人是粉尘防爆安全工作的第一责任人,其他负责人在各自职责范围内对粉尘防爆安全工作负责。

粉尘涉爆企业应当在本单位安全生产责任制中明确主要负责人、相关部门负责人、生产车间负责人及粉尘作业岗位人员粉尘防爆安全职责。

第七条 粉尘涉爆企业应当结合企业实际情况建立和落实粉尘防爆安全管理制度。粉尘防爆安全管理制度应当包括下列内容:

（一）粉尘爆炸风险辨识评估和管控；
（二）粉尘爆炸事故隐患排查治理；
（三）粉尘作业岗位安全操作规程；
（四）粉尘防爆专项安全生产教育和培训；
（五）粉尘清理和处置；
（六）除尘系统和相关安全设施设备运行、维护及检修、维修管理；
（七）粉尘爆炸事故应急处置和救援。

第八条 粉尘涉爆企业应当组织对涉及粉尘防爆的生产、设备、安全管理等有关负责人和粉尘作业岗位等相关从业人员进行粉尘防爆专项安全生产教育和培训，使其了解作业场所和工作岗位存在的爆炸风险，掌握粉尘爆炸事故防范和应急措施；未经教育培训合格的，不得上岗作业。

粉尘涉爆企业应当如实记录粉尘防爆专项安全生产教育和培训的时间、内容及考核等情况，纳入员工教育和培训档案。

第九条 粉尘涉爆企业应当为粉尘作业岗位从业人员提供符合国家标准或者行业标准的劳动防护用品，并监督、教育从业人员按照使用规则佩戴、使用。

第十条 粉尘涉爆企业应当制定有关粉尘爆炸事故应急救援预案，并依法定期组织演练。发生火灾或者粉尘爆炸事故后，粉尘涉爆企业应当立即启动应急响应并撤离疏散全部作业人员至安全场所，不得采用可能引起扬尘的应急处置措施。

第十一条 粉尘涉爆企业应当定期辨识粉尘云、点燃源等粉尘爆炸危险因素，确定粉尘爆炸危险场所的位置、范围，并根据粉尘爆炸特性和涉粉作业人数等关键要素，评估确定有关危险场所安全风险等级，制定并落实管控措施，明确责任部门和责任人员，建立安全风险清单，及时维护安全风险辨识、评估、管控过程的信息档案。

粉尘涉爆企业应当在粉尘爆炸较大危险因素的工艺、场所、设施设备和岗位，设置安全警示标志。

涉及粉尘爆炸危险的工艺、场所、设施设备等发生变更的，粉尘涉爆企业应当重新进行安全风险辨识评估。

第十二条 粉尘涉爆企业应当根据《粉尘防爆安全规程》等有关国家标准或者行业标准，结合粉尘爆炸风险管控措施，建立事故隐患排查清单，明确和细化排查事项、具体内容、排查周期及责任人员，及时组织开展事故隐患排查治理，如实记录隐患排查治理情况，并向从业人员通报。

构成工贸行业重大事故隐患判定标准规定的重大事故隐患的，应当按照有关规定制定治理方案，落实措施、责任、资金、时限和应急预案，及时消除事故隐患。

第十三条 粉尘涉爆企业新建、改建、扩建涉及粉尘爆炸危险的工程项目安全设施的设计、施工应当按照《粉尘防爆安全规程》等有关国家标准或者行业标准，在安全设施设计文件、施工方案中明确粉尘防爆的相关内容。

设计单位应当对安全设施粉尘防爆相关的设计负责，施工单位应当按照设计进行施工，并对施工质量负责。

第十四条 粉尘涉爆企业存在粉尘爆炸危险场所的建（构）筑物的结构和布局应当符合《粉尘防爆安全规程》等有关国家标准或者行业标准要求，采取防火防爆、防雷等措施，单层厂房屋顶一般应当采用轻型结构,多层厂房应当为框架结构,并设置符合有关标准要求的泄压面积。

粉尘涉爆企业应当严格控制粉尘爆炸危险场所内作业人员数量,在粉尘爆炸危险场所内不得设置员工宿舍、休息室、办公室、会议室等,粉尘爆炸危险场所与其他厂房、仓库、民用建筑的防火间距应当符合《建筑设计防火规范》的规定。

第十五条 粉尘涉爆企业应当按照《粉尘防爆安全规程》等有关国家标准或者行业标准规定,将粉尘爆炸危险场所除尘系统按照不同工艺分区域相对独立设置,可燃性粉尘不得与可燃气体等易加剧爆炸危险的介质共用一套除尘系统,不同防火分区的除尘系统禁止互联互通。存在粉尘爆炸危险的工艺设备应当采用泄爆、隔爆、惰化、抑爆、抗爆等一种或者多种控爆措施,但不得单独采取隔爆措施。禁止采用粉尘沉降室除尘或者采用巷道式构筑物作为除尘风道。铝镁等金属粉尘应当采用负压方式除尘,其他粉尘受工艺条件限制,采用正压方式吹送时,应当采取可靠的防范点燃源的措施。

采用干式除尘系统的粉尘涉爆企业应当按照《粉尘防爆安全规程》等有关国家标准或者行业标准规定,结合工艺实际情况,安装使用锁气卸灰、火花探测熄灭、风压差监测等装置,以及相关安全设备的监测预警信息系统,加强对可能存在点燃源和粉尘云的粉尘爆炸危险场所的实时监控。铝镁等金属粉尘湿式除尘系统应当安装与打磨抛光设备联锁的液位、流速监测报警装置,并保持作业场所和除尘器本体良好通风,防止氢气积聚,及时规范清理沉淀的粉尘泥浆。

第十六条 针对粉碎、研磨、造粒、砂光等易产生机械点燃源的工艺,粉尘涉爆企业应当规范采取杂物去除或者火花探测消除等防范点燃源措施,并定期清理维护,做好相关记录。

第十七条 粉尘防爆相关的泄爆、隔爆、抑爆、惰化、锁气卸灰、除杂、监测、报警、火花探测消除等安全设备的设计、制造、安装、使用、检测、维修、改造和报废,应当符合《粉尘防爆安全规程》等有关国家标准或者行业标准,相关设计、制造、安装单位应当提供相关设备安全性能和使用说明等资料,对安全设备的安全性能负责。

粉尘涉爆企业应当对粉尘防爆安全设备进行经常性维护、保养,并按照《粉尘防爆安全规程》等有关国家标准或者行业标准定期检测或者检查,保证正常运行,做好相关记录,不得关闭、破坏直接关系粉尘防爆安全的监控、报警、防控等设备、设施,或者篡改、隐瞒、销毁其相关数据、信息。粉尘涉爆企业应当规范选用与爆炸危险区域相适应的防爆型电气设备。

第十八条 粉尘涉爆企业应当按照《粉尘防爆安全规程》等有关国家标准或者行业标准,制定并严格落实粉尘爆炸危险场所的粉尘清理制度,明确清理范围、清理周期、清理方式和责任人员,并在相关粉尘爆炸危险场所醒目位置张贴。相关责任人员应当定期清理粉尘并如实记录,确保可能积尘的粉尘作业区域和设备设施全面及时规范清理。粉尘作业区域应当保证每班清理。

铝镁等金属粉尘和镁合金废屑的收集、贮存等处置环节,应当避免粉尘废屑大量堆积或者装袋后多层堆垛码放;需要临时存放的,应当设置相对独立的暂存场所,远离作业现场等人员密集场所,并采取防水防潮、通风、氢气监测等必要的防火防爆措施。含水镁合金废屑应当优先采用机械压块处理方式,镁合金粉尘应当优先采用大量水浸泡方式暂存。

第十九条 粉尘涉爆企业对粉尘爆炸危险场所设备设施或者除尘系统的检修维修作业,应当实行专项作业审批。作业前,应当制定专项方案;对存在粉尘沉积的除尘器、管道等设施设备进行动火作业前,应当清理干净内部积尘和作业区域的可燃性粉尘。作业时,生产设备应当处于停止运行状态,检修维修工具应当采用防止产生火花的防爆工具。作业后,应当妥善清理现场,作业点最高温度恢复到常温后方可重新开始生产。

第二十条 粉尘涉爆企业应当做好粉尘爆炸危险场所设施设备的维护保养,加强对检修承包单位的安全管理,在承包协议中明确规定双方的安全生产权利义务,对检修承包单位的检修方案中涉及粉尘防爆的安全措施和应急处置措施进行审核,并监督承包单位落实。

第二十一条 安全生产技术服务机构为粉尘涉爆企业提供粉尘防爆相关的安全评价、检测、检验、风险评估、隐患排查等安全生产技术服务,应当按照法律、法规、规章和《粉尘防爆安全规程》等有关国家标准或者行业标准开展工作,保证其出具的报告和作出的结果真实、准确、完整,不得弄虚作假。

第三章 监督检查

第二十二条 负责粉尘涉爆企业安全监管的部门应当按照分级属地原则,加强对企业粉尘防爆安全工作的监督检查,制定并落实年度监督检查计划,将粉尘作业人数多、爆炸风险较高的企业作为重点检查对象。

第二十三条 负责粉尘涉爆企业安全监管的部门对企业实施监督检查时,应当重点检查下列内容:

(一)粉尘防爆安全生产责任制和相关安全管理制度的建立、落实情况;

(二)粉尘爆炸风险清单和辨识管控信息档案;

(三)粉尘爆炸事故隐患排查治理台账;

(四)粉尘清理和处置记录;

(五)粉尘防爆专项安全生产教育和培训记录;

(六)粉尘爆炸危险场所检修、维修、动火等作业安全管理情况;

(七)安全设备定期维护保养、检测或者检查等情况;

(八)涉及粉尘爆炸危险的安全设施与主体工程同时设计、同时施工、同时投入生产和使用情况;

(九)应急预案的制定、演练情况。

第二十四条 负责粉尘涉爆企业安全监管的部门应当按照工贸行业重大事故隐患判定标准、执法检查重点事项等有关标准和规定,对企业除尘系统、防火防爆、粉尘清理处置等重点部位和关键环节的粉尘防爆安全措施落实情况进行监督检查,督促企业落实粉尘防爆安全生产主体责任。

第二十五条 负责粉尘涉爆企业安全监管的部门可以根据需要,委托安全生产技术服务机构提供安全评价、检测、检验、隐患排查等技术服务,并承担相关费用。安全生产技术服务机构对其出具的有关报告和作出的结果负责。

安全生产技术服务机构出具的有关报告或者作出的结果可以作为行政执法的依据之一。

粉尘涉爆企业不得拒绝、阻挠负责粉尘涉爆企业安全监管的部门委托的安全生产技术服务机构开展技术服务工作。

第二十六条 负责粉尘涉爆企业安全监管的部门应当加强对监督检查人员的粉尘防爆

专业知识培训,使其了解相关法律法规和标准要求,掌握执法检查重点事项和重大事故隐患判定标准,提高其行政执法能力。

第四章 法 律 责 任

第二十七条 粉尘涉爆企业有下列行为之一的,由负责粉尘涉爆企业安全监管的部门依照《中华人民共和国安全生产法》有关规定,责令限期改正,处5万元以下的罚款;逾期未改正的,处5万元以上20万元以下的罚款,对其直接负责的主管人员和其他直接责任人员处1万元以上2万元以下的罚款;情节严重的,责令停产停业整顿;构成犯罪的,依照刑法有关规定追究刑事责任:

（一）未在产生、输送、收集、贮存可燃性粉尘,并且有较大危险因素的场所、设施和设备上设置明显的安全警示标志的;

（二）粉尘防爆安全设备的安装、使用、检测、改造和报废不符合国家标准或者行业标准的;

（三）未对粉尘防爆安全设备进行经常性维护、保养和定期检测或者检查的;

（四）未为粉尘作业岗位相关从业人员提供符合国家标准或者行业标准的劳动防护用品的;

（五）关闭、破坏直接关系粉尘防爆安全的监控、报警、防控等设备、设施,或者篡改、隐瞒、销毁其相关数据、信息的。

第二十八条 粉尘涉爆企业有下列行为之一的,由负责粉尘涉爆企业安全监管的部门依照《中华人民共和国安全生产法》有关规定,责令限期改正,处10万元以下的罚款;逾期未改正的,责令停产停业整顿,并处10万元以上20万元以下的罚款,对其直接负责的主管人员和其他直接责任人员处2万元以上5万元以下的罚款:

（一）未按照规定对有关负责人和粉尘作业岗位相关从业人员进行粉尘防爆专项安全生产教育和培训,或者未如实记录专项安全生产教育和培训情况的;

（二）未如实记录粉尘防爆隐患排查治理情况或者未向从业人员通报的;

（三）未制定有关粉尘爆炸事故应急救援预案或者未定期组织演练的。

第二十九条 粉尘涉爆企业违反本规定第十四条、第十五条、第十六条、第十八条、第十九条的规定,同时构成事故隐患,未采取措施消除的,依照《中华人民共和国安全生产法》有关规定,由负责粉尘涉爆企业安全监管的部门责令立即消除或者限期消除,处5万元以下的罚款;企业拒不执行的,责令停产停业整顿,对其直接负责的主管人员和其他直接责任人员处5万元以上10万元以下的罚款;构成犯罪的,依照刑法有关规定追究刑事责任。

第三十条 粉尘涉爆企业有下列情形之一的,由负责粉尘涉爆企业安全监管的部门责令限期改正,处3万元以下的罚款,对其直接负责的主管人员和其他直接责任人员处1万元以下的罚款:

（一）企业新建、改建、扩建工程项目安全设施没有进行粉尘防爆安全设计,或者未按照设计进行施工的;

（二）未按照规定建立粉尘防爆安全管理制度或者内容不符合企业实际的;

（三）未按照规定辨识评估管控粉尘爆炸安全风险,未建立安全风险清单或者未及时维护相关信息档案的;

(四)粉尘防爆安全设备未正常运行的。

第三十一条 安全生产技术服务机构接受委托开展技术服务工作,出具失实报告的,依照《中华人民共和国安全生产法》有关规定,责令停业整顿,并处3万元以上10万元以下的罚款;给他人造成损害的,依法承担赔偿责任。

安全生产技术服务机构接受委托开展技术服务工作,出具虚假报告的,依照《中华人民共和国安全生产法》有关规定,没收违法所得;违法所得在10万元以上的,并处违法所得2倍以上5倍以下的罚款;没有违法所得或者违法所得不足10万元的,单处或者并处10万元以上20万元以下的罚款;对其直接负责的主管人员和其他直接责任人员处5万元以上10万元以下的罚款;给他人造成损害的,与粉尘涉爆企业承担连带赔偿责任;构成犯罪的,依照刑法有关规定追究刑事责任。

对有前款违法行为的安全生产技术服务机构及其直接责任人员,吊销其相应资质和资格,5年内不得从事安全评价、认证、检测、检验等工作,情节严重的,实行终身行业和职业禁入。

第五章 附 则

第三十二条 本规定自2021年9月1日起施行。

粉尘防爆安全规程(GB 15577—2018)

前　　言

本标准的全部技术内容为强制性。

本标准按照 GB/T 1.1—2009 给出的规则起草。

本标准代替 GB 15577—2007《粉尘防爆安全规程》,与 GB 15577—2007 相比,主要技术变化如下:

——增加了"爆炸性粉尘环境""清理""除尘系统"三个术语和定义(见 3.2,3.9 和 3.10);
——修改了"降低初始爆炸引起的破坏"和"二次爆炸的预防",合并为"粉尘爆炸的控制"(见第 7 章,2007 年版的第 7 章、第 8 章);
——删除了"通风除尘"(见 2007 年版的 6.6);
——增加了"除尘系统"(见第 8 章);
——删除了"清洁"(见 2007 年版的 8.3);
——增加了"粉尘控制与清理"(见第 9 章);
——增加了"检修"(见第 10 章);
——修改了"个体防护和救援",变更为"个体防护"(见第 11 章,2007 年版的第 9 章)。

本标准由中华人民共和国应急管理部提出并归口。

本标准起草单位:中钢集团武汉安全环保研究院有限公司、东北大学、广东金方圆安全技术检测有限公司、国家防爆设备质量监督检验中心(广东)。

本标准主要起草人:王志、李刚、钟圣俊、孟宪卫、王新华、乐有邦、吴晓煜、张倩倩。

本标准所替代标准的历次版本发布情况为:
——GB 15577—1996、GB 15577—2007。

1 范围

本标准规定了粉尘防爆安全总则、粉尘爆炸危险场所的建(构)筑物的结构与布局、防止粉尘云与粉尘层着火、粉尘爆炸的控制、除尘系统、粉尘控制与清理、设备设施检修和个体防护。

本标准适用于粉尘爆炸危险场所的工程及工艺设计、生产加工、存储、设备运行与维护。

本标准不适用于煤矿井下、烟花爆竹、火炸药和强氧化剂的粉尘场所。

2 规范性引用文件

下列文件对于本文件的应用是必不可少的。凡是注日期的引用文件,仅注日期的版本适用于本文件。凡是不注日期的引用文件,其最新版本(包括所有的修改单)适用于本文件。

GB/T 3836.15　爆炸性环境　第 15 部分:电气装置的设计、选型和安装

GB/T 11651　个体防护装备选用规范

GB 12158　防止静电事故通用导则

GB 12476.1　可燃性粉尘环境用电气设备　第1部分：通用要求
GB/T 15605　粉尘爆炸泄压指南
GB/T 16758　排风罩的分类及技术条件
GB/T 17919　粉尘爆炸危险场所用收尘器防爆导则
GB/T 18154　监控式抑爆装置技术要求
GB/T 24626　耐爆炸设备
GB/T 25445　抑制爆炸系统
GB 50016　建筑设计防火规范
GB 50057　建筑物防雷设计规范
GB 50058　爆炸危险环境电力装置设计规范

3　术语和定义

下列术语和定义适用于本文件。

3.1

可燃性粉尘　combustible dust

在大气条件下能与气态氧化剂（主要是空气）发生剧烈氧化反应的粉尘、纤维或飞絮。

3.2

爆炸性粉尘环境　explosive dust atmosphere

在大气条件下，可燃性粉尘与气态氧化剂（主要是空气）形成的混合物被点燃后，能够保持燃烧自行传播的环境。

3.3

粉尘爆炸危险场所　area subject to dust explosion hazards

存在可燃性粉尘和气态氧化剂（主要是空气）的场所。

3.4

惰化　inerting

向有粉尘爆炸危险的场所充入惰性物质，使粉尘空气混合物失去爆炸性的技术。

3.5

抑爆　explosion suppression

爆炸初始阶段，通过物理化学作用扑灭火焰，使未爆炸的粉尘不再参与爆炸的控爆技术。

3.6

隔爆　explosion isolation

爆炸发生后，通过物理化学作用扑灭火焰，阻止爆炸传播，将爆炸阻隔在一定范围内的技术。

3.7

泄爆　venting of dust explosion

围包体内发生爆炸时，在爆炸压力达到围包体的极限强度之前，使爆炸产生的高温、高压燃烧产物和未燃物通过围包体上预先设置的薄弱部位向无危险方向泄出，使围包体不致被破坏的控爆技术。

3.8
二次爆炸 subsequent explosion

发生粉尘爆炸时,初始爆炸的冲击波将未发生爆炸的沉积粉尘再次扬起,形成粉尘云,并被引燃而发生的连续爆炸。

3.9
清理 cleaning

采用不会引起扬尘的方式清除作业场所及设备设施沉积粉尘的作业。

3.10
除尘系统 dust collection system

由吸尘罩、风管、除尘器、风机及控制装置组成的用于捕集气固两相流中固体颗粒物的系统。

4 总则

4.1 企业应辨识所存在的粉尘爆炸危险场所,确定可燃性粉尘爆炸危险性以及粉尘爆炸危险场所的数量、位置、危险区域等,分析存在的粉尘爆炸危险因素,评估粉尘爆炸风险,并制定能消除或有效控制粉尘爆炸风险的措施。

4.2 企业应建立粉尘防爆相关安全管理制度(包括除尘系统管理等)和岗位安全操作规程,安全操作规程应包含防范粉尘爆炸的安全作业和应急处置措施等内容。

4.3 企业应根据本标准并结合自身工艺、设备、粉尘爆炸特性、爆炸防护措施及安全管理制度等制定粉尘防爆安全检查表,并定期开展粉尘防爆安全检查。企业应每季度至少检查一次,车间(或工段)应每月至少检查一次。

4.4 企业应开展粉尘防爆安全教育及培训,普及粉尘防爆安全知识和有关法规、标准,使员工了解本企业粉尘爆炸危险场所的危险程度和防爆措施;企业主要负责人、安全管理人员和粉尘爆炸危险岗位的作业人员及设备设施检维修人员应进行专项粉尘防爆安全技术培训,并经考试合格,方准上岗。

4.5 企业应编制粉尘爆炸事故应急预案,并定期开展应急演练。

4.6 通风除尘、粉尘爆炸预防及控制等安全设备设施应确保持续有效,未经企业安全管理部门或安全负责人批准,不应更换或停止使用。

4.7 粉尘爆炸危险场所的出入口、生产区域及重点危险设备设施等部位,应设置显著的安全警示标识标志。

4.8 粉尘爆炸危险区域应根据爆炸性粉尘环境出现的频繁程度和持续时间划分为 20 区、21 区和 22 区,分区应符合下列规定:

——20 区应为爆炸性粉尘环境持续地或长期地或频繁地出现的区域;

——21 区应为在正常运行时,爆炸性粉尘环境可能偶尔出现或故障状态下出现的区域;

——22 区应为在正常运行时,爆炸性粉尘环境一般不可能出现的区域,即使出现,持续时间也是短暂的。

5 建(构)筑物的结构与布局

5.1 存在粉尘爆炸危险的工艺设备或存在粉尘爆炸危险场所的建(构)筑物,不应设置在公共场所和居民区内,其防火间距应符合 GB 50016 的相关规定。

存在粉尘爆炸危险场所的建筑物宜为框架结构的单层建筑,其屋顶宜用轻型结构。如为多层建应采用框架结构。

5.2 存在粉尘爆炸危险场所的建筑物应设置符合 GB 50016 等要求的泄爆面积。

5.3 对涉及粉尘爆炸危险的工程及工艺设计,当有专门的国家标准时,应符合标准规定;存在粉尘爆炸危险的工艺设备宜设置在露天场所;如厂房内有粉尘爆炸危险的工艺设备,宜设置在建筑物内较高的位置,并靠近外墙。

5.4 梁、支架、墙及设备等应具有便于清洁的表面结构。

5.5 粉尘爆炸危险场所(区域)应设有符合 GB 50016 相关规定的安全出口,其中至少有一个直通室外的安全出口。

5.6 粉尘爆炸危险场所应设有安全疏散通道,疏散通道的位置和宽度应符合 GB 50016 的相关规定;安全疏散通道应保持畅通,疏散路线应设置应急照明和明显的疏散指示标志。

5.7 粉尘爆炸危险场所应严格控制区域内作业人员数量,不得设有休息室、会议室等人员密集场所,与其他厂房、员工宿舍等应不小于 GB 50016 规定的防火安全距离。

6 防止粉尘云与粉尘层着火

6.1 防止粉料自燃

6.1.1 具有自燃性的热粉料,贮存前应冷却到正常贮存温度。

6.1.2 在通常贮存条件下,大量贮存具有自燃性的散装粉料时,应对粉料温度进行连续监测;当发现温度升高或气体析出时,应采取使粉料冷却的措施。

6.1.3 对遇湿自燃的金属粉尘,其收集、堆放与贮存时应采取防水防潮措施。

6.2 防止明火与热表面引燃

6.2.1 粉尘爆炸危险场所不应存在明火。当需要进行动火作业时,应遵守下列规定:
—— 由安全生产管理负责人批准并取得动火审批作业证;
—— 动火作业前,应清除动火作业场所 10 m 范围内的可燃粉尘并配备充足的灭火器材;
—— 动火作业区段内涉粉作业设备应停止运行;
—— 动火作业的区段应与其他区段有效分开或隔断;
—— 动火作业后应全面检查设备内外部,确保无热熔焊渣遗留,防止粉尘阴燃;
—— 动火作业期间和作业完成后的冷却期间,不应有粉尘进入明火作业场所。

6.2.2 与粉尘直接接触的设备或装置(如电机外壳、传动轴、加热源等),其表面最高允许温度应低于相应粉尘的最低着火温度;

6.2.3 粉尘爆炸危险场所设备和装置的传动机构应符合下列规定:
—— 工艺设备的轴承应密封防尘并定期维护;有过热可能时,应设置轴承温度连续监测装置;
—— 使用皮带传动时应设置打滑监测装置;当发生皮带打滑时,应自动停机或发出声光报警信号;
—— 金属粉末干磨设备应设置温度监测装置,当金属粉末温度超过规定值时应自动停机。

6.3 防止电弧和电火花

6.3.1 粉尘爆炸危险场所建(构)筑物应按 GB 50057 中有关规定采取相应防雷措施。

6.3.2 当存在静电引燃危险时,除应符合 GB 12158 相关要求外,还应遵守下列规定:
—— 所有金属设备、装置外壳、金属管道、支架、构件、部件等,应采用防静电直接接地措施;不便或工艺不准许直接接地的,可通过导静电材料或制品间接接地;
—— 直接用于盛装起电粉料的器具、输送粉料的管道(带)等,应采用金属或防静电材料制成;
—— 金属管道连接处(如法兰),应进行防静电跨接;
—— 操作人员应采取防静电措施。

6.3.3 粉尘爆炸危险场所用电气设备应符合 GB 12476.1、GB/T 3836.15 的相关规定;应防止由电气设备或线路产生的过热及火花,防止可燃性粉尘进入产生电火花或高温部件的外壳内。

6.3.4 粉尘爆炸危险场所电气设计、安装应按 GB 50058 的有关规定执行。

6.4 防止摩擦、碰撞火花

6.4.1 粉尘爆炸危险场所设备和装置应采取防止发生摩擦、碰撞的措施。

6.4.2 在工艺流程的进料处,应设置能除去混入料中杂物的磁铁、气动分离器或筛子等防止杂物进入的设备或设施。

6.4.3 应采取有效措施防止铝、镁、钛、锆等金属粉末或含有这些金属的粉末与锈钢摩擦产生火花。

6.4.4 使用旋转磨轮和旋转切盘进行研磨和切割,应采用与动火作业相同的安全措施。

6.4.5 粉尘输送管道中存在火花等点火源时,如与木质板材加工用砂光机连接的除尘风管、纺织梳棉(麻)设备除尘风管等,应设置火花探测与消除火花的装置。

6.5 惰化

6.5.1 在生产或处理易燃粉末的工艺设备中,采取防止点燃措施后仍不能保证安全时,宜采用惰化技术。

6.5.2 对采用惰化防爆的工艺设备应进行氧浓度监测。

6.6 灭火

6.6.1 灭火应符合消防相关规定要求。应根据粉尘的物理化学性质,正确选用灭火剂。

6.6.2 不应采用引起粉尘飞扬的灭火措施和方法。

6.6.3 对于金属粉尘和与水接触可能产生爆炸性气体的粉尘,不应采用水基灭火器和水灭火。

7 粉尘爆炸的控制

7.1 一般要求

7.1.1 粉尘爆炸危险场所工艺设备的连接,如不能保证动火作业安全,其连接应设计为能将各设备方便的分离和移动。

7.1.2 在紧急情况下,应能及时切断所有动力系统的电源。

7.1.3 存在粉尘爆炸危险的工艺设备,应采用泄爆、抑爆和隔爆、抗爆中的一种或多种控爆方式,但不能单独采取隔爆。

7.2 抗爆

7.2.1 生产和处理能导致爆炸的粉料时,若无抑爆装置,也无泄压措施,则所有的工艺设备应采用抗爆设计,且能够承受内部爆炸产生的超压而不破裂。

7.2.2 各工艺设备之间的连接部分(如管道、法兰等),应与设备本身有相同的强度;高强度设备与低强度设备之间的连接部分,应安装隔爆装置。

7.2.3 耐爆炸压力和耐爆炸压力冲击设备应符合 GB/T 24626 的相关要求。

7.3 泄爆

7.3.1 工艺设备的强度不足以承受其实际工况下内部粉尘爆炸产生的超压时,应设置泄爆口,泄爆口应朝向安全的方向,泄爆口的尺寸应符合 GB/T 15605 的要求。

7.3.2 对安装在室内的粉尘爆炸危险工艺设备应通过泄压导管向室外安全方向泄爆,泄压导管应尽量短而直,泄压导管的截面积应不小于泄压口面积,其强度应不低于被保护设备容器的强度。

7.3.3 不能通过泄压导管向室外泄爆的室内容器设备,应安装无焰泄爆装置。

7.3.4 具有内联管道的工艺设备,设计指标应能承受至少 0.1 MPa 的内部超压。

7.4 抑爆

7.4.1 存在粉尘爆炸危险的工艺设备,宜采用抑爆装置进行保护。

7.4.2 如采用监控式抑爆装置,应符合 GB/T 18154 的要求。

7.4.3 抑爆系统设计和应用应符合 GB/T 25445 的要求。

7.5 隔爆

7.5.1 通过管道相互连通的存在粉尘爆炸危险的设备设施,管道上宜设置隔爆装置。

7.5.2 存在粉尘爆炸危险的多层建构筑物楼梯之间,应设置隔爆门,隔爆门关闭方向应与爆炸传播方向一致。

8 除尘系统

8.1 一般要求

8.1.1 不同类别的可燃性粉尘不应合用同一除尘系统。

8.1.2 粉尘爆炸危险场所除尘系统不应与带有可燃气体、高温气体或其他工业气体的风管及设备连通。

8.1.3 应按工艺分片(分区域)设置相对独立的除尘系统。

8.1.4 不同防火分区的除尘系统不应连通。

8.1.5 除尘系统的导电部件应进行等电位连接,并可靠接地,接地电阻应小于 100 Ω;管道连接法兰应采用跨接线。

8.1.6 除尘系统的启动应先于生产加工系统启动,生产加工系统停机时除尘系统应至少延时停机10 min,应在停机后将箱体和灰斗内的粉尘全部清除和卸出。

8.1.7 铝镁等金属粉尘禁止采用正压吹送的除尘系统;其他可燃性粉尘除尘系统采用正压吹送时,应采取可靠的防范点燃源的措施。

8.1.8 铝镁等金属制品加工过程产生可燃性金属粉尘场所宜采用湿法除尘。

8.2 吸尘罩

8.2.1 所有产尘点均应装设吸尘罩并保证有足够的入口风量以满足作业岗位粉尘捕集

要求。

8.2.2 吸尘罩设计应符合 GB/T 16758 等相关规定。

8.3 风管

8.3.1 风管应明铺，不应布置在地下、半地下建筑物(室)中。

8.3.2 风管应采用钢质材料制造，禁止采用干式巷道式构筑物作为除尘风道；风管的设计强度应不小于除尘器的设计强度。

8.3.3 风管中不应有粉尘沉积。

8.3.4 水平风管每间隔 6 m 处宜设置清灰口或设置高压惰性气体吹刷喷头；风管非清理状态时清灰口应封闭，其设计强度应大于风管的设计强度。

8.4 除尘器

8.4.1 除尘器的安装、使用及维护应符合 GB/T 17919 的相关规定。

8.4.2 禁止采用干式静电除尘器和重力沉降室除尘。

8.4.3 除尘器宜布置在厂房建筑物外部。如干式除尘器安装在厂房内，应安装在厂房内的建筑物外墙处的单独房间内，房间的间隔墙应采用耐火极限不低于 3 h 的防火隔墙，房间的建筑物外墙处应开有泄爆口，泄爆面积应符合 GB 50016 的要求。

8.4.4 袋式除尘器进、出风口应设置风压差监测报警装置，并记录压差数据；在风压差偏离设定值时监测装置应发出声光报警信号。

8.4.5 袋式除尘器不应采用机械振打方式，滤袋应采用阻燃及防静电的滤料制作，滤袋抗静电特性应符合 GB/T 17919 的要求。

8.4.6 干式除尘器应设置锁气卸灰装置，及时清卸灰仓内的积灰。

8.4.7 干式除尘器灰斗内壁应光滑。

8.4.8 干式除尘器应符合 7.1.3 规定。如采用泄爆装置，泄爆口应朝向安全区域，泄爆面积和泄爆装置参数应符合 GB/T 15605 的要求；泄爆方向无法满足安全要求的，应采用无焰泄爆装置。

8.4.9 对安装在室外的干式除尘器，其进风管上宜设置隔爆阀，其安装应能阻隔爆炸向室内传播。

8.4.10 湿式除尘系统水量、流速应能满足去除进入除尘器粉尘的要求，并设置液位、流速的连续监测报警装置；应及时清除沉淀的泥浆，并保证水槽(箱)及水质过滤池(箱)无论除尘器处于开启或者停止状态，都要有良好的通风。

8.4.11 湿式除尘系统应采取防冻措施。

9 粉尘控制与清理

9.1 企业对粉尘爆炸危险场所应制定包括清扫范围、清扫方式、清扫周期等内容的粉尘清理制度。

9.2 生产、加工、储运可燃性粉尘的工艺设备应有防止粉尘泄漏的措施，工艺设备的接头、检查口、挡板、泄爆口盖等均应封闭严密。

9.3 不能完全防止粉尘泄漏的特殊地点(如粉料进出工艺设备处)，应采取有效的除尘措施。

9.4 所有可能沉积粉尘的区域(包括粉料贮存间)及设备设施的所有部位应进行及时全面

规范清扫。

9.5 应根据粉尘特性采用不产生扬尘的清扫方法,不应使用压缩空气进行吹扫,宜采用负压吸尘方式清洁。

9.5 遇湿自燃的金属粉尘,不应采用洒水增湿方式清扫,清扫收集的粉尘应按规定处理。

10 检修

10.1 粉尘爆炸危险场所应制定设备设施检修安全作业制度和应急处置措施。检修作业应进行审批。

10.2 应定期对粉尘爆炸危险场所中的设备传动装置(齿轮、滑轮、胶带运输机托辊、轴承等)、润滑系统以及除尘系统、电气设备等进行检修维护。

10.3 抑爆、泄爆、隔爆及火花探测器等安全装置应定期进行检验检查和维护。

10.4 检修前,应停止所有设备运转,清洁检修现场地面和设备表面沉积的粉尘。检修部位与非检修部位应保持隔离,检修区域内所有的泄爆口处应无任何障碍物。

10.5 检修作业应采用防止产生火花的防爆工具,禁止使用铁质检修作业工具。

10.6 检修过程如涉及动火作业,应符合 6.2.1 规定,并应设专人监护,配置足够的消防器材。

10.7 应按照设备检修维护规程和程序作业,粉尘爆炸危险场所禁止交叉作业。

10.8 不应任意变更或拆除防爆设施,如有变更,应重新进行检测核算,直至符合相关规定要求。

11 个体防护

11.1 粉尘爆炸危险场所作业人员应按 GB/T 11651 的有关规定,使用个体劳动防护用品。

11.2 在工艺流程中使用惰性气体或可能释放出有毒气体的场所,应配备可保证作业人员安全的呼吸保护装置。

11.3 粉尘爆炸危险场所作业人员不应穿化纤类易产生静电的工作服。

涂装作业安全规程 安全管理通则
（GB 7691—2003）

前 言

本标准全文强制。

本标准是对 GB 7691—1987《涂装作业安全规程 劳动安全和劳动卫生管理》的首次修订。本次修订，是根据我国已批准的国际劳工组织的"1990 年化学品公约"进行的。其中涂料及有关化学品部分等效采用了该条约，同时还保留了 GB 7691—1987 中经实践证明适合我国国情又不妨碍国际通用的一些内容。另外，根据"劳动法"等有关法规，对部分条文做了必要的修改。

重要技术改变说明：

1. 编写调整。主要根据 GB/T 1.1—1993 和涂装技术要素，在标准编写上做了大的调整。
2. 更改标准名称。为适应"劳动安全"名词术语的变更，标准名称做了相应更改。
3. 扩大标准覆盖范围。将原规定可参照执行本标准的塑料制品、皮革、漆布、印铁喷涂有机溶剂（不包括粘合剂）的作业，改为执行本标准。
4. 强化限制淘汰措施。进一步限制严重危害涂装作业人员安全健康的涂料及有关化学品与涂装工艺。
5. 加强涂料及有关化学品安全管理。修订涂料及有关化学品安全标签和安全技术说明书，增补对其运输、储存、销售（包括进出口）、技术交流与展览的安全规定，根据我国国情增加了检查混入有机溶剂中苯含量的要求。
6. 补充了涂装工艺与设备安全要求。增补了进出口涂装工艺技术（技术软件），技术交流与展览，来料加工，涂装加工产品出厂的安全要求。进一步明确具有重要防护功能的涂装设备器械（下称特种涂装设备）实行安全认证和进口审查，深化设备维护操作内容。
7. 深化涂装作业场所安全要求。增补了租赁或使用标准厂房从事涂装作业要求，特别提出不应使用有机溶剂清洗地面的要求。
8. 进一步明确雇主安全责任。按照国际劳工组织的雇主安全责任国际通用规定，对雇主安全责任做了必要增删。
9. 按现行卫生标准规定，将干喷砂作业的含游离二氧化硅含量由 70% 改为 80%。
10. 为便于理解与贯彻标准，增加了标准的附录及提示的附录。

本标准是"涂装作业安全规程"标准体系中的通用标准，与标准体系中的其他标准相协调配套。

本标准生效之日前业已存在的涂装作业，应按本标准的技术要求，逐步改造。

本标准自实施之日起，代替 GB 7691—1987。

本标准附录 A 是标准的附录，附录 B、附录 C 是提示的附录。

本标准由全国涂装作业安全标准化技术委员会提出并归口。

本标准负责起草单位：甘肃省劳动科学研究所、中国兵器工业第五设计研究院。

本标准参加起草单位：江苏省劳动保护科学技术研究所、承德三杰涂装环保工程公司、无锡市南兴涂装输送设备厂。

本标准主要起草人：周建平、韩蕴生、金雪芳、张勤、祁昌贤、黄兴南、孙新研。

1 范围

本标准规定了涂装（涂覆、涂布，下同）作业使用的涂料及有关化学品、涂装工艺、涂装设备器械、作业场所和涂装施工的安全管理基本原则。

本标准适用于使用涂料及有关化学品（包括有机溶剂）在金属或非金属表面的涂装作业，包括露天涂装作业，建筑物、构筑物内外涂饰作业，塑料制品、纺织品、皮革制品、漆布等非金属的涂覆、涂布、印染、上光等有机溶剂作业。也适用于涂料及有关化学品、涂装工艺、涂装设备器械、涂装厂房（涂装作业场所）的科研、设计、生产、制造、运输、施工安装、经营（包括经营活动的技术交流、商品展览）与管理。

其他有机溶剂作业亦可参照执行本标准。

2 引用标准

下列标准所包含的条文，通过在本标准中引用而构成为本标准的条文。本标准出版时，所示版本均为有效。所有标准都会被修改，使用本标准的各方应探讨使用下列标准最新版本的可能性。

GB/T 4064—1983 电气设备安全设计导则
GB 5083—1999 生产设备安全卫生设计总则
GB 5817—1986 生产性粉尘作业危害程度分级
GB 6514—1995 涂装作业安全规程 涂漆工艺安全及其通风净化
GB 7692—1999 涂装作业安全规程 涂漆前处理工艺安全及其通风净化
GB/T 11651—1989 劳动防护用品选用规则
GB/T 12331—1990 有毒作业分级
GB 12942—1991 涂装作业安全规程 有限空间作业安全技术要求
GB/T 13491—1992 涂料产品包装通则
GB/T 13641—1992 劳动护肤剂通用技术条件
GB 13690—1992 常用危险化学品的分类及标志
GB/T 13861—1992 生产过程危险和有害因素分类与代码
GB/T 14441—1993 涂装作业安全规程 术语
GB 15258—1999 化学品安全标签编写规定
GB 15630—1995 消防安全标志设置要求
GB 16179—1996 安全标志使用导则
GB 16483—2000 化学品安全技术说明书 编写规定
GBJ 140—1990 建筑灭火器配置设计规范
CB 3381—1991 船舶涂装作业安全规程

特种作业人员安全技术考核管理规则 劳动部,1985

3 定义

本标准采用下列定义。

3.1
含苯涂料　benzene-containing coating

苯含量超过1%(V/V)的涂料(见 GB/T 14441—1993 的 4.3)。

3.2
含铅涂料　lead-containing coating

固体分(不挥发物)中铅含量超过 0.5%(m/m)(铅化合物以金属铅计)的涂料(见 GB/T 14441—1993 的 4.4)。

3.3
含苯溶剂　benzene-containing solvent

苯含量超过1%(V/V)的有机溶剂。

3.4
含苯稀释剂　benzene-containing thinner

苯含量超过1%(V/V)的稀释剂。

3.5
溶剂型涂料　solvent based coating

完全以有机物为溶剂的涂料(见 GB/T 14441—1993 的 4.2)。

3.6
有机溶剂化学品　organic solvent chemicals

有机溶剂的化合物及其混合物。

3.7
涂料及有关化学品　coating and relevant chemicals

涂装施工使用的涂料与配合涂料施工使用的稀释剂、脱漆剂、金属清洗液等化学品。

3.8
涂装作业场所整体安全　whole safety for painting location

涂装作业场所的各种生产设施和作业环境符合相应的安全卫生规定,且相互协调配套,形成统一的总体安全(见 GB/T 14441—1993 的 2.4)。

3.9
有限空间　confined spaces

仅有1~2个人孔,进出口受到限制的密闭、狭窄、通风不良的分隔间,或深度大于1.2 m的封闭或敞口的只允许单人进出的通风不良空间。

同义词:密闭空间(见 GB/T 14441—1993 的 2.5)。

4 限制淘汰的涂料及有关化学品与涂装工艺

4.1 限制与淘汰的涂料及有关化学品

4.1.1 严禁使用含铅白的涂料。

4.1.2 禁止使用以下涂料及有关化学品。
4.1.2.1 禁用涂料及有关化学品：
   a) 含苯涂料（包括重质苯、石油苯、溶剂苯和纯苯）；
   b) 含苯稀释剂（包括重质苯、石油苯、溶剂苯和纯苯）；
   c) 含苯溶剂（包括脱漆剂、金属清洗液等）（包括重质苯、石油苯、溶剂苯和纯苯）；
   d) 含汞、砷、铅、镉、锑的车间底漆。
4.1.2.2 因涂装有特殊工艺要求不得不选用时，应遵守下列规定：
   a) 向当地安全主管部门申请报告并得到批准，报告内容应包括安全评价和防护措施；
   b) 对作业场所空气中有毒物质进行跟踪检测，每月至少检测一次；
   c) 及时评价工人接触有害化学品的情况，进行健康监护。
4.1.3 限制使用以下涂料和有关化学品。
4.1.3.1 限用涂料和有关化学品：
   a) 含红丹涂料；
   b) 含二氯乙烷清洗液；
   c) 含铬酸盐的车间底漆或前处理液。
4.1.3.2 如必需选用时，应遵守下列规定：
   a) 向当地安全主管部门报告备案，报告内容应包括防护措施；
   b) 对作业场所空气中有毒物质进行跟踪检测，每季度至少检测一次；
   c) 及时评价工人接触有害化学品的情况，进行健康监护。

4.2 限制淘汰的涂装工艺
4.2.1 严禁用苯（包括重质苯、石油苯、溶剂苯和纯苯）脱漆或清洗。
4.2.2 禁止使用以下涂装工艺：
   a) 游离二氧化硅含量80%以上的石英砂干喷砂除锈（下称干喷砂除锈）；
   b) 火焰法除旧漆；
   c) 大面积使用汽油、甲苯、二甲苯除油、除旧漆；
   d) 喷涂含红丹涂料。
   涂装有特殊工艺要求不得不选用时，应遵守下列规定：
   a) 严禁在4.2.4的特定环境选用；
   b) 按4.1.2.2的规定进行报告备案、跟踪检测、健康监护。
4.2.3 限制使用二氯乙烷除油清洗。
   如必需选用时，应遵守下列规定：
   a) 严禁在4.2.4的特定环境使用；
   b) 按4.1.3.2的规定进行报告备案、跟踪检测、健康监护。
4.2.4 特定环境严禁选用的涂装工艺：
   a) 敞开式或有限空间内干喷砂除锈；
   b) 可燃结构厂房、易燃易爆场所、有限空间、居民住宅区、公共集聚场所采用火焰法除旧漆；
   c) 无有效通风作业场所使用甲苯、二甲苯、汽油大面积除油或除旧漆，喷涂含苯涂料

（包括含苯稀释剂）和含苯有机溶剂,二氯乙烷除油清洗。

5 涂料及有关化学品

5.1 研制新型涂料及有关化学品应遵守下列规定：
   a) 同时分析研究使用时可能产生的有毒有害因素以及采取的防护措施建议；
   b) 同时鉴定安全技术性能,提出安全技术评价,做出是否符合国家安全标准的鉴定结论；
   c) 转让科研成果,同时提供安全技术资料及防护措施建议。

5.2 生产涂料及有关化学品应遵守下列规定：
   a) 从涂料配方和工艺操作方面,尽量减少有机溶剂用量、有害游离单体和重金属含量；
   b) 生产中使用甲苯、二甲苯有机溶剂时,应对其混入的苯（包括重质苯、石油苯、溶剂苯和纯苯）进行检验,其混入苯的数量不得超过涂料及有关化学品的1%(V/V)；
   c) 按 GB 13690 进行危险性鉴定和标识,并按有关规定进行危险化学品登记注册；
   d) 按 GB 15258 编写"化学品安全标签"（以下称安全标签）,并按规定挂贴；
   e) 按 GB 16483 编写"化学品安全技术说明书"（以下称安全技术说明书）；
   f) 涂料产品包装符合 GB/T 13491 规定。

5.2.1 安全技术说明书应有以下内容：
   a) 含苯涂料、含铅涂料、含苯稀释剂、含苯溶剂、含二氯乙烷金属清洗液以及禁止与限制用作车间底漆的含汞、砷、铅、镉、锑和铬酸盐涂料,在"安全技术说明书"中应做重要提示,特别强调是禁止或限制使用的涂料及有关化学品；
   b) 主要成分包括主要成膜物质、主要有机溶剂、基本颜料、有害的填料和固化剂,涂层热加工或打磨作业时可能产生有害烟雾、粉尘等有害物质；
   c) 比重、闪点与有关的爆炸下限；
   d) 有害游离单体物质和影响安全、卫生、环境保护的其他有害物质；
   e) 固化时间和挥发性；
   f) 贮存条件；
   g) 简要安全卫生防护事项。

5.3 经营涂料及有关化学品应遵守下列规定：
   a) 化学品应有标识；
   b) 危险化学品应有安全标签和安全技术说明书；
   c) 禁止销售不符合标准的产品；
   d) 严禁经营本标准中严禁使用的涂料及有关化学品；
   e) 销售本标准中禁止或限制使用的涂料及有关化学品,要认真检查安全技术说明书的重要提示,如遗漏应补做重要提示,并应向每个客户提供安全技术说明书；
   f) 进口涂料及有关化学品应有符合本标准的中文安全技术说明书,加贴中文安全标签；本标准中禁止与限制使用的涂料及有关化学品,应在安全技术说明书中做重要提示；应按"1990年化学品建议书"规定,向外方索取其所在国或多国企业在其他国家遵守的使用化学品的标准和程序的资料,并向客户充分介绍；

g) 出口本标准中禁止与限制使用的涂料及有关化学品,应向外方说明禁止或限制使用的事项及原因,安全技术说明书中应有重要提示。

5.4 主办涂料及有关化学品技术交流与展览时,应遵守下列规定:
a) 同时介绍安全技术性能和安全技术评价,交流本标准中限制使用的涂料及有关化学品应做重要提示;
b) 涂料及有关化学品的包装样品应有标识,危险化学品应有安全标签,产品介绍应有安全技术说明书及"1990年化学品建议书"规定的资料;
c) 展出本标准中限制使用的涂料及有关化学品时,展出位置应有明显的重要提示。

5.5 托运涂料及有关化学品应包装完整,挂贴安全标签,并按运输单位要求提供安全技术说明书。

5.6 运输涂料及有关化学品,除应遵守有关运输安全规定外,交货时如发现包装破损、容器变形或泄漏、安全标签脱落或破损,应查明原因,采取措施,并重新补贴安全标签。

5.7 使用涂料及有关化学品的单位,应遵守下列规定:
a) 购进时应检查安全技术说明书,核对包装上的安全标签,安全标签脱落或损坏,应经检查确认后补贴;
b) 需要进行分装时,分装后的容器应加贴安全标签;
c) 空容器未净化处理前,不得出售、转让或废弃;
d) 不再需要使用的涂料及有关化学品要及时清理,并按环境保护部门规定妥善处置。
e) 安全卫生资料应向职工公开。

5.8 使用涂料及有关化学品的职工,有下列权利和义务:
a) 有权获得安全标签、安全技术说明书和涂装作业可能导致危及安全与危害健康的资料,并有权获得安全技术培训。
b) 遵守安全生产规章制度,及时报告可能造成危害和无法处理的情况。

6 涂装设备器械

6.1 研制涂装设备器械应遵守下列规定:
a) 设备器械应具备基本安全功能,符合GB/T 4064、GB 5083的通用安全要求和涂装安全国家标准的专业安全要求;
b) 进行产品鉴定时,应同时进行产品安全评价;
c) 转让科研成果,应同时提供安全技术资料及操作维护安全注意事项的建议。

6.2 涂装设备器械的安全评价应包括以下内容:
a) 可能产生的火灾爆炸和人身伤害因素与程度;
b) 可能产生的职业危害因素与程度;
c) 基本安全功能的完整与可靠程度;
d) 自动联锁控制和信号、报警装置种类与可靠程度;
e) 操作维护安全注意事项。

6.3 设计涂装设备应遵守下列规定:
a) 设计单位具备法人资格;

  b) 设计单位具有必需的相关专业技术人员,并经过涂装安全技术培训取得安全资格认可;
  c) 设备设计应符合 GB/T 4064、GB 5083 的通用安全要求和涂装安全国家标准的专业安全要求;
  d) 自用设备自行设计,应委托具有安全资格的设计单位和人员进行审核认可。

6.4 制造涂装设备器械应遵守下列规定:
  a) 制造单位具备法人资格;
  b) 制造单位具有必需的厂房、场地和设备;
  c) 制造单位具有必需的专业技术人员和专业技术工人;
  d) 设备制造具有运行可靠的质量保证体系。

6.5 涂装作业中使用的容易发生火灾爆炸、伤亡事故和职业危害,特别是对他人和周围设施的安全有重大危害,具有较大危险性的涂装设备器械(下称特种涂装设备),应具备重要的安全防护功能。

6.5.1 特种涂装设备制造,实行生产许可证制度。

6.5.2 特种涂装设备实行国家认可的检验机构的强制检验制度。

6.5.3 特种涂装设备应有安全检验合格证书、安全标记。

6.5.4 自行制造特种涂装设备,应申请国家认可的检验机构检验,取得安全检验合格证书。

6.5.5 技术改造后的特种涂装设备,应申请国家认可的检验机构重新检验,取得安全检验合格证书。

6.6 经营涂装设备应遵守以下规定。

6.6.1 涂装设备器械应具有以下技术资料:
  a) 完整的产品铭牌(名称、型号、主要参数、制造厂名称与地址、制造时间);
  b) 使用说明书(包括安全说明)。

6.6.2 特种涂装设备应具有以下技术资料:
  a) 6.6.1a)规定的产品铭牌(还应包括生产许可证编号);
  b) 安全认证标记;
  c) 安全检验合格证书;
  d) 使用说明书(包括安全说明)。

6.6.3 特种涂装设备进口应遵守下列规定:
  a) 外商在我国销售特种涂装设备,应向国家认可的机构申报 6.6.2a)、b)、d)规定的技术资料和制造厂所在国、多国企业在其他国家的安全认证和遵守的有关安全标准和程序的资料,经审查合格取得安全审查合格证书;
  b) 销售特种涂装设备器械,应向客户提供 6.6.2 规定的技术资料、制造厂所在国或多国企业在其他国家的安全认证、应遵守的有关安全标准和程序的资料以及安全审查合格证书;
  c) 企业直接在国外订购的特种涂装设备,应向国家认可的安全检验机构申报设备制造厂所在国、多国企业在其他国家的安全认证和遵守的安全标准和程序的资料,经审查或检验合格取得安全审查或检验合格证书。

6.6.4 特种涂装设备出口应遵守 6.6.2 规定,并向外方提供遵照执行的有关安全标准和程序的资料。

6.7 主办涂装设备器械技术交流和展览应遵守下列规定：
   a) 同时介绍安全技术性能和安全技术评价；
   b) 提供特种涂装设备制造厂所在国、多国企业在其他国家的安全认证和遵守的安全标准和程序的资料。

6.8 安装调试涂装设备应遵守下列规定：
   a) 应按相关《设备安装工程施工及验收规范》和涂装安全国家标准进行安装调试；
   b) 应按本章规定检查所有技术资料并存入设备档案，如有遗漏应及时向有关方索取补齐。

6.9 涂装设备中符合《压力容器安全技术监察规程》的压力容器（压力罐式供料装置、油水分离器等），其设计、制造、安装、使用和维护应遵守该规程的规定。

6.10 涂装设备配套的防爆电气设备，按原国家技术监督局、原劳动部等11个部门颁发的《关于对实施安全认证的电工产品进行强制性监督管理的通知》进行强制监督管理。涂装作业场所使用的防爆电气设备，应具有以下产品标记：
   a) 国家安全认证标志；
   b) 国家检验单位签发的"防爆合格证"标记；
   c) 产品铭牌（包括防爆类型、级别、组别），铭牌内容不全的由使用单位向销售单位索取补充资料。

6.11 涂装设备配套的燃油燃气装置应遵守有关的安全规定。

7 涂装工艺

7.1 研究涂装新工艺应遵守5.1规定。

7.2 设计涂装工艺应遵守下列规定：
   a) 设计单位应具备工业勘测设计资格；
   b) 设计（包括工艺、非标准设备及相关的暖通、电气、环保等）专业技术人员，应经涂装安全技术培训取得安全资格认可。

7.3 具有法人资格的非工业勘测设计等其他单位从事涂装工艺设计，应经国家安全主管部门委托的机构审查，并取得安全认可资格。

7.4 引进涂装工艺技术应遵守下列规定：
   a) 禁止引进限制与淘汰的涂装工艺技术；
   b) 同时引进相关的所在国有关安全标准及程序的资料。

7.5 出口涂装工艺技术应遵守下列规定：
   a) 同时提供我国涂装安全标准和相关国家标准与程序的资料；
   b) 外方需要我国规定限制使用的涂装工艺技术时，应向外方做重要提示，并提供限制使用的事项及原因等技术资料。

7.6 主办涂装工艺技术交流和展览时，应遵守下列规定：
   a) 不得交流或展出严禁、禁止使用的涂装工艺；
   b) 交流或展出限制使用的涂装工艺，应做重要提示；
   c) 同时提供安全评价等安全技术资料。

7.7 编制涂装工艺文件应遵守以下规定。

7.7.1 产品涂装工艺标准中应有以下内容：

 a) 工艺过程的主要有害、危险因素；

 b) 防护措施。

7.7.2 企业生产的产品有涂装要求时，应编制涂装工艺文件，制定相应的防护措施，并应有以下内容：

 a) 工艺过程的有害、危险因素，有毒有害物质名称、数量和最高容许浓度；

 b) 防护措施；

 c) 故障情况下的应急措施；

 d) 安全技术操作要求；

 e) 不得不选用禁止或限制使用的涂装工艺论证资料。

7.7.3 审查涂装工艺文件应有以下审查结论：

 a) 防护措施是否能够满足涂装工艺安全要求；

 b) 涂装工艺是否符合国家安全标准；

 c) 不得不选用禁止或限制使用的涂装工艺必要性。

7.8 企业改变涂装工艺时，应同时修改涂装工艺文件（包括安全技术内容）。以下情况，应按 7.7.2、7.7.3 重新编制和审查有关安全技术内容：

 a) 改变部分涂装工艺；

 b) 改用另外类型涂料及有关化学品；

 c) 改造部分涂装设备，同时还应遵守第 6 章规定。

7.9 来料加工进行涂装作业时，应按 7.7 编制涂装工艺文件，并制定相应的防护措施。

7.9.1 来料加工方应提供以下技术资料：

 a) 加工的原材料或半成品材质；

 b) 提供涂料及有关化学品的安全标签和安全技术说明书；

 c) 指定涂装工艺时，同时提供有关的安全技术资料；

 d) 外商所在国或多国企业在其他国家加工产品时，遵守的有关原材料、涂料及有关化学品、涂装工艺的有关安全标准和程序的资料。

7.9.2 承接来料加工方应检查 7.9.1 提供的技术资料完整性和可靠性，并遵守下列规定：

 a) 不得采用严禁使用的涂装工艺；

 b) 不得不采用禁止或限制使用的涂装工艺时，应制定有效防护措施，并报当地安全主管部门审查批准，方准进行加工。

7.10 涂装加工的产品出厂时，应完成全部涂装工艺程序，涂层必须实干。

8 基本建设和技术改造

8.1 新建、扩建、改建涂装工程建设项目时，应遵守原劳动部颁发的《关于生产性建设工程项目职业安全卫生监察的暂行规定》。

8.1.1 设计单位应按规定编写《劳动安全卫生专篇》，《劳动安全卫生专篇》应对涂装作业场所整体安全做出评估，并应有以下资料：

 a) 涂装作业场所火灾危险区域划分平面图，爆炸性气体环境、粉尘环境危险区域划

　　　　分平面、立面图；
　　b） 选用限制使用的涂料及有关化学品、涂装工艺的特殊工艺原因。

8.1.2 涂装工程建设项目进行安全技术审查，应遵守下列规定。

8.1.2.1 审查前应具有以下技术文件：
　　a） 《劳动安全卫生专篇》；
　　b） 建筑平面图；
　　c） 区域图；
　　d） 厂区总平面布置图；
　　e） 工艺布置图与设备明细表。

8.1.2.2 审查时应对以下项目重点审查：
　　a） 涂装工程建设项目设计单位与设计人员安全资格；
　　b） 技术文件的完整准确性；
　　c） 涂装工艺路线布置的合理性，选用涂料及有关化学品、涂装工艺、涂装设备器械是否有违犯国家法规和标准的问题；
　　d） 涂装作业场所整体安全可靠程度。

8.1.3 涂装工程建设项目竣工验收，应遵守原劳动部颁发的《建筑项目（工程）职业安全卫生设施和技术措施验收办法》，并应有以下技术文件：
　　a） 涂装工程建设项目设计单位与设计人员、涂装设备设计与制造单位安全资格证明文件；
　　b） 涂料及有关化学品安全技术资料，特种涂装设备安全检验合格证书，防爆电气设备的安全认证、防爆合格证书等技术文件；
　　c） 通风系统参数测定值，防爆电气设备防爆参数测定值，接地电阻测定值，极度危险区域易燃易爆气体、粉尘浓度测定值，涂装作业场所有害因素测定值；
　　d） 自动联锁控制和信号、报警装置整定值；
　　e） 采用新型涂料及有关化学品或涂装工艺的安全技术鉴定资料。

8.1.4 重大涂装工程建设项目应有劳动安全卫生预评价报告。

8.2 技术改造涂装工程建设项目，应遵守 8.1 规定。

8.2.1 技术改造应遵守下列原则：
　　a） 提高生产能力和技术水平，应同时提高安全技术水平；
　　b） 改造厂房、工艺、设备等，应同时改造安全防护措施。

8.2.2 技术改造方案（或设计方案）有下列之一情况，设计单位在《劳动安全卫生专篇》中应有专门说明。
　　a） 工艺过程增加新的或加剧原有的危险、有害因素和程度；
　　b） 降低涂装作业场所整体安全水平。

8.2.3 小型涂装技术改造项目（规模较小，内容简单，下称小型项目）技术改造方案（设计方案），应包括以下内容：
　　a） 同时提高安全技术水平采取的工艺等主要技术措施；
　　b） 同时进行技术改造的安全防护措施；
　　c） 对整体安全影响的分析说明。

8.3 引进涂装工程建设项目,应遵守 8.1 规定。

8.3.1 引进项目应符合下列规定:
   a) 不得引进限制使用的涂装工艺技术和设备;
   b) 安全技术水平不得低于涂装安全国家标准规定。

8.3.2 引进项目可行性研究报告应有以下内容:
   a) 安全技术水平评估;
   b) 引进项目所在国或多国企业在其他国家遵守的安全法规、标准的安全技术水平评估;
   c) 与我国现行安全卫生标准对比分析结论。

8.3.3 引进项目竣工验收,应有以下技术文件资料:
   a) 进口涂料及有关化学品的安全技术资料,包括其出口国或多国企业在其他国家遵守的有关安全标准和程序的资料;
   b) 进口涂装设备器械的安全技术资料,包括其出口国或多国企业在其他国家遵守的有关安全标准和程序的资料;国家认可机构审查合格发给的安全审查合格证书或安全检验机构的安全检验合格证书;
   c) 引进的涂装工艺安全技术资料,包括引进国有关安全标准和程序的资料。

9 涂装施工

9.1 特大工件、设备需要临时在厂房原地进行涂装作业时,应遵守下列规定:
   a) 按 GB 6514、GB 7692 规定,划出临时涂装作业场所;
   b) 按 GB 6514 规定,划出涂漆区、火灾危险区、电气防爆区,并严格进行管理;
   c) 审定涂装作业场所有机溶剂最高容许浓度,采取必需的局部排风措施;
   d) 按 GB 16179、GB 15630 规定,设置安全标志;
   e) 按 GBJ 140 配置必要的消防器具;
   f) 制定动火条件。火灾危险区进行热加工作业,应经过批准;
   g) 及时清理废物、废料、漆垢及现场杂物。

9.2 桥梁、大型构件或储罐、船舶、机车车辆、建筑物或构筑物、道路护栏等外部涂装露天作业时,应遵守下列规定:
   a) 参照 GB 6514、GB 7692 规定,制定专门的防护措施;
   b) 参照 GB 6514、GB 7692 规定,划出临时涂装作业场所;
   c) 按 GB 16179、GB 15630 规定,设置安全标志;
   d) 参照 GBJ 140 配置必要的消防器具;
   e) 建立施工现场安全统一指挥制度;
   f) 涂漆、有机溶剂除油期间,严禁热加工作业;
   g) 积聚有机溶剂蒸气的低凹、死角区域,应设置局部排风装置。

9.2.1 船舶涂装作业应遵守 CB 3381 规定。

9.2.2 机车车辆涂装作业可参照执行 CB 3381 规定。

9.3 立体交叉涂装施工作业除了应遵守 9.2 规定外,还应遵守下列规定:
   a) 划定的临时涂装作业场所应当包括立体涂装施工作业的上方和下方形成的空间

区域；

  b) 涂漆作业结束,及时清理施工现场,撤出涂装设备器械和涂料及有关化学品,清除沾污涂料及有机溶剂废弃物,方准进行下道施工作业。

9.4 建筑物室内涂装作业应遵守下列规定：

  a) 施工单位选用的涂料及有关化学品应符合保护居民健康的规定,并应向客户提供有关安全卫生资料；

  b) 涂覆作业及涂层干燥固化期间,禁止可能产生明火的作业；

  c) 涂覆作业及涂层干燥固化期间,应全面通风换气；

  d) 严禁使用非防爆灯具烘烤涂层；

  e) 操作人员应正确使用劳动防护用品。

9.5 防腐工程应遵守以下规定。

9.5.1 上部敞口护围结构防腐工程应遵守下列规定：

  a) 涂覆作业和涂层干燥固化期间,采用局部机械通风,将可燃气体浓度控制在爆炸下限10％以下；

  b) 间隔时间重新施工,应先进行机械通风,确认可燃气体浓度在爆炸下限10％以下时,方准继续施工；

  c) 涂覆作业和涂层干燥固化期间,禁止可能产生明火的作业；

  d) 涂装作业场所有害气体浓度达不到卫生标准时,企业应给操作人员免费提供适用合格的防护用具。

9.5.2 地下室、半地下室防腐工程应遵守第10章的规定。

9.6 严禁使用有机溶剂清洗地面和墙壁。

10 有限空间涂装作业

  有限空间涂装作业管理,除应遵守本标准的规定外,还应遵守GB 12942规定。

11 涂装设备安装施工

11.1 涂装设备安装单位应按原劳动部《关于对建筑企业实行安全资格认证的通知》取得安全资格。

11.2 涂装设备联动负荷试车时,应参照GB 6514、GB 7692制定安全措施。

11.3 涂装厂房续建涂装工程应采取必要的隔离设施,并制定专门防护措施。

12 明火作业

12.1 涂装作业场所进行热加工作业应办理动火批准手续。

12.2 涂装作业场所进行热加工作业应遵守下列规定：

  a) 清理作业现场易燃易爆物；

  b) 检查消除作业现场及其附近地坑、地沟等低凹地区残存的易燃易爆气体；

  c) 动火使用的氧气瓶、乙炔瓶、电焊机等放置在安全距离以外；

  d) 使用防爆型电气设备；

  e) 使用不产生火花的工具或机具；

  f) 参照 GBJ 140 配置必需的消防器材；
  g) 实现现场安全监护。

13 设备检查维护与检修

13.1 涂装设备器械运行维护检修应遵守以下规定。

13.1.1 涂装设备器械应建档管理，认真记录，定时检查，专人维护，计划检修。

13.1.2 涂装设备操作人员应按设备技术与维护要求，做好日常运行维护检查工作。日常运行维护检查包括以下主要内容：

  a) 通风系统运行是否正常；
  b) 设备外部是否有外力损伤或变形；
  c) 设备表面温度是否超过规定最高温度；
  d) 设备、管路连接是否松动；
  e) 自动联锁控制和信号、报警装置是否完整；
  f) 防爆电气设备及防爆照明灯具是否完整与运行正常；
  g) 清除漆垢、粉尘及现场杂物。

13.1.3 涂装设备专职维护人员除检查维护 13.1.2 项目外，还应包括以下主要项目：

  a) 全面检查通风系统；
  b) 全面检查防爆电气设备；
  c) 检查检测接地可靠性；
  d) 检查电气线路完好状况；
  e) 检查自动联锁控制和信号、报警装置运行状况；
  f) 检查设备运行记录中的问题，及时处理或及时上报。

13.1.4 企业应根据作业环境、设备状态、生产负荷、机械磨损等实际情况，明确规定检查、检修周期及其项目。

13.2 防爆电气设备运行维护检修应遵守以下规定。

13.2.1 防爆电气设备实行日常运行维护检查、专业维护检查、安全技术检查制度，企业应明确规定检查周期、项目及其要求。

13.2.2 防爆电气设备运行维护应遵守下列规定：

  a) 按制造厂规定的技术条件运行；
  b) 设备保护、闭锁、监视、指示等装置不得任意拆除；
  c) 爆炸危险场所维护检查设备，严禁解除保护、联锁和信号装置；
  d) 严禁带电对接电线；
  e) 新设备安装前宜解体检查，符合规定后方可投入运行。

13.2.3 防爆电气设备检修应遵守下列规定：

  a) 禁止在爆炸危险场所带电检修设备和线路(本安型线路除外)；
  b) 防爆电气设备检修应按现行国家技术规定进行，检修时不得对外壳结构、主要零部件使用的材质和尺寸进行修改更换；必需修改更换时，应保证设备原有安全性能，并取得检验单位同意；
  c) 防爆电气设备大、中修后，检修人员应填写检修记录，并须经防爆检验专业人员进行检验,签发合格证后方可交付使用。

13.2.4 防爆电气设备实行小修、中修、大修制度,企业应明确规定检修周期、项目及其检验标准。

13.3 通风净化设备运行维护检修应遵守以下规定。

13.3.1 通风净化设备应指定专人维护,计划检修,建档管理。

13.3.2 通风净化设备实行日常运行维护检查、专业维护检查、安全技术检查制度,企业应明确规定检查周期、项目及其要求。

13.3.3 通风净化(包括喷漆室、喷粉室)设备应进行日常运行维护检查,每班应清理一次沉积漆垢、积留粉尘。发现以下情况,应及时上报、及时处理。

　　a) 通风设备外形、叶轮变形;
　　b) 通风设备连接件松动。

13.3.4 爆炸危险场所检查维护通风净化设备,严禁解除联锁和信号装置。

13.3.5 涂装作业时,禁止拆卸维护通风净化设备。

13.3.6 通风净化设备实行小修、中修、大修制度,企业应明确规定检修周期、项目和检验要求。

14 安全标志

14.1 涂装作业场所(包括临时设置的涂装作业场所)应按 GB 16179、GB 15630 规定设置安全标志。

14.2 以下情况应设"禁止标志":

　　a) 涂装作业场所入口、临时设置的涂装作业场所周边、露天涂装作业防火区内:选用"禁止烟火"标志;
　　b) 涂装作业场所动火时,选用"禁放易燃品"标志;
　　c) 可能产生静电(如静电喷漆、静电喷粉、使用有机溶剂作业等)会导致火灾爆炸危险场所:选用"禁止穿化纤服"标志;
　　d) 可能产生火灾爆炸危险的使用有机溶剂等作业场所:选用"禁止穿带钉鞋"标志。

14.3 以下情况应设"警告标志":

　　a) 涂装作业场所:选用"注意安全"标志;
　　b) 涂料及有机溶剂化学品储存区域:选用"当心火灾"标志;
　　c) 可能产生触电危险的电器设备:选用"当心触电"标志;
　　d) 使用酸碱作业场所:选用"当心腐蚀"标志。

14.4 以下情况应设"指令标志":

　　a) 涂装作业场所:选用"必须穿防护服"标志;
　　b) 粉尘作业场所:选用"必须戴防尘口罩"标志;
　　c) 有限空间作业场所:选用"必须戴防毒口罩"标志;
　　d) 酸碱作业场所:选用"必须戴防护手套"、"必须穿防护靴"标志。

14.5 手动火灾报警按钮和固定灭火系统的手动启动器等装置附近,选用"消防手动启动器"标志。

14.6 安全标志的规格与设置位置、高度、观察角度等应符合 GB 16179、GB 15630 的规定。

15 安全规章制度

15.1 企业应根据涂装安全国家标准、设计部门编制的《劳动安全卫生专篇》,结合实际制定、修改和检查、监督涂装安全规章制度的贯彻执行。

15.2 涂装安全规章制度应包括以下主要内容:
   a) 岗位责任;
   b) 工艺安全管理;
   c) 设备操作维护;
   d) 安全技术操作;
   e) 防火防爆管理;
   f) 有害因素检测管理;
   g) 涂装作业场所管理;
   h) 个人卫生与防护管理;
   i) 外来人员出入管理。

16 安全技术教育培训

16.1 涂装工程设计、设备设计人员应经安全技术专门培训,取得安全资格认可。专门培训应包括以下内容:
   a) 涂料及有关化学品火灾爆炸危险特性;
   b) 涂料及有关化学品对人体(包括妇女婴儿,生殖系统)急慢性健康影响;
   c) 涂装安全标准;
   d) 国家关于基本建设"三同时"、化学品管理、涂装安全管理法规。

16.2 涂装生产管理、工艺技术人员应经安全技术专门培训,取得安全合格证书,持证上岗。专门培训应包括以下内容:
   a) 涂装工艺过程危险有害因素,作业环境质量指标,有害因素对人体健康影响;
   b) 涂料及有关化学品危险特性和对人体健康影响;
   c) 安全防护措施,改善作业环境的途径和措施;
   d) 国家关于安全生产管理法规。

16.3 涂装作业人员按原劳动部颁发的《特种作业人员安全技术培训考核管理规定》,应进行安全技术培训;其培训、考核和发证、复审、工作变迁执行《特种作业人员安全技术考核管理规则》规定。涂装作业人员应持证上岗。

16.3.1 涂装作业操作人员安全技术培训应包括以下内容:
   a) 涂装作业安全技术规程;
   b) 工艺过程危险有害因素,安全防护措施,故障情况下应急措施;
   c) 接触的有害因素对人体健康影响,个人防护知识,中毒急救措施;
   d) 使用的涂料及有关化学品危险特性,防止火灾措施,灭火器材使用方法;
   e) 劳动防护用品、安全用具性能及使用方法。

16.3.2 涂装作业电气设备专职维护人员,除按特种作业人员安全技术培训考核大纲培训外,还应补充以下专门培训内容:

a) 涂装作业火灾爆炸危险特性；
b) 涂装作业电气防爆规定。

16.3.3 涂装作业通风净化设备专职维护人员,除按 16.3.1 培训外,还应补充以下专门培训内容：
a) 通风系统测定与调整；
b) 净化系统测定与调整。

16.4 企业进行安全技术教育时,应向职工提供以下资料：
a) 使用的化学品特性和有害成分；
b) 化学品标识和标签包含的资料；
c) 危险化学品安全技术说明书；
d) 职工接触有害化学品检测记录等应当公开的资料。

16.5 未经专业安全技术培训并取得安全资格的人员,不得从事涂装工程、涂装设备设计或涂装作业管理、操作、维护和检修工作。

16.6 以下情况应进行安全技术再培训：
a) 颁布新的或修订涂装安全国家标准；
b) 进行涂装技术改造；
c) 改变涂装工艺；
d) 增加新的涂装设备。

16.7 对外来参观人员应进行安全须知教育。

17 定期检验检测

17.1 企业在用特种涂装设备(包括配套的通风净化设备)时,各地安全检测机构应实行定期检测、检验制度,检验周期最长不得超过 3 年,检验项目应根据涂装安全标准确定,但应包括以下内容：
a) 通风净化系统参数；
b) 防爆电气设备防爆结构参数；
c) 接地电阻；
d) 自动联锁控制和信号、报警装置整定值。

17.2 涂装作业场所应按 GB/T 12331、GB 5817 规定,每年进行一次有毒作业、粉尘危害分级检测,并应遵守下列规定：
a) 新建、扩建、改建和技术改造、引进涂装工程项目,试生产时应进行有毒作业、粉尘危害分级检测,凡有Ⅲ、Ⅳ级危害的,不允许正式投产；
b) 每年分级定期检测出的Ⅲ、Ⅳ级危害,应制定专门治理措施,Ⅳ级危害应在 1 年内消除,Ⅲ级危害应在 2 年内消除。

17.3 企业应建立定期检测制度,并遵守下列规定。

17.3.1 按附录 A(标准的附录)定期检测涂装作业有毒、有害因素。

17.3.2 按下列规定进行安全检测：
a) 有限空间作业,应测氧;有限空间作业使用有机溶剂化学品,应按有关规定测爆；
b) 发生急性中毒事故时,应及时对可能造成中毒的毒物进行分析和检测。

17.3.3 以下情况应进行有毒有害因素检测和通风系统效能测定：
  a) 新建、扩建、改建和技术改造、引进涂装工程项目竣工验收；
  b) 采用新的涂料及有关化学品或涂装工艺；
  c) 调整通风系统。

17.4 检测资料应记入检测档案，每年应至少进行一次全面分析，评价工人接触有毒有害因素的情况，进行健康监护，研究改进措施。检测记录至少保存 10 年期限，并应提供有关部门检查和工人及工会组织使用。

18 健康管理

18.1 新参加涂装作业人员应进行就业前健康检查。查出职业禁忌者，不准安排从事涂装作业。

18.2 涂装作业人员应按下列规定进行职业性健康检查。发现职业病患者，应按卫生部等 4 个部门颁发的《职业病范围和职业病患者处理办法的规定》及时上报：
  a) 从事粉尘作业人员，每 3～5 年进行一次；
  b) 从事有机溶剂化学品作业人员，每年进行一次；
  c) 从事酸碱作业人员，每 2 年进行一次；
  d) 从事噪声作业人员，噪声强度在 85 dB(A)以上者，每 2 年进行一次。

18.3 职业病患者应按下列规定进行复查：
  a) 尘肺患者，一般每年复查一次。诊断 0＋号者，每年复查一次；
  b) 职业中毒患者，每年复查一次。

18.4 解除涂装作业人员劳动合同时，应进行职业性健康检查。发现职业病患者，不得解除劳动合同。

19 劳动防护用品

19.1 企业应向涂装作业人员免费提供劳动防护用品，并遵守下列规定：
  a) 劳动防护用品应符合国家标准；
  b) 特种劳动防护用品应是经国家或省级劳动防护用品(产品)质量监督检验机构检验合格产品。

19.2 企业应根据安全生产和防止职业危害的需要，作业人员接触的能量(物质)的主要危险特性或特殊劳动条件的作业类别，按 GB/T 11651 发给涂装作业人员适宜的劳动防护用品。并应遵守下列规定：
  a) 有机溶剂作业场所应提供防静电服和防静电鞋；
  b) 酸碱作业场所应提供防酸(碱)服和耐酸(碱)鞋；
  c) 有限空间涂装作业场所提供供应空气的呼吸保护器。

19.3 涂装作业使用的劳动防护用品应由企业集中保管与洗涤。

19.4 企业应定期或不定期检查涂装作业劳动防护用品，使用或保管贮存期内遭到损坏或超过有效使用期，经检验未达到原规定的有效防护功能最低指标，应按照 GB/T 11651 规定的程序判废。判废后的劳动防护用品禁止继续发放或使用。

19.5 涂装作业使用的劳动防护用品禁止穿出厂外。

19.6 禁止用含苯有机溶剂洗手。企业宜向涂装作业人员免费供给专用清洗剂。

19.7 企业宜按 GB/T 13641 规定，选用不同类型的皮肤保护剂，免费供给涂装作业人员使用。

20 生产辅助设施

20.1 涂装作业场所应设置更衣室，便服与防护服可以同室但须分柜分别存放。

20.2 涂装酸碱作业场所应设置事故应急冲洗供水设施，并保证作业时间不间断供水。

20.3 涂装作业场所应设置淋浴室和盥洗室。

21 妇女与未成年人特殊保护

21.1 对从事涂装作业的妇女，企业应遵守国务院发布的《女职工劳动保护规定》、原劳动部颁发的《女职工禁忌劳动范围的规定》，实行特殊保护。

21.2 分配妇女（不包括生产管理人员、工艺技术人员）从事涂装作业时，应遵守下列规定：

a) 禁止妇女从事有限空间涂装作业；
b) 禁止妇女从事禁止或限制使用的涂料及有关化学品、涂装工艺的涂装作业；
c) 禁止已婚待孕妇女从事有毒危害分级中Ⅲ、Ⅳ级涂装作业；
d) 禁止怀孕妇女和乳母从事有毒物质浓度超过国家卫生标准的涂装作业。

21.3 禁止未成年人从事涂装作业。

22 承包与租赁

22.1 企业发包涂装作业应遵守以下规定。

22.1.1 发包方提供涂装工艺、涂料及有关化学品，并应遵守下列规定：

a) 不得提供严禁或禁止使用的涂装工艺、涂料及有关化学品；
b) 应向承包方提供涂装工艺、涂料及有关化学品的安全技术资料。

22.1.2 发包方指定涂装工艺、涂料及有关化学品时，应执行第4章规定。

22.1.3 承包方提供劳务，参加发包方涂装作业，发包方应将劳务人员纳入企业安全管理范围。

22.1.4 承包方使用发包方厂房、涂装设备，发包方应遵守下列规定：

a) 执行 22.1.1 规定；
b) 对承包方进行安全技术指导和检测；
c) 对承包方涂装作业场所进行安全监督检查。

22.2 租赁房屋从事涂装作业应遵守以下规定。

22.2.1 不准出租 GB 6514 禁止设置涂装作业的建筑物。

22.2.2 承租方从事涂装作业应遵守下列规定。

a) 租赁的房屋应符合 GB 6514、GB 7692 关于涂装作业场所规定；
b) 按新建项目申请消防、安全、卫生等主管部门审查批准；
c) 对房屋进行改造时，应征得房屋产权人同意，并遵守 b)的规定。

22.3 租赁或租借标准厂房从事涂装作业应遵守 22.2 的规定。

附 录 A
（标准的附录）
劳动卫生检测基本要求

A.1 根据涂装工艺选定检测的有害物质，应包括以下项目：
   a) 苯、甲苯、二甲苯；
   b) 涂料及有关化学品的主要成分或所使用的主要有机溶剂；
   c) 铅(烟、尘)、铬(尘)；
   d) 氧化锌(烟雾)；
   e) 甲苯二异氰酸酯；
   f) 粉尘；
   g) 其他严重危害作业人员的有害物质(如：有机锡化合物)。

A.2 定期检测的时间应遵守下列规定：
   a) 有毒物质中的铅、苯达到国家卫生标准的，每6～12个月测定一次；未达到的，每3～6个月测定一次。其他有毒物质，每年至少测定一次；
   b) 粉尘每年至少测定一次；
   c) 噪声、局部振动每年至少测定一次；
   d) 高温作业按各地规定执行。

A.3 检测时机的选择应遵守下列规定：
   a) 连续性均衡生产的，可选择作业任何时间；
   b) 非均衡生产的，应选作业饱和时间。

A.4 检测方法按国家标准执行。尚未颁布国家标准的，按卫生部颁发的《卫生防疫工作规范》执行。

附 录 B
（提示的附录）
涂装作业场所劳动防护用品

按 GB/T 11651 并结合涂装作业实际，表 B.1 列出了涂装作业场所常用的劳动防护用品。

表 B.1 涂装作业场所劳动防护用品

序号	品种	用途	使用范围	防护用品国家标准、行业标准
1	防静电服	防止积聚静电	喷漆作业	GB 12014 防静电工作服
2	防静电鞋	防止积聚静电	喷漆作业	GB/T 4385 防静电鞋、导电鞋 技术条件

表 B.1（续）

序号	品种	用途	使用范围	防护用品国家标准、行业标准
3	防毒口罩	防止吸入一般性毒气	涂漆作业	GB 2890 过滤式防毒面具通用技术条件
4	清洗剂	利于清除漆垢	涂漆作业	
5	皮肤保护剂	防止皮肤刺激、吸收毒物与有害化学品伤害	涂漆作业	GB/T 13641 劳动护肤剂通用技术条件
6	防酸（碱）服	防中、轻度酸碱伤害	化学除锈作业	防酸工作服
7	耐酸（碱）鞋	防中、轻度地面酸碱伤害	化学除锈作业	耐酸碱皮鞋
8	耐酸（碱）手套	防中、轻度酸碱伤害	化学除锈作业	LD 34.2 耐酸（碱）手套
9	有机玻璃面罩	防酸碱液灼伤面部	配制酸碱液作业	GB/T 14866 眼面护具通用技术条件
10	披肩帽	防粉尘污秽	喷砂、二次除锈作业	
11	防护眼罩	防酸碱液灼伤、金属或粉尘伤害眼睛	配制酸碱液作业、二次除锈作业	GB/T 14866 眼面护具通用技术条件
12	滤膜防尘口罩	防止吸入一般性、中浓度粉尘	喷砂等作业	GB 2626 自吸过滤式防尘口罩通用技术条件
13	防尘口罩	防止吸入一般性、低浓度粉尘	除锈、打磨、喷砂作业	LD 29 防尘口罩
14	供给空气的呼吸保护器	防止吸入较高浓度粉尘	喷砂作业、有限空间涂装作业	GB 6220 长管面具
15	安全帽	防止物体打击头部	立体交叉作业	GB 2811 安全帽
16	护耳器	防噪声伤害	二次除锈、喷砂作业	护耳器—耳塞 护耳器—耳罩
17	安全带	防止坠落伤害	2 m 以上高处作业	GB 6095 安全带
18	救生衣（圈）	防止落水淹溺，便于抢救	水上作业	
19	水上作业服	防止落水淹溺，便于抢救	水上作业	

表 B.1（续）

序号	品种	用途	使用范围	防护用品国家标准、行业标准
20	防滑鞋	防止滑倒伤害	水上作业、高处作业	GB 12623 防护鞋通用技术条件
21	棉布工作服	（防静电）	喷漆作业、有机溶剂除油作业	GB/T 13661 一般防护服
22	一般工作服		涂装作业	GB/T 13661 一般防护服
23	护发帽	防污秽	涂装作业	
24	防护手套	防污秽	涂装作业	GB 12624 劳动防护手套通用技术条件
25	防寒服	防冻伤	北方地区冬季露天涂装施工作业	GB/T 13459 劳动防护服 防寒保暖要求

注：
1. 喷漆作业发放防静电服有困难的，允许用棉布工作服代替。
2. 穿着防静电鞋时，不应同时穿绝缘的毛料厚袜及绝缘的鞋垫。穿用过程中，一般不超过 200 h 应进行一次电阻测试。
3. 选用防毒口罩时，根据涂装作业场所的毒物种类、浓度，可参照 GB 2890《过滤式防毒面具通用技术条件》、GB/T 6223《自吸过滤式防微粒口罩》选用，过滤式防毒面具不能用于有限空间涂装作业。
4. 根据涂装作业场所酸污染程度，选用透气型、不透气型等不同类型的防酸工作服。
5. 根据化学除锈作业场所酸碱污染程度和作业环境，参照相关标准选用不同类型的耐酸（碱）鞋，前述耐酸（碱）鞋不适用于浓酸、浓碱作业场所。
6. 根据配制酸碱数量及作业条件，防化学液飞溅，可选用防护面罩，亦可选用防化学液眼镜。
7. 按粉尘浓度选用不同类别的防尘口罩，粉尘中含有毒物质时应选用防毒口罩。
8. 按粉尘浓度、毒物浓度选用供给空气的呼吸器，高浓度时防护效果下降，不可选用《自给式空气呼吸器》(GB 16556)。
9. 声级大于 90 dB 以上的强噪声作业环境，可考虑按频率与作业条件选用不同种类、不同类型的护耳器。
10. 根据水上作业条件及防护需要，可选用不同类型的水上作业服、救生衣、救生圈。
11. 化纤工作服不适用于喷漆作业、有机溶剂除油作业、接触酸碱的作业。涂装作业场所推荐使用防毒物渗透工作服和手套。

附 录 C
（提示的附录）
涂装作业危险有害因素

根据我国历年来涂装作业伤亡事故、火灾爆炸事故、职业中毒与职业病的实际情况，参考国外资料，除加工工业通常的危险和有害因素外，编制了以下涂装作业过程专业的危险有害因素。

C1 危险因素

C1.1 火灾

火灾发生必须具备氧气、可燃物质、着火源三个条件。

C1.1.1 可燃物质

a) 有机溶剂在存放、清洗、稀释、加热、涂覆、流平、干燥固化及排风挥发、蒸发的易燃易爆物质；
b) 污染有机溶剂涂料的废布、纱头、棉球、防护服等；
c) 沉积漆垢、漆尘的涂装设备内部表面、排风设施的内部空间、建筑物内墙与顶棚表面、作业现场地面。

C1.1.2 着火源

a) 明火（火焰、火星、灼热）：涂装作业场所内部或外部带入的烟火，焊接火花，烘干设备过热表面，灯具破裂时的明火，加热的钢板，照明灯具的灼热表面，设备、工件、管道、散热器、电器等过高温度的表面；
b) 摩擦冲击：工件、钢铁工具、容器相互碰撞，带钉鞋或鞋底夹有外露金属件与地坪撞击等；
c) 电器火花：电路开启与切断、断路、过载、行灯破裂，线路电位差引起的熔融金属，保险丝熔断，外露灼热丝等；
d) 静电放电：静电喷漆枪与工件间距离过近，使用、储存、输送有机溶剂的设备、容器、管道静电积累或容器、管道破裂，倾倒有机溶剂等；
e) 雷电；
f) 化学能：自燃（如亚麻籽油、漆垢、沾染涂料的纤维堆积蓄热），物质混合剧烈放热反应（如聚酯漆与引发剂），加热涂料时添加有机溶剂，铝粉受潮产生氢气放热自燃；
g) 日光聚集。

C1.1.3 增加燃烧危险性因素

a) 有限空间富氧状态；
b) 火灾时继续通风；
c) 盛装涂料的压力容器、管道破裂与容器倾覆后液体流淌和扩散；
d) 比空气重的有机溶剂蒸气积聚的低凹地方（如地沟、地坑等）；
e) 气温高。

C1.2 爆炸

有限空间及通风不良处所,易燃气体及粉尘积聚达到爆炸极限,遇到着火源瞬间燃烧爆炸。

C1.3 电泳、静电喷涂和电热干燥设备所致触电。

C1.4 有限空间缺氧窒息。

C1.5 酸、碱溅落灼伤、烫伤。

C2 有害因素

C2.1 生产性粉尘

通过呼吸道进入人体,可造成尘肺等呼吸道疾病等。

  a) 矽尘:喷砂作业;

  b) 氧化铁尘:喷丸、抛丸及机械、手工干式打磨、磨光等作业;

  c) 有机粉尘:喷涂粉末涂料及打腻子、磨光、除旧漆等作业。

C2.2 生产性有毒粉尘和气溶胶

通过呼吸道、消化道及皮肤侵入人体。有的可刺激黏膜(上呼吸道),有的引起过敏反应或皮炎,有的造成急、慢性中毒,有的可以或可能致癌、致畸、致突变,有的可危害男性生殖功能等。

  a) 有机溶剂:涂漆及有机溶剂除油等作业,不适当地用有机溶剂清洗皮肤或服装;

  b) 漆雾:喷漆作业;

  c) 有毒物质(铅、铬等)粉尘、烟雾:喷涂、打磨、热加工等作业;

  d) 酸、碱蒸气:化学除锈作业。

C2.3 有害物理性因素

  a) 噪声、振动:通风机、喷丸机、抛丸机、空压机和电机等设备运转,喷砂、机械打磨等作业;

  b) 高温、辐射热:烘干作业;

  c) 有害辐射线、微波:光固化、红外线干燥、静电喷涂等作业,涂料中的放射性物质。

C3 作业过程危险和有害因素信息处理,其危险和有害因素分类与代码应遵守 GB/T 13861 规定。

涂装职业健康安全通用要求
（AQ 5208—2011）

前　言

本标准除第 1,2,3 章外,其他所有条款均为强制性。

本标准依据《中华人民共和国安全生产法》《中华人民共和国职业病防治法》等法律制定。

本标准主要内容引用了国家系列标准《涂装作业安全规程》,是各级安全生产监督管理部门进行涂装职业健康安全管理的主要的规范性技术文件之一。

本标准为《涂装作业安全标准》系列标准之一,是该标准体系中针对涂装职业健康安全的一项通用安全技术标准,与本标准系列中的其他标准相配套,和国家的有关法规、标准协调一致。

本标准由国家安全生产监督管理总局提出。

本标准由全国安全生产标准化技术委员会涂装作业分技术委员会（SAC/TC 288/SC 6）归口。

本标准起草单位：江苏省安全生产科学研究院、浙江明泉工业涂装有限公司、浙江志强涂料有限公司、江苏长虹涂装机械有限公司、浙江佳隆防腐工程有限公司。

本标准主要起草人：张丽、胡义铭、黄立明、仇洪根、卢志强、王赞芳、王家德、茅立安。

本标准为首次制定。

1　范围

本标准规定了涂装职业健康安全的基本要求。主要内容包括：一般要求,防尘、防毒、防噪声、防高温安全技术措施,个体防护措施,事故应急处置措施,职业健康安全管理。

本标准适用于涂装企业的防尘、防毒、防噪声、防高温、个体防护、事故应急处置等安全技术措施的设计、施工、验收、运行以及职业健康管理,也适用于安全生产和职业危害控制的监督管理部门对涂装企业生产过程中粉尘、毒物、噪声、高温危害等的监督管理。户外涂装作业、其他企业的涂装作业岗位可参照执行。

2　规范性引用文件

下列文件对于本文件的应用是必不可少的。凡是注日期的引用文件,仅注日期的版本适用于本文件。凡是不注日期的引用文件,其最新版本（包括所有的修改单）适用于本文件。

　　GB 5044　　职业性接触毒物危害程度分级

　　GB/T 5817　　粉尘作业场所危害程度分级

　　GB 6514　　涂装作业安全规程　　涂漆工艺安全及其通风净化

　　GB 7691　　涂装作业安全规程　　安全管理通则

　　GB 7692　　涂装作业安全规程　　涂漆前处理工艺安全及其通风净化

GB 8958　缺氧危险作业安全规程
GB/T 11651　个体防护装备选用规范
GB 12942　涂装作业安全规程　有限空间作业安全技术要求
GB/T 13641　劳动护肤剂通用技术条件
GB/T 14441　涂装作业安全规程　术语
GB/T 15236　职业安全卫生术语
GB 15603　常用化学危险品贮存通则
GB 15630　消防安全标志设置要求
GB 16179　安全标志使用导则
GB 16297　大气污染物综合排放标准
GB 17916　毒害性商品储藏养护技术条件
GB 20101　涂装作业安全规程　有机废气净化装置安全技术规定
GB/T 28001　职业健康安全管理体系　规范
GB 50019　采暖通风与空气调节设计规范
AQ/T 5207　涂装企业事故应急预案编制要求
GBZ 1　工业企业设计卫生标准
GBZ 2.1　工业场所有害因素职业接触限值　第1部分:化学有害因素
GBZ 2.2　工业场所有害因素职业接触限值　第2部分:物理因素
GBZ 158　工作场所职业病危害警示标识
GBZ 188　职业健康监护技术规范

3　术语和定义

GB/T 14441、GB/T 15236、GB/T 28001、GBZ 188确立的以及下列术语和定义适用于本标准。

3.1
职业健康　occupational health
指从业人员在职业活动过程中免受有害因素侵害,保持生理、心理上的完好状态。

3.2
职业危害　occupational hazards
指从业人员在职业活动过程中因接触有毒有害物质和遇到各种不安全因素而有损于健康的危害。

3.3
涂装企业　painting enterprise
主要工序涉及涂装作业的生产经营单位。

4　一般要求

4.1　涂装企业的职业健康安全管理应坚持安全第一、预防为主、综合治理的原则,并应持续改进,不断改善涂装作业的职业健康安全条件。

4.2　涂装企业在设计选用涂料与涂装生产工艺时,应有利于职业健康安全和环境保护。

4.3 涂装工程的设计及生产安全应符合《涂装作业安全规程》系列标准的要求。

4.4 涂装企业涉及粉尘、毒物、噪声、高温等危害的作业场所,其工艺过程、设备设施在设计时应符合 GBZ 1、GBZ 2.1、GBZ 2.2 的要求。

4.5 涂装企业应对整个生产过程中的职业危害因素进行辨识和评估,明确存在职业危害的作业场所、工艺过程、设备、原(辅)料、中间产品、副产品,并建立档案。

4.6 涂装企业中产生粉尘、毒物、噪声、高温等危害的生产过程和设备应设置相应的防护设施,且与主体工程同时设计、同时施工、同时投入生产和使用。

4.7 产生职业危害的涂装企业的设立应当符合法律、行政法规规定的条件,其工作场所还应当符合下列职业卫生要求:

  a) 职业危害因素的强度或者浓度应符合相关技术标准;
  b) 有与职业危害防护相适应的措施;
  c) 生产布局合理,符合有害与无害作业分开的原则;
  d) 有配套的更衣间、洗浴间、孕妇休息间等卫生设施;
  e) 设备、工具、用具等设施符合保护劳动者生理、心理健康的要求;
  f) 法律、行政法规和相关标准中关于保护劳动者健康的其他要求。

4.8 涂装企业应按 GB 16179、GB 15630、GBZ 158 的规定设置安全标志和职业病危害警示标识。

5 防尘、防毒安全技术措施

5.1 通用要求

5.1.1 生产区内部布置应避免尘、毒的交叉污染。

5.1.2 涂装作业场所的粉尘、毒物控制应符合 GBZ 2.1 的有关要求。在利用自然通风的同时,设置有组织的局部排风,必要时采取全面强制通风,以防止涂装作业过程中的粉尘、有害物质产生职业危害,保障作业人员的安全与健康。

5.1.3 当涂装作业场所空气中的尘、毒在技术上较难控制时,应采取以下措施:

  a) 设置密闭操作室,保证新鲜空气供应量不少于每人 30 m^3/h;
  b) 采用送风面具或岗位送风;
  c) 送入空气应符合相关标准的要求。

5.1.4 产生粉尘、有毒物质的设备,应加强设备维修,防止跑、冒、滴、漏。应根据设备的特点和操作、维修要求,采取局部或整体密闭通风措施,保证排入大气的有害物质浓度不超过 GB 16297 规定的限值。

5.1.5 涂装作业场所应按 GB 5044、GB/T 5817 规定,进行有毒作业、粉尘危害检测,并应遵守下列规定:

  a) 新建、扩建、改建和技术改造、引进涂装工程项目,试生产时应进行有毒作业、粉尘危害检测,有毒物、粉尘容许浓度超过 GBZ 2.1 规定的,应整改达标后方可正式投产。
  b) 定期检测出的毒物、粉尘危害,应制定专门的治理措施及时消除。

5.2 防尘安全技术

5.2.1 在喷漆室、喷粉室及通风净化系统中,粉尘浓度不应超过其爆炸下限浓度的50%。易燃易爆的气体、蒸气的体积浓度不应超过其爆炸下限浓度的25%。

5.2.2 喷漆室、喷粉室及通风净化设备应进行日常运行维护检查,应定期清理沉积漆垢、积留粉尘。发现异常情况,应及时处理。

5.2.3 机械法除锈或清除旧漆、打磨工序应设置独立的排风系统和除尘装置,作业人员呼吸区域空气中含尘量应符合GBZ 2.1的规定。

5.2.4 喷涂作业的局部排风系统,应设置漆雾净化或粉尘回收的装置。

5.2.5 粉末净化回收装置的出粉口,应采取防止粉尘飞扬的措施,以保证作业环境空气中粉尘容许浓度符合GBZ 2.1的规定。

5.3 防毒安全技术

5.3.1 产生有毒有害气体的涂装作业场所应符合GB 6514的规定,采取有效的防毒措施。

5.3.2 涂装企业不应使用GB 7691要求淘汰的涂装工艺和禁止使用的涂料(包括有关危险化学品)。

5.3.3 对于GB 7691限制使用的涂装工艺和涂料(包括有关危险化学品),应该配备有效的安全设施,并制定具体的防护措施。同时提供选用说明并作专项安全评估。

5.3.4 涂装作业场所空气中有毒有害物质的容许浓度应遵循GBZ 2.1的要求。

5.3.5 涂装作业场所空气中有毒有害物质的浓度超过GBZ 2.1的规定时,应采取通风净化措施。当有毒有害物质浓度超过GB 16297中规定的大气污染物排放限值时,应采取净化处理措施。废气处理设施安全要求应符合GB 20101的规定。

5.3.6 有限空间的涂装作业和检修作业的防毒安全应符合GB 12942标准的要求。

5.3.7 当必须进入缺氧的有限空间作业时,应符合GB 8958规定。作业时,应采取机械通风。

5.3.8 涂装酸碱作业场所,应设置事故应急冲洗供水设施,并保证作业时间不间断供水。

5.3.9 在涂装作业过程中可能突然逸出大量有毒有害物质或易燃易爆的化学物质的作业场所,应安装自动报警装置、事故通风设施,其通风换气次数不小于12次/h。事故排风装置的排出口应避免对居民和行人的影响。

5.3.10 涂装企业对有毒物品的运输、储存、使用应采取符合GB 15603、GB 17916规定的防范措施。

5.3.11 散发有毒气体的生产废水,不应采用明沟排放。

6 防高温安全技术措施

6.1 涂装作业场所的防高温要求应按GBZ 1和GBZ 2.2执行。工艺流程的设计应使操作人员远离热源,同时根据具体条件采取必要的隔热降温措施。

6.2 操作人员在较长时间内直接受辐射热影响的作业点,其辐射照度在350 W/m² 以上时,应采取隔热措施;车间内的作业室受辐射热影响较大时也应采取隔热措施。

6.3 当高温作业场所不便于采取隔热措施或采取隔热措施后仍不能满足卫生要求时,应采取局部降温和综合防暑措施,并应减少工人接触时间。局部降温措施应符合GB 50019的规定。

6.4 涂装作业各环节的通风净化应符合 GB 6514、GB 7692、GB 20101 中的相关规定。
6.5 高温作业场所应设有工间休息室,设有空调的休息室室内气温应不高于 27 ℃。
6.6 涂装作业场所内管壁温度大于(或等于)80 ℃的管道与输送易燃易爆气体、蒸气、粉尘的管道同沟敷设时,应采取保温隔热措施。
6.7 在炎热季节对高温作业岗位的人员应供应含盐清凉饮料。

7 防噪声安全技术措施

7.1 对于涂装作业生产过程和设备产生的噪声应采取减振、消声、隔声、吸声或综合控制等措施,降低噪声危害。涂装作业场所的噪声控制及作业人员容许接触限值应符合 GBZ 1 和 GBZ 2.2 的规定。
7.2 噪声强度较大的生产设备应安装在单层厂房或多层厂房的底层,其基础应单独设置,并应采取减振降噪措施。
7.3 涂装作业场所采取相应噪声控制措施后仍不能达到噪声控制设计标准时,应采取个人防护措施。
7.4 需要经常观察、监视设备运转的场所,若强噪声源不宜进行降噪处理时,应设隔声工作间。
7.5 强噪声气体动力机构的进排气口为敞开时,应在适当位置设置消声器。

8 个体防护措施

8.1 涂装企业应按 GB/T 11651 要求为涂装作业人员提供适宜的个体防护装备。
8.2 企业应定期或不定期检查涂装作业个体防护装备,应按照 GB/T 11651 规定的程序判废。判废后的个体防护装备,不应继续发放或使用。
8.3 涂装企业应按 GB/T 13641 规定,选用不同类型的皮肤保护剂,以供涂装作业人员使用。
8.4 涂装企业应向涂装作业人员提供专用清洗剂,禁止用含苯有机溶剂洗手。
8.5 涂装作业使用的个体防护装备,应由企业集中保管与处置,不应穿出厂外。

9 事故应急处置措施

9.1 接触粉尘、毒物、噪声、高温作业的岗位设置的安全标志应有职业危害预防措施和应急处理措施。
9.2 产生职业危害的涂装企业场所,应当在醒目位置设置公告栏,公布有关职业危害防治的规章制度、操作规程、职业危害事故应急救援措施。
9.3 对可能发生急性职业损伤的有毒、有害作业场所,企业应当设置报警装置,配置现场急救用品、冲洗设备、应急撤离通道和必要的泄险区。
9.4 涂装企业制定的各种事故应急预案,特别是火灾、爆炸和有毒物质泄漏事故应急预案应明确规定防尘、防毒设备设施失效状态下正确的处置方法。

10 职业健康安全管理

10.1 规章制度

10.1.1 涂装企业应建立完善的职业健康安全管理规章制度。

10.1.2 职业健康安全管理规章制度主要包括:岗位责任制、操作规程、定期职业健康检查监护制度、个人防护用品发放使用记录、职业危害防护设施的维修保养和定期检测检验制度、毒性物质存取制度等。

10.2 职业健康监护

10.2.1 涂装企业应按照 GBZ 188 的规定组织从事接触职业危害因素的劳动者进行职业健康检查。职业健康检查包括上岗前、在岗期间、应急、离岗时职业健康检查和离岗后医学随访检查。

10.2.2 职业健康检查应当由省级人民政府卫生行政部门批准的具有健康检查资质医疗卫生机构承担。

10.2.3 劳动者接受职业健康检查应当视同正常出勤。

10.2.4 涂装企业应根据劳动者所接触的职业危害因素类别,按 GBZ 188 规定的检查项目、检查周期、复查项目、复查周期,组织接触职业危害因素的劳动者进行定期职业健康检查。

发现职业禁忌或者有与所从事职业相关的健康损害的劳动者,应及时调离原工作岗位,并妥善安置。

对需要复查和医学观察的劳动者,应当按照体检机构要求的时间安排其复查和医学观察。

发现职业病患者,应按卫生部等部门颁发的相关规定及时、如实申报,接受监督。

10.2.5 新参加涂装作业人员,应进行上岗前职业健康检查。查出职业禁忌证者不应安排从事其所禁忌的涂装作业。用人单位不应安排未经上岗前职业健康检查的劳动者从事接触职业危害因素的作业。

10.2.6 涂装企业应当建立职业健康监护档案并按规定妥善保存。职业健康监护档案应包括以下内容:

 a) 劳动者职业史、既往史和职业危害接触史;
 b) 相应作业场所职业危害因素监测结果;
 c) 职业健康检查结果及处理情况;
 d) 职业病诊疗等劳动者健康资料。

10.3 涂装作业场所职业危害检测

10.3.1 涂装企业应委托有资质的检测机构进行作业场所职业危害因素的定期检测。

10.3.2 职业危害因素检测应在正常工况下进行,检测点的位置和数量等参数选择应符合相关国家标准要求。

10.3.3 涂装作业区域的职业危害因素控制指标应符合国家标准的强制性要求。涂装企业应根据作业场所中职业危害因素的检测结果和职业健康检查结果,监测、评价职业危害特征级别,配套必需的职业卫生辅助用房,配置应急职业卫生设施。

10.3.4 职业危害定期检测资料应建立档案,每年应至少进行一次全面分析,评价工人接触有毒、有害因素的情况,制定改进措施。检测记录至少保存 10 年期限,并提供有关部门检查和工人及工会组织使用。

10.4 妇女与未成年人特殊保护

10.4.1 企业对从事涂装作业的妇女和与未成年人实行特殊保护。

10.4.2 妇女(不包括生产管理人员、工艺技术人员)从事涂装作业,应遵守下列规定:

a) 禁止妇女从事有限空间涂装作业；
b) 禁止妇女从事禁止或限制使用的涂料及有关化学品、涂装工艺的涂装作业；
c) 禁止已婚待孕妇女从事有毒危害分级中Ⅰ、Ⅱ级涂装作业；
d) 禁止怀孕妇女和乳母从事有毒物质浓度超过国家标准的涂装作业。

10.4.3 禁止未成年人从事涂装作业。

10.5 教育与培训

10.5.1 涂装企业应定期对全体职工进行职业健康安全教育培训，教育培训应遵照 GB 7691—2003 中第 16 章的规定。

10.5.2 接触尘、毒、噪声、高温等作业的工作人员上岗、换岗以及长期停工后复岗前应经过"三级安全教育"和防尘、防毒、防噪声、防高温等技能培训，经考核合格后方可上岗。

10.5.3 接触粉尘、毒物、噪声、高温等作业的工作人员上岗前应被明确告知所从事工作的职业危害性，并在劳动合同中体现告知内容。

10.5.4 涂装企业每年应至少组织一次职业健康安全知识技能再教育和考核。

10.6 应急预案

10.6.1 涂装企业应针对可能发生的事故，按 AQ/T 5207 的要求制定专项应急预案。

10.6.2 应急预案应定期演练、及时更新。

2. 设备、装置与系统

粉尘爆炸危险场所用除尘系统安全技术规范
(AQ 4273—2016)

前 言

本标准除 1、2、3 章及 5.1.4c)、5.1.7c)、6.3、7.1.1、7.1.6、7.1.7、9.3a)外的全部技术内容为强制性。

本标准按照 GB/T 1.1—2009 给出的规则起草。

本标准由国家安全生产监督管理总局监管四司提出。

本标准由全国安全生产标准化技术委员会粉尘防爆分技术委员会(SAC/TC 288/SC 5)归口。

本标准起草单位：广东金方圆安全技术检测有限公司、中钢集团武汉安全环保研究院、东北大学安全工程研究中心、广州市赣丰机械设备有限公司、广州同胜环保科技有限公司。

本标准主要起草人：孟宪卫、徐国平、李刚、赵丹力、孟婷婷、周金彪、张卫、冯刚、冯桂深、罗醒悦、肖功赠。

1 范围

本标准规定了粉尘爆炸危险场所用除尘系统的防爆措施、维护检修及检测校验的要求。

本标准适用于粉尘爆炸危险场所用除尘系统的设计、制造、安装、验收、使用及维护。

本标准不适用于化工、采矿、隧道、烟花爆竹及民用爆破器材生产场所用的除尘系统。

2 规范性引用文件

下列文件对于本标准的应用是必不可少的。凡是注日期的引用文件，仅注日期的版本适用于本文件。凡是不注日期的引用文件，其最新版本(包括所有的修改单)适用于本文件。

GB 2894 安全标志及其使用导则

GB 7231 工业管道的基本识别色、识别符号和安全标识

GB 12158 防止静电事故通用导则

GB 12476.1 可燃性粉尘环境用电气设备 第1部分：通用要求

GB 12476.2 可燃性粉尘环境用电气设备 第2部分：选型和安装

GB 15577 粉尘防爆安全规程

GB/T 15605 粉尘爆炸泄压指南

GB/T 16758 排风罩的分类及技术条件

GB/T 17919 粉尘爆炸危险场所用收尘器防爆导则

GB 50019 采暖通风与空气调节设计规范

GB 50057 建筑物防雷设计规范

GB 50058　爆炸危险环境电力装置设计规范

AQ 7005　木工机械安全使用要求

3　术语和定义

下列术语和定义适用于本文件。

3.1
粉尘　dust

在大气中依其自身重量可沉淀下来,但也可持续悬浮在空气中一段时间的固体微小颗粒。

3.2
可燃性粉尘　combustible dust

在空气中能燃烧或无焰燃烧并在大气压和正常温度下能与空气形成爆炸性混合物的粉尘。

3.3
粉尘爆炸危险场所　dust explosion hazardous area

存在可燃性粉尘、助燃气体和点燃源的场所。

3.4
除尘系统　dedusting system

由吸尘罩或吸尘柜、风管、风机、除尘器及控制装置组成的用于捕集气固两相流中固体颗粒物的装置。

3.5
防爆装置　explosion-proof devices

采用预防和控制粉尘爆炸技术,避免形成粉尘云或可能出现的着火源,以及使可燃性粉尘失去燃烧、爆炸作用的装置,如泄爆、惰化、隔爆及抑爆装置等。

4　总则

4.1　应识别、评估生产加工系统存在的粉尘爆炸危险,除尘器的选用应符合以下要求:
  a)　选用干式除尘器进行除尘时,采用袋式外滤除尘和(或)旋风除尘工艺。
  b)　铝镁制品机械加工粉尘,以及适宜选用湿式除尘器进行除尘的粉尘,选用湿式除尘器进行除尘时,采用水洗或水幕除尘工艺。
  c)　不应采用电除尘器。
  d)　除尘系统不应采用以沉降室为主的重力沉降除尘方式;不应采用干式巷道式构筑物作为除尘风道。
  e)　木质家具机械加工采用单机滤袋吸尘器时,应符合 AQ 7005 的要求。

4.2　干式除尘系统应按照可燃性粉尘爆炸特性采取预防和控制粉尘爆炸的措施,选用降低爆炸危险的以下一种或多种防爆装置:
  a)　泄爆装置:在爆炸压力尚未达到除尘器和风管的抗爆强度之前,采用泄爆装置排出爆炸产物,使除尘器及风管不致被破坏;
  b)　惰化装置:向除尘器充入惰性气体或粉体,使可燃性粉尘失去爆炸性;

c) 隔爆装置:在风管上设置隔爆装置,将火焰及爆炸波阻断在一定的范围内;
  d) 抑爆装置:在风管和(或)除尘器上设置抑爆装置,爆炸发生瞬间,向风管和(或)除尘器内充入用于扑灭火焰的物理、化学灭火介质,抑制爆炸发展或传播。

存在有毒性、腐蚀性粉尘,以及燃料粉尘的除尘器及风管不应采用泄爆装置进行泄压,应选用向除尘器及风管充入用于扑灭火焰的灭火气体或粉体介质的抑爆装置。

4.3 除尘器箱体符合以下要求:
  a) 箱体采用钢质金属材料,若采用其他材料则选用阻燃材料且采取防静电措施,不应选用铝质金属材料。
  b) 箱体的设计强度能够承受采取防爆措施后产生的最大爆炸压力,设置在建筑物内的箱体采用钢质金属材料及焊接结构。
  c) 方形箱体的箱板之间的夹角作圆弧化处理。
  d) 箱体内部表面光滑,钢制金属材料箱体应采用防锈措施,不应使用铝涂料。

4.4 干式除尘器运行工况应是连续卸灰、连续输灰。不宜采用沉降室进行粉尘处理。

4.5 铝镁粉尘和木制品粉尘爆炸危险场所除尘器应在负压状态下工作;其他粉尘爆炸危险场所除尘系统若采用正压吹送粉尘,则应采取可靠的防范点燃源的措施。

4.6 铝镁粉尘不应与铁质粉尘,以及其他种类的可燃性粉尘合用同一除尘系统,除尘系统不应与带有可燃气体、高温气体、烟尘等工业气体的风管及设备连通。

4.7 除尘系统的风管及除尘器不应有火花进入,对存在火花经由吸尘罩或吸尘柜吸入风管危险的生产加工系统,应采用阻隔火花进入风管及除尘器的措施。

4.8 除尘系统应设置符合下列要求的控制装置:
  a) 启动与停机。除尘系统应先于生产加工系统启动,生产加工系统停机时除尘系统应至少延时 10 min 停机。
  b) 保护联锁。除尘系统应设置保护联锁装置,当监测装置发出声光报警信号,以及隔爆、抑爆装置启动时,保护联锁装置应同时启动控制保护。

4.9 除尘系统的监测报警装置应装设在易于观察的位置。

4.10 除尘系统应按照 GB 2894 的要求设置安全标志,风管应按照 GB 7231 的要求设置安全标识、识别色或识别符号。

5 除尘器

5.1 干式除尘器

5.1.1 应按照 4.2 的要求选用防爆装置。

5.1.2 生产加工系统选用干式除尘工艺时,若生产加工系统产生大量的粉尘,可在除尘系统中设置经旋风除尘器进行初级除尘,再经袋式外滤除尘器二次除尘的工艺。

5.1.3 除尘器与进、出风管及卸灰装置的连接宜采用焊接,如采用法兰连接,应按照防静电措施要求进行导电跨接。

5.1.4 袋式外滤除尘器要求如下:
  a) 除尘器滤袋应采用阻燃及防静电的滤料制作,滤袋抗静电特性应符合 GB/T 17919 的要求,与滤袋相连接的金属材质构件(如滤袋框架、花板、短管等)应按照 GB 12158 的要求采取防静电措施。

b) 除尘器应设置进、出风口风压差监测报警装置,除尘器安装或滤袋更换在不超过8 h的使用期内应记录除尘器的进、出口风压的监测数值,当进、出口风压力变化大于允许值的20%时,监测装置应发出声光报警信号。

c) 除尘器的进风口宜设置隔爆阀及温度监测报警装置,当温度大于70 ℃时,隔爆阀应关闭,温度监测装置应发出声光报警信号。

d) 除尘器灰斗内壁应光滑,矩形灰斗壁面之间的夹角做圆弧化处理,灰斗落料壁面与水平面的夹角大于65°。

5.1.5 除尘器按下列要求选择和设置清灰装置:

a) 用于纤维或飞絮除尘的滤网应采用负压吸尘清灰方式。

b) 袋式外滤除尘器的滤袋采用脉冲喷吹清灰方式。

c) 袋式外滤除尘器的清灰参数(气流、气压、清灰周期、清灰时间间隔等)应按滤袋积尘残留厚度不大于1 mm设定。

d) 袋式外滤除尘器设置清灰压力监测报警装置,当清灰压力低于设定值时应发出声光报警信号。

e) 袋式外滤除尘器清灰装置的清灰气源应采用经净化后的除水、脱油的气体,对于导电性粉尘宜采用氮气、二氧化碳气体或其他惰性气体作为清灰气源。

5.1.6 除尘器按下列要求设置锁气卸灰装置:

a) 除尘器灰斗下部应设锁气卸灰装置,卸灰工作周期的设计应使灰斗内无粉尘堆积。

b) 设置卸灰装置运行异常及故障停机的监控装置,出现运行异常及故障停机状况时应发出声光报警信号。

5.1.7 除尘器按下列要求设置输灰装置:

a) 输灰装置的输灰能力应大于除尘器灰斗卸灰量。

b) 设置输灰装置运行异常及故障停机的监控装置,出现运行异常及故障停机状况时应发出声光报警信号。

c) 输灰装置宜采用气力输灰,不宜采用刮板输灰机与螺旋输灰机。

d) 气力输灰安全要求:
    ——设计气力输灰管道的风量及风速应按管道内不出现粉尘堵塞及管道温度不大于70 ℃计算。
    ——设置风压监测报警装置,当风压低于设计值时应发出声光报警信号。
    ——在水平输灰管每间隔6 m处,以及风管弯管夹角大于45°的部位,应设置清灰口,风管非清理状态时清灰口应封闭,其设计强度大于风管的设计强度。
    ——在风管弯管夹角大于45°的部位,应设置监视粉尘在管道内流动的观察窗,其设计强度大于风管的设计强度。
    ——管道长度大于10 m应按照4.2的要求设置防爆装置。

e) 刮板输灰安全要求:
    ——采用封闭输灰方式,输灰运行时不应向刮板输灰机的外部释放粉尘。
    ——设计刮板输灰机的运行速度应按刮板输灰机内不出现粉尘堵塞计算。
    ——设置刮板输灰机运行速度监控报警装置,当运行速度偏离设定值时应发出声光报警信号。
——刮板应采用阻燃及防静电材质。
——在刮板输灰机的每间隔 6 m 处应设置清灰及检、维修的工作口,工作口在非清灰及检、维修时应封闭。
——设置监视刮板输灰机运行状态的观察窗。
——刮板输灰机输灰长度大于 10 m 应按照 4.2 的要求设置防爆装置。

f) 螺旋输灰安全要求:
——采用封闭输灰方式,输灰运行时不应向螺旋输灰机的外部释放粉尘。
——设计螺旋输灰机的运行速度应按螺旋输灰机内不出现粉尘堵塞计算。
——设置螺旋输灰机运行速度监测报警装置,当运行速度偏离设定值时应发出声光报警信号。
——螺旋转轴的叶片应采用阻燃及防静电材质。
——在螺旋输灰机输灰的每间隔 6 m 处应设置清灰及检、维修的工作口,工作口在非清灰及检、维修时应封闭。
——设置监视螺旋输灰机运行状态的观察窗。
——螺旋输灰机输灰长度大于 10 m 应按照 4.2 的要求设置防爆装置。

g) 输灰装置卸出的粉尘采用粉尘仓或筒仓收集安全要求:
——采用控制粉尘飘浮沉降措施及排气装置;
——应按照 4.2 的要求设置防爆装置。
——设置料位计、监视观察窗。

h) 若除尘器每班的卸灰量小于 25 kg,可采用容器(桶)收集除尘器卸灰装置卸出的粉尘。收集遇湿发生自燃的金属粉尘容器(桶)应采用经防锈蚀表面处理的非铝质金属材料或防静电材料制成。

5.2 湿式除尘器

5.2.1 除尘器与进、出风管的连接宜采用焊接,如采用法兰连接,应按照防静电措施要求进行导电跨接。

5.2.2 湿式除尘设计用水量、水压应能满足去除进入除尘器粉尘的要求。应设置水量、水压监测报警装置,当水量、水压低于设定值时应发出声、光报警信号。

5.2.3 湿式除尘循环用水储水池(箱)、水质过滤池(箱)及水质过滤装置不应密闭,应有通风气流。

5.2.4 湿式除尘循环用水应进行粉尘、油污及杂质过滤,除尘器及循环用水管道内应无积尘。

5.2.5 湿式除尘循环用水储水池(箱)的盛水量应满足湿式除尘设计用水量,水质应清洁,池(箱)内不应存在沉积泥浆。

5.2.6 除尘器循环用水储水池(箱)、水质过滤池(箱)及水质过滤装置内不应结冰。

5.2.7 设置在室外地面上的循环用水储水池及水质过滤池(箱)的周围应设置防护围栏。

5.2.8 每班清理水质过滤池(箱)的泥浆,应将泥浆及废水及时进行无害化处理。

6 吸尘罩及吸尘柜

6.1 生产加工系统产生粉尘释放的作业工位应设置吸尘罩或吸尘柜。

6.2 吸尘罩或吸尘柜应按照 GB/T 16758 的要求设计,吸尘口设计风速应符合 GB 50019 的要求,吸尘罩或吸尘柜应无积尘。

6.3 对存在经由吸尘罩或吸尘柜吸入火花危险的风管,宜在风管上安装火花探测报警装置和火花熄灭装置。

6.4 吸尘罩或吸尘柜采用钢质金属材料制造,若采用其他材料则选用阻燃材料且采取防静电措施,不应选用铝质金属材料。

7 风管

7.1 连接除尘器进风管的主风管

7.1.1 宜按照 4.2 的要求选用防爆装置。

7.1.2 风管应采用钢质金属材料制造,若采用其他材料则应选用阻燃材料且采取防静电措施,不应选用铝质金属材料。连接除尘器的进风管应采用圆形横截面风管,铝镁制品机械加工采用湿式除尘工艺,作业工位吸尘罩或吸尘柜连接湿式除尘器的进风管长度小于 3 m 可采用矩形或方形横截面风管。

7.1.3 风管的设计强度符合下列要求:

a) 布置在厂房建筑物外部的风管,其设计强度不小于除尘器的设计强度;按照 11.4 的要求设置了泄爆装置的进入厂房建筑物内部的风管,其设计强度大于风管的设计风压,且不小于与连接的生产加工系统风管的设计强度。

b) 与布置在厂房建筑物内部的除尘器连接的风管,其设计强度不小于除尘器的设计强度。

c) 风管连接段采用金属构件紧固,并采用与风管横截面积相等的过渡连接,风管连接段的设计强度大于风管的设计强度。

7.1.4 风管的风量及风速应满足风管内不出现粉尘堵塞、风管内壁不出现厚度大于 1 mm 积尘的要求。风管风速按下列要求设计:

a) 铝镁制品抛光、打磨加工的除尘器进风管,其设计风速按照风管内的粉尘浓度不大于爆炸下限的 25% 计算,且不小于 23 m/s。

b) 木材加工系统的除尘器进风管,其设计风速按照风管内的粉尘浓度不大于爆炸下限的 50% 计算,且不小于 20 m/s。

c) 其他种类加工系统的除尘器进风管,其设计风速按照风管内的粉尘浓度不大于爆炸下限的 50% 计算。

7.1.5 风管内表面应光滑,钢制金属材料的风管应采取防锈措施,风管内表面不应使用铝涂料。

7.1.6 在水平风管每间隔 6 m 处,以及风管弯管夹角大于 45°的部位,宜设置清灰口,风管非清理状态时清灰口应封闭,其设计强度大于风管的设计强度。

7.1.7 在风管弯管夹角大于 45°的部位,宜设置监视粉尘在管道内流动的观察窗,其设计强度大于风管的设计强度。

7.2 连接除尘器进风主风管的支风管

7.2.1 风管应采用非铝质金属材料制造,若采用其他材料则应选用阻燃材料且采取防静电措施。作业工位吸尘罩或吸尘柜连接除尘器进风主风管的支风管长度小于 3 m 可采用软管连接。

7.2.2 连接与氧气混合产生爆炸危险的金属粉料、燃料粉料或爆炸特性相同的粉料的加工系统风管设计强度不小于与连接的生产加工系统风管的设计强度，与生产加工系统管道连接段应采用金属构件紧固，并采用与支风管横截面积相等的过渡连接，连接段的设计强度不小于生产加工系统风管的设计强度。

7.2.3 风管的设计风速应满足风管内不出现粉尘堵塞、风管内壁不出现厚度大于 1 mm 积尘的要求。

8 风机

8.1 除尘系统的风机叶片应采用导电、运行时不产生火花的材料制造。

8.2 风机及叶片应安装紧固、运转正常，不产生碰撞、摩擦和异常杂音。

9 防爆装置

9.1 泄爆装置

除尘系统的泄爆面积计算，以及泄爆装置的设计、选型和安装应符合 GB/T 15605 的要求。

9.2 惰化装置

惰化装置的选用符合下列要求：
a) 按照粉尘爆炸特性确定充入除尘器的惰性气体或粉体介质的种类。
b) 采用惰性气体作为充入介质时，设置除尘器箱体内氧含量连续监测装置报警，当氧浓度高于设定值时发出声光报警信号，与除尘系统的控制装置保护联锁。
c) 采用惰性粉体作为充入介质时，充入粉体的流量及喷吹压力按照除尘器箱体内的粉尘浓度不大于爆炸下限的 50% 计算。存在与氧气混合产生爆炸危险的铝粉、镁粉、煤粉等或爆炸特性相同的粉料生产加工系统连接的除尘器，不应采用粉体作为抑爆介质充入除尘器。
d) 向除尘器充入惰性气体或粉体介质的防爆装置带有运行异常及故障停机的监控功能，出现运行异常及故障停机状况时发出声光报警信号，与除尘系统的控制装置保护联锁。

9.3 隔爆装置

隔爆装置的选用符合下列要求：
a) 隔爆装置宜设置在厂房建筑物的外部。
b) 按照粉尘爆炸特性、除尘器和风管的抗爆强度选用隔爆装置，并确定隔爆装置在主风管上的安装部位。
c) 隔爆装置启动应与除尘系统的控制装置保护联锁。

9.4 抑爆装置

抑爆装置的选用符合下列要求：
a) 按照粉尘爆炸特性、除尘器及风管的抗爆强度选用抑爆装置，并确定抑爆装置在风管和（或）除尘器的装设部位。
b) 抑爆装置启动应与除尘系统的控制装置保护联锁。

10 电气安全及防静电措施

10.1 设置在粉尘环境爆炸危险区域电气设备、监测装置报警和控制装置的选型及安装应符合 GB 12476.1、GB 12476.2 的要求。

10.2 设置在粉尘环境爆炸危险区域的电气线路、电气设备、监测装置报警和控制装置的电气连接应符合 GB 50058 的要求。

10.3 除尘系统防静电措施应符合 GB 12158 的要求，电气设备、监测装置报警和控制装置的保护接地应符合 GB 50058 的要求，除尘系统的风管不应作为电气设备的接地导体。

10.4 电气线路、电气设备、监测装置报警和控制装置应无积尘。

11 除尘器及风管的布置与安全措施

11.1 除 11.2 情况外，干式除尘器应布置在厂房建筑物外部。

11.2 连接与空气混合产生爆炸危险的金属粉料、农产品粉料、纺织纤维、粉末静电喷涂、燃料粉料或爆炸特性相同的粉料等的生产加工系统，以及吸除铝镁制品机械加工粉尘的干式除尘器如布置在厂房建筑物内，除尘器应符合 5.1 的要求，同时符合下列要求：

 a) 厂房建筑物采用框架结构，厂房建筑物外墙的泄爆面积应符合 GB/T 15605 的要求。

 b) 连接农产品粉料、粉末静电喷涂生产加工系统的除尘器符合下列要求：
  ——设置符合 5.1.7 a)、b)、d)要求的气力输灰装置。
  ——若除尘器每班的卸灰量小于 5 kg，可采用容器(桶)收集除尘器锁气卸灰装置卸出的粉尘，并每班清理。

 c) 连接纺织纤维加工系统的除尘器符合下列要求：
  ——单台布置在厂房内的建筑物外墙处的单独房间内，房间的间隔墙采用耐火极限不低于 3.00 h 的实体隔墙，房间的外墙开有向外部泄爆的泄爆口或用于泄爆的其他开口，泄爆面积符合 GB/T 15605 的要求。
  ——除尘系统风管安装自动阻火阀、除尘器进风管安装火花探测报警装置和火花熄灭装置。
  ——设置符合 5.1.7 a)、b)、d)的要求气力输灰装置，并采用压实方式收集粉尘。

 d) 连接烟草加工系统的除尘器符合下列要求：
  ——设置泄爆装置。
  ——除尘器进风管安装隔爆阀、火花探测报警装置和火花熄灭装置。
  ——设置符合 5.1.7 a)、b)、d)的要求气力输灰装置，并采用压实方式收集粉尘。

 e) 连接与氧气混合产生爆炸危险的金属粉料、燃料粉料或爆炸特性相同的粉料的加工系统的除尘器符合下列要求：
  ——按照 9.2a)、b)、d)的要求设置惰化装置。
  ——除尘器进风管安装隔爆阀。
  ——设置符合 5.1.7 a)、b)、d)的要求气力输灰装置。

 f) 吸除铝镁制品机械加工粉尘的除尘器符合下列要求：
  ——除尘器每班的收尘量不大于 2 kg。

——除尘器单台布置在靠近外墙处设置的单独房间内,房间的间隔墙采用耐火极限不低于 3.00 h 的实体隔墙,房间的外墙开有向外部泄爆的泄爆窗或用于泄爆的其他开口,泄爆面积符合 GB/T 15605 的要求。

11.3 除尘器的布置应远离明火区域,其间距不小于 25 m。

11.4 布置在厂房建筑物外部干式除尘器的进风管符合下列要求:

a) 除尘器进风管不直通建筑物内部,进风管设置在与进入建筑物内部的外墙保持 90°夹角的除尘器侧面或顶部,或设置在与建筑物的外墙面夹角呈 180°的除尘器的正面位置。

b) 在除尘器进风管弯管处设置泄爆装置,泄爆口不朝向厂房建筑物内部。

11.5 除尘器及内部的零部件安装牢固,不产生碰撞、摩擦。

11.6 布置在厂房建筑物外部的风管、除尘器应采取防水雾、雨水渗入的措施,潮湿度较高地区采取防结露措施。

11.7 布置在厂房建筑物外部的除尘器应符合 GB 50057 规定的防雷安全要求。

12 粉尘清理

12.1 应清理除尘系统残留的粉尘及泥浆,清理周期及部位应包括但不限于下列要求:

a) 至少每班清理的部位:
——吸尘罩或吸尘柜;
——干式除尘器卸灰收集粉尘的容器(桶);
——湿式除尘器的水质过滤池(箱)、水质过滤装置及除尘器箱体外部的滤网;
——纤维或飞絮除尘器的滤网、滤尘室;
——粉尘压实收集装置;
——木质粉尘单机滤袋吸尘器的滤袋及吸尘风机。

b) 至少每周清理的部位:
——干式除尘器的滤袋、灰斗、锁气卸灰装置、输灰装置、粉尘收集仓或筒仓;
——电气线路、电气设备、监测报警装置和控制装置;
——湿式除尘器的循环用水储水池(箱)。

c) 至少每月清理的部位:
——主风管和支风管;
——风机;
——防爆装置;
——干式除尘器的箱体内部,清灰装置。

12.2 清理作业时,采用不产生扬尘的清扫方式和不产生火花的清扫工具。

12.3 清理收集的粉尘及泥浆应作无害处理。

13 维护检修及检测、校验

13.1 应确保除尘系统符合防爆安全要求,除尘系统至少每半年进行一次维护检修。除尘系统维护检修作业前,应清除作业区、除尘系统内部及周边区域的粉尘,明火作业应按照 GB 15577 的规定采取防火安全措施。

13.2 袋式除尘器维护检修时,应针对滤袋清灰、残留粉尘的状况更新、更换滤袋。
13.3 应确保除尘系统配有的监测报警装置、控制装置和防爆装置,干式除尘器的清灰、锁气卸灰和输灰装置,湿式除尘器的水洗、水幕供水装置,以及除尘系统设置在粉尘爆炸环境危险区域的电气线路和电气设备等处于正常和安全运行的工作状态,在除尘系统安装、改造时进行验收检测,在使用期内每两年进行一次定期检测,监测报警装置至少每半年进行一次校验。
13.4 应建立除尘系统维护检修和检测、校验档案。

涂料生产企业安全生产标准化实施指南
(AQ 3040—2010)

前 言

本标准第 4 章、第 5 章为强制性条款。

本标准编制依据 GB/T 1.1。

本标准依据 AQ 3013—2008、AQ/T 9006—2010 制订,共同用于指导涂料生产企业开展安全生产标准化工作。

本标准由国家安全生产监督管理总局提出。

本标准由全国安全生产标准化技术委员会化学品安全分技术委员会(TC 288/SC 3)归口。

本标准起草单位:国家安全生产监督管理总局化学品登记中心、中国石油化工股份有限公司青岛安全工程研究院。

本标准参加起草单位:广东省涂料行业协会、国家涂料产品质量监督检验中心(广东)、广东华润涂料有限公司、广州珠江化工集团有限公司、中华制漆(深圳)有限公司、广东嘉宝莉化工有限公司、东莞大宝化工制品有限公司。

本标准主要起草人:张海峰、曹永友、曲福年、何炳福、林雪南、张卓杰、方永年、周耀、董国胜、田敏。

本标准为首次发布。

1 范围

本标准规定了属于危险化学品行业的涂料生产企业(以下简称企业)开展安全生产标准化的过程和要求。

本标准适用于中华人民共和国境内,原料、中间产品或产品属于危险化学品的涂料生产企业,其生产过程包括配料、分散、研磨、调漆、检验、包装、储运等,以及相关的树脂合成或油脂热炼等操作工艺和作业过程。

2 规范性引用文件

下列文件对于本文件的应用是必不可少的。凡是注日期的引用文件,仅注日期的版本适用于本文件。凡是不注日期的引用文件,其最新版本(包括所有的修改单)适用于本文件。

GB 4053.1 固定式钢直梯安全技术条件

GB 4053.2 固定式钢斜梯安全技术条件

GB 4053.3 固定式工业防护栏安全技术条件

GB 4053.4 固定式工业钢平台

GB 11651 劳动防护用品选用规则

GB 15603 常用化学危险品储存通则

GB 17914	易燃易爆性商品储藏养护技术条件
GB 17916	毒害性商品储藏养护技术条件
GB 18218	危险化学品重大危险源辨识
GB 50016	建筑设计防火规范
GB 50057	建筑物防雷设计规范
GB 50058	爆炸和火灾危险环境电力装置设计规范
GB 50140	建筑灭火器配置设计规范
GB 50351	储罐区防火堤设计规范
GBZ 2.1	工作场所有害因素职业接触限值 第1部分：化学有害因素
GBZ 2.2	工作场所有害因素职业接触限值 第2部分：物理因素
GBZ 158	工作场所职业病危害警示标识
GB/T 8196	机械安全防护装置固定式和活动式防护装置设计与制造一般要求
AQ 3013—2008	危险化学品从业单位安全标准化通用规范
AQ/T 9006—2010	企业安全生产标准化基本规范

3 术语和定义

AQ 3013—2008确立的以及下列术语和定义适用于本标准。

3.1
涂料 coating

涂于物体表面能形成具有保护、装饰或特殊功能，如绝缘、防腐、标志等，并能形成固态涂膜的液体或固体材料之总称。

注1：本标准特指属危险化学品的涂料。

注2：在具体的涂料品种名称中可用"漆"或"涂料"表示，如防火漆或防火涂料。

3.2
溶剂型涂料 solvent base coatings

主要稀释成分，即非成膜物质为有机溶剂的涂料。

3.3
稀释剂 thinner

单组分或多组分的挥发性液体，加入涂料中以降低其黏度。

4 一般要求

企业应按照 AQ 3013—2008 第4章要求开展安全标准化工作。

5 核心要求

5.1 方针目标

5.1.1 企业应坚持"安全第一，预防为主，综合治理"的安全生产方针。主要负责人应依据国家法律法规，结合企业实际，组织制定文件化的安全生产方针和目标。安全生产方针和目标应满足：

    a) 形成文件，并得到所有从业人员的贯彻和实施；

b) 符合或严于相关法律法规的要求；
c) 与企业的职业安全健康风险相适应；
d) 目标予以量化；
e) 公众易于获得。

5.1.2 企业应制定总体和年度安全生产目标，可结合但不局限于下列内容：
a) 零死亡；
b) 千人重伤率；
c) 千人负伤率；
d) 事故起数降低率；
e) 隐患治理完成率；
f) 有毒有害场所检测合格率；
g) 其他。

5.1.3 企业应签订各级组织的安全目标责任书，确定年度安全工作目标，并予以考核。各级组织应制定年度安全工作计划，以保证年度安全目标的有效完成。

5.2 组织机构和职责

5.2.1 组织机构

5.2.1.1 企业应建立安全生产委员会（以下简称安委会）或安全生产领导小组，设置安全生产管理部门，配备专职安全生产管理人员：
a) 从业人员在 50 人以下的，应配备专职安全生产管理人员 1 名；
b) 从业人员在 50 人以上不足 300 人的，应配备不少于 2 名的专职安全生产管理人员；
c) 从业人员在 300 人以上不足 1 000 人的，应配备不少于 3 名的专职安全生产管理人员；
d) 从业人员超过 1 000 人的，应按不低于企业总人数 5‰配备专职安全生产管理人员。

5.2.1.2 企业应按《注册安全工程师管理规定》第六条规定，配备注册安全工程师。

5.2.1.3 企业应建立、健全从安委会或安全生产领导小组到基层班组的安全生产管理网络。

5.2.2 职责

5.2.2.1 企业应制定安委会或安全生产领导小组和管理部门的安全职责。

5.2.2.2 企业应制定主要负责人、各级管理人员和从业人员的安全职责。

5.2.2.3 企业应建立安全责任考核机制，对各级管理部门、管理人员及从业人员安全职责的履行情况和安全生产责任制的实现情况进行定期考核，予以奖惩。

5.2.3 负责人

5.2.3.1 企业的主要负责人应按照 AQ 3013—2008 第 5.1.1 条规定，做好本职工作。

5.2.3.2 企业主要负责人应作出明确的、公开的、文件化的安全承诺，内容包括：
a) 遵守安全生产法律、法规和标准及其他要求；
b) 贯彻安全生产方针，实现安全生产目标；
c) 坚持预防为主，开展风险管理，抓好隐患治理；
d) 提供必要资源，保障安全生产；

e) 持续改进安全绩效；

f) 对从业人员、相关方的承诺。

5.2.3.3 主要负责人的安全承诺内容应通过合适的方式、渠道向所有从业人员和相关方宣传或告知。

5.2.3.4 企业主要负责人每季度应至少组织并主持一次安全生产委员会或安全生产领导小组会议，审查总结本季度安全工作进展情况，研究、决策下一季度安全生产的重大问题，制订相应实施方案，并保存会议记录。

5.3 安全生产投入与工伤保险

5.3.1 安全生产投入

5.3.1.1 企业应依据国家、当地政府的有关安全生产费用提取规定，自行提取安全生产费用，专项用于安全生产。

5.3.1.2 企业应按照规定的安全生产费用使用范围，合理使用安全生产费用，建立安全生产费用台账。

5.3.2 工伤保险

企业应依法参加工伤社会保险，为从业人员缴纳工伤保险费。

5.4 法律法规与安全管理制度

5.4.1 法律法规、标准规范

5.4.1.1 企业应建立识别和获取适用的安全生产法律法规、标准规范及其他要求的制度，明确责任部门，确定获取的渠道、方式和时机，及时识别和获取，定期更新。

5.4.1.2 企业应将适用的安全生产法律、法规、标准及其他要求及时对从业人员进行宣传和培训，提高从业人员的守法意识，规范安全生产行为。

5.4.1.3 企业应将适用的安全生产法律法规、标准规范及其他要求及时传达给相关方。

5.4.1.4 企业应遵守安全生产法律法规、标准规范，并将相关要求及时转化为本单位的规章制度，贯彻到各项工作中。

5.4.2 规章制度

5.4.2.1 企业应按照 AQ 3013—2008 第 5.3.3.1 条要求，制订相关的安全生产规章制度，并结合实际情况制订下列内容的管理制度：

a) 门卫管理；

b) 厂区道路交通、车辆管理；

c) 废弃物管理；

d) 其他。

5.4.2.2 企业应将安全生产规章制度发放到有关的工作岗位。

5.4.3 操作规程

5.4.3.1 企业应根据涂料生产工艺、技术、设备特点和原材料、半成品、成品、辅助材料的危险性设立生产操作岗位，编制岗位操作规程。应编制但不局限于下列岗位的操作规程：

a) 漂油、脱酸、脱色岗位；

b) 树脂，如醇酸、聚酯、丙烯酸、聚氨酯、环氧酯、氨基等合成岗位；

c) 基料，如油脂基料、天然树脂基料、酚醛树脂基料、沥青基料等热炼岗位；

d) 固体树脂，如硝化棉、改性松香树脂、环氧树脂、丙烯酸树脂、乙烯树脂、氯化橡胶

等溶解岗位;
- e) 树脂、基料压滤,如使用板框式压滤机、油水分离机、高速离心机、袋式过滤机、纸芯过滤机、过滤塔筛等设备的岗位;
- f) 研磨,包括使用搅拌机、高速分散机、砂磨机、三辊机、球磨机等分散设备的岗位;
- g) 色漆、清漆配料岗位;
- h) 调漆、调色岗位;
- i) 辅助材料配制岗位;
- j) 包装岗位;
- k) 仓储岗位。

5.4.3.2 企业还应编制但不局限于下列通用设备的操作规程:
- a) 输送系统,包括气动式隔膜泵、齿轮泵、真空泵、转子泵、离心泵、空气压缩机等;
- b) 起重设备,包括电梯、电动葫芦、吊车、升降机、液压升降平台等;
- c) 加热系统,包括有机热载体炉、锅炉、电热棒加热、电感应加热等。

5.4.3.3 操作规程至少应包括下列内容:
- a) 正常开、停车操作程序;
- b) 各种操作参数、指标的控制;
- c) 安全注意事项和异常处理方法;
- d) 事故应急处理措施;
- e) 紧急停车操作程序;
- f) 接触化学品的危险性;
- g) 个体安全防护措施。

5.4.3.4 企业应在新工艺、新技术、新装置、新产品投产或投用前,组织编制新的操作规程。

5.4.4 评估

企业应每年至少一次对适用的安全生产法律、法规、标准及其他要求的执行情况进行符合性评价,消除违规现象和行为,并编制符合性评价报告,评价报告内容应包括:
- a) 获取的安全生产法律、法规和标准及其他要求的适宜性和充分性;
- b) 企业是否存在违法现象和行为;
- c) 对不符合安全生产法律、法规和标准及其他要求的现象和行为的整改情况;
- d) 其他。

5.4.5 修订

企业应按照 AQ 3013—2008 第 5.3.5 条要求执行。

5.4.6 文件和档案管理

5.4.6.1 企业应严格执行文件和档案管理制度,确保安全规章制度和操作规程编制、使用、评审、修订的效力。

5.4.6.2 企业应建立主要安全生产过程、事件、活动、检查的安全记录档案,并加强对安全记录的有效管理。

5.5 教育培训

5.5.1 教育培训

企业应按照 AQ 3013—2008 第 5.4 条规定执行。

5.5.2 安全文化建设
5.5.2.1 企业应通过安全文化建设,促进安全生产工作。
5.5.2.2 企业应采取多种形式的安全文化活动,引导全体从业人员的安全态度和安全行为,逐步形成为全体员工所认同、共同遵守、带有本单位特点的安全价值观,实现法律和政府监管要求之上的安全自我约束,保障企业安全生产水平持续提高。

5.6 生产设备设施
5.6.1 生产设备设施建设
5.6.1.1 企业应按照 AQ 3013—2008 第 5.5.1 条规定执行。
5.6.1.2 企业应选择具有相应化工设计资质和施工、监理资质的单位进行设计、施工和监理。
5.6.1.3 企业根据生产工艺的需要,可采用多层厂房结构。
5.6.1.4 企业应按照国家有关规定配备建设项目的安全设施。
5.6.1.5 冬天使用采暖设施的企业应按照 GB 50016 规定执行。
5.6.1.6 企业应编制建设项目试生产(使用)方案,并按规定向安全生产监督管理部门备案。

5.6.2 设备设施运行管理
5.6.2.1 企业应对生产设备设施进行规范化管理,保证其安全运行。
5.6.2.2 企业应按照 AQ 3013—2008 第 5.5.6 条规定执行。

5.6.3 新设备设施验收及旧设备拆除、报废
5.6.3.1 企业应执行生产设备设施到货验收和报废管理制度,应使用质量合格、设计符合要求的生产设备设施。
5.6.3.2 企业应严格执行生产设施拆除和报废管理制度。拆除作业前,拆除作业负责人应与需拆除设施的主管部门和使用单位共同到现场进行对接,作业人员进行危险、有害因素识别,制定拆除计划或方案,办理拆除设施交接手续。
5.6.3.3 企业凡需拆除的容器、设备和管道,应先清洗干净,分析、验收合格后方可进行拆除作业。
5.6.3.4 企业欲报废的容器、设备和管道内仍存有危险化学品的,应清洗干净,分析、验收合格后,方可报废处置。

5.6.4 安全设施
5.6.4.1 企业应按照 AQ 3013—2008 第 5.5.2.1 条、第 5.5.2.2 条规定,配置安全设施,建立安全设施管理台账。
5.6.4.2 企业应确保安全设施配备符合国家有关规定和标准,做到:
  a) 检测报警设施:
    1) 散发可燃气体、可燃蒸气的场所应设可燃气体检测报警仪;散发硫化氢、氰化氢、氯气、一氧化碳、丙烯腈、环氧乙烷、氯乙烯等有毒区域应设置有毒气体检测报警仪:
     (1) 可燃气体检测报警仪的有效覆盖水平平面半径,室内宜为 7.5 m;室外宜为 15 m。可燃气体检测报警仪的探头宜在可燃气体、可燃蒸气释放源处安装;
     (2) 检测比空气重的可燃气体或有毒气体的检测报警仪,其安装高度应距

地坪 0.3 m～0.6m；

　　　　　(3) 检测比空气轻的可燃气体或有毒气体检测报警仪，其安装高度宜高出释放源 0.5 m～2 m。

　　2) 下列设备设施：

　　　　(1) 输送泵宜配置压力表；

　　　　(2) 密闭式砂磨机应配置压力、温度安全联锁装置；

　　　　(3) 溶剂储罐应配置压力表、呼吸阀、液位计。玻璃管液位计应加护套保护措施，易燃易爆液体不宜使用玻璃管液位计，储罐液位计指示宜为电子液位显示并设置液位高低限报警，报警信号送至控制室；

　　　　(4) 蒸汽锅炉应配置压力表、温度计及水位计；

　　　　(5) 树脂反应釜的超温报警装置、测量调控装置及有关附属仪器，如压力表、温度计、水位计等应完整、齐全、有效；

　　　　(6) 属特种设备的树脂反应釜(工作压力不小于 0.1 MPa 表压；负压或真空下工作；工作温度不小于标准沸点等)，其安全附件、安全保护装置、测量调控装置及有关附属仪器应定期校验、检修、记录；

　　　　(7) 有机热载体炉应配置液位计、温度计、安全阀、膨胀器、自动调节保护装置；

　　　　(8) 单体聚合釜应设置防爆膜及溢沫槽。

b) 设备安全防护设施：

　　1) 防护栏、安全梯、平台的设置应符合 GB 4053.1、GB 4053.2、GB 4053.3、GB 4053.4 的规定；

　　2) 各种外露的机械转动设备和皮带传动部位，应设置便于观察的安全防护装置，防护罩应符合 GB/T 8196 要求；

　　3) 分散机、搅拌机的转盘或转叶使用时，应置于移动分散缸内的中央位置，分散缸应设置固定装置。

c) 防爆设施：

　　1) 易燃易爆场所应按 GB 50058 规定配置防爆型电气设备；

　　2) 甲乙类厂房、仓库内的起重设备和电梯应为液压升降平台或防爆型电梯和防爆型电动启动设备；

　　3) 甲乙类厂房、仓库应采用防爆工具；

　　4) 散发比空气重的可燃气体、可燃蒸气的甲类厂房以及有粉尘、纤维爆炸危险的乙类厂房，应按照 GB 50016 第 3.6.6 条规定采用不产生火花的地面；

　　5) 在有火灾爆炸危险性的场所应采用防爆型电子台秤，即防爆型称重显示控制器；

　　6) 砂磨机、分散机、包装机、树脂反应釜、树脂过滤装置等应安装静电接地装置；

　　7) 电线、电缆应采用穿钢管敷设或防火电缆槽盒铺设。

d) 作业场所防护设施：

　　1) 企业应按照 GB 50057 规定设置防雷设施；

　　2) 重点防火防爆作业区的入口处，应设置人体静电消除装置。

e) 控制事故设施：
  1) 泄压和止逆设施：
    (1) 树脂、固化剂反应釜应设置用于泄压的阀门、防爆膜(片)、溢位槽、放空管等设施；
    (2) 有爆炸危险的甲、乙类厂房和仓库应按照 GB 50016 第 3.6 条规定设置泄压设施；
    (3) 工艺上需要排空的设备,如树脂反应釜、容器、物料储罐(槽)等均应安装排空管,并定期检查其有效性。易燃、易爆液体的储罐(槽)的排空管应设有阻火器,并加装伞盖。
  2) 紧急处理设施：
    (1) 配备紧急备用电源；
    (2) 树脂反应釜应配置通入氮气封闭液面设施；
    (3) 密闭砂磨机应设定限温、限压的紧急停车、仪表联锁设施。
f) 减少与消除事故影响设施：
  1) 防止火灾蔓延设施：
    (1) 当必须在间墙、楼梯间开门时,应按照 GB 50016 的规定采用防火门；防火墙上不应开设门、窗、洞口,当必须开设时,应设置固定的或自动关闭的甲级防火门窗；
    (2) 在甲乙类车间、仓库防火分区的间墙、楼梯间按照 GB 50016 第 7.4 条和 7.5 条规定设置防火门；
    (3) 甲乙丙类液体的储罐或储罐组,其四周应按照 GB 50016、GB 50351 的规定设置防火堤；
    (4) 甲、乙、丙类液体仓库应设置防止液体流散的设施,如墁坡；
    (5) 甲、乙类厂房内部或顶层(即天台)不应设置溶剂储罐及储罐区。如工艺需要设置高位储槽时,其储量不应超过一昼夜的用量,但应采取有效的防护措施；
    (6) 进入生产厂区、罐区及爆炸性气体环境或危险化学品作业区范围的机动车辆应在排气管出口处,佩戴防火罩；
    (7) 甲、乙、丙类液体储罐区防火堤出口处的含油污水排水管应设置安全水封设施,雨水排水管应设置阀门等封闭、隔离装置。
  2) 灭火设施：
    (1) 应按照 GB 50140、GB 50016 规定设置火灾自动报警系统、自动灭火系统、室内外消防栓、给水管道、灭火器材、消防水泵房及消防水池等消防给水和灭火设施；
    (2) 在易燃液体储罐区、甲类可燃液体桶装堆场、溶解硝化棉的厂房应设置喷淋装置；
    (3) 建筑面积超过 60 m² 或储存量超过 2 t 的硝化棉仓库应设置喷淋灭火系统；
    (4) 树脂反应釜、热炼锅应采用热载体加热,不应采用明火直接釜底加热工艺;有机热载体炉安全阀、压力表、液面计及自动控制和自动保护装置应符合《有机热载体炉安全技术监察规程》的要求。

  3) 紧急个体处置设施:企业应根据规定配置洗眼器、喷淋器、逃生器、逃生索、应急照明等设施。

  4) 应急救援设施:企业应根据实际情况配置应急救援设施:包括堵漏、工程抢险装备和现场受伤人员的急救箱、担架等医疗抢救装备。

  5) 逃生避难设施:企业应按照 GB 50016 第 3.7 条、第 3.8 条规定设置逃生和避难的安全通道(梯)和安全出口。

5.6.4.3 企业应按照 AQ 3013—2008 第 5.5.2.3 条、第 5.5.2.4 条、第 5.5.2.5 条规定执行。

5.6.5 特种设备

5.6.5.1 企业应按照 AQ 3013—2008 第 5.5.3 条规定执行。企业涉及的特种设备主要包括:
 a) 压力容器,含储存沸点低于 45 ℃ 甲类液体的容器、压力管道;
 b) 锅炉、有机热载体炉;
 c) 起重机械,包括电梯、吊车、垂直升降机、电动葫芦等;
 d) 企业内机动车辆。

5.6.6 关键装置及重点部位

  企业应按照 AQ 3013—2008 第 5.5.5 条规定,对关键装置及重点部位实行管理,关键装置及重点部位包括但不局限于下列内容:
 a) 关键装置:
  1) 树脂合成装置;
  2) 固化剂合成装置;
  3) 有机热载体炉;
  4) 蒸汽锅炉;
  5) 研磨机,主要为三辊机、砂磨机;
  6) 高速分散机或搅拌机;
  7) 稀释剂配制釜。
 b) 重点部位:
  1) 溶剂储罐区;
  2) 硝化棉仓库;
  3) TDI 仓库;
  4) 甲、乙类物品仓库;
  5) 硝化棉溶解、稀释剂包装工序;
  6) 树脂溶解锅;
  7) 发电机房和变电站;
  8) 其他。

5.7 作业安全

5.7.1 生产现场管理和生产过程控制

5.7.1.1 企业应加强生产现场安全管理和生产过程的控制。

5.7.1.2 企业应根据生产场所的火灾爆炸危险性划定禁火区,按照 AQ 3013—2008 第 5.6.1

条规定,对危险性作业实施作业许可证管理,未办理作业许可证,不得进行相关作业活动。
5.7.1.3 各种作业许可证存根应至少保存一年。
5.7.1.4 企业危险化学品运输车辆应到当地交通管理部门申办取得危险货物道路运输证。
5.7.1.5 企业进行爆破、吊装等危险作业时,应当安排专人进行现场安全管理,确保安全规程的遵守和安全措施的落实。

5.7.2 工艺安全

5.7.2.1 企业操作人员应掌握工艺安全信息,主要包括:
  a) 化学品危险性信息:
    1) 物理特性;
    2) 反应活性;
    3) 腐蚀性;
    4) 热和化学稳定性;
    5) 毒性;
    6) 职业接触限值;
    7) 自救和救援措施。
  b) 工艺信息:
    1) 工艺流程图;
    2) 化学反应机理;
    3) 最大储存量;
    4) 工艺参数,如压力、温度、流量安全上下限值。
  c) 设备信息:
    1) 设备和管道图纸;
    2) 设备材质;
    3) 设备安装与调试;
    4) 电气设备类别;
    5) 调节阀系统设计;
    6) 安全系统,如报警器、联锁等。

5.7.2.2 应按照 AQ 3013—2008 第 5.5.4.2 条、第 5.5.4.3 条、第 5.5.4.4 条规定执行。
5.7.2.3 企业生产装置停车应满足下列要求:
  a) 编制停车方案。正常停车必须按停车方案中规定的步骤进行。用于紧急处理的自动停车联锁装置,不应用于正常停车;
  b) 系统降压、降温必须按要求的幅度、速率先高压后低压的顺序进行。凡需保压、保温的设备容器等,停车后要按时记录压力、温度的变化;
  c) 大型传动设备的停车,必须先停主机、后停辅机;
  d) 设备、容器卸压时,应按规定排放和散发易燃、易爆、易中毒等危险化学品,防止造成事故;
  e) 冬季停车后,要采取防冻保温措施。

5.7.2.4 紧急情况处理应遵守下列要求:
  a) 发生紧急情况,应妥善处理,同时向有关方面报告;

    b) 工艺及机电设备等发生异常情况时,应迅速采取措施,并通知有关岗位协调处理;
    c) 发生停电、停水、停气(汽)时,必须采取措施,防止系统超温、超压、跑料及机电设备的损坏;
    d) 发生爆炸、着火、大量泄漏等事故时,应迅速启动应急预案。

5.7.2.5 企业生产装置泄压系统或排空系统排放的危险化学品应引至安全地点并得到妥善处理。

5.7.2.6 企业操作人员应严格执行操作规程,工艺参数控制不超出安全限值。对工艺参数运行出现的偏离情况及时分析,保证工艺参数偏差得到纠正。

5.7.2.7 有机热载体炉新加的导热油不得马上加热运转,宜慢慢升温,将导热油中的水分逐渐蒸发出去后才能正式运转传热。

5.7.2.8 砂磨机、三辊机、分散机、搅拌机,除短时间调试、洗机外不得空转。

5.7.2.9 分散机运转时,禁止用油刀和铁棒接触搅拌轴。分散机由低速转向高速时不宜一步到位,操作人员不得离开。

5.7.3 作业行为管理

5.7.3.1 企业应按照 AQ 3013—2008 第 5.6.3 条执行。

5.7.3.2 凡是在转动部位旁边操作时,操作人员应戴工作帽,不得穿戴各类手套。

5.7.3.3 企业应严格执行危险化学品储存规定,做到:
    a) 涂料用硝化棉应按照 GB 15603 附录 B 规定,专库储存于阴凉、干燥、通风良好的库房内,严禁与氧化剂、碱类等性质不同的物品混存;
    b) 铝粉应按照 GB 17914 第 3.3.2.4 条规定单独储存;
    c) 甲醇、乙醇、丙酮等应按照 GB 17914 第 3.3.2.3 条规定专库储存;
    d) 有机过氧化物与还原剂应按照 GB 17914 第 3.3.2.7 条规定分别储存;
    e) 过氧化苯甲酰(含稳定剂)、过氧化甲乙酮的储存环境应符合 GB 17914 第 3.5.1 条规定。

5.7.3.4 剧毒化学品,如 TDI,应按照 GB 17916 第 3.2.4 条的规定专库储存或存放在间隔的单间内,实行双人收发、双人保管制度。企业应将储存剧毒化学品的数量、地点以及管理人员的情况,报当地公安部门和安全生产监督管理部门备案。

5.7.4 警示标志

5.7.4.1 企业应按照 AQ 3013—2008 第 5.6.2 条规定,在可能产生各类危险的醒目位置设置安全标志;在产生职业危害作业场所的醒目位置设置职业危害警示标识、告知牌;至少在生产区的入口,甲、乙类厂房、仓库、储罐区等危险物品存在区域设置安全标志、职业危害警示标识。

5.7.4.2 企业应每半年至少检查一次安全标志、职业危害警示标识,确保无破损、变形、严重褪色等,保存检查记录。

5.7.5 相关方管理

5.7.5.1 企业应严格执行承包商管理制度,对承包商资格预审、选择、开工前准备、作业过程监督、表现评价、续用等过程进行管理,与选用的承包商签订安全协议书。

5.7.5.2 企业应严格执行供应商管理制度,对供应商资格预审、提供的产品、技术服务、选用和续用等过程进行管理。

5.7.5.3 企业应建立合格相关方的名录和档案,根据服务作业行为定期识别服务行为风险,并采取行之有效的控制措施。

5.7.5.4 不得将项目委托给不具备相应资质或条件的相关方。

5.7.6 变更

5.7.6.1 企业应严格执行变更管理制度,履行下列变更程序:
   a) 变更申请:按要求填写变更申请表,由专人进行管理;
   b) 变更审批:变更申请表应逐级上报主管部门,并按管理权限报主管领导审批;
   c) 变更实施:变更批准后,由主管部门负责实施。不经过审查和批准,任何临时性的变更都不得超过原批准范围和期限;
   d) 变更验收:变更实施结束后,变更主管部门应对变更的实施情况进行验收,形成报告,并及时将变更结果通知相关部门和有关人员。

5.7.6.2 企业应对变更过程产生的风险进行分析和控制。

5.7.7 风险管理

5.7.7.1 范围和评价方法:
   a) 企业应按照 AQ 3013—2008 第 5.2.1.1 条规定,成立风险评价小组,评价小组成员应包括生产、技术、设备、电气、仪表、安全、工程等部门的人员,且应具备下列条件:
      1) 熟识安全生产的法律、法规和标准及其他要求;
      2) 具备涂料专业知识和经验;
      3) 熟悉风险评价方法;
      4) 其他。
   b) 企业应按照 AQ 3013—2008 第 5.2.1.2 条、第 5.2.1.3 条、第 5.2.1.4 条规定确定评价范围、评价方法和准则。

5.7.7.2 风险评价:企业应按照 AQ 3013—2008 第 5.2.2 条要求进行风险评价,应重点但不局限于对以下生产工艺过程、场所、设备设施等进行评价:
   a) 树脂、基料、固化剂的生产工艺过程,包括合成或热炼、稀释、压滤、检验、上槽(入库);
   b) 成漆生产工艺过程,包括配料混合、分散研磨、调漆(色)、检验、过滤、包装、入库;
   c) 硝化棉、固体树脂溶解工艺过程;
   d) 稀释剂、辅助材料的配制工艺过程;
   e) 树脂储罐区、溶剂储罐区的物料储存、物料进出(或装卸)过程;
   f) 硝化棉、TDI 及其他甲、乙类危险化学品的储运过程;
   g) 有机热载体炉、蒸汽锅炉、电热棒加热、电感应加热等系统;
   h) 停水、停电、停蒸汽;
   i) 停仪表风气源;
   j) 工艺参数偏差;
   k) 其他。

5.7.7.3 风险控制:
   a) 企业应按照 AQ 3013—2008 第 5.2.3 条规定,对风险进行控制;
   b) 企业应形成重大风险清单,制定相应控制措施,并对控制措施的实施效果进行监督、检查和评价,保存记录。

5.7.7.4 风险信息更新：
  a) 企业应适时组织风险评价工作，识别与生产经营活动有关的危险、有害因素和隐患。
  b) 企业应定期评审或检查风险评价结果和风险控制效果。
  c) 企业应在下列情形发生时及时进行风险评价：
    1) 新的或变更的法律法规或其他要求；
    2) 操作条件变化或工艺改变；
    3) 技术改造项目；
    4) 有对事件、事故或其他信息的新认识；
    5) 组织机构发生大的调整。

5.8 隐患排查和治理

5.8.1 隐患排查

5.8.1.1 企业应定期组织事故隐患排查工作，对隐患进行分析评估，确定隐患等级，登记建档，及时采取有效的治理措施。

5.8.1.2 隐患排查前应制定排查方案，明确排查的目的、范围，选择合适的排查方法。排查方案应依据：
  a) 有关安全生产法律、法规要求；
  b) 设计规范、管理标准、技术标准；
  c) 企业的安全生产目标；
  d) 其他。

5.8.2 排查范围与方法

5.8.2.1 企业隐患排查的范围应包括所有与生产经营相关的场所、环境、人员、设备设施和活动。

5.8.2.2 企业应根据安全生产的需要和特点，采用综合检查、专业检查、季节性检查、节假日检查、日常检查等方式进行隐患排查。各种安全检查均应按相应的安全检查表逐项检查，建立安全检查台账，并与责任制挂钩。

5.8.2.3 企业安全检查形式和内容应满足：
  a) 综合性检查应由相应级别的负责人负责组织，以落实岗位安全责任制为重点，各专业共同参与的全面安全检查。厂级综合性安全检查每季度不少于 1 次，车间级综合性安全检查每月不少于 1 次；
  b) 专业检查分别由各专业部门的负责人组织本系统人员进行，主要是对锅炉、压力容器、危险物品、电气装置、机械设备、构建筑物、安全装置、防火防爆、防尘防毒、监测仪器等进行专业检查。专业检查每半年不少于 1 次；
  c) 季节性检查由各业务部门的负责人组织本系统相关人员进行，是根据当地各季节特点对防火防爆、防雨防汛、防雷电、防暑降温、防风及防冻保暖工作等进行预防性季节检查。
  d) 日常检查分岗位操作人员巡回检查和管理人员日常检查。岗位操作人员应认真履行岗位安全生产责任制，进行交接班检查和班中巡回检查，各级管理人员应在各自的业务范围内进行日常检查；
  e) 节假日检查主要是对节假日前安全、保卫、消防、生产物资准备、备用设备、应急预案等方面进行的检查。

5.8.2.4 企业应按照 AQ 3013—2008 第 5.10.1 条规定,做好安全检查管理。编制下列但不局限于下列检查形式的安全检查表：
    a) 综合性安全检查表：
        1) 厂级综合性安全检查表；
        2) 车间级综合性安全检查表。
    b) 专业性安全检查表：
        1) 工艺管理安全检查表；
        2) 设备管理安全检查表；
        3) 变配电系统管理安全检查表；
        4) 仪表管理安全检查表；
        5) 储存罐区、仓库管理安全检查表；
        6) 消防管理安全检查表；
        7) 职业卫生管理安全检查表；
        8) 现场检维修作业管理安全检查表；
        9) 安全设施管理安全检查表等。
    c) 季节性安全检查表(根据各地情况自定)。
    d) 日常安全检查表：
        1) 岗位操作人员日常安全检查表；
        2) 工艺、设备、安全、电气、仪表等专业技术管理人员的日常安全检查表。
    f) 节假日安全检查表。

5.8.3 隐患治理

5.8.3.1 企业应对隐患项目下达隐患治理通知,限期治理,做到定治理措施、定负责人、定资金来源、定治理期限。企业应建立隐患治理台账。

5.8.3.2 企业应对确定的重大隐患项目建立档案,档案内容应包括：
    a) 评价报告与技术结论；
    b) 评审意见；
    c) 隐患治理方案,包括资金概预算情况等；
    d) 治理时间表和责任人；
    e) 竣工验收报告。

5.8.3.3 企业无力解决的重大事故隐患,除采取有效防范措施外,应书面向企业直接主管部门和当地政府报告。

5.8.3.4 企业对不具备整改条件的重大事故隐患,必须采取防范措施,并纳入计划,限期解决或停产。

5.8.4 预测预警

企业应根据生产经营状况及隐患排查治理情况,运用定量的安全生产预测预警技术,建立体现企业安全生产状况及发展趋势的预警指数系统。

5.9 重大危险源监控

5.9.1 辨识

5.9.1.1 企业应依据有关规定对本单位的危险设施进行重大危险源辨识。

5.9.1.2 企业应按照 GB 18218 标准对硝化纤维素、甲醇、乙醇、丙酮、松节油、乙酸正丁酯、过氧化甲乙酮、过氧化(二)异丁酰、苯、甲基苯、TDI 等危险化学品进行重大危险源辨识。

5.9.2 登记建档与备案

5.9.2.1 企业应当对确认的重大危险源及时登记建档,建立重大危险源管理档案。重大危险源管理档案内容主要包括:

  a) 物质名称、类别、性质和数量;
  b) 所在位置;
  c) 检测报告;
  d) 管理制度;
  e) 管理人员;
  f) 应急救援预案与演练方案、演练记录;
  g) 监控检查记录;
  h) 评估报告;
  i) 其他。

5.9.2.2 企业应将重大危险源及相关安全措施、应急措施报送当地县级以上人民政府安全生产监督管理部门和有关部门备案。

5.9.3 监控与管理

5.9.3.1 企业应按照有关规定对重大危险源设置安全监控报警系统。

5.9.3.2 企业应依据国家有关规定对重大危险源定期进行安全评估。

5.9.3.3 企业应对重大危险源的设备、设施定期检查、检验,并做好记录。

5.9.3.4 企业应制定重大危险源应急救援预案,配备必要的救援器材、装备,每年至少进行 1 次重大危险源应急救援预案演练。

5.9.3.5 企业重大危险源的防护距离应满足国家标准或规定,不符合国家标准或规定的,应采取切实可行的防范措施,并在规定期限内进行整改。

5.10 职业健康

5.10.1 职业健康管理

5.10.1.1 企业应按照 AQ 3013—2008 第 5.8.2 条规定执行。

5.10.1.2 企业应制定切实可行的职业危害防治计划和实施方案。要明确责任人、责任部门、目标、方法、资金、时间表等,并对防治计划和实施方案进行定期检查,确保职业危害的防治与控制效果。

5.10.1.3 企业作业场所职业危害因素的各项指标应符合 GBZ 2.1 和 GBZ 2.2 规定,作业场所空气中下列物质的浓度不得超过下列时间加权平均容许浓度指标:

  a) 苯(皮)6 mg/m^3;
  b) 甲苯(皮)50 mg/m^3;
  c) 二甲苯 50 mg/m^3;
  d) 丙酮 300 mg/m^3;
  e) 环己酮(皮)50 mg/m^3;
  f) 甲醇(皮)25 mg/m^3;
  g) 丁醇 100 mg/m^3;

- h) 甲苯-2,4-二异氰酸酯(TDI)0.1 mg/m³;
- i) 过氧化苯甲酰 5 mg/m³;
- j) 煤焦油沥青挥发物 0.2 mg/m³;
- k) 石油沥青烟(按苯溶物计)5 mg/m³;
- l) 丙烯酸(皮)6 mg/m³;
- m) 甲基丙烯酸 70 mg/m³;
- n) 丙烯酸甲酯(皮)20 mg/m³;
- o) 丙烯酸正丁酯 25 mg/m³;
- p) 铬酸盐 0.05 mg/m³。

5.10.1.4 企业应对作业场所职业危害因素检测结果超出职业接触限值的,制定整改措施,限期整改。

5.10.1.5 企业应根据从业人员所接触的职业危害因素类别、有关管理规定确定检查项目和检查周期,进行职业健康检查;从业人员职业健康检查结果存入从业人员健康监护档案。

5.10.2 职业危害告知和警示

5.10.2.1 企业与从业人员订立劳动合同时,应将工作过程中可能产生的职业危害及其后果和防护措施如实告知从业人员,并在劳动合同中写明。

5.10.2.2 企业应以适当、有效的方式对从业人员及相关方进行宣传,使其了解生产过程中危险化学品的危险特性、活性危害、禁配物等,以及采取的预防及应急处理措施。

5.10.2.3 企业应在可能产生严重职业危害作业岗位的醒目位置,按照 GBZ 158 设置职业危害警示标识,同时设置告知牌,告知产生职业危害的种类、后果、预防及应急救治措施、作业场所职业危害因素检测结果等。

5.10.3 职业危害申报

企业应按照 AQ 3013—2008 第 5.8.1 条规定执行。企业的职业危害因素主要包括:
- a) B苯类;
- b) 异氰酸酯类;
- c) 醇类、酮类、醇醚类、石油溶剂类;
- d) 涂料用硝化纤维素;
- e) 重金属,如铅、镉、铬、汞、铬盐等;
- f) 沥青、焦油;
- g) 噪声;
- h) 其他。

5.10.4 劳动防护用品

5.10.4.1 企业应按照 AQ 3013—2008 第 5.8.3 条规定执行。

5.10.4.2 企业应根据 GB 11651 及有关规定和实际情况,为从业人员配备劳动防护用品和装备,包括工作服、工作鞋、安全帽、护目镜、手套、安全带、披肩、鞋罩、围裙、袖套、防尘口罩等,必要时配备防毒口罩、防毒面具等。

5.10.5 危险化学品安全

5.10.5.1 危险化学品档案

企业应按照 AQ 3013—2008 第 5.7.1 条规定执行。

5.10.5.2 化学品分类
企业应按照国家有关规定对其产品、所有中间产品进行分类,并将分类结果汇入危险化学品档案。

5.10.5.3 化学品安全技术说明书和安全标签
企业应按照 AQ 3013—2008 第 5.7.3 条规定执行。

5.10.5.4 化学事故应急咨询服务电话
生产企业应设立 24 小时应急咨询服务固定电话,有专业人员值班并负责相关应急咨询。没有条件设立应急咨询服务电话的,应委托危险化学品专业应急机构作为应急咨询服务代理。

5.10.5.5 危险化学品登记
企业应按照有关规定对危险化学品进行登记。

5.11 应急救援

5.11.1 应急机构和队伍
5.11.1.1 企业应按规定建立安全生产应急机构或指定专人负责安全生产应急管理工作。

5.11.1.2 企业应建立应急指挥系统,实行分级管理,即厂级、车间级管理。

5.11.1.3 企业应建立应急救援队伍。

5.11.1.4 企业应明确各级应急指挥系统和救援队伍的职责。

5.11.2 应急预案
5.11.2.1 企业应按照 AQ 3013—2008 第 5.9.6.1 条规定,编制综合应急救援预案;针对可能发生的具体事故类别,制定相应的专项应急预案和现场处置方案。应重点考虑因素有:着火、爆炸、泄漏、中毒、烧伤、灼伤、降温、冷却、排料、停进料、停汽、停电等。

5.11.2.2 企业应将应急救援预案报当地安全生产监督管理部门和有关部门备案,并通报当地应急协作单位,建立应急联动机制。

5.11.2.3 企业应对应急救援预案进行定期评审、修订。

5.11.3 应急设施、装备、物资
5.11.3.1 企业应按国家相关规定配备应急设施、装备,储备足够的应急物资,并保持完好,严禁挪用。

5.11.3.2 企业应配备常用的医疗急救器材和急救药品。

5.11.3.3 在有毒有害作业场所配备救援器材柜,放置必要的防护救护器材,进行经常性的维护保养并记录,保证其处于正常状态。

5.11.4 应急演练
5.11.4.1 企业应组织从业人员进行应急救援预案的培训,定期演练,评价演练效果,评价应急救援预案的充分性和有效性,并形成记录。

5.11.4.2 企业每年至少组织 1 次应急救援预案演练,车间每半年至少进行 1 次现场处置方案演练。

5.11.5 事故救援
5.11.5.1 企业发生生产安全事故后,应迅速启动应急救援预案,企业负责人直接指挥,积极组织抢救,妥善处理,以防止事故的蔓延扩大,减少人员伤亡和财产损失。安全、技术、设备、动力、生产、消防、保卫等部门应协助做好现场抢救和警戒工作,保护事故现场。

5.11.5.2 企业发生有害物大量外泄事故或火灾爆炸事故应设警戒线。
5.11.5.3 企业抢救人员应佩戴好相应的防护器具,对伤亡人员及时进行抢救处理。

5.12 事故报告、调查和处理

5.12.1 事故报告

5.12.1.1 企业应明确事故报告程序,发生生产安全事故后,事故现场有关人员除立即采取应急措施外,应按规定和程序报告本单位负责人及有关部门。情况紧急时,事故现场有关人员可以直接向事故发生地县级以上人民政府安全生产监督管理部门和负有安全生产监督管理职责的有关部门报告。

5.12.1.2 企业负责人接到事故报告后,应当于1小时内向事故发生地县级以上人民政府安全生产监督管理部门和负有安全生产监督管理职责的有关部门报告。

5.12.1.3 企业在事故报告后出现新情况时,应按有关规定及时补报。

5.12.2 事故调查和处理

5.12.2.1 企业发生生产安全事故后,应积极配合各级人民政府组织的事故调查,负责人和有关人员在事故调查期间不得擅离职守,应当随时接受事故调查组的询问,如实提供有关情况。

5.12.2.2 未造成人员伤亡的一般事故,县级人民政府委托企业负责组织调查的,企业应按规定成立事故调查组组织调查,按时提交事故调查报告。

5.12.2.3 企业应落实事故整改和预防措施,防止事故再次发生。整改和预防措施应包括:
   a) 工程技术措施;
   b) 培训教育措施;
   c) 管理措施。

5.12.2.4 企业应建立事故档案和事故管理台账。

5.13 绩效评定和持续改进

5.13.1 安全检查

5.13.1.1 企业应严格执行安全检查管理制度,定期或不定期进行安全检查,保证安全生产标准化有效实施。

5.13.1.2 企业应对安全检查所查出的问题进行原因分析,制定整改措施,落实整改时间、责任人,并对整改情况进行验证,保存相应记录。

5.13.2 绩效评定

企业应每年至少1次对本单位安全生产标准化的实施情况进行自评,验证安全生产标准化的符合性、适宜性和有效性,检查安全生产目标、指标的完成情况。评定工作应形成正式文件,并将结果向所有部门、所属单位和从业人员通报,作为年度考核的重要依据。

5.13.3 持续改进

企业应根据安全生产标准化的自评结果和安全生产预警指数系统所反映的趋势,对安全生产目标、指标、规章制度、操作规程等进行修改完善,提出进一步完善安全生产标准化的计划和措施,不断提高安全绩效。

涂料生产企业安全技术规程
（AQ 5204—2008）

前　　言

本标准是根据《中华人民共和国安全生产法》、《中华人民共和国职业病防治法》、《危险化学品管理条例》等法律法规，遵照"安全第一，预防为主"的安全生产方针，结合当前涂料生产企业实际，在研究和消化吸收国家有关职业安全标准的基础上制定的。主要对涂料生产企业的防火防爆、防静电、防尘防毒、生产安全和安全管理等方面作出基本规定，以达到预防和减少人身伤亡和财产损失事故，保证职业安全与健康的目的。

本标准文本格式按照 GB/T 1.1—2000 编写。

本标准的第 4、5、6 章为强制性条款。

本标准的附录 A、附录 B 为规范性附录，附录 C 为资料性附录。

本标准由国家安全生产监督管理总局提出。

本标准由全国安全生产标准化技术委员会涂装作业分技术委员会归口。

本标准负责起草单位：浙江省涂料工业协会、江苏省安全生产科学研究院、浙江省天正设计工程有限公司、杭州油漆有限公司、浙江环球制漆集团股份有限公司、浙江天女集团制漆有限公司、杭州灯塔涂料玻璃有限公司、浙江南方涂料工业有限公司、浙江环达漆业集团有限公司、宁波飞轮造漆责任有限公司、浙江鱼童发达造漆有限公司、浙江兰歌化学工业有限公司。

本标准参加单位：中国涂料工业协会、四川省涂料工业协会、福建省涂料工业协会、广东顺德涂料商会、浙江华特实业集团华特化工有限公司、浙江飞鲸漆业有限公司、永康金闪闪漆业有限公司、浙江顺虎德邦涂料有限公司、杭州传化涂料有限公司、杭州一韦涂料化工有限公司、台州厦光涂料有限公司、浙江博星涂料化工有限公司、杭州浙大凯得丽化工有限公司、浙江志强涂料有限公司、遂昌神牛涂料有限公司、浙江明泉工业涂装有限公司、广东顺德华隆涂料有限公司、福建百花化学股份有限公司、福建省腾龙工业有限公司、福州金风涂料有限公司、泉州市信和涂料有限公司。

本标准主要起草人：马新华、胡义铭、包晓跃、华永康、叶晓秧、包天雄、胡志成、姚生铭、岳望坤、黄添源、崔保忠、林雄、陈观其、方永年、王春伟、叶峰、吴东升、袁泉利、邱玉清、梁新方、程外亮、郁继民、蒋方群、周克尧、曹震靖、胡志旺、王君瑞、曹银祥、李祥超、魏进、卢志强、周显亮、王炳华、沈秉强、纪金华。

引　　言

涂料生产安全涉及学科门类多，专业性强。加强安全标准化的实施，对于保障涂料生产的安全和监督管理，将起到积极的推动作用。

保持本标准与其他国家安全标准的整体协调，是本标准努力的目标。本标准在涂料生产企业有关安全方面，凡涉及安全、卫生、储存、运输、包装等国家有标准的，均采用国家标准;国家有多个标准时,采取通用标准为主,衍生标准为辅的原则;国家有新标准时,采用新标准;当新标准条款未规定内容时,老标准的条款有规定内容并在有效期内,采用老标准的条款,实现新老标准过渡,保持标准间的整体协调。

本标准在执行过程中,希望同行各单位结合企业实际,认真总结经验,如发现需要修改和补充之处,请将意见和有关资料寄交全国安全生产标准化技术委员会涂装作业分技术委员会,以供今后修订时参考。

1 范围

本标准规定了涂料生产企业基本安全技术措施,包括工厂总平面规划、防火防爆、防雷防静电、电气安全、生产装置安全、工业管道安全、安全标志、防尘防毒、防噪声、防护用品、涂料生产安全和安全管理等方面内容。

本标准适用于中华人民共和国境内从事溶剂型涂料、水性涂料、粉末涂料等不同类型(包括涂料用树脂、危险化学品的涂料产品和非危险化学品的涂料产品)的涂料生产企业。

油墨、黏合剂、树脂生产企业可参照使用。

2 规范性引用文件

下列文件中的条款通过本标准的引用而成为本标准的条款。凡是注日期的引用文件,其随后所有的修改单(不包括勘误的内容)或修订版均不适用于本标准,然而,鼓励根据本标准达成协议的各方研究是否可使用这些文件的最新版本。凡是不注日期的引用文件,其最新版本适用于本标准。

GB 190　危险货物包装标志
GB/T 2705　涂料产品分类和命名
GB 2893　安全色
GB 2894　安全标志
GB 4053.1　固定式钢直梯安全技术条件
GB 4053.2　固定式钢斜梯安全技术条件
GB 4053.3　固定式工业防护栏杆安全技术条件
GB 4053.4　固定式工业钢平台
GB 5083　生产设备安全卫生设计总则
GB/T 5206.1　色漆和清漆词汇　第一部分　通用术语
GB/T 5206.2　色漆和清漆词汇　第二部分　树脂术语
GB 6944　危险货物分类和品名编号
GB 7231　工业管道的基本识别色、识别符号和安全标识
GB/T 8196　机械安全　防护装置　固定式和活动式防护装置设计与制造一般要求
GB 8978　污水综合排放标准
GB/T 9750　涂料产品包装标志
GB/T 11651　劳动防护用品选用规则
GB 12158　防止静电事故通用导则
GB 12268　危险货物品名表

GB 12463　危险货物运输包装通用技术条件
GB 13392　道路运输危险货物车辆标志
GB/T 13491　涂料产品包装通则
GB 13495　消防安全标志
GB 15577　粉尘防爆安全规程
GB 15603　常用化学危险品贮存通则
GB 16179　安全标志使用导则
GB 16297　大气污染物综合排放标准
GB 17914　易燃易爆性商品储藏养护技术条件
GB 17915　腐蚀品商品储藏养护技术条件
GB 17916　毒害品商品储藏养护技术条件
GB 18070　油漆厂卫生防护距离标准
GB 18218　重大危险源识别
GB/T 18664　呼吸防护用品的选择、使用与维护
GB 50016—2006　建筑设计防火规范
GB 50056　电热设备电力装置设计规范
GB 50057　建筑物防雷设计规范
GB 50058—1992　爆炸和火灾危险环境电力装置设计规范
GB 50140—2005　建筑灭火器配置设计规范
GB 50160—1992　石油化工企业设计防火规范
GB 50187　工业企业总平面设计规范
GB 50316　工业金属管道设计规范
GBZ 1—2002　工业企业设计卫生标准
GBZ 2.1　工作场所有害因素职业接触限值　第1部分:化学有害因素
GBZ 2.2　工作场所有害因素职业接触限值　第2部分:物理因素
GBZ 158　工作场所职业病危害警示标识
JT 617　汽车运输危险货物规则
JT 618　汽车运输、装卸危险货物作业规程
HG/T 2458　涂料产品检验、运输和贮存通则
HG/T 20675　化工企业静电设计规程
HG/T 23001　化工企业安全管理工作标准
HG 23011　厂区动火作业安全规程
HG 23012　厂区设备内作业安全规程
HG 23013　厂区盲板抽堵作业安全规程
HG 23014　厂区高处作业安全规程
HG 23015　厂区吊装作业安全规程
HG 23016　厂区断路作业安全规程
HG 23017　厂区动土作业安全规程
HG 23018　厂区设备检修作业安全规程

3 术语和定义

GB/T 5206.1、GB/T 5206.2、GB 6944 确立的以及下列术语和定义适用于本标准。

3.1
涂料　coating

涂于物体表面能形成具有保护、装饰或特殊性能(如绝缘、防腐、标志等)的固态涂膜的液体或固体材料之总称。早期大多数以植物油为主要原料,故有"油漆"之称。现在合成树脂已大部分或全部取代了植物油,故称为"涂料"。

注:在具体的涂料品种名称中可用"漆"字表示"涂料",如调和漆、厚漆等。

3.2
危险化学品的涂料产品　coating of dangerous chemicals

符合 GB 6944 危险货物特征的涂料产品,列入 GB 12268《危险货物名录表》。

注1:如涂料产品中(包括涂料用树脂),在其闭杯试验闪点不高于60.5 ℃,或开杯试验不高于65.6 ℃的产品,属于危险化学品第 3 类易燃液体。危险化学品的涂料产品判据见 GB 6944。

注2:不符合本条特征的涂料产品不属于危险化学品,即非危险化学品的涂料产品。

4 一般规定

4.1 总则

4.1.1 新建、扩建、改建企业应符合本标准的要求。现有企业应采取综合预防、治理措施,达到本标准要求。

4.1.2 新建、改建、扩建工程项目,应按照国家有关法律法规规定执行。进行安全评价、环境影响评价和职业卫生评价的建设工程项目,其安全、卫生、消防、环保设施,应与主体工程同时设计、同时施工、同时投入生产和使用。

4.1.3 企业应按照国家发展和改革委员会令第 40 号《产业结构调整指导目录(2005 年本)》的规定,淘汰落后的涂料生产工艺。

4.2 工厂总平面规划

4.2.1 新建、改建、扩建企业总平面设计应符合 GB 50187、GBZ 1 和 GB 18070 的要求。其内部设施(包括厂房、仓库等建筑物的耐火等级、防火间距、安全疏散、厂区消防车道、消防给水和灭火设施等)的防火间距除本标准另有规定外,应符合 GB 50016 的规定。

4.2.2 企业总平面规划应根据其生产特点和火灾危险性,结合地形、风向等条件,按功能集中、分区明确的原则布置。

4.2.3 厂区内行政辅助区与生产区之间应有明显的隔离带,生产区内不应设立职工宿舍。厂区所有的单体功能分区应明确,应按有害与无害分开的原则分区设置。

4.2.4 厂区应根据生产性质和环境特点进行绿化美化设计,其绿化用地系数应符合有关规定。厂区绿化应符合 GB 50160—1992(1999 年版)第 3.2.10 条的要求,生产区不应种植含油脂较多的树木。厂区的绿化不应妨碍消防作业。

4.2.5 厂区出入口不宜少于 2 个,主要人流入口宜与主要货流入口分开设置。生产危险化学品的涂料产品和树脂的涂料生产企业,其工厂主要出入口不应少于两个,宜位于不同方位。

甲、乙、丙类厂房和仓库的安全疏散门不应少于两个。当符合 GB 50016—2006 第 3 章第 3.7.2 条和第 3.8.2 条规定时可设一个。生产区建筑物的安全疏散门应采用向疏散方向开启的平开门,不应采用推拉门、卷帘门,通道和出入口应保持通畅。甲、乙、丙类厂房(仓库)的安全疏散门应为防火门。

4.2.6 长度不大于 50 m 的可燃液体设备的平台或其他设备的框架平台应设置不少于两个通往地面的非燃烧材料扶梯,作为疏散通道。但长度不大于 8 m 的甲类气体或甲、乙$_A$(闪点大于等于 28 ℃至闪点小于等于 45 ℃)液体设备的平台或长度不大于 15 m 的乙$_B$(闪点大于 45 ℃至小于 60 ℃)、丙类液体设备的平台,可只设一个扶梯。

4.2.7 厂区、仓库区应设置消防车通道。占地面积大于 3 000 m² 的甲、乙、丙类厂房,易燃液体的储罐区、装卸区以及危险化学品库区或占地面积大于 1 500 m² 的乙、丙类仓库,应设置环形消防车道,当地形条件受限制时,也可设尽头式消防车道。尽头式消防车道应设置回车道或有回车场,供一般消防车使用回车场的面积不应小于 12 m×12 m。

4.2.8 消防车道的净宽度和净空高度均不应小于 4.0 m。供消防车停留的空地,其坡度不宜大于 3%。消防车道与厂房、仓库、民用建筑之间不应设置妨碍消防车作业的障碍物。

4.3 厂房(仓库)防火防爆

4.3.1 同一厂房或厂房的任一防火分区内有不同火灾危险性生产时,该厂房或防火分区内的生产火灾危险性分类应按火灾危险性较大的部分确定。当符合 GB 50016—2006 中第 3.1.2 条时,可按照火灾危险性较小的部分确定。

涂料生产(仓库)火灾危险性分类和火灾危险性举例见本标准附录 A。

4.3.2 危险化学品的涂料产品、树脂、粉末涂料的生产和包装车间以及仓库等有爆炸危险的甲、乙类厂房的泄压面积和设施应符合 GB 50016—2006 第 3.6 节的规定。

4.3.3 生产危险化学品的涂料产品、树脂、粉末涂料等有爆炸危险的甲类厂房(仓库)与周围民用建筑物(包括厂区内具有民用特征的建筑物,如办公楼、总控制室、研究所、浴室等)之间防火间距不应小于 25 m,距重要的公共建筑不应小于 50 m;甲类厂房(仓库)距明火或散发火花的地点不应小于 30 m,与架空电力线的最近水平距离不应小于电杆(塔)高度的 1.5 倍。乙类厂房(仓库)距明火或散发火花的地点不应小于 25 m。

4.3.4 有爆炸危险的甲、乙类厂房宜独立设置。厂房内不应设置员工宿舍。办公室、休息室等不应设置在甲、乙类厂房内。当必须与本厂房贴邻设置时,其耐火等级不应低于二级,并应采用耐火极限不低于 3.00 h 的非燃烧体防爆墙隔开和设置独立的安全出口。

4.3.5 当甲、乙类生产装置的明火加热炉与该生产装置组成同开同停的联合装置时,该甲、乙类生产装置的厂房面向明火加热炉一面为封闭的非燃烧材料实体墙时,加热炉与厂房的防火间距可小于第4.3.3条的规定,但不应小于 15 m。

4.3.6 电热媒炉(包括电锅炉房)可布置在装置边缘的同一建筑物内,应用非燃烧材料的实体防护墙隔离。其门窗之间的距离及电气设备应符合 GB 50058 的有关规定。

4.3.7 当专用控制室、中控化验室必须与设有合成树脂(或涂料研磨或调漆)等甲、乙类生产设备的房间布置在同一建筑物内时,应用防火墙隔开,设置独立的安全出口,防火墙的耐火等级应为一级。其门窗之间的距离应按 GB 50058 的有关规定执行。

4.3.8 散发比空气重的可燃气体、可燃蒸气的甲类厂房以及有粉尘、纤维爆炸危险的乙类厂房,应采用不发火花的地面。采用绝缘材料作整体面层时,应采取防静电措施。散发可燃粉尘、纤维的厂房内表面应平整、光滑,并易于清扫。

厂房内不宜设置地沟,必须设置时,其盖板应严密,地沟应采取防止可燃气体、可燃蒸气及粉尘、纤维在地沟积聚的有效措施,且与相邻厂房连通处应采用防火材料密封。

使用和生产甲、乙、丙类液体的厂房内的管、沟不应与相邻厂房的管、沟相通,该厂房的下水道应设置隔油设施。

4.3.9 甲类仓库应单层独立设置。甲、乙类仓库不应设置在地下或半地下。甲、乙类仓库内不应设置办公室、休息室,并不应贴邻建造。

4.3.10 甲、乙、丙类液体仓库应设置防止液体流散的设施。

4.4 储罐区

4.4.1 储罐区的设立应符合 GB 50016—2006 第 4 章的规定。

储存 $甲_B$(闪点小于 28 ℃)和 $乙_A$(闪点大于等于 28 ℃至闪点小于等于 45 ℃)类的液体,宜选用浮顶或浮舱式内浮顶罐,不应选用浅盘式内浮顶罐。储存沸点低于 45 ℃的 $甲_B$(闪点小于 28 ℃)类液体,应选用压力储罐。

储罐应成组布置并符合下列规定:在同一罐组内,宜布置火灾危险性类别相同或相近的储罐;沸溢性液体的储罐,不应与非沸溢性液体储罐同组布置;液化烃的储罐,不应与可燃液体储罐同组布置。可燃液体储罐不宜与化学药剂等储罐布置在同一罐组内;有毒物料应单独布置在一个罐区内。

4.4.2 甲、乙类液体的轻便容器(如桶、瓶)存放在室外时,应设置防晒棚或水喷淋(雾)等防晒设施。甲类液体贮罐应设防日晒的固定式冷却水喷淋系统或其他降温设施,甲、乙类液体贮罐阀门冬季应有防冻措施。

4.5 消防设施

4.5.1 厂区的消防给水和灭火设备应符合 GB 50016—2006 第 8 章的有关规定。

4.5.2 厂区、储罐区应设室外消火栓。建筑占地面积大于 300 m² 厂房(仓库)应设室内消火栓。

4.5.3 厂区应有消防给水系统。厂区的消防用水可由给水管网、天然水源、消防水罐或消防水池供给。利用天然水源时,其保证率不应小于97%,且应设置可靠的取水设施。

4.5.4 厂区应按 GB 50140 的规定根据火源及着火物性质,配备适当种类、足够数量的消防器材,并定期检查,保持有效状态。

扑救汽油、甲苯、二甲苯、甲醇、丙酮、煤油等甲、乙、丙类液体应选用干粉、抗溶性泡沫、二氧化碳型灭火器或系统。生产区内每一个灭火器配置场所内的灭火器不应少于两个(采用自动灭火系统除外)。甲、乙类厂房(仓库)灭火器配置应按严重危险等级场所配置,灭火器配置场所的危险等级划分和灭火器配置按照 GB 50140—2005 附录 C。

4.5.5 企业应设置火灾报警系统。合成树脂车间、危险化学品的涂料产品和包装车间、危险化学品仓库等建筑物内可能散发可燃气体、可燃蒸气的场所,应设置可燃气体报警装置,并可根据单位生产规模和实际,选择移动式或固定式检漏报警仪(设施)。

4.6 防雷、防静电

4.6.1 防雷

4.6.1.1 厂区的各类建筑物、露天装置、贮罐应设置防雷设施。防雷措施及防雷装置应符合 GB 50057 的要求。防雷设施应由有资质的单位进行设计、安装和监测。

4.6.1.2 具有爆炸危险环境的第一类防雷建筑物应装设独立避雷针、架空避雷线(网),使被保护各建筑物及风帽、放散管等突出屋面的物体均处于接闪器的保护范围。独立避雷针、架空避雷线(网)应有独立的接地装置,每一引下线的冲击接地电阻值不大于 10 Ω。

4.6.2 防静电

4.6.2.1 生产区可能产生静电危害的物体应采取工业防静电接地措施,并应符合 GB 12158 和 HG/T 20675 的规定。

使用、贮存、输送、装卸、运输易燃溶剂、溶剂型涂料及树脂、产生可燃性粉料等易燃易爆物品的生产装置(反应釜、稀释罐或釜、分散机、研磨机、配料缸、调漆缸、拉缸、贮罐、输送泵、灌注设施和易燃液体管道以及过滤器、流量计等管道附件等),装卸场所以及产生静电积聚的生产设施都应有防静电接地措施。各专设的防静电接地电阻值不应大于 100 Ω。

4.6.2.2 控制易燃液体和有机粉料的投料速度。

4.6.2.3 装、卸和输送易燃液体时,采取以下措施防止静电急剧产生:

a) 在输送和灌装易燃液体过程时,应防止液体的飞散喷溅。从底部或上部入灌的注入管末端应设计成不易使液体飞散的倒 T 形状或另加导流板,或在上部灌装时,使液体沿侧壁缓慢下流。

b) 对罐车等大型容器灌装易燃液体时,宜从底部进油。若不得已采用顶部进油时,则其注油管宜伸入罐内离罐底部不大于 200 mm。在注油管未浸入液面前,其流速应限制在 1 m/s 以内。

c) 油罐汽车在装卸过程中应采用专用的接地导线(可卷式),夹子和接地端子将罐车与装卸设备相互连接起来。接地线的连接应在油罐开盖以前进行。装卸工作完毕后,应静置 2 min 以上,才能拆除接地线。

4.6.2.4 在重点防火、防爆区的入口处,应设置人体静电消除装置(接地裸露金属体如栏杆、金属支架等)。

4.6.2.5 易燃易爆甲、乙类厂房内转动设备的皮带应采用防静电皮带。当皮带具绝缘性时,皮带的接头不应使用金属材料。皮带罩应接地,且固定牢固,不应与皮带发生碰刮的状况。

4.6.2.6 不宜采用非金属管输送易燃液体。当用软管输送易燃液体时,应使用导电软管或内附金属丝、网的导电橡胶管,且在相接时注意静电的导通性。

4.7 电气安全

4.7.1 树脂生产车间、危险化学品的涂料产品生产及包装车间、危险化学品仓库等甲、乙类爆炸性气体环境的电气装置应符合 GB 50058—1992 第 2 章规定。粉末涂料的粉碎、包装车间及仓库等爆炸性粉尘环境的电气装置应符合 GB 50058—1992 第 3 章规定。

4.7.2 10 kV 以下架空线路不应跨越易燃易爆厂房、库房、储罐等爆炸性气体环境。

4.7.3 树脂反应聚合系统的动力、仪表、照明和冷却系统等应有备用电源,并应具备防止停电的安全措施。

4.7.4 生产工艺采用直接电加热方式的,其电气装置应符合 GB 50056 和 GB 50058 的规定。

4.7.5 树脂生产车间、危险化学品的涂料产品生产及包装车间、粉末涂料的粉碎、包装车间及仓库、危险化学品仓库等易燃易爆甲、乙类作业场所使用的电动机、低压变压器、低压开关和控制器(开关、断路器,控制开关及按钮,配电盘,控制箱,操作箱等)、照明灯具、信号报警装置等应使用防爆型电气设备。电线套管应采用低压流体输送镀锌焊接钢管,不应采用绝缘导线或塑料管明设。所有电气设备应进行有效接地。

4.7.6 甲、乙类仓库内宜使用低温照明灯具,并应对灯具的发热部件采取隔热等防火保护措施;不应设置卤钨灯等高温照明灯具。配电箱及开关宜设置在仓库外。

4.8 生产装置安全

4.8.1 生产设备的安全卫生功能应符合 GB 5083 的规定。

4.8.2 容易发生火灾爆炸、伤亡事故和职业危害的生产设备,特别是锅炉、有机热载体炉(以下简称热媒炉)、反应釜等压力容器及压力管道、电梯、电动葫芦、供垂直运输物品的升降机、叉车等特种设备应由持有专业生产许可证的单位设计、制造、安装和检验。

锅炉、热媒炉、反应釜等压力容器及其压力管道、电梯、电动葫芦、供垂直运输物品的升降机、叉车等特种设备应当符合《特种设备安全监察条例》(国务院373号令)的规定,应当对特种设备的安全附件、安全装置、测量调控装置及有关附属仪器仪表进行定期校验、检修,并做好记录。

4.8.3 各设备之间、管线之间、以及设备、管线与厂房、建(构)筑物的墙壁之间的间距,应符合有关设计要求和建筑规范要求。

4.8.4 设备本身应具备必要的防护。对有爆炸危险的设备,还应具备泄压、防爆等装置。各种外露的传动设备或危险部位,应有便于观察传动运行的安全防护装置,机械设备上安装的各种防护罩按照 GB/T 8196。

4.8.5 在设备、设施、管线上有发生坠落危险的部位,应配置便于人员操作、检查和维修的扶梯、平台、围栏和安全系挂装置等附属设施。扶梯、平台和栏杆的设置应符合 GB 4053.1、GB 4053.2、GB 4053.3、GB 4053.4 的规定。

4.8.6 易燃易爆甲、乙类场所建(构)筑物配置的钢质扶梯、平台等应覆盖耐火层。涂有耐火层的构件,其耐火极限时间不应低于 1.5 h。当耐火层选用防火涂料时,应采用有利于防烃类火灾的防火涂料。

4.9 工业管道安全

4.9.1 工业金属管道的材料、组成件的选用、布置应符合 GB 50316 的规定。管道布置应满足便于生产操作、安装和维修的要求,采用架空敷设,规划有序、布局整齐。输送易燃流体的管道不应布置在室内的吊顶内及建(构)筑物封闭的夹层内。

4.9.2 工业管道应涂识别色(如水管道识别色为艳绿色、水蒸气管道识别色为大红色、易燃液体管道识别色为棕色),工业管道的识别色、识别符号、安全标识应符合 GB 7231 的规定。

4.10 相关安全装置

4.10.1 凡工艺上有放空的设备均应设放空装置,并定期检查其有效性。用于间歇排放的可燃气体排气筒顶或放空管口,应高出 10 m 范围内的平台或建筑物顶 3.5 m 以上,并应有防静电接地措施,不应将导出管置于下水道等限制性空间内,以免引起爆炸。放空管应选用金属材料,不应使用塑料管或橡皮管。释放压力大于等于 0.1 MPa 的放空管线应采用不锈钢材料。

4.10.2 易燃液体不宜使用玻璃管液位计。当使用玻璃管液位计时应加护套等保护措施。

4.10.3 树脂反应釜温度控制装置应有冗余设计,宜使用两套控制仪器,并定期校验。树脂反应釜的安全附件、安全保护装置、测量调控装置及有关附属仪器应完整、齐全、有效。

4.11 安全标志

4.11.1 生产区应按 GB 2894 的规定设置安全标志,或在建(构)筑物及设备上按 GB 2893 的规定涂安全色。

4.11.2 厂房(仓库)的紧急通道和出入口,应设置明显的醒目标志。生产区入口及其他产生火花的场所应有"禁止烟火"的安全标志。存在严重职业危害的作业岗位应按 GBZ 158 的规定设置醒目的警示标识和中文警示标志。

4.12 职业危害控制

4.12.1 防尘防毒

4.12.1.1 涂料生产过程和设备,应尽量考虑机械化和自动化,加强密闭,避免直接操作,并应结合生产工艺采取通风措施,使生产场所有害物质及粉尘的浓度符合 GBZ 2.1 和 GBZ 2.2 的规定。

生产场所空气中主要有毒物质及粉尘容许浓度见本标准附录 B。

4.12.1.2 有毒性危害的生产环境,应设置淋洗器等卫生防护设施,其服务半径应小于 15 m。应根据作业特点和防护要求,确定配置事故柜、急救箱或个体防护用品。

4.12.1.3 尘毒危害严重的厂房和仓库等建(构)筑物的墙壁、顶棚和地面均应光滑,便于清扫。必要时设计防火、防腐等特殊保护层及专门清扫设施,以便清洗。

4.12.1.4 以剧毒物品为生产介质的设备,产生母液、污水的收集槽,不应使用敞口设备,确因排渣、清渣需要,设备应设封闭排渣装置。

4.12.1.5 使用剧毒物品的投料区域,应采用密闭、负压或湿式的作业;对在不能密闭的尘毒逸散口,应采取局部通风排毒和除尘等措施。设备布置应相对独立。对地面冲洗水及污水应作独立收集,作无害化处理。在有毒液体容易泄漏的场所,应用不易渗透的建筑材料铺砌地面,并设围堰。

4.12.2 防噪声

4.12.2.1 应从声源上控制生产过程和设备噪声,以低噪声的工艺和设备代替高噪声的工艺和设备。

4.12.2.2 生产过程和设备的噪声应采取隔声、消声、隔振及管理等综合措施。作业场所噪声声级的卫生限值,应符合 GBZ 1—2002 第 5.2.3.5 条的规定。

4.12.3 防高温防寒

4.12.3.1 当室内作业地点气温等于或大于 37 ℃ 时应采取局部降温和防暑措施,并应减少接触时间。在炎热季节对高温作业的工人应供应含盐清凉饮料(含盐量为 0.1%~0.2%)。

4.12.3.2 当室内作业地点温度近十年最冷月平均温度等于或小于 8 ℃ 的月份连续三个月以上的,应设置局部采暖设施。设置采暖设施应符合 GB 50016—2006 第 10.2 条的规定。甲、乙类厂房和甲、乙类仓库内不应采用明火和电热型散热器采暖。下列厂房不应采用循环使用的热风采暖:

  a) 生产过程中散发的可燃气体、可燃蒸气、可燃粉尘、可燃纤维与采暖管道、散热器表面接触能引起燃烧的厂房;

  b) 生产过程中散发的粉尘受到水、水蒸气的作用能引起自燃、爆炸,或产生爆炸性气体的厂房。

4.12.4 防护用品

4.12.4.1 对作业人员应采取个体防护措施,配备专用的劳动防护用品。易燃易爆场所作业人员应配用防静电工作服、防静电鞋、防毒口罩、工作手套等。不同岗位作业人员配用的劳动防护用品应符合 GB/T 11651 的规定。

4.12.4.2 生产场所应配备呼吸防护器以及其他应急防护用品。呼吸防护器配备应符合 GB/T 18664 的规定。

5 涂料生产安全

5.1 一般规定

5.1.1 企业应根据所生产的涂料产品编制生产工艺技术规程、安全操作规程和安全技术规程。

涂料生产应按照工艺技术规程、安全操作规程和安全技术规程执行。工艺技术指标和中间控制指标的更改应有生产技术部门会同安全技术部门审核同意,企业负责人的批准。

5.1.2 生产车间应根据生产需要规定原料的存放时间、地点和最高允许存放量。相禁忌的原料不应存放在同一区域,应划定区域分类隔开或分离贮存。生产车间的生产物料、产品、半成品的堆放,应用黄色和白色标记在地面上标出存放地点,堆放整齐,保证通道畅通。

5.1.3 树脂生产设备、加热设备、分散设备、辅助设备(过滤机、离心机、各类泵、空气压缩机、通风机、电动葫芦)等生产设备应按照设备安全操作规程进行操作。

5.1.4 生产含有易燃液体色漆的研磨设备应使用封闭式砂磨机,使用的配料缸、调漆缸、拉缸等敞开式设备应加盖防止易燃液体挥发。

5.1.5 当生产树脂的反应釜、稀释罐(釜)等生产设备属于压力容器的,其安全附件、安全保护装置、测量调控装置及有关附属仪器应定期校验、检修,并记录。

5.1.6 树脂生产设备(包括反应釜、稀释罐(釜)、过滤机、冷却(凝)器、放空管等)、加热设备、制漆分散设备、辅助设备(离心机、各类泵、空气压缩机、通风机、电动葫芦等)等生产设备及其所属管线及附件均应有防静电接地。对拉缸等移动式设备及工具的静电接地连接,应采用连接器与接地支线(接地干线)相连接。不应采用接地线与被接地体相缠绕等方法进行连接。

5.1.7 设备在灌装、循环或搅拌等工作过程中,不应对易燃液体进行取样、测温等现场操作。设备停止工作后,应静置一段时间才允许进行上述操作。

5.2 色漆生产

5.2.1 配料

5.2.1.1 配料时投料量应准确。在搅拌机运行时,不应用手打捞容器里的杂物,避免引起机械伤害事故。

5.2.1.2 当班配料应当班研磨,未经研磨的色浆不应在车间存放。当班配置的华兰、炭黑、甲苯胺红、铬黄(绿)等颜料的色浆不能进行研磨时,应在下班前对配好料的色浆采取防聚热措施,单独存放,以防自燃引起火灾。

5.2.2 研磨

5.2.2.1 应熟悉易燃液体的安全使用和设备的安全操作规程。

5.2.2.2 轧制硝化纤维素(以下简称硝化棉)漆片时,应使用含水量不小于25%、不含乙醇的硝化棉,并应控制炼胶机滚筒冷却水出水温度,以防自燃。

5.3 硝化棉溶解

5.3.1 硝化棉溶解岗位生产作业不应使用铁器类撞击易产生火花的工具,应使用铜、铝或木质工器具等不易产生火花的工具,以防止铁器撞击产生火花引起火灾。溶解罐等设备应采取有效防静电接地,硝化棉溶解罐周围的地面应采用不发火花的地面(如敷设铝板等),以防止静电火花引发火灾爆炸。

5.3.2 硝化棉溶解时,配料计量应准确,应控制好加料速度,应轻拿、轻放,做到边加料边溶解,投料不应过快,以防止投料过快,使未溶硝化棉与搅拌桨摩擦产生静电起火爆炸。

5.3.3 硝化棉要做到随用随领,剩余的生产用硝化棉应用包装盖密闭,不应在车间存放,应及时送回仓库。

5.4 树脂生产

5.4.1 投料

5.4.1.1 投料前所用的原料应检验合格,不合格的原料不允许投料。投料计量应准确,应按工艺技术要求注意投料顺序和加料速度,轻拿轻放,防止液体物料四溅或固体粉料飞扬,保持岗位的环境卫生。

5.4.1.2 反应釜的装料量应根据所生产树脂品种的工艺技术要求和物料性质来确定装料量,但不应大于釜体容积的70%,以防物料外溢出釜。反应釜最低液面应高于反应釜壁的加热面,搅拌时液面应有效淹没温度仪接触点。反应釜应导线接地,以防止加料时产生静电。

5.4.2 加热与温度控制

5.4.2.1 树脂生产过程的反应温度应按生产树脂的工艺技术要求控制,不应超过所用主要原料的自燃点温度。应定时采样测定树脂的酸值和黏度值等工艺控制指标,以防止胶化、自燃。

5.4.2.2 发生物料溢锅时,应立即进行处理。轻者可加适量硅油消泡剂等,降低其表面张力,使生产恢复正常。物料溢锅严重时,应立即停止加热,降温进行处理。

5.4.2.3 生产过程发生物料胶化时,应立即采取降温处理措施。物料发生胶化时,可采用加解聚剂等措施中止胶化的续展,至生产情况恢复正常后才能继续生产。

5.4.2.4 树脂反应过程中,如遇突然停电或停水时,应立即停止加热,通入二氧化碳(或氮气)等惰性气体代替机械搅拌,以防止胶化。并应视生产情况采取相应措施或紧急出料。

5.4.2.5 树脂反应过程中,如遇反应釜内物料起火时,应立即停止加热,切断电源,通入二氧化碳(或氮气)等惰性气体,隔绝空气及时扑熄。

5.4.3 树脂的出料

5.4.3.1 树脂物料在出反应釜(罐)前应进行冷却,出料温度应符合其工艺技术的要求。

5.4.3.2 树脂反应釜(罐)内物料排完时,应根据生产安排及时进行配料或注入清洗液,防止反应釜(罐)壁残存物料发生自燃。

5.4.4 树脂的稀释(溶剂型)

5.4.4.1 树脂稀释作业时应注意控制温度,稀释温度不宜超过所用稀释溶剂的初沸点。应控制注入树脂的速度,以防止静电的产生。如工艺有特殊高温要求的,应采取可靠的安全措施后方可进行。

5.4.4.2 稀释罐(釜)的物料排完时,应根据生产安排及时进行配料或注入清洗液,防止稀释罐(釜)壁残存物料发生自燃。

5.4.4.3 稀释罐(釜)的装料量应根据所生产树脂品种的工艺技术要求和物料的性质来确定装料量,但不应大于稀释罐(釜)容量的80%,以防止物料外溢。

5.5 粉末涂料

5.5.1 粉碎包装车间应设置除尘和粉尘回收装置,并应加强排风,控制粉尘浓度处于粉尘爆炸浓度范围以外。粉尘防爆应符合 GB 15577 的规定。

5.5.2 车间地面应采用不发火花的地面,应经常检查设备的静电接地情况。

5.5.3 包装好的粉末涂料产品,应尽快送到单独的储存室,及时清除地面和回收装置内的堆积粉尘,以防止粉尘火灾引燃而发生爆炸。

5.6 其他

其他工序作业的安全技术措施应按所生产涂料产品的工艺技术规程、生产工艺操作规程和安全操作规程。

5.7 锅炉、热媒炉

5.7.1 锅炉、热媒炉应符合《特种设备安全监察条例》(国务院373号令)规定,应对其安全附件、安全装置、测量调控装置及附设仪器仪表定期进行校验、检修,并做好记录。

5.7.2 热媒炉及导热油的使用应符合《有机热载体炉安全技术监察规程》(原劳动部1994.05.01)规定。

5.7.3 热媒炉所用的导热油使用前应检验合格。使用中的导热油每年至少应检测一次,使用两年以上时,应每半年检测一次,当其符合质量技术指标时方可继续使用。

5.7.4 导热油的热油输送泵及输送管道等设施应符合安全使用要求,应有防止导热油泄漏的措施。

5.8 包装、检验、贮存与运输

5.8.1 包装

5.8.1.1 涂料产品的包装应符合 GB/T 13491 的要求。

5.8.1.2 灌装包装场地应平整、无油迹、保持清洁、通风良好。易燃易爆物品包装场地不应设地坑,作业人员不应在地坑中进行灌装包装。

5.8.1.3 危险化学品的涂料产品所用的包装物应使用有资质企业生产的包装物和容器,运输包装材料应符合 GB 12463 的规定。

5.8.2 包装标志

5.8.2.1 产品包装标志应符合 GB/T 9750 的要求。

5.8.2.2 危险化学品的涂料产品应在包装上标注国家生产监督管理总局颁发的危险化学品安全生产许可证标记和编号;已列入危险化学品生产许可证发放目录的涂料产品,还应标注国家质量监督检验检疫总局颁发的危险化学品生产许可证标记和编号。

5.8.2.3 危险化学品的涂料产品应在包装(包括外包装件)上加贴或者拴挂与包装内涂料产品完全一致的化学品安全标签。应在包装内附有与包装内涂料产品完全一致的化学品安全技术说明书。

5.8.3 检验

5.8.3.1 企业应按照国家标准、行业标准(或企业标准)的要求进行检验,保证出厂的产品符合标准的技术要求。

5.8.3.2 企业应有满足质量检测的场所设施和仪器。检验场所的化学分析室、恒温恒湿室、高温室、精密仪器室(天平室)等应符合安全使用的要求。检验易燃危险化学品场所的电气防爆应符合 GB 50058 的有关规定。

5.8.4 贮存

5.8.4.1 产品贮存应按其性质分类,分批堆放,并应遵循先进先出的原则。应保持通风、干燥,防止日光直接照射。夏季温度过高应采取适当的降温措施。

5.8.4.2 列入 GB 12268 的危险化学品应储存在专用的仓库中。

　　a) 危险化学品贮存场所的建筑结构、电气、通风、调温、消防设置及贮存量等应符合 GB 15603、GB 17914、GB 17915 和 GB 17916 的规定。

　　b) 甲、乙类危险化学品仓库应符合第 4.3.9 条的规定。不应在易燃易爆物品仓库内进行产品分装。

　　c) 硝化棉不应与其他类别的物品同贮,应单独隔离限量贮存。生产区不宜设立硝化棉仓库。

　　d) 剧毒品应在专用仓库内单独隔离,限量储存。剧毒品储存应执行双人收发、双人记账、双人双锁、双人运输、双人使用的"五双"制度,并应安装电子监控报警器。

5.8.5 运输

5.8.5.1 产品运输应防止雨淋、日光曝晒和避免碰撞措施,并应符合运输部门的有关规定。

5.8.5.2 危险化学品运输应具有运输危险化学品货物经营资质,应专车专用,车辆应设有消防安全设施及阻火器,并有明显标志。

5.8.5.3 汽车运输和装卸危险货物作业应符合 JT 617 和 JT 618 要求。汽车运输危险货物车辆标志应符合 GB 13392 的规定。

5.8.5.4 本标准未作明确规定的其他运输工具,应执行国家相关规定。

5.9 厂区动火、设备检修等作业安全

5.9.1 动火作业应按照 HG 23011 的规定执行。

5.9.2 设备内作业应按照 HG 23012 的规定执行。

5.9.3 设备检修作业应按照 HG 23018 的规定执行。

5.9.4 盲板抽堵作业安全、高处作业安全、吊装作业安全、断路作业安全、动土作业安全及吊装作业安全应分别按照 HG 23013、HG 23014、HG 23015、HG 23016、HG 23017 的规定执行。

5.10 生产废物料的处理

5.10.1 涂料生产过程中排放的有毒、有害废气、废水(液)、废渣和其他废弃物的处理应符合国家的有关规定。

5.10.2 生产区的排水应实行清污分流,含有易燃液体及有害物质的污水不得直接排入下水道,应排入污水处理装置。处理易燃液体污水的装置应有防爆设施。经污水处理设施处理后的水质达到 GB 8978(或地方规定的排放标准或指标)的规定后方可排放。

5.10.3 生产区排放的有毒、有害废气应采取有效的净化措施,符合 GB 16297 规定后方可排放。

5.10.4 生产区(包括实验室)产生废弃危险化学品的处置应符合《废弃危险化学品污染环

境防治办法》(国家环境保护总局令第 27 号)的规定。应委托持有危险废物经营许可证的单位收集、贮存、利用、处置,并应当向其提供废弃危险化学品的品名、数量、成分或组成、特性、化学品安全技术说明书等技术资料。

6 安全管理

6.1 安全管理体系

6.1.1 企业应以保证涂料生产过程安全、卫生为目标,建立全员安全生产责任制和相应的安全管理体系。

6.1.2 企业应结合实际,根据国家法律、法规制定并执行安全生产规章制度,实行标准化管理。企业的安全管理可按照 HG/T 23001 的要求执行。

6.2 机构、人员和培训

6.2.1 危险化学品的涂料产品生产企业应设置安全管理机构,配备专职安全管理人员。其企业的主要负责人和安全管理人员应经安全考核合格后方可任职。

6.2.2 非危险化学品的涂料产品生产企业应设置安全生产管理机构或配备专职安全管理人员。当从业人员在 300 人以下的,可配置专职安全管理人员或兼职的安全生产管理人员。

6.2.3 企业主要负责人应具备与本企业从事的生产活动相适应的安全生产知识和管理能力。应配备有安全上岗资质的专职或兼职的安全管理人员。有合成树脂生产工艺的涂料生产企业,还应配备相当于大专以上学历的并具有相应专业的工程技术人员和设备管理人员。

6.2.4 企业应按照卫生行政管理部门的规定组织作业人员上岗前、在岗期间进行职业健康检查,其健康状况应符合工作性质要求。有职业禁忌者,不应从事涂料生产作业。

6.2.5 作业人员应接受安全生产技术教育和培训,经考试合格方可上岗作业。特种作业人员(电工,锅炉工,起重工,压力容器操作工,电焊工,运输危险化学品的驾驶员、装卸管理员、押运员等)应经专门的作业培训,取得特种作业操作证,方可上岗作业。

6.2.6 使用危险化学品的企业应向作业人员告知其危险和预防、控制及防护方法,并应向作业人员进行安全技术的培训(包括预防、控制及防止危险方法的培训和紧急情况处理或应急措施的培训)。

6.2.7 企业采用新工艺、新技术、新材料或者使用新设备时,应了解、掌握其安全技术特性,采取有效的安全防护措施,并应对从业人员进行专门的安全生产教育和培训。

6.3 应急救援

6.3.1 应对本企业涂料生产的危险、有害因素进行危险源辨识。根据生产使用危险化学品的物质性质,Ⅰ、Ⅱ级(极毒、高毒)毒物的特性,及生产、使用、储存的量来分析确定本企业的危险因素、确定危险源和重大危险源,制订本单位的事故应急救援预案,配备应急救援人员和必要的救援器材、设备,并定期组织演练。涂料生产的危险、有害因素见本标准附录 C。

6.3.2 应对本企业重大危险源进行登记建档,并定期监测、评估、监控,应将其有关安全措施、应急措施报当地安全生产监督管理局和有关部门备案。企业重大危险源的辨识按照 GB 18218 的要求执行。

6.3.3 危险化学品事故应急预案的编写应符合《危险化学品事故应急救援预案编制导则(单位版)》(安监管危化字[2004]43 号)的要求。

6.4 现场安全管理措施

6.4.1 作业人员上岗作业应遵守劳动纪律、工艺纪律和安全规定。

6.4.2 加强明火管理,厂区不应吸烟。

6.4.3 机动车辆一般不应进入易燃易爆生产区及易燃易爆化学品库区。当需要进入易燃易爆场所时,机动车辆应配装阻火器、灭火器或采取其他有效安全措施。

6.4.4 易燃易爆场所作业人员不应穿着能产生静电火花的化纤织物工作服和带铁钉的鞋;不应使用铁质工具及撞击会产生火花的其他工具;不应使用打火机、手机、相机等发火和电子设备;不应在水泥地面拖动、滚动桶装物品;不应使用易燃溶剂等擦洗设备、地坪、工具和衣物等。

6.4.5 作业人员上岗作业应正确穿戴好劳动防护用品,应紧扎衣袖。女工上岗作业应戴好工作帽,不应将长发露在帽外,以免被机械卷入造成伤害事故。

6.4.6 有毒有害岗位作业人员,工作结束后应更换工作服,清洗后方可离开作业场所。不应在有毒有害岗位饮食。

6.4.7 使用的各类溶剂原料容器应加盖封闭存放,不应无序乱堆;应随时将粘有涂料等易燃物质的棉纱、抹布等物放入带盖的装有阻燃液体的金属箱(桶)内,当班清除,不应乱抛、乱放;应及时清理作业场所的废物、油迹、漆垢等,保持环境的整洁卫生。

6.5 安全管理措施未规定的,按照国家有关规定执行。

附 录 A
(规范性附录)
涂料生产企业火灾危险性分类和举例

A.1 火灾危险性分类、防爆等级及危险等级

A.1.1 涂料生产(仓库)的火灾危险性分类按照 GB 50016 第 3.1.1 条和第 3.1.3 条,见表 A.1。

表 A.1 生产(储存物品)的火灾危险性分类

生产或仓库	使用、产生下列物质生产或储存物品的火灾危险性特征
甲	1. 闪点小于 28 ℃的液体; 2. 爆炸下限小于 10%的气体(使用、生产); 3. 爆炸下限小于 10%的气体,以及受到水或空气中水蒸气的作用,能产生爆炸下限小于 10%的固体物质(储存物品); 4. 常温下能自行分解或在空气中氧化能导致迅速自燃或爆炸的物质; 5. 常温下受到水或空气中水蒸气的作用,能产生可燃气体并引起燃烧或爆炸的物质; 6. 遇酸、受热、撞击、摩擦、催化以及遇有机物或硫磺等易燃的无机物,极易引起燃烧或爆炸的强氧化剂(生产); 7. 遇酸、受热、撞击、摩擦以及遇有机物或硫磺等易燃的无机物,极易引起燃烧或爆炸的强氧化剂(储存物品); 8. 受撞击、摩擦,或与氧化剂、有机物接触引起燃烧或爆炸的物质; 9. 在密闭设备内操作温度大于等于物质本身自燃点的生产(使用、生产)

表 A.1（续）

生产或仓库	使用、产生下列物质生产或储存物品的火灾危险性特征
乙	1. 闪点大于 28 ℃，但小于 60 ℃ 的液体； 2. 爆炸下限大于等于 10% 的气体； 3. 不属于甲类的氧化剂； 4. 不属于甲类的化学易燃危险固体； 5. 助燃气体； 6. 能与空气形成爆炸性混合物的浮游状态的粉尘、纤维、闪点大于等于 60 ℃ 的液体雾滴（使用、生产）； 7. 常温下与空气接触能缓慢氧化，积热不散引起自燃的物品（储存物品）
丙	1. 闪点大于等于 60 ℃ 的液体； 2. 可燃固体
说明：上表危险特征中除注有（使用、生产）或（储存物品）的外，其余不分使用、生产和储存物品	

A.2 防爆等级的划分

A.2.1 爆炸性气体环境危险区域按照 GB 50058—1992 第二章的规定划分。

A.2.2 爆炸性粉尘环境危险区域按照 GB 50058—1992 第三章的规定划分。

A.3 涂料生产车间火灾危险性分类

A.3.1 合成树脂生产车间

溶剂型树脂、固体树脂和水性树脂（包括乳液）生产车间火灾类别为甲类或乙类易燃易爆作业场所，属爆炸性气体环境。

A.3.2 涂料研磨、包装生产车间

    a) 溶剂性涂料研磨、包装等生产车间的火灾类别为甲或乙类易燃易爆作业场所，属爆炸性气体危险环境；

    b) 粉末涂料（易燃固体树脂）粉碎、包装等生产车间的火灾类别为乙类易燃易爆作业场所，属爆炸性粉尘环境；

    c) 水性涂料（水性树脂及主要原料，其闭杯试验闪点大于 60 ℃）的研磨、包装车间属丙类火灾危险环境。

A.3.3 涂料生产（仓库）的火灾危险性分类举例见表 A.2。

表 A.2 涂料生产（仓库）的火灾危险性分类举例

作业分类	生产或储存	涂料生产或储存物品	火灾危险类别	爆炸性或火灾环境
树脂制造	溶剂型树脂	油脂、天然、酚醛、醇酸、氨基、硝基、环氧、烯类、过氯乙烯、丙烯酸、聚酯、聚氨酯、元素有机、橡胶等树脂	甲或乙[①]	爆炸性气体环境
	固体树脂	环氧、酚醛、聚酯、石油树脂、松香改性树脂等固体树脂		

表 A.2（续）

作业分类	生产或储存	涂料生产或储存物品	火灾危险类别	爆炸性或火灾环境
树脂制造	水性树脂	水溶性环氧酯、水溶性聚酯树脂、水溶性醇酸树脂、水溶性丙烯酸树脂、聚氨酯乳液、丙烯酸乳液、苯丙乳液、硅丙乳液等	甲或乙①	
涂料成品制造②	溶剂型涂料	（其闭杯试验闪点小于等于 60 ℃）油脂漆类、天然树脂漆类、酚醛树脂漆类、沥青漆类、醇酸树脂漆类、氨基树脂漆类、硝基漆类、烯类树脂漆类、过氯乙烯树脂漆类、丙烯酸酯树脂漆类、聚酯树脂漆类、环氧树脂漆类、聚氨酯树脂漆类、橡胶漆类、元素有机漆类、其他成膜物类涂料等	甲或乙	爆炸性气体环境
	辅助材料	（其闭杯试验闪点小于等于 60 ℃）稀释剂、防潮剂、催干剂脱漆剂、固化剂、其他辅助材料	甲或乙	
	水性涂料	（其闭杯试验闪点大于 60 ℃）乳胶漆、水溶性醇酸树脂漆类、水性聚氨酯树脂漆类、水性丙烯酸酯类树脂漆类、水性环氧树脂漆类、水性氟碳树脂漆等	丙	火灾环境
	粉末涂料固体树脂	环氧、聚酯等粉末涂料及酚醛树脂、石油树脂、松香改性树脂等易燃固体树脂的粉碎、包装	乙	爆炸性粉尘环境
仓库与贮存	溶剂型	（其闭杯试验闪点小于等于 60 ℃）易燃液体危险化学品涂料产品仓库、易燃液体原料仓库及贮罐区、废溶剂回收	甲或乙	爆炸性气体环境
	固体	铝粉、松香等易燃固体仓库	乙	爆炸性粉尘环境
		易燃固体树脂、粉末涂料产品仓库	乙	
		不属于易燃固体的原料、树脂等	丙	火灾环境
	水性涂料	（其闭杯试验闪点大于 60 ℃）乳胶漆、水性聚氨酯树脂漆类、水性丙烯酸酯类树脂漆类、水性环氧树脂漆类、水性氟碳树脂漆等水性涂料产品仓库	丙	火灾环境

注：① 以上均指工厂设备都在其设计参数范围内的工作状态。表中水性树脂火灾危险性甲或乙类是根据 GB 50016—2006 表 3.1.1 划分，仅指水性树脂合成反应的生产过程，并非指最终产品。水性树脂及其水性涂料的最终产品（除其闭口杯试验闪点小于等于 60.5 ℃外）不属于危险化学品。危险化学品辨别见 GB 6944。
② GB/T 2705 对涂料产品分类分类方法有 2 种。方法 1：是以涂料产品的用途为主线，并辅以主要成膜物的分类方法，如建筑涂料、工业涂料、通用涂料及辅助材料；方法 2：除建筑涂料外，按涂料产品的主要成膜物质分类，如油脂树脂漆类、酚醛树脂漆类、沥青漆类、醇酸树脂漆类、氨基树脂漆类、硝基漆类、烯树脂漆类、丙烯酸酯树脂漆类、聚酯树脂漆类、环氧树脂漆类、聚氨酯树脂漆类、元素有机漆类、橡胶漆类以及辅助材料等。本表涂料产品分类采用方法 2，主要考虑能体现涂料的化学特性。本表中涂料和树脂的定义见《GB/T 5206.1 色漆和清漆词汇第一部分 通用术语》和《GB/T 5206.2 色漆和清漆词汇第二部分 树脂术语》。
③ 上表中未列名的生产或储存物品的火灾危险性分类按照 GB 50016—2006 表 3.1.1 或表 3.1.3。

附 录 B
（规范性附录）
涂料生产场所空气中有毒物质及粉尘容许浓度

表 B.1 涂料生产场所空气中有毒物质及粉尘容许浓度

序号	品名	CAS N_O	最高容许浓度/($mg \cdot m^{-3}$)	时间加权平均容许浓度/($mg \cdot m^{-3}$)	短时间接触容许浓度/($mg \cdot m^{-3}$)
（一）生产场所空气中有毒物质容许浓度（品名按照拼音开头字母 A、B、C、D 顺序排）					
1	氨	7664-41-7	—	20	30
2	苯（皮）	71-43-2	—	6	10
3	苯乙烯（皮）	100-42-5	—	50	100
4	吡啶	110-86-1	—	4	10
5	丙醇	71-23-8	—	200	300
6	丙酮	67-64-1	—	300	450
7	丙烯酸（皮）	79-10-7	—	6	15*
8	丙烯酸甲酯（皮）	96-33-3	—	20	40*
9	丙烯酸正丁酯	141-32-2		25	50*
10	丙烯酰胺（皮）	79-06-1		0.3	0.9*
11	抽余油（60 ℃～220 ℃）			300	450*
12	滴滴涕（DDT）	50-29-3	—	0.2	0.6*
13	丁醇	71-36-3	—	100	200*
14	1,3-丁二烯	106-99-0	—	5	12.5*
15	对苯二甲酸	100-21-0		8	15
16	对硝基苯胺（皮）	100-01-6		3	7.5*
17	二丙二醇甲醚（皮）	34590-94-8		600	900
18	二甲苯（全部异构体）	1330-20-7；95-47-6；108-38-3	—	50	100
19	二氧化氮	10102-44-0		5	10
20	二氧化氯	10049-04-4		0.3	0.8
21	二氧化碳	124-38-9		9000	18000
22	二异氰酸甲苯酯（TDI）	584-84-9	—	0.1	0.2

表 B.1（续）

序号	品名	CAS No	最高容许浓度/(mg·m^{-3})	时间加权平均容许浓度/(mg·m^{-3})	短时间接触容许浓度/(mg·m^{-3})
23	二月桂酸二丁基锡（皮）	77-58-7	—	0.1	0.2
24	氟化物（不含氟化氢）（按F计）		—	2	5*
25	镉及其化合物（按Cd计）	7440-43-9	—	0.01	0.02
26	汞 金属汞（蒸气） 有机汞化合物（皮）（按Hg计）	7439-97-6		0.02 0.01	0.04 0.03
27	钴及其氧化物（按Co计）	7440-48-4	—	0.05	0.1
28	环己酮（皮）	108-94-1	—	50	100*
29	环己烷	110-82-7	—	250	375*
30	环氧丙烷	75-56-9	—	5	12.5*
31	环氧氯丙烷（皮）	106-89-8	—	1	2
32	甲醇（皮）	67-56-1	—	25	50
33	甲苯（皮）	108-88-3	—	50	100
34	甲酚（皮）	1319-77-3	—	10	25*
35	甲基丙烯酸	79-41-4	—	70	140*
36	甲基丙烯酸甲酯	80-62-6	—	100	200*
37	甲醛	50-00-0	0.5	—	—
38	间苯二酚	108-46-3	—	20	40*
39	糠醛（皮）	98-01-1	—	5	12.5*
40	苛性碱 氢氧化钠 氢氧化钾	1310-73-2 1310-58-3	2 2	— —	— —
41	邻苯二甲酸二丁酯	84-74-2	—	2.5	6.25*
42	邻苯二甲酸酐（苯酐）	85-44-9	1	—	—
43	硫酸钡（按Ba计）	7727-06-0	—	10	25*
44	氯苯	108-90-7	—	50	100*
45	马来酸酐	108-31-6	—	1	2
46	煤焦油沥青挥发物（按苯溶物计）	65996-93-2	—	0.2	0.6*
47	锰及其无机化合物（按MnO$_2$）	7439-96-5	—	0.15	0.45*

表 B.1（续）

序号	品名	CAS No	最高容许浓度/($mg·m^{-3}$)	时间加权平均容许浓度/($mg·m^{-3}$)	短时间接触容许浓度/($mg·m^{-3}$)
48	萘	91-20-3	—	50	75
49	尿素	57-13-6	—	5	10
50	铅及无机化合物（pb 计） 铅尘 铅烟	7439-92-1	 0.05 0.03	 — —	 — —
51	氢化锂	7580-67-8	—	0.025	0.05
52	氰化物（CN 计）（皮）	460-19-5	1	—	—
53	溶剂汽油（油漆溶剂油）	8032-32-4	—	300	450*
54	n-乳酸正丁酯	138-22-7	—	25	50*
55	三氯乙烯	79-01-6	—	30	60*
56	三氧化铬、铬酸盐、重铬酸盐（按 Cr 计）	7440-47-3	—	0.05	0.15*
57	砷及其无机化合物（按 As 计）	7440-38-2	—	0.01	0.02
58	石油沥青烟（按苯溶物计算）	8052-42-4	—	5	12.5*
59	四氯化碳（皮）	56-23-5	—	15	25
60	松节油	8006-64-2	—	300	450*
61	碳酸钠（纯碱）	3313-92-6	—	3	6
62	铜（按 Cu 计） 铜尘 铜烟	7440-50-8	 — —	 1 0.2	 2.5* 0.6*
63	纤维素	9004-34-6	—	10	25*
64	氧化锌	1314-13-2	—	3	5
65	一氧化氮	10102-43-9	—	15	30*
66	一氧化碳（非高原） 非高原 高原 海拔 2 000 m~3 000 m 海拔>3 000 m	630-08-0	 20 15	 20 	 30
67	乙二胺（皮）	107-15-3	—	4	10

表 B.1（续）

序号	品名	CAS No	最高容许浓度/($mg \cdot m^{-3}$)	时间加权平均容许浓度/($mg \cdot m^{-3}$)	短时间接触容许浓度/($mg \cdot m^{-3}$)
68	乙二醇	107-21-1	—	20	40
69	乙醚	60-29-7	—	300	500
70	乙酸	64-19-7	—	10	20
71	乙酸(2-甲氧基乙基酯)(皮)	110-49-6	—	20	40*
72	乙酸丙酯	109-60-4	—	200	300
73	乙酸丁酯	123-86-4	—	200	300
74	乙酸甲酯	79-20-9		100	200
75	乙酸乙酯	141-78-6		200	300
(二)涂料生产场所空气中粉尘容许浓度					
1	沉淀 SiO_2（白炭黑）(总尘)	112926-00-8		5	10
2	二氧化钛粉尘(总尘)	13463-67-7		8	10
3	酚醛树脂粉尘(总尘)			6	10
4	硅灰石粉尘(总尘)	13983-17-0		5	10
5	硅藻土粉尘 游离 SiO_2 含量<10%（总尘）	61790-53-2		6	10
6	滑石粉尘(游离 SiO_2 含量<10%) 总尘 呼尘	14807-96-6		3 1	4 2
7	铝、氧化铝、铝合金粉尘 铝、铝合金(总尘) 氧化铝(总尘)	7429-90-5		3 4	4 6
8	膨润土粉尘(总尘)	1302-78-9		6	10

附 录 C
（资料性附录）
涂料生产的危险、有害因素

C.1 危险因素

C.1.1 火灾
火灾发生必须具备氧气、可燃物质、着火源三个条件。

C.1.1.1 可燃物质
a) 各类有机溶剂、在存放、清洗、稀释、加热、研磨、包装时挥发、蒸发的易燃易爆蒸气；
b) 生产作业过程中所用可燃、自燃原材料的存放使用等。如各类油脂、松香、合成树脂、硝化棉、丙烯酸、苯乙烯、铝粉浆等化学原料等；
c) 污染有机溶剂涂料的废布、纱头、工作服等。

C.1.1.2 着火源
a) 明火：树脂加热明火、作业场所内部或外部带入的烟火、照明灯具灼热表面，设备、管道、电器表面的过高温度、气焊割明火、机动车排气管喷火、烟囱飞火花等；
b) 摩擦冲击：机械轴承发热，钢铁工具、铁桶和容器与地面相互碰撞或与地坪撞击，带钉鞋与地坪撞击等；
c) 电器火花：电路开启与切断、短路、过载，线路电位差引起的熔融金属，保险丝熔断、外露的灼热丝等；
d) 静电放电：有机溶剂（涂料）设备、容器、管道静电积累或容器、管道破裂、倾倒有机溶剂、有机粉料等；
e) 雷电；
f) 化学能：自燃（桐油、亚麻油、硝化棉、炭黑、漆垢、色浆、玷污涂料的废纱头堆积蓄热），物质混合剧烈放热反应（树脂反应），加热树脂添加有机溶剂，铝粉受潮产生氢气放热自燃，硝化棉受潮产生氮气放热自燃等；
g) 日光聚焦。

C.1.1.3 增加燃烧危险因素
a) 密闭空间富氧状态；
b) 火灾时继续通风；
c) 盛装易燃易爆液体的压力容器、管道破裂与容器倾复后的流淌和扩散；
d) 比空气重的有机溶剂蒸气积聚的地方（如地沟等）；
e) 室内气温高。

C.1.2 爆炸
密闭空间及通风不良处所，易燃气体及粉尘积聚达到爆炸极限，遇到火源瞬间燃烧爆炸。

C.1.3 设备所致触电

C.1.4 设备所致人身事故

C.1.5 酸、碱溅落灼伤、烫伤

C.2 有害因素

C.2.1 生产性粉尘

通过呼吸道进入人体。可造成尘肺等呼吸道疾病等。

a) 无机粉尘：滑石粉、碳酸钙、氧化铁红、高岭土等作业；
b) 有机粉尘：固体树脂、粉末涂料等的作业。

C.2.2 生产性有毒物质

通过呼吸道、消化道及皮肤侵入人体。有的可刺激黏膜（上呼吸道），有的可引起过敏反应或皮炎，有的造成急、慢性中毒，有的可以或可能致癌、致突变等。

a) 有机溶剂（甲苯、二甲苯、有机胺、环己酮、甲醇、二甲醇、乙二醇醚类等）：树脂合成、稀释剂、研磨、包装等作业；
b) 含有有毒物质的粉尘（苯酐、炭黑、红丹、柠檬黄、铅、铬、镉、锌等）：树脂合成、配料等作业；
c) 其他有毒作业（煤焦沥青、甲苯二异氰酸酯（TDI）、甲醛、苯酚、苯胺、甲酚、苯乙烯、丙烯酸、甲基丙烯酸酯、双酚 A、聚醚、双氰胺、环氧氯丙烷、二酚基丙烷、三聚氰氨、四氟乙烯、邻苯二甲酸酯类等）：树脂合成、研磨、包装等作业。

C.2.3 有害物理因素

a) 噪声、振动：生产作业中所使用的某些设备，如空压机、搅拌机、电动机、砂磨机、球磨机、真空泵等设备转动；
b) 高温（生产操作温度 120 ℃以上）：树脂合成反应等高温作业。

涂装工程安全设施验收规范
（AQ 5201—2007）

前 言

本标准依据《中华人民共和国安全生产法》《中华人民共和国清洁生产促进法》等法律制定。

本标准主要内容引用了国家系列标准《涂装作业安全规程》，是各级安全生产监督管理部门执行建设项目（工程）安全"三同时"规定、验收涂装类建设项目（工程）时主要的规范性技术文件之一。

本标准是行业强制性技术标准。

本标准由国家安全生产监督管理总局提出。

本标准由全国安全生产标准化技术委员会涂装作业分技术委员会归口。

本标准起草单位：江苏省安全生产科学研究院。

本标准参加起草的单位：浙江明泉工业涂装有限公司。

本标准主要起草人：沈立、胡义铭、朱坚平、陈云、吴思明、沈一平。

本标准为首次发布。

1 范围

本标准规定了新建、改建、扩建涂装工程（包括涂装设备、器械）和作业场所安全设施验收的基本原则。

本标准适用于使用涂料及有关化学品（包括有机溶剂）在金属或非金属表面进行涂装的涂装工程，包括塑料制品、纺织品、皮革制品、木制品等非金属的涂装工程安全设施验收。

涂装工艺、涂装作业场所、涂装设备器械的设计、生产、制造和安装等的安全技术审查；露天涂装作业，建筑物、构筑物内外涂饰等涉及涂装工程安全的技术审查亦可参照本标准。

2 规范性引用文件

下列文件的条款通过本标准的引用而成为本标准的条款。凡是注日期的引用文件，其随后所有的修改单（不包括勘误的内容）或修订版均不适用于本标准，然而，鼓励根据本标准达成协议的各方研究是否可使用这些文件的最新版本。凡是不注日期的引用文件，其最新版本适用于本标准。

GB 935　高温作业允许持续接触热时间限值

GB 4064　电气设备安全设计导则

GB 5083　生产设备安全卫生设计总则

GB 6514—1995　涂装作业安全规程　涂漆工艺安全及其通风净化

GB 7691—2003　涂装作业安全规程　安全管理通则

GB 7692—1999　涂装作业安全规程　涂漆前处理工艺安全及其通风净化

GB 12942—2006　涂装作业安全规程　有限空间作业安全技术要求
GB/T 14441—1993　涂装作业安全规程　术语
GB 14443　涂装作业安全规程　涂层烘干室安全技术规定
GB 14444—2006　涂装作业安全规程　喷漆室安全技术规定
GB 14773　涂装作业安全规程　静电喷枪及其辅助装置安全技术条件
GB 15607—1995　涂装作业安全规程　粉末静电喷涂工艺安全
GB 16297　大气污染物综合排放标准
GB 20101—2006　涂装作业安全规程　有机废气净化装置安全技术规定
GB 50016　建筑设计防火规范
GB 50057　建筑物防雷设计规范
GB 50058—1992　爆炸和火灾危险环境电力装置设计规范
GBZ 1—2002　工业企业设计卫生标准
GBZ 2—2002　工作场所有害因素职业接触限值

3　术语和定义

标准 GB/T 14441 中确立的术语和定义以及下列术语和定义均适用于本标准。

3.1
涂装　painting
使涂料牢固附着在金属或非金属物体表面的工艺过程。

3.2
涂装工程　painting engineering
为实现涂料在金属或非金属表面的涂覆而使用各种生产设施进行作业所涉及的工程系统。

4　一般性规定

4.1　新建、改建、扩建涂装工程的安全设施应按设计要求与主体工程同时建成。

4.2　涂装工程的设计、制造、安装、检验资质应符合国家法定要求。

4.3　涂装工程不应使用 GB 7691 所明确淘汰的涂装工艺和禁止使用的涂料(包括有关危险化学品),其生产应符合《中华人民共和国安全生产法》《中华人民共和国清洁生产促进法》规定的基本要求。

4.4　对于 GB 7691 限制使用的涂装工艺和涂料(包括有关危险化学品),应该配备有效的安全设施,并制定具体的防护措施。同时提供选用说明并作专项安全评估。

4.5　涂装作业场所应划分火灾危险、爆炸性环境危险(包括气体、粉尘)区域图。

4.6　涂装作业场所应进行防雷、防静电检测检验。

4.7　进入涂装作业场所的各种承压管线应进行严格的压力试验,并提供检测检验。

4.8　涂装工程安全设施验收审查应提供以下技术文件:
　　a)　厂区总平面布置图和工程设计《安全卫生专篇》;
　　b)　涂装作业场所建筑平面图和涂装工艺布置图;
　　c)　当地消防部门消防设施验收的批准文件;

d) 工艺文件和通风净化效果报告；
e) 涂料及有关化学品的安全技术资料；
f) 试运行总结报告和检测检验报告；
g) 涂装作业安全操作规程；
h) 事故应急处置预案。

5 总体布局

5.1 涂装作业场所一般不应设立在教育、住宅等公共场所附近。

5.2 涂装生产场所应布置在厂区常年最小频率风向的上风侧，与厂前区、人流密集处、洁净度要求高的厂房之间，应按 GB 50016 的规定，留出足够的安全距离。

5.3 涂装生产场所的厂房布置应符合工艺流程和安全卫生要求，兼顾工序衔接顺畅、物料传输便捷、操作维修方便。

5.4 涂装作业场所原则上宜按独立厂房设置，如果设置在联合厂房内，则应布置在联合厂房的外侧。如果设置在多层厂房内，则应布置在多层厂房的最上层。

5.5 涂装作业场所与相邻建筑物的防火间距，应符合 GB 50016 的有关规定。

5.6 涂装车间厂房四周应按 GB 50016 的规定设消防通道。长度和宽度均超过 160 m 的超大厂房，若消防设施的 150 m 有效范围无法保证厂房面积全部覆盖，应设置厂房内消防车道。且门洞净高、净宽不应小于 4 m，车道净宽不应小于 3.5 m。

5.7 涂装车间厂房应有两个以上的出入口，且保持畅通。超大厂房内的涂装操作工位与出入口安全门的紧急撤离距离一般不超过 25 m。

5.8 当涂装作业采用封闭喷漆工艺并使封闭喷漆空间内保持负压，同时设置可燃气体浓度报警系统或自动抑爆系统（包括合格泄爆装置），且喷漆工段防火分区占涂装车间面积不到 20% 时，厂房可按生产的火灾危险性分类中的丁、戊类生产厂房确定防火要求（喷漆工段防火分区的灭火设备配置除外）。

5.9 危险化学品、油漆库房布置应远离火源，并符合国家现行消防规定。一般应布置在厂区常年最小频率风向的上风侧及边缘区域。

5.10 生产电源的配电中心与化学前处理、喷漆工段之间，应有合适的安全防护距离。

5.11 涂装前处理、喷漆、涂料配制等腐蚀、有毒、易燃、易爆可能性大的工序，应与其他生产工序隔开布置。调漆（含有机溶剂）间应独立、封闭设置，与火灾、爆炸危险区（1 区）的安全距离应大于 6 m。

5.12 涂装作业场所采用有机溶剂清洗除油时，与相邻生产部门的封隔墙材料应符合 GBJ 16 规定的耐火极限时间要求。

5.13 涂装作业的厂房内应预留原料、废料、成品存放场地。

5.14 涂装车间的门窗应向外开，车间内的主要通道宽度应不小于 1.2 m，且保持畅通。

5.15 涂装前处理和涂漆、喷粉作业场所应在利用自然通风的同时，设置有组织的局部排风，必要时采取全面强制通风，以防止涂装作业过程中的有害物质产生职业危害，保障作业人员的安全与健康。

5.16 涂装车间通风系统进风口位置应设置在排风口的上风侧，其高度低于排风口，距室外地坪应不低于 2 m；当进风口与排风口设置在同一高度时，则前者应设置在上风侧，两者的水平间距不小于 20 m。

5.17 涂装车间内应易于清扫且不得积水,作业场所的地面应平整防滑、不起火花,并配置冲洗地面的设施。经常有酸碱液流散或积聚的地面,宜采用耐腐蚀材料敷设,并设计地坪坡度,坡向厂区废水处理系统。

6 涂装设备安全

6.1 涂装设备设计应符合 GB 4064、GB 5083 的通用安全要求和涂装作业安全规程的专业安全要求。

6.2 涂装设备器械应具有以下技术资料:
    a) 使用说明书(包括安全说明);
    b) 完整的产品铭牌(名称、型号、主要参数、制造厂名与地址、制造时间)。

6.3 涂装前处理设备
涂装前处理工段涉及喷抛丸、动力工具打磨及高压水清理等方法的机械前处理,脱脂、酸洗、中和、表调、磷化、钝化、清洗等化学前处理,以及有机溶剂处理,工件的除旧漆工序等。涂装前处理工段所涉及的工艺设备均应符合 GB 7692 的要求。

6.4 喷漆(粉)室及喷涂设备
    a) 除特大型工件外,无论何种涂料的喷涂过程都应在喷漆(粉)室中进行。喷漆(粉)室通风应为有组织气流,其通风量必须同时满足防爆安全与工业卫生的要求。具体参数应符合 GB 14444 和 GB 15607 的要求。
    b) 各种喷漆器具和进入喷漆(粉)室的喷涂设备、辅助装置,都应符合爆炸性气体环境危险区域中使用的安全技术条件。
    c) 静电喷漆区和静电喷粉区使用的手持式或自动式静电喷枪及其辅助装置的安全技术条件应符合 GB 14773 的要求。

6.5 烘干、固化设备
涂装工程建设项目中的涂层干燥、固化用烘干室等设备的安全技术条件,应符合 GB 14443 的要求。

6.6 废气处理设施
涂装作业通风排气装置排出的气体有害物浓度超过 GB 16297 中规定的大气污染物排放限制时,应采取净化处理措施,废气处理设施安全要求应符合 GB 20101 的规定。

7 防火、防爆

7.1 涂装工程火灾危险性区域按 GB 6514 和 GB 50016 分类;与涂漆区相邻场所的爆炸性气体环境危险区域按 GB 6514 分为 1 区、2 区、非爆炸危险区域;喷粉区按 GB 15607 相对应的爆炸性粉尘环境区域分为 11 区、22 区、非爆炸危险区域。

7.2 存在危险量的可燃蒸汽、漆雾、粉尘和可燃残存物的涂漆区或前处理区,应划为高度危险区域(1 区、11 区),该区域一般不布置电气设备,如确需布置,应按照电气整体防爆要求严格控制。

7.3 高度危险区域(1 区、11 区)应设置安全报警装置并与自动灭火装置连锁。

7.4 容易产生燃烧、爆炸的 2 区、22 区,亦为火灾、爆炸危险区域,应划为中等危险区域,严格控制易燃物存量和可能产生明火的危险源。

7.5 轻度危险区域。为涂装作业专门设置的厂房或划定的有产生燃烧可能的空间,应划为轻度危险区域,但是必须禁止一切明火,防止外来火种进入。

7.6 涂装工程设计应符合相关的耐火等级和厂房防爆、安全疏散的要求。建筑结构、构件及材料应根据防火、防爆要求选用;疏散门最小宽度不宜小于 0.8 m,且应向疏散方向开启;疏散走道的净宽不宜小于 1.4 m。疏散设施应备有应急照明和安全疏散标志。

7.7 涂装作业场所应正确分区布置工艺路线,从有利安全、卫生、消防、节能、环保等设计要素出发,采取必要的隔断、隔离设施,并注意防火间距和防火分割。

7.8 涂装作业场所的集中空调布置管线在进入火灾危险区前应设置防火阀。

7.9 喷漆室不应交替用于喷漆、烘干。特殊情况下使用喷漆、烘干两用设备,且必须符合 GB 14443 和 GB 14444 的特定条件。

7.10 流平区、滴漆区应设计局部强制排风和收集滴漆的装置。

7.11 有限空间内的涂装作业条件应符合 GB 12942 的要求。

8 电气安全

8.1 涂装作业场内的电气安全,必须符合整体防爆的要求,即电机、电器、照明、线路、开关、接头等都必须符合防爆安全要求,严禁乱接临时电线。

8.2 爆炸危险等级为 1 区的涂装作业场所内,电动机、变压器按顺序选用隔爆、正压、增安型。2 区可选用无火花型电动机和充油型变压器。

8.3 有防爆要求场所的开关、空气断路器、二次启动用空气控制器以及配电盘宜采用隔爆型;操作用小开关宜采用正压(充油)型;操作盘和控制盘宜采用正压型;接线盒应采用隔爆型。

8.4 有防爆要求场所的照明灯具,固定式白炽灯和固定式荧光灯以及指示灯应采用隔爆型或增安型。信号报警装置应采用正压型或增安型,半导体整流器则应采用正压型。

8.5 有防爆要求场所的控制电线宜用铜芯铠装,截面在 1.5 mm^2 以上,接线盒则应采用隔爆型或增安型。

8.6 确定为 1~2 区爆炸危险等级的涂装作业区的各种电气设备的金属外壳均应可靠接地。除照明装置外的其他电气设备均应采用专用接地线,任何接地线不得利用输送易燃物质的管道。接地干线宜在不同方向至少两次与接地体相连。

8.7 接地线与接地体的连接应采用焊接,接地体宜垂直敷设,并且应深入地面不小于 2 m,水平敷设时,埋设深度不小于 0.6 m,并应与建筑物相距 1.5 m 以上。

8.8 正常情况下,连续或经常存在爆炸混合物的场所和喷漆室内部不宜设置电气设备,但由于测量、维修或控制要求不得不设置电气设备,因此电气设备应按 GB 50058 规定的防爆要求进行安装。

8.9 电泳涂装设备的安全接地电阻不大于 $1\times10\ \Omega$。

8.10 在涂装作业的爆炸危险场所内,接地设计技术规程不作规定的以下部分应接地。

  a) 不良导电地面处,380 V 及以下电气设备的正常不带电的金属外壳;

  b) 干燥环境下,110 V 及以下的正常不带电的电气设备金属外壳;

  c) 安装在已接地的金属结构上的电气设备。

9 防雷、防静电

9.1 高大厂房应有防直击雷的设施,精密电气设备、控制系统应有防感应雷的设施,其检测指标应达到 GB 50057 的规定。

9.2 在火灾、爆炸危险区域内禁止设置或进入电磁波辐射性设备、设施、工具,以及易发生静电放电的物体。

9.3 涂装作业场所内的工艺管线、排风管道及易燃易爆物料储存设备等必须作可靠的防静电接地。

9.4 以防静电为目的而设置接地的接地电阻值,应稳定在 1×10^6 Ω 以下。

9.5 防静电的接地与其他用途的接地共用时,其接地电阻可按各种用途的接地电阻最低值确定。在爆炸危险场所内,防静电接地与防雷接地分开有困难时,接地阻值应按防雷接地电阻值选取。爆炸危险场所内电气设备的工作接地和保护接地电阻阻值不得大于 1×10 Ω。

10 职业危害控制要求

10.1 高温危害控制

涂装作业场所的化学前处理和烘干工序,应控制作业环境温度。控制标准按 GB 935 的要求执行。

10.2 粉尘危害控制

主要粉尘危害场所的机械除锈工序粉尘可能包括 SiO_2;涂膜打磨、粉末喷涂工序产生无机和有机粉尘。粉尘危害控制标准分别按 GB 7692 和 GB 15607 的有关要求执行。

10.3 噪声危害控制

作为涂装作业场所主要噪声源的空气压缩机和各类风机,应采用消声、减振、隔声、阻尼等措施,降低噪声危害。车间噪声达标值为 85 dB(A);最高容许值为 93 dB(A)。作业现场人员容许接触噪声时间按 GBZ 1 的要求执行。

10.4 毒性危害控制

涂装作业场所空气中有害物质的最高允许浓度应遵循 GB 6514 和 GB 7692 的规定。常见的有害物质的最高允许浓度按 GBZ 2 的要求执行。

11 其他验收事项

11.1 涂装作业场所的机械伤害、高处坠落等危险因素的防护措施应进行现场检查。

11.2 涂装工程项目选用涂料、化学品、涂装工艺、涂装设备器械的法规、标准符合性审查。

11.3 涂装工程通风系统参数,防爆电气设备防爆参数,接地电阻值,危险区域易燃易爆气体、粉尘浓度,涂装作业场所有害因素的测定值审查。

11.4 涂装作业场所自动联锁控制和信号、报警装置整定值安全审查。

11.5 涂装作业场所安全标识、安全标记审查。

11.6 采用新型涂料及有关化学品或涂装工艺的安全技术鉴定资料的文件审查。

六、冶金有色与工贸安全

铝电解安全生产规范(GB 29741—2013)

前　　言

本标准第 3 章和第 4 章为强制性的,其余为推荐性的。

本标准按照 GB/T 1.1—2009 给出的规则起草。

本标准由国家安全生产监督管理总局提出。

本标准由全国安全生产标准化技术委员会(SAC/TC 288)和全国有色金属标准化技术委员会(SAC/TC 243)归口。

本标准起草单位:中电投宁夏青铜峡能源铝业集团有限公司、山东南山铝业股份有限公司、云南铝业股份有限公司、中国有色金属工业标准计量质量研究所、中国铝业股份有限公司。

本标准主要起草人:牛庆仁、吴连成、詹磊、潘志远、陈泓钧、张建宇、俞成斌、郭中华、车立志、陈京晖、张辉、马志军、杨福光、李玉莲。

1　范围

本标准规定了铝电解安全生产的基本安全要求、工序及设备设施安全作业要求及其他要求。

本标准适用于铝电解企业的设计、施工、验收、生产、维护、检修中的安全生产管理。

2　规范性引用文件

下列文件对于本文件的应用是必不可少的。凡是注日期的引用文件,仅注日期的版本适用于本文件。凡是不注日期的引用文件,其最新版本(包括所有的修改单)适用于本文件。

GB 3095　环境空气质量标准

GB 4053.1　固定式钢梯及平台安全要求　第 1 部分:钢直梯

GB 4053.2　固定式钢梯及平台安全要求　第 2 部分:钢斜梯

GB 4053.3　固定式钢梯及平台安全要求　第 3 部分:工业防护栏杆及钢平台

GB 4387　工业企业厂内铁路、道路运输安全规程

GB 5082　起重吊运指挥信号

GB 6067.1　起重机械安全规程　第 1 部分:总则

GB 8978　污水综合排放标准

GB 12348　工业企业厂界环境噪声排放标准

GB 15630　消防安全标志设置要求
GB 16297　大气污染物综合排放标准
GB 50034　建筑照明设计标准
GBZ 1　工业企业设计卫生标准
AQ/T 9002　生产经营单位安全生产事故应急预案编制导则

3　基本安全要求

3.1　基本规定

3.1.1　设计

3.1.1.1　铝电解企业新建、改建及扩建项目的安全设施,应与主体工程同时设计、同时施工、同时投入生产和使用。

3.1.1.2　铝电解企业初步设计中需包含安全专篇。安全专篇中应对消防、泄漏、交通、设备、生产、作业等活动中涉及人身、设备、设施、环境和安全等方面的因素进行分析评估,提出有效的控制措施及达到的控制目标。

3.1.1.3　设计应做到技术先进、经济合理、安全可靠,实现生产与安全的统一、经济效益与社会效益的统一。

3.1.1.4　设计应优先选用安全条件好的工艺与设备,提高机械化与自动化水平,降低操作者的劳动强度,减少人身危害因素。

3.1.1.5　对引进国外技术项目的设计或引进国外设备配套项目的设计,应该符合国家有关安全生产的法律法规。

3.1.1.6　厂房设计应考虑良好的通风散热、防洪防雪、采光照明等外部环境条件。

3.1.2　厂址

3.1.2.1　厂址应全面考虑周围环境,整体规划和选定生产区、生活区、水源地及"三废"排(堆)放点。

3.1.2.2　厂址应具备良好的工程地质和水文地质条件,应避开断层、滑坡、泥石流、淤泥层、地下河道、塌陷、岩溶、膨胀土地区等不良地质地段及地下水位高且有侵蚀性的地区,并按地震烈度等级标准设防。

3.1.2.3　厂址不应布置在下列地区:
a)　具有开采价值的矿床上;
b)　爆破危险区和采矿陷落及最终错动区;
c)　大型水库、油库、发电站、重要的桥梁、隧道、交通枢纽、机场、电台、电视台、军事基地、战略目标,以及生活饮用水源地等防护区域之内;
d)　城市园林区、疗养区、风景区、重要文化古迹和考古区。

3.1.2.4　厂址标高应高出最高防洪水位(包括波浪侵袭及壅水位高)0.5 m以上,地处海岸边的应高于最高潮水位 1 m 以上。如无法达到,应该设置有效防护措施。

3.1.2.5　厂区边缘与居住区之间,应设置卫生防护带或绿化带距离,在此距离内,不应设置居住用房屋。

3.1.3　厂区

3.1.3.1　厂区及厂房的布局应符合项目设计方案。

3.1.3.2 厂区布置应考虑物料流向,保证物料顺畅运行,同时应缩短物流距离。

3.1.3.3 车间与各辅助车间(设施),应布置在生产流程的顺行线上。

3.1.3.4 根据生产流程和作业特点,合理布置车间工艺装备、生产设施和操作区域,确保生产安全。

3.1.4 厂房、建(构)筑物

3.1.4.1 厂房热源点周围的建(构)筑物、设备设施等应建立有效的隔热防护措施。

3.1.4.2 厂房结构应考虑风、雨、雪、雷、电、积尘等动(静)载荷及其他因素影响。

3.1.4.3 电解厂房四周应设置防坠护栏杆,厂房合理布置人车分流通道、消防梯、检修梯及其他高空作业设施。

3.1.4.4 厂房地坪应设置宽度不小于1.5 m的人行安全通道,通道应有明显的标志线;主厂房及其他中、重级工作类型桥式起重机的厂房,应设置双侧贯通的起重机安全走道,轻级工作起重机厂房,应设单侧贯通的安全通道,通道宽度应不小于0.8 m。

3.1.4.5 厂房四周道路与厂内主干道相连,在主要道路及交叉路口,应设消防栓。

3.1.4.6 厂房设置的安全出口不应少于2个,门应向外开放,工作期间不应上锁。疏散通道应有明显逃生标志,疏散通道的楼梯最小宽度不少于1.1 m,确实达不到1.1 m的,应有第二条逃生通道。

3.1.4.7 厂房(车间)紧急出入口、通道、走廊、楼梯等,应设应急照明,其设计应符合 GB 50034 的规定。

3.1.4.8 桥式起重机司机室与电源滑线,原则上应相对布置;若两者位于同一侧,则应有安全防护措施。

3.1.4.9 在生产作业区域或有关建筑物危险部位设置标准的安全标志。

3.1.4.10 厂房、烟囱等高大建筑物及易燃、易爆等危险设施,应按国家标准安装避雷装置。

3.1.4.11 建(构)筑物的建设,符合土建规范。

3.1.4.12 设备与建(构)筑物之间,留有满足生产、检修需要的安全距离。移动车辆与建(构)筑物之间,应有0.8 m以上的安全距离。

3.1.4.13 受高温辐射的建(构)筑物,应有防护措施。所有高温作业场所,均应设置通风降温设施。

3.1.4.14 厂房内梯子应采用不大于45°的斜梯(特殊情况允许采用60°斜梯或直爬梯),梯子设置应符合 GB 4053.1 和 GB 4053.2 的规定。

3.1.4.15 操作位置高度超过1.5 m的作业区,应设固定式或移动式平台,平台负荷应满足工艺设计要求。高于1.5 m的平台,宽于0.25 m的平台缝隙,深于1 m的敞口沟、坑、池,其周边应设置符合 GB 4053.3 规定的安全栏杆,不能设置栏杆的,其上口应高出地坪0.3 m以上。平台、走廊、梯子应防滑。

3.1.4.16 主控室、电气间、电缆隧道、可燃介质的液压站等易发生火灾的建(构)筑物,应设火灾报警装置,应设置消防水系统与消防通道,并设置警示标志。

3.1.4.17 控制室、电气室的门均应向外开启。主控室应按隔音要求设计,应设置紧急出口。易积水的坑、槽、沟应有排水措施。密闭的深坑、池、沟应设置换气设施,保证维护人员的安全。

3.1.4.18 仓库内除了固定的照明外,不准设置移动式照明灯具。甲、乙类物品库房和丙类液体库房的电气装置,应符合国家现行的有关爆炸危险场所的电气安全规定。储存丙类固体物品的库房,不准使用碘钨灯和超过 60 W 以上的白炽灯等高温照明灯具。当使用日光灯等低温照明灯具和其他防燃型照明灯具时,应当对镇流器采取隔热、散热等防火保护措施,确保安全。

3.1.5 设备

3.1.5.1 设备选型应符合项目设计方案,不使用国家规定淘汰的工艺装备。

3.1.5.2 机械设备的防护、保险、信号等装置无缺陷;裸露的齿轮、轴及高度在 2 m 以下的链传动、传动带应有防护罩。

3.1.5.3 机器设备的金属外壳、底座、传动装置,金属电线管、配电盘以及配电装置的金属构件,遮栏和电缆线的金属外包皮等,均应采用保护接地或接零。

3.1.5.4 易燃易爆和粉尘散发量较大的场所,设备应选用防尘防爆型。在多导电粉尘、潮湿或高温区的场所,设备选型以及电缆敷设应考虑其特殊的环境条件,配电设备防护等级不低于 IP54,高温区采用耐高温阻燃型电缆,架空电缆不能跨越高温区域,电气设备、开关、插座不应安装在可燃材料上。每层厂房应设立电源开关箱,使用自动空气开关。

3.1.5.5 特种设备需由专业厂家生产、安装、维修。经专业资质机构检验合格,取得安全使用证或安全标志后,方可投入使用,在使用过程中应定期检验。建立压力容器的安全管理制度及管理台账。

3.1.5.6 铝电解、阳极、铸造吊运熔融金属应使用冶金起重机,经专业资质机构检验合格,取得安全使用证或安全标志后,方可投入使用,在使用过程中应定期检验。

3.2 施工

3.2.1 施工应遵照设计进行,如果确实需要变更,应经过原设计单位书面同意。

3.2.2 隐蔽工程应经过建设单位、监理单位和施工单位三方共同检查验收,经验收合格,方可进行隐蔽。

3.2.3 建设单位依法对工程建设项目的勘察、设计、施工、监理以及与工程建设有关的重要设备、材料等的采购进行招标确定。

3.2.4 参建各方依法对建设工程的安全、质量负责。执行《中华人民共和国安全生产法》、《建设工程质量管理条列》等相关国家法律法规、标准及有关规定。

3.2.5 工程开工前,建设单位组织设计单位对经审查修改后的施工图纸向参建工程的监理、项目管理、施工等单位进行图纸的技术交底。

3.2.6 按照合同约定,由建设单位采购的设备、材料(或由施工单位采购)等相关物料,均应符合设计文件和合同要求。

3.2.7 根据国家相关法律法规、行业标准、设计文件及建设工程承包合同的要求,参建各方应履行工程建设的安全责任、质量责任。

3.2.8 建设单位应明确安全、工程质量等目标,严格投资管理,合理安排工程建设周期,做实工程开工前期工作。

3.2.9 建设单位应成立安全管理机构,定期组织相关专业人员对施工现场进行安全检查,并督促整改缺陷。施工单位对各自作业区域的安全承担责任。

3.2.10 施工单位应建立健全质量保证体系、质量检查制度,严格质量标准,加强工序质量控制(含材料);项目管理单位、监理单位、质量监督单位应加强对进场材料、设备、施工工序、半成品、成品（构件）及其他相关过程进行质量检查或监督，以确保工程质量。

3.3 验收

3.3.1 建筑工程竣工经验收合格后，方可交付使用；未经验收或者验收不合格的，不应交付使用。

3.3.2 对规模较大、较复杂的建设项目，竣工验收程序分为初步验收、专项验收、竣工验收和移交固定资产。规模较小的项目可适当简化。

3.3.3 建设项目完成后，施工单位按国家规定整理文件、技术资料，向建设单位提出交工报告，建设单位组织监理、设计、施工、使用单位进行初验。

3.3.4 项目法人应及时向当地行业质量监督管理部门申请，在初步验收时对工程施工和设备安装质量进行检查和评定。

3.3.5 初步验收和专项验收结束，有关问题得到整改后，项目法人（建设单位）向主管部门提出竣工验收申请，由主管部门组织验收。

3.3.6 竣工验收会议通过的竣工验收鉴定书由项目竣工验收主持单位以正式文件形式印送各有关部门和单位。

3.3.7 建设项目安全设施竣工后，应当委托具有相应资质的中介机构进行安全验收评价。

3.3.8 施工完毕，施工单位应将竣工说明书、竣工图及变更说明书，交付使用单位存档。建设单位应当严格按照国家有关档案管理的规定，及时收集、整理建设项目各环节的文件资料，建立健全建设项目档案，并在建设工程竣工验收后移交相关部门。

3.3.9 交付竣工验收的建筑工程，应符合规定的建筑工程质量标准，有完整的工程技术经济资料和经签署的工程保修书，并具备国家规定的其他竣工条件。

3.4 生产

3.4.1 在电解槽上进行操作时，应站在风格板或槽罩上。在槽罩上作业时，应先将槽罩放稳，确认槽罩拉筋固定牢靠、无松动。收边作业时，应使用脚踏板。

3.4.2 不应坐在槽罩、槽沿板及立柱母线短路口上休息。

3.4.3 不应将金属工具靠立于电解立柱母线、槽控机、气控柜旁。

3.4.4 电解测量作业时发生效应或对地电压异常时，应停止作业，待效应熄灭或异常对地电压排除后，方可继续作业。

3.4.5 定期对电解槽控机进行吸灰并检查其绝缘情况，防止控制失效。

3.4.6 换极作业时不应站在阳极、壳面上。新阳极换极前应进行预热。

3.4.7 发生阳极效应时，不允许进行测量、换极、出铝、抬母线作业。

3.5 维修、保养

3.5.1 按照安全作业规程操作。现场应进行安全确认，设置安全监护人员，布置安全警界线、安全警示等明显警示标志。维修区域应有良好的照明与通风条件。

3.5.2 交叉作业区域，应建立有效的安全保护措施，并由专人统一指挥。

3.5.3 坑、沟、池等区域应设置盖板或防护栏等防坠落设施。临时开挖的坑、沟或在通道上设置的警戒线等障碍物，应采取安全防护措施及设立明显的安全警示标志和警示灯。

3.5.4 使用行灯电压不应大于36 V、进入潮湿密闭容器内作业不应大于12 V。

3.5.5 高空作业应有安全防护，如设置围栏、安全网等。作业前，需检查登高工具和悬挂锚点，确保牢固可靠；作业中不应抛送工具或零件。高空作业用具（包括安全网）和锚点应定期检查、评估,确认有效。如风力超过 6 级、暴风雨等恶劣气候条件下,应停止户外高空作业。患有严重心脏病、高血压、贫血症、癫痫症等人员不应从事高空作业。

3.5.6 受压管道、压力容器等设施不应重力敲打。

3.5.7 拆卸料仓、压力管道及人孔时,应将气、料、风放尽,拆卸时不应垂直面对法兰,卸螺帽由下而上,防止物料喷出伤人。

3.5.8 进入储料仓进行检查作业时,停止进料、出料作业,同时仓外应有人监护。检查人员应系安全带,佩戴安全照明工具和对外联络设备。

3.5.9 使用专用设备及工器具时,应严格遵守相关安全规程。

3.5.10 作业中,不应用手试摸滑动面、转动部位或用手指试探螺孔。

3.5.11 维护检修设备作业前,应关闭设备能源开关,确保在零能源状态下工作,现场设备中应悬挂安全警示牌;作业中,应至少一人监护;送电时,应告知相关人员。应避免带电作业,如确需带电作业,则应采取有效的安全措施。

3.5.12 定期检查各设备电气线路,确保无裸露和破损,预防触电事故。

3.5.13 在邻近带电部分进行电器维修作业时,应保持可靠安全距离和设置安全措施。

3.5.14 设备试车前,应检查电源接法,确保正确,各部分的手柄、行程开关、撞块等确保灵敏可靠,传动系统的安全防护装置应齐全,确认具备条件后,方可开车运转。

3.5.15 严格执行电气作业安全规定:不应用湿手检查电气设备和按设备启动按钮;不应用水冲洗电机、开关盒;不应将盛水容器放在电器开关箱上;不应在操作室内堆放杂物、工具;不应在进行电气检修工作时停电后及施工前未验电、放电而直接作业。

3.5.16 作业工具的绝缘性能应保持良好,使用电动工具,应有良好的接地保护装置,使用手提电动工具应戴好绝缘手套。

3.5.17 电焊机电源应使用漏电保护装置,外壳应接零保护,不应在雨天露天进行电焊作业。不应用厂房金属框架或生产管网代替二次回路线。电焊作业应戴电焊手套、穿绝缘鞋、戴防护镜。在容器内进行电焊作业应设专人监护。

3.5.18 气焊作业,乙炔瓶、氧气瓶存放间距应大于 5 m。不应用钢丝绳直接捆绑、吊运氧气、乙炔气瓶。气瓶不应在夏季炎热阳光下暴晒。乙炔瓶不应卧放使用。

3.5.19 电气焊作业现场与易燃易爆及化学品距离应大于 10 m。氧气瓶、乙炔瓶与易燃易爆品不应混放。不应在氧气瓶、乙炔瓶存放地 10 m 内吸烟。

3.5.20 定期检查各地段照明设施有无缺、损,如有应及时更换或联系维修。

3.5.21 进入烟道进行检查作业时,检查人员应穿戴特殊防护用品,应系安全带,佩带安全照明工具和对外联络设备,同时,烟道外应有人监控。

3.5.22 外来施工单位应取得安全作业许可和安全用电手续并经主管部门审批,方可进入单位现场施工。

3.6 安全管理

3.6.1 遵守《中华人民共和国安全生产法》及相关法律法规,夯实安全生产基础,完善安全生产管理体系,落实安全生产责任制。

3.6.2 企业主要负责人是企业的安全生产第一责任人,对安全生产负全面责任,各级主要负责人对本部门的安全生产负责,各级机构对其管理范围的安全生产负责。

3.6.3 企业应建立和健全本单位安全生产管理机构,配备专(兼)职安全生产管理人员,不断加强安全生产工作。

3.6.4 企业生产经营主要负责人、安全生产管理人员都应具有安全生产资格证。

3.6.5 企业应根据安全生产管理要求,建立健全安全生产岗位责任制和岗位安全技术操作规程。

3.6.6 企业应经常性地对员工进行安全法律法规、安全生产规范和劳动保护等安全教育培训,经考试合格后方可上岗。

3.6.7 新工人入厂,应分别接受厂、车间、班组的安全培训,经考评合格后,方可上岗。

3.6.8 调换工种和脱岗六个月以上重新上岗的人员,应事先进行岗位安全培训,并经考试合格方可上岗。

3.6.9 外来参观或学习人员进入生产现场前,应接受必要的安全教育,并由专人带领。

3.6.10 企业应为员工提供符合国家标准或行业标准的劳动保护用品,员工在作业过程中,应正确佩戴和使用。

3.6.11 发生生产安全事故,企业应按照国家有关规定报告并按相应原则调查处理。

3.6.12 企业应推动先进适用性技术在安全生产工作中的推广应用,提高安全管理技术水平。

3.6.13 采用新工艺、新技术、新材料或者新设备投运前,应进行安全风险评估,完善安全生产管理制度,并对相关人员进行相应安全生产培训,经考核合格后方可上岗。

3.6.14 特种作业人员应按照国家有关规定经专门的安全培训机构培训,取得特种作业操作资格证书,方可上岗作业。

3.6.15 重大危险源应登记建档、告知相关人员,定期进行检测、评估和适时监控,并应制定应急预案,定期演练,正确使用安全标志。

3.7 个人劳动防护

3.7.1 上岗后,作业人员劳动防护用品应穿戴齐全、规范,确保有效。

3.7.2 进入电解厂房不应穿潮湿、带铁钉鞋,应佩戴防护眼镜。

3.7.3 金属焊接与切割、电工作业应穿绝缘鞋,高空作业时,不应穿硬底鞋。

3.7.4 人员进入含尘、有害气体作业现场,应佩戴好防护眼镜及呼吸器或防护口罩。

3.7.5 人员进入高噪音作业区域,应戴好防护耳塞。

3.7.6 铸造、换极、出铝、熄效应等接触高温熔体的作业人员,应穿阻燃工作服、佩戴隔热面罩,不允许穿化纤工作服。工作中劳保品着火时,应立即就地扑灭或脱下扑灭,不应用水浇身。

3.7.7 距基准面 1.5 m 以上高处作业时,规范使用安全带或安全绳。

3.7.8 劳动防护用品(尤其是绝缘护品)应保证干燥。

3.8 行为规定

3.8.1 酒后不应上岗。

3.8.2 厂房通道上不应坐卧休息或放置各种物料。

3.8.3 非生产车辆不应进入厂房,汽油车辆不应驶入电解厂房。

3.8.4 不应在吊车、电葫芦吊物下方穿行、逗留等。

3.8.5 禁火区域不应吸烟或携带火种进入。在禁火区域作业,应办理动火作业审批手续。在重点防火区域进行检修、维护设备时,应使用防爆工具。

3.8.6 未经许可,不能随意启动他人负责的机器设备及安全装置。

3.8.7 不应随便动用、跨越、毁坏各种安全防护设施和安全警示标志。

4 工序及设备设施安全作业要求

4.1 铝电解

4.1.1 一般要求

4.1.1.1 在电解厂房内使用铁制工具时,应注意磁场影响。工具使用前应充分预热,用完后应放回指定位置。

4.1.1.2 应建立高温熔体防爆炸的安全管理。原料应经过预热干燥后方可使用,潮湿物品不应投掷到电解槽内。

4.1.1.3 天车吊运物品时,应检查确认吊具完好,捆束牢靠后方可进行。指挥和配合作业的人员站位应安全、可靠。

4.1.1.4 定期检查电解槽、母线、地面、厂房、其他建筑物之间绝缘状况,确保无导电物体连接,避免发生安全事故。

4.1.1.5 不应坐在槽罩、槽沿板及立柱母线短路口上。

4.1.1.6 不应将金属工具靠立于立柱母线、槽控机、气控柜旁。

4.1.2 测量作业

4.1.2.1 测量作业应严格遵守相关作业规程。

4.1.2.2 测量时,注意防止工器具同时接触两槽。

4.1.2.3 测量或从槽内取试料时,应注意防止烫伤。

4.1.2.4 作业时发生效应时应停止作业,待效应熄灭后方可继续作业。

4.1.2.5 入槽作业工器具使用前应充分预热,用完后应放回指定位置。

4.1.2.6 阴极钢棒温度、侧壁温度、炉底钢板温度的测量、测试中应做好安全防护措施,防止电解槽漏槽烫人等其他安全事故。

4.1.2.7 作业中应注意周围环境的异常声响,防止高空坠物伤人。

4.1.3 槽控机操作

4.1.3.1 操作人员应严格按规程操作,做到正确使用,认真维护。

4.1.3.2 操作时,应先确认操作项目,再进行相应的操作。

4.1.3.3 操作槽控机按钮时,应轻按轻放,不应野蛮操作;操作完毕后,应将槽控机按钮恢复到使用前的工作状态。

4.1.3.4 开、关槽控机时,应按照正常的开、关机步骤执行。

4.1.3.5 如发生阳极升/降失控现象,应迅速切断动力电源,并启动相关应急预案。

4.1.3.6 操作槽控机完毕后,应及时关好箱门,以防灰尘进入。

4.1.3.7 定期对槽控机进行吸灰并检查其绝缘情况,防止控制失效。

4.1.3.8 除专业维护人员外,任何人不应拆动槽控机内外元器件及线路。

4.1.3.9 电解槽启动、更换阳极、边部加工时,应对槽控机进行合适的隔热遮挡防护,以免电解槽的高温辐射造成显示面板的损坏和其他元器件的老化失效。

4.1.4 换极作业

4.1.4.1 在残极提出、新极未装好之前,操作人员不应站在槽沿板上,防止发生操作人员意外掉入槽中的恶性事故。

4.1.4.2 在残极脱离电解质液面后或新极坐入电解质之前,作业人员应防止阳极脱落带出液体电解质。

4.1.4.3 换极过程中使用工具时,应注意防止用力过猛,导致摔伤或碰伤等。

4.1.4.4 操作卡尺划线时一定应事先检查阳极卡具是否会掉落,不应迎面站在卡具的下方,不应将脚伸入阳极底掌下面,防止烫伤、砸伤、压伤等事故的发生。

4.1.4.5 进行卡具松紧作业时应先盖好槽罩,不应站在阳极上进行松紧卡具作业。

4.1.4.6 新极装入后进行收边作业时,不应站在阳极、壳面上作业。处理热块应佩戴防护眼镜或防护面罩。不应用潮湿的物料进行收边作业。

4.1.4.7 新阳极应进行预热,不允许未经预热的阳极直接进入电解液中。

4.1.5 抬母线作业

4.1.5.1 在吊运、放置母线提升机时,应有专人指挥天车作业。确保母线提升框架水平放置在需要抬母线的电解槽上。

4.1.5.2 抬母线前,应确认电解槽状态,电解槽处于效应等待期间不应进行抬母线作业。

4.1.5.3 抬母线作业前,应确保母线提升机各机构正常有效。

4.1.5.4 进行抬母线作业时,操作工应确认槽罩完好,防止坠落。

4.1.5.5 抬母线作业时,先打开抱紧装置、后打开夹紧装置,方可松开小盒卡具。

4.1.5.6 工作中若发生阳极效应,则应立即停止作业,待效应熄灭并确认后,方可继续进行抬母线作业。

4.1.5.7 抬母线作业结束后,提升机应摆放于指定位置。天车通行区域应保证无人进行其他作业。

4.1.5.8 夹具张开时,不应用手触摸夹具。

4.1.5.9 吊运母线提升机时,应与电解槽保持安全距离,吊运、升降母线框架时,应保证吊钩在上限位。

4.1.5.10 在抬母线前,用副钩单动按钮调整水平,直到提升母线作业前,严禁再动该按钮。

4.1.5.11 抬完母线吊放框架时,应有专人指挥,在不明确其指示和信号时,严禁任意操作。

4.1.6 熄灭阳极效应作业

4.1.6.1 电解槽发生效应时,应先将电解槽出铝端炉门打开,操作打击头,打开结壳;人工扩开出铝口,便于插入效应棒。

4.1.6.2 手持效应棒插入(必要时与烟道端同时进行)至阳极底掌下。注意观察槽控机的显示电压及指针电压表电压。

4.1.6.3 在向电解槽插入或拔出效应棒时,不应将身体正对电解槽,以防电解质或铝液溅出烫伤。

4.1.6.4 阳极效应熄灭后,应及时调整槽电压。

4.1.6.5 长效应后,应立即巡视、测量侧壁、阴极钢棒,炉底钢板情况,对异常部位及时处理。并测量全槽电流分布,检查阳极情况,对异常极及时调整,监控好电压。

4.1.7 通电、启动、停槽作业

4.1.7.1 通电、启动、停槽应指定专人负责与供电部门联系,并指挥现场的通电、停槽工作。

4.1.7.2 接到通电或停槽指令后,立即对通电或停槽的电解槽进行检查,有异常情况的应及

时报告现场负责人。

4.1.7.3 通电作业应认真测量短路口的绝缘情况,绝缘等级不能低于 2 MΩ。

4.1.7.4 通电操作不应事先松开短路口螺栓,防止断路爆炸事故发生。

4.1.7.5 启动前紧固卡具,槽控箱专人负责,检查强制按钮,观察阴极窗口防止漏铝。

4.1.7.6 往电解槽内灌注铝液或电解质时,操作应慢、准、稳,防止溅出伤人。

4.1.7.7 阳极升降确保畅通,升阳极速度应与灌注电解质速度相一致,防止飞溅伤人。

4.1.7.8 停槽时,在吸出电解质降阳极时应有专人负责,防止阳极与电解质脱离。

4.1.7.9 停槽时,如果用大勺舀铝,舀铝液时应站稳,倾倒铝液时,应慢而平稳,防止铝液飞溅伤人。

4.1.7.10 停槽作业完成后,应确认短路口螺杆紧固,压降在工艺要求安全电压范围内,防止送电时发生恶性事故。

4.1.8 出铝作业

4.1.8.1 出铝作业前应确认槽状态,电解槽处于效应等待期间不允许进行出铝作业。

4.1.8.2 作业前应检查确认出铝抬包各部件完好,各装置运转正常,铝包内无杂物。

4.1.8.3 出铝前,应先按下出铝键,与计算机联系,进行出铝程序控制,以免发生电解质脱离阳极造成断路事故。

4.1.8.4 新使用或间断使用的铝包应预热后方可使用,不应使用受潮冷包;修补过的铝包应作标识,以提醒使用人员观察,注意安全。

4.1.8.5 预热后的铝包不能用潮湿工具、物件进行除灰。

4.1.8.6 出铝时,控制阀打开应缓慢,以防铝水溅出烫伤;出铝过程中,注意铝包不应与阳极及槽上部接触。

4.1.8.7 出铝时,作业人员应在距观察口侧面 15 cm 以外进行观察,防止烫伤事故。

4.1.8.8 铝液盛装不能过满,应低于铝包口 20 cm 左右,以免运输时溅出。

4.1.8.9 出铝抬包在装车时,应确保吸出管处于车辆尾部中心线位置。

4.1.8.10 出铝抬包在运输过程中应符合 GB 4387。

4.1.8.11 出铝工在出铝作业时若发现包体外侧异常发热,应立即停止使用。

4.1.8.12 出铝过程中,若吸铝管被堵,用铁钎处理时,应防止铝液、电解质倒流烫伤。

4.1.8.13 出铝时,若发生阳极效应,应立即停止出铝,并将吸铝管抽出,待效应熄灭、电压稳定后方可继续出铝。

4.1.8.14 出完铝后,取下观察口上的盖板再拔出风管吊出铝包,待吸铝管内铝液流完,方可吊运。

4.1.8.15 移动铝包时,吸出管口需距地面 30 cm 以上,出铝工应与天车工配合,注意行人和车辆。

4.1.8.16 出铝工扶包时,手应扶在手柄上,脚不应伸到出铝包的正下方。

4.1.8.17 出铝完毕摆放抬包时,操作者应站在减速器侧边,不能站在对面,按规定放在包架上,不应将吸铝管朝通道一侧。

4.1.9 清包作业

4.1.9.1 抬包应冷却后方可进行清理。

4.1.9.2 清包作业前应将抬包放平稳,扎紧风管,紧固风镐连接头,安装防脱装置。

4.1.9.3 清包时,应把抬包吊耳放置在吸铝管一端,防止包架倾倒伤人。作业时应有专人监护。

4.1.9.4 操作过程中,用力应适当,动作应准、稳,并随时注意风镐连接部位,避免脱落伤人。

4.1.9.5 清理吸铝管时,应先检查吸铝管是否有裂纹,防止断裂伤人;清理时应扶稳包盘,与天车工相互配合,避免抬包在空中摇摆;应防止风镐、铁钎滑落伤人。

4.1.9.6 完成清包后,抬包应摆放平稳,抬包吊耳用卡子卡稳;并对吸铝管连接螺栓进行紧固;吸铝管有裂纹时应立即更换,避免吸出管断裂伤人。

4.1.10 地沟作业

4.1.10.1 进入地沟作业前应通知当班作业长,作业时应有人监护,不应一人进入地沟。

4.1.10.2 夜间进入地沟时应携带好照明设施。

4.1.10.3 在地沟测量时应通知地上作业人员,并在相应区域(地上、地下)设立警示标志。

4.1.10.4 穿越槽底母线时当心碰头。

4.1.10.5 不应在地沟使用过长金属工具,防止短接。

4.1.10.6 在地沟通行时应避开炉门口位置,防止电解质伤人,通过炉门口时动作应迅速。

4.1.10.7 外来人员不应进入地沟。

4.1.10.8 地沟作业身体不能背靠母线墩休息,身体不能同时接触母线墩和母线。工作服潮湿应风干后方可进行地沟清理作业。

4.1.11 普通天车作业

按照 GB 6067.1 和 GB 5082 的规定执行。

4.1.12 多功能天车作业

4.1.12.1 执行普通天车安全作业规程。

4.1.12.2 开车前,确认各机构在上限位方可动车。

4.1.12.3 运行中应紧握操作手柄,随时按铃鸣警和认真观察各指示灯是否正常,注意防止驾驶室、吊具和吊物相互碰撞或碰伤人。

4.1.12.4 不挂阳极纵向或横向运行条件下,打壳机头应旋转到与天车移动方向一致的位置。吊阳极纵向或横向运动条件下,应把吊装的阳极旋转到与天车移动方向一致的位置,保持打壳机头斜向 45°角。

4.1.12.5 驾驶室在槽间横向运行时,应使天车的中心与厂房横梁中心标记重合。

4.1.12.6 天车起动运行时,应由低速到高速,不允许一起动就拉到高速档,需要停车时,应事先拉低速档,由快变慢停在停车位,不应直接从高速档拉到停止位置和利用倒车方法停车。

4.1.12.7 非作业需要,驾驶室不应移动至过道上方运行。

4.1.12.8 更换阳极时,应用低速档,应事先把挂吊阳极的卡具装置下降到导杆上方暂时停止,观察确认卡销与导杆销孔对正后,方可下降卡具装置,以免撞坏卡头和导杆。

4.1.12.9 不应用高速强力往来调整卡销和销孔间隙,以免损坏天车和电解槽。

4.1.12.10 上紧卡具后应把吊具或阳极提升机升到上限位后方可开动天车。

4.1.12.11 完成阳极更换后,应把卡具装置升到上限位置。

4.1.12.12 从槽中更换出来的残极炭块应按指定位置放稳。

4.1.12.13 吊运出铝包在通道运行时,应确认吸管与天车移动方向一致,方可运行。

4.1.12.14　不应在行驶中的出铝车上起吊、下放出铝抬包。
4.1.12.15　在两台天车吊运槽壳框架时,应听从地面人员统一指挥,两台天车应协调作业。
4.2　净化
4.2.1　一般要求
4.2.1.1　天井处上下应悬挂醒目的警示牌,通过天井处需绕行。在天井口处使用电动葫芦吊物时,应在天井口处地面设警戒,以免物件掉落伤人。
4.2.1.2　启、停罗茨鼓风机时,应确认放空阀为打开状态。罗茨鼓风机启、停时,应确认气力提升机的储料箱是空的。
4.2.1.3　在进入布袋室前,应关闭出口阀门,打开入孔,放入新鲜空气,作业人员进入布袋室前,应将工作服口袋内物品清理干净,布袋室内严禁烟火,检查布袋时不应用利器敲打。
4.2.1.4　恶劣天气不应上仓顶。
4.2.2　贮运送料作业
4.2.2.1　操作前应检查各部件正常、各控制系统确保完好后方可运行,系统在运行过程中不应进行检修。
4.2.2.2　单体设备试车全部结束后,将整个系统所属设备全部投入自动运行状态,并巡视设备及物料输送管运行正常。
4.2.2.3　检查除尘布袋或更换布袋时,应有人监护,应系好安全带,谨防从高空坠落。
4.2.2.4　每班应清理筛网上的脏物,装袋堆放;保证浓相储运系统正常运行。
4.2.2.5　定期检查和清理压力罐各电磁阀、气缸、物料切断阀、手动阀处的脏物,保证各阀门灵活可靠。
4.2.2.6　定期给气动三联件润滑,并检查密封圈有无破损。
4.2.2.7　检查或更换除尘器布袋时,应有人监控。除尘器压盖应平放,不应斜靠在防护栏杆上,以防被风刮倒伤人。
4.2.2.8　定期检查斗式提升机的进出料口,保证畅通无阻且不漏料,阀门灵活可靠。
4.2.2.9　应清理筛网脏物,装袋堆放;紧固清渣口,保证正常运行。
4.2.2.10　系统运行时,检查各管联接处螺栓紧固,管道各弯头处、变径处、法兰处的联接情况密封良好,保证无漏料,无破损。
4.2.2.11　应保证传动系统工作良好,润滑良好,并无较严重磨损。
4.2.2.12　供料人员在检查电解槽供料情况时,应严格遵守电解车间相关规程。
4.2.2.13　打料巡视过程中不应赤手触摸空气配管、阀架、手动蝶阀、溜槽测压口、槽罩等。
4.2.2.14　检查下料流管、料箱时,应戴好绝缘手套。
4.2.2.15　检查槽上部料箱时应有两人以上进行作业,检查完毕应及时装好紧固螺杆,保证料箱的密封性,以免造成漏料。
4.2.2.16　风机启动前应先检查各部件正常、螺杆、底座紧固,进出口阀开度合适,控制按钮灵活。
4.2.2.17　向电解槽供料前,应检查溜槽手动蝶阀在规定刻度,风机出口压力在规定范围内,安全阀完好。
4.2.2.18　确认料箱料量时,不应使用金属工具,应使用干燥木棒。
4.2.2.19　巡视溜槽时,不应攀爬防护栏杆;上、下溜槽钢架平台直爬梯时,应随手将盖子盖上;雨天,不应攀爬直爬梯。雨季打雷时,不应上溜槽钢架平台进行巡视,可在中间仓进行观察;巡视时,应注意格子板,防止踩空,溜槽上使用的工具应妥善放置。

4.2.3 换布袋作业

4.2.3.1 换圆布袋作业的要求如下:
   a) 清理大布袋时,应提前通知运行班,在允许情况下,方可进行布袋清理。
   b) 清理布袋时,不应吸烟,不应用利器敲打布袋,只能用压缩空气清理。
   c) 在人孔关闭前,应清点工具物品,确认没有物品遗留在布袋中,方可关闭人孔。

4.2.3.2 换菱形大布袋作业的要求如下:
   a) 操作电动葫芦时应有专人协调指挥,不应歪拉斜吊。起吊单元体框架、单元体大盖时,吊架挂钩应挂牢,待人员离开 0.5 m 后方可吊运,以免将人挤伤、碰伤。
   b) 提升单元体布袋框架时,不能急上急下,以免碰伤人或扭曲框架,致使框架变形。
   c) 吊架起吊行走时,应高于气缸,以防将气缸碰坏。
   d) 提升后的框架,应摆放平稳,支脚不应搭空,以防倾倒伤人。拆卸工具、备件应远离打开的单元体开口处,不应随意乱扔。
   e) 如需切断压缩空气,应通知当班值班长,不应一次停两台除尘器的压缩空气。
   f) 检查布袋时,需将除尘器单元体的压缩空气关闭。
   g) 更换胶条时,应使用特制的吊框,放置和抬走时应有专人指挥,更换的胶条、破布袋应堆放在指定地点,不应乱扔或掉入灰斗中。
   h) 打开除尘器盖进入单元体空洞应执行锁死程序和限制性区域程序。
   i) 工作完毕电葫芦应停放在清灰室处,钩头位于低处。
   j) 检查完单元体布袋后,紧固单元体压盖。

4.2.3.3 进入菱形大布袋内部风道的要求如下:
   a) 进行风道作业前应准备好两条以上安全带及通讯、照明等工具。
   b) 执行锁死程序或看护,执行限制性区域程序。
   c) 揭人孔盖时,不应一手提一手托(揭不开时,打开两个单元体上盖,并将单元体气缸锁紧到上位)。
   d) 电动或手动关闭需要检查的除尘器出口阀并锁死。
   e) 进入人孔检查时,将人孔盖揭开,试感人孔负压不大时,挂好安全带并用长绳在人孔外面系牢。
   f) 检查工作结束时,确认风道内无人、无遗留工具时,方可盖好人孔盖。
   g) 盖好人孔盖、盖好单元体上盖后,打开除尘器出口阀。

4.3 铸造

4.3.1 入铝作业

4.3.1.1 开口包使用前应认真检查吊具、包梁、卡具、减速机、抬包吊耳、抬包底座及其零部件是否安全可靠。

4.3.1.2 新砌的开口包使用前应经过 8 h 以上烘烤,烘烤温度不能低于 300 ℃,彻底除去水分和潮气。

4.3.1.3 在吊运过程中,抬包应平稳地放在开口包底座上,包梁的卡具应卡到位,防止翻包。

4.3.1.4 捞渣作业时,使用的工器具应预热干燥,防止爆炸。

4.3.1.5 操作者不可站在抬包底座、开口包沿、抬包减速机上进行作业。捞渣时，人应站在捞渣平台上进行作业。

4.3.1.6 手摇倒包时应把抬包扶正、扶稳，防止洒铝烫伤。自动倒包时，将抬包扶稳挂好后人应远离作业区 3 m 以外。

4.3.1.7 不应向抬包内加入带有水分、潮气、油垢的固体铝及其他物品，防止爆炸伤人。

4.3.1.8 非作业人员不应在作业区域内行走或停留。

4.3.1.9 清理前炉时应确保站稳才能进行清理，以防从前炉上摔下。

4.3.1.10 抽铝前应对虹吸管及前炉炉膛进行充分预热。

4.3.1.11 由专人指挥铝水车进入指定位置后，操作人员应使用专用工具打开包盖，并把虹吸管点动插入台包内。

4.3.1.12 通过电动葫芦操作铝包时应点动进行。

4.3.1.13 虹吸管工作时周围不应站人或通过，如需在前炉取样时，取样人员只能等虹吸管升起后方可取样。

4.3.1.14 铝水抽完后虹吸管应上升到最高位置，以便铝水车能安全撤离。

4.3.1.15 虹吸管不能正常工作，不应从虹吸管底端进行观察，以防烫伤。

4.3.1.16 使用过程中应经常观察虹吸各装置是否正常。

4.3.1.17 工作完毕清理现场时应等虹吸管下降到地面放稳后才能进行。

4.3.2 混合炉操作

4.3.2.1 一般要求

新砌筑或大修后的混合炉应经验收合格后方可使用。

4.3.2.2 电炉操作要求如下：
a) 倒包、搅拌、打渣、倒灰时，应配戴好口罩和眼罩方可作业。
b) 混合炉使用前应先检查电器系统是否正常，若有故障，应及时排除故障后方可使用。
c) 炉前及四周工作场地应保持整齐、清洁、干燥，各种材料、工具应放到指定地点。
d) 使用前应检查入铝口是否畅通。
e) 使用前应检查炉眼是否堵好，是否有松动现象，防止铝液渗漏。
f) 炉眼应指定专人负责操作，发现异常现象应及时处理。
g) 进行混合炉炉膛作业(维修、清理等)，应切断电源。
h) 入铝液时应时刻观察铝液面上升情况，防止铝液溢出炉膛。铸锭时应保持入铝口畅通，并控制好流量。
i) 打开炉眼时，应戴好大面罩。
j) 混合炉工作时，其他人员不应在炉周围休息或做与工作无关的事。
k) 确需向入料后的炉内加固体物料时，应用专用工具将物料缓慢推入，防止铝液飞溅。不应两人同时向炉内投料，投料时不准用手握住铝锭前端。

4.3.2.3 天然气炉操作要求如下：
a) 检查混合炉炉门升降装置、虹吸电葫芦升降装置、混合炉点火装置是否正常，如果有异常应及时维修处理。
b) 点火前检查燃气是否有泄漏，如果泄漏立即关闭主管道阀门，并立即通知专业维修人员处理。

c) 通过触摸屏或其他方式调整炉温、料温、进气量,使之达到生产要求,不应空炉高温运行。
d) 通过控制柜按钮开关打开或关闭炉门,炉前不应站人。
e) 混合炉报警时,应对照报警列表排除(紧急情况下可按下急停按钮,待异常消除后复位),如果操作人员无法排除故障,应立即联系维修人员处理。
f) 熔炉扒渣、废品回炉时,应确保炉门提升到一定高度,保证叉车、扒渣车不碰坏炉门。
g) 经常检查熔炉炉眼和溜槽接口,确保不跑炉眼,溜槽接口不漏铝。
h) 每班次铸造结束后,清理出铝口,确保出铝口畅通。
i) 炉内入铝时应留出余量,入料位距上炉沿不小于 10 cm。
j) 对管道设施定期巡查,及时维修保养。
k) 定期检查天然气总管压力是否符合规定值,若低于规定值压力,应及时与相关人员联系并关闭阀门,停气熄火。
l) 随时检查阀门、密封垫有无天然气泄漏现象,如有泄漏,需及时停气、停炉处理。
m) 检查天然气与助燃风调节器螺母紧固。
n) 检修、维修天然气管路、各种阀门、接口时,应使用专用工器具,并有人监护。

4.3.3 铝锭铸造作业

4.3.3.1 浇铸前应检查铸造机、堆垛机、混合炉和供水系统正常。
4.3.3.2 浇铸前应将溜槽、分配器、渣铲等进行预热。
4.3.3.3 铸模使用间歇超过 8 h 或新换铸模以及阴雨天气,使用前铸模应先预热。
4.3.3.4 浇铸时,应在每个铸模都工作一次后,方可给水冷却。
4.3.3.5 打渣时,渣铲应轻磕,防止飞溅出的铝渣伤人。
4.3.3.6 更换打号字头时,应在打印机锤停止工作后方能进行。
4.3.3.7 搬运铝锭堆垛时,应轻放,小心铝锭滑落砸伤。
4.3.3.8 混合炉堵眼时,严禁将炉眼和塞子头浇湿,以防爆炸。
4.3.3.9 铝锭堆放高度不应超过 2 盘,堆放应垂直、平稳、整齐、安全可靠。

4.3.4 打捆作业

4.3.4.1 工作前应检查风动打捆机、手动打捆机、风管、风压正常。
4.3.4.2 在搬运铝锭和使用打捆机打捆时,放置应慢、稳、准,作业过程中小心身体被砸伤、挤伤、刮伤。
4.3.4.3 对于还没有冷却的铝锭,不应裸手进行搬动和打捆。
4.3.4.4 应注意作业现场区域运行的各种车辆所发出的信号。
4.3.4.5 严禁在悬空的吊物下作业,控制好所使用的工器具,防止飞溅、弹出、滑落伤人。

5 其他要求

5.1 消防

厂区内应按 GB 15630 设置消防设施和消防通道。设置消防设施的地点,应有明显的标志牌,并符合相应的法律法规。

5.2 厂内交通运输安全

各企业在严格执行 GB 4387 的同时,可根据企业铁路、道路实际状况,制定更加具体有效的厂内交通运输安全规程或管理制度。

5.3 动力系统

动力系统主要为铝电解企业提供水、电、气、风、天然气等能源,各企业应参照国家或行业相关标准、设备使用说明书,结合本企业的实际情况,制定企业的安全操作规程。

5.4 环境与卫生

应符合 GBZ 1、GB 3095、GB 12348、GB 8978、GB 16297 的规定。

5.5 风险评价

企业可参照附录 A 进行各作业条件的风险评价,确定风险等级,并参照附录 B 制定危险源辨识、风险评价和风险控制调查表。

5.6 应急预案

5.6.1 铝电解企业应按照 AQ/T 9002 的要求,结合企业的具体情况,制定切实可行的事故应急预案,至少应包括以下应急预案:

a) 火灾事故应急预案;
b) 重大设备事故应急预案;
c) 破坏性地震抢险救援应急预案;
d) 厂内重大交通事故抢险救援预案;
e) 天然气泄漏、爆炸、火灾事故应急预案;
f) 人员伤害紧急救治应急预案;
g) 电解槽漏炉事故应急预案;
h) 电解槽直流电停电事故应急预案;
i) 电解槽交流电停电事故应急预案;
j) 电解槽停风事故应急预案;
k) 电解槽停料事故应急预案;
l) 电解槽压槽事故应急预案;
m) 电解槽抬槽事故应急预案;
n) 电解槽阴极母线熔断应急预案;
o) 动力锅炉爆炸事故应急预案;
p) 铸造车间天然气泄漏应急预案;
q) 铝液漏铝爆炸事故救援预案;
r) 触电、电击伤害救援应急预案;
s) 整流柜爆炸、电解系列停电事故应急预案;
t) 整流机组变压器、动力变压器火灾事故应急预案。

注:以上预案由企业自行制定。

5.6.2 企业应在当地消防部门的密切配合和指导下组建专职或兼职消防组织,并定期进行避灾及事故抢救演练。

附 录 A
（资料性附录）
作业条件风险评价方法（LEC 法）

A.1 危险性分值

危险性分值按式（A.1）计算：

$$D = L \cdot E \cdot C \quad\quad\quad\quad\quad (A.1)$$

式中：
D ——作业条件的危险性分值；
L ——事故或危险事件发生的可能性分值；
E ——暴露于危险环境的频率分值；
C ——发生事故或危险事件的可能结果分值。

A.2 发生事故或危险事件的可能性

A.2.1 事故或危险事件发生的可能性与其实际发生的概率相关。若用概率来表示时，绝对不可能发生的概率为 0；而必然发生的事件，其概率为 1。但在考察一个系统的危险性时，绝对不可能发生事故是不确切的，即概率为 0 的情况不确切。所以，将实际上不可能发生的情况作为"打分"的参考点，定其分数值为 0.1。

A.2.2 在实际生产条件中，事故或危险事件发生的可能性范围非常广泛，因而人为地将完全出乎意料之外、极少可能发生的情况规定为 1；能预料将来某个时候会发生事故的分值规定为 10；在这两者之间再根据可能性的大小相应地确定几个中间值，如将"不常见，但仍然可能"的分值定为 3，"相当可能发生"的分值规定为 6。同样，在 0.1 与 1 之间也插入了与某种可能性对应的分值。于是，将事故或危险事件发生可能性的分值从实际上不可能的事件为 0.1，经过完全意外有极少可能的分值 1，确定到完全会被预料到的分值 10 为止（见表 A.1）。

表 A.1　事故或危险事件发生可能性分值

分数值	事故发生的可能性
10	完全可以预料
6	相当可能
3	可能，但不经常
1	可能性小，完全意外
0.5	很不可能
0.2	极不可能
0.1	实际不可能

A.3 暴露于危险环境的频率

作业人员暴露于危险作业条件的次数越多、时间越长,则受到伤害的可能性也就越大。为此,K•J•格雷厄姆和G•F•金尼规定了连续出现在潜在危险环境的暴露频率分值为10,一年仅出现几次非常稀少的暴露频率分值为1。以10和1为参考点,再在其区间根据在潜在危险作业条件中暴露情况进行划分,并对应地确定其分值。例如,每月暴露一次的分值定为2,每周一次或偶然暴露的分值为3。当然,根本不暴露的分值应为0,但这种情况实际上是不存在的,是没有意义的,因此毋须列出。关于暴露于潜在危险环境的分值见表A.2。

表 A.2 暴露于潜在危险环境的频率分值

分数值	频繁程度	分数值	频繁程度
10	连续暴露	2	每月一次暴露
6	每天工作时间内暴露	1	每年几次暴露
3	每周一次	0.1	非常罕见地暴露

A.4 发生事故或危险事件的可能结果

造成事故或危险事故的人身伤害或物质损失可在很大范围内变化,以工伤事故而言,可以从轻微伤害到许多人死亡,其范围非常宽广。因此,K•J•格雷厄姆和G•F•金尼需要救护的轻微伤害的可能结果,它的分值规定为1,以此为一个基准点;而将造成许多人死亡的可能结果规定为分值100,作为另一个参考点。在两个参考点1~100之间,插入相应的中间值,列出表A.3所示的可能结果的分值。

表 A.3 发生事故或危险事件可能结果的分值

分数值	频繁程度	分数值	频繁程度
100	大灾难,许多人死亡	7	严重,重伤
40	灾难,数人死亡	3	不可容许,致残
15	非常严重,一人死亡	1	引人注目,不利于职业健康安全要求

A.5 危险程度的评定

根据危险性分值,按表A.4评定危险程度。

表 A.4 危险程度的评定

D 值	危险程度	风险等级
>320	极其危险,不能继续作业	1
>160~320	高度危险,需立即整改	2

表 A.4（续）

D 值	危险程度	风险等级
>70～160	显著危险,需要整改	3
20～70	一般危险,需要注意	4
<20	稍有危险,可以接受	5

a) 危险性分值在20以下的环境属低危险性,一般可以被人们接受,这样的危险性比骑自行车通过拥挤的马路去上班之类的日常生活活动的危险性还要低;
b) 危险性分值在20～70时,则应加以注意;
c) 危险性分值70～160的情况时,则有明显的危险,应采取措施进行整改;
d) 危险性分值在160～320的作业条件属高度危险的作业条件,应立即采取措施进行整改;
e) 危险性分值在320以上时,则表示该作业条件极其危险,应该立即停止作业直到作业条件得到改善为止。

附 录 B
（资料性附录）

危险源辨识、风险评价和风险控制调查表

危险源辨识、风险评价和风险控制调查表见表 B.1。

表 B.1 危险源辨识、风险评价和风险控制调查表

序号	作业场所或类别	作业活动	危险因素	可能导致的事故	可能伤及的人员	风险评价 L	风险评价 E	风险评价 C	风险评价 D	风险等级	措施控制
1	电解车间	电解作业	劳保品穿戴不齐全	烫伤	电解工						
2		电解作业	工器具潮湿	烫伤、触电	电解工						
3		电解作业	吸阳极效应不当	烫伤	电解工						
4		电解作业	净化工槽上作业不捅安全警示旗	人身伤害	净化工、电解工						
5		电解作业	检查冒烟ярm火打护门槽罩不戴护目镜	烫伤、触电	电解工						
6		电解作业	电解质箱翻倒	烫伤、触电	电解工						
7		电解作业	打壳取料时不踩木板	烫伤、触电	电解工						
8		电解作业	用非干燥物接触带电体或章触摸金属物体	触电	现场作业人员						
9		电解作业	熄效应时取下的槽罩挂在旁边的槽上	机械伤害	电解工						
10		电解作业	漏槽	烫伤	现场作业人员						
11		电解作业	打火眼时身体对准火眼	烫伤	电解工						
12		电解作业	从相邻电解槽间通过	触电	现场作业人员						
13		电解作业	出铝降电压过快	压槽烫伤	电解工						

表 B.1（续）

序号	作业场所或类别	作业活动	危险因素	可能导致的事故	可能伤及的人员	风险评价 L	E	C	D	风险等级	措施控制
14		电解作业	导电体与电解槽接触造成短路	触电	电解工						
15		电解作业	电解槽电流未降到安全电压	触电、设备事故	现场作业人员						
16		电解作业	电解槽有漏电现象	触电	现场作业人员						
17		电解作业	地面不平	摔扭伤	现场人员						
18		电解作业	加工大面	烫伤	电解工						
19		电解作业	清理残极不当	砸伤	电解工						
20		电解作业	更换阳极不当	烫伤、砸伤	电解工						
21		电解作业	电气设备带电效应操作	触电	电解工						
22		电解作业	跑电解质	烫伤	现场作业人员						
23		电解作业	氟化物排放	职业病	现场作业人员						
24	电解车间	电解作业	高温热辐射	中暑	现场作业人员						
25		电解作业	厂房内有粉尘	尘肺病	现场作业人员						
26		电解作业	噪声	听力下降	现场作业人员						
27		电解作业	清理现场突发电弧	电弧灼伤	现场作业人员						
28		电解作业	电磁辐射	人身伤害	现场作业人员						
29		电解作业	脚滑入出铝缝	烫伤	电解工						
30		出铝作业	劳保品穿戴不齐全	烫伤	出铝工						
31		出铝作业	工器具潮湿未预热	烫伤	出铝工						
32		出铝作业	出铝包未烘干	烫伤	现场作业人员						
33		出铝作业	出铝时突发效应	触电	出铝工						
34		出铝作业	出铝包与阴极槽体母线盖板接触	触电	出铝工						

表 B.1（续）

序号	作业场所或类别	作业活动	危险因素	可能导致的事故	可能伤及的人员	风险评价 L	风险评价 E	风险评价 C	风险评价 D	风险等级	措施控制
35		出铝作业	与天车配合不当	起重伤害、烫伤	现场作业人员						
36		出铝作业	真空包铝液过满溢出	烫伤	现场作业人员						
37		拾母线作业	劳保品穿戴不齐全	机械伤害	综合工						
38		拾母线作业	阳极框架吊具失灵	起重伤害	现场作业人员						
39		拾母线作业	提升机失控	起重伤害	现场作业人员						
40		拾母线作业	与天车配合不当	起重伤害	现场作业人员						
41		拾母线作业	天车钢丝绳吊勾损坏严重限位失灵	起重伤害	现场作业人员						
42		拾母线作业	槽卡具存在缺陷	机械伤害	综合工						
43		拾母线作业	卡具未拧紧	机械伤害	综合工						
44		拾母线作业	提升阳极时来电反应	触电	综合工						
45	电解车间	清理拾包作业	拾包吊架损坏	起重伤害	清包工						
46		清理拾包作业	使用损坏或有缺陷的工具	起重伤害	清包工						
47		清理拾包作业	清理方法不当	起重伤害	清包工						
48		清理拾包作业	与天车工具天车吊装配合不当	起重伤害	清包工						
49		清理拾包作业	天车钢丝绳吊钩损坏、限位失灵	起重伤害	清包工						
50		清理拾包作业	现场混乱	起重伤害	清包工						
51		清理拾包作业	风管接头脱开	物体打击	清包工						
52		清理拾包作业	劳保品穿戴不齐全	烫伤	清包工						
53		测量作业	劳保品穿戴不齐全	烫伤、触电	电解工						
54		测量作业	工具效应杆潮湿	烫伤、触电	电解工						
55		测量作业	防护用品和工具的绝缘损坏或失效	烫伤、触电	电解工						

表 B.1（续）

序号	作业场所或类别	作业活动	危险因素	可能导致的事故	可能伤及的人员	风险评价 L	风险评价 E	风险评价 C	风险评价 D	风险等级	措施控制
56		测量作业	电解槽未效应	烫伤、触电	电解工						
57		测量作业	违反测量安全作业规程	烫伤、触电	电解工						
58		测量作业	劳保品穿戴不齐全	烫伤、触电	电解工						
59		停槽作业	劳保品穿戴不齐全	触电、烫伤	现场作业人员						
60		停槽作业	联系失误	触电、烫伤	现场作业人员						
61		停槽作业	工具乱放	触电、烫伤	现场作业人员						
62		停槽作业	未按规程吸铝液和电解质	触电、烫伤	现场作业人员						
63		停槽作业	短路口绝缘拆装方法不当	触电、烫伤	现场作业人员						
64		停槽作业	提升阳极失控	触电、烫伤	现场作业人员						
65		停槽作业	违反停槽作业规程	灼烫	电解工						
66	电解车间	打渣作业	劳保品穿戴不齐全	灼烫	电解工						
67		打渣作业	野蛮作业	灼烫	电解工						
68		打渣作业	疲劳作业	爆炸	电解工						
69		打渣作业	工具铸模潮湿	中暑	电解工						
70		打渣作业	身体条件不适合高温作业要求	灼烫	电解工						
71		打渣作业	违章操作	尘肺病	电解工						
72		打渣作业	环境粉尘大	物体打击	电解工						
73		打渣作业	未戴护目镜	设备人身伤害	电解工						
74		电解槽维护	未挂检修标牌	触电	综合维修工						
75		电解槽维护	槽上检修时发生效应	人身伤害触电	综合维修工						
76		电解槽维护	未按规定停电断风		综合维修工						

表 B.1（续）

序号	作业场所或类别	作业活动	危险因素	可能导致的事故	可能伤及的人员	风险评价 L	E	C	D	风险等级	控制措施
77		电解槽维护	未按规定更换软风管	触电	综合维修工						
78		电解槽维护	未按规定更换绝缘管	触电	综合维修工						
79		电解槽维护	与天车工配合手势不清楚	触电	综合维修工						
80		电解槽维护	攀爬阳极提升长短轴	触电	综合维修工						
81		电解槽维护	使用电动工具未装隔离变	人身、设备事故	综合维修工						
82		电解槽维护	使用不良吊装带吊运	人身、设备事故	综合维修工						
83	电解车间	电解槽维护	未按规定上下电解槽	高处坠落	综合维修工						
84		电解槽维护	电解区域作业不当	触电	综合维修工						
85		电解质破碎作业	劳保品穿戴不齐全	机械伤害、触电	作业人员						
86		电解质破碎作业	吊具钢丝绳损坏	机械伤害、触电	作业人员						
87		电解质破碎作业	设备防护装置损坏失灵	起重伤害、触电	作业人员						
88		电解质破碎作业	电源开关绝缘破坏	机械伤害、触电	作业人员						
89		电解质破碎作业	粉尘	尘肺病	作业人员						
90		电解质破碎作业	噪声	听力下降	作业人员						
91		净化作业	劳保品穿戴不齐全	物体打击	净化工						
92		净化作业	电场接地不良	触电	净化工						
93	净化作业现场	净化作业	电场维修作业	人员伤害	净化工						
94		净化作业	电场放电频繁，密封不严	火灾	净化工						
95		净化作业	净化风管漏排	灼伤	净化工						
96		净化作业	加热器漏油	火灾	净化工						
97		净化作业	启动排烟机失误	机械伤害	净化工						

表 B.1（续）

序号	作业场所或类别	作业活动	危险因素	可能导致的事故	可能伤及的人员	风险评价 L	E	C	D	风险等级	控制措施
98		净化作业	溜槽上工作绝缘防护不当	触电	净化工						
99		净化作业	爬梯式平台积水冰	高空坠落	净化工						
100		净化作业	爬梯或平台护栏损坏	高空坠落	净化工						
101		净化作业	带压拆卸压力罐附件	机械伤害	净化工						
102		净化作业	高空坠落	人员伤害	净化工						
103		净化作业	粉尘及烟气	尘肺病	净化工						
104		净化作业	噪声	听力下降	净化工						
105		除尘检修作业	劳保品穿戴不齐全	机械伤害、触电	净化工、维修工						
106		除尘检修作业	未关闭所检除尘器出口阀	机械伤害	净化工、维修工						
107	净化作业现场	除尘检修作业	进入除尘器未系安全带	机械伤害	净化工、维修工						
108		除尘检修作业	除尘器内作业防护措施不当	机械伤害	净化工、维修工						
109		除尘检修作业	拆装气缸时配合不当	机械伤害	净化工、维修工						
110		除尘检修作业	粉尘	尘肺病	净化工、维修工						
111		除尘检修作业	高空坠落	人员伤害	净化工、维修工						
112		除尘检修作业	劳保品穿戴不齐全	机械伤害、触电	净化工、维修工						
113		除尘检修作业	未关闭所检除尘器出口阀	机械伤害	净化工、维修工						
114		除尘检修作业	进入除尘梯未系安全带	机械伤害	净化工、维修工						
115		除尘检修作业	除尘梯内作业防护措施不当	机械伤害	净化工、维修工						
116		残极清理破碎作业	劳保品穿戴不齐全	物体打击、烫伤	残极清理工						
117	残极清理现场	残极清理破碎作业	大锤存在缺陷	物体打击	残极清理工						
118		残极清理破碎作业	赤手处理一些设备故障	机械伤害、砸伤	残极清理工						

表 B.1（续）

序号	作业场所或类别	作业活动	危险因素	可能导致的事故	可能伤及的人员	风险评价 L	风险评价 E	风险评价 C	风险评价 D	风险等级	措施控制
119	残极清理现场	残极清理破碎作业	不戴口罩、不戴防护眼镜	人身伤害、职业病	残极清理工						
120		残极清理破碎作业	清理完的密封筛网箱倾斜摆放	机械伤害、砸伤	残极清理工						
121		残极清理破碎作业	清理工袖口、衣服不扣钮扣	人身伤害	残极清理工						
122		残极清理破碎作业	现场工具摆放杂乱	挤压、砸伤	残极清理工						
123		残极清理破碎作业	残极清理工坐托盘上休息	挤压、砸伤	残极清理工						
124		残极清理破碎作业	天车工精力不集中	机械伤害	残极清理工						
125		残极清理破碎作业	吊具存在缺陷	砸伤	残极清理工						
126		残极清理破碎作业	清理设备内堵料未断主电源	机械伤害	残极清理工						
127		残极清理破碎作业	违章指挥天车	机械伤害	残极清理工						
128		残极清理破碎作业	粉尘	尘肺病	残极清理工						
129		残极清理破碎作业	噪声	听力下降	残极清理工						
130	熔炼铸造作业现场	熔铝配料作业	劳保品穿戴不齐全	烫伤	铸造工						
131		熔铝配料作业	加包配料操作不当	烫伤	铸造工						
132		熔铝配料作业	倒包太快铝液飞溅	烫伤	铸造工						
133		熔铝配料作业	混合炉倒包不停电	触电	铸造工						
134		熔铝配料作业	新敞口包烘烤温度不够	爆炸	现场作业人员						
135		熔铝配料作业	天然气泄漏	火灾爆炸	铸造工						
136		熔铝铸造作业	身体条件不适合高温作业要求	人员伤害	现场作业人员						
137		熔铝铸造作业	与天车配合不当	烫伤	铸造工						
138		熔铝铸造作业	铝锭渣块潮湿	爆炸烫伤	铸造工						
139		熔铝铸造作业	工具潮湿	爆炸烫伤	铸造工						

表 B.1（续）

序号	作业场所或类别	作业活动	危险因素	可能导致的事故	可能伤及的人员	风险评价 L	风险评价 E	风险评价 C	风险评价 D	风险等级	措施控制
140		熔铝铸造作业	天然气设施出现缺陷故障损坏	爆炸	铸造工						
141		熔铝铸造作业	设备保护接地失效	触电	铸造工						
142		熔铝铸造作业	锤头脱落	物体打击	铸造工						
143		熔铝铸造作业	砂箱铸件坠落	伤害	铸造工						
144		熔铝铸造作业	金属溅出	烫伤	铸造工						
145		熔铝铸造作业	引气不及时	爆炸烫伤	铸造工						
146		熔铝铸造作业	铁水包坠落倾覆	伤害烫伤	铸造工						
147		熔铝铸造作业	浇铸时,砂箱泄漏	烫伤	铸造工						
148		熔铝铸造作业	粉尘及烟气	尘肺病	铸造工						
149	熔炼铸造作业现场	熔铝铸造作业	噪声	听力下降	铸造工						
150		熔铝铸造作业	漏炉	爆炸火灾	铸造工						
151		熔炼作业现场	炉料滑落	人身伤害	中频炉工						
152		熔炼作业现场	高温金属液飞溅	烫伤	中频炉工						
153		熔炼作业现场	加人潮湿或密闭空腔炉料	爆炸烫伤	中频炉工						
154		熔炼作业现场	炉内金属液凝固空料再熔化	爆炸烫伤	中频炉工						
155		熔炼作业现场	电磁吊吸料突然断电	人身伤害	中频炉工						
156		熔炼作业现场	水芯电缆破损	触电	中频炉工						
157		熔炼作业现场	中频感应电炉电磁辐射	职业病	中频炉工						
158		熔炼作业现场	劳保品穿戴不全	烫伤	中频炉工						
159		熔炼作业现场	剩余金属液处理不当	烫伤	中频炉工						
160		熔炼作业现场	工具潮湿	爆炸烫伤	中频炉工						

表 B.1（续）

序号	作业场所或类别	作业活动	危险因素	可能导致的事故	可能伤及的人员	风险评价 L	风险评价 E	风险评价 C	风险评价 D	风险等级	控制措施
161	熔炼铸造作业现场	熔炼作业现场	漏炉	爆炸火灾	中频炉工						
162		堆垛打捆作业	劳保品穿戴不齐全	砸伤挤伤	铸造工						
163		堆垛打捆作业	坠落物体	砸伤挤伤	铸造工						
164		堆垛打捆作业	排锭不及时	机械伤害	铸造工						
165		堆垛打捆作业	操作不当	砸伤挤伤	铸造工						
166		堆垛打捆作业	堆垛不稳超高	砸伤挤伤	铸造工						
167		堆垛打捆作业	与运输车辆碰撞	车辆伤害	铸造工						
168		堆垛打捆作业	噪声	听力下降	铸造工						
169		堆垛打捆作业	粉尘及烟气	尘肺病	铸造工						
170		堆垛打捆作业	未戴护目镜	蹦伤眼球	铸造工						
171		贮运供料作业	天车工精力不集中、违章作业	机械伤害	作业人员						
172		贮运供料作业	卸料时将篷布揭到警戒区内	人身伤害	作业人员						
173		贮运供料作业	骑车进入氧化铝库	人身伤害	作业人员						
174		贮运供料作业	拉废大袋氧袋人员在警示区内行走	人身伤害	作业人员						
175	贮运供料作业现场	贮运供料作业	劳保品穿戴不齐全	碰撞砸伤	作业人员						
176		贮运供料作业	平台或爬梯护栏损坏	高处坠落	作业人员						
177		贮运供料作业	装卸工与吊装操作工配合不当	机械伤害	作业人员						
178		贮运供料作业	挂包工未按规定上下包垛	高处坠落	作业人员						
179		贮运供料作业	料包垛不符合规定	物体打击	作业人员						
180		贮运供料作业	粉尘	尘肺病	作业人员						

表 B.1（续）

序号	作业场所或类别	作业活动	危险因素	可能导致的事故	可能伤及的人员	风险评价 L	风险评价 E	风险评价 C	风险评价 D	风险等级	控制措施
181	维修作业现场	停送电作业	操作者未培训无证上岗	触电、设备损坏	相关作业人员						
182		停送电作业	身体条件不符合本工种要求	触电、设备损坏	作业人员						
183		停送电作业	劳保品穿戴不齐全	触电、设备损坏	作业人员						
184		停送电作业	停电时操作票填写错误	触电、设备损坏	相关作业人员						
185		停送电作业	安全监护确认不到位	触电、设备损坏	相关作业人员						
186		停送电作业	安措漏项	触电、设备损坏	相关作业人员						
187		停送电作业	工器具绝缘不良或损坏	触电、设备损坏	相关作业人员						
188		停送电作业	停送电操作发生误操作	触电、设备损坏	相关作业人员						
189		电气焊作业	身体条件不符合本工种要求	人身伤害	作业人员						
190		电气焊作业	气瓶使用时剧烈振动碰撞	爆炸	作业人员						
191		电气焊作业	气瓶靠近热源	爆炸	作业人员						
192		电气焊作业	气瓶间距不符合要求	爆炸	作业人员						
193		电气焊作业	氧气乙炔带破损老化	火灾、爆炸	作业人员						
194		电气焊作业	氧气乙炔表损坏	爆炸	作业人员						
195		电气焊作业	焊接带压容器措施不当	爆炸、中毒	作业人员						
196		电气焊作业	高处作业不系安全带	高处坠落	作业人员						
197		电气焊作业	没有按照动火工作票执行	爆炸、中毒	作业人员						
198		电气焊作业	现场安全监护不到位	火灾、爆炸	作业人员						
199		电气焊作业	未严格落实限制性区域管理制度	火灾、爆炸	作业人员						
200		电气焊作业	操作区域附近有易燃易爆物	火灾、爆炸	作业人员						
201		电气焊作业	焊接时无防火措施	火灾	作业人员						

表 B.1（续）

序号	作业场所或类别	作业活动	危险因素	可能导致的事故	可能伤及的人员	风险评价				风险等级	措施控制
						L	E	C	D		
202		电气焊作业	易燃易爆区动火	火灾、爆炸	作业人员						
203		电气焊作业	气瓶安全阀失灵	火灾、爆炸	作业人员						
204		电气焊作业	撞击安全距离不够	火灾、爆炸	作业人员						
205		电气焊作业	没有安装回火防止器	爆炸	作业人员						
206		电气焊作业	粉尘及烟气	尘肺病	作业人员						
207		电气焊作业	焊光	视力下降	作业人员						
208		维修作业	工具破损	机械伤害	作业人员						
209		维修作业	无接地保护	触电	作业人员						
210		维修作业	跨越设备或设施	机械伤害	作业人员						
211	维修作业现场	维修作业	劳保用品穿戴不规范、不齐全	人身伤害	作业人员						
212		维修作业	作业前未检查工具或设备	人身伤害	作业人员						
213		维修作业	作业现场无专人协调指挥	人身伤害	作业人员						
214		维修作业	检修或处理故障未将设备电源断开	触电、机械伤害	作业人员						
215		维修作业	注意力分散，聊天、打电话、打闹	人身伤害	作业人员						
216		维修作业	使用有缺陷用具、工具或设备	人身伤害	作业人员						
217		维修作业	员工未在安全通道内行走	人身伤害	作业人员						
218		维修作业	忽视规定，凭经验随意进行作业	人身伤害	作业人员						
219		维修作业	上下楼梯不扶栏杆	人身伤害	作业人员						
220		维修作业	随意将设备的防护装置取下	人身伤害	作业人员						
221		维修作业	漏电保护器失灵	触电	作业人员						
222		维修作业	高处作业不系安全带	高处坠落	作业人员						

表 B.1（续）

序号	作业场所或类别	作业活动	危险因素	可能导致的事故	可能伤及的人员	风险评价 L	E	C	D	风险等级	措施控制
223	维修作业现场	维修作业	没有严格执行锁死程序	设备、人身伤害	作业人员						
224		维修作业	未严格执行限制性区域管理制度	人身伤害	作业人员						
225		维修作业	现场安全监护不到位	人身、设备事	作业人员						
226		维修作业	水管道损坏或破裂	设备损坏	作业人员						
227		维修作业	槽控机外壳带电	触电	作业人员						
228		维修作业	电线破损老化	触电	作业人员						
229		维修作业	作业现场潮湿	设备损坏	作业人员						
230		维修作业	槽控机主板、辅板电源损坏	设备损坏	作业人员						
231		维修作业	交叉作业时高处落物	物体打击	作业人员						
232		维修作业	粉尘及烟气	尘肺病	作业人员						
233		维修作业	噪声	听力下降	作业人员						
234	厂区	厂内运输	交通事故	人身伤害	现场人员						
235	压力管道、设备	违章动火	爆炸	人身伤害	现场操作人员						
236		燃气泄漏	泄漏	中毒	现场操作人员						
237	电气设备	各部门	漏电	人员触电	操作人员						

焦化安全规程(GB 12710—2008)

前　　言

本标准的全部技术内容为强制性。

本标准代替 GB 12710—1991《焦化安全规程》。

本标准与 GB 12710—1991 相比主要变化内容如下：

——范围:增加因工艺及技术的不断改进,一些新技术、新设备的处理方法。
——规范性引用文件:全面增修所引用标准。
——术语和定义:依据标准导则增加,共增加 14 条。
——基本要求:依据国家相关法律、法规增加三同时、培训、重大危险源、事故应急救援预案等管理条款,对后面章节出现的共性问题,也归入此章。
——厂址、厂区和厂房:该章各节各条款较之原条款变动较大,基本都进行了增修。如焦化厂厂址的布置;在江、河、湖、海沿岸的厂区,场地设计标高;焦化厂主要生产场所建筑物内火灾危险性分类等均依据相关标准全面进行调整。
——电气设施:对焦化厂主要爆炸危险环境区域、作业场所的照度重新进行划分;增加电缆、电缆沟等内容。
——化工装置:对储槽的布置、防火间距、储槽防火堤的要求依据相关标准进行增修。
——炼焦:增加固定煤塔式捣固装煤、干熄焦等内容;对焦炉机械的各条款采用标准术语。
——煤气净化:增加对鼓风机房的要求;增加鼓风机各种联锁;对电捕焦油器的绝缘箱温度、煤气含氧量进行调整;增加 H.P.F 法、氨水(A-S)法、真空碳酸盐法脱硫等内容。
——粗苯加工:提高对苯类储槽的要求;增加苯加氢装置内火炬的设置要求。
——焦油加工:增加酚盐的二氧化碳分解和苛化生产内容。
——焦炉煤气制甲醇:整章增加,分 4 节共 23 条。
——检修:增加吊装、动土、焦炉热修作业等内容。
——工业卫生:对作业场所中粉尘和有毒气体浓度、工作地点噪声声级的卫生限值等进行全面调整;增加防射线内容。

本标准由国家安全生产监督管理总局提出。

本标准由全国安全生产标准化技术委员会归口。

本标准负责起草单位:中钢集团武汉安全环保研究院。

本标准参加起草单位:武钢集团焦化有限责任公司,中冶焦耐工程技术有限公司,上海宝钢化工有限公司,首钢股份有限公司焦化厂,广东韶钢松山股份有限公司焦化厂,宣化钢铁集团有限责任公司焦化厂,辽宁省安全科学研究院,化学工业第二设计院。

本标准主要起草人:卢春雪、梁治学、蔡承祐、王奇、李国保、蔡啸岭、孙凤江、王先华、高成凤、沈素仙。

本标准所代替标准的历次版本发布情况为：
——GB 12710—1991。

1 范围

本标准规定了焦化厂安全生产的有关要求。

本标准适用于各类型焦化厂新建、扩建和改造工程项目的设计、施工与验收，以及现有设施的生产、维护、检修和管理。

因采用新技术、引进技术和引进工程而不能执行本标准的有关规定时，需提出相应的安全规定(附科学依据)，报所在地省级安全生产监督管理部门审查备案后，方能使用和运行。

2 规范性引用文件

下列文件中的条款，通过本标准的引用而成为本标准的条款。凡是注日期的引用文件，其随后所有的修改单(不包括勘误的内容)或修订版均不适用于本标准，然而，鼓励根据本标准达成协议的各方研究是否可使用这些文件的最新版本。凡是不注日期的引用文件，其最新版本适用本标准。

GB 4387　工业企业厂内铁路、道路运输安全规程
GB/T 6067　起重机械安全规程
GB 6222　工业企业煤气安全规程
GB 7231　工业管路的基本识别色、识别符号和安全标识
GB 8978　污水综合排放标准
GB 12158　防止静电事故通用导则
GB 50016　建筑设计防火规范
GB 50057　建筑物防雷设计规范
GB 50058　爆炸和火灾危险环境电力装置设计规范
GB 50140　建筑灭火器配置设计规范
GB 50151　低倍数泡沫灭火系统设计规范
GB 50160　石油化工企业设计防火规范
GB 50351　储罐区防火堤设计规范
GB 50414　钢铁冶金企业设计防火规范

3 术语和定义

下列术语和定义适用于本标准。

3.1
设计水位　designed water level

根据防护对象的重要程度和洪灾损失情况，确定适当的防洪标准，并推算出该标准时的最高水位为设计水位。

3.2
内涝水位　water level of waterlogging

在地势低洼处，由于区外径流侵入或暴雨期间雨水汇集而无法及时排泄造成积水叫内

涝；或因厂区附近的河流在大汛期间不能通畅地向下游河道排泄而造成河水上涨，此时的地面积水或河道水面的水位称为内涝水位。

3.3

频率风向　frequency of wind direction

在一定时期内某风向所发生的次数，以百分数表示。

3.4

防火间距　fire separation distance

防止着火建筑的辐射热在一定时间内引燃相邻建筑，且便于消防扑救的间隔距离。

3.5

爆炸危险场所　explosion hazard site

爆炸性混合物预期可能出现的数量达到足以要求对电气设备的结构、安装和使用采取预防措施的场所。

3.6

非爆炸危险场所　non-explosion hazard site

爆炸性混合物预期出现的数量不足以要求对电气设备的结构、安装和使用采取预防措施的场所。

3.7

火灾危险场所　fire risk place

存在火灾危险物质以致有火灾危险的场所。

3.8

应急照明　emergency lighting

因正常照明的电源发生故障而启用的照明。

3.9

可靠隔断装置　reliable partition device

凡在系统无异常状况下，处于关闭、封止状态，其承受介质压力在设计允许范围，具有被隔断介质不泄漏到被隔断区域功能的装置。

3.10

改良蒽醌二磺酸钠法脱硫　streford process

以碳酸钠为碱源，以蒽醌二磺酸钠、偏钒酸钠为催化剂，脱除煤气中硫化氢的方法（简称 ADA 法脱硫）。

3.11

TAKAHAX—HIROHAX 法脱硫　TAKAHAX—HIROHAX desulphurization process

以煤气中氨为碱源，以 1,4 萘醌二磺酸钠为催化剂，脱除煤气中硫化氢的方法，其废液处理采用湿式氧化法（简称 T-H 法脱硫）。

3.12

H.P.F 法脱硫　H.P.F desulphurization process

以煤气中氨为碱源，以 HPF（含醌、钴、铁的复合物）为催化剂，脱除煤气中硫化氢的方法。

3.13

氨水法脱硫 ammonia liquor desulphurization process

采用含氨水溶液脱除煤气中硫化氢的方法,也称氨硫联合洗涤(A-S)法脱硫。

3.14

真空碳酸盐法脱硫 vacuum carbonate desulphurization process

以碳酸钠或碳酸钾溶液为吸收剂的脱硫方法。

4 基本要求

4.1 新建、改建、扩建工程项目的安全设施,应与主体工程同时设计、同时施工、同时投入生产和使用。安全设施的投资应纳入建设项目概算。

4.2 焦化设施的设计应保证安全可靠,对于危险作业、恶劣劳动条件作业及笨重体力劳动作业,应优先采取机械化、自动化措施。

4.3 焦化主体设施、安全设施的设计和制造应有完整的技术文件,设计审查应有使用单位的安全管理部门参加。

4.4 施工应按设计进行,如有修改应经设计单位书面同意。工程中的隐蔽部分,应经设计单位、建设单位、监理单位和施工单位共同检查合格,才能封闭。施工完毕,应由施工单位编制竣工说明书及竣工图,交付使用单位存档。

4.5 新建、扩建、改造和大修的焦化设施,应经过检查验收合格,并有完整的安全操作规程,才能投入运行。焦化设施的验收,应有使用单位的安全管理部门参加。

4.6 采用新工艺、新技术、新设备、新材料时,应制定相应的安全技术措施;对有关生产人员,应进行专门的安全技术培训,并经考核合格方可上岗。

4.7 对焦化作业人员,每1~2年应进行一次职业危害体检,体检结果记入"职业健康监护档案"。对身患职业病、职业禁忌或过敏症,符合调离规定者,应及时调离岗位,并妥善安置。

4.8 企业应为职工提供符合国家标准或行业标准的劳动防护用品,职工应正确佩戴和使用劳动防护用品。

4.9 企业应建立火灾、爆炸和毒物逸散等重大事故的应急救援预案,并配备必要的器材与设施,定期演练。

4.10 企业对涉及的重大危险源应登记建档,进行定期检测、评估、监控,并制定应急预案,告知从业人员和相关人员在紧急情况下应当采取的应急措施。并按照国家有关规定将本单位重大危险源及有关安全措施、应急措施报有关地方人民政府负责安全生产监督管理的部门和有关部门备案。

4.11 存在危险物质的场地,应设置醒目的安全标志。

4.12 企业应按国家现行规范的要求,设置火灾自动报警系统。在可能散发或泄漏甲类可燃气体、可燃液体的厂房和场所,应设置可燃气体浓度检测报警装置;可能泄漏或滞留有毒、有害气体而造成危险的地方,应设自动监测报警装置。

4.13 安全装置和防护设施不应擅自拆除,检修后应立即恢复,应保持完好有效。

4.14 兼具电动和手动两种方式的转动设备,应设手动时自动断电联锁。手动操作前,应拉下设备的电源开关。

4.15 设备和管道应根据其内部介质的火灾危险性和操作条件,设置相应的仪表、报警信号、自动联锁保护系统或紧急停车措施。

4.16 较高的通行、操作和检修场所,应设平台或防护栏杆。

4.17 易燃、易爆或高温明火场所的作业人员不应穿着易产生静电的服装。

4.18 在易燃、易爆场所,不应使用易产生火花的工具。

4.19 不应使用轻油、洗油、苯类等易散发可燃蒸汽的液体或有毒液体擦洗设备、用具、衣物及地面。

4.20 加热炉煤气调节阀前宜设煤气紧急切断阀,应与物料流量、炉膛温度、煤气压力报警联锁。

4.21 当加热炉采用强制送风的燃烧嘴时,煤气支管上应装自动可靠隔断装置。在空气管道上应设泄爆膜。煤气、空气管道应安装低压报警装置。

4.22 焦炉煤气制甲醇各区域应配备空气呼吸器或防毒面具。

4.23 焦化企业防雷应满足现行的国家和行业标准。

4.24 煤气储配(煤气气柜、加压机等)应符合 GB 6222 的相关规定。

5 厂址、厂区和厂房

5.1 厂址选择

5.1.1 焦化厂应布置在居民区常年最小频率风向的上风侧。厂区边缘与居民区边缘的距离应根据环境评价确定,一般不小于 1 000 m。

5.1.2 钢铁联合企业或其他企业中的焦化厂,在其企业中的位置应符合相关设计规范的要求。

5.1.3 焦化厂厂址不应布置在下列地区:
   a) 发震断层和抗震设防烈度高于 9 度的地震区;
   b) 有泥石流、滑坡、流沙、溶洞等直接危害的地段;
   c) 很严重的自重湿陷性黄土场地或厚度大的新近堆积黄土和高压缩性的饱和黄土地段等地质条件恶劣地区;
   d) 采矿陷落及错动区界内;
   e) 爆破危险范围内;
   f) 水库下游,当堤坝决时,不能保证安全的地段;
   g) 受洪水、潮水或内涝水淹没的区域;
   h) 生活饮用水水源保护区内;
   i) 国家规定的机场净空保护区内。

5.2 厂区布置

5.2.1 煤气净化车间应布置在焦炉的机侧或一端,其建(构)筑物最外边缘距大型焦炉炉体边缘不应小于 40 m,距中、小型焦炉不应小于 30 m。

5.2.2 当采用捣固炼焦工艺,煤气净化车间布置在焦侧时,其建(构)筑物最外边缘距焦炉熄焦车外侧轨道边缘不应小于 45 m(当焦侧同时布置有干熄焦装置时,该距离为距干熄炉外壁边缘的距离)。

5.2.3 粗苯精制区不宜布置在焦化厂的中心地带,所属建(构)筑物边缘与焦炉炉体之间的净距,不应小于 50 m。

5.2.4 煤场和焦油车间宜设在厂区常年最小频率风向的上风侧,沥青生产装置宜布置在焦油蒸馏生产装置的端部,并位于厂区的边缘。

5.2.5 厂房、仓库的防火间距,甲、乙、丙类液体、气体储罐区的防火间距,可燃、助燃气体储罐区的防火间距,可燃材料堆场的防火间距均应符合 GB 50016 和 GB 50414、GB 50160 的规定。

5.2.6 禁止厂外道路穿越厂区。汽车及火车装卸站等机动车辆频繁进出的设施,应布置在车间边缘或厂区边缘的安全地带。可燃液体的罐组与周围消防车道之间,不宜种植绿篱或茂密的灌木丛。

5.2.7 在江、河、湖、海沿岸的厂区,场地设计标高应按下列情况确定:
   a) 不设堤防时,厂区场地设计标高应高于计算水位(设计水位＋壅水高度＋波浪高)0.5 m 以上;
   b) 设堤防时,厂区场地设计标高应高于历年最高内涝水位或常年洪水位(大汛平均高潮位)。

5.2.8 基础荷载较大的建(构)筑物(如焦炉等),宜布置在土质均匀、地基承载力较大、地下水位较低的地段。

5.2.9 煤气净化区内,不应布置与煤气净化装置无关的设施及建(构)筑物。

5.2.10 煤气总管放散装置宜布置在远离建筑物和人员集中地点。

5.3 厂房建筑

5.3.1 焦化生产的火灾危险性应根据生产中使用或产生的物质性质及其数量等因素,分为甲、乙、丙、丁、戊类,并应符合 GB 50016 的规定。其中,主要生产场所建筑物内火灾危险性分类应遵守表 1 的规定。

表 1 主要生产场所建筑物内火灾危险性分类

类别	备煤	炼焦	煤气净化	粗苯加工	焦油加工	甲醇
甲		焦炉集气管直接式仪表室、侧入式焦炉烟道走廊	焦炉煤气鼓风机室、轻吡啶生产厂房、粗苯产品回流泵房、溶剂泵房(轻苯/粗苯作萃取剂)、苯类产品泵房(分开布置)	油水分离器厂房、精苯蒸馏泵房、精苯硫酸洗涤泵房、精苯油库泵房、油槽车清洗泵房、加氢泵房、循环气体压缩机房	吡啶精制泵房、吡啶产品装桶和仓库、吡啶蒸馏真空泵房	压缩厂房、甲醇合成(泵房)、甲醇精馏(泵房)、罐区(泵房)

表 1（续）

类别	备煤	炼焦	煤气净化	粗苯加工	焦油加工	甲醇
乙		干熄焦液氨室	氨硫系统尾气洗涤泵房、蒸氨脱酸泵房、硫磺包装设施及硫磺库、硫磺切片机室、硫磺仓库、硫浆离心和过滤及熔硫厂房、硫磺排放冷却厂房、硫泡沫槽和浆液离心机废液浓缩厂房	古马隆树脂馏分蒸馏闪蒸厂房、树脂馏分油洗涤厂房、树脂聚合装置厂房、树脂制片包装厂房	焦油蒸馏泵房(含轻油系)、氨气法硫酸吡啶分解厂房、工业萘蒸馏泵房、萘结晶室、工业萘包装和仓库、酚产品泵房、酚产品装桶和仓库、酚蒸馏真空泵房、萘精制泵房、萘制片包装室、萘洗涤室、精制萘仓库、精蒽洗涤厂房、溶剂蒸馏法蒽精馏泵房、精蒽包装间、精蒽仓库、精蒽油库泵房、蒽醌主厂房、蒽醌包装间及仓库、萘酐冷却成型、萘酐仓库	空分(氧压机)
丙	胶带输送机通廊及转运站、翻车机室、受煤坑、储煤槽、配煤室、成型机室、破碎粉碎机室	焦台、切焦机室、筛焦楼	冷凝泵房、粗苯洗涤泵房、煤气中间冷却油泵房、洗萘油泵房、溶剂泵房(重苯溶剂油作萃取剂)、焦油洗油泵房(分开布置)、含水焦油输送泵房、焦油氨水输送泵房		粗蒽结晶、分离室及泵房、粗蒽仓库和装车、连续或馏分脱酚厂房、馏分脱酚泵房、碳酸钠法硫酸吡啶分解厂房、固体沥青装车仓库、沥青烟捕集装置泵房、蒸馏溶剂法蒽精馏泵房、洗油精制厂房、沥青焦油类泵房、改质沥青泵房	

表1（续）

类别	备煤	炼焦	煤气净化	粗苯加工	焦油加工	甲醇
丁	解冻库、煤制样室	焦制样室	硫酸铵干燥燃烧炉及风机房			
戊	推土机库		硫酸铵制造厂房、硫酸铵包装设施仓库、试剂仓库及酸泵房、冷凝鼓风循环水泵房、氨硫洗涤泵房、氨水蒸馏泵房、煤气中间冷却水泵房、黄血盐主厂房及仓库、制酸泵房、硫氰化钠盐类提取厂房、脱硫液洗涤泵房、脱硫液槽及泵房、酸碱泵房、磷铵溶液泵房、烟道气加压机房、制氮机房		固体碱库	

注1：焦炉应视为生产装置。
注2：氨硫洗涤泵房是焦炉煤气洗氨和脱除硫化氢（H_2S）装置中的一个泵房，其任务是输送稀氨水或稀碱液等非燃烧液体，故氨硫洗涤泵房的火灾危险为戊类。

5.3.2 厂房建筑防火设计应符合 GB 50016 及 GB 50414 等相关规范的规定。

5.3.3 易燃与可燃性物质生产厂房或库房的门窗应向外开，油库泵房靠储槽一侧不应设门窗。

5.3.4 容易积存可燃性粉尘的厂房、胶带输送机通廊的内表面应平整、易于清扫。

5.3.5 安全出入口（疏散门）不应采用侧拉门（库房除外），严禁采用转门。

5.3.6 厂房、梯子的出入口和人行道，不宜正对车辆、设备运行频繁的地点，否则应设防护装置或悬挂醒目的警告标志。

5.3.7 生产区域必须设安全通道，安全通道净宽不应小于 1 m，仅通向一个操作点或设备的不应小于 0.8 m，局部特殊情况不应小于 0.6 m。

5.3.8 有爆炸危险的甲、乙类厂房，宜采用敞开或半敞开式建筑；必须采用封闭式建筑时，应采取强制通风换气措施。

6 消防设施

6.1 大中型焦化厂宜设消防站,消防站应设在便于车辆迅速出动的位置。

6.2 粗苯生产、粗苯加工、焦油加工和甲醇等主要火灾危险场所,应有直通消防站的报警信号或电话,并应有灭火设施。

6.3 下列场所应设消防灭火设施:

- a) 粗苯、精苯储槽区,应设固定式或半固定式泡沫灭火设施,槽区周围应有消防给水设施;
- b) 粗苯和精苯的洗涤室、蒸馏室、原料泵房、产品泵房、装桶间,精萘、工业萘、萘酐及焦油泵房,精萘和工业萘的转鼓结晶机室、吡啶储槽室、装桶间,均应设固定式或半固定式蒸汽灭火设施;
- c) 管式炉炉膛及回弯头箱,萘酐生产中的汽化器、氧化器、薄壁冷却器,应设固定式蒸汽灭火设施;
- d) 二甲酚、蒽、沥青、酚油等闪点大于 120 ℃的可燃液体储槽或其他设备和管道易泄漏着火地点,应设半固定式蒸汽灭火设施。

6.4 灭火蒸汽管线蒸汽源的压力,不应小于 0.4 MPa,其操纵阀门或接头应安装在便于操作的安全地点。

6.5 泡沫混合液管线宜地上敷设,不应从槽顶跨越。与泡沫发生器连接的立管段应固定在槽壁上,防火堤内的水平管段应敷设在管墩管架上,但不应固定。

6.6 消防给水管网应采用环状管网,其输水干管不应少于两条。

6.7 多层生产厂房应设消火栓。塔区各层操作平台应按规定设置灭火器,并宜设蒸汽灭火接头。

6.8 甲、乙、丙类液体储槽区的消火栓应设在防火堤外,距槽壁 15 m 范围内的消火栓,不应计算在该槽可使用的数量内。

6.9 各厂房、建筑物、库房等应备有灭火器,灭火器的类型及配置数量应符合 GB 50140 的规定。

6.10 干熄炉主框架中装入层平台及干熄炉底层平台应设置事故用水管。

7 电气设施

7.1 防火防爆

7.1.1 焦化厂主要爆炸危险环境区域的划分,应符合 GB 50058 的规定。爆炸危险环境区域划分应根据释放源的种类和性质确定,其中室内爆炸危险环境区域划分见表2。

表 2 室内爆炸危险环境区域划分

车间	区 域	划分
炼焦	焦炉地下室、机焦两侧烟道走廊(仅侧喷式)、变送器室	1区
	集气管直接式仪表室、炉间台和炉端台底层	2区

表 2（续）

车间	区域	划分
煤气净化	煤气鼓风机（或加压机）室、萃取剂为轻苯或粗苯脱酚溶剂泵房、苯类产品及回流泵房、轻吡啶生产装置的室内部分、精脱硫装置高架脱硫塔（箱）下室内部分	1区
	脱酸蒸氨泵房、氨压缩机房、氨硫系统尾气洗涤泵房、煤气水封室	2区
	硫磺排放冷却室、硫结片室、硫磺包装及仓库	11区
苯精制	蒸馏泵房、硫酸洗涤泵房、加氢泵房、加氢循环气体压缩机房、油库泵房	1区
	古马隆树脂馏分蒸馏闪蒸厂房	2区
	古马隆树脂制片及包装厂房	11区
焦油加工	吡啶精制泵房、吡啶蒸馏真空泵房、吡啶产品装桶和仓库、酚产品装桶间的装桶口	1区
	工业萘蒸馏泵房、单独布置的萘结晶室、酚产品泵房、酚蒸馏真空泵房、萘精制泵房、萘洗涤室、酚产品装桶间和仓库	2区
	萘结片室、萘包装间及仓库（含一起布置的萘结晶室）、精蒽包装间及仓库、蒽醌主厂房、蒽醌包装间及仓库、萘酐冷却成型室及仓库	11区
甲醇	压缩厂房、甲醇合成（泵房）、甲醇精馏（泵房）、罐区（泵房）	2区

7.1.2 爆炸危险场所电气设备和线路的设计、安装、施工、运行、维修和安全管理，应符合 GB 50058 及有关规程与规范的规定。

7.1.3 无法得到规定的防火防爆等级设备而采用代用设备时，应采取有效的防火、防爆措施。

7.1.4 变、配电所不应设置在甲、乙类厂房内或贴邻建造，且不应设置在爆炸性气体、粉尘环境的危险区域内。供甲、乙类厂房专用的 10 kV 及以下的变、配电所，当采用无门窗洞口的防火墙隔开时，可一面贴邻建造，并应符合现行国家标准 GB 50058 等规范的有关规定。

乙类厂房的配电所必须在防火墙上开窗时，应设置密封固定的甲级防火窗。

7.1.5 架空电线严禁跨越爆炸和火灾危险场所。

7.1.6 爆炸和火灾危险场所不宜采用电缆沟配线；若需设电缆沟，则应采取防止可燃气体、易燃、可燃液体或酸、碱等物质漏入电缆沟的措施，装置内的电缆沟，应有防止可燃气体积聚或含有可燃液体的污水进入沟内的措施。电缆沟通入变配电室、控制室的墙洞处，应填实、密封。

电缆等可燃物与热力管线等发热体应保持适当的安全距离，避免热辐射引起自燃；因故无法做到的，应采取预防措施。

对易受外部影响着火的电缆密集场所或可能着火蔓延而酿成事故的电缆回路，可采取以下防火阻燃措施：

    a) 电缆穿过竖井、墙壁、楼板或进入电气盘、柜的孔洞处，用防火堵料密实封堵；
    b) 在重要的电缆沟和隧道中，按要求分段或用软质耐火材料设置阻火墙；

  c) 对主要回路的电缆,可单独敷设于专门的沟道中或耐火封闭槽盒内,或对其施加防火涂料、防火包带;

  d) 在电力电缆接头两侧及相邻电缆 2 m～3 m 长的区段施加防火涂料或防火包带。

7.1.7 当爆炸和火灾危险场所设检修电源时,检修电源应为满足环境危险介质要求的防爆电源。

7.1.8 在 1 区内应采用铜芯电缆;在 2 区内宜采用铜芯电缆,当采用铝芯电缆时,与电气设备的连接应有可靠的铜-铝过渡接头等措施。所有导线和电缆,五年内至少做一次绝缘试验。

7.1.9 在容易积存爆燃性粉尘的环境,非铠装电缆或阻燃电缆表面附着的可燃性导电粉尘应定期清扫。

7.2 防触电

7.2.1 设备的电气控制箱和配电盘前后的地板,应铺设绝缘板。变、配电室,应备有绝缘手套、绝缘鞋和绝缘杆等。

7.2.2 滑触线高度不宜小于 3.5 m;低于 3.5 m 时,其下部应设防护网。防护网应良好接地。

7.2.3 车辆上配电室的人行道净宽,不宜小于 0.8 m。裸露导体布置于人行道上部且离地面高度小于 2.2 m 时,其下部应有隔板,隔板离地不应小于 1.9 m。

7.2.4 电气设备(特别是手持电动工具)的金属外壳和电线的金属保护管,应与 PE 线或 PEN 线相连接,手持电动工具应有漏电保护。

7.2.5 电动车辆的轨道应重复接地,轨道接头应用跨条连接。

7.2.6 行灯电压不应大于 36 V,在金属容器内或潮湿场所,则电压不应大于 12 V。安全电压的电路应是悬浮的。

7.3 照明

7.3.1 自然采光不足的工作室内,夜间有人工作的场所及夜间有人、车辆行走的道路,均应设置照明。

7.3.2 车辆及其附近的照明,不应使司机感到眩目。

7.3.3 甲、乙类液体储槽区,宜采用从非爆炸危险区高处投光照明,需要局部照明时,应采用防爆灯。

7.3.4 作业场所的照度不应低于表 3 的规定。

表 3 主要作业场所的照度

车间和作业场所	最低照度/lx
配煤室,转运站,破(粉)碎机室,筛焦楼,储焦槽,熄焦泵房	100
受煤槽及翻车机室,焦炉一层端台、机焦两侧烟道走廊	50
焦炉地下室,胶带机通廊	30
煤气净化泵房	100
室外塔槽平台	30
控制室、操作室	300

7.3.5 下列场所应设应急照明,正常照明中断时,应急照明应能自动启动:

a) 受煤坑地下通廊、翻车机室底层；
b) 焦炉交换机室、地下室、机焦两侧烟道走廊；
c) 回收车间鼓风机室；
d) 精苯车间室内厂房；
e) 中央变电所和集中控制的仪表室。

7.3.6 生产装置上的照明灯,不宜面对可燃气体(蒸汽)的放散管、储槽顶部人孔(观察孔)和管道法兰盘,也不宜装在可能喷出可燃气体的水封槽和满流槽上部。

7.4 通讯和仪表

7.4.1 下列单位(或岗位)之间应设直通电话或直通讯号：
a) 厂调度室与各车间、工段、重要岗位及热力供应、电力供应、水力供应、煤气防护、消防和医疗卫生等单位；
b) 集中控制台与有关岗位；
c) 受煤与储煤有关岗位；
d) 运焦与筛焦有关岗位；
e) 鼓风机、焦炉交换机与联合企业煤气管理部门；
f) 相关的重要岗位之间。

7.4.2 易燃、可燃或有毒介质导管不应直接进入仪表操作室,应通过变送器把信号引进仪表操作室间。

8 化工装置

8.1 通用规定

8.1.1 化产工艺装置宜布置在露天或敞开的建(构)筑物内。

8.1.2 储槽、塔器及其他设备的外壳,应有设备编号、名称及规格等醒目标志。

8.1.3 各塔器、容器的对外连接管线,应设置可靠的隔断装置。

8.1.4 各塔器、容器和管线的放散管,应遵守下列规定：
a) 建(构)筑物内设备的放散管,应引出建(构)筑物外,且不危及人员安全；
b) 室外设备的放散管,应高出本设备 2 m 以上,且应高出相邻有人操作的最高设备操作平台 2 m 以上；
c) 煤气放散管,应符合 GB 6222 的有关规定。

8.1.5 设备经常放散的有害气体、蒸汽宜按种类分别集中,导入煤气系统或经净化处理后放散。

8.1.6 有冷凝液产生的可燃气体管线应设冷凝水排水器。

8.1.7 生产、储存和装卸甲类液体与可燃气体的管线及设备,应设接地装置,并应遵守下列规定：
a) 管线至少两端接地。
b) 直径小于 20 m 的储槽,至少 2 处接地;大于 20 m 的,至少 4 处接地。
c) 仅为防静电的接地,接地电阻一般不大于 100 Ω,兼作防雷的,应遵守 GB 50057 的有关规定;与其他用途的接地极共用时,应取其中数值最小者。
d) 汽车罐车、铁路罐车和装卸栈台、铁路钢轨,应设专用接地线。进出苯类储槽的管道,其法兰应作静电跨接。

e) 用泵输送苯等烃类液体应按 GB 12158 的规定限制管道流速;当管道内明显存在水等第二物相时,其流速应限制在 1 m/s 以内。

8.1.8 停产不用的塔器、容器、管线等,应清扫干净,并应打开放散管和隔断对外连接;报废不用的设备和管线,清扫干净后应立即拆除。

8.1.9 甲、乙类生产场所的设备及管线,其保温应采用不燃或难燃保温材料,并应防止可燃物渗入绝热层。

8.1.10 压力容器、压力管道的设计、制造、施工、使用和管理,应符合国家现行的相关规范和规程的规定。

8.1.11 煤气净化各种洗涤塔下应设有液位报警或自动调节,或采用液封。

8.1.12 塔器的窥镜、液面计,其玻璃应能耐高温,并应严密。

8.1.13 管式炉点火前,应确保炉内无爆炸性气体。

8.1.14 管式炉出现下列情况之一,应立即停止煤气供应:

a) 煤气主管压力降到 500 Pa 以下,或主管压力波动危及安全加热;
b) 炉内火焰突然熄灭;
c) 烟筒(道)吸力下降,不能保证安全加热;
d) 炉管漏油、漏汽;
e) 煤气管道泄漏。

8.1.15 在轨道上行走的设备,其两端应有缓冲器,轨道两端应设电气限位器和机械安全挡。

8.1.16 在同一轨道上行走的两台设备,应有防止碰撞的信号或自动联锁装置。

8.1.17 行走设备和无法安装防护罩的转动设备,均应设声、光信号及制动闸,声音信号应区别于其他专用信号。

8.1.18 转动设备和提升设备周围,应设防护栏杆或其他隔离设施;自动或遥控的设备,其周围应有防止人员接近的措施和警示标识。

8.1.19 安全装置不完善不允许启动的设备,均应设安全联锁装置。

8.2 管线

8.2.1 全厂性的工艺管线,宜集中布置形成管线带,并采用地上架设。

8.2.2 可燃气体或甲、乙、丙类液体的管线,不应穿越仪表室、变电所、配电室、办公室、休息室及与该管线无关的储槽区或生产厂房。

8.2.3 可燃气体或甲、乙、丙类液体的管线,不宜地下敷设;需用管沟敷设时,在管沟进出装置和厂房处应妥善隔断。管沟内不应积聚可燃气体、蒸汽。

8.2.4 腐蚀性介质的管道,应敷设在管线带的下部。

8.2.5 蒸汽管与易燃物管道同向架设时,蒸汽管应架设在上方。

8.2.6 输送易凝可燃液体的管道及阀门均应保温,不应使用明火烘烤。

8.2.7 阀门应安装在易检修、更换和便于操作的位置,大型阀门手轮离操作台面的高度宜为 1.2 m 左右。

8.2.8 阀门应有开、关旋转方向和开、关程度的指示,旋塞应有明显的开、关方向标志。

8.2.9 严禁用管道上的调节配件代替隔断阀门,按要求应该堵盲板的操作不应以只关阀门代替堵盲板。

8.2.10 事故排放管应坡向事故排放储槽,管道上应尽量少设弯头、支管,除设备附近的隔断阀门外,沿排放管全长都不应设旋塞和阀门。

8.2.11 盲板及其盲板圈的手柄应有明显区别。

8.2.12 穿过防火堤的管道,其管沟必须填平。与油库无关的管道不应穿过其防火堤。

8.2.13 不应利用甲、乙、丙类液体及可燃气体的管道作零线或接地线。

8.2.14 水、蒸汽、空气等辅助管线与甲、乙、丙类液体或有毒液体、可燃气体的设备、机械、管线连接时,若有发生倒流的可能,则辅助管线上应有可靠的隔断装置。

8.2.15 供油泵在停电、停汽或其他情况下可能发生倒流时,应在其出口管道上安装逆止阀。

8.2.16 酸、碱、酚和易燃液体的输送,应采用密封性能可靠的泵。

8.2.17 酸、碱、酚等液体管道的法兰应加保护罩,法兰位置应尽量避开经常有人操作的地方。

8.2.18 污水总排出管应设水封井。全厂性下水道的干管、支干管,在各区(装置区、储槽区、辅助生产区)之间,应用水封井隔开;水封井之间管道长度不应超过300 m。

8.2.19 管线涂色应符合GB 7231的规定。

8.3 储槽

8.3.1 储槽的布置及防火间距,应符合GB 50016、GB 50160中的相关规定。

8.3.2 甲、乙、丙类液体储槽之间的防火间距,不应小于表4的规定。

表4 甲、乙、丙类液体储槽之间的防火间距　　　　　　单位为米

液体类别	单槽容积/m³	固定顶槽			浮顶储槽	卧式储槽
		地上式	半地下式	地下式		
甲、乙类	≤1 000	0.75D	0.5D	0.4D	0.4D	不小于0.8
甲、乙类	>1 000	0.6D				
丙类	不限	0.4D	不限	不限	—	

注1: D 为相邻较大立式储槽的直径(m);矩形储槽的直径为长边与短边之和的一半。
注2: 不同液体、不同形式储槽之间的防火间距不应小于本表规定的较大值。
注3: 两排卧式储罐之间的防火间距不应小于3 m。
注4: 设置充氮保护设备的液体储罐之间的防火间距,可按浮顶储罐的间距确定。
注5: 当单罐容量小于或等于1 000 m³且采用固定冷却消防方式时,甲、乙类液体的地上式固定顶罐之间的防火间距不应小于0.6D。
注6: 同时设有液下喷射泡沫灭火设备、固定冷却水设备和扑救防火堤内液体火灾的泡沫灭火设备时,储罐之间的防火间距可适当减小,但地上式储罐不宜小于0.4D。
注7: 闪点大于120 ℃的液体,当储罐容量大于1 000 m³时,其储罐之间的防火间距不应小于5 m;当储罐容量小于或等于1 000 m³时,储罐之间的防火间距不应小于2 m。

8.3.3 带盖储槽应设放散管,可能堵塞的放散管应设蒸汽吹扫管。

8.3.4 设有蒸汽加热器的储罐,应采取防止液体超温的措施。

8.3.5 可燃液体的储罐,应设液位计和高位报警器,必要时可设自动联锁切断进液装置。

8.3.6 甲、乙类液体储槽的注入管,应有消除静电的措施。储罐的进料管,应从罐体下部接入;若从上部接入,应延伸至距罐底 200 mm 处。

8.3.7 甲、乙、丙类液体的地上、半地下储槽或储槽组,其防火堤的设置、堤内储槽的布置应符合 GB 50016、GB 50351 的规定。

8.3.8 甲类液体半露天堆场,乙、丙类液体桶装堆场和闪点大于 120 ℃ 的液体储罐(区),当采取了防止液体流散的设施时,可不设置防火堤。

8.3.9 酸、碱和甲、乙、丙类液体高位储槽,应设满流管或液位控制装置。

8.3.10 浓硫酸储槽顶部应设脱水器,或采用其他防水措施,槽底的出口管应设两道阀门。

9 备煤

9.1 受煤

9.1.1 解冻库和卸煤装置的煤车出入口,应设置信号灯。

9.1.2 解冻库不应 1 人操作。

9.1.3 翻车机应设置事故开关、自动脱钩装置、翻转角度极限信号和开关,以及人工清扫车厢时的断电开关,且应设置制动闸。

9.1.4 翻车机转到 90°时,其红色信号灯熄灭前禁止清扫车底。翻车时,其下部和卷扬机两侧禁止有人工作和逗留。

9.1.5 重车和空车调车机前后,应设置行程限位开关和信号装置,并应有制动闸。

9.1.6 用调车机牵引时,其轨道上应设置活动挡车器。

9.1.7 严禁在车厢连接时上下车。

9.1.8 螺旋卸煤机和链斗卸煤机应设置夹轨器。

9.1.9 螺旋卸煤机的螺旋和链斗卸煤机的链斗起落机构,应设置提升高度极限开关。

9.1.10 卸煤机械离开车厢之前,禁止扫煤人员进入车厢内工作。

9.1.11 翻车机铁路线及其周围的工业建筑布置和配挂车设备应符合 GB 4387 和铁路部门的其他相关管理规定。

9.1.12 翻车机自动卸车作业时,铁路线路应集中联锁控制。

9.2 储煤

9.2.1 起重机械的设计、制造、检验、报废、使用和管理,应遵守 GB/T 6067 的有关规定。

9.2.2 煤场堆取料机平行布置时,两条线上堆取料机悬臂前端回转轨迹不宜发生相交。

9.2.3 堆取料机应设置下列装置:

  a) 风速计;

  b) 防碰撞装置;

  c) 运输胶带联锁装置;

  d) 与煤场调度通话装置;

  e) 回转机构和变幅机构的限位开关及信号;

  f) 手动或具有独立电源的电动夹轨钳。

9.2.4 堆取料机供电地沟,应有保护盖板或保护网,沟内应有排水设施。

9.2.5 禁止推土机横跨门式起重机轨道。

9.2.6 煤堆应有防止自燃的措施,煤堆上宜喷覆盖剂或水。

9.2.7 煤槽上部的入口应设金属盖板或围栏,煤流入口应设箅子,受煤槽的箅格(箅缝)不应大于0.2 m×0.3 m(0.2 m),翻车机下煤槽箅格(箅缝)不应大于0.4 m×0.8 m(0.4 m),粉碎机后各煤槽箅缝不应大于0.2 m。

9.2.8 煤槽的斗嘴应为双曲线型,煤槽应设振煤或疏通装置。

9.2.9 地下通廊应有防止地下水浸入的设施,其地坪应坡向集水沟,集水沟必须设盖板。

9.2.10 煤塔顶层除胶带通廊外,还应另设一个出口,煤塔顶部宜设通风窗口。

9.2.11 进入煤槽、煤塔扒煤或清扫时,应采取可靠的防止垮煤埋压的安全措施,系好安全带,且应有人监护。人工捅料时,应采取可靠的安全措施。

9.3 配煤、破碎及粉碎

9.3.1 配煤操作应自动化;采用核子秤配煤时,其辐射量应满足职业健康安全卫生要求,应设置醒目的警示标识。

9.3.2 配煤盘下的胶带输送机与配煤斗槽立柱之间的距离,在跑盘一侧不应小于1 m。

9.3.3 粉碎机、破碎机前应设除铁器。

9.3.4 破碎机和粉碎机,应有电流表,盘车前应断电。

9.3.5 锤式粉碎机应有打开上盖的起重装置。

9.3.6 粉碎机运转时,禁止打开其两端门和小门。

9.4 成型煤

9.4.1 混合机和成型机,应设电流表、电压表、超负荷自动停机的联锁及相互自动联锁装置。

9.4.2 进入混合机的沥青、焦油渣配管应全封闭,并安装蒸汽保温管。

9.4.3 热态中不应进行点检、清扫等作业。

9.4.4 混合机外壁应安装保温材料。

9.4.5 成型机应设门开机停的联锁装置。

9.4.6 各机进出口,应设置带净化器的抽风机或集中除尘。

9.4.7 焦油渣设备应按启动顺序设置联锁装置;斗式提升机上下应设限位开关。

9.5 运煤

9.5.1 运煤系统应采用具有监视、操作、控制和保护功能的工业控制计算机系统。

9.5.2 胶带输送机应有下列装置:
 a) 胶带打滑、跑偏及溜槽堵塞的探测器;
 b) 机头、机尾自动清扫装置;
 c) 倾斜胶带的防逆转装置;
 d) 胶带输送机至机头、机尾应安装紧急停机装置(两侧通行时,两侧均应安装);
 e) 自动调整跑偏装置。

9.5.3 胶带输送机通廊两侧的人行通道,净宽不应小于0.8 m,如系单侧人行通道,则不应小于1.3 m。人行通道上不应设置入口或敷设蒸汽管、水管等妨碍行走的管线。

9.5.4 胶带输送机通廊不应采用可燃材料建筑,并应符合相关规范的规定。

9.5.5 沿胶带输送机走向每隔50 m～100 m,应设一个横跨胶带输送机的过桥。过桥走台平面的净空高度应不小于1.6 m。

9.5.6 胶带输送机侧面的人行道,其倾角大于6°的,应有防滑措施;大于12°的,应设踏步。

9.5.7 胶带输送机宜加罩。未加罩的,应在机架两侧的下列地点,设置钢制挡板:
   a) 人工挑拣杂物处;
   b) 除铁器下需要人工拣出铁物处;
   c) 起落胶带分流器及清扫溜槽处;
   d) 人工跑盘和人工采样处;
   e) 其他经常有人操作的地方。

9.5.8 胶带输送机支架的高度,应使胶带最低点距地面不小于400 mm。

9.5.9 胶带输送机的传动装置、机头、机尾和机架等与墙壁的距离,不应小于1 m。机头、机尾和拉紧装置应有防护设施。

9.5.10 采用长溜槽运煤,应设防堵振煤装置。

9.5.11 需人工清扫的溜槽,上部应设平台。

9.5.12 胶带输送机卸料小车应设夹轨钳,其轨道两端应有限位开关。

9.5.13 胶带输送机运行时,不应用铁锹等工具处理、清理转动部位。

9.5.14 管状胶带输送物料前,应安装除铁器。

10 炼焦

10.1 焦炉

10.1.1 焦炉炉顶表面应平整,纵、横拉条不应突出表面。

10.1.2 焦炉应采用水封式上升管盖、隔热炉盖等措施。

10.1.3 炉端台顶部应设操作工人休息室。

10.1.4 焦炉上升管应设防热挡板或采取其他隔热措施。

10.1.5 在对着上升管管口的横贯管管段下部宜设防火罩。

10.1.6 集气管放散管的排出口应设置自动点火装置,放散管的高度应高出集气管走台5 m以上。若为人工操作,其开闭应能在集气管走台上进行。

10.1.7 集气系统应设事故用工业水管,集气管操作台上部应设清扫孔。

10.1.8 禁止在距打开上升管盖的炭化室5 m以内清扫集气管。

10.1.9 桥管、集气管和吸气管上的清扫孔盖和活动盖板等,均应用小链与其相邻构件固定。

10.1.10 清扫上升管宜机械化。

10.1.11 上升管盖、桥管承插口、装煤孔、炉门和小炉门等,应采取防止冒烟的措施。

10.1.12 煤塔漏嘴不宜采用煤气火焰保温。若采用煤气火焰保温,必须采取相应的安全措施。

10.1.13 焦炉机侧操作台上预留的向余煤提升机的下部煤斗放煤的下煤口,应有篦缝不大于0.2 m的篦子。

10.1.14 单斗余煤提升机,应有上升极限位置报警信号、限位开关及切断电源的超限保护装置。

10.1.15 单斗余煤提升机正面(面对单斗)的栏杆,不应低于1.8 m,栅距不应大于0.2 m。

10.1.16 单斗余煤提升机下部,应设单斗悬吊装置。地坑的门开启时,提升机应自动断电。

10.1.17 单斗余煤提升机的单斗,停电时,应能自动锁住。

10.1.18 焦炉机侧、焦侧消烟梯子或平台小车(带栏杆),应有安全钩。

10.1.19 机侧、焦侧抵抗墙四角,距离操作平台上方 1 m 处应设置压缩空气管接头。

10.1.20 在不妨碍车辆作业的条件下,机侧操作平台应设一定高度的挡脚板。

10.1.21 横铁可以旋转的炉门上下横铁之间应设拉杆,其他结构的炉门应确保炉门横铁与炉框门钩能自动锁住。

10.1.22 炉门修理站旋转架,上部应有防止倒伏的锁紧装置或自动插销,下部应有防止自行旋转的销钉。

10.1.23 炉门修理站卷扬机上的升、降开关,应与旋转架的位置联锁,并能点动控制;旋转架的上升限位开关应准确可靠。

10.1.24 焦炉地下室、机焦两侧烟道走廊、交换机室、煤气预热器室和室内煤气主管周围,严禁吸烟。

10.1.25 机焦两侧烟道走廊出入口,应设在煤塔、炉间台、大间台的机侧或炉端台的尽头处。

10.1.26 机焦两侧烟道走廊外设有电气滑触线时,烟道走廊窗户应用铁丝网防护。

10.1.27 地下室应加强通风,其两端应有安全出口。

10.1.28 地下室煤气分配管的净空高度不宜小于 1.8 m。

10.1.29 地下室煤气管道的冷凝液排放旋塞的材质,不应采用铜质。

10.1.30 地下室煤气管道末端应设自动放散装置,放散管的根部应设清扫孔。

10.1.31 地下室焦炉煤气管道末端应设防爆装置。

10.1.32 机焦两侧烟道走廊和地下室,应设换向前 3 min 和换向过程中的音响报警装置。

10.1.33 交换机室或仪表室不应设在烟道上。焦炉仪表室应配备便携式一氧化碳报警器和空气呼吸器。

10.1.34 在无充氮情况下,煤气调节蝶阀和烟道调节翻板,应设有防止其完全关闭的装置;有自动充氮保护装置的,充氮前应关闭。

10.1.35 交换开闭器调节翻板应有安全孔,保证蓄热室封墙和交换开闭器内任何一点的吸力均不低于 5 Pa。

10.1.36 高炉煤气因低压而停止使用后,在重新使用之前,应采取可靠的安全措施。

10.1.37 出现下列情况之一,应停止焦炉加热:
  a) 煤气主管压力低于 500 Pa;
  b) 烟道吸力下降,无法保证蓄热室、交换开闭器等处吸力不小于 5 Pa;
  c) 换向设备发生故障或煤气管道损坏,无法保证安全加热。

10.1.38 采用高炉煤气、发生炉煤气等贫煤气加热的焦炉地下室必须设置固定式一氧化碳检测及报警装置。

10.1.39 不应在烟道走廊和地下室带煤气抽、堵盲板。

10.1.40 从下喷管往上观看砖煤气道时,应佩戴防护眼镜。

10.1.41 焦炉地下室水封应保持完好状态。

10.2 焦炉机械

10.2.1 推焦机、拦焦机、电机车、装煤车开车前必须发出音响信号;行车时严禁上、下车;除行走外,焦炉机械的各单元操作应实现程序控制;司机室内,应铺绝缘板。

10.2.2 推焦机、拦焦机和电机车之间,应有通话、信号联系和联锁,并应严格按信号逻辑关系操作,不应擅自解除联锁。

10.2.3 推焦机、装煤车和电机车,应设压缩空气压力超限时空压机自动停转的联锁。司机室内,应设置风压表及风压极限声、光信号。

10.2.4 推焦机的走行装置应与启闭炉门装置及推焦、平煤等操作设置联锁;装煤车的走行装置应与螺旋给料、启闭炉盖、升降导套、集尘干管对接阀启闭装置及煤塔受煤操作等装置设置联锁;拦焦机的走行装置应与启闭炉门装置、集尘干管对接阀启闭装置及导焦机构等设置联锁;捣固装煤推焦机的走行装置应与送煤装置、推焦装置以及启闭炉门装置等设置联锁;导烟除尘车的走行装置与启闭炉盖、集尘干管对接阀启闭装置等设置联锁。

10.2.5 推焦机和拦焦机宜设置清扫炉门、炉框以及清理炉头尾焦的设备。

10.2.6 应沿推焦机全长设能盖住与机侧操作台之间间隙的舌板,舌板和操作台之间不应有明显台阶(仅适用 4.3 m 及以下焦炉)。

10.2.7 推焦杆应设行程极限信号、极限开关和尾端活牙或机械挡。带翘尾的推焦杆,其翘尾角度应大于 90°,且小于 96°。

10.2.8 平煤杆和推焦杆应设手动装置,且应有手动时自动断电的联锁。推焦机宜设置事故停电时退回推焦杆、平煤杆的动力装置。

10.2.9 推焦中途因故中断推焦时,电机车和拦焦机司机未经推焦指挥许可,不应把车开离接焦位置。

10.2.10 拦焦机的两条主要走行轨道均设在焦炉焦侧操作台上时,拦焦机和焦炉炉柱上应分别设置安全挡和导轨。

10.2.11 电机车司机室应设置指示车门关严的信号装置。

10.2.12 寒冷地区的电机车轨道应采取防冻措施。

10.2.13 装煤车与炉顶机、焦两侧建筑物的距离,不应小于 800 mm。

10.2.14 交换传动装置必须按先关煤气,后交换空气、废气,最后开煤气的顺序动作。交换机应设有手动装置。

10.3 固定煤塔式捣固装煤

10.3.1 装煤车煤槽活动壁、前挡板、锁壁的张开和关闭应设置信号显示。煤槽活动壁及前挡板未关好时,捣固机不应进行捣固。

10.3.2 装煤车活动接煤板的升起和落下应设置信号显示,当升起时应设置切断装煤车行走的闭锁装置。

10.3.3 装煤车托煤板没有退回到原位时,应设置切断装煤车行走的闭锁装置。

10.3.4 捣固机捣固锤的落下和提起、安全挡的开、关应设置信号显示。

10.3.5 捣固机应设置捣固锤落下后切断装煤车行走的闭锁装置。

10.3.6 装煤车向炭化室装煤时,在煤饼到位后,应设置切断装煤电机继续前进的限位。托煤板抽出到位、锁壁退回到位,应设置限位控制。严禁没有限位设施的装煤车进行装煤操作。

10.4 熄焦

10.4.1 湿法熄焦应符合下列要求:

a) 粉焦沉淀池周围应设置防护栏杆,水沟应设置盖板;
b) 凉焦台应设置水管;
c) 不应使用未经二级(生物)处理的酚水熄焦;
d) 粉焦抓斗司机室宜设在旁侧或采用遥控操作方式。

10.4.2 干法熄焦应符合下列规定:
a) 应保证干熄焦装置整个系统的严密性。投产前和大修后均应进行系统气密性试验。
b) 干熄焦锅炉及其附件的设计、制造、施工、验收、检测及检修均应符合《蒸汽锅炉安全技术监察规程》《特种设备安全监察条例》的规定。
c) 干熄焦排出装置区域应通风良好,干熄焦排出装置的振动给料器及旋转密封阀周围,应设置一氧化碳和氧气浓度的检测、声光报警装置;干熄焦排出装置的排焦溜槽及运焦带式输送机位于地下时,排焦溜槽周围及运焦通廊的地下部分,应设置一氧化碳和氧气浓度的检测、声光报警装置。
d) 干熄焦装置最高处,应设置风向仪和风速计。风速大于 20 m/s 时,起重机应停止作业。起重机轨道两端应设置固定装置。
e) 横移牵引装置、起重机和装入装置等应设置限位和位置检测装置,横移牵引装置和起重机还应设置速度检测装置。
f) 干熄焦气体循环系统的锅炉出口和二次除尘器上部,应设置防爆装置。
g) 干熄焦装置应设置循环气体成分自动分析仪,对一氧化碳、氢和氧含量进行分析记录。
h) 进入干熄炉、排出装置和循环系统内检查或作业前,应关闭放射线源快门,进行系统内气体置换和放射源浓度、气体成分检测。进入人员应携带一氧化碳和氧气浓度检测仪器和与外部联络的通讯工具。
i) 运行中检修排出装置时,应戴防毒面具或空气呼吸器。
j) 不应在防爆孔和循环气体放散口附近停留。
k) 应保证干熄焦所有联锁装置处于正常工作状态。
l) 干熄焦起重机应采用可靠的制动装置。
m) 对钩吊车的钢丝绳的检修和更换应严格执行相关规定。

10.5 焦处理

10.5.1 筛焦楼下铁路运焦车辆进出口,应设声光报警器。
10.5.2 敞开式的胶带输送机通廊两侧,应设防止焦炭掉下的围挡。
10.5.3 运焦胶带输送机应符合 9.5 的有关规定。
10.5.4 运焦胶带应为耐热胶带,皮带上宜设红焦探测器、自动洒水装置及胶带纵裂检测器。
10.5.5 不应向胶带上放红焦。
10.5.6 进入布袋室检查和清扫时,应断电,检测氧含量,并设专人监护。

11 煤气净化

11.1 冷凝鼓风

11.1.1 冷凝鼓风工段应有两路电源和两路水源,采用两台以上蒸汽透平鼓风机时,应采用双母管供汽。

11.1.2 鼓风机的仪表室宜设在主厂房两侧或端部,当毗邻厂房外墙设置时,应用耐火极限不低于3 h的非燃烧墙体与厂房隔开。

11.1.3 鼓风机的仪表室应有如下参数的显示:煤气吸力、压力,鼓风机的转速、轴向位移和轴承温度,风机油箱油位和油泵出口油压,电机的电压、电流和轴承温度,蒸汽透平用蒸汽压力和温度,以及集气管压力、初冷器前后煤气温度、煤气含氧量,此外,还应配备测振仪和听音棒。

11.1.4 每台鼓风机应设置单独控制箱,其馈电线宜设零序保护报警信号,并应设如下报警、联锁停车装置:

  a) 鼓风机的开停车与油泵的联锁;
  b) 鼓风机主油泵与副油泵自动切换联锁;
  c) 鼓风机润滑油箱油位、油温、油压报警及油压联锁停车装置;
  d) 轴瓦温度、电机定子温度超限报警和联锁停车装置;
  e) 鼓风机过负荷、轴位移超限、两台同时运转的鼓风机故障停车等报警、联锁停车装置;
  f) 采用液力偶合器调速时,液力偶合器进出口管应设油温、油压、油管阻力等报警和联锁停车装置;
  g) 焦炉集气管煤气压力上、下限报警信号。

11.1.5 鼓风机室应有直通室外的走梯,底层出口不应少于两个。

11.1.6 鼓风机轴瓦的回油管路和高位油箱回油管应设窥镜。

11.1.7 鼓风机室应设置可燃气体检测装置。

11.1.8 鼓风机煤气吸入口的冷凝液出口与水封满流口中心高度差,不应小于2.5 m;出口排冷凝液管的水封高度,应超过鼓风机计算压力(以 mm H_2O 计)加500 mm(室外)~1 000 mm(室内)。

11.1.9 初冷器冷凝液出口与水封槽液面高度差不应小于2 m。水封压力不应小于鼓风机的最大吸力。

11.1.10 电捕焦油器、鼓风机等冷凝液下排管的扫汽管,应设两道阀门。

11.1.11 蒸汽透平鼓风机应设置自动危急遮断器。

11.1.12 蒸汽透平鼓风机的蒸汽入口应有过滤器,紧靠入口的阀门前应安装蒸汽放散管,并有疏水器和放散阀,蒸汽调节阀应设旁通管。

11.1.13 蒸汽透平鼓风机的蒸汽冷凝器出入口的阀门,不应关闭。

11.1.14 清扫鼓风机前煤气管道时,同一时间内只准打开一个塞堵。

11.1.15 电捕焦油器电瓷瓶周围宜用氮气保护,绝缘箱保温应采用自动控制。绝缘箱温度设自动报警并与电捕焦油器联锁停机:

  a) 未采用氮气保护的绝缘箱,温度低于100 ℃报警,温度低于90 ℃时自动断电;
  b) 采用氮气保护的绝缘箱,温度低于80 ℃报警,温度低于70 ℃时自动断电。

11.1.16 电捕焦油器应设连续式自动氧含量分析仪,并与电捕焦油器电源联锁。煤气含氧量超过1.0%时报警,超过2.0%自动断电。电捕焦油器位于鼓风机后时,应设泄爆装置。

11.1.17 电捕焦油器的变压器等电气设备,应有可靠的屏护。

11.1.18 电捕焦油器因故敞开人孔或器内清理油渣时,应及时采取水冷却降温等安全措施,防止氧化剧烈情况下的硫化亚铁自燃。

11.1.19 当电捕焦油器遇到下列情况之一,自动断电装置失灵时,应立即手动断电:
    a) 煤气含氧量大于2.0%;
    b) 绝缘箱温度低于70 ℃(无氮气保护为90 ℃);
    c) 煤气系统发生事故时。

11.2 硫铵、粗轻吡啶及黄血盐生产

11.2.1 硫酸高置槽应设液位的高位报警、联锁及满流管,满流管满流能力应大于进料能力;槽下方应设置防漏围堰。

11.2.2 半直接法硫铵饱和器母液满流槽的液封高度,应大于鼓风机的全压。

11.2.3 半直接法饱和器生产时,不应用压缩气体往饱和器内加酸或从饱和器抽取母液。

11.2.4 间接法硫铵生产中,送酸气前,应检查确认饱和器酸气出口阀门处于开启状态。

11.2.5 间接法硫铵生产中,满流槽、回流槽、稠化器等产生尾气设施的装置应盖严,防止酸气外逸,引起中毒。

11.2.6 饱和器开工前,要先保证饱和器及其满流槽附水封槽液位达到满流。

11.2.7 除酸器排液管、饱和器满流管、硫酸高置槽满流管,应保持畅通。

11.2.8 硫铵系统的废气排风机和换气风机应在硫铵开工前10 min投入正常运行,停工后10 min停止运行,废气排风机、换气风机不能运行时不应开工生产。

11.2.9 浓硫酸输送应采用泵送或自流方式,不应使用压缩气体输送;不应使用蒸汽吹扫浓硫酸设备及管道。

11.2.10 用浓硫酸配硫铵母液时,应缓慢调节流量,防止集中放热造成母液飞溅。

11.2.11 从满流槽捞酸焦油时,操作人员不应站在满流槽上,非操作人员不应靠近满流槽和酸焦油槽。

11.2.12 螺旋输送机应设盖板,设备运转时,不应开盖。

11.2.13 在酸、碱泵及其介质易外泄的生产设施附近选择相对安全、方便的位置设置洗手盆、淋洗器、洗眼器。

11.2.14 进入吡啶设备的管道,应设高度不小于1 m的液封装置。

11.2.15 吡啶的生产、计量及储存装置应密闭,其放散管应导入鼓风机前的吸气管道,以保证吡啶装置处于负压状态;放散管应设置吹扫蒸汽管。

11.2.16 吡啶装桶处应设有通风装置和围堰,其地面应坡向集水坑。

11.2.17 吡啶产品的保管、运输和装卸,应防止阳光直射和局部加热,并应防止冲击和倾倒。

11.2.18 黄血盐吸收塔尾气通过冷凝器和气液分离器后,应导入鼓风机前负压管道。

11.2.19 黄血盐吸收塔需要开盖或长期停塔时,应采用降温或隔绝空气等措施以防止塔内硫化亚铁自燃。

11.2.20 吸收塔进口管道上应装设防爆膜。

11.3 粗苯回收

11.3.1 粗苯区域应设明显的警告标志。

11.3.2 粗苯中间槽应设液位计,并宜设高位报警装置,防止溢流。

11.3.3 粗苯储槽应密封,并装设呼吸阀和阻火器,或采用其他排气控制措施。人孔盖和脚踏孔应有防冲击火花的措施。粗苯储槽阻火器、呼吸阀、人孔、放散管等金属附件应保持等电位连接。

11.3.4 粗苯储槽应设在地上,不宜有地坑。

11.3.5 管式炉点火作业时,应双人配合作业,先用蒸汽吹扫,然后遵循"先送富油后点火,先点引火后送煤气"的原则。

11.4 脱硫脱氰

11.4.1 干法脱硫,应遵守下列规定:
 a) 脱硫箱应设煤气安全泄压装置;
 b) 脱硫箱宜采用高架式,装卸脱硫剂应采用机械设备;
 c) 废脱硫剂应在当天运到安全场所妥善处理;
 d) 停用的脱硫箱拔去安全防爆塞后,当天不应打开脱硫剂排出孔;
 e) 未经严格清洗和测定,严禁在脱硫箱内动火。

11.4.2 改良蒽醌二磺酸钠法脱硫,应遵守下列规定:
 a) 应设溶液事故槽,其容积应大于脱硫塔和再生塔的溶液体积之和;
 b) 脱硫塔、再生塔和溶液槽等设备的内壁应进行防腐处理;
 c) 进再生塔的压缩空气管和溶液管,均应高于再生塔液面,且溶液管上应设防虹吸管或采取其他防虹吸措施;
 d) 再生塔与脱硫塔间的溶液管,应设 U 形管,其液面高度应大于煤气计算压力(以 mmH_2O 计)加 500 mm;
 e) 除沫器排水器的冷凝液排放管,应采用不锈钢制作,且不宜有焊缝;
 f) 熔硫釜排放硫膏时,其周围严禁明火。

11.4.3 TAKAHAX—HIROHAX 法脱硫,应遵守下列规定:
 a) 进氧化塔的空气管液封应高于氧化塔的液面,防止溶液进入压缩空气机;
 b) 进氧化塔的溶液管液封应高于氧化塔的液面,并应设防虹吸管;
 c) 吸收塔底部必须设有溶液满流管。

11.4.4 H.P.F、PDS、ZL 法等脱硫,应遵守下列规定:
 a) 应设溶液事故槽,其容积应大于脱硫塔和再生塔的溶液体积之和;
 b) 脱硫塔、再生塔和反应槽等设备,宜采用不锈钢材质;
 c) 进再生塔的压缩空气管应高于再生塔液面;
 d) 再生塔与脱硫塔间的溶液管,应设 U 形管,其液面高度应大于煤气计算压力(以 mmH_2O 计)加 500 mm;
 e) 生产过程中应控制压缩空气流量及压力,防止再生塔溢塔、泡沫槽溢流;
 f) 当采用压滤机生产硫膏时,压滤机的滤板不应随意拆卸,防止压滤机伸长杆伸长量超过最大值而伤人;当采用熔硫釜生产熔融硫时,其周围严禁明火;
 g) 添加催化剂应缓慢,防止溅出伤人;
 h) 压缩空气流量计检修时,先要泄压,防止颗粒喷出伤人。

11.4.5 氨水(A-S)法脱硫,应遵守下列规定:
 a) 脱酸蒸氨泵房应配备固定式或手持式有毒气体检测仪;

b) 脱酸塔液相正常循环时,脱酸塔顶温度大于40 ℃时,不宜打开其放散管,特殊情况下需要开关放散管时,应站在上风侧操作,防止中毒;脱酸塔不应形成负压。

11.4.6 真空碳酸盐法脱硫,应遵守以下规定:
a) 脱硫塔底部液位不应超过入口煤气管道最低处;
b) 解吸塔负压不应超过上限值,防止设备出现"吸瘪"现象;
c) 正常生产时,不宜打开真空泵后设备和管道的放散管,特殊情况下需要开关放散管时,应站在上风侧操作,防止中毒。

11.5 克劳斯法硫磺(含氨分解)及湿接触法硫酸

11.5.1 克劳斯炉、氨分解炉点火前,应检查确认无泄漏,系统吹扫检测合格后方可点火,若点火失败,系统应再次吹扫并确认合格后方可再次点火。

11.5.2 氨分解炉、克劳斯炉系统不应超温超压操作。

11.5.3 加热用煤气和空气应设低压报警和自动停机联锁保护。

11.5.4 废热锅炉的设计、制造、安装、使用、校验应符合现行的《蒸汽锅炉安全技术监察规程》的规定,废热锅炉内软水设定液位≥100 mm。

11.5.5 克劳斯炉装置停产时,应用加热气体吹扫,防止设备急剧冷却。

11.5.6 硫封、硫槽等液硫设施周围不应有明火,切片机、硫管检修时,应确认管内无液硫,夹套管蒸汽放空。

11.5.7 不应穿、戴易产生静电的衣物及带铁钉的鞋子进入成品室。

11.5.8 焚烧炉突然灭火时,应立即打开酸气去荒煤气管道阀门,关闭入焚烧炉阀门,不应排放未经焚烧的气体。

11.5.9 进入棒式过滤器作业,应采取可靠的安全措施,防止中毒或灼伤,吹扫过滤棒时,给汽应由小到大,身体避开易外漏部位,防止烫伤。

12 粗苯加工

12.1 精苯

12.1.1 精苯生产区域宜设高度不低于2.2 m的围墙,其出入口不应少于两个,且区域应有有效保卫。

12.1.2 禁止穿带钉鞋或携带火种者以及未采取有效防火措施的机动车辆进入围墙内。

12.1.3 精苯生产区域,不应布置化验室、维修间和生活室等辅助建筑。

12.1.4 金属平台和设备管道应用螺栓连接。

12.1.5 洗涤泵与其他泵宜分开布置,周围应有围堰。

12.1.6 洗涤操作室宜单独布置,洗涤酸、碱和水的玻璃转子流量计,应布置在洗涤操作室的密闭玻璃窗外。

12.1.7 封闭式厂房内应通风良好,设备和储槽上的放散管应引出室外,并设阻火器。

12.1.8 苯类储槽和设备上的放散管应集中设洗涤吸收处理装置、惰性气体封槽装置或其他排气控制设施。

12.1.9 苯类管道宜采用铜质盲板。苯类等甲、乙类可燃液体设备和管道宜设置惰性气体置换设施。

12.1.10 禁止同时启动两台泵向一个储槽内输送苯类液体。

12.1.11 苯类储槽宜采用内浮顶槽。采用固定顶槽,其槽体表面未采用隔热涂料时,则应设防日晒的固定式冷却水喷淋系统或其他降温设施。固定顶罐应设阻火器和呼吸阀。

12.1.12 各塔空冷器强制通风机的传动皮带,宜采用导电橡胶皮带。

12.1.13 初馏分储槽应布置在库区的边缘,其四周应设防火堤,堤内地面与堤脚应做防水层。

12.1.14 初馏分储槽上应设喷淋装置或采用高效隔热涂料,有条件的企业应设氮封。

12.1.15 禁止往大气中排放初馏分。

12.1.16 送往管式炉的初馏分管道,应设气化器和阻火器。

12.1.17 处理苯类的跑冒事故时,应戴隔离式防毒面具,并应穿防静电鞋或布底鞋,且宜穿防静电服。

12.1.18 精苯区域应设人体静电导除装置。

12.2 古马隆

12.2.1 古马隆蒸馏釜宜采用蒸汽加热,若采用明火加热,距精苯厂房和室外设备不应小于30 m。

12.2.2 用氯化铝聚合重苯的室内,禁止无关人员逗留。

12.2.3 热包装仓库应设机械通风装置,热包装出口处应设局部排风设施。

12.3 苯加氢

12.3.1 莱托尔反应器的主要高温法兰,应设消防蒸汽喷射环。

12.3.2 主要设备及高温高压重要部位,应设有固定式可燃性气体检测仪。

12.3.3 莱托尔反应器器壁应涂变色漆,以便发现局部过热。

12.3.4 制氢还原态催化剂,不应接触空气及氧气,停工时应处于氮封状态。

12.3.5 取样时应装好静电消除器。

12.3.6 加热炉和改质炉烟道废气取样,应用防爆的真空泵。

12.3.7 二硫化碳泵与其电气开关的距离,应大于15 m。

12.3.8 各系统应用氮气置换,经氮气保压气密性试验合格,其含氧量小于0.5%,方可开工。

12.3.9 装置内火炬的设置,应满足下列要求:
    a) 火炬的高度,应使火焰的辐射热不致影响人身及设备的安全;
    b) 火炬的顶部,应设常明灯或其他可靠的点火设施;
    c) 距火炬筒30 m范围内,严禁可燃气体放空;
    d) 液体、低热值可燃气体、空气、惰性气、酸性气及其他腐蚀性气体,不应排入火炬系统;
    e) 可燃气体放空管道在接入火炬前,应设置气液分离和阻火等设备,严禁可燃气体夹带可燃液体进入火炬燃烧;
    f) 可燃气体放空管道内的凝结液,应密闭回收,不应随地排放。

13 焦油加工

13.1 焦油蒸馏

13.1.1 蒸馏釜旁的地板和平台,应用耐热材料制作,并应坡向燃烧室对面。

13.1.2　蒸馏釜的排沥青管,应与燃烧室背向布置。

13.1.3　管式炉二段泵出口,应设压力表和压力上限报警装置。焦油二段泵出口压力不应超过设计压力。

13.1.4　焦油蒸馏应设事故放空槽,并经常保持空槽状态。

13.1.5　洗涤厂房、泵房和冷凝室的地板、墙裙,以及蒸馏厂房地板,宜砌瓷砖或采取其他防腐措施。

13.2　沥青冷却及加工

13.2.1　不应采用直接在大气中冷却液态沥青的工艺。中温沥青冷却到200 ℃以下(改质沥青冷却到230 ℃以下),方可放入水池。

13.2.2　沥青系统的蒸汽管道,应在进入系统的阀门前设疏水器。

13.2.3　沥青高置槽有水时,禁止放入高温的沥青。

13.2.4　沥青高置槽下应设防止沥青流失的围堰。

13.2.5　凡可能散发沥青烟气的地点,均应设烟气捕集净化装置。净化装置不能正常运行时,应停止沥青生产。

13.2.6　不宜采用人工包装沥青;特殊情况下需要人工包装时,应在夜间进行,并应采取防护措施。

13.3　工业萘、精萘及萘酐生产

13.3.1　萘的结晶制片包装及输送宜实现机械化,包装制品封口处宜有除尘设施。

13.3.2　开工前,工业萘的初、精馏塔及有关管道,应用蒸汽进行置换,并预热到100 ℃左右。

13.3.3　萘转鼓结晶机传动系统、螺旋给料器的传动皮带和皮带翻斗提升机,均应采取防静电积累的措施;若系皮带传动,应采用导电橡胶皮带。

13.3.4　萘转鼓结晶机的刮刀,应采用不发生火花的材料制作。

13.3.5　萘蒸馏塔(釜)应设液面指示器和安全保护装置。

13.3.6　不应使用压缩空气输送萘及吹扫萘管道。

13.3.7　热油泵室地面和墙裙应铺瓷砖,泵四周应砌围堰,堰内经常保持一定的水层。

13.3.8　热风炉和熔盐炉,应设有温度计、防爆孔及温度、压力高报警联锁停炉装置。

13.3.9　苊汽化器出口温度不应超过设计规定,并应按技术要求缓慢升温。

13.3.10　苊汽化器、氧化器和薄壁冷凝冷却器,应设防爆膜。薄壁冷凝冷却器出口应设尾气净化装置。

13.3.11　禁止氧化器熔盐泄漏。

13.3.12　输送液体萘的管道,应有蒸汽夹套或蒸汽伴随管保温以及吹扫用的连接管,应采用氮气或蒸汽吹扫。

13.4　粗酚、轻吡啶、重吡啶生产与加工

13.4.1　分解酚盐时,加酸不应过快,若分解器内温度达90 ℃,应立即停止加酸。

13.4.2　粗酚、轻吡啶、重吡啶的蒸馏釜,应设有安全阀、压力表(或真空表)和温度计。

13.4.3　轻吡啶的装釜操作,应在常温下进行。

13.4.4　吡啶产品装桶的极限装满度,不应大于桶容积的90%。

13.4.5　酚、吡啶产品装桶处应设抽风装置。

13.4.6 分解器和中和器应设放散管。

13.4.7 酸槽应集中布置并设置防酸外溢和防泄漏的围堤。

13.4.8 室外储槽与主体厂房的净距,不应小于 6 m。

13.4.9 接触吡啶产品的设备、管道及隔断阀类配件,应采用耐腐蚀材料制作。

13.5 粗蒽、精蒽及蒽醌生产

13.5.1 蒽的结晶及输送宜实现机械化,并加以密闭。

13.5.2 粗蒽生产中,严禁敞开溶解釜人孔加热。

13.5.3 二蒽油配渣,应远离配渣槽进行;水分过大时,不应配渣。

13.5.4 蒸发器运行时,严禁打开预热人孔盖。

13.5.5 蒽醌生产中,热风温度不应超过 395 ℃,汇合温度不应高于热风温度。

13.6 酚盐的二氧化碳分解和苛化生产

13.6.1 二氧化碳分解装置中各设备的含酚排气,应设有专用排气洗净装置。

13.6.2 酚精制装置生产现场应有喷淋设备。

13.6.3 进入苛化反应槽的碳酸钠和生石灰输送设备,应设有紧急停止联锁装置。

13.6.4 苛化装置中各粉尘物料输入装置,应设有过滤设备。

13.7 洗油加工生产

13.7.1 进入容器内清渣,本体应与其他装置可靠切断并有防护措施及专人监护。

13.7.2 接触酸物料的设备、管道及隔断阀类配件,应采用耐腐蚀材料制作。

14 焦炉煤气制甲醇

14.1 压缩

14.1.1 压缩厂房应设置可燃气体浓度检测报警装置。

14.1.2 压缩区域应选用防爆型电气设备(主电机选用无刷励磁,并进行可靠的防静电接地)。

14.1.3 压缩厂房应满足防火防爆要求,保证通风良好,通风次数 10 次/h。

14.1.4 压缩机组应设超温、超压、油压过低、轴承温度过高、振动过大等联锁停车系统。

14.2 转化

14.2.1 转化炉应设置水夹套冷却系统,并设多点温度测量报警系统。

14.2.2 进入转化炉的氧气管道应设置止逆阀,并采取蒸汽安全保护措施。

14.2.3 应设转化炉出口温度的高低位报警联锁停车系统,当超过联锁值时,立即切断氧气来源,并通入水蒸气进行密封切断。

14.2.4 转化系统的锅炉应符合国家现行规程和标准的相关规定。

14.2.5 管式加热炉应设有煤气低压报警和低低压联锁切断煤气装置。

14.2.6 应确保转化炉入口焦炉煤气流量平稳。压缩操作人员在进行调节前应提前通知 DCS 控制室,服从控制室指令进行调节。煤气流量波动不应超过 500 m^3/h,每次待转化床层调节温度稳定后,才能再次调节。

14.2.7 点火前注意氧气管道的置换及排水,置换后确保氧气压力稳定。

14.2.8 确保入炉蒸汽压力大于入转化炉氧气压力,入转化炉氧气压力大于入炉焦炉煤气压力,入炉焦炉煤气压力大于转化炉内压力,防止焦炉煤气进入氧气系统。

14.2.9 在投氧点火或向合成系统并气时,应确保转化系统压力平稳,波动幅度小于 0.2 MPa。防止转化系统超温或超压。

14.2.10 当焦炉煤气气量降低时,要及时适量减少氧气量,防止超温。

14.3 甲醇合成

14.3.1 甲醇合成装置的汽包、闪蒸槽应设置安全阀,防止超压,汽包还应设压力调节报警系统,并应设置液位高低报警系统及压力调节联锁系统。

14.3.2 区域内应设置事故冲洗装置。

14.4 甲醇罐区

14.4.1 甲醇成品罐宜采用内浮顶储罐。

14.4.2 罐区周围应设有环形消防通道,与周围装置的距离应符合 GB 50016 的规定。

14.4.3 罐区应设置低倍数泡沫灭火系统,系统应符合 GB 50151 的规定。

14.4.4 储罐应设泡沫灭火系统和高高液位、高液位、低液位报警及联锁系统。固定顶罐上应设阻火器和呼吸阀,并应采用氮封。

14.4.5 甲醇罐区防火堤的设置应符合 GB 50016、GB 50351 的相关规定。

14.4.6 区域内应设置事故冲洗装置。

14.4.7 甲醇的装卸装置应设置防静电设施,宜设置流量联锁,当静电超标时,应能紧急切断装车阀。

15 油品、酸、碱装卸与运输

15.1 铁路进化产区和油品装卸站之前,应于外部铁路各设两道绝缘,两道绝缘之间的距离不应小于一列车厢的长度。焦化厂铁路与电气化铁路连接时,进厂铁路也应绝缘。化产区内和油品装卸站内的铁路应多处接地,相邻两接地线间的距离不应超过 100 m。

15.2 铁路油品装卸设施与建(构)筑物的防火间距、甲乙类油品铁路装卸栈台的安全要求、零位罐(空车厢)的设置等应符合 GB 50016 的规定,当 GB 50016 未明确要求时,应符合 GB 50160 中的相关规定。

15.3 装卸栈台、铁轨、车体及鹤管,应有可靠的防静电措施。

15.4 甲、乙类油品铁路装卸栈台,应符合下列要求:
 a) 装卸栈台两端和每一鹤管旁,应设安全走梯;
 b) 装卸栈台上应设带有防护栏杆的活动跨桥;
 c) 装卸栈台的装卸口应处于避雷设施的保护范围内;
 d) 在距槽车不小于 10 m 的装卸油管线上,应设便于操作的紧急切断阀门。

15.5 装卸油品时,应有明显的警示标志,距装卸栈台 20 m 以内禁止机车进入。

15.6 铁路运输甲类液体油品时,机车与油罐之间应用空车厢隔开;用蒸汽机车牵引时必须用二节空车厢隔开,往装卸栈台配车推进时,至少用一节空车厢隔开;内燃或电力机车牵引和推进时,至少用一节空车厢隔开。

15.7 汽车槽车的装车鹤管与装车用的缓冲罐之间的防火间距,不应小于 5 m,距装油泵房不应小于 8 m。

15.8 甲类液体装车宜采用自动鹤管装置。

15.9 灌装苯类时,必须待静电消失方可检测、取样。静电消散所需静置时间,储槽容积小于 50 m³ 的,不少于 5 min;小于 200 m³,不少于 10 min;小于 1 000 m³,不少于 20 min;小于 2 000 m³,不少于 30 min;小于 5 000 m³,不少于 60 min。

15.10 不宜采用压缩空气将酸碱卸出槽车或输送到高位槽。

15.11 甲类液体、有自燃倾向的液体及输送时易与空气发生化学反应的液体,均不应采用压缩空气输送(压送)和清扫。

15.12 使用浓酸和装卸浓酸的区域,应设防酸灼伤的冲洗水龙头。

15.13 进入油库装卸的车辆在进入之前应装好防火罩,离开后卸下,并应对好位熄火后再进行装卸,车辆停稳后应有可靠的防滑措施,装卸甲、乙类液体汽车应良好接地。

16 检修

16.1 在易燃易爆区不宜动火,设备需要动火检修时,应尽量移到动火区进行。

16.2 易燃易爆气体和甲、乙、丙类液体的设备、管道和容器动火,应先办动火证。动火前,应与其他设备、管道可靠隔断,清除置换合格。合格标准(体积百分浓度):爆炸下限大于 4%的易燃易爆气体,含量小于 0.5%;爆炸下限小于或等于 4%者,其含量小于 0.2%。

16.3 在有毒物质的设备、管道和容器内检修时,应可靠地切断物料进出口,有毒物质的浓度应小于允许值,同时含氧量应在 18%~21%(体积百分浓度)范围内。监护人不应少于 2 人,应备好防毒面具和防护用品,检修人员应熟悉防毒面具的性能和使用方法。设备内照明电压应小于等于 36 V,在潮湿容器、狭小容器内作业应小于或等于 12 V。

16.4 对易燃、易爆或易中毒物质的设备动火或进入内部工作时,监护人不应少于 2 人。安全分析取样时间不应早于工作前半小时,工作中应每两小时重新分析一次,工作中断半小时以上也应重新分析。

16.5 焦炉煤气设备和管道打开之前,应用蒸汽、氮气或烟气进行吹扫和置换;检测合格后,拆开应用水润湿并清除可燃渣。

16.6 检修由鼓风机负压系统保持负压的设备时,应预先把通向鼓风机的管线堵上盲板。

16.7 检修操作温度等于或高于物料自燃点的密闭设备,不应在停止生产后立即打开大盖或人孔盖。

16.8 用蒸汽清扫可能积存有硫化物的塔器后,应冷却到常温方可开启;打开塔底人孔之前,应关闭塔顶油汽管和放散管。

16.9 检修饱和器时,应在进、出口煤气管道及其他有可能泄漏煤气处堵盲板,堵好盲板之前,不应抽出器内母液。

16.10 检修液氨冷冻机时,不应用氧气吹扫堵塞的管道。

16.11 转动设备的清扫、加油、检修和内部检查,均应停止设备运转,切断电源并挂上检修牌,方可进行。

16.12 设备和管道的截止件及配件,每次检修后都应做严密性试验。

16.13 不宜进行多层检修作业,特殊情况时,应采取层间隔离措施。

16.14 高处作业应系好安全带,作业点下部应采取措施,人员不应通行和逗留,上下时手中不应持物。六级以上大风、大雪、大雾、暴雨等恶劣环境和有职业禁忌人员,不应从事高处作业。

16.15 高处动火应采取防止火花飞溅措施,同时应将四周易燃物清理干净。

16.16 夜间检修应有足够亮度的照明。

16.17 含有腐蚀性液体、气体介质的管道、设备检修前,应将腐蚀性气体、液体排净、置换、冲洗,分析合格,检修时作业面应低于腿部,否则应搭设脚手架。检修现场应备有冲洗用水源。

16.18 煤气系统抽、堵盲板作业时,应遵守下列规定:
   a) 工作场所应备有必要的联系信号、煤气压力表及风向标志等;
   b) 距工作场所40 m内,不应有火源并应采取防止着火的措施,与工作无关人员应离开作业点40 m以外;
   c) 应使用不发火星的工具,如铜制工具或涂有很厚一层润滑油脂的铁制工具;
   d) 距作业点10 m以外才可安设投光器;
   e) 不应在具有高温源的炉窑等建(构)筑物内进行带煤气作业。

16.19 各种吊装作业前,应预先在吊装现场设置安全警戒标志并设专人监护,非施工人员不应入内。

16.20 各种动土作业,应对动土区域地下设施进行确认,动土中如暴露出电缆、管线以及不能辨认的物品时,应立即停止作业,妥善加以保护,经确认采取措施后方可动土作业。

16.21 焦炉热修作业,应采取措施,防止工具与动力线接触造成人员触电,防止被红焦及热气烫伤或灼伤,在焦炉地下室和蓄热室区域作业时,应防止煤气中毒。

17 工业卫生

17.1 防尘防毒

17.1.1 产生粉尘、毒物的生产过程和设备,应尽量考虑机械化和自动化,加强密闭,避免直接操作。并应结合生产工艺采取通风措施。

17.1.2 产生粉尘、毒物等有害物质的工作场所,应有冲洗地面、墙壁的设施。

17.1.3 工作场所空气中粉尘容许浓度应符合下列要求:时间加权平均容许浓度为4 mg/m³,短时间接触容许浓度为6 mg/m³。其外排气体的含尘浓度应符合现行国家标准的相关要求。

17.1.4 作业场所中粉尘和有毒气体浓度应符合表5的规定。

17.1.5 粉碎机室、焦炉炉体、干熄焦炉、筛焦楼、储焦槽、运焦系统的转运站以及熄焦塔等散发粉尘处应密闭或设除尘装置。

表5 工作场所空气中有毒物质容许浓度   单位为毫克每立方米

有毒物质名称	最高容许浓度 (MAC)	时间加权平均容许浓度 (PC-TWA)	短时间接触容许浓度 (PC-STEL)
一氧化碳(非高原)	—	20	30
硫化氢	10	—	—
氨	—	20	30
苯	—	6	10
二硫化碳	—	5	10
酚	—	10	—
氰化氢	1	—	—

表 5（续） 单位为毫克每立方米

有毒物质名称	最高容许浓度（MAC）	时间加权平均容许浓度（PC-TWA）	短时间接触容许浓度（PC-STEL）
吡啶	—	4	—
二甲苯	—	50	100
二聚环戊二烯		25	
甲苯	—	50	100
甲酚	—	10	—
焦炉逸散物（按苯溶物计）	—	0.1	
煤焦油沥青挥发物（按苯溶物计）		0.2	
萘	—	50	75
二氧化氮	—	5	10
二氧化硫	—	5	10
煤尘（总尘）		4	6

17.1.6　除尘设备应同相应的工艺设备联锁，做到比工艺设备先开而后停。

17.1.7　焦仓漏嘴的开闭宜远距离操作。

17.1.8　生活用水管和蒸汽管，应与生产用水管和蒸汽管分开。

17.1.9　焦化厂酚、氰污水总排放口的水质，应符合 GB 8978 规定的排放标准。

17.1.10　生产中的废渣，如再生器残渣、酚吡啶残渣、精苯酸焦油渣和生化处理产生的剩余污泥等，应尽快处置，减少对岗位卫生的影响。

17.1.11　在有毒性危害的作业环境中，应设置必要的淋洗器、洗眼器，作业人员应配置相应的个人防护用品。

17.2　防暑、降温

17.2.1　下列地点应有降温措施：

　　a)　焦炉炉顶等高温环境下的工人休息室和调火工室；

　　b)　推焦机、装煤车、拦焦机和电机车的司机室；

　　c)　交换机工、焦台放焦工和筛焦工等的操作室。

17.2.2　受高温烘烤的焦炉机械的司机室、电气室和机械室的顶棚、侧壁和底板应镶有不燃烧的隔热材料。

17.2.3　必须供给高温作业人员足够的含盐清凉饮料。

17.3　通风、采暖

17.3.1　多尘、散发有毒气体的厂房或甲、乙类生产厂房内的空气不应循环使用。

17.3.2　甲、乙类生产厂房的排、送风设备，不应布置在同一通风机室内，也不应和其他房间的排、送风设备布置在一起。相互隔离的易燃易爆场所，不应使用一套通风系统。

17.3.3　火灾或爆炸危险场所的通风设备，应用不燃材料制成，并应有接地和清除静电的措施。

17.3.4　含有燃烧和爆炸性粉尘的空气，应在进入排风机前进行净化。

17.3.5 下列场所应安设自动或手动事故排风装置:
   a) 煤气净化车间鼓风机房;
   b) 苯蒸馏泵房,精苯洗涤厂房和室内库房;
   c) 吡啶生产厂房、库房和泵房。

17.3.6 经常运转的露天移动设备的司机室内,温度不应低于10 ℃。

17.3.7 闪点28 ℃以下的液体(如粗苯、苯、甲苯、二甲苯、二硫化碳和吡啶等)的生产车间或仓库不应采用散热器采暖。

17.3.8 事故通风设施的通风换气次数不小于12次/h,事故排风装置的排出口,应避免对居民和行人造成影响。

17.4 防噪声

17.4.1 工作场所操作人员每天连续接触噪声8 h,噪声声级卫生限值为85 dB(A)。对于操作人员每天接触噪声不足8 h的场合,可根据实际接触噪声的时间,按接触时间减半,噪声声级卫生限值增加3 dB(A)的原则,确定其噪声声级限值,但最高限值不应超过115 dB(A)。工作地点噪声声级的卫生限值应遵守表6的要求。

表6 工作地点噪声声级的卫生限值

日接触噪声时间/h	卫生限值/dB(A)
8	85
4	88
2	91
1	94
1/2	97
1/4	100
1/8	103
最高不应超过115 dB(A)	

17.4.2 蒸汽透平鼓风机背压汽放散管和罗茨鼓风机等可能超过噪声标准的设备,应采取消声或隔声措施。

17.5 防射线

17.5.1 对封闭性的放射源,应根据剂量强度、照射时间以及照射源距离,采取有效的防护措施。

17.5.2 具有辐射作业场所的生产过程应根据危害性质配置必要的监测仪表。维护和检修放射线、放射性同位素仪器和设备的人员应配备个人专用防护器具。

17.5.3 利用放射性同位素进行检测、计量和通讯,应遵守下列规定:
   a) 有确保放射源不致丢失的措施;
   b) 可能受到射线危害的有关人员应配带检测仪表,其最大允许接受剂量当量为每年50 mSv(stem)。

17.5.4 接近最大允许接受剂量的工作人员,每年应至少体检一次,特殊情况应及时检查。

17.5.5 射线源存放地点,必须设有明确的标志、警告牌和禁区范围。

工业企业煤气安全规程(GB 6222—2005)

前　　言

本标准的全部技术内容为强制性的。

本标准代替 GB 6222—1986《工业企业煤气安全规程》。

本标准与 GB 6222—1986 相比主要差异如下：

——增加了"规范性引用文件"及"术语和定义"二章；
——将各类煤气通用的条款均提出,纳入第 4 章"基本要求"中；
——提高了焦炉煤气电捕焦油器的含氧量,并规定配备检测装置；
——根据现有技术修改了高炉煤气余压透平发电装置；
——增加了有关转炉煤气生产中的安全要求(见第 5 章)；
——对高压高炉减压阀组前的煤气管道的气密性试验压力进行了修改(见第 6 章)；
——增加了水封高度,并增补了新型隔断装置——双板切断阀(见第 7 章)；
——增加了对新型煤气柜的安全规定(见第 9 章)；
——对煤气事故的处理明确分节,使条理更清晰(见第 11 章)；
——根据目前的实际情况,删除部分与实际不符的条款(见第 12 章)。

本标准由国家安全生产监督管理局提出并归口。

本标准负责起草单位:武汉安全环保研究院。

本标准参加起草单位:武汉钢铁设计研究总院、上海宝钢集团公司、武汉钢铁集团公司、鞍山钢铁集团公司、河南亚天集团公司、北京科力恒公司。

本标准主要起草人:卢春雪、万成略、李晓飞、魏萍、张文秀、邹明森、张兴良、胡云、韦裕国、吉卫星、朱刚。

本标准于 1986 年首次发布,2004 年第一次修改。

1　范围

本标准规定了并适用于工业企业厂区内的发生炉、水煤气炉、半水煤气炉、高炉、焦炉、直立连续式炭化炉、转炉等煤气及压力小于或等于 12×10^5 Pa(1.22×10^5 mmH$_2$O)的天然气(不包括开采和厂外输配)的生产、回收、输配、贮存和使用设施的设计、制造、施工、运行、管理和维修等。

本标准不适用于城市煤气市区干管、支管和庭院管网及调压设施、液化石油气等。

因采用新技术、引进技术和引进工程而不能执行本规程的有关规定时,需提出相应的安全规定(附科学依据),报省、自治区、直辖市的安全监督管理部门备案后,才能使用和运行。

2　规范性引用文件

下列文件中的条款,通过本标准的引用而成为本标准的条款。凡是注明日期的引用文件,其随后所有的修改单(不包括勘误的内容)或修订版均不适用于本标准,然而,鼓励根本标准达成协议的各方研究是否可使用这些文件的最新版本。凡是不注日期的引用文件，其最新版本适用于本标准。

GB 4053.1　固定式钢直梯安全技术条件
GB 4053.2　固定式钢斜梯安全技术条件
GB 4053.3　固定式工业防护栏杆安全技术条件
GB 4053.4　固定式工业钢平台
GB 7231　工业管路的基本识别色和识别符号（GB 7231—1987，neq ISO 508：1966）
GB 16912　氧气及相关气体安全技术规程
GB 50028　城镇燃气设计规范
GB 50031　乙炔站设计规范
GB 50058　爆炸和火灾危险环境电力装置设计规范
GB 50195　发生炉煤气站设计规范
GB 50235　工业企业金属管道工程施工及验收规范
GB 50236　现场设备、工业管理焊接工程施工及验收规范
GB 50316　工业金属管道设计规范
GBJ 16　建筑设计防火规范
GBJ 19　工业企业采暖通风与空气调节设计规范

3 术语和定义

下列术语和定义适用于本标准。

3.1

计算压力　computation pressure

正常操作时工况可能出现的最高工作压力。是为了计算管道（或设备）的水封高度，或为了确定气密试验、强度试验的压力。煤气设施在正常生产运行情况下，可能达到的最大工作压力，为最高工作压力。

3.2

煤气设施　gases equipment

所有流经煤气（特别是高压煤气）的设施，包括与其相连的其他介质（如蒸汽、氮气、水等）的管路、设备到与煤气介质第一个切断装置都视为煤气设施。

3.3

隔断装置　curtain appliance

凡在系统无异常状况下，处于关闭、封止状态，其承受介质压力在设计允许范围，具有煤气不泄漏到被隔断区域功能的装置。

3.4

粗煤气　untreated gases

未经净化的煤气。

3.5

剩余煤气放散装置　pressure control piping system

安装在净煤气管道上的，在煤气供用过程中，发生煤气压力骤然升高，超过预定值时，将

煤气排出系统外的装置。

3.6

炉顶余压透平 top residual pressure turbine

利用高炉炉顶煤气余压发电的设备。

4 基本要求

4.1 煤气工程的设计应做到安全可靠,对于笨重体力劳动及危险作业,应优先采用机械化、自动化措施。

4.2 煤气工程设计,应由持有国家或省、自治区、直辖市有关部门颁发的有效的设计许可证的设计单位设计。设计审查应有当地公安消防部门、安全生产监督管理部门和煤气设施使用单位的安全部门参加。设计和制造应有完整的技术文件。

煤气工程的设计人员,必须经有关部门考核,不合格者,不得独立进行设计工作。

4.3 煤气设施的焊接工作应按国家有关规定由持有合格证的焊工担任,煤气工程的焊接、施工与验收应符合 GB 50235 的规定。

4.4 施工应按设计进行,如有修改应经设计单位书面同意。工程的隐蔽部分,应经煤气使用单位与施工单位共同检查合格后,才能封闭。施工完毕,应由施工单位编制竣工说明书及竣工图,交付使用单位存档。

4.5 新建、改建和大修后的煤气设施应经过检查验收,证明符合安全要求并建立、健全安全规章制度后,才能投入运行。煤气设施的验收必须有煤气使用单位的安全部门参加。

4.6 现有企业的煤气设施达不到本规程要求者,应在改建、扩建、大修或技术改造中解决,未解决前,应采取安全措施,并报省、自治区、直辖市安全生产监督管理部门或其授权的安全生产监督管理部门备案。

4.7 煤气设施应明确划分管理区域,明确责任。

4.8 各种主要的煤气设备、阀门、放散管、管道支架等应编号,号码应标在明显的地方。

煤气管理部门应备有煤气工艺流程图,图上标明设备及附属装置的号码。

4.9 有煤气设施的单位应建立以下制度:
——煤气设施技术档案管理制度,将设备图纸、技术文件、设备检验报告、竣工说明书、竣工图等完整资料归档保存;
——煤气设施大修、中修及重大故障情况的记录档案管理制度;
——煤气设施运行情况的记录档案管理制度;
——建立煤气设施的日、季和年度检查制度,对于设备腐蚀情况、管道壁厚、支架标高等每年重点检查一次,并将检查情况记录备查。

4.10 煤气危险区(如地下室、加压站、热风炉及各种煤气发生设施附近)的一氧化碳浓度应定期测定,在关键部位应设置一氧化碳监测装置。作业环境一氧化碳最高允许浓度为 $30 \ mg/m^3$(24 ppm)。

4.11 应对煤气工作人员进行安全技术培训,经考试合格的人员才准上岗工作,以后每两年进行一次复审。煤气作业人员应每隔一至两年进行一次体检,体检结果记入"职工健康监护卡片",不符合要求者,不应从事煤气作业。

4.12 凡有煤气设施的单位应设专职或兼职的技术人员负责本单位的煤气安全管理工作。

4.13 煤气的生产、回收及净化区域内,不应设置与本工序无关的设施及建筑物。

4.14 剩余煤气放散装置应设有点火装置及蒸汽(或氮气)灭火设施,需要放散时,一般应点燃。

4.15 煤气设施的人孔、阀门、仪表等经常有人操作的部位,均应设置固定平台。走梯、栏杆和平台(含检修平台)应符合 GB 4053.1、GB 4053.2、GB 4053.3、GB 4053.4 的规定。

5 煤气生产、回收与净化

5.1 发生炉煤气的生产与净化

5.1.1 区域布置

5.1.1.1 发生炉煤气站的设计应符合 GB 50195 的规定。

5.1.1.2 室外煤气净化设备、循环水系统、焦油系统和煤场等建筑物和构筑物,宜布置在煤气发生站的主厂房、煤气加压机间、空气鼓风机间等的常年最小频率风向的上风侧,并应防止冷却塔散发的水雾对周围的影响。

5.1.1.3 新建冷煤气发生站的主厂房和净化区与其他生产车间的防火间距应符合 GBJ 16 的规定。

5.1.1.4 非煤气发生站的专用铁路、道路不得穿越站区。

5.1.1.5 煤气发生站区应设有消防车道。附属煤气车间的小型热煤气站的消防车道,可与邻近厂房的消防车道统一考虑。

5.1.1.6 煤气发生炉厂房与生产车间的距离应符合 GBJ 16 的有关规定。

5.1.1.7 煤气加压机与空气鼓风机宜分别布置在单独的房间内,如布置在同一房间,均应采用防爆型电气设备。

5.1.2 厂房建筑的安全要求

5.1.2.1 煤气发生站主厂房的设计应符合下列要求:
——主厂房属乙类生产厂房,其耐火等级不应低于二级;
——主厂房为无爆炸危险厂房,但贮煤层应采取防爆措施。当贮煤斗内不可能有煤气漏入时,或贮煤层为敞开或半敞开建筑时,贮煤层属 22 区火灾危险环境;
——主厂房各层应设有安全出口。

5.1.2.2 煤气站其他建筑应符合下列要求:
——煤气加压机房、机械房应遵守第 8 章的规定;
——焦油泵房、焦油库属 21 区火灾危险环境;
——煤场属 23 区火灾危险环境;
——贮煤斗室、破碎筛分间、运煤皮带通廊属 22 区火灾危险环境;
——煤气管道排水器室属有爆炸危险的乙类生产厂房,应通风良好,其耐火等级不应低于二级。

5.1.2.3 煤气发生站中央控制室应设有调度电话和一般电话,并设有煤气发生炉进口饱和空气压力计、温度计、流量计、煤气发生炉出口煤气压力计、温度计、煤气高低压和空气低压报警装置、主要自动控制调节装置、连锁装置及灯光信号等。

5.1.3 设备结构

5.1.3.1 煤气发生炉炉顶设有探火孔者,探火孔应有汽封,以保证从探火孔看火及插扦时不漏煤气。

5.1.3.2 带有水夹套的煤气炉设计、制造、安装和检验应遵守现行有关锅炉压力容器的安全管理规定。

5.1.3.3 煤气发生炉水夹套的给水规定，要遵照 GB 50195 执行。

5.1.3.4 水套集汽包应设有安全阀、自动水位控制器，进水管应设止回阀，严禁在水夹套与集汽包连接管上加装阀门。

5.1.3.5 煤气发生炉的进口空气管道上，应设有阀门、止回阀和蒸汽吹扫装置。

空气总管末端应设有泄爆装置和放散管，放散管应接至室外。

5.1.3.6 煤气发生炉的空气鼓风机应有两路电源供电。两路电源供电有困难的，应采取防止停电的安全措施。

5.1.3.7 从热煤气发生炉引出的煤气管道应有隔断装置，如采用盘形阀，其操作绞盘应设在煤气发生炉附近便于操作的位置，阀门前应设有放散管。

5.1.3.8 以烟煤气化的煤气发生炉与竖管或除尘器之间的接管，应有消除管内积尘的措施。

5.1.3.9 新建、扩建煤气发生炉后的竖管、除尘器顶部或煤气发生炉出口管道，应设能自动放散煤气的装置。

5.1.3.10 电捕焦油器应符合下列规定：
——电捕焦油器入口和洗涤塔后应设隔断装置；
——电捕焦油器应设泄爆装置，并应定期检查；
——电捕焦油器应设当下列情况之一发生时能及时切断电源的装置：
　　煤气含氧量达 1%；
　　煤气压力低于 50 Pa(5.1 mmH$_2$O)；
　　绝缘保温箱的温度低于规定(一般不低于煤气入口温度加 25 ℃)；
——电捕焦油器应设放散管、蒸汽管；
——电捕焦油器底部应设保温或加热装置；
——电捕焦油器沉淀管间应设带阀门的连接管；
——抽气机出口与电捕焦油器之间宜设避震器。

5.1.3.11 每台煤气发生炉的煤气输入网路(或加压)前应进行含氧量分析，含氧量大于 1% 时，禁止并入网路。

5.1.3.12 连续式机械化运煤和排渣系统的各机械之间应有电气联锁。

5.1.3.13 煤气发生炉加压机前设备水封或油封的有效高度：

最高工作压力小于 $3×10^3$ Pa 者为最高工作压力水柱高度加 150 mm，但不小于 250 mm；最高工作压力在 $3×10^3$ Pa～$1×10^4$ Pa 之间者为最高工作压力水柱高度的 1.5 倍；最高工作压力大于 10^4 Pa 者为最高工作压力水柱高度加 500 mm。

煤气发生炉加压机后设备水封或油封的有效高度应遵守 7.2.2.1 的规定。

5.1.3.14 钟罩阀内放散水封的有效高度，应等于煤气发生炉出口最高工作压力水柱高度加 50 mm。

5.1.4 气密性试验

煤气净化设备气密性试验与管道系统相同，应遵守 6.4.6 的有关规定。

5.2 水煤气(含半水煤气)的生产与净化

5.2.1 区域布置

5.2.1.1 水煤气生产厂房应位于厂区主要建筑物和构筑物常年最小频率风向的上风侧。

5.2.1.2 多台水煤气发生炉之间的中心距离应符合表1的规定。

表 1

炉子直径/m	炉子煤气产量/(m³/h)	炉与炉的中心距/m
≤2.5	1 000～3 500	>7
≤3	5 000～7 000	>9
≤4	8 000～18 000	>10

5.2.1.3 水煤气生产车间的操作控制室可贴邻本车间设置,但应有防火墙隔开。控制室内必须设有调度电话,与使用煤气的车间保持联系,合理分配煤气使用量,以保证管道系统压力稳定。

5.2.1.4 水煤气生产车间应设有专用的分析站,除进行生产控制指标分析外,还应定时作安全指标分析测定。

5.2.1.5 间歇式水煤气炉的排放烟囱应单独设立,不宜和其他煤气设备共用烟道。

5.2.2 厂房建筑的安全要求

5.2.2.1 水煤气生产厂房宜单排布置,厂房的火灾危险性属于甲类,厂房的耐火等级不低于二级。半水煤气生产厂房的火灾危险性属于乙类(如同一装置生产水煤气和半水煤气时,应按水煤气要求处理)。防火间距应符合 GBJ 16 的有关规定。

5.2.2.2 水煤气生产厂房一般采用敞开式或半敞开式。宜采用不发生火花的地面,地面应平整并易于清扫。每层厂房应设有安全疏散门和楼梯。水煤气生产厂房的区域内应设有消防车道。

5.2.2.3 水煤气生产厂房的电气设备按 GB 50058 防爆要求设计。

5.2.3 设备结构

5.2.3.1 水煤气发生炉的料仓层宜有通风设施。煤、焦料仓的漏斗与煤气炉进料口之间的加料器宜采用密封或局部密封。

5.2.3.2 带有水夹套的水煤气炉的设计、制造、安装、检验和使用应遵守 5.1.3.2、5.1.3.3、5.1.3.4 的规定。

5.2.3.3 通向煤气炉的空气管道的末端应设有泄爆膜和放散管。

5.2.3.4 洗涤塔排水管的水封有效高度为洗涤塔计算压力水柱高度至少加 500 mm。

5.2.3.5 电除尘器应符合下列规定:

—— 电除尘器入口、出口管道应设可靠的隔断装置;

—— 电除尘器入口、出口应设煤气压力计,正常操作时电除尘器入口(煤气柜出口)的煤气压力在 $2.5×10^3$ Pa～$3.9×10^3$ Pa(255 mmH$_2$O～398 mmH$_2$O);电除尘器出口(加压机入口)的煤气压力不低于 $5×10^2$ Pa(51 mmH$_2$O),低于此值时,煤气加压机应停车;

—— 电除尘器中水煤气的含氧量,正常操作时应小于 0.6%;大于 0.6% 时,应发出报警

信号;达到0.8%时,应立即切断电除尘器的电源;
——电除尘器应设有放散管及泄爆装置。

5.2.4 水煤气(半水煤气)的含氧量应严格控制,一般设自动分析仪,并应有人工分析进行定期抽查。正常情况下,总管煤气含氧量应小于0.6%;单台炉系统煤气含氧量达到1%时,该炉必须停车。

5.3 高炉煤气的回收与净化

5.3.1 区域布置

5.3.1.1 新建高炉应布置在居民区常年最小频率风向的上风侧,且厂区边缘距居民区边缘的距离应不小于1 000 m。

5.3.1.2 新建高炉的除尘器应位于高炉铁口、渣口10 m以外的地方。旧有设备不符合上述规定的,应在改建时予以解决。

5.3.1.3 新建高炉煤气区附近应避免设置常有人工作的地沟,如必须设置,应使沟内空气流通,防止积存煤气。

5.3.1.4 厂区办公室、生活室宜设置在厂区常年最小频率风向的下风侧,离高炉100 m以外的地点。炉前休息室、浴室、更衣室可不受此限。

5.3.1.5 厂区内的操作室、仪器仪表室应设在厂区夏季最小频率风向的下风侧,不应设在经常可能泄漏煤气的设备附近。

5.3.1.6 新建的高炉煤气净化设备应布置在宽敞的地区,保证设备间有良好的通风。各单独设备(洗涤塔、除尘器等)间的净距不应少于2 m,设备与建筑物间的净距不应少于3 m。

5.3.2 设备结构

5.3.2.1 高炉应符合下列规定:
——高炉冷却设备与炉壳、风口、渣口以及各水套均应密封严密;
——软探尺的箱体、检修孔盖的法兰、链轮或绳轮的转轴轴承应密封严密;
——硬探尺与探尺孔之间应用蒸汽或氮气密封;
——高炉炉顶装料设备应符合下列要求:
炉顶双钟设备的大、小钟钟杆之间应用蒸汽或氮气密封;
料钟与料斗之间的接触面应采用耐磨材料制造,经过研磨并检验合格;
无料钟炉顶的料罐上下密封阀,应采用耐热材料的软密封和硬质合金的硬密封;
旋转布料器外壳与固定支座之间应密封严密;
炉喉应有蒸汽或氮气喷头;
新建、改建高炉放散管的放散能力,在正常压力下,应能放散全部煤气,高炉休风时应能尽快将煤气排出。
炉顶放散管的高度应高出卷扬机绳轮工作台5 m以上。放散管的放散阀的安装位置应便于在炉台上操作。放散阀座和阀盘之间应保持接触严密,接触面宜采用外接触。

5.3.2.2 重力除尘器应符合下列规定:
——除尘器应设置蒸汽或氮气的管接头;
——除尘器顶端至切断阀之间,应有蒸汽、氮气管接头。除尘器顶及各煤气管道最高点应设放散阀。

5.3.2.3 洗涤塔、文氏管洗涤器和灰泥捕集器应符合下列规定:

——常压高炉的洗涤塔、文氏管洗涤器、灰泥捕集器和脱水器的污水排出管的水封有效高度,应为高炉炉顶最高压力的 1.5 倍,且不小于 3 m;

——高压高炉的洗涤塔、文氏管洗涤器、灰泥捕集器下面的浮标箱和脱水器,应使用符合高压煤气要求的排水控制装置,并有可靠的水位指示器和水位报警器。水位指示器和水位报警器均应在管理室反映出来;

——各种洗涤装置应装有蒸汽或氮气管接头。在洗涤器上部,应装有安全泄压放散装置,并能在地面操作;

——洗涤塔每层喷水嘴处,都应设有对开人孔。每层喷嘴应设栏杆和平台;

——可调文氏管、减压阀组必须采用可靠的严密的轴封,并设较宽的检修平台;

——每座高炉煤气净化设施与净煤气总管之间,应设可靠的隔断装置。

5.3.2.4 电除尘器应符合下列规定:

——电除尘器入口、出口管道应设可靠的隔断装置;

——电除尘器应设有当煤气压力低于 $5×10^2$ Pa(51 mmH$_2$O)时,能自动切断高压电源并发出声光信号的装置;

——电除尘器应设有当高炉煤气含氧量达到 1‰时,能自动切断电源的装置;

——电除尘器应设有放散管、蒸汽管、泄爆装置;

——电除尘器沉淀管(板)间,应设有带阀门的连通管,以便放散其死角煤气或空气。

5.3.2.5 布袋除尘器应符合下列规定:

——布袋除尘器每个出入口应设有可靠的隔断装置;

——布袋除尘器每个箱体应设有放散管;

——布袋除尘器应设有煤气高、低温报警和低压报警装置;

——布袋除尘器箱体应采用泄爆装置;

——布袋除尘器反吹清灰时,不应采用在正常操作时用粗煤气向大气反吹的方法;

——布袋箱体向外界卸灰时,应有防止煤气外泄的措施。

5.3.2.6 高炉煤气余压透平发电装置应符合下列规定:

——余压透平进出口煤气管道上应设有可靠的隔断装置。入口管道上还应设有紧急切断阀,当需紧急停机时,能在 1 s 内使煤气切断,透平自动停车;

——余压透平应设有可靠的严密的轴封装置;

——余压透平发电装置应有可靠的并网和电气保护装置,以及调节、监测、自动控制仪表和必要的联络信号;

——余压透平的启动、停机装置除在控制室内和机旁设有外,还可根据需要增设。

5.3.3 气密性试验压力

煤气清洗系统的气密性试验压力,应遵守 6.4.6 的有关规定。

5.4 焦炉煤气的回收与净化

5.4.1 区域布置

5.4.1.1 新建焦炉应布置在居民区常年最小频率风向的上风侧,其厂区边缘与居民区边缘相距应在 1 000 m 以上,中间应隔有防护林带。

5.4.1.2 在钢铁联合企业中,焦炉宜靠近炼铁并与高炉组轴线平行布置。焦炉组纵轴应与常年最大频率风向夹角最小。

5.4.1.3 新建焦化厂的办公、生活和卫生设施应布置在厂区常年最小频率风向的下风侧。

5.4.2 煤气冷却及净化区域布置

5.4.2.1 新建焦炉煤气冷却、净化区应布置在焦炉的机侧或一端,其建(构)筑物最外边线距焦炉炉体边线应不小于40 m。中、小型焦炉可适当减小,但不应小于30 m。

5.4.2.2 煤气冷却及净化区域应遵守4.13及5.1.1.4～5.1.1.6的规定。

5.4.2.3 新建煤气冷却、净化区内煤气系统的各种设施的布置应符合下列要求:
—— 煤气初冷器(塔)应正对抽气机室,按单行横向排列,初冷器出口煤气集合管中心线与抽气机室的行列线距离应不小于10 m;
—— 煤气冷却、净化系统的各种塔器与厂区专用铁路中心线的距离应不小于20 m,与厂区主要道路的最近边缘的距离应不小于10 m。

5.4.3 设备结构

5.4.3.1 煤气回收系统的设备结构应符合下列规定:
—— 装煤车的装煤漏斗口上应有防止煤气、烟尘泄漏的设施。炭化室装煤孔盖与盖座间,炉门与炉门门框间应保持严密;
—— 上升管内应设氨水、蒸汽等喷射设施;
—— 一根集气管应设两个放散管,分别设在吸气弯管的两侧;并应高出集气管走台5 m以上,放散管的开闭应能在集气管走台上操作;
—— 集气管一端应装有事故用工业水管;
—— 集气管上部应设清扫孔,其间距以及平台的结构要求,均应便于清扫全部管道,并应保持清扫孔严密不漏;
—— 采用双集气管的焦炉,其横贯管高度应能使装煤车安全通过和操作,在对着上升管口的横贯管管段下部设防火罩;
—— 在吸气弯管上应设自动压力调节翻板和手动压力调节翻板;
—— 焦炉地下室应加强通风,两端应有安全出口,并应设有斜梯。地下室煤气分配管的净空高度不小于1.8 m;
—— 交换装置应按先关煤气,后交换空气、废气,最后开煤气的顺序动作。要确保炉内气流方向符合焦炉加热系统图。交换后应确保炉内气流方向与交换前完全相反,交换装置的煤气部件应保持严密;
—— 废气瓣的调节翻板(或插板)全关时,应留有适当的空隙,在任何情况下都应使燃烧系统具有一定的吸力;
—— 焦炉地下室、机焦两侧烟道走廊、煤塔底层的仪表室、煤塔炉间台底层、集气室、仪表间,都属于甲类火灾危险厂房;
—— 设有汽化冷却的上升管的设计和制造,应符合现行有关锅炉压力容器安全管理规定;
—— 焦炉地下室、焦炉烟道走廊、煤塔炉间台底层、交换机仪表室等地,应按2区选用电气设备,并应设有事故照明。

5.4.3.2 煤气冷却、净化系统的设备结构应符合下列规定:
—— 煤气冷却及净化系统中的各种塔器,应设有吹扫用的蒸汽管;
—— 各种塔器的入口和出口管道上应设有压力计和温度计;

——塔器的排油管应装阀门,油管浸入溢油槽中,其油封有效高度为计算压力加500 mm;

——电捕焦油器应遵守本规程5.1.3.10的有关规定。但电捕焦油器设在抽气机前时,煤气入口压力允许负压,可不设泄爆装置。在鼓风机后,应设泄爆装置,设自动的连续式氧含量分析仪,煤气含氧量达1%时报警,达2%时切断电源。

5.4.4 冷却、净化设备的气密性试验

煤气冷却、净化设备的气密性试验与管道系统相同,应遵守6.4.6的有关规定。焦炉的吸气管应用 5×10^3 Pa(510 mmH$_2$O)做泄漏试验,20 min压力降不超过10%为合格。

5.5 直立连续式炭化炉煤气的生产与净化

5.5.1 区域布置

5.5.1.1 新建炭化炉厂应布置在居民区常年最小频率风向的上风侧,其厂区边缘与居民区边缘相距应在1 000 m以上,煤气产量小于50 000 m³/h者,不小于500 m。

5.5.1.2 炭化炉的厂房纵轴线与常年最大频率风向宜成直角(或接近直角)。

5.5.1.3 炭化炉的厂房四周应设消防车道。厂房与抽气、回收、净化等建筑物的距离应不小于30 m。

5.5.2 煤气净化与冷却区域

煤气冷却及净化区域应遵守4.13及5.1.1.4～5.1.1.5的规定。

5.5.3 厂房建筑的安全要求

5.5.3.1 炭化炉厂房的火灾危险性属于甲类,厂房耐火等级不低于二级。

5.5.3.2 几座炭化炉厂房相连布置时,厂房与厂房可相邻布置,但建筑设计时,应考虑沉降差异,其间通过的各种管道、电缆通廊等应设沉降差异补偿装置。

5.5.3.3 采用发生炉热煤气供热时,发生炉厂房与炭化炉厂房可相邻布置。

5.5.4 设备结构

5.5.4.1 炭化炉的设备结构应符合下列规定:

——炭化炉的护炉柱和底部承重梁应采用钢结构;

——辅助煤箱上部应设泄爆孔;

——升气管蝶阀和活塞阀的轴杆应设耐温填料盒,应密封严密,启闭灵活;

——炉顶煤气总管的焦油氨水出口水封有效高度应不小于100 mm;

——煤气总管出口应安装压力自动调节器,必须操作灵敏,控制炉顶煤气呈微正压,并应装有事故超压自动(并附手动)排放装置,其放散管应高出屋顶4 m以上;

——炭化炉厂房的安全出口应不少于2个。走廊通道宽度应不小于1.5 m,并应设防护栏杆。重要处还应设防止工具坠落的保护网;

——动力和照明电线应采用护套敷设。照明允许采用高压水银灯,并应设有事故照明;

——炭化炉底的蒸汽注射管应保持排焦箱正压,排焦箱的水封高度应大于排焦箱内压力,一般不小于 10^3 Pa(102 mmH$_2$O);

——加热用的发生炉煤气总管端部,应设管道清灰的操作平台。

5.5.4.2 煤气冷却、净化系统的设备结构应符合下列规定:

——污煤气管道应向抽水井倾斜,倾斜度应不小于0.3%,转弯处应留清扫孔,管道与抽气机应用金属波纹管软镶连接;

——抽气机出口与电捕焦油器之间宜设避震器；
——易腐蚀区域的动力、照明电线应采用防腐套管铜芯线；
——煤气冷却、回收和净化系统的设备结构应遵守5.4.3.2的规定。

5.5.5 炭化炉煤气系统气密性试验

煤气冷却、净化设备及炭化炉出口至抽气机前的煤气管道的气密性试验，应遵守6.4.6的规定。

5.6 转炉煤气的回收与净化

5.6.1 区域布置

5.6.1.1 转炉煤气回收净化系统的设备、机房、煤气柜以及有可能泄漏煤气的其他构件，应布置在主厂房常年最小频率风向的上风侧。

5.6.1.2 各单体设备之间以及它们与墙壁之间的净距应不小于1 m。

5.6.1.3 煤气抽气机室和加压站厂房应符合第8章的有关规定，抽气机室可设在主厂房内，但应遵守下列规定：
——与主厂房建筑隔断；
——废气应排至主厂房外。

5.6.2 设备结构

5.6.2.1 转炉煤气活动烟罩或固定烟罩应采用水冷却，罩口内外压差保持稳定的微正压。烟罩上的加料孔。氧枪、副枪插入孔和料仓等应密封充氮，保持正压。

5.6.2.2 转炉煤气回收设施应设充氮装置及微氧量和一氧化碳含量的连续测定装置。当煤气含氧量超过2%或煤气柜位高度达到上限时应停止回收。

5.6.2.3 每座转炉的煤气管道与煤气总管之间应设可靠的隔断装置。

5.6.2.4 转炉煤气抽气机应一炉一机，放散管应一炉一个，并应间断充氮，不回收煤气时，应点燃放散。

5.6.2.5 湿法净化装置的供水系统应保持畅通，确保喷水能熄灭高温气流的火焰和炽热尘粒。脱水器应设泄爆膜。

采用半干半湿和干法净化的系统，排灰装置应保持严密。

5.6.2.6 煤气回收净化系统应采用两路电源供电。

5.6.2.7 活动烟罩的升降和转炉的转动应联锁，并应设有断电时的事故提升装置。

5.6.2.8 转炉煤气抽风机应适应转炉烟气的特点，在调节抽气量时，其压力变化不大，同时风机在小风量运转时不喘震，应具有良好的密封性和防爆性能。

5.6.2.9 转炉操作室和抽气机室、加压机房之间应设直通电话和声光讯号，加压机房和煤气调度之间设调度电话。

5.6.2.10 转炉煤气回收净化区域应设消防通道。

5.6.2.11 转炉煤气电除尘器应符合下列规定：
——电除尘器入口、出口管道应设可靠的隔断装置；
——电除尘器应设有当转炉煤气含氧量达到1%时，能自动切断电源的装置。
——电除尘器应设有放散管及泄爆装置。

5.6.3 转炉煤气设施与管道严密性试验

转炉煤气设施与管道严密性试验前的准备工作及严密性试验应遵守6.4.4～6.4.6的有

关规定。

6 煤气管道(含天然气管道)

6.1 煤气管道的结构与施工

6.1.1 煤气管道和附件的连接可采用法兰、螺纹,其他部位应尽量采用焊接。

6.1.2 煤气管道的垂直焊缝距支座边端应不小于300 mm,水平焊缝应位于支座的上方。

6.1.3 煤气管道应采取消除静电和防雷的措施。

6.2 煤气管道的敷设

6.2.1 架空煤气管道的敷设

6.2.1.1 煤气管道应架空敷设。若架空有困难,可埋地敷设,但应遵守6.2.2的规定。

一氧化碳(CO)含量较高的,如发生炉煤气、水煤气、半水煤气、高炉煤气和转炉煤气等管道不应埋地敷设。

6.2.1.2 煤气管道架空敷设应遵守下列规定:

——应敷设在非燃烧体的支柱或栈桥上;

——不应在存放易燃易爆物品的堆场和仓库区内敷设;

——不应穿过不使用煤气的建筑物、办公室、进风道、配电室、变电所、碎煤室以及通风不良的地点等。如需要穿过不使用煤气的其他生活间,应设有套管;

——架空管道靠近高温热源敷设以及管道下面经常有装载炽热物件的车辆停留时,应采取隔热措施;

——在寒冷地区可能造成管道冻塞时,应采取防冻措施;

——在已敷设的煤气管道下面,不应修建与煤气管道无关的建筑物和存放易燃、易爆物品;

——在索道下通过的煤气管道,其上方应设防护网;

——厂区架空煤气管道与架空电力线路交叉时,煤气管道如敷设在电力线路下面,应在煤气管道上设置防护网及阻止通行的横向栏杆,交叉处的煤气管道应可靠接地;

——架空煤气管道根据实际情况确定倾斜度;

——通过企业内铁路调车场的煤气管道不应设管道附属装置。

6.2.1.3 架空煤气管道与其他管道共架敷设时,应遵守下列规定:

——煤气管道与水管、热力管、燃油管和不燃气体管在同一支柱或栈桥上敷设时,其上下敷设的垂直净距不宜小于250 mm;

——煤气管道与在同一支架上平行敷设的其他管道的最小水平净距宜符合表2的规定;

表 2 最小水平净距   单位为毫米

序号	其他管道公称直径	煤气管道公称直径		
		<300	300~600	>600
1	<300	100	150	150
2	300~600	150	150	200
3	>600	150	200	300

——与输送腐蚀性介质的管道共架敷设时,煤气管道应架设在上方,对于容易漏气、漏油、漏腐蚀性液体的部位如法兰、阀门等,应在煤气管道上采取保护措施;

——与氧气和乙炔气管道共架敷设时,应遵守 GB 16912 的有关规定和乙炔站设计规范的有关规定;

——油管和氧气管宜分别敷设在煤气管道的两侧;

——与煤气管道共架敷设的其他管道的操作装置,应避开煤气管道法兰、闸阀、翻板等易泄漏煤气的部位;

——在现有煤气管道和支架上增设管道时,应经过设计计算,并取得煤气设备主管单位的同意;

——煤气管道和支架上不应敷设动力电缆、电线,但供煤气管道使用的电缆除外;

——其他管道的托架、吊架可焊在煤气管道的加固圈上或护板上,并应采取措施,消除管道不同热膨胀的相互影响,但不应直接焊在管壁上;

——其他管道架设在管径大于和等于 1 200 mm 的煤气管道上时,管道上面宜预留 600 mm 的通行道。

6.2.1.4 架空煤气管道与建筑物、铁路、道路和其他管线间的最小水平净距,应符合表 3 的规定。

表 3

序号	建筑物或构筑物名称	最小水平净距/m	
		一般情况	特殊情况
1	房屋建筑	5	3
2	铁路(距最近边轨外侧)	3	2
3	道路(距路肩)	1.5	0.5
4	架空电力线路外侧边缘		
	1 kV 以下	1.5	
	1 kV~20 kV	3	
	35 kV~110 kV	4	
5	电缆管或沟	1	
6	其他地下平行敷设的管道	1.5	
7	熔化金属、熔渣出口及其他火源	10	可适当缩短,但应采取隔热保护措施
8	煤气管道	0.6	0.3
注 1:架空电力线路与煤气管道的水平距离,应考虑导线的最大风偏。			
注 2:安装在煤气管道上的栏杆、走台、操作平台等任何凸出结构,均作为煤气管道的一部分。			
注 3:架空煤气管道与地下管、沟的水平净距,系指煤气管道支柱基础与地下管道或地沟的外壁之间的距离。			

6.2.1.5 架空煤气管道与铁路、道路、其他管线交叉时的最小垂直净距,应符合表 4 的规定。

表 4

序号	建筑物和管线名称	最小垂直净距/m	
		管道下	管道上
1	厂区铁路轨顶面	5.5	
2	厂区道路路面	5	—
3	人行道路面	2.2	
4	架空电力线路： 电压 1 kV 以下 电压 1 kV～30 kV 电压 35 kV～110 kV	1.5 3 不允许架设	3 3.5 4
5	架空索道（至小车底最低部分）		3
6	电车道的架空线	1.5	
7	其他管道： 管径＜300 mm 管径≥300 mm	同管道直径但不小于 0.1 0.3	同管道直径但不小于 0.1 0.3

注 1：表中序号 1 不包括行驶电气机车的铁路。
注 2：架空电力线路与煤气管道的交叉垂直净距,应考虑导线的最大垂度。

6.2.1.6 煤气管道敷设高度除符合表 4 规定外还应符合下列规定：
——大型企业煤气输送主管管底距地面净距不宜低于 6 m,煤气分配主管不宜低于 4.5 m,山区和小型企业可以适当降低；
——新建、改建的高炉脏煤气、半净煤气、净煤气总管一般架设高度：管底至地面净距不低于 8 m(如该管道的隔断装置操作时不外泄煤气,可低至 6 m),小型高炉脏煤气、半净煤气,净煤气总管可低至 6 m；
——新建焦炉冷却及净化区室外煤气管道的管底至地面净距不小于 4.5 m,与净化设备连接的局部管段可低于 4.5 m；
——水煤气管道在车间外部,管底距地面净空一般不低于 4.5 m,在车间内部或多层厂房的楼板下敷设时可以适当降低,但要有通风措施,不应形成死角。

6.2.1.7 煤气分配主管可架设在厂房墙壁外侧或房顶,但应遵守下列规定：
——沿建筑物的外墙或房顶敷设时,该建筑物应为一、二级耐火等级的丁、戊类生产厂房；
——安设于厂房墙壁外侧上的煤气分配主管底面至地面的净距宜大于 4.5 m,并便于检修。与墙壁间的净距：管道外径大于或等于 500 mm 的净距为 500 mm,外径小于 500 mm 的净距等于管道外径,但不小于 100 mm,并尽量避免挡住窗户；管道的附件应安在两个窗口之间；穿过墙壁引入厂房内的煤气支管,墙壁应有环形孔,不应紧靠墙壁；
——在厂房顶上装设分配主管时,分配主管底面至房顶面的净距一般不小于 800 mm；

外径500 mm以下的管道,当用填料式或波形补偿器时,管底至房顶的净距可缩短至500 mm。此外,管道距天窗不宜小于2 m,并不应妨碍厂房内的空气流通与采光。

6.2.1.8 厂房内的煤气管道应架空敷设。在地下室不应敷设煤气分配主管。如生产上必须敷设时,应采取可靠的防护措施。

6.2.1.9 厂房内的煤气管道架空敷设有困难时,可敷设在地沟内,并应遵守下列规定:
—— 沟内除敷设供同一炉的空气管道外,不应敷设其他管道及电缆;
—— 地沟盖板宜采用坚固的炉箅式盖板;
—— 沟内的煤气管道应尽可能避免装置附件、法兰盘等;
—— 沟的宽度应便于检查和维修,进入地沟工作前,应先做一氧化碳浓度含量分析;
—— 沟内横穿其他管道时,应把横穿的管道放入密闭套管中,套管伸出沟两壁的长度不宜小于200 mm;
—— 应防止沟内积水。

6.2.1.10 煤气分配主管上支管引接处(热发生炉煤气管除外),应设置可靠的隔断装置。

6.2.1.11 车间冷煤气管的进口设有隔断装置、流量传感元件、压力表接头、取样嘴和放散管等装置时,其操作位置应设在车间外附近的平台上。

6.2.1.12 热煤气管道应设有保温层,热煤气站至最远用户之间热煤气管道的长度,应根据煤气在管道内的温度降和压力降确定,但不宜超过80 m。

6.2.1.13 热煤气管道的敷设应防止由于热应力引起的焊缝破裂,必要时,管道设计应有自动补偿能力或增设管道补偿器。

6.2.1.14 不同压力的煤气管道连通时,应设可靠的调压装置。不同压力的放散管应单独设置。

6.2.2 地下煤气管道的敷设

6.2.2.1 工业企业内的地下煤气管道的埋设深度与建筑物、构筑物或相邻管道之间的最小水平和垂直净距,以及地下管道的埋设和通过沟渠等的安全要求,应遵守 GB 50028 的有关规定。压力在 8×10^5 Pa(8.16×10^4 mmH$_2$O)~12×10^5 Pa(1.22×10^5 mmH$_2$O)的天然气管道与 GB 50028 中关于 8×10^5 Pa(8.16×10^4 mmH$_2$O)煤气管道的规定相同。

6.2.2.2 管道应视具体情况,考虑是否设置排水器,如设置排水器,则排出的冷凝水应集中处理。

6.2.2.3 地下管道排水器、阀门及转弯处,应在地面上设有明显的标志。

6.2.2.4 与铁路和道路交叉的煤气管道,应敷设在套管中,套管两端伸出部分,距铁路边轨不少于3 m,距有轨电车边轨和距道路路肩不少于2 m。

6.2.2.5 地下管道法兰应设在阀门井内。

6.3 煤气管道的防腐

6.3.1 架空管道,钢管制造完毕后,内壁(设计有要求者)和外表面应涂刷防锈涂料。管道安装完毕试验合格后,全部管道外表应再涂刷防锈涂料。管道外表面每隔四至五年应重新涂刷一次防锈涂料。

6.3.2 埋地管道,钢管外表面应进行防腐处理,遵守表5的规定。在表面防腐蚀的同时,根据不同的土壤,宜采用相应的阴极保护措施。

表 6（续）

管道计算压力/Pa (kgf/cm²)	管道环境	试验时间/h	每小时平均泄漏率/%
≥10⁵(1.02)	室内及地沟	24	0.25
	室外及无围护结构的车间	24	0.5

注：管道计算压力大于或等于 10^5 Pa(1.02×10^4 mmH₂O)的允许泄漏率标准，仅适用公称直径为 0.3 m 的管道，其余直径的管道的压力降标准，尚应乘以按下式求出的校正系数 C：

$$C = \frac{0.3}{D_g}$$

式中：

D_g——试验管道的公称直径，单位为米(m)。

——架空煤气管道气密性试验泄漏率的计算根据式(1)确定：

$$A = \frac{1}{t}\left(1 - \frac{P_2 T_1}{P_1 T_2}\right) \times 100\% \quad \cdots\cdots\cdots\cdots\cdots\cdots(1)$$

式中：

A　　——每小时平均泄漏率，(%)；

P_1、P_2——试验开始、结束时管道内气体的绝对压力数值，单位为帕(毫米水柱)[Pa (mmH₂O)]；

T_1、T_2——试验开始、结束时管道内气体的绝对温度数值，单位为开尔文(K)；

t　　——试验时间，单位为小时(h)。

6.4.7 地下煤气管道的气密性试验，应遵守下列规定：

——试验前应检查地下管道的坐标、标高、坡度、管基和垫层等是否符合设计要求，试验用的临时加固措施是否安全可靠；对于仅需做气密性试验的地下煤气管道，在试验开始之前，应采用压力与气密性试验压力相等的气体进行反复试验，及时消除泄漏点，然后正式进行试验；

——应遵守 6.4.4 的有关规定；

——长距离煤气管道做气密性试验时，应在各段气密性试验合格后，再做一次整体气密性试验；

——地下煤气管道应将土回填至管顶 50 cm 以上，为使管道中的气体温度和周围土壤温度一致，需停留一段时间后才能开始气密性试验，停留时间应遵守表 7 的规定；

表 7

管道直径/m	≤0.3	>0.3～0.5	>0.5
停留时间/h	6	12	24

——试验压力和试验时间，应遵守表 8 的规定；

表 8

计算压力(P_j)/ Pa(kgf/cm²)	气密性试验压力/ Pa(kgf/cm²)	试验时间/ h
$\leqslant 5\times10^3$ (0.051)	钢管：5×10^4 (0.51) 铸铁管：2×10^4 (0.2)	24
$>5\times10^3$ (0.051)～ 10^5 (1.02)	$1.25\times P_j$ [$>5\times10^4$ (0.51)]	24
$>10^5$ (1.02)	P_j	24

——地下煤气管道严密性试验的计算：
相同管径的管道允许压力降 $\Delta P_允$ 的计算见式(2)。

$$\Delta P_允 = \frac{KT}{D} \qquad (2)$$

式中：

$\Delta P_允$——计算压力大于或等于 10^5 Pa(1.02×10^4 mmH$_2$O)者，单位为毫米汞柱(mmHg)，计算压力小于 10^5 Pa(1.02×10^4 mmH$_2$O)者，单位为毫米水柱(mmH$_2$O)；

T ——试验持续时间，单位为小时(h)；

D ——煤气管道内径，单位为米(m)；

K ——系数。计算压力大于或等于 10^5 Pa 者，$K=0.3$；计算压力小于 10^5 者，$K=0.66$。

由不同管径组成的煤气管道，允许压力降 $\Delta P_允$ 的计算见式(3)。

$$\Delta P_允 = \frac{KT(d_1 L_1 + d_2 L_2 + \cdots + d_n L_n)}{d_1^2 L_1 + d_2^2 L_2 + \cdots + d_n^2 L_n} \qquad (3)$$

式中：

d_1、d_2……d_n——煤气管道各管段内径，单位为米(m)；
L_1、L_2……L_n——各管段的长度，单位为米(m)。

实际压力降 $\Delta P_实$ 的计算见式(4)：

$$\Delta P_实 = T_0\left(\frac{P_1}{T_1} - \frac{P_2}{T_2}\right) \qquad (4)$$

式中：

$\Delta P_实$ ——计算压力大于或等于 10^5 Pa(1.02×10^4 mmH$_2$O)者，单位为毫米汞柱(mmHg)；计算压力小于 10^5 Pa(1.02×10^4 mmH$_2$O)者，单位为毫米水柱(mmH$_2$O)；

P_1、P_2——试验开始、试验结束时测定的管道内气体的绝对压力数值，单位为毫米汞柱(mmHg)或为毫米水柱(mmH$_2$O)；

T_1、T_2——试验开始、试验结束时测定的管道内气体各点的平均温度数值，单位为开

尔文(K);

T_0 —— 标准状态时的温度,$T_0=273K$。

当 $\Delta P_实$ 小于 $\Delta P_允$ 时,气密性试验为合格。

7 煤气设备与管道附属装置

7.1 燃烧装置

7.1.1 当燃烧装置采用强制送风的燃烧嘴时,煤气支管上应装止回装置或自动隔断阀。在空气管道上应设泄爆膜。

7.1.2 煤气、空气管道应安装低压警报装置。

7.1.3 空气管道的末端应设有放散管,放散管应引到厂房外。

7.2 隔断装置

7.2.1 一般规定

凡经常检修的部位应设可靠的隔断装置。

焦炉煤气、发生炉煤气、水煤气(半水煤气)管道的隔断装置不应使用带铜质部件。寒冷地区的隔断装置,应根据当地的气温条件采取防冻措施。

7.2.2 插板

插板是可靠的隔断装置。安设插板的管道底部离地面的净空距:金属密封面的插板不小于 8 m,非金属密封面的插板不小于 6 m,在煤气不易扩散地区须适当加高;封闭式插板的安设高度可适当降低。

7.2.3 水封

7.2.3.1 水封装在其他隔断装置之后并用时,才是可靠的隔断装置。水封的有效高度为煤气计算压力至少加 500 mm,并应定期检查水封高度。

7.2.3.2 水封的给水管上应设给水封和止回阀。

7.2.3.3 禁止将排水管、满流管直接插入下水道。水封下部侧壁上应安设清扫孔和放水头。U 型水封两侧应安设放散管、吹刷用的进气头和取样管。

7.2.4 眼镜阀和扇形阀

7.2.4.1 眼镜阀和扇形阀不宜单独使用,应设在密封蝶阀或闸阀后面。

7.2.4.2 敞开眼镜阀和扇形阀应安设在厂房外,如设在厂房内,应离炉子 10 m 以上。

7.2.5 密封蝶阀

7.2.5.1 密封蝶阀不能作为可靠的隔断装置,只有和水封、插板、眼镜阀等并用时才是可靠的隔断装置。

7.2.5.2 密封蝶阀的使用应符合下列要求:

—— 密封蝶阀的公称压力应高于煤气总体气密性试验压力;

—— 单向流动的密封蝶阀,在安装时应注意使煤气的流动方向与阀体上的箭头方向一致;

—— 轴头上应有开、关程度的标志。

7.2.6 旋塞

7.2.6.1 旋塞一般用于需要快速隔断的支管上。

7.2.6.2 旋塞的头部应有明显的开关标志。

7.2.6.3 焦炉的交换旋塞和调节旋塞应用 2×10^4 Pa($2\,040$ mmH$_2$O)的压缩空气进行气密性试验,经 30 min 后压降不超过 5×10^2 Pa(51 mmH$_2$O)为合格。试验时,旋塞密封面可涂稀油(50 号机油为宜),旋塞可与 0.03 m^3 的风包相接,用全开和全关两种状态试验。

7.2.7 闸阀

7.2.7.1 单独使用闸阀不能作为可靠的隔断装置。

7.2.7.2 所用闸阀的耐压强度应超过煤气总体试验的要求。

7.2.7.3 煤气管道上使用的明杆闸阀,其手轮上应有"开"或"关"的字样和箭头,螺杆上应有保护套。

7.2.7.4 闸阀在安装前,应重新按出厂技术要求进行气密性试验,合格后才能安装。

7.2.8 盘形阀

7.2.8.1 盘形阀(或钟形阀)不能作为可靠的隔断装置,一般安装在污热煤气管道上。

7.2.8.2 盘形阀的使用应符合下列要求:
—— 拉杆在高温影响下不歪斜,拉杆与阀盘(或钟罩)的连接应使阀盘(或钟罩)不致歪斜或卡住;
—— 拉杆穿过阀外壳的地方,应有耐高温的填料盒。

7.2.9 盲板

7.2.9.1 盲板主要适用于煤气设施检修或扩建延伸的部位。

7.2.9.2 盲板应用钢板制成,并无砂眼,两面光滑,边缘无毛刺。盲板尺寸应与法兰有正确的配合,盲板的厚度按使用目的经计算后确定。堵盲板的地方应有撑铁,便于撑开。

7.2.10 双板切断阀(平行双闸板切断阀、NK 阀)

7.2.10.1 阀腔注水型且注水压力为煤气计算压力至少加 5 000 Pa,并能全闭到位,保证煤气不泄漏到被隔断的一侧的双板切断阀是可靠的隔断装置。

7.2.10.2 非注水型双板切断阀应符合 7.2.5.1 和 7.2.7 的规定。

7.3 放散装置

7.3.1 吹刷煤气放散管

7.3.1.1 下列位置应安设放散管:
—— 煤气设备和管道的最高处;
—— 煤气管道以及卧式设备的末端;
—— 煤气设备和管道隔断装置前,管道网隔断装置前后支管闸阀在煤气总管旁 0.5 m 内,可不设放散管,但超过 0.5 m 时,应设放气头。

7.3.1.2 放散管口应高出煤气管道、设备和走台 4 m,离地面不小于 10 m。

厂房内或距厂房 20 m 以内的煤气管道和设备上的放散管,管口应高出房顶 4 m。厂房很高,放散管又不经常使用,其管口高度可适当减低,但应高出煤气管道、设备和走台 4 m。不应在厂房内或向厂房内放散煤气。

7.3.1.3 放散管口应采取防雨、防堵塞措施。

7.3.1.4 放散管根部应焊加强筋,上部用挣绳固定。

7.3.1.5 放散管的闸阀前应装有取样管。

7.3.1.6 煤气设施的放散管不应共用,放散气集中处理的除外。

7.3.2 剩余煤气放散管

7.3.2.1 剩余煤气放散管应安装在净煤气管道上。

7.3.2.2 剩余煤气放散管应控制放散,其管口高度应高出周围建筑物,一般距离地面不小于30 m,山区可适当加高,所放散的煤气应点燃,并有灭火设施。

7.3.2.3 经常排放水煤气(包括半水煤气)的放散管,管口高度应高出周围建筑物,或安装在附近最高设备的顶部,且设有消声装置。

7.4 冷凝物排水器

7.4.1 排水器之间的距离一般为 200 m～250 m,排水器水封的有效高度应为煤气计算压力至少加 500 mm。

高压高炉从剩余煤气放散管或减压阀组算起 300 m 以内的厂区净煤气总管排水器水封的有效高度,应不小于 3 000 mm。

7.4.2 煤气管道的排水管宜安装闸阀或旋塞,排水管应加上、下两道阀门。

7.4.3 两条或两条以上的煤气管道及同一煤气管道隔断装置的两侧,宜单独设置排水器。如设同一排水器,其水封有效高度按最高压力计算。

7.4.4 排水器应设有清扫孔和放水的闸阀或旋塞;每只排水器均应设有检查管头;排水器的满流管口应设漏斗;排水器装有给水管的,应通过漏斗给水。

7.4.5 排水器可设在露天,但寒冷地区应采取防冻措施;设在室内的,应有良好的自然通风。

7.5 蒸汽管、氮气管

7.5.1 具有下列情况之一者,煤气设备及管道应安设蒸汽或氮气管接头:
——停、送煤气时需用蒸汽和氮气置换煤气或空气者;
——需在短时间内保持煤气正压力者;
——需要用蒸汽扫除萘、焦油等沉积物者。

7.5.2 蒸汽或氮气管接头应安装在煤气管道的上面或侧面,管接头上应安旋塞或闸阀。

为防止煤气串入蒸汽或氮气管内,只有在通蒸汽或氮气时,才能把蒸汽或氮气管与煤气管道连通,停用时应断开或堵盲板。

7.6 补偿器

7.6.1 补偿器宜选用耐腐蚀材料制造。

7.6.2 带填料的补偿器,应有调整填料紧密程度的压环。补偿器内及煤气管道表面应经过加工,厂房内不得使用带填料的补偿器。

7.7 泄爆阀

7.7.1 泄爆阀安装在煤气设备易发生爆炸的部位。

7.7.2 泄爆阀应保持严密,泄爆膜的设计应经过计算。

7.7.3 泄爆阀泄爆口不应正对建筑物的门窗。

7.8 人孔、手孔及检查管

7.8.1 闸阀后,较低的管段上,膨胀器或蝶阀组附近、设备的顶部和底部,煤气设备和管道需经常入内检查的地方,均应设人孔。

7.8.2 煤气设备或单独的管段上人孔一般不少于两个。可根据需要设置人孔。人孔直径应不小于 600 mm,直径小于 600 mm 的煤气管道设手孔时,其直径与管道直径相同。

有砖衬的管道,人孔圈的深度应与砖衬的厚度相同。

人孔盖上应根据需要安设吹刷管头。

7.8.3 在容易积存沉淀物的管段上部,宜安设检查管。

7.9 管道标志和警示牌

7.9.1 厂区主要煤气管道应标有明显的煤气流向和种类的标志。

7.9.2 所有可能泄漏煤气的地方均应挂有提醒人们注意的警示标志。

8 煤气加压站与混合站

8.1 煤气加压站、混合站、抽气机室建筑物的安全要求

8.1.1 煤气加压站、混合站与焦炉煤气抽气机室主厂房火灾危险性分类及建筑物的耐火等级不应低于表9中的规定,站房的建筑设计均应遵守 GBJ 16 的有关规定。

8.1.2 煤气加压站、混合站、抽气机室的电气设备的设计和施工,应遵守 GB 50058 的有关规定。

8.1.3 煤气加压站、混合站、抽气机室的采暖通风和空气调节应符合 GBJ 19 的有关规定。

8.1.4 站房应建立在地面上,禁止在厂房下设地下室或半地下室。如为单层建筑物,操作层至屋顶的层高不应低于 3.5 m;如为两层建筑物,上层高度不得低于 3.5 m,下层高度不得低于 3 m。

表 9

名 称	火灾危险性分类	耐火等级
发生炉煤气加压站主厂房[a]	乙	二级
煤气混合站主厂房[b]	乙	二级
焦炉煤气抽气机主厂房	甲	二级
直立连续式炭化炉煤气抽气机主厂房	甲	二级
转炉煤气抽气机室和加压站厂房	乙	二级
水煤气加压站厂房	甲	二级
煤气混合站管理室		二级
煤气加压站管理室		二级
焦炉煤气抽气机站管理室		二级

[a] 发生炉煤气加压机房按有爆炸危险的乙类生产厂房设计。
[b] 当混合煤气发热值大于 12 552 kJ/m³(3 000 kcal/m³)爆炸下限小于 10% 时,煤气混合站按甲类生产厂房设计。

8.2 煤气加压站和混合站的一般规定

8.2.1 煤气加压站、混合站、抽气机室的管理室一般设在主厂房一侧的中部,有条件的可将管理室合并在能源管理中心。为了隔绝主厂房机械运转的噪声,管理室与主厂房间相通的门应设有能观察机械运转的隔音玻璃窗。

8.2.2 管理室应装设二次检测仪表及调节装置。一次仪表不应引入管理室内。一次仪表室应设强制通风装置。

8.2.3 管理室应设有普通电话。大型加压站、混合站和抽气机室的管理室宜设有与煤气调度室和用户联系的直通电话。

8.2.4 站房内应设有一氧化碳监测装置,并把信号传送到管理室内。

8.2.5 有人值班的机械房、加压站、混合站、抽气机房内的值班人员不应少于二人。室内禁止烟火,如需动火检修,应有安全措施和动火许可证。

8.2.6 煤气加压机、抽气机等可能漏煤气的地方,每月至少用检漏仪或用涂肥皂水的方法检查一次,机械房内的一次仪表导管应每周检查一次。

8.2.7 煤气加压机械应有两路电源供电,如用户允许间断供应煤气,可设一路电源。

焦炉煤气抽气机至少应有两台(一台备用),均应有两路电源供电,有条件时,可增设一台用蒸汽带动的抽气机。

8.2.8 水煤气加压机房应单独设立,加压机房内的操作岗位应设生产控制仪表、必要的安全信号和安全联锁装置。

8.2.9 站房内主机之间以及主机与墙壁之间的净距应不小于1.3 m;如用作一般通道应不小于1.5 m;如用作主要通道,不应小于2 m。房内应留有放置拆卸机件的地点,不得放置和加压机械无关的设备。

8.2.10 站房内应设有消防设备。

8.2.11 两条引入混合的煤气管道的净距不小于800 mm,敷设坡度不应小于0.5%。引入混合站的两条混合管道,在引入的起始端应设可靠的隔断装置。

8.2.12 混合站在运行中应防止煤气互串,混合煤气压力在运行中应保持正压。

8.2.13 煤气加压机、抽气机的排水器应按机组各自配置。

8.2.14 每台煤气加压机、抽气机前后应设可靠的隔断装置。

8.2.15 发生炉煤气加压机的电动机应与空气总管的空气压力继电器或空气鼓风机的电动机进行联锁,其联锁方式应符合下列要求:

——空气总管的空气压力升到预定值,煤气加压机才能启动;空气压力降到预定值时,煤气加压机应自动停机;

——空气鼓风机启动后,煤气加压机才能启动;空气鼓风机停止时,煤气加压机应自动停机。

8.2.16 水煤气加压机前宜设有煤气柜,如未设煤气柜,则加压机的电动机应与加压机前的煤气总管压力联锁;当煤气总管的压力降到正常指标以下,应发出低压信号,当压力继续下降到最低值时,煤气加压机应自动停机。

8.2.17 鼓风机的主电机采用强制通风时,如风机风压过低,应有声光报警信号。

8.3 天然气调压站

8.3.1 天然气调压站可设在露天或单独厂房内,露天调压站应有实体围墙,围墙与管道间距离应不小于2 m。

8.3.2 调压站厂房和一次仪表室均属于甲类有爆炸危险厂房,应遵守8.2的有关规定。

8.3.3 调压站操作室应设压力计、流量计、高低压警报器和电话。操作室应与调压站隔开,并设有两个向外开的门。

8.3.4 调压系统应有安全阀,并应符合现行的有关压力容器安全管理的规定。

9 煤气柜

9.1 湿式煤气柜

9.1.1 区域布置

9.1.1.1 新建湿式柜不应建设在居民稠密区,应远离大型建筑、仓库、通信和交通枢纽等重要设施,并应布置在通风良好的地方。

煤气柜周围应设有围墙、消防车道和消防设施,柜顶应设防雷装置。

9.1.1.2 湿式柜的防火要求以及与建筑物、堆场的防火间距,应符合 GBJ 16 的规定。

9.1.2 设备结构

9.1.2.1 湿式柜每级塔间水封的有效高度,应不小于最大工作压力的 1.5 倍。

9.1.2.2 湿式柜出入口管道上应设隔断装置,出入口管道最低处应设排水器,并应遵守 7.4 的有关规定,出入口管道的设计应能防止煤气柜地基下沉所引起的管道变形。

9.1.2.3 湿式柜上应有容积指示装置,柜位达到上限时应关闭煤气入口阀,并设有放散设施,还应有煤气柜位降到下限时,自动停止向外输出煤气或自动充压的装置。

9.1.2.4 湿式柜应设操作室,室内设有压力计、流量计、高度指示计,容积上、下限声光讯号装置和联系电话。

9.1.2.5 湿式柜的水封在寒冷地带应采取相应的防冻措施。

9.1.2.6 湿式柜应遵守 8.2.2 和 8.2.3 的规定。

9.1.2.7 湿式柜需设放散管、人孔、梯子、栏杆。

9.1.2.8 湿式柜柜顶和柜壁外的爆炸性气体环境危险区域的范围应遵守 GB 50058 的规定。

9.1.3 湿式柜的检验

9.1.3.1 湿式柜施工完毕,应检查柜体内外涂刷的防腐油漆和水槽底板上浇的沥青层是否符合设计要求。

9.1.3.2 湿式柜安装完毕,应进行升降试验,以检查各塔节升降是否灵活可靠,并测定每一个塔节升起或下降后的工作压力是否与设计的工作压力基本一致。

有条件的企业可进行快速升降试验,升降速度可按 1.0 m/min～1.5 m/min 进行。没有条件的企业可只做快速下降试验。升降试验应反复进行,并不得少于二次。

9.1.3.3 湿式柜安装完毕后应进行严密性试验。严密性试验方法分为涂肥皂水的直接试验法和测定泄漏量的间接试验法两种,无论采用何种试验方法,只要符合要求都可认为合格。

——直接试验法:在各塔节及钟罩顶的安装焊缝全长上涂肥皂水,然后在反面用真空泵吸气,以无气泡出现为合格;

——间接试验法:将气柜内充入空气,充气量约为全部贮气容积的 90%。以静置 1 d 后的柜内空气标准容积为起始点容积,以再静置 7 d 后的柜内空气标准容积为结束点容积,起始点容积与结束点容积相比,泄漏率不超过 2% 为合格。测定的柜内空气容积折算成标准容积应用式(5)计算:

$$V_N = V_t \frac{273 \times (B + P - \omega)}{760 \times (273 + t)} \quad \cdots\cdots\cdots\cdots\cdots(5)$$

式中:

V_N——标准状态下的气体容积数值,单位为立方米(m^3);

V_t——测定的(平均温度为 t ℃及大气压力为 B 毫米汞柱)湿式柜内空气容积数值,单位为立方米(m^3);

B ——在湿式柜的 1/2 高度处所测定的大气压数值,单位为毫米汞柱(mmHg);

P ——湿式柜工作压力数值,单位为毫米汞柱(mmHg);

ω ——湿式柜内饱和水蒸气分压数值,单位为毫米汞柱(mmHg);

t ——充入湿式柜内空气各点的平均温度单位为摄氏度(℃)。

气柜在静置 7 d 的试验期内,每天都应测定一次,并选择日出前、微风时、大气温度变化不大的情况下进行测定。如遇暴风雨等温度波动较大的天气时,测定工作应顺延。

9.2 干式煤气柜

9.2.1 区域布置

9.2.1.1 干式柜的区域布置应遵守 9.1.1.1 的规定。

9.2.1.2 干式柜与建筑物、堆物的防火间距,应符合 GBJ 16 的有关规定。

9.2.2 设备结构

9.2.2.1 干式柜的设备结构应遵守 9.1.2.2,9.1.2.3,9.1.2.6,9.1.2.7,9.1.2.8 的规定。

9.2.2.2 稀油密封型干式柜的上部可设预备油箱;油封供油泵的油箱应设蒸汽加热管,密封油在冬季要采取防冻措施;底部油沟应设油水位观察装置。

9.2.2.3 干式柜应设内、外部电梯,供检修及检查时载人用。电梯应设最终位置极限开关、升降异常灯。电梯内部应设安全开关、安全扣和联络电话。

干式柜一般应设有内部电梯供检修和保养活塞用。电梯应设有最终位置极限开关和防止超载、超速装置。还应设救护提升装置;活塞上部应备有一氧化碳检测报警装置及空气呼吸器。

干式柜外部楼梯的入口处应设门。

9.2.2.4 布帘式柜应设调平装置,活塞水平测量装置及紧急放散装置。用于 LDG 回收时,柜前宜设事故放散塔。应设微氧量的连续测定装置,并与柜入口阀,事故放散塔的入口阀,炼钢系统的三通切换阀开启装置联锁。柜区操作室应设有与转炉煤气回收设施间的声光信号和电话设施。柜位应设有与柜进口阀和转炉煤气回收的三通切换阀的联锁装置。

9.2.2.5 控制室内除设 9.1.2.4 规定的各种仪表外,还应设活塞升降速度、煤气出入口阀、煤气放散阀的状态和开度等测定仪,及各种阀的开、关和故障信号装置以及与活塞上部操作人员联系的通信设备。

9.2.2.6 干式柜除生产照明外还应设事故照明、检修照明、楼梯及过道照明、各种检测仪表照明以及外部升降机上、下出入口照明。

9.2.3 干式煤气柜的检验

9.2.3.1 干式柜施工完毕,应按其结构类型检查活塞倾斜度、活塞回转度、活塞导轮与柜壁的接触面、柜内煤气压力波动值、密封油油位高度、油泵站运行时间、柜容上下限报警联锁等是否符合设计要求。

9.2.3.2 干式柜安装完毕后应进行速度升降试验及严密性试验。严密性试验应遵守 9.1.3.3 的规定。采用油封结构的干式柜,应检查柜侧壁是否有油渗漏。

9.2.3.3 对干式柜及其底板、活塞板焊缝须做真空试验,以不泄漏为合格;对隔绝煤气的部位,构件焊缝应做煤油渗漏试验,以不泄漏为合格。

10 煤气设施的操作与检修

10.1 煤气设施的操作

10.1.1 除有特别规定外,任何煤气设施均应保持正压操作,在设备停止生产而保压又有困难时,则应可靠地切断煤气来源,并将内部煤气吹净。

10.1.2 吹扫和置换煤气设施内部的煤气,应用蒸汽、氮气或烟气为置换介质。吹扫或引气过程中,不应在煤气设施上拴、拉电焊线,煤气设施周围40 m内不应有火源。

10.1.3 煤气设施内部气体置换是否达到预定要求,应按预定目的,根据含氧量和一氧化碳分析或爆发试验确定。

10.1.4 炉子点火时,炉内燃烧系统应具有一定的负压,点火程序应为先点燃火种后给煤气,不应先给煤气后点火。凡送煤气前已烘炉的炉子,其炉膛温度超过1 073 K(800 ℃)时,可不点火直接送煤气,但应严密监视其是否燃烧。

10.1.5 送煤气时不着火或者着火后又熄灭,应立即关闭煤气阀门,查清原因,排净炉内混合气体后,再按规定程序重新点火。

10.1.6 凡强制送风的炉子,点火时应先开鼓风机但不送风,待点火送煤气燃着后,再逐步增大供风量和煤气量。停煤气时,应先关闭所有的烧嘴,然后停鼓风机。

10.1.7 固定层间歇式水煤气发生系统若设有燃烧室,当燃烧室温度在773 K(500 ℃)以上,且有上涨趋势时,才能使用二次空气。

10.1.8 直立连续式炭化炉操作时应防止炉内煤料"空悬"。严禁同一孔炭化炉同时捣炉和放焦。炉底要保持正压。

10.1.9 煤气系统的各种塔器及管道,在停产通蒸汽吹扫煤气合格后,不应关闭放散管;开工时,若用蒸汽置换空气合格后,可送入煤气,待检验煤气合格后,才能关闭放散管。但不应在设备内存在蒸汽时骤然喷水,以免形成真空压损设备。

10.1.10 送煤气后,应检查所有连接部位和隔断装置是否泄漏煤气。

10.1.11 各类离心式或轴流式煤气风机均应采取有效的防喘震措施。除应选用符合工艺要求、性能优良的风机外,还应定期对其动、静叶片及防喘震系统进行检查,确保处于正常状态。煤气风机在启动、停止、倒机操作及运行中,不应处于或进入喘震工况。

10.2 煤气设施的检修

10.2.1 煤气设施停煤气检修时,应可靠地切断煤气来源并将内部煤气吹净。长期检修或停用的煤气设施,应打开上、下人孔、放散管等,保持设施内部的自然通风。

10.2.2 进入煤气设施内工作时,应检测一氧化碳及氧气含量。经检测合格后,允许进入煤气设施内工作时,应携带一氧化碳及氧气监测装置,并采取防护措施,设专职监护人。一氧化碳含量不超过30 mg/m³(24 ppm)时,可较长时间工作;一氧化碳含量不超过50 mg/m³时,入内连续工作时间不应超过1 h;不超过100 mg/m³时,入内连续工作时间不应超过0.5 h;在不超过200 mg/m³时,入内连续工作时间不应超过15 min~20 min。

工作人员每次进入设施内部工作的时间间隔至少在2 h以上。

10.2.3 进入煤气设备内部工作时,安全分析取样时间不应早于动火或进塔(器)前0.5 h,检修动火工作中每两小时应重新分析。工作中断后恢复工作前0.5 h,也应重新分析,取样应

12.2.2 任务

掌握企业内煤气动态，做好安全宣传工作；组织并训练不脱产的防护人员，有计划地培训煤气专业人员；组织防护人员的技术教育和业务学习，平时按计划定期进行各种事故抢救演习。

经常组织检查煤气设备及其使用情况，对煤气危险区域定期作一氧化碳含量分析，发现隐患时，及时向有关单位提出改进措施，并督促按时解决。

协助企业领导组织并进行煤气事故的救护工作。

参加煤气设施的设计审查和新建、改建工程的竣工验收及投产工作。

审查各单位提出的带煤气作业(包括煤气设备的检修，运行时动火焊接等)的工作计划，并在实施过程中严格监护检查，及时提出安全措施及参与安排带煤气抽堵盲板、接管等特殊煤气作业。

12.2.3 权力

煤气防护站在企业安全部门领导下，行使下列权力：

——有权提出煤气安全使用和有毒气体防护的安全指令；

——有权制止违反煤气安全规程的危险工作，但应及时向单位负责人报告；

——煤气设备的检修和动火工作，应经煤气防护站签发许可证后方可进行。

12.2.4 设施配置

煤气防护站应尽可能设在煤气发生装置附近，或煤气设备分布的中心且交通方便的地方，煤气防护人员应集中住在离工厂较近的地区。

煤气防护站应设煤气急救专用电话。

氧气充装室应符合 GB 16912 的有关规定。

煤气防护站应配备呼吸器、通风式防毒面具、充填装置、万能检查器、自动苏生器、隔离式自救器、担架、各种有毒气体分析仪、防爆测定仪及供危险作业和抢救用的其他设施(如对讲电话)，并应配备救护车和作业用车等，且应加强维护，使之经常处于完好状态。

打火机生产安全规程(GB 19288—2003)

前　言

本标准的全部技术内容为强制性。

本标准由国家安全生产监督管理局提出。

本标准由国家安全生产监督管理局归口。

本标准起草单位:机械工业规划研究院。

本标准主要起草人:王正格、于俊祥、惠明、石玉田、梅国威。

引　言

为加强打火机行业安全管理,促进打火机行业技术进步,改善打火机行业职业安全健康状况,特制定本标准。

打火机是一种小型取火工具,在人们日常生活中普遍使用,在生产、科研、服务领域也普遍使用。因此,打火机生产安全的基本概念,不仅应包括生产、贮存、运输过程中的安全,而且应包括使用过程中的质量安全。

由于金属外壳可充气打火机(以下简称金属打火机)和汽油打火机与一次性打火机(包括可充气塑料外壳打火机)的结构、注气量、生产工艺不同,且生产规模远小于一次性打火机。因此,在厂址、厂区布置、厂房和车间布置等方面对金属打火机和汽油打火机生产企业与一次性打火机生产企业分别提出安全要求。

1　范围

本标准规定了打火机生产企业厂址、厂区布置、厂房、车间布置、生产工艺、设备和模具、打火机贮存和运输等方面的安全要求与规则。

本标准适用于所有打火机生产企业。

2　规范性引用文件

下列文件中的条款通过本标准的引用而成为本标准的条款。凡是注日期的引用文件,其随后所有的修改单(不包括勘误的内容)或修订版均不适用于本标准,然而,鼓励根据本标准达成协议的各方研究是否可使用这些文件的最新版本。凡是不注日期的引用文件,其最新版本适用于本标准。

　　GB 2894　安全标志

　　GB/T 4064　电器设备安全设计导则

　　GB 5083　生产设备安全卫生设计总则

　　GB/T 8176　冲压车间安全生产通则

　　GB 10434　作业场所局部振动卫生标准

　　GB 12266　机械加工设备一般安全要求

GB 12463　危险货物运输包装通用技术条件
GB 12801　生产过程安全卫生要求总则
GB/T 13379　视觉工效学原则　室内工作系统照明
GB/T 13442　人体全身振动暴露的舒适性降低界限和评价准则
GB/T 13547　工作空间人体尺寸
GB 13887　冷冲压安全规程
GB 15322　可燃气体探测器技术要求和试验方法
GB 15760　金属切削机床安全防护通用技术条件
GB 16808　可燃气体报警控制器技术要求及试验方法
GB 50057　建筑物防雷设计规范
GB 50058　爆炸和火灾危险环境电力装置设计规范
GB 50116　火灾自动报警系统设计规范
GBJ 16　建筑设计防火规范
GBJ 37　工业建筑地面设计规范
GBJ 87　工业企业噪声控制设计规范
GBJ 140　建筑灭火器配置设计规范
JBJ 18　机械工业职业安全卫生设计规范
JB/Z 308　工作岗位一般人机工程要求
JB/T 5062　信息显示装置一般人机工程要求
JB/T 6056　冲压车间环境保护导则
JB/T 7267　塑料注射成型机
JB 7741　金属切削加工安全要求
QB 1140　电子(压电)打火机
QB 1141　气体打火机
QB 1532　塑料制品加工企业职业安全卫生设计规定
QB 1960　汽油打火机
SN 0324　海运出口危险货物小型气体容器包装检验规程

3 术语和定义

下列术语和定义适用于本标准。

3.1

TT 系统　TT system

电源系统有一点直接接地,设备外露导电部分的接地与电源系统的接地电气上无关的系统。

3.2

TN 系统　TN system

电源系统有一点直接接地,负载设备的外露导电部分通过保护导体连接到此接地点的系统。

3.3
TN-S 系统 TN-S system

在整个系统中有分开的中性导体和保护导体。

3.4
打火机专用燃气 special liquefied petroleum gas for lighter

符合 QB 1140、QB 1141 要求的燃气。

3.5
打火机专用汽油、200# 溶剂汽油 special gasline for lighter, solvent gasline 200#

符合 QB 1960 要求的汽油和溶剂汽油。

3.6
出气阀 ontlet valve

燃气的释放装置。

3.7
注气阀 filling valve

燃气的注入装置。

3.8
上盖部件 tank cover unit

由上盖、出气阀、泡棉垫、泡棉垫托、PE 芯、芯套管组成。

3.9
时效处理 ageing process

将注入冷冻液化燃气的气箱部件在室温条件下存放一段时间的方法。

3.10
一次调火 1st adjusting flame

对时效处理后的气箱部件点火并调节火焰高度的工序。

3.11
二次调火 2nd adjusting flame

在安装风罩之前进行火焰高度调节的工序。

3.12
敞开式注气焊接工艺 open filling and welding process

将冷冻液化燃气注入气箱,再将上盖部件焊接在气箱上的方法。

3.13
密闭式注气工艺 closed filling process

通过注气阀向气箱部件内注入燃气的方法。

4 对厂址的安全要求

4.1 一次性打火机生产企业、金属打火机和汽油打火机生产企业的厂址均应符合城镇或地区消防安全布局的要求。

4.2 一次性打火机生产企业不宜设在城镇内,与其他工厂和仓库的防火间距应符合 GBJ 16 的规定。

4.3 金属打火机和汽油打火机生产企业可以设在城镇内,厂址与居民区和公共设施的防火间距应符合有关建筑设计防火规范的要求。

5 对厂区布置的安全要求

5.1 行政技术办公区和生活服务区应与生产区隔离。不允许在生产厂房内设行政技术办公区与生活服务区。

5.2 一次性打火机生产企业的燃料灌注车间和时效间应分别独立设置,并与其他车间采取隔离措施。

5.3 一次性打火机生产企业的燃料仓库和成品库应与生产区隔离,并布置在厂区最小频率风向的上风侧和烟囱最小频率风向的下风侧的厂区边缘地区。

5.4 金属打火机生产企业的充气车间、燃气库和成品库应分别独立设置,并与其他车间采取隔离措施。

5.5 汽油打火机生产企业的组装车间、燃油库和棉花库应分别独立设置,并与其他车间采取隔离措施。

5.6 厂区建筑物的防火间距应符合 GBJ 16 的规定。

5.7 厂区建筑物之间的通道应畅通无阻,通道的宽度应符合消防、疏散和运输的要求。

5.8 厂区应有完善的消防给水系统,保障充足的消防给水量。厂区消防设施(包括消防器材)应符合消防法规的要求。

6 对厂房的安全要求

6.1 建筑物属性

厂区建筑物的耐火等级、生产的火灾危险性分类、厂房防爆、厂房的安全疏散均应符合 GBJ 16 的规定。厂区主要建筑物属性如表 1 所列。

表 1 主要建筑物属性

建筑物名称	火灾危险性分类	耐火等级	爆炸危险性
一次性打火机注气车间	甲	一级	有
一次性打火机供气间	乙	一级	有
一次性打火机时效间	甲	一级	有
气体打火机组装车间	甲	二级	有
汽油打火机组装车间	丙	二级	无
一次性打火机回收车间	甲	二级	有
塑料注射成型车间	丁	二级	无
有色金属压铸车间	丁	二级	无
冲压车间	戊	三级	无
机械加工车间	戊	三级	无
变配电室	丙	一级	无

表 1（续）

建筑物名称	火灾危险性分类	耐火等级	爆炸危险性
锅炉房	丁	二级	有
一次性打火机燃料库	甲	一级	有
气体打火机成品库	甲	一级	有

6.2 一次性打火机燃料灌注车间与时效间

6.2.1 一次性打火机的注气间、供气间和时效间均为防爆厂房，应符合 GBJ 16 的规定。

6.2.2 一次性打火机的注气间、供气间和时效间应设置排风系统。车间容积不大于 1 000 m³ 或 2 000 m³ 时，排风流量应不小于 2 000 m³/h 或 3 500 m³/h。

6.2.3 排风系统一般应由车间地面下的排风地沟、车间外面的防爆型通风机和排风筒组成。排风地沟尺寸宜为 0.4 m×0.4 m（宽度×深度）。排风地沟的平面布置宜为放射形，如山字形，总排风地沟应与防爆型通风机的吸气管连接。排风地沟上面应铺设有网格形排风孔和导电橡胶保护层的铁盖板。

6.2.4 防爆型通风机的排气管与排风筒连接。排风筒高度应根据工艺要求、地形、气象条件、应控制的燃气最大落地浓度等因素计算确定；排风筒的防雷措施应符合 GB 50057 的要求。

6.2.5 车间地面应铺设 2 mm～4 mm 厚的导电橡胶板。

6.2.6 一次性打火机的注气间、供气间和时效间的电力装置应符合 GB 50058 的要求。

6.2.7 一次性打火机的注气间、供气间和时效间应设置可燃气体浓度自动探测报警系统和火灾自动报警系统，并应符合 GB 15322、GB 16808、GB 50116 的要求。探测器放置位置和数量应符合消防规范的规定。当房间内可燃气体浓度达到爆炸下限的 25% 时应自动报警并联动关闭燃料灌注设备。

6.3 一次性打火机组装车间

6.3.1 组装车间应根据建筑面积设置不少于两个自然通风口、机械排风口。

6.3.2 组装出气阀、注气阀和上盖部件的车间应清洁防尘。

6.3.3 调火车间应设置空气调节系统，使车间温度控制在 23 ℃±2 ℃ 范围内。调火车间与相邻车间应用防火墙隔开。调火车间应至少设置两个排风口。

6.3.4 灌注燃料以后的组装工序车间应设置可燃气体浓度自动探测报警系统和火灾自动报警系统，并应符合 GB 15322、GB 16808、GB 50116 的要求。

6.4 金属打火机和汽油打火机组装车间

6.4.1 金属打火机组装车间应清洁防尘，并应根据建筑面积设置不少于两个自然通风口。

6.4.2 金属打火机充气车间和调火车间应配置符合 GB 15322、GB 16808 要求的可燃气体探测报警器，并应根据建筑面积设置不少于两个机械排风口。充气车间的电力装置应符合 GB 50058 的要求。

6.4.3 汽油打火机组装车间应配置符合 GB 50116 要求的火灾自动报警系统，并应根据建筑面积设置不少于两个自然通风口。

6.5 一次性打火机废次品回收车间

一次性打火机废次品回收车间应配置符合 GB 15322、GB 16808 要求的可燃气体浓度自动探测报警器,并应根据建筑面积设置不少于两个机械排风口。

6.6 仓库

6.6.1 一次性打火机燃料仓库应是独立设置的单层建筑,可以采用金属框架结构、轻质隔热非燃烧体屋顶和金属护栏围墙;也可以采用砖混结构、轻质隔热非燃烧体屋顶,并在围墙下部设置百叶窗或花格墙等常开孔口,以利自然通风;轻质隔热非燃烧体屋顶每平方米质量不宜超过 120 kg。

6.6.2 一次性打火机成品库应设置符合 GB 15322、GB 16808、GB 50116 要求的可燃气体探测报警系统和火灾报警系统,其电力装置应符合 GB 50058 的要求,并应根据建筑面积设置机械排风口。

6.6.3 金属打火机的燃气库和成品库应配置符合 GB 15322、GB 16808 要求的可燃气体探测报警器,其电力装置应符合 GB 50058 的要求,并应根据建筑面积设置机械排风口。

7 对供配电的安全要求

7.1 对于 TT 系统低压配电网,应采用带有保护接地干线的三相五线制。

7.2 对于 TN 系统低压配电网,应采用 TN-S 系统。

8 对车间布置的安全要求

8.1 一次性打火机燃料灌注车间

8.1.1 敞开式注气焊接车间

8.1.1.1 超声波注气焊接机、控制柜(包括高频电流发生器)、燃气制冷机、燃气供应系统应分别布置在注气间、控制室、制冷间、供气间内。

8.1.1.2 超声波注气焊接机应纵向排列安装在排风地沟上面,排列间距应不小于 2 m,与墙壁间距应不小于 1.5 m。超声波注气焊接机工作场地应宽敞,便于操作和存放零部件。检漏水槽可布置在超声波注气焊接机出料口的下面,也可布置在检验台上。注气间通道应畅通,主通道宽度应不小于 2.5 m。

8.1.1.3 控制柜应纵向排列布置,排列间距应不小于 1 m,与墙壁间距应不小于 0.8 m。控制室应干燥通风。

8.1.1.4 燃气制冷机应纵向排列安装,排列间距应不小于 2 m,与墙壁间距应不小于 1.5 m。制冷机工作场地应宽敞,便于操作,通风良好。制冷间通道应畅通,主通道宽度应不小于 2.5 m。

8.1.1.5 燃气供应系统有三种方案可供选择:

  a) 瓶组供气系统:瓶组(常用 50 kg 瓶)应均匀地排列在供气间的排风地沟上面。瓶组数量应保证 24 h 连续生产的用气量。每个气瓶通过高压胶管与供气干管连接,供气干管经分水过滤器后与制冷机输入管连接。

  b) 小型贮罐供气系统

    容量在 2 m^3 以下的贮罐应安装在供气间的排风地沟上面。由气瓶向贮罐泵入液化燃气。贮罐供气管经分水过滤器后与制冷机输入管连接。

  c) 大型贮罐供气系统

    容量在 10 m^3 以上的贮罐应布置在靠近燃料灌注车间的厂区最小频率风向的上风

侧和烟囱最小频率风向的下风侧的边缘地区。大型贮罐的结构、管路、附属设施应符合有关规范的规定。

8.1.2 密闭式注气车间

8.1.2.1 密闭式注气机与燃气供应系统应分别布置在注气间与供气间内。

8.1.2.2 密闭式注气机应纵向排列安装在排风地沟上面,排列间距应不小于1.2 m,与墙壁间距应不小于1 m。注气机工作场地应宽敞,便于操作和存放零部件。检漏水槽布置在检验台上。注气间通道应畅通,主通道宽度应不小于2.5 m。

8.2 金属打火机充气车间

采用小型丁烷气瓶(如380 mL气瓶)直接给金属打火机充气的工作台宜分散布置,工作场地应宽敞,通道应畅通,不留U型走道,主通道宽度应不小于2.5 m。

8.3 组装车间

8.3.1 一次性打火机组装车间

8.3.1.1 调火工序应与其他组装工序隔离,单独布置在调火车间内。

8.3.1.2 出气阀、注气阀和上盖部件的组装流水线应单独布置在清洁、防尘的厂房内。

8.3.1.3 不宜在多层生产厂房的上层布置调火工序和灌注燃料后部工序的组装流水线。

8.3.1.4 组装车间通道应畅通,主通道宽度应不小于3 m,工段之间通道宽度应不小于2.5 m,流水线之间通道宽度应不小于2 m,工艺设备之间通道宽度应不小于1.5 m。

8.3.2 金属打火机组装车间

8.3.2.1 组装工作台宜分散布置,工作场地应宽敞,通道应畅通,不留U型走道,主通道宽度应不小于2.5 m。

8.3.2.2 调火工序应与其他组装工序隔离。调火工序布置的安全要求与8.3.2.1相同。

8.3.3 汽油打火机组装车间

汽油打火机组装车间布置的安全要求与8.3.2.1相同。

8.4 零件加工车间

8.4.1 塑料注射成型车间

塑料注射成型车间的布置应符合QB 1532的规定。

8.4.2 有色金属压铸车间

8.4.2.1 压铸机、辅机和其他工艺设备,最大工作范围的边缘距建筑物的墙壁和支柱至少为1 m,这个工作范围不包括工位器具、模具、箱柜、挂物架和类似可移动的物体。

8.4.2.2 压铸机组应纵向排列安装,排列间距应不小于2 m,车间通道应畅通,主通道宽度应不小于2.5 m。

8.4.2.3 布置压铸机组时应留有充足的加料和取件空间,设备工作场地应宽敞和便于存放材料、成品和废料。

8.4.3 冲压车间

冲压车间的布置应符合GB/T 8176的规定。

8.4.4 机械加工车间

8.4.4.1 机械加工车间的布置应符合JBJ 18的要求。

8.4.4.2 布置机床时应设置防护挡板,并应防止操作工人受日光直射而产生目眩。

8.4.4.3 机床工作场地应宽敞,便于搬运毛坯、半成品、成品及清理金属切屑。

8.4.4.4 车间应设置安全通道,使人员及车辆行驶畅通无阻。

8.5 消防设施

所有车间应根据消防法规的要求配置消防器材,并应根据 GBJ 140 的规定配置灭火器。

9 对作业环境的安全要求

9.1 一般要求

打火机的生产过程应符合 GB 12801 的要求。企业应为劳动者创造和提供在生理和心理上的良好作业环境,即车间的温度、通风、照度、振动和噪声等应符合劳动卫生要求。

9.2 温度

车间内作业地点空气温度应符合有关规范的要求,夏季不应超过 32 ℃,冬季不应低于 15 ℃。调火车间的温度应控制在 23 ℃±2 ℃范围内。

9.3 通风

室内作业地点应有良好的空气循环,应根据各车间实际情况采取不同措施,如:自然通风、局部送风、局部排风、全面换气。

9.4 照度

车间工作空间应有良好的照度,照度值应符合 GB/T 13379 的规定。组装流水线的工作地、超声波注气焊接机的旋转工作台、专用工艺设备的工作台、塑料注射成型机的模具分型面、压铸机的模具分型面、定量浇注机的工作面、取件机械手的工作空间、压力机的冲模工作面、金属切削机床的工作面,其照度值均不应低于 500 lx,所有设备控制按钮的照度值不应低于 300 lx,一般工作面不应低于 150 lx。

9.5 振动与噪声

车间噪声级应符合 GBJ 87 的要求,振动级应符合 GB 10434、GB/T 13442 和 JB/T 6056 的要求。设备运转时的噪声值不应超过 80 dB。噪声级超过 85 dB 的工作场所应采取措施加以改造。

9.6 人机工程

流水线的作业和设备的操作都应符合人机工程学和生理学的要求。操作者的工作空间应符合 GB/T 13547 和 JB/Z 308 的要求。操作者应舒适地坐或立或坐立交替地操作设备或进行组装作业。设备或流水线上的信息显示装置及其安装位置应符合 JB/T 5062 的规定。

9.7 工作地面

车间的工作地面和通道应平整、坚固、耐磨、防滑,并应符合 GBJ 37 的要求。工作地面和通道应保持整洁,不允许有油液和水存在。经常有液体的地面,不应渗水,并坡向排泄系统。

10 对打火机生产工艺的安全要求

10.1 一次性打火机燃料灌注工艺

10.1.1 敞开式注气焊接工艺

10.1.1.1 燃气制冷温度应控制在 −55 ℃~−60 ℃ 范围内。防止塑料气箱冷脆化,不宜低于 −60 ℃。

10.1.1.2 注气量应控制在气箱部件有效容积的 80%～85% 范围内。

10.1.1.3 气箱在注气焊接之前,应进行预冷却处理,以降低气箱与液态燃气的温差,减少液态燃气的蒸发量。

10.1.2 密闭式注气工艺

10.1.2.1 液化燃气经分水过滤后应采用气动输送泵输送到密闭式注气机。

10.1.2.2 应通过注气阀或专门注气结构向气箱部件注气。不宜用出气阀注气,以防损伤泡棉垫和注气时漏气。

10.1.2.3 注气量应控制在气箱部件有效容积的 80%～85% 范围内。

10.2 组装工艺

10.2.1 所有铜零件均应倒钝、清洗后再组装。

10.2.2 按工艺流程布置组装流水线时,应符合安全生产和作业环境良好的要求,并应尽量采用机械化装置,以减轻工人的劳动强度。

10.2.3 一次性打火机一次调火不应使用长燃明火作为点火源,应采用脉冲点火器。

10.2.4 使用电磁振动装料器时,应考虑减振、防噪措施。

10.2.5 使用油压机、气压机压装零件时,应加装保护装置。

10.3 零件加工工艺

10.3.1 塑料注射成型工艺

10.3.1.1 制定塑料注射成型工艺时,应包括:工艺流程、操作程序、工艺条件、安全保护措施。没有安全保护措施内容的注射工艺不允许使用。

10.3.1.2 不允许使用高温低压注射成型工艺,以防塑料降解影响零件质量。

10.3.1.3 下脚料、再生料应按工艺配方的规定使用。

10.3.1.4 模具与注射机不匹配时,不允许配套使用。

10.3.1.5 不允许使用有故障的注射机和报废的模具。

10.3.2 有色金属压铸成型工艺

10.3.2.1 不允许使用没有安全保护措施内容的有色金属压铸工艺。

10.3.2.2 压铸模的冷却介质应在预热前及时通入,防止因激冷造成压铸模产生裂纹甚至破裂。

10.3.2.3 不允许用高温金属液预热压室和压射冲头。

10.3.2.4 采用喷涂工艺时应控制涂料浓度,并应注意清理压铸模排气道。

10.3.2.5 高温时析出或分解出有害气体的涂料不允许使用。

10.3.2.6 压铸机、压铸模和辅机不匹配时,不允许配套使用。

10.3.3 冷冲压工艺

冷冲压工艺应符合 GB/T 8176 和 GB 13887 规定的安全要求。

10.3.4 机械加工工艺

机械加工工艺应符合 JB 7741 的要求。

10.3.5 压铸件清理和后处理工艺

压铸件的清理工艺和后处理工艺应使用专用设备和工具,并应有安全防护措施。

11 对设备、模具的安全要求

11.1 一般要求

11.1.1 企业采用的生产设备、模具和机械化装置应互相匹配、协调,在生产过程中应有机地融为一体,不得构成危险或不安全、不卫生的因素。

11.1.2 选择生产设备、模具、机械化装置、工具时,应首先考虑安全、卫生和环境保护,并应符合GB/T 4064、GB 5083和GB 12266的要求。

11.2 设备

11.2.1 专用设备

11.2.1.1 专用设备本身使用的材料应符合安全卫生要求,不允许使用对人体有害的材料和未经安全卫生检验的材料。

11.2.1.2 专用设备的外形应平整光滑,避免有尖锐的棱角。

11.2.1.3 专用设备机械传动的外露部分应安装防护装置,旋压式的工作部分应安装安全装置。

11.2.1.4 专用设备的控制机构应符合下列要求:
- a) 设有防止意外启动而造成危险的保护装置;
- b) 控制线路应保证线路损坏后也不发生危险;
- c) 自动或半自动控制系统,应在功能顺序上保证排除意外造成危险的可能性或设有可靠的保护装置;
- d) 当偶然断电时,制动、夹紧动作不应中断;供电恢复后,设备不得自动启动;
- e) 对危险性较大的专用设备应配置监控装置。

11.2.2 燃气制冷机

11.2.2.1 为满足敞开式注气焊接工艺的要求,将燃气冷却到−55 ℃~−60 ℃,燃气制冷机应采用两级压缩制冷系统。可以将蒸发器置于冷却箱中,通过制冷剂蒸发直接冷却燃气,也可以在冷却箱中注入载冷剂(甲醇或乙醇),通过载冷剂冷却燃气。

11.2.2.2 企业采用的燃气制冷机应是专业厂家制造的合格产品。

11.2.2.3 燃气制冷机应设置高、低压压力表。当压力表有下列情况时,不允许使用:
- a) 指示失灵;
- b) 逾期未校验;
- c) 无铅封印;
- d) 截断压力后,指针不能回到零点;
- e) 泄压后指针复位处对零点的偏差,超过压力表允许误差的一半;
- f) 刻度不清;
- g) 表面玻璃破碎。

11.2.2.4 燃气制冷机应设置高、低压压力继电器(又称高、低压压力保护开关)。非专业技术人员不得调整压力继电器。

11.2.2.5 燃气制冷机冷凝器和贮液器上应设置熔塞,以防止因火灾而出现爆炸事故。

11.2.2.6 热力膨胀阀应正立式安装,不允许倒立;感温包应安装在蒸发器的出气管上,紧贴包缠在水平无积液的管段上,外加隔热材料缠包,或插入吸气管上的感温套管内,以确保感温包正确感温。

11.2.3 超声波注气焊接机

11.2.3.1 超声波注气焊接机应符合 11.2.1 的全部要求。

11.2.3.2 超声波振荡器应设置空气过滤器、电流继电器、温度继电器、保险管等安全保护设备。

11.2.3.3 超声波振荡器的控制面板上应设置电流表、频率调整钮、试验开关、输出调整钮、电源指示灯、电源开关等显示和控制装置。

11.2.3.4 间歇式自动旋转工作台在高速间歇旋转时,应振动小、噪音小、分度精度寓。冲压头应由汽缸带动。控制注气量的开关阀应是防爆型电磁阀或气动阀。

11.2.3.5 将高频电能转换为高频机械能的换能器可以采用压电效应不对称晶体元件,也可采用磁致伸缩效应合金元件,但都应保证可靠度、故障率、累积故障率、平均故障间隔期、维修度等技术要求。

11.2.3.6 将超声能传递给气箱的焊具(又称焊头)是用铝或钛合金车削成的圆锥体,焊具的顶端应电镀铬,或镶嵌碳化钨的振动头。

11.2.4 超声波塑料焊接机

11.2.4.1 超声波塑料焊接机应符合 11.2.1、11.2.3.2、11.2.3.3、11.2.3.5、11.2.3.6 的要求。

11.2.4.2 冲压头可以采用气动或电动结构,不应采用手动结构。

11.2.5 冷却循环水系统

11.2.5.1 丁烷制冷机的冷凝器、塑料注射成型机与有色金属压铸机的油冷却器、塑料注射成型机的料缸冷却器、注射模和压铸模,都是由冷却循环水系统供给冷却水。冷却循环水泵房应采用砖混结构单层建筑,屋顶上架设逆流式圆形玻璃钢冷却塔,地面下并列设置容识相同的回水池和给水池。

11.2.5.2 冷却塔上水泵和冷却循环水系统给水泵均应采用单级单吸悬臂式离心泵,并应设置两套。

11.2.5.3 冷却循环给水管和回水管均应采用镀锌钢管。

11.2.5.4 给水池内应装有水位控制器,当给水池内水位降至预定值时,自动开进水电磁阀向池内补充水;当水位升至预定值时,自动关闭进水电磁阀,停止供水。

11.2.6 通用设备

11.2.6.1 企业使用的塑料注射成型机、有色金属压铸机与辅机、压力机与机械化装置、空气压缩机和金属切削机床应符合 GB/T 4064、GB 5083、GB 12266、GB 15760、JB/T 7267 以及其他有关标准、规范的要求。

11.2.6.2 企业使用的通用设备应是专业厂家制造的合格产品,应有合格证和完整的设备使用说明书。企业应按照设备使用说明书的规定安装,并应根据使用说明书提供的技术参数和设备性能进行验收。

11.2.6.3 不允许安装、使用已报废的、没有安全保护装置的和有危险隐患的通用设备。

11.3 模具

11.3.1 新模具应在试模并有企业安全技术部门参加验收合格后使用。

11.3.2 劣质、有故障、已磨损、已报废的模具不允许使用。

12 对贮存、包装、运输的安全要求

12.1 打火机应单独地贮存在打火机仓库内,不允许与半成品、零部件和原材料贮存在

一起。

12.2 打火机应机头朝向一致地插放在塑料底托上,再将每托打火机整齐地码放在塑料周转箱内,只允许码放一层,不允许重叠码放,以防压坏打火机。塑料周转箱码放高度不宜超过2 m。

12.3 发货前应先将每托打火机小包装,再将小包装纸盒码放在五层瓦楞纸的外包装箱内,最后打包。外包装箱侧面应印有符合QB 1140要求的标志。外包装箱码放高度不宜超过2 m。打火机包装质量应符合GB 12463、SN 0324的要求。

12.4 打火机的运输应符合GB 12463的要求。打火机应装在集装箱内运输(包括公路运输、铁路运输、海运)。起运前应使用便携式可燃气体检测报警器进行检查,如发现可燃气体泄漏,应拆箱处理;在确保没有可燃气体泄漏的前提下,才允许起运。

13 安全操作规程

13.1 一次性打火机敞开式注气焊接工艺安全操作规程

13.1.1 操作工人应穿防静电工作服和没有钉子的胶底鞋。

13.1.2 不允许操作工人将打火机、点火器带进车间。

13.1.3 上班前应排风0.5 h,下班后应排风1 h。注气焊接的同时应排风,不允许中途停止排风。

13.1.4 开机前应检查电源、电气控制、机械传动、冷却水、燃气供应系统、可燃气浓度探测报警系统,如一切正常,再严格按操作规程开机。

13.1.5 在注气焊接过程中,按规定检查和记录制冷机、超声波焊接机的工作参数。同时检查燃气供应系统的密封状况。

13.1.6 气箱和上盖部件应清洁完好,如果气箱和上盖部件的焊接部位有油污、灰尘、杂质,不要进行注气焊接。

13.1.7 按规定检查注气量、焊缝质量、焊接高度,发现问题及时调整。

13.1.8 操作工人应按规定动作操作。防止低温冻伤,手勿接触冷冻液化燃气;同时要防止冲压头压伤手指。

13.1.9 用水槽检查焊缝是否漏气时应戴手套。

13.1.10 严格按操作规程停机。停机后将气箱部件运到时效间存放。注气间内不要存放零部件。

13.1.11 燃气制冷机停机后,如使用甲醇或乙醇作载冷剂,应将载冷剂从冷却箱中取出妥善存放,以防室温条件下甲醇或乙醇蒸发引起火灾。

13.1.12 不允许用水冲洗燃气制冷机和超声波注气焊接机。

13.2 一次性打火机密闭式注气工艺安全操作规程

13.2.1 注气前应检查注气机的注气嘴、操纵机构、汽缸、供气系统、分水过滤器、气动输送泵,如一切正常,再按操作规程开始工作。

13.2.2 应注意调整注气量,防止注气过多或不足。

13.2.3 操作注气机时手勿接触液化燃气,并应防止注气嘴压伤手指。

13.2.4 不允许用水冲洗注气机,其余内容与13.1.1、13.1.2、13.1.3、13.1.9、13.1.10相同。

13.3 超声波塑料焊接工艺安全操作规程

13.3.1 操作工人应穿工作服,戴工作帽。

13.3.2 开机前应检查电源、电气控制、机械传动,如一切正常,再严格按操作规程开机。

13.3.3 在焊接过程中,按规定检查、记录超声波塑料焊接机的工作参数。

13.3.4 操作工人应按规定动作操作,防止冲压头压伤手指,同时应遵守13.1.6的规定。

13.3.5 按规定检查焊缝质量、焊接高度,发现问题及时调整。

13.3.6 严格按操作规程停机。停机后将气箱部件运到中转库或零部件库存放。

13.3.7 不允许用水冲洗超声波塑料焊接机。

13.4 组装工艺安全操作规程

13.4.1 组装工人应穿工作服、戴工作帽。不允许穿拖鞋进入车间,不允许将打火机、点火器带进车间。

13.4.2 工作前应认真检查设备、电动工具、手动工具、工位器具,如一切正常,再开始工作。设备应先空运转1 min～3 min,再负荷运转。不允许使用有故障的设备。

13.4.3 组装工人在组装工作开始之前,应对零部件进行检验,发现质量问题应退回上道工序。

13.4.4 使用电磁振动装料机时,应在小电流状态下启动,启动后再调至工作电流值。

13.4.5 使用油压机、气压机、组装模板压装部件时,不允许手进入压头移动空间。

13.4.6 使用电动螺丝刀或其他电动工具组装部件时,不允许戴手套,并应调整好限位装置。

13.4.7 一次性打火机一次调火应使用脉冲点火器,不允许用长燃明火作点火源。操作工人观察火焰状态时,脸部应远离火焰。

13.4.8 一次性打火机二次调火应使用特制的防风罩,每次调火时间不要超过5 s;对于钢轮火石型一次性打火机,二次调火时操作工人应戴护指套。

13.4.9 下班前应将成品入成品库、半成品和零部件入中转库;组装车间内不允许存放成品、半成品和零部件。

13.5 通用设备安全操作规程

13.5.1 通用设备的操作工人应经过严格培训,经技术部门考核批准后,方可独立操作。

13.5.2 开机前应穿好工作服、戴好工作帽、准备好工具。

13.5.3 开机前应检查电源动力系统、电气控制系统、液压系统、机械传动系统、安全防护装置、工作机构、模具,如一切正常,才允许开机。开机时应严格遵守操作规程。

13.5.4 对于塑料注射成型机不允许低温开车。开车生产时应使用安全罩,合模时不允许探头、伸手到合模空间内;挤料时,不得有人站在料缸两侧,以防烫伤;喷嘴堵塞时,不能用增加压力的方法使其注出,以免料筒各紧固部位的螺钉松动,应拆下处理;如产品或料把卡住时,只能用铜棍冲打,冲打时应特别注意模具型腔部位,以防损坏。

13.5.5 对于有色金属压铸机和塑料注射成型机的液压机械式合模装置,不能在撑直的情况下停车,防止连杆受较高合模力的时间过长而变形。

13.5.6 冲床开机前应将工作台上的一切不必要的物件清理干净,以防工作时振落到脚踏开关上,造成冲床突然启动而发生事故;冲压小零件时,应采用自动送料装置,或专用工具送料,不允许用手送料;如果工件卡在冲模里,应先将脚从脚踏开关上移开,再用专用工具取出,不允许用手拿。

13.5.7 操作金属切削加工机床时不允许戴手套;为防止切屑伤人,应在合适的位置上安装挡板;除机床上装有在运动中自动测量的量具外,均应停机测量工件,并将刀架或工作台移到安全位置。

13.5.8 空气压缩机开机前应打开放气节门,使排气管处于无压力状态;开机后开启排气节门向储气管送气,并关闭放气节门;汽缸、气罐要小心保养,勿使汽油等易燃物进入里面;吸气口附近要经常保持清洁,以防止尘土吸入机内。

13.6 设备、模具维修钳工安全操作规程

13.6.1 修理设备时应停电,并在电闸上挂"不准合闸"的警告牌,必要时设专人监护。

13.6.2 修理设备需局部照明时,不许使用超过 24 V 的手柄灯。

13.6.3 修理设备时所用工具应合乎标准,标准扳手不准套上钢管加长或加大扭矩使用;手锤的锤头不准松动,锤把不准开裂;錾子不许有毛刺、锐边、裂纹;刮刀和锉刀应装有木柄。

13.6.4 使用手电钻或其他电动工具时,应检查是否漏电;接线要正确,使用时应戴绝缘手套,任何电动工具不允许在雨雾的露天使用。

13.6.5 支撑拆下的设备部件使用千斤顶时,要放牢靠,且应与千斤顶底面平行放一木板,设备的重大部件应放台架或大枕木。调整千斤顶时不准直接用手拧,可用小棒操作。

13.6.6 修理设备零件需使用钻床时,不允许戴手套,钻孔的零件要夹紧。

13.6.7 使用砂轮机时,要站在砂轮前侧面,不许碰撞砂轮,并应戴防护镜。

13.6.8 使用吊车时,注意检查吊具、吊位,上下要配合好。不允许斜吊、斜拉和突然翻活。物件悬空时不允许头、子、脚伸入,更不许整个身体进入悬空物下工作,除非采用安全措施。物体悬空时不允许离开工作岗位。

13.6.9 使用吊链起重时应检查吊链是否完好,固定吊链的三角架或横梁是否可靠,三脚架下部应用拉链拉紧,并要有专人指挥。

13.6.10 设备修理好后试车前应检查电气系统、液压系统、气压系统、机械传动部分、安全装置、控制面板上的手柄和按钮等是否正常,如一切正常,才可以试车。开车后要注意压力表读数,应从低往高逐渐调压。不允许不检查突然开车,造成崩裂伤人。

13.6.11 到机台检修模具时,如需机上修理应先停车并关掉主机,再修理。

13.6.12 在更换芯子、顶杆、滑块等模具易损件时,应根据模具结构按顺序一件一件拆卸、清洗,然后再按顺序组装。不允许在不清楚模具结构的情况下生打硬拆。在组装模具时,尤其在合模研配时,注意操作手法,防止压伤手指。

13.7 电气安全操作规程

13.7.1 非电工人员不得随意乱动一切电器设备,违者严加追究。

13.7.2 尽量避免带电操作,如非带电操作不可时,应经电气部门负责人同意,操作时条件要符合《电业安全工作规程》中低压带电的要求。

13.7.3 低压回路停电工作的安全措施:
   a) 把施工设备各方面的电源断开;
   b) 在断开的开关或隔离开关的操作把手上悬挂"禁止合闸、有人工作!"的标示牌;
   c) 工作前必须先验电。

13.7.4 在使用钳形电流表时,手要干燥、干净。使用摇表时,线路上不准带电,并保证设备

上无人工作时,方可进行测量。

13.7.5　在敷设新的线路时,应先计算好负荷和电线容量。不允许使用不合格的电器材料,以免发生电器故障。

13.7.6　在设备发生人身触电事故或起火时,应立即切断电源,并报告有关部门进行分析处理。

13.7.7　随时注意严防明露电部分,以免电人。不准乱接临时线路,如确实需要,可请示有关领导批准并报技术部门同意方可进行。

13.7.8　对于有防火防爆要求的场合或车间应严格实行防火防爆措施。

13.7.9　全厂干线、支线应每月巡视检查一次,在必要时用摇表检查绝缘情况是否合格。

13.7.10　经常检查保护接零干线或保护接地干线,绝对不许有断路现象。

13.7.11　每年雨季前应检查避雷网、避雷针接地等是否良好,发现问题应及时修理。

13.7.12　绝缘手套、绝缘靴、绝缘工具、拉闸杆等每年应检验一次,合格方可使用。

14　安全管理、检查和教育

14.1　安全管理

14.1.1　企业应设置安全生产管理机构或专职安全管理人员。

14.1.2　企业应制定事故应急救援预案,并定期演练。

14.1.3　企业安全管理人员应进行专门培训,经考试合格后持证上岗。

14.1.4　企业经理(厂长)、企业生产负责人、企业技术负责人应进行专门培训,并经考试合格后持证上岗。

14.2　化学危险物品管理

14.2.1　打火机专用燃气、打火机专用汽油、200#溶剂汽油,应专库专储、专人保管、专车运输。

14.2.2　化学危险物品仓库应实行禁止烟火制度、安全检查制度、安全操作制度、出入库登记制度、清点账物制度、"五双"制度,即双人保管、双把锁(匙)、双本账、双人发货、双人领用。

14.2.3　使用化学危险物品的车间应实行专人领用、专人保管、专人维护、专人检查的制度。

14.2.4　安全管理人员应随时注意化学危险物品作业点的安全状况,发现违章操作及时制止,发现设备故障及时报告。

14.2.5　化学危险物品管理工作由企业经理(厂长)主管。安全管理人员负责化学危险物品的管理工作。

14.3　防火防爆管理

14.3.1　企业应建立防火防爆管理制度。

14.3.2　企业主管生产的领导,应同时主管防火防爆管理工作。

14.3.3　安全生产管理机构应有1名安全管理人员负责监督执行防火防爆管理制度。

14.3.4　车间、工段、班组的负责人,应具体负责本单位的防火防爆管理工作。

14.4　安全标志

14.4.1　企业应在化学危险品库、成品库、注气间,供气间、时效间、调火间、组装车间的醒目处设标志牌。标志牌应平整清楚,大小、比例和颜色应符合 GB 2894 的规定。

14.4.2　车间各区域(空间)和设备,凡可能危及人身安全时应按 GB 2894 的规定,于醒目处设标志牌。

14.4.3 不安全或禁止使用的设备,应在启动装置附近挂示标牌,并用醒目字体标注"危险,禁止启动"等字样。标牌的颜色应与设备基本色调有显著区别。

14.5 安全检查

14.5.1 企业应建立安全检查制度。

14.5.2 安全管理人员应使用便携式可燃气体检测报警器"一日三查"化学危险品库、成品库、注气间、供气间、时效间、调火间和组装车间的可燃气体浓度值。

14.5.3 安全管理人员应每周检查一次危险作业点的安全状况,重点查不规范操作行为和设备隐患。

14.5.4 安全管理人员应每月检查一次厂区消防给水系统和消防设施、车间内消防器材和灭火器。

14.6 安全教育与培训

14.6.1 企业应建立三级安全教育制度,对新进厂的人员进行入厂教育、车间教育和班组教育。

14.6.2 企业应根据企业职工安全教育大纲定期对全体职工进行卫生和安全教育。

14.6.3 企业应依法对新工人进行培训。企业可以委托有关单位进行技术培训。新工人应持培训合格证上岗。

14.6.4 企业每年至少应举办两次安全技术讲座。

炼钢安全规程(AQ 2001—2018)

前　　言

本标准的全部技术内容为强制性。

本标准按照 GB/T 1.1—2009 给出的规则起草。

本标准代替 AQ 2001—2004《炼钢安全规程》。与 AQ 2001—2004 相比,主要技术变化如下：

——标准结构顺序作了调整；
——增加了 GB/T 33000 有关安全管理要求；
——增加了对转炉煤气区域安全检测与监控措施的要求；
——增加了不得在吊运高温液态金属影响范围内设置人员密集场所的要求；
——删除了对供油站、乙炔气站设置部分要求；
——增加了煤气净化站等装置接地保护要求；
——增加了转炉高层框架内吊运氧副枪的起重机不设司机室操作,采用无线遥控和线控操作板操作的要求；
——增加了进入料仓等有氮气密封设备的空间,应采取有效通风措施的要求。

本标准由原国家安全生产监督管理总局监管四司提出。

本标准由全国安全生产标准化技术委员会冶金有色安全分技术委员会(SAC/TC 288/SC 8)归口。

本标准起草单位：中钢集团武汉安全环保研究院有限公司、中冶南方工程技术有限公司、北京金恒博远科技股份有限公司、中国宝武钢铁集团有限公司、首钢京唐钢铁联合有限责任公司。

本标准主要起草人：王志、秦平果、徐肖伟、展之发、刘峰、吴启兵、刘红军、邬开发、沈星、李敬。

1　范围

本标准规定了炼钢安全生产的技术要求。

本标准适用于炼钢厂的设计、设备制造、施工安装、生产和设备检修。

2　规范性引用文件

下列文件对于本文件的应用是必不可少的。凡是注日期的引用文件,仅注日期的版本适用于本文件。凡是不注日期的引用文件,其最新版本(包括所有的修改单)适用于本文件。

GB 2894　安全标志及其使用导则

GB 4053.1　固定式平台及钢梯安全要求　第1部分：钢直梯

GB 4053.2　固定式平台及钢梯安全要求　第2部分：钢斜梯

GB 4053.3　固定式平台及钢梯安全要求　第3部分：工业防护栏杆及钢平台

GB 4387　工业企业厂内铁路、道路运输安全规程
GB/T 5082　起重吊运指挥信号
GB 5768.2　道路交通标志和标线　第2部分：道路交通标志
GB 5768.3　道路交通标志和标线　第3部分：道路交通标线
GB/T 5972　起重机钢丝绳保养、维护、安装、检验和报废
GB/T 6067.1　起重机械安全规程　第1部分：总则
GB 6222　工业企业煤气安全规程
GB 6722　爆破安全规程
GB 7231　工业管道的基本识别色、识别符号和安全标识
GB 14784　带式输送机安全规范
GB 16912　深度冷冻法生产氧气及相关气体安全技术规程
GB/T 20801.6　压力管道规范工业管道　第6部分：安全防护
GB 28664　炼钢工业大气污染物排放标准
GB/T 29639　生产经营单位生产安全事故应急预案编制导则
GB/T 33000　企业安全生产标准化基本规范
GB 50016　建筑设计防火规范
GB 50030　氧气站设计规范
GB 50034　建筑照明设计标准
GB 50057　建筑物防雷设计规范
GB 50058　爆炸危险环境电力装置设计规范
GB 50140　建筑灭火器配置设计规范
GB 50184　工业金属管道工程施工质量验收规范
GB 50235　工业金属管道工程施工规范
GB 50236　现场设备、工业管道焊接工程施工规范
GB 50316　工业金属管道设计规范
GB 50683　现场设备、工业管道焊接工程施工规范
GB 50414　钢铁冶金企业设计防火规范
GB 50439　炼钢工程设计规范
GB 50603　钢铁企业总图运输设计规范
GBJ 22　厂矿道路设计规范
GBZ/T 205　密闭空间作业职业危害防护规范
DL 408　电业安全工作规程
TSG D0001　压力管道安全技术监察规程—工业管道

3　术语和定义

下列术语和定义适用于本文件。

3.1

竖炉　shaft furnace

炉盖上带有竖井，并利用电弧炉排出的高温废气在竖井内预热废钢的超高功率电弧炉。

3.2
PLUS2000 炉　PLUS2000 furnace
设有废钢料篮旋转装置,并利用自身高温废气预热废钢的超高功率电弧炉。

3.3
CONSTEEL 炉　CONSTEEL furnace
废钢通过传送带连续加入,并经自身高温废气预热的废钢的超高功率电弧炉。

3.4
Korfarc 炉　Korfarc furnace
炉壁装设多组氧枪、烧嘴和浸入式风口,利用化学能与后燃烧技术节约电能的超高功率电弧炉。

3.5
VD　vacuum degassing
一种钢液真空脱气装置,它将带钢液的钢包置于与真空泵连通的密闭的真空罐内,从钢包底部通入氩气搅拌钢液,使钢液在真空状态下发生脱气反应。

3.6
VOD　vacuum oxygen decarburization
一种主要用来精炼不锈钢的真空吹氧脱碳精炼装置,它在 VD 的真空罐盖上增设氧枪,向真空罐内钢液面吹氧,在真空状态下对含铬钢液进行"脱碳保铬"精炼,也可以用来冶炼超低碳钢。

3.7
CAS-OB　composition adjustments by scaled argon bubbling with oxygen blowing
一种在钢包内利用金属(铝)燃烧产生的氧化热加热钢液,或在浸入罩内加合金调整钢液成分的装置。

3.8
IR-UT　injection refinning-up temperature
一种在常压下对钢液既可进行喷粉脱硫精炼,又可吹氧加铝升温的装置,它是在浸入罩内增加一根插入钢液的喷粉枪,借以向钢液喷入脱硫剂。

3.9
RH　ruhrstahl-heraeus process
一种对钢液真空循环脱气的精炼方法,它利用真空室底部的两根环流管(浸渍管)插入钢包钢液内,通过上升管内充氩气作为提升气体,利用气泡泵原理使钢水不断从上升管流入真空室,再从下降管流回到钢包,形成循环流动,使钢水在真空室内实现深脱气处理。

3.10
RH-TB　ruhrstahl-heraeusdegassr-top blowing
系指在 RH 真空罐顶部插入一根氧枪,并向钢液吹氧脱碳,用以精炼超低碳钢与不锈钢的方法。

3.11
LF　ladle furance
一种在常压下从钢包底部吹氩,并用电弧对钢液进行加热以精炼钢液和均匀钢液成分、温度的装置。

3.12

AOD　argon oxygen decarburization

一种在转炉的钢液熔池侧面，按不同比例往钢液吹入氧气与氩气的脱碳精炼炉，主要用于冶炼不锈钢。

4　安全管理

4.1　炼钢企业安全生产管理应满足 GB/T 33000 的相关规定。

4.2　新建、改建、扩建工程项目的安全设施，应与主体工程同时设计、同时施工、同时投入生产和使用。安全设施的投资应纳入建设项目概算。项目可行性研究阶段就应委托有相应资质的评价机构进行安全预评价。

4.3　建设工程的初步设计文件应有《安全设施设计》。安全设施设计应贯穿于各专业设计之中，并按相关规定送审。

4.4　建设项目施工应按设计进行。变更安全设施，应经设计单位书面同意。

工程的隐蔽部分，应经设计单位、建设单位、监理单位和施工单位共同检查合格签字后，方可进行隐蔽。

施工完毕，施工单位应将竣工说明书及竣工图交付建设单位。

4.5　建设工程项目竣工后，应当在正式投入生产或者使用前进行试运行。

  a)　试运行时间应不少于 30 日，最长不得超过 180 日；

  b)　项目安全设施竣工或者试运行完成后，应委托有资质的评价机构进行安全验收评价；

  c)　项目竣工投入生产或者使用前，生产经营单位应当组织对安全设施进行竣工验收，并形成书面报告备查。安全设施竣工验收合格后，方可投入生产和使用。

4.6　炼钢企业应依法设置安全生产管理机构或者配备专职安全生产管理人员，应当有注册安全工程师从事安全生产管理工作。

4.7　炼钢企业应加强对重大危险源的安全管理与监测监控，建立健全重大危险源安全管理规章制度，应包括下列内容：

  a)　应对本单位存在的各类危险源进行辨识，实行分级管理。对于构成重大危险源的，应登记建档，进行定期检测、评估和监控，并在重大危险源现场设置明显的安全警示标志；

  b)　应制定重大危险源安全管理与监控的实施方案。

4.8　炼钢企业应根据 GB 6222 的有关规定，配备煤气在线监测、防护设施，在煤气易泄漏和聚集区域，应设有醒目的安全警示标识。

4.9　炼钢企业应建立、健全本单位安全生产责任制，制定、完善本单位安全生产规章制度和操作规程。严格执行岗位交接班制度。

4.10　特种作业人员和特种设备操作人员均应经过专门的安全教育和培训，并经考核合格、取得操作资格证，方可上岗。上述人员的培训、考核、发证及复审，应按国家有关规定执行。

4.11　炼钢企业的会议室、活动室、休息室、更衣室等人员聚集场所应设置在安全地点，不得设置在吊运高温液态金属的影响范围内。

4.12 炼钢企业应建立健全派遣劳动者用工安全管理制度,加强对派遣劳动者用工的安全管理,对被派遣劳动者应进行统一的安全生产教育和培训。

4.13 采用新工艺、新技术、新设备、新材料,应制定相应的安全技术措施;对有关生产人员,应进行专门的安全技术培训,并经考核合格方可上岗。

4.14 炼钢企业应建立对厂房、机电设备进行定期检查、维修和清扫制度。要害岗位及电气、机械等设备,应实行操作牌制度。

4.15 安全装置和防护设施,不得擅自挪动、拆除或移作他用。

4.16 炼钢企业应建立铁水、钢水、液态渣跑漏、煤气中毒以及火灾、爆炸、触电和毒物逸散等重大事故的应急救援预案,应急预案的编制应符合 GB/T 29639 的相关规定,并在易发生事故的场所设置必备的气体检测仪、防毒口罩、防护手套、防护服、防毒面具、呼吸器、洗眼器、急救药品与器械等事故应急器具,并定期开展事故应急救援演练。

4.17 炼钢企业生产、检、维修作业外包的,应对承包单位进行危险有害因素告知和安全交底,签订安全协议,并对承包单位的安全资质、安全措施进行审核。

4.18 炼钢企业强电磁辐射区域应设警示标识,体内安装有心脏起搏器或金属植入物的人员禁止进入。

4.19 炼钢企业发生伤亡事故时,应按国家有关规定报告、调查和处理。

4.20 进入涉及煤气、氮气等有限空间作业,应遵守有限空间作业安全管理和 GBZ/T 205 规定要求,先通风,再检测,后作业。

5 厂(车间)的位置与布置

5.1 厂(车间)的位置

5.1.1 选择厂(车间)的位置,应注意工程地质条件和洪水、海潮、台风、滑坡等灾害的危害,并按地震烈度等级标准设防。

厂址地坪应高于最高洪水水位 0.5 m 以上,地处海岸边的应高于计算潮水位 1 m 以上;如受条件限制无法达到,应采取有效的补救措施。

5.1.2 厂(车间)应位于居住区常年最小频率风向的上风侧和当地生活水源的下游,并应有适当的安全健康防护距离。

5.1.3 炼钢厂不应邻近居民区、风景旅游区、文物保护区、生活水源地和重要农业区;选择厂址时,应同时考虑炼钢厂"三废"排放、弃置及噪声、电网闪烁等公害所产生的影响,并采取必要的防护措施。

炼钢厂的弃渣场,应位于居住区和水源地安全健康防护距离以外的低洼地带,并应考虑爆炸、扬尘、有害元素扩散的安全距离;厂内钢渣处理设施,应布置在主厂房常年最小频率风向的上风侧。

5.1.4 落锤破碎废钢的设施,应设在流动人员稀少的厂区边缘安全区域,并应有可靠的防止废钢飞散的围护设施;与其他建筑物之间的安全距离,3 t、5 t、7 t 落锤应分别大于 30 m、50 m、80 m,并应采取必要的安全措施。

5.1.5 煤气柜、乙炔站、丙烷气站、供油站、天然气储配站等火灾和爆炸危险性较大的及产生烟尘、有毒有害气体的设施,应位于厂区和居住区常年最小频率风向的上风侧。

5.1.6 氧气站应位于空气洁净区域,其空分设备的吸风口应位于各种易燃、易爆性气源与尘源的常年最小频率风向的下风侧。

5.1.7 各车间及设施的位置应符合防火、防爆、防震、职业健康、运输安全等有关规程(规范)的规定及安全技术要求。

5.2 厂(车间)的布置

5.2.1 炼钢主车间的布置,应根据各种物料的流向,保证其能顺畅运行,互不交叉、干扰,并尽可能缩短铁水、废钢及钢坯(锭)等大宗物流的运输距离。

5.2.2 炼钢主车间与各辅助车间(设施),应布置在生产流程的顺行线上;铁水、钢水与液体渣,应设专线(或专用通道)运输,以减少其他物流干扰。当铁水采用汽车运输时,应采用特种专用车辆,尽量减少铁水运输距离,道路宽度、净空、坡度应根据铁水运输车辆的尺寸、技术参数专门核算确定,保证运输安全。严禁经由国家或地区公交线路运输铁水。

5.2.3 炼钢主车间,应按从原料至成品(坯、锭)的生产流程,以各工序分区作业为原则,合理布置各工艺装备及生产设施,确保各工序安全、顺行。

5.2.4 炼钢厂内,应按消防规定设置必要的消防设施和消防通道,并设有明显的标志牌。

6 厂房及其内部建(构)筑物

6.1 厂房

6.1.1 冶炼与浇注厂房设计应考虑良好的通风散热与采光条件;转炉、电炉、铁水贮运与预处理、精炼炉、钢水浇注等热源点上方,应有良好的通风排气设施;热源点周围的建(构)筑物应考虑高温影响,采取相应的隔热防护措施。

6.1.2 厂房结构应考虑风、雨、雪、灰等动(静)载荷及各种自然因素影响,主厂房屋面四周应设栏杆,并在适当位置设置清扫通道;厂房应合理布置登上屋面的消防梯与检修梯,符合相关安全规定。

6.1.3 转炉与电炉容量 50 t 以上的炼钢车间,主要跨间的厂房应采用钢结构;炼钢主厂房的布置形式及各跨间参数的确定,应符合 GB 50439 的要求。

6.1.4 炼钢主厂房,地坪应设置宽度不小于 1.5 m 的人行安全走道,走道两侧应有明显的标志线;主厂房及其他中、重级工作类型的桥式起重机,应设置四周贯通的起重机安全走道,轻级工作起重机厂房,应设单侧贯通的安全走道,走道宽度应不小于 0.8 m,并应按起重机台数设置司机专用走梯和蹬车平台。

6.1.5 炼钢主厂房,应设置贯通各主要工序主工作平台的参观走道,其宽度不小于 1.5 m。纵向参观走道应贴近主厂房柱列布置;垂直于主厂房柱列的参观走道应沿厂房内边缘设置。

6.1.6 厂房内地坪应高于厂房外地坪 0.3 m 及以上,厂房内地面运输车辆的轨道面应与室内地坪面一致。

6.1.7 起重机司机室与电源滑触线,原则上应相对布置;若两者位于同一侧,则应有安全防护措施。同一厂房跨间内同时设有轨面标高不同的两层起重机,则下层起重机的电源滑触线应有安全防护措施。

6.1.8 厂房内生产作业区域和有关建筑物适当部位,应设置安全标志。安全标志包括危险场所和其他特定场所的安全标志,应符合 GB 2894 的规定。

6.2 建(构)筑物

6.2.1 炼钢企业内的厂房、烟囱等高大建(构)筑物及易燃、易爆等危险设施,应按 GB 50057

的规定设置防雷设施,并应定期检查,确保防雷设施完好。

6.2.2 各种建(构)筑物的建设,应符合相关规定;各种设备与建(构)筑物之间,应留有满足生产、检修需要的安全距离;移动车辆与建(构)筑物之间,应有 0.8 m 以上的安全距离。

6.2.3 易受高温辐射、液渣喷溅危害的建(构)筑物,应有防护措施;所有高温作业场所,如炉前主工作平台、钢包冷热修区等,均应设置通风降温设施。

6.2.4 主要生产场所的火灾危险性分类及建(构)筑物防火最小安全间距、防火设施的设置,设置灭火器的场所和数量要求应遵循 GB 50016、GB 50414、GB 50140 等消防法规、标准的规定,主控室、电气间、可燃介质的液压站、连铸切割介质的气站、一次除尘风机房、电缆夹层等易发生火灾的建(构)筑物,应设自动火灾报警装置。

车间电缆隧道应设火灾自动报警装置和自动灭火装置。长度超过 7 m 的,应设置通风设施。

6.2.5 厂房内梯子应采用不大于 45°的斜梯(特殊情况允许采用 60°斜梯与直爬梯),梯子设置应符合 GB 4053.1、GB 4053.2 的规定。

铁水预处理、转炉、电炉、精炼炉、连铸主平台,两侧应设梯子。

大、中型转炉,炉子跨宜设电梯。

6.2.6 炼钢厂区内的坑、沟、池、井,应设置安全盖板或安全护栏。操作位置高度超过 1.5 m 的作业区,应设固定式或移动式平台;固定式钢平台应符合 GB 4053.3 的规定,平台负荷应满足工艺设计要求。

高于 1.5 m 的平台,宽于 0.25 m 的平台缝隙,深于 1 m 的敞口沟、坑、池,其周边应设置符合 GB 4053.3 规定的安全栏杆(特殊情况例外),不能设置栏杆的,其上口应高出地坪 0.3 m 以上。

平台、走廊、梯子应防滑。

易受钢水与液渣喷溅的平台工作面,应采用铸铁板或钢板贴面混凝土块(耐火材料)铺设。

6.2.7 铁水预处理、转炉、AOD 炉、电炉、精炼炉的炉下区域,应采取防止积水的措施,炉下漏钢坑应按防水要求设计施工,其内表应砌相应防护材料保护,且干燥后方可使用;炉下钢水罐车、渣罐车运行区域,地面应保持干燥;炉下热泼渣区,周围应设隔热防护结构,其地坪应防止积水;炉渣冲击与挖掘机铲渣地点,应在耐热混凝土基础上铺砌厚铸铁板或采取其他措施保护。

6.2.8 不准许渗水的坑、槽、沟,应按防水要求设计施工。

6.2.9 转炉、AOD 炉和电炉主控室的布置,应设置出现大喷事故的必要防护措施;转炉兑铁、加废钢的起重机司机室玻璃窗应采取必要的防止转炉喷溅的措施;连铸主控室不应正对中间罐;转炉炉旁操作室应采取隔热防喷溅措施;电炉后出钢操作室,不应正对出钢方向开门,其窗户应采取防喷溅措施;所有控制室、电气室的门,均应向外开启;电炉与 LF 主控室,应按隔声要求设计;主控室应设置紧急出口。

6.2.10 炼钢炉、钢水与液渣运输线、钢水吊运通道与浇注区及其附近的地表与地下,不应设置水管(专用渗水管除外)、电缆等管线;如管线必须从上述区域经过,应采取可靠的保护措施。

6.2.11 易积水的坑、槽、沟,应有排水措施;所有与钢水、液渣接触的罐、槽、工具及其作业区域,不应有冰雪、积水,不应堆放潮湿物品和其他易燃、易爆物品。

6.2.12 密闭的深坑、池、沟,应设置换气设施。

6.2.13 废钢处理设施应有可靠的安全防护措施,落锤破碎间(场)应设封闭型防护结构,废钢爆破应采用泄压式爆破坑。

7 原材料

7.1 散状材料

7.1.1 应根据入炉散状材料的特性与安全要求,确定其贮存和运输方法,入炉物料应保持干燥。

7.1.2 采用有轨运输时,轨道外侧距料堆应大于 1.5 m。采用带式输送机运输,应遵守 GB 14784 的规定。

7.1.3 具有爆炸和自燃危险的物料,如 CaC_2 粉剂、镁粉、煤粉、直接还原铁(DRI)等应采取安全的储存方式,必要时用氮气保护;存放设施应按防爆要求设计,并禁火、禁水,防潮。

7.1.4 地下料仓的受料口,应设置格栅板,汽车卸料侧需设车挡。

7.2 废钢

7.2.1 入炉废钢严禁混入爆炸物、密闭容器、有毒物质或放射性元素。可能存在放射性危害的废钢,不应进厂。进厂的社会废钢,应进行分选,捡出有色金属件、易燃易爆及有毒等物品;对密闭容器应进行切割处理;废武器和弹药应由相关专业部门严格鉴定,并进行妥善的处理。

7.2.2 废钢应按来源、形态、成分等分类、分堆存放;人工堆料时,地面以上料堆高度不应超过 1.5 m。

7.2.3 炼钢厂一般应设废钢配料间与废钢堆场,废钢配料作业直接在废钢堆场进行的,废钢堆场应部分带有房盖,以供雨、雪天配料。混有冰雪与积水的废钢,不应入炉。

7.2.4 废钢配料间与废钢堆场,应设置必要的纵向与横向贯通的人行安全走道。

7.2.5 废钢坑沿应高出地面 0.3 m~1.0 m,露天废钢坑应设集排水设施,地面废钢料堆应距运输轨道外侧 1.5 m 以上。

7.2.6 废钢配料间或废钢堆场进料火车线与横向废钢运输渡车线相交时,火车线入口应设允许进车的信号装置,当渡车在废钢区运行时,火车不应进入。

7.2.7 废钢装卸作业时,电磁盘或液压抓斗下不应有人,起重机的大车或小车启动、移动时,应发出声光报警信号,以警告地面人员与相邻起重机避让;起重机司机室应视野良好,能清楚观察废钢装卸作业点与相邻起重机作业情况。

7.3 铁水贮运和预处理设施

7.3.1 铁水运输应采用运输专线,困难时,应通过交通组织,减少运输线路上其他车辆的通行。

7.3.2 向混铁炉兑铁水时,铁水罐口至混铁炉受铁口(槽),应保持一定距离;混铁炉不应超装,当铁水面距烧嘴达 0.4 m 时,不应兑入铁水;混铁炉出铁时,应发出声响讯号;混铁炉在维修或炉顶有人或受铁水罐车未停到位时,不应倾动;当冷却水漏入混铁炉时,应切断水源,待水蒸发完毕方可倾炉。

7.3.3 混铁车倒罐站倒罐时,应确保混铁车与受铁坑内铁水罐车准确对位;混铁车出铁至要求的量并倾回零位后,铁水罐车方可开往吊罐工位。

7.3.4 混铁炉与倒罐站作业区地坪及受铁坑内,不应有水。凡受铁水辐射热及喷溅影响的建(构)筑物,均应采取防护措施。

7.3.5 起重机龙门钩挂重铁水罐时,应有专人检查是否挂牢,指挥人员应在5 m以外,待核实后发出指令,起重机才能起吊。

7.3.6 铁水预处理设施,应布置在地坪以上;若因条件限制采用坑式布置,则应采取防水、排水措施,保证坑内干燥。铁水预处理时,铁水罐四周不得有人。

7.3.7 铁水预处理粉料发送罐的设计、制造与使用,应严格执行压力容器有关规范的规定。

7.3.8 脱硫剂的使用,应遵守下列规定:

    a) 采用CaC_2与钝化镁作脱硫剂时,其贮粉仓应采用氮气保护;泄压时排出的粉尘应回收;该区域应防水、防火,脱硫站氮气供应源应有湿气分析和报警装置。

    b) CaC_2仓附近区域,应设乙炔检测和报警装置。钝化镁仓应设氧气检测和报警装置。

    c) 不应采用严重污染环境的Na_2CO_3等钠系脱硫粉剂。

7.3.9 CaC_2与镁粉着火时,应采用干碾磨氮化物熔剂、石棉毡、干镁砂粉等灭火,不应使用水、泡沫灭火器等灭火。

8 炼钢相关设备

8.1 铁水罐、钢水罐、中间罐、渣罐(盆)

8.1.1 铁水罐、钢水罐、中间罐的壳体上,应有排气孔。

8.1.2 罐体耳轴,应位于罐体合成重心以上0.2 m~0.4 m的对称中心,其安全系数应不小于8,并以1.25倍负荷进行重负荷试验合格方可使用。

8.1.3 应对罐体和耳轴进行探伤检测,耳轴每年检测一次,罐体每2年检测一次。凡耳轴出现内裂纹、壳体焊缝开裂、明显变形、耳轴磨损大于直径的10%、机械失灵、衬砖损坏超过规定,均应报修或报废。

8.1.4 铁水罐、钢水罐和中间罐修砌后,应干燥,使用前应烘烤至要求温度方可使用。

8.1.5 用于铁水预处理的铁水罐与用于炉外精炼的钢水罐,应经常维护罐口;罐口严重结壳,应停止使用。应及时清理铁水罐、钢水罐罐口罐壁上黏结的块状残钢、残渣。

8.1.6 钢水罐需卧放地坪时,应放在专用的钢包支座上,或采取防滚动的措施;热修包应设作业防护屏;两罐位之间净空间距,应不小于2 m。

8.1.7 渣罐(盆)使用前应进行检查,其罐(盆)内不应有水或潮湿的物料。

8.1.8 钢水罐滑动水口,每次使用前应进行清理、检查,并调试合格。

8.1.9 铁水罐、钢水罐内的自由空间高度(液面至罐口),应满足工艺设计的要求。

8.1.10 铁水罐、钢水罐内的铁水、钢水有凝盖时,不应用其他铁水罐、钢水罐、起重机大钩压凝盖,也不应人工使用管状物撞击凝盖。有未凝结残留物的铁水、钢水罐,不应卧放。

8.1.11 吊运装有铁水、钢水、液渣的罐,应与邻近设备或建(构)筑物保持大于1.5 m的净空距离。

8.1.12 浇注用长水口机械手应放置在一个安全位置,并设置防护措施保护操作工,长水口机械手宜设计带自动操作功能,防止操作位置不安全。

8.1.13 中间罐浇注完毕吊下到修砌位前,应确认罐内和水口的钢水已经完全凝固,不能有液态钢水流出。放到修砌位时,应确认水口下的冷钢长度,避免将水口顶起。禁止将刚浇注完的中间罐直接放在地上。

8.2 铁水罐、钢水罐、中间罐烘烤器及其他烧嘴

8.2.1 烘烤器应装备完善的介质参数检测仪表与熄火检测仪。

8.2.2 采用煤气燃料时,应设置煤气低压报警及与煤气低压信号联锁的快速切断阀等防回火设施;煤气烘烤作业区域应设固定式一氧化碳检测报警装置。

8.2.3 设备维修,应采取可靠隔断,切断煤气,煤气置换合格方可在专人监护的情况下修理设备。

8.2.4 采用氧气助燃时,氧气不应在燃烧器出口前与燃料混合,并应在操作控制上确保先点火后供氧(空气助燃时亦应先点火后供风)。

8.2.5 烘烤器区域应悬挂"禁止烟火""当心煤气中毒"等安全标志。

8.2.6 烘烤装置、煤气吹扫装置介质管线在非检修吹扫作业时,两管线之间应可靠阻断。

8.3 地面车辆

8.3.1 车间内的有轨车辆,轨道面应与车间地坪一致。

8.3.2 车辆运行时,应发出声光信号。

8.3.3 电动铁水罐车、钢水罐车、渣罐车的停靠处应设减速、停止两个限位开关;轨道端头应设止轮器或车挡。

8.3.4 铁水罐车、钢水罐车、渣罐车台面,应砌砖防护。带有电子秤的钢水罐车,应对电子秤元件进行防护。转炉炉下钢水罐车、渣罐车驱动装置应为双驱动。

8.3.5 进出车间的废钢料篮车与渣罐车,其运行轨道与车间外道路相交的道口,应设置交通指挥信号;运行距离较长时,车辆运行过程中应有专人监视;其他地面有轨车辆的运行,也应贯彻目视监控的原则。

8.3.6 所有车辆,均应以设计载荷通过重车运行试验合格,方可投入使用。

8.4 起重设备

8.4.1 起重机械及工具,应遵守 GB/T 6067.1 的规定;炼钢厂用起重机械与工具,应有完整的技术证明文件和使用说明;桥式起重机等起重设备,应经有关主管部门检查验收合格,方可投入使用。

8.4.2 起重设备应经静、动负荷试验合格,方可使用,试验负荷等应按表1规定执行。桥式起重机等负荷试验,采用其额定负荷的1.25倍。

表 1 起重设备试验规定

名称	试验负荷		试验时间 min	试验周期 月
	静负荷	动负荷		
起重电葫芦	1.25 PH	1.1 PH	15	12
手摇卷扬机	1.25 PH	1.1 PH	15	12
链式起重机	1.25 PH	1.1 PH	15	12
滑式及复式滑车	1.25 PH	1.1 PH	15	12
千斤顶	1.25 PH	1.1 PH	15	12
钢丝绳及钢链	2 PH	—	15	6
麻绳及棉纱绳	2 PH	—	15	6
注1:PH 为设备的额定负荷。				

8.4.3 铁水罐、钢水罐龙门钩的横梁、耳轴销和吊钩、钢丝绳及其端头固定零件,应定期进行检查,发现问题及时处理;应定期对吊钩本体作超声波探伤检查。

8.4.4 炼钢车间吊运铁水、钢水或液渣,应使用铸造起重机,铸造起重机额定能力应符合 GB 50439 的规定,电炉车间吊运废钢料篮的加料起重机,应采用双制动系统。

8.4.5 钢丝绳、链条等常用起重工具,其使用、维护与报废应遵守 GB/T 6067.1、GB/T 5972 的规定。

8.4.6 起重作业应由经专门培训、考核合格的专职人员指挥,同一时刻只应一人指挥,指挥人员应有起重机司机易于辨认的明显的识别标识,指挥信号应遵守 GB/T 5082 的规定。

吊运重罐铁水、钢水、液渣,应确认挂钩挂牢,方可通知起重机司机起吊;起吊时,人员应站在安全位置,并尽量远离起吊地点。

8.4.7 起重机作业与安全装置,应符合 GB/T 6067.1 的有关规定。应装有能从地面辨别额定荷重的标识,安装起重量限制器,不应超负荷作业。

8.4.8 起重机启动和移动时,应发出声响与灯光信号,吊物不应从人员头顶和重要设备上方越过;不应用吊物撞击其他物体或设备(脱模操作除外);吊物上不应有人。

8.4.9 转炉高层框架内吊运氧、副枪的起重机不应设司机室操作,应采用无线遥控和线控操作板操作。

8.4.10 起重机吊运通道下方不应设操作室、休息室等。

8.5 外部运输设备

8.5.1 车间内部铁路线应为平道,且不应低于车间外铁路线轨道标高,铁路线曲线半径与建筑接近限界应遵守 GB 50603 的规定。

8.5.2 尽头铁路线末端,应设车挡与车挡指示器。室内车挡后 6 m、露天车挡后 15 m 范围内,不应设置建筑物与设备。

铁路线两侧堆放物品必须满足铁路限界要求,如车辆超限,应按照 GB 50603 的规定,根据车辆设备尺寸计算确定。

8.5.3 任何人员不应乘坐锭坯车、铁水罐车、钢水罐车、渣罐车或运渣车、废钢料篮车及其他料车;运输炽热物体的车辆,不应在煤气、氧气管道下方停留。

8.5.4 进出炼钢生产厂房的铁路出入口或道口,应根据 GB 4387 的要求设置声光信号报警装置。

8.5.5 应根据炼钢厂的特种车辆(如自抱罐汽车、料篮车、运热坯车等)的特殊要求设计道路路面,并设立明显标志;特种车辆道路应与普通车辆道路分开。困难时,应通过交通组织,减少运输线路上其他车辆的通行。

8.5.6 炼钢厂内的道路,应按 GB 5768.2、GB 5768.3 的规定设立交通标志和标线。

8.5.7 道路建筑限界应符合 GBJ 22 的规定,跨越道路上方的管线,距路面净高应符合 GB 50603 和 GB 6222 的规定。

8.5.8 载运炽热物体应使用专用的柴油车,其油箱应采取隔热措施。

8.5.9 带式运输机的通廊应设走道,设单侧走道其宽度应不小于 1 m,设两侧走道其宽度应不小于 0.8 m,并应在两侧走道间适当设置过桥;倾斜通廊的倾角大于 6°时,走道应采取防滑措施;大于 12°时,走道应采用踏步。走道沿线应设置可随时停车的急停拉绳开关。

8.5.10 维修带式输送机,应事先通知控制室操作人员挂停止操作牌,将带式输送机的控制权转到就地操作箱。

8.6 其他设备

8.6.1 高温工作的水冷件,应根据需要提供事故用水。

8.6.2 易受高温或钢水、液渣喷溅影响的设备,应进行防护。

8.6.3 人员接近有可能导致人身伤害事故的设备外露运动部件,应设置防护罩。

8.6.4 涉及人身与设备安全或工艺要求的相关设备之间或单一设备内部的动作程序,应设置程序联锁,前一程序未完成,后一程序不能启动,无论手动还是自动操作都应遵守程序联锁,但单体试运转时可以切除联锁。

8.6.5 压力容器的设计、制造、验收与使用,应遵守压力容器有关规范的规定。

9 氧气转炉

9.1 设备与相关设施

9.1.1 转炉煤气净化回收系统,应采用两路独立电源供电。

9.1.2 转炉的公称容量为其炉役期的平均出钢量,最大出钢量为公称容量的 1.05~1.1 倍,转炉宜采用分阶段定量法操作。确定铸造起重机能力要求时,应结合考虑炉外精炼的形式。

9.1.3 转炉新砌炉衬的容积比应为 $0.9 \ m^3/t \sim 1.0 \ m^3/t$。

9.1.4 转炉氧枪升降装置,应配备钢绳张力测定、钢绳断裂防坠、事故驱动等安全装置;各枪位停靠点,应与转炉倾动、氧气开闭、冷却水流量和温度等联锁;当氧气压力小于规定值、冷却水流量低于规定值、出水温度超过规定值、进出水流量差大于规定值时,氧枪应自动升起,停止吹氧。转炉氧枪供水,应设置电动或气动快速切断阀。

转炉副枪升降装置,应配备钢绳张力测定、钢绳断裂防坠、事故驱动等安全装置;各枪位停靠点,应与转炉倾动、冷却水流量和温度等联锁;当冷却水流量低于规定值、出水温度超过规定值、进出水流量差大于规定值时,副枪应自动升起,停止测量。转炉副枪供水,应设置电动或气动快速切断阀。

9.1.5 氧气阀门站至氧枪软管接头的氧气管,应采用不锈钢管,并应在软管接头前设置长 1.5 m 以上的铜管。氧气软管应采用不锈钢体,氧枪软管接头应有防脱落装置。

9.1.6 转炉宜采用铸铁盘管水冷炉口;若采用钢板焊接水箱形式的水冷炉口,应加强经常性检查,以防止焊缝漏水酿成爆炸事故。

9.1.7 转炉传动机构应有足够的强度,应能承受正常操作最大合成力矩;不大于 200 t 的转炉,按全正力矩设计,靠自重回复零位;200 t 以上的转炉,可采用正负力矩,但必须确保两路供电;若采用直流电机,可考虑设置备用蓄电池组,以便断电时强制低速复位。

9.1.8 从转炉工作平台至上层平台之间,应设置转炉围护结构。炉前炉后应设活动挡火门,以保护操作人员安全。

9.1.9 烟道上的氧、副枪孔与加料口,应设可靠的氮封。转炉炉子跨炉口以上的各层平台,应设固定式煤气检测与报警装置,除就地报警外,煤气检测和报警应在转炉主控室集中显示;上述平台作业应携带便携式煤气报警仪,并采取可靠的安全措施。

9.1.10 采用"未燃法"或"半燃法"烟气净化系统设计的转炉,应符合 GB 6222 的规定;转炉煤气回收系统的设备、风机房、煤气柜以及可能泄漏煤气的其他设备,应位于车间常年最小频率风向的上风侧。

转炉煤气回收时,风机房属乙类生产厂房、二级危险场所,其设计应采取防火、防爆措施,配备消防设备、报警信号、空气呼吸器、通信及通风设施;风机房正常通风换气每小时应不少于 7 次,事故通风换气每小时应不少于 20 次。

9.1.11 转炉煤气回收,应设一氧化碳和氧含量连续测定和自动控制系统;回收煤气的氧含量不应超过 2%;煤气的回收与放散,应采用自动切换阀;氧含量检测应与三通阀设置自动联锁,当氧含量不合格时,三通阀应能自动打到放散状态;若煤气不能回收而向大气排放,烟囱上部应设自动点火装置。故障点火开关应设在烟囱下部。

9.1.12 转炉煤气回收系统设备和管道上,应合理设置泄爆、放散、吹扫等设施,不应正对人行通道和建筑物门窗,应设置警示标志。

9.1.13 转炉余热锅炉与汽化冷却装置的设计、安装、运行和维护,应遵守国家有关锅炉压力容器和压力管道的规定。

9.2 生产操作

9.2.1 炉前、炉后平台不应堆放障碍物。转炉炉帽、炉壳、溜渣板和炉下挡渣板、基础墙上的黏渣,应经常清理干净。

9.2.2 废钢配料,应防止带入爆炸物、有毒物或密闭容器、有水有潮物。废钢料高不应超过料槽上口,宽度不应超过料槽两侧。转炉留渣操作时,应采取措施防止喷渣。

9.2.3 兑铁水用的起重机,吊运重罐铁水之前应验证制动器是否可靠;不应在兑铁水作业开始之前先挂上倾翻铁水罐的小钩;兑铁水时炉口不应上倾,以防铁水罐脱钩伤人。兑铁时转炉平台应只允许兑铁工在平台上现场指挥,其余人员全部撤离至转炉平台安全区域,兑铁工要站在安全位置,并有紧急撤离通道。

9.2.4 新炉、停炉进行维修后开炉及停吹 8 h 后的转炉,开始生产前均应按新炉开炉的要求进行准备;应认真检验各系统设备与联锁装置、仪表、介质参数是否符合工作要求,出现异常应及时处理。若需烘炉,应严格执行烘炉操作规程。

9.2.5 炉下钢水罐车及渣车轨道区域(包括漏钢坑),不应有水和堆积物。转炉生产期间人员需到炉下区域作业时,应通知转炉控制室停止吹炼,并不得倾动转炉,应打掉炉体、流渣板等处有坠落危险的积渣。无关人员不应在炉下通行或停留。

9.2.6 转炉吹氧期间发生以下情况,应及时提枪停吹:氧枪冷却水流量、氧压低于规定值,出水温度高于规定值,氧枪漏水,水冷炉口、烟罩和加料溜槽口等水冷件漏水,停电。

9.2.7 吹炼期间发现冷却水漏入炉内,应立即停吹,并切断漏水件的水源;转炉应停在原始位置不动,待确认漏入的冷却水完全蒸发,方可缓慢动炉。

9.2.8 转炉修炉停炉时,各传动系统应断电,各动力介质管道应可靠切断,管道的吹扫置换和更换作业应严格遵循 TSGD 0001、GB 6222、GB 16912 等国家标准的相关要求。

9.2.9 安装转炉小炉底时,接缝处泥料应铺垫均匀,炉底车顶紧力应足够,均匀挤出接缝处泥料;应认真检查接缝质量是否可靠,否则应予以处理。

9.2.10 倾动转炉时,操作人员应检查确认各相关系统与设备无误,并遵守下列规定:

  a) 测温取样倒炉时,不应快速摇炉;

  b) 倾动机械出现故障时,不应强行摇炉。

9.2.11 倒炉测温取样和出钢时,人员应避免正对炉口;采用氧气烧出钢口时,手不应握在胶管接口处。

9.2.12 火源不应接近氧气阀门站。进入氧气阀门站不应穿钉鞋。油污或其他易燃物不应接触氧气阀及管道。

9.2.13 有窒息性气体的阀站，应设氧浓度监测装置，浓度偏低时应有人工或自动联锁排气扇开启的保护措施。阀站应加强日常维护检查，发现泄漏事故及时处理，只有氧浓度达标确认安全后，方允许人员入内进行日常巡检和维修作业。维修设备时应始终开启门窗与排风设施。

9.2.14 进入料仓等有氮气密封设备的空间，应采取有效的通风措施，凡进入有可能存在氮气等可能窒息的空间，应经作业许可，并应进行氧含量检测，合格之后人员方可进入。

10 电炉

10.1 设备与相关设施

10.1.1 电炉的最大出钢量，应不超过平均出钢量的110%。

10.1.2 容量30 t及其以上的电炉，均应采用高架式布置，并采用钢水罐车出钢。

10.1.3 电炉倾动机械应设零位锁定，电极升降应有上限位锁定；电炉炉盖升降与旋转、电极升降与旋转、炉子倾动等动作的机械之间，应设有可靠的安全联锁；电炉液压站，应在断电事故情况下仍能完成一次出钢动作。

10.1.4 根据GB 50016的规定，单台额定容量大于或等于40 MVA的电炉油浸变压器应设置自动灭火系统，且宜采用水喷雾灭火系统。

10.1.5 氧气阀门站至氧燃烧咀和碳氧喷枪的氧气管线，应采用不锈钢制作，并应在软管接头前焊接长1.5 m以上的铜管；氧气阀门站应遵守本规程9.2.12的规定。

10.1.6 设在密闭室内的氮、氩炉底搅拌阀站，应设氧浓度监测装置，浓度偏低时应有人工或自动联锁排气扇开启的保护措施。阀站应加强维护，发现泄漏及时处理，并应配备排风设施；人员进入前应排风，氧浓度达标确认安全后方可入内，维修设备时应始终开启门窗与排风设施。

10.1.7 采用煤气烧嘴时，应设置煤气低压报警及与之联锁的快速切断阀等防回火设施，还应设置煤气吹扫与放散设施。

10.1.8 水冷炉壁与炉盖的水冷板、Consteel炉连接小车水套、竖井水冷件等，应配置出水温度与进出水流量差检测、报警装置。出水温度超过规定值、进出水流量差报警时，应自动断电并升起电极停止冶炼，操作人员应迅速查明原因，排除故障，然后恢复供电。

10.1.9 竖炉、Plus2000炉、Consteel炉的废钢预热段废气出口，应设置废气成分连续分析系统；废气中的氧与一氧化碳超过规定值，燃烧室中的点火烧嘴便应工作，并供入适量空气，使排出废气继续完全燃烧。

10.1.10 电炉直接排烟除尘系统的设计，应遵守GB 6222和GB 28664的规定，系统中应有泄爆措施。

10.1.11 竖炉的竖井移动与停留区域下方空间，不应设置阀站等有火灾危险的建筑物，不应有电缆架或易燃管线穿越，否则应采取可靠的防护措施。Plus2000炉废钢预热的预热料篮旋转区域下方空间，不应有任何易燃物；料篮旋转时，人员应处于安全位置。

10.1.12 Consteel炉废钢传送带，两侧应设置宽度不小于0.9 m的安全走道。传送带支架下方，不应有人员通行；若有道路通过，应采取可靠的防护措施。

10.1.13 电炉供电设施及其各部位的绝缘电阻,应符合有关电气规程、规范的规定;炉壳与电极、炉盖升降装置,应可靠接地。供电设施附近,不应有易造成短路的材料与物件。

10.1.14 炉后出钢操作室(或操作台)应设在安全的位置,其正对出钢口的窗户应有防喷溅设施。操作室出入口应设在远离出钢口一侧。炉下钢水罐车运行控制应与电炉出钢倾动控制组合在一个操作台上,以便协调操作。电炉出钢倾动应与炉下钢水罐车的停靠位置及电子秤联锁,出钢水量达到规定值,电炉回倾到适当位置后,钢水罐车方可从出钢工位开出,以保证出钢作业安全。

10.1.15 偏心炉底出钢口活动维修平台,只有在电炉出钢完毕回复原始位置,方可开向工作位置。

10.1.16 炉前喷粉设施与电炉热喷补机的发送罐,其设计、制造、验收与使用,应符合压力容器规范的规定。

10.1.17 直流电弧炉水冷钢棒式底电极,应有温度检测,应采用喷淋冷却方式,避免采用有压排水方式。炉底冷却水管,应悬挂设置,不应采用落地管线,以防漏钢时酿成爆炸事故。

10.1.18 应在电炉炉下不同厚度的耐火材料中设置温度测量元件,当某特定测量点温度超过规定值时,应立即停止冶炼,修理炉底。

10.1.19 上电炉炉顶维护梯口应设安全门,人员上梯时,安全门开启,电极电流断开,电炉不会倾动,炉盖不会旋转。

10.1.20 采用铁水热装工艺的电炉,应能正确控制兑铁水小车的停车位和铁水罐倾动的速度与位置,防止造成跑铁事故。

10.1.21 采用炉前热泼渣工艺的电炉,热泼渣区域周围的建(构)筑物与地坪、上方的管线或电缆,应有可靠的防护措施,防止因作业区内积水酿成爆炸事故。

10.1.22 采用活动炉座的电炉,应由一台起重机吊运;因条件限制只能用两台起重机抬运时,应采取措施,保证作业安全。电炉的修炉区,应设置炉壳底座(或支架)、修炉坑或修炉平台。

10.1.23 电极连接站,应设置可靠的防护设施,以防红热电极灼伤人员或损坏周围设施。

10.1.24 电炉钢厂使用的铁合金料,应严格分类保管,并应防止混料和沾水,运输过程中应防雨、防湿,电炉车间内不应设铁合金破碎与烘烤设施。

10.2 生产操作

10.2.1 电炉开炉前应认真检查,确保各机械设备及联锁装置处于正常的待机状态,各种介质处于设计要求的参数范围,各水冷元件供排水无异常现象,供电系统与电控正常,工作平台整洁有序无杂物。

10.2.2 电极通电应建立联系确认制度,先发信号,然后送电;引弧应采用自动控制,防止短路送电。

10.2.3 竖炉第一料篮下部的废钢,单块重量应不大于400kg;待加料的废钢料篮吊往电炉之前,不应挂小钩,废钢料篮下不应有人。

10.2.4 电炉吹氧喷碳粉作业,应加强监控。当泡沫渣升至规定高度时,应停止喷碳粉。水冷氧枪应设置极限位,以确保氧枪与钢液面的安全距离。

10.2.5 氧燃烧嘴开启时应先供燃料,点火后再供氧;关闭时应先停止供氧,再停止供燃料。

10.2.6 炉前热泼渣操作,应防止洒水过多,以避免积水产生事故。

10.2.7 电炉通电冶炼或出钢期间,人员应处于安全位置,不应登上炉顶维护平台,不应在短网下和炉下区域通行。

10.2.8 电炉冶炼期间发生冷却水漏入熔池时,应断电、断气,关闭烧嘴,停止一切操作,并立即处理漏水的水冷件,不应动炉。直至漏入炉内的水蒸发完毕,方可恢复冶炼。

10.2.9 正常生产过程中,应经常清除炉前平台流渣口和出钢区周围构筑物上的黏结物。黏结物厚度应不超过0.1 m,以防坠落伤人。

10.2.10 电炉炉下区域、炉下出钢线与渣线地面,应保持干燥,不应有水或潮湿物。

10.2.11 电炉加料(包括铁水热装和吊铁水罐)、吊运炉底、吊运电极,应有专人指挥。吊物不应从人员和设备上方越过,人员应处于安全位置。

10.2.12 维修炉底出钢口的作业人员与电炉主控人员之间,应建立联系与确认制度。

11 炉外精炼

11.1 设备与相关设施

11.1.1 钢液面以上钢包的自由空间,应能满足不同炉外精炼设施的最大钢水处理量的要求。

11.1.2 钢水炉外精炼装置,应有事故漏钢措施。VD、VOD等钢包真空精炼装置,其蒸汽喷射真空泵系统应有抑制钢液溢出钢包的真空度调节措施,并应设彩色工业电视,监视真空罐内钢液面升降。

11.1.3 VOD、CAS-OB、RH-KTB等水冷氧枪升降机械,应有事故驱动等安全措施;氧气阀站至氧枪的氧气管道,应采用不锈钢管,且应在软管接头前设置长度超过1.5 m的铜管。

11.1.4 受钢液高温影响的水冷元件,应采取必要的安全措施,确保在断电期间保护设备免遭损坏;可能因冷却水泄漏酿成爆炸事故的水冷元件,如 VOD、CAS-OB、IR-UT、RH-KTB中的水冷氧枪,应配备进出水流量差报警装置;报警信号发出后,氧枪应自动提升并停止供氧,停止精炼作业。

11.1.5 VOD与RH-KTB等真空吹氧脱碳精炼装置、蒸汽喷射真空泵的水封池应密闭,并设废气燃烧器和排气管道,排气管应至少高于屋顶4 m,避免废气排放装置接近新鲜空气吸入口。所在区域应设置煤气检测与报警装置及"警惕煤气中毒""不准停留"等警示牌。

11.1.6 LF与RH电加热的供电设施,应遵循有关电气规程、规范,设备与线路的绝缘电阻应达到规定值,电极与炉盖提升机械应有可靠接地装置;若RH与RH-KTB采用石墨电阻棒加热真空罐,真空罐应有可靠接地装置。

11.1.7 接触非绝缘电力电缆、母线或者石墨电极加热装置的滑环时,应采用联锁动作进行防护,联锁解除时应关闭电源。

11.1.8 RH装置的钢水罐或真空罐升降液压系统,应设手动换向阀装置。

11.1.9 真空精炼装置,用氮气破坏真空时,应设大气压平衡阀及恢复大气压信号。信号应与真空罐盖开启、RH吸嘴抽出钢液的动作联锁,当真空罐内外存在压差时,不应开启真空罐盖或抽出RH吸嘴;VOD与RH-KTB破坏真空系统,应有氮气稀释措施。

11.1.10 蒸汽喷射真空泵的喷射器,应包裹隔声层,废气排出口与蒸汽放散口应设消声器。

11.1.11 炉外精炼装置中的粉料发送罐、贮气罐、蒸汽分配器、汽水分离器、蓄势器等有压容器,其设计、制造、验收和使用,应符合国家有关压力容器的相关规定。

11.2 生产操作

11.2.1 精炼炉工作之前,应认真检查,确保设备处于良好待机状态、各介质参数符合要求。

11.2.2 应控制炼钢炉出钢量,防止炉外精炼时发生溢钢事故。
11.2.3 应做好精炼钢包上口的维护,防止包口黏结物过多。
11.2.4 氩气底吹搅拌装置应根据工艺要求调节搅拌强度,防止溢钢。
11.2.5 炉外精炼区域与钢水罐运行区域,地坪不得有水或潮湿物品。
11.2.6 精炼过程中发生漏水事故,应立即终止精炼,若冷却水漏入钢包,应立即切断漏水件的水源,钢包应静止不动,人员撤离危险区域,待钢液面上的水蒸发完毕方可动钢水罐。
11.2.7 精炼期间,人员不得在无防护设施的钢包周围行走和停留。
11.2.8 RH 或 RH-KTB 新的或修补后的插入管,应经烘烤干燥方可使用;VD、VOD、RH 或 RH-KTB 真空罐新砌耐火材料以及喷粉用喷枪,应予干燥。在 VD、VOD 真空罐内清渣或修理衬砖,应采取临时通风措施,以防缺氧。
11.2.9 LF 通电精炼时,人员不应在短网下通行,工作平台上的操作人员不应触摸钢水罐盖及以上设备,也不应触碰导电体。人工测温取样时应断电。RH、RH-KTB 采用石墨棒电阻加热真空罐期间,人员不应进入真空罐平台。
11.2.10 RH、RH-KTB 的插入管与 CAS-OB、IR-UT 的浸渍罩下方,不应有人员通行与停留;精炼期间,人员应处于安全位置。
11.2.11 AOD 的配气站,应加强检查,发现泄漏及时处理。人员进入配气站应预先开启门窗与通风设施,确认安全后方可入内,维修时应始终开启门窗与通风设施。
11.2.12 吊运满罐钢水或红热电极,应有专人指挥;吊放钢水罐应检查确认挂钩,脱钩可靠,方可通知司机起吊。
11.2.13 潮湿材料不应加入精炼钢水罐;人工往精炼钢水罐投加合金与粉料时,应站在投加口的侧面,防止液渣飞溅或火焰外喷伤人。精炼炉周围不应堆放易燃物品。
11.2.14 喷粉管道发生堵塞时,应立即关闭下料阀,并在保持引喷气流的情况下,逐段敲击管道,以消除堵塞;若需拆检,应先将系统泄压。
11.2.15 喂丝线卷放置区,宜设置安全护栏;从线卷至喂丝机,凡线转向运动处,应设置必要的安全导向结构,确保喂丝工作时人员安全;向钢水喂丝时,人员应站在安全位置。

12 钢水浇注

12.1 钢水罐、中间罐准备

12.1.1 钢水罐、中间罐浇注后,应进行检查,发现异常,应及时处理或按规定报修、报废。
12.1.2 新砌或维修后的钢水罐、中间罐,应经烘烤干燥方可使用。
12.1.3 浇注后倒渣应注意安全,人员应处于安全位置,倒渣区地面不得有水或潮湿物品,其周围应设防护板。
12.1.4 热修罐时,罐底及罐口黏结物应清理干净,更换氩气底塞砖与滑动水口滑板,应正确安装,并检查确认。新砌制的中间罐,应确认水口塞棒安装可靠,方可使用。
12.1.5 新装滑动水口或更换滑板后,应经试验确认动作可靠方可交付使用;采用气力弹簧的滑板机构,应定期校验,及时调整其作用力。
12.1.6 滑动水口引流砂应干燥。

12.2 模铸

12.2.1 新建、改建或扩建炼钢工程,必须采用部分模铸时,应采用小车铸系统,不应采用地面浇注或坑铸系统(不包括铸钢车间)。

12.2.2 铸锭平台的长度,除满足工艺要求外,还应留有一定的余量;其高度应低于有帽钢锭模的帽口和无帽钢锭模的模口,宽度应不小于3 m。

12.2.3 铸锭车外边缘与钢水罐车外边缘的距离,应不小于1 m。

12.2.4 靠车间外侧纵向布置的铸锭平台,应在平台外设安全平台,其宽度应不大于0.9 m;两种平台之间有隔墙时,平台之间通道门的间距应不小于36 m。

12.2.5 浇注时应遵守下列规定:

a) 浇注前应详细检查滑动水口及液压油路系统;往罐上安装油缸时,不应对着传动架调整活塞杆长度;遇有滑板压不动时,确认安全之后方可在铸台松动滑动水口顶丝;油缸、油带漏油,不应继续使用;机械封顶用的压盖和凹型窝内,不应有水;

b) 开浇和烧氧时应预防钢水喷溅,水口烧开后,应迅速关闭氧气;

c) 起重机浇注钢锭时,钢水罐不应在中心注管或钢锭模上方下落;

d) 使用凉铸模浇注或进行软钢浇注时,应时刻提防钢水喷溅伤人;

e) 出现钢锭模或中注管漏钢时,不应浇水或用湿砖堵钢;

f) 正在浇注时,不应往钢水罐内投料调温;

g) 指挥摆罐的手势应明确,大罐最低部位应高于漏斗砖0.15 m;浇注中移罐时,操作者应走在钢水罐后面;

h) 不应在有红锭的钢锭模沿上站立、行走和进行其他操作;

i) 取样工具应干燥,人员站位应适当,样模钢水未凝固不应取样。

12.2.6 整模应遵守下列规定:

a) 应经常检查钢锭模、底盘、中心注管和保温帽,发现破损和裂纹,应按报废标准报废,或修复达标后使用;

b) 安放模子及其他物体时,应等起重机停稳、物体下落到离工作面不大于0.3 m,方可上前校正物体位置和放下物体;

c) 钢锭模应冷却至200 ℃左右,方可处理;

d) 列模、列帽应放置整齐,并检查确认无脱缝现象。

12.3 连铸

12.3.1 确定铸机弯曲半径、拉速、冷却水等参数时,应确保铸坯凝固长度小于冶金长度。

12.3.2 钢水罐回转台的支承臂、立柱、地脚螺栓设计,应进行强度计算,计算中应考虑满罐负荷冲击系数(1.5~2)。钢水罐罐盖的工作重量应小于设计重量,防止罐盖旋转机构超负荷运行而导致罐盖坠落。

钢水罐回转台旋转时,包括钢水罐的运动设备与固定构筑物的净距,应大于0.5 m。

钢水罐回转台应配置安全制动与停电事故驱动装置。应在操作岗位及临近安全位置配置事故紧急按钮,并定期检验与演练。

12.3.3 连铸浇注区,应设事故钢水罐、溢流槽、中间溢流罐、钢水罐漏钢回转溜槽、中间罐漏钢坑及钢水罐滑板事故关闭系统。为了避免钢水罐滑板油缸管路连接错误,连接管必须明确标明尺寸大小。应保持以上应急设施干燥,不得存放其他物品,以保证流通或容量。

12.3.4 中间罐车应设置事故撤离功能,出现异常情况可以紧急处理,钢水罐滑板自动关闭,旋转至受罐位,中间罐车行走至事故坑上方。

12.3.5 对钢水罐回转台传动机械、中间罐车传动机械、钢水罐浇注平台,以及易受漏钢损伤的设备和构筑物,应采取防护措施。

12.3.6 结晶器、二次喷淋冷却装置应配备事故供水系统;一旦正常供水中断,即发出警报,立即停止浇注,事故供水系统启动,事故供水系统运行期间应降低拉速,并在规定时间内保证铸机的安全;应定期检查事故供水系统的可靠性。

12.3.7 高压油泵发生故障或发生停电事故时,液压系统蓄势器应能维持拉矫机压下辊继续夹持钢坯 30 min~40 min,并停止浇注,以保证人身和设备安全。

12.3.8 采用放射源控制结晶器液面时,放射源的装、卸、运输和存放,应使用专用工具,应建立严格的管理和检测制度;放射源只能在调试或浇注时打开,其他时间均应关闭;放射源启闭应有检查确认制度与标志,打开时人员应避开其辐射方向,其存放箱与存放地点应设置警告标志。

12.3.9 连铸主平台以下各层,不应设置油罐、气瓶等易燃、易爆品仓库或存放点,连铸平台上漏钢事故波及的区域,不应有水与潮湿物品。

12.3.10 浇注之前,应检查确认设备处于良好待机状态,各介质参数符合要求;应仔细检查结晶器,其内表面应干净并干燥,引锭杆头送入结晶器时,正面不应有人,应仔细填塞引锭头与结晶器壁的缝隙,按规定放置冷却废钢等物料。浇注准备工作完毕,拉矫机或扇形段出口正面不应有人,以防引锭杆滑下伤人。

12.3.11 新结晶器和检修后的结晶器,应进行水压试验,合格的结晶器在安装前应暂时封堵进出水口。

使用中的结晶器及其上口有渗水现象,不应浇注。

12.3.12 钢水罐或中间罐滑动水口开启时,滑动水口正面不应有人,以防滑板窜钢伤人。

12.3.13 浇注中发生漏、溢钢事故,应关闭该铸流。

12.3.14 输出尾坯时(注水封顶操作),人员不应面对结晶器。

12.3.15 浇注时应遵守下列规定:
    a) 二次冷却区不应有人;
    b) 出现结晶器冷却水减少报警时,应立即停止浇注;
    c) 浇注完毕,待结晶器内钢液面凝固,方可拉下铸坯;
    d) 钢水罐回转台(旋转台)回转过程中,旋转区域内不应有人。

12.3.16 浇注区每一流铸坯应设置隔离墙和结晶器盖板。事故状态下进入连铸机冷却室前应停止浇注,由指定人员进行设备复原。进入二冷室应有互保人员陪同。二冷室门只有在事故和设备维修时打开,只有停浇后才能进入二冷室。

12.3.17 引锭杆脱坯时,应有专人监护,确认坯已脱离方可离开。

12.3.18 采用煤气、氢气、丙烷等和氧气切割铸坯时,应安装煤气和氧气的快速切断阀,要求氢气和丙烷的管路上需要增设阻火器,防止回火造成事故,在氢气、氧气和煤气等阀站附近,严禁有明火,并应配备灭火器材。

12.3.19 切割机应专人操作。未经同意,非工作人员不应进入切割机控制室。切割机开动时,机上不应有人。

12.4 钢锭(坯)处理

12.4.1 钢锭(坯)堆放的地面应平整,地坪负荷要满足堆垛高度的要求,堆垛要放置平稳整齐,垛间保持一定安全距离和考虑热坯辐射要求。有钢架堆放的垛高要求不超过钢架高度,无钢架堆放的钢坯层间要交叉放置,钢架应牢固可靠,且不影响起重机作业和司机视线。堆放高度,应符合下列规定:

a) 大于 3 t 的钢锭不大于 3.5 m;
b) 0.5 t～3 t 的钢锭不大于 2.5 m;
c) 小于 0.5 t 的钢锭不大于 1.9 m;
d) 人工吊挂钢锭不大于 1.9 m;
e) 长度 6 m 及以上的连铸坯不大于 4 m;
f) 长度 6 m～3 m 的连铸坯不大于 3 m;
g) 长度 3 m 以下的连铸坯不大于 2.5 m;
h) 圆坯堆垛应设置钢架堆放。

12.4.2 钢锭退火时应放置平稳,确认退火窑内无人方可推车。

12.4.3 修磨钢锭(坯)时,应戴好防护用具,严格按操作规程进行。

12.4.4 钢锭(坯)库内人行道宽度应不小于 1 m;锭(坯)垛间距应不小于 0.6 m;进入锭(坯)垛间应有警示标识,警示标识应高出钢锭(坯)垛。

13 动力供应与管线

13.1 供电与电气设备

13.1.1 炼钢厂供电应有两路独立的高压电源,当一路电源发生故障或检修时,另一路电源应能保证车间正常生产用电负荷。

13.1.2 计算机应设置不间断电源(UPS)。自动化控制系统及重要的仪表设备根据需要设置不间断电源(UPS)。

13.1.3 产生大量蒸汽、腐蚀性气体、粉尘等的场所,应采用密闭电气设备;有爆炸危险气体(粉尘)的工作场所,应采用防爆型电气设备。爆炸危险环境的电气装置,应符合 GB 50058 的规定。

13.1.4 转炉应设置事故电源装置,向氧枪升降和副枪升降供电,保证氧枪和副枪在正常电源中断时能提升到安全位置(或采用气动马达等方式将其提升到安全位置);向转炉倾动制动器供电,使其能按需要松开;向转炉挡渣装置供电,保证它能退出转炉到安全位置。如果能提供保安电源,可不设事故电源装置。

13.1.5 设在车间内部的变压器室,应设置 100% 变压器油量的储油设施。应保证变压器油量符合安全使用要求,发现变压器油量不足,及时补充。

13.1.6 电炉和 LF 精炼炉,其变压器室大电流短网附近的墙体内外及附近的金属构件易因电磁感应发热,应采取防电磁感应发热的措施。

13.1.7 电缆不应架设在热力与燃气管道上(供煤气管道使用的电缆按 GB 6222 的有关规定执行),应远离高温、火源与液渣喷溅区;必须通过或邻近这些区域时,应采取可靠的防护措施;电缆不得与其他管线共沟敷设。

13.1.8 车间变电所与有火灾、爆炸危险或产生大量有毒气体、粉尘的设施之间,应有足够的安全距离。

13.1.9 带电作业,应执行有关带电作业的安全规定。

13.1.10 在全部停电或部分停电的电气设备上作业,应遵守下列规定:
 a) 拉闸断电;
 b) 采取开关(箱)加锁等措施;
 c) 验电、放电;
 d) 各相短路接地;
 e) 悬挂"禁止合闸,有人工作"的标示牌和装设遮栏。

13.1.11 电气设备的金属外壳、底座、传动装置、金属电线管、配电盘以及配电装置的金属构件、遮栏和电缆线的金属外包皮等,均应采用保护接地或接零。接零系统应有重复接地,对电气设备安全要求较高的场所,应在零线或设备接零处采用网络埋设的重复接地。

 为炼钢企业配套的煤气净化站等各装置应设工作接地、保护接地及防静电接地,采用公共接地网时,接地电阻不大于 4 Ω。各电气设备的正常不带电金属外壳及工艺设备的金属外壳框架、所有燃气输配管道(除氮气管外)均应设可靠的防雷及防静电接地设施。

13.1.12 低压电气设备的非带电金属外壳和电动工具的接地电阻,不应大于 4 Ω。

13.1.13 不应带负荷操作隔离开关。

13.1.14 带电线路、设备附近工作时,作业人员与带电部分的安全距离,应符合 DL 408 的规定。

13.1.15 移动设施的供电回路应设绝缘监视或漏电保护装置。

13.2 动力管线

13.2.1 车间内各类压力管道(空气、蒸汽、氧气、氮气、氩气、焦炉煤气、天然气、丙烷气、液化石油气等)的设计、施工、安全保护装置(安全泄放装置、阻火器)以及安全防护的基本要求应遵循 TSG D0001、GB/T 20801.6 及 GB 50316 的相关技术要求。

13.2.2 车间内各类燃气管线,应架空敷设,并应在车间入口总管切断阀;车间内架空燃气管道与其他架空管线的最小净距,应符合有关规定的要求。

13.2.3 车间内各类低压煤气管道应严格遵循 GB 6222、GB 50030、GB 50184、GB 50235、GB 50236、GB 50683 的相关技术要求。

13.2.4 不同介质的管线,应按照 GB 7231 的规定标明不同的颜色,并注明介质名称和流向,不同的能源介质连接宜采用不同的连接方式。

13.3 氧气

13.3.1 氧气管网的设计、作业和检修,应符合 GB 50030、GB 16912 的规定;从事氧气管道检修、维护和操作的人员,应通过有关安全技术培训,并经考核合格方可上岗。

13.3.2 氧气管道的阀门,应选用专用阀门。

13.3.3 氧气管道和氧气瓶冻结时,可采用热水或蒸汽解冻,不应采用火烤、锤击解冻。

13.4 煤气

13.4.1 煤气进入车间前的管道,应装设可靠的隔断装置。

 在管道隔断装置前、管道的最高处及管道的末端,应设置放散管;放散管口应高出煤气管道、设备和走台 4 m,离地面不小于 10 m,且应引出厂房外。

13.4.2 炼钢车间煤气间断用户,不宜使用高炉煤气或转炉煤气。

13.4.3 转炉炉口以上平台易产生煤气泄漏的区域、加压站房、风机房等封闭或半封闭空间、一次风机房、值班室,转炉煤气区域内的有人值守岗位,应设置固定式一氧化碳监测报警装置,值守的房间应保证正压通风。

13.5 给排水

13.5.1 生产线消防给水,应采用环状管网供水;环状或双线给水管道,应保证更换管道和闸阀时不影响连续供水。

13.5.2 最低温度在-5 ℃以下的地区,间断用水的部件应采取防冻措施。

13.5.3 供水系统应设两路独立电源供电,供水泵应设置备用水泵。

13.5.4 安全供水水塔(或高位水池),应设置水位显示和报警装置;应使塔内存水保持流动状态,并应定期放水清扫水塔。

13.5.5 采用喷嘴喷淋水的给水管,应装设管道过滤器,避免较大粒径悬浮物带入喷水管。

14 炉渣

14.1 采用抱罐汽车运输液体渣罐时,罐内液渣不应装满,应留 0.3 m 以上的空间,抱罐汽车司机室顶部与背面应加设防护装置;抱罐汽车运行线路宜设专线,避免与其他车辆混杂运行,并尽可能减少相交道口。

14.2 盛液渣的渣罐应加强检查,其内不应有水、积雪或其他潮湿物料。

14.3 中间渣场(炉渣跨)吊运液体渣罐,应采用铸造起重机,宜考虑司机室和无线遥控操作。中间渣场(炉渣跨)采用渣罐热泼、热焖液体渣工艺时,应防止热泼区、热焖区地坪积水。

14.4 采用渣罐倾翻固体渣工艺的中间渣场,翻渣罐前要确认液态渣已凝固,翻罐区地面不得有积水,砸渣砣作业时人员不应靠近作业区,防止落物伤人。砸渣砣作业四周有防护墙或挡板,避免崩料伤人。

14.5 采用钢渣水淬工艺时,应确保冲渣水量大于最小的水渣比;发现冲渣水量小于规定值时,应停止水淬,以防爆炸。

15 检修

15.1 拆炉

15.1.1 转炉采用拆炉机拆炉期间,人员不应在炉下区域通行与停留。

15.1.2 电炉采用风镐拆炉时,作业人员应佩戴护目镜等防护装备,并注意站位安全,防止落砖伤人。

15.2 修炉作业施工区要求

15.2.1 施工区应有足够照明,危险区域应设立警示标志及临时围栏等。

15.2.2 有可能泄漏煤气、氧气、高压蒸汽、其他有害气体与烟尘的部位,应采取防护措施。

15.2.3 电炉修炉区,应设专用平台或搭建稳固的临时平台,使作业人员能安全方便地进出炉壳。

15.2.4 施工区域耐火砖砖垛重量应不超过平台承重要求,高度应不超过 1.9 m,重质耐火砖砖垛高度不超过 1.5 m,垛间应留宽度大于 1 m 的人行通道。

15.2.5 施工区域至车间外部,应临时建立废砖清运、耐火材料输送的专用通道,以保证安全有序、物流畅通。

15.2.6 高处作业人员应佩戴安全带。

15.2.7 搭建修炉脚手架应经检查连接牢固,脚手架离工作面 0.05 m~0.1 m,负荷不应超过 279 kg/m²,其上物料不应集中放置;倾斜跳板宽度应不小于 1.5 m,坡度不大于 30°,防滑条间距应小于 0.3 m。

15.3 转炉修炉

15.3.1 转炉停炉洗炉时应制定可靠安全措施,防止炉体垮塌使高温气流喷出伤人。

15.3.2 应事先全面清除炉口、炉体、汽化冷却装置、烟道口烟罩、溜料口、氧枪孔和挡渣板等周围的残钢和残渣,然后进行拆炉。

15.3.3 修炉之前,应切断氧气,堵好盲板,移开氧枪,切断炉子倾动和氧枪横移电源;关闭汇总散状料仓并切断气源;炉口应支好安全保护棚,在作业的炉底车、修炉车两侧设置轨道铁,切断钢水罐车和渣罐车的电源。

15.3.4 应认真执行停电、挂牌制度;修炉时,非砌炉人员、监督人员外,其他非必要人员不能靠近。

15.3.5 在炉体内外作业,除执行停电挂牌制度外,还应将炉体倾动制动器锁定。

15.3.6 采用上修法时,活动烟道移开后,应关闭一次除尘风机插板阀,转炉内应进行通风。烟道口应采取防止坠物伤人的安全措施。

15.3.7 采用复吹工艺时,检修前应将底部气源切断,并应采取隔离措施。

15.4 电炉修炉

15.4.1 电炉倾动机械应锁定,炉盖旋开并锁定,液压站关闭并关闭液压回路手动阀。

15.4.2 炉前碳氧喷枪应转至停放位并切断气源,炉底搅拌气源应切断,并采取隔离措施;氧燃烧嘴或炉壁氧枪的氧气应切断,并采取隔离措施。

15.4.3 吊运砖垛与物料,应牢固可靠,人员应避开;炉内砖垛高度应不超过 1 m。

15.4.4 操作者应站在炉壳外放置胎模,每节胎打满时应注意防止风锤崩出伤人。

15.5 其他

15.5.1 检修中应按检修方案拆除安全装置,并有安全防护措施。检修完毕,安全装置应及时恢复。安全防护装置的变更,应经安全部门同意,并应作好记录归档。

15.5.2 修炉爆破应遵守 GB 6722 的规定。

16 照明

16.1 厂房的天然采光,应能保证安全作业和人员行走的安全,遵循 GB 50033 的规定。

16.2 车间紧急出入口、通道、走廊、楼梯等,应设应急照明,其设计应符合 GB 50034 的规定。

16.3 工作场所照明(障碍照明、应急照明,包括备用照明、安全照明和疏散照明灯等)和作业场所最低照度应遵守 GB 50034 的规定。

16.4 炼钢厂应根据工艺设备布置,适当配置安全灯插座;行灯电压不应超过 36 V;在潮湿地点和金属容器内使用的行灯,其电压不应超过 12 V。

16.5 危险场所和其他特定场所,照明器材的选用应遵守下列规定:
  a) 有爆炸和火灾危险的场所,应按其危险等级选用相应的照明器材;
  b) 有酸碱腐蚀的场所,应选用耐酸碱的照明器材;
  c) 潮湿地区,应采用防水型照明器材;
  d) 含有大量烟尘但不属于爆炸和火灾危险的场所,应选用防尘型照明器材。

炼铁安全规程(AQ 2002—2018)

前　　言

本标准的全部技术内容为强制性。

本标准按照 GB/T 1.1—2009 给出的规则起草。

本标准代替 AQ 2002—2004《炼铁安全规程》。与 AQ 2002—2004 相比,主要技术变化如下:
——标准结构顺序作了调整;
——增加了 GB/T 33000 有关安全管理要求;
——增加了法律法规对金属冶炼单位的要求;
——增加了对煤气区域安全检测与监控措施的要求;
——增加了大修高炉出残铁安全要求;
——删除了碾泥机部分;
——增加了环境除尘系统要求;
——增加了防止高炉炉缸烧穿的技术要求。

本标准由原国家安全生产监督管理总局监管四司提出。

本标准由全国安全生产标准化技术委员会冶金有色安全分技术委员会(SAC/TC 288/SC 8)归口。

本标准起草单位:中钢集团武汉安全环保研究院有限公司、中冶南方工程技术有限公司、北京金恒博远科技股份有限公司、中国宝武钢铁集团有限公司、宁波钢铁有限公司、湖南华菱湘潭钢铁有限公司。

本标准主要起草人:王志、汤楚雄、徐肖伟、吴启兵、刘峰、周爱林、任国强、展之发、邬开发、李敬。

1 范围

本标准规定了高炉炼铁安全生产的技术要求。

本标准适用于炼铁厂的设计、设备制造、施工安装、生产和设备检修。

2 规范性引用文件

下列文件对于本文件的应用是必不可少的。凡是注日期的引用文件,仅注日期的版本适用于本文件。凡是不注日期的引用文件,其最新版本(包括所有的修改单)适用于本文件。

GB/T 150.1　压力容器　第 1 部分:通用要求

GB/T 150.2　压力容器　第 2 部分:材料

GB/T 150.3　压力容器　第 3 部分:设计

GB/T 150.4　压力容器　第 4 部分:制造、检验和验收

GB/T 1576　工业锅炉水质

GB 2894　安全标志及其使用导则
GB 4053.1　固定式钢梯及平台安全要求　第1部分:钢直梯
GB 4053.2　固定式钢梯及平台安全要求　第2部分:钢斜梯
GB 4053.3　固定式钢梯及平台安全要求　第3部分:工业防护栏杆及钢平台
GB 4387　工业企业厂内铁路、道路运输安全规程
GB/T 5082　起重吊运指挥信号
GB/T 6067.1　起重机械安全规程　第1部分:总则
GB 6222　工业企业煤气安全规程
GB 6722　爆破安全规程
GB 7231　工业管道的基本识别色、识别符号和安全标识
GB/T 11660　炼铁厂卫生防护距离标准
GB 14784　带式输送机安全规范
GB 16543　高炉喷吹烟煤系统防爆安全规程
GB 16912　深度冷冻法生产氧气及相关气体安全技术规程
GB/T 20801.6　压力管道规范工业管道　第6部分:安全防护
GB/T 29639　生产经营单位生产安全事故应急预案编制导则
GB/T 33000　企业安全生产标准化基本规范
GB 50016　建筑设计防火规范
GB 50029　压缩空气站设计规范
GB 50030　氧气站设计规范
GB 50034　建筑照明设计标准
GB 50057　建筑物防雷设计规范
GB 50058　爆炸危险环境电力装置设计规范
GB 50345　屋面工程技术规范
GB 50414　钢铁冶金企业设计防火规范
GB 50505　高炉煤气干法袋式除尘设计规范
GB 50584　煤气余压发电装置技术规范
GB 50603　钢铁企业总图运输设计规范
GB 50607　高炉喷吹煤粉工程设计规范
GBZ 1　工业企业设计卫生标准
GBZ/T 205　密闭空间作业职业危害防护规范
DL 408　电业安全工作规程
HJ 435　钢铁工业除尘工程技术规范

3　术语和定义

下列术语和定义适用于本文件。

3.1

烟煤粉　pulverized bituminous coal

干燥、无灰基,挥发分含量高于10%,能在气流中悬浮的煤颗粒的集合体(简称煤粉)。

3.2

惰化气体 inert gas with a little oxygen

以惰性气体为主要成分,并含有少量氧气的混合气体。

3.3

混合煤 mixed coal

由烟煤与无烟煤按一定比例混合而成用于高炉喷吹的煤。

3.4

凝结盖 coagulating cover

铁水罐中铁水表面凝固部分。

3.5

鼓盖操作 operating with coagulating cover

在清除铁水罐中的凝结盖之前进行的接收、倾倒铁水或清理铁水罐等操作。

4 安全管理

4.1 炼铁企业安全生产管理应满足 GB/T 33000 的相关规定。

4.2 新建、改建、扩建工程项目的安全设施,应与主体工程同时设计、同时施工、同时投入生产和使用。安全设施的投资应纳入建设项目概算。项目可行性研究阶段就应委托有相应资质的评价机构进行安全预评价。

4.3 建设项目的初步设计应编制《安全设施设计》。安全设计应贯穿于各专业设计之中。

4.4 建设项目施工应按设计进行。变更安全设施,应经设计单位书面同意。

工程的隐蔽部分,应经设计单位、建设单位、监理单位和施工单位共同检查合格签字后,方可进行隐蔽。

施工完毕,施工单位应将竣工说明书及竣工图交付建设单位。

4.5 建设工程项目竣工后,应当在正式投入生产或者使用前进行试运行。

a） 试运行时间应不少于 30 日,最长不得超过 180 日。

b） 项目安全设施竣工或者试运行完成后,应委托有资质的评价机构进行安全验收评价。

c） 项目竣工投入生产或者使用前,生产经营单位应当组织对安全设施进行竣工验收,并形成书面报告备查。安全设施竣工验收合格后,方可投入生产和使用。

4.6 炼铁企业应依法设置安全生产管理机构或者配备专职安全生产管理人员,应当有注册安全工程师从事安全生产管理工作。

4.7 炼铁企业应加强对重大危险源的安全管理与监测监控,建立健全重大危险源安全管理规章制度,应包括下列内容：

a） 应对本单位存在的各类危险源进行辨识,实行分级管理。对于构成重大危险源的,应登记建档,进行定期检测、评估和监控,并在重大危险源现场设置明显的安全警示标志。

b） 应制定重大危险源安全管理与监控的实施方案。

4.8 炼铁企业应根据 GB 6222 的有关规定,配备煤气在线监测、防护设施,在煤气易聚集区域,应设有醒目的安全警示标识。

4.9 炼铁企业应建立健全安全生产岗位责任制,制定完善本单位安全生产规章制度和岗位安全技术操作规程,严格执行交接班制度。

4.10 特种作业人员和特种设备操作人员,均应经过专门的安全教育和培训,并经考核合格、取得操作资格证,方可上岗。上述人员的培训、考核、发证及复审,应按国家有关规定执行。

4.11 炼铁企业的会议室、活动室、休息室、更衣室等人员密集场所应设置在安全地点,不得设置在吊运高温液态金属的影响范围内。

4.12 炼铁企业应建立健全派遣劳动者用工安全管理制度,加强对派遣劳动者用工的安全管理,对被派遣劳动者应进行统一的安全生产教育和培训。

4.13 采用新工艺、新技术、新设备、新材料,应制定相应的安全技术措施;对有关生产人员,应进行专门的安全技术培训,并经考核合格方可上岗。

4.14 炼铁企业应建立对厂房、机电设备进行定期检查、维修和清扫制度。要害岗位及电气、机械等设备,应实行操作牌制度。

4.15 安全装置和防护设施,不得擅自挪动、拆除或移作他用。

4.16 炼铁企业应建立炉体烧穿、铁水跑漏、煤气中毒以及火灾、爆炸等重大事故的应急救援预案,应急预案编制应符合 GB/T 29639 的相关规定,并配备必要的器材与设施,定期演练。

4.17 炼铁企业生产、检、维修作业外包的,应对承包单位进行危险有害因素告知和安全交底,签订安全协议,并对承包单位的安全资质、安全措施进行审核。

4.18 炼铁企业发生伤亡事故时,应按国家有关规定报告、调查和处理。

4.19 进入涉及煤气、氮气等有毒有害气体设施内的有限空间作业,应遵守有限空间作业安全管理和 GBZ/T 205 的规定要求,先通风,再检测,后作业。

5 厂址选择和厂区布置

5.1 厂址选择应符合 GB 50603、GBZ 1 及国家相关法律法规的规定,尽量避开海潮、洪水、泥石流、滑坡、地震影响的地段和自然疫源地;若无法避开,则应视具体情况按有关规定设防。应选在地下水位较低的地区,并能保证工业废水和场地雨水的顺利排出。

5.2 高炉区域应设在当地夏季最小频率风向被保护对象的上风侧,厂区边缘距离居民区应满足 GBZ 1 要求,并应满足炼铁厂卫生防护距离标准 GB/T 11660 的要求。

5.3 高炉煤气的除尘器,应离高炉铁口、渣口 10 m 以外,且不应正对铁口、渣口布置;否则,应在除尘器与铁口、渣口之间设挡墙。

5.4 厂区办公室、生活室,应设置在高炉常年最小频率风向的下风侧。炉前休息室、浴室、更衣室可不受此限,但不应设在风口平台和出铁场的下部,且应避开铁口、渣口。

5.5 厂内各种操作室、值班室的设置,应遵守下列规定:
   a) 不宜设在常年最小频率风向的上风侧;
   b) 不应设在热风炉燃烧器、除尘器清灰口等可能泄漏煤气的危险区;
   c) 不应设在氧气、煤气管道上方。至氧气、煤气管道或其他易燃易爆气体、液体管道的水平净距和垂直净距,应符合 GB 6222 和 GB 16912 的有关规定。

5.6 总平面图设计,应优先考虑厂内铁路、道路、消防车道、人行通道、疏散通道、管线等的走向,以及通廊、弃渣场的位置。

5.7 厂区建(构)筑物与铁路线路的距离,应符合 GB 4387、GB 50603 的有关规定。

5.8 炉台区域渣罐车、铁水罐车等特种车辆运输线应与清灰车等普车线分开。渣、铁线轨面标高应高于周围地坪标高。重罐及热罐,不应经过除尘器下方。渣罐、铁罐的停放线与走行线应分开,每条线的最大负荷不应超过 1 000 min/d。

5.9 厂内铁水采用汽车运输时,尽量减少铁水运输距离,道路宽度、净空、坡度应根据铁水运输车辆的尺寸、技术参数等进行核算后确定。

厂外铁水运输应遵守交通管理部门的有关规定。

6 一般规定

6.1 高炉工业蒸汽分汽包、压缩空气分汽包、氮气储气罐、喷煤系统的中间罐与喷吹罐、汽化冷却汽包以及软水密闭循环冷却的膨胀罐等,其设计、制造和使用,应符合 GB/T 150.1~150.4 等国家有关压力容器的规定。

6.2 炼铁厂区内的坑、沟、池、井,应设置安全盖板或安全护栏。所有人孔及距地面 2 m 以上的常用运转设备和需要操作的阀门,均应设置固定式平台。钢平台、通道、走梯、走台等,均应设防护栏杆。钢直梯、钢斜梯、防护栏杆和钢平台的设置,应遵守 GB 4053.1~4053.3 的规定。

6.3 天桥、通道和斜梯踏板以及各层平台,应用防滑钢板或格栅板制作,钢板应有防积水措施。

6.4 楼梯、通道的出入口,应避开铁路和起重机运行频繁的地段;否则,应采取防护措施,并悬挂醒目的警示标志。

6.5 不同介质的管线,应按照 GB 7231 的规定标明不同的颜色,并注明介质名称和流向。

6.6 厂区各类横穿道路的架空管道及通廊,应标明其种类及下部标高,其与路面之间的净空应符合 GB 50603、GB 50030、GB 50029、GB 6222 等相关规定。道口、有物体碰撞坠落危险的地区及供电(滑)线,应有醒目的警示标志和防护设施,必要时还应有声光信号。煤气管道应架空敷设,严禁一氧化碳含量高于 10% 的煤气管道埋地铺设。煤气管道宜涂灰色,横跨道路的煤气管道应设防撞栏杆。

6.7 煤气作业类别一般按下列情况划分:

一类煤气作业:风口平台、渣铁口区域、TRT、煤气除尘器卸灰平台及热风炉周围,检查大小钟,溜槽,更换探尺,炉身打眼,炉身外焊接水槽,焊补炉皮,焊、割冷却器,检查冷却水管泄漏,疏通上升管,煤气取样,处理炉顶阀门。炉顶人孔、炉喉人孔、除尘器人孔、料罐、齿轮箱,抽堵煤气管道盲板、煤气设备、管道冷凝水排水口以及其他带煤气的维修作业。

二类煤气作业:炉顶清灰、加(注)油,休风后焊补大小钟,更换密封阀胶圈,检修时往炉顶或炉身运送设备及工具,休风时炉喉点火,水封的放水,检修上升管和下降管,检修热风炉炉顶及燃烧器,在斜桥或上料胶带机通廊上部、出铁场屋顶、炉身平台、煤气除尘器上面和煤粉制备干燥炉周围作业。

三类煤气作业:其他可能有煤气地点的作业。

炼铁企业可根据实际情况对分类作适当调整。

6.8 煤气区的作业应遵守 GB 6222 的规定。煤气区域应悬挂醒目的警示标志。在一类煤气作业场所及有泄漏煤气危险的平台、工作间等,均宜设置方向相对的两个出入口。大型高炉,宜设置通往各层平台的电梯。

6.9 煤气危险区域,包括高炉风口(及以上)平台、热风炉操作平台、喷煤干燥炉、TRT、除尘器卸灰平台等易产生煤气泄漏而人员作业频率较高的区域,应设固定式一氧化碳监测报警装置。在煤气区域工作的作业人员,应携带一氧化碳检测报警仪,进入涉及煤气的设施内,必须保证该设施内氧气含量不低于19.5%,作业时间要根据一氧化碳的含量确定,动火必须用可燃气体测定仪测定合格或爆发实验合格;设施内一氧化碳含量高(大于50 ppm, 1 ppm=1×10^{-6})或氧气含量低(小于19.5%)时,应佩戴空气或氧气呼吸器等隔绝式呼吸器具,设专职监护人员。

6.10 无关人员未经许可禁止进入风口平台及以上的地点。通往炉顶的各类入口,应设立"煤气危险区,禁止单独工作!"的警示标志。

6.11 炉顶料罐用净煤气一次充压管道上宜安装排水器。

6.12 采用带式输送机运输应遵守 GB 14784 的规定:
   a) 应有防打滑、防跑偏和防纵向撕裂的措施以及能随时停机的事故开关和事故警铃;头部应设置遇物料阻塞能自动停车的装置;头轮上缘、尾轮及拉紧装置应有防护装置;
   b) 带式输送机走道沿线应设随时停车的急停拉线开关;
   c) 维修带式输送机,由检修人员事先联系控制室操作人员,先停操作及动力电源,并挂牌,双方共同确认,方可检修。带式输送机检修完毕,安全设施恢复原状,所有人员撤离至安全区域,并经检修和控制室操作人员双方共同检查确认无误后,方可送电,组织生产;
   d) 带式输送机运转期间,不应进行清扫和维修作业,也不应从胶带下方通过或乘坐、跨越胶带;
   e) 应根据带式输送机现场的需要,每隔30 m~100 m设置一条人行天桥;应有防滑措施,超过12°时,应设踏步;地下通廊和露天栈桥亦应有防滑措施;
   f) 带式输送机的通廊,应有灭火措施;
   g) 带式输送机通廊的安全通道,应具有足够宽度;封闭式带式输送机通廊,应根据物料及扬尘情况设除尘设备,并保证胶带与除尘设备联锁运转;
   h) 带式输送机通廊,应设置完整、可靠的通信联系设备和足够照明。

6.13 采用料车上料的高炉,栈桥与炉顶及卷扬机室之间应有走道相连。

6.14 检修期间设置的检修天井或检修孔,应有活动围栏和检修标志,非检修时间应盖好盖板。盖板禁止堆放物料、器具。

6.15 机械运转部位应润滑良好。移动式机械应有单独的润滑。分点润滑应停机进行,并挂牌或派专人在启动开关处监护。

6.16 油库及油泵室的设置,应遵守 GB 50016 的规定。油库及油泵室应有防火设施。油质应定期检验并作好记录。油库周围,不应安装、修造电气设备。油库区应设避雷装置。

6.17 寒冷地区的油管和水管,应有防冻措施。

6.18 喷煤制粉站、煤粉喷吹站的室内爆炸危险环境区域划分应符合 GB 50058、GB 50414 的规定。

6.19 厂房内生产作业区域和有关建筑物适当部位,应设置安全标志。安全标志包括危险场所和其他特定场所的安全标志,应符合 GB 2894 的规定。

6.20 炼铁企业内的厂房、烟囱等高大建(构)筑物及易燃、易爆等危险设施,应按 GB 50057 的规定设置防雷设施,并应定期检查,确保防雷设施完好。

7 矿槽、焦槽及上料

7.1 原、燃料筛分及转运过程中的扬尘点,应设有良好的通风除尘设施。

7.2 矿槽、料斗、中间仓、焦粉仓、矿粉仓及称量斗等的侧壁和衬板,应有不小于 50°的倾角,以保证正常放料。衬板应定期检查、更换。焦粉仓下部的温度,宜在 0 ℃以上。

7.3 矿槽、焦槽槽面卸料口应设有网孔不大于 300 mm×300 mm 的格栅。打开格栅应经批准,并采取防护措施。格栅损坏应立即修复。

7.4 原、燃料卸料车在矿槽、焦槽卸料区间的运行速度,不应超过 1 m/s,且运行时有声光报警信号。

7.5 在槽上及槽内工作,应遵守下列规定:

    a) 作业前应与槽上及槽下有关岗位人员取得联系,并索取操作牌;作业期间不得卸料;

    b) 进入槽内工作,应佩戴安全带、氧气检测仪,设置警示标志;现场至少有一人监护,并配备低压安全强光照明;维修槽底应将槽内松动料清完,并采取安全措施方可进行;

    c) 矿槽、焦槽发生棚料时,不应进入槽内捅料。

7.6 单料车的高炉料坑,料车至周围构筑物的距离应大于 1.2 m;大、中型高炉料车至周围构筑物的距离则应大于 2.5 m。料坑上面应有装料指示灯,料坑底应设料车缓冲挡木和坡度为 1‰~3‰ 的斜坡。料坑应安装能力足够的水泵,坑内应有良好的照明及配备通风除尘设施。料坑内应设有躲避危害的安全区域。料坑应设有两个出入口,出入口不应正对料车轨道。敞开的料坑应设围栏,上方无料仓的料坑应设防雨棚。

7.7 槽下设焦炭中子测水装置,槽上和炉顶料罐采用放射元素测料位时,应有防护和保卫措施,并应有射线危险的警示标志。

7.8 应制定清扫制度,清扫时不应向周围或带式输送机上乱扔杂物,同时应有防止二次扬尘的措施。

7.9 卷扬机室不应采用木结构,室内应留有检修场地,应设与中控室(高炉值班室)和上料操作室联系的电话和警报电铃,并应有良好的照明及通风设施。上料操作室应有空调和防火设施。

7.10 斜桥下面应设有防护板或防护网,斜桥一侧应设通往炉顶的走梯。

7.11 运行中的料车和平衡车,不应乘人。在斜桥走梯上行走,不应靠近料车一侧。不应用料车运送氧气、乙炔或其他易燃易爆物品。

7.12 料车及槽下粉矿、碎焦的卷扬机,其每条钢丝绳的安全系数应不小于 6,钢丝绳定期检查和更新应按 GB/T 6067.1 执行。料车应用两条钢丝绳牵引。

7.13 主卷扬机应有钢丝绳松弛保护和极限张力保护装置。料车应有行程极限、超极限双重保护装置和高速区、低速区的限速保护装置。

7.14 炉顶着火危及主卷扬钢丝绳时,应使卷扬机带动钢丝绳继续运转,直至炉顶火熄灭为止。

7.15 更换料车钢丝绳时,料车应固定在斜桥上,并由专人监护和联系。

7.16 卷扬机运转部件,应有防护罩或栏杆,下面应留有清扫撒料的空间。

7.17 带高压电机的带式输送机,不应频繁启动。启动后,应等胶带运行一个循环再排料,以避免带式输送机超负荷运行。

7.18 带四台高压电机的带式输送机,若其中一台电机脱机,其他电机应严格按顺序启动,同时工作的电机不应少于两台。

7.19 炼铁企业应对槽上、槽下皮带机除铁器、取样机、振动筛等容易造成人身机械伤害和设备设施损坏的装备设施,细化安全管理和工程防护措施,确保人员安全。

8 炉顶

8.1 一般规定

8.1.1 炉顶工作压力不应超过设计值。

8.1.2 炉顶应至少设置两个直径不小于 0.6 m、位置相对的人孔。

8.1.3 应保证装料设备的加工、安装精度,不应泄漏煤气。

8.1.4 炉顶放散阀,应比卷扬机顶部绳轮平台至少高出 3 m,并能在中控室或卷扬机室控制操作。

8.1.5 液压传动的炉顶设备,应按规定使用阻燃性油料;液压油缸应设折叠式护罩;液压件不应漏油。

8.1.6 炉顶各主要平台,应设置通至地面的清灰管。炉顶清灰应在白天进行,应事先征得值班工长同意,并应设专人监护。

8.1.7 清理、更换受料漏斗衬板,应事先与上料系统相关岗位的人员联系并取得操作牌和停电牌,还应有专人在场监护。

8.1.8 高炉应有各自的工业蒸汽分汽包,分汽包通至各用汽点的阀门,应有明确的标志。工业蒸汽分汽包蒸汽管道入口应设置防止炉顶煤气倒灌的装置或设施。

8.1.9 处理炉顶设备故障,应有专人携带一氧化碳和氧含量检测仪同行监护,以防止煤气中毒和氮气窒息。到炉顶作业时,应观察风向,谨防煤气和氮气泄漏。

8.2 钟式炉顶

8.2.1 通入大、小钟拉杆之间的密封处旋转密封间的蒸汽或氮气,其压力应超过炉顶工作压力 0.1 MPa。通入大、小钟之间的蒸汽或氮气管口,不应正对拉杆及大钟壁。

8.2.2 炉顶设备应实行电气联锁,并应保证:

    a) 大、小钟不能同时开启;

    b) 均压及探料尺不能满足要求时,大、小钟不能自由开启;

    c) 大、小钟联锁保护失灵时,不应强行开启大、小钟,应及时找出原因,组织抢修。

8.2.3 大、小钟卷扬机的传动链条,应有防扭装置,探料尺应设零点和上部、下部极限位置。

8.2.4 炉顶导向装置和钢结构,不应妨碍平衡杆活动。大、小钟和均压阀的每条钢丝绳安全系数不低于8,钢丝绳定期检查和更新应符合 GB/T 6067.1 的规定。

8.2.5 高压高炉应有均压装置,均压管道入口不应正对大钟拉杆,管道不应有直角弯,管路最低处应安装排污阀,排污阀应定期排放。不宜使用粗煤气均压。

8.2.6 钟式炉顶工作温度不应超过500 ℃。

8.3 无料钟炉顶

8.3.1 料罐均压系统的均压介质,应采用(半)净高炉煤气或氮气。

8.3.2 炉顶温度应低于350 ℃,水冷齿轮箱温度应不高于70 ℃,阀门箱温度应不高于90 ℃。

8.3.3 炉顶氮气压力应控制在合理范围,而且应大于炉顶压力0.1 MPa。应定期检查上、下密封圈的性能,并记入技术档案。

8.3.4 齿轮箱停水时,应立即通知有关人员检查处理,并采取措施防止煤气冲开水封,造成大量煤气泄漏,密切监视传动齿轮箱的温度;最大限度地增加通入齿轮箱的氮量;尽量控制较低的炉顶温度。

8.3.5 炉顶系统停氮时,应立即联系有关人员处理,并严密监视传动齿轮箱的温度和阀门箱的温度,可增大齿轮箱冷却水流量来控制水冷齿轮箱的温度。

8.3.6 炉顶传动齿轮箱温度超过70 ℃的事故处理,应遵守下列规定:

   a) 传动齿轮箱的温度"高温报警"时,应立即检查其测温系统、炉顶温度、炉顶洒水系统、齿轮箱水冷系统和氮气系统,查明原因,及时处理;

   b) 当该温度升到规定值时,应手动打开炉顶洒水系统向料面洒水,以降低炉顶煤气温度;

   c) 若该温度持续20 min以上或继续升高,则应立即停止布料溜槽旋转,并将其置于垂直状态,同时高炉应减风降压直到休风处理;若用净煤气冷却传动齿轮箱,还应增加冷却煤气的压力。

8.3.7 无料钟炉顶的料罐、齿轮箱等,不应有漏气现象。进入齿轮箱检修,应事先休风点火;然后打开齿轮箱人孔,用空气置换排净残余氮气;由专人使用仪器检验确认合格,并派专人进行监护。

8.3.8 炉顶系统主要设备安全联锁,应符合下列规定:

   a) 探尺提升到上部极限位置,且溜槽已启动,下密封阀和下料闸(料流调节阀)才能开启;停止布料后,探尺才能下降;探尺手动提起检查时,不应布料,下密封阀不应开启;高炉发出坐料信号,探尺自动提升,下密封阀不启动;

   b) 上密封阀开启后,上料闸方可开启;上罐向下罐装料完毕(取得到上罐料空信号后)上料闸方可关闭;

   c) 上密闭阀开启条件:均压放散阀已开启,下罐内外压差达到规定值;按料批程序向该罐装料且罐内前一批料已卸完;料流调节阀、下密封阀已关闭;

   d) 上密封阀关闭条件:料罐已发出料满信号;上料闸已关闭;

   e) 下密封阀开启条件:得到布料信号,探尺已提升至上极限位置;罐内外压差已达到规定值,且均压阀已关闭;

   f) 下密封阀关闭条件:下料闸(料流调节阀)已关闭;

   g) 下料闸(料流调节阀)开启条件:对应的下密封阀已打开;溜槽转到布料角;探尺已提升到位,料流调节阀已开启;

   h) 下料闸(料流调节阀)关闭条件:按程序布料完毕(即下罐料空)进行全开延时和关闭;

- i) 均压放散阀开启条件:下罐料空,下密封阀已关闭;其他条件符合设计要求;
- j) 均压放散阀关闭条件:下密封阀、上料闸、上密封阀已关闭;
- k) 均压阀开启条件:上密封阀、均压放散阀关闭;
- l) 均压阀关闭条件:罐内与炉内压差达到规定值(或已开启到设定时间);
- m) 探尺提升不到位,布料溜槽不应倾动布料。

9 炉体

9.1 一般要求

9.1.1 高炉内衬耐火材料、填料、泥浆等,应符合设计要求,且不得低于国家标准的有关规定。

9.1.2 风口平台应有一定的坡度,并考虑排水要求,宽度应满足生产和检修的需要,上面应铺设耐火材料。

9.1.3 炉基周围应保持清洁干燥,不应积水和堆积废料。炉基水槽应保持畅通。

9.1.4 风口、渣口及水套应牢固、严密,不应泄漏煤气;进出水管应有固定支撑;风口二套,渣口二、三套,应有各自的固定支撑。

9.1.5 高炉应安装环绕炉身的检修平台,平台与炉壳之间应留有间隙,检修平台之间宜设两个走梯。走梯不应设在渣、铁口正上方。

9.1.6 为防止停电时断水,高炉应有事故供水设施。

9.1.7 冷却件安装之前,应进行通球试验,然后按设计要求进行水压试验,同时以 0.75 kg 的木锤敲击。经 10 min 的水压试验无渗漏现象,压力下降不大于 3%,方可使用。

9.1.8 炉体冷却系统应按长寿、安全的要求设计,保证各部位冷却强度足够,分部位按不同水压供水,冷却器管道或空腔的流速及流量适宜。并应满足下列要求:

- a) 冷却水压力比热风压力至少大 0.05 MPa;
- b) 总管测压点的水压,比该点到最上一层冷却器的水压应至少大 0.1 MPa;
- c) 高炉风口、渣口水压由设计确定;
- d) 供水分配管应保留足够的备用水头,供高炉后期生产及冷却器由双联(多联)改为单联时使用;
- e) 应制定因冷却水压降低,高炉减风或休风后的具体操作规程。

9.1.9 热电偶应对整个炉底进行自动、连续测温,其结果应正确显示于中控室(值班室)。采用强制通风冷却炉底时,炉基温度不宜高于 250 ℃;应有备用鼓风机,鼓风机运转情况应显示于高炉中控室。采用水冷却炉底时,炉基温度不宜高于 100 ℃。

9.1.10 采用汽化冷却时,汽包应安装在冷却器以上足够高的位置,以利循环。汽包的容量,应能在最大热负荷下 1 h 内保证正常生产,而不必另外供水。

9.1.11 汽包的设计、制作及使用,应遵守下列规定:

- a) 每个汽包应有至少两个安全阀和两个放散管,放散管出口应指向安全区;
- b) 汽包的液位、压力等参数应准确显示在值班室,额定蒸发量大于 4 t/h 时,应装水位自动调节器;蒸发量大于 2 t/h 时,应装高、低水位警报器,其信号应引至值班室;
- c) 汽化冷却水管的连接不应直角拐弯,焊缝应严密,不应逆向使用水管(进、出水管不能反向使用);

d) 汽化冷却应使用软水,水质应符合 GB/T 1576 的规定。

9.1.12 高炉应有倒流管,作为倒流休风用。

9.2 操作要求

9.2.1 炉顶压力不断增高又无法控制时,应及时减风,并打开炉顶放散阀,找出原因,排除故障,方可恢复工作。

9.2.2 休风(或坐料)应遵守下列规定:

  a) 应事先同燃气、氧气、鼓风、热风炉和喷煤等部门和岗位联系,征得燃气部门同意,方可休风(或坐料);

  b) 炉顶及除尘器,应通入足够的蒸汽或氮气;切断煤气之后,炉顶、除尘器和煤气管道均应保持正压;炉顶放散阀应保持全开;

  c) 长期休风应进行炉顶点火,并保持长明火;长期休风或检修除尘器、煤气管道,应用蒸汽或氮气驱赶残余煤气;

  d) 事故紧急休风时,应在紧急处理事故的同时,迅速通知燃气、氧气、鼓风、热风、喷煤等部门和岗位采取相应的紧急措施;

  e) 正常生产时休风(或坐料),应在渣、铁出净后进行,非工作人员应离开风口周围;休风之前如遇悬料,应处理完毕再休风;

  f) 休风(或坐料)期间,除尘器不应清灰;有计划的休风,应事前将除尘器的积灰清尽;

  g) 休风前及休风期间,应检查冷却设备,如有损坏应及时更换或采取有效措施,防止漏水入炉;

  h) 休风期间或短期休风之后,不应停鼓风机或关闭风机出口风门,冷风管道应保持正压;如需停风机,应事先堵严风口,休风超过 24 h 以上,应卸下部分直吹管;

  i) 休风检修完毕,应经休风负责人同意,方可送风。

9.2.3 开、停炉及计划检修期间,应有煤气专业防护人员监护。

9.2.4 应组成生产厂长(总工程师)为首的领导小组,负责指挥开、停炉,并负责制定开、停炉方案、工作细则和安全技术措施。

9.2.5 开炉应遵守下列规定:

  a) 应按制定的烘炉曲线烘炉;炉皮应有临时排气孔;带压检漏合格,并经 24 h 连续联动试车正常,方可开炉;

  b) 冷风管应保持正压;除尘器、炉顶及煤气管道应通入蒸汽或氮气,以驱除残余空气;送风后,大高炉炉顶煤气压力应大于 5 kPa~8 kPa,中小高炉的炉顶压力应大于 3 kPa~5kPa,并作煤气爆发试验,确认不会产生爆炸,方可接通煤气系统;

  c) 应备好强度足够和粒度合格的开炉原、燃料,做好铁口泥包;炭砖炉缸应用黏土砖砌筑炭砖保护层,还应封严铁口泥包(不适用于高铝砖炉缸)。

9.2.6 停炉应遵守下列规定:

  a) 停炉前应检查冷却设备的漏水情况,对损坏的、漏水的冷却器进行必要处理和更换;

  b) 停炉前,高炉与煤气系统应可靠地分隔开;采用打水法停炉时,应取下炉顶放散阀或放散管上的锥形帽;采用回收煤气空料打水法时,应减轻炉顶放散阀的配重;

c) 打水停炉降料面期间,应不断推测料面高度,或用煤气分析法测量料面高度,并避免休风;需要休风时,应先停止打水,并点燃炉顶煤气;

d) 打水停炉降料面时,不应开大钟或上、下密封阀;大钟和上、下密封阀不应有积水;煤气中二氧化碳、氧和氢的浓度,应至少每小时分析一次,氢浓度不应超过6%;

e) 炉顶应设置供水能力足够的水泵,钟式炉顶温度应控制在小于500 ℃,无料钟炉顶温度应控制在小于350 ℃;炉顶打水宜采用均匀水滴状和雾状喷水,应防止顺炉墙流水引起炉墙塌落;打水时,风口周围和风口以上各层平台都不应有人;

f) 大、中修高炉,料面降至风口水平即可休风停炉;大修高炉,应指定专人负责放残铁程序的实施,应在较安全的位置(炉底或炉缸水温差较大处)开残铁口眼,并放尽残铁。严禁拆冷却壁放残铁。放残铁实施过程应按照本标准11.7节的有关要求执行。

9.2.7 高炉突然断风,应按紧急休风程序休风,同时出净炉内的渣和铁。

9.2.8 停电事故处理,应遵守下列规定:

a) 高炉生产系统(包括鼓风机等)全部停电,应按紧急休风程序处理;

b) 煤气系统停电,应立即减风,同时立即出净渣、铁,防止高炉发生灌渣、烧穿等事故;若煤气系统停电时间较长,则应根据煤气厂(车间)要求休风或切断煤气;

c) 炉顶系统停电时,高炉工长应酌情立即减风降压直至休风(先出铁、后休风);严密监视炉顶温度,通过减风、打水、通氮或通蒸汽等手段,将炉顶温度控制在规定范围以内;立即联系有关人员尽快排除故障,及时恢复送风,恢复时应摆正风量与料线的关系;

d) 发生停电事故时,应将电源闸刀断开,挂上停电牌;恢复供电,应确认线路上无人工作并取下停电牌,方可按操作规程送电。

9.2.9 风口水压下降时,应视具体情况减风,必要时立即休风。水压正常后,应确认冷却设备无损、无阻,方可恢复送水。送水应分段、缓慢进行,防止产生大量蒸汽而引起爆炸。

9.2.10 停水事故处理,应遵守下列规定:

a) 当冷却水压和风口进水端水压小于正常值时,应减风降压,停止放渣,立即组织出铁,并查明原因;水压继续降低以致有停水危险时,应立即组织休风,并将全部风口用泥堵死;

b) 风口、渣口冒汽时,应设法灌水,或外部打水,避免烧干;

c) 应及时组织更换被烧坏的设备;

d) 关小各进水阀门,通水时由小到大,避免冷却设备急冷或猛然产生大量蒸汽而炸裂;

e) 待逐步送水正常,经检查后送风。

9.2.11 高炉炉缸烧穿时,应立即休风。为防止炉缸烧穿事故的发生,各炼铁企业应建立、执行严格的《炉缸、炉底冷却水温差及热流强度的控制范围和处理办法》。

9.2.12 渣口装配不严或卡子不紧、渣口破损时,不应放渣。更换渣口应出净渣、铁,且高炉应休风或放风减压。渣口泥套漏煤气时,应先点燃煤气,然后再拆、做泥套或更换渣口。做泥套或更换渣口时,应挂好堵渣机的安全钩。

9.2.13 铁水面接近渣口或渣口冷却水压不足时,不应放渣,应适量减风降压。

9.2.14 高炉炉缸储铁量接近或超过安全容铁量时,应停止放渣,降低风压,组织出铁,防止发生渣口烧坏和风口灌渣、烧穿等事故。

9.2.15 风口、渣口发生爆炸,风口、风管烧穿,或渣口因误操作被拔出,应首先改为常压操作,同时防止高炉发生灌渣事故,然后出净渣、铁并休风。情况危急时,应立即休风。

9.2.16 进行停炉、开炉工作时,煤气系统蒸汽压力应大于炉顶工作压力,并保证管道畅通。

9.2.17 高炉冷却系统应符合下列规定:
   a) 高炉各区域的冷却水温度,应根据热负荷进行控制;
   b) 风口、风口二套、热风阀(含倒流阀)的破损检查,应先倒换工业水,然后进行常规"闭水量"检查;
   c) 倒换工业水的供水压力,应大于风压 0.05 MPa;应按顺序倒换工业水,防止断水;
   d) 确认风口破损,应尽快减控水或更换;
   e) 各冷却部位的水温差及水压,应每 2 h 至少检查一次,发现异常,应及时处理,并做好记录;发现炉缸以下温差升高,应加强检查和监测,并采取措施直至休风,防止炉缸烧穿;
   f) 高炉外壳开裂和冷却器烧坏,应及时处理,必要时可以减风或休风进行处理;
   g) 高炉冷却器大面积损坏时,应先在外部打水,防止烧穿炉壳,然后酌情减风或休风;
   h) 应定期清洗冷却器,发现冷却器排水受阻,应及时进行清洗;
   i) 确认直吹管焊缝开裂,应控制直吹管进出水端球阀,接通工业水管喷淋冷却;
   j) 炉底水冷管破损检查,应严格按操作程序进行;炉底水冷管(非烧穿原因)破损,应采取特殊方法处理,并全面采取安全措施,防止事故发生;
   k) 大修前,应组成以生产厂长(或总工程师)为首的炉基鉴定小组对炉基进行全面检查,并做好检查记录;鉴定结果应签字存档;
   l) 大、中修以后,炉底及炉体部分的热电偶,应在送风前校验。

9.2.18 软水闭路循环冷却系统,应遵守下列规定:
   a) 根据高炉冷却器、炉底水冷管、风口和热风阀等处合理的热负荷,决定水流量及水温差;
   b) 高炉冷却器和炉底水冷管进出水的温差和热负荷超过正常冷却制度的规定范围时,应及时采取有效的安全措施,并加强水温差和热负荷的检测;
   c) 特殊炉况下,经主管领导批准,高炉软水冷却系统的冷却参数,可适当调整;
   d) 冷却器的破损检漏和处理,如果上下同时作业,应各派专人监护,安全装备应齐全可靠,严防煤气中毒;
   e) 风口出水端未转换开路时,不应用进水端阀门进行"闭水量"检查,防止风口两端供回水压力相等,导致风口水流速为零而发生烧穿事故;
   f) 应设置软水循环系统备用水泵和备用水泵故障应急装备设施及处置程序,并严格执行。

9.2.19 出现下列情况之一时,应改汽化冷却为水冷却:
   a) 汽包水位迅速下降,又无法补充时;
   b) 长期停止供应软水时;

c） 冷却器损坏较多,损坏处又不易查出时。

汽化冷却改为水冷却时,应及时进行检漏和处理。

9.2.20 人员进入高炉炉缸作业时,应拆除所有直吹管,并有效切断煤气、氧气、氮气等危险气源。

10 出铁场

10.1 炉前出铁场,应设防雨棚,其高度应符合表1的要求。

表 1

高炉容积 m^3	防雨屋面下沿檐口高度 m
≤1 000	>17
≥1 200	>18

屋面无清灰装置时,其倾角宜不小于10°;有清灰装置时,屋面坡度可适当降低,但应满足 GB 50345 的相关要求;

渣口和渣铁罐上面,应设防雨棚和排烟罩。

10.2 每个铁口的流量,高炉渣口、铁口的数量,应按有关规定设置。铁口的深度和角度,应根据高炉的有效容积、设计风量、顶压和冶炼强度来确定。应制定铁口维护制度。

10.3 渣、铁沟应有供横跨用的活动小桥或盖板。撇渣器上应设防护罩,渣口正前方应设挡渣墙。

禁止跨越主沟,人员不应跨越渣、铁沟,必要时应从横跨小桥通过或从渣、铁沟设置的盖板上通过。

10.4 出铁场平台应经常清除铁瘤和清扫灰尘。

10.5 炉前辅助材料及铁块,应实行机械化运输。

10.6 高炉主铁沟的坡度,应大于5‰(采用浇注料内衬的贮铁式主沟可不受此限)。一般中型高炉主铁沟的净断面,宜为 $0.7\ m^2 \sim 0.9\ m^2$;大型高炉主铁沟的净断面,宜不小于 $1.3\ m^2$。主铁沟长度,宜不小于表2所列数值。

表 2

炉容 m^3	≤1 000	≥1 200	>2 000
主沟长度 m	10	13~15	>16

渣口前的主渣沟坡度宜为15%~20%,其他渣沟坡度应大于5%,直线长度不应小于4 m。渣、铁沟均不宜直角转弯,转弯曲率半径宜选 2.5 m~3.0 m。

10.7 泥炮和开口机操作室,应能清楚地观察到泥炮和开口机的工作情况和铁口的状况,并应保证发生事故时操作人员能安全撤离。

配电室电气设备应定期清洁,保持接触良好;地面应铺垫胶皮,不应用水冲洗,并应配备消防器材。

10.8 高炉出铁场上应设置通风除尘设施,在出铁口、撇渣器、渣铁沟、摆动流嘴及炉顶上料皮带头部等,应采用密闭式吸风罩进行抽风。铁沟、渣沟及水冲渣沟,应设活动封盖,渣沟和渣罐上面应设排烟罩。

10.9 炉前应建有条件齐备的工人休息室。寒冷地区的高炉车间,高炉工人休息室、浴室、更衣室,应建筑在离高炉较近的安全地点。

11 渣、铁处理

11.1 一般规定

11.1.1 出渣、出铁应实行值班工长负责制,严格按计划组织出铁、出渣。

11.1.2 出铁、出渣前,应做好准备工作,并发出出铁、出渣或停止的声响信号;水冲渣的高炉,应先开动冲渣水泵(或打开冲渣水阀门)。

11.1.3 泥炮应由专人操作,炮泥应按规定标准配置,炮头应完整。打泥量及拔炮时间,应根据铁口状况及炮泥种类确定。未见下渣堵铁口时,应将炮头烤热,并相应增加打泥量。

11.1.4 泥炮应有量泥标计和声响信号。清理炮头时应侧身站位。泥炮装泥或推进活塞时,不应将手放入装泥口。启动泥炮时其活动半径范围内不应有人。

液压设备及管路不应漏油,应有防高温烘烤的措施。

11.1.5 装泥时,不应往泥膛内打水,不应使用冻泥、稀泥和有杂物的炮泥。

11.1.6 应加强铁口深度、角度及泥套等日常检查与维护,并规范开口机和泥炮操作,防止造成铁口过浅。未达到规定深度的铁口出铁,应采取减风减压措施,必要时休风并堵塞铁口上方的1~2个风口。铁口潮湿,应烤干再出铁。处理铁口及出铁时,铁口正对面不应站人,炉前起重机应远离铁口。出铁、出渣时,不应清扫渣铁罐轨道和在渣铁罐上工作。

11.1.7 开口机应转动灵活,专人操作。出铁时,开口机应移到停机位固定,不应影响泥炮工作。开口机移动之前,应有声光报警,移动时回转半径内不应有人。

11.1.8 铁口发生事故或泥炮失灵时,应实行减风、常压或休风,直至堵好铁口为止。

11.1.9 更换开口机钻头或钻杆时,应切断动力源。

11.1.10 通氧气用的耐高压胶管应脱脂。炉前使用的氧气胶管,长度不应小于30 m,10 m内不应有接头。

吹氧钢管长度不应小于6 m。氧气胶管与钢管联接,应严密、牢固。

氧气瓶放置地点,应远离明火,且不得正对渣口、铁口。氧气瓶的瓶帽、防震胶圈和安全阀应完好、齐全,并严防油脂污染。

11.1.11 炉前工具接触铁水之前,应烘干预热。

11.1.12 渣、铁沟和撇渣器,应定期铺垫并加强日常点检、维护,避免出现裂缝和严重侵蚀状况。

  a) 应确保撇渣器砂坝高度符合规定要求,防止下渣过铁。出铁时液渣不能高出铁口泥套下沿,确保铁口框架、保护板不直接与渣铁接触。

  b) 活动撇渣器、活动主沟和摆动流槽的接头,应认真铺垫,经常检查,严防漏渣、漏铁。

  c) 用高炉煤气烘烤渣、铁沟时,应有明火伴烧,并采取防煤气中毒的措施。

11.1.13 采用水冲渣工艺的高炉,下渣应有单独的水冲渣沟,大型高炉冲渣应有各自的水冲渣沟。

11.1.14 铁口、渣口应及时处理,处理前应将煤气点火燃烧,防止煤气中毒。

11.2 摆动流嘴操作安全要求

11.2.1 接班时应认真检查;操作开关是否灵活,摆动机械传动部分有无异响,电机、减速机有无异响,极限是否可靠,摆动流嘴工作层是否完好、无空洞等,发现异常应及时处理。

11.2.2 出铁前半小时,应认真检查摆动流嘴的运行情况,及时处理铁沟流嘴底部与摆动流嘴之间的铁瘤,保证摆动流嘴正常摆动以及撇渣器、铁沟流嘴、摆动流嘴畅通。

出铁前 10 min,应确认铁罐对位情况、配备方式和配罐数量。

11.2.3 每次出铁后,应及时将流嘴中的铁水倾倒干净,并将摆动流嘴停放在规定的角度和位置;撇渣器内焖有铁水时,应投入保温材料,并及时用专用罩、网封盖好。

11.2.4 摆动流嘴往两边的铁水罐受铁时,摆动角度应保证铁水流入铁水罐口的中心。

11.2.5 最后一罐铁水,不应放满。

11.2.6 出铁过程中过渡罐即将装满时,应提前通知货运员联系倒罐。

11.2.7 残铁量过多的铁罐,不应用作过渡罐,不应受铁。

11.2.8 在停电情况下进行摆动流嘴作业,应首先断开操作电源,再进行手动操作。

11.3 渣、铁罐使用安全要求

11.3.1 使用的铁水罐应烘干,非电气信号倒调渣、铁罐的炼铁厂,应建立渣、铁罐使用牌制度;无渣、铁罐使用牌,运输部门不应调运渣、铁罐,高炉不应出铁、出渣。

11.3.2 渣、铁罐内的最高渣、铁液面,应低于罐沿 0.3 m,渣、铁罐受料时,不应移动。

如遇出铁晚点,或因铁口浅、涌焦等原因,造成累计铁量相差 1 个铁水罐的容量时,可降低顶压或改用常压出铁,并用较小的钻头开口,同时增配铁水罐。

因高炉情况特殊致使渣、铁罐装载过满时,应用泥糊好铁罐嘴,并及时通知运输部门;运输应减速行驶,并由专人护送到指定地点。

11.3.3 渣罐使用前,应喷灰浆或用干渣垫底。渣罐内不应有积水、潮湿杂物和易燃易爆物。

11.3.4 铁罐耳轴应锻制而成,其安全系数不应小于 8;耳轴磨损超过原轴直径的 10%,即应报废;每年应对耳轴作一次无损探伤检查,做好记录,并存档。

11.3.5 不应使用凝结盖孔口直径小于罐径 1/2 的铁、渣罐,也不应使用轴耳开裂、内衬损坏的铁罐,重罐不应落地,应建立铁罐内衬定期监测和检查制度。

11.3.6 不应向线路上乱丢杂物,并应及时清除挂在墙、柱和线路上的残渣,炉台下应照明良好。

11.3.7 渣、铁重罐车的行驶速度,不应大于 10 km/h;在高炉下行驶、倒调时不应大于 5 km/h。

11.3.8 应根据出铁计划,提前 30 min 配好渣、铁罐;应逐步做到拉走重罐后立即配空罐。

11.4 水冲渣安全要求

11.4.1 水冲渣应有备用电源和备用水泵。每吨渣的用水量应符合设计要求;冲渣喷口的水压,不宜低于 0.20 MPa。

11.4.2 水渣沟架空部分,应有带栏杆的走台;水渣池周围应有栏杆,内壁应有扶梯。

11.4.3 靠近炉台的水渣沟,其流嘴前应有活动护栏,或网格净距不大于 200 mm 的活动栏网。

11.4.4 水冲渣发生故障时,应有改向渣罐放渣或向干渣坑放渣的备用设施。

11.4.5 出铁、出渣之前,应用电话、声光信号与水泵房联系,确保水量水压正常。出故障时,应立即采取措施停止冲渣。

11.4.6 启动水泵,应事先确认水冲渣沟内无人。故障停泵,应及时报告。

11.4.7 水冲渣时,粒化器附近不应有人。

11.4.8 高炉上的干渣大块或氧气管等杂物,不应弃入冲渣沟或进入冲渣池。

11.5 转鼓渣过滤系统的安全要求

11.5.1 系统正常运转时,其粒化水量、吹扫空气量、清扫水量、粒化器的最高水温及渣流量,应满足设计要求。

11.5.2 系统运转前,设备检查应达到以下要求:设备专检无异常,粒化头无堵塞,接受槽格栅无渣块,高低沟、渣闸状态合理,热水槽中无积渣,地坑内无积水和渣,各管道阀门无泄漏,胶带运输平稳,无偏离,事故水位正常。

11.5.3 出铁时所用的冲渣沟,应同时具备分流干渣的条件或其他处理炉渣的措施,拨闸分流的时间不应超过 3 min。

11.5.4 正常生产时,系统设备的运转应实行自动控制。

11.5.5 应在出铁前 20 min 启动系统,接到"已准备好"的信号,操作室方可启动系统。一次启动失败,不应立即连续启动。

11.5.6 系统运转中出现危及人身、设备安全的现象时,应立即停止系统运行,并将热渣导入干渣坑或渣罐。

11.5.7 出铁时,冲渣沟、粒化器附近不应有人。

11.5.8 应严密注视系统粒化水量。若发现粒化水量大幅度减少、转鼓发生故障、胶带带水严重或操作室信号出现"大警报",应立即分流至干渣坑或渣罐,严防液态渣进入粒化系统。

11.5.9 堵铁(渣)口 20 min 后,系统方可停止运行。

11.5.10 系统停机后,应先停粒化泵动力电源,再检查和清扫粒化头、水渣沟、接受槽、粒化水泵。

检查或更换、清扫喷嘴,应先停液压系统或电机。检查皮带,应先停带式输送机动力电源。

11.5.11 系统维护人员,不应短接系统的各种保护装置,发现设备异常或事故情况,应迅速判断和处理,防止事故扩大;应记录异常现象和事故情况,并及时报告。

11.5.12 系统的各种联锁、保护装置,未经主管部门同意,任何人不应随意调整;如确需调整,应经主管部门同意,并报主管厂长批准;调整应做好记录,并存档。

11.5.13 系统任何控制手柄处于"自动"位置时,不应检修。系统检修中如需转鼓动作,应指定专人操作。

11.5.14 采用轮法冲渣工艺时,应在粒化轮附近设安全防护网。对于无盖的水池,应在水池周边设安全护栏。

11.6 倾翻渣罐安全要求

11.6.1 渣罐倾翻装置应能自锁,倾翻渣罐的倾翻角度应小于 116°(丝杆剩 5~6 扣)。倒干渣应选好地形,防止渣壳崩落伤人。罐车应先采取止轮措施,再远距离操作翻罐,翻罐时,人员应远离罐车。

11.6.2 翻罐供电,应采用隐蔽插头的软电缆,并在离罐 30 m 以外操作开关。

11.6.3 罐口结壳及翻渣后罐内结壳,应使用打渣壳机和撞罐机处理。

11.6.4 渣中带铁较多时,不应向弃渣池倾翻。

11.6.5 重渣罐翻不出渣时,应待彻底凝固后再处理。

11.7 大修停炉出残铁

11.7.1 应以保证出尽残渣、铁和出残铁作业安全及运输方便为前提,合理选择残铁口的位置,确保炉缸残铁以受控状态排放到铁水罐中,并遵守下列规定:

　　a) 严禁采取打水方式对残铁口部位进行降温冷却;
　　b) 应规范制作残铁口,保证残铁口部位炭砖有可靠的径向支撑作依靠;
　　c) 铁口通道应用泥套捣打料捣打结实,出残铁口的泥套应捣实并烤干;
　　d) 残铁沟与炉体搭接应牢靠,应用特殊捣打料整体捣打结实;
　　e) 应保持残铁口、残铁沟、铁水罐烘烤干燥,炉基、铁道等处清理干净、无积水、铺满干燥的黄沙;
　　f) 应保证残铁口、残铁沟两侧有顺畅的逃生通道;
　　g) 现场应确保具有良好的通风和照明设施;
　　h) 现场应实施戒严、保卫,严禁无关人员进入。

11.7.2 空料线前应做好充足准备工作:应计算好残铁量,备足残铁罐和罐间连接沟并烤干;搭建好残铁口操作平台、做好护栏,保证作业通道安全畅通;除必要工具外,不应有其他杂物;准备足够的烧残铁口工具和材料;组织运输单位对残铁罐进行实地对位演练等。

12 热风炉和高炉煤气的回收与净化

12.1 热风炉

12.1.1 热风炉及其管道内衬耐火砖、绝热材料、泥浆及其他不定型材料,应符合国家有关规定和设计要求。

12.1.2 热风炉炉皮、热风管道、热风阀法兰烧红、开焊或有裂纹,应立即停用,并及时处理,值班人员应至少每 2 h 检查一次热风炉。

12.1.3 热风炉检查情况、检修计划及其执行情况均应归档。除日常检查外,应每月详细检查一次热风炉及其附件。

12.1.4 热风炉的平台及走道,应经常清扫,不应堆放杂物,主要操作平台应设两条通道。

12.1.5 热风炉烟道,应留有清扫和检查用的人孔。采用地下烟道时,为防止烟道积水,应配备水泵。

12.1.6 热风炉煤气总管应有符合 GB 6222 要求的可靠隔断装置。煤气支管应有煤气自动切断阀,当燃烧器风机停止运转,或助燃空气切断阀关闭,或煤气压力过低时,该切断阀应能自动切断煤气,并发出警报。煤气管道应有煤气流量检测及调节装置。管道最高处和燃烧阀与煤气切断阀之间应设煤气放散管。

12.1.7 热风炉管道及各种阀门应严密。热风炉与鼓风机站之间、热风炉各部位之间,应有必要的安全联锁。突然停电时,阀门应向安全方向自动切换。放风阀应设在冷风管道上,可在高炉中控室或泥炮操作室旁进行操作。为监测放风情况,操作处应设有风压表。

12.1.8 在热风炉混风调节阀之前应设切断阀,一旦热风压力小于0.05 MPa,应关闭混风切断阀。

12.1.9 热风炉拱顶温度和废气温度,以及烟气换热器的烟气入口温度,不应超过设计限值。

12.1.10 热风炉应使用净煤气烘炉,净煤气含尘量应符合表3的要求。

表 3

炉容 m³	炉顶压力 kPa	净煤气含尘量 mg/m³
<750	≥30	<15
750	>80~120	<10
1 200	100~200	<10
1 200~2 000	150~200	<10
≥2 000	200~280	<10

经湿法除尘的煤气,正常生产外供煤气的温度不应高于55 ℃,机械水含量不宜大于10 g/m³。

热风炉净煤气支管的煤气压力,应符合表4的要求。

表 4

炉容 m³	<750	750	≥1 000
煤气压力 kPa	≥3.34	≥4.90	≥6.00

烘炉应通过烘炉燃烧器进行,而不应单独采用焦炉煤气直接通过热风炉燃烧器进行。

12.1.11 热风炉烧炉期间,应经常观察和调整煤气火焰;火焰熄灭时,应及时关闭煤气闸板,查明原因,确认可重新点火,方可点火。

煤气自动调节装置失灵时,不宜烧炉。

12.1.12 热风炉应有倒流管。无倒流管的热风炉,用于倒流的热风炉炉顶温度和倒流时间应符合工艺规定要求。多座热风炉不应同时倒流,不应用刚倒流的热风炉送风,硅砖热风炉不应用于倒流。

12.1.13 硅砖热风炉烘炉、凉炉、闷炉等特殊作业时,企业应针对硅砖矿相变化制定专门方案,加强温度变化速率控制,进而控制耐火砌体体积变化速率,确保耐火砌体不被破坏,保障设备设施安全。

12.2 高炉煤气的回收与净化

12.2.1 高炉煤气的回收与净化设施布置应符合GB 6222的要求。

12.2.2 煤气管道应维持正压,煤气闸板不应泄漏煤气。

12.2.3 高炉煤气管道的最高处,应设煤气放散管及阀门。该阀门的开关应能在地面或有关的操作室控制。

12.2.4 除尘器和高炉煤气管道,如有泄漏,应及时处理,必要时应减风常压或休风处理。

12.2.5 除尘器的下部和上部,应至少各有一个直径不小于 0.6 m 的人孔,并应设置两个出入口相对的清灰平台,其中一个出入口应能通往高炉中控室或高炉出铁场平台。

12.2.6 除尘器应设带旋塞的蒸汽或氮气管头,且不应堵塞或冻结。蒸汽管应与炉台蒸汽包相连接。

用氮气赶完煤气,应先脱开氮气管或堵盲板后,再采取强制通风措施,直到除尘器内的一氧化碳和氧含量符合要求后,方可进入除尘器内作业。

12.2.7 高炉荒煤气除尘器入口的切断装置,应采用远距离操作。

12.2.8 除尘器的卸灰,应采用湿式螺旋清灰机或无尘卸灰。除尘器应及时清灰,清灰应经工长同意。

12.2.9 高炉煤气除尘器和余压透平发电装置的系统设计和操作应符合 GB 6222、GB 50505 和 GB 50584 的要求。

13 喷吹煤粉

13.1 一般规定

13.1.1 喷吹无烟煤时,煤粉制备系统、喷吹系统及制粉间、喷吹间内的一切设备、容器、管道和厂房,均应采取安全防护措施;喷吹烟煤(混合煤)时,应符合 GB 16543 的规定。

13.1.2 原煤输送系统,应设除铁器和杂物筛,扬尘点应有通风除尘设施。

13.1.3 煤粉仓、储煤罐、喷吹罐、仓式泵等设备的泄爆孔,应按 GB 16543 的规定进行设计;泄爆片的制造、安装和使用,应符合国家有关标准的规定;泄爆孔的朝向应不致危害人员及设备。

泄爆片后面的压力引管的长度,不应超过泄爆管直径的 10 倍。

13.1.4 岗位与岗位之间、喷吹值班室与高炉中控室之间,应有直接通信设备。

13.1.5 操作值班室应与用氮设备及管路严格分开。

13.1.6 煤粉管道的设计及输送煤粉的速度,应保证煤粉不沉积。停止喷吹时,应用压缩空气吹扫管道,喷吹烟煤则应用氮气或其他惰化气体吹扫。

13.1.7 向高炉喷煤时,应控制喷吹罐的压力,保证喷枪出口压力比高炉热风压力大 0.05 MPa;否则,应停止喷吹。

13.1.8 喷吹装置应能保持连续、均匀喷吹。

13.1.9 煤粉仓、储煤罐、喷吹罐、仓式泵等罐体的结构,应能确保煤粉从罐内安全顺畅流出,应有罐内储煤重量指示或料位指示。

喷吹罐停喷煤粉时,无烟煤粉储存时间应不超过 12 h;烟煤粉储存时间应不超过 8 h,若罐内有氮气保护且罐内温度不高于 70 罐,则可适当延长,但不宜超过 12 h。

13.1.10 喷吹罐压力、混合器出口压力与高炉热风压力的压差,应实行安全联锁控制;喷吹用气与喷吹罐压差,也应实行安全联锁。突然断电时,各阀门应能向安全方向切换。

13.1.11 在喷吹过程中,控制喷吹煤粉的阀门(包括调节型阀门和切断阀门)一旦失灵,应能自动停止向高炉喷吹煤粉,并及时报警。

13.1.12 煤粉、空气的混合器,不应安设在风口平台上。混合器与高炉之间的煤粉输送管路,应安装自动切断阀。所有喷装风口前的支管,均应安装逆止阀或切断阀。

13.1.13 全系统的仪器、仪表,应符合表5的规定。

13.1.14 喷吹煤粉系统的设备、设施及室内地面、平台,应及时进行清扫或冲洗,保证设备、设施及室内地面、平台干净、无积尘。

13.1.15 检查制备和喷吹系统时,应将系统中的残煤吹扫干净,应使用防爆型照明灯具。检修喷吹煤粉设备、管道时,宜使用铜制工具,检修现场不应动火或产生火花。需要动火时,应征得安全保卫部门同意,并办理动火许可证,确认安全方可进行检修。

表 5

仪器、仪表名称	误差范围	失灵时间 h
磨煤机出口温度表	±1 ℃	≤1
其他温度表	±3 ℃	≤2
测氧仪测定含氧量	±0.5%	≤4
压力表和风量表	最大量程的±2%	≤4
电流表	最大量程的±3%	≤4
电子秤	最大量程按有关规定	≤4

13.1.16 煤粉制备磨机出口温度应符合 GB 50607 的规定。

13.2 烟煤及混合煤喷吹

13.2.1 烟煤及混合煤喷吹系统,其新建、扩建和改造工程的设计、施工与验收,以及操作、维护、检修和管理,应符合 GB 16543 的规定。

13.2.2 烟煤与无烟煤应分别卸入规定的原煤槽。车号、煤种、槽号均应对号,并做好记录。槽上下部位的槽号标志应明显。大块、杂物不应卸入槽内。原煤的槽内贮存时间:烟煤不超过2天;无烟煤不超过4天。

13.2.3 制备煤粉时,干燥气体应采用惰化气体;负压系统末端气体的含氧量,不应大于12%。

13.2.4 磨制煤粉时,磨煤机出口、煤粉仓、布袋除尘器、喷吹罐等的温度应严格按设计参数控制;对于煤源稳定,并能严格控制干燥剂气氛和温度的制粉系统,该温度限界可根据煤种等因素确定。

13.2.5 烟煤和无烟煤混合时,其配比应保持稳定;配比应每天测定一次,误差应不大于±5%。

13.2.6 烟煤和混合煤输送和喷吹系统的充压、流化、喷吹等供气管道,均应设置逆止阀;采用压缩空气助吹喷吹烟煤或混合煤时,应另设氮气旁通设施。

13.2.7 喷吹烟煤和混合煤时,仓式泵、贮煤罐、喷吹罐等压力容器的加压、收尘和流化的介质,应采用氮气。

13.2.8 烟煤和混合煤喷吹系统,应设置气控装置和顺序控制系统,超温、超压、含氧超标等报警装置,还应设置防止和消除事故的装置。

14 鼓风富氧

14.1 氧气管道及设备的设计、施工、生产、维护、安全保护装置(安全泄放装置、阻火器)以及安全防护的基本要求应严格遵循 GB/T 20801.6 的相关技术要求,还应符合 GB 16912 的规定。连接富氧鼓风处,应有逆止阀和快速自动切断阀。供氧系统及氧气流量应能远距离控制。

14.2 富氧房应设有通风设施。高炉送氧、停氧,应事先通知富氧操作室,若遇烧穿事故,应立即处理,先停氧后减风。鼓风中含氧浓度超过 25% 时,如发生热风炉漏风、高炉坐料及风口灌渣(焦炭),应停止送氧。

14.3 供氧设备、管道以及工作人员使用的工具、防护用品,均不应有油污;使用的工具还应镀铜、脱脂。检修时宜穿戴静电防护用品,不应穿化纤服装。富氧房及院墙内不应堆放油脂和与生产无关的物品,供氧设备周围不应动火。

14.4 检修供氧设备动火前,应认真检查氧气阀门,确保不泄漏,应用干燥的氮气或无油的干燥空气置换,经取样化验合格(氧浓度不大于 23%),并经主管部门同意,方可施工。

14.5 当采用鼓风机后富氧工艺,氧气压力应比冷风压力大 0.1 MPa,否则,快速切断装置应有效运行,并通知制氧、输氧单位,立即停止供氧。

14.6 在氧气管道中,干、湿氧气不应混送,也不应交替输送。

14.7 检修后和长期停用的氧气管道,应经彻底检查、吹扫,确认管内无油脂及杂物,方可启用。

14.8 对氧气管道进行动火作业,应事先制定动火方案,办理动火手续,并经有关部门审批后,严格按方案实施。

14.9 进入充装氧气的设备、管道、容器内检修,应先可靠切断气源,先用干燥的氮气进行置换,再用无油的干燥空气进行吹扫后经检测氧含量在 19.5%~23% 范围内,方可进行。

15 铸铁机

15.1 铸铁机主厂房应有排气天窗,小型铸铁机车间至少应有防雨棚。

15.2 铸铁机厂房宜设通风除尘设施,应加强对石墨粉尘的治理。

15.3 铸铁车间的铁水罐道两侧,应设带栏杆的人行道,行人应在线界以外行走。

15.4 在铸铁机操作室应能清楚地观察到翻罐、铁水流槽及前半部铸模的工作情况。操作室应采取隔热措施,室内应有空调及通信、信号装置。操作室窗户应采用耐热玻璃,并设有两个方向相对、通往安全地点的出入口。

15.5 铸铁机工作台应采用耐火砖砌筑,宽度应大于 5 m;工作台应通风良好,使用的工具应干燥;工作台的上下走梯,应设在工作台两侧,不应横跨链带。

15.6 铸铁机下不应通行,需要通行时,应设置专用的安全通道,铸铁机地坑内不应有积水。

15.7 铸铁机链带下面除了安装烘烤、喷浆设备、清模设备以及与铸铁机运转有关的设备外,不应安装其他设备。

15.8 铸铁机链带下面(有人出入的地方),应设置防护格网,以防止没脱模的铁块突然下落伤人。

15.9 翻罐提升机和移动小车,应有电动极限控制装置。

15.10 铁水流槽的移动、安装,铸铁机下的污物清理,均应实行机械化,铁水流槽坡度应为3%左右。

15.11 铸铁机应专人操作,启动前应显示声光信号。铸铁机运转时,应遵守下列规定:
   a) 不应检修铸铁机,任何人不应搭乘运转中的链带;
   b) 不应在漏斗和装铁块的车皮外侧逗留;
   c) 人员应远离正在铸铁的铁水罐;
   d) 倾翻罐下、翻板区域,任何人不应作业、逗留和行走;
   e) 凝结盖或罐嘴堵塞的铁水罐,应处理好再翻罐。

15.12 铸铁时铁水流应均匀,炉前铸铁应使用铁水缓冲包,缓冲包在出铁前应烘干。

15.13 铸模内不应有水,模耳磨损不应大于5%,不应使用开裂及内表面有缺陷的铸模。
   铸模内表面应均匀地喷上灰浆,并经干燥处理方可使用。
   灰浆的原料,应使用管道或溜槽来供应,灰浆的配制应实现机械化,清洗或更换灰浆喷嘴时,应先停蒸汽或压缩空气。

15.14 铸铁机卸铁应设置挡铁板。确认铸模内无残留铸铁、铸铁机停止运转,方可清理落在车厢外的铁块。

15.15 装运铸铁,应采用落放在平台上的开底吊斗,或者栏板高度不小于0.4 m的车厢。调运铸铁块,应有专人与铸铁机联系。

15.16 检修铸铁机,应事先取得"铸铁机操作牌";检修完毕,铸铁机操作人员应收回操作牌,确认人员全部撤离、杂物已清完,并发出开车信号,方可重新开车。
   链带运转或非计划停机时,不应在链带下面作业或逗留。

15.17 有凝结盖的铁水罐,不应鼓盖操作;用氧烧盖时,专用胶管和钢管应不短于4 m,管接头无泄漏,防止回火。

15.18 铁水罐对位、复位应准确,防止偏位和移位。

16 环境除尘系统

16.1 所有环境除尘设备应与生产设备同步运行、同步检修,并保证除尘效果。

16.2 除尘风机配套的高压电机的停、送电应严格执行停、送电制度。

16.3 电除尘器的整流变压器室在正常运行时应关门上锁,禁止无关人员进入。

16.4 高压断路器的操作应遵守 DL 408 的规范要求。

16.5 电除尘器在正常运行(无论风机是否运行)时、不得开启检修人孔门,也不得上除尘器顶部。

16.6 离线清灰的布袋除尘器,在单个箱体更换布袋时,应关闭该箱体的进风阀和停风阀;而在线清灰的布袋除尘器检修,应停风机进行。

16.7 布袋除尘器、电除尘器的外壳及主管道的维护检修,都必须在停风机、停电并进行验电、放电确认的条件下进行。

16.8 除尘管道应采取防积灰措施,并考虑设置清灰设施和检查孔(门)。除尘系统应定期检查管内积灰情况,达到设计允许积灰量限值时应及时清灰,应符合 HJ 435 的规范要求。

17 通信、信号、仪表和计算机

17.1 高炉及其附属设施的检测、计量、信号设计应遵循有关规范。采用计算机控制、监视、显示及故障报警的高炉,视用户的实际情况,可设置必要的后备仪表及操作台。

17.2 水、水蒸气及煤气、氮气、氧气等的计量,被测介质不能直接引入值班室,必须将测量信号转换成电信号后引入值班室。

17.3 值班人员应经常检查各仪表信号和联锁信号装置,以便掌握高炉运行情况,并做好记录。

17.4 高炉投产前应安装:

  a) 调度电话:凡与高炉生产有关的部门,均应设置;

  b) 直通电话:凡与高炉生产关系密切的岗位,均应设置;

  c) 调度总机、工业电视。高炉中控室和厂总调度室应安装录音电话。喷煤值班室、热风炉值班室、槽下值班室、卷扬机值班室、炉前出铁场,均宜安设扩音器,有条件时宜安设工业电视。

17.5 未经车间同意,非工作人员不应进入计算机房和有计算机设施值班室。有计算机的房间应安装空调和正压通风设施。

17.6 用于高炉及附属设施控制的计算机,不宜由移动存储设备拷出文件,不应使用来历不明的移动存储设备。

17.7 计算机房应按 GB 50414 的要求设置灭火装置和自动报警装置。其他场所、部位的消防设施设置,应符合 GB 50414 的要求。

17.8 计算机及控制仪表,应设停电备用电源。

18 电气、起重设备

18.1 炼铁厂内属于一级电力负荷的设施,应有两个以上的独立电源供电。
  炼铁厂供电系统,应符合国家有关电力设计规范的要求。

18.2 高炉及运料卷扬系统的电缆及导线,应有阻燃的保护层或保护套管。

18.3 未按企业安全管理制度经相关管理单位或部门同意,非工作人员不应进入卷扬机室或上料带式输送机传动房、直流发电机室及变电室等重要场所。

18.4 电磁站变压器和动力开关室,室内地面应有绝缘层;室内应备有应急照明,并应配备符合安全使用要求的二氧化碳和干粉灭火器或干砂箱等。

18.5 裸线应有接地良好的防护网。防护网与裸线之间应满足 DL 408 规定的安全距离,并悬挂明显的警告牌或信号灯。炉身附近的电气设备,应安装防护罩或栏杆。炉前设备的电缆线,应有防机械损伤和防烧毁的措施。

18.6 整流设备应保持清洁,运转中的火花不应超过允许范围。电气设备的温度不应超过允许温度。

18.7 电气设备的金属外壳,应根据技术条件接地或接零。高构筑物应有防雷击措施。

18.8 上料系统设备的启动或停止关系到前后设备时,应按照工艺设备的要求设置联锁控制。联锁装置的设计,应符合下列要求:

  a) 应从系统终端设备开始,逆物料输送方向依次启动;

b) 停车与启动顺序相反,先停供料设备,然后从供料设备系统的始端开始,顺物料输送方向依次停车;

c) 系统中某一设备发生故障时,它前面的所有设备应立即自动停车,而后面的设备应继续运转,直到料空为止,以防止带负荷启动。

其余的机电系统,也应按上述要求设计。

18.9 动力、照明、通信等电气线路,不应敷设在氧气、煤气、蒸汽管道上。

18.10 厂房内、通道、平台等人员活动区域应设置足够的照明,且定期进行照度测量。照明设置应符合 GB 50034、GBZ 1 的要求,并遵守下列规定:

a) 工作照明:凡是有操作人员工作和来往的地点及设备运转点,均应设置工作照明;

b) 事故照明:工作照明停止可能出现误操作和容易出事故的地点,应设置事故照明;

c) 检修照明:需要经常检修设备的地点,应设置检修照明。

炼铁厂应根据工艺设备布置,适当配置安全灯插座;行灯电压不应超过 36 V;在潮湿地点和金属容器内使用的行灯,其电压不应超过 12 V。

18.11 应定期检测绝缘物的绝缘性能和接地电阻,并作好记录,存入技术档案。

18.12 直流电机停机时,应切断交流电源。

18.13 检修电气设备,应至少 2 人一起作业。停电检修时,应严格执行挂牌制,悬挂"有人检修,严禁合闸"的警示牌。

18.14 炉前起重机、铸铁翻罐机和水渣双轨起重机等的司机室,应有良好的通风、防尘和空调设施。

18.15 起重作业与安全装置应遵守 GB/T 6067.1 的规定。起重机械应标明起重吨位,应装设卷扬限制器、起重量控制器、行程限制器、缓冲装置和自动联锁装置以及启动、事故、超载的信号装置。起重工具不应拴挂在高炉场棚钢梁上。

起重机工作,不应斜拉歪吊;人员不应站在吊运的物体上,也不应在吊钩下逗留、通过。起重机夜晚工作时,作业区应有良好的照明。

18.16 高炉升降机与高炉、热风炉之间,应安装带护栏的过桥,升降机导轨应有护板。

18.17 应加强起重机械的日常维护,起重前应仔细检查吊钩、吊绳是否合格。起重设备应严格执行操作牌制度。

18.18 起重作业应由经专门培训、考核合格的专职人员指挥,同一时刻只应一人指挥,指挥人员应有起重机司机易于辨认的明显的识别标识,指挥信号应遵守 GB/T 5082 的规定。

18.19 用起重机吊运开底吊桶时,吊桶的开底应用机械控制。

18.20 乘人电梯不应超载,用完后应锁门。乘人电梯应有自锁装置,室内应有报警装置。其钢丝安全系数为 8。

19 检修

19.1 一般规定

19.1.1 应建立严格的设备使用、维护、检修制度。设备应按计划(有条件的企业应推行点检定修制)检修,不应拖延。属于在线技术改造项目,应严格执行能源介质隔离制度。

设备管理部门的专业技术人员,应对日常检修工作负责,对涉及危险作业的严格执行审批制度。

19.1.2 检修现场应设统一指挥部,并明确各单位的安全职责。参加检修工作的单位,应在检修指挥部统一指导下,按划分的作业地区与范围工作。检修现场应配备专职安全员。

19.1.3 检修前,应对检修项目进行危险因素辨识并制定安全施工方案,应有专人对电、煤气、蒸汽、氧气、氮气等要害部位及安全设施进行确认,并办理有关检修、动火等危险作业审批手续。

19.1.4 检修中应按检修方案拆除安全装置,并有安全防护措施。检修完毕,安全装置应及时恢复。安全防护装置的变更,应经安全部门同意,并应作好记录归档。

19.1.5 大、中修使用的拼装台和拼装作业,应符合大、中修指挥部的要求,不应妨碍交通。拼装作业应有专人指挥与监护。

19.1.6 施工现场行驶的车辆,应有专人指挥,并尽可能设立单行线。大、中修施工区域内,火车运行速度不应超过 5 km/h,同时应设立警告牌和信号。

19.1.7 设备检修和更换,必须严格执行相应的安全管理制度和专业安全技术操作规程。检修人员应熟悉相关的技术要求及操作工艺。检修前,应对检修人员进行安全教育,介绍现场工作环境和注意事项,做好施工现场安全交底。

19.1.8 检修设备时,应预先切断与设备相连的所有电路、风路、氧气、煤气、氮气、蒸汽、喷吹煤粉及液体等介质,并严格执行设备操作牌制度。

19.1.9 木料、耐火砖和其他材料的贮存,应符合下列要求:
   a) 贮存场地应平坦、干净,宜选择地势较高的场所,并应设防雨棚;
   b) 储料场与仓库的选择,应能保证工程的正常进行和消防车辆的顺利通行;
   c) 耐火砖应错缝码放,一般耐火砖垛高不应超过 1.8 m,大块或较重的耐火砖垛高不应超过 1.5 m;
   d) 材料堆垛之间的通道,宽度不应小于 1.0 m;
   e) 堆垛应防潮;粉状料应堆放在单独的房间里。

19.1.10 焊接或切割作业的场所,应通风良好。电、气焊割之前,应清除工作场所的易燃物。

19.1.11 高处作业,应设安全通道、梯子、支架、吊台或吊盘。吊绳直径按负荷确定,安全系数不应小于 6。作业前应认真检查有关设施,作业不应超载。脚手架、斜道板、跳板和交通运输道路,应有防滑措施并经常清扫。高处作业时,应佩戴安全带。

19.1.12 楼板、吊台上的作业孔,应设置护栏和盖板。

19.1.13 高处作业时,不应利用煤气管道、氧气管道作起重设备的支架,携带的工具,应装在工具袋内,不应以抛掷方式递送工具和其他物体。

遇 6 级以上强风时,不应进行露天起重工作和高处作业。

19.1.14 在高处检修管道及电气线路,应使用乘人升降机,不应使用起重卷扬机类设备带人作业。

19.1.15 运送大部件通过铁路道口,应事先征得铁路管理部门同意,而且使用单位应设专人负责监护。

19.1.16 检修热风炉临时架设的脚手架,检修完毕应立即全部拆除。

19.1.17 在炉子、管道、贮气罐、磨机、除尘器或料仓等的内部检修,应严格检测有毒有害物质和氧含量是否符合要求,以防煤气中毒和窒息。并应派专人核查进出人数,如果出入人数不相符,应立即查找、核实。

19.1.18 设备检修完毕,应先做单项试车,然后联动试车。试车时,操作工应到场,各阀门应调好行程极限,做好标记。

19.1.19 设备试车,应按规定程序进行。施工单位交出操作牌,由操作人员送电操作,专人指挥,共同试车。非试车人员,不应进入试车规定的现场。

19.2 炉体检修

19.2.1 大修时,炉体砌筑应按设计要求进行。

19.2.2 采用爆破法拆除炉墙砖衬、炉瘤和死铁层,应遵守 GB 6722 的有关规定。

19.2.3 应清除炉内残物。

19.2.4 拆除炉衬时,不应同时进行炉内扒料和炉顶浇水。入炉扒料之前,应测试炉内空气中一氧化碳的浓度是否符合作业的要求,并采取措施防止落物伤人。

19.3 炉顶设备检修

19.3.1 检修大钟、料斗应计划休风,应事先切断煤气,保持通风良好。在大钟下面检修时,炉内应设常明火,大钟应牢靠地放在穿入炉体的防护钢梁上,不应利用焊接或吊钩悬吊大钟。检修完毕,确认炉内人员全部撤离后,方可将大钟从防护梁上移开。

工作环境中一氧化碳浓度超过 50 ppm($1\text{ ppm}=1\times10^{-6}$)时,工作人员应佩戴防护用具,还应连续检测 CO 含量。

检修大钟时,应控制高炉料面,并铺一定厚度的物料,风口全部堵严,检修部位应设通风装置。

19.3.2 休风进入炉内作业或不休风在炉顶检修时,应有煤气防护人员在现场监护。更换炉喉砖衬时,应卸下风管,堵严风口,还应遵守本规程 19.4 与 19.5 的有关规定。

19.3.3 串罐、并罐无料钟炉顶设备的检修,应遵守下列规定:

a) 进罐检修设备和更换炉顶布料溜槽等,应可靠切断煤气、氮气源,采用安全电压照明,检测 CO、O_2 的浓度,并制定可靠的安全技术措施,报生产技术负责人认可,认真实施;

b) 检修人员应事先与高炉及岗位操作人员取得联系,经同意并办理正常手续方可进行检修(如动火检修应申办《动火许可证》);

c) 检修人员应佩戴安全带和防毒面具;检修时,应用煤气报警和测试仪检测 CO 浓度是否在安全范围内;检修的全过程,罐外均应有专人监护。

19.4 热风炉检修

19.4.1 检修热风炉时,应可靠切断防止煤气从邻近煤气管道窜入,并严格执行操作牌制度;煤气防护人员应在现场监护。

19.4.2 进行热风炉内部检修、清理时,应遵守下列规定:

a) 煤气管道应可靠切断,除烟道阀门外的所有阀门应关死,并切断阀门电源;

b) 炉内应通风良好,一氧化碳浓度应在 24 ppm($1\text{ ppm}=1\times10^{-6}$)以下,含氧量应在 19.5%~23%(体积浓度)之间,每 2 h 应分析一次气体成分;

c) 修补热风炉隔墙时,应用钢材支撑好隔棚,防止上部砖脱落。

19.4.3 热风管内部检修时,应打开人孔,严防煤气热风窜入,并应遵守本规程 19.2.1 和 19.4.2 的规定。

19.5 高炉煤气的回收与净化设备检修

19.5.1 检修除尘器时,应处理煤气并执行操作牌制度,至少由2人进行;应有煤气防护人员在现场监护。

19.5.2 应防止邻近管道的煤气窜入除尘器,并排尽除尘器内灰尘,保持通风良好,环境应符合本规程19.4.2条的要求。

19.5.3 固定好检修平台和吊盘。清灰作业应自上而下进行,不应掏洞。

19.5.4 检修清灰阀时,应用盲板堵死灰口,应切断电源,并应有煤气防护人员在场监护。

19.5.5 清灰阀关不严时,应减风后处理,必要时休风。

19.5.6 高炉煤气除尘器和余压透平装置的检修还应符合 GB 6222、GB 50505 和 GB 50584 的要求。

19.6 摆动流嘴检修

19.6.1 检修作业负责人应与岗位操作工取得联系,索取操作牌,悬挂停电牌,停电并经确认后方可进行检修。

19.6.2 检修中不应盲目乱割、乱卸;吊装流嘴应有专人指挥,并明确规定指挥信号;指挥人员不应站在被吊物上指挥。

19.6.3 在摆动支座上作业,应佩戴安全带。

19.6.4 钢丝绳受力时,应检查卸扣受力方向是否正确。

19.7 铁水罐检修

19.7.1 检修铁水罐,应在专用场地或铁路专线一端进行,检修地点应有起重及翻罐机械。修罐时,电源线应采用软电缆。修罐地点以外15 m应设置围栏和标志。两罐间距离应不小于2 m。重罐不应进入修罐场地和修罐专用线。

19.7.2 修罐坑(台)应设围栏。罐坑(台)与罐之间的空隙,应用坚固的垫板覆盖。罐坑内不应有积水。

19.7.3 待修罐的内部温度,不应超过40 ℃。砖衬应从上往下拆除,可喷水以减少灰尘。

19.7.4 修罐时,罐内应通风良好,冬季应有防冻措施。距罐底1.5 m以上的罐内作业,应有台架及平台,采用钩梯上下罐。

19.7.5 罐砌好并烘干,方可交付使用。罐座应经常清扫。

新型干法水泥生产安全规程（AQ 7014—2018）

前　言

本标准的全部技术内容为强制性。

本标准按照 GB/T 1.1—2009 给出的规则起草。

本标准由原国家安全生产监督管理总局监管四司提出。

本标准由全国安全生产标准化技术委员会工贸安全分技术委员会（SAC/TC 288/SC 9）归口。

本标准起草单位：中国建材集团有限公司、中国联合水泥集团有限公司、滕州深信机电工程有限公司、中国建材检验认证集团股份有限公司。

本标准主要起草人：张健、赵庆辉、张金栋、崔云龙、袁亮国、王克东、朱其川、钱林、祝尊峰、邵明静、赵崇良、王勇、刘友莲、石兴、支跃、王雪。

1 范围

本标准规定了新型干法水泥安全生产的基本安全管理要求、一般规定、生产条件与环境、设备安全、设备维修作业安全、电气安全技术、高危作业安全、员工行为规范、相关方管理、职业健康、应急救援、事故调查与报告。

本标准适用于新型干法水泥企业的安全生产、设备维修和常态标准化安全管理。

2 规范性引用文件

下列文件对于本文件的应用是必不可少的。凡是注日期的引用文件，仅注日期的版本适用于本文件。凡是不注日期的引用文件，其最新版本（包括所有的修改单）适用于本文件。

GB 2893　安全色

GB 2894　安全标志

GB 4208　外壳防护等级（IP 代码）

GB 4915　水泥工业大气污染物排放标准

GB 6829　剩余电流动作保护电器的一般要求

GB/T 16157　固定污染源排气中颗粒物测定与气态污染物采样方法

GB 16238　车间空气中呼吸性水泥粉尘卫生标准

GB/T 16911　水泥生产防尘技术规程

GB 50033　工业企业采光设计标准

GB 50034　建筑照明设计标准

GB 50057　建筑物防雷设计规范

GB/T 50087　工业企业噪声控制设计规范

GB 50295　水泥工厂设计规范

GBZ 2　工作场所化学有害因素职业接触限值

GBZ 158　工作场所职业病危害警示标识
GBZ 188　职业健康监护技术规范
GBZ/T 203　高毒物品作业岗位职业病危害告知规范
AQ 2047　水泥工厂筒型储存库人工清库安全规程

3　术语和定义

下列术语和定义适用于本文件。

3.1

新型干法水泥生产技术　new dry process cement production technology

以悬浮预热和预分解技术装备为核心,以先进的环保、热工、粉磨、均化、储运、在线检测、信息化控制等技术装备为基础;采用新技术和新材料;节约资源和能源,充分利用废料、废渣,促进循环经济,形成一套具有现代高科技特征和符合优质、高产、节能、环保以及大型化、自动化的水泥生产工艺技术,实现人与自然和谐相处的现代化水泥生产方法。

3.2

余热发电　waste heat power generation

利用工业生产过程中排放的余热进行发电,也称纯余热发电。

3.3

脱硝系统　denitrification system

采用物理或化学的方法脱除烟气中氮氧化物(NO_X)的系统,本标准中指选择性非催化还原法脱硝系统。

3.4

高温作业　high temperature operation

工业企业工作地点具有生产性热源,当室外出现本地区夏季室外通风设计计算温度的气温时,其工作地点气温高于室外气温2 ℃或2 ℃以上的作业或气温高于40 ℃的室外露天作业。

3.5

生产性热源　productive heat source

生产过程中能够散发、辐射热量的生产设备、装置、产品和工件等。

3.6

高处作业　high-altitude operation

凡在坠落高度基准面2 m以上(含2 m)有可能坠落的高处进行的作业,都称为高处作业。

3.7

特殊危险动火作业　exceptional risk of fire operation

在处于运行状态的易燃易爆物品生产装置、输送管道、储罐容器等重要部位及其他具有特殊危险场所的动火作业。包括公司汽油库、柴油库及运行中的输油设备,运行中的煤磨及煤粉输送、储存设备;运行中总降变电站、高压配电室及运行中的压力管道、锅炉、压力容器等。

3.8

一级动火作业 first fire operation

在易燃、易爆场所内的动火作业。包括检修状态下的煤磨、煤粉输送管道、锅炉、压力容器、总降变电站及原煤堆场等。

3.9

二级动火作业 second fire operation

特殊动火和一级动火以外的动火作业。停车检修,经清洗置换并采取安全隔离措施后,可根据火灾、爆炸危险性的大小,经安全管理部门批准,动火作业按二级动火作业管理。

3.10

危险作业 dangerous operation

包含危险区域动火作业、进入有限空间作业、高处作业、大型吊装作业、预热器清堵作业、篦冷机清大块作业、水泥生产筒型库清库作业、交叉作业和高温作业。

4 基本安全管理要求

4.1 企业安全生产应当以人为本,贯彻执行"安全第一、预防为主、综合治理"的方针,强化和落实各级管理层的安全主体责任。

4.2 企业应建立健全安全生产责任制和安全生产规章制度,加强安全管理,不断改善安全生产条件,保障安全生产。

4.3 企业负责人对本企业的安全生产负全面责任,各级主要负责人对本部门的安全生产负责,各级机构对其职能范围的安全生产负责。

4.4 企业应按规定设置安全生产管理机构,配备专职或兼职的安全生产管理人员,并按规定配备注册安全工程师,建立健全从安全生产管理机构到基层班组的安全生产管理网络。

4.5 企业工会应当依法组织员工参加本单位安全生产工作的民主管理,对本单位执行安全生产法律、法规、规章等情况进行民主监督,维护员工在安全生产方面的合法权益。

4.6 企业应建立健全安全生产岗位责任制和岗位安全技术操作规程,严格执行值班和交接班制度。

4.7 新建、改建、扩建工程项目的安全设施和职业病防护设施,应与主体工程同时设计、同时施工、同时投入生产和使用,安全设施投资和职业病防护设施所需费用应纳入建设项目概算。

4.8 建设项目的安全设施和职业病防护设施竣工后,企业应当组织验收,未验收合格的,不得投入生产或者使用。

4.9 企业应建立健全生产安全事故隐患排查治理制度,对排查出的隐患应及时整改。

4.10 企业应定期对员工进行安全生产教育和培训,普及安全知识和安全法规,未经安全生产教育和培训合格的,不得上岗作业。

4.11 企业应为员工提供符合国家标准或行业标准的劳动防护用品,并监督、教育员工按照使用规则佩戴、使用。

4.12 企业应建立对厂房、机电设备进行定期检查、维修和清扫制度。危险作业及设备检维修作业,应实行危险作业审批和许可及操作票制度。

4.13 企业应建立火灾、爆炸、触电和毒物逸散等生产安全事故的应急救援预案,并配备必要的应急救援器材、设备和物资,定期演练与检查。

4.14 检维修期间不得擅自拆除设备安全装置和防护设施,确实需要拆除时,应经安全管理部门书面同意并采取相应措施后方可拆除,检维修后应立即恢复。

4.15 企业发生生产安全事故时,应及时、如实报告。企业主要负责人、分管安全生产的负责人或安全负责人应立即到现场组织指挥抢救,采取有效措施迅速处理,并及时分析原因,认真总结经验教训,提出防止同类事故发生的措施。

4.16 事故的调查处理应符合国家有关规定,按照"四不放过"原则要求落实,并建立事故档案。

5 一般规定

5.1 在布置预处置危险废物车间时,建设单位、施工单位应同步设计相应的事故防范、应急和救援设施。

5.2 氧气乙炔气瓶库、桶装油库、加油站、煤粉制备、氨水储罐区等火灾危险性较大的厂房,应满足防火、防爆、防雷及相应安全距离的要求,同时采取符合规范要求的防火、防爆、防雷措施,周围应设置消防通道。

5.3 所有产生烟气、粉尘、振动、噪声的设备,都应与防尘、防振动、防噪声要求较高的车间、化验室、办公室,保持足够的间距,符合 GB 50295 要求。

5.4 石灰石破碎车间、粉磨厂房和压缩空气站等产生高噪声的生产设施与相邻设施,应符合国家现行的噪声卫生防护距离的规定。厂区内各类地点及厂界处的噪声限制值和总平面布置中的噪声控制,应符合 GB/T 50087 的规定。

5.5 厂内道路按功能及交通量,可分为主干道、次干道、支道、车间引道和人行道等类型,并应符合 GB 50295 的相关要求。

5.6 厂区电缆沟、热力管网、给排水管沟、生产工艺管沟等地下管沟中,凡有可能产生相互影响的管线,不应共沟敷设。电缆沟应单独设置,同时满足防水、防火、防小动物进入要求。

5.7 窑、磨、烘干机、篦冷机、电除尘器、大型袋除尘器等金属导体设备内检修用手持灯电压,不应超过 12 V,煤磨、煤粉仓等 CO 聚集区域内部照明电压不应超过 6 V。

5.8 照明配电箱的插座回路,应装设漏电保护器,并设专用的 PE 线。

5.9 电除尘设备的工作接地极,离建筑物及其他系统接地极距离不小于 3 m,其接地电阻应满足电除尘设备的要求。

5.10 寒冷地区的油管、水管、气管等应有防冻措施。

5.11 清理下料溜子时,应有专人监护,所使用的爬梯、安全绳等工具安全可靠,工作中注意防止工具滑落。

5.12 不应在设备开启运行状态下清理积料或打扫卫生。

5.13 不应在皮带上行走或利用皮带传送物品,不应跨越皮带;处理皮带打滑时,应断电处理,不应接触运行中的滚筒和皮带。

5.14 提升机压料时,提升机头部不应站人,尾部清料人员保持安全距离。

5.15 设备堵料时应停机,在办理停电手续后方可清料,严禁用手伸入设备壳体内扒取。

5.16 正常运转中打开机头观察门检查时应保持安全距离。

5.17 在新工艺、新技术、新设备、新产品投产前要制定安全技术规程,要对上岗的有关人员进行专门教育,经考核合格后,方可上岗独立操作。

5.18 凡属危险作业,应设专人监护。

5.19 从事高处作业时应正确佩戴安全绳、五点式双挂钩安全带及安全帽。

5.20 机械传动部位安全防护装置应符合标准要求,齐全可靠。

5.21 设备应设有预示启动的声光信号装置。

5.22 通道、楼梯、平台及防护网(罩)符合有关标准要求。

5.23 生产现场各类设备应密封完好,不易有漏油、漏灰、漏风、漏料现象。

5.24 各设备的电气联锁装置或机械联锁装置应完好有效,定期进行检查、试验,确保灵敏可靠。

6 生产条件与环境

6.1 厂区布置和主要车间的工艺布置,应设有安全通道。

6.2 厂区内人员容易接触的沟、井应设置盖板。

6.3 厂房的照明,应符合 GB 50033 和 GB 50034 的规定。

6.4 厂区内的建(构)筑物,应按 GB 50057 的规定设置防雷设施,并定期检查,确保防雷设施完好。

6.5 在原煤堆场、煤粉制备、氨水储存区、油库、纸袋库、仓库、稀油站和电气室等防火重点部位设灭火装置,应符合相关法规、标准的要求。

6.6 在存在较大危险因素的作业场所和有关设备上,设置符合 GB 2894 和 GB 2893 规定的安全警示标志。

6.7 生产作业环境应符合 GBZ 2、GB/T 16911 和 GB 16238 的相关要求。

6.8 对存在严重职业危害的作业岗位,按照 GBZ 158 要求,在醒目位置设置职业病危害警示标识和警示语句。

6.9 中央控制室、电力室、总降压变电站和员工宿舍应设置应急照明灯具,设有符合紧急疏散要求、标志明显、保持畅通的出口,不应封闭、堵塞生产场所或者员工宿舍的出口。

6.10 破碎、配料、粉磨、物料输送、煅烧、装运等主要产尘点应采取有效收尘或抑尘措施。

6.11 表面高温设备(窑头罩、篦冷机、窑体、窑尾预热器和高温尾气管道等)应设置相应的外部保温层或防护隔离设施,并有警示标志。

6.12 放射源应当按照有关规定取得放射物品使用许可证,放射源装置应有明显的警示标志和防护措施,并定期检测。

6.13 任何设备变动、技术改造不得使用临时线,均应按正式接线要求架设电源线路。在检修施工过程中,确实需要架设临时线路的,需按照临时用电相关要求进行作业。

6.14 强酸、强碱等化学试剂应设有专用库房及固定摆放位置。

7 设备安全

7.1 分类设备安全

7.1.1 原料制备

7.1.1.1 石灰石的开采与转运场所,应设置警示标志限制非工作人员进入。

7.1.1.2 破碎机和板喂机应做好壳体密封。

7.1.1.3 进入选粉机或立磨等密闭设备内部作业前,应履行审批手续(断电)、通风、检测,应配备监护人员,应确保进口热风阀门处于关闭锁死状态。

7.1.1.4 进入袋收尘器内部工作前应履行审批手续,强制性清灰时,检查确认壳体及灰斗内无积灰且出口温度不高于40 ℃,并办理有限空间进入许可证后,方能进入。

7.1.1.5 在磨机上方应安装用来接近人孔门的平台。

7.1.1.6 磨体(球磨机)两侧护栏应牢固、齐全,应能阻止任何人从运转的磨机下方穿越或靠近磨体。各设备机械传动部位安全防护装置符合标准要求,齐全可靠。磨机本体周围防护栏、警示牌齐全。

7.1.2 煤粉制备

7.1.2.1 原煤输送系统,应设除铁器,扬尘点应有通风除尘设施。

7.1.2.2 煤粉制备系统的安全防爆设计应符合下列规定:粗粉分离器、旋风分离器、除尘器、煤粉仓、磨尾、煤粉系统的管道等处应装设防爆阀,泄爆阀泄爆口不应朝向巡检通道和建筑物。

7.1.2.3 煤磨进出口应设温度监测装置,在煤粉仓、除尘器上也应设温度和一氧化碳超限监测及报警装置,并配备气体自动灭火装置。

7.1.2.4 在除尘器进口应设有快速截断阀。

7.1.2.5 煤粉车间内不应使用明火,煤粉仓、除尘器等设备附近应设置齐全有效的灭火装置。

7.1.2.6 煤磨车间的防火等级应符合 GB 50295 的要求。

7.1.2.7 防爆阀爆破后,应立即停车,并清除火源,查明原因;待防爆阀修复后,方能重新启动设备。

7.1.2.8 在煤粉制备系统中的煤粉仓等重点部位应安装温度监控器。

7.1.2.9 在敷设煤粉系统管道时,除与燃烧器连接处外,不应水平敷设。

7.1.2.10 煤粉制备系统的设备应有保护装置,并应保持完好有效。

7.1.2.11 煤粉制备系统的场所,电气设备应符合防爆要求。

7.1.2.12 煤磨本体系统应安装防静电接地装置,并定期检查、检测。煤粉输送管道法兰之间应有防静电跨接装置。

7.1.2.13 要严格控制出磨热风温度。操作中应控制入磨风温不超过280 ℃,出口气体温度保持在65 ℃～75 ℃,不得超过80 ℃。运行中应严密监视灰斗温度不超过80 ℃,袋收尘出口CO浓度不超过0.1 %(体积比)。在发生自燃时,应立即关闭袋除尘进出口阀门、止料停磨,并随时向现场岗位人员通报袋收尘出口、灰斗温度变化情况。

7.1.2.14 烟煤、煤粉不得长期存放,2天以上停窑前应将煤粉仓用空,非计划停窑应定时向煤粉仓内喷CO_2,定时监视煤粉仓温度变化,收尘器及各处死角不应有煤粉堆存,溢出设备外的煤粉应尽快清理干净。为灭火用的CO_2气瓶应保持有充裕存量。

7.1.2.15 煤粉制备系统所有设备都应设计在零压或负压状态下运转,车间内应保持整洁,无煤粉堆积现象;如果煤及煤粉外溢,应及时清理。

7.1.2.16 应及时检查煤粉生产设备是否有因为摩擦等原因引起的设备发热情况。

7.1.2.17 应定时关注所有防爆阀、防爆门是否正常。

7.1.2.18 如果回转窑停止喂煤,应及时停止煤粉仓锥部的助流。

7.1.3 熟料煅烧

7.1.3.1 检查篦冷机篦床上或窑观察孔等高温部位物料分布和冷却状况时,应正确佩戴防护面罩。

7.1.3.2 窑头燃烧器点火时人员应站在点火孔侧面,不可正对点火门。

7.1.3.3 启动窑主电机前,应脱开辅传联轴器,待窑体平稳后,并确认到位。

7.1.3.4 对垫板进行润滑时,要与托轮保持足够安全距离,并及时清理现场油污。

7.1.3.5 检查托轮瓦时,严禁将手伸入上油勺侧观察孔。

7.1.3.6 观察窑内燃烧情况时,应穿戴好防护面罩和隔热服,不得正对观察孔,应侧身观察。

7.1.3.7 无关人员不应进入窑头平台区域。

7.1.3.8 进窑前应确认窑尾烟室气体温度是否低于 50 ℃,情况不明时严禁入内。

7.1.3.9 进窑前应确认预热器至少最末两级锁风阀锁死,将窑尾空气炮气源闸阀关闭,并释放罐内气体。

7.1.3.10 在检修时,在窑头罩入口处搭安全吊桥,吊桥要足够的宽度和强度,并设有护栏。

7.1.3.11 进入窑内,应确认作业位置上部无松垮窑皮和凸出砖块。人工清理窑皮时,作业人员应站在侧面,先清除顶部的窑皮,清理过程中谨防窑皮大面积塌落。

7.1.3.12 窑内、窑外及篦冷机第一段有人作业时严禁转窑,如需要翻窑时,应由专人确认以上相关人员及工器具撤离后方可开车,非指定人员不应开车。

7.1.3.13 清理增湿塔内部积料时,在设备外部气割开口处理,不应进入人孔门内部施工。

7.1.3.14 预热器平台、构件及护栏应完整牢固,各检查孔盖牢固、锁风阀动作灵活。

7.1.3.15 平台物品应按指定区域堆放整齐,堆放高度不超过 1.5 m,严禁高处抛物。预热器平台不应堆放易燃易爆物品。各地面及各层平台应平整洁净,无绊脚物、无散落物料或油污。

7.1.3.16 悬挂设备下方及吊装孔附近设置安全防护隔离装置。

7.1.3.17 预热器下料管堵料进行清料时,必须使用长距离操作工具,远离清料孔。

7.1.3.18 回转窑系统各通道、平台、梯台及护栏应符合标准规定;窑筒体上方应设钢丝绳,用于作业时固定安全带。

7.1.3.19 回转窑窑头、窑尾观察门(盖)完好,密封装置完好、无脱落、无漏风。

7.1.3.20 回转窑筒体无阻碍、碰撞物体,检修人孔门固定牢固;筒体冷却装置完好。

7.1.3.21 回转窑控制系统设置相应的电气联锁或机械联锁装置,定期进行检查、试验,确保灵敏可靠。回转窑传动装置中的高速联轴器、开式齿轮等部位,安全防护装置符合标准要求,齐全可靠。

7.1.3.22 回转窑应当设置由应急独立电源供电的辅助传动装置,辅助传动装置应安装制动器。

7.1.3.23 篦冷机传动装置中的高速联轴器、开式齿轮及冷却风机联轴器等部位,安全防护装置符合标准要求,齐全可靠。

7.1.3.24 篦冷机冷却风机入口处防护网完好、可靠。

7.1.3.25 篦冷机系统完好无漏风。各检修人孔门关闭牢固,密封良好、无漏风。

7.1.3.26 篦冷机地坑应设置清扫人员紧急逃生通道。

7.1.3.27 窑头点火升温阶段,篦冷机内不应有人作业、不应开启风机或调整风量。

7.1.4 余热锅炉

7.1.4.1 余热锅炉应取得产品合格证、使用登记证和年度检验证。

7.1.4.2 安全阀、水位计、压力表等安全附件齐全、灵敏、清晰、可靠,排污装置无泄漏。其他辅机设备应符合安全要求。

7.1.4.3 余热锅炉应按规定合理设置报警和联锁保护装置。

7.1.4.4 锅炉应无漏风、漏水。

7.1.4.5 水质处理指标遵循低压锅炉检测要求,汽包内无水垢。

7.1.4.6 对新装、移装和检修后的锅炉,启动之前应进行全面检查。

7.1.4.7 锅炉承压部件在安装或检修后,应经过全面的水压试验。水压试验过程中,应停止一切炉内外安装检修工作。

7.1.4.8 在锅炉水压试验进水时,负责管理空气阀和进水阀的操作人员不得擅自离开。

7.1.4.9 在锅炉水压试验中,当发现承压部件外壁有渗漏现象时,若压力正上升,检查人员应远离泄漏地点,在停止升压进行检查前,应先分析泄漏有无发展的可能,如果没有方可进行细致检查。

7.1.4.10 锅炉进行 1.25 倍工作压力的超水压实验。在保持压力时,不应进行任何检查,待压力将至工作压力后,方可进行细致检查。

7.1.4.11 锅炉水压试验后的泄压和放水时,应确认放水总管处无人后方可操作。

7.1.4.12 进行锅炉水压试验要严格遵守的有关规定,同时应设专人监督与控制压力。

7.1.5 汽轮机

7.1.5.1 一般规定

7.1.5.1.1 汽轮机系统要确保设备设施、安全防护及联锁装置完好。

7.1.5.1.2 对油系统定期检查,保证管道的清洁和畅通,发现漏油及时消除或者采取应急预案做好灭火措施;冷油器定期冲洗,滤油网不得堵塞。

7.1.5.1.3 汽轮机油站应设置事故放油池,油箱事故放油阀门保持完好,并距离油箱有一定安全距离,操作手轮与油箱的距离应大于 5 m,操作手轮的位置至少应有两个通道能到达,操作手轮不应上锁,平时加铅封,并有明显的标志。

7.1.5.1.4 油管道安装尽可能远离高温管道,油管道至蒸汽管道保温外表面距离一般不小于 150 mm,所有法兰加装防爆盒。

7.1.5.2 汽轮机技术

7.1.5.2.1 作业人员应熟悉设备的工作原理及工艺流程、操作规程及运行参数及应急处置方法。

7.1.5.2.2 手动开关汽阀时,用力不能过猛,防止高温蒸汽泄漏烫伤。

7.1.5.2.3 定期检查汽轮机油质是否合格,在油质及清洁度不合格的情况下,不应启动机组。

7.1.5.2.4 正常运行中,要确保各种超速保护均正常投运,超速保护不能可靠动作时,不应机组启动和运行。

7.1.5.2.5 机组大修后应按规程要求进行汽轮机调节系统试验,确认调节系统工作正常,在调节部套存在有卡涩、调节系统工作不正常的情况下,不应启动机组。

7.1.5.2.6 汽轮机盘车前,应确认油泵已启动并建立各位置油压,通过观察孔确认各润滑位置回油正常。

7.1.5.2.7 蒸汽参数达到要求后,应按规程要求进行暖管,开启各路疏水,防止管道内的积水进入汽轮机造成水冲击。

7.1.5.2.8 每次冲转前,汽轮机静态试验应该合格,经试验各保护投入正常,各油泵联锁投入正常,不应在没有事故油泵投入联锁的情况下开机。

7.1.5.2.9 冲转后要保证足够的暖机时间,并严格按照汽轮机升速要求进行升速,升速时需密切注意汽轮机和发电机的振动,不应在振动超标的情况下强行升速。

7.1.5.2.10 应严格控制汽轮机主汽门的进汽参数,不应超温超压运行。

7.1.5.2.11 成功并网后,升负荷操作需缓慢进行,避免急剧的负荷升降造成整个系统工况的失调。

7.1.5.2.12 机组油系统的设备及管道损坏发生漏油,凡不能与系统隔绝处理的或热力管道已渗入油的,应立即停机处理。

7.1.5.2.13 机组保护动作后,应查明原因,在任何情况下绝不可强行进行保安装置挂闸。

7.1.5.2.14 运行中的机组,在没有有效监视手段的情况下,应停止运行;正常情况下,不应带负荷解列。

7.1.5.2.15 停机后应立即投入盘车,机组启动前连续盘车时间应执行制造厂的有关规定,至少不得少于 2 h～4 h,热态启动不少于 4 h,若盘车中断应重新计时。

7.1.5.2.16 停机后,由于停机后盘车故障暂时停止盘车时,每 2 h 手动盘车 180°。当盘车盘不动时,不应用吊车等强行盘车。

7.1.5.2.17 汽轮机房内失火,不应在火灾最后扑灭前将汽轮机停用,应保持 200 r/min～400 r/min 的转速,听候指示。发电机解列后,可用水、二氧化碳、干式灭火器灭火,不应使用泡沫灭火器和沙子灭火。

7.1.5.2.18 油系统着火停机时,不应启动油泵。开启事故放油阀将系统内及油箱内的油全部放掉。

7.1.5.2.19 机组油系统的设备及管道损坏发生漏油,凡不能与系统隔绝处理或高温管道已渗入油污,且威胁机组安全运行的,应立即停机处理。

7.1.5.2.20 对新投产的机组或汽轮机调节系统大修后的机组应进行超速试验。超速试验前应配备足够的安全工器具以及防护用品。做试验前,各保护均应正常投入运行,不应随意解除。

7.1.5.2.21 汽轮机升速过程中,应严密监视汽轮机的振动、声音、转速变化情况,发现异常情况应立即打闸停机,查明原因并消除后方可继续进行超速试验。

7.1.5.3 发电机安全技术

7.1.5.3.1 更换、新装、大修、停用发电机,使用前应测量定子和励磁回路的绝缘电阻以及吸收比,定子的绝缘电阻不得低于上次所测值的 30%,励磁回路的绝缘电阻不得低于 0.5 MΩ,吸收比不得小于 1.3,并做好测量记录妥善保管。

7.1.5.3.2 启动前检查汽轮机与发电机传动部分,应连接可靠,输出线路的导线绝缘良好,各仪表完好、清晰、有效。检查发电机转子大轴接地情况是否良好。启动发电机前应对汽轮机做两次拉阀实验。

7.1.5.3.3 启动前应先将励磁变阻器的电阻值放在最大位置上,然后切断供电输出总开关,接合中性点接地开关。有离合器的机组,应先启动汽轮机空载运砖,待正常后再接合发电机。

7.1.5.3.4 启动后检查发电机在升速中应无异响,滑环碳刷接触良好,无跳动及打火现象。升至额定转速待运转稳定,频率、电压达到额定值后,方可并网。应按冷态和热态情况逐步增大负荷,三相电流应保持平衡。

7.1.5.3.5 发电机在额定频率值运行时,其变动范围不得超过±0.5 Hz。

7.1.5.3.6 发电机连续运行的最高和最低允许电压值不得超过额定的±10%。其正常运行的电压变动范围应在额定值的±5%以内,超出这个规定值时应进行调整,功率因数为额定值时,发电机额定容量应不变。

7.1.5.3.7 发电机定子线圈的温度一般不应超过120 ℃,最高不得超过125 ℃。

7.1.5.3.8 发电机功率因数不得超过迟相(滞后)0.95。有自动励磁调节装置的,可在功率因数为1的条件下运行,必要时可允许短时间在迟相0.95~1的范围内运行。

7.1.5.3.9 发电机开始运转后,即应认为全部电气设备均已带电。

7.1.5.3.10 停机前应先切断各供电分路主开关,逐步减小负荷,然后切断发电机供电主开关,将励磁变阻器复位到电阻最大位置,使电压降低至最低值,在切断励磁开关和中性点接地开关,最后停机。

7.1.5.3.11 转动着的发电机,即使未加励磁,也应认为有电压。不应在转动的发电机定子回路和与其连接的设备回路上工作。

7.1.5.3.12 测量发电机绝缘时,特别是发电机刚刚解列后测绝缘时,应对发电机定子回路进行放电。

7.1.5.3.13 发电机及相关的电气主机设备每个大修周期,或者事故大修后均应该进行电气预防性试验和继电保护校验工作,发现异常及时处理恢复正常方可开机。

7.1.5.3.14 所有的停送电操作及并网操作应严格执行工作票和操作票制度,一人操作一人监护。

7.1.6 脱硝系统

7.1.6.1 氨水储罐区应安装氨气泄漏报警装置及自动喷淋装置。

7.1.6.2 氨水储罐应接地良好,储罐的遮阳棚及周边30 m范围内要增设安全有效的防雷设施。

7.1.6.3 氨水储罐应设置永久性围栏,无关人员不得进入。应对氨水储罐定期进行安全检查,泄漏池或围堰有效容积,不小于围堰内最大单罐的容积。

7.1.6.4 氨水储存地15 m范围内,应设置方便作业人员使用的净水淋浴设施。

7.1.6.5 应配备专兼职应急救援人员和必要的应急救援器材、设备。应建立脱硝系统防爆、防腐蚀事故应急救援预案,并定期组织应急救援演练。

7.1.6.6 进入脱硝设施区域应正确佩戴或使用安全防护用品,不得用皮肤直接接触氨水。

7.1.6.7 每班检查喷淋装置,确保管道通畅、水压正常,处于完好备用状态。

7.1.6.8 氨水运输车辆进厂后应在车辆停稳并连接静电地线后方可卸氨水,不应在雷雨天气卸氨水。

7.1.6.9 氨水储存区应配置灭火器,现场要悬挂"禁止烟火"等警示标志。氨水储存区半径25 m范围内需动火操作时,应执行相应的动火管理规定。

7.1.6.10 脱硝设施停用后,应用清水对设备内的氨水进行冲洗。

7.1.7 水泥制成包装

7.1.7.1 现场作业人员应严格遵守本岗位安全操作规程。

7.1.7.2 水泥清库工作要严格按照 AQ 2047 的规定执行。

7.1.7.3 发生夹包,及时停机,不应在设备运转时进行调整、维护、维修作业。

7.1.7.4 包装机在运转时,不应到包装机里面去拉包。

7.1.7.5 给料或转运料斗及料槽开口位置应设防护装置,不应在无安全措施的条件下进行人工疏通。

7.1.7.6 不应带料启动设备,不应在输送设备运行过程中进行维护调整。

7.1.7.7 机械传动部位防护装置齐全可靠,拉紧、制动、急停、联锁、安全保险装置齐全可靠。

7.1.7.8 设备各连接部位无松动、紧固件齐全牢固、润滑油路、气路正常,安全防护设施应齐全完好,信号、保险、联锁装置应灵敏、可靠。

7.1.8 化验、检验

7.1.8.1 化验室应员工掌握化学物品使用安全知识。

7.1.8.2 从事化验作业时,人员应佩戴防腐蚀液护目镜,使用耐酸碱手套。所涉及的化学药品安全数据表应符合化学药品危险性,并为接触化学药品人员配备相应的个体防护用品。

7.1.8.3 经常散发有害气体或产生粉尘的场所,应设置有效的通风、除尘装置。

7.1.8.4 化验室内应配备相应的急救药品和消防器材。

7.1.8.5 危险化学品存放和使用场所应设置安全警示标志,并制定应急处置方案。

7.1.8.6 危险化学品存放和使用场所应是非燃烧材料建筑物,有隔热、通风等措施,电气设施应采用相应等级的防爆电器。

7.1.8.7 化学分析检验室,应设有洗眼器,必要时设置喷淋装置。

7.1.8.8 有毒、易燃、易爆的废弃物应按国家有关规定妥善处理。

7.1.8.9 危险化学药品应实行"五双"原则进行管理,不应混放。

7.1.8.10 开启高压气瓶时,不应将出气口正对人体。

7.1.8.11 洗涤水池的下水管应设水封。

7.1.8.12 所有药品、标样、溶剂都应有清晰的标签,不应在容器内装入与标签不相符的物品。

7.1.9 运载给料设备

7.1.9.1 斗式提升机

7.1.9.1.1 机械运输系统的外露传动部位,应安装牢固、可靠并符合要求的防护罩或防护栏。

7.1.9.1.2 纠偏装置或跑偏、速度报警装置完好,动作灵敏可靠。

7.1.9.1.3 每个操作工位应设置急停装置。急停装置按钮应满足保证运输线紧急停机的要求,不得自动恢复,应采取手动恢复。

7.1.9.1.4 提升机密封完好,设备无扬尘、漏灰等缺陷,观察口及连接法兰接口需有防进水措施。

7.1.9.1.5 电机及减速机基础螺栓固定牢固,运行稳定可靠。

7.1.9.2 胶带输送机

7.1.9.2.1 固定式输送机应按规定的要求安装在固定的基础上。移动式输送机正式运行前应采取有效固定措施;有多台输送机平行作业时,机与机之间、机与墙之间应有 1 m 的通道。

7.1.9.2.2 外露传动部位应安装可靠的防护罩或防护栏,安装牢固,符合要求。

7.1.9.2.3 纠偏、跑偏、速度、堵塞装置完好,动作灵敏可靠。

7.1.9.2.4 每个操作工位、升降段、转弯处应设置急停装置,同时保证每 30 m 范围内应不少于 1 个急停装置。

7.1.9.2.5 急停装置按钮或拉绳开关,应满足保证运输线紧急停机的要求,停机后不得自动恢复,应采取手动恢复。

7.1.9.2.6 人员需要经常跨越运输皮带的地方应设过道桥。

7.1.9.2.7 皮带的张紧度须在启动前调整到合适的程度,张紧配重部位应设置防护隔离设施。

7.1.9.2.8 运行中出现胶带跑偏现象时,应按照操作规程立即采取调整措施。

7.1.9.2.9 工作环境及被输送物料温度应处于皮带可承受温度范围内。不得输送具有酸碱性油类和有机溶剂成分的物料。

7.1.9.2.10 维修胶带输送机时,配重、改向滚筒张紧装置和皮带应作有效固定。

7.1.9.3 盘式输送机

7.1.9.3.1 机械运输系统的外露传动部位,都应安装防护罩或防护栏,防护罩或防护栏应安装牢固,符合要求。

7.1.9.3.2 纠偏、速度、堵塞装置完好,动作灵敏可靠。

7.1.9.3.3 每个操作工位、升降段、转弯处应设置急停装置,同时保证每 30 m 范围内应不少于 1 个急停装置。

7.1.9.3.4 急停装置按钮或拉绳开关,应满足保证运输线紧急停机的要求,停机后不得自动恢复,应采取手动恢复。

7.1.9.3.5 人员需要经常跨越运输线的地方应设过道桥。

7.1.9.3.6 电机及减速机基础的螺栓应固定牢固,运行稳定可靠。

7.1.9.3.7 各下料溜子通畅、无杂物,阀板动作灵活。

7.1.9.3.8 电动机、减速机无异音、发热、振动情况,各地脚螺栓无松动。

7.1.9.3.9 传动链啮合良好无脱离,无单面磨损、开裂。

7.1.9.3.10 料盘、料斗运行平稳,各连接部位紧固良好,无变形、振动,滚轮运转灵活。

7.1.10 收尘设备

7.1.10.1 袋式收尘器

7.1.10.1.1 设备设施完好,定期检测,各项数据指标符合国家环保排放标准。

7.1.10.1.2 防雷装置应可靠、有效,并定期检测。

7.1.10.1.3 应根据除尘器入口含尘浓度、粉尘及气体性质、GB 4915 中要求的排放限量要求与 GBZ 2.1 中车间允许粉尘浓度要求等合理选择除尘设备。

7.1.10.1.4 除尘器的出入口管道上应按照 GB/T 16157 的规定安装检测孔。

7.1.10.1.5 除尘设备的运行情况应定期检查,定期测定除尘设备主要技术指标;除尘设备的运转部件应定期维护,使其处于良好地运转状态。

7.1.10.1.6 除尘管道应定期检查、维护,管道外部应涂油漆或作防腐蚀处理。

7.1.10.1.7 除尘设备应设置定时或定压清灰系统和收尘器联锁,定时清除灰斗与管道内的积灰。

7.1.10.1.8 除尘设备应按其性能和设计要求正确使用,以使除尘效率和粉尘排放浓度到达设计要求。除尘设备不应任意拆卸或挪作他用。

7.1.10.1.9 煤磨收尘器应具备完善、可靠的防燃、防爆、防静电、防雷措施;除尘器本体包括灰斗不应有易积灰死角,灰斗应设温度检测、定时振打装置。除尘器应辅助设 CO 监测系统、灭火系统、消防系统、防静电接地系统、防雷系统。

7.1.10.2 电收尘器

7.1.10.2.1 设备设施完好,定期检测,各项数据指标符合国家环保排放标准。

7.1.10.2.2 要有可靠的防雷装置,并定期检测。

7.1.10.2.3 应根据除尘器入口含尘浓度、粉尘及气体性质、GB 4915 中要求的排放限量要求与 GBZ 2.1 中车间允许粉尘浓度要求等合理选择除尘设备。

7.1.10.2.4 除尘器的出入口管道上应按照 GB/T 16157 的规定安装检测孔。

7.1.10.2.5 应定期检查除尘设备的运行情况进行,定期测定除尘设备主要技术指标;定期维护除尘设备的运转部件,使其处于良好地运转状态。

7.1.10.2.6 应定期检查、维护除尘管道,管道外部应涂油漆或作防腐蚀处理。

7.1.10.2.7 除尘设备应定时或定压清灰系统和收尘器联锁,定时清除灰斗与管道内的积灰。

7.1.10.2.8 除尘设备应按其性能和设计要求正确使用,以使除尘效率和粉尘排放浓度到达设计要求。除尘设备不应任意拆卸或挪作他用。

7.1.10.2.9 煤磨收尘器应具备完善、可靠的防燃、防爆、防静电、防雷措施;除尘器本体包括灰斗不应有易积灰死角,灰斗应设温度检测、定时振打装置。除尘器应辅助设有 CO 监测系统、灭火系统、消防系统、防静电接地系统、防雷系统。

7.1.10.2.10 电收尘所属设备均应处在良好状态,电机之间应无杂物,各部分接地可靠,送电之前应确认危险区域无人,各检查孔应全部关牢。

7.1.10.2.11 应保持人行道、走梯平台、输灰场所清洁畅通,夜间照明照度应符合要求。

7.1.10.2.12 坑、沟、池等设施应有符合安全要求的围栏或盖板。

7.1.10.2.13 对无外壳保温设施且壳体温度高于 40 ℃ 的电除尘器,其人体能直接接触到的部位应设置防护网。

7.1.10.2.14 电气控制室应有通风调温和防尘设施。非维修人员未经同意一律不得进入电气控制室。

7.1.10.2.15 在配电室、电缆层、继电器室、电除尘器控制室及整流变压器等处配置符合要求的消防器材。

7.1.10.2.16 高压电器周围应设护网,人孔门应有安全联锁装置,高压电器及入孔门处应设有"当心触电"等警告标志。

7.1.10.2.17 在电收尘本体内部作业时,手持式照明或局部照明电压不得超过 12 V。

7.1.10.2.18 电除尘器运行时不应开启电场高压开关柜、绝缘子室、阴极振打小室人孔门;

高压隔离开关在电除尘器运行期间不应拉闸操作。

7.1.10.2.19 电除尘器的维修、维护、运行操作应严格实行工作票制度。

7.1.11 起重机械

7.1.11.1 起重设备的定期保养以及检修应有专业人员及专业厂家进行。

7.1.11.2 起重设备的安全防护、信号和联锁装置确保齐全、灵敏、可靠。起重机械应安装声光报警装置。

7.1.11.3 起重操作者以及指挥人员要持证上岗，作业过程由专人指挥。

7.1.11.4 作业前应根据作业特点编制专项施工方案，并对参加作业人员进行方案和安全技术交底。

7.1.11.5 作业过程应遵守起重机"十不吊"原则。在露天有六级以上大风或大雨、大雪、大雾等天气时，应停止起重吊装作业。

7.1.11.6 起重机械应安装限位开关、额定荷重限制器与调整装置，且要保证完好、可靠。施工升降机等起重设备应安装防坠安全器，并保证其安全可靠。

7.1.11.7 露天工作的起重机应具有防风防爬装置。

7.1.11.8 单主梁起重机应安装安全钩并配有锁扣装置。流动式起重机和动臂式塔式起重机应安装防后倾装置（液压变幅除外）；臂架起重机应具有回转锁定装置。

7.1.11.9 起重设备安全防护装置的变更，应经安全部门同意，并做好记录、及时归档。

7.1.11.10 臂架起重机应安装力矩限制器，综合误差不应大于额定力矩的10%。

7.1.11.11 桥式起重器采用裸露导电滑线供电时，应采取防触电防护措施。

7.1.11.12 同层多台起重机同时作业时，应设置防碰装置。

7.1.11.13 对于司机室设置在运动部分的起重机，应在起重机上容易触及的安全位置安装登机信号按钮。

7.1.11.14 臂架式起重机在输电线附近作业时，为避免感应电或触电事故，应使用危险电压报警器。

7.1.11.15 大、小型车端头应具有缓冲和防冲撞装置。

7.1.11.16 检修起重设备中应按规定的方案拆除安全装置，并有安全防护设施，检修完毕，安全装置应及时恢复。

7.1.11.17 吊车应装有能从地面辨别额定荷重的标识，不应超负荷作业。

7.1.11.18 吊运物行走的安全路线，不应跨越有人操作的固定岗位或经常有人停留的场所，且不得随意越过主体设备。

7.1.11.19 起重机械与机动车辆通道相交的轨道区域，应设置安全措施。

7.1.11.20 起重机械应在检验周期内使用。

7.1.11.21 普通麻绳和白棕绳只能用于轻质物件的捆绑和吊运，有断股、割伤、磨损严重的应报废。

7.1.11.22 钢丝绳编接长度应大于15倍绳直径，且不小于300 mm，卡接绳卡间距离应不小于6倍绳直径，压板应在主绳侧。

7.1.11.23 链条有裂纹、塑性变形、伸长达原长度的5%或下链环直径磨损达原直径的10%时应报废。

7.1.11.24 报废吊索具不得在现场存放或使用。

7.1.11.25 起吊物的重量不得超过吊具的极限工作载荷,使用前应对所使用的吊具进行目测检查,并根据吊具的起重载荷核对其极限工作载荷,符合要求后方可使用,成套吊装索具也是一样的。

7.1.11.26 吊具不应自行修复或再加工(焊接、加热、热处理、表面化学方法处理),如应进行上述处理,应送回原厂家或在原厂家专家指导下进行。

8 设备维修作业安全

8.1 一般规定

8.1.1 检修作业人员应穿戴好劳动防护用品。

8.1.2 设备维修前,一定要进行检修风险识别,制定检修方案,制定详尽的安全防护措施。危险性较大的检修作业,要严格检修作业安全许可制度。

8.1.3 设备设施上各类通道、梯台及防护栏杆符合标准规定。平台、地面应平整洁净,无绊脚物、无散落物料或油污。

8.1.4 设备监视仪表(压力表、温度表等)应保持清洁、清晰,安全可靠,定期检定并在有效期内使用。

8.1.5 主机设备应设有现场总停开关或急停按钮,操作位置应有良好的通道和可视性,定期进行检查、试验,确保灵敏可靠。

8.1.6 对设备进行检修或维护时,应严格办理停电作业票手续,将动力电源切断、挂牌,现场控制开关打到检修位置,并实施上锁挂牌,施行能量隔离,做到"一人一锁一能量源",必要时要切断上下游设备机械能、热能、势能等能量源。

8.1.7 设备的检修、维护和调整工作,应在停机、停电状态下进行。

8.1.8 设备检修工作完成后,应对现场进行检查,恢复临时拆除的安全防护设施,做到现场"三清",并及时办理送电作业票手续。

8.1.9 吊装作业时,应由有专业资格的人起吊和指挥,起重臂下方不应站人,执行吊装作业安全规程,周围要隔离并专人警戒,确认安全后方可实施吊装。

8.1.10 使用手拉葫芦时,应认真检查吊钩、限位、销钉等完好,防止脱落。

8.2 破碎设备检修作业安全

8.2.1 打开破碎机壳体时,打开的部件应作有效固定,应清除壳体上部及两侧积料、杂物。

8.2.2 破碎设备内部照明灯应使用安全电压供电,手持照明灯或局部照明电压不得超过 12 V。

8.2.3 在破碎设备内部作业时,应办理有限空间作业许可手续,应对转子进行可靠固定,外部设专人进行监护。因检修需要对转子转动方位时,应先确认转子区无人、无物后方可转动,且只允许手动盘车。

8.2.4 对破碎机转子进行电焊作业时,焊机接地极应搭接在破碎机转子上。

8.3 粉磨设备检修安全

8.3.1 打开磨门时,所用的大锤锤头要牢固,打大锤对面不应站人。

8.3.2 进入粉磨设备内部维修作业前,要对磨内通风换气的时间不低于 20 min,待出磨气体温度在 40 ℃ 以下时方可进入。同时做好与中控室操作员的沟通,保持磨内微负压状,现场应配备监护人员。

8.3.3 在球磨机内部、顶部、两端进行作业时,应确认离合器在脱开位置,并办理高处作业许可手续,牢固挂好安全带。

8.3.4 吊装磨机钢球(衬板)以及清仓、倒(加)钢球时,下方严禁站人,周围要设专人警戒,确认安全后方可实施吊装作业,磨体上方磨头至磨尾应固定系固定安全带的钢丝绳。

8.3.5 磨机检修中需转动方位时,只允许启动辅助传动装置,应先确认检修人员已撤离,无人、无物后方可转磨。

8.3.6 立磨需要在升辊状态下进行检修维护时,应安装液压拉杆支撑夹板。

8.3.7 在没采取安全防范措施的情况下,不得在煤磨车间内进行动火作业;确需动火作业,应按规定办理动火作业许可证。作业前,应彻底清扫周围的煤及煤粉,现场配备灭火器;工作完毕后,要对现场进行严格检查,不得留火种。

8.3.8 立磨和辊压机在线堆焊作业,要做好通风,避免烟气中毒。

8.4 预热器与分解炉检修作业安全

8.4.1 进入预热器或分解炉前,应利用系统风机进行强制通风换气,待内部温度在40 ℃以下方可进入,同时做好与中控操作员的沟通,在作业期间应保持良好的内部通风,办理高温风机和窑尾废气排风机停电挂牌手续。

8.4.2 预热器清堵过程中,要确保窑头附近不应有人。

8.4.3 开封人孔门:拆装人孔门时,作业人员应确认安全通道畅通;对没有门轴的人孔门,拆下后应放置在稳妥的地方。

8.4.4 在预热器、分解炉内部进行检修作业时,应确认上两级下料锁风阀锁死、封牢,观察确认安全后并搭设防护架。

8.4.5 清理旋风筒内结皮时,遵循自上而下的原则,上部结皮未清理彻底时不应进入旋风筒内部。

8.4.6 执行高处作业时,应履行作业许可手续,系好安全绳、安全带;不应同时进行上下交叉作业,应有专人监护。

8.4.7 安装固定、拆除卷扬机:卷扬机应采用四股直径16 mm以上的钢丝绳固定吊杆,挂上防滑轮时应系好安全带,随时查看吊杆是否安全牢固。安装、拆除钢丝绳时,应避免腿脚被钢丝绳缠住。卷扬筒机与导向滑轮中心线应垂直对正;卷扬机距离滑轮一般应不小于15 m。地锚滑轮一定对正,不能有爬绳、缠轴、绞绳现象。

8.4.8 卷扬机上料、放料:上架管时应采用两头系钢丝绳平吊方式。接料时应使用工器具牵引,严禁用手直接抓握;吊运物料使用的绳索、滑轮、钩子、箩筐等应完好牢固,起吊时下方不得有人,作业区域应警戒隔离。

8.4.9 各筒体内部检查:检查筒内积灰结皮时,应遵循从上至下检查原则,先把人孔门周围清理干净,防止落料伤人。

8.4.10 在预热器或分解炉内部搭建、拆除脚手架时,首先把各级锁风阀盖锁死、封牢,检查各级下料阀板是否完好,方可进入施工。

8.4.11 在选取脚手架架管、架板卡扣时,首先检查架子材料的安全性,按有关规范搭设脚手架,在筒内直径超6 m时,接管子要用转卡3~4个搭接接牢,筒外再用横管卡死。上下方交叉作业,要搭建三层防护架层。

8.4.12 在预热器或分解炉内部拆除浇注料、焊扒钉、支模、浇注、脱模拆除作业时,应系好安全带;拆除已裂开的大块浇注料,应用钢管顶住,遵循从上至下作业的原则;拆除顶部开裂的大块浇注料时,应站在壳体外方,从浇注孔处向下拆除,不应进筒拆除。不应在浇注直墙、顶部大面积浇注料下看模,大面积脱模时不得把木方完全拆净。

8.5 回转窑检修作业安全

8.5.1 回转窑检修应制定详细的检修方案和安全防护措施,严格执行安全操作规程或作业指导书。

8.5.2 进入窑内检查前:首先应把窑内物料倒干净,不应在分解炉内同时进行其他施工,施工前应确认各级预热器锁风阀完整,同时锁死上面最近两级下料锁风阀。

8.5.3 进窑检查时至少两人进行,不得单独作业,并设专人监护。进窑时应沿着裸露的窑皮或耐火砖表面行走,防止熟料及料粉烫伤。

8.5.4 打开燃烧室门后将两边铁门固定牢固防止倒塌,在安装过桥前,用钢管向窑内清除1.5 m～2 m窑皮后方可安装过桥。若用木板做过桥,木板厚度应不少于60 mm～80 mm;安装钢过桥应使用倒链固定牢靠。在窑门外已装好钢板过桥的不应借助煤管吊入。

8.5.5 如果窑内不更换耐火砖,挖补或更换前窑口浇注料时,应将窑口处窑皮向内清除1 m～2 m,以防窑口处快速冷却后的窑皮脱落伤人。

8.5.6 进入窑内挖补耐火砖时,为防止窑皮脱落伤人,脚下、头顶上方应采取以下措施:在挖补耐火砖处把上方窑皮清除距工作面2 m以上,以防止因振动造成窑皮脱落伤人。

8.5.7 使用打砖机打窑皮、打耐火砖时,作业人员应站在安全处进行操作,注意电源线和机身的防护。

8.5.8 采用人工打窑皮、打耐火砖时,要设专人监护,压机板放牢、人要站稳,将压机板放在安全合理的位置进行窑皮及耐火砖的拆除。

8.5.9 清理耐火砖时,应注意废砖滑下伤人;使用叉车、人力车时,要防止车辆伤人。

8.5.10 使用叉车、人力车进行窑内布砖时,其他人员应注意避让,以防车辆伤人。

8.5.11 装卸耐火砖要注意手、足的安全防护。人工拆箱、耐火砖传递过程中应防止砖垛倾倒伤人。

8.5.12 搅拌耐火砖火泥以及砌筑耐火砖时,应佩戴防护眼镜。

8.5.13 人工砌砖打顶杠时,应做到均衡紧固;需要转窑时,应先确认作业人员已经撤离,切窑内不得有物料、杂物、工器具等。窑停后,施工负责人进窑再进行详细的检查,确认无误后再继续作业。

8.5.14 专用顶杠、压机木要在使用前认真检查,不符合安全标准的不得使用。在打顶杠、拆顶杠时,应有专人进行指挥和监护,打好的顶杠应由施工负责人检查其紧固程度。

8.5.15 扛运老式顶杠时,注意防止两端丝杆脱落。用顶杠法砌筑时应注意每个丝杠间距,每个丝杠压紧压力在500 kg～600 kg之间,转窑时应固定牢靠压机木附近的耐火砖,防止脱落。

8.5.16 用砌砖机砌筑时,顶砖的压力控制在6 MPa～13 MPa之间,一般为7 MPa。施工期间应密切关注空压机工作情况,发现异常及时处理。

8.5.17 加锁砖板时,应使用工器具夹持钢板,用手锤楔入。

8.5.18 砌砖机上拆箱、传递砖、叉车放砖作业,应防止耐火砖坠落伤人。

8.5.19 在安装、移动砌砖机时,应把气管、电源线、平台砖、固定螺丝检查好后,方可进行下道工序。

8.6 篦冷机检修作业安全

8.6.1 篦冷机内部温度要冷却至50℃以下,方可进入检查、检修。

8.6.2 进篦冷机作业前应与中控室、预热器、回转窑等相关人员联系好,确认预热器各级筒内、三次风管吸风管、窑头罩斜坡、篦冷机各出风口等部位无积料,并将预热器各级锁风阀锁死,防止系统塌料涌入篦冷机,作业期间严禁转窑。

8.6.3 在篦冷机检修门处搭好安全过桥,过桥要有足够的宽度或设有护栏,同时应将篦冷机两侧检修门打开,确保通道畅通。

8.6.4 在辊式破碎机周围区域检修时,辊式破碎机顶部应使用架板搭设通道。

8.6.5 进入篦冷机内部检查、维修时至少两人进行,不应单人作业,并设专人监护。

8.6.6 篦冷机检修作业后,确认无人或遗漏工器具后方可关闭检修门。

8.7 运载给料设备检修安全

8.7.1 拆除斗式提升机逆止器时,用有效可靠的装置固定胶带或板链,防止倒转。

8.7.2 检修斗式提升机时,不应在提升机头、尾部同时进行作业;料斗的拆除与安装要均衡,防止偏重造成飞车,因偏重造成提升机自行运转时,检修人员应远离,严禁人工停止。

8.7.3 提斗式升机尾轮掉道或塌架,应全面检查其他部位,在排除故障后方能工作。

8.8 收尘设备检修作业安全

8.8.1 进入袋式收尘器应办理有限空间许可。煤磨收尘器检修时,需要动火的应按规定办理动火作业许可证。

8.8.2 对电收尘进行检修或维护时,应严格办理停电作业票手续,切断动力电源,并将机旁钥匙开关打到检修位置,必要时上下游设备需进行停电、挂牌手续。

8.8.3 对收尘器检修前应进行清灰,并检查确认壳体及灰斗内无粉尘堆积。

8.8.4 检修前应先关停压缩空气并对储气罐泄压,并悬挂"有人工作,严禁操作"警示牌。

8.8.5 进入电收尘器前应进行强制性清灰,排空灰斗内的积灰。

8.8.6 进入电收尘器内部工作至少应有两人,其中一人负责监护。监护人应了解电收尘内部结构,掌握安全保护措施、紧急措施等方法。进入风道作业前,应按规定办理有限空间进入许可证。

8.8.7 更换收尘器滤袋时,严防异物落入灰斗。

8.8.8 当灰斗堵灰时,不应在无可靠措施的情况下开启灰斗入孔门放灰。

8.8.9 打开灰斗人孔门时,应防止坠落伤人。

8.8.10 检修完毕后应将花板、灰斗、风道内及袋收尘器顶部积灰、杂物清理干净,清理时严禁高处抛物。

8.8.11 内部检修结束后,应确认收尘器内无人、无遗留物品后方可关闭入口孔门。

8.8.12 对电除尘器应进行巡回检查,发现问题及时处理。每周对所有传动件加一次润滑油,及时更换整流变压器呼吸器的干燥剂,每年进行一次整流变压器绝缘油耐压试验,每年测量一次电除尘器的接地电阻,每年进行一次高压直流电缆的耐压试验。

8.8.13 进入电收尘器前,应将高压隔离开关投入到接地位置,用接地棒对电场进行放电,并可靠接地,且电收尘器出口温度降至40℃以下,方可进入内部工作。

8.9 临时用电安全

8.9.1 临时用电应由主管部门审查批准,并有专人负责管理,限期拆除。

8.9.2 建立完备的临时用电审批制度,办理临时用电审批表,其中应明确架设地点、用电容量、用电负责人、审批部门意见、准用日期等内容。

8.9.3 临时用电审批期限:一般场所使用不超过15 d;建筑、安装工程按计划施工周期确定。不得在易燃、易爆等危险作业场所架设临时电气线路。

8.9.4 临时用电线路应按照电气线路安装规程进行布线。应装有总开关控制和剩余电流保护装置,每一个分路应装设与负荷匹配的熔断器。每台用电设备应有各自专用的开关,不应用同一个开关直接控制2台(含2台)以上用电设备(含插座)。

8.9.5 电缆线路应采用埋地或架空敷设,不应沿地面明设,并应避免机械损伤和介质腐蚀。应从地面通过时应采取可靠的保护措施。

8.9.6 在建工程内的电缆线路应采用电缆埋地引入,不应穿越脚手架引入。电源线可沿墙角、地面敷设,但应采取防机械损伤和防火措施。

9 电气安全技术

9.1 变、配电系统

9.1.1 变、配电站(所)位置不应设在下列场所:有剧烈振动或高温的场所;有厕所、浴室或其他经常积水场所的正下方;有爆炸危险环境的正上方或正下方;地势低洼和可能积水的场所。

9.1.2 在多层、高层建筑内,装有可燃性油的电气设备的配、变电所应设置在底层靠外墙部位,且不应设在人员密集场所的正上方、正下方、贴邻和疏散出口的两边。

9.1.3 易燃易爆物品露天堆场不应设置在变、配电站(所)附近,变、配电站(所)与锅炉房、原煤露天堆场等火灾危险场所间距应大于15 m。

9.1.4 变、配电室的门应向外开启,高压室门向低压间开,相邻配电室门应双向开启;变配电室的门、窗应为非燃烧材料。

9.1.5 油浸式变压器,应设置容量为100%变压器油量的贮油池或排油设施。

9.1.6 露天或半露天变电所的变压器四周应设不低于1.7 m高的固定围栏(墙),设置于变电所内的非封闭式干式变压器,应装设高度不低于1.7 m的固定遮栏。

9.1.7 变配电站周围与其他建筑物间应有足够的安全消防通道,且保持畅通。总降、高低压配电室等重要部位安全疏散处应设置应急照明和明显的疏散指示标志,变配电站应配备可用于带电灭火的灭火器材。

9.1.8 长度大于7 m的配电室应设两个出口。当配电室双层布置时,楼上配电室的出口应至少设一个通向该层走廊或室外的安全出口。

9.1.9 变、配电室门窗应完好,并保持良好通风,应有防止雨、雪和小动物室内的设施。封堵网应采用网孔不大于10 mm×10 mm的金属网。

9.1.10 总降、电气室、中控室、主电缆隧道和电缆夹层,应设有火灾自动报警器、烟雾火警信号装置、监视装置、灭火装置;变、配电室的电缆夹层、电缆沟和电缆室,应采取防水、排水措施。电缆穿线孔、电缆通道等应用防火材料进行封堵。

9.1.11 高压配电室、变压器室等部位应设有相应的警示标志。

9.1.12 成排布置的配电屏，其长度超过 6 m 时，屏后的通道应设 2 个出口；当两出口之间的距离超过 15 m 时，其间应增加出口。落地式配电箱的底部高出地面的高度室内不应低于 50 mm，室外不应低于 200 mm。

9.1.13 容易被触及的裸带电体应设置遮栏或外护物，在可能触及带电部分的开孔处，设置相应的警示标志。

9.1.14 变电站的 SF6 开关室应设置机械排风设施。

9.1.15 变电站应配备绝缘杆、绝缘夹钳、绝缘靴、绝缘手套、绝缘垫、接地线、验电器等安全用具，并定期检验。

9.1.16 应定期对主要电气设备、继电保护、接地电阻等进行试验和检测，并建立试验报告、测试数据和运行资料档案，保存完整规定存档期限内的试验、检测报告和工作票、操作票。

9.1.17 变电站的避雷装置在雷雨季节前进行一次预防性试验，并测量接地电阻。雷电后应检查避雷器的本体、引下线和接地线应完好无损。

9.1.18 变配电室操作严格按 GB 26164 的规定执行，执行停、送电制度，工作票和倒闸票操作制度。

9.1.19 变配电室内应配备相应的消防器材，不应堆放杂物，保持室内清洁。

9.2 电气线路

9.2.1 架空线路的导线与地面、各种工程设施、建筑物、树木、其他线路之间，以及同一线路的导线与导线之间均应保持足够的安全距离。

9.2.2 三相四线系统应采用四芯动力电缆，电缆进入电缆沟、隧道、竖井、建筑物、盘（柜）等处应予封堵。

9.2.3 电缆直接敷设应采用铠装电缆。直埋电缆在直线段每隔 50 m～100 m 处、电缆接头处、转弯处、进入建筑物等处应设置明显的标志或标桩。

9.2.4 电缆沟底面坡度应不小于 0.5%，在最低处设集水井和排水设施。

9.2.5 配电室通道上方裸露带电体距地面的高度不应低于 2.5 m；当低于 2.5 m 时，应设置不低于 GB 4208 的规定的相应防护等级的遮拦或外护物，遮拦或外护物底部距地面的高度不应低于 2.2 m。

9.2.6 导线与接地导体及不发热的管道紧贴交叉时，应用绝缘管保护；敷设在易受机械损伤的场所应用钢管保护；穿金属管时管口应装绝缘护套；不应将导线直接埋入墙壁、顶棚的抹灰层内。

9.3 低压配电装置

9.3.1 配电柜（箱）应用不可燃材料制作，柜（箱）内应无积尘、积水和杂物。

9.3.2 配电柜（箱）的门应完好，内部各电气元件及线路应接触良好，连接可靠。

9.3.3 触电危险性大或作业环境较差的生产车间、维修车间、煤磨、锅炉房等场所，应安装封闭式箱柜；有导电性粉尘或产生易燃易爆气体的危险作业场所，应安装密闭式或防爆型的电气设施。

9.3.4 检修动力电源箱的支路开关都应加装漏电保护器，并应定期检查和试验。连接电动机械及电动工具的电气回路应单独装设开关或插座。

9.3.5 漏电保护器的选择应符合 GB 6829 的要求，并应按产品使用说明书的规定安装、使用和定期检查。

9.3.6 配电箱内的漏电保护器的额定漏电动作电流不应大于 30 mA，额定漏电动作时间应小于 0.1 s；适用于潮湿或者有腐蚀介质场所的漏电保护器应采用防溅型产品，其额定漏电动作电流不应大于 15 mA，额定漏电动作时间应小于 0.1 s。

9.3.7 各类盘柜内的电气元件、端子排等应标明编号、名称，字迹应清晰；盘柜内带电母线应有防止触及的隔离防护装置。

9.3.8 盘柜柜体接地应牢固可靠，标识应明显；成套柜的接地母线应与主接地网连接可靠；装有电器的可开启的门应采用截面不小于 4 mm² 的多股软铜导线与接地的金属构件可靠连接。

9.4 手持式电动工具

9.4.1 Ⅰ类和Ⅱ类设备应采取保护接地或保护接零措施。移动式电气设备的保护零线（或地线）不应单独敷设，而应当与电源线采取同样的防护措施，即采用带有保护芯线的橡皮套软线作为电源线。

9.4.2 电源线长度限制在 5 m 以内，电缆不得有破损或龟裂、中间不得有接头；电源线与设备之间的防止拉脱的紧固装置应保持完好。设备的软电缆及其插头不得任意接长、拆除或调换。

9.4.3 一般场所，手持电动工具应采用Ⅱ类设备。在潮湿或金属构架上等导电性能良好的作业场所，应使用Ⅱ类或Ⅲ类设备。在锅炉内、金属容器内、管道内等狭窄的特别危险场所，应使用Ⅲ类设备；如果使用Ⅱ类设备，则应装设额定漏电动作电流不大于 15 mA、动作时间不大于 0.1 s 的漏电保护器；Ⅲ类设备的隔离变压器、Ⅰ类设备的漏电保护器以及Ⅱ、Ⅲ类设备控制箱和电源联接器等应放在外面。

9.4.4 使用Ⅰ类设备应配用绝缘手套、绝缘鞋、绝缘垫等安全防护用具。

9.4.5 手持电动工具的防护罩、盖板及手柄应完好，无破损，无变形，不松动。设备的电源开关应灵敏、无破损并应安装牢固，接线不应松动，转动部分应灵活。

9.4.6 至少每 3 个月进行一次定期检查和绝缘检测，且记录完整有效。经定期检查和绝缘检测合格的工具，应在工具的适当部位，粘贴"合格"标识；检测记录完整有效。检测不合格的工具不应使用。

9.4.7 作业前，对手持式电动工具的检查应符合下列要求：
    a） 外壳、手柄不应出现裂缝、破损；
    b） 电缆软线及插头完好无损，开关动作正常；
    c） 各部位防护罩齐全牢固，电气保护装置可靠。

9.5 电气作业安全

9.5.1 从事电气作业人员应经专门的安全作业培训，取得特种作业操作证，掌握本工种范围内的电气安全知识和触电急救方法，方可上岗。

9.5.2 作业前，应认真检查工具、测量仪表和绝缘工具等应完好、灵敏、安全可靠。并按规定穿戴好劳动防护用品。

9.5.3 电气作业应两人以上进行，一般情况下不应带电作业。

9.5.4 运行中的设备未经验电一律视为有电。工作前应验电，根据情况采取装接地线等安全技术措施。

9.5.5 开关跳闸后，应仔细查明原因，确认无误后方可合闸，情况不明时不应强行送电。

9.5.6 维修中使用柴油、煤油清洗零件时,严禁明火作业。

9.5.7 在变电站、配电室进行停电工作前应核对线路及设备名称。

9.5.8 作业人员在工作中应与带电体保持足够的安全距离,凡工作地点与带电设备间的距离小于安全距离要求时,应将带电设备停电并做好安全措施。

9.5.9 在变电站、配电室高压设备上作业时,工作地点周围或带电设备四周应设置遮栏,悬挂"止步、高压危险"标示牌。

9.5.10 雷雨天气巡视室外高压设备时,应穿绝缘靴,不应使用伞具,不应靠近避雷器和避雷针。

10 高危作业安全

10.1 料仓、清库作业安全技术

料仓、清库作业应符合 AQ 2047 相关要求。

10.2 有限空间作业安全技术

10.2.1 进入有限空间,应办理进入有限空间作业许可证,有效期不应超过一个班次。

10.2.2 工作前,作业人员应穿戴好劳动防护用品,现场配备相应的应急装备和器材。

10.2.3 进入有限空间作业前,作业安全负责人及作业人员应针对作业内容,对有限空间进行危害识别,分析有限空间内是否存在缺氧、易燃易爆、有毒有害、高温等危害因素,制定相应的作业程序、安全防范和应急措施。

10.2.4 进入有限空间作业前,作业负责人应组织有关专业人员、进入有限空间作业的工作人员及监护人,对待进入作业的设备、设施进行现场检查,对可能存在的风险以及施工作业环境进行交底,结合作业环境对许可证列出的有关安全措施并逐条确认。

10.2.5 进入有限空间作业涉及动火、临时用电、高处作业等其他危险作业时,应办理相应的作业许可证。

10.2.6 进入有限空间作业前应对有限空间进行通风,并对空气进行检测;并应实行能量隔离、挂牌上锁等安全措施。

10.2.7 进入有限空间内的作业人员应实施"轮换作业"方式;出入口较小的特殊有限空间,还应限制进入作业人员数量。

10.2.8 进入有限空间作业应使用安全电压和安全行灯,进入金属容器和工作场地潮湿、狭窄的非金属容器内作业,使用的照明电压不应超过 12 V。

10.2.9 进入运转设备,应首先办理停电作业票,进行能量隔离并悬挂"有人工作、严禁合闸"警示牌,同时派专人监护。

10.2.10 在进入有限空间作业期间,严禁同时进行各类与该有限空间有关的试车工作。

10.2.11 作业停工期间,应在有限空间的入口处设置警告牌或采取其他封闭措施,防止人员误进,作业结束后,应对有限空间进行全面检查,确认无误后,方可签字验收。

10.3 高处作业安全技术

10.3.1 凡患有高血压、心脏病、癫痫症、恐高症及其他不适应高处作业的人,严禁从事高处作业。

10.3.2 实施高处作业,作业人员应办理高处作业许可证,并进行风险性分析,制定应急预案。

10.3.3 存在交叉作业的项目,应编制施工安全措施,确定项目负责人,配备安全监护人员,负责统一协调,统一指挥,开工前项目负责人要向作业人员进行安全交底。

10.3.4 凡进行高处作业的工作,应配备工具袋,高处作业使用的小型工具,均应装入工具袋内,不应乱扔、乱放工具。

10.3.5 高处作业前,应仔细检查登高工具和安全用具,如有不符合要求的应立即进行整改,否则拒绝作业。

10.3.6 所有高处作业人员不应穿硬底鞋,应使用全身式安全带,在高处移动作业时,应使用全身式双挂钩安全带,安全带应高挂低用。

10.3.7 进行高处焊接时,应将下方的易燃、易爆物品移至安全地带,并采取相应消防措施和隔离措施。

10.3.8 严禁从高处往下方抛掷物件或从下方往高处抛掷物件,应使用绳索、吊篮等传递物件。

10.3.9 应避免上、下层同时交叉作业,如无法避免时,上下层之间应设专用防护棚或其他可靠的隔离措施。

10.3.10 高处作业的沿口、孔洞处,应设置安全护栏和警示标志。

10.3.11 高处作业区的下方应设置安全警戒、采取隔离措施并设置警示标志,严禁人员通行或停留。

10.3.12 在高处作业中,涉及吊装作业时,应确定指挥人员,明确联络信号,统一指挥。

10.3.13 在进行高处作业时至少要两人参加,安排专人监护。

10.3.14 遇有闪电、打雷、暴雨天气,六级以上大风等可能发生危险的情况,应停止露天高处作业。

10.4 预热器清堵安全技术

10.4.1 清堵作业前应办理危险作业许可证,安全管理人员现场监控;同时篦冷机、熟料输送设备及地坑内严禁人员作业。

10.4.2 预热器清堵前应与中控室联系确认,维持系统负压并保持稳定,关闭空气炮进气阀门并切断电源,将空气炮泄压,挂"严禁操作"警示牌;如应使用空气炮时,由清堵负责人确认人员撤离到安全区域并与中控室联系开启空气炮。

10.4.3 清堵作业时应指定专人进行现场安全监护,作业人员应服从现场统一协调、指挥,杜绝违章指挥及违章作业。

10.4.4 清堵作业应遵循由下而上的原则,一次只能打开一个清料孔,不应多孔上下同时清料。

10.4.5 用高压气体清堵时,应专人控制高压气体阀门。

10.4.6 清堵作业人员应站在上风口,应侧身对着清料孔。

10.4.7 使用高压水枪进行清堵作业的企业,应编制安全操作规程并严格执行。

10.4.8 清堵过程中,清堵位置以下各层平台及预热器四周要设置警戒范围,对料粉喷出可能波及的电缆和设备要采取防护措施。

10.5 动火作业安全技术

10.5.1 动火作业之前应穿戴好劳动防护用品。

10.5.2 动火作业前应对现场进行风险识别,办理动火作业许可,采取相应安全防护措施,配备足够适用的消防器材。

10.5.3　动火作业前,应检查动火作业工具,保证安全可靠,作业现场应有专人监控。

10.5.4　不应使用易产生火花的工具去开启氧气或乙炔气阀门。在作业过程中,氧气瓶、乙炔瓶阀门开启专用工具不得拿下。

10.5.5　严禁使用明火检查设备、附件及管路漏气。

10.5.6　乙炔、氧气瓶及橡胶软管的接头、阀门及紧固件应紧固牢靠,不应有松动、破损和漏气现象,氧气瓶及其附件橡胶软管、工具上不应沾染油脂。乙炔瓶出气口应安装防回火逆止器。

10.5.7　软管长度一般为 10 m～20 m,不应使用过短或过长的软管。接头处应用专用的卡子或退火的金属丝卡紧扎牢。乙炔软管颜色应为红色。

10.5.8　点火前,急速开启焊炬(或割炬)阀门,用氧吹风,以检查喷嘴的出口通畅。

10.5.9　凡储存或使用过化学危险品的容器、设备、管道等装置,在动火作业前应清洗置换,经检测分析合格后方可进行。

10.5.10　在易燃、易爆区域内的管道、容器、塔、罐等设施上动火作业时,应将其与生产系统彻底隔离,清洗置换,经检测分析合格后方可作业。

10.5.11　拆除管线的动火作业,应查明其内部介质及其走向,制定相应的安全防火措施,进行动火作业时,动火点附近如有易燃、可燃物,应根据现场具体情况采取相应的安全防火措施。

10.5.12　五级风以上(含五级风)天气,不应露天动火作业;因生产确需动火时,动火作业应升级管理。

10.5.13　特殊危险动火作业应符合"一级和二级动火作业"所有条款规定,还应符合以下规定:
　　a)　设备、管道腐蚀严重的情况下,不应进行带压不置换动火作业;
　　b)　特殊危险动火应由作业部门、安全管理人员及公司分管领导会签审批,落实安全防火措施,必要时可请专职消防队到场监护。

10.5.14　氧气瓶、乙炔瓶与明火间的距离应在 10 m 以上,如条件限制,也不应低于 5 m,并应采取隔离措施。

10.5.15　放置氧气瓶、乙炔瓶时应使用防倾倒装置,二者之间应保持 5 m 以上,氧气瓶、乙炔瓶不应在阳光下曝晒。

10.5.16　不应把橡胶软管放置在高温管道和电线上,或把重的、热的物件压在软管上,也不应将软管与电焊用的线敷设在一起,使用时应防止割破,软管经过道路时应加护套或盖板。

10.5.17　进入容器内焊接时,点火和熄火都应在容器外进行。

10.5.18　乙炔软管使用中发生脱落、破裂着火时,应先将焊炬或割炬上的火焰熄灭,然后停止供气。氧气软管着火时,应迅速关闭氧气瓶阀门,停止供氧。不应用弯折的办法来消除氧气软管着火,乙炔软管着火时可用弯折前面一段的办法来将火熄灭。

10.5.19　熄灭火焰时,焊炬应先关乙炔阀,再关氧气阀。割炬应先关切割氧,再乙炔和预热氧气阀门。当回火发生后,胶管或回火防止器上喷火,应迅速关闭焊炬上的氧气阀和乙炔阀,再关上一级氧气阀和乙炔阀门,然后采取灭火措施。

10.5.20　短时间休息,应把焊炬(或割炬)的阀门闭紧,不应将焊具放在地上。较长时间休息或离开工作地点时,应熄灭焊炬,关闭气瓶阀门,除去减压器的压力,放出管中余气。

10.5.21 氧气瓶乙炔瓶内气体不应用尽,应留有不低于表1规定的剩余压力。

表 1 剩余压力要求

环境温度 ℃	<0	0~15	15~25	25~40
剩余压力 MPa	0.05	0.1	0.2	0.3

10.5.22 工作结束,应认真检查操作地点及周围,确认无明火后,方可离开。

10.6 电焊作业

10.6.1 弧焊机应安装在干燥、通风良好处,不应安装在易燃易爆、有腐蚀性气体及有严重灰尘、剧烈振动的场所。室外使用的弧焊机应采取防雨雪措施。

10.6.2 作业场所周围不应存放易燃易爆等可燃物品。应备有消防器材,保证足够的照明和良好的通风。施行电焊作业时,要正确穿戴好劳动防护用品。

10.6.3 在危险场所施工,应办理动火作业票并严格执行安全操作规程。

10.6.4 固定使用的弧焊机的电源线与普通配电线路同样要求;移动使用的弧焊机的电源线应按临时线处理。不应使用易燃易爆气体管道作为接地装置。弧焊机不应使用厂房金属结构、管道、轨道等作为焊接二次回路使用。

10.6.5 弧焊机的电源侧应装设空气开关。

10.6.6 电焊机外露导电部分应采取保护接零(地)措施,接零(地)装置连接良好。

10.6.7 电焊机一次侧电源线长度不超过 5 m,电焊机二次线应连接紧固,无松动,接头不超过 3 个,长度不超过 30 m。电源线、焊接电缆与电焊机连接处应设置安全防护罩或防护隔板。电焊钳夹紧力好,绝缘良好,手柄隔热层完整,电焊钳与导线连接可靠。

10.6.8 应定期检查电焊机接线、外观及附件,每 6 个月应对电焊机绝缘电阻摇测一次,且记录完整有效。一次绝缘电阻不应低于 1 MΩ,二次绝缘电阻不应低于 0.5 MΩ。

10.6.9 在有接地或接零装置的焊件上进行弧焊操作,或焊接与地面密切连接的焊件时,应特别注意避免电焊机和工件的双重接地。

10.6.10 更换焊条应戴手套,在潮湿地点作业,应站在绝缘胶板或干燥木板上。

10.6.11 不应在带压力的容器上或管道上实施焊接作业。

10.6.12 焊接贮存过易燃易爆、有毒物品的容器或管道前,应清除干净,并将所有孔口打开,消除容器密闭状态再进行工作。

10.6.13 在密闭金属容器内施焊时,通风良好,并设有专人监护,不应向容器内输入氧气,照明应用符合要求的安全电压供电。

10.6.14 焊接中突然停电,应立即关闭电焊机。

10.6.15 更换场地移动焊把线时,应切断电源并严禁手持把线爬梯登高。

10.6.16 清除焊渣时,应戴好防护眼镜或面罩。

10.6.17 多台焊机在一起集中施焊时,焊接平台或焊件应接地,并有隔光板。

10.6.18 雷雨时,应停止露天焊接作业。

10.6.19　移动焊机时应在停电状态下进行。

10.6.20　工作结束应切断焊机电源，并检查工作地点，确认无起火危险后方可离开。

10.7　高温作业安全技术

10.7.1　在高温条件下施工、作业，应采取防暑降温防范措施。

10.7.2　在较长时间内直接受到热辐射影响的作业场所应采取降温、隔热措施。

10.7.3　对人员经常停留的高温地面或靠近人体的高温设施，应采取隔热措施。

10.7.4　高温作业或夏季露天作业的人员应缩短一次性持续接触高温时间，工作中应采取多次轮换作业并提供清凉饮料及防暑药品等多种方式减少或降低高温作业危害。

10.7.5　高温作业场所或高温操作室，应在门口等醒目位置设置警示标志。

11　员工行为规范

11.1　各级管理人员严禁违章指挥，作业人员有权拒绝违章指挥。

11.2　在厂内行走应走安全通道，巡检应按规定安全巡检路线行走。

11.3　作业过程中，应当严格遵守本单位的安全生产规章制度和操作规程，服从管理，正确佩戴和使用劳动防护用品。

11.4　发现直接危及人身安全的紧急情况时，有权停止作业，或在采取可能的应急措施后撤离作业场所。

11.5　发现事故隐患或者其他不安全因素，应立即向相关管理人员报告，接到报告的人员应及时予以处理。

11.6　设备运转时，严禁用手或使用工具接触设备转动的部位，严禁靠近旋转等危险部位进行清扫作业。

11.7　严禁在无通道处跨越皮带机、绞刀等输送设备，严禁在设备上行走。

11.8　现场交叉作业时要统一指挥，加强联系，互相配合。

11.9　检修或检查完的设备应将相应人孔门、盖等关闭就位、紧固。

11.10　进行维修作业或使用车床、钻床、砂轮及手持式电动工具等设备时，应正确佩戴劳动防护用品。

11.11　使用带手柄的工具，应检查手柄是否牢固。

11.12　搬运超过 100 kg 的重物应采用起吊设备，人员严禁进入吊装区域。

11.13　对堆积较高的物料挖掘或倒运时，应密切观察高处物料动态，如有滑落可能时，应迅速撤离。

12　相关方管理

12.1　承包方应从事与其资质相对应的经营活动，并应在工程开标时，提供相应的安全资质材料文件（企业法人资格证、营业执照、组织机构代码证和安全资质、安全管理合格证书，工伤保险或意外伤害险证明或缴费凭证、职业健康体检结果、特种作业人员名单及有效的《特种作业操作证》），发包方应对资质材料进行审核。

12.2　发包方与承包方依法签订承包合同，并签订安全协议，明确规定双方应承担的安全责任。

12.3　承包方应加强对施工人员的安全教育，施工前应进行技术措施和安全措施的交底。

承包方在办理开工单后方可施工,高危行业施工单位应提供安全生产许可证、安全资质及年检资料。

12.4 未经发包方书面同意,承包方不得将承包项目转包或分包给第三方,经发包方书面同意,将承包项目直接或者间接转包或者分包的,发包方和承包方应对分包方进行资质审查。

12.5 承包方在施工期间,应严格遵守发包方安全生产有关管理规定,严格按安全标准组织施工,对作业过程中的安全工作负责,并确定施工现场安全负责人,发包方应对承包方的作业过程进行督查检查。

13 职业健康

13.1 企业应根据相关规定设置职业卫生管理机构,配备专(兼)职职业卫生管理人员,负责本单位的职业病防治工作。

13.2 企业应制定符合相关法律法规要求的职业健康管理制度并严格执行。

13.3 企业为员工提供的职业病防护用品应符合防治职业病的要求;不符合要求的,不得使用。

13.4 生产作业现场环境应符合 GBZ 2、GB/T 16911 和 GB 16238 的相关要求。

13.5 企业应严格执行职业病防护设施"三同时"制度,企业应委托具有相应资质的职业卫生技术服务机构进行职业危害因素进行定期检测,对检测超标的工作场所,企业应及时整改,并将检测数据予以公布,对检测单位出具的检测报告存档;职业危害因素应一年一检测、三年一评估。

13.6 企业应建立健全员工职业卫生档案。

13.7 产生职业病危害因素的工作场所及设备设施应设置相应的防护措施,定期检查维护,确保防护设备完好。

13.8 各主要粉尘、废气排放点应设置环保设备,排放指标达到 GB 4915 的要求,噪声源应采取隔声或消声措施,噪声声级符合标准或规定要求。

13.9 对存在或产生职业病危害因素的工作场所、作业岗位、设备设施,按照 GBZ 158 要求,在醒目位置设置警示标志和警示语句;存在或产生高毒物品的作业岗位,应当按照 GBZ/T 203 的规定要求,在醒目位置设置高毒物品告知卡,告知卡应当载明高毒物品的名称、理化特性、健康危害、防护措施及应急处理等告知内容与警示标识。

13.10 对可能发生急性职业危害的有毒、有害工作场所,应当设置报警装置,制定应急预案,配置现场急救用品和必要的泄险区。

13.11 对职业病患者按规定给予进行治疗、康复和定期检查。对有职业禁忌证的员工,应及时调整到合适岗位。

13.12 按照有关法律法规及 GBZ 188 的检查内容要求,对从事接触职业病危害的作业的员工,应组织上岗前、在岗期间和离岗时的职业健康检查,并建立职业健康档案。

13.13 企业在与员工订立劳动合同时,应当将工作过程中可能产生的职业病危害及其后果、职业病防护措施和待遇等如实告知员工,并在劳动合同中写明。

14 应急救援

14.1 企业应针对本单位的事故风险类型,按照相关要求,针对可能发生的事故编制相应的应急预案,重点作业岗位应有现场处置方案或措施,并定期进行评审、修订和完善。

14.2 企业应建立安全生产应急管理机构并指定专人负责安全生产应急管理工作,还应制订应急救援管理制度。

14.3 企业应建立与本单位安全生产特点相适应的专(兼)职应急救援队伍,指定专(兼)职应急救援人员,定期组织训练、演练,对演练效果进行评估。

14.4 企业应在厂区显著位置设置应急疏散示意图、消防通道示意图。

14.5 企业应配置应急设施、应急装备和应急物资,进行经常性的检查、维护、保养,确保完好可靠。

14.6 企业生产安全事故应急救援预案至少应包括:
  a) 地震、洪水、台风等自然灾害事故,火灾、爆炸重大安全事故,危险化学品重大安全事故;
  b) 锅炉、压力容器、压力管道等设备、设施重大安全事故;
  c) 煤磨系统消防与爆燃事故;
  d) 预热器清堵作业事故;
  e) 氨水泄漏事故;
  f) 有限空间中毒、窒息事故;
  g) 总降变压站事故、电力室事故;
  h) 物资仓库、纸袋库火灾事故;
  i) 氧气、乙炔爆炸、火灾事故;
  j) 灼烫事故;
  k) 柴油罐火灾事故;
  l) 机械伤害事故。

15 事故调查与报告

15.1 企业应建立健全事故、事件管理制度,健全事故档案。
  发生事故后,企业主要负责人应立即启动相应应急预案,或者采取有效措施,组织抢救,防止事故扩大,减少人员伤亡和财产损失。

15.2 发生事故后,企业主要负责人应组织事故调查或配合有关政府部门对事故进行调查。

15.3 事故的调查处理应符合国家和地方政府的有关规定,严格按照"四不放过"原则,根据有关证据、资料,分析事故的直接、间接原因和事故责任,认真吸取事故教训,落实防范和整改措施。

15.4 企业应按照 GB 6442 定期对事故、事件进行统计、分析。

氨制冷企业安全规范(AQ 7015—2018)

前　　言

本标准的全部技术内容为强制性。

本标准按照 GB/T 1.1—2009 给出的规则起草。

本标准由原国家安全生产监督管理总局监管四司提出。

本标准由全国安全生产标准化技术委员会工贸安全分技术委员会(SAC/TC 288/SC 9)归口。

本标准起草单位：中国制冷学会、国内贸易工程设计研究院、北京二商集团有限责任公司、中国安全生产科学研究院、国家商用制冷设备检测检验中心、广州食品企业集团有限公司、北京市工业技术开发中心。

本标准主要起草人：杨一凡、王昕、胡福静、刘钊、赵彤宇、朱建平、邓建平、张伟、范薇、唐俊杰、李鹏、邓伟良、罗艾民、綦长茂、司春强、张力。

1 范围

本标准规定了氨制冷企业安全要求(包括厂区建设，制冷系统及作业场所的安全设施、运行、维护、应急救援和安全管理等)。

本标准适用于采用以氨为制冷剂的直接制冷系统及以氨为制冷剂、无相变介质为载冷剂的间接制冷系统的制冷企业，采用其他制冷剂的企业可参照执行。

2 规范性引用文件

下列文件对于本文件的应用是必不可少的。凡是注日期的引用文件，仅所注日期的版本适用于本文件。凡是不注日期的引用文件，其最新版本(包括所有的修改单)适用于本文件。

GB 536　液体无水氨

GB 2893　安全色

GB 2894　安全标志及其使用导则

GB 7231　工业管道的基本识别色、识别符号和安全标识

GB/T 11651　个体防护装备选用规范

GB/T 18664　呼吸防护用品的选择、使用与维护

GB 28009　冷库安全规程

GB/T 29639　生产经营单位安全生产事故应急预案编制导则

GB 30077　危险化学品单位应急救援物资配备要求

GB 50016　建筑设计防火规范

GB 50072　冷库设计规范

GB 50187　工业企业平面设计规范

GB 50974　消防给水及消火栓系统技术规范
GBZ 158　工作场所职业病危害警示标识
SBJ 11　冷藏库建筑工程施工及验收规范
SBJ 12　氨制冷系统安装工程施工及验收规范

3 术语和定义

下列术语和定义适用于本文件。

3.1
制冷系统　refrigeration system

通过压缩机、冷凝器、节流阀、蒸发器等设备,以管道、阀门、密封件等连接,制冷剂在该封闭的系统内完成制冷循环的系统。

3.2
直接制冷系统　direct-type refrigeration system

制冷系统的蒸发器与被冷却介质直接接触,达到直接冷却效果的制冷系统。指压缩机吸入从蒸发器出来的较低压力的制冷剂蒸汽,使之压力升高后送入冷凝器;在冷凝器中冷凝成压力较高的液体,经节流阀节流,成为压力较低的液体后,送入蒸发器,在蒸发器中吸热蒸发(制冷)而成为压力较低的蒸汽,再送入压缩机的入口,从而完成制冷循环。

3.3
间接制冷系统　indirect-type refrigeration system

液体载冷剂在制冷系统中被制冷剂冷却,然后输送到被冷却(或冷冻)物质(或空间)中循环,或者冷却流过被冷却的物质(或空气)的制冷系统。

3.4
快速冻结装置　quick-freezing plant

将被冷冻产品的温度快速降低并顺利通过其最大冻结冰晶区域的冻结装置。

4 基本要求

4.1 氨制冷工程项目,应按照国家有关法律、法规和标准、规范的要求进行设计、施工及工程验收。

4.2 氨制冷企业相关工程的设计应由具备相应资质等级的单位承担。其中冷库(冷藏库)、制冷系统设计应由具备工程设计综合甲级资质或具备工程设计行业、专业、专项资质的单位承担;压力容器、压力管道的设计应由取得国家质量监督检验检疫总局颁发的压力容器、压力管道设计资质的单位承担。

4.3 制冷设备及安全设施应采用具备相关生产资质企业制造的产品,并具有相关产品合格证书。

4.4 制冷系统安装,施工单位应由具备以下条件:
　　a) 机电设备安装工程专业承包三级及以上;
　　b) 符合以下条件之一的,可以安装相应级别的压力容器:
　　　　1) 相应级别的压力容器制造单位;
　　　　2) GB级、GC2级压力管道安装单位配备相应数量起重工后,可以安装与其相连

    接的D级压力容器；
   3) 取得压力容器安装1级许可的单位。
  c) 中华人民共和国特种设备安装改造维修许可证(压力管道)安装GC2级及以上。

4.5 工程质量应符合SBJ 11、SBJ 12等相关标准规范的要求。

4.6 安全设施应按照"三同时"要求与主体工程同时设计、同时施工、同时投入生产和使用。

4.7 企业应按照淘汰落后产能政策,淘汰落后的制冷工艺和设备设施。

4.8 厂区内应完善防火、防爆、防氨泄漏,以及通风、事故照明等安全措施。

4.9 压力容器和压力管道等特种设备作业人员应持有相应的操作资质,并熟悉设备性能,遵守操作规程,避免设备超负荷、带故障运行。

4.10 压力容器、压力管道、安全阀件(压力表、安全阀等)、安全设施等应由具有相关资质的检验机构定期校验,并出具有效检测合格报告,不具备有效检测合格报告和不符合安全生产条件的设备设施应及时更换。

4.11 厂区、生产车间、制冷机房、库房及制冷系统应按照GB 2893、GB 2894、GB 7231、GBZ 158、SBJ 12标准条款要求,设立相应的安全标识。

4.12 制冷系统氨充注量大于等于10 t的企业,应按照危险化学品重大危险源进行管理。

5 建设要求

5.1 厂区规划、建设应符合GB 28009、GB 50016、GB 50072、GB 50187、SBJ 11、SBJ 12标准规范的要求。

5.2 涉氨制冷车间、库房之间及与其他建筑的防火间距应符合GB 50016的规定。

5.3 涉氨制冷厂区、库区应按GB 50016、GB 50974的有关要求设置室外消防给水系统,并按规定要求设置一定数量的室外消火栓,其保护半径不应小于150 m。在氨压缩机房和设备间(靠近贮氨器处)应设置室外消火栓,室外消火栓型式可为地下式消火栓或地上式消火栓,并应与氨压缩机房和设备间(靠近贮氨器处)门口保持一定的安全距离,其距离不宜小于5 m,并不大于15 m。

5.4 冷库的库房与加工车间贴邻建造时,应采用防火墙分隔,当确需开设相互连通的人行开口时,应采取防火隔间措施进行分隔。

5.5 冷库库房内的消火栓应设置在穿堂或楼梯间内,当其环境温度低于0 ℃时,室内消火栓系统可采用干式系统,但应在首层入口处设置快速接口和止回阀,管道最高处应设置自动排气阀。

5.6 冷间内动力、照明、控制线路应根据不同的冷间温度要求,选用适用的耐低温的铜芯电力电缆。

5.7 员工宿舍不应与氨制冷机房、冷库或其他厂房、仓库设置在同一座建筑物内。

5.8 包装间、分割间、产品整理间等人员较多的生产场所的空调系统不应采用氨直接蒸发制冷系统。

5.9 快速冻结装置应设置在单独的作业间内,且作业间内同一时间作业人员人数不应超过9人。

5.10 氨制冷机房建设要求:
  a) 氨制冷机房应按照GB 50016的规定设置消防车道,消防车道净宽(度)与净(空)

高(度)均不应小于 4 m。

b) 氨制冷机房火灾危险性类别为乙类。氨制冷机房与其他建筑的防火间距应符合 GB 50016 的规定,与民用建筑的防火间距不应小于 25 m。

c) 氨制冷机房及其控制室与加工间、冷库或仓库库房贴邻建造时,应采用不开门窗洞口的防火墙分隔,且氨制冷机房及其控制室屋面板耐火极限不应低于 1.00 h。

d) 氨制冷机房与其控制室贴邻建造时,应采用耐火极限不低于 3.00 h 的防火隔墙隔开和设置独立的安全出口。氨制冷机房与其控制室之间隔墙上的观察窗应为甲级固定防火窗;当确需设置连通门时,应采用开向制冷机房的甲级防火门。

e) 氨制冷机房每个防火分区不应少于 2 个安全出口,且两个安全出口最近边缘之间的水平距离应不小于 5 m。当氨制冷机房每个防火分区的面积不大于 150 m^2 时,可设置一个安全出口。

f) 氨制冷机房及其控制室和变配电所安全出口的门应采用平开门,并向疏散方向开启。

g) 氨制冷机房应设置防爆型事故排风机,排风量应按设计要求确定。在控制室排风机控制柜上和制冷机房门口外墙上应安装人工启停控制按钮,排风机应能通过气体浓度报警装置的报警信号自动开启,又能人工控制启停。

h) 氨制冷机房内的应急照明和灯光疏散指示标志应按爆炸性气体环境进行设计,应急照明和灯光疏散指示标志备用电源的连续供电时间不应小于 0.5 h。

5.11 变配电所与氨制冷机房及其控制室、冷库或加工车间贴邻建造时,其共用的隔墙应为防火墙。变配电室门口应设置挡板,门、窗、自然通风的孔洞用金属网和建筑材料封闭。

5.12 制冷及辅助设备、报警装置布置要求:

a) 氨制冷机房的制冷压缩机及其辅助设备布置,应符合 GB 50072 的相关规定。

b) 总容积大于 30 m^3 的室外液氨储罐(区)与基地外建筑等的防火间距应符合附录 A 的要求。

c) 制冷系统加氨站应设在机房外,并留有足够的操作空间和通畅的应急通道。

d) 设于室外的氨制冷机组、贮氨器应有通风良好的遮阳设施。

e) 设于室外的贮氨器、冷凝器、油分离器、集油器等制冷设备及加氨站,应有防止非操作人员进入的围栏并设危险作业场所等安全警示标识。

f) 安装有氨制冷快速冻结装置的作业间内应设置防爆型事故排风机及氨气浓度报警装置。事故排风机排风量应按设计要求确定。氨气浓度传感器应安装在快速冻结装置进、出料口处的上方。当氨气浓度达到 150 mL/m^3,氨气浓度报警装置应自动发出声光报警信号,并应自动开启防爆型事故排风机,自动停止成套快速冻结装置的运行,漏氨信号应同时传送至制冷机房控制室报警;如果系统处于热氨融霜模式,尚应同步关闭热氨融霜紧急切断装置。

g) 氨制冷机房应设置氨气浓度报警装置。氨气浓度传感器应安装在氨制冷机组、氨泵及贮氨器的上方。当空气中氨气浓度达到 150 mL/m^3 时,应自动发出报警信号,并应自动开启制冷机房内的防爆型事故排风机。

h) 冷凝器应设冷凝压力超压报警装置。水冷冷凝器应设断水报警装置;蒸发式冷凝器应增设压力表、安全阀及风机故障报警装置。

5.13 氨制冷系统及其阀门、管道安装要求：
   a) 新建(含改、扩建)氨制冷快速冻结装置的热氨融霜应采用自动控制融霜。热氨融霜供气管道应设置融霜压力控制及紧急切断装置。紧急切断装置应采用自动控制，并在人员密集区域需融霜的快速冻结装置30 m以外便于操作的位置或快速冻结装置附近的安全出口门外设置关闭热氨融霜紧急切断装置的人工启动按钮。
   b) 氨制冷系统应采用专用钢制阀门，不应使用灰铸铁阀门。已建成投产的制冷系统若采用球墨铸铁阀门的，应符合压力管道安全技术规范要求。
   c) 氨制冷系统安全阀的泄压管出口应高于周围50 m范围内最高建筑物(冷库除外)的屋脊5 m，并应采取防止雷击、防止雨水和杂物落入泄压管内的措施。
   d) 氨管道不应穿过有人员办公、休息和居住的建筑物及人员密集场所。
   e) 制冷管道穿过建筑物的沉降缝、伸缩缝、墙及楼板时，应采取防变形的措施。
   f) 管道、线缆等穿过保温墙体、屋面时，应采取可靠的防火和防止产生冷桥的措施。
   g) 连接氨制冷压缩机和设备的管道应有足够补偿变形的弯头，供液管无气囊、吸气管无液囊。
   h) 快速冻结装置回气集管端部封头等部位的焊缝质量应符合SBJ 12及相关标准的要求。

6 设备设施要求

6.1 氨制冷设备应统一编号；标识清楚；并应由专人管理且分工明确、职责清楚。

6.2 企业应建立健全氨制冷设备管理和操作规程。

6.3 在用、备用氨制冷设备、附件及相关控制元件和铭牌等应完好。

6.4 氨制冷压缩机组应符合但不限于下列要求：
   a) 本体及管路的动、静密封点应无泄漏，油封渗油应在允许范围内；
   b) 运行时，应无异常振动和异常声音，各连接部位应牢固、无松动；
   c) 运行时，其性能参数应在规定的技术范围内，无超压、超温现象等；
   d) 安全保护装置应齐全有效；
   e) 铭牌应清晰可见。

6.5 压力容器应符合但不限于下列要求：
   a) 应确保其密封性，无变形、锈蚀等损伤，基础无裂缝和不均匀沉降；
   b) 附件应齐全，安装正确，连接牢固，性能良好；
   c) 铭牌应清晰可见。

6.6 冷凝器应符合但不限于下列要求：
   a) 应无泄漏、锈蚀和结垢；壳体表面应无锈蚀、渗漏；
   b) 运行参数应正常，性能稳定可靠；
   c) 安全附件及保护装置应齐全有效；
   d) 蒸发式冷凝器循环水泵应无锈蚀、无裂痕、无异常振动、密封垫无泄漏，运行平稳；风机连接紧固、运转正常；电气线缆连接符合要求；
   e) 铭牌应清晰可见。

6.7 空气冷却器(冷风机)应符合但不限于下列要求：

a) 应无泄漏、锈蚀；
b) 风机应连接紧固、转动灵活、无卡阻；
c) 使用期间,蒸发器霜层应均匀,不应过厚或出现结冰现象；
d) 铭牌应清晰可见。

6.8 排管应符合但不限于下列要求：
  a) 吊架应牢固、无松动；
  b) 使用期间,霜层应均匀,不应过厚或出现结冰现象。

6.9 氨泵及其密封件应可靠有效,无跑、冒、滴、漏现象。

6.10 阀门应符合但不限于下列要求：
  a) 内外密封部位及连接处应无渗漏；
  b) 开闭应灵活,各部件连接紧固可靠,关键阀门应标示正确的开闭及开度指示；
  c) 编号应制式统一,各种标识清晰可靠；
  d) 安全阀应在校验有效期内,且铅封完好。

6.11 氨压力表应符合但不限于下列要求：
  a) 应在校验有效期内,且功能完好,表外壳外观整洁,表体铅封未损坏；
  b) 表盘玻璃应完整,表盘刻度应清晰。

6.12 氨浓度报警装置及氨气浓度传感器应符合但不限于下列要求：
  a) 应在校验有效期内。化学式氨气浓度传感器,发生报警信号后,应及时进行校验；
  b) 外观应良好,结构应完整,标牌信息应清晰；
  c) 附件应齐全,并附有制造厂家相关文件；
  d) 连接应可靠,各旋钮或按键等应能正常操作；
  e) 通电时,各部件工作应正常,显示清晰、正确,性能良好。

6.13 应急照明应符合但不限于下列要求：
  a) 灯具及其配件应齐全,无机械损伤、变形、油漆剥落、灯罩破裂和漏电等缺陷；
  b) 灯具固定牢固可靠。

6.14 防爆型事故排风机应符合但不限于下列要求：
  a) 外观应良好,结构应完整,标牌信息应清晰；
  b) 叶片应无弯曲变形或缠绕有金属物、松动等现象；
  c) 叶轮转动应平稳。

6.15 控制箱、柜以及电气元器件、线缆等应完好无损,电气线路接线应规范可靠,避免发生短路现象。

7 安全设施要求

7.1 厂区内显著位置应设风向标。风向标应置于便于人员观看的位置。

7.2 氨气浓度报警装置及氨气浓度传感器的安装位置应符合 GB 50072 及 5.12.6、5.12.7 的规定,并确保其处于正常工作状态。

7.3 构成重大危险源的制冷系统应在制冷机房和安装有快速冻结装置的加工车间等场所设置视频监控报警系统。监控信号应满足异地调用的需求,并具备信息远传、连续记录、信息存储等功能,记录的电子数据的保存时间不应少于 30 d。

7.4 安装有氨制冷设备的制冷机房、设备间、库房、车间等均应在明显位置设置警示标识和中文警示说明。警示说明应载明产生职业中毒危害的种类、后果、预防和应急救治措施等内容。并应在进入该房间或区域前,设置"非专业操作人员免进"警示牌。

7.5 制冷系统加氨站、集油器放油口、调节站操作阀组、紧急泄氨器、空气分离器、贮氨器、配电柜等关键操作部位应设置指导操作用标示牌。

7.6 构成重大危险源的企业,应在液氨使用区域明显位置悬挂"重大危险源安全警示牌"。

7.7 制冷压缩机的安全设施应符合出厂配置及系统设计要求,并确保完好有效。

7.8 制冷系统用压力容器、加氨站集管,以及氨液体、气体分配站集管和空气分离器的回气管,均应安装氨专用压力表。安装位置距操作者直线距离不应超过3 m,且应清晰可见。压力表选用精度应符合以下规定:

    a) 位于制冷系统高压侧的压力表或真空压力表不应低于1.5级;

    b) 位于制冷系统低压侧的真空压力表不应低于2.5级;

    c) 压力表或真空压力表的量程不得小于工作压力的1.5倍,不得大于工作压力的3倍。

7.9 压力容器液位计应有保护装置,显示面应无损且清洁、有效;安装位置应便于操作人员观察,液位计最高和最低液位应有明显标记。

7.10 企业应按照GB/T 11651要求,配备一定数量的个体防护装备。制冷机房应配备日常检维修作业所需的有效的防护器具,过滤式防毒面具(氨气专用滤毒罐、隔离式防护服)、橡胶手套、胶靴、化学安全防护眼镜,应满足在岗人员一人一具。构成重大危险源的企业应按照GB 30077的规定,至少配备两套正压式空气呼吸器、化学防护服。

7.11 制冷机房控制室应配备适量保质期内的酸性饮料或食醋、2%硼酸溶液、生理盐水等应急抢救物品。

7.12 安全出口及安全门和安全通道应保持畅通无阻。

8 制冷系统运行要求

8.1 制冷系统运行应按照设备及系统操作规程进行。

8.2 制冷压缩机、冷凝器、冷风机、氨泵、载冷剂泵、冷却水泵、冷却塔风机等设备及系统内相关阀件、控制元器件、控制系统等应正常工作。

8.3 运行过程中,应及时调整制冷系统运行参数(温度、压力、液位、流量等),使其符合降温条件要求。

8.4 制冷压缩机运行应符合下列要求:

    a) 应符合其使用条件的要求;

    b) 制冷压缩机及制冷系统的运行参数的设定值如需调整,应由熟知该机器及系统功能的企业特定专业人员进行;

    c) 运行参数及安全设施状态的记录周期不应超过2 h;

    d) 运转过程中,应无异常响声、振动和机体结霜现象。

8.5 压力容器及压力管道运行应符合下列要求:

    a) 贮氨器液位高度不应高于其径向高度的80%;

    b) 低压循环储液桶、氨液分离器、排液桶的存液量不应超过容器容积的2/3,且液位高度不应超过高液位报警线；

 c) 中间冷却器的液面应保持在设计液位的高度，液位超过设计液位高度时，应及时进行排液处理；

 d) 管道应随班巡检，发现损坏及缺陷应及时修复。

8.6 阀门操作应符合下列要求：

 a) 应根据系统运行要求操作阀门；

 b) 正常运行时，压力表阀、液面指示器阀、液面计两端的弹子阀等应处于开启状态，并确保正确显示相应数值与液位高度；

 c) 非相应操作过程，设备上的放油阀、加压阀、手动放空气阀、热氨融霜阀、融霜排液阀等应处于关闭状态。

8.7 热氨融霜操作应符合下列要求：

 a) 手动热氨融霜应按照企业特有的操作规程进行；

 b) 热氨融霜前，应仔细检查接收融霜冷凝液体容器内的液面高度和压力，使其处于准备工作状态；

 c) 热氨融霜前，应将相应待融霜蒸发器及回气管路内的氨液进行有效回收，管壁温度缓慢回升后方可进行；

 d) 热氨融霜前，应疏散相应蒸发器附近区域内与融霜操作无关的人员；

 e) 手动热氨融霜时，应缓慢分步开启热氨融霜阀门。融霜压力不应超过 0.8 MPa；

 f) 采用自动热氨融霜系统时，应按照设定的安全程序进行；变更设定值应进行相应的论证，并由企业特定专业人员进行。

8.8 系统放油操作时，应由两名操作人员协同按照操作规程进行。

8.9 制冷系统液氨充注与排出应符合下列要求：

 a) 应按照操作规程进行；

 b) 所用连接件的耐压强度应大于 3.0 MPa，与其相接的管头应有防滑沟槽，不应使用软管连接；

 c) 应按照应急专项预案做好应急准备。现场防护用具和应急救援物资应准备到位，并应划分安全区域，设置隔离标志和安全警示牌，非操作人员不应进入该区域；

 d) 所用氨瓶或氨槽车应符合相关规定要求。操作前，应对氨槽车或氨瓶进行外观检查无缺陷，瓶体钢印标志应齐全、清晰无误；安全附件应齐全、无损坏；检验期限应在有效期内等；

 e) 充注的液氨应采用符合 GB 536 规定的液体无水氨要求，氨含量应达到 99.8% 以上；

 f) 每次液氨充注与排出操作应进行计量记录，并应由操作负责人、操作人员、称重人员和检查人员签字存档；

 g) 液氨充注与排出完成后，氨瓶/槽车应按操作程序完成与系统的分离，并妥善清理现场为正常工作状态。

9 设备设施维护要求

9.1 设备设施应及时维护，确保其处于良好运行状况。

9.2 长时间停用的设备设施,启用前应进行全面检查,符合运行要求后方可投入使用。

9.3 制冷系统中的压力容器、压力管道、安全阀、压力表、安全附件、安全保护装置及有关附属仪器应完整、齐全、有效,并应定期校验/检测,符合要求者方可使用。校验/检测报告应存档备查。

9.4 防爆型事故排风机应定期维护检修,并做好相关记录,确保其运行正常。

9.5 防雷设施应定期检测。

9.6 配备的防护器具和抢救药品等应急救援物资应由专人保管、摆放整齐、取用便捷,并应按照管理规章进行日常检查、定期校验和维护保养。

9.7 呼吸防护用品的选择、使用与维护应符合 GB/T 18664 的规定。

9.8 制冷机房内不应存放可燃物,不应使用明火、电炉等。

9.9 检修维护作业时,应按照操作规程进行。高温热源、电气焊、机械切割等产生火花的作业应与保温材料、易燃品进行有效隔离。

9.10 制冷设备和管道应按照 GB 2893 和 SBJ 12 的要求涂刷色漆或粘贴色标,并标注设备和管道内介质类别和流向等。

10 安全生产管理要求

10.1 组织机构及人员

10.1.1 企业应设置安全生产管理机构或配备相应的安全生产管理人员。企业主要负责人和安全生产管理人员应具备相应的安全生产知识和管理能力。

10.1.2 企业应每年至少 1 次对安全生产规章制度、操作规程和安全生产事故应急救援等文件的适宜性、有效性和执行情况进行评估,并根据评估结果、安全检查及事故情况等及时修订。

10.1.3 涉及危险化学品重大危险源的企业应执行相关国家法规、标准、规范的规定。

10.1.4 企业应对从业人员进行三级安全教育,保证从业人员具备必要的安全生产知识,熟悉有关的安全生产规章制度和安全操作规程,掌握本岗位的安全操作技能。

10.1.5 氨制冷系统操作人员应持证上岗。持特种作业操作证(制冷与空调作业)人员每个制冷机房每班组应不少于 1 人,持特种设备作业人员证(压力容器 R1、压力管道巡检维护 D1)人员应不少于 1 人,持"制冷设备维修工"或"制冷工"三级以上(含三级)的职业资格的特种设备操作人员应不少于 1 人。

10.1.6 氨制冷系统操作人员应遵守交接班制度,对机房、设备间等专业作业场所轮班值守。

10.1.7 氨制冷系统操作人员应按照相关操作规程进行操作,并每间隔 2 h 以内记录当班生产及机器运转、液位、压力、温度等情况。

10.1.8 氨制冷系统操作人员应能熟练使用安全生产工具、劳动防护用品和应急救援装备。

10.1.9 氨制冷系统操作人员应具有发现事故隐患及有效处理隐患的能力。

10.1.10 氨制冷系统特种作业人员及企业员工发现事故隐患或者其他不安全因素,应立即向安全生产管理人员和单位有关负责人报告。

10.2 档案管理

10.2.1 企业应建立,但不限于以下文件,并永久保存:

a) 与现有建筑、制冷系统对应有效的设计图纸、变更文件等。
b) 在用特种设备采购合同、设计文件、产品质量合格证明、使用维护说明、检测检验报告等。
c) 在用制冷设备产品合格证和使用说明书。
d) 施工合同、竣工图纸、验收报告等。
e) 安全管理制度。包括：安全生产责任制度、安全生产教育和培训制度、安全检查管理制度、安全生产事故隐患排查治理、应急管理制度、设备设施安全管理制度、交接班制度、巡检制度、作业环境氨浓度检测制度、设备维护保养制度、消防设施维护保养、防护器材和劳保用品配备和管理制度等。
f) 结合企业特有的生产流程及制冷系统特点编制相关安全生产风险公告、生产技术规程、安全操作规程、安全技术规程和制冷系统操作规程等。制冷系统操作规程包括：制冷压缩机及制冷系统辅助设备（冷凝器、贮氨器、蒸发器以及系统个性化配置的油冷却器、中间冷却器、氨液分离器、低压循环储液桶、集油器、排液桶、空气分离器、氨泵等）操作规程、压力管道操作规程、制冷系统融霜操作规程、制冷系统加氨操作规程和制冷系统加/放油操作规程；快速冻结装置操作规程；电气安全操作规程等。
g) 氨泄漏、火灾、触电、断水、有限空间中毒窒息等事故处置方案。

10.2.2 企业应建立，但不限于以下记录，并保存3年以上。
a) 制冷系统的设计、安装、调试、维修、变更、隐患排查、事故等情况记录；
b) 制冷系统准确、真实的运行记录，每间隔2 h以内记录1次；
c) 特种设备应按照《中华人民共和国特种设备安全法》建立以下记录：
  1) 特种设备的定期检验和定期自行检查记录；
  2) 特种设备的日常使用状况记录；
  3) 特种设备及其安全附件、安全保护装置、测量调控装置及有关附属仪器仪表的检验报告和日常维护保养记录；
  4) 特种设备、系统运行及故障和事故记录。
d) 制冷系统压力容器的压力、液位等数据记录；
e) 企业各项管理制度的运行记录；
f) 安全生产教育和培训的时间、内容、参加人员以及考核结果等情况的记录。

10.3 应急管理

10.3.1 企业应在风险评估和应急资源调查的基础上，按照GB/T 29639及相应的法律、法规的规定，编制与当地政府及相关部门相衔接的综合、专项应急预案，并应针对氨泄漏、火灾、断水等多发事故隐患以及制冷系统运行和压力容器、压力管道巡检维护等重点岗位编制应急管理要求，制定现场应急处置方案，并按规定报主管部门备案、通报相关应急协作单位。

10.3.2 构成重大危险源的企业应编制重大危险源专项预案。

10.3.3 有下列情形之一的，应急预案应及时修订，并向有关部门或者单位报告修订情况，按照有关应急预案报备程序重新备案：
a) 企业因兼并、重组、转制等导致隶属关系、经营方式、法定代表人发生变化的；
b) 企业生产工艺和技术发生变化的；

c) 周围环境发生变化,形成新的重大危险源的;
d) 应急组织指挥体系或者职责已经调整的;
e) 依据的法律、法规、规章和标准发生变化的;
f) 应急预案演练评估报告要求修订的;
g) 应急预案管理部门要求修订的。

10.3.4 企业应按照 GB 30077 的要求,建立专(兼)职应急救援队伍或与邻近专职救援队签订救援协议,并配备必要的、完好的应急装备、物资。

10.3.5 企业应按照《生产安全事故应急预案管理办法》制定应急预案演练计划,并每年至少组织一次综合应急预案演练或者专项应急预案演练(含人员疏散),每半年至少组织一次现场处置方案演练,并留存演练记录。

10.3.6 企业应对从业人员作业岗位、场所危险因素、险情处置要点、岗位应急知识和自救互救、避险逃生技能进行培训,并定期组织考核。

10.3.7 企业每年应对应急投入、应急准备、应急处置与救援等工作进行总结评估。

10.3.8 企业应在险情或事故发生后第一时间做好先期处置,及时采取隔离和疏散措施,并按规定立即如实向当地政府及有关部门报告。

10.3.9 企业应加强对自然灾害的预防和应急工作。在接到有关自然灾害预报时,应及时发出预警通知。可能危及人员安全的情况时,应采取撤离人员、停止作业、加强监测等安全措施,并及时向当地人民政府和有关部门报告。

10.4 安全生产事故隐患排查和治理

10.4.1 企业应按照《安全生产事故隐患排查治理暂行规定》建立相关规章制度,并进行事故隐患排查和治理。

10.4.2 企业应结合安全生产的需要和特点,采用综合检查、专业检查、季节性检查、节假日检查、日常检查等不同方式进行隐患排查,并建立隐患排查治理台账。

10.4.3 针对排查出的重大事故隐患,企业主要负责人应组织制定并实施重大隐患治理方案。治理方案应包括目标和任务、方法和措施、经费和物资、机构和人员、时限和要求、安全措施和应急预案。

10.4.4 企业在事故隐患治理过程中,应采取相应的安全防范措施,防止事故发生。事故隐患排除前或排除过程中无法保证安全的,应从危险区域内撤出作业人员,并疏散可能危及的其他人员,设置警戒标志,暂时停产停业或者停止使用。

10.4.5 企业应对隐患治理完成情况进行验证和效果评估,并按照当地安全监管部门和有关部门的要求,定期或实时报送隐患排查治理情况。

10.5 企业安全生产标准化建设

企业应遵守安全生产的法律、法规,建立、健全安全生产责任制和安全生产规章制度,完善安全生产条件,推进安全生产标准化建设,提高安全管理水平,确保安全生产。

附 录 A
(规范性附录)
室外液氨储罐(区)与基地外建筑等的防火间距

室外液氨储罐(区)与基地外建筑等的防火间距应按表 A.1 执行。

表 A.1 室外液氨储罐(区)与基地外建筑等的防火间距[a]

名称		液氨储罐(区)(总容积 V, m³)		
		$30<V\leqslant50$	$50<V\leqslant200$	$200<V\leqslant500$
单罐容积 V(m³)		$V\leqslant20$	$V\leqslant50$	$V\leqslant100$
居住区、村镇[b]和重要公共建筑(最外侧建筑物的外墙)		33.75 m	37.5 m	52.5 m
工业企业(最外侧建筑物的外墙)		20.25 m	22.5 m	26.25 m
其他民用建筑,甲、乙类液体储罐,甲、乙类仓库,甲、乙类厂房,秸秆、芦苇、打包废纸等材料堆场		30 m	33.75 m	37.5 m
丙类液体储罐,可燃气体储罐,丙、丁类厂房,丙、丁类仓库		24 m	26.25 m	30 m
助燃气体储罐,木材等材料堆场		20.25 m	22.5 m	27 m
其他建筑	一、二级	13.5 m	15 m	16.5 m
	三级	16.5 m	18.75 m	20.25 m
	四级	20.25 m	22.5 m	26.25 m
公路(路边)	高速,Ⅰ、Ⅱ级	15 m	18.75 m	
	Ⅲ、Ⅳ级	11.25 m	15 m	
架空电力线(中心线)		1.125 倍杆高		
架空通信线(中心线)	Ⅰ、Ⅱ级	22.5 m	30 m	
	Ⅲ、Ⅳ级	1.125 倍杆高		
铁路(中心线)	国家线	45 m	52.5 m	
	企业专用线	18.75 m	22.5 m	

[a] 防火间距应按本表储罐区的总容积或单罐容积的较大者确定。
[b] 居住区、村镇指 1 000 人或 300 户及以上者;当少于 1 000 人或 300 户时,相应防火间距应按本表有关其他民用建筑的要求确定。

参 考 文 献

[1] GB/T 26478—2011 氨用截止阀和升降式止回阀
[2] GB/T 33000—2016 企业安全生产标准化基本规范
[3] 中华人民共和国安全生产法
[4] 中华人民共和国特种设备安全法
[5] 国家安全监管总局令(2007)第 16 号 安全生产事故隐患排查治理暂行规定
[6] 国家安全监管总局令(2011)第 40 号 危险化学品重大危险源监督管理暂行规定
[7] 国家安全监管总局令(2016)第 88 号 生产安全事故应急预案管理办法
[8] 质检特函(2013)第 61 号 关于氨制冷装置特种设备专项治理工作的指导意见

纺织工业企业安全管理规范(AQ 7002—2007)

前 言

为了加强纺织工业企业安全管理,防止和减少生产安全事故,保障人民群众生命和财产安全,根据有关安全生产法律、法规和标准的规定,制定本标准。

本标准由国家安全生产监督管理总局提出。

本标准由全国安全生产标准化技术委员会归口。

本标准起草单位:中国纺织工业协会、上海纺织控股(集团)公司。

本标准主要起草人:宋伟克、黄承平、程晧、张建平、柴胜乔、张耀春、庄洁。

1 范围

本规范规定了纺织工业企业安全管理的基本要求。

本规范适用于各类纺织工业企业。

2 规范性引用文件

下列文件中的条款通过本标准的引用而成为本标准的条款。凡是注日期的引用文件,其随后所有的修改单(不包括勘误的内容)或修订版均不适用于本标准。然而,鼓励根据本标准达成协议的各方研究是否可使用这些文件的最新版本。凡是不注日期的引用文件,其最新版本适用于本标准。

GB 18218 重大危险源辨识

GB 6944 危险货物分类和品名编号

GB 15603 常用化学危险品贮存通则

GB 11651 劳动防护用品选用规则

GB 2893 安全色

GB 2894 安全标志

GB/T 3608—1993 高处作业分级

GB/T 4200—1997 高温作业分级

GB 4064 电气设备安全设计导则

GB 50254 电气装置安装工程低压电压施工及验收规范

GB 50255 电气装置安装工程电力变流设备施工及验收规范

GB 50256 电气装置安装工程起重机电气装置施工及验收规范

GB 50257 电气装置安装工程爆炸和火灾危险环境电气装置施工及验收规范

GB 50303 建筑电气工程施工质量验收规范

GB 4387 工业企业厂内铁路、道路运输安全规程

GB 5083 生产设备安全卫生设计总则

GB 50016 建筑设计防火规范

GBZ 2—2002　职业安全卫生标准
FJJ 117　纺织工业企业职业安全卫生设计规范

3　术语和定义

下列术语和定义适用于本标准。

3.1
主要负责人　Person chiefly in charge
纺织工业企业全面负责企业日常生产经营活动的主要决策人、第一责任人,包括法定代表人、董事长、厂长、经理以及其他直接领导。

3.2
管理人员　Maneger
纺织工业企业内的危险品保管员、仓库管理员、压力容器管理员、生产车间主要负责人等。

3.3
特种作业人员　Special type operator
指在劳动过程中容易发生伤亡事故,对操作者本人,尤其对他人和周围设施的安全有重大危害的作业,从事特种作业的人员称为特种作业人员。特种作业人员的范围由国家规定。

3.4
危险岗位　Dangerous station
指棉纺的清梳操作工、保全保养工、修理工;印染及染整的高温、高压操作工等。

3.5
高处作业　High-place operation
凡在坠落高度基准面 2 m 及 2 m 以上有可能坠落的高处进行作业,均称为高处作业。

3.6
安全评价　Safety evaluation
指运用定量或定性的方法,对建设项目或纺织工业企业存在的职业危害因素和有害因素进行危险源识别、分析和评估等过程。

3.7
三同时　Three at the same time
指新建、改建、扩建建设项目的安全设施与主体工程同时设计、同时施工、同时投入生产和使用。

3.8
特种设备　Special type equipment
指涉及生命安全、危险性较大的锅炉、压力容器(含气瓶)、压力管道、电梯、起重机械、客运索道、大型游乐设施等。

3.9
六个必有　Six necessary
指有轴必有套、有轮必有罩、有轧点必有挡板、有特危必有联锁、有洞必有盖、有台必有栏。

3.10

纺织工业企业　Textile industry enterprise

纺织工业企业是指棉、麻、毛、丝、化纤等各种原料,以及与纺织相关的生产加工作业和经营,主要包括国资、合资、集资和民营、私营、联营等多种所有制形式、多种经营方式的纺织企业。

3.11

临边　Near the edge

指在施工过程中,未安装栏杆的扶梯、阳台周边,无外脚手架防护的屋面,井架、人货两用梯通道两侧边,卸料平台的外侧边,框架建筑的楼层边。

3.12

机动车辆单位　Machine unit

指非从事道路客运和货物运输,但拥有机动车辆、厂内机动车辆的企业。

3.13

专业运输单位　Special transportation unit

指专业从事道路旅客运输和货物运输的经营企业。

3.14

五双制度　Five both system

指双人验收、双人发货、双人保管、双把门锁、双本台账。

3.15

十不烧　Ten can't weld

指焊工没有操作证的,不准焊割作业;属于一、二、三级动火,未办理审批手续的,不准焊割作业;不了解现场周围情况的,不准焊割作业;不了解焊割构件内部情况的,不准焊割作业;盛装过易燃易爆、有毒有害物质,未经洗尽的容器,不准焊割作业;用可燃材料保温、冷却、隔音、隔热的部位,未采取可靠安全措施的,不准焊割作业;有压力或密封的容器、管道,不准焊割作业;附近堆有易燃易爆、有毒有害物品,未作彻底清理或未采取可靠安全措施的,不准焊割作业;与外单位相连,又未弄清是否有危险的部位,不准焊割作业;与附近其他工种互相有抵触的,不准焊割作业。

4 安全工作目标管理

4.1 安全目标的确定

4.1.1 纺织工业企业应当将无因工死亡、无因工重伤、无火灾事故以及无交通死亡责任事故纳入本企业全年生产经营目标中。

4.1.2 企业安全目标应当通过职工代表大会、股东大会、董事会、安全生产委员会等组织形式的讨论确定。

4.2 安全目标和工作计划的实施

4.2.1 安全目标和工作计划的制定与实施,应当贯穿于纺织工业企业生产经营的全方位、全过程和全员化。

4.2.2 安全目标和工作计划的实施应当做到与生产经营同时计划、同时布置、同时检查、同时总结、同时评比。

4.3 企业安全管理目标的考核

4.3.1 安全管理目标应当以科学的手段,运用人本原理的原则,落实资金、人员和措施,健全组织网络和管理体系,实施责任承诺和奖惩考核制度。

4.3.2 企业应当对以下对象进行奖励:

——带领本企业努力工作,实现安全生产工作"四无"目标,推动行业安全生产工作的深入开展,为纺织的调整、发展作出贡献的责任人;

——热爱安全生产工作、忠于职守、无私奉献,以保护国有财产安全和维护从业人员安全、健康为己任,工作兢兢业业的监督管理人员;

——对危险源、重点口子采取监控预防措施,防止重大因工伤亡事故、火灾事故、交通事故,消除生产安全事故隐患,取得显著成绩者;

——积极开展安全生产工作的宣传教育、安全检查等活动,采取安全有效措施,完善监督管理,取得显著成绩者;

——在危急时刻,能临危不惧,奋不顾身,采取切实有效措施,减少和避免人员伤亡、财产损失有功者;

——坚持原则,对违章指挥、违章操作,对危险源、重点口子监控预防措施违反劳动纪律等不安全行为敢于制止,维护从业人员安全和健康,保护国有财产安全,为群众所推崇者;

——在生产安全、消防安全、交通安全、劳动保护等方面,积极技术革新,有发明创造、科研成果或重大合理化建议采纳者。

4.3.3 安全生产奖励考核由行政部门、管理职能部门、生产车间和工会组织结合安全生产劳动竞赛、年度总结评比等活动进行操作。

4.3.4 企业应当设立相应的安全生产奖励考核资金,做到专款专用,不得挪作他用。

5 安全生产组织机构

5.1 安全生产委员会

5.1.1 企业应当组建由主要负责人、分管安全工作的负责人、安全管理部门,以及相关部门的负责人、安全管理人员、工会代表和从业人员代表等组成的安全生产委员会。

5.1.2 安全生产委员会履行以下主要职责:

——审查本企业年度安全工作计划、安全生产责任制的奖惩考核工作;

——审查新建、改建、扩建的建设工程项目安全设施、重大安全技术措施项目;

——确保各项安全所必需的投入和组织保障;

——研究和审查本企业有关安全工作的重大事项;

——督促、落实、开展安全检查、消除事故隐患的措施。

5.1.3 安全生产委员会应当每半年至少召开一次安全工作会议。遇到较重大的安全问题,应当随时召开安全工作会议。会议内容应当有完整的书面记录。

5.2 工会组织

5.2.1 企业工会应当依法参与监督本企业的安全生产工作。

5.2.2 工会在安全生产方面履行以下主要职责:

——参与讨论本企业年度安全工作计划和实施;

——参与和监督本企业建设项目的安全设施与主体工程同时设计、同时施工、同时投入生产和使用;
——监督本企业各项安全所必需的投入;
——监督本企业执行安全生产法及其相关法律、法规,与行政部门共同落实安全宣传教育、劳动保护措施,维护从业人员合法权益;
——参与本企业安全检查活动,对违章指挥、强令冒险作业或者事故隐患提出解决意见或建议;
——参加本企业重大事故的调查、分析,向有关部门提出处理意见,并要求追究事故主要责任人的责任。

5.3 安全生产管理机构

5.3.1 企业应当建立安全生产管理机构,具体负责本企业安全管理工作。

5.3.2 安全生产管理机构履行以下主要职责:
——贯彻落实国家、地方和行业有关安全生产工作的法律、法规、规章和标准;
——协助有关职能部门制定本企业各部门、各工种安全管理规章制度和安全生产操作规程;
——组织开展各项安全检查活动,及时督促有关部门落实事故隐患的整改工作;
——广泛开展安全宣传、教育和培训活动,总结推广安全管理的先进经验;
——参与新建、改建、扩建的建设工程项目安全设施和重大安全技术措施项目的讨论和审查;
——落实安全生产责任制的奖惩考核工作;
——管理和发放劳动防护用品;
——督促管理、安全投入和组织保障措施的落实;
——协助或者负责调查、处理工伤事故和火灾事故、交通事故,按时做好事故统计、分析和报告,落实整改防范措施;
——落实管理本企业其他安全工作。

5.3.3 安全生产管理部门应当每月至少召开一次安全工作会议。会议内容应当有完整的书面记录。

5.4 安全生产管理人员的设置

5.4.1 企业从业人员300人以上的,至少配备1名专职安全生产管理人员;从业人员1 000人以上的,至少配备2名专职安全生产管理人员;从业人员2 000人以上的,至少配备3名专职安全生产管理人员;从业人员不足300人的,至少配备1名兼职安全生产管理人员。

5.4.2 企业专职、兼职安全生产管理人员应履行以下主要职责:
——贯彻落实国家、地方、行业和本企业有关安全工作的法律、法规、标准、规定以及各项管理规章制度;
——负责落实、检查本企业各项安全管理规章制度和安全技术操作规程的实施;
——深入现场,开展日常安全检查,及时督促、协调、检查有关部门落实事故隐患的整改工作;
——落实检查新建、改建、扩建的建设工程项目安全设施和重大安全技术措施项目施工、投产、使用的安全管理;

——总结、计划本企业安全生产管理工作,总结推广安全管理的先进经验;
——督促管理安全投入的执行、管理工作;
——执行、管理劳动防护用品的发放;
——协助、参与伤亡事故和火灾事故、交通事故的调查、处理;按时如实做好事故统计、分析和报告,整改防范措施;
——检查、管理各项安全审批制度的执行和实施审批项目的操作;
——按时、按质、按量完成各项安全工作交办任务。

5.5 安全员的配置

5.5.1 各车间(部门)或班组应当配备安全员。

5.5.2 安全员应当由部门或班组主要负责人或技术骨干担任。安全员应当根据本部门或班组的安全管理工作范围,具体做好安全工作。

5.5.3 安全员应当定期在本部门(车间)或班组的会议中,具体落实各项安全防范措施、反馈安全落实工作。

6 安全生产责任制

6.1 各级领导安全生产责任制

6.1.1 企业应当建立、健全各级领导安全生产责任制。安全生产责任制应当符合相关安全生产法律、法规规章、标准的要求。

6.1.2 企业的法定代表人或主要负责人,对本企业的安全生产工作全面负责。其主要职责为:
——建立、健全本企业安全生产责任制;
——组织制定本企业安全生产规章制度;
——保证本企业安全投入的有效实施;
——组织决策本企业"三同时"重大安全建设工程项目;
——督促、检查本企业的安全生产工作,及时消除事故隐患;
——组织制定并实施本企业事故应急救援预案;
——及时、如实报告生产安全事故,总结、分析事故教训,落实事故以及隐患的整改措施。

6.1.3 企业各分管负责人在各自的职责范围内,协助本企业法定代表人或主要负责人做好所分管生产经营活动内的安全生产工作,对本企业法定代表人或主要负责人的安全生产工作负责。

6.2 安全管理部门人员安全生产责任制

6.2.1 企业安全生产责任制的制定和落实应当有专门的部门和人员来保障。

6.2.2 安全生产管理部门应当建立、健全完整的安全生产责任制。

6.2.3 安全生产管理部门应当定期向本企业主要负责人或者分管负责人报告安全生产的运行情况,及时报告涉及安全生产的重大问题或者事故隐患以及整改措施。

6.2.4 安全生产管理部门的负责人对本企业主要负责人或者分管安全负责人的安全工作负责。

6.2.5 安全生产管理部门的负责人应当按照本部门的职责,组织做好本企业安全责任制的落实,全面负责本部门职责范围的安全工作。

6.2.6 专职、兼职安全生产管理人员对本部门负责人的安全生产工作负责,并协助部门负责人,负责落实本职管理范围的安全生产工作。

6.3 各职能部门人员安全生产责任制

6.3.1 企业应当建立、健全各职能部门安全生产责任制。安全生产责任制应当与本企业管理体制相统一,应当结合各部门、班组、岗位的实际情况,具有可操作性。

6.3.2 各职能部门主要负责人对本部门的安全生产工作负责。

6.3.3 各职能部门应当贯彻执行本企业对安全管理工作的规定和要求,落实本部门从业人员遵守各项安全规章制度和安全操作规程,接受安全培训教育,切实做到不违章指挥、不违章作业、不违反劳动纪律。

6.4 从业人员安全生产责任制

6.4.1 从业人员在作业过程中,应当严格遵守本企业的安全生产规章制度和操作规程,遵章守纪,服从管理。对违章指挥和强令冒险作业应当拒绝执行。应当按照规定正确穿戴和使用劳动防护用品。

6.4.2 从业人员应当自觉接受安全生产教育和培训,掌握本职工作所需的安全生产知识,提高安全生产技能。

6.4.3 从业人员应当了解作业场所和工作岗位存在的危险因素、防范事故对策及事故应急措施,增强事故预防和应急处理能力。

6.4.4 从业人员对作业场所和工作岗位存在的问题应当及时向车间、班组安全生产管理人员或者本企业安全部门提出。

6.4.5 从业人员发现事故隐患或者其他不安全因素,应当立即向现场安全生产管理人员或者本企业负责人报告。

6.4.6 从业人员发现直接危及人身安全的紧急情况时,应当停止作业或者采取可能的应急措施后撤离作业现场。

6.5 安全生产责任考核

6.5.1 企业安全管理目标应当明确责任,层层分解,通过管理、技术和考核手段,做到责任到人,考核到岗,横向到边,纵向到底。

6.5.2 企业应当建立安全生产责任制的监督、检查等制度,发挥职工代表和工会组织的监督作用,以保证安全责任制真正得到落实。

6.5.3 企业应当实施各级、各部门责任人安全责任书的签约,由上至下,落实一级对一级负责,一级保一级平安的承诺。

6.5.4 各级责任人的安全责任签约应当与经济挂钩、与绩效挂钩,实施风险抵押,落实奖惩考核,使责任人职、责、权、利相统一。

7 安全技术措施

7.1 安全设施"三同时"

7.1.1 企业新建、改建、扩建建设项目的安全设施,应当与主体工程同时设计、同时施工、同时投入生产和使用。

7.1.2 建设单位或设计单位在编制项目可行性研究报告的同时,应编制本项目中存在的危险、危害因素和所采取的劳动卫生防范措施。

7.1.3 大中型建设项目,或者具有易燃易爆、有毒有害、危险因素大的建设项目,建设单位应委托具有资格的单位编制建设项目安全预评价报告。

7.1.4 建设项目经竣工验收合格后,方可投入生产和使用。建设项目验收报告应包括以下主要内容:
　　——劳动卫生设计的主要内容情况;
　　——劳动安全卫生设施运行和经法定检测检查机构的考核;
　　——危险性较大设备取得的安全使用证情况;
　　——劳动安全组织机构、特种作业人员培训、考证情况。

7.1.5 建设项目自立项开始后,企业应当依法将项目建议书、可行性研究、初步设计、施工图设计等提交安全生产监管部门和有关政府进行审查和竣工验收,并保存有关资料。

7.2 "四新"项目的安全投入

7.2.1 企业应当积极采用有利于安全生产的新工艺、新技术、新材料、新设备,提高安全本质化建设。

7.2.2 企业应当针对易燃易爆、有毒有害、易发多发事故等危险性大的生产设备、危险源、作业环境和重点部门,积极采用先进的工艺、技术、设备、设施,应当选择无毒、无害、或不构成人员伤害的材料、物质,配备完整的安全防范系统、监控系统,有效改善生产作业的条件和环境,消除职业病伤害,防止生产安全和火灾等事故的发生。

7.3 劳动保护技术措施

7.3.1 企业应当编制、实施劳动保护技术措施。编制劳动保护依据以下内容:
　　——国家颁布的安全生产、劳动保护等法律、法规、标准和指示等要求;
　　——针对发生重大因工伤亡事故、火灾事故、职业病等主要危险、危害原因以及安全生产检查中发现的重大生产安全事故隐患,必须采取有整改措施;
　　——生产发展和工艺、设备改造后,需要相应设置的安全卫生设施;
　　——职工代表大会有关改善劳动条件的决议和群众合理化建议。

7.3.2 企业应当符合法律、行政法规和国家标准、行业标准规定的安全生产条件,积极完善、完备生产机械设备各种安全防护、联锁、报警、保险、信号等装置,确保从业人员的劳动保护、生产作业的安全条件和安全环境。

7.3.3 企业应当在现有技术条件下积极创新、改造安全防护装置、设施、设备等,不断落实从业人员提出的合理化建议,落实安全检查中所查出事故隐患的整改工作,消除不安全因素和薄弱环节,提高安全防范能力。

7.4 安全资金投入

7.4.1 企业的法定代表人或主要负责人、投资人、决策部门应当保证安全生产所必需的资金投入;股份制企业、合资企业等安全资金由董事会予以保证;国有企业由厂长或经理予以保证;其他生产经营者由投资人予以保证。上述保证人承担由于安全所必需的资金投入不足而导致事故后果的法律责任。

7.4.2 安全资金的投入主要用于以下范围:建设项目的安全设施;安全生产的技术措施;安全防护装置、设施、设备的完备、革新和改造;事故隐患的整改;安全生产新技术、新工艺、新材料、新设备;安全宣传、培训教育,安全管理考核和奖励;劳动保护和防护用品;危险源及其消防的监控、管理和完善;应急救援器材、物质的储备;重大安全课题的研究;以及其他安全所必需的方面。

7.4.3 安全资金的投入应当纳入年度生产经营的计划和财务预算,专款专用,不得挪作他用。

8 安全生产管理制度

8.1 企业应当建立、健全下列安全生产管理制度:
—— 各级安全责任制度;
—— 各工种安全操作制度;
—— 安全检查制度;
—— 隐患整改制度;
—— 安全教育制度;
—— 危险作业安全管理制度;
—— 特种作业安全管理制度;
—— 劳动防护用品配备管理制度;
—— 事故统计报告处理制度;
—— 安全奖惩考核制度;
—— 防火安全管理制度;
—— 安全用电管理制度;
—— 机动车辆安全保养管理制度;
—— 特种设备安全管理制度;
—— 消防设备、设施、装置、器材维护保养管理制度;
—— 应急救援设备、设施、器材、物质、通道管理制度;
—— 安全技术措施编制制度;
—— 安全资金使用管理制度;
—— 外包工程项目安全管理制度;
—— 租赁承包安全管理制度;
—— 生产安全事故应急救援预案;
—— 其他安全管理规章制度。

8.2 企业应当严格执行下列安全审批制度:
—— 建筑防火安全审批制度;
—— 三级动用明火安全审批制度;
—— 临时接拉电气、电线安全审批制度;
—— 登高作业安全审批制度;
—— 机动车辆跨省(市)市境安全审批制度;
—— 设备搬迁安全审批制度;
—— 房屋拆除安全审批制度;
—— 节假日检修安全审批制度;

——进入设备、容器内作业安全审批制度；
——新建、改建、扩建项目"三同时"安全审批制度；
——特种设备施工安全审批制度；
——建筑结构装潢安全审批制度；
——其他安全审批制度。

8.3 各车间(部门)应当建立、健全下列安全生产管理制度：
——岗位安全责任制度；
——安全管理规章制度；
——安全操作规程；
——上岗安全教育制度；
——安全检查制度；
——安全交接班制度；
——隐患整改制度；
——劳动防护用品使用制度；
——防火安全管理制度；
——事故应急处理制度；
——安全用电管理制度；
——安全奖惩考核制度；
——其他安全管理规章制度。

9 安全培训教育管理

9.1 企业主要负责人安全培训教育

9.1.1 企业法定代表人、主要负责人和分管安全的负责人应当在任职3个月之内参加安全生产监督管理部门或行业主管部门的安全培训教育，并考核合格取得相应的资格证书；3年之内应当及时参加复训教育。

9.1.2 企业法定代表人、主要负责人和分管安全的负责人经安全培训教育后，应当掌握以下主要内容：
——国家有关安全方面的方针、政策、法律、法规、规章、规程、规范、标准等；
——安全管理的基本知识、方法与安全技术，有关行业安全生产管理专业知识；
——消防安全管理知识、危险化学品安全管理知识、交通安全管理知识等；
——重大事故防范、应急救援措施及调查处理方法，重大危险源管理与应急救援预案的指挥原则；
——国内外先进的安全管理理念；
——安全生产与生产经营决策的必然关联；
——典型的事故案例分析；
——其他必须掌握的安全内容。

9.2 安全管理人员安全培训教育

9.2.1 企业专职、兼职安全管理人员应当在任职之前参加安全生产监督管理部门或行业主管部门的安全培训教育,并考核合格取得相应的资格证书;3年之内应当及时参加复训教育。

9.2.2 企业专职、兼职安全管理人员经安全培训教育后,应当掌握以下主要内容:
——国家有关安全方面的方针、政策、法律、法规、规章、规程、规范、标准等;
——安全管理的基本知识、方法与安全技术,有关行业安全生产管理专业知识、劳动卫生知识和安全文化知识等;
——消防安全以及危险化学品安全管理知识、交通安全管理知识等;
——工伤保险的政策、法律、法规;
——因工伤亡事故、职业病和火灾事故等统计、报告及调查处理方法;
——事故现场勘查分析,应急处理措施;
——重大危险源管理与应急救援预案的编制原则;
——国内外先进的安全管理经验;
——典型的事故案例分析;
——其他必须掌握的安全内容。

9.3 生产管理人员和班组长安全培训教育

9.3.1 生产管理人员和班组长应当参加行业主管部门的安全培训教育,并考核合格取得相应的资格证书;3年之内应当及时参加复训教育。

9.3.2 生产管理人员和班组长经安全培训教育后,应当掌握以下主要内容:
——安全法律、法规和相关的安全知识、规章制度;
——作业场所和工作岗位存在的危险因素、防范措施以及事故应急措施;
——其他需要掌握的安全知识等。

9.3.3 企业应当结合生产经营的特点,经常对生产管理人员和班组长开展安全培训教育活动。

9.4 特殊工种作业人员安全培训教育

9.4.1 特殊工种作业人员及其相关管理人员必须按照国家有关规定经过安全生产监督管理、质量技术监督、公安消防、劳动保障等部门专门的培训教育,考核合格取得资质部门签发的资格证书后方可上岗任职。

9.4.2 特殊工种作业人员应当在上岗作业前参加专门的安全培训教育。每2年应当参加复审教育。连续从事本工种10年以上的,经用人企业进行安全知识更新教育后,每4年应当参加复审教育。离岗6个月以上的必须重新参加培训教育。考核不合格未取得相关资格证书者不得上岗任职。

9.4.3 特殊工种作业人员的安全培训教育实行全国统一培训大纲、统一考核教材、统一证件的制度。

9.4.3.1 特殊工种作业人员经安全技术培训考核后,应当掌握以下主要内容:
——安全法律、法规和相关的安全知识、规章制度;
——安全技术基础知识与实际操作基本技能;
——作业场所和工作岗位存在的危险因素、防范措施以及事故应急措施;
——劳动防护用品的性能和使用方法;
——其他需要掌握的安全知识等。

9.4.3.2 特殊工种作业人员经安全技术复审考核后,应当掌握以下主要内容:
——安全法律、法规和相关的安全知识;
——安全新知识和事故案例教育;
——身体健康检查;
——违章记录检查;
——本工种安全知识、作业场所和工作岗位存在的危险因素、防范措施以及事故应急措施考试等。

9.5 危险岗位人员安全培训教育

9.5.1 危险岗位作业人员应当参加行业主管部门的安全培训教育,考核合格取得相应资格证书后方可上岗任职。

9.5.2 危险岗位作业人员在参加安全培训教育后,每2年应当及时参加复训教育。离岗6个月以上的必须重新参加培训教育。考核不合格未取得相关资格证书者不得上岗任职。

9.5.3 危险岗位作业人员经安全培训教育后,应当掌握以下主要内容:
——安全法律、法规和相关的安全知识、规章制度;
——安全技术理论与实际操作技能;
——作业场所和工作岗位存在的危险因素、防范措施以及事故应急措施;
——劳动防护用品的性能和使用方法;
——其他需要掌握的安全知识等。

9.5.4 危险岗位作业人员经安全复训教育后,应当掌握以下主要内容:
——安全法律、法规和相关的安全知识、规章制度;
——安全生产新的知识;
——事故案例教育;
——本工种安全知识、作业场所和工作岗位存在的危险因素、防范措施以及事故应急措施考试等。

9.6 从业人员安全培训教育

9.6.1 企业对每一位新进从业人员(包括临时聘用人员、实习人员等)实行厂部、车间、班组三级安全培训教育制度。

对离岗6个月以上重新上岗的或者调整工作岗位的从业人员应当进行车间、班组二级安全培训教育。

从业人员未经安全培训教育的,不得上岗任职。

9.6.2 从业人员经安全培训教育后,应当掌握以下主要内容:
——安全法律、法规和规章制度;
——安全操作基本技能和安全技术基础知识;
——作业场所和工作岗位存在的危险因素、防范措施以及事故应急措施;
——劳动防护用品的性能和使用方法;
——其他需要掌握的安全知识等。

9.6.3 厂级安全培训教育应当使从业人员掌握以下主要内容:
——本企业生产经营的状况;
——相关安全要求,规章制度,劳动纪律;

——作业场所和工作岗位存在的危险因素、防范措施以及事故应急措施；
——有关事故案例；
——其他需要掌握的安全知识等。

9.6.4 车间级安全培训教育应当使从业人员掌握以下主要内容：
——本车间生产经营的状况；
——相关安全要求、规章制度、劳动纪律；
——作业场所和工作岗位存在的危险因素、防范措施以及事故应急措施；
——有关事故案例；
——其他需要掌握的安全知识等。

9.6.5 班组安全培训教育应当使从业人员掌握以下主要内容：
——岗位安全操作规程、基础知识和基本技能；
——生产设备、安全装置、劳动防护用品（用具）的性能和正确使用方法；
——作业场所和工作岗位存在的危险因素、防范措施以及事故应急措施；
——有关事故案例；
——其他需要掌握的安全知识等。

9.6.6 新进从业人员安全培训教育时间不少于24学时。定期进行岗位现场复训教育。安全培训教育情况应当记入从业人员安全记录卡（本），应当由教育人或考核人以及被教育的从业人员签字备案。

9.7 日常、专题安全宣传教育

9.7.1 企业应当结合本单位实际，经常教育和督促从业人员严格执行本企业安全生产规章制度和安全操作规程。企业应当经常开展守法规、反违章、除隐患、保平安的群众性活动，使从业人员学会自我教育、自我检查、自我整改，消除身边隐患。

9.7.2 企业应当积极组织从业人员参加"安全生产宣传月"、"11·9消防安全宣传日"、"交通安全宣传日"等法定宣传活动，提高从业人员遵纪守法的自觉性。

9.7.3 企业应当向从业人员如实告知以下主要内容：
——本企业、本车间和本岗位作业现场存在的危险因素；
——应对危险因素的防范措施；
——事故应急的针对性保护措施。

9.7.4 企业应当通过安全培训教育，增强和提高从业人员安全意识、知识和技能，达到以下要求：
——懂得本岗位火灾危险性，懂得预防措施，懂得灭火方法，懂得自我保护；
——会报火警，会使用灭火器材，会处理初期火灾，会应急自救；
——不伤害自己，不伤害别人，不被别人伤害，不留伤害隐患。

9.8 "四新"作业人员安全培训教育

9.8.1 企业在实施新工艺、新技术、新材料、新设备时，应当对相关的负责人员、管理人员、技术人员、操作人员、辅助人员等进行有针对性的安全培训教育，以提高从业人员安全素质。未经安全培训教育的，不得上岗任职。

9.8.2 "四新"相关人员经安全培训教育后，应当掌握以下主要内容：
——采取"四新"相关的安全法律、法规和相关的安全知识；

——安全规章制度、技术特性、操作技能；
——作业场所和工作岗位可能出现的危险因素、防范措施以及事故应急措施；
——劳动防护用品的性能和使用方法；
——其他需要掌握的安全知识等。

10 安全检查

10.1 日常安全检查

10.1.1 企业应当对生产经营过程以及安全管理中可能存在的事故隐患，有害与危险因素，设备、设施缺陷等，有组织、有计划、有目的、有重点地开展安全检查活动。各级主要负责人应当亲自组织，亲自参加，深入生产现场，发动广大从业人员，由下而上，由点到面，不留死角、冷角，提高安全检查的质量，确保生产经营的安全。

10.1.2 安全检查应当有系统地找出本企业中各种不安全因素，进行剖析，列出各环节、各层次不安全因素的突出问题、主要问题，确定检查的项目、检查的对策，注明检查时间、要求、检查者、直接负责人和其责任。安全检查的内容应当做到全面、系统、突出重点，应当包括软件系统和硬件系统两个方面，具体主要查思想意识、查责任考核、查组织落实、查培训教育、查管理措施、查隐患整改、查事故处理等。

10.1.3 安全检查应当结合本企业的特点和实际，根据不同的季节、不同的内容和不同的重点，以各种形式、各种方法开展。安全检查的内容应当包括：

——定点安全检查，以车间、部门、工种等为企业的安全检查；
——定岗安全检查，以从业人员为主的班前、班中岗位自我检查；
——定期安全检查，以日查、夜查、周查、月查等为固定形式的检查；
——经常性安全检查，以个别的、日常的巡视方式进行的检查；
——季节性安全检查根据天气变化，按事故易发多发的规律或时段对潜在的危险性，突出重点的检查，内容包括冬季防寒保暖、防坠落防跌滑、防火灾防爆炸、防煤气中毒；夏季防暑降温、防汛防台、防霉雨、防触电、防雷电等；
——节假日期间的安全检查，以重大节日前后容易发生事故为重点的针对性检查，如元旦、春节、劳动、国庆等；
——综合性安全检查，由本企业或主管部门组织的安全生产、消防安全等为内容的全面综合安全检查，必要时还可进行系统的安全性评价；
——各部门安全检查，企业各职能部门在开展生产、技术、管理等环节的检查时，应当同时检查安全工作；
——职工代表巡视安全检查，由本企业行政会同工会组织有关专业技术特长的职工代表进行检查，其内容包括督促安全生产责任制、规章制度和操作规程的执行，对不安全状态和事故隐患提出整改建议，对违章者和事故责任者提出教育及处理意见，促进从业人员劳动保护合法权利的维护等。

10.2 专项安全检查

10.2.1 企业应当针对存在的某个具体的危险因素较大的问题或普遍性事故隐患进行单项的定性安全检查。应当通过针对性和专业性的检查，发现潜在的问题，研究整改对策，进行技术改造，及时消除事故隐患。

10.2.2 专项安全检查应当突出本行业、本企业内易燃易爆、有毒有害、易发多发事故等危险性较大的生产设备、危险源、作业环境和专项重点问题，以及根据国家有关要求强制性检查的项目开展。

10.2.3 专项安全检查包括以下几种形式：
　　——危险化学品安全专项检查；
　　——安全用电专项检查；
　　——清花、梳棉和化纤等其他纺织生产专用机械设备的安全专项检查；
　　——前纺车间以及其他重点部位的防火安全专项检查；
　　——施工（生产）作业现场安全专项检查；
　　——特种设备安全专项检查；
　　——生产安全事故整改专项检查；
　　——其他安全生产专项检查。

10.3 事故隐患的整改落实

10.3.1 企业对所查出的事故隐患，应当做好书面记录，根据事故隐患的轻重缓急，实行"三定四不推"的原则，逐条进行分类，落实具体部门，具体人员，明确责任，明确要求，迅速落实措施，组织整改。要做到事故隐患未查清不放过，整改责任未明确不放过，隐患整改未落实不放过，防范措施未到位不放过。

10.3.2 企业对一时难于整改的事故隐患，一方面要采取可靠有效的临时措施，加强防范；另一方面要编制整改计划，筹备整改资金，尽快落实整改。

10.3.3 企业的主要负责人和安全管理部门的人员应当对事故隐患的整改情况进行复查或抽查，特别是易燃易爆、有毒有害、易发多发事故等危险性大的生产设备、危险源、作业环境和重点部门等查出的事故隐患。复查或抽查要做到有落实、有检查、有考核，确保其彻底整改。

11 机械设备安全管理

11.1 纺织专用设备安全管理

11.1.1 纺织专用设备应当具有明确的安全生产规章制度、消防安全规章制度和安全操作规程。

11.1.2 禁止从业人员戴手套在纺织专用设备旋转部位进行操作，禁止从业人员不戴专用防护用品在接触腐蚀性、危险性的部位进行操作，禁止在设备运转未停妥时处理机械故障。

11.1.3 纺织专用设备应当具备齐全、完整、可靠、有效的安全防护、联锁、信号、报警、保险等装置，做到有轴必有套、有轮必有罩、有轧点必有挡板、有特危必有联锁，有泄漏必有报警，有电气必有绝缘。

11.1.4 纺织专用设备上的电气装置、电气联锁装置、电气限位装置等应当敷设规范、安装牢固、绝缘可靠、使用安全、操作有效。

11.1.5 纺织专用设备应当配备完整、齐全、适用、有效的消防设备、设施和器材、用具等。

11.1.6 棉纺织前纺车间内金属探测排除器、烟火联动报警器、多功能灭火水枪，以及墙式消防栓、喷淋装置、消防软管等应当配备齐全、实用到位。

11.1.7 化纤生产、印染生产等涉及有毒有害的场所应当配备齐全、有效的监控装置、报警装置、防毒面具、抢险应急工具和专用消防设施等。

11.1.8 纺织专用设备上的压力表、安全阀、防爆膜、温度计、电流表、电压表,以及其他各种仪器应灵敏有效。同时,必须符合电气、仪表安全规程要求。

11.1.9 纺织专用设备上的电触能压力表、固定停启装置在核定压力数值后,应当具有防止擅自改动压力的措施。

11.1.10 纺织专用设备各管道应有符合规定的标色,标明流向,管路上的开关处红白相间的芯子漆色应清晰。

11.2 纺织专用生产设备现场安全管理

11.2.1 棉纺织专用生产设备现场安全管理

11.2.1.1 前纺工序的抓棉机、棉箱混棉机、成卷机、梳棉机等所有机械打手、轧点、旋转等危险部位必须有完整、有效、可靠的安全防护装置。机械打手部位应当隔绝封闭,打手部位的检修门、观察窗必须具有机械联锁和电气联锁双保险措施。机械运转时,其检修门、观察窗应无法打开。处理故障时,其机械、电气应无法启动。安全警示标志齐全、醒目。操作开关按钮应有明显的中文"开、关"标识。

11.2.1.2 并条、粗纱、细纱、捻线、络筒、摇纱以及气流纺等棉纺专用生产设备的链轮、链条、齿轮、电动机、皮带轮,以及车头、车尾传动、旋转、轧点等部位必须有完整、有效、可靠的安全防护罩、防护拦、防护盖等装置。

11.2.1.3 清花、梳棉、细纱等纺部专用生产设备、生产工序,以及滤尘室等辅助设备在生产过程中一旦发生火灾事故时,应立即采取相对应的应急措施:
——扑灭小火,及时报警;
——迅速引导正在作业的从业人员疏散到安全地方;
——停止送风、回风、吸棉、吸尘工作,迅速转移半制品,切断火势蔓延和扩展的路径;
——停止左右相邻设备的运转,起火机台继续保持空转;
——停止起火机台喂入供应,继续半制品加工输出;
——采用滑石粉、干粉灭火器、雾状水等进行灭火;将着火的棉花、棉纱浸入水中。

11.2.1.4 络筒、整经、浆纱、穿筘等准备工序专用生产设备的旋转、轧点部位必须具有完整、牢固、有效的安全防护装置。

11.2.1.5 浆纱设备上的安全阀、压力表、温度计以及起重设备等安全附件,必须齐全、有效,定期检测,合格使用。蒸汽管道、箱体、排气装置应当采取隔热防烫措施。

11.2.1.6 浆纱和浆纱烘箱设备内及潮湿处的电气装置、工作照明等必须采用安全电压及防水、防潮灯具。

11.2.1.7 浆纱穿筘架照明灯具以及吸停经片器等必须采用安全电压;结经机应当采用保护接地措施。

11.2.1.8 织布、折布、整理、打包等专用生产设备的旋转、轧点部位必须具有完整、牢固、有效的安全防护装置。

11.2.1.9 织布机的电机、齿轮、皮带轮、曲轴弯头、多臂机长连杆等处均应装设安全防护装置,梭箱两侧和筘帽必须装有防飞梭保护装置,断经、换梭、轧梭自停装置必须灵敏、有效。

11.2.2 印染及整理专用生产设备现场安全管理

11.2.2.1 印染及整理专用生产设备包括:棉及棉与化纤混纺织物、丝绸、绢纺、毛、麻及其混纺织物等印染及整理专用机械设备(包括蒸漂、染丝、烘染、炼染、卷染、针织、巾被、线带、装饰、手帕、复制等)。

11.2.2.2 轧车退浆、履带汽蒸机、绳状机、丝光机、开轧烘、机印机、各类网印机、卷染机、轧染机、热熔染色机、皂洗机、平洗机、防缩机、定型机、热风拉幅机、整理机等专用设备中的轧车、吸边器、剥边器、开幅器等进布口轧点部位,必须安装齐全、完整、有效、可靠的防护挡板、网罩、栏杆、拦绳等防轧装置,防轧装置一般与轧辊之间的距离应当小于 12.5 mm,灯芯绒、粗纺面料等厚织物应当控制在 15 mm 以内。

11.2.2.3 印染及整理专用设备中的预缩机(三辊防缩机)进布端、重型轧车和辊筒印花机的万向联轴器等危险部位,必须做到防护隔离装置和电气联锁装置相配套,并在醒目处设置安全警示标志。旋转部位安全防护罩应完整、牢固、无缺损。

11.2.2.4 烧毛机、预烘机、焙烘机、拉幅定型机(整理、丝光、定形、辊筒)、轧光机(电光、轧花)、蒸化机、蒸呢机和轧呢预烘、圆网预烘以及烘箱、烘房,雕刻花筒涂蜡等以燃气、燃油为热燃源的设备,应当落实防火防爆管理和监控措施。

11.2.2.5 印染及整理的生化处理或者物化处理的处理池应当采用钢筋混凝土材料或者防酸碱耐腐蚀的材料。

各类酸、碱、氧化剂、还原剂、染化料等贮存槽、池和污水处理等处的平台、栏杆及轧兰林应当采用防酸碱耐腐蚀的材料,符合防坠落、防跌滑等安全要求。并定期做好检查、维修和保养。

11.2.2.6 使用、贮存酸、碱、氧化剂、还原剂等腐蚀性的印染及整理专用设备、容器、管道必须完整无损,防范有效。贮存管口必须防腐、加盖、上锁,安全标志应齐全、醒目。从业人员必须正确佩戴和使用手套、套鞋、眼镜等专用防护用品、用具进行安全操作。

11.2.2.7 印染及整理车间应当设置排水、防水措施,地面应具有向排水沟或者有地漏的坡度。溢水多的印染及整理专用设备位于楼层时,设备下部应设集水盘。

11.2.2.8 印染及整理专用设备的电缆、电气动力配线和照明电线应当使用线槽或者线管架空设置。电气设备、装置和移动电具等应当具有防水、防潮、防触电和漏电保护装置,并有效接地。

11.2.3 化纤专用生产设备现场安全管理

11.2.3.1 酯化、聚合等专用设备中,各反应釜或者酯交换塔必须做到管道完整无泄漏;安全阀和压力表应当齐全可靠、定期检测、合格使用;反应釜的反应装置、贮罐降温设施及温度报警装置灵敏有效;联苯加热器液位标志明显清晰,温度和压力上下限位联锁报警装置、防爆片等可靠到位;现场应当有明显的安全标志;室内应当设置热感应报警装置或者烟火自动报警装置,配置适量的蒸汽灭火管。

11.2.3.2 转鼓、回转干燥机以及充填干燥机等专用设备的蒸汽加热系统、温度表、压力表、安全阀应当齐全有效、定期检测、合格使用;电气安全联锁、联络信号装置、报警装置等应当齐全、有效、清晰、可靠。

11.2.3.3 短丝纺丝机等专用设备中,联苯箱体以及直(弯)管应当完整无泄漏;安全阀和压力表应当齐全可靠、定期检测、合格使用;使用联苯加热器的装置应当具备液面镜、超温超压联锁、安全阀、压力表等,并且齐全有效,检测合格,安全使用;熔体过滤器的前后电接点压力表、熔体压力联锁装置必须灵敏有效。

11.2.3.4 黄化机、五合机等专用设备必须密闭无泄漏,装设符合设计要求的防爆装置,二硫化碳管道、排毒风管、开关、法兰片等处应有接电静电装置,操作平台应当铺设木制地板或者橡胶地毯。黄化、五合工序使用的工具必须使用不产生火花的材料制成,严禁使用金属制成的工具。

11.2.3.5 严格落实二硫化碳防火、防爆、防泄漏的安全管理。发生意外险情必须迅速报警,做好自我应急保护措施。

11.2.3.6 二硫化碳贮罐必须全部浸入水中,操作平台应装设围栏。贮库池水应当定期更换,保持水质清洁。贮罐液位计量管玻璃应当符合耐压、清晰要求,保护装置齐全。计量桶应当安装超位报警装置,并有溢流管。

11.2.3.7 二硫化碳的设备、管道、阀门、考克、液面计等处应当严密无泄漏,各法兰处装设接地片,并接地良好。地面上的贮罐应有降温装置。

11.2.3.8 二硫化碳计量室、贮库的照明、电气开关等装置应当符合防爆要求,装设单独的避雷装置,送风、排风装置良好。

11.2.3.9 浆粕生产、蒸球设备的安全阀、压力表等应当齐全有效,定期检测合格,安全使用;杜绝跑、冒、滴、漏;操作平台栏杆应当符合安全要求;地面应当清洁防滑。

11.2.4 毛麻纺织专用生产设备现场安全管理

11.2.4.1 毛纺织(包括精纺、粗纺、毛条等)、麻纺织专用生产设备中,精梳、复洗、洗呢、缩绒、煮呢、上浆、烘呢、蒸呢、洗毛、和毛、梳毛、洗麻、梳麻、染整、蒸呢等所有机械打手、轧点、旋转等危险部位必须有完整、有效、可靠的安全防护装置。机械打手部位应当明确封隔,轧点的进口处应当安装防护挡板,具有机械联锁或电气联锁保险措施。机械运转时,其打手部位应无法打开。处理故障时,其机械应无法启动。安全警示标志应当齐全、醒目。

11.2.4.2 毛纺织(包括精纺、粗纺、毛条等)、麻纺织专用生产设备使用的压力表、安全阀、温度计,以及其他各种仪器应当灵敏有效,符合仪表及电气安全规程的要求,并且应定期进行安全检测,合格有效,安全使用。

11.2.4.3 毛纺织(包括精纺、粗纺、毛条等)、麻纺织专用生产设备中,复洗、烧毛、烘呢、热定型等有蒸汽加热、电加热或燃油、燃气明火操作工艺的设备,具有火灾和烫伤等危险性,应当做好操作机台防范火灾、防烫的措施以及清洁工作,热定型、烘呢机、通风管道中等毛尘油脂须定期铲除。

11.2.4.4 毛纺织(包括精纺、粗纺、毛条等)、麻纺织专用生产设备、生产工序以及滤尘室等辅助设备在生产过程中一旦发生火灾事故时,应立即采取相对应的应急措施:
——扑灭小火,及时报警;
——迅速引导正在作业的从业人员疏散到安全地方;
——停止送风、回风、吸尘工作,迅速转移半制品,切断火势蔓延和扩展的路径;
——停止左右相邻设备的运转,起火机台继续保持空转;
——停止起火机台喂入供应,继续半制品加工输出;
——采用滑石粉、干粉灭火器、雾状水等进行灭火;将着火的毛、麻半制品浸入水中。

11.2.4.5 从技术上、制度上、管理上落实麻纺生产作业过程中由于粉尘爆炸、静电引爆、电气火花、机械摩擦、金属打击等引起生产安全事故的防范措施,联锁、防护、保险、警报、信号等装置应当齐全、有效、可靠。

11.2.5 丝绸、绢纺织专用生产设备现场安全管理

11.2.5.1 丝绸、绢纺织专用生产设备中,所有链轮、链条、齿轮、电动机、皮带轮,以及车头、车尾传动机构等部位必须有完整、有效、可靠的安全防护罩、防护栏、防护盖以及门钩锁闭装置。

11.2.5.2 丝绸的浸渍机、整丝机、浆丝机、并轴机、剑杆织机;绢纺织的开茧机锡林部位、联合清花机打手检查孔(观察孔)、滚筒盖板、双刺辊及三翼打手等部位必须具有机械联锁和电气联锁双保险措施。机械运转时,其观察窗、打手等部位应无法打开。处理故障时,其机械、电气应无法启动。安全警示标志应齐全、醒目。

11.2.5.3 丝绸的整经机经轴处、浆丝机经轴处、轧水打卷机、碱减量处理机、台式筛网印花机、平圆网印花机、平幅振荡水洗机组、滚筒整理(烘燥)机、呢毯整理机、汽蒸预缩蒸呢机组、电热压光机;绢纺织的开茧机给棉罗拉、制条机和并条机紧压罗拉、喂入部位等绸布进入轧点处必须装设完整、有效、可靠的安全防护挡板或者防轧电气联锁。

11.2.5.4 丝绸的浆丝机、进出绸布装置、悬挂式连续蒸化机全机进出绸布及平台处、热风拉幅定形机进出绸布处、电热压光机轧辊前后;绢纺织的开茧机等必须装设稳固、灵敏、有效、可靠的紧急停车装置或者刹车装置。

11.2.5.5 丝绸的浸渍机、烘燥机、蒸筒蒸箱、浆丝机、煮浆机、绳状脱胶机、溢流染色机、呢毯整理(定形)机、电蒸锅炉、绳状浸染(水洗)机、印花台板、圆筒蒸箱、悬挂式连续蒸化机、涂层机、热风拉幅定形机;绢纺织的煮炼机、浆纱机等外部蒸汽管道、箱体、排气装置应当采取隔热防护措施。

11.2.5.6 丝绸的浸渍机、烘燥机、蒸筒蒸箱、浆丝机、煮浆机、等速卷染机(包括高温高压卷染机)、溢流染色机、绞丝喷射染色机(包括卧式、立式及高温高压卷染机)、喷射染色机(高温高压卷染机);绢纺织的烘燥机、浆纱机等必须装设齐全、完整、有效的安全阀、压力表、温度计等安全附件,定期检查、检测,合格使用。

11.2.5.7 丝绸的绳状脱胶机、溢流染色机等视孔应当装设防爆玻璃;等速卷染机(包括高温高压卷染机)、喷射染色机(包括高温高压卷染机)等视孔应当装设耐温玻璃和金属防护网;喷射染色机(包括高温高压卷染机)、圆桶蒸箱等玻璃液面显示管应当装设安全防护装置。

11.2.5.8 丝绸的煮茧机观察窗工作照明、自动缫丝机电热丝、均匀检验室局部照明、无梭喷气平绒织机局部照明、溢流染色机照明、等速卷染机(包括高温高压卷染机)缸内照明、连续平幅精练机照明、悬挂式连续蒸化机照明;绢纺织的烘燥机烘房照明、浆纱机烘房照明等都应采用安全电压及防水、防潮灯具。

涂层机室照明应当采用防爆型灯具。

11.2.5.9 丝绸的抱平机和检尺器等机台的三线或者四线插座应当保护接地;印花台板(包括蒸汽、电热法)的台板电轨道与金属架之间绝缘、保护接地或者接零完好;电熨斗绝缘性能良好,定期安全检测,合格使用,插座有通(闭)电源指示信号。

11.2.5.10 丝绸的出绸装置、涂层机、热风拉幅定形机等应当装设静电消除器,作用良好。

11.2.5.11 电熨斗(吊瓶熨斗)等定型工具、设备应当符合移动电具安全设计要求,电线、插头、温控、指示等完好无损,绝缘可靠,使用三芯纱包线,长度不得超过 3 m,并安装漏电保护装置。

——落实电熨斗(吊瓶熨斗)的安全管理,定期进行安全检测,合格使用。

——电熨斗(吊瓶熨斗)在使用中,从业人员不得离开岗位,工作间断时电熨斗不得直接

放置在面料织物上。

——使用完毕必须及时切断电源,冷却后按序锁入专用铁箱,集中存放管理。

11.2.5.12 丝绸、绢纺织织机的电机、齿轮、皮带轮、曲轴弯头、多臂机长连杆等处均应有安全防护装置,梭箱两侧和筘帽必须装有防飞梭装置,断经、换梭、轧梭自停装置必须灵敏、有效。

11.2.5.13 丝绸的热风拉幅定形机、高温焙烘机等燃气加热装置应装设自动点火及火焰检测器,气体燃烧应当具有安全防爆设施,排气装置与气体燃烧控制器之间应装有安全防护联锁装置,燃气管道无渗漏。

11.2.6 针织专用生产设备现场安全管理

11.2.6.1 针织络筒机、菠萝锭、经编机、坯布丝光机、碱缩机、氯氧联漂流水线、经编剖幅机、轧光机、滚筒及布动印花、平幅起绒机、切领布机(直、横条)、钢带裁剪机、自动卷纬机、缝合机、直线式缝合机等传动、旋转、轧点部位必须安装完整、有效、可靠的安全防护装置。

11.2.6.2 棉毛机、大圆机、脱水机、平幅热定型机、圆筒热定型机、滚筒及布动印花、平幅起绒机的落布门、万向轴、防护门等危险部位必须安装完整、有效、可靠的电气联锁装置。

11.2.6.3 台式筛网机印花机、平幅起绒机、钳式落料机、纱线丝光机、回转式袜子定型机等紧急制动装置应灵敏、有效、可靠。

台车、棉毛机、大圆机、整经机、经编机、脱水机、经编剖幅机、轧光机、滚筒及布动印花、剪(翻)罗纹机、60 型橡口罗纹机、单针筒织袜机、缝纫机、袜子清洗机等制动装置应灵敏、有效、可靠。

11.2.6.4 氯氧联漂流水线酸碱溶液的盛器、管道无泄漏,安全防护设施有效、完整,警示标志明显。

亚漂流水线罐盖、罐体密封无泄漏,氯气在处理前的排放系统畅通无外泄,双氧水盛器及盖完整无损。

平幅热定型机同位素克重仪防护层必须完好,警示标志明显。

11.2.6.5 整经机、圆筒热定型机、平幅热定型机、起毛机等设备应当安装静电消除器。

11.2.6.6 超喂轧光机、圆筒热定型机、平幅热定型机、呢毯定型机、植绒烘燥机等电加热电热系统各连接点、轧辊接点、绝缘必须良好、有效,温控装置性能灵敏、可靠。

11.2.6.7 罗纹机工作灯、棉毛机工作灯、氯氧联漂流水线离工作地面 2 m 以下的照明灯应当使用安全电压。

11.2.6.8 起毛机储尘室出风面积应大于墙面积的 1/5,储尘室容积应大于 8 m^3,做到一机一室,具有安全泄爆口,安置喷淋灭火管,禁止使用无防护措施的电气装置。

11.2.7 复制专用生产设备现场安全管理

11.2.7.1 复制专用生产设备包括巾被、装饰、色织、手帕等工艺技术的生产设备。

11.2.7.2 复制专用生产设备中,煮纱(布)锅、堆(起)纱(布)机、漂白机、绞纱洗纱机、高温高压染色机(筒子、绞纱)、箱式溢流染色机、浆染联合机(纱、线)、剖幅机、烧毛机、绳洗机(练、漂、染各工序)、平洗机(皂洗机)、开幅机、绳状开幅机、烘燥机(织物轧水烘燥机、五层短环烘燥机)、丝光机、焙烘机、热定型机(热风拉幅机)、验布联合机等设备传动、旋转部位必须安装完整、有效、可靠的安全防护装置,操作平台必须安装安全防护栏杆。

11.2.7.3 浆染联合机(纱、线)、烧毛机、簇绒机、绳洗机(练、漂、染各工序)、履带练漂平洗机、平洗机(皂洗机)、绳状开幅机、烘燥机(织物轧水烘燥机、五层短环烘燥机)、丝光机、浸轧机、焙烘机、热定型机(热风拉幅机)、轧光机、防缩机、烫平机、三辊连续蒸呢机等设备轧辊进布(纱、线)口轧点部位必须安装完整、有效、可靠的安全防轧栏、绳及挡板等装置。

11.2.7.4 漂白机、浆染联合机(纱、线)、烧毛机、割绒机、簇绒机、抓剪联合机、印花机、卷染机(各种高温、低温卷染机)、丝光机、防缩机等设备的危险部位必须安装完整、有效、可靠的安全联锁装置及紧急制动装置。

11.2.7.5 煮纱(布)锅、高温高压染色机(筒子、绞纱)、管道染纱机、浆染联合机(纱、线)、绞纱烘燥机、筒子烘燥机、蒸箱(筒)、经轴浆纱机、热定型锅(箱)、磨绒机(刷绒)、履带练漂平洗机、平洗机(皂洗机)、烘燥机(织物轧水烘烧机、五层短环烘烧机)、小烫机、印花机、蒸化机、溢流染色机、高温高压喷射溢流管式染色机、丝光机、浸轧机、热定型机(热风拉幅机)、热定形锅(箱)、防缩机、蓬松机、烫平机、三辊连续蒸呢机等设备必须装设齐全、完整、有效的安全阀、压力表、温度计以及爆破片(防爆膜)等安全附件,定期检查、检测,合格使用。

11.2.7.6 履带式漂白机、绞纱丝光机、绞纱酸洗机、丝光机等设备的输酸管、输碱管、容器、阀门、液压系统必须完好无泄漏,落实防范措施。

11.2.7.7 履带式漂白机、绞纱丝光机、绞纱皂练机、绞纱酸洗机、绞纱上浆机、脱水机、往复(升降)式染色机、箱式溢流染色机、喷射式染色机(洗纱、皂练)、浆染联合机(纱、线)、经轴浆纱机、刷毛机、J型容布箱、履带练漂平洗联合机、平洗机(皂洗机)、烘燥机(织物轧水烘烧机、五层短环烘烧机)、蒸化机、溢流染色机、卷染机、热定型机(热风拉幅机)等设备的电气装置、照明灯具必须采取安全电压或者具有防水、防潮性能。

穿筘架照明灯具及吸停经片器应当采用安全电压;结经机应当采用保护接地措施;热定型机(热风拉幅机)、点方机应当安装静电消除器。

11.2.7.8 绞纱皂练机、管道染纱机、箱式溢流染色机、喷射式染色机(洗纱、皂练)、浆染联合机(纱、线)、筒子烘燥机、热定型锅(箱)、绳洗机(练、漂、染各工序)、履带练漂平洗联合机、平洗机(皂洗机)、绳状开幅机、烘燥机(织物轧水烘烧机、五层短环烘烧机)、小烫机、蒸化机、溢流染色机、卷染机、浸轧机、热定型锅(箱)、防缩机、蓬松机、烫平机、三辊连续蒸呢机等设备的蒸汽管道、箱体、排气装置应当采取隔热防护措施。

11.2.8 服装、鞋帽专用生产设备现场安全管理

11.2.8.1 卧式、移动裁断机(带式、立式裁布机)、铡刀式落料机(切纸机)、裁滚条机、裁橡筋机、折布机、削边机(拉毛机)等专用设备的刀具、钢带必须牢固,非工作部分的刀具、钢带以及旋转部位必须具有安全防护装置。

——电气装置应符合设计要求,绝缘可靠,定期进行安全检测,并合格有效。移动裁断机(立式裁布机)导线应当采用胶皮线(橡胶护套线),长度不得超过 5 m。
——使用卧式裁断机(带式裁布机)等专用设备的从业人员必须佩戴金属防护手套。
——磨钢带时,从业人员不得离开岗位。

11.2.8.2 大白扣冲压机、冲压式落料机(下落)、铡刀式落料机(切纸机)、脱水机、圆盘注塑机、造粒机、打浆机、冷粘上胶机等设备的旋转、冲压部位必须装有完整、有效、可靠的光电或者机械联锁装置,或者挡板式保护装置及紧急制停装置。

11.2.8.3 平缝机(中速平缝机、高速平缝机、单针链条车、双针链条车、绣花车上袖机、揉肩机等)、包缝机(三线、四线、五线)等缝纫专用生产设备和锁眼机(锁洞机)、钉钮扣机、套结机、开袋机、拷边机、锁边机、验布机、蒸汽合布机、弹子长丝络筒机、帽子压缝机、破碎机、捏合机等设备的传动、旋转部位必须具有齐全、完整、有效的安全防护装置。

11.2.8.4 电熨斗(吊瓶熨斗)等定型工具、设备应当符合移动电具安全设计要求,电线、插头、温控、指示等应完好无损,绝缘可靠,使用三芯纱包线,长度不得超过 3 m,并安装漏电保护装置。

——落实电熨斗(吊瓶熨斗)的安全管理,定期进行安全检测,合格使用。

——电熨斗(吊瓶熨斗)在使用中,从业人员不得离开岗位工作间断时,电熨斗不得直接放置在面料织物上。

——使用完毕必须及时切断电源,冷却后按序锁入专用铁箱,集中存放管理。

11.2.8.5 平缝机(中速平缝机、高速平缝机、单针链条车、双针链条车、绣花车上袖机、揉肩机等)、移动裁断机(立式裁布机)、卧式滚筒洗涤机、蒸汽滚筒洪干机、脱水机、压领机、压上下盘机、圆领机、电箱体、打浆机、压滚条机、压沿条机、织帽机、(针织圆机)电热烫帽机、冷粘上胶机等设备、设施必须保护接地,安装漏电保护装置,工作照明等使用安全电压。

11.2.8.6 炼胶机(打胶机)使用有机溶剂打胶的电气装置必须符合防火防爆的电气设计规范。各类仪器、仪表及测温仪应当齐全、有效。

11.2.8.7 使用蒸汽加热、电加热或燃油、燃气明火操作工艺的设备,具有火灾和烫伤等危险性,应当做好操作机台防范火灾、防烫措施。热定型、通风管道应定期做好清洁工作。

11.2.8.8 蒸汽滚筒烘干机、蒸汽熨烫定形机、蒸汽烘箱、蒸汽合布机、帽子整烫液压机等使用高温、高压的安全阀、压力表、温度仪等安全附件必须齐全、有效,并应定期检测,合格使用,安全警示标志应明显。

11.2.8.9 压领机、压上下盘机、圆领机、蒸道式蒸汽熨斗、蒸汽烘箱、蒸汽合布机、压滚条机、压沿条机、电热烫帽机等设备的蒸汽管道、箱体、排气装置应当采取隔热防烫措施。

11.2.9 制线、织带专用生产设备现场安全管理

11.2.9.1 并纱机、捻线机、倍捻机、倒筒机、双面摇纱机、槽筒式落筒机、秘光机、涤纶筒子倒角机、射频烘燥机、橡筋包线机、四针机(多针机)、水管涂塑机等设备的旋转、传动部位的防护装置应当齐全、可靠,车头箱应当装有联锁装置。

11.2.9.2 并纱机、双面摇纱机、槽筒式落筒机、脱水机、水洗机、秘光机、宝塔机、线圈机、络筒机、台布拉幅机、整经机、漂染和整烫机、商标切割机、商标印刷机、练胶机、滤胶机、双捻机等设备旋转、传动部位除有齐全、可靠的防护装置外,还应具有可靠、有效的应急制动装置。

11.2.9.3 双滚筒蜡光机的滚筒、线球机的重锤、整经机的重锤、无梭织带机和有梭织带机的重锤、提花经编机的经轴托架、鞋带轧头机的重锤、墙纸机经轴滚筒等部位应当安装可靠、有效的防坠、防脱钩防护装置,旋转、传动部位防护装置应齐全、可靠。

11.2.9.4 往复式染色机传动齿轮啮合处、台布拉幅机的轧点、放丝机牵伸滚筒轧点等危险口子必须安装可靠、有效的轧点防护装置。

11.2.9.5 升降式染纱机、打包机、立式制线机等设备上下运动的部位应当安装可靠、有效的限位防护装置。

11.2.9.6 卧式煮练锅、高温高压筒子染色机、烘燥机(烘房、烘燥柜)、拖浆机、拌浆机、射频烘燥机、台布拉幅机、定形锅、漂染和整烫机、墙纸机、捏合机、硫化压机、滤胶机等使用高温、高压的安全阀、压力表、温度仪等安全附件必须齐全、有效,并应定期检测,合格使用,安全警示标志应明显。

11.2.9.7 酸洗机的喷射式酸洗机按钮开关；拖浆机、宝塔机、线圈机、络筒机、线球机、线板线机的自停装置；针织钩编机的断经自停装置；鞋带轧头机的刀头架电加热器等必须使用安全电压。烘燥机（烘房、烘燥柜）和提花经编机、切丝机的工作照明必须使用安全电压和防潮灯具。

11.2.9.8 商标印刷机电气控制开关、锭带刮浆机电气开关、苯吸附装置电气控制箱等应当采用防爆型电气设施和装置。

11.2.9.9 上胶机的机械旋转部位安全防护装置应齐全、可靠，进气阀、疏水器、测温仪应齐全、完整；上胶机的机房应密闭，门窗启闭应灵活，排气、通风装置应良好、可靠。落实预防尘、毒措施，配备可靠、应急的防毒面具。

11.2.10 烧毛专用生产设备现场安全管理

11.2.10.1 烧毛专用生产设备包括纺织、印染、毛麻、丝绸、服装、针织、巾被、线带、装饰、手帕等纱、线、毛、布、绸、呢、毯采取烧毛加工工艺技术的设备。

11.2.10.2 使用煤气、石油液化气、天然气和汽油等汽化气烧毛的燃气分配室、储气罐、储油罐、汽油汽化器、热媒炉等设备、装置，必须与生产加工、人员密集场所明确分开，单独设置，保持安全距离。建、构筑物的采光、照明、通风及相邻建、构筑物间的通道、距离等应当符合国家有关防火防爆的设计要求。

11.2.10.3 汽化气烧毛设备必须具有集动力排风装置、火焰检测装置、监控装置、报警装置为一体的程序控制装置。在燃气输送的管道间设置断气电磁阀和防爆装置，预防燃气积聚，防范燃气燃爆，并且应当设置完整、显示灵敏、使用可靠、检测合格、安全有效。

11.2.10.4 燃气分配室、储气罐、储油罐、汽油汽化器、热媒炉等设备、装置的泄爆口、爆破片、防爆膜等防爆装置必须符合国家有关防范技术标准的规定。其设备、设施、容器、管道等应完好无泄漏，燃气管道应用色标明确。

11.2.10.5 燃气分配室、储气罐、储油罐、汽油汽化器、热媒炉等所使用的电气设备、装置和照明灯具必须采取防爆型，电气开关装置应设置在室外。

11.2.10.6 燃气分配室、储气罐、储油罐、汽油汽化器、热媒炉等危险部位必须配备具有针对性的灭火设备、器材和报警装置。烧毛设备的自动点火及灭火装置应完好有效。汽化器、热媒炉等停机、停气联锁装置必须有效、可靠。

11.2.10.7 燃气设备、设施的压力表、安全阀、防爆装置、吹扫管、放散管、报警装置、降温排风装置、检测报警装置等安全附件必须设置完整、定期检测合格，且显示灵敏、使用可靠、应急方便、安全有效。排气孔应当朝向无人走动的区域。

11.2.10.8 烧毛专用生产设备必须装设完整、有效、可靠的防静电装置、避雷装置，并应定期进行安全检测，合格使用。

11.3 通用设备安全要求

11.3.1 采用冲床、锻压、压力机、剪板机、剪刀机及其相应辅助机械加工处理、剪切、冲压、装配金属、非金属板料和金属型材的冲压设备是通用设备安全管理的重点。其旋转、打击、切割、冲压、触电等伤害的危险区域必须装设齐全、完整、可靠、有效的安全防护装置和安全标志。

11.3.1.1 剪板机的压料器前、联合冲剪机的各个剪切位置、鳄式剪切机的可动部分，以及其设备传动、旋转、切割部位等都应安装安全防护罩或者防护隔离栏。

11.3.1.2 剪切长度在 2 500 mm 以上的剪板机或者剪切工作台宽度在 2 500 mm 以上的板

料折弯压力机,应当在每个立柱上安装紧急开关装置。

11.3.1.3 各种防护罩、隔离栏等安全装置必须紧固于压力机适当可靠的位置上,只有使用专用工具和在足够外力的作用下方可拆卸;不应与压力机滑块或其他运动部件出现夹紧点,两者之间至少保持25 mm以上的间隙;它应当具有足够的强度,便于检查和维修,选用透明材料制成。当用金属材料制造时,应当具有垂直透明孔。如采用金属网罩或者拉伸网片时,透明孔不应当采用菱形斜孔。

11.3.1.4 刀架在动作过程中,当手或者身体某一部分一旦接近危险界限时,刀架必须及时停止动作。当手脱离操纵刀架的按钮或者操纵杆后,直到进入危险界限之前,刀架必须及时停止动作。

11.3.1.5 各剪切工、冲压工和其他有关从业人员工作时,必须正确戴好防护手套,不得穿拖鞋、凉鞋或高跟鞋。

11.3.2 采用金属切削、车床、铣床、刨床、钻床、镗床、磨床、磨削(砂轮、铸造)及其相应辅助设备是机械加工设备安全管理的重点。其旋转、切削、触电等伤害的危险区域必须安装齐全、完整、可靠、有效的安全防护装置和安全标志。

11.3.2.1 金属加工机械的旋转、切削等危险部位的安全防护装置必须与设备形成一个有机整体,并且应当结构简单,固定牢靠,容易控制。其动作不依赖操作人员的意愿、行为,与机械加工循环联锁,不能自行打开,不能影响操作人员操作观察。

11.3.2.2 直线运动部件之间或者直线运动部件与静止部件之间应当保持一个安全距离。当动力或者控制信号中断时,制动、夹紧动作不应中断。

当机械附件的执行机构可能给操作人员造成危险时,机械的控制系统内应有能发光或者声响报警信号的装置、联锁装置。

11.3.2.3 圆周速度超过50 m/min或者转速超过20 r/min的旋转轴上的手柄或手轮,必须通过离合器与旋转轴自动脱开。

11.3.2.4 外露旋转零、部件的外表面不应有尖棱、尖角、毛刺等。

11.3.2.5 光电式、感应式等安全防护装置应当设置自身故障报警装置。

11.3.2.6 紧急停车装置应当保证瞬时动作及时终止设备的一切运动。对有惯性运动的设备紧急停车装置运动与制动器或者离合器联锁,迅速终止运行。紧急停车开关形状应当区别一般控制开关,颜色为红色,应当保证操作人员易于接触,不发生危险。设备由紧急停车终止停止运行后,必须按启动顺序重新启动才能运转。

11.3.2.7 设备控制装置应当与安全防护装置联锁,使设备运转与安全防护装置同时起作用。控制线路应当保证线路损坏后不发生危险,控制显示器应当准确、简单、可靠、有效,安装在操作人员最便于观察的位置,显示器应当与控制器调整方向以及运动部件运动方向相统一,危险信号的显示器应当在信号强度、形式、确切性、对比性等突出与其他信号,优先采用视、听双重显示器。

11.3.3 采用各种锯、刨、凿及其相应辅助机械是木工设备安全管理的重点。其旋转、打击、锯割、冲压、触电等伤害的危险区域必须安装齐全、完整、可靠、有效的安全防护装置和安全标志。

11.3.3.1 木工机械的旋转、锯割、刨削等危险部位采取的机械、光电等安全防护装置必须与设备形成一个有机整体,并且应当结构简单,固定牢靠,容易控制,不能自行打开,不影响操作人员操作。

11.3.3.2 木工机械的操作现场,必须健全明确的消防安全管理制度,定时、定点落实安全检查,及时消除事故隐患,并配备有效完好的灭火器材。

11.3.3.3 操作工和其他有关从业人员必须自觉遵守防火禁烟规章制度,不得擅自使用电加热器具和违章吸烟。

11.3.3.4 木工机械的操作工和其他有关从业人员工作时,必须严格遵守安全操作规程和安全规章制度,不得用手代替工具上机操作。

11.3.4 采用各种切菜、绞肉、和面、轧面、烧烤、蒸煮及其相应辅助机械、工具是后勤以及食堂安全管理的重点。其旋转、轧点、搅拌、高温、触电等危险部位必须安装齐全、完整、可靠、有效的安全防护、联锁装置和安全标志。

11.3.4.1 采用各种切菜、绞肉、和面、轧面等机械设备的旋转部位、进料口的安全防护装置、联锁装置必须与设备形成一个有机整体,并且应当结构简单,固定牢靠,灵敏有效。

11.3.4.2 食堂安全管理应当落实食品安全卫生的防范措施,持有"食品卫生许可证"。

11.3.4.3 作业人员必须符合地方卫生防疫部门体检要求,定期做好体检,正确穿戴劳动防护用品。

11.3.4.4 饭菜、食品必须做到生熟分开、冷热分开、先后分开、成品和半成品分开,保持其新鲜、卫生,防止变质。作业现场应当明示"闲人莫入",落实防范中毒措施。

11.3.4.5 电冰柜、电饼铛等电器设备、电气设施应当落实良好接地或者接零措施。

11.3.4.6 作业现场应当保持清洁、整齐、卫生,定期做好清洁消毒和环境大扫除工作,落实防油腻、跌滑、潮湿、触电等措施。

11.3.4.7 烹饪、蒸煮采用煤气、液化气等可燃气体或者燃油、蒸气作热能源的,应当加强防火、防爆管理措施,火源与能源之间必须分割分开。安全管理规章制度要上墙告示。配备有效的灭火器材。

11.3.4.8 烹饪、蒸煮使用蒸汽蒸锅、蒸箱的压力表、安全阀应当灵敏有效,并应定期进行安全检测、检验,合格使用。其箱体、管体应当落实防烫措施,排气口应当朝向无人区域。

11.4 常用机械设备安全防护装置的设置要求

11.4.1 常用设备的安全防护必须安装齐全、完整、可靠、有效的安全防护罩、网、套、盖、栏、门、联锁等安全装置,防止人体或者人体某一部分触及旋转、打击、切割、冲压、触电等伤害的危险区域,确保操作人员的人身安全。

11.4.2 安全防护装置应当采用固定式装置、封闭式结构,由金属材料制成,并满足所必需的强度和刚度条件。经常需要调整或者维护的旋转、打击、切割、冲压等危险运动部位、部件,必须优先采用机械和电气(光电)联锁保护装置,以确保万无一失。

11.4.3 当生产操作现场的安全防护需要采用可调式装置、网状式结构时,其安全距离和网眼的开口宽度应当符合或者具备防止人体或者人体某一部分触及危险区域的基本要求。

11.4.3.1 安全防护装置为有效防止手指指尖误入或者触及危险区域而造成伤害事故,其开口宽度、直径及椭圆形孔的短轴尺寸应当小于 6.5 mm,安全距离应当大于 35 mm。

11.4.3.2 安全防护装置为有效防止手指误入或者触及危险区域而造成伤害事故,其开口宽度、直径及椭圆形孔的短轴尺寸应当小于 12.5 mm,安全距离应当大于 112 mm。

11.4.3.3 安全防护装置为有效防止手掌(不含一掌指宽)尖误入或者触及危险区域而造成

伤害事故,其开口宽度、直径及椭圆形孔的短轴尺寸应当小于 47 mm,安全距离应当大于 460 mm。

11.4.3.4 安全防护装置为有效防止足尖误入或者触及危险区域而造成伤害事故,其防护装置的底部与地面,或者操作人员站立台面的间隙应当小于 76 mm,安全距离应当大于 150 mm。

11.4.4 安全防护装置的颜色应当区别于机械设备的颜色,便于识别。同时,配备对应的安全标志,安全标志应清晰、醒目。

11.5 机械设备安全维护保养

11.5.1 在用机械设备应当建立完整的台账资料,做到一台一档,账、卡、物三相符。

11.5.2 建立机械设备维修、保养档案,记录齐全、准确。

11.5.3 落实机械设备定期检验、检修、检测,并做好记录。

11.5.4 在用机械设备的安全操作规程和安全管理制度应当齐全、完整、有效,并上墙告示。

11.6 特种设备安全使用和安全管理

11.6.1 企业的特种设备是指涉及生命安全、危险性较大的锅炉、压力容器(含气瓶)、压力管道、电梯、起重机械等设施。

11.6.2 企业应当依照有关法律规定制定有关管理制度,落实安全运行管理,保证特种设备的安全使用。

11.6.2.1 企业应当对在用的特种设备进行经常性日常维护保养;应当每月组织一次安全自行检查,落实防高温、防火灾、防爆炸、防腐蚀、防触电、防意外事故等应急措施,并做好记录;对安全附件、安全防护装置、测量调控装置及有关附属仪器、仪表应进行定期检测、检验、检修,并做好记录。

11.6.2.2 设备的保护装置、联锁装置、应急装置、电气安全装置等,必须齐全、完整,性能可靠,制动灵敏,定期检测,合格有效,使用安全,应急便利。自动显示运行中与安全有关的工艺参数的计量装置应当齐全、完整、可靠、有效。

11.6.2.3 特种设备在使用过程中,有效期届满前 1 个月,必须向当地特种设备检验检测机构提出检验要求。经安全检测、检验合格,取得许可证后方可继续使用,并保存记录。

停用的特种设备重新启用前,必须经过当地特种设备检测、检验机构安全检测合格后方可使用。

未经定期安全检测、检验或者不合格的特种设备,禁止使用。

11.6.2.4 特种设备的维修、保养、改造必须由所在地省级特种设备安全监察机构或其授权的特种设备监察机构认可、具有资格证书的单位承担。

企业不得以任何形式转包或分包给没有资格证书的单位承担特种设备的维修、保养和改造。

11.6.2.5 特种设备的购置,必须向具有国家质量技术监督检验检疫总局颁发的生产许可证的单位购买。

新增特种设备在投入使用前,应到所在地区的地、市级以上特种设备安全监察机构注册登记,经安全检测、检验合格,取得使用许可证后方可投入使用。

11.6.2.6 特种设备出现故障或者发生异常情况时,必须按照操作规程及时停止运行,对其进行全面检查,消除事故隐患后方可重新投入使用,并做好记录。

11.6.2.7 特种设备存在严重事故隐患,无改造、维修价值,或者超过安全技术规范规定使用年限,应当及时予以报废,并向原登记的特种设备安全监督管理部门办理注销手续。

11.6.3 企业应当建立、健全各项完整的特种设备安全管理规章制度、安全操作规程和事故应急救援预案等。

11.6.4 企业应当建立、健全下列特种设备安全技术档案：
——特种设备的设计文件、制造单位、产品质量合格证明、使用维护说明等文件以及安装技术文件和资料；
——特种设备的定期检验和定期自行检查的记录；
——特种设备的日常使用状况记录；
——特种设备及其安全附件、安全保护装置、测量调控装置及有关附属仪器仪表的日常维护保养记录；
——特种设备运行故障和事故记录；
——特种设备"安全使用证"、"年度检验报告书"。

11.6.5 特种设备应当落实专人负责,明确责任,定岗考核,消除生产安全事故隐患,杜绝和防止违章操作、违纪行为,防止事故的发生。

12 电气设备安全管理

12.1 安全用电基础管理

12.1.1 企业应当建立电气安全责任制,明确相关责任人,实施安全责任考核制；建立、健全电气安全管理规章制度和安全操作规程。

12.1.2 电气管理人员、电工作业人员必须经过资质部门定期的专业培训或复训,经考核合格之后方可上岗操作。高压电工和低压电工必须持对应的有效证件操作。禁止无证操作、混证操作、违章操作。

12.1.3 企业应当建立完整的电气安全技术档案和电气防火安全档案,包括电气图纸、电工分管专职区,电气要害重点部位,爆炸、火灾危险部位,电气隐患部位。对重要电气设备应当分类编码,登记立卡。

12.1.4 企业应当严格安全用电的审批制度和施工安全操作管理。

12.1.4.1 电气设备的安装、检修、拆除和临时用电线路的接拉、使用必须经过审批许可；涉及电气设备安装、检修、拆除过程中的登高、明火作业以及利用假日施工、作业的还必须按具体规定办理相应审批手续。未经审批许可不得施工和作业。

12.1.4.2 电气设备的安装、检修、拆除和维护保养以及高压、高空作业的每一个工作点必须实行"双人操作制",一人作业,一人监护,同时应当落实可靠的安全措施。

12.1.4.3 严格执行停、送电制度,工作票和倒闸票操作制度。在停电或者送电过程中,必须严格按照前后顺序,在确认安全后方可进行操作；停电时先断负荷开关,后断电源开关；送电时先送电源开关,后送负荷开关。

12.1.5 制订电气防灾应急预案,定期开展安全培训教育,熟悉、掌握电气意外事故应急救援处置技能。

12.1.6 企业应当加强安全用电和防火禁烟的管理措施,定期开展安全检查活动,及时整改电气设备、装置、线路、用具等存在漏缺、损坏、老化、松动和检测超期、失效等隐患,并做好书面记录。

12.2 变配电室、动力电源设备安全管理

12.2.1 变配电室、动力电源设备中,断路器、隔离开关、自动开关、熔断器、等高压或者低压开关电气,在电路正常运行或者发生意外事故时,闭合或者断开电路应当灵敏、有效。

12.2.2 变压器应当保证各部分绝缘良好,接线牢固,接地可靠;保证变压器额定电压与电源电压匹配一致;运行中应当注意变压器电流电压的测量,防止过负荷运行;变压器的油温应当控制在85℃以下,发现其缺少、变质或者酸量超过规定值时要及时处理;变压器室应有良好的自然通风,室内温度不应超过45℃;室内应保持清洁、通畅,无油污和积水。

12.2.3 高压配电室应当为一、二级耐火等级建筑,低压配电室耐火等级不应低于三级;高低配电装置同在一室时,其之间的距离不小于1 m;每台断路器、电压互感器等充油电气设备,应当装在两侧有隔板的间隔之内,或者防爆间隔之内;总油量在60 kg以上时,油浸电压互感器应有储油设施或者挡油设施;总油量超过600 kg时,应当安装在单独的防爆间内,或者采用成套的高、低压配电装置;配电室应当配备一定数量的灭火器材。

12.2.4 配电柜(箱)各种刀闸及断路器在处于断电状态时,刀片和可动部分应当不带电;金属外壳应当有良好的接地,其电阻不大于4 Ω;供电和配电的接线应采用绝缘导线,并严格防止接错、漏接和接触不良;生产车间有可燃纤维的场所应当采用密封配电箱。

12.2.5 变配电室、动力电源设备室内应当坚持"四防一通"的原则,具有预防雨雪、积水、雷击、火灾、小动物进入和良好通风的安全措施;门窗网罩应当完整、有效,开启应当由内向外,由高压向低压;接地线、警告牌应齐全;室内保持明亮、整洁、通风;防火禁烟措施落实,灭火器材配备有效。

12.2.6 绝缘手套、绝缘靴、绝缘地毯、接地线、测电棒等用具、工具必须定期进行安全检测,贴上合格标签,标明检测日期;定点规范放置,专人负责管理,安全正确使用。

12.3 电气线路安全管理

12.3.1 电气线路的导线应当采用符合国家标准的裸铜、铝绞线等,其截面应当考虑足够的机械强度。严禁使用单股铝线、股线和铁丝。允许载流量必须大于线路的工作量,考虑到异常停电的可能,应当安装漏电保护装置。

12.3.2 电气线路的敷设应当根据具体的环境特点,正确选择导线的类型,落实防潮、防湿、防火、防热、防腐、防漏和防触电等措施;选择布线时应当走近路、走直路,避免交错跨越,防止曲折迂回;导线应当穿管、固定,穿墙越楼必须严实套管;线与线之间、导线固定点之间以及线路与管道、地面之间必须保持一定的距离;架空线与各种设施之间必须保持一定的水平和垂直距离;导线的连接应当牢固、绝缘、进盒,导线与导线连接必须匹配,包缠绝缘材料的绝缘强度要与导线相同。

12.3.3 电缆及动力线的布线和连接必须确保安全质量。

12.3.3.1 连接接头在投入运行前应当做耐压和绝缘电阻的测量,保证接头的良好连接。

12.3.3.2 厂区敷设高压电缆应当在地下0.7 m～1.2 m深处,电缆沿线2 m之内禁止挖土、打桩、堆压重物以及移动电缆沿线的标卡牌。

12.3.3.3 穿越墙体、楼板、电缆沟(道)以及电缆竖井的空洞时必须用非燃烧材料严密封填和绝缘处理。

12.3.3.4 禁止将电缆及动力管线敷设在易燃、易爆、高温、腐蚀等处或者架设在生产作业场所高空狭窄的吊平顶或夹层内。

12.3.3.5 进入一个独立建筑单元的电气管线的金属外壳与进入该建筑单元的金属通风管、蒸汽管、水管、压缩空气管等应当进行等电位连接,并可靠接地。

12.3.4 企业应当严格落实临时线接拉的安全管理。

12.3.4.1 凡属正常生产用的电气动力和照明设备,不准装设临时线。因生产或者施工需要使用临时用电线路时,必须经过安全部门审批同意方可安装敷设。

12.3.4.2 临时线使用期限一般不超过1个月,如需延期使用,必须续办审批手续,期限最多不超过3个月。

12.3.4.3 临时线应由电气部门负责检查维护,安全部门负责安全监督,使用部门负责现场管理,落实具体人员负责使用、装拆和防范。

12.3.4.4 临时线应当绝缘良好,无连线接头,架设安全可靠,不受外力损伤,做好漏电保护措施,长度不长于10 m,室内离地高度不低于2.5 m,室外离地高度不低于3.5 m。

12.3.4.5 临时线所连接的电气设备、设施等金属外壳必须接地、接零,安装熔断器和漏电保护装置。设置在室外的临时电源等装置必须有防雨、雪及防外力破坏措施。

12.4 电气装置安全管理

12.4.1 电气装置在设计和使用中,应当考虑漏电、隐患、异常停电等各种因素所产生意外和危险的可能性,从技术防范和安全管理的角度去消除和避免其产生的影响和危害,并安装匹配适用的漏电保护装置。

12.4.2 在潮湿、腐蚀、金属容器等现场作业中必须使用低压电气设备,电气导线必须固定,绝缘必须良好,导线不得裸露、破损、老化;进出线盒的导线应用胶圈固定及加装防护套管,电气箱体应完整,应安装停电应急装置。

12.4.3 在易燃、易爆、潮湿、高温场所使用的电气装置、设备必须符合相应的防爆、防潮的要求,保证绝缘良好性能,可靠接地、接零,并安装漏电保护装置。

12.4.4 对于250 V以下的电气设备和线路,如因特殊原因不能停电时,应按《电业安全工作规程》的规定采取安全措施后,方可带电作业。不准用湿手操作电气设备和装置。

12.4.5 电气设备所需的安全标志、防护栏杆、停电牌、警示牌应当配齐、配足。

12.4.6 电动机、开关等电气设备、设施和装置等1 m范围内不准堆放易燃、易爆、易挥发的危险物品。

12.4.7 发现电气开关外壳破损、电线破皮、接电线折断和有漏电现象时,必须及时报告,及时修理。

12.5 移动电具安全管理

12.5.1 移动电具应当登记造册,建档立卡;由专人负责检查、维修、保管、管理和定期检测,并保存检测、检查等有关记录。使用前必须严格检查,确保安全可靠。

12.5.2 移动电具必须绝缘可靠,完好无损。潜水泵、冲洗泵、电锤、电钻、风机等电具应当根据所在地域的安全管理规定,定期进行安全检测。检测有效期不得大于90天,未经检验和检验不合格的不准使用。

12.5.3 手持移动电器具的出线头必须有胶圈固定,电线长度不得超出5 m;使用前必须进行安全检查,电线、插头、接地、绝缘,以及保护、保险装置不得有漏缺、破损、老化、松动等现象,发现电线绝缘不良、插头破损、无接地线等不安全情况禁止使用。

12.5.4 使用移动电具进入水中或者特别潮湿的地方以及金属容器内等处作业时,必须采用不高于12 V的安全电压和漏电保护装置。

12.5.5 移动电具采用金属外壳的必须有良好的保护性接地或接零的措施。

12.5.6 使用电动工具、电扇、电热器和其他移动的电器、移动电具时必须使用电插接电源，严禁把电线直接入插座或挂到其他电气装置上接电源。

12.6 防雷装置安全管理

12.6.1 各生产车间、厂房、仓库、办公楼、水塔、烟囱等建筑物体以及露天仓库或者货物堆场等处，必须根据其重要性、使用性质以及发生雷电的频率和后果，按照有关建筑防雷设计规范的规定和要求，采用有效的防雷设备、设施。

12.6.2 在不同作业场所、不同的生产设备、不同的电气设备上选用匹配适用的防雷设备、设施，其安装、使用应当规范、完整、可靠、有效。每年应当按时、按量、按质进行安全检测，特别是雷电、霉雨等季节前，要做到检测合格，有效管理，安全使用。其安装、检测、检查等记录和档案应当齐全、完整。

12.6.3 安装完整、可靠的避雷针、避雷线、避雷带、避雷网、避雷器等接闪器，形成连接，对不同的雷电采用不同的防范措施。

12.6.4 防范直接雷

12.6.4.1 防范直接雷设备、设施的引下线应不少于2根，其间距不应大于25 m；长和高度均不超过40 m的建（构）筑物体可设置1根引下线。

12.6.4.2 防范直接雷的接地装置的冲击接地电阻不应大于30 Ω，应与电气设备接地装置及埋地金属管道相连。

12.6.4.3 对变配电设施和设备，应当安装阀型避雷器予以保护。

12.6.5 防范雷电感应

12.6.5.1 为有效防止雷电静电感应所产生的高压危害，应当将建筑物内的金属设备、金属管道、结构钢筋等可靠接地。

12.6.5.2 为有效防止雷电电磁感应所产生的危害，应当对间距小于100 mm平行或者交叉的管道以及接触不可靠的管道接头、弯头等，用金属线跨接，使室内金属物形成闭合回路，并可靠接地。

12.6.5.3 在电脑、电控、电讯、计算机等微电设备较多的生产场所应当在入户处将绝缘子铁脚接到防雷及电气设备的接地装置上，进入建筑物体的架空金属管道应当与防雷及电气设备的接地装置相连。

12.6.6 防范雷电侵入波

12.6.6.1 为有效防止沿架空线路传来雷电侵入波，对重要部位应采用全电缆或者架空线电缆进行供电；一般部位应将进户处绝缘子铁脚接地。

12.6.6.2 为有效防止沿架空管道传来雷电侵入波，应当在管道进户处及邻近100 m内，管道支架处取1～4处接地。

12.6.6.3 对高压10 kV及以下的变配电室进线，应当采用阀型避雷器防护。在南方多雷地区，变压器低压边应装设一组低压阀型避雷器或者击穿保险器。若变压器高压边电压在35 kV以上，则高压边和低压边均应装设阀型避雷器保护。

12.7 防静电安全管理

12.7.1 纺织工业企业在存在静电引爆危险的场所，所有属静电导体物体必须单独接地。

对金属物体应当采用金属导体与大地作导通性连接,对金属以外的静电导体及亚导体则应当作间接接地。

12.7.2 防静电接地电阻原则上不超过 1 MΩ。金属导体接地电阻不超过 100 Ω～1 000 Ω。产生和积累静电的高绝缘材料,宜采用 10^6 Ω 或稍大一些的电阻接地。

12.7.3 生产工艺设备应当采用静电导体或者静电亚导体,避免采用静电非导体。在生产场所使用静电导体制作的操作工具,应予接地。

12.7.4 对于高带电的物料,应在接近排放口前的适当位置装设静电缓和器。因工艺要求而产生静电现象作业点应装设静电消除器,使作业人员手触及织物面料时不产生麻电感觉。

12.7.5 在产生静电的场合选用不同的材料,使纺织面料、物料以及传动部位等易产生的静电相互抵消。

12.7.6 降低摩擦速度或者流速等限制静电的产生和积聚。

12.7.6.1 对于烃类燃油一类的液体,管径超过 25 mm 时,流速应控制在 1 m/s～5 m/s,最初的流速应限制在 1 m/s 左右,而且管口浸入罐(桶)内的深度不应小于 50 cm。

12.7.6.2 对于非烃类的液体,管径不超过 25 mm 的二硫化管道和管径不超过 12 mm 的乙醚管道,其最大流速不应超过 1.5 m/s。

12.7.6.3 对于输送脂类、酮类、醇类液体的管道,最大流速不得超过 10 m/s。

12.7.7 局部易产生静电的环境,可采取相对湿度增加至 50% 以上的措施。纤维作业等需要加湿的场合,可采用喷雾装置来消除静电。

13 仓库安全管理

13.1 原成品仓库的设置和安全管理

13.1.1 企业的原料、成品仓库(包括露天仓库或堆场),应建在厂区常年主导风向的上风侧,且靠近水源的地方,或者相对独立的安全区域,交通便利,地势较高的地方。同时,应与生产、生活区分开设置。

13.1.2 仓库的房屋等级应当符合建筑设计防火规范的要求。

原料、成品储存库房、库区应根据其储存的规模合理划分防火分区,防火门、防火窗、防火分隔应当完整、完好、有效。库房应有隔热降温设施和良好的通风条件。

13.1.3 库房占地面积达到或者超过 1 000 m² 的,应当设置火灾自动报警装置和自动灭火设备等。面积超过 100 m² 以上的应当设置不少于 2 个不同方向的安全出口。面积超过 300 m² 以上的多层库房应至少设置 1 个疏散楼梯。

13.1.4 库房或者露天堆场与锅炉房、烟囱、明火作业场所距离不得小于 30 m,与高压架空线间距不应小于 15 m。

13.1.5 库房室内的地面应高于室外地面 0.3 m 以上。库房内的主要通道宽度一般不小于 2 m,小通道一般不小于 1.5 m。库区围墙距库房不应小于 5 m。库房的门窗应向外开启。

13.1.6 库房内储存货物应当分类、分堆、限额存放。

货物堆放时,垛与垛、垛与墙、垛与梁、垛与柱、垛与灯之间应按"五距"规定存放。

——垛与垛间距不小于 1.0 m;

——垛与墙间距不小于 0.5 m;

——垛与梁间距不小于 0.3 m,或者垛与房顶间距不小于 1 m～2 m;

——垛与柱间距不小于 0.3 m；

——垛与灯的垂直距离不小于 0.5 m。

13.1.7 露天堆垛每垛占地面积不大于 100 m，垛与垛之间不小于 6 m，4~6 垛为一组，组与组之间不小于 15 m，垛高应与避雷设施、机械设备等相适应。

13.1.8 库房内禁止拖拉机、柴油机车、汽车等燃油、燃气机动车辆进入。进入库区装卸的其他机动车辆必须套装尾气防火罩；以蓄电池为动力的电瓶车、铲车等必须具有防止火星产生的安全装置。禁止在库房、库区停放或者修理机动车辆。

13.1.9 小型纺织工业企业的原成品堆放应与生产车间分开，留有安全通道，物品存放符合消防规范，并由专人负责管理。

13.1.10 库房与库房之间的防火间距内不得堆搭建任何建筑物。

装卸作业所需搭建雨棚，应当经过消防监督部门的批准许可。装卸作业的雨棚区域内不得作为临时仓库使用，不得使用可燃易燃材料。

13.1.11 多层或高层仓库应在楼地面或外墙上开设排水洞口，两个洞口之间的距离不应大于 12 m。排水洞口不得高于楼地平面 0.2 m，其口径不得小于 75 cm^2，以满足灭火排水需要。

13.1.12 棉纺织企业的原成品仓库按照《棉纺织企业安全工作要求》的具体要求执行。

13.2 机物料仓库的设置规定

13.2.1 小型纺织工业企业的原成品、机构料库房应与生产车间分开，留有安全通道，物品存放符合消防规范，并要专人负责管理。

13.2.2 面积不超过 100 m^2 的库房可设置一扇房门，库房的门应向外开启。

13.2.3 库房内需要设置货架堆放物品时，货架应采用非燃烧材料制作，并留出 2 m 宽的主通道。

13.2.4 库房内储存物品应分类、分堆、限额存放。物品堆放、垛与垛、垛与柱、垛与墙之间应当按照规定存放。

13.2.5 新入库的物品应有专人检查，发现可疑物品应采取措施，扣放在安全区域观察 36 h，经检查无误后方可入库。入库后应贴上标记，重点检查观察 24 h 后方可解除警报。

13.2.6 仓库工作人员用过的油回丝、油手套、工作服、鞋帽等物品不准放在库房内，应定点存放。

13.2.7 拆箱、拆包下来的包装物应定点集中存放，定时清理。

13.2.8 堆放机物料时应轻放，防止振动、撞击、摩擦、倾倒。

13.3 危险化学品储存仓库的消防安全管理

13.3.1 危险化学品储存仓库必须具备的条件：

——符合国家关于危险化学品储存仓库许可规定的要求，严格按照《危险化学品安全管理条例》所明确的要求执行；

——符合国家标准的储存设备、设施，储存方式，并定期检测、检查；

——危险化学品储存仓库和周边防护距离符合防火、防爆的标准；

——符合危险化学品储存仓库要求的管理人员和技术人员；

——有健全的防火、防爆管理制度、安全操作规程和应急救援处置预案；

——配备齐全、有效的消防设施、设备和器材。

13.3.2 危险化学品储存仓库必须设置在纺织工业企业主导风向的下风侧,在企业的边缘地区,与居民区、商店、河流、风景名胜区、公众聚集场所等保持安全距离。

13.3.3 危险化学品必须储存在专用仓库,专用场地或者专用储存室内,储存方式、方法与储存数量必须符合国家标准,并由专人管理。

人防地下工程不得用作危险化学品的储存。

13.3.4 危险化学品的储存、保管必须实行"双人收发,双人保管"制度。储存必须按规定分类存放,做到账、物、卡三相符,按需领用、专人领用,按需进货、专人保管,并落实做好购、发、存台账记录。

13.3.5 剧毒品必须做到双人验收、双人发货、双人保管、双把门锁、双本台账的"五双"管理制度。

13.3.6 储存的危险化学品,特别是甲、乙类危险化学品,必须包装牢固、密封,严防跑、冒、滴、漏,并且定点存放,严禁超存、混存、露天堆放。

易自燃或者遇水分解的物品,必须在温度较低、通风良好和空气干燥的场所储存,做好防水、防潮、防腐蚀措施。

凡易相互发生化学反应或者灭火方法不同的化学物品必须分间、分库储存,并在醒目处标明储存物品的名称、性质和灭火方法。

13.3.7 危险化学品库房应有降温和通风措施,库内温度不得超过30℃。

炎热高温季节,按规定上午9时至下午16时停止危险化学品的装运和收、发。使用剩余的危险化学品应当及时入库。

储存闪点在小于28℃的液体以及氧气、乙炔等气瓶库必须做到通风散热、喷淋降温有效。

13.3.8 盛装易燃易爆易挥发的危险化学品的容器不准敞口,不准用塑料容器盛装危险化学品。

开启危险化学品金属容器时,应当使用铜质扳手等工具,禁止使用黑色金属工具操作。搬运危险化学品的电瓶铲车、铲叉等应当做好防护措施,并防止振动、撞击、摩擦、倾倒。

13.3.9 危险化学品库房内不得敷设电气装置。必需设置电气装置的,应采用防爆型电气装置。高压线或者其他架空线不得通过危险化学品库房屋顶。

13.3.10 严格落实安全管理,24 h内定时进行消防巡视和检查。进出人员登记把关,货物进出验收检查。严禁火种带入。

13.4 仓库电气防火管理

13.4.1 仓库内的电气装置和使用的设备必须符合国家规定的《电气装置安装工程施工及验收规范》。

13.4.2 库区的电线一般应采用地下电缆线,采用架空线的不得在库房屋顶上通过。

道路照明应与库区、库房的照明线路分开独立设置。

库区内的动力线应设总闸,每个作业区域设分闸。设备的配置应与分闸的电气线路相匹配,不准超负荷运行。

13.4.3 库区内不准架设临时线。设置临时线必须经有关部门批准通过,到规定期限必须及时拆除。

13.4.4 库区内的消防泵、事故照明等设备应当使用安全备用电源或者专用线路。

库房内照明用电及其电气装置必须符合消防设计规范的要求,不得敷设电源装置、线路或者设置移动式照明灯具,不得使用碘钨灯和高温照明灯具,不应使用行灯、日光灯照明。应当使用防爆型灯具或者选用60 W以下配有灯罩的白炽灯具照明。照明灯具应当设置在通道上方,不应在照明灯具下方堆放货物。

13.4.5 库房内不应设置办公室、休息室。

库房内严禁使用电加热器和电视机、电冰箱等电器设备。

13.4.6 电源开关或者电闸箱必须设置在库房外,并有防雨、防潮等措施。

13.4.7 库房内凡是能够产生静电引起爆炸或火灾的设备、容器,必须设置消除静电的装置。

13.4.8 库区、库房内的电气设备和线路,每年至少进行2次绝缘检测,发现绝缘不良等情况必须停止使用,经修复验收后再用。

13.4.9 仓库必须按照国家规定安装规范的防雷装置,并定期进行检测、检查。

13.5 仓库装卸、储存管理

13.5.1 入库区站台的机车、轮船等必须严禁使用明火。物资装卸完毕应离开库区,不得停放或修理。

13.5.2 库区内使用的铲车叉子、吊车的吊钩和堆垛用的手钩,必须采取有效的安全措施,严防摩擦和撞击出现火花。

13.5.3 装过危险物品的车、船未经清洗,不得装运原料或原成品。

13.5.4 装运原料或原成品进出库区的车辆必须用苫布覆盖严密。凡进库的车辆覆盖不严密的,仓库方可拒收或观察24 h后再逐件验收。

13.5.5 凡接受过火种的原料、原成品,不应放在仓库内,要放在观察区域观察。

13.5.6 原料、成品、下脚必须分库存放,回花必须打包另行存放,不得放在库外。

13.5.7 仓库内装卸、收、发货完毕后,应对作业现场进行仔细安全检查,经确认无异常情况后才能离开现场。库内新进的堆垛在24 h内要加强巡回检查。

13.5.8 库区通往车间的通道大门应严加管理,用后立即关闭上锁。进入库区人员都必须交出火种,并做好登记。

14 消防安全和危险源的监控管理

14.1 消防安全的监控组织

14.1.1 企业应当加强消防组织建设,确定各级、各岗位的消防安全责任人,配备消防专兼职人员。逐级落实消防安全责任制、岗位消防安全职责,制定、实施消防安全管理规章制度,落实本企业日常的消防安全管理工作。

14.1.2 企业应当根据企业的规模、防火重点的特点、从业人员的数量配备专职或兼职消防管理人员、专职和义务消防队员。

14.1.2.1 从业人员不足300人的企业应当至少配备1名兼职消防管理人员;当班值勤不少于2名专兼职及义务消防队员。

14.1.2.2 从业人员达300人以上不足2 000人的企业应当配备1名专职消防管理人员;当班值勤应不少于5名专兼职消防队员。

14.1.2.3 从业人员超过1 500人的棉纺、毛纺、麻纺、化纤等企业,存放量达到1万t及以上的或者5万m²(30亩)以上的原成品仓库等企业,以及从业人员达到2 000人及以上其他企业应当配备2名专兼职消防管理人员;当班值勤不少于8名专职消防队员。

14.1.2.4 企业应当建立义务消防组织。义务消防队员人数应当不低于企业从业人员总数的百分之十。义务消防队员应当配合、协助专兼职消防管理人员做好日常的检查、宣传、值班和管理工作。

14.1.2.5 配有消防车的专职消防队,专职消防队员人数应当达到编制要求。

14.1.3 专兼职消防管理人员,应当经过专业资质部门的培训,考试合格之后方可持证任职;专职消防队员应当经过公安消防部门或企业主管部门的培训,熟悉掌握业务和技能之后方可上岗。

14.1.4 专兼职消防管理人员、专职或义务消防队员应当熟悉本企业生产工艺流程、生产设备性能、本岗位火灾危险性和灭火施救的基本方法。认真开展消防安全知识的宣传教育,参加消防技能的训练,达到应知应会的考核标准。

14.1.5 企业消防职能部门及消防管理人员、消防队员应当认真做好值班巡逻,对本企业、本岗位定时或者经常开展消防安全的检查活动,对查出的火险隐患、违章行为和管理问题,应当明确提出整改要求,督促其及时整改,并做好记录备案。

对查出的事故隐患提出后不整改的,以及涉重大事故隐患或违法行为的,应当及时报告企业主要负责人或者主管部门负责人。

14.1.6 企业消防职能部门及消防管理人员、消防队员应当做好本企业消防设备、设施、器材、装置和工具等检查、保养、维护工作,并做好记录。

14.1.7 企业消防工作职能部门及消防管理人员、消防队员在遇到火灾事故之后,要立即扑灭初期小火,及时报警,迅速保护和引导正在作业的从业人员疏散到安全区域,并切断火势蔓延扩展的路径,减少财产损失。

14.1.8 在火灾事故之后,企业消防职能部门应当积极协助公安消防部门做好火灾事故现场保护和火灾事故调查工作。

14.2 明火作业的安全监控

14.2.1 企业所涉及的易燃易爆、有毒有害场所,生产作业场所,人员密集场所,仓库、配电、电焊等重点要害部位,一律划定为禁火区。除固定动火区以外的部位,一律禁止动用明火。

14.2.2 在禁火区内,因检修、施工、试验以及正常动火、用火,必须办理动用明火作业的申请、审批手续,严格落实管理。未经审批许可不得进行动火作业。

14.2.2.1 动用明火许可证应当标明动火等级、动火有效期、动火详细位置、工作内容、动火手段、安全防火措施和动火分析,以及各级审批人的意见和签名。

14.2.2.2 动用明火许可证的有效期应当根据动火级别来确定,一级动火和二级动火的许可有效期不得超过1天(24 h),三级动火的许可有效期不得超过6天(144 h)。

14.2.2.3 动火分析应当在动火前30 min内进行,超过30 min应当重新进行动火分析。动火中断30 min以上的,应当重新进行动火分析。

14.2.3 禁火区内动火作业的申请、审批必须根据作业部位、作业环境、作业内容和火灾危险性的大小动火作业,应分为一级、二级、三级三个级别,并明确其动火申请、审批程序和终审权限。

一级动火由动火部门(车间)申请,企业防火安全管理部门复查后报分管防火安全的负责人或者总工程师终审批准。

二级动火由动火部门的安全责任人复查后,报企业防火安全管理部门终审批准。

三级动火由动火部门提出申请,报企业消防专职部门或者消防队终审批准。

14.2.4 动火作业实行"双人制"操作,作业人员和监护人员应由经专业资质部门培训,考试合格的人员担任。监护人员未到作业现场安全监护的不得作业。

14.2.5 动火作业必须严格遵守"十不烧"的安全规定,特殊工种或部位的动火作业必须严格遵守消防安全的有关法律、法规。

14.2.5.1 涉及压力容器、压力管道的焊补作业人员应由经锅炉、压力容器焊工培训,取得合格资格的人员担任。

14.2.5.2 气焊切割作业中,氧气瓶、乙炔瓶不得混置、泄漏、损坏。两瓶之间的距离不应小于5 m,放置的地点与明火点应在10 m以上,并落实防火星、防暴晒、防腐蚀、防碰撞等措施。

14.2.5.3 氧气瓶、乙炔瓶必须完整、完好;安全装置齐全、可靠。安全回火装置配备到位;压力表、安全阀灵敏、有效,并定期进行安全检测;焊接割炬应当规范、安全使用;红黑气管应正确、完整,无老化、裂痕、差错。

14.2.5.4 涉及易燃易爆、有毒有害物质设备、设施、装置的焊接、切割作业,必须采取拆迁、清洗、置换等有效措施之后才能进行,严防跑、冒、滴、漏引发的突发事故。

14.2.5.5 气焊切割作业中,遇到生产设备、设施、装置、管道突然破裂、可燃物质外泄时,监护人员应当立即指令停止动火。待恢复正常,重新分析合格,经审批许可之后,才能进行动火。

14.2.5.6 高处动火应当遵守高处作业的安全规定进行动火审批和操作。五级以上大风不得安排室外动火,已经进行的动火作业应当停止操作。

14.2.5.7 周围有易燃易爆、有毒有害物质,在未彻底清理完毕和采取有效安全措施时不得动火作业。

14.2.5.8 电焊作业时,电焊机应放于指定的地点,火线的接地线应完整无损,禁止用铁棒等物代替接地线和固定接地点,电焊机的接地线应接在被焊设备上,接地点应靠近焊接处,不准采用远距离接地回路。

14.2.6 动火现场应当划出安全区域,与可燃物之间应当明确隔开,并配备有效的防火设施、器材和工具。

14.2.7 动火结束后,应当彻底清理现场,熄灭余火,不遗漏任何火种,并切断动火作业使用的电源。

14.3 消防设备、设施、装置和器材的配备使用

14.3.1 企业应当按照国家有关消防标准和技术规范,根据各生产作业场所、各工序、各部门防火的重点和性质,确定其危险等级,并根据其可能发生火灾事故的特点,配置消防灭火设备、设施、装置、器材和用具的类型、规格与数量。

14.3.2 消防设备、设施、装置、器材和用具,应当由专人管理,负责检查、维修、保养、更换和添置,保证完好有效。

14.3.3 消防设备、设施、装置、器材和用具,应当设置在明显和便于取用的地点,周围保持一定的保护距离和措施,不要设置在潮湿、高温、腐蚀性强的地方,不要影响安全应急疏散。

14.3.4 设置在室外露天的消防设备、设施、器材和用具,严禁圈占、埋压、损坏和挪用,不准被其他物品和杂物堆堵。

冬季时段,特别是寒冷地区,应当采取防冻措施。

14.3.5 科学、合理、有效配备灭火设备和器材。

14.3.5.1 棉、麻、毛、丝及其制品,混纺、合成纤维制品等固体物质应当配置、选用清水、干粉、泡沫灭火器以及滑石粉、水桶等。

清花、梳棉、梳毛、滤尘等地方应当配置消火栓、消防水喉设备以及滑石粉、水桶等,火灾应急时选用雾状水施救,二氧化碳一类有气压的灭火器只能选用于设备内、棉箱内或者无散棉、散花、散毛、棉尘等地方的火灾。

档案、资料、机房、电信、控制室等地方应当配置、选用二氧化碳灭火器。

14.3.5.2 汽油、苯、甲苯、二甲苯、乙醚、丙酮等可燃液体,以及蜡、石蜡等可熔化固体物质应当配置、选用干粉、泡沫、二氧化碳灭火器。

醇、醚、醛、酮、有机酸和胺类物质应当配置、选用抗溶性泡沫灭火器。

化纤、印染等存在酸类、碱类等液体的地方应当配置、选择消火栓和清水灭火器。

遇湿易燃物质禁止使用水型灭火器施救。

14.3.5.3 液化石油气、天然气、煤气等可燃气体应当配置、选用干粉、二氧化碳、泡沫灭火器,或者配置、选用雾状水消防器材。

14.3.5.4 电气设备、电气装置、电气线路以及电器用具等应当配置、选用干粉、二氧化碳灭火器。禁止使用容易导电的清水、泡沫灭火器。

14.3.5.5 灭火器无论是否开启使用过,都应当在达到规定年限后进行维修、检查或者更换、报废。通过定时安全检测、检验和检查,保证其完好、有效、可靠。

14.3.5.6 采用挂钩、托架的手提式一类灭火器材,其顶部高度距地面不应大于 1.5 m,底部距地面不应小于 0.15 m。

14.3.6 消火栓、消防水泵等消防供水设备、设施应当完好、有效,设置在自动挡,应能保证在火警启动后 5 min 内开始工作,即使在火场断电时仍能正常运转,并保证相邻两个消火栓的水枪充实水柱同时到达车间任何部位,每股水量不小于 5 L/s。

14.3.7 火灾探测器、手动报警按钮、火灾报警控制器等组成的火灾自动报警系统应当准确、及时、有效、可靠,并定时进行自查、自检、维护、保养,出现故障、失效和误动作必须及时修复,确保万无一失。

14.3.8 消防应急、安全出口、疏散通道等照明、指示、标志应当齐全、醒目、有效。

——设置在安全出口、疏散通道、走道、楼梯间、交叉口、拐角处等部位的火灾事故照明或者应急照明,其最低照明度不应低于 5 lx,供电时间不得少于 20 min。

设置在消防泵房等重点部位的火灾事故照明或者应急照明,其最低照明度不应低于 20 lx,供电时间不得少于 30 min。

设置在各疏散指示标志灯的间距不应大于 20 m,距离地面高度应为 1~1.2 m,其最低照明度不应低于 0.5 lx。

14.4 危险化学品的监控管理

14.4.1 纺织行业的危险化学品主要是指使用、运输、储存爆炸品、压缩气体和液化气体、易燃液体、易燃固体、自燃物品和遇湿易燃物品、氧化剂和有机过氧化物、有毒品和腐蚀品等易燃易爆、有毒有害物品。

14.4.2 企业使用、运输、储存危险化学品的,必须严格执行《危险化学品安全管理条例》和国家有关安全生产的法律、法规、标准和相关行政规定。

14.4.3 使用、运输、储存危险化学品的纺织工业企业必须具备下列条件：
——符合国家标准的工艺、设备、设施；
——危险化学品使用现场和储存仓库的周边安全防护距离符合国家标准或者国家有关规定；
——符合使用、运输、储存危险化学品全过程管理的部门，以及专职人员、管理人员、技术人员和相关人员，并且经过专门的安全操作培训，取得资格证书；
——建立、健全完整的安全责任制、管理制度、操作规程和事故应急救援处置预案，以及相关的记录台账。

14.4.4 涉及危险化学品的场所必须具有符合安全、消防全方位防控要求的通讯、监控、防灾、报警、灭火等设备、设施、装置、器材和用具。

14.4.5 使用、贮存或者运输中存在可燃气体、蒸汽、粉尘，以及其他易燃易爆、有毒有害物质的设备，必须根据其不同性质（燃点、闪点和爆炸极限等）采取相应的防范措施：
——密闭隔绝，降温隔热；
——严禁烟火和跑、冒、滴、漏；
——避免摩擦碰撞；
——消除静电积聚和电火花；
——根据具体情况配置监测报警、防爆泄压装置及消防安全设施。

14.4.6 纺织工业企业在购置、贮存、使用或运输危险物品过程中涉及紧急情况时，应按《危险化学品安全管理条例》的要求及时处置。

14.4.7 危险化学品购置或者入库前，必须查看其是否具备有资质并经国家规定要求提供危险化学品的安全数据表和性能、安全技术说明书。国际和国家禁用危险化学品包括染料不准进入企业使用。

危险化学品应有"危险品"、"防火"、"防爆"、"有害"等标识和提供相关的警示图案，并做好数量、包装、标识、出厂日期、出厂合格证等项目的验收。

14.4.8 存在有毒有害、易燃易爆危险气体的地方，如化纤工序中涉及联苯、二硫化碳，印染工序中使用液氨，以及部分纺织工业企业利用液氯进行水处理的部门，都必须重点防范，都必须配备：
——消防应急设备、设施、器材和工具；
——消防救援应急处置预案；
——过滤式防毒面具或氧气呼吸器、空气呼吸器，以及配套的服装、用具等；
——控制和防止灾情蔓延、扩散的措施，如可浸入泄漏氯气钢瓶的石灰水池，将管道泄漏物导置酸式硫酸钠或酸式碳酸钠等还原剂溶液中。

14.4.9 使用、运输、储存危险化学品必须具备相应的资质。任何企业和个人不得使用、运输、储存国家明令禁止的危险化学品。

14.4.10 使用危险化学品的企业，应当依照法律法规的规定取得相应的许可，并建立安全生产规章制度，保障危险化学品的安全使用和管理。

14.4.11 购买液氯等剧毒化学品实行购买凭证和准购证。专职人员、管理人员、技术人员和相关人员，必须经过专门的安全操作培训，取得资格证书。

14.4.12 运输危险化学品实行资质认定制度。从事危险化学品运输的企业必须取得危险货物道路经营许可证;从事危险化学品运输的车辆必须取得营运证;从事危险品运输的驾驶员必须取得从业资格证书;从事危险化学品运输的押运员必须取得道路危险货物运输操作证。

14.4.13 严格安全管理,明确责任,定时进行消防巡视和安全检查,24 h 内时时有人管、有人防,切实落实防火灾、防爆炸、防高温、防泄漏、防腐蚀、防中毒等各个环节的措施,发现隐患和问题,马上报告和采取对应整改措施,把事故苗子消除在萌芽状态。

15 尘毒作业安全管理

15.1 职业病预防与管理

15.1.1 企业应当对从业人员接尘、接毒、接害劳动条件实行分级管理。劳动条件分级工作实行企业自检和专业检测相结合的原则。应当建立从事有毒有害作业人员的健康档案。实行"一人一档"、"一人一卡"制,定期对从业人员进行健康检查、登记和管理。

15.1.2 企业应当落实对接尘、接毒、接害人员的健康检查。

就业前的健康检查,对患有禁忌症者不得从事有毒有害作业。

就业后的定期健康检查,建立健康监护档案。发现有禁忌症者,应及时联系有关部门调离该人员的工种,已确定不能从事原有工种者,应安排治疗和从第三日起两个月内调离原工作岗位。

15.1.3 企业应当按国家规定,对有毒有害工种从业人员享受劳动保护待遇和社会保障。

15.1.4 企业应当加强有毒有害工种的预防、体检工作,按照各地方职业病范围和处理办法的"实施细则"进行操作,并对健康监护档案进行定期分析,改进生产作业方式,确保安全生产。

15.1.5 从事有毒有害工种的职工按规定享受脱岗疗养,对体检或医疗所占用的工作时间一律按出勤计算。对职业病患者一般病情每年随访一次,特殊病情例外。

15.1.6 凡出现急性职业病和急性职业中毒应在诊断后 14 h 内报告有关部门,并进行现场调查,找出中毒原因,防止中毒事故的继续发生,慢性职业中毒和慢性职业病应在 7 天内会同有关部门进行调查,提出改进措施,并进行登记。

15.1.7 定期对从事有毒有害作业的从业人员进行防尘、防毒的知识宣传和防护培训工作,并听取防尘、防毒改进工作的意见。

15.2 作业现场安全控制

15.2.1 企业应当对职业性有害因素生产作业应从设备、环境、人三个方面考虑,采取机械化、密闭化、自动化控制措施。

15.2.2 生产现场涉及有毒有害作业的应当加强安全防范技术措施,以低毒害代替高毒害,以无毒害代替有毒害,以新工艺代替旧工艺,以密闭装置防止散发、外逸以及跑、冒、滴、漏,以通风换气净化或稀释有害气体。

15.2.3 苯、甲苯、二甲苯、甲醛、三氯乙烯、二硫化碳、联苯、次氯酸钠、丙酮、硫化氢、苯胺、氯、氨、双氧水、雕白块、硫酸、盐酸、硝酸、铬酸、烧碱等有毒有害气体的最高容许浓度和时间加全平均允许浓度、短时间接触允许浓度都必须低于国家有关标准、规定所控制的范围,包括经呼吸道吸收以及经皮肤吸收的控制浓度。

15.2.4 采取通风排放有毒有害气体来降低空气中毒物浓度的作业点应远离人群密集处。

15.2.5 企业应当根据《有毒作业分级》定期测定作业环境的有毒有害浓度,对超标的作业点,进行治理或者制定治理计划,安排实施。

15.2.6　企业应当对有毒有害作业场所的防护设施定期进行检测、检查和维修。

15.2.7　企业应当落实强制计量器具的安全使用和防范管理。

15.2.8　企业应当加强个人防护,按标准为从业人员发放工作服、工作帽、工作鞋、手套、口罩、眼镜等劳动防护用品、用具,并将从业人员作业地点与生产设备隔离操作。

15.3　噪声的控制

15.3.1　企业应当采取降控声源噪声措施降低噪声。改进机械设计,选用高效、节能和低噪声的纺织机械设备和设施。空调除尘系统应采用高效低噪声风机,减少冲击力和振动。

15.3.2　企业应当采取降低传动系统噪声措施降低噪声。改进工艺和操作方法,提高加工精度和装配质量。传动系统应定期进行维护、保养。

15.3.3　企业应当在噪声传播途径上降低噪声。改变噪声传播方向、传递路程或减弱噪声级;改变噪声,采取吸声、隔声、隔振、减振(阻尼)、消声措施。采用其他封闭、阻断、屏蔽等措施。从业人员采取佩戴消音、阻音防护措施,在接受点进行控制噪声的防护。

15.3.4　纺织生产车间或者作业场所应当严格控制噪声排放。

15.3.4.1　清棉、梳棉、并条、粗纱、络筒等作业场所的噪声应控制在 80 dB(A)以内。

15.3.4.2　精梳、细纱、倍捻、织布等作业场所的噪声应控制在 85 dB(A)以内。

15.3.4.3　厂区周围环境有噪声,昼间应当控制在 60 dB(A)以内;夜间应当控制在 50 dB(A)以内。

15.3.5　作业场所操作人员每天连续接触噪声 8 h,噪声声级卫生限值为 85 dB(A)。操作人员每天接触噪声不足 8 h 的场合,可根据实际接触噪声的时间、按接触时间减半、噪声声级卫生限值增加 3 dB(A)的原则,确定其噪声声级限值的最高限值,但不得超过 115 dB(A)。

15.3.6　企业应制定噪声源设施的维护作业计划,定期对生产场所的噪声进行检测、检查。对噪声源设施、设备定期进行维护、保养,减轻噪声对周围环境的影响。

15.3.7　企业在未达标前应当接受有关主管部门规定,限期整改达标,对作业人员配备必要的防护用品,保障作业人员健康。

15.4　棉尘、粉尘的控制

15.4.1　企业作业场所内棉尘、粉尘的含量应当符合《职业安全卫生标准》、《生产性粉尘作业危害程度分级》的要求。

15.4.2　凡在生产过程中产生棉尘、粉尘污染的设备应当采用局部密闭、整体密闭和密闭小室等不同密闭方式密闭尘源,使生产过程管道化、机械化、自动化。非标准设备应当配置密闭罩或者装设防尘装置。

15.4.3　密闭尘源的设备、装置应当符合便于操作、拆卸、检修,结构牢固、轻巧,配合严密与安全等原则。

15.4.4　企业应当应制定除尘、吸尘、滤尘等设备、设施的维护作业计划,对滤尘设备、设施建立相应的滤尘作业指导书,对其设备、设施定期清扫、检查,定期维修、保养,定期检查、检测各工序、各工种的棉尘含量。

15.4.5　控制车间送、排风量,保持车间微正压,并定期清扫通风管道。

滤尘设备、设施应当消除正压,有效降低生产现场空气中棉尘、粉尘的含量。

15.4.6　散发棉尘、粉尘的生产现场可采用湿式作业。产生的尘土、腐蚀物要有专人负责清除,防止二次污染。

15.4.7 生产作业场所空气中粉尘时间加全平均允许浓度 A 及粉尘短时间接触允许浓度 B 的控制值见表1。

表 1 生产作业场所空气中粉尘时间加全平均允许浓度 A 及
粉尘短时间接触允许浓度 B 的控制值   单位为 mg/m^3

序号	名 称	A	B	备 注
1	棉尘(总尘)	1.0	3.0	
2	麻尘:亚麻 黄麻 苎麻	1.5 2.0 3.0	3.0 4.0 6.0	
3	桑吞丝尘(总尘)	8.0	10.0	
4	电焊烟尘(总尘)	4.0	6.0	
5	其他粉尘	8.0	10.0	*

注:* 其他粉尘是指不含有石棉且游离 SiO_2 含量低于 10 %,不含有毒物质,尚未制定专项卫生标准的粉尘。

15.4.8 纺部车间在磨皮辊时要确保皮辊粉末的有效回收,不得随意排放。

15.4.9 在织布刷布和纺部磨针等带有粉尘排放工作时,应配置合适的除尘装置,以减少对外排放废气中的含尘量。

15.4.10 滤尘装置、设备、管道发生破损、透气膜损坏,造成尘源泄漏、污染时,应立即关闭滤尘风机,组织人员及时抢修,最大限度地降低棉尘、粉尘悬浮物废气的排放。

15.5 有毒有害物的安全处理

15.5.1 新建、改建、扩建的企业应当将工业废水、废气、废渣的综合利用和净化设施与主体工程同时设计、同时施工、同时投入使用。

15.5.2 印染及整理的生化处理、物化处理,以及生产污水的水体和排放必须通过当地环境保护等有关部门的审核、许可和规定。

污水的循环利用和综合治理必须防止二次污染,落实安全防范措施。

工业废水和生活污水应当经过必要的处理方可排出。

15.5.3 处置危险化学品或者废弃危险物品必须符合国家有关法律、法规,依照固体废物污染环境防治法,选择有资质的、经国家认可的回收单位。

企业应指定专人负责废弃物收缴存放和处理工作。

未经批准严禁擅自处置。

15.5.4 处置废弃危险化学品的人员应经安全知识培训,经考核合格后方可上岗作业。

15.5.5 生产作业过程中产生的废油,应在充分利用后,集中倒入专门的容器内,集中储存和处置,严禁擅自处理。

15.5.6 在化验作业时残余的废弃硫酸、盐酸和使用后的皂液、残余的废弃硫酸、草酸等危险化学品应稀释排放,不得随意倾倒。配制稀酸时严禁将水倒入浓酸中。

16 装卸作业安全管理

16.1 作业人员安全管理

16.1.1 企业应当根据《体力劳动强度分级》进行体力劳动强度分级,把从业人员劳动条件分级工作与岗位劳动测评工作相结合。

16.1.2 体力劳动强度分级工作实行企业自检为主,企业自检与专业检测机构检测相结合的原则。

16.1.3 每年对作业人员进行身体检查,凡患有高血压、心脏病、贫血、癫痫病的人以及未成年工和其他不适合从事装卸作业的人,都不得从事装卸作业。

16.1.4 凡从事二级、三级、四级体力劳动的,要合理安排好从业人员的工作时间和休息时间,做到有劳有逸,劳逸结合。

16.1.5 凡从事装卸作业者必须正确穿戴劳动防护用品。严禁赤膊、赤脚、穿皮鞋或穿拖鞋进行作业。

16.2 装卸作业现场的安全监护

16.2.1 装卸作业区域应当设置明显的警示标志,禁止外来人员进入,作业时应当明确采取安全监护措施。

16.2.2 起重机械作业时,应在起重机械转向区域1 m内以及吊臂旋转区域内设置警戒线,吊车转动部位区域内严禁站立人员,并悬挂严禁入内的安全标志。

16.2.3 企业内、仓库内行驶的牵引车、铲车、卡车应当按当天的作业要求在指定路线行驶。

16.2.4 货物进出过程中,商检过磅、抽样、货物交接、点数开票等方面的有关人员应当站在安全区域内进行。

16.2.5 驳船的码头停靠、卡车的货物装卸停靠地点应符合安全装卸要求。

16.2.6 货物通过滑梯由上而下装卸时,在转梯、滑梯下端的平台上严禁站人、坐人。装卸区域内应当安装警铃装置,装卸时发货人与收货人及时提醒,上下呼应。

16.2.7 露天库区堆垛安全要求

16.2.7.1 堆垛桩脚铺排应平整、完好。堆垛高度应在避雷针控制范围之内,堆垛长度、宽度应符合消防规定。

16.2.7.2 堆垛时坏包不打底,散头不朝外,中间不留空档,先边后内,堆垛整齐,大小面搭配,上下层之间要交叉堆放,翻包操作时人应面朝外。

16.2.7.3 小批量堆放要做到棉包一边有依靠,堆垛不应超过8个棉包高。

16.2.7.4 堆放松软包装的棉包要相互牵住,堆放高度要降低。

16.2.8 露天库区出仓安全要求

16.2.8.1 先巡视四周,对有倾斜、坍塌等不安全迹象须先采取安全措施后再行操作。

16.2.8.2 出仓吊棉包时须自上而下,层层出仓,形成梯形。

16.2.8.3 出仓堆垛中间的棉包应将前一批次棉包高度降低,然后再安全操作。

16.2.8.4 出仓后形成小批量的独立堆垛应降低高度,防止倒塌。

16.2.9 起驳、落驳装卸安全要求

16.2.9.1 棉包起驳、落驳时要层层或半只货仓装卸,保持船舶平稳。严禁单边船舶装卸货物,防止船舶倾斜翻船。

16.2.9.2 吊车驾驶员必须听从船舱内作业人员指挥,吊物不得在作业人员头上经过或停留,防止落包伤人。作业人员挂好钩子后要避让至安全处,避免起吊后吊物撞人。

16.2.9.3 起驳、落驳时严禁棉包从船艄上空经过,以免落包损物、伤人。

16.2.9.4 船舶上作业人员应穿着救生衣。仓库码头应配备一定数量的救生衣、救生圈。

16.2.9.5 在80 t以上船舶上操作时,必须做到操作人员主动让吊车转向;在80 t以下船舱内操作时,吊车转向必须主动让人。

16.2.10 火车装卸安全要求

16.2.10.1 人在敞篷车顶层装卸作业时,必须有安全措施。在车顶上揭、盖油布时,要站在上风处,脚要站稳,一块块揭、盖;收绳时,要采取骑马式,上下呼应。

16.2.10.2 吊车起吊货物时,要做到吊车让人,操作人员要将货物套牢后方可起吊、转向。

16.2.10.3 在棚车顶层上装卸,严禁站在出沿口的货物上操作。货物装车出沿口要适当,两面要对称。

16.2.10.4 棚车开、关车门时严禁人面对车门操作,防止车门脱槽或落包伤人。

16.2.10.5 在棚车内翻包与搀肩要互相密切配合,上下呼应,先呼应,后放包。

16.2.11 库房内装卸安全要求

16.2.11.1 堆放纸箱箭头朝上,四边整齐。

16.2.11.2 使用铲车堆桩、卸货要相互呼应,相互配合。

16.2.11.3 使用手推车装卸物品、堆货时,要待手推车上物品卸地后再堆垛;卸货时,要待货堆上的物品着地后再装上手推车。

16.2.11.4 库房内堆垛要层层进仓或出仓,严禁从货垛中心出仓或单排堆放。

17 高处作业安全管理

17.1 高处作业的安全管理规定

17.1.1 企业应当制定高处作业的安全管理规定和制度,并严格操作执行。

17.1.2 企业对从事高处作业的有关人员应当定期进行安全生产的培训教育和岗位复训,严禁违章登高作业。

17.1.3 对经常从事高处作业人员,每年应当定期进行一次身体检查。凡患高血压、心脏病、低血压、贫血病、癫痫病、神经衰弱、四肢有缺陷的及医生认为不适宜从事高处作业的人员,以及不满18周岁和饮酒以后者,严禁从事高处操作。

17.1.4 企业应当为高处作业的有关人员按时、按量发放符合国家标准并具有检验合格证的安全帽、安全带等劳动防护用品,并督促其正确穿戴和使用。

17.2 登高作业设施、用具的安全管理

17.2.1 企业设计工作位置时,必须考虑作业人员脚踏和站立的安全性。操作人员进行操作、维护、调装的工作位置在坠落高度距离基准面2 m及以上高处作业时,则必须在生产设备上或者作业区域配置平台、防坠落的栏杆、安全圈及防护板等。

17.2.2 凡要经常登高检修搭设的平台、钢梯、栏杆、走板、脚手架等,其安全技术要求必须符合国家标准、地方标准或者行业标准,并具有良好的防滑性能。

17.2.3 登高使用的梯子应当牢固,下端部位涂用红白相间的醒目标记,底脚应有防滑装置。人字梯两梯之间应有牵拉防滑措施。凡缺档、松动、虫蛀、发霉、豁裂、腐朽的梯子一律

不准使用。

17.2.4 企业应当落实登高作业工具、用具的安全管理，明确专人保管，定期开展安全检查，及时消除隐患。

17.2.5 从事登高或悬空作业人员必须根据"高挂低用"的要求，把安全带的系绳挂在牢固的结构物、吊环或者安全拉绳上。使用安全带系绳长度需要 3 m 以上时，应当选用加有缓冲器装置的专用安全带。安全带使用期为 3～5 年，使用期中如发现异常现象，应及时更新报废。

17.2.6 在施工现场的"四口"、"临边"以及人口通道等处，必须做到有洞必有盖，有台必有栏，并挂设安全宣传标牌和警戒标志，必要时还应设夜间红灯示警。楼面外侧周边必须搭设外脚手架防护、外护架防护、插口架防护以及安全平网等措施。

17.3 高处平台栏杆的设置要求

17.3.1 凡要经常登高作业或者检修设备的区域必须设置防护平台、栏杆、钢梯、走道等，其安全技术要求必须符合国家、地方或者行业标准，并具有良好的防滑性能。

17.3.2 固定式工业防护栏杆高度应不低于 1 050 mm。离地高度等于或大于 20 m 的平台、通道及作业场所的防护栏杆不得低于 1 200 mm。

17.3.2.1 栏杆的构件采用性能不低于 Q235-A·F 的钢材制造。扶手所能承受水平方向垂直施加的载荷不应小于 500 N/m。

17.3.2.2 立柱和扶手应采用外径为 33.5 mm～50 mm 的钢管或者 50 mm×50 mm×4 mm 的角钢，立柱间隙应为 1 000 mm。

17.3.2.3 横杆采用不小于 25 mm×4 mm 扁钢或者 ϕ16 mm 的圆钢，横杆与上、下构件的净间距不得大于 380 mm，或者上横杆距离扶手以及下横杆距离地板的间距为栏杆总高度的 1/3。

17.3.2.4 设备检修、作业平台栏杆的下部边沿应当采用不小于 100 mm×2 mm 扁钢的挡板。如果平台设有满足挡板功能及强度要求的其他结构边沿时，可不另设挡板。

17.3.3 上下平台的钢直梯、梯梁等全部构件应当采用性能不低于 Q235-A·F 的钢材制造。

17.3.3.1 梯梁必须采用不小于 50 mm×5 mm 的角钢或者 60 mm×8 mm 的扁钢。

17.3.3.2 钢直梯踏棍应采用直径不小于 20 mm 的圆钢，踏棍间距应为 300 mm 等距分布。

17.3.3.3 钢直梯最佳宽度应为 500 mm。

17.3.3.4 上下钢直梯支撑必须采用不小于 70 mm×6 mm 的角钢，焊接必须牢固可靠。最下端一对支撑距基准面距离为 300 mm，支撑竖向间距不得大于 1 500 mm，与建筑物或者设备之间的间距为 150 mm～250 mm。

17.3.3.5 登高作业超过 2 000 mm 高度时应设护笼，直径应为 750 mm，水平圈采用 50 mm×4 mm 的扁钢，间距不大于 500 mm，并均匀焊接 5 根 30 mm×4 mm 扁钢垂直条。

17.3.3.6 钢直梯上端的踏棍应与平台平齐，直梯上端设置高度为 1 150 mm 的扶手。

17.3.4 上下平台采用钢斜梯的，梯梁应当采用性能不低于 Q235-A·F 的钢材制造。

17.3.4.1 钢斜梯应当固定在建筑物或者设备上，与水平面宜采用 50°～70°的斜度。

17.3.4.2 钢斜梯踏板应采用厚度不得小于 4 mm 的 Q235-A·F 花纹钢板，或者防滑处理的 Q235-A·F 普通钢板。

17.3.4.3 扶手高为 900 mm，采用外径为 30 mm～40 mm、壁厚不小于 2.5 mm 的电焊钢管。

17.3.4.4 扶手的立柱采用直径为 20 mm 的圆钢。间距不大于 1 000 mm。横杆采用直径为 20 mm 的圆钢或者 30 mm×4 mm 的扁钢,固定牢靠。

17.3.4.5 扶宽为 700 mm,最大不得大于 1 000 mm,最小不得小于 600 mm。

17.3.4.6 扶高一般不大于 5 000 mm。大于 5 000 mm 时必须设梯间平台,分段设梯。

17.3.5 钢平台包括平台、通行平台、梯间平台和检修平台。

17.3.5.1 钢平台应采用机械性能不低于 Q235-A·F 的钢材制造。铺板应采用大于 4 mm 厚的花纹钢板,或者防滑处理的钢板。

17.3.5.2 通行平台宽度不应小于 700 mm,竖向空间一般不小于 1 800 mm。

17.3.5.3 检修平台应当按 400 kg/m² 等效均布荷载设计。

17.3.5.4 通行平台应当按 200 kg/m² 等效均布荷载设计。

17.3.5.5 平台一切敞开的边缘必须设置安全防护栏杆,焊接应牢固。

17.4 登高作业的审批和现场监护

17.4.1 企业应当对工作位置在坠落高度距离基准面 2 m 及以上高处作业建立安全审批制度。每个作业点操作人员不得少于 2 人,其中 1 人明确负责作业监护。

17.4.2 在危险区域进行高处作业要划出禁区,设醒目的安全标志,并有专职人员进行监护,夜间作业必须设置红灯示警。

17.4.3 在高处从事设备危险部位的保养、检修、加油等作业,应当避开各种带电线路。作业时要停电或者切断电源,挂上"有人操作,禁止开启"的安全警示牌,有专人进行监护。对周围有影响的作业应当采取相应的安全措施。

17.4.4 登高作业人员严禁攀绳、爬物登高。严禁悬空吊挂操作。严禁在无立足点或无牢靠立足点的悬空高处作业。严禁在石棉瓦棚、油毛毡棚、玻璃天棚、玻璃钢棚、冷摊瓦等简易屋面上或者无屋面板的高处进行作业或行走。严禁在屋架的上弦、支撑、桁条、挑梁和未固定的构件上作业或行走。

17.4.5 遇到 6 级以上大风及雷暴雨天,禁止在露天进行登高或悬空作业。

夜间施工,照明光线不足时,不得从事登高或悬空作业。

18 作业场所、环境安全管理

18.1 生产现场和环境安全管理

18.1.1 企业应当保障疏散通道、安全出口的畅通。严禁在疏散通道上安装栅栏等影响疏散的障碍物或者占用疏散通道。

18.1.2 生产作业现场应当保持充足、柔和的光照,作业点的光照度应当有 300 lx 混合照明,一般照明的光照度应当有 30 lx,局部照明的光照度应当有 270 lx,有利于操作人员的安全作业。

18.1.3 作业场所划定堆物区域,按定置管理堆放,成行成线,并且清洁、卫生。

18.1.4 生产作业现场应当做到"有洞必有盖,有台必有栏"。

18.1.5 厂区和车间通道应有明显的交通分道行驶的标志,保证行人及车辆畅通:
——行人通道应当大于或者等于 1.0 m;
——电瓶车单向行驶通道应为 1.8 m;
——电瓶车双向行驶通道应为 3.0 m;
——叉车或者汽车行驶通道应为 3.5 m。

18.2 安全标志的设置

18.2.1 企业内应当按照安全生产、消防安全、交通安全等有关规定,根据不同的场所、不同的特点、不同的要求,设置提醒从业人员注意不安全因素,防止安全事故发生,起到保障安全生产作用的安全标志。

18.2.1.1 设置禁止从业人员不安全行为的禁止标志。

18.2.1.2 设置提醒从业人员对周围环境引起注意,以避免可能发生危险的警告标志。

18.2.1.3 设置强制从业人员必须做出某种动作或采取防范措施的指令标志。

18.2.1.4 设置向从业人员提供某种信息或者表明安全设施、场所等的提示标志。

18.2.1.5 设置向从业人员宣传、教育安全生产、消防安全、交通安全等法律法规、相关安全知识以及本企业有关安全规章、规程和制度等文字辅助标志。

18.2.2 纺织工业企业内必须在较大危险因素的生产经营场所、部门和有关设施、设备上,设置各种明显的、有效的和针对性的安全标志。

19 交通安全管理

19.1 机动车辆安全管理

19.1.1 拥有机动车辆的企业(含厂内机动车辆),应配备交通安全管理人员;制定交通安全责任制和车辆维修、保养、使用、检测等管理制度。

19.1.2 企业的机动车辆必须在所在地公安机关交通管理部门注册登记,并参加强制保险。

19.1.3 营运车辆必须持有相关部门核发的资质证件、证明等,符合营运标准。

从事危险品运输的车辆必须持有许可证或资质证明,严格执行安全操作规程,正确使用防护用品,落实防火安全措施,并建立应急预案制度。

19.1.4 机动车辆安全管理应当包括车辆选型、新车接收、办理申照、技术立档、车况鉴定、运行使用、安全驾驶、保养修理、折旧报废等全过程的管理,并建立车辆一车一档一卡。

19.1.5 建立安全运行记录台账:车辆事故记录、车辆违法记录、车辆安全行车里程记录、车辆出市境记录、车辆各级维修、保养记录、安全状况记录等。

19.1.6 定期开展机动车辆的安全检查,认真做好机动车辆例行保养,严格执行各级维修保养和检验,保持机动车辆安全技术性能、车况、车貌、安全附件等完好、有效。

19.1.7 禁止机动车辆带病行驶。制动系统、转向系统、灯光系统等安全装置、安全附件不齐全或失效不准上道。

长途运输、载人车辆等必须在上道前进行严格的全面检查,确保安全。

19.1.8 机动车辆载货、载人运行时,必须严格遵守道路交通安全法律、法规的规定,控制车速,保持车距,严禁违章超车、超速、超载,并按规定变道,确保安全行驶。

19.1.9 机动车辆不得随便外借。

小轿车、面包车、大客车等非营运载人车辆不准擅自赴外省市进行旅游作业活动。

19.1.10 车辆报废、转移、更新、变更等应办妥相关手续,报有关部门备案。

19.2 驾驶员交通安全教育和管理

19.2.1 机动车驾驶员必须持有中华人民共和国正式、有效的驾驶证,驾驶与准驾车型相符的机动车辆。上道行驶时应携带行驶证、通行证、驾驶证等相关证件,并注意保管。

19.2.2 落实安全行车责任和考核。定期组织驾驶员安全学习。建立新驾驶员跟踪教育和重点驾驶员帮教制度。

19.2.3 自觉服从交通信号装置和管理人员的指挥,严格执行驾驶员安全行车操作规程,严禁酒后驾车等违法行为。

19.2.4 做好机动车辆的日常保养和季节性安全防范措施。坚持"一日三查"和防"四漏",即出车前、行驶间、返回后的安全检查,防范漏油、水、电、气,保持良好的车况。

19.2.5 严禁驾驶员疲劳驾车。单程行驶在 300 km 以上的,应当配备两名驾驶员。

实习驾驶员驾车须挂有实习车示意牌。

19.2.6 不得私自把机动车辆外借使用,或者交给与准驾车型不相符的人员驾驶。严禁非驾驶员驾驶机动车辆。

19.2.7 使用外聘驾驶员必须按照有关规定办妥相关手续,且加强安全管理。聘用手续未办妥之前,不得使用。

19.2.8 发生道路交通事故后,保护好事故现场,并及时、如实报告有关部门,不得隐瞒不报、故意谎报或者拖延不报。

19.3 企业内机动车辆安全管理

19.3.1 铲车、电瓶车等企业内机动车辆以及驾驶员都应当由资质部门认可、发牌、发证,方可在企业内行驶运行。禁止上道行驶。

19.3.2 定期开展企业内机动车辆的安全检查,做好维修、保养和检测、检验,保持其安全技术性能的良好、有效。发现危及安全的现象必须立即停驶,待修复后方可使用。

19.3.3 企业内机动车辆应当完善驾驶防范架,制动、转向、灯光、喇叭、后视镜等安全附件必须齐全、有效。门架滑轮、链条、铲齿等均应完好、无裂纹、无变形。

19.3.4 载运货物时,严禁超高、超宽、超长和超速、超载,不准装载超出行驶证上核定的载重量。货物装载高度不得影响驾驶人员在作业时的视线。严禁两车同时铲运一个物体。货物装运要稳妥、扎牢,防止运行时滚动或坠落伤人。

19.3.5 驾驶员在行驶途中,要注意行人。经过交叉通道时,要一看、二慢、三通过。起步时,必须先让行人。转弯时,要缓慢匀速;倒车时,要开启指示灯,并注意后方动态。

19.3.6 在企业区域内道路上行驶的车速不得超过 5 km/h,进入车间、作业现场应当减慢速度。

19.3.7 各类铲车行驶时,要看清前、后、左、右、上、下情况和障碍物,以免碰撞。物件运行时,铲齿离地面约 30 cm～50 cm。严禁在高压线下升高铲装作业。

19.3.8 企业内机动车辆不得载人。铲车升降时,严禁铲车下面或物件上面站人。严禁铲斗带人上下,或当脚手架使用。

19.3.9 电瓶车应及时充电,采取有效的安全措施。加注电水时必须使用防护用品,注意硫酸侵溅人身。

19.3.10 车辆工作完毕后,应把铲斗放下落地,拉好手制动,关闭电门取下钥匙。

电瓶车应安装闸刀开关(包括电瓶铲车),停用时除关闭电门外还应拉掉闸刀。

19.4 从业人员交通安全管理

19.4.1 从业人员应当自觉遵守道路交通安全法律、法规,应当自觉遵守企业制定的交通安全责任制和规章制度。

19.4.2 从业人员有责任参与道路交通安全,骑好车,乘好车,走好路。有义务接受企业有关交通安全的宣传教育和非机动车的安全检查。

19.4.3 经常自觉检查自己的非机动车,车闸、车铃等安全装置必须保持齐全、有效、可靠。发现危及安全行驶的隐患应及时排除。

19.4.4 走路、骑车,应紧靠道路右侧,遵守交通标志指示。不闯红灯信号,不横穿马路,不急转、猛拐、不追逐、疾跑,不穿越禁区、护栏。经过道路交叉口时,要一看、二慢、三通过,并按指定地点停放非机动车。

19.4.5 非机动车进出企业大门时应当下车推行。

禁骑区或者作业场所内禁止骑非机动车。

20 季节性安全管理

20.1 防汛、防洪、防台安全管理

20.1.1 企业应当做好防汛、防洪、防台的组织落实、管理落实、措施落实;建立一支抢险救灾的应急队伍,完善防汛、防洪、防台组织机构和职能部门;健全防汛、防台管理制度,编制防汛、防台应急通讯网络。

20.1.2 企业应当编制防汛、防洪、防台的应急预案,并经常开展抢险救灾的演练,不断提高自防自救和应变能力。企业应做好抗御重大灾情的袭击和由此造成的停电、停气、房屋倒塌、化学事故、火灾和人员伤害等次生灾害的准备。

20.1.3 企业应当落实抢险救灾物资的储备。台风和潮汛季节前,沿海、沿江、沿河纺织工业企业应当做好堤坝、防汛墙、防汛闸门、防汛泵、排水、挡水和防风等设施、设备的检查、检修、保养、配备以及下水道的疏通。

20.1.4 企业应当开展防汛防台的安全检查。对查出的隐患必须及时组织力量,落实整改,并达到以下要求:

——确保堤坝、防汛墙、驳岸、闸门、水泵等各项防汛工程设施的完好;

——确保各类抢险救灾器材、物资的储存,并在汛期 24 h 内随时发放;

——确保露天行车、吊车、建筑工程脚手架、烟囱、广告牌等高空设施的安全性;

——确保避雷设施、高低压电气线路、变配电室、移动电具等安全可靠;

——确保危险房屋、简易棚的安全度汛措施的落实情况;

——确保仓库、变配电室、锅炉房等重点部位预防进水的措施有效落实。

20.1.5 企业应当落实防汛、防洪、防台的值班力量,密切注意气象变化,及时掌握汛情和台风警报,并设专人收听和记录。当遇有台风、暴雨警报和高潮位预报等重大灾情后,企业必须及时向主管部门报告,迅速采取有效防御措施,进入临战状态。

主要负责人应当亲自挂帅,投入值班,职能人员要迅速到岗,实施应急处置预案。

服从统一指挥,抢险物资、应急人员投入抢险救灾工作。

沿海、沿江、沿河企业关闭各类防汛闸门等挡潮设施,堤岸、防汛墙险段要有专人重点守护,加强巡查。

停止露天装卸等作业,加固行车、吊车等起重设施的防风装置。重点要害部位做好安全用电等防范措施。

20.1.6 台风和潮汛结束后,企业应当迅速组织力量清理受灾现场,及时抢修受损设施和生产设备,防止次生灾害的发生,尽快恢复生产经营正常秩序,并及时总结经验教训。

20.2 防暑降温安全管理

20.2.1 企业应当根据《高温作业分级》对高温作业进行管理。对从事高温操作人员进行身体检查，体检不合格的人员应当调离高温岗位。

20.2.2 企业应当落实防暑降温资金。对处于高温作业的生产场所，应当合理设计工艺过程，改进生产设备和操作方法，采用必要的隔热材料达到隔热降温要求，并采用自然通风和机械通风来降低生产作业环境的温度，让操作人员远离热源。

20.2.3 高温季节前，企业应当及时对排风机、送风机、通风管、风扇、鼓风机、气楼、气窗、挡风板及隔热设备等进行检测、整修，指定人员对降温设备、设施进行维修、保养，保证其安全投入使用。

20.2.4 高温露天作业、高温操作车间，应当视气温变化避开中午高温强热辐射对作业人员的伤害，采取分班轮换作业、工间休息以及做"两头"歇"中间"等办法，并严格控制加班，妥善安排从业人员临时休息。

20.2.5 企业应当为从业人员供给足够的防暑降温保健食品。高温岗位、特殊工种等作业人员，应当供应含盐清凉饮料和补充营养。落实质量和饮食卫生管理，保证防暑降温饮料、食品现场供应，安全饮用。

20.2.6 企业应当按不同作业的工种，发放必需的耐热、导热、防辐射热和透气的工作服，供给必要的防护用具。

20.3 防寒保暖安全管理

20.3.1 在寒冷季节前，企业应当做好防寒保暖准备工作，确保供暖、供气正常，做好防冻、防寒、防滑准备工作。

20.3.2 机械设备、蒸汽管道、供水管道、机动车辆等做好防冻保温措施，避免冻裂故障和伤人。

20.3.3 冬季寒冷地区露天作业的要采取做"中间"歇"两头"的办法，切实做好操作人员的防寒保暖工作。

20.3.4 寒冷地区室外操作要配备保暖劳动防护用品。现场操作应有人监护，保障安全。

20.3.5 严格电加热、火炉、电炉、煤油炉、燃气炉等取暖设备、设施的管理，做好排气除烟措施，防止人员中毒和火灾事故的发生。

21 从业人员合法权益的维护

21.1 从业人员的合法权益

21.1.1 企业的安全生产工作应当以人为本。安全生产监管部门、工会和有关部门（车间）应当依法维护从业人员依法享有的安全生产权利，及时制止生产经营过程中侵害从业人员的行为。

21.1.2 企业应当依法与从业人员订立劳动合同。劳动合同应当载明有关从业人员劳动安全、应急防范和自我保护以及防止职业危害的事项。不得以任何形式与从业人员订立免除或者减轻其对从业人员因生产安全事故造成伤亡依法所应承担责任的协议。

21.1.3 企业应当认真听取从业人员对本企业安全生产工作中存在问题所提出的建议、批评、检举和控告，并采取积极的措施，完善安全生产工作。

21.2 女性从业人员的特殊保护

21.2.1 女性从业人员依法享有安全生产的特殊保护。企业应当制定女性从业人员劳动保护的具体规定。

21.2.2 企业应当做好女性从业人员"四期"的劳动保护工作。

不得安排女性从业人员在经期从事高处、登高和国家规定的三级体力劳动强度的劳动。

不得安排女性从业人员在怀孕期间从事国家规定的三级体力劳动强度的劳动和孕期禁忌从事的劳动。

对怀孕 7 个月以上的女性从业人员,不得安排其延长工作时间和夜班劳动。

不得安排女性从业人员在哺乳未满一周岁的婴儿期间从事国家规定的三级体力劳动强度的劳动和哺乳期禁忌从事的劳动,不得安排其延长工作时间和夜班劳动。

女性从业人员生育享受不少于 90 天的产假。

21.2.3 严禁女性从业人员从事毒物、物理性因素劳动。严禁女性从业人员从事重体力、登高、冷水、低于基准面 2 m 以下劳动作业。

21.3 劳动防护用品的配备

21.3.1 企业必须为每一位从业人员提供符合国家标准、行业标准的劳动防护用品,并教育、督促从业人员按照使用规则正确佩戴、使用劳动防护用品。不得以现金或者其他物品替代劳动防护用品的提供。

21.3.2 企业要根据从业人员不同岗位、不同工种、不同劳动条件和生产作业环境、不同劳动强度以及生产岗位接触有害因素的存在形式、性质、浓度或强度,选择合适防护性能的防护用品,保证从业人员在生产作业过程中人身安全和健康,免遭或者减轻各种人身伤害以及职业危害。

21.3.3 企业应当制定劳动防护用品采购和管理制度,按规定、期限、工种为从业人员发放劳动防护用品。不得超极限使用。

21.3.4 企业必须向具有国家规定资质单位采购具有生产许可、产品合格和安全鉴定等"三证"的劳动防护用品,并进行安全检查、防护功能验收和索取产品检验合格证,归档保存。

21.4 工伤保险

21.4.1 企业必须按照国家规定参加工伤保险。应当按照规定的项目、标准、方式、时间,以及根据工伤保险费的差别费率和浮动费率等,为本企业从业人员缴纳工伤保险费。

21.4.2 从业人员依法享受工伤保险待遇,个人不缴纳工伤保险费。

21.4.3 发生生产安全事故、职业病后,企业应当按照国家有关规定和标准为从业人员进行无责任伤害赔偿和无过失经济补偿。

21.4.4 从业人员享有因生产安全事故、职业病受到伤、病、残、亡的经济补偿、伤残补助、医疗救治、生活护理、伤残津贴以及供养直系亲属的基本生活费等,企业不得违法扣克、截留。

21.4.5 从业人员发生生产安全事故、职业病危害后,企业应当在 30 日之内,向统筹地区劳动保障行政部门提出因工伤亡认定申请。

22 事故应急救援

22.1 应急救援组织

22.1.1 企业应当建立事故应急救援组织,明确相关部门、具体负责人及其工作职责,建立必要的应急救援队伍和通讯网络等。

22.1.2 企业应当依法开展救援演练,储备必要的应急救援物资。

22.1.3 小型企业应当指定日常管理部门配备必要的兼职应急救援人员。

22.2 应急救援预案的编制和演练

22.2.1 企业应当依照国家规定编制防范突发事故、事件和灾害的应急救援预案。应急预案编制应有专人负责。企业的应急预案应当与政府及其有关部门的预案相衔接,防止预案相互交叉和矛盾。

22.2.2 应急救援预案应当包括生产、消防、交通、防汛、危化、地震等方面的突发内容;应当包括应急救援组织机构及其职责、应急救援启动程序、紧急处置措施方案、应急救援组织的训练及定期演练、应急救援设备器材的储备和经费保障。

22.2.3 预案编制后,企业应对其应急准备、应急能力进行评估,确认预案的预防措施和应急处理能力的可行性。

22.2.4 企业应对从业人员进行日常教育、应急训练、预案演习做出相应规定。

22.2.5 企业应对演练结果进行评估,分析存在的不足,予以改进和完善。

22.3 应急救援物资的储备

22.3.1 企业应当根据本单位潜在事故的性质和后果分析,配备必需的救援器材和救援物资。

22.3.2 企业应当定期对救援器材、救援物资进行检查、维护和更新,确保储备的器材和物资始终处于完好状态。

22.3.3 企业应当加强对储备的器材和物资的管理,并根据国家有关规定及时更新、调换和补充。

23 租赁、承包经营的管理

23.1 一般要求

23.1.1 企业应当落实对生产、产品、工程、施工和厂房、场所以及设备等外承包、外租赁经营的全过程安全管理,对承包方、承租方的安全工作进行统一协调、管理。应当建立、健全安全生产、防火安全等规章制度以及有关审批制度。

23.1.2 企业在招标租赁前,应当查验承租、承包方的合法、有效营业执照、安全生产许可证、相应生产经营资质证件、证书原件或者从事的生产经营范围;应当将核准的证件、证书复印备案,定期核查。

禁止将厂房、场所、设备等出租、发包给不具备合法、有效生产经营资质的承租、承包方或者个体经营者。特别是涉及易燃易爆、有毒有害等危险化学品生产、使用、储存、运输、经营,以及特种设备的危险操作等。

23.1.3 企业应当按照有关法律、法规的要求和程序,与承租、承包方安全责任人签订有效、可靠、合法的安全生产管理协议书,或者安全责任协议书。安全生产管理协议书,或者安全责任协议书应当与承租、承包经济合同分别签订。

23.1.4 安全生产管理协议应当明确:承租、承包方应自觉服从出租、发包企业对其安全工作的统一协调、管理;自觉遵守出租、发包企业所制定的各项安全生产、防火安全等规章制度、审批制度;自觉接受出租、发包企业安全宣传教育和督促检查,并及时落实事故隐患的整改工作。

23.1.5 安全生产管理协议应当明确:安全生产、防火安全的具体内容;出租、发包企业和承租、承包双方各自的安全责任、管理职责;因责任不落实、管理不落实或违法违章所造成的火灾爆炸、人员伤亡、财产损失的事故责任及其经济赔偿,包括由此而殃及出租、发包企业或周邻第三者的连带责任、经济赔偿等其他问题。

23.1.6 安全生产管理协议应当注明：租赁双方的企业名称、法定代表人或者委托代理人；厂房、场所的面积、结构、附属设施和特种设备状况；承租、承包方从事的主要生产经营内容和涉及的从业人员数量；承租、承包的期限和签约日期等。

23.1.7 企业应当对外承包、外租赁经营的安全生产管理协议或者安全责任协议书认真把关，做到一户一签，一户一档，合法有效。

23.2 现场管理

23.2.1 企业出租、发包的厂房、场所、设备等，应当符合国家有关法律、法规规定；符合原规划设计的使用性质、安全生产条件和防火等级；持有有效的相关证照。出租、发包时，应将其使用性质、安全状况和防火要求明确告知承租、承包方，并提出相应的生产经营活动范围的建议。企业应当加强对承租、承包方加工、施工、经营等现场安全的监控管理。

23.2.2 出租、发包企业应当定期和不定期对承租、承包方开展安全生产、防火安全为重点的防范宣传教育和现场监督检查。对查出的事故隐患应当开具整改通知单，提出整改要求，并做好记录、备案。对查出的事故隐患和违法行为，承租、承包方拒不整改的，出租、发包企业应当书面上报所在地区的安全生产监管部、公安消防、质量技监等具体部门。

23.2.3 承租、承包方应当遵守国家有关危险化学品的生产、经营、储存、运输、使用规定，并在规定的区域内。出租、发包方应当加强监督检查，发现问题及时向所在地区的安全生产监管部、公安消防、质量技监等具体部门报告。

23.2.4 承租、承包方使用的锅炉、压力容器、电梯、起重设备等特种设备必须经过检验、检测、验收合格。严禁使用国家、政府和行业明令淘汰的生产工艺、设备和违法制造、安装、改造、使用的特种设备。从事特种作业人员必须具备相应的资格，持证上岗，并按规定进行年检和复审。

23.2.5 承租、承包方按照"低规要求"安全用电，电气装置、动力线路、临时电线、保护接地、接零装置、避雷装置、动力电气、绝缘用具、移动电具等必须符合有关安全技术标准，必须完整、有效、可靠，严禁违章改变、擅自动用。若确实需要敷设、接拉电气线路，必须书面经过出租、发包企业的许可，并按照有关安全技术要求进行操作。

23.2.6 严格落实安全施工措施，涉及明火焊割、爆破操作、电气动力、起重吊装、登高作业、车辆运输等工程，承租、承包方必须事先将安排计划书面告知出租、发包企业，同时做好现场监护、人员教育、安全检查。

出租、发包企业应当参与现场安全监督管理，确保安全操作规程的落实和安全防范措施的落实。

工程施工场地应当采取封闭式操作，外围、通道之处必须悬挂禁止、警告、指令、提示等安全标志。

23.2.7 承租、承包方对厂房、场所的装修和特种设备的安装，必须符合有关技术标准和消防、安全等规定。不得破坏、擅自改变原有建筑结构、动力电源、燃气管道、压力管道等。如确有需要改动建筑结构、动力电源、燃气管道、压力管道等，以及使用明火操作、特殊危险作业等，必须报告出租、发包企业，经出租、发包企业同意后方可施工操作。有些需要政府部门同意的，承租、承包方按照规定，会同出租、发包企业一起向所在地有关部门申办相关的审核和验收手续。未经有关部门审核同意，不得擅自施工操作。

23.2.8 承租、承包方未经出租、发包企业许可同意,不得擅自转租厂房、场所做"二房东"。通过许可转租、转包的,应当重新签订安全生产管理协议书或者安全责任协议书,明确生产、经营、消防、特种设备安全管理职责。

23.2.9 严禁承租、承包方在车间或仓库的建筑物内设置从业人员的宿舍。严禁将生产、经营、储存、使用危险物品的车间、商店、仓库等与从业人员的宿舍安排在同一建筑物内。

23.2.10 严禁堆堵、损坏、擅自挪用消防灭火、应急报警、疏散指示等设备、设施、装置、灯具和器材等,并定期做好检查、检测、维修、保养。

24 事故调查和处理

24.1 事故的抢救

24.1.1 企业主要负责人及管理职能部门负责人在接到生产安全事故报告之后,应当立即赶到事故现场,积极组织、指导抢救排险,防止事故蔓延扩大。

24.1.2 在事故现场的抢险中,必须迅速疏散现场围困人员,采取有效措施,全力组织抢救、治疗受伤者。

24.1.3 保护事故现场,做好现场标志,凡与事故有关的物体、痕迹、状态,不得破坏。

24.2 事故的报告和统计

24.2.1 企业发生或者接到生产安全事故(包括火灾事故、交通事故以及其他灾害事故)报告后,应当及时、如实上报政府及有关部门,不得隐瞒不报、故意谎报或者拖延不报。

24.2.2 发生因工死亡、火灾、危及生命安全以及造成社会影响等重大生产安全事故之后,企业应当按照国家规定向所在地的安全生产监督管理部门、公安消防部门、公安交通部门以及企业上级主管部门报告,并及时跟踪事故的进展,随时上报。

24.2.3 事故统计上报,实行地区考核为主、结合行业考核的方法。企业发生伤亡事故、火灾事故、交通事故之后,应当按规定时间报送所在地的安全生产监督管理部门、公安消防部门、公安交通部门等,并同时报送企业上级主管部门。

24.2.4 企业应当严格执行生产安全事故统计报表制度的有关规定,按时、按质填写报表,统计、上报。严禁瞒报、漏报、迟报和伪造、篡改数字。

24.2.5 企业的事故统计报表应当包括企业的基本情况、各类事故发生的起数、伤亡人数、伤亡程度、事故类别、事故原因、经济损失等。

24.3 事故的调查和处理

24.3.1 发生因工伤亡、火灾、危及生命安全以及造成社会影响等生产安全事故时,应按照国家规定成立事故调查组。

24.3.2 事故调查组根据事故所造成的重伤、死亡、火灾等不同性质、不同结果开展事故调查工作。企业不得干扰调查组的工作。

24.3.3 发生轻伤、重伤等事故,依法由企业组织事故调查的,由企业主要负责人或指定人员组织生产、技术、安全、消防等有关人员以及工会成员组成事故调查组,进行调查。

24.3.4 发生死亡或者造成社会影响的火灾事故,依法由政府、安全生产监督管理部门、公安消防部门、工会等组成事故调查组,进行调查。

事故调查组的主要工作:
——查明事故发生原因、过程、人员伤亡、经济损失等情况;

——找出事故的直接原因、主要原因、间接原因;
——查明事故的性质、责任和教训;
——提出事故处理以及防止类似事故重复发生所应采取的整改措施和建议;
——提出对事故相关责任人的处理意见;
——检查控制事故的应急措施和落实;
——写出事故调查报告。

24.4 事故的防范措施

24.4.1 轻伤、重伤等事故,企业在事故调查结束后,应当召开事故现场会议,总结事故原因,吸取教训,针对事故暴露出来的薄弱环节和管理漏洞,举一反三,堵漏建制,督促落实整改措施。

24.4.2 死亡或者造成社会影响的火灾事故,在事故调查结束后,企业对于事故调查报告中提出的防范事故的建议和措施,应当认真贯彻落实。防范措施的落实情况,依照规定应当向政府有关部门报告。

24.4.3 事故调查处理遵守"四不放过"原则:
——事故原因没有分析清不放过;
——事故责任者和群众没有受到教育不放过;
——防范措施没有落实不放过;
——事故责任者没有得到处理不放过。

24.5 事故的责任追究

24.5.1 国家实行生产安全事故责任追究制度。根据事故调查所确认的事实依据,对造成事故的直接责任人、主要责任人及有关人员追究法律责任。

24.5.2 有下列行为之一,并造成事故的,对直接责任人、主要责任人及有关人员给予相应的行政和党纪处分;构成犯罪的,依法追究刑事责任:
——违章指挥、违章作业、违反劳动纪律和强令职工冒险作业的。
——违反有关规章制度和安全操作规程的。
——擅自开动机械设备或者擅自更改、拆除、毁坏、挪用安全装置和设备的。
——安全生产责任制不落实,安全生产规章制度或安全操作规程不健全,危险作业未执行审批制度、未落实安全措施的。
——安全培训教育不正常,从业人员未落实二、三级安全教育。特种作业人员、行业规定的危险工种作业人未经安全培训或安全培训不合格。采用新工艺、新技术、新材料、新设备而未对从业人员进行专门的安全生产教育和培训或无安全技术防范措施。没有为从业人员提供符合国家标准或者行业标准的劳动防护用品的。
——危险源、重点口子监控措施不落实,无应急处置预案。特种设备、器具以及安全装置未经定期检测、检验合格而擅自投入使用。危险性较大的生产设备、危险作业区域缺少安全防护、联锁、保险、信号、报警等装置。机械设备超过检修期限或超负荷运行。擅自使用国家和行业明令淘汰、禁止使用的危及生命安全的工艺、设备的。
——安全生产所必需的资金投入不到位,重大事故隐患、危害视而不见,整改不力,不采取积极有效的防范措施。"六个必有"安全措施不落实的。
——新建、改建、扩建工程项目的尘毒治理和安全设施未与主体工程做到"三同时"或未经有关部门批准同意的。
——事故发生后,未及时落实整改,吸取事故教训,重复发生事故,以及事故发生后不及时上报、隐瞒不报、故意谎报或者拖延不报的。
——将生产经营项目、厂房、场所、设备发包或者出租给不具备安全生产条件或者相应资质的企业或者个人的。

25 其他

25.1 安全评价和评估

25.1.1 企业应当逐步推行安全评价活动,运用定量或者定性的方法,对本单位存在的职业危险因素和有害因素进行识别、分析和评估,提出相应的消除、预防和降低危险、危害的对策措施,确保安全生产。

25.1.2 企业开展的安全评价活动包括预评价、验收评价、现场综合评价、专项评价等。

25.1.2.1 建设项目开工建设前,可以进行预评价。根据建设项目可行性研究报告的内容,运用安全预评价的原理和方法,分析和预测其存在的危险、有害因素的种类和程度,提出合理可行的安全技术设计和安全管理的建议。

25.1.2.2 建设项目竣工或者投入使用前,可以进行验收评价。运用系统安全工程原理和方法,对建设项目的设施、设备、装置的实际运行状况进行检测、考察,查出其投产后可能存在的危险、有害因素,提出合理可行的安全技术调整方案和安全管理对策。

25.1.2.3 企业可以根据总体或局部生产经营活动的安全现状,对在用的生产装置、设备、设施、储存、运输以及安全管理状况等进行现场综合评价。

25.1.2.4 企业可针对某一项生产经营活动或场所,以及一个特定的生产产品、生产方式、生产工艺或生产装置等存在的危险、危害因素进行专项安全评价。运用安全评价原理和方法,查找其存在的危险、危害因素,确定其程度,提出合理可行的安全对策和整改建议。

25.2 职业健康安全管理体系

25.2.1 企业应当逐步建立、实施职业健康安全管理体系。通过建立一个动态循环的管理过程,以持续改进的思想指导企业系统地实现其安全生产和职业健康的目标。

25.2.2 企业应当承诺遵守职业健康安全的法律、法规,持续、有效地实施与运行职业健康安全管理规划,持续改进职业健康绩效和事故预防,保护从业人员安全和健康。

25.2.3 企业应当通过定期或者及时地开展危险源辨识、风险评价和风险控制等策划工作,来识别、预测和评价企业现有或者预期的作业组织中存在的危害(风险),采取有效地消除、降低或者控制其危害(风险)的措施,确保职业健康安全目标的可行性、实用性和持续渐进性。

25.3 企业应定期召开安全工作会议,总结推广先进的安全管理经验,促进整体的安全管理水平的提高。

25.4 企业应当按照国家规定,根据本单位的实际制定和实施安全生产管理的标准和规范,运用先进的生产技术,逐步使生产设备达到机械化、密闭化、自动化,提高纺织工业企业的本质化安全,减轻劳动作业强度,有效控制生产安全事故。

制冷空调作业安全技术规范(AQ 7004—2007)

前　　言

为规范制冷空调工程建设,保障制冷空调作业的安全,保护人民生命财产安全,根据《中华人民共和国安全生产法》等有关法律、行政法规及标准,制定本标准。

本标准全部技术内容为强制性条款。

本标准由国家安全生产监督管理总局提出。

本标准由全国安全生产标准化技术委员会归口。

本标准起草单位:天津市安全生产监督管理局、中国安全生产科学研究院、天津市安全生产技术研究中心、天津商学院。

本标准主要起草人:张时善、刘旭荣、李耀杰、刘生昌、申江、黄明颖、阎中山、沈俊、高军、徐文生。

1 范围

本标准规定了有关制冷、空调系统的设计、安装、调试、操作、维护、检修等作业中的有关安全技术要求。

本标准适用于采用各种型式的蒸气压缩式制冷机及吸收式制冷机的制冷、空调系统。

2 规范性引用文件

下列文件中的条款通过本标准的引用而成为本标准的条款。凡是注日期的引用文件,其随后所有的修改单(不包括勘误的内容)或修订版均不适用于本标准,然而,鼓励根据本标准达成协议的各方研究是否可使用这些文件的最新版本。凡是不注日期的引用文件,其最新版本适用于本标准。

GB 536—1988　液体无水氨

GB 50050—1995　工业循环冷却水处理设计规范

GB 9237—2001　制冷和供热用机械制冷系统安全要求

GB 18361—2001　溴化锂吸收式冷(温)水机组安全要求

GB 50016—2006　建筑设计防火规范

GB 50045—1995　高层民用建筑设计防火规范(2005年版)

GB 50028—2006　城镇燃气设计规范

SBJ 12—2000　J 38—2000　氨制冷系统安装工程施工及验收规范

GB 50274—1998　制冷设备、空调分离设备安装工程施工及验收规范

GB 50243—2002　通风与空调工程施工质量验收规范

GB 12220—1989　通用阀门标志

GB 17790—1999　房间空气调节器安装规范

GB/T 18837—2002　多联式空调(热泵)机组

GB 50019—2003　采暖通风与空气调节设计规范
GB 50072—2001　冷库设计规范
GB 50235—1997　工业金属管道工程施工及验收规范
国家质量技术监督检验检疫总局第 46 号(2003)　气瓶安全监察规定
国家质量技术监督检验检疫总局锅发 154 号(1999)　压力容器安全技术监察规程

3　术语和定义

本标准采用下列术语和定义。

3.1
制冷　refrigeration
从低于环境温度的空间或物体中吸收热量并将其转移给周围环境的过程。

3.2
制冷系统　refrigerating system
在两个热源之间工作的用于制冷目的的系统,即通过制冷剂从低温热源中吸取热量并将热量排到高温热源中。

3.3
吸收式制冷系统　absorption refrigerating system
制冷系统的一种。制冷剂液体在蒸发器中吸热蒸发,所形成的蒸气被吸收器中的吸收剂所吸收,在此之后,吸收了制冷剂蒸气的吸收剂,又在较高压力的发生器中被加热,而分离出制冷剂蒸气,该蒸气在冷凝器中被冷凝成液体。

3.4
压缩机　compressor
用于压缩制冷剂蒸气的设备。

3.5
压缩式制冷系统　compression refrigerating system
制冷系统的一种,其中气态制冷剂的温度和压力都由压缩机来增高。

3.6
冷凝器　condenser
一种热交换器,在此热交换器内,经压缩后气态制冷剂通过把热量传递到外部的冷却介质中去而被液化。

3.7
冷凝机组　condensing unit
指使用给定制冷剂的特定的制冷机组,它由一组或多组动力驱动的压缩机、冷凝器、储液器(需要时)和其他附件组成。

3.8
制冷剂　refrigerant
在制冷系统中通过相变传递热量的流体。它在低温低压时吸收热量,在高温高压时放出热量。

3.9
制冷剂检测仪　refrigerant detector

能够检测制冷剂蒸气存在的仪器。

3.10
制冷压缩机组　refrigerating compressor unit

由制冷压缩机、原动机及其他附件组装在一个公共底座的机组。

3.11
制冷装置　refrigerating installation

构成制冷系统及其运行所必要的所有设备的组合。

3.12
载冷剂　secondary refrigerant

一种挥发性的或不挥发性的流体。它在间接制冷系统中吸收被冷却空间中物体的热量，并将热量传递给制冷系统的蒸发器。

3.13
蒸发器　evaporator

一种热交换器，在此热交换器内经减压后的液体制冷剂通过被冷却的介质吸收热量而被蒸发。

3.14
安全出口　exit

紧靠门的、供人员离开建筑物的通道。

3.15
易熔塞　fusible plug

一种用一个在预定温度下会熔化的构件来达到释压目的的一种安全装置。

3.16
表压　gauge pressure

系统中的绝对压力与外部大气压力之间的压差。

3.17
贮液器　liquid receiver

进、出口管与系统永久连接的、用于贮存液体制冷剂的容器。

3.18
溴化锂吸收系统　lithium bromide/water absorption system

以水为制冷剂、溴化锂水溶液为吸收剂的吸收式系统。

3.19
设备　machinery

组成制冷系统的制冷设备。包括以下的一部分或全部：压缩机、冷凝器、储液器、蒸发器以及接管。

3.20
机房　machinery room

用来容纳与安全有关的制冷系统部件的房间，但不包括含有蒸发器、冷凝器或管道系统的房间。

3.21

最大工作压力 maximum working pressure(MWP)

制冷系统不论在运行或停机时都不应超过的表压,不包括泄压器件。

3.22

不凝性气体分离器 non-condensable separator

分离和排除不凝性气体的设备。

3.23

管道 piping

用来连接制冷系统内各部分的管路和管子。

3.24

安全阀 pressure-relief valve

用弹簧或其他方法使其保持关闭的压力驱动阀,当压力超过设定值时,就会自动泄压。

3.25

压力容器 pressure vessels

是除下述以外的制冷系统中所有含制冷剂的部件:

——压缩机;

——泵;

——封闭式吸收系统部件;

——蒸发器,其各独立部分的制冷剂容量均不超过 15 L;

——盘管和管排;

——管道及其阀门、接头和支撑;

——控制器件;

——集管和其他内径不大于 152 mm 及内净容积不超 100 L 的部件。

3.26

气密性试验压力 leakage test pressure

用于检测制冷系统或其任一部分气密性的表压。

3.27

设定压力 set pressure

泄压器件或压力控制器件开始动作的压力。

3.28

强度试验压力 strength-test pressure

指用于测试制冷系统或其部件强度的试验表压。

4 一般要求

4.1 制冷剂

4.1.1 制冷空调系统所用的制冷剂应具有很好的热力性质与化学稳定性,符合设计文件规定,有产品合格证明书。

4.1.2 制冷系统用液氨(钢瓶装或槽车装)质量应符合 GB 536—1988 的规定,并采用不低于一等品指标的液氨。

4.1.3 机房中制冷剂的储存量除制冷系统中制冷剂的充注量外不应超过 150 kg。严禁易燃、易爆的制冷剂储存在机房中。

4.1.4 用于盛装回收制冷剂的容器,在每次使用时应仔细称重,容器的盛装量不得超过其允许盛装量。

4.2 载冷剂

间接冷却系统所用载冷剂应化学稳定性好,腐蚀性小,不易燃烧,且无毒。

4.3 冷冻油

冷冻油应按设备使用说明书选用,并应和所选用的制冷剂相匹配。

4.4 循环冷却、冷冻水的水质

应定期进行水质分析,水质标准应符合 GB 50050—1995 的规定。冷却水系统应具有过滤、缓蚀、阻垢、杀菌、灭藻等水处理功能。

4.5 制冷剂的充注

4.5.1 制冷系统充注制冷剂必须在制冷系统气密性试验和制冷设备管道隔热工程完成并经检验合格后进行。

4.5.2 氨系统在充氨前必须进行 0.2 MPa 的充氨试验。

4.5.3 制冷剂的充注量及方式应符合设计文件或设备说明书的要求。

4.6 设备材料

4.6.1 设备材料必须符合国家技术标准或设计要求,并具有产品合格证明文件。

4.6.2 主要设备和部件必须有完整的中文安装使用说明书。

4.7 压力容器

4.7.1 压力容器的使用、管理应按《压力容器安全技术监察规程》的规定执行。

4.7.2 使用安全阀保护的压力容器,压力容器所能承受的最大压力至少为设计压力的 3 倍。

4.7.3 使用易熔塞的压力容器,压力容器所能承受的最大压力至少满足制冷剂临界压力的 2.5 倍或易熔塞熔断温度时的制冷剂饱和压力的 2.5 倍。

4.7.4 内部或外部设计压力小于等于 1 个标准大气压或更小的容器能承受其 3 倍的设计压力,并进行不小于 1.25 倍设计压力的气压检验或 1.5 倍设计压力的水压检验。

4.8 制冷剂钢瓶

4.8.1 制冷剂钢瓶的检验、运输、保管应按《气瓶安全监察规定》执行。

4.8.2 制冷剂钢瓶产权单位应建立气瓶档案,其内容包括合格证、产品质量证明书、气瓶改装记录、气瓶检验记录等。

4.8.3 制冷剂钢瓶的定期检验周期、报废期限应当符合有关安全技术规范及标准的规定。

4.8.4 不同制冷剂钢瓶应有不同的钢印和颜色标记,严禁擅自改变钢印和颜色标记。

4.8.5 制冷剂钢瓶的使用

4.8.5.1 在使用前应确认钢瓶的安全状态和盛装的制冷剂种类。

4.8.5.2 不得靠近热源,距明火不少于 10 m。

4.8.5.3 严禁敲击、碰撞、曝晒以及用超过 40 ℃ 的热源对瓶体加热。

4.8.5.4 瓶内应留不少于 0.5%～1.0% 规定充注量的剩余制冷剂。

4.8.5.5 不得对瓶体进行焊接。

4.8.5.6 不得使用已报废的钢瓶。

4.8.5.7 不得将钢瓶内的气体向其他钢瓶倒装或直接由罐车对钢瓶进行充注。

4.8.5.8 不得自行处理钢瓶内的残液。

4.8.5.9 外观有损坏，钢印标记、颜色标记不符合规定，附件不全和瓶内无剩余压力的钢瓶不得充注。

4.9 部件

制冷系统中的部件若事先没有进行试验，例如型式试验，则应根据其在制冷系统中的位置单独或成批地在制造厂或在现场根据 GB 9237—2001 的要求进行压力强度试验。

4.10 制冷系统的安全装置

4.10.1 每台制冷机组应按专业技术标准设置高压、中压、低压、油压差等压力控制安全防护装置。安全防护装置经调整、校验后，应做好记录，压力表、安全阀应铅封。

4.10.2 氨用气液分离器、低压循环贮液器及中间冷却器上应设置液位指示、控制，宜安装声光报警装置。其他工质系统按设计文件要求设置。

4.10.3 每台压缩机、泵等设备的电动机，均应设过载保护装置。

4.10.4 压缩机水套、水冷冷凝器、冷水机组蒸发器、蒸发式冷凝器、冷冻水、冷却水系统应设断水保护装置。

4.10.5 所有用电设备应有可靠的接地或保护接零。

4.10.6 溴化锂吸收机组本体应设置的安全保护元器件应符合 GB 18361—2001 的规定。

4.11 作业环境

4.11.1 机房

4.11.1.1 机房的大小应保证足够的检修、保养及操作的空间。处于设备下方的过道，净空高度不能低于 2 m。

4.11.1.2 机房门应向外开。门的数量应确保人们在紧急情况下能自由离开，耐火等级还应根据所采用制冷剂种类，按 GB 50016—2006 的有关条款执行。

4.11.1.3 制冷作业环境制冷剂浓度应低于在空气中爆炸的下限浓度值，并符合 GB 9237—2001 的规定。

4.11.1.4 机房内所有机械外露传动部位必须装防护罩。

4.11.1.5 机房及室外辅助设备区域内应设置警界标志。

4.11.1.6 机房内应设冬季取暖设备，没设取暖设备的机房，或放置于其他场合的制冷空调设备应做好冬季防冻。制冷机房严禁用明火采暖。

4.11.2 氨制冷系统的机房还应符合下列要求：

4.11.2.1 所有进入房间的电路(低压报警电路除外)，应配备开关，这些开关应为封闭型或安装在室外。

4.11.2.2 氨制冷机房所有通风机电机和照明灯具均应采用防爆型，并采用双电源供电。

4.11.2.3 机房内不得设置产生明火的设备或温度高于 427 ℃ 的发热表面。

4.11.2.4 机房内应备有足够的处理氨泄漏的水源。

4.11.2.5 氨压缩机房的自动控制室或操作人员值班室应与机器间隔开，并应设固定密封观察窗。

4.11.2.6 变配电室与氨压缩机房毗连时,共用的隔墙必须采用防火墙,该墙上只允许穿过与配电室有关的管道、沟道,其孔洞周围应采用非燃烧材料严密堵塞。

4.11.2.7 配电室如通过走廊或套间与氨压缩机房相通时,走廊或套间门的材料应为难燃烧体,并应有自动关闭装置;配电室与氨压缩机房共用的隔墙上不宜开窗,如必须开窗时,应用难燃烧的密封固定窗。

4.11.2.8 在制冷剂易集聚的部位宜安装制冷剂检测仪,能够自动报警和自动启动机械通风设备。

4.11.3 机房通风

4.11.3.1 机房可同时采用自然通风和机械通风,进出风口位置随制冷剂种类而定。氨制冷机房为下进上出,氟制冷机房为上进下出,布置风口位置时应考虑到防止空气短路,以免影响机房换风量。

4.11.3.2 安装直燃机组的机房应有良好的通风措施,并符合 GB 50016—2006、GB 50045—1995、GB 50028—2006 的规定。

4.11.4 防护器具

为了保护人员及财产免受损失,应根据制冷系统和制冷剂配备相应的灭火器材。机房应配备相应的防护用品,并存放在设备附近的安全区域之内。防护用品应定期检测、更换。

4.11.5 库房

4.11.5.1 经常清除冷库进出门口及地面冰霜,以免作业人员滑倒受伤。

4.11.5.2 冷库内作业人员应携带手电筒等照明用具,以防突然停电时不能及时出库。

4.11.5.3 冷藏门应设库内侧手动开关装置,在任何时候都应有可能让人离开冷库。

4.11.5.4 冷库内应设紧急呼救按钮。

4.11.5.5 库内作业结束,冷库管理人员应确认库内无人后方可上锁。

4.11.5.6 库内作业人员应用良好的防寒措施。

4.11.5.7 设置库内作业人员休息室和烘干衣物的设施。

4.11.5.8 冷库工作人员的安全规则应按照 GB 9237—2001 附录 A 执行。

4.12 标志及标识

4.12.1 安装标识。每个制冷系统应在现场明显位置安装永久性的标志,内容包括:
——安装商的名称和地址;
——制冷剂的名称和数量;
——润滑剂的名称和数量;
——系统试验压力。

4.12.2 制冷设备和管道的涂色要求:

4.12.2.1 没有保温层的制冷设备和管道的外壁涂漆的种类、颜色等应符合设计文件的要求;当设计无规定时,一般应采用防锈漆打底,调和漆罩面的施工工艺。氨制冷设备及管道涂刷面漆的颜色宜采用 SBJ 12—2000、J 38—2000 表 7.1.5 的规定。

4.12.2.2 氟系统的管道涂色可参照 4.12.2.1 执行。

4.12.2.3 采用镀锌薄钢板、不锈钢薄钢板、防锈薄铝板等做隔热保温材料的金属保护层及外露铜管道时,其表面可不涂漆,但应按 SBJ 12—2000、J38—2000 表 7.1.5 和表 7.1.8 的规定刷贴色环。

4.12.2.4 控制和管道标识。制冷剂质量超过 50 kg 以上的系统应提供明显的永久性标识，并符合下列要求：
　　——控制制冷剂流量、通风和压缩机的阀门或开关；
　　——暴露于机房外面的管道内的制冷剂或载冷剂种类。
4.12.2.5 制冷剂和润滑油更换后应及时更换相应的标识。

5 安装调试

5.1 安装、调试前应在施工组织设计中制定安全措施计划专篇。
5.1.1 超过 2 m 的高处作业，应采取相应的安全措施。
5.1.2 起重作业时，应制定出吊装方案，并设专人指挥。
5.2 基础
　　冷凝装置或压缩机装置的基础或支座应由不可燃物构成，并且能够承受装置的重量。
5.3 防护罩
　　外露运动部件以及直通大气的进、出口，必须装设防护罩(网)或采取其他安全设施。
5.4 安全通道
　　应有通畅的通道，以便安装、检查、维修及出现事故时，可以紧急关闭制冷机组、截止阀和其他的运行设备。
5.5 电路安全
　　电路和电线应按相应的国家标准要求执行。
5.6 机组布置
5.6.1 氟利昂压缩式制冷机房高度不应低于 3.6 m，氨压缩式制冷机房高度不应低于 4.8 m。
5.6.2 离心式机组的基础外缘到配电盘之间的距离不小于 1.5 m，并应于四周设置防护栏杆。
5.6.3 溴化锂机组宜布置在建筑物之内，室外安装机组应具有防雷击和抵御恶劣气候条件的措施。
5.6.4 两台制冷机之间宜留有 1.5～2.5 m 的净空间距。
5.6.5 制冷机顶部距机房屋架下弦高度应留有大于 1.2 m 的间距。
5.7 制冷压缩机和机组的安装
5.7.1 制冷压缩机和机组的安装应符合设备技术文件的要求，必要时可加垫铁、垫片调平。
5.7.2 密封完好的制冷压缩机和机组可直接安装，如果密封失效或有明显缺陷，必须检查，在确认其符合设备制造厂商的出厂标准后方可安装。
5.8 制冷附属设备安装
　　制冷附属设备的安装应符合 GB 50274—1998 规定。
5.9 制冷剂管道的位置
5.9.1 制冷剂管道在穿过建筑物开放区域人员通道时，应紧靠天花板或高于地面 2 m。
5.9.2 制冷剂管道不应安装在电梯井道或设备的移动范围内、公共楼梯口。
5.10 风管安装
5.10.1 空调系统的风道安装应按照 GB 50243—2002 执行。
5.10.2 风管内严禁其他管线穿越。

5.10.3　室外立管的固定拉索严禁固定在避雷针或避雷网上。

5.10.4　防火阀、排烟阀(口)的安装方向、位置应正确,防火分区隔墙两侧的防火阀距墙表面不应大于200 mm。

5.10.5　静电空气过滤器金属外壳接地必须良好。

5.10.6　电加热器的安装必须符合下列规定:

5.10.6.1　电加热器与钢构架间的绝热层必须为不燃材料,接线柱外露的应加设安全防护罩。

5.10.6.2　电加热器的金属外壳接地必须良好。

5.10.6.3　连接电加热器的风管的法兰垫片,应采用耐热不燃材料。

5.11　空调水系统安装

5.11.1　固定在建筑结构上的管道支、吊架不得影响结构的安全。管道穿越墙体或楼板处应设钢制套管,管道接口不得置于套管内。钢制穿墙套管应与墙体饰面或楼板底部平齐,上部应高出楼层地面20～50 mm,并不得将套管作为管道支撑。保温管道与套管四周间隙应使用不燃绝热材料填塞紧密。

5.11.2　阀门的安装应符合下列规定:

5.11.2.1　阀门的安装位置、高度、进出口方向必须符合设计要求,连接应牢固紧密。

5.11.2.2　阀门安装前必须进行外观检查,阀门的铭牌应符合GB 12220—1989的规定,对于工作压力大于1.0 MPa及在主干管上具有切断作用的阀门,应进行强度和严密性试验,合格后方准使用。其他阀门可不单独进行试验,待在系统试压中检验。

5.11.3　风机盘管机组及其他空调设备与管道的连接,宜采用弹性接管或软接管(金属或非金属软管),其耐压值应大于等于1.5倍的工作压力。

5.11.4　金属管道的支、吊架的型式、位置、间距、标高应符合设计或有关技术标准的要求。

5.12　空调器安装

5.12.1　安装工作必须符合GB 17790—1999和GB/T 18837—2002的要求。

5.12.2　安装室外机时应有两名以上持证专业安装人员操作,安装人员必须采取防滑措施,系好安全带并应有牢固的受力点。

5.12.3　室外机要安装平稳牢固。

5.12.4　设备有良好接地。

5.12.5　室内和室外机安装都不应靠近热源和易燃气源。

5.13　调试

5.13.1　现场调试

5.13.1.1　除那些由厂家测试的压缩机、冷凝器、蒸发器,安全设备、压力表和控制元件外,系统中现场的含有制冷剂的部件及管道,在完成安装和操作以前必须测试和密封性实验。系统的高压侧和低压侧应在不低于设计压力或用于保护系统的泄压阀的设定压力下进行测试和密封性实验。

5.13.1.2　进行压力试验或气密性实验时应用干燥洁净的压缩空气、氮气或不具燃烧性和腐蚀性的干燥气体,严禁使用氧气。

5.13.1.3　用于调试压力的设备应该是限压设备或降压设备并在出口装有压力表。泄压装置的设定应高于测试压力,但应不能造成系统永久性破坏。

5.13.2 调试报告

制冷剂超过 25 kg 的制冷系统必须提供调试报告,报告应由安装、监理和使用单位签字。

6 运行检修

6.1 压缩机的安全操作

6.1.1 正常运行标志

6.1.1.1 曲轴箱内的油面应保持在视孔的 1/3~2/3 范围内,一般在 1/2 处(单视孔时),或保持在下视孔的 2/3 到上视孔的 1/2 范围内(双视孔时)。

6.1.1.2 压缩机的吸排气温度、压力应在设计允许值范围内。

6.1.2 离心机组必须安装防喘振装置,并定期检查。

6.1.3 单级压缩机运行方式和配组双级运行方式转换时,须先停机,调整阀门,方可按操作程序重新开机,严禁运行中调整阀门。

6.1.4 压缩机运行时,应采取相应措施,防止液击。

6.2 设备安全操作

6.2.1 贮氨器内液面位于容器高度的 30%~70% 之间。

6.2.2 热氨融霜时,进入蒸发器的热氨压力应控制在 0.6~0.8 MPa,不得超过 0.8 MPa,禁止靠关小或关闭冷凝器进气阀来加快融霜速度。融霜完毕,应缓慢开启回气阀。

6.2.3 氨制冷系统排放空气和不凝性气体时,须经空气分离器排入水中。

6.2.4 冷风机单独用水冲霜时,严禁将该冷风机在分配站上的回气阀、排液阀全部关闭后闭路淋浇,以免发生爆裂事故。严禁压缩机和风机同时工作。

6.2.5 制冷系统中的满液管道和容器,严禁同时将两端阀门关闭,避免管道和容器爆裂。

6.2.6 制冷装置中不常使用的充氨(氟)阀、排污阀和备用阀,平时均应关闭并挂牌说明或将手轮拆下。常用阀门启闭要灵活,防止阀芯卡住。

6.2.7 氟强制供液系统热氟融霜时,进入蒸发器前的压力不得超过 0.8 MPa。

6.2.8 冷水机组的安全操作

6.2.8.1 冷水机组开机前应确保水路循环。

6.2.8.2 水冷冷水机组制冷系统开机与停机顺序应参照厂家的要求。

6.3 检修的安全操作

6.3.1 检修设备时,须关闭电源开关,挂工作警示牌并设专人守护。

6.3.2 严禁在有压力的情况下,焊接管道或拆卸其上的阀门、附件。

6.3.3 不得用液体制冷剂对蒸发器盘管加压,做泄漏试验。

6.3.4 当在空气处理装置内进行焊接和切割时,必须通风,且必须保护好所有可燃材料。

6.4 充注制冷剂安全操作

6.4.1 充注制冷剂应由培训合格的专业人员操作,并配备必要的安全器材。

6.4.2 大修后的制冷系统,必须经过试压、检漏、排污、抽真空,合格后才可充注制冷剂。

6.4.3 氨瓶和氨槽车与充氨站的连接必须采用无缝钢管或耐压 3 MPa 以上的橡胶管,橡胶管应定期检查,连接接头须有防滑措施。

6.5 溴化锂吸收式制冷系统的安全操作

6.5.1 一般事项

6.5.1.1 机组使用的热源应符合设计要求。

6.5.1.2 直燃机组安装完毕后,供给燃料前应除去燃料配管系统混入的空气和水,并进行燃料配管系统的气密性试验。

6.5.2 运行操作应符合 GB 18361—2001 的要求。

6.5.3 日常检查与维护保养

6.5.3.1 必须保持机组的真空度。进行抽气等保持真空的操作时,必须按规定的周期和程序启动。

6.5.3.2 安全保护器件应按规定的内容进行定期检查,发现异常时不应使用。

6.5.3.3 日常检查的记录,按使用说明书的要求进行。

6.5.3.4 应定期抽取溴化锂水溶液,检查浓度和 pH 值、缓蚀剂含量、杂质等;根据检查结果,添加缓蚀剂、调整 pH 值、分离去除污物。

6.5.3.5 停机期间按生产厂家规定的保养项目及时进行保养。

6.5.4 燃烧设备管理

定期检查燃烧安全装置的动作及进行燃料系统泄漏试验,如有异常应更换配件或维修。

7 安全管理

7.1 制冷空调作业单位应按国家规定配备制冷空调作业安全管理人员。

7.2 制冷空调作业单位主要负责人、安全管理人员应经过专门的安全培训、考核,持证上岗。

7.3 制冷空调作业单位操作人员应经过专门的安全培训、考核,持证上岗。

7.4 制冷剂充装人员应经过专门的安全培训、考核,持证上岗。

7.5 制冷空调作业单位安全管理主要职责

7.5.1 制定操作规程和岗位责任制度。

7.5.2 组织制冷空调系统的安装验收工作。

7.5.3 建立制冷空调系统的安全技术档案,包括:设计资料、产品合格证、安装、调试、验收、培训、维修、更新和事故处理等,并作永久保存。

7.5.4 运行记录应保存 3 年以上。

7.6 制冷空调作业单位应建立下列安全管理制度:

——交接班制度;

——巡回检查制度;

——压力容器、安全装置、仪表定期检查制度;

——防护用品、安全用具管理制度;

——制冷空调设备档案制度;

——作业人员安全教育与培训制度;

——设备管理制度;

——制冷空调系统水质管理制度;

——制冷空调机房防火管理制度;

——制冷空调作业事故应急预案制度;

——制冷空调作业安全操作规程。

7.7 生产经营单位应按国家规定制定事故应急预案,并组织培训和演练。

7.8 制冷空调作业单位发生的伤亡事故,按国家有关规定及时报告。
7.9 制冷空调行业组织,应按行业自律对制冷空调作业单位的安全管理工作进行指导,提供安全生产技术咨询服务。

附 录 A
（资料性附录）
有关规范用词说明

本规范用词说明

A.1 执行本规范条文时,对于要求严格程度的用词说明如下,以便在执行中区别对待。
  a) 表示很严格,非这样做不可的用词：
    正面词采用"必须"；
    反面词采用"严禁"。
  b) 表示严格,在正常情况下均应这样做的用词：
    正面词采用"应"；
    反面词采用"不应"或"不得"。
  c) 表示允许稍有选择,在条件许可时首先应这样做的用词：
    正面词采用"宜"或"可"；
    反面词采用"不宜"。
A.2 条文中指明必须按其他有关标准和规范执行的写法为,"应按……执行"或"应符合……要求或规定"。非必须按所指定的标准和规范执行的写法为,"可参照……"。

七、个体防护装备

1. 基础通用

个体防护装备配备规范 第1部分:总则
(GB 39800.1—2020)

前 言

GB 39800《个体防护装备配备规范》分为以下部分:
——第1部分:总则;
——第2部分:石油、化工、天然气;
——第3部分:冶金、有色;
——第4部分:非煤矿山;
……
本部分为 GB 39800 的第1部分。
本部分按照 GB/T 1.1—2009 给出的规则起草。
本部分代替 GB/T 11651—2008《个体防护装备选用规范》和 GB/T 29510—2013《个体防护装备配备基本要求》。本部分以 GB/T 29510—2013 为主,整合了 GB/T 11651—2008 的内容,与 GB/T 29510—2013 和 GB/T 11651—2008 相比,除结构调整和编辑性修改外,主要技术变化如下:
——更改了范围中的部分内容;
——增加了部分术语和定义;
——增加了对劳务派遣工、临时聘用人员等的配备基本要求;
——增加了所在行业个体防护装备配备国家标准行业编码;
——更改了个体防护装备的配备流程;
——增加了危害评估;
——更改了常用个体防护装备的分类、防护功能及适用范围;
——增加了追踪溯源;
——增加了培训和管理相关内容;
——更改了常见的作业类别及可能造成的事故类型;
——增加了生产过程危险和有害因素分类与代码表。
本部分由中华人民共和国应急管理部提出并归口。
本部分所替代标准的历次版本发布情况为:
——GB/T 11651—1989、GB/T 11651—2008;
——GB/T 29510—2013。

1 范围

GB 39800 的本部分规定了个体防护装备(即劳动防护用品)配备的总体要求,包括配备原则、配备流程、作业场所危害因素的辨识和评估、个体防护装备的选择、追踪溯源、判废和更换、培训和使用等。

本部分适用于各用人单位个体防护装备的配备及管理。

本部分不适用于各用人单位消防用个体防护装备的配备及管理。

2 术语和定义

下列术语和定义适用于本文件。

2.1

个体防护装备 personal protective equipment;PPE
劳动防护用品

从业人员为防御物理、化学、生物等外界因素伤害所穿戴、配备和使用的护品的总称。

注1:改写 GB/T 12903—2008,定义 3.1。

注2:包括安全帽、耳塞、自吸过滤式防毒面具、防静电服、安全带等。

2.2

职业性危害因素 occupational hazard factor

在职业活动中产生的可直接危害劳动者身体健康和安全的因素。

注1:改写 GB/T 15236—2008,定义 4.1。

注2:按其性质分为物理性危害因素、化学性危害因素和生物性危害因素。

2.3

追踪溯源 tracing

采集记录产品生产、流通、消费等环节信息,以实现来源可查、去向可追等目标。

2.4

款号 type

同一制造商使用相同材料相同工艺生产的具有相同结构、相同防护功能和防护级别的同一产品的代码。

注:当材料颜色不影响产品的防护功能时,材料颜色不作为区分该产品款号的依据。

3 个体防护装备配备原则

3.1 作业场所中存在职业性危害因素和危害风险时,用人单位应为作业人员配备符合国家标准或行业标准的个体防护装备。

3.2 用人单位为作业人员配备的个体防护装备应与作业场所的环境状况、作业状况、存在的危害因素和危害程度相适应,应与作业人员相适合,且个体防护装备本身不应导致其他额外的风险。

3.3 用人单位配备个体防护装备时,应在保证有效防护的基础上,兼顾舒适性。

3.4 需要同时配备多种个体防护装备时,应考虑使用的兼容性和功能替代性,确保防护有效。

3.5 用人单位应对其使用的劳务派遣工、临时聘用人员、接纳的实习生和允许进入作业地点的其他外来人员进行个体防护装备的配备及管理。

3.6 用人单位应在本部分基础上结合所在行业个体防护装备配备国家标准进行个体防护装备的配备及管理；无所在行业个体防护装备配备国家标准时，应按照本部分要求进行个体防护装备的配备及管理。个体防护装备配备行业编号及相关编号参见附录A。

4 个体防护装备配备程序

4.1 配备流程

个体防护装备的配备应按图1所示流程执行。其中，危害因素的辨识和评估、个体防护装备的选择是整个配备流程的关键环节，具体规范要求分别见4.2、4.3。

4.2 危害因素的辨识和评估

4.2.1 危害因素的辨识

4.2.1.1 辨识原则

危害因素的辨识原则如下：
a) 应依据国家法律、法规、标准及专业知识，针对不同作业场所、生产工艺、作业环境的特点，识别可能的危害因素。
b) 应对生产经营活动中各因素，包括人员、设备设施、使用物料、工艺方法、环境条件、管理制度等进行系统分析。不仅应分析正常生产操作中存在的危害因素，还应分析技术、材料、工艺等发生变化、设备故障或失效、人员操作失误等情况下可能产生的危害因素。

4.2.1.2 辨识方法

4.2.1.2.1 应采用现场调查、测量、查阅相关记录、询问与交流等方式对作业环境中的危害因素进行分析。常见的作业类别及可能造成的事故或伤害类型参见附录B，生产过程危险和有害因素分类与代码表参见附录C。

4.2.1.2.2 在识别危害因素时，应主要从以下方面进行分析：
a) 正常工作状态；
b) 异常工作状态；
c) 人员作业活动；
d) 设备采购、贮存和输送，以及设备设施的运行、维修和保养；
e) 原辅材料、中间产品和最终产品；
f) 生产、施工工艺；
g) 环境条件；
h) 管理制度；
i) 其他辅助活动和意外情况。

4.2.2 危害评估

应依据国家法规、标准等由专业人员对所识别的危害因素进行评估，判断是否超过职业接触限值和实际的危害水平，结合危害因素存在的位置、危害方式、危害发生的时间、途径及后果，确定需要防护的人群范围，以及各类人员需要防护的部位和需要的防护水平。

4.3 个体防护装备的选择

应根据辨识的作业场所危害因素和危害评估结果，结合个体防护装备的防护部位、防护功能、适用范围和防护装备对作业环境和使用者的适合性，选择合适的个体防护装备。

常用个体防护装备的分类、防护功能及适用范围见表1。

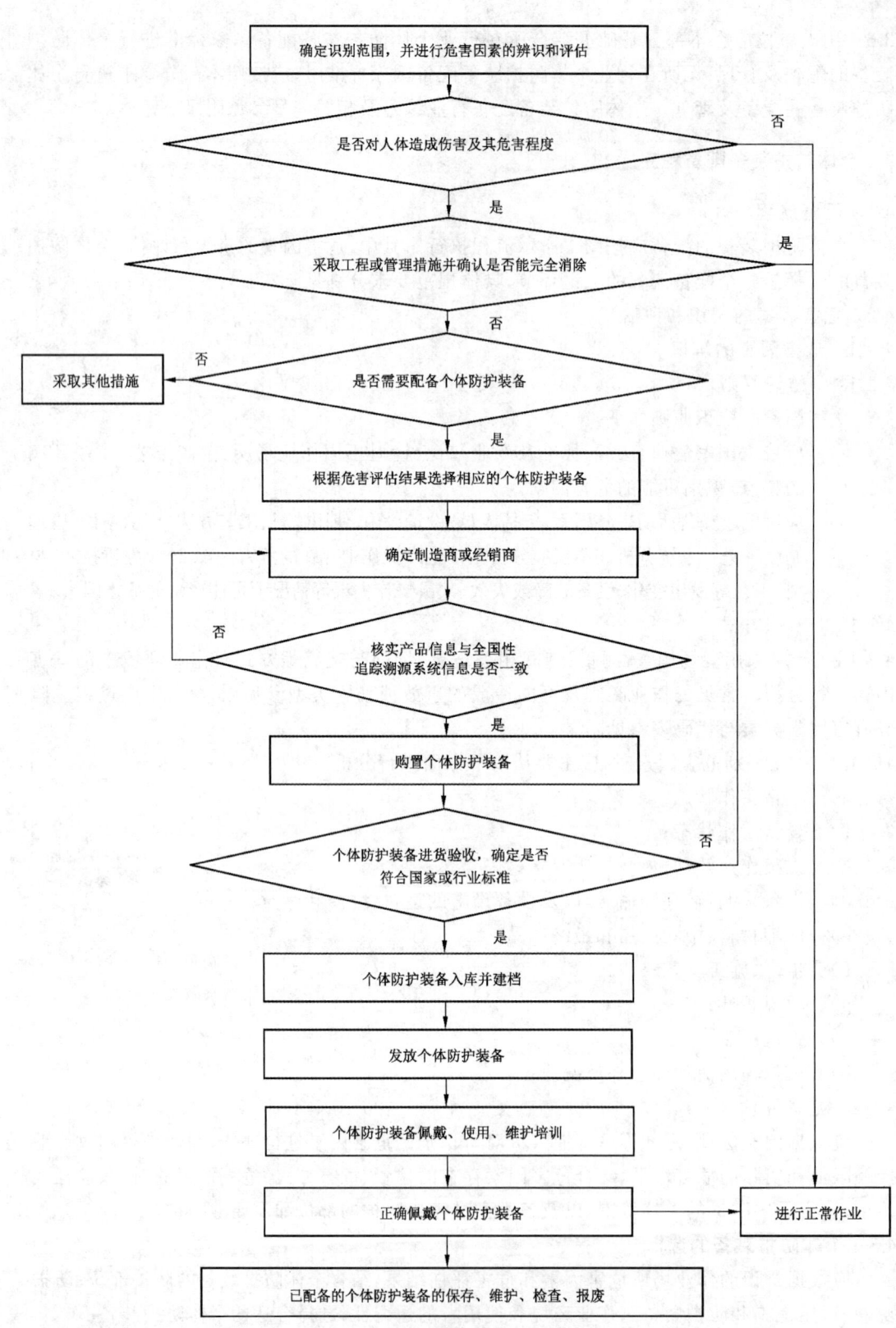

图 1　个体防护装备的配备流程

表1 常用个体防护装备的分类、防护功能及适用范围

防护分类	防护分类编号	个体防护装备的类别	类别编号	产品标准号	防护装备说明	参考适用范围
头部防护	TB	安全帽	TB-01	GB 2811	对人头部受坠物及其他特定因素引起的伤害起防护作用的装备。还可包含防静电、阻燃、电绝缘、侧向刚性、耐低温等一种或一种以上特殊功能	造船、煤矿、冶金、有色、石油、天然气、化工、建材、电力、汽车、机械等存在坠物或对头部产生碰撞风险的作业场所,选用规范参见GB/T 30041
		防静电工作帽	TB-02	GB/T 31421	以防静电织物为主要原料,为防止帽体上的静电荷积聚而制成的工作帽	电子、造船、煤矿、石油、天然气、烟花爆竹、化工、轻工、烟草、电力、汽车等静电敏感区域或火灾和爆炸危险场所
眼面防护	YM	焊接眼护具	YM-01	GB/T 3609.1 GB/T 3609.2	保护佩戴者免受由焊接或其他相关作业所产生的有害光辐射及其他特殊危害的防护用具(包括焊接眼护具和滤光片)	造船、建材、轻工、机械、电力、汽车、石油、化工、天然气等存在电焊、气弧焊、气焊及气割的作业场所
		激光防护镜	YM-02	GB 30863	衰减或吸收意外激光辐射能量	造船、冶金、轻工、激光加工、汽车、光学实验室等存在意外激光辐射(激光辐射波长在180 nm～1 000 μm 范围内)危害的场所。不适用于直接观察激光光束的眼护具、作为观察窗用于激光设备上的激光防护产品、光学设备(如显微镜)中的激光防护滤光片
		强光源防护镜	YM-03	GB/T 38696.1	用于强光源(非激光)防护	造船、煤矿、冶金、有色、石油、天然气、汽车等防御辐射波长介于250 nm～3 000 nm 之间强光危害。参见GB/T 38696.2

表 1（续）

防护分类	防护分类编号	个体防护装备的类别	类别编号	产品标准号	防护装备说明	参考适用范围
眼面防护	YM	职业眼面部防护具	YM-04	GB 32166.1	具有防护不同程度的强烈冲击、光辐射、热、火焰、液滴、飞溅物等一种或一种以上的眼面部伤害风险的防护用品	造船、煤矿、冶金、有色、石油、天然气、烟花爆竹、化工、建材、水泥、非煤矿山、轻工、烟草、电力、汽车等存在光辐射、机械切削加工、金属切割、碎石等的作业场所。不适用于：a)一般用途太阳镜和太阳镜片或带有视力矫正效果的眼面部防护具；b)患者在进行诊断或治疗时用来防护曝光的眼面部防护具；c)直接观测太阳的产品，如观测日食等的眼部防护具；d)运动眼面部防护具；e)短路电弧眼面部防护具；f)焊接眼面部防护具；g)激光眼面部防护具
听力防护	TL	耳塞	TL-01	GB/T 31422	塞入外耳道内，或堵住外耳道入口，避免作业者的听力损伤	造船、煤矿、冶金、有色、石油、天然气、烟花爆竹、化工、建材、水泥、非煤矿山、电力、汽车、机械等存在噪声的作业场所。不适用于脉冲噪声的防护。参见 GB/T 23466
		耳罩	TL-02		由压紧耳廓或围住耳廓四周并紧贴头部的罩杯等组成，避免作业者的听力损伤	
呼吸防护	HX	长管呼吸器	HX-01	GB 6220	使佩戴者的呼吸器官与周围空气隔绝，通过长管输送清洁空气供呼吸的防护用品，其进风口必须放置在有害作业环境外	造船、煤矿、冶金、有色、石油、天然气、烟花爆竹、化工、建材、水泥、非煤矿山、轻工、电力、机械等存在各类颗粒物和有毒有害气体环境的作业场所。不适用于消防和救援用。适用浓度范围参见 GB/T 18664

表 1（续）

防护分类	防护分类编号	个体防护装备的类别	类别编号	产品标准号	防护装备说明	参考适用范围
呼吸防护	HX	动力送风过滤式呼吸器	HX-02	GB 30864	靠电动风机提供气流克服部件阻力的过滤式呼吸器，用于防御有毒、有害气体或蒸气、颗粒物等对呼吸系统的伤害	造船、煤矿、冶金、有色、石油、天然气、化工、建材、水泥、非煤矿山、电力、机械等存在有毒气体、蒸气和(或)颗粒物的作业场所。不适用于燃烧、爆炸和缺氧环境用及逃生用。适用浓度范围参见 GB/T 18664
		自给闭路式压缩氧气呼吸器	HX-03	GB 23394	利用面罩使佩戴人员的呼吸器官与外界有害环境空气隔离，依靠呼吸器本身携带的压缩氧气或压缩氧-氮混合气作为呼吸气源，将人体呼出气体中的二氧化碳吸收，补充氧气后再供人员呼吸，形成完整的呼吸循环	造船、煤矿、冶金、有色、石油、天然气、烟花爆竹、化工、建材、水泥、非煤矿山、轻工、电力、机械等存在各类颗粒物和有毒有害气体环境的作业场所。不适用于潜水和逃生用。适用浓度范围参见 GB/T 18664
		自给闭路式氧气逃生呼吸器	HX-04	GB/T 38228	将人的呼吸器官与大气环境隔绝，采用化学生氧剂或压缩氧气为供气源，并将呼出的二氧化碳吸收，形成一个完整呼吸循环，供佩戴者在缺氧或有毒有害气体环境下逃生使用	造船、冶金、有色、石油、天然气、烟花爆竹、化工、建材、水泥、非煤矿山、轻工、电力、机械等作业场所发生意外事故逃生用。不适用于潜水作业逃生用。适用浓度范围参见 GB/T 18664
		自给开路式压缩空气呼吸器	HX-05	GB/T 16556	利用面罩与佩戴人员面部周边密合，使人员呼吸器官、眼睛和面部与外界染毒空气或缺氧环境完全隔离，自带压缩空气源供给人员呼吸所用的洁净空气，呼出的气体直接排入大气	造船、煤矿、冶金、有色、石油、天然气、烟花爆竹、化工、建材、水泥、非煤矿山、轻工、电力、机械等存在各类颗粒物和有毒有害气体环境的作业场所。不适用于潜水和逃生用。适用浓度范围参见 GB/T 18664

表1（续）

防护分类	防护分类编号	个体防护装备的类别	类别编号	产品标准号	防护装备说明	参考适用范围
呼吸防护	HX	自吸过滤式防毒面具	HX-06	GB 2890	靠佩戴者呼吸克服部件阻力，防御有毒、有害气体或蒸气、颗粒物等对呼吸系统或眼面部的伤害	造船、煤矿、冶金、有色、石油、天然气、烟花爆竹、化工、轻工、电力等存在有毒气体、蒸气和（或）颗粒物的作业场所。不适用于缺氧环境、水下作业、逃生和消防热区用。适用浓度范围参见 GB/T 18664
呼吸防护	HX	自给开路式压缩空气逃生呼吸器	HX-07	GB 38451	具有自带的压缩空气源，能供给人员呼吸所用的洁净空气，呼出的气体直接排入大气，用于逃生的一种呼吸器	造船、冶金、有色、石油、天然气、烟花爆竹、化工、建材、水泥、非煤矿山、轻工、电力、机械等作业场所发生意外事故逃生用。适用浓度范围参见 GB/T 18664
呼吸防护	HX	自吸过滤式防颗粒物呼吸器	HX-08	GB 2626	又称防尘口罩。靠佩戴者呼吸克服部件气流阻力的过滤式呼吸器，用于防御颗粒物的伤害	造船、煤矿、冶金、有色、石油、天然气、烟花爆竹、化工、建材、水泥、非煤矿山等存在各类颗粒污染物的作业场所。不适用于防护有害气体和蒸气，也不适用于缺氧环境、水下作业、逃生和消防用。适用浓度范围参见 GB/T 18664
防护服装	FZ	防电弧服	FZ-01	DL/T 320	用于保护可能暴露于电弧和相关高温危害中人员的防护服	电力、冶金、有色、造船、汽车、电子等可能发生电弧伤害的场所，包括发电、输电、变电、配电和用电过程中从事运行、调试、检修和维护等相关作业场所

表 1（续）

防护分类	防护分类编号	个体防护装备的类别	类别编号	产品标准号	防护装备说明	参考适用范围
防护服装	FZ	防静电服	FZ-02	GB 12014	以防静电织物为面料，按规定的款式和结构制成的以减少服装上静电积聚为目的的防护服，可与防静电工作帽、防静电鞋、防静电手套等配套穿用	造船、电子、煤矿、冶金、有色、石油、天然气、烟花爆竹、化工、轻工等可能因静电引发电击、火灾及爆炸危险的作业场所
		职业用防雨服[a]	FZ-03	—	用于防护作业过程中的降水（雨、雪、雾等）对人体的影响	石油、天然气、煤矿、非煤矿山等户外作业场所
		高可视性警示服	FZ-04	GB 20653	利用荧光材料和反光材料进行特殊设计制作，以增强穿着者在可见性较差的高风险环境中的可视性、并起警示作用的服装	铁路、公安、工矿、消防、环卫、建筑、港口、码头、机场、园林、路政、救援、石油等需要提高作业人员可视性以保障个人安全的场所
		隔热服	FZ-05	GB 38453	按规定的款式和结构缝制的以避免或减轻工作过程中的接触热、对流热和热辐射对人体的伤害	冶金、有色、机械、建材、水泥等存在高温作业的场所，如金属热加工、工业炉窑、高温炉前等
		焊接服	FZ-06	GB 8965.2	用于防护焊接过程中的熔融金属飞溅及其热伤害	造船、汽车、建材、机械、轻工、煤矿、非煤矿山等焊接及相关作业场所
		化学防护服	FZ-07	GB 24539	用于防护化学物质对人体伤害的服装	造船、冶金、有色、石油、天然气、烟花爆竹、化工、水泥、汽车、机械等可能接触化学品和颗粒物的场所。参见 GB/T 24536
		抗油易去污防静电防护服	FZ-08	GB/T 28895	具有抗油和易去污功能的防静电服	适用于石油、石化等重油污且有静电防护需求的作业场所
		冷环境防护服	FZ-09	GB/T 38300	用于避免低温环境对人体的伤害	轻工、石油、天然气、煤矿、非煤矿山、商贸等低温环境作业或冬季室外作业
		熔融金属飞溅防护服[a]	FZ-10	—	用于防护工作过程中的熔融金属等对人体的伤害	冶金、有色、机械、非煤矿山等存在熔融金属飞溅危害的场所，不适用于消防和应急救援场所使用

表 1（续）

防护分类	防护分类编号	个体防护装备的类别	类别编号	产品标准号	防护装备说明	参考适用范围
防护服装	FZ	微波辐射防护服	FZ-11	GB/T 23463	在微波波段具有屏蔽作用的防护服，可衰减或消除作用于人体的电磁能量	电子、轻工、电力、机械等存在微波辐射伤害的作业场所，如大功率雷达制造、维修、操作；各种发射台工作作业，包括卫星地面站、移动通信、集群专业网络通信、通信发射台站、广播电视发射台站等。适用防护频率范围为 300 MHz～300 GHz 的微波辐射
		阻燃服	FZ-12	GB 8965.1	在接触火焰及炽热物体后，在一定时间内能阻止本体被点燃、有焰燃烧和无焰燃烧	煤矿、冶金、有色、石油、天然气、烟花爆竹、化工、烟草、非煤矿山等有明火、散发火花，或在有易燃物质并有轰然风险的场所
手部防护	SF	带电作业用绝缘手套	SF-01	GB/T 17622	具有良好的绝缘和耐高压功能	电力、冶金、有色、建材、机械、造船、汽车、电子等带电作业或可能接触电源电压的场所，适用于交流 35 kV 及以下电压等级的电气设备上的带电作业
		防寒手套	SF-02	GB/T 38304	用于避免低温环境对人员手部的伤害	轻工、石油、天然气、煤矿、非煤矿山、商贸等低温环境作业或冬季室外作业，适用于最低至 −50 ℃ 的气候环境或作业环境
		防化学品手套	SF-03	GB 28881	能够对各类化学品和不包括病毒在内的其他各类微生物形成有效屏障，从而避免化学品和微生物对手部或手臂的伤害	造船、冶金、有色、石油、天然气、烟花爆竹、化工等手部可能接触化学品或微生物的场所，如接触氯气、汞、有机磷农药、苯和苯的二及三硝基化合物等的作业；酸洗作业；染色、油漆、有关的卫生工程，设备维护，注油作业等

表 1（续）

防护分类	防护分类编号	个体防护装备的类别	类别编号	产品标准号	防护装备说明	参考适用范围
手部防护	SF	防静电手套	SF-04	GB/T 22845	用于需要戴手套操作的防静电环境，用防静电针织物为面料缝制或用防静电纱线编织而成的手套	电子、仪表、石化、煤矿、非煤矿山、轻工等行业存在静电危害的场所，如接触火工材料、易挥发易燃的液体及化学品，可燃性气体作业，如汽油、甲烷等；接触可燃性化学粉尘的作业，如镁铝粉；井下作业等
		防热伤害手套	SF-05	GB/T 38306	用于防护火焰、接触热、对流热、辐射热、少量熔融金属飞溅或大量熔融金属泼溅等一种或多种形式热伤害的手套	冶金、有色、机械、建材、水泥等存在高温作业的场所，如金属热加工、工业炉窑、高温炉前等
		电离辐射及放射性污染物防护手套	SF-06	GB 38452	具有电离屏蔽作用的防护手套，保护穿戴者的手部免遭作业区域电离辐射及放射性污染物危害	机械、煤矿、建材、轻工、电力等存在电离辐射或放射性污染物危害的作业场所，如射线探伤、放射源运输、安装、计量、检测，不适用于医用辐射防护
		焊工防护手套	SF-07	AQ 6103	保护手部和腕部免遭熔融金属滴、短时接触有限火焰、对流热、传导热和弧光的紫外线辐射以及机械性伤害，且其材料具有能耐受高达 100 V（直流）的电弧焊的最小电阻的这样一种手套	造船、汽车、建材、机械、轻工、煤矿、非煤矿山等焊接及相关作业场所
		机械危害防护手套	SF-08	GB 24541	用于保护手或手臂免受摩擦、切割、穿刺或能量冲击至少一种机械危害	造船、煤矿、冶金、有色、石油、天然气、烟花爆竹、化工、建材、水泥、非煤矿山、轻工、商贸、电力、汽车、机械等接触、使用锋利器物的作业场所，如金属加工打毛清边、玻璃加工与装配

表 1（续）

防护分类	防护分类编号	个体防护装备的类别	类别编号	产品标准号	防护装备说明	参考适用范围
足部防护	ZB	安全鞋	ZB-01	GB 21148	具有保护足趾、防刺穿、防静电、导电、电绝缘、隔热、防寒、防水、踝保护、耐油、耐热接触、防滑等一种或多种功能	造船、煤矿、冶金、有色、石油、天然气、烟花爆竹、化工、建材、水泥、非煤矿山、轻工、电力、机械等存在足部伤害的作业场所，参见 GB/T 28409
		防化学品鞋	ZB-02	GB 20265	防护足部免受酸、碱及相关化学品的腐蚀或刺激。	冶金、有色、石油、天然气、烟花爆竹、化工等涉及酸、碱及相关化学品的作业场所
坠落防护	ZL	安全带	ZL-01	GB 6095	在高处作业、攀登及悬吊作业中，将作业人员绑定在固定构造物附近、限制作业人员活动范围或在发生坠落时将作业人员安全悬挂	造船、煤矿、冶金、有色、石油、天然气、化工、建材、水泥、非煤矿山、电力、汽车等存在坠落风险的作业场所，参见 GB/T 23468
		安全绳	ZL-02	GB 24543	可与缓冲器配合使用，通过约束佩戴者活动范围、缓解冲击能量，实现对作业人员的防护功能	
		缓冲器	ZL-03	GB/T 24538	串联在系带和挂点之间，发生坠落时吸收部分冲击能量，降低作业人员受到的冲击力	
		缓降装置	ZL-04	GB/T 38230	可供使用者以一定速度自行或由他人辅助从高处作业平面降落地面的装置	
		连接器	ZL-05	GB/T 23469	可以将两种或两种以上元件连接在一起，具有常闭活门的环状零件	

表 1（续）

防护分类	防护分类编号	个体防护装备的类别	类别编号	产品标准号	防护装备说明	参考适用范围
坠落防护	ZL	水平生命线装置	ZL-06	GB 38454	以两个或多个挂点固定且任意两挂点间连线的水平角度不大于15°的，由钢丝绳、纤维绳、织带等柔性导轨或不锈钢、铝合金等刚性导轨构成的用于连接坠落防护装备与附着物（墙、地面、脚手架等固定设施）的装置，通过与其他坠落防护装备配套使用实现坠落防护	造船、煤矿、冶金、有色、石油、天然气、化工、建材、水泥、非煤矿山、电力、汽车等存在坠落风险的作业场所，参见 GB/T 23468
		速差自控器	ZL-07	GB 24544	安装在挂点上，装有可伸缩长度的绳（带、钢丝绳），串联在系带和挂点之间，在坠落发生时因速度变化引发制动作用的装备	
		自锁器	ZL-08	GB 24542 GB/T 24537	附着在刚性或柔性导轨上，可随使用者的移动沿导轨滑动，由坠落动作引发制动作用，从而防止作业人员坠落	
		安全网	ZL-09	GB 5725	安全平网：安装平面不垂直于水平面，宽度不小于3 m，防止人、物坠落，或避免、减轻坠落及物击伤害	
					安全立网：安装平面垂直于水平面，宽（高）度不小于1.2 m，防止人、物坠落，或避免、减轻坠落及物击伤害	
					密目式安全立网：网眼孔径不大于ϕ12 mm，垂直于水平面安装，防止人、物坠落，或避免坠物伤害	

表 1（续）

防护分类	防护分类编号	个体防护装备的类别	类别编号	产品标准号	防护装备说明	参考适用范围
坠落防护	ZL	登杆脚扣	ZL-10	AQ 6109	穿戴于脚部，供作业者从事电杆攀登作业的专用工具	电力、通信及广播电视等行业从事电杆（或称线杆）攀登作业使用的脚扣，不适用于木质电杆攀登用脚扣
		挂点装置	ZL-11	GB 30862	由一个或多个挂点和部件组成的，用于连接坠落防护装备与附着物（墙、脚手架、地面等固定设施）的装置	造船、煤矿、冶金、有色、石油、天然气、化工、建材、水泥、非煤矿山、电力、汽车等存在坠落风险需要另外配备挂点的作业场所

^a 此个体防护装备的产品标准正在制定中。

5 个体防护装备配备管理

5.1 基本要求

5.1.1 用人单位应建立健全个体防护装备管理制度，至少应包括采购、验收、保管、选择、发放、使用、报废、培训等内容，并应建立健全个体防护装备管理档案。

5.1.2 用人单位应在入库前对个体防护装备进行进货验收，确定产品是否符合国家或行业标准；对国家规定应进行定期强检的个体防护装备，用人单位应按相关规定，委托具有检测资质的检验检测机构进行定期检验。

5.1.3 在作业过程中发现存在其他危害因素，现有个体防护装备不能满足作业安全要求，需要另外配备时，应立即停止相关作业，按照本部分的要求配备相应的个体防护装备后，方可继续作业。

5.2 追踪溯源

5.2.1 用人单位应购置在最小贴码包装及运输包装上具有追踪溯源标识的个体防护装备，该标识应能通过全国性追踪溯源系统实现追踪溯源。

5.2.2 制造商在每一批产品售出前应在全国性追踪溯源系统录入制造商信息、产品信息及该产品款号的由具有检测资质的检验检测机构出具的检验检测报告信息。每一批产品应对应一个由全国性追踪溯源系统生成的产品追踪溯源标识。

5.2.3 经销商在产品售出前应在全国性追踪溯源系统录入必要的销售信息。

5.2.4 检验检测机构应在全国性追踪溯源系统录入检验检测报告信息。每一个检验检测报告应对应一个由全国性追踪溯源系统生成的检验检测报告追踪溯源标识。

5.2.5 用人单位在采购个体防护装备时，可通过产品和检验检测报告的追踪溯源标识，对产品实物信息和产品检验检测报告信息进行核实。

5.3 判废和更换

5.3.1 出现以下情况之一,用人单位应给予判废和更换新品:
    a) 个体防护装备经检验或检查被判定不合格;
    b) 个体防护装备超过有效期;
    c) 个体防护装备功能已经失效;
    d) 个体防护装备的使用说明书中规定的其他判废或更换条件。

5.3.2 被判废或被更换后的个体防护装备不得再次使用。

5.4 培训和使用

5.4.1 用人单位应制定培训计划和考核办法,并建立和保留培训和考核记录。

5.4.2 用人单位应按计划定期对作业人员进行培训,培训内容至少应包括工作中存在的危害种类和法律法规、标准等规定的防护要求,本单位采取的控制措施,以及个体防护装备的选择、防护效果、使用方法及维护、保养方法、检查方法等。

5.4.3 当有新员工入职、员工转岗、个体防护装备配备发生变化、法律法规及标准发生变化等情况,需要培训时用人单位应及时进行培训。

5.4.4 未按规定佩戴和使用个体防护装备的作业人员,不得上岗作业。

5.4.5 作业人员应熟练掌握个体防护装备正确佩戴和使用方法,用人单位应监督作业人员个体防护装备的使用情况。

5.4.6 在使用个体防护装备前,作业人员应对个体防护装备进行检查(如外观检查、适合性检查等),确保个体防护装备能够正常使用。

5.4.7 用人单位应按照产品使用说明书的有关内容和要求,指导并监督个体防护装备使用人员对在用的个体防护装备进行正确的日常维护和使用前的检查,对必须由专人负责的,应指定受过培训的合格人员负责日常检查和维护。

附 录 A
(资料性附录)
个体防护装备配备行业编号及相关编号

A.1 个体防护装备配备行业编号

根据 GB/T 4754 以及我国国民经济行业个体防护需求的特点,对各行业的个体防护装备配备进行分类,行业名称和行业编号见表 A.1。

表 A.1 个体防护装备配备行业编号

行业名称	行业编号	行业名称	行业编号
电力	DL	轻工、烟草、商贸	QG
电子	DZ	石油、化工、天然气	SY
非煤矿山	FM	烟花爆竹	YH
建材	JC	冶金、有色	YJ
汽车	QC	船舶	CB
…	…	…	…

A.2 个体防护装备配备行业工种编号

根据不同的工作内容对行业的工种进行分类,对相同或相近工种进行分组,以石油、化工、天然气行业为例,见 GB 39800.2—2020 中表 A.1。

A.3 个体防护装备分类及编号

个体防护装备按防护部位分为 9 类,分类及编号见表 A.2。

表 A.2 个体防护装备分类及编号

序号	防护分类	防护分类编号	序号	防护分类	防护分类编号	序号	防护分类	防护分类编号
1	头部防护	TB	4	呼吸防护	HX	7	足部防护	ZB
2	眼面防护	YM	5	防护服装	FZ	8	坠落防护	ZL
3	听力防护	TL	6	手部防护	SF	9	其他防护	QT

附 录 B
（资料性附录）
常见的作业类别及可能造成的事故或伤害

B.1 按照作业环境中的工作条件及可能造成的事故或伤害列举 35 种主要作业类别,见表 B.1。

表 B.1 常见的作业类别及可能造成的事故或伤害类型

编号	作业类别	说明	举例	可能造成的事故或伤害
B01	存在物体坠落、撞击的作业	物体坠落或横向上可能有物体相撞的作业	建筑安装、桥梁建设、采矿、钻探、造船、机械、起重、管路维修、非煤矿山、森林采伐	物体打击、起重伤害等
B02	有碎屑或液体飞溅的作业	作业过程中可能有切削碎屑或液体飞溅的作业	破碎、锤击、铸件切削、铸轧、砂轮打磨、高压流体清洗	物体打击等
B03	操作转动机械作业	机械设备运行中引起的绞、碾等伤害的作业	机床、传动机械	机械伤害等
B04	接触锋利器具作业	生产中使用的生产工具或加工产品易对操作者产生割伤、刺伤等伤害的作业	金属加工的打毛清边、玻璃装配与加工	
B05	地面存在尖利器物的作业	作业平面上可能存在对工作者脚部或腿部产生刺伤伤害的作业	森林作业、建筑工地	

表 B.1（续）

编号	作业类别	说明	举例	可能造成的事故或伤害
B06	手持振动机械作业	生产中使用手持振动工具，直接作用于人的手臂系统的机械振动或冲击作业	风钻、风铲、油锯	振动伤害等
B07	人承受全身振动的作业	承受振动或处于不易忍受的振动环境中的作业	田间机械作业驾驶、林业作业	
B08	铲、装、吊、推机械操作作业	重型采掘、建筑、装载起重设备的操作与驾驶作业	操作铲机、推土机、装卸机、天车、龙门吊、塔吊、单臂起重机等机械	车辆伤害、起重伤害等
B09	带电作业	工作人员接触带电部分的作业，或工作人员身体的任一部分或使用的工具、装置、设备进入带电作业区域内的作业	高、低压设备或线路带电维修	触电、电弧伤害等
B10	高温作业	作业地点平均 WBGT 指数等于或大于 25 ℃ 的作业	高温天气户外作业、高温车间作业	中暑等
B11	高温热接触或热辐射作业	存在热的液体、气体对人体的烫伤，热的固体与人体接触引起的灼伤，火焰对人体的烧伤以及炽热源的热辐射对人体的伤害等情况的作业	熔炼、浇注、热轧、锻造、炉窑作业	高温伤害等
B12	易燃易爆场所作业	作业场所存在甲、乙类易燃易爆物质并可能引起燃烧、爆炸	接触火工材料、易挥发易燃的液体及化学品、可燃性气体、可燃性粉尘的作业，如汽油、甲烷、铝镁粉等	火灾、爆炸等
B13	高处作业	在距坠落高度基准面 2 m 及 2 m 以上，且有坠落风险的场所作业	室内/室外建筑安装、架线、货物堆砌	高处坠落等
B14	井下作业	存在矿山工作面、巷道侧壁的支护不当，压力过大造成的坍塌或顶板坍塌、以及高势能水意外流向低势能区域的作业	井下采掘、运输、安装	冒顶片帮、粉尘伤害、透水、中毒和窒息等
B15	地下作业	进行地下管网的铺设及地下挖掘的作业	地下开拓、建筑安装	

表 B.1（续）

编号	作业类别	说 明	举 例	可能造成的事故或伤害
B16	水上作业	有落水危险的水上作业	水上作业平台、水上运输、木材水运、水产养殖与捕捞	高处坠落、淹溺等
B17	吸入性气相毒物作业	接触常温、常压下呈气体或蒸气状态、经呼吸道吸入能产生毒害物质的作业，包括刺激性气体和窒息性气体	接触氯气、一氧化碳、硫化氢、氯乙烯、光气、汞的作业	中毒、窒息等
B18	有限空间作业	在空气不流通的场所中作业，包括在缺氧即空气中含氧浓度小于19.5%和毒气、有毒气溶胶超过标准并不能排出等场所中作业	密闭的罐体、房仓、孔道或排水系统、炉窑、存放耗氧器具或生物体进行耗氧过程的密闭空间	中毒、窒息等
B19	吸入性粉尘作业	接触粉尘、烟、雾等颗粒物，经呼吸道吸入对人体产生伤害的作业	接触铝、铬、铍、锰、镉等有毒金属及其化合物的烟雾和粉尘、沥青烟雾、煤尘、矽尘、石棉尘、油漆、木屑粉尘的作业	粉尘伤害、中毒等
B20	沾染性毒物作业	接触能粘附于皮肤、衣物上，经皮肤吸收产生伤害或对皮肤产生毒害物质的作业	接触有机磷农药、有机汞化合物、苯和苯的二及三硝基化合物、放射性物质的作业	中毒、辐射伤害等
B21	生物性毒物作业	作业场所中有感染或吸收生物毒素危险的作业	有毒性动植物养殖、生物毒素培养制剂、带菌或含有生物毒素的制品加工处理、腐烂物品处理、防疫检验	中毒等
B22	噪声作业	存在有损听力、有害健康或有其他危害的声音，且每天8 h或每周40 h噪声暴露等效声级大于或等于80 dB(A)的作业	风钻、气锤、铆接、钢筒内的敲击或铲锈、钻修井	听力损伤等
B23	强光作业	强光源或产生强烈红外辐射和紫外辐射的作业	弧光、电弧焊、炉窑作业	辐射伤害等

表 B.1（续）

编号	作业类别	说明	举例	可能造成的事故或伤害
B24	激光作业	激光发射与加工的作业	激光加工金属、激光焊接、激光测量、激光通信	辐射伤害等
B25	荧光屏作业	长期从事荧光屏操作与识别的作业	电脑操作、电视机调试	
B26	射线作业	作业环境中存在电离辐射、辐射剂量可能会超过标准的作业	放射性矿物的开采、选矿、冶炼、加工，核废料或核事故处理，放射性物质使用，X射线检测	
B27	腐蚀性作业	产生或使用腐蚀性物质的作业	二氧化硫气体净化、酸洗、化学镀膜	化学性烧灼、中毒等
B28	易污作业	容易污秽皮肤或衣物的作业	炭黑、染色、油漆、有关的卫生工程	其他伤害
B29	恶味作业	产生难闻气味或恶味不易清除的作业	熬胶、恶臭物质处理与加工	中毒等
B30	低温作业	作业地点平均气温等于或低于5 ℃的作业；或接触低温物体造成伤害的作业	冰库	低温伤害等
B31	人工搬运作业	通过人力搬运的作业	人力抬、扛、推、搬移	物体打击等
B32	野外作业	野外露天作业	地质勘探、大地测量、钻修井、测井、固井	紫外伤害、高低温伤害等
B33	涉水作业	作业中需接触大量水或须立于水中	矿井、隧道、水力采掘、地质钻探、下水工程、污水处理	淹溺、低温伤害等
B34	车辆驾驶作业	各类机动车辆驾驶的作业	汽车驾驶	车辆伤害等
B35	其他作业	B01～B34 以外的作业	—	—

B.2 实际工作中涉及多项作业特征的为综合性作业。在进行综合性作业时，用人单位可根据作业特点为作业人员配备多种或多功能个体防护装备。

附录 C
（资料性附录）
生产过程危险和有害因素分类与代码表

生产过程危险和有害因素分类与代码见表 C.1。

表 C.1　生产过程危险和有害因素分类与代码表

代码	名称	说明
1	人的因素	
11	心理、生理性危险和有害因素	
1101	负荷超限	
110101	体力负荷超限	指易引起疲劳、劳损、伤害等的负荷超限
110102	听力负荷超限	
110103	视力负荷超限	
110199	其他负荷超限	
1102	健康状况异常	指伤、病期等
1103	从事禁忌作业	
1104	心理异常	
110401	情绪异常	
110402	冒险心理	
110403	过度紧张	
110499	其他心理异常	
1105	辨识功能缺陷	
110501	感知延迟	
110512	辨识错误	
110599	其他辨识功能缺陷	
1199	其他心理、生理性危险和有害因素	
12	行为性危险和有害因素	
1201	指挥错误	
120101	指挥失误	包括生产过程中的各级管理人员的指挥
120102	违章指挥	
120199	其他指挥错误	
1202	操作错误	
120201	误操作	
120202	违章作业	
120299	其他操作错误	

表 C.1（续）

代码	名称	说明
1203	监护失误	
1299	其他行为性危险和有害因素	包括脱岗等违反劳动纪律行为
2	**物的因素**	
21	物理性危险和有害因素	
2101	设备、设施、工具、附件缺陷	
210101	强度不够	
210102	刚度不够	
210103	稳定性差	抗倾覆、抗位移能力不够。包括重心过高、底座不稳定、支撑不正确等
210104	密封不良	指密封件、密封介质、设备辅件、加工精度、装配工艺等缺陷以及磨损、变形、气蚀等造成的密封不良
210105	耐腐蚀性差	
210106	应力集中	
210107	外形缺陷	指设备、设施表面的尖角利棱和不应有的凹凸部分等
210108	外露运动件	指人员易触及的运动件
210109	操纵器缺陷	指结构、尺寸、形状、位置、操纵力不合理及操纵器失灵、损坏等
210110	制动器缺陷	
210111	控制器缺陷	
210199	设备、设施、工具、附件其他缺陷	
2102	防护缺陷	
210201	无防护	
210202	防护装置、设施缺陷	指防护装置、设施本身安全性、可靠性差,包括防护装置、设施、防护用品损坏、失效、失灵等
210203	防护不当	指防护装置、设施和防护用品不符合要求、使用不当。不包括防护距离不够
210204	支撑不当	包括矿井、建筑施工支护不符合要求
210205	防护距离不够	指设备布置、机械、电气、防火、防爆等安全距离不够和卫生防护距离不够等
210299	其他防护缺陷	
2103	电伤害	
210301	带电部位裸露	指人员易触及的裸露带电部位
210302	漏电	
210303	静电和杂散电流	
210304	电火花	

表 C.1（续）

代　码	名　　称	说　　明
210399	其他电伤害	
2104	噪声	
210401	机械性噪声	
210402	电磁性噪声	
210403	流体动力性噪声	
210499	其他噪声	
2105	振动危害	
210501	机械性振动	
210502	电磁性振动	
210503	流体动力性振动	
210599	其他振动危害	
2106	电离辐射	包括 X 射线、γ 射线、α 粒子、β 粒子、中子、质子、高能电子束等
2107	非电离辐射	
210701	紫外辐射	
210702	激光辐射	
210703	微波辐射	
210704	超高频辐射	
210705	高频电磁场	
210706	工频电场	
2108	运动物伤害	
210801	抛射物	
210802	飞溅物	
210803	坠落物	
210804	反弹物	
210805	土、岩滑动	
210806	料堆（垛）滑动	
210807	气流卷动	
210899	其他运动物伤害	
2109	明火	
2110	高温物质	
211001	高温气体	
211002	高温液体	
211003	高温固体	
211099	其他高温物质	
2111	低温物质	
211101	低温气体	
211102	低温液体	
211103	低温固体	

表 C.1（续）

代码	名称	说明
211199	其他低温物质	
2112	信号缺陷	
211201	无信号设施	指应设信号设施处无信号，如无紧急撤离信号等
211202	信号选用不当	
211203	信号位置不当	
211204	信号不清	指信号量不足，如响度、亮度、对比度、信号维持时间不够等
211205	信号显示不准	包括信号显示错误、显示滞后或超前等
211299	其他信号缺陷	
2113	标志缺陷	
211301	无标志	
211302	标志不清晰	
211303	标志不规范	
211304	标志选用不当	
211305	标志位置缺陷	
211399	其他标志缺陷	
2114	有害光照	包括直射光、反射光、眩光、频闪效应等
2199	其他物理性危险和有害因素	
22	化学性危险和有害因素	依据 GB 13690 中的规定
2201	爆炸品	
2202	压缩气体和液化气体	
2203	易燃液体	
2204	易燃固体、自燃物品和遇湿易燃物品	
2205	氧化剂和有机过氧化物	
2206	有毒品	
2207	放射性物品	
2208	腐蚀品	
2209	粉尘与气溶胶	
2299	其他化学性危险和有害因素	
23	生物性危险和有害因素	
2301	致病微生物	
230101	细菌	
230102	病毒	
230103	真菌	
230199	其他致病微生物	
2302	传染病媒介物	
2303	致害动物	

表 C.1（续）

代码	名称	说明
2304	致害植物	
2399	其他生物性危险和有害因素	
3	环境因素	包括室内、室外、地上、地下（如隧道、矿井）、水上、水下等作业（施工）环境
31	室内作业场所环境不良	
3101	室内地面滑	指室内地面、通道、楼梯被任何液体、熔融物质润湿，结冰或有其他易滑物等
3102	室内作业场所狭窄	
3103	室内作业场所杂乱	
3104	室内地面不平	
3105	室内梯架缺陷	包括楼梯、阶梯、电动梯和活动梯架，以及这些设施的扶手、扶栏和护栏、护网等
3106	地面、墙和天花板上的开口缺陷	包括电梯井、修车坑、门窗开口、检修孔、孔洞、排水沟等
3107	房屋基础下沉	
3108	室内安全通道缺陷	包括无安全通道、安全通道狭窄、不畅等
3109	房屋安全出口缺陷	包括无安全出口、设置不合理等
3110	采光照明不良	指照度不足或过强、烟尘弥漫影响照明等
3111	作业场所空气不良	指自然通风差、无强制通风、风量不足或气流过大、缺氧、有害气体超限等
3112	室内温度、湿度、气压不适	
3113	室内给、排水不良	
3114	室内涌水	
3199	其他室内作业场所环境不良	
32	室外作业场地环境不良	
3201	恶劣气候与环境	包括风、极端的温度、雷电、大雾、冰雹、暴雨雪、洪水、浪涌、泥石流、地震、海啸等
3202	作业场地和交通设施湿滑	包括铺设好的地面区域、阶梯、通道、道路、小路等被任何液体、熔融物质润湿，冰雪覆盖或有其他易滑物等
3203	作业场地狭窄	
3204	作业场地杂乱	
3205	作业场地不平	包括不平坦的地面和路面，有铺设的、未铺设的、草地、小鹅卵石或碎石地面和路面
3206	航道狭窄、有暗礁或险滩	
3207	脚手架、阶梯和活动梯架缺陷	包括这些设施的扶手、扶栏和护栏、护网等
3208	地面开口缺陷	包括升降梯井、修车坑、水沟、水渠等
3209	建筑物和其他结构缺陷	包括建筑中或拆毁中的墙壁、桥梁、建筑物；筒仓、固定式粮仓、固定的槽罐和容器；屋顶、塔楼等

表 C.1（续）

代码	名称	说明
3210	门和围栏缺陷	包括大门、栅栏、畜栏和铁丝网等
3211	作业场地基础下沉	
3212	作业场地安全通道缺陷	包括无安全通道,安全通道狭窄、不畅等
3213	作业场地安全出口缺陷	包括无安全出口、设置不合理等
3214	作业场地光照不良	指光照不足或过强、烟尘弥漫影响光照等
3215	作业场地空气不良	指自然通风差或气流过大、作业场地缺氧、有害气体超限等
3216	作业场地温度、湿度、气压不适	
3217	作业场地涌水	
3299	其他室外作业场地环境不良	
33	地下(含水下)作业环境不良	不包括以上室内室外作业环境已列出的有害因素
3301	隧道/矿井顶面缺陷	
3302	隧道/矿井正面或侧壁缺陷	
3303	隧道/矿井地面缺陷	
3304	地下作业面空气不良	包括通风差或气流过大、缺氧、有害气体超限等
3305	地下火	
3306	冲击地压	指井巷(采场)周围的岩体(如煤体)等物质在外载作用下产生的变形能,当力学平衡状态受到破坏时,瞬间释放,将岩体、气体、液体急剧、猛烈抛(喷)出造成严重破坏的一种井下动力现象
3307	地下水	
3308	水下作业供氧不当	
3399	其他地下作业环境不良	
39	其他作业环境不良	
3901	强迫体位	指生产设备、设施的设计或作业位置不符合人类工效学要求而易引起作业人员疲劳、劳损或事故的一种作业姿势
3902	综合性作业环境不良	显示有两种以上作业环境致害因素且不能分清主次的情况
3999	以上未包括的其他作业环境不良	
4	**管理因素**	
41	职业安全卫生组织机构不健全	包括组织机构的设置和人员的配置
42	职业安全卫生责任制未落实	
43	职业安全卫生管理规章制度不完善	
4301	建设项目"三同时"制度未落实	

表 C.1（续）

代码	名称	说明
4302	操作规程不规范	
4303	事故应急预案及响应缺陷	
4304	培训制度不完善	
4399	其他职业安全卫生管理规章制度不健全	包括隐患管理、事故调查处理等制度不健全
44	职业安全卫生投入不足	
45	职业健康管理不完善	包括职业健康体检及其档案管理等不完善
49	其他管理因素缺陷	

参 考 文 献

[1] GB 2626　呼吸防护　自吸过滤式防颗粒物呼吸器

[2] GB 2811　头部防护　安全帽

[3] GB 2890　呼吸防护　自吸过滤式防毒面具

[4] GB/T 3609.1　职业眼面部防护　焊接防护　第1部分：焊接防护具

[5] GB/T 3609.2　职业眼面部防护　焊接防护　第2部分：自动变光焊接滤光镜

[6] GB/T 4754　国民经济行业分类

[7] GB 5725　安全网

[8] GB 6095　安全带

[9] GB 6220　呼吸防护　长管呼吸器

[10] GB 8965.1　防护服装　阻燃服

[11] GB 8965.2　防护服装　阻燃防护　第2部分：焊接服

[12] GB 12014　防护服装　防静电服

[13] GB/T 12903—2008　个体防护装备术语

[14] GB 13690　化学品分类和危险性公示　通则

[15] GB/T 13861—2009　生产过程危险和有害因素分类与代码

[16] GB/T 15236—2008　职业安全卫生术语

[17] GB/T 16556　自给开路式压缩空气呼吸器

[18] GB/T 17622　带电作业用绝缘手套

[19] GB/T 18664　呼吸防护用品的选择、使用与维护

[20] GB 20265　足部防护　防化学品鞋

[21] GB 20653　防护服装　职业用高可视性警示服

[22] GB 21148　足部防护　安全鞋

[23] GB/T 22845　防静电手套

[24] GB 23394　自给闭路式压缩氧气呼吸器

[25] GB/T 23463　防护服装　微波辐射防护服

[26] GB/T 23466　护听器的选择指南
[27] GB/T 23468　坠落防护装备安全使用规范
[28] GB/T 23469　坠落防护　连接器
[29] GB/T 24536　防护服装　化学防护服的选择、使用和维护
[30] GB/T 24537　坠落防护　带柔性导轨的自锁器
[31] GB/T 24538　坠落防护　缓冲器
[32] GB 24539　防护服装　化学防护服通用技术要求
[33] GB 24541　手部防护　机械危害防护手套
[34] GB 24542　坠落防护　带刚性导轨的自锁器
[35] GB 24543　坠落防护　安全绳
[36] GB 24544　坠落防护　速差自控器
[37] GB/T 28409　个体防护装备　足部防护鞋(靴)的选择、使用和维护指南
[38] GB 28881　手部防护　化学品及微生物防护手套
[39] GB/T 28895　防护服装　抗油易去污防静电防护服
[40] GB/T 30041　头部防护　安全帽选用规范
[41] GB 30862　坠落防护　挂点装置
[42] GB 30863　个体防护装备　眼面部防护　激光防护镜
[43] GB 30864　呼吸防护　动力送风过滤式呼吸器
[44] GB/T 31421　防静电工作帽
[45] GB/T 31422　个体防护装备　护听器的通用技术条件
[46] GB 32166.1　个体防护装备　眼面部防护　职业眼面部防护具　第1部分：要求
[47] GB/T 38228　呼吸防护　自给闭路式氧气逃生呼吸器
[48] GB/T 38230　坠落防护　缓降装置
[49] GB/T 38300　防护服装　冷环境防护服
[50] GB/T 38304　手部防护　防寒手套
[51] GB/T 38306　手部防护　防热伤害手套
[52] GB 38451　呼吸防护　自给开路式压缩空气逃生呼吸器
[53] GB 38452　手部防护　电离辐射及放射性污染物防护手套
[54] GB 38453　防护服装　隔热服
[55] GB 38454　坠落防护　水平生命线装置
[56] GB/T 38696.1　眼面部防护　强光源(非激光)防护镜　第1部分：技术要求
[57] GB/T 38696.2　眼面部防护　强光源(非激光)防护镜　第2部分：使用指南
[58] GB 39800.2—2020　个体防护装备配备规范　第2部分：石油、化工、天然气
[59] AQ 6103　焊工防护手套
[60] AQ 6109　坠落防护　登杆脚扣
[61] DL/T 320　个人电弧防护用品通用技术要求

个体防护装备配备规范 第2部分:石油、化工、天然气
(GB 39800.2—2020)

前 言

GB 39800《个体防护装备配备规范》分为以下部分:
——第1部分:总则;
——第2部分:石油、化工、天然气;
——第3部分:冶金、有色;
——第4部分:非煤矿山;
……

本部分为GB 39800的第2部分。

本部分按照GB/T 1.1—2009给出的规则起草。

本部分由中华人民共和国应急管理部提出并归口。

1 范围

GB 39800的本部分规定了石油、化工、天然气行业用人单位个体防护装备(即劳动防护用品)配备的总体要求、危害因素的辨识和评估及个体防护装备的配备。

本部分适用于石油、化工、天然气行业用人单位个体防护装备的配备及管理。

本部分不适用于石油、化工、天然气行业用人单位消防用个体防护装备的配备及管理。

2 规范性引用文件

下列文件对于本文件的应用是必不可少的。凡是注日期的引用文件,仅注日期的版本适用于本文件。凡是不注日期的引用文件,其最新版本(包括所有的修改单)适用于本文件。

GB/T 18664 呼吸防护用品的选择、使用与维护

GB 39800.1—2020 个体防护装备配备规范 第1部分:总则

3 术语和定义

GB 39800.1—2020界定的术语和定义适用于本文件。

4 总体要求

个体防护装备配备原则、配备管理及配备流程按GB 39800.1—2020执行。

5 危害因素的辨识和评估

用人单位应结合石油、化工、天然气行业安全生产的特点,按照GB 39800.1—2020中4.2的要求对其生产过程中可能涉及的危害因素进行辨识和危害评估。用人单位可根据表1所列的作业类别,或参考附录A所列的工种进行危害因素的辨识,对所辨识的危害因素进

行危害评估,以此作为选择适用个体防护装备的依据。

表 1 主要的作业类别、可能造成的事故或伤害类型以及适用的个体防护装备

序号	作业类别	说明	可能造成的事故或伤害	适用的个体防护装备	作业举例
1	易燃易爆场所作业	作业场所存在甲、乙类易燃易爆物质并可能引起燃烧、爆炸	火灾、爆炸等	TB-01 安全帽 TB-02 防静电工作帽 HX-05 自给开路式压缩空气呼吸器 HX-06 自吸过滤式防毒面具 HX-08 自吸过滤式防颗粒物呼吸器 YM-04 职业眼面部防护具 ZB-01 安全鞋 FZ-02 防静电服 FZ-07 化学防护服 FZ-12 阻燃服 SF-03 防化学品手套 SF-04 防静电手套	接触具有爆炸、可燃危险性质化学品、可燃性粉尘的作业。化学品分类参见 GB 13690
2	吸入性气相毒物作业	接触常温、常压下呈气体或蒸气状态,经呼吸道吸入能产生毒害物质的作业,包括刺激性气体和窒息性气体	中毒、窒息等	HX-01 长管呼吸器 HX-02 动力送风过滤式呼吸器 HX-03 自给闭路式压缩氢气呼吸器 HX-04 自给闭路式氧气逃生呼吸器 HX-05 自给开路式压缩空气呼吸器 HX-06 自吸过滤式防毒面具 HX-07 自给开路式压缩空气逃生呼吸器 YM-04 职业眼面部防护具 SF-03 防化学品手套 FZ-07 化学防护服	接触氮的氧化物、氯及其化合物、硫的化合物、成碱氢化物、强氧化剂、酯类、金属化合物、醛类、醚类、氟代烃类、成酸氧化物、成酸氢化物、卤族元素、有机氟化合物、脂肪胺类、酮类、氨等刺激性气体,以及氮气、氩气、甲烷、二氧化碳、乙烷、丙烷、乙烯、丙烯、一氧化碳、硫化氢、氰化氢、丙烯腈、氯气、光气、汞等窒息性气体的作业

表1（续）

序号	作业类别	说明	可能造成的事故或伤害	适用的个体防护装备	作业举例
3	沾染性毒物作业	接触能粘附于皮肤、衣物上，经皮肤吸收产生伤害或对皮肤产生毒害物质的作业	中毒等	HX-01 长管呼吸器 HX-02 动力送风过滤式呼吸器 HX-03 自给闭路式压缩氧气呼吸器 HX-04 自给闭路式氧气逃生呼吸器 HX-05 自给开路式压缩空气呼吸器 HX-06 自吸过滤式防毒面具 HX-07 自给开路式压缩空气逃生呼吸器 YM-04 职业眼面部防护具 SF-03 防化学品手套 FZ-07 化学防护服 ZB-02 防化学品鞋	接触脂肪及脂环类化合物、芳香类化合物、卤代烃化合物、胺及硝基化合物、醇类化合物、酚类化合物、醚类化合物、醛类化合物、酮类化合物、羧酸及其衍生物、氰及腈化物、环氧及杂环化合物、元素有机化合物、高分子化合物、元素及无机化合物等液态毒物的作业
4	吸入性粉尘作业	接触粉尘、烟、雾等颗粒物，经呼吸道吸入对人体产生伤害的作业	粉尘伤害、中毒等	HX-02 动力送风过滤式呼吸器 HX-08 自吸过滤式防颗粒物呼吸器 YM-04 职业眼面部防护具	接触聚丙烯粉尘、聚丙烯腈纤维粉尘、聚乙烯粉尘、聚氯乙烯粉尘、棉尘、木粉尘、洗衣粉混合尘、煤尘、电焊烟尘、二氧化钛粉尘、硅藻土粉尘、滑石粉尘、砂轮磨尘、石灰石粉尘、石棉纤维粉尘、水泥粉尘、炭黑粉尘、矽尘、催化剂粉尘、蛭石等粉尘的作业

表 1（续）

序号	作业类别	说明	可能造成的事故或伤害	适用的个体防护装备	作业举例
5	有限空间作业	在空气不流通的场所中作业，包括在缺氧即空气中含氧浓度小于19.5%和毒气、有毒气溶胶超过标准且不能及时排出等场所中作业	中毒、窒息等	TB-01 安全帽 ZL-01 安全带 ZL-02 安全绳 ZL-03 缓冲器 ZL-04 缓降装置 ZL-05 连接器 ZL-06 水平生命线装置 ZL-07 速差自控器 ZL-08 自锁器 ZL-09 安全网 HX-01 长管呼吸器 HX-03 自给闭路式压缩氧气呼吸器 HX-05 自给开路式压缩空气呼吸器 YM-04 职业眼面部防护具 SF-03 防化学品手套 FZ-07 化学防护服 ZB-01 安全鞋	生产区域内封闭、半封闭的设施及场所内的作业，如炉窑、塔、釜、罐、仓、槽车等设备设施以及管道、烟道、隧道、下水道、沟、坑、井、池、涵洞等孔道或排水系统内的作业
6	腐蚀性作业	产生或使用腐蚀性物质的作业	化学性烧灼、中毒等	YM-04 职业眼面部防护具 SF-03 防化学品手套 ZB-02 防化学品鞋 FZ-07 化学防护服	生产或使用硫酸、盐酸、硝酸、氢氟酸、液体强碱、固体强碱、重铬酸钾、高锰酸钾等的作业
7	噪声作业	存在有损听力、有害健康或有其他危害的声音，且每天 8 h 或每周 40 h 噪声暴露等效声级大于或等于80 dB(A)的作业	听力损伤等	TL-01 耳塞 TL-02 耳罩	涉及压缩机、鼓风机、泵房区、风机、氨压机、氢压机、空压机、干气提浓真空泵、冷冻机房、循环水泵房、输油泵房、过滤机、造粒机、包装机、离心机房、空冷器、搅拌设备、机加工、高压阀门管道、磨煤机、锅炉、汽轮机、钻井机、柴油机、发电机、排空装置、高压蒸气排放等存在噪声危害的作业

表 1（续）

序号	作业类别	说明	可能造成的事故或伤害	适用的个体防护装备	作业举例
8	高温热接触或热辐射作业	存在热的液体、气体对人体的烫伤，热的固体与人体接触引起的灼伤，火焰对人体的烧伤以及炽热源的热辐射对人体的伤害等情况的作业	高温伤害等	TB-01 安全帽 YM-04 职业眼面部防护具 SF-05 防热伤害手套 ZB-01 安全鞋 FZ-05 隔热服 FZ-10 熔融金属飞溅防护服 FZ-12 阻燃服	操作催化裂化装置、焦化装置中的加热炉、裂解炉、锅炉、焙烧炉等设备的作业
9	低温作业	工作地点平均气温等于或低于5 ℃的作业；或接触低温物体造成伤害的作业	低温伤害等	TB-01 安全帽 ZB-01 安全鞋 FZ-09 冷环境防护服 SF-02 防寒手套	在冷库、冷冻车间工作，冷水作业和北方冬季露天作业（室外巡检、维修），以及涉及液氧、液氮、液态二氧化碳等低温气体的作业
10	高处作业	在距坠落高度基准面 2 m 及 2 m 以上，且有坠落风险的场所作业	高处坠落等	TB-01 安全帽 ZB-01 安全鞋 ZL-01 安全带 ZL-02 安全绳 ZL-03 缓冲器 ZL-04 缓降装置 ZL-05 连接器 ZL-06 水平生命线装置 ZL-07 速差自控器 ZL-08 自锁器 ZL-09 安全网 ZL-10 登杆脚扣	高空安装（维修）、在高处进行工艺操作、货物堆砌等
11	存在物体坠落、撞击的作业	物体坠落或横向上可能有物体相撞的作业	物体打击、起重伤害等	TB-01 安全帽 ZB-01 安全鞋 ZL-09 安全网	安装施工、起重、检修现场的作业
12	有碎屑或液体飞溅的作业	可能有切削碎屑或液体飞溅的作业	物体打击等	TB-01 安全帽 YM-04 职业眼面部防护具 FZ-03 职业用防雨服 FZ-07 化学防护服 SF-08 机械危害防护手套 ZB-01 安全鞋	破碎、锤击、铸件切削、砂轮打磨、高压流体清洗

表 1（续）

序号	作业类别	说明	可能造成的事故或伤害	适用的个体防护装备	作业举例
13	操作转动机械作业	机械设备运行中引起绞、碾等伤害的作业	机械伤害	TB-01 安全帽 YM-04 职业眼面部防护具 SF-08 机械危害防护手套 ZB-01 安全鞋	操作皮带传送机、卷边机及包装机等机械，易引起挤压、碰撞、冲击、剪切、卷入危险的作业
14	接触锋利器具作业	生产中使用的生产工具或加工产品易对操作者产生割伤、刺伤等伤害的作业	机械伤害	TB-01 安全帽 SF-08 机械危害防护手套 ZB-01 安全鞋 YM-04 职业眼面部防护具	金属加工的打毛清边
15	地面存在尖利器物的作业	工作平面上可能存在对工作者脚部或腿部产生刺伤伤害的作业	机械伤害	ZB-01 安全鞋	施工、检修现场
16	铲、装、吊、推机械操作作业	重型采掘、建筑、装载起重设备的操作与驾驶作业	车辆伤害、起重伤害等	TB-01 安全帽 ZB-01 安全鞋	操作铲机、推土机、装卸机、天车、龙门吊、塔吊、单臂起重机等机械的作业
17	地下作业	进行地下管网的铺设及地下挖掘的作业	冒顶片帮、粉尘伤害、透水、中毒和窒息等	TB-01 安全帽 HX-01 长管呼吸器 HX-02 动力送风过滤式呼吸器 HX-03 自给闭路式压缩氧气呼吸器 HX-04 自给闭路式氧气逃生呼吸器 HX-05 自给开路式压缩空气呼吸器 HX-06 自吸过滤式防毒面具 HX-07 自给开路式压缩空气逃生呼吸器 HX-08 自吸过滤式防颗粒物呼吸器 YM-04 职业眼面部防护具 ZB-01 安全鞋	地下挖掘、地下管网的铺设

表 1（续）

序号	作业类别	说明	可能造成的事故或伤害	适用的个体防护装备	作业举例
18	带电作业	工作人员接触带电部分的作业，或工作人员身体的任一部分或使用的工具、装置、设备进入带电作业区域内的作业	触电、电弧伤害等	TB-01 安全帽 YM-04 职业眼面部防护具 SF-01 带电作业用绝缘手套 ZB-01 安全鞋 FZ-01 防电弧服	电气设备或线路带电作业、维修等
19	强光作业	强光源或产生强烈红外辐射和紫外辐射的作业	辐射伤害等	YM-01 焊接眼护具 YM-03 强光源防护镜 YM-04 职业眼面部防护具	弧光、电弧焊、炉窑作业
20	人工搬运作业	通过人力搬运的作业	物体打击等	TB-01 安全帽 SF-08 机械危害防护手套 ZB-01 安全鞋	人力抬、扛、推、搬移
21	涉水作业	作业中需接触大量水或须立于水中	淹溺、低温伤害等	FZ-03 职业用防雨服 ZB-01 安全鞋	钻井平台、下水工程、污水处理等
22	野外作业	野外露天作业	紫外伤害、高低温伤害等	YM-04 职业眼面部防护具 ZB-01 安全鞋 FZ-03 职业用防雨服 FZ-09 冷环境防护服 SF-02 防寒手套	野外的开采、检查、维护等

6 个体防护装备的配备

6.1 用人单位应根据辨识的作业场所危害因素和危害评估结果，选择相应的个体防护装备。

6.2 石油、化工、天然气行业用人单位个体防护装备的配备应按照以下一种或两种相结合的方法进行：

  a) 根据作业类别结合表 1 辨识的危害因素和危害评估结果，并依据表 1 建议的适用个体防护装备，结合个体防护装备的防护部位、防护功能、适用范围和防护装备对使用者的适合性，选择合适的个体防护装备。

  b) 参考附录 B 执行。对于附录 A 中未涵盖的工种，用人单位应根据该工种作业特点，进行危害因素的辨识和评估，并应按 GB 39800.1—2020 的要求，配备相应的个体防护装备。

6.3 用人单位应按照 GB/T 18664 进行呼吸防护用品的配备及管理。

6.4 用人单位应考虑地域温度的差异，为作业人员配备适宜的头部防护、防护服装、手部防护和足部防护等个体防护装备。

附 录 A
（资料性附录）
石油、化工、天然气行业工种及其可能存在的危害因素

石油、化工、天然气行业工种及其可能存在的危害因素见表 A.1。

表 A.1　石油、化工、天然气工种及其可能存在的危害因素

典型工种				相近工种	可能存在的危害因素
类别编号	类别	工种名称	工种编号		
SY-01	物探	钻探工	SY-01-001		坠落物、作业场所湿滑、外形缺陷、粉尘和气溶胶、有害光照、飞溅物、噪声
		测量工	SY-01-002	放线工	坠落物、作业场所湿滑、外形缺陷、有害光照
		爆炸工	SY-01-003	炸药警卫	爆炸品、坠落物、作业场所湿滑、外形缺陷、粉尘和气溶胶、有害光照、噪声、飞溅物
		仪器操作工	SY-01-004		坠落物、作业场所湿滑、外形缺陷、飞溅物
		机械震源操作工	SY-01-005		坠落物、作业场所湿滑、外形缺陷、粉尘和气溶胶、噪声、振动、飞溅物
		其他物探工	SY-01-006		坠落物、作业场所湿滑、外形缺陷
SY-02	钻井	石油钻井工	SY-02-001	水井钻探工、钻井泥浆工	坠落物、易燃液体、作业场所湿滑、外形缺陷、粉尘和气溶胶、坠落、噪声、飞溅物、作业场所空气不良
		钻井液工	SY-02-002	配液工、酸化工	坠落物、易燃液体、作业场所湿滑、外形缺陷、粉尘和气溶胶、有毒品、腐蚀品、飞溅物、噪声
		随钻测量工	SY-02-003	现场试验工	坠落物、易燃液体、作业场所湿滑、外形缺陷、飞溅物、噪声
		井架安装工	SY-02-004		坠落物、作业场所湿滑、外形缺陷、有害光照、坠落、飞溅物
		钻井修理工	SY-02-005	管子修理工、钻井工具修理工	坠落物、易燃液体、作业场所湿滑、外形缺陷、飞溅物、作业场所空气不良

表 A.1（续）

类别编号	典型工种 类别	典型工种 工种名称	典型工种 工种编号	相近工种	可能存在的危害因素
SY-02	钻井	固井工	SY-02-006		坠落物、易燃液体、作业场所湿滑、外形缺陷、粉尘和气溶胶、噪声
SY-03	测井测试	油、气井测试工	SY-03-001	高压测试工、低压测试工、能源测试工	坠落物、易燃液体、作业场所湿滑、外形缺陷、飞溅物
		射孔（取心）工	SY-03-002		坠落物、易燃液体、作业场所湿滑、外形缺陷、飞溅物、噪声、爆炸品
		装炮工	SY-03-003	射孔（取心）仪修工、射孔工	坠落物、易燃液体、作业场所湿滑、外形缺陷、飞溅物、爆炸品、噪声
		油气井测试仪修工	SY-03-004		坠落物、易燃液体、作业场所湿滑、外形缺陷、飞溅物
SY-04	试油、修井作业	井下作业工	SY-04-001	试油工、射孔作业工、捞油工、试压工、井下修理工	坠落物、易燃液体、作业场所湿滑、外形缺陷、飞溅物、坠落、噪声、有毒品、作业场所空气不良
		压裂工	SY-04-002	特车泵工	坠落物、易燃液体、作业场所湿滑、外形缺陷、粉尘和气溶胶、腐蚀品、飞溅物、噪声
SY-05	采油采气	采油工	SY-05-001		坠落物、易燃液体、作业场所湿滑、外形缺陷
		采气工	SY-05-002	注气工、蒸汽发生器司炉工、热注运行工、采暖锅炉水处理工、加药工、采油测试工、加氯工	坠落物、易燃液体、作业场所湿滑、外形缺陷、飞溅物
		注水工	SY-05-003	注（气）田水处理工、注水运行工、注水泵工、注聚工、水井测试工、找水工、蒸汽车司炉工	坠落物、易燃液体、作业场所湿滑、外形缺陷、粉尘和气溶胶、有毒品、飞溅物、噪声
		油管（岗）	SY-05-004	井下作业工具工、油管（杆）修复工、油管清洗工、潜油电泵修理工	坠落物、易燃液体、作业场所湿滑、外形缺陷、粉尘和气溶胶、飞溅物、腐蚀品

表 A.1（续）

类别编号	典型工种 类别	典型工种 工种名称	典型工种 工种编号	相近工种	可能存在的危害因素
SY-05	采油采气	采油维修工	SY-05-005	注输泵修理工、抽油机安装修理工、潜油电泵电器(组装)检修工	坠落物、易燃液体、作业场所湿滑、外形缺陷、飞溅物、坠落、作业场所空气不良、噪声
SY-06	油气输送	输油工	SY-06-001	脱水工、消防泵工、水泵工、原油稳定操作工、采油污水处理工	坠落物、易燃液体、作业场所湿滑、外形缺陷、噪声、有毒品
SY-06	油气输送	输气工	SY-06-002	油气储运工、天然气净化操作工、天然气脱硫操作工、天然气压缩机操作工、天然气甲醇操作工、轻烃装置操作工	坠落物、爆炸品、作业场所湿滑、外形缺陷、噪声、有毒品
SY-06	油气输送	管道保护工	SY-06-003	气防护工、管道维修工、管道巡线工	坠落物、易燃液体、作业场所湿滑、外形缺陷、粉尘和气溶胶、噪声、作业场所空气不良、坠落、有毒品
SY-06	油气输送	清蜡工	SY-06-004	脱油脱蜡工	坠落物、易燃液体、作业场所湿滑、外形缺陷、有毒品
SY-06	油气输送	抢维修工	SY-06-005		坠落物、易燃液体、作业场所湿滑、外形缺陷、飞溅物、作业场所空气不良、噪声、有毒品、坠落、电伤害、粉尘和气溶胶、有毒品
SY-07	油田建设	管道安装工	SY-07-001	施工机械操作工、砌筑工、架子工、石油金属结构制作安装工、油气管线安装工、钣金工	坠落物、作业场所湿滑、外形缺陷、飞溅物、坠落、噪声
SY-07	油田建设	施工机械操作工	SY-07-002	工程测量工	坠落物、作业场所湿滑、外形缺陷、飞溅物
SY-07	油田建设	防腐工	SY-07-003		坠落物、易燃液体、作业场所湿滑、粉尘和气溶胶、外形缺陷、腐蚀品、飞溅物、坠落
SY-07	油田建设	工程设备安装工	SY-07-004		坠落物、作业场所湿滑、外形缺陷、飞溅物、坠落
SY-07	油田建设	筑路工	SY-07-005		坠落物、作业场所湿滑、外形缺陷

表 A.1（续）

类别编号	类别	典型工种		相近工种	可能存在的危害因素
		工种名称	工种编号		
SY-08	发、变、供、配电	发电运行工	SY-08-001	锅炉运行值班员、变电运行工、监察抄表工、电力调度值班员、发电维修工、运行电工、电力值班员（电力机务员）、输配电运行工、直流电工、电器维护工、电器试验工	坠落物、作业场所湿滑、电伤害、飞溅物、噪声
		外线安装、维护工	SY-08-002	配电维护工、变电修试人员	坠落物、作业场所湿滑、电伤害、飞溅物、坠落
		煤分析工	SY-08-003		坠落物、易燃固体、作业场所湿滑、粉尘和气溶胶、外形缺陷、飞溅物
		除灰运行工	SY-08-004	灰渣运行工、粉煤灰化验工、除灰检修工	坠落物、易燃固体、作业场所湿滑、粉尘和气溶胶、飞溅物
SY-09	供水	供水运行工	SY-09-001	水处理工、净水工、锅炉水质化验工、水质分析工、水质检验工、水暖工、加药工、管网工、环境监测工	坠落物、作业场所湿滑、噪声、有毒品
		供水安装、维修工	SY-09-002		坠落物、作业场所湿滑、外形缺陷、飞溅物、坠落
		污水处理工	SY-09-003	化学水处理工	坠落物、作业场所湿滑、外形缺陷、粉尘和气溶胶、有毒品、腐蚀品、作业场所空气不良
SY-10	地质录井	钻井地质工	SY-10-001	综合录井工	坠落物、易燃液体、作业场所湿滑、外形缺陷、粉尘和气溶胶、飞溅物、噪声
		工程测量工	SY-10-002		坠落物、作业场所湿滑、外形缺陷、粉尘和气溶胶
		录井仪维修工	SY-10-003		坠落物、易燃液体、作业场所湿滑、外形缺陷、粉尘和气溶胶、飞溅物
		岩心扫描工	SY-10-004		坠落物、作业场所湿滑、外形缺陷、粉尘和气溶胶、噪声

表 A.1（续）

类别编号	类别	典型工种		相近工种	可能存在的危害因素
		工种名称	工种编号		
SY-11	炼化	管理人员	SY-11-001		坠落物、易燃液体、作业场所湿滑、外形缺陷、粉尘和气溶胶、有毒品、飞溅物、噪声
		炼油操作工	SY-11-002	炼油生产燃料油型装置操作工、炼油生产润滑油型装置操作工	坠落物、易燃液体、作业场所湿滑、外形缺陷、粉尘和气溶胶、有毒品、飞溅物、腐蚀品、作业场所空气不良、噪声
		化工操作工	SY-11-003		坠落物、易燃液体、作业场所湿滑、外形缺陷、粉尘和气溶胶、有毒品、飞溅物、腐蚀品、作业场所空气不良、噪声
		化纤操作工	SY-11-004		坠落物、易燃液体、作业场所湿滑、外形缺陷、粉尘和气溶胶、有毒品、飞溅物、腐蚀品、作业场所空气不良、噪声
		储运工	SY-11-005	油品装卸工、液化石油气灌装工、油库管理员、油库操作工	坠落物、易燃液体、作业场所湿滑、外形缺陷、粉尘和气溶胶、有毒品、飞溅物、腐蚀品、作业场所空气不良、坠落
		循环水操作工	SY-11-006		坠落物、易燃液体、作业场所湿滑、外形缺陷、飞溅物、噪声
		除焦工	SY-11-007	运焦工	坠落物、易燃固体、作业场所湿滑、外形缺陷、粉尘和气溶胶、有毒品、飞溅物、坠落、噪声
		空压站操作工	SY-11-008	空分装置操作工	坠落物、易燃液体、作业场所湿滑、外形缺陷、飞溅物、噪声、低温物体
		催化剂制造工	SY-11-009	催化剂试验工	坠落物、易燃液体、作业场所湿滑、外形缺陷、粉尘和气溶胶、有毒品、腐蚀品、作业场所空气不良

表 A.1（续）

类别编号	类别	典型工种 工种名称	工种编号	相近工种	可能存在的危害因素
SY-11	炼化	热力司炉工	SY-11-010	焚烧装置操作工、热力网运行工	坠落物、易燃液体、作业场所湿滑、外形缺陷、粉尘和气溶胶、有毒品、高温物质、有害光照、噪声
		油气输送工	SY-11-011	成品油输送工、天然气输送工	坠落物、易燃液体、作业场所湿滑、外形缺陷、坠落
		仓库保管员	SY-11-012	材料员、物资调运员、物(资)料进货员	易燃液体、作业场所湿滑、外形缺陷、腐蚀品
		铁路运行工	SY-11-013		坠落物、作业场所湿滑、外形缺陷、噪声
		微机通信机务员	SY-11-014	载波值机员、通信工、线务员	坠落物、作业场所湿滑、静电、微波辐射
		炼化检维修工	SY-11-015	硝铵维修工、化工维修钳工、化工检验管工、甲醇检修工	坠落物、易燃液体、作业场所湿滑、外形缺陷、粉尘和气溶胶、有毒品、坠落、腐蚀品、飞溅物、作业场所空气不良、噪声
SY-12	油库	管理人员	SY-12-001	油库主任、主管、安全设备管理员、综合管理员、库存管理员、调运员、抢维修中心管理人员、安全巡检员	坠落物、易燃液体、作业场所湿滑
		接卸员	SY-12-002	接车员、司泵员	坠落物、易燃液体、作业场所湿滑、外形缺陷、粉尘和气溶胶、有毒品
		验票员	SY-12-003	付油员、换票员、开票员	易燃液体、作业场所湿滑
		化验员	SY-12-004	计量员	坠落物、易燃液体、作业场所湿滑、有毒品、飞溅物
		维修工	SY-12-005	片区维修人员、成品油管道输送机械维修工、钳工、管工	坠落物、易燃液体、作业场所湿滑、外形缺陷、有毒品、飞溅物、坠落、噪声

表 A.1（续）

类别编号	类别	典型工种		相近工种	可能存在的危害因素
		工种名称	工种编号		
SY-13	加油站	管理人员	SY-13-001	基建项目管理人员	易燃液体、作业场所湿滑
		加油员	SY-13-002	安全员	易燃液体、作业场所湿滑
		记账员	SY-13-003	收银员、开票员、便利店店员	易燃液体、作业场所湿滑
		计量员	SY-13-004	卸油员	坠落物、易燃液体、作业场所湿滑、有毒品、飞溅物
		加气员	SY-13-005		易燃液体、作业场所湿滑
SY-14	成品油管道输送	管理人员	SY-14-001		坠落物、易燃液体、作业场所湿滑、有毒品
		操作工	SY-14-002	输油站技术员	坠落物、易燃液体、作业场所湿滑、外形缺陷、噪声
		管道工	SY-14-003	巡线员	坠落物、作业场所湿滑、外形缺陷、有害光照
SY-15	LNG站	管理人员	SY-15-001	安全巡检员	坠落物、易燃气体、作业场所湿滑、飞溅物、有毒品、低温物体
		操作工	SY-15-002	LNG站巡检员、LNG站加气员、LNG站压缩工	坠落物、压缩气体和液化气体、作业场所湿滑、飞溅物、有毒品、低温物体
SY-16	炼焦及煤化工	炼焦煤制备工	SY-16-001	炼焦备煤工、炼焦配煤工、煤调湿工	坠落物、作业场所湿滑、外形缺陷、粉尘和气溶胶、飞溅物、噪声
		炼焦工	SY-16-002	焦炉炉前工、筛运焦工、干法熄焦工、焦炉调温工、焦炉煤气冷凝净化工、加氢精制工	坠落物、作业场所湿滑、外形缺陷、粉尘和气溶胶、有毒品
		煤制烯烃生产工	SY-16-003	甲醇合成操作工、甲醇制烯烃操作工	坠落物、易燃气（液）体、作业场所湿滑、外形缺陷、有毒品、作业场所空气不良
		煤制油生产工	SY-16-004	煤间接液化合成操作工、煤间接液化分离操作工、煤直接液化催化剂制备工、加氢稳定装置操作工、煤直接液化操作工、二氧化碳回收处理操作工	坠落物、易燃液体、作业场所湿滑、外形缺陷、粉尘和气溶胶、有毒品、作业场所空气不良

表 A.1（续）

类别编号	典型工种 类别	典型工种 工种名称	典型工种 工种编号	相近工种	可能存在的危害因素
SY-16	炼焦及煤化工	煤制气工	SY-16-005	煤气化备配煤工、煤气化工、煤气净化回收工、甲烷合成气净化工、甲烷合成工净化工、甲烷合成工	坠落物、易燃气体、作业场所湿滑、外形缺陷、粉尘和气溶胶、有毒品、作业场所空气不良
		水煤浆制备工	SY-16-006		坠落物、作业场所湿滑、外形缺陷、粉尘和气溶胶、飞溅物、噪声
		工业型煤工	SY-16-007		坠落物、作业场所湿滑、外形缺陷、粉尘和气溶胶、飞溅物、噪声
SY-17	基础化学原料制造	基础化学原料生产工	SY-17-001	硫酸生产工、硝酸生产工、盐酸生产工、磷酸生产工、纯碱生产工、烧碱生产工、无机盐生产工、提硝工、卤水综合利用工、无机化学反应生产工、脂肪烃生产工、芳香烃生产工、脂肪烃衍生物生产工、芳香烃衍生物生产工、有机合成工	坠落物、易燃气（液）体、作业场所湿滑、外形缺陷、飞溅物、有毒品、腐蚀品、作业场所空气不良
SY-18	化学肥料生产	化肥生产工	SY-18-001	合成氨生产工、尿素生产工、硝酸铵生产工、硫酸铵生产工、过磷酸钙生产工、复混肥生产工、钙镁磷肥生产工、钾肥生产工	坠落物、易燃气（液）体、作业场所湿滑、外形缺陷、粉尘和气溶胶、飞溅物、有毒品、腐蚀品、作业场所空气不良
SY-19	农药生产	农药生产工	SY-19-001	化学农药生产工、微生物农药生产工、生物农药生产工、农药制剂操作工	坠落物、易燃气（液）体、作业场所湿滑、外形缺陷、粉尘和气溶胶、飞溅物、有毒品、腐蚀品、作业场所空气不良

表 A.1（续）

类别编号	典型工种 类别	典型工种 工种名称	典型工种 工种编号	相近工种	可能存在的危害因素
SY-20	合成树脂生产	合成树脂生产工	SY-20-001	聚乙烯装置操作工、聚丙烯装置操作工、聚丁烯装置操作工、聚苯乙烯装置操作工、聚氯乙烯装置操作工、丙烯腈-丁二烯-苯乙烯共聚物装置操作工、聚偏氯乙烯装置操作工、碳五石油树脂装置操作工、碳九石油树脂装置操作工、三氯氰胺装置操作工、酚醛树脂装置操作工、K树脂装置操作工、聚碳酸酯装置操作工、改性合成树脂装置操作工、醋酸乙烯和乙烯共聚物装置操作工、聚氨酯装置操作工、二氧化碳树脂装置操作工、环氧树脂装置操作工、聚偏氟乙烯装置操作工、丙烯酸树脂装置操作工、聚丙烯酰胺装置操作工、苯乙烯-丙烯腈树脂装置操作工、聚甲醛装置操作工、聚甲基丙烯酸甲酯装置操作工、聚醚装置操作工	坠落物、易燃气（液）体、作业场所湿滑、外形缺陷、粉尘和气溶胶、飞溅物、有毒品、腐蚀品、作业场所空气不良
SY-21	合成橡胶生产	合成橡胶生产工	SY-21-001	丁苯胶乳装置操作工、丁腈橡胶装置操作工、硅橡胶装置操作工、丁基橡胶装置操作工、溴化丁基橡胶装置操作工、氯丁橡胶装置操作工、异戊橡胶装置操作工、乙丙橡胶装置操作工、氟橡胶装置操作工、丁苯橡胶装置操作工、顺丁橡胶装置操作工、热塑性弹性体装置操作工	坠落物、易燃气（液）体、作业场所湿滑、外形缺陷、粉尘和气溶胶、飞溅物、有毒品、腐蚀品、作业场所空气不良

表 A.1（续）

类别编号	类别	典型工种		相近工种	可能存在的危害因素
		工种名称	工种编号		
SY-22	橡胶和塑料制品制造	橡胶制品生产工	SY-22-001	橡胶制品配料工、橡胶炼胶工橡胶半成品生产工、橡胶成型工、橡胶硫化工、废胶再生工	坠落物、易燃气（液）体、作业场所湿滑、粉尘和气溶胶、外形缺陷、有毒品
		轮胎翻修工	SY-22-002		坠落物、作业场所湿滑、外形缺陷、有毒品、飞溅物
		塑料制品成型制作工	SY-22-003	聚氯乙烯塑料配制工、改性塑料配制工、塑料着色工、塑料挤出工、塑料注塑工、塑料压延工、塑料模压工、塑料层压工、塑料制品烧结工、塑料浇铸工、塑料真空成型工、塑料热合工、塑料编制工、塑料焊工	坠落物、作业场所湿滑、外形缺陷、粉尘和气溶胶、有毒品、飞溅物、高温物体
SY-23	机加工工种	钳工	SY-23-001		坠落物、作业场所湿滑、外形缺陷、飞溅物
		管工	SY-23-002		坠落物、作业场所湿滑、外形缺陷、粉尘和气溶胶、飞溅物、噪声
		机床操作工	SY-23-003	车工、铣工、刨插工、磨工	坠落物、作业场所湿滑、外形缺陷、粉尘和气溶胶、飞溅物、噪声
		铆工	SY-23-004		坠落物、作业场所湿滑、外形缺陷、飞溅物
		锻工	SY-23-005		坠落物、作业场所湿滑、外形缺陷、高温物质、有害光照、飞溅物、噪声

表 A.1（续）

类别编号	类别	典型工种		相近工种	可能存在的危害因素
		工种名称	工种编号		
SY-24	通用工种	科研人员	SY-24-001		易燃液体、作业场所湿滑、外形缺陷、粉尘和气溶胶、有毒品
		仪表工	SY-24-002	仪表安装工、电子仪器仪表装调工、仪表制造工、热工自动化设备检修工、电气仪表工、在线分析仪表工、电测仪表工、仪表维修工、分析仪器维修工、测试仪表工、仪表检定工	坠落物、作业场所湿滑、外形缺陷、飞溅物
		化验工	SY-24-003	分析化验工、化工产品分析工、采油化验工、地化分析工	易燃液体、作业场所湿滑、粉尘和气溶胶、有毒品、腐蚀品、飞溅物
		焊工	SY-24-004		坠落物、作业场所湿滑、外形缺陷、有毒品、高温物质、非电离辐射、飞溅物、粉尘和气溶胶
		专职管理（安全）员	SY-24-005	施工管理员、安全监督管理人员	坠落物、易燃液体、作业场所湿滑、外形缺陷、粉尘和气溶胶、有毒品、飞溅物、噪声
		电工	SY-24-006	值班电工、电力值班员（电力机务员）、电气试验工、继电保护工、电缆安装工、变压器制造工、电气设施安装工、维修电工、送电线路工	坠落物、作业场所湿滑、飞溅物、电伤害、坠落
		叉车司机	SY-24-007	电瓶司机、天车工、起重机驾驶员、柴油机司机、起重工	坠落物、易燃液体、作业场所湿滑、外形缺陷
		驾驶员	SY-24-008	小车司机、油品配送司机	有害光照、易燃液体

附 录 B
（资料性附录）
石油、化工、天然气行业各工种个体防护装备的配备

石油、化工、天然气行业各工种个体防护装备的具体配备说明见表 B.1。

表 B.1 石油、化工、天然气行业个体防护装备配备

工种编号	配备装备		配备编号	功能、特点	建议最长更换期限/月
SY-01-001	安全帽	春夏秋	SY-01-001TB	普通型	30
		冬		防寒	30
	职业眼面部防护具		SY-01-001YM	防御紫外线、可见光，防冲击	36
	防尘口罩		SY-01-001HX	防非油性颗粒物	佩戴呼吸阻力明显增加时更换滤料或口罩
	耳塞（罩）		SY-01-001TL	防噪声	耳塞:3 耳罩:12
	防护手套	春夏秋	SY-01-001SF	防机械危害、防滑	3
		冬		防机械危害、防滑、防寒	3
	安全鞋	春夏秋	SY-01-001ZB	保护足趾、防刺穿、防滑	12
		冬		保护足趾、防刺穿、防滑、防寒	24
SY-01-002	安全帽	春夏秋	SY-01-002TB	普通型	30
		冬		防寒	30
	职业眼面部防护具		SY-01-002YM	防御紫外线、可见光	36
	防护手套	春夏秋	SY-01-002SF	防机械危害、防滑	3
		冬		防机械危害、防滑、防寒	3
	安全鞋	春夏秋	SY-01-002ZB	防滑	12
		冬		防滑、防寒	24
SY-01-003	安全帽	春夏秋	SY-01-003TB	普通型	30
		冬		防寒	30
	职业眼面部防护具		SY-01-003YM	防御紫外线、可见光，防冲击	36
	防尘口罩		SY-01-003HX	防非油性颗粒物	佩戴呼吸阻力明显增加时更换滤料或口罩
	耳塞（罩）		SY-01-003TL	防噪声	耳塞:3 耳罩:12

表 B.1（续）

工种编号	配备装备		配备编号	功能、特点	建议最长更换期限/月
SY-01-003	工作服	春秋	SY-01-003FZ	防静电	24
		夏			12
		冬			36
	防护手套	春夏秋	SY-01-003SF	防机械危害、防静电、防滑	3
		冬		防机械危害、防静电、防滑、防寒	3
	安全鞋	春夏秋	SY-01-003ZB	导电、防滑	12
		冬		导电、防滑、防寒	24
SY-01-004	安全帽	春夏秋	SY-01-004TB	普通型	30
		冬		防寒	30
	职业眼面部防护具		SY-01-004YM	防冲击	36
	防护手套	春夏秋	SY-01-004SF	防机械危害、防滑	3
		冬		防机械危害、防滑、防寒	3
	安全鞋	春夏秋	SY-01-004ZB	防滑	12
		冬		防滑、防寒	24
SY-01-005	安全帽	春夏秋	SY-01-005TB	普通型	30
		冬		防寒	30
	职业眼面部防护具		SY-01-005YM	防冲击	36
	耳塞（罩）		SY-01-005TL	防噪声	耳塞:3 耳罩:12
	防尘口罩		SY-01-005HX	防非油性颗粒物	佩戴呼吸阻力明显增加时更换滤料或口罩
	防护手套	春夏秋	SY-01-005SF	防机械危害、防滑、防振	3
		冬		防机械危害、防滑、防振、防寒	3
	安全鞋	春夏秋	SY-01-005ZB	防滑	12
		冬		防滑、防寒	24
SY-01-006	安全帽	春夏秋	SY-01-006TB	普通型	30
		冬		防寒	30
	防护手套	春夏秋	SY-01-006SF	防机械危害、防滑	3
		冬		防机械危害、防滑、防寒	3
	安全鞋	春夏秋	SY-01-006ZB	防滑	12
		冬		防滑、防寒	24

表 B.1（续）

工种编号	配备装备		配备编号	功能、特点	建议最长更换期限/月
SY-02-001	安全帽	春夏秋	SY-02-001TB	普通型	30
		冬		防寒	30
	职业眼面部防护具		SY-02-001YM	防冲击	36
	耳塞(罩)		SY-02-001TL	防噪声	耳塞:3 耳罩:12
	防尘口罩		SY-02-001HX	防油性颗粒物	佩戴呼吸阻力明显增加时更换滤料或口罩
	自给开路式压缩空气呼吸器			隔绝有害气体和缺氧环境	需年检
	工作服	春秋	SY-02-001FZ	防静电	12
		夏			12
		冬			12
	防护手套	春夏秋	SY-02-001SF	防机械危害、耐油、防滑	2
		冬		防机械危害、耐油、防滑、防寒	2
	安全鞋	春夏秋	SY-02-001ZB	保护足趾、防刺穿、防静电、耐油、防滑	12
		冬		保护足趾、防刺穿、防静电、耐油、防滑、防寒	12
	安全带			坠落防护	36
	自锁器/速差自控器		SY-02-001ZL	坠落锁止功能，与安全带配合使用	—
SY-02-002	安全帽	春夏秋	SY-02-002TB	普通型	30
		冬		防寒	30
	职业眼面部防护具		SY-02-002YM	防御飞溅物、化学液滴	36
	耳塞(罩)		SY-02-002TL	防噪声	耳塞:3 耳罩:12
	防尘口罩		SY-02-002HX	防油性颗粒物	佩戴呼吸阻力明显增加时更换滤料或口罩
	防毒面具			视具体情况而定	—
	工作服	春秋	SY-02-002FZ	防静电	24
		夏			12
		冬			36
	化学防护服			防化学品	12

表 B.1（续）

工种编号	配备装备		配备编号	功能、特点	建议最长更换期限/月
SY-02-002	防护手套	春夏秋	SY-02-002SF	防机械危害、耐油、防滑、防化学品	3
		冬		防机械危害、耐油、防滑、防化学品、防寒	3
	安全鞋	春夏秋	SY-02-002ZB	保护足趾、防刺穿、防静电、耐油、防滑	12
		冬		保护足趾、防刺穿、防静电、耐油、防滑、防寒	24
	防化学品鞋			防化学品	24
SY-02-003	安全帽	春夏秋	SY-02-003TB	普通型	30
		冬		防寒	30
	职业眼面部防护具		SY-02-003YM	防冲击	36
	耳塞（罩）		SY-02-003TL	防噪声	耳塞：3 耳罩：12
	工作服	春秋	SY-02-003FZ	防静电	24
		夏			12
		冬			36
	防护手套	春夏秋	SY-02-003SF	防机械危害、耐油、防滑	3
		冬		防机械危害、耐油、防滑、防寒	3
	安全鞋	春夏秋	SY-02-003ZB	保护足趾、防刺穿、防静电、耐油、防滑	12
		冬		保护足趾、防刺穿、防静电、耐油、防滑、防寒	24
SY-02-004	安全帽	春夏秋	SY-02-004TB	普通型	30
		冬		防寒	30
	职业眼面部防护具		SY-02-004YM	防御紫外线、可见光，防冲击	36
	防护手套	春夏秋	SY-02-004SF	防机械危害、防滑	3
		冬		防机械危害、防滑、防寒	3
	安全鞋	春夏秋	SY-02-004ZB	保护足趾、防刺穿、防滑	12
		冬		保护足趾、防刺穿、防滑、防寒	24
	安全带			坠落防护	36
	自锁器/速差自控器		SY-02-004ZL	坠落锁止功能，与安全带配合使用	—
	安全网			安全平(立)网、密目式安全立网	12

表 B.1（续）

工种编号	配备装备		配备编号	功能、特点	建议最长更换期限/月
SY-02-005	安全帽	春夏秋	SY-02-005TB	普通型	30
		冬		防寒	30
	职业眼面部防护具		SY-02-005YM	防冲击	36
	自给开路式压缩空气呼吸器		SY-02-005HX	隔绝有害气体和缺氧环境	需年检
	工作服	春秋	SY-02-005FZ	防静电	24
		夏			12
		冬			36
	防护手套	春夏秋	SY-02-005SF	防机械危害、耐油、防滑	3
		冬		防机械危害、耐油、防滑、防寒	3
	安全鞋	春夏秋	SY-02-005ZB	耐油、保护足趾、防刺穿、防滑	12
		冬		耐油、保护足趾、防刺穿、防滑、防寒	24
SY-02-006	安全帽	春夏秋	SY-02-006TB	普通型	30
		冬		防寒	30
	耳塞(罩)		SY-02-006TL	防噪声	耳塞:3 耳罩:12
	防尘口罩		SY-02-006HX	防非油性颗粒物	佩戴呼吸阻力明显增加时更换滤料或口罩
	防护手套	春夏秋	SY-02-006SF	防机械危害、防滑	3
		冬		防机械危害、防滑、防寒	3
	安全鞋	春夏秋	SY-02-006ZB	防滑	12
		冬		防滑、防寒	24
SY-03-001	安全帽	春夏秋	SY-03-001TB	普通型	30
		冬		防寒	30
	职业眼面部防护具		SY-03-001YM	防冲击	36
	工作服	春秋	SY-03-001FZ	防静电	24
		夏			12
		冬			36
	防护手套	春夏秋	SY-03-001SF	防机械危害、耐油、防滑	3
		冬		防机械危害、耐油、防滑、防寒	3

表 B.1（续）

工种编号	配备装备		配备编号	功能、特点	建议最长更换期限/月
SY-03-001	安全鞋	春夏秋	SY-03-001ZB	保护足趾、防刺穿、防静电、耐油、防滑	12
		冬		保护足趾、防刺穿、防静电、耐油、防滑、防寒	24
SY-03-002	安全帽	春夏秋	SY-03-002TB	普通型	30
		冬		防寒	30
	职业眼面部防护具		SY-03-002YM	防冲击	36
	耳塞（罩）		SY-03-002TL	防噪声	耳塞：3 耳罩：12
	工作服	春秋	SY-03-002FZ	防静电	24
		夏			12
		冬			36
	防护手套	春夏秋	SY-03-002SF	防机械危害、防滑	3
		冬		防机械危害、防滑、防寒	3
	安全鞋	春夏秋	SY-03-002ZB	保护足趾、防刺穿、导电、防滑	12
		冬		保护足趾、防刺穿、导电、防滑、防寒	24
SY-03-003	安全帽	春夏秋	SY-03-003TB	普通型	30
		冬		防寒	30
	职业眼面部防护具		SY-03-003YM	防冲击	36
	耳塞（罩）		SY-03-003TL	防噪声	耳塞：3 耳罩：12
	工作服	春秋	SY-03-003FZ	防静电	24
		夏			12
		冬			36
	防护手套	春夏秋	SY-03-003SF	防机械危害、防滑	3
		冬		防机械危害、防滑、防寒	3
	安全鞋	春夏秋	SY-03-003ZB	保护足趾、防刺穿、导电、防滑	12
		冬		保护足趾、防刺穿、导电、防滑、防寒	24

表 B.1（续）

工种编号	配备装备		配备编号	功能、特点	建议最长更换期限/月
SY-03-004	安全帽	春夏秋	SY-03-004TB	普通型	30
		冬		防寒	30
	职业眼面部防护具		SY-03-004YM	防冲击	36
	工作服	春秋	SY-03-004FZ	防静电	24
		夏			12
		冬			36
	防护手套	春夏秋	SY-03-004SF	防机械危害、耐油、防滑	3
		冬		防机械危害、耐油、防滑、防寒	3
	安全鞋	春夏秋	SY-03-004ZB	保护足趾、防刺穿、防静电、耐油、防滑	12
		冬		保护足趾、防刺穿、防静电、耐油、防滑、防寒	24
SY-04-001	安全帽	春夏秋	SY-04-001TB	普通型	30
		冬		防寒	30
	职业眼面部防护具		SY-04-001YM	防冲击	36
	耳塞(罩)		SY-04-001TL	防噪声	耳塞:3 耳罩:12
	防毒面具		SY-04-001HX	视具体情况而定	—
	自给开路式压缩空气呼吸器			隔绝有害气体和缺氧环境	需年检
	工作服	春秋	SY-04-001FZ	具有抗油拒水功能的防静电	24
		夏			12
		冬			36
	防护手套	春夏秋	SY-04-001SF	防机械危害、耐油、防滑	3
		冬		防机械危害、耐油、防滑、防寒	3
	安全鞋	春夏秋	Y-04-001ZB	保护足趾、防刺穿、防静电、耐油、防滑	12
		冬		保护足趾、防刺穿、防静电、耐油、防滑、防寒	24
	安全带		SY-04-001ZL	坠落防护	36
	自锁器/速差自控器			坠落锁止功能,与安全带配合使用	—

表 B.1（续）

工种编号	配备装备		配备编号	功能、特点	建议最长更换期限/月
SY-04-002	安全帽	春夏秋	SY-04-002TB	普通型	30
		冬		防寒	30
	职业眼面部防护具		SY-04-002YM	防冲击	36
	耳塞（罩）		SY-04-002TL	防噪声	耳塞:3 耳罩:12
	防尘口罩		SY-04-002HX	防非油性颗粒物	佩戴呼吸阻力明显增加时更换滤料或口罩
	工作服	春秋	SY-04-002FZ	防静电	24
		夏			12
		冬			36
	化学防护服			防化学品	12
	防护手套	春夏秋	SY-04-002SF	防机械危害、防化学品、耐油、防滑	3
		冬		防机械危害、防化学品、耐油、防滑、防寒	3
	安全鞋	春夏秋	SY-04-002ZB	防刺穿、防静电、耐油、防滑	12
		冬		防刺穿、防静电、耐油、防滑、防寒	24
	防化学品鞋			防化学品	24
SY-05-001	安全帽	春夏秋	SY-05-001TB	普通型	30
		冬		防寒	30
	防毒面具		SY-05-001HX	视具体情况而定	—
	工作服	春秋	SY-05-001FZ	防静电	24
		夏			12
		冬			36
	防护手套	春夏秋	SY-05-001SF	防机械危害、耐油、防滑	3
		冬		防机械危害、耐油、防滑、防寒	3
	安全鞋	春夏秋	SY-05-001ZB	防静电、耐油、防滑	12
		冬		防静电、耐油、防滑、防寒	24

表 B.1（续）

工种编号	配备装备		配备编号	功能、特点	建议最长更换期限/月
SY-05-002	安全帽	春夏秋	SY-05-002TB	普通型	30
		冬		防寒	30
	职业眼面部防护具		SY-05-002YM	防冲击	36
	防毒面具		SY-05-002HX	视具体情况而定	—
	工作服	春秋	SY-05-002FZ	防静电	24
		夏			12
		冬			36
	防护手套	春夏秋	SY-05-002SF	防机械危害、耐油、防滑	3
		冬		防机械危害、耐油、防滑、防寒	3
	安全鞋	春夏秋	SY-05-002ZB	防静电、耐油、防滑	12
		冬		防静电、耐油、防滑、防寒	24
SY-05-003	安全帽	春夏秋	SY-05-003TB	普通型	30
		冬		防寒	30
	职业眼面部防护具		SY-05-003YM	防冲击	36
	耳塞（罩）		SY-05-003TL	防噪声	耳塞:3 耳罩:12
	防尘口罩		SY-05-003HX	防油性颗粒物	佩戴呼吸阻力明显增加时更换滤料或口罩
	防毒面具			视具体情况而定	—
	耳塞（罩）		SY-05-003TL	防噪声	耳塞:3 耳罩:12
	防护手套	春夏秋	SY-05-003SF	防机械危害、防滑	3
		冬		防机械危害、防滑、防寒	3
	安全鞋	春夏秋	SY-05-003ZB	防滑	12
		冬		防滑、防寒	24

表 B.1（续）

工种编号	配备装备		配备编号	功能、特点	建议最长更换期限/月
SY-05-004	安全帽	春夏秋	SY-05-004TB	普通型	30
		冬		防寒	30
	职业眼面部防护具		SY-05-004YM	防冲击	36
	防尘口罩		SY-05-004HX	防非油性颗粒物	佩戴呼吸阻力明显增加时更换滤料或口罩
	工作服	春秋	SY-05-004FZ	防静电	24
		夏			12
		冬			36
	化学防护服			防化学品	12
	防护手套	春夏秋	SY-05-004SF	防机械危害、耐油、防化学品、防滑	3
		冬		防机械危害、耐油、防化学品、防滑、防寒	3
	安全鞋	春夏秋	SY-05-004ZB	防静电、耐油、防滑	12
		冬		防静电、耐油、防滑、防寒	24
	防化学品鞋			防化学品	24
SY-05-005	安全帽	春夏秋	SY-05-005TB	普通型	30
		冬		防寒	30
	职业眼面部防护具		SY-05-005YM	防冲击	36
	耳塞（罩）		SY-05-005TL	防噪声	耳塞：3 耳罩：12
	防毒面具			视具体情况而定	—
	自给开路式压缩空气呼吸器		SY-05-005HX	隔绝有害气体和缺氧环境	需年检
	工作服	春秋	SY-05-005FZ	防静电	24
		夏			12
		冬			36
	防护手套	春夏秋	SY-05-005SF	防机械危害、耐油、防滑	3
		冬		防机械危害、耐油、防滑、防寒	3

表 B.1（续）

工种编号	配备装备		配备编号	功能、特点	建议最长更换期限/月
SY-05-005	安全鞋	春夏秋	SY-05-005ZB	防静电、保护足趾、防刺穿、耐油、防滑	12
		冬		防静电、保护足趾、防刺穿、耐油、防滑、防寒	24
	安全带		SY-05-005ZL	坠落防护	36
	自锁器/速差自控器			坠落锁止功能，与安全带配合使用	—
SY-06-001	安全帽	春夏秋	SY-06-001TB	普通型	30
		冬		防寒	30
	耳塞（罩）		SY-06-001TL	防噪声	耳塞:3 耳罩:12
	自给开路式压缩空气呼吸器		SY-06-001HX	隔绝有害气体和缺氧环境	需年检
	工作服	春秋	SY-06-001FZ	防静电	24
		夏			12
		冬			36
	防护手套	春夏秋	SY-06-001SF	防机械危害、耐油、防滑	3
		冬		防机械危害、耐油、防滑、防寒	3
	安全鞋	春夏秋	SY-06-001ZB	防静电、耐油、防滑	12
		冬		防静电、耐油、防滑、防寒	24
SY-06-002	安全帽	春夏秋	SY-06-002TB	普通型	30
		冬		防寒	30
	耳塞（罩）		SY-06-002TL	防噪声	耳塞:3 耳罩:12
	工作服	春秋	SY-06-002FZ	防静电	12
		夏			6
		冬			24
	自给开路式压缩空气呼吸器		SY-06-002HX	隔绝有害气体和缺氧环境	需年检
	防护手套	春夏秋	SY-06-002SF	防机械危害、耐油、防滑	3
		冬		防机械危害、耐油、防滑、防寒	3
	安全鞋	春夏秋	SY-06-002ZB	防静电、耐油、防滑	12
		冬		防静电、耐油、防滑、防寒	24

表 B.1（续）

工种编号	配备装备		配备编号	功能、特点	建议最长更换期限/月
SY-06-003	安全帽	春夏秋	SY-06-003TB	普通型	30
		冬		防寒	30
	耳塞（罩）		SY-06-003TL	防噪声	耳塞:3 耳罩:12
	工作服	春秋	SY-06-003FZ	防静电	24
		夏			12
		冬			36
	防尘口罩			防非油性颗粒物	佩戴呼吸阻力明显增加时更换滤料或口罩
	防毒面具		SY-06-003HX	视具体情况而定	—
	长管呼吸器			隔绝有害气体和缺氧环境	—
	自给开路式压缩空气呼吸器			隔绝有害气体和缺氧环境	需年检
	防护手套	春夏秋	SY-06-003SF	防机械危害、耐油、防滑	3
		冬		防机械危害、耐油、防滑、防寒	3
	安全鞋	春夏秋	SY-06-003ZB	防静电、耐油、防滑	12
		冬		防静电、耐油、防滑、防寒	24
	安全带			坠落防护	36
	自锁器/速差自控器		SY-06-003ZL	坠落锁止功能，与安全带配合使用	—
SY-06-004	安全帽	春夏秋	SY-06-004TB	普通型	30
		冬		防寒	30
	防毒面具		SY-06-004HX	视具体情况而定	—
	工作服	春秋	SY-06-004FZ	防静电	24
		夏			12
		冬			36
	防护手套	春夏秋	SY-06-004SF	防机械危害、耐油、防滑	3
		冬		防机械危害、耐油、防滑、防寒	3
	安全鞋	春夏秋	SY-06-004ZB	防静电、耐油、防滑	12
		冬		防静电、耐油、防滑、防寒	24

表 B.1（续）

工种编号	配备装备		配备编号	功能、特点	建议最长更换期限/月
SY-06-005	安全帽	春夏秋	SY-06-005TB	普通型	30
		冬		防寒	30
	职业眼面部防护具		SY-06-005YM	防冲击	36
	耳塞（罩）		SY-06-005TL	防噪声	耳塞:3 耳罩:12
	防尘口罩			防非油性颗粒物	佩戴呼吸阻力明显增加时更换滤料或口罩
	防毒面具		SY-06-005HX	视具体情况而定	—
	长管呼吸器			隔绝有害气体和缺氧环境	—
	自给开路式压缩空气呼吸器			隔绝有害气体和缺氧环境	需年检
	工作服	春秋	SY-06-005FZ	防静电	24
		夏			12
		冬			36
	防护手套	春夏秋	SY-06-005SF	防机械危害、耐油、防滑	3
		冬		防机械危害、耐油、防滑、防寒	3
	安全鞋	春夏秋	SY-06-005ZB	耐油、保护足趾、防刺穿、防滑	12
		冬		耐油、保护足趾、防刺穿、防滑、防寒	24
	安全带		SY-06-005ZL	坠落防护	36
	自锁器/速差自控器			坠落锁止功能,与安全带配合使用	—
SY-07-001	安全帽	春夏秋	SY-07-001TB	普通型	30
		冬		防寒	30
	耳塞（罩）		SY-07-001TL	防噪声	耳塞:3 耳罩:12
	职业眼面部防护具		SY-07-001YM	防冲击	36
	防护手套	春夏秋	SY-07-001SF	防机械危害、防滑	3
		冬		防机械危害、防滑、防寒	3

表 B.1（续）

工种编号	配备装备		配备编号	功能、特点	建议最长更换期限/月
SY-07-001	安全鞋	春夏秋	SY-07-001ZB	保护足趾、防刺穿、防滑	12
		冬		保护足趾、防刺穿、防滑、防寒	24
	安全带			坠落防护	36
	自锁器/速差自控器		SY-07-001ZL	坠落锁止功能，与安全带配合使用	—
	安全网			安全平(立)网、密目式安全立网	12
SY-07-002	安全帽	春夏秋	SY-07-002TB	普通型	30
		冬		防寒	30
	职业眼面部防护具		SY-07-002YM	防冲击	36
	防护手套	春夏秋	SY-07-002SF	防机械危害、防滑	3
		冬		防机械危害、防滑、防寒	3
	安全鞋	春夏秋	SY-07-002ZB	保护足趾、防刺穿、耐油、防滑	12
		冬		保护足趾、防刺穿、耐油、防滑、防寒	24
SY-07-003	安全帽	春夏秋	SY-07-003TB	普通型	30
		冬		防寒	30
	耳塞(罩)		SY-07-003TL	防噪声	耳塞:3 耳罩:12
	职业眼面部防护具		SY-07-003YM	防液体雾滴	36
	防尘口罩		SY-07-003HX	防非油性颗粒物	佩戴呼吸阻力明显增加时更换滤料或口罩
	工作服	春秋	SY-07-003FZ	防静电	24
		夏			12
		冬			36
	防护手套	春夏秋	SY-07-003SF	防机械危害、耐油、防滑、防化学品	3
		冬		防机械危害、耐油、防滑、防化学品、防寒	3
	安全鞋	春夏秋	SY-07-003ZB	防静电、耐油、防滑	12
		冬		防静电、耐油、防滑、防寒	24
	防化学品鞋			防化学品	24
	安全带			坠落防护	36
	自锁器/速差自控器		SY-07-003ZL	坠落锁止功能，与安全带配合使用	—

表 B.1（续）

工种编号	配备装备		配备编号	功能、特点	建议最长更换期限/月
SY-07-004	安全帽	春夏秋	SY-07-004TB	普通型	30
		冬		防寒	30
	职业眼面部防护具		SY-07-004YM	防冲击	36
	防护手套	春夏秋	SY-07-004SF	防机械危害、防滑	3
		冬		防机械危害、防滑、防寒	3
	安全鞋	春夏秋	SY-07-004ZB	保护足趾、防刺穿、防滑	12
		冬		保护足趾、防刺穿、防滑、防寒	24
	安全带			坠落防护	36
	自锁器/速差自控器		SY-07-004ZL	坠落锁止功能，与安全带配合使用	—
	安全网			安全平(立)网、密目式安全立网	12
SY-07-005	安全帽	春夏秋	SY-07-005TB	普通型	36
		冬		防寒	36
	防护手套	春夏秋	SY-07-005SF	防机械危害、防滑	3
		冬		防机械危害、防滑、防寒	3
	安全鞋	春夏秋	SY-07-005ZB	防滑、防刺穿	12
		冬		防滑、防刺穿、防寒	24
SY-08-001	安全帽	春夏秋	SY-08-001TB	电绝缘、阻燃	30
		冬		电绝缘、阻燃、防寒	30
	职业眼面部防护具		SY-08-001YM	防冲击	36
	耳塞（罩）		SY-08-001TL	防噪声	耳塞:3 耳罩:12
	工作服	春秋	SY-08-001FZ	防电弧	24
		夏			12
		冬			36
	带电作业用绝缘手套		SY-08-001SF	电绝缘	定期检验
	安全鞋	春夏秋	SY-08-001ZB	电绝缘、防滑	12
		冬		电绝缘、防滑、防寒	24

表 B.1（续）

工种编号	配备装备		配备编号	功能、特点	建议最长更换期限/月
SY-08-002	安全帽	春夏秋	SY-08-002TB	电绝缘、阻燃	30
		冬		电绝缘、阻燃、防寒	30
	职业眼面部防护具		SY-08-002YM	防冲击	36
	工作服	春秋	SY-08-002FZ	防电弧	24
		夏			12
		冬			36
	带电作业用绝缘手套		SY-08-002SF	电绝缘	定期检验
	安全鞋	春夏秋	SY-08-002ZB	电绝缘、防滑	12
		冬		电绝缘、防滑、防寒	24
	安全带			坠落防护、围杆作业	36
	自锁器/速差自控器		SY-08-002ZL	坠落锁止功能，与安全带配合使用	—
SY-08-003	安全帽	春夏秋	SY-08-003TB	普通型	30
		冬		防寒	30
	职业眼面部防护具		SY-08-003YM	防冲击	36
	防尘口罩		SY-08-003HX	防非油性颗粒物	佩戴呼吸阻力明显增加时更换滤料或口罩
	工作服	春秋	SY-08-003FZ	防静电	24
		夏			12
		冬			36
	防护手套	春夏秋	SY-08-003SF	防机械危害、防滑	3
		冬		防机械危害、防滑、防寒	3
	安全鞋	春夏秋	SY-08-003ZB	防静电、防滑	12
		冬		防静电、防滑、防寒	24
SY-08-004	安全帽	春夏秋	SY-08-004TB	普通型	30
		冬		防寒	30
	职业眼面部防护具		SY-08-004YM	防冲击	36
	防尘口罩		SY-08-004HX	防非油性颗粒物	佩戴呼吸阻力明显增加时更换滤料或口罩

表 B.1（续）

工种编号	配备装备		配备编号	功能、特点	建议最长更换期限/月
SY-08-004	工作服	春秋	SY-08-004FZ	防静电	24
		夏			12
		冬			36
	安全鞋	春夏秋	SY-08-004ZB	防静电、防滑	12
		冬		防静电、防滑、防寒	24
SY-09-001	安全帽	春夏秋	SY-09-001TB	普通型	30
		冬		防寒	30
	耳塞（罩）		SY-09-001TL	防噪声	耳塞：3 耳罩：12
	防毒面具		SY-09-001HX	视具体情况而定	—
	防护手套	春夏秋	SY-09-001SF	防滑	3
		冬		防滑、防寒	3
	安全鞋	春夏秋	SY-09-001ZB	防滑	12
		冬		防滑、防寒	24
SY-09-002	安全帽	春夏秋	SY-09-002TB	普通型	30
		冬		防寒	30
	职业眼面部防护具		SY-09-002YM	防冲击	36
	防护手套	春夏秋	SY-09-002SF	防机械危害、防滑	3
		冬		防机械危害、防滑、防寒	3
	安全鞋	春夏秋	SY-09-002ZB	保护足趾、防刺穿、防滑	12
		冬		保护足趾、防刺穿、防滑、防寒	24
	安全带		SY-09-002ZL	坠落防护	36
	自锁器/速差自控器			坠落锁止功能，与安全带配合使用	—
SY-09-003	安全帽	春夏秋	SY-09-003TB	普通型	36
		冬		防寒	36
	职业眼面部防护具		SY-09-003YM	防液体雾滴	36
	呼吸防护用品		SY-09-003HX	视具体情况而定	—
	化学防护服		SY-09-003FZ	防化学品	12

表 B.1（续）

工种编号	配备装备		配备编号	功能、特点	建议最长更换期限/月
SY-09-003	防护手套	春夏秋	SY-09-003SF	防机械危害、耐油、防化学品、防滑	3
		冬		防机械危害、耐油、防化学品、防滑、防寒	3
	安全鞋	春夏秋	SY-09-003ZB	防滑	12
		冬		防滑、防寒	24
	防化学品鞋			防化学品	24
SY-10-001	安全帽	春夏秋	SY-10-001TB	普通型	30
		冬		防寒	30
	职业眼面部防护具		SY-10-001YM	防冲击	36
	耳塞（罩）		SY-10-001TL	防噪声	耳塞：3 耳罩：12
	防尘口罩		SY-10-001HX	防非油性颗粒物	佩戴呼吸阻力明显增加时更换滤料或口罩
	工作服	春秋	SY-10-001FZ	防静电	24
		夏			12
		冬			36
	防护手套	春夏秋	SY-10-001SF	防机械危害、防滑	3
		冬		防机械危害、防滑、防寒	3
	安全鞋	春夏秋	SY-10-001ZB	防静电、防滑	12
		冬		防静电、防滑、防寒	24
SY-10-002	安全帽	春夏秋	SY-10-002TB	普通型	30
		冬		防寒	30
	防尘口罩		SY-10-002HX	防非油性颗粒物	佩戴呼吸阻力明显增加时更换滤料或口罩
	防护手套	春夏秋	SY-10-002SF	防机械危害、防滑	3
		冬		防机械危害、防滑、防寒	3
	安全鞋	春夏秋	SY-10-002ZB	防滑	12
		冬		防滑、防寒	24

表 B.1（续）

工种编号	配备装备		配备编号	功能、特点	建议最长更换期限/月
SY-10-003	安全帽	春夏秋	SY-10-003TB	普通型	30
		冬		防寒	30
	职业眼面部防护具		SY-10-001YM	防冲击	36
	防尘口罩		SY-10-003HX	防非油性颗粒物	佩戴呼吸阻力明显增加时更换滤料或口罩
	工作服	春秋	SY-10-003FZ	防静电	24
		夏			12
		冬			36
	防护手套	春夏秋	SY-10-003SF	防机械危害、耐油、防滑	3
		冬		防机械危害、耐油、防滑、防寒	3
	安全鞋	春夏秋	SY-10-003ZB	防静电、耐油、防滑	12
		冬		防静电、耐油、防滑、防寒	24
SY-10-004	安全帽	春夏秋	SY-10-004TB	普通型	30
		冬		防寒	30
	耳塞(罩)		SY-10-004TL	防噪声	耳塞:3 耳罩:12
	防尘口罩		SY-10-004HX	防非油性颗粒物	佩戴呼吸阻力明显增加时更换滤料或口罩
	防护手套	春夏秋	SY-10-004SF	防机械危害、防滑	3
		冬		防机械危害、防滑、防寒	3
	安全鞋	春夏秋	SY-10-004ZB	防滑	12
		冬		防滑、防寒	24
SY-11-001	安全帽	春夏秋	SY-11-001TB	普通型	30
		冬		防寒	30
	职业眼面部防护具		SY-11-001YM	防冲击、防液体雾滴	36
	耳塞(罩)		SY-11-001TL	防噪声	耳塞:3 耳罩:12

表 B.1（续）

工种编号	配备装备		配备编号	功能、特点	建议最长更换期限/月
SY-11-001	防尘口罩		SY-11-001HX	防油性颗粒物	佩戴呼吸阻力明显增加时更换滤料或口罩
	防毒面具			视具体情况而定	—
	工作服	春秋	SY-11-001FZ	防静电	24
		夏			12
		冬			36
	防护手套	春夏秋	SY-11-001SF	防机械危害、耐油、防滑	3
		冬		防机械危害、耐油、防滑、防寒	3
	安全鞋	春夏秋	SY-11-001ZB	耐油、防静电、防滑	12
		冬		耐油、防静电、防滑、防寒	24
SY-11-002	安全帽	春夏秋	SY-11-002TB	普通型	30
		冬		防寒	30
	职业眼面部防护具		SY-11-002YM	防冲击，防液体雾滴	36
	耳塞（罩）		SY-11-002TL	防噪声	耳塞:3 耳罩:12
	防尘口罩		SY-11-002HX	防油性颗粒物	佩戴呼吸阻力明显增加时更换滤料或口罩
	防毒面具			视具体情况而定	—
	自给开路式压缩空气呼吸器			隔绝有害气体和缺氧环境	需年检
	工作服	春秋	SY-11-002FZ	具有防静电功能的阻燃服	24
		夏			12
		冬			36
	化学防护服			防化学品	12
	防护手套	春夏秋	SY-11-002SF	防机械危害、防化学品、耐油、防滑	3
		冬		防机械危害、防化学品、耐油、防滑、防寒	3
	安全鞋	春夏秋	SY-11-002ZB	耐油、防静电、防滑	12
		冬		耐油、防静电、防滑、防寒	24
	防化学品鞋			防化学品	24

表 B.1（续）

工种编号	配备装备		配备编号	功能、特点	建议最长更换期限/月
SY-11-003	安全帽	春夏秋	SY-11-003TB	普通型	30
		冬		防寒	30
	职业眼面部防护具		SY-11-003YM	防冲击，防液体雾滴	36
	耳塞（罩）		SY-11-003TL	防噪声	耳塞：3 耳罩：12
	防尘口罩		SY-11-003HX	防油性颗粒物	佩戴呼吸阻力明显增加时更换滤料或口罩
	防毒面具			视具体情况而定	—
	自给开路式压缩空气呼吸器			隔绝有害气体和缺氧环境	需年检
	工作服	春秋	SY-11-003FZ	具有防静电功能的阻燃服	24
		夏			12
		冬			36
	化学防护服			防化学品	12
	防护手套	春夏秋	SY-11-003SF	防机械伤害、耐油、防滑、防化学品	3
		冬		防机械伤害、耐油、防滑、防化学品、防寒	3
	安全鞋	春夏秋	SY-11-003ZB	耐油、防静电、防滑	12
		冬		耐油、防静电、防滑、防寒	24
	防化学品鞋			防化学品	24
SY-11-004	安全帽	春夏秋	SY-11-004TB	普通型	30
		冬		防寒	30
	职业眼面部防护具		SY-11-004YM	防冲击，防液体雾滴	36
	耳塞（罩）		SY-11-004TL	防噪声	耳塞：3 耳罩：12
	防尘口罩		SY-11-004HX	防非油性颗粒物	佩戴呼吸阻力明显增加时更换滤料或口罩
	防毒面具			视具体情况而定	—
	自给开路式压缩空气呼吸器			隔绝有害气体和缺氧环境	需年检

表 B.1（续）

工种编号	配备装备		配备编号	功能、特点	建议最长更换期限/月
SY-11-004	工作服	春秋	SY-11-004FZ	具有防静电功能的阻燃服	24
		夏			12
		冬			36
	化学防护服			防化学品	12
	防护手套	春夏秋	SY-11-004SF	防化学品、耐油、防机械伤害、防滑	3
		冬		防化学品、耐油、防机械伤害、防滑、防寒	3
	安全鞋	春夏秋	SY-11-004ZB	耐油、防静电、防滑	12
		冬		耐油、防静电、防滑、防寒	24
	防化学品鞋			防化学品	24
SY-11-005	安全帽	春夏秋	SY-11-005TB	普通型	30
		冬		防寒	30
	职业眼面部防护具		SY-11-005YM	防液体雾滴	36
	防尘口罩		SY-11-005HX	防油性颗粒物	佩戴呼吸阻力明显增加时更换滤料或口罩
	防毒面具			视具体情况而定	—
	自给开路式压缩空气呼吸器			隔绝有害气体和缺氧环境	需年检
	工作服	春秋	SY-11-005FZ	具有防静电功能的阻燃服	24
		夏			12
		冬			36
	化学防护服			防化学品	12
	防护手套	春夏秋	SY-11-005SF	防化学品、耐油、防机械伤害、防滑	3
		冬		防化学品、耐油、防机械伤害、防滑、防寒	3
	安全鞋	春夏秋	SY-11-005ZB	耐油、防静电、防滑	12
		冬		耐油、防静电、防滑、防寒	24
	防化学品鞋			防化学品	24
	安全带			坠落防护	36
	自锁器/速差自控器		SY-11-005ZL	坠落锁止功能，与安全带配合使用	—

表 B.1（续）

工种编号	配备装备		配备编号	功能、特点	建议最长更换期限/月
SY-11-006	安全帽	春夏秋	SY-11-006TB	普通型	30
		冬		防寒	30
	职业眼面部防护具		SY-11-006YM	防液体雾滴	36
	耳塞（罩）		SY-11-006TL	防噪声	耳塞：3 耳罩：12
	工作服	春秋	SY-11-006FZ	防静电	24
		夏			12
		冬			36
	防护手套	春夏秋	SY-11-006SF	防机械伤害、防滑	3
		冬		防机械伤害、防滑、防寒	3
	安全鞋	春夏秋	SY-11-006ZB	耐油、防静电、防滑	12
		冬		耐油、防静电、防滑、防寒	24
SY-11-007	安全帽	春夏秋	SY-11-007TB	普通型	30
		冬		防寒	30
	职业眼面部防护具		SY-11-007YM	防冲击	36
	耳塞（罩）		SY-11-007TL	防噪声	耳塞：3 耳罩：12
	防尘口罩		SY-11-007HX	防油性颗粒物	佩戴呼吸阻力明显增加时更换滤料或口罩
	防毒面具			视具体情况而定	—
	工作服	春秋	SY-11-007FZ	具有防静电功能的阻燃服	24
		夏			12
		冬			36
	防护手套	春夏秋	SY-11-007SF	防机械危害、耐油、防滑	3
		冬		防机械危害、耐油、防滑、防寒	3
	安全鞋	春夏秋	SY-11-007ZB	耐油、防静电、防滑	12
		冬		耐油、防静电、防滑、防寒	24
	安全带		SY-11-007ZL	坠落防护	36
	自锁器/速差自控器			坠落锁止功能，与安全带配合使用	—

表 B.1（续）

工种编号	配备装备		配备编号	功能、特点	建议最长更换期限/月
SY-11-008	安全帽	春夏秋	SY-11-008TB	普通型	30
		冬		防寒	30
	职业眼面部防护具		SY-11-008YM	防冲击	36
	耳塞（罩）		SY-11-008TL	防噪声	耳塞:3 耳罩:12
	工作服	春秋	SY-11-008FZ	具有防静电功能的阻燃服	24
		夏			12
		冬			36
	防护手套	春夏秋	SY-11-008SF	防机械伤害、防滑、耐低温	3
		冬		防机械伤害、防滑、耐低温、防寒	3
	安全鞋	春夏秋	SY-11-008ZB	耐油、防静电、防滑	12
		冬		耐油、防静电、防滑、防寒	24
SY-11-009	安全帽	春夏秋	SY-11-009TB	普通型	30
		冬		防寒	30
	职业眼面部防护具		SY-11-009YM	防液体雾滴	36
	防尘口罩		SY-11-009HX	防油性颗粒物	佩戴呼吸阻力明显增加时更换滤料或口罩
	防毒面具			视具体情况而定	—
	自给开路式压缩空气呼吸器			隔绝有害气体和缺氧环境	需年检
	工作服	春秋	SY-11-009FZ	防静电	24
		夏			12
		冬			36
	化学防护服			防化学品	12
	防护手套	春夏秋	SY-11-009SF	防机械伤害、防化学品、防静电、防滑	3
		冬		防机械伤害、防化学品、防静电、防滑、防寒	3
	安全鞋	春夏秋	SY-11-009ZB	耐油、防静电、防滑	12
		冬		耐油、防静电、防滑、防寒	24
	防化学品鞋			防化学品	24

表 B.1（续）

工种编号	配备装备		配备编号	功能、特点	建议最长更换期限/月
SY-11-010	安全帽	春夏秋	SY-11-010TB	普通型	30
		冬		防寒	30
	职业眼面部防护具		SY-11-010YM	防御紫外线、可见光，防冲击	36
	耳塞（罩）		SY-11-010TL	防噪声	耳塞：3 耳罩：12
	防尘口罩		SY-11-010HX	防非油性颗粒物	佩戴呼吸阻力明显增加时更换滤料或口罩
	防毒面具			视具体情况而定	—
	工作服	春秋	SY-11-010FZ	具有防静电功能的阻燃服	24
		夏			12
		冬			36
	隔热服		SY-11-010SF	隔热	24
	防护手套			防机械伤害、隔热、防滑	3
	安全鞋	春夏秋	SY-11-010ZB	耐油、防滑、隔热	12
		冬		耐油、防滑、隔热、防寒	24
SY-11-011	安全帽	春夏秋	SY-11-011TB	普通型	30
		冬		防寒	30
	工作服	春秋	SY-11-011FZ	具有防静电功能的阻燃服	24
		夏			12
		冬			36
	防护手套	春夏秋	SY-11-011SF	防机械危害、耐油、防滑	3
		冬		防机械危害、耐油、防滑、防寒	3
	安全鞋	春夏秋	SY-11-011ZB	耐油、防静电、防滑	12
		冬		耐油、防静电、防滑、防寒	24
	安全带			坠落防护	36
	自锁器/速差自控器		SY-11-0011ZL	坠落锁止功能，与安全带配合使用	—
SY-11-012	工作服	春秋	SY-11-012FZ	防静电	24
		夏			12
		冬			36
	防护手套	春夏秋	SY-11-012SF	防化学品、防机械危害、防滑	3
		冬		防化学品、防机械危害、防滑、防寒	3
	安全鞋	春夏秋	SY-11-012ZB	耐油、防静电、防滑	12
		冬		耐油、防静电、防滑、防寒	24

表 B.1（续）

工种编号	配备装备		配备编号	功能、特点	建议最长更换期限/月
SY-11-013	安全帽	春夏秋	SY-11-013TB	普通型	30
		冬		防寒	30
	耳塞（罩）		SY-11-013TL	防噪声	耳塞:3 耳罩:12
	防护手套	春夏秋	SY-11-013SF	防机械伤害、防滑	3
		冬		防机械伤害、防滑、防寒	3
	安全鞋	春夏秋	SY-11-013ZB	防滑	12
		冬		防滑、防寒	24
SY-11-014	安全帽	春夏秋	SY-11-014TB	普通型	30
		冬		防寒	30
	工作服	春秋	SY-11-014FZ	防静电	24
		夏			12
		冬			36
	微波辐射防护服			防微波辐射	24
	安全鞋	春夏秋	SY-11-014ZB	防静电、防滑	12
		冬		防静电、防滑、防寒	24
SY-11-015	安全帽	春夏秋	SY-11-015TB	普通型	30
		冬		防寒	30
	职业眼面部防护具		SY-11-015YM	防冲击	36
	耳塞（罩）		SY-11-015TL	防噪声	耳塞:3 耳罩:12
	呼吸防护用品		SY-11-015HX	视具体情况而定	—
	工作服	春秋	SY-11-015FZ	具有防静电功能的阻燃服	24
		夏			12
		冬			36
	化学防护服			防化学品	12
	防护手套	春夏秋	SY-11-015SF	防化学品、防静电、防机械危害、防滑	3
		冬		防化学品、防静电、防机械危害、防滑、防寒	3
	安全鞋	春夏秋	SY-11-015ZB	耐油、保护足趾、防刺穿、防静电、防滑	12
		冬		耐油、保护足趾、防刺穿、防静电、防滑、防寒	24
	防化学品鞋			防化学品	24
	安全带		SY-11-015ZL	坠落防护	36
	自锁器/速差自控器			坠落锁止功能，与安全带配合使用	—

表 B.1（续）

工种编号	配备装备		配备编号	功能、特点	建议最长更换期限/月
SY-12-001	安全帽	春夏秋	SY-12-001TB	普通型	30
		冬		防寒	30
	工作服	春秋	SY-12-001FZ	防静电	24
		夏			12
		冬			36
	安全鞋	春夏秋	SY-12-001ZB	防静电、耐油、防滑	12
		冬		防静电、耐油、防滑、防寒	24
SY-12-002	安全帽	春夏秋	SY-12-002TB	普通型	30
		冬		防寒	30
	防尘口罩		SY-12-002HX	防油性颗粒物	佩戴呼吸阻力明显增加时更换滤料或口罩
	防毒面具			视具体情况而定	—
	工作服	春秋	SY-12-002FZ	具有防静电功能的阻燃服	24
		夏			12
		冬			36
	防护手套	春夏秋	SY-12-002SF	防静电、防机械危害、耐油、防滑	3
		冬		防静电、防机械危害、耐油、防滑、防寒	3
	安全鞋	春夏秋	SY-12-002ZB	防静电、耐油、防滑	12
		冬		防静电、耐油、防滑、防寒	24
SY-12-003	工作服	春秋	SY-12-003FZ	防静电	24
		夏			12
		冬			36
	安全鞋	春夏秋	SY-12-003ZB	防静电、耐油、防滑	12
		冬		防静电、耐油、防滑、防寒	24
SY-12-004	安全帽	春夏秋	SY-12-004TB	普通型	30
		冬		防寒	30
	职业眼面部防护具		SY-12-004YM	防液体雾滴	36
	防毒面具		SY-12-004HX	视具体情况而定	—

表 B.1（续）

工种编号	配备装备		配备编号	功能、特点	建议最长更换期限/月
SY-12-004	工作服	春秋	SY-12-004FZ	防静电	24
		夏			12
		冬			36
	防护手套	春夏秋	SY-12-004SF	耐油、防滑	3
		冬		耐油、防滑、防寒	3
	安全鞋	春夏秋	SY-12-004ZB	防静电、耐油、防滑	12
		冬		防静电、耐油、防滑、防寒	24
SY-12-005	安全帽	春夏秋	SY-12-005TB	普通型	30
		冬		防寒	30
	职业眼面部防护具		SY-12-005YM	防冲击	36
	耳塞(罩)		SY-12-005TL	防噪声	耳塞:3 耳罩:12
	防毒面具		SY-12-005HX	视具体情况而定	—
	工作服	春秋	SY-12-005FZ	具有防静电功能的阻燃服	24
		夏			12
		冬			36
	防护手套	春夏秋	SY-12-005SF	防静电、防机械危害、耐油、防滑	3
		冬		防静电、防机械危害、耐油、防滑、防寒	3
	安全鞋	春夏秋	SY-12-005ZB	保护足趾、防刺穿、防静电、耐油、防滑	12
		冬		保护足趾、防刺穿、防静电、耐油、防滑、防寒	24
	安全带			坠落防护	36
	自锁器/速差自控器		SY-12-005ZL	坠落锁止功能,与安全带配合使用	—
SY-13-001	工作服	春秋	SY-13-001FZ	防静电	24
		夏			12
		冬			36
	防护手套	春夏秋	SY-13-001SF	防静电、防滑	3
		冬		防静电、防滑、防寒	3
	安全鞋	春夏秋	SY-13-001ZB	防静电、防滑	12
		冬		防静电、防滑、防寒	24

表 B.1（续）

工种编号	配备装备		配备编号	功能、特点	建议最长更换期限/月
SY-13-002	工作服	春秋	SY-13-002FZ	防静电	24
		夏			12
		冬			36
	防护手套	春夏秋	SY-13-002SF	耐油、防静电、防滑	3
		冬		耐油、防静电、防滑、防寒	3
	安全鞋	春夏秋	SY-13-002ZB	防静电、防滑	12
		冬		防静电、防滑、防寒	24
SY-13-003	工作服	春秋	SY-13-003FZ	防静电	24
		夏			12
		冬			36
	安全鞋	春夏秋	SY-13-003ZB	防静电、防滑	12
		冬		防静电、防滑、防寒	24
SY-13-004	安全帽	春夏秋	SY-13-004TB	普通型	30
		冬		防寒	30
	职业眼面部防护具		SY-13-004YM	防冲击	36
	防毒面具		SY-13-004HX	视具体情况而定	—
	工作服	春秋	SY-13-004FZ	防静电	24
		夏			12
		冬			36
	防护手套	春夏秋	SY-13-004SF	耐油、防静电、防滑	3
		冬		耐油、防静电、防滑、防寒	3
	安全鞋	春夏秋	SY-13-004ZB	防静电、防滑	12
		冬		防静电、防滑、防寒	24
SY-13-005	工作服	春秋	SY-13-005FZ	防静电	24
		夏			12
		冬			36
	防护手套	春夏秋	SY-13-005SF	防静电、防滑	3
		冬		防静电、防滑、防寒	3
	安全鞋	春夏秋	SY-13-005ZB	防静电、防滑	12
		冬		防静电、防滑、防寒	24

表 B.1（续）

工种编号	配备装备		配备编号	功能、特点	建议最长更换期限/月
SY-14-001	安全帽	春夏秋	SY-14-001TB	普通型	30
		冬		防寒	30
	防毒面具		SY-14-001HX	视具体情况而定	—
	工作服	春秋	SY-14-001FZ	防静电	24
		夏			12
		冬			36
	安全鞋	春夏秋	SY-14-001ZB	防静电、耐油、防滑	12
		冬		防静电、耐油、防滑、防寒	24
SY-14-002	安全帽	春夏秋	SY-14-002TB	普通型	30
		冬		防寒	30
	耳塞（罩）		SY-14-002TL	防噪声	耳塞：3 耳罩：12
	工作服	春秋	SY-14-002FZ	防静电	24
		夏			12
		冬			36
	防护手套	春夏秋	SY-14-002SF	防静电、防机械危害、耐油、防滑	3
		冬		防静电、防机械危害、耐油、防滑、防寒	3
	安全鞋	春夏秋	SY-14-002ZB	防静电、耐油、防滑	12
		冬		防静电、耐油、防滑、防寒	24
SY-14-003	安全帽	春夏秋	SY-14-003TB	普通型	30
		冬		防寒	30
	职业眼面部防护具		SY-14-003YM	防御紫外线、可见光	36
	防护手套	春夏秋	SY-14-003SF	防机械危害、耐油、防滑	3
		冬		防机械危害、耐油、防滑、防寒	3
	安全鞋	春夏秋	SY-14-003ZB	防滑	12
		冬		防滑、防寒	24

表 B.1（续）

工种编号	配备装备		配备编号	功能、特点	建议最长更换期限/月
SY-15-001	安全帽	春夏秋	SY-15-001TB	普通型	30
		冬		防寒	30
	职业眼面部防护具		SY-15-001YM	防冲击	36
	防毒面具		SY-15-001HX	视具体情况而定	—
	工作服	春秋	SY-15-001FZ	具有防静电功能的阻燃服	24
		夏			12
		冬			36
	防护手套		SY-15-001SF	耐低温、防滑	3
	安全鞋	春夏秋	SY-15-001ZB	防静电、防滑	12
		冬		防静电、防滑、防寒	24
SY-15-002	安全帽	春夏秋	SY-15-002TB	普通型	30
		冬		防寒	30
	防毒面具		SY-15-002HX	视具体情况而定	—
	工作服	春秋	SY-15-002FZ	具有防静电功能的阻燃服	24
		夏			12
		冬			36
	防护手套		SY-15-002SF	耐低温、防滑	3
	安全鞋	春夏秋	SY-15-002ZB	防静电、防滑	12
		冬		防静电、防滑、防寒	24
SY-16-001	安全帽	春夏秋	SY-16-001TB	普通型	30
		冬		防寒	30
	职业眼面部防护具		SY-16-001YM	防冲击	36
	耳塞(罩)		SY-16-001TL	防噪声	耳塞:3 耳罩:12
	防尘口罩		SY-16-001HX	防非油性颗粒物	佩戴呼吸阻力明显增加时更换滤料或口罩
	工作服	春秋	SY-16-001FZ	具有防静电功能的阻燃服	24
		夏			12
		冬			36
	防护手套	春夏秋	SY-16-001SF	防机械危害、防滑	3
		冬		防机械危害、防滑、防寒	3
	安全鞋	春夏秋	SY-16-001ZB	防静电、防滑	12
		冬		防静电、防滑、防寒	24

表 B.1（续）

工种编号	配备装备		配备编号	功能、特点	建议最长更换期限/月
SY-16-002	安全帽	春夏秋	SY-16-002TB	普通型	30
		冬		防寒	30
	防尘口罩		SY-16-002HX	防非油性颗粒物	佩戴呼吸阻力明显增加时更换滤料或口罩
	防毒面具			视具体情况而定	—
	工作服	春秋	SY-16-002FZ	具有防静电功能的阻燃服	24
		夏			12
		冬			36
	防护手套	春夏秋	SY-16-002SF	防机械危害、防滑	3
		冬		防机械危害、防滑、防寒	3
	安全鞋	春夏秋	SY-16-002ZB	防静电、防滑	12
		冬		防静电、防滑、防寒	24
SY-16-003	安全帽	春夏秋	SY-16-003TB	普通型	30
		冬		防寒	30
	防毒面具		SY-16-003HX	视具体情况而定	—
	自给开路式压缩空气呼吸器			隔绝有害气体和缺氧环境	需年检
	工作服	春秋	SY-16-003FZ	具有防静电功能的阻燃服	24
		夏			12
		冬			36
	防护手套	春夏秋	SY-16-003SF	防机械危害、防滑	3
		冬		防机械危害、防滑、防寒	3
	安全鞋	春夏秋	SY-16-003ZB	防静电、防滑	12
		冬		防静电、防滑、防寒	24

表 B.1（续）

工种编号	配备装备		配备编号	功能、特点	建议最长更换期限/月
SY-16-004	安全帽	春夏秋	SY-16-004TB	普通型	30
		冬		防寒	30
	防尘口罩		SY-16-004HX	防油性颗粒物	佩戴呼吸阻力明显增加时更换滤料或口罩
	防毒面具			视具体情况而定	—
	自给开路式压缩空气呼吸器			隔绝有害气体和缺氧环境	需年检
	工作服	春秋	SY-16-004FZ	具有防静电功能的阻燃服	24
		夏			12
		冬			36
	防护手套	春夏秋	SY-16-004SF	防机械危害、耐油、防滑	3
		冬		防机械危害、耐油、防滑、防寒	3
	安全鞋	春夏秋	SY-16-004ZB	耐油、防静电、防滑	12
		冬		耐油、防静电、防滑、防寒	24
SY-16-005	安全帽	春夏秋	SY-16-005TB	普通型	30
		冬		防寒	30
	防尘口罩		SY-16-005HX	防非油性颗粒物	佩戴呼吸阻力明显增加时更换滤料或口罩
	防毒面具			视具体情况而定	—
	自给开路式压缩空气呼吸器			隔绝有害气体和缺氧环境	需年检
	工作服	春秋	SY-16-005FZ	具有防静电功能的阻燃服	24
		夏			12
		冬			36
	防护手套	春夏秋	SY-16-005SF	防机械危害、防滑	3
		冬		防机械危害、防滑、防寒	3
	安全鞋	春夏秋	SY-16-005ZB	耐油、防静电、防滑	12
		冬		耐油、防静电、防滑、防寒	24

表 B.1（续）

工种编号	配备装备		配备编号	功能、特点	建议最长更换期限/月
SY-16-006	安全帽	春夏秋	SY-16-006TB	普通型	30
		冬		防寒	30
	职业眼面部防护具		SY-16-006YM	防冲击	36
	耳塞（罩）		SY-16-006TL	防噪声	耳塞:3 耳罩:12
	防尘口罩		SY-16-006HX	防非油性颗粒物	佩戴呼吸阻力明显增加时更换滤料或口罩
	防护手套	春夏秋	SY-16-006SF	防机械危害、防滑	3
		冬		防机械危害、防滑、防寒	3
	安全鞋	春夏秋	SY-16-006ZB	防水、防滑	12
		冬		防水、防滑、防寒	24
SY-16-007	安全帽	春夏秋	SY-16-007TB	普通型	30
		冬		防寒	30
	职业眼面部防护具		SY-16-007YM	防冲击	36
	耳塞（罩）		SY-16-007TL	防噪声	耳塞:3 耳罩:12
	防尘口罩		SY-16-007HX	防非油性颗粒物	佩戴呼吸阻力明显增加时更换滤料或口罩
	工作服	春秋	SY-16-007FZ	防静电	24
		夏			12
		冬			36
	防护手套	春夏秋	SY-16-007SF	防机械危害、防滑	3
		冬		防机械危害、防滑、防寒	3
	安全鞋	春夏秋	SY-16-007ZB	防静电、防滑	12
		冬		防静电、防滑、防寒	24

表 B.1（续）

工种编号	配备装备		配备编号	功能、特点	建议最长更换期限/月
SY-17-001	安全帽	春夏秋	SY-17-001TB	普通型	30
		冬		防寒	30
	职业眼面部防护具		SY-17-001YM	防冲击,防液体雾滴	36
	防毒面具		SY-17-001HX	视具体情况而定	—
	自给开路式压缩空气呼吸器			隔绝有害气体和缺氧环境	需年检
	工作服	春秋	SY-17-001FZ	具有防静电功能的阻燃服	24
		夏			12
		冬			36
	化学防护服			防化学品	12
	防护手套	春夏秋	SY-17-001SF	防机械危害、防化学品、防滑	3
		冬		防机械危害、防化学品、防滑、防寒	3
	安全鞋	春夏秋	SY-17-001ZB	防静电、防滑	12
		冬		防静电、防滑、防寒	24
	防化学品鞋			防化学品	24
SY-18-001	安全帽	春夏秋	SY-18-001TB	普通型	30
		冬		防寒	30
	职业眼面部防护具		SY-18-001YM	防冲击,防液体雾滴	36
	防尘口罩		SY-18-001HX	防非油性颗粒物	佩戴呼吸阻力明显增加时更换滤料或口罩
	防毒面具			视具体情况而定	—
	自给开路式压缩空气呼吸器			隔绝有害气体和缺氧环境	需年检
	工作服	春秋	SY-18-001FZ	具有防静电功能的阻燃服	24
		夏			12
		冬			36
	化学防护服			防化学品	12
	防护手套	春夏秋	SY-18-001SF	防机械危害、防化学品、防滑	3
		冬		防机械危害、防化学品、防滑、防寒	3
	安全鞋	春夏秋	SY-18-001ZB	防静电、防滑	12
		冬		防静电、防滑、防寒	24
	防化学品鞋			防化学品	24

表 B.1（续）

工种编号	配备装备		配备编号	功能、特点	建议最长更换期限/月
SY-19-001	安全帽	春夏秋	SY-19-001TB	普通型	30
		冬		防寒	30
	职业眼面部防护具		SY-19-001YM	防冲击，防液体雾滴	36
	防尘口罩		SY-19-001HX	防非油性颗粒物	佩戴呼吸阻力明显增加时更换滤料或口罩
	防毒面具			视具体情况而定	—
	自给开路式压缩空气呼吸器			隔绝有害气体和缺氧环境	需年检
	工作服	春秋	SY-19-001FZ	具有防静电功能的阻燃服	24
		夏			12
		冬			36
	化学防护服			防化学品	12
	防护手套	春夏秋	SY-19-001SF	防机械危害、防化学品、防滑	3
		冬		防机械危害、防化学品、防滑、防寒	3
	安全鞋	春夏秋	SY-19-001ZB	防静电、防滑	12
		冬		防静电、防滑、防寒	24
	防化学品鞋			防化学品	24
SY-20-001	安全帽	春夏秋	SY-20-001TB	普通型	30
		冬		防寒	30
	职业眼面部防护具		SY-20-001YM	防冲击，防液体雾滴	36
	防尘口罩		SY-20-001HX	防非油性颗粒物	佩戴呼吸阻力明显增加时更换滤料或口罩
	防毒面具			视具体情况而定	—
	自给开路式压缩空气呼吸器			隔绝有害气体和缺氧环境	需年检
	工作服	春秋	SY-20-001FZ	具有防静电功能的阻燃服	24
		夏			12
		冬			36
	化学防护服			防化学品	12
	防护手套	春夏秋	SY-20-001SF	防机械危害、防化学品、防滑	3
		冬		防机械危害、防化学品、防滑、防寒	3
	安全鞋	春夏秋	SY-20-001ZB	防静电、防滑	12
		冬		防静电、防滑、防寒	24
	防化学品鞋			防化学品	24

表 B.1（续）

工种编号	配备装备		配备编号	功能、特点	建议最长更换期限/月
SY-21-001	安全帽	春夏秋	SY-21-001TB	普通型	30
		冬		防寒	30
	职业眼面部防护具		SY-21-001YM	防冲击，防液体雾滴	36
	防尘口罩		SY-21-001HX	防非油性颗粒物	佩戴呼吸阻力明显增加时更换滤料或口罩
	防毒面具			视具体情况而定	—
	自给开路式压缩空气呼吸器			隔绝有害气体和缺氧环境	需年检
	工作服	春秋	SY-21-001FZ	具有防静电功能的阻燃服	24
		夏			12
		冬			36
	化学防护服			防化学品	12
	防护手套	春夏秋	SY-21-001SF	防机械危害、防化学品、防滑	3
		冬		防机械危害、防化学品、防滑、防寒	3
	安全鞋	春夏秋	SY-21-001ZB	防静电、防滑	12
		冬		防静电、防滑、防寒	24
	防化学品鞋			防化学品	24
SY-22-001	安全帽	春夏秋	SY-22-001TB	普通型	30
		冬		防寒	30
	防尘口罩		SY-22-001HX	防非油性颗粒物	佩戴呼吸阻力明显增加时更换滤料或口罩
	防毒面具			视具体情况而定	—
	工作服	春秋	SY-22-001FZ	具有防静电功能的阻燃服	24
		夏			12
		冬			36
	防护手套	春夏秋	SY-22-001SF	防机械危害、防滑	3
		冬		防机械危害、防滑、防寒	3
	安全鞋	春夏秋	SY-22-001ZB	防静电、防滑	12
		冬		防静电、防滑、防寒	24

表 B.1（续）

工种编号	配备装备		配备编号	功能、特点	建议最长更换期限/月
SY-22-002	安全帽	春夏秋	SY-22-002TB	普通型	30
		冬		防寒	30
	职业眼面部防护具		SY-22-002YM	防冲击	36
	防毒面具		SY-22-002HX	视具体情况而定	—
	防护手套	春夏秋	SY-22-002SF	防机械危害、防滑	3
		冬		防机械危害、防滑、防寒	3
	安全鞋	春夏秋	SY-22-002ZB	防滑	12
		冬		防滑、防寒	24
SY-22-003	安全帽	春夏秋	SY-22-003TB	普通型	30
		冬		防寒	30
	职业眼面部防护具		SY-22-003YM	防冲击	36
	防尘口罩		SY-22-003HX	防非油性颗粒物	佩戴呼吸阻力明显增加时更换滤料或口罩
	防毒面具			视具体情况而定	—
	防护手套	春夏秋	SY-22-003SF	防机械危害、隔热、防滑	3
		冬		防机械危害、隔热、防滑、防寒	3
	安全鞋	春夏秋	SY-22-003ZB	防滑	12
		冬		防滑、防寒	24
SY-23-001	安全帽	春夏秋	SY-23-001TB	普通型	30
		冬		防寒	30
	职业眼面部防护具		SY-23-001YM	防冲击	36
	防护手套	春夏秋	SY-23-001SF	防机械危害、防滑	3
		冬		防机械危害、防滑、防寒	3
	安全鞋	春夏秋	SY-23-001ZB	保护足趾、防刺穿、防滑	12
		冬		保护足趾、防刺穿、防滑、防寒	24

表 B.1（续）

工种编号	配备装备		配备编号	功能、特点	建议最长更换期限/月
SY-23-002	安全帽	春夏秋	SY-23-002TB	普通型	30
		冬		防寒	30
	职业眼面部防护具		SY-23-002YM	防冲击	36
	耳塞（罩）		SY-23-002TL	防噪声	耳塞:3 耳罩:12
	防尘口罩		SY-23-002HX	防非油性颗粒物	佩戴呼吸阻力明显增加时更换滤料或口罩
	防护手套	春夏秋	SY-23-002SF	防机械危害、防滑	3
		冬		防机械危害、防滑、防寒	3
	安全鞋	春夏秋	SY-23-002ZB	保护足趾、防刺穿、防滑	12
		冬		保护足趾、防刺穿、防滑、防寒	24
SY-23-003	安全帽	春夏秋	SY-23-003TB	普通型	30
		冬		防寒	30
	职业眼面部防护具		SY-23-003YM	防冲击	36
	耳塞（罩）		SY-23-003TL	防噪声	耳塞:3 耳罩:12
	防尘口罩		SY-23-003HX	防非油性颗粒物	佩戴呼吸阻力明显增加时更换滤料或口罩
	安全鞋	春夏秋	SY-23-003ZB	保护足趾、防刺穿、防滑	12
		冬		保护足趾、防刺穿、防滑、防寒	24
SY-23-004	安全帽	春夏秋	SY-23-004TB	普通型	30
		冬		防寒	30
	职业眼面部防护具		SY-23-004YM	防冲击	36
	防护手套	春夏秋	SY-23-004SF	防机械危害、防滑	3
		冬		防机械危害、防滑、防寒	3
	安全鞋	春夏秋	SY-23-004ZB	保护足趾、防刺穿、防滑	12
		冬		保护足趾、防刺穿、防滑、防寒	24

表 B.1（续）

工种编号	配备装备		配备编号	功能、特点	建议最长更换期限/月
SY-23-005	安全帽	春夏秋	SY-23-005TB	普通型	30
		冬		防寒	30
	职业眼面部防护具		SY-23-005YM	防御紫外线、可见光，防冲击	36
	耳塞（罩）		SY-23-005TL	防噪声	耳塞:3 耳罩:12
	隔热服		SY-23-005FZ	高温防护	12
	防热伤害手套		SY-23-005SF	高温防护	6
	安全鞋		SY-23-005ZB	保护足趾、防刺穿、隔热、防滑	24
SY-24-001	工作服	春秋	SY-24-001FZ	防静电	24
		夏			12
		冬			36
	防尘口罩		SY-24-001HX	防油性颗粒物	佩戴呼吸阻力明显增加时更换滤料或口罩
	防毒面具			视具体情况而定	—
	防护手套	春夏秋	SY-24-001SF	防机械危害、耐油、防滑	3
		冬		防机械危害、耐油、防滑、防寒	3
	安全鞋	春夏秋	SY-24-001ZB	防静电、耐油、防滑	12
		冬		防静电、耐油、防滑、防寒	24
SY-24-002	安全帽	春夏秋	SY-24-002TB	普通型	30
		冬		防寒	30
	职业眼面部防护具		SY-24-002YM	防冲击	36
	工作服	春秋	SY-24-002FZ	具有防静电功能的阻燃服	24
		夏			12
		冬			36
	防护手套	春夏秋	SY-24-002SF	防机械危害、防滑	3
		冬		防机械危害、防滑、防寒	3
	安全鞋	春夏秋	SY-24-002ZB	防滑	12
		冬		防滑、防寒	24

表 B.1（续）

工种编号	配备装备		配备编号	功能、特点	建议最长更换期限/月
SY-24-003	职业眼面部防护具		SY-24-003YM	防液体雾滴和飞溅	36
	防尘口罩		SY-24-003HX	防油性颗粒物	佩戴呼吸阻力明显增加时更换滤料或口罩
	防毒面具			视具体情况而定	—
	防护手套	春夏秋	SY-24-003SF	耐油、防化学品、防滑	3
		冬		耐油、防化学品、防滑、防寒	3
	工作服	春秋	SY-24-003FZ	防静电	24
		夏			12
		冬			36
	化学防护服			防化学品	24
	安全鞋	春夏秋	SY-24-003ZB	防滑	12
		冬		防滑、防寒	24
	防化学品鞋			防化学品	24
SY-24-004	安全帽	春夏秋	SY-24-004TB	电绝缘、阻燃	30
		冬		电绝缘、阻燃、防寒	30
	焊接眼护具		SY-24-004YM	防御有害弧光、熔融金属飞溅或粉尘	36
	防毒面具		SY-24-004HX	视具体情况而定,与焊接眼护具配合使用,带滤烟功能	—
	焊接防护服	春秋	SY-24-004FZ	焊接防护	24
		夏			24
		冬			36
	焊工防护手套		SY-24-004SF	焊接防护	12
	安全鞋	春夏秋	SY-24-004ZB	电绝缘、保护足趾、防刺穿、防滑	12
		冬		电绝缘、保护足趾、防刺穿、防滑、防寒	24

表 B.1（续）

工种编号	配备装备		配备编号	功能、特点	建议最长更换期限/月
SY-24-005	安全帽	春夏秋	SY-24-005TB	普通型	30
		冬		防寒	30
	职业眼面部防护具		SY-24-005YM	防冲击	36
	耳塞(罩)		SY-24-005TL	防噪声	耳塞:3 耳罩:12
	防尘口罩		SY-24-005HX	防油性颗粒物	佩戴呼吸阻力明显增加时更换滤料或口罩
	防毒面具			视具体情况而定	—
	工作服	春秋	SY-24-005FZ	具有防静电功能的阻燃服	24
		夏			12
		冬			36
	防护手套	春夏秋	SY-24-005SF	防机械危害、耐油、防滑	3
		冬		防机械危害、耐油、防滑、防寒	3
	安全鞋	春夏秋	SY-24-005ZB	防静电、保护足趾、防刺穿、耐油、防滑	12
		冬		防静电、保护足趾、防刺穿、耐油、防滑、防寒	24
SY-24-006	安全帽	春夏秋	SY-24-006TB	电绝缘、阻燃	30
		冬		电绝缘、阻燃、防寒	30
	职业眼面部防护具		SY-24-006YM	防冲击	36
	工作服	春秋	SY-24-006FZ	防电弧	24
		夏			12
		冬			36
	带电作业用绝缘手套		SY-24-006SF	电绝缘	定期检验
	安全鞋	春夏秋	SY-24-006ZB	绝缘、防滑	12
		冬		绝缘、防滑、防寒	24
	安全带		SY-24-006ZL	坠落悬挂、围杆作业	36
	自锁器/速差自控器			坠落锁止功能，与安全带配合使用	—

表 B.1（续）

工种编号	配备装备		配备编号	功能、特点	建议最长更换期限/月
SY-24-007	安全帽	春夏秋	SY-24-007TB	普通型	30
		冬		防寒	30
	工作服	春秋	SY-24-007FZ	防静电	24
		夏			12
		冬			36
	防护手套	春夏秋	SY-24-007SF	防滑	3
		冬		防滑、防寒	3
	安全鞋	春夏秋	SY-24-007ZB	防滑	12
		冬		防滑、防寒	24
SY-24-008	职业眼面部防护具		SY-24-008YM	防御紫外线、可见光	36
	工作服	春秋	SY-24-008FZ	防静电	24
		夏			12
		冬			36

注1：本表所规定的各工种个体防护装备的配备非强制性要求，仅作为参考和示例，各用人单位可根据实际情况在充分辨识危害因素和危害评估的基础上，配备适宜的个体防护装备。

注2：个体防护装备的最长更换期限可根据产品说明书、产品有效期限、实际使用时间、工作强度、磨损情况等适当缩短。

注3：最长更换期限的日期是从个体防护装备发放给作业人员（见个体防护装备的发放领用记录）开始计算。

注4：当常年滑动平均气温序列无连续5天小于10 ℃时，如海南地区，或工作环境温度大于10 ℃时，可不配备具有防寒功能的个体防护装备。

注5：具有季节性的个体防护装备的最长更换周期可根据各地气候条件的不同适当调整。如我国哈尔滨地区春秋、夏、冬季工作服的最长更换周期可分别调整为24个月、12个月、24个月；广州地区春秋、夏、冬季工作服的最长更换周期可分别调整为12个月、6个月、36个月。

注6：自给开路式压缩空气呼吸器、长管呼吸器、安全带、自锁器、速差自控器、安全网等个体防护装备可为班组配置。

参 考 文 献

[1] GB/T 13459—2008 劳动防护服 防寒保暖要求
[2] GB 13690 化学品分类和危险性公示 通则
[3] QX/T 152—2012 气候季节划分
[4] 国家职业分类大典修订工作委员会.中华人民共和国职业分类大典（2015年版）[M].北京：中国人力资源和社会保障出版集团有限公司（中国劳动社会保障出版社），2015

个体防护装备配备规范 第3部分：冶金、有色
（GB 39800.3—2020）

前 言

GB 39800《个体防护装备配备规范》分为以下部分：
——第1部分：总则；
——第2部分：石油、化工、天然气；
——第3部分：冶金、有色；
——第4部分：非煤矿山；
……

本部分为 GB 39800 的第3部分。
本部分按照 GB/T 1.1—2009 给出的规则起草。
本部分由中华人民共和国应急管理部提出并归口。

1 范围

GB 39800 的本部分规定了冶金、有色行业各用人单位个体防护装备（即劳动防护用品）配备的总体要求、危害因素的辨识和评估及个体防护装备的配备。

本部分适用于冶金、有色行业的各用人单位及其从业人员个体防护装备的配备及管理。

本部分不适用于采矿、选矿行业及冶金、有色行业各用人单位消防用个体防护装备的配备及管理。

2 规范性引用文件

下列文件对于本文件的应用是必不可少的。凡是注日期的引用文件，仅注日期的版本适用于本文件。凡是不注日期的引用文件，其最新版本（包括所有的修改单）适用于本文件。

GB/T 18664 呼吸防护用品的选择、使用与维护
GB 39800.1—2020 个体防护装备配备规范 第1部分：总则

3 术语和定义

GB 39800.1—2020 界定的术语和定义适用于本文件。

4 总体要求

个体防护装备配备原则、配备管理及配备流程按 GB 39800.1—2020 执行。

5 危害因素的辨识和评估

用人单位应结合冶金、有色行业安全生产的特点，按照 GB 39800.1—2020 的 4.2 中的要求对其生产过程中可能涉及的危害因素进行辨识和危害评估。用人单位可根据表1所列

的作业类别,或参考附录 A 所列的工种进行危害因素的辨识,并对所辨识的危害因素进行危害评估,以此作为选择适用个体防护装备的依据。

表 1 主要的作业类别、可能造成的事故或伤害类型以及适用的个体防护装备

序号	作业类别	说明	可能造成的事故或伤害	适用的个体防护装备	作业举例
1	易燃易爆场所作业	作业场所存在甲、乙类易燃易爆物质并可能引起燃烧、爆炸	火灾、爆炸等	TB-01 安全帽 TB-02 防静电工作帽 HX-05 自给开路式压缩空气呼吸器 HX-06 自吸过滤式防毒面具 HX-08 自吸过滤式防颗粒物呼吸器 ZB-01 安全鞋 FZ-02 防静电服 FZ-07 化学防护服 FZ-12 阻燃服 SF-04 防静电手套	涉及煤气、CO、天然气等易燃气体的作业场所,以及存在易燃溶剂的油漆喷涂场所。接触煤尘、焦尘、铝尘等爆炸性粉尘的作业。例如高炉粉喷吹系统操作,高炉炉顶压力控制不当,可能引起煤粉爆炸
2	吸入性气相毒物作业	接触常温、常压下呈气体或蒸气状态、经呼吸道吸入能产生毒害物质的作业,包括刺激性气体和窒息性气体	中毒、窒息等	HX-01 长管呼吸器 HX-02 动力送风过滤式呼吸器 HX-03 自给闭路式压缩氧气呼吸器 HX-04 自给闭路式氧气逃生呼吸器 HX-05 自给开路式压缩空气呼吸器 HX-06 自吸过滤式防毒面具 HX-07 自给开路式压缩空气逃生呼吸器 YM-04 职业眼面部防护具 SF-03 防化学品手套 FZ-07 化学防护服	存在 CO 等有毒气体的场所;高炉焦炉煤气输配、储存、使用过程中一旦有泄漏,可能发生中毒事故; 在金属处理作业,如镀锌、金属材料涂层时可能产生挥发性有毒气体

表 1（续）

序号	作业类别	说明	可能造成的事故或伤害	适用的个体防护装备	作业举例
3	沾染性毒物作业	接触能粘附于皮肤、衣物上，经皮肤吸收产生伤害或对皮肤产生毒害物质的作业	中毒等	HX-01 长管呼吸器 HX-02 动力送风过滤式呼吸器 HX-03 自给闭路式压缩氧气呼吸器 HX-04 自给闭路式氧气逃生呼吸器 HX-05 自给开路式压缩空气呼吸器 HX-06 自吸过滤式防毒面具 HX-07 自给开路式压缩空气逃生呼吸器 YM-04 职业眼面部防护具 SF-03 防化学品手套 FZ-07 化学防护服 ZB-02 防化学品鞋	在金属处理作业，如镀锌、金属材料涂层时可能产生锌及氧化物、挥发性溶剂等有毒物质；或在生产过程中设备、工艺中可能碰触有毒物质
4	吸入性粉尘作业	接触粉尘、烟、雾等颗粒物，经呼吸道吸入对人体产生伤害的作业	粉尘伤害、中毒等	HX-02 动力送风过滤式呼吸器 HX-08 自吸过滤式防颗粒物呼吸器 YM-04 职业眼面部防护具	皮带机、给料机、振动筛操作；炉前操作、出铁口、出渣口、混铁炉操作等作业
5	高温热接触或热辐射作业	或存在热的液体、气体对人体的烫伤，热的固体与人体接触引起的灼伤，火焰对人体的烧伤以及炽热源的热辐射对人体的伤害等情况的作业	热辐射危害、灼烫、有害光照等	TB-01 安全帽（耐高温） YM-03 强光源防护镜 YM-04 职业眼面部防护具 SF-05 防热伤害手套 ZB-01 安全鞋 FZ-10 熔融金属飞溅防护服 FZ-05 隔热服 FZ-12 阻燃服	在高温车间进行一系列作业，例如烧结车间、烧结成品车间；炉前操作、出铁口、出渣口、炼铁、铸铁、热风炉操作；操作与清理炉下钢渣道、清理钢渣车、操作真空炉、处理铁水钢包等

2311

表 1（续）

序号	作业类别	说明	可能造成的事故或伤害	适用的个体防护装备	作业举例
6	有限空间作业	在空气不流通的场所中作业，包括在缺氧即空气中含氧浓度小于19.5%和毒气、有毒气溶胶超过标准且不能及时排出等场所中作业	中毒、窒息等	TB-01 安全帽 ZL-01 安全带 ZL-02 安全绳 ZL-03 缓冲器 ZL-04 缓降装置 ZL-05 连接器 ZL-06 水平生命线装置 ZL-07 速差自控器 ZL-08 自锁器 ZL-09 安全网 ZL-11 挂点装置 HX-01 长管呼吸器 HX-03 自给闭路式压缩氧气呼吸器 HX-05 自给开路式压缩空气呼吸器 SF-03 防化学品手套 FZ-07 化学防护服 ZB-01 安全鞋	炉窑、罐、仓、斗、槽车等设备设施以及管道、烟道、隧道、下水道、沟、坑、井、池、涵洞等孔道或排水系统内的作业
7	腐蚀性作业	产生或使用腐蚀性物质的作业	化学性烧灼、中毒等	HX-06 自吸过滤式防毒面具 YM-04 职业眼面部防护具 SF-03 防化学品手套 ZB-02 防化学品鞋 FZ-07 化学防护服	生产或使用硫酸、盐酸、硝酸、氢氟酸、液体强碱、固体强碱、重铬酸钾等的作业，如电镀作业、热处理作业等
8	噪声作业	存在有损听力、有害健康或有其他危害的声音，且每天8 h或每周40 h噪声暴露等效声级大于或等于80 dB(A)的作业	听力损伤等	TL-01 耳塞 TL-02 耳罩	各种冶炼炉、压缩机、鼓风机、引风机、泵房区、加压机、风机、轧制设备、辊轴机等作业

表 1（续）

序号	作业类别	说明	可能造成的事故或伤害	适用的个体防护装备	作业举例
9	高处作业	在坠落高度基准面 2 m 以上（含 2 m）有可能坠落的高处进行的作业	高处坠落	TB-01 安全帽 ZB-01 安全鞋 ZL-01 安全带 ZL-02 安全绳 ZL-03 缓冲器 ZL-04 缓降装置 ZL-05 连接器 ZL-06 水平生命线装置 ZL-07 速差自控器 ZL-08 自锁器 ZL-09 安全网 ZL-10 登杆脚扣	高空安装、在高处进行工艺操作、检维修、货物堆砌等作业
10	存在物体坠落、撞击的作业	物体坠落或横向上可能有物体相撞的作业	物体打击、起重伤害等	TB-01 安全帽 ZB-01 安全鞋 ZL-09 安全网	安装施工、起重、检修现场的作业
11	有碎屑飞溅的作业	加工过程中可能有切削飞溅的作业	物体打击等	TB-01 安全帽 YM-04 职业眼面部防护具 SF-08 机械危害防护手套 ZB-01 安全鞋	破碎、锤击、铸件切削、砂轮打磨等作业
12	操纵转动机械作业	机械设备运行中引起的绞、碾等伤害的作业	机械伤害	TB-01 安全帽 ZB-01 安全鞋	机械设备运动（静止）时以及部件、工具、加工件直接与人体接触，引起的挤压、碰撞、冲击、剪切、卷入可能带来的危险；如皮带传送机、卷边机及包装机等
13	接触使用锋利器具	生产中使用的生产工具或加工产品易对操作者产生割伤、刺伤等伤害的作业	机械伤害	SF-08 机械危害防护手套 ZB-01 安全鞋	金属加工的打毛清边，例如铝卷、铝带打包作业等

表 1（续）

序号	作业类别	说明	可能造成的事故或伤害	适用的个体防护装备	作业举例
14	地面存在尖利器物的作业	工作平面上可能存在对工作者脚部或腿部产生刺伤伤害的作业	机械伤害等	ZB-01 安全鞋	施工、检修现场作业
15	铲、装、吊、推机械操纵作业	各类活动范围较小的重型采掘、建筑、装载起重设备的操纵与驾驶作业	车辆伤害、起重伤害等	TB-01 安全帽 ZB-01 安全鞋	操作铲机、推土机、装卸机、天车、龙门吊、塔吊、单臂起重机等机械
16	带电作业	工作人员接触带电部分的作业，或工作人员身体的任一部分或使用的工具、装置、设备进入带电作业区域内的作业	触电、电弧伤害等	TB-01 安全帽（绝缘） YM-04 职业眼面部防护具 SF-01 带电作业用绝缘手套 ZB-01 安全鞋（绝缘） FZ-01 防电弧服	电气设备或线路带电作业、维修等
17	非电离辐射作业	接触微波辐射、超高频辐射、高频电磁场、工频电场、红外线、紫外线、激光等电磁辐射的作业	辐射伤害	YM-02 激光防护镜 YM-04 职业眼面部防护具 FZ-11 微波辐射防护服 SF-06 电离辐射及放射性污染物防护手套	炼铁生产中炉前分级送料的焦炭料斗、转炉炼钢在结晶器液位控制使用含放射物质的液位计或物料称量部位等
18	强光作业	强光源或产生强烈红外辐射和紫外辐射的作业	辐射伤害	YM-04 职业眼面部防护具	出铁、出钢及炽热金属作业岗位；焊接、切割作业等

表 1（续）

序号	作业类别	说明	可能造成的事故或伤害	适用的个体防护装备	作业举例
19	人工搬运作业	通过人力操作的作业	其他伤害	TB-01 安全帽 SF-08 机械危害防护手套 FZ-04 高可视性警示服 ZB-01 安全鞋	需要人力抬、扛、推、搬移的作业
20	低温作业	作业场所平均气温等于或低于 5 ℃ 的作业；或接触低温物体造成伤害的作业	低温伤害等	TB-01 安全帽（耐低温） ZB-01 安全鞋 FZ-09 冷环境防护服 SF-02 防寒手套	涉及液氧、液氮等液态气体的作业等
21	野外作业	野外露天作业	其他伤害	YM-04 职业眼面部防护具 ZB-01 安全鞋 FZ-03 职业用防雨服	野外的检查、维护等

6 个体防护装备的配备

6.1 用人单位应根据辨识的作业场所危害因素和危害评估结果，选择相应的个体防护装备。

6.2 冶金、有色行业用人单位个体防护装备的配备应按照以下一种或两种相结合的方法进行：
    a) 根据作业类别结合表 1 辨识的危害因素和危害评估结果，并依据表 1 建议的适用个体防护装备，结合个体防护装备的防护部位、防护功能、适用范围和防护装备对使用者的适合性，选择合适的个体防护装备。
    b) 参考附录 B 执行。对于附录 A 中未涵盖的工种，用人单位应根据该工种作业特点，进行危害因素的辨识和评估，并根据 GB 39800.1—2020 的要求，配备相应的个体防护装备。

6.3 用人单位应按照 GB/T 18664 进行呼吸防护用品的配备及管理。

6.4 用人单位应考虑地域温度的差异，为作业人员配备适宜的头部防护、防护服装、手部防护和足部防护等个体防护装备。

附 录 A
（资料性附录）
冶金、有色行业工种及其可能存在的危害因素

冶金、有色行业工种及其可能存在的危害因素详见表 A.1。

表 A.1 冶金、有色工种及其可能存在的危害因素

类别编号	类别	典型工种 工种名称	典型工种 工种编号	相近工种	可能存在的危害因素
YJ-01	炼铁人员	烧结球团原料工	YJ-01-001	烧结原料工,烧结配料工,混合料工,球团原料工	粉尘和气溶胶、飞溅物、噪声、外形缺陷、腐蚀品、设施缺陷
		粉矿烧结工	YJ-01-002	—	有毒气体(煤气等)、粉尘和气溶胶、外形缺陷、飞溅物、高温物体、噪声、设施缺陷
		球团焙烧工	YJ-01-003	造球工,球团竖炉工,回转窑球团焙烧工,带式球团焙烧工,转底炉工	有毒气体(煤气等)、粉尘和气溶胶、外形缺陷、飞溅物、高温物体、噪声、设施缺陷
		烧结成品工	YJ-01-004	冷却筛分工,成品矿运送工	粉尘和气溶胶、外形缺陷、飞溅物、高温物体、噪声、设施缺陷
		高炉原料工	YJ-01-005	高炉上料工,煤粉工,碾泥工	中毒、高温物体、粉尘和气溶胶、外形缺陷、噪声、设施缺陷
		高炉炼铁工	YJ-01-006	高炉炉前工,高炉炼铁操作工,铸铁机工	中毒、明火、有害光照、高温物体、粉尘和气溶胶、外形缺陷、飞溅物、噪声、设施缺陷
		高炉运转工	YJ-01-007	热风炉工,高炉配管工,渣处理工	有毒气体(煤气等)、明火、有害光照、高温物体、粉尘和气溶胶、外形缺陷、飞溅物、噪声、设施缺陷
YJ-02	炼钢人员	炼钢原料工	YJ-02-001	废钢加工工,炼钢原料工,混铁炉工,铁水预处理工	有毒气体(煤气等)、明火、有害光照、高温物体、粉尘和气溶胶、外形缺陷、飞溅物、噪声
		炼钢工	YJ-02-002	转炉炼钢工,电炉炼钢工,炉外精炼工,特种炉冶炼工	有毒气体(煤气等)、明火、有害光照、高温物体、粉尘和气溶胶、外形缺陷、飞溅物、噪声
		炼钢浇铸工	YJ-02-003	模铸工,连铸工	明火、高温物体、粉尘和气溶胶、外形缺陷、飞溅物、噪声

表 A.1（续）

类别编号	典型工种 类别	典型工种 工种名称	典型工种 工种编号	相近工种	可能存在的危害因素
YJ-02	炼钢人员	炼钢准备工	YJ-02-004	钢水罐准备工,换罐清渣工,炼钢备品工	粉尘和气溶胶、外形缺陷、飞溅物、噪声、高温物体、热辐射
		整模脱模工	YJ-02-005	—	坠落物、粉尘和气溶胶、外形缺陷、飞溅物、噪声、高温物体
YJ-03	铁合金冶炼人员	铁合金原料工	YJ-03-001	铁合金电极糊工,钒铁原料工,金属铬原料工	粉尘和气溶胶、外形缺陷、飞溅物、噪声
		铁合金火法冶炼工	YJ-03-002	铁合金成品工,铁合金特种炉冶炼工,铁合金真空炉冶炼工	粉尘和气溶胶、外形缺陷、飞溅物、噪声、电伤害、高温物体
		铁合金焙烧工	YJ-03-003	钒铁焙烧工,钒铁熔化工,金属铬焙烧工,金属铬还原工,铁合金回转窑工,二氧化钛工,钼制块工	粉尘和气溶胶、外形缺陷、飞溅物、明火、高温物体、噪声、有毒气体(煤气等)
		铁合金湿法冶炼工	YJ-03-004	钒铁浸滤工,钒铁沉淀工,金属铬浸滤工,金属铬反应工	粉尘和气溶胶、腐蚀品、中毒、外形缺陷、飞溅物、高温物体、噪声
		钒氮合金工	YJ-03-005	铁合金炉外法冶炼工	粉尘和气溶胶、外形缺陷、飞溅物、噪声、高温物体、氮气窒息
YJ-04	重有色金属冶炼人员	重冶备料工	YJ-04-001	制团、制粒工,密闭鼓风炉备料工,有色金属干燥工,固体物料配料工,固体输送工,破碎机工,矿石磨细工,抓斗工,发生炉工	外形缺陷、飞溅物、噪声、高温物体、粉尘和气溶胶
		重金属物料焙烧工	YJ-04-002	烧结机工,沸腾炉焙烧工,回转窑工,焦结炉工,煅烧工,多膛炉工	外形缺陷、噪声、粉尘和气溶胶、明火、高温物体、有毒烟气、有害光照

表 A.1（续）

类别编号	典型工种 类别	典型工种 工种名称	典型工种 工种编号	相近工种	可能存在的危害因素
YJ-04	重有色金属冶炼人员	重冶火法冶炼工	YJ-04-003	蒸馏炉工,竖炉工,鼓风炉工,闪速炉熔炼工,矿热电炉熔炼工,白银熔池熔炼工,锑白炉工,卡尔多炉工,真空冶炼工,重冶转炉工,重冶火法精炼工,熔析炉工,钛汞合金冶炼工,铋冶炼工,塔盘制炼工,反射炉工,有色金属熔炼池熔炼炉工,有色金属强化熔炼工	外形缺陷、噪声、粉尘和气溶胶、明火、高温物体、有毒烟气、有害光照
YJ-04	重有色金属冶炼人员	重冶湿法冶炼工	YJ-04-004	重冶浸出工,蒸发浓缩结晶工,有色液固分离工,重冶湿法压滤工,重冶净化沉淀工,高压反应釜工	外形缺陷、噪声、粉尘和气溶胶、高温物体、有毒品(有毒雾气)、腐蚀品
YJ-04	重有色金属冶炼人员	电解精炼工	YJ-04-005	重冶配液工,重冶净液工,阴阳极制作工	外形缺陷、噪声、高温物体、有毒品(有毒雾气)、腐蚀品
YJ-05	轻有色金属冶炼人员	氧化铝制取工	YJ-05-001	轻冶料浆配料工,轻冶料浆液调整输送工,高压溶出工,轻冶沉降工,氢氧化铝分解工,氧化铝焙烧工,氢氧化铝精制工,镓提炼工,熟料烧结工,熟料溶出工,粗液脱硅工	外形缺陷、噪声、高温物体、有毒品(有毒雾气)、腐蚀品
YJ-05	轻有色金属冶炼人员	铝电解冶炼工	YJ-05-002	铝冶炼工,铝及铝合金熔铸工	外形缺陷、噪声、粉尘和气溶胶、高温物体、有毒品(有毒雾气)、腐蚀品
YJ-05	轻有色金属冶炼人员	铝电解工	YJ-05-003	阳极工,阳极组装工,多功能机组操作工,母线焊接工,电解槽砌扎工,微机操作工,铝吸出工,铝电解综合工	外形缺陷、噪声、粉尘和气溶胶、高温物体、有毒品(有毒雾气)、腐蚀品

表 A.1（续）

类别编号	典型工种 类别	典型工种 工种名称	典型工种 工种编号	相近工种	可能存在的危害因素
YJ-05	轻有色金属冶炼人员	镁冶炼工	YJ-05-004	镁电解工,镁精炼工,镁氯化工,氯压机工,镁还原工	外形缺陷、噪声、高温物体、有毒品(有毒雾气)、腐蚀品
		硅冶炼工	YJ-05-005	—	外形缺陷、噪声、粉尘和气溶胶、高温物体、有害烟气
YJ-06	稀贵金属冶炼人员	钨钼冶炼工	YJ-06-001	钨钼粉末制造工,粗钨酸钠溶液制备工,钨酸铵溶液制备工,氧化钨制备工,纯三氧化钨、仲钨酸铵、兰钨制取工,偏钨酸铵制备工,碳化钨制备工,铸造碳化钨熔炼破碎工,铸造碳化钨制管工,复式碳化钨制备工,碳化钛制备工,焙烧压煮工,仲钼酸铵制备工,钨酸钠制备工,钼铁冶炼工,辅料制备工,破碎精整包装工	外形缺陷、噪声、高温物体、腐蚀品、有毒品(有毒雾气)、粉尘和气溶胶
		钽铌冶炼工	YJ-06-002	钽铌分离工,钽铌化合物制取工,铌碳还原火法冶炼工,压制成型工,钽铌精炼工,钽铌加工材制取工,钽钠还原火法冶炼工,钽碳还原火法冶炼工,铌铁火法冶炼工,铌酸锂晶体制取工	外形缺陷、噪声、高温物体、腐蚀品、有毒品(有毒雾气)、粉尘和气溶胶
		钛冶炼工	YJ-06-003	氯化炉工,四氯化钛精制工,熔体镁工,海绵钛还原蒸馏工	外形缺陷、噪声、高温物体、腐蚀品、有毒品(有毒雾气)、粉尘和气溶胶

表 A.1（续）

类别编号	类别	典型工种 工种名称	典型工种 工种编号	相近工种	可能存在的危害因素
YJ-06	稀贵金属冶炼人员	稀土冶炼工	YJ-06-004	稀土精矿分解工，稀土萃取工，稀土离子交换工，稀土电解工，稀土真空热还原工，稀土抛光粉工，稀土发光材料工，稀土挤压工，稀土熔炼工，稀土永磁材料工，稀土后处理工，预处理工，化学分离工，精质提纯工，稀土色层工，液膜提取工，稀土烟气回收工	外形缺陷、噪声、高温物体、腐蚀品、有毒品（有毒雾气）、粉尘和气溶胶
		稀土材料生产工	YJ-06-005	稀土抛光粉工，稀土发光材料工，稀土储氢材料工，稀土催化材料工，稀土永磁材料工，稀土永磁合金快淬工，稀土磁性材料成型工	外形缺陷、飞溅物、噪声、高温物体、腐蚀品、有毒品（有毒雾气）、粉尘和气溶胶
		贵金属冶炼工	YJ-06-006	黄金氰化工，炼金工，富集工，贵金属精炼工，阳极泥冶炼工	外形缺陷、飞溅物、噪声、高温物体、腐蚀品、有毒品（有毒雾气）、粉尘和气溶胶
		锂冶炼工	YJ-06-007	锂焙烧工，酸化工，沉锂工，转化工，锂电解工，真空包装工	外形缺陷、飞溅物、噪声、高温物体、腐蚀品、有毒品（有毒雾气）、粉尘和气溶胶
YJ-07	半导体材料制备人员	半导体原料制备工	YJ-07-001	硅心制备工，炉内器件高纯处理工	外形缺陷、飞溅物、粉尘和气溶胶、噪声、高温物体
		多晶硅制取工	YJ-07-002	三氯氢硅、四氯化硅合成工，三氯氢硅、四氯化硅提纯工，三氯氢硅、四氯化硅还原工，硅烷法多晶硅制取工	外形缺陷、飞溅物、粉尘和气溶胶、噪声、高温物体、有害气体

表 A.1（续）

类别编号	典型工种 类别	典型工种 工种名称	典型工种 工种编号	相近工种	可能存在的危害因素
YJ-08	金属轧制人员	轧制原料工	YJ-08-001	金属锭坯整理工,轧制原料准备工,均热工,加热工,大管坯处理工	外形缺陷、飞溅物、有毒品（有毒雾气）、粉尘和气溶胶、噪声、高温物体
		金属轧制工	YJ-08-002	轧钢工,热压延工,冷压延工,轧管工,车轮轧制工,轧制备品工	外形缺陷、飞溅物、粉尘和气溶胶、噪声、高温物体
		金属材酸碱洗工	YJ-08-003	金属材酸洗工,金属材碱洗工,酸再生工	外形缺陷、飞溅物、腐蚀品、有毒品（有毒雾气）、噪声、高温物体
		金属材涂层机组操作工	YJ-08-004	脱脂工,镀锌工,镀锡工,彩涂工,箔材精制工,阳极氧化工,化学氧化工	外形缺陷、飞溅物、腐蚀品、有毒品（有毒雾气）、噪声、高温物体
		金属材热处理工	YJ-08-005	钢材热处理工,有色金属热处理工,真空热处理工	外形缺陷、飞溅物、腐蚀品、有毒品（有毒雾气）、噪声、高温物体
		焊管机组操作工	YJ-08-006	卷管工,焊接制管工,炉焊管工,高频焊管工	外形缺陷、飞溅物、有害光照、焊接烟尘、高温物体
		金属材精整工	YJ-08-007	轧钢精整工,重轨加工工,轧钢成品工,钢丝制品精整工,钢丝制品成品工,板、带、箔材剪切工,板、带材精整工,管、棒、型材精整工,刮管工,打磨工	外形缺陷、飞溅物、坠落物、噪声、粉尘和气溶胶、高温物体
		金属材丝拉拔工	YJ-08-008	拉丝工,钢丝制品备品工,钨、钼材料粗拉丝工,钨、钼材料细拉丝工,拉伸工,冷拉丝工,称丝复绕工,热拉丝工,金属材管拉拔工	外形缺陷、飞溅物、噪声、高温物体

表 A.1（续）

类别编号	类别	典型工种		相近工种	可能存在的危害因素
		工种名称	工种编号		
YJ-08	金属轧制人员	金属挤压工	YJ-08-009	挤压工,修模工,研磨工,高压泵工	外形缺陷、飞溅物、噪声、高温物体
		铸轧工	YJ-08-010	—	外形缺陷、飞溅物、噪声、高温物体
		钢丝绳制造工	YJ-08-011	—	外形缺陷、飞溅物、噪声
YJ-09	铸铁管人员	铸管备品工	YJ-09-001	铸管制芯工,管模维修工	外形缺陷、噪声
		铸管工	YJ-09-002	离心铸管工,铸管退火工,铸管熔炼工	有害光照、外形缺陷、飞溅物、噪声、粉尘和气溶胶、高温物体、有毒品(有毒雾气)
		铸管精整工	YJ-09-003	铸管精整工,铸管涂衬工,铸管喷漆工	外形缺陷、飞溅物、噪声、粉尘和气溶胶、高温物体、有毒品(有毒雾气)
YJ-10	碳素制品生产人员	碳素煅烧工	YJ-10-001	碳素煅烧操作工,石油焦煅烧工	有害烟气、高温物体、粉尘和气溶胶、外形缺陷、飞溅物、噪声
		碳素成型工	YJ-10-002	碳素配料工,碳素混捏工,碳素压型工	粉尘和气溶胶、外形缺陷、高温物体、飞溅物、噪声
		碳素焙烧工	YJ-10-003	—	有害烟气、粉尘和气溶胶、外形缺陷、高温物体、飞溅物、噪声
		碳素浸渍工	YJ-10-004	—	外形缺陷、坠落物、高温物体、飞溅物、噪声、有毒烟气
		石墨化工	YJ-10-005	石墨化工,碳素石墨化工	粉尘和气溶胶、外形缺陷、坠落物、高温物体、飞溅物、噪声

表 A.1（续）

类别编号	典型工种 类别	工种名称	工种编号	相近工种	可能存在的危害因素
YJ-10	碳素制品生产人员	碳素制品工	YJ-10-006	石墨电刷制品工,硅碳棒制造工,碳素制品加工工,石墨制品工,石墨坩埚工,碳素制品工,胶体石墨工,显像管石墨乳工,石墨成型工	粉尘和气溶胶、外形缺陷、坠落物、飞溅物、噪声
		碳素特种材料工	YJ-10-007	—	粉尘和气溶胶、外形缺陷、坠落物、飞溅物、噪声、高温物体、腐蚀品
YJ-11	硬质合金生产人员	硬质合金混合料制备工	YJ-11-001	混合料制备工,喷雾干燥塔工,参胶(蜡)工,混合料鉴定下料工,金属陶瓷合金制备工,铁粉还原工	外形缺陷、噪声、粉尘和气溶胶、高温物体
		硬质合金成型工	YJ-11-002	热压工,压制工,压模试压工,挤压制品生产工,增塑性毛坯与异型制品加工工,成型剂制备工,压铸工	外形缺陷、噪声、粉尘和气溶胶、飞溅物
		硬质合金烧结工	YJ-11-003	热等静压工,脱蜡工,脱胶(剂)工,钨钼制品烧结工,合金成品加工工,合金探伤工	外形缺陷、噪声、粉尘和气溶胶、高温物体
		硬质合金精加工工	YJ-11-004	压坯加工工,硬质合金涂层工,合金深度加工工,合金制品包装工,刀片刃磨钝化工	外形缺陷、噪声、粉尘和气溶胶、有毒品(有毒雾气)

表 A.1（续）

类别编号	类别	典型工种		相近工种	可能存在的危害因素
		工种名称	工种编号		
YJ-12	炼焦及煤化工	炼焦煤制备工	YJ-12-001	炼焦备煤工,炼焦配煤工,煤调湿工	坠落物、作业场所湿滑、外形缺陷、粉尘和气溶胶、飞溅物、噪声
		炼焦工	YJ-12-002	焦炉炉前工,筛运焦工,干法熄焦工,焦炉调温工,焦炉煤气冷凝净化工,加氢精制工,热修瓦工,炉门修理工	坠落物、作业场所湿滑、外形缺陷、粉尘和气溶胶、有毒品（有机挥发物）、高温物体
		煤制烯烃生产工	YJ-12-003	甲醇合成操作工,甲醇制烯烃操作工	坠落物、易燃气(液)体、作业场所湿滑、外形缺陷、有毒品、作业场所空气不良
		煤制油生产工	YJ-12-004	煤间接液化合成操作工,煤间接液化分离操作工,煤直接液化催化剂制备工,加氢稳定装置操作工,煤直接液化操作工,二氧化碳回收处理操作工	坠落物、易燃液体、作业场所湿滑、外形缺陷、粉尘和气溶胶、有毒品、作业场所空气不良
		煤制气工	YJ-12-005	煤气化备配煤工,煤气化工,煤气净化回收工,甲烷合成气净化工,甲烷合成工	坠落物、易燃气体、作业场所湿滑、外形缺陷、粉尘和气溶胶、有毒品、腐蚀品、作业场所空气不良
		水煤浆制备工	YJ-12-006	—	坠落物、作业场所湿滑、外形缺陷、粉尘和气溶胶、飞溅物、噪声
		工业型煤工	YJ-12-007	—	坠落物、作业场所湿滑、外形缺陷、粉尘和气溶胶、飞溅物、噪声
YJ-13	通用工种	起重装卸机械操作员	YJ-13-001	堆取料机司机,翻车机工,叉车司机,堆垛车操作工,起重机械操作工	外形缺陷、坠落物、粉尘和气溶胶、噪声

表 A.1（续）

类别编号	类别	典型工种		相近工种	可能存在的危害因素
		工种名称	工种编号		
YJ-13	通用工种	输送机操作工	YJ-13-002	皮带机巡检工,除尘员	粉尘和气溶胶、外形缺陷、噪声
		检维修工	YJ-13-003	仪器仪表维修工,机械设备维修工,电气设备点检员	粉尘和气溶胶、高处坠落、有毒品(有毒雾气)、外形缺陷、噪声
		电工	YJ-13-004	值班电工,电力值班员(电力机务员),电气试验工,继电保护工,电缆安装工,变压器制造工,电气设施安装工,维修电工,送电线路工	坠落物、作业场所湿滑、外形缺陷、飞溅物、电伤害、坠落
		焊工	YJ-13-005	—	其他化学品危险和有害因素(焊接烟尘)、电伤害、有害光照、外形缺陷
		环卫工	YJ-13-006	—	高温物体、粉尘和气溶胶、腐蚀品

附 录 B
（资料性附录）
冶金、有色行业各工种个体防护装备的配备

冶金、有色行业各工种个体防护装备的具体配备说明见表 B.1。

表 B.1 冶金、有色行业个体防护装备配备

工种编号	配备装备	配备编号	功能、特点[a]	建议最长更换期限[b]/月
YJ-01-001	安全帽(塑料/玻璃钢)	YJ-01-001TB	普通型	30/48
	职业眼面部防护具	YJ-01-001YM	防冲击	36
	耳塞(罩)	YJ-01-001TL	防噪声	耳塞:3 耳罩:12
	自吸过滤式防颗粒物呼吸器	YJ-01-001HX	防非油性颗粒物	佩戴呼吸阻力明显增加时更换滤料或口罩

表 B.1（续）

工种编号	配备装备	配备编号	功能、特点[a]	建议最长更换期限[b]/月
YJ-01-001	工作服	YJ-01-001FZ	一般性能	24
	防护手套	YJ-01-001SF	防机械伤害、耐腐蚀	3
	安全鞋	YJ-01-001ZB	耐油、保护足趾、防刺穿、防滑	12
YJ-01-002	安全帽（塑料/玻璃钢）	YJ-01-002TB	普通型	30/48
	职业眼面部防护具	YJ-01-002YM	防冲击	36
	耳塞（罩）	YJ-01-002TL	防噪声	耳塞：3 耳罩：12
	自吸过滤式防颗粒物呼吸器	YJ-01-002HX	防非油性颗粒物	佩戴呼吸阻力明显增加时更换滤料或口罩
	工作服	YJ-01-002FZ	一般性能	24
	防护手套	YJ-01-002SF	防机械伤害、耐油污	3
	安全鞋	YJ-01-002ZB	耐油、保护足趾、防刺穿、防滑	12
	自给开路式压缩空气呼吸器	YJ-01-002HX	隔绝有害气体和缺氧环境等	需年检
YJ-01-003	安全帽（塑料/玻璃钢）	YJ-01-003TB	普通型	30/48
	职业眼面部防护具	YJ-01-003YM	防冲击、防光辐射	36
	耳塞（罩）	YJ-01-003TL	防噪声	耳塞：3 耳罩：12
	自吸过滤式防颗粒物呼吸器	YJ-01-003HX	防非油性颗粒物	佩戴呼吸阻力明显增加时更换滤料或口罩
	工作服	YJ-01-003FZ	阻燃	24
	防护手套	YJ-01-003SF	防机械伤害、隔热、防烫	3
	安全鞋	YJ-01-003ZB	耐油、保护足趾、防刺穿、防滑	12

表 B.1（续）

工种编号	配备装备	配备编号	功能、特点[a]	建议最长更换期限[b]/月
YJ-01-004	安全帽（塑料/玻璃钢）	YJ-01-004TB	普通型	30/48
	职业眼面部防护具	YJ-01-004YM	防冲击	36
	耳塞（罩）	YJ-01-004TL	防噪声	耳塞：3 耳罩：12
	自吸过滤式防颗粒物呼吸器	YJ-01-004HX	防非油性颗粒物	佩戴呼吸阻力明显增加时更换滤料或口罩
	工作服	YJ-01-004FZ	阻燃	24
	防护手套	YJ-01-004SF	防机械伤害、防油污	3
	安全鞋	YJ-01-004ZB	耐油、保护足趾、防刺穿、防滑	12
YJ-01-005	安全帽（塑料/玻璃钢）	YJ-01-005TB	普通型	30/48
	耳塞（罩）	YJ-01-005TL	防噪声	耳塞：3 耳罩：12
	自吸过滤式防颗粒物呼吸器	YJ-01-005HX	防非油性颗粒物	佩戴呼吸阻力明显增加时更换滤料或口罩
	工作服	YJ-01-005FZ	阻燃	24
	防护手套	YJ-01-005SF	防机械伤害、防化学品、隔热	3
	安全鞋	YJ-01-005ZB	耐油、保护足趾、防刺穿、防滑	12
	自给开路式压缩空气呼吸器	YJ-01-005HX	隔绝有害气体和缺氧环境等	需年检
YJ-01-006	安全帽（塑料/玻璃钢）	YJ-01-006TB	耐高温	30
	职业眼面部防护具	YJ-01-006YM	防冲击、防光辐射	36
	耳塞（罩）	YJ-01-006TL	防噪声	耳塞：3 耳罩：12
	自吸过滤式防颗粒物呼吸器	YJ-01-006HX	防非油性颗粒物	佩戴呼吸阻力明显增加时更换滤料或口罩
	工作服	YJ-01-006FZ	防熔融金属飞溅、阻燃、隔热	12
	防护手套	YJ-01-006SF	防化学品、防机械伤害	3
	安全鞋	YJ-01-006ZB	耐油、保护足趾、防刺穿、防滑	12
	自给开路式压缩空气呼吸器	YJ-01-006HX	隔绝有害气体和缺氧环境等	需年检

表 B.1（续）

工种编号	配备装备	配备编号	功能、特点[a]	建议最长更换期限[b]/月
YJ-01-007	安全帽（塑料/玻璃钢）	YJ-01-007TB	普通型	30/48
	职业眼面部防护具	YJ-01-007YM	防冲击、防光辐射	36
	耳塞（罩）	YJ-01-007TL	防噪声	耳塞:3 耳罩:12
	自吸过滤式防颗粒物呼吸器	YJ-01-007HX	防非油性颗粒物	佩戴呼吸阻力明显增加时更换滤料或口罩
	工作服	YJ-01-007FZ	隔热、阻燃	12
	防护手套	YJ-01-007SF	防化学品、防机械伤害、隔热	3
	安全鞋	YJ-01-007ZB	耐油、保护足趾、防刺穿、防滑	12
	自给开路式压缩空气呼吸器	YJ-01-007HX	隔绝有害气体/缺氧环境	需年检
YJ-02-001	安全帽（塑料/玻璃钢）	YJ-02-001TB	防冲击、耐高温	30/48
	职业眼面部防护具	YJ-02-001YM	防冲击、防光辐射	36
	耳塞（罩）	YJ-02-001TL	防噪声	耳塞:3 耳罩:12
	自吸过滤式防颗粒物呼吸器	YJ-02-001HX	防非油性颗粒物	佩戴呼吸阻力明显增加时更换滤料或口罩
	工作服	YJ-02-001FZ	防熔融金属飞溅、阻燃、隔热	12
	防护手套	YJ-02-001SF	防化学品、防机械伤害、阻燃、隔热	3
	安全鞋	YJ-02-001ZB	耐油、保护足趾、防滑、防刺穿	12
YJ-02-002	安全帽（塑料/玻璃钢）	YJ-02-002TB	耐高温	30/48
	职业眼面部防护具	YJ-02-002YM	防冲击、防光辐射	36
	耳塞（罩）	YJ-02-002TL	防噪声	耳塞:3 耳罩:12
	自吸过滤式防颗粒物呼吸器	YJ-02-002HX	防非油性颗粒物	佩戴呼吸阻力明显增加时更换滤料或口罩
	工作服	YJ-02-002FZ	防熔融金属飞溅、阻燃、隔热	12
	防护手套	YJ-02-002SF	防烫、防机械伤害	3
	安全鞋	YJ-02-002ZB	耐油、保护足趾、防滑、防刺穿	12

表 B.1（续）

工种编号	配备装备	配备编号	功能、特点[a]	建议最长更换期限[b]/月
YJ-02-003	安全帽（塑料/玻璃钢）	YJ-02-003TB	耐高温	30/48
	职业眼面部防护具	YJ-02-003YM	防冲击、防光辐射	36
	自吸过滤式防颗粒物呼吸器	YJ-02-003HX	防非油性颗粒物	佩戴呼吸阻力明显增加时更换滤料或口罩
	工作服	YJ-02-003FZ	防熔融金属飞溅、阻燃、隔热	12
	防护手套	YJ-02-003SF	防烫、隔热	3
	安全鞋	YJ-02-003ZB	耐油、保护足趾、防滑、防刺穿	12
YJ-02-004	安全帽（塑料/玻璃钢）	YJ-02-004TB	普通型	30/48
	职业眼面部防护具	YJ-02-004YM	防冲击、防光辐射	36
	自吸过滤式防颗粒物呼吸器	YJ-02-004HX	防非油性颗粒物	佩戴呼吸阻力明显增加时更换滤料或口罩
	工作服	YJ-02-004FZ	阻燃、隔热	12
	防护手套	YJ-02-004SF	防烫、隔热	3
	安全鞋	YJ-02-004ZB	耐油、保护足趾、防滑、防刺穿	12
YJ-02-005	安全帽（塑料/玻璃钢）	YJ-02-005TB	普通型	30/48
	职业眼面部防护具	YJ-02-005YM	防冲击、防光辐射	36
	自吸过滤式防颗粒物呼吸器	YJ-02-005HX	防油性颗粒物	佩戴呼吸阻力明显增加时更换滤料或口罩
	工作服	YJ-02-005FZ	阻燃	24
	防护手套	YJ-02-005SF	防烫、隔热	3
	安全鞋	YJ-02-005ZB	耐油、保护足趾、防滑、防刺穿	12

表 B.1（续）

工种编号	配备装备	配备编号	功能、特点[a]	建议最长更换期限[b]/月
YJ-03-001	安全帽（塑料/玻璃钢）	YJ-03-001TB	普通型	30/48
	职业眼面部防护具	YJ-03-001YM	防冲击	36
	耳塞（罩）	YJ-03-001TL	防噪声	耳塞:3 耳罩:12
	自吸过滤式防颗粒物呼吸器	YJ-03-001HX	防非油性颗粒物	佩戴呼吸阻力明显增加时更换滤料或口罩
	工作服	YJ-03-001FZ	一般性能	24
	防护手套	YJ-03-001SF	防化学品、防机械伤害	3
	安全鞋	YJ-03-001ZB	耐油、保护足趾、防滑、防刺穿	12
YJ-03-002	安全帽（塑料/玻璃钢）	YJ-03-002TB	防冲击、耐高温	30/48
	职业眼面部防护具	YJ-03-002YM	防冲击、防光辐射，防冲击	36
	耳塞（罩）	YJ-03-002TL	防噪声	耳塞:3 耳罩:12
	自吸过滤式防颗粒物呼吸器	YJ-03-002HX	防非油性颗粒物	佩戴呼吸阻力明显增加时更换滤料或口罩
	工作服	YJ-03-002FZ	防熔融金属、阻燃、隔热	12
	防护手套	YJ-03-002SF	防烫、防机械伤害	3
	安全鞋	YJ-03-002ZB	耐油、保护足趾、防滑、防刺穿	12
YJ-03-003	安全帽（塑料/玻璃钢）	YJ-03-003TB	普通型	30/48
	职业眼面部防护具	YJ-03-003YM	防液滴、飞溅物	36
	耳塞（罩）	YJ-03-003TL	防噪声	耳塞:3 耳罩:12
	自吸过滤式防颗粒物呼吸器	YJ-03-003HX	防非油性颗粒物	佩戴呼吸阻力明显增加时更换滤料或口罩
	工作服	YJ-03-003FZ	隔热、阻燃	24
	防护手套	YJ-03-003SF	防烫、防机械伤害	3
	安全鞋	YJ-03-003ZB	耐油、保护足趾、防滑、防刺穿	12
	自给开路式压缩空气呼吸器	YJ-03-003HX	隔绝有害气体和缺氧环境等	需年检

表 B.1（续）

工种编号	配备装备	配备编号	功能、特点[a]	建议最长更换期限[b]/月
YJ-03-004	安全帽（塑料/玻璃钢）	YJ-03-004TB	普通型	30/48
	职业眼面部防护具	YJ-03-004YM	防液滴、飞溅物	36
	耳塞（罩）	YJ-03-004TL	防噪声	耳塞:3 耳罩:12
	自吸过滤式防颗粒物呼吸器	YJ-03-004HX	防非油性颗粒物	佩戴呼吸阻力明显增加时更换滤料或口罩
	工作服	YJ-03-004FZ	防化学品	24
	防护手套	YJ-03-004SF	防化学品、防机械伤害	3
	安全鞋	YJ-03-004ZB	耐油、保护足趾、防滑、防刺穿	12
YJ-03-005	安全帽（塑料/玻璃钢）	YJ-03-005TB	普通型	30/48
	职业眼面部防护具	YJ-03-005YM	防御紫外线、可见光，防冲击	36
	耳塞（罩）	YJ-03-005TL	防噪声	耳塞:3 耳罩:12
	自吸过滤式防颗粒物呼吸器	YJ-03-005HX	防非油性颗粒物	佩戴呼吸阻力明显增加时更换滤料或口罩
	工作服	YJ-03-005FZ	阻燃	24
	防护手套	YJ-03-005SF	耐油污、防机械伤害	3
	安全鞋	YJ-03-005ZB	防尘、耐油、保护足趾、防滑、防刺穿	12
	自给开路式压缩空气呼吸器	YJ-03-005HX	隔绝有害气体和缺氧环境等	需年检
YJ-04-001	安全帽（塑料/玻璃钢）	YJ-04-001TB	普通型	30/48
	职业眼面部防护具	YJ-04-001YM	防冲击	36
	耳塞（罩）	YJ-04-001TL	防噪声	耳塞:3 耳罩:12
	自吸过滤式防颗粒物呼吸器	YJ-04-001HX	防油性颗粒物	佩戴呼吸阻力明显增加时更换滤料或口罩
	工作服	YJ-04-001FZ	一般性能	24
	防护手套	YJ-04-001SF	耐油污、防切割	3
	安全鞋	YJ-04-001ZB	保护足趾、防滑	12

表 B.1（续）

工种编号	配备装备	配备编号	功能、特点[a]	建议最长更换期限[b]/月
YJ-04-002	安全帽（塑料/玻璃钢）	YJ-04-002TB	普通型	30/48
	职业眼面部防护具	YJ-04-002YM	防冲击、防强光	36
	耳塞（罩）	YJ-04-002TL	防噪声	耳塞:3 耳罩:12
	自吸过滤式防颗粒物呼吸器	YJ-04-002HX	防油性颗粒物	佩戴呼吸阻力明显增加时更换滤料或口罩
	工作服	YJ-04-002FZ	隔热	12
	防护手套	YJ-04-002SF	阻燃、隔热、防机械伤害	3
	安全鞋	YJ-04-002ZB	保护足趾、防滑	12
YJ-04-003	安全帽（塑料/玻璃钢）	YJ-04-003TB	普通型	30/48
	职业眼面部防护具	YJ-04-003YM	防冲击、防化学液滴、防强光	36
	耳塞（罩）	YJ-04-003TL	防噪声	耳塞:3 耳罩:12
	自吸过滤式防颗粒物呼吸器	YJ-04-003HX	防油性颗粒物	佩戴呼吸阻力明显增加时更换滤料或口罩
	工作服	YJ-04-003FZ	阻燃	24
	防护手套	YJ-04-003SF	隔热、防烫、防机械伤害	3
	安全鞋	YJ-04-003ZB	保护足趾、防滑	12
YJ-04-004	安全帽（塑料/玻璃钢）	YJ-04-004TB	普通型	30/48
	职业眼面部防护具	YJ-04-004YM	防冲击、防化学液滴	36
	耳塞（罩）	YJ-04-004TL	防噪声	耳塞:3 耳罩:12
	自吸过滤式防毒面具	YJ-04-004HX	防有害气体（有毒雾气）、防颗粒物	及时更换过滤件
	工作服	YJ-04-004FZ	阻燃	24
	防护手套	YJ-04-004SF	防有害化学品、防机械伤害	3
	安全鞋	YJ-04-004ZB	保护足趾、防滑、防化学品	12

表 B.1（续）

工种编号	配备装备	配备编号	功能、特点[a]	建议最长更换期限[b]/月
YJ-04-005	安全帽（塑料/玻璃钢）	YJ-04-005TB	普通型	30/48
	职业眼面部防护具	YJ-04-005YM	防冲击、防化学液滴	36
	耳塞（罩）	YJ-04-005TL	防噪声	耳塞:3 耳罩:12
	自吸过滤式防毒面具	YJ-04-005HX	防有害气体（有毒雾气）、防颗粒物	及时更换过滤件
	工作服	YJ-04-005FZ	防化学品	12
	防护手套	YJ-04-005SF	防腐蚀品、防机械伤害	3
	安全鞋	YJ-04-005ZB	保护足趾、防滑、防化学品	12
YJ-05-001	安全帽（塑料/玻璃钢）	YJ-05-001TB	普通型	30/48
	职业眼面部防护具	YJ-05-001YM	防化学雾滴	36
	耳塞（罩）	YJ-05-001TL	防噪声	耳塞:3 耳罩:12
	自吸过滤式防毒面具	YJ-05-001HX	防有害气体（有毒雾气）	及时更换过滤件
	工作服	YJ-05-001FZ	一般性能	24
	防护手套	YJ-05-001SF	防腐蚀品、防机械伤害	3
	安全鞋	YJ-05-001ZB	保护足趾、防滑	12
YJ-05-002	安全帽（塑料/玻璃钢）	YJ-05-002TB	普通型	30/48
	职业眼面部防护具	YJ-05-002YM	防化学雾滴、防冲击	36
	耳塞（罩）	YJ-05-002TL	防噪声	耳塞:3 耳罩:12
	自吸过滤式防毒面具	YJ-05-002HX	防有害气体（有毒雾气）、防颗粒物	及时更换过滤件
	工作服	YJ-05-002FZ	防化学品、防熔融金属、阻燃、隔热	12
	防护手套	YJ-05-002SF	隔热、阻燃、防腐蚀品	3
	安全鞋	YJ-05-002ZB	保护足趾、防滑、防化学品	12

表 B.1（续）

工种编号	配备装备	配备编号	功能、特点[a]	建议最长更换期限[b]/月
YJ-05-003	安全帽（塑料/玻璃钢）	YJ-05-003TB	普通型	30/48
	职业眼面部防护具	YJ-05-003YM	防化学雾滴、防冲击	36
	耳塞（罩）	YJ-05-003TL	防噪声	耳塞:3 耳罩:12
	自吸过滤式防毒面具	YJ-05-003HX	防有害气体（有毒雾气）、防颗粒物	及时更换过滤件
	工作服	YJ-05-003FZ	防化学品、隔热、阻燃	12
	防护手套	YJ-05-003SF	隔热、阻燃、防化学品	3
	安全鞋	YJ-05-003ZB	保护足趾、防滑	12
YJ-05-004	安全帽（塑料/玻璃钢）	YJ-05-004TB	普通型	30/48
	职业眼面部防护具	YJ-05-004YM	防化学雾滴、防冲击	36
	耳塞（罩）	YJ-05-004TL	防噪声	耳塞:3 耳罩:12
	自吸过滤式防毒面具	YJ-05-004HX	防有害气体（有毒雾气）、防颗粒物	及时更换过滤件
	工作服	YJ-05-004FZ	防化学品、隔热、阻燃	12
	防护手套	YJ-05-004SF	隔热、阻燃、防化学品	3
	安全鞋	YJ-05-004ZB	保护足趾、防滑	12
YJ-05-005	安全帽（塑料/玻璃钢）	YJ-05-005TB	普通型	30/48
	职业眼面部防护具	YJ-05-005YM	防冲击	36
	耳塞（罩）	YJ-05-005TL	防噪声	耳塞:3 耳罩:12
	自吸过滤式防颗粒物呼吸器	YJ-05-005HX	防颗粒物、防有害气体	佩戴呼吸阻力明显增加时更换滤料或口罩
	工作服	YJ-05-005FZ	隔热、阻燃、防化学品	12
	防护手套	YJ-05-005SF	阻燃、隔热	3
	安全鞋	YJ-05-005ZB	保护足趾、防滑	12

表 B.1（续）

工种编号	配备装备	配备编号	功能、特点[a]	建议最长更换期限[b]/月
YJ-06-001	安全帽（塑料/玻璃钢）	YJ-06-001TB	普通型	30/48
	自吸过滤式防毒面具	YJ-06-001HX	防有害气体（有毒雾气）、防颗粒物	及时更换过滤件
	职业眼面部防护具	YJ-06-001YM	防冲击、防腐蚀品	36
	耳塞（罩）	YJ-06-001TL	防噪声	耳塞:3 耳罩:12
	工作服	YJ-06-001FZ	防化学品、阻燃、隔热	12
	防护手套	YJ-06-001SF	防腐蚀品、隔热、阻燃	3
	安全鞋	YJ-06-001ZB	耐油、保护足趾、防滑、防化学品	12
YJ-06-002	安全帽（塑料/玻璃钢）	YJ-06-002TB	普通型	30/48
	职业眼面部防护具	YJ-06-002YM	防冲击、化学液滴	36
	耳塞（罩）	YJ-06-002TL	防噪声	耳塞:3 耳罩:12
	自吸过滤式防毒面具	YJ-06-002HX	防有害气体（有毒雾气）、防颗粒物	及时更换过滤件
	工作服	YJ-06-002FZ	防化学品、阻燃、隔热	12
	防护手套	YJ-06-002SF	防腐蚀品、隔热、阻燃	3
	安全鞋	YJ-06-002ZB	耐油、保护足趾、防滑、防化学品	12
YJ-06-003	安全帽（塑料/玻璃钢）	YJ-06-003TB	普通型	30/48
	自吸过滤式防毒面具	YJ-06-003HX	防有害气体（有毒雾气）、防颗粒物	及时更换过滤件
	职业眼面部防护具	YJ-06-003YM	防冲击、防腐蚀品	36
	耳塞（罩）	YJ-06-003TL	防噪声	耳塞:3 耳罩:12
	工作服	YJ-06-003FZ	防化学品、阻燃、隔热	12
	防护手套	YJ-06-003SF	防腐蚀品、隔热、阻燃	3
	安全鞋	YJ-06-003ZB	耐油、保护足趾、防滑、防化学品	12

表 B.1（续）

工种编号	配备装备	配备编号	功能、特点[a]	建议最长更换期限[b]/月
YJ-06-004	安全帽（塑料/玻璃钢）	YJ-06-004TB	普通型	30/48
	自吸过滤式防毒面具	YJ-06-004HX	防有害气体（有毒雾气）、防颗粒物	及时更换过滤件
	职业眼面部防护具	YJ-06-004YM	防冲击、防腐蚀品	36
	耳塞（罩）	YJ-06-004TL	防噪声	耳塞:3 耳罩:12
	工作服	YJ-06-004FZ	防化学品、阻燃、隔热	12
	防护手套	YJ-06-004SF	防腐蚀品、隔热、阻燃	3
	安全鞋	YJ-06-004ZB	耐油、保护足趾、防滑、防化学品	12
YJ-06-005	安全帽（塑料/玻璃钢）	YJ-06-005TB	普通型	30/48
	自吸过滤式防毒面具	YJ-06-005HX	防有害气体（有毒雾气）、防颗粒物	及时更换过滤件
	职业眼面部防护具	YJ-06-005YM	防冲击、防腐蚀品	36
	耳塞（罩）	YJ-06-005TL	防噪声	耳塞:3 耳罩:12
	工作服	YJ-06-005FZ	防化学品、阻燃、隔热	12
	防护手套	YJ-06-005SF	防腐蚀品、防外形缺陷、隔热、阻燃	3
	安全鞋	YJ-06-005ZB	耐油、保护足趾、防滑、防化学品	12
YJ-06-006	安全帽（塑料/玻璃钢）	YJ-06-006TB	普通型	30/48
	自吸过滤式防毒面具	YJ-06-006HX	防有害气体（有毒雾气）、防颗粒物	及时更换过滤件
	职业眼面部防护具	YJ-06-006YM	防冲击、防腐蚀品	36
	耳塞（罩）	YJ-06-006TL	防噪声	耳塞:3 耳罩:12
	工作服	YJ-06-006FZ	防化学品、阻燃、隔热	12
	防护手套	YJ-06-006SF	防腐蚀品、防外形缺陷、隔热、阻燃	3
	安全鞋	YJ-06-006ZB	耐油、保护足趾、防滑、防化学品	12

表 B.1（续）

工种编号	配备装备	配备编号	功能、特点[a]	建议最长更换期限[b]/月
YJ-06-007	安全帽（塑料/玻璃钢）	YJ-06-007TB	普通型	30/48
	自吸过滤式防毒面具	YJ-06-007HX	防有害气体（有毒雾气）、防颗粒物	及时更换过滤件
	职业眼面部防护具	YJ-06-007YM	防冲击、防腐蚀品	36
	耳塞（罩）	YJ-06-007TL	防噪声	耳塞:3 耳罩:12
	工作服	YJ-06-007FZ	防化学品、阻燃、隔热	12
	防护手套	YJ-06-007SF	防腐蚀品、防外形缺陷、隔热、阻燃	3
	安全鞋	YJ-06-007ZB	耐油、保护足趾、防滑、防化学品	12
YJ-07-001	自吸过滤式防颗粒物呼吸器	YJ-07-001HX	防颗粒物	佩戴呼吸阻力明显增加时更换滤料或口罩
	职业眼面部防护具	YJ-07-001YM	防化学雾滴	36
	耳塞（罩）	YJ-07-001TL	防噪声	耳塞:3 耳罩:12
	工作服	YJ-07-001FZ	洁净	24
	防护手套	YJ-07-001SF	防化学品、防尘	24
	安全鞋	YJ-07-001ZB	保护足趾、防滑、防化学品	12
YJ-07-002	自吸过滤式防毒面具	YJ-07-002HX	防有害气体	及时更换过滤元件
	职业眼面部防护具	YJ-07-002YM	防化学雾滴	36
	耳塞（罩）	YJ-07-002TL	防噪声	耳塞:3 耳罩:12
	工作服	YJ-07-002FZ	洁净	24
	防护手套	YJ-07-002SF	防化学品、防尘	24
	安全鞋	YJ-07-002ZB	保护足趾、防滑、防化学品	12
	自给开路式压缩空气呼吸器	YJ-07-002HX	隔绝有害气体	需年检

表 B.1（续）

工种编号	配备装备	配备编号	功能、特点[a]	建议最长更换期限[b]/月
YJ-08-001	安全帽（塑料/玻璃钢）	YJ-08-001TB	普通型	30/48
	职业眼面部防护具	YJ-08-001YM	防冲击、防冲击	36
	耳塞（罩）	YJ-08-001TL	防噪声	耳塞:3 耳罩:12
	自吸过滤式防颗粒物呼吸器	YJ-08-001HX	防非油性颗粒物	佩戴呼吸阻力明显增加时更换滤料或口罩
	工作服	YJ-08-001FZ	阻燃	24
	防护手套	YJ-08-001SF	防烫、防机械伤害	3
	安全鞋	YJ-08-001ZB	耐油、保护足趾、防滑、防刺穿	12
	自给开路式压缩空气呼吸器	YJ-08-001HX	隔绝有害气体	需年检
YJ-08-002	安全帽（塑料/玻璃钢）	YJ-08-002TB	普通型	30/48
	职业眼面部防护具	YJ-08-002YM	防冲击、防冲击	36
	耳塞（罩）	YJ-08-002TL	防噪声	耳塞:3 耳罩:12
	自吸过滤式防颗粒物呼吸器	YJ-08-002HX	防非油性颗粒物	佩戴呼吸阻力明显增加时更换滤料或口罩
	工作服	YJ-08-002FZ	阻燃	24
	防护手套	YJ-08-002SF	防烫、防机械伤害	3
	安全鞋	YJ-08-002ZB	耐油、保护足趾、防滑、防刺穿	12
YJ-08-003	安全帽（塑料/玻璃钢）	YJ-08-003TB	普通型	30/48
	自吸过滤式防毒面具	YJ-08-003HX	防有害气体（有毒雾气）、防颗粒物	及时更换过滤件
	职业眼面部防护具	YJ-08-003YM	防冲击、防腐蚀品	36
	耳塞（罩）	YJ-08-003TL	防噪声	耳塞:3 耳罩:12
	工作服	YJ-08-003FZ	防化学品、阻燃、隔热	12
	防护手套	YJ-08-003SF	防腐蚀品、防外形缺陷、隔热、阻燃	3
	安全鞋	YJ-08-003ZB	耐油、保护足趾、防滑、防化学品	12

表 B.1（续）

工种编号	配备装备	配备编号	功能、特点[a]	建议最长更换期限[b]/月
YJ-08-004	安全帽（塑料/玻璃钢）	YJ-08-004TB	普通型	30/48
	自吸过滤式防毒面具	YJ-08-004HX	防有害气体（有毒雾气）、防颗粒物	及时更换过滤件
	职业眼面部防护具	YJ-08-004YM	防冲击、防腐蚀品	36
	耳塞（罩）	YJ-08-004TL	防噪声	耳塞:3 耳罩:12
	工作服	YJ-08-004FZ	防化学品、阻燃、隔热	12
	防护手套	YJ-08-004SF	防腐蚀品、防外形缺陷、隔热、阻燃	3
	安全鞋	YJ-08-004ZB	耐油、保护足趾、防滑、防化学品	12
	自给开路式压缩空气呼吸器	YJ-08-004HX	隔绝有害气体	需年检
YJ-08-005	安全帽（塑料/玻璃钢）	YJ-08-005TB	普通型	30/48
	自吸过滤式防毒面具	YJ-08-005HX	防有害气体（有毒雾气）、防颗粒物	及时更换过滤件
	职业眼面部防护具	YJ-08-005YM	防冲击、防腐蚀品	36
	耳塞（罩）	YJ-08-005TL	防噪声	耳塞:3 耳罩:12
	工作服	YJ-08-005FZ	防化学品、阻燃、隔热	12
	防护手套	YJ-08-005SF	防腐蚀品、防外形缺陷、隔热、阻燃	3
	安全鞋	YJ-08-005ZB	耐油、保护足趾、防滑、防化学品	12
	自给开路式压缩空气呼吸器	YJ-08-005HX	隔绝有害气体	需年检
YJ-08-006	安全帽（塑料/玻璃钢）	YJ-08-006TB	普通型	30/48
	焊接眼护具	YJ-08-006YM	防有害光辐射	36
	耳塞（罩）	YJ-08-006TL	防噪声	耳塞:3 耳罩:12
	自吸过滤式防颗粒物呼吸器	YJ-08-006HX	防非油性颗粒物	佩戴呼吸阻力明显增加时更换滤料或口罩
	工作服	YJ-08-006FZ	焊接防护	24
	防护手套	YJ-08-006SF	隔热、阻燃、防机械伤害	3
	安全鞋	YJ-08-006ZB	耐油、保护足趾、防滑、防刺穿	12

表 B.1（续）

工种编号	配备装备	配备编号	功能、特点[a]	建议最长更换期限[b]/月
YJ-08-007	安全帽（塑料/玻璃钢）	YJ-08-007TB	普通型	30/48
	耳塞（罩）	YJ-08-007TL	防噪声	耳塞:3 耳罩:12
	自吸过滤式防颗粒物呼吸器	YJ-08-007HX	防非油性颗粒物	佩戴呼吸阻力明显增加时更换滤料或口罩
	工作服	YJ-08-007FZ	阻燃	24
	防护手套	YJ-08-007SF	防机械伤害、隔热	3
	安全鞋	YJ-08-007ZB	耐油、保护足趾、防滑、防刺穿	12
YJ-08-008	安全帽（塑料/玻璃钢）	YJ-08-008TB	普通型	30/48
	耳塞（罩）	YJ-08-008TL	防噪声	耳塞:3 耳罩:12
	工作服	YJ-08-008FZ	一般性能	24
	防护手套	YJ-08-008SF	防机械伤害、隔热、耐油污	3
	安全鞋	YJ-08-008ZB	耐油、保护足趾、防滑、防刺穿	12
YJ-08-009	安全帽（塑料/玻璃钢）	YJ-08-009TB	普通型	30/48
	耳塞（罩）	YJ-08-009TL	防噪声	3(36)
	工作服	YJ-08-009FZ	一般性能	24
	防护手套	YJ-08-009SF	防机械伤害、耐油污	3
	安全鞋	YJ-08-009ZB	耐油污、保护足趾、防滑	12
YJ-08-010	安全帽（塑料/玻璃钢）	YJ-08-010TB	普通型	30/48
	耳塞（罩）	YJ-08-010TL	防噪声	耳塞:3 耳罩:12
	工作服	YJ-08-010FZ	一般性能	24
	防护手套	YJ-08-010SF	防机械伤害、耐油污	3
	安全鞋	YJ-08-010ZB	耐油污、保护足趾、防滑	12

表 B.1（续）

工种编号	配备装备	配备编号	功能、特点[a]	建议最长更换期限[b]/月
YJ-08-011	安全帽(塑料/玻璃钢)	YJ-08-011TB	普通型	30/48
	耳塞(罩)	YJ-08-011TL	防噪声	耳塞:3 耳罩:12
	工作服	YJ-08-011FZ	一般性能	24
	防护手套	YJ-08-011SF	防机械伤害、耐油污	3
	安全鞋	YJ-08-011ZB	耐油污、保护足趾、防滑	12
YJ-09-001	安全帽(塑料/玻璃钢)	YJ-09-001TB	普通型	30/48
	工作服	YJ-09-001FZ	一般性能	24
	防护手套	YJ-09-001SF	防机械伤害、耐油污	3
	安全鞋	YJ-09-001ZB	保护足趾、防滑、防刺穿	12
YJ-09-002	安全帽(塑料/玻璃钢)	YJ-09-002TB	普通型	30/48
	耳塞(罩)	YJ-09-002TL	防噪声	耳塞:3 耳罩:12
	职业眼面部防护具	YJ-09-002YM	防有害光照	36
	自吸过滤式防颗粒物呼吸器	YJ-09-002HX	防非油性颗粒物	佩戴呼吸阻力明显增加时更换滤料或口罩
	工作服	YJ-09-002FZ	阻燃	24
	防护手套	YJ-09-002SF	阻燃、隔热	3
	安全鞋	YJ-09-002ZB	保护足趾、防滑、防刺穿	12
YJ-09-003	安全帽(塑料/玻璃钢)	YJ-09-003TB	普通型	30/48
	职业眼面部防护具	YJ-09-003YM	防化学雾滴	36
	自吸过滤式防毒面具	YJ-09-003HX	防毒性气体	及时更换过滤件
	工作服	YJ-09-003FZ	具有防静电功能的阻燃服	24
	防护手套	YJ-09-003SF	防机械伤害、耐油污	3
	安全鞋	YJ-09-003Z	保护足趾、防刺穿、防滑	24

表 B.1（续）

工种编号	配备装备	配备编号	功能、特点[a]	建议最长更换期限[b]/月
YJ-10-001	安全帽（塑料/玻璃钢）	YJ-10-001TB	普通型	30/48
	职业眼面部防护具	YJ-10-001YM	防冲击	36
	自吸过滤式防颗粒物呼吸器	YJ-10-001HX	防非油性颗粒物	佩戴呼吸阻力明显增加时更换滤料或口罩
	自吸过滤式防毒面具	YJ-10-001HX	防毒性气体	及时更换过滤件
	耳塞（罩）	YJ-10-001TL	防噪声	耳塞:3 耳罩:12
	工作服	YJ-10-001FZ	阻燃	24
	防护手套	YJ-10-001SF	防机械伤害、耐油污	3
	安全鞋	YJ-10-001ZB	耐油污、保护足趾、防滑、防刺穿	12
YJ-10-002	安全帽（塑料/玻璃钢）	YJ-10-002TB	普通型	30/48
	职业眼面部防护具	YJ-10-002YM	防冲击	36
	自吸过滤式防颗粒物呼吸器	YJ-10-002HX	防非油性颗粒物	佩戴呼吸阻力明显增加时更换滤料或口罩
	自吸过滤式防毒面具	YJ-10-002HX	防毒性气体	及时更换过滤件
	耳塞（罩）	YJ-10-002TL	防噪声	耳塞:3 耳罩:12
	工作服	YJ-10-002FZ	阻燃	24
	防护手套	YJ-10-002SF	耐油污、防机械伤害	3
	安全鞋	YJ-10-002ZB	耐油污、保护足趾、防滑、防刺穿	12

表 B.1（续）

工种编号	配备装备	配备编号	功能、特点[a]	建议最长更换期限[b]/月
YJ-10-003	安全帽（塑料/玻璃钢）	YJ-10-003TB	普通型	30/48
	职业眼面部防护具	YJ-10-003YM	防冲击、防化学液滴	36
	自吸过滤式防颗粒物呼吸器	YJ-10-003HX	防非油性颗粒物	佩戴呼吸阻力明显增加时更换滤料或口罩
	自吸过滤式防毒面具	YJ-10-003HX	防毒性气体	及时更换过滤件
	耳塞（罩）	YJ-10-003TL	防噪声	耳塞：3 耳罩：12
	工作服	YJ-10-003FZ	阻燃	24
	防护手套	YJ-10-003SF	阻燃、隔热、耐油污、防机械伤害	3
	安全鞋	YJ-10-003ZB	耐油污、保护足趾、防滑、防刺穿	12
YJ-10-004	安全帽（塑料/玻璃钢）	YJ-10-004TB	普通型	30/48
	自吸过滤式防毒面具	YJ-10-004HX	防有害气体(有毒雾气)、防颗粒物	及时更换过滤件
	耳塞（罩）	YJ-10-004TL	防噪声	耳塞：3 耳罩：12
	工作服	YJ-10-004FZ	阻燃	24
	防护手套	YJ-10-004SF	阻燃、隔热、耐油污、防机械伤害	3
	安全鞋	YJ-10-004ZB	耐油污、保护足趾、防滑、防刺穿	12
YJ-10-005	安全帽（塑料/玻璃钢）	YJ-10-005TB	普通型	30/48
	耳塞（罩）	YJ-10-005TL	防噪声	3
	自吸过滤式防颗粒物呼吸器	YJ-10-005HX	防非油性颗粒物	佩戴呼吸阻力明显增加时更换滤料或口罩
	工作服	YJ-10-005FZ	阻燃	24
	防护手套	YJ-10-005SF	阻燃、隔热、耐油污、防机械伤害	3
	安全鞋	YJ-10-005ZB	耐油污、保护足趾、防滑、防刺穿	12

表 B.1（续）

工种编号	配备装备	配备编号	功能、特点[a]	建议最长更换期限[b]/月
YJ-10-006	安全帽（塑料/玻璃钢）	YJ-10-006TB	普通型	30/48
	职业眼面部防护具	YJ-10-006YM	防冲击	36
	耳塞（罩）	YJ-10-006TL	防噪声	耳塞:3 耳罩:12
	自吸过滤式防毒面具	YJ-10-006HX	防毒性气体	及时更换过滤件
	工作服	YJ-10-006FZ	一般性能	24
	防护手套	YJ-10-006SF	耐油污、防机械伤害	3
	安全鞋	YJ-10-006ZB	耐油污、保护足趾、防滑、防刺穿	12
YJ-10-007	安全帽（塑料/玻璃钢）	YJ-10-007TB	普通型	30/48
	职业眼面部防护具	YJ-10-007YM	防冲击	36
	自吸过滤式防颗粒物呼吸器	YJ-10-007HX	防非油性颗粒物	佩戴呼吸阻力明显增加时更换滤料或口罩
	工作服	YJ-10-007FZ	一般性能	24
	防护手套	YJ-10-007SF	阻燃、隔热、耐油污、防机械伤害	3
	安全鞋	YJ-10-007ZB	耐油污、保护足趾、防滑、防刺穿	12
YJ-11-001	安全帽（塑料/玻璃钢）	YJ-11-001TB	普通型	30/48
	耳塞（罩）	YJ-11-001TL	防噪声	耳塞:3 耳罩:12
	自吸过滤式防颗粒物呼吸器	YJ-11-001HX	防非油性颗粒物	佩戴呼吸阻力明显增加时更换滤料或口罩
	工作服	YJ-11-001FZ	一般性能	24
	防护手套	YJ-11-001SF	防机械伤害、耐油污	3
	安全鞋	YJ-11-001ZB	耐油污、保护足趾、防滑、防刺穿	12
YJ-11-002	安全帽（塑料/玻璃钢）	YJ-11-002TB	普通型	30/48
	职业眼面部防护具	YJ-11-002YM	防冲击	36
	阻燃服	YJ-11-002FZ	含防静电功能的阻燃服	24
	防护手套	YJ-11-002SF	防化学品、防机械伤害	3
	安全鞋	YJ-11-002ZB	耐油、保护足趾、防滑、防刺穿	12

表 B.1（续）

工种编号	配备装备	配备编号	功能、特点[a]	建议最长更换期限[b]/月
YJ-11-003	安全帽（塑料/玻璃钢）	YJ-11-003TB	普通型	30/48
	耳塞（罩）	YJ-11-003TL	防噪声	耳塞:3 耳罩:12
	工作服	YJ-11-003FZ	含防静电功能的阻燃服	24
	防护手套	YJ-11-003SF	防机械伤害、耐油污	3
	安全鞋	YJ-11-003ZB	耐油、保护足趾、防滑、防刺穿	12
YJ-11-004	安全帽（塑料/玻璃钢）	YJ-11-004TB	普通型	30/48
	耳塞（罩）	YJ-11-004TL	防噪声	耳塞:3 耳罩:12
	自吸过滤式防毒面具	YJ-11-004HX	防有害气体	及时更换过滤件
	工作服	YJ-11-004FZ	一般性能	24
	防护手套	YJ-11-004SF	防化学品、防机械伤害	3
	安全鞋	YJ-11-004ZB	保护足趾、防滑、防刺穿	12
YJ-12-001	安全帽（塑料/玻璃钢）	YJ-12-001TB	普通型	30/48
	耳塞（罩）	YJ-12-001TL	防噪声	耳塞:3 耳罩:12
	职业眼面部防护具	YJ-12-001YM	防冲击	36
	自吸过滤式防毒面具	YJ-12-001HX	防有害气体、防颗粒物	及时更换过滤件
	工作服	YJ-12-001FZ	具有防静电功能的阻燃服	24
	防护手套	YJ-12-001SF	防滑、防机械伤害	3
	安全鞋	YJ-12-001ZB	防滑,防刺穿	12
YJ-12-002	安全帽（塑料/玻璃钢）	YJ-12-002TB	普通型	30/48
	耳塞（罩）	YJ-12-002TL	防噪声	耳塞:3 耳罩:12
	职业眼面部防护具	YJ-12-002YM	防冲击	36
	自吸过滤式防毒面具	YJ-12-002HX	防有害气体、防颗粒物	及时更换过滤件
	工作服	YJ-12-002FZ	防静电功能的阻燃、隔热服、警示	24
	防护手套	YJ-12-002SF	防静电、防滑、防机械伤害	3
	安全鞋	YJ-12-002ZB	防静电、防滑,防刺穿	12
	自给开路式压缩空气呼吸器	YJ-12-002HX	阻隔有害气体	需年检

表 B.1（续）

工种编号	配备装备	配备编号	功能、特点[a]	建议最长更换期限[b]/月
YJ-12-003	安全帽（塑料/玻璃钢）	YJ-12-003TB	普通型	30/48
	职业眼面部防护具	YJ-12-003YM	防冲击	36
	自吸过滤式防毒面具	YJ-12-003HX	防有害气体、防颗粒物	及时更换过滤件
	自给开路式压缩空气呼吸器	YJ-12-003HX	阻隔有害气体	需年检
	工作服	YJ-12-003FZ	具有防静电功能的阻燃服	24
	防护手套	YJ-12-003SF	防滑、防机械伤害	3
	安全鞋	YJ-12-003ZB	防滑、防刺穿	12
	安全带	YJ-12-003ZL	防坠落	36
	自锁器/速差自控器	YJ-12-003ZL	坠落锁止功能，与安全带配合使用	36
YJ-12-004	安全帽（塑料/玻璃钢）	YJ-12-004TB	普通型	30/48
	自吸过滤式防毒面具	YJ-12-004HX	防有害气体、防颗粒物	及时更换过滤件
	自给开路式压缩空气呼吸器	YJ-12-004HX	阻隔有害气体	需年检
	工作服	YJ-12-004FZ	具有防静电功能的阻燃服	24
	防护手套	YJ-12-004SF	防机械伤害、耐油污	3
	安全鞋	YJ-12-004ZB	防滑、防刺穿	12
YJ-12-005	安全帽（塑料/玻璃钢）	YJ-12-005TB	普通型	30/48
	职业眼面部防护具	YJ-12-005YM	防化学喷溅、有毒雾气	36
	自吸过滤式防毒面具	YJ-12-005HX	防有害气体、防颗粒物	及时更换过滤件
	自给开路式压缩空气呼吸器	YJ-12-005HX	阻隔有害气体	需年检
	工作服	YJ-12-005FZ	防化学品	24
	防护手套	YJ-12-005SF	防滑、防机械伤害	3
	安全鞋	YJ-12-005B	防滑、耐酸碱	12

表 B.1（续）

工种编号	配备装备	配备编号	功能、特点[a]	建议最长更换期限[b]/月
YJ-12-006	安全帽（塑料/玻璃钢）	YJ-12-006TB	普通型	30/48
	职业眼面部防护具	YJ-12-006YM	防冲击	36
	耳塞（罩）	YJ-12-006TL	防噪声	耳塞:3 耳罩:12
	自吸过滤式防颗粒物呼吸器	YJ-12-006HX	防颗粒物	佩戴呼吸阻力明显增加时更换滤料或口罩
	工作服	YJ-12-006FZ	一般性能	24
	防护手套	YJ-12-006SF	防滑、防机械伤害	3
	安全鞋	YJ-12-006ZB	防滑、防刺穿	12
YJ-12-007	安全帽	YJ-12-007TB	普通型	30
	职业眼面部防护具	YJ-12-007YM	防冲击	36
	耳塞（罩）	YJ-12-007TL	防噪声	耳塞:3 耳罩:12
	自吸过滤式防颗粒物呼吸器	YJ-12-007HX	防颗粒物	佩戴呼吸阻力明显增加时更换滤料或口罩
	工作服	YJ-12-007FZ	一般性能	24
	防护手套	YJ-12-007SF	防滑、防机械伤害	3
	安全鞋	YJ-12-007ZB	防滑、防刺穿	12
YJ-13-001	安全帽（塑料/玻璃钢）	YJ-13-001TB	普通型	30/48
	耳塞（罩）	YJ-13-001TL	防噪声	耳塞:3 耳罩:12
	自吸过滤式防颗粒物呼吸器	YJ-13-001HX	防非油性颗粒物	佩戴呼吸阻力明显增加时更换滤料或口罩
	工作服	YJ-13-001FZ	一般性能	24
	防护手套	YJ-13-001SF	耐油污	3
	安全鞋	YJ-13-001ZB	耐油污、保护足趾、防滑、防刺穿、电绝缘	12

表 B.1（续）

工种编号	配备装备	配备编号	功能、特点[a]	建议最长更换期限[b]/月
YJ-13-002	安全帽（塑料/玻璃钢）	YJ-13-002TB	普通型	30/48
	耳塞（罩）	YJ-13-002TL	防噪声	耳塞:3 耳罩:12
	自吸过滤式防颗粒物呼吸器	YJ-13-002HX	防非油性颗粒物	佩戴呼吸阻力明显增加时更换滤料或口罩
	工作服	YJ-13-002FZ	一般性能	24
	防护手套	YJ-13-002SF	耐油污	3
	安全鞋	YJ-13-002ZB	耐油、防滑、防刺穿	12
YJ-13-003	安全帽（塑料/玻璃钢）	YJ-13-003TB	普通型	30/48
	职业眼面部防护具	YJ-13-003YM	防颗粒物	36
	耳塞（罩）	YJ-13-003TL	防噪声	耳塞:3 耳罩:12
	自吸过滤式防颗粒物呼吸器	YJ-13-003HX	防非油性颗粒物	佩戴呼吸阻力明显增加时更换滤料或口罩
	自给开路式压缩空气呼吸器	YJ-13-003HX	阻隔有害气体	需年检
	工作服	YJ-13-003FZ	一般性能	24
	防护手套	YJ-13-003SF	耐油污、防机械伤害	3
	安全鞋	YJ-13-003ZB	保护足趾、防滑、防刺穿、电绝缘	12
	安全带	YJ-13-003ZL	防坠落	36
	自锁器/速差自控器	YJ-13-003ZL	坠落锁止功能,与安全带配合使用	36
YJ-13-004	安全帽（塑料/玻璃钢）	YJ-13-004TB	电绝缘	30/48
	职业眼面部防护具	YJ-13-004YM	防颗粒物	36
	自吸过滤式防颗粒物呼吸器	YJ-13-004HX	防非油性颗粒物	佩戴呼吸阻力明显增加时更换滤料或口罩
	耳塞（罩）	YJ-13-004TL	防噪声	耳塞:3 耳罩:12
	工作服	YJ-13-004FZ	防电弧	24
	防护手套	YJ-13-004SF	电绝缘	需定期检测
	安全鞋	YJ-13-004ZB	电绝缘、保护足趾、防滑、防刺穿	12
	安全带	YJ-13-004ZL	防坠落	36
	自锁器/速差自控器	YJ-13-004ZL	坠落锁止功能,与安全带配合使用	36

表 B.1（续）

工种编号	配备装备	配备编号	功能、特点[a]	建议最长更换期限[b]/月
YJ-13-005	安全帽（塑料/玻璃钢）	YJ-13-005TB	普通型	30/48
	自吸过滤式防颗粒物呼吸器	YJ-13-005HX	防非油性颗粒物	佩戴呼吸阻力明显增加时更换滤料或口罩
	焊接眼护具	YJ-13-005YM	防有害弧光、熔融金属飞溅或粉尘和气溶胶	36
	工作服	YJ-13-005FZ	焊接防护	24
	防护手套	YJ-13-005SF	焊接防护	3
	安全鞋	YJ-13-005ZB	保护足趾、防滑、防刺穿、电绝缘	12
	安全带	YJ-13-005ZL	防坠落	36
	安全绳	YJ-13-005ZL	防坠落	36
YJ-13-006	安全帽（塑料/玻璃钢）	YJ-13-006TB	普通型	30/48
	自吸过滤式防颗粒物呼吸器	YJ-13-006HX	防非油性颗粒物	佩戴呼吸阻力明显增加时更换滤料或口罩
	耳塞（罩）	YJ-13-006TL	防噪声	耳塞：3 耳罩：12
	工作服	YJ-13-006FZ	警示功能	24
	防护手套	YJ-13-006SF	防洗涤剂	3
	安全鞋	YJ-13-006ZB	防滑、防刺穿	12

注1：最长更换期限的日期是从个体防护装备发放给作业人员（见个体防护装备的发放领用记录）开始计算的。

注2：企业所在地区季节温差变化较大的，可按季节配置春秋、冬、夏的防护用品，同时最长更换期限也相应变化。

注3：自给开路式压缩空气呼吸器、安全带（含其他坠落防护产品）、长管呼吸器等个体防护装备可为班组配置。

[a] 企业应根据岗位特点和对应的危险有害因素增加或减少部分功能。

[b] 个体防护装备的最长更换期限可根据产品说明书、有效期限、实际使用时间、工作强度、磨损情况等适当缩短。

参 考 文 献

[1] 国家职业分类大典修订工作委员会.中华人民共和国职业分类大典（2015年版）[M].北京:中国人力资源和社会保障出版集团有限公司（中国劳动社会保障出版社）,2015.

个体防护装备配备规范 第4部分：非煤矿山
（GB 39800.4—2020）

前　　言

GB 39800《个体防护装备配备规范》分为以下部分：
——第1部分：总则；
——第2部分：石油、化工、天然气；
——第3部分：冶金、有色；
——第4部分：非煤矿山；
……

本部分为 GB 39800 的第4部分。

本部分按照 GB/T 1.1—2009 给出的规则起草。

本部分由中华人民共和国应急管理部提出并归口。

1 范围

GB 39800 的本部分规定了非煤矿山行业各用人单位个体防护装备（即劳动防护用品）配备的总体要求、危害因素的辨识和评估及个体防护装备的配备。

本部分适用于非煤矿山，包括金属矿、非金属矿、水气矿和除煤矿、石油天然气以外能源矿的各用人单位及其从业人员个体防护装备的配备及管理。

本部分不适用于非煤矿山行业各用人单位消防用个体防护装备的配备及管理。

2 规范性引用文件

下列文件对于本文件的应用是必不可少的。凡是注日期的引用文件，仅注日期的版本适用于本文件。凡是不注日期的引用文件，其最新版本（包括所有的修改单）适用于本文件。

GB/T 18664　呼吸防护用品的选择、使用与维护

GB 39800.1—2020　个体防护装备配备规范　第1部分：总则

3 术语和定义

GB 39800.1—2020 界定的术语和定义适用于本文件。

4 总体要求

个体防护装备配备原则、配备管理及配备流程按 GB 39800.1—2020 执行。

5 危害因素的辨识和评估

用人单位应结合非煤矿山行业安全生产的特点，按照 GB 39800.1—2020 中 4.2 的要求对其生产过程中可能涉及的危害因素进行辨识和危害评估。用人单位可根据表1所列的作

业类别,或参考附录 A 所列的工种进行危害因素的辨识,对所辨识的危害因素进行危害评估,以此作为选择适用个体防护装备的依据。

表 1 主要的作业类别、可能造成的事故或伤害类型以及适用的个体防护装备

序号	作业类别	说明	可能造成的事故或伤害	适用的个体防护装备	作业举例
1	易燃易爆场所作业	作业场所存在甲、乙类易燃易爆物质并可能引起燃烧、爆炸	火灾、爆炸	TB-01 安全帽 TB-02 防静电工作帽 SF-04 防静电手套 ZB-01 安全鞋(防静电) FZ-02 防静电服 FZ-12 阻燃服	电焊、易燃易爆材料的储存与运输、电瓶充电工、矿灯充电
2	有毒有害气体作业	存有常温、常压下呈气体或蒸气状态、经呼吸道吸入能产生毒害物质的作业,包括刺激性气体和窒息性气体	中毒、窒息	YM-04 职业眼面部防护具 HX-01 长管呼吸器 HX-02 动力送风过滤式呼吸器 HX-05 自给开路式压缩空气呼吸器 HX-06 自吸过滤式防毒面具 HX-07 自给开路式压缩空气逃生呼吸器 SF-03 防化学品手套 FZ-07 化学防护服	喷漆、电焊、气割作业
3	吸入性粉尘作业	接触粉尘、烟、雾等颗粒物,经呼吸道吸入对人体产生伤害的作业	其他伤害	HX-02 动力送风过滤式呼吸器 HX-08 自吸过滤式防颗粒物呼吸器 SF-03 防化学品手套 FZ-07 化学防护服(防颗粒物)	牙轮钻、潜孔钻、普通地质钻、手持风钻、凿岩台车工、挖掘机、电铲等粉尘的作业
4	有限空间作业	在空气不流通的场所中作业,包括在缺氧即空气中含氧浓度小于 19.5%和毒气、有毒物质超标,且不能排除等场所中的作业	中毒、窒息	TB-01 安全帽 ZL-01 安全带 ZL-11 挂点装置 HX-01 长管呼吸器 HX-05 自给开路式压缩空气呼吸器 SF-03 防化学品手套 FZ-07 化学防护服 ZB-01 安全鞋	井下爆破、锚杆工、支护工、喷浆工、巷道维修工、砌碹工、生产区域内封闭、半封闭的设施及场所内的作业

表1（续）

序号	作业类别	说明	可能造成的事故或伤害	适用的个体防护装备	作业举例
5	腐蚀性作业	产生或使用腐蚀性物质的作业	灼烫	YM-04 职业眼面部防护具 SF-03 防化学品手套 ZB-02 防化学品鞋 FZ-07 化学防护服 HX-06 自吸过滤式防毒面具	生产或使用硫酸、盐酸、硝酸、氢氟酸、液体强碱、固体强碱、重铬酸钾、高锰酸钾、喷漆等的作业
6	噪声作业	存在有损听力、有害健康或其他危害的声音，且每天8h或每周40h噪声暴露A等效声级大于或等于80 dB的作业	其他伤害	TL-01 耳塞 TL-02 耳罩	涉及振动放矿机、振动给料机、破碎机、皮带运输机、振动筛分工、球磨工、真空过滤机等作业。浓缩机、隔膜泵、真空泵、离心机岗位工
7	高温作业、热辐射作业、炽热灼烫作业	在生产劳动过程中，其工作地点平均WBGT指数等于或大于25 ℃的作业	高温伤害	—	露天采矿、地下采矿
		或存在热的液体、气体对人体的烫伤，热的固体与人体接触引起的灼伤，火焰对人体的烧伤以及炽热源的热辐射对人体的伤害等情况的作业	热辐射危害、灼烫等	TB-01 安全帽 YM-04 职业眼面部防护具 SF-05 防热伤害手套 ZB-01 安全鞋 FZ-05 隔热服 FZ-10 熔融金属飞溅防护服 FZ-12 阻燃服	露天采矿、地下采矿
8	低温作业	作业地点平均气温等于或低于5 ℃的作业；或接触低温物体造成伤害的作业	其他伤害	TB-01 安全帽(耐低温) ZB-01 安全鞋 SF-02 防寒手套 FZ-09 冷环境防护服	冷水作业和北方冬季露天作业(室外巡检、维修)等

表1（续）

序号	作业类别	说明	可能造成的事故或伤害	适用的个体防护装备	作业举例
9	高处作业	在距坠落高度基准面2 m或2 m以上有可能坠落的高处进行的作业	高处坠落	TB-01 安全帽 ZB-01 安全鞋 ZL-01 安全带 ZL-02 安全绳 ZL-03 缓冲器 ZL-04 缓降装置 ZL-05 连接器 ZL-06 水平生命线装置 ZL-07 速差自控器 ZL-08 自锁器 ZL-09 安全网 ZL-10 登杆脚扣	高空安装（维修）、在高处进行工艺操作、货物堆砌等
10	存在物体坠落、撞击的作业	物体坠落或横向上可能有物体相撞的作业	物体打击	TB-01 安全帽 ZB-01 安全鞋 ZL-09 安全网	安装施工、起重、检修现场的作业
11	有碎屑或液体飞溅的作业	作业过程中可能有切削飞溅碎屑或液体飞溅的作业	物体打击	TB-01 安全帽 YM-04 职业眼面部防护具 SF-08 机械危害防护手套	破碎、锤击、铸件切削、砂轮打磨、高压流体清洗
12	操纵转动机械作业	机械设备运行中引起的绞、碾等伤害的作业	机械伤害	TB-01 安全帽 YM-04 职业眼面部防护具	机床、传动机械
13	接触使用锋利器具	生产中使用的生产工具或加工产品易对操作者产生割伤、刺伤等伤害的作业	机械伤害	TB-01 安全帽 SF-08 机械危害防护手套 ZB-01 安全鞋	金属加工的打毛清边

表1（续）

序号	作业类别	说明	可能造成的事故或伤害	适用的个体防护装备	作业举例
14	地面存在尖利器物的作业	工作平面上可能存在对工作者脚部或腿部产生刺伤伤害的作业	其他伤害	ZB-01 安全鞋	施工、检修现场
15	铲、装、吊、推机械操纵	重型采掘、建筑、装载起重设备的操纵与驾驶作业	车辆伤害、起重伤害	TB-01 安全帽 ZB-01 安全鞋	操作铲机、推土机、装卸机、天车、龙门吊、塔吊、单臂起重机等机械
16	地下作业	进行地下管网的铺设及地下挖掘的作业	冒顶片帮、透水	TB-01 安全帽 ZB-01 安全鞋 HX-01 长管呼吸器 HX-08 自吸过滤式防颗粒物呼吸器 FZ-03 职业用防雨服	地下挖掘、地下管网的铺设
17	带电作业	工作人员接触带电部分的作业，或工作人员身体的任一部分或使用的工具、装置、设备进入带电作业区域内的作业	触电、灼烫	TB-01 安全帽（绝缘） SF-01 带电作业用绝缘手套 ZB-01 安全鞋（绝缘） FZ-01 防电弧服	电气设备或线路带电作业、维修等
18	非电离辐射作业	接触微波辐射、超高频辐射、高频电磁场、工频电场、红外线、紫外线、激光等电磁辐射的作业	辐射伤害	YM-02 激光防护镜 YM-04 职业眼面部防护具 FZ-11 微波辐射防护服	微波辐射、超高频辐射、高频电磁场、工频电场
19	强光作业	强光源或产生强烈红外辐射和紫外辐射的作业	辐射伤害	YM-01 焊接眼护具 YM-04 职业眼面部防护具 SF-07 焊工防护手套 FZ-06 焊接服	弧光、电弧焊作业
20	人工搬运作业	通过人力搬运的作业	其他伤害	TB-01 安全帽 SF-08 机械危害防护手套 ZB-01 安全鞋	人力抬、扛、推、搬移

表 1（续）

序号	作业类别	说明	可能造成的事故或伤害	适用的个体防护装备	作业举例
21	野外作业	野外露天作业	其他伤害	YM-04 职业眼面部防护具 ZB-01 安全鞋 FZ-03 职业用防雨服	野外的检查、维护等
22	井下作业	存在矿山工作面、巷道侧壁的支护不当、压力过大造成的坍塌或顶板坍塌，以及高势能水意外流向低势能区域的作业	冒顶片帮、透水	TB-01 安全帽 ZB-01 安全鞋 HX-01 长管呼吸器 HX-08 自吸过滤式防颗粒物呼吸器 FZ-03 职业用防雨服	井下采掘、运输、安装

6 个体防护装备的配备

6.1 用人单位应根据辨识的作业场所危害因素和危害评估结果，选择相应的个体防护装备。

6.2 非煤矿山行业用人单位个体防护装备的配备应按照以下一种或两种相结合的方法进行：

    a) 根据作业类别结合表1辨识的危害因素和危害评估结果，并依据表1建议的适用个体防护装备，结合个体防护装备的防护部位、防护功能、适用范围和防护装备对使用者的适合性，选择合适的个体防护装备。

    b) 参考附录B执行。对于附录A中未涵盖的工种，用人单位应根据该工种作业特点，进行危害因素的辨识和评估，并应按 GB 39800.1—2020 的要求，配备相应的个体防护装备。

6.3 用人单位应按照 GB/T 18664 进行呼吸防护用品的配备及管理。

6.4 用人单位应考虑地域温度的差异，为作业人员配备适宜的头部防护、防护服装、手部防护和足部防护等个体防护装备。

附 录 A
（资料性附录）
非煤矿山行业典型工种及其可能存在的危害因素

非煤矿山行业典型工种及其可能存在的危害因素详见表 A.1。

表 A.1 非煤矿山行业典型工种及其可能存在的危害因素

类别编号	典型工种 类别	典型工种 工种名称	典型工种 工种编号	相近工种	可能存在的危害因素
FM-01	矿物采选人员	露天采矿工	FM-01-001	钻孔机司机、露天采矿挖掘机司机、露天采矿单斗铲司机、露天采矿吊斗铲司机、露天采矿前装机司机、露天采矿轮斗挖掘机司机、矿用维修工程车司机、矿用润滑油车司机、矿用燃油车司机、矿用高空作业车司机、矿用电车操作工	外形缺陷,外露运动件,支撑不当,电伤害,振动危害,紫外辐射,飞溅物,坠落物,粉尘与气溶胶,作业场地和交通设施湿滑,防护装置、设施缺陷
		露天开采辅助工	FM-01-002	卸车指挥工、边坡工、矿用重型卡车轮胎换修工	外形缺陷,外露运动件,支撑不当,电伤害,噪声,振动危害,紫外辐射,飞溅物,坠落物,粉尘与气溶胶,作业场地和交通设施湿滑,防护装置、设施缺陷
		运矿排土工	FM-01-003	推土机司机、破碎机操作工、平路机司机、胶带/转载机操作工、排土犁司机、装车仓操作工、胶带机移设机司机、履带运输车司机、电缆卷绕车司机、推土犁司机、排岩机操作工	外形缺陷,外露运动件,支撑不当,电伤害,噪声,振动危害,紫外辐射,飞溅物,坠落物,粉尘与气溶胶,作业场地和交通设施湿滑
		矿井开掘工	FM-01-004	井筒冻结工、井筒掘切工、竖井钻机工巷道掘切工、装岩机司机、综掘机司机、钻车司机、天井钻机工、巷修工、抓岩机司机、局部通风机操作工、金属矿井下开掘工	地下作业面空气不良,外形缺陷,外露运动件,支撑不当,电伤害,噪声,振动危害,飞溅物,坠落物,粉尘与气溶胶,作业场地和交通设施湿滑

表 A.1（续）

类别编号	典型工种 类别	典型工种 工种名称	典型工种 工种编号	相近工种	可能存在的危害因素
FM-01	矿物采选人员	井下采矿工	FM-01-005	综采集控工、井下出矿工、井下钻机司机、井下水采工、井筒维修工	地下作业面空气不良,外形缺陷,外露运动件,支撑不当,电伤害,噪声,振动危害,飞溅物,坠落物,粉尘与气溶胶,作业场地和交通设施湿滑
FM-01	矿物采选人员	井下支护工	FM-01-006	液压支架工、矿井泵工、井下充填制备工、充填回收工、支护锚喷工	地下作业面空气不良,外形缺陷,外露运动件,支撑不当,电伤害,噪声,振动危害,飞溅物,坠落物,粉尘与气溶胶,作业场地和交通设施湿滑
FM-01	矿物采选人员	井下机车运输工	FM-01-007	翻罐工、矿山电机车司机、矿井轨道工轨配工、矿车修理工、绞车操作工、电机车修配工、蓄电池充电工、齿轨车司机、卡轨车司机、无极绳牵引车司机、单轨吊司机、井下胶轮车司机	地下作业面空气不良,外形缺陷,外露运动件,电伤害,噪声,振动危害,飞溅物,坠落物,粉尘与气溶胶,作业场地和交通设施湿滑,腐蚀品
FM-01	矿物采选人员	矿山提升设备操作工	FM-01-008	主提升机操作工、把钩信号工	地下作业面空气不良,外形缺陷,外露运动件,支撑不当,电伤害,噪声,振动危害,飞溅物,坠落物,粉尘与气溶胶,作业场地和交通设施湿滑
FM-01	矿物采选人员	矿井通风工	FM-01-009	矿井通风操作工、矿井测风工、主扇风机操作工、通风维修工、矿井制冷降温工	地下作业面空气不良,外形缺陷,外露运动件,支撑不当,电伤害,噪声,振动危害,飞溅物,坠落物,粉尘与气溶胶,作业场地和交通设施湿滑
FM-01	矿物采选人员	矿山安全防护工	FM-01-010	矿井电气防爆检查工、井下探放水钻工、矿井防灭火工、矿压观测工、矿井防尘工、矿井测尘工	地下作业面空气不良,外形缺陷,支撑不当,电伤害,噪声,飞溅物,坠落物,粉尘与气溶胶,作业场地和交通设施湿滑

表 A.1（续）

类别编号	典型工种 类别	典型工种 工种名称	典型工种 工种编号	相近工种	可能存在的危害因素
FM-01	矿物采选人员	矿山安全设备监测检修工	FM-01-011	配气分析工、安全仪器监测工、矿灯和自救器管理工、救护仪器维修工	地下作业面空气不良,支撑不当,电伤害,噪声,飞溅物,坠落物,粉尘与气溶胶,作业场地和交通设施湿滑
		矿山救护工	FM-01-012	—	地下作业面空气不良,支撑不当,噪声,飞溅物,坠落物,粉尘与气溶胶,作业场地和交通设施湿滑
		矿山生产集控员	FM-01-013	采矿生产系统监控操作工、矿山设备运行协调员	电伤害,噪声,粉尘与气溶胶,作业场地和交通设施湿滑
		矿石处理工	FM-01-014	矿石破碎筛分工、选矿供料工、重介质制备回收工、磨矿分级工、衬板工	外形缺陷,外露运动件,电伤害,噪声,振动危害,飞溅物,坠落物,粉尘与气溶胶,作业场地和交通设施湿滑
		选矿工	FM-01-015	重介质分选工、选矿集控工、浮选工、磁选工、风选工、摇床选矿工、螺旋分选工、浮选药剂工	外形缺陷,外露运动件,电伤害,噪声,振动危害,飞溅物,坠落物,粉尘与气溶胶,作业场地和交通设施湿滑,有毒品
		选矿脱水工	FM-01-016	选矿过滤脱水工、有色金属矿干燥工	外形缺陷,外露运动件,电伤害,噪声,振动危害,飞溅物,坠落物,粉尘与气溶胶,作业场地和交通设施湿滑,有毒品
		尾矿工	FM-01-017	尾矿处理工、尾矿库工艺监督工	外形缺陷,支撑不当,电伤害,噪声,振动危害,紫外辐射,飞溅物,坠落物,粉尘与气溶胶,作业场地和交通设施湿滑

表 A.1（续）

类别编号	典型工种 类别	典型工种 工种名称	典型工种 工种编号	相近工种	可能存在的危害因素
FM-02	采盐人员	湖盐制盐工	FM-02-001	制卤工、海盐采收工、驳筑/集拆坨盐工	噪声,振动危害,紫外辐射,飞溅物,坠落物,粉尘与气溶胶,作业场地和交通设施湿滑
FM-02	采盐人员	湖盐制盐工	FM-02-002	湖盐穿爆工、湖盐采掘工、湖盐脱水工	噪声,振动危害,紫外辐射,飞溅物,坠落物,粉尘与气溶胶,作业场地和交通设施湿滑
FM-02	采盐人员	井矿盐制盐工	FM-02-003	井矿盐采卤工、井矿盐卤水净化工、真空制盐工	噪声,振动危害,紫外辐射,飞溅物,坠落物,粉尘与气溶胶,作业场地和交通设施湿滑
FM-03	通用工种	电工	FM-03-001	值班电工、电力值班员（电力机务员）、电气试验工、继电保护工、电缆安装工、变压器制造工、电气设施安装工、维修电工、送电线路工	地下作业面空气不良,外形缺陷,外露运动件,支撑不当,电伤害,噪声,振动危害,飞溅物,坠落物,粉尘与气溶胶,作业场地和交通设施湿滑
FM-03	通用工种	焊工	FM-03-002		地下作业面空气不良,外形缺陷,外露运动件,支撑不当,电伤害,噪声,振动危害,飞溅物,坠落物,粉尘与气溶胶,作业场地和交通设施湿滑

附 录 B
（资料性附录）
非煤矿山行业各工种个体防护装备的配备

非煤矿山行业各工种个体防护装备的配备具体要求详见表 B.1。

表 B.1 非煤矿山行业个体防护装备配备

工种编号	配备装备	配备编号	功能、特点[a]	建议最长更换期限[b]/月
FM-01-001	安全帽	FM-01-001TB	防冲击,防穿刺	30
	职业眼面部防护具	FM-01-001YM	防御矿石碎片的冲击,防御紫外线,防粉尘	12
	自吸过滤式防颗粒物呼吸器	FM-01-001HX	防颗粒物	佩戴呼吸阻力明显增加时更换滤料或口罩
	工作服	FM-01-001FZ	防颗粒物	24
	防护手套	FM-01-001SF	防机械伤害,防寒,电绝缘	3
	安全鞋	FM-01-001ZB	耐油,保护足趾,防刺穿,防滑,防水,防寒	12
	自锁器/速差自控器	FM-01-001ZL	防坠落	60
	安全带	FM-01-001ZL	防坠落	36
FM-01-002	安全帽	FM-01-002TB	防冲击,防穿刺	30
	职业眼面部防护具	FM-01-002YM	防御矿石碎片的冲击,防御紫外线,防粉尘	12
	自吸过滤式防颗粒物呼吸器	FM-01-002HX	防颗粒物	佩戴呼吸阻力明显增加时更换滤料或口罩
	工作服	FM-01-002FZ	防静电	24
	防护手套	FM-01-002SF	防机械伤害,防寒,电绝缘	3
	安全鞋	FM-01-002ZB	耐油,保护足趾,防刺穿,防滑,防水,防寒	12
	耳塞/耳罩	FM-01-002TL	降噪	耳塞:12;耳罩:36
	自锁器/速差自控器	FM-01-002ZL	防坠落	60
	安全带	FM-01-002ZL	防坠落	36

表 B.1（续）

工种编号	配备装备	配备编号	功能、特点[a]	建议最长更换期限[b]/月
FM-01-003	安全帽	FM-01-003TB	防冲击,防穿刺	30
	职业眼面部防护具	FM-01-003YM	防御矿石碎片的冲击,防御紫外线,防粉尘	12
	自吸过滤式防颗粒物呼吸器	FM-01-003HX	防颗粒物	佩戴呼吸阻力明显增加时更换滤料或口罩
	工作服	FM-01-003FZ	防静电	24
	防护手套	FM-01-003SF	防机械伤害,防寒,电绝缘	3
	安全鞋	FM-01-003ZB	耐油,保护足趾,防刺穿,防滑,防水,防寒	12
	耳塞/耳罩	FM-01-003TL	降噪	耳塞:12;耳罩:36
	自锁器/速差自控器	FM-01-003ZL	防坠落	60
	安全带	FM-01-003ZL	防坠落	36
FM-01-004	安全帽	FM-01-004TB	防冲击,防穿刺	30
	职业眼面部防护具	FM-01-004YM	防御矿石碎片的冲击,防御紫外线,防粉尘	12
	自吸过滤式防颗粒物呼吸器	FM-01-004HX	防颗粒物	佩戴呼吸阻力明显增加时更换滤料或口罩
	工作服	FM-01-004FZ	防静电	24
	防护手套	FM-01-004SF	防机械伤害,防寒,电绝缘	3
	安全鞋	FM-01-004ZB	耐油,保护足趾,防刺穿,防滑,防寒	12
	耳塞/耳罩	FM-01-004TL	降噪	耳塞:12;耳罩:36
	自锁器/速差自控器	FM-01-004ZL	防坠落	60
	安全带	FM-01-004ZL	防坠落	36

表 B.1（续）

工种编号	配备装备	配备编号	功能、特点[a]	建议最长更换期限[b]/月
FM-01-005	安全帽	FM-01-005TB	防冲击,防穿刺,防静电	30
	职业眼面部防护具	FM-01-005YM	防御矿石碎片的冲击,防御紫外线,防粉尘	12
	自吸过滤式防颗粒物呼吸器	FM-01-005HX	防颗粒物	佩戴呼吸阻力明显增加时更换滤料或口罩
	工作服	FM-01-005FZ	防静电,防静电功能的阻燃服,职业用高可视性警示服	24
	防护手套	FM-01-005SF	防机械伤害,防寒,防静电,电绝缘	3
	安全鞋	FM-01-005ZB	耐油,保护足趾,防刺穿,防滑,防寒,防静电	12
	耳塞/耳罩	FM-01-005TL	降噪	耳塞:12;耳罩:36
	自锁器/速差自控器	FM-01-005ZL	防坠落	60
	安全带	FM-01-005ZL	防坠落	36
FM-01-006	安全帽	FM-01-006TB	防冲击,防穿刺,防静电	30
	职业眼面部防护具	FM-01-006YM	防御矿石碎片的冲击,防御紫外线,防粉尘	12
	自吸过滤式防颗粒物呼吸器	FM-01-006HX	防颗粒物	佩戴呼吸阻力明显增加时更换滤料或口罩
	工作服	FM-01-006FZ	防静电	24
	防护手套	FM-01-006SF	防机械伤害,防寒,防静电,电绝缘	3
	安全鞋	FM-01-006ZB	耐油,保护足趾,防刺穿,防滑,防寒,防静电	12
	耳塞/耳罩	FM-01-006TL	降噪	耳塞:12;耳罩:36
	自锁器/速差自控器	FM-01-006ZL	防坠落	60
	安全带	FM-01-006ZL	防坠落	36

表 B.1（续）

工种编号	配备装备	配备编号	功能、特点[a]	建议最长更换期限[b]/月
FM-01-007	安全帽	FM-01-007TB	防冲击,防穿刺,电绝缘,防静电	30
	职业眼面部防护具	FM-01-007YM	防御矿石碎片的冲击,防御紫外线,防粉尘	12
	自吸过滤式防颗粒物呼吸器	FM-01-007HX	防颗粒物	佩戴呼吸阻力明显增加时更换滤料或口罩
	工作服	FM-01-007FZ	防静电	24
	防护手套	FM-01-007SF	防机械伤害,防化学品,防寒,防静电,电绝缘	3
	安全鞋	FM-01-007ZB	耐油,保护足趾,防刺穿,防滑,防寒,防静电	12
	耳塞/耳罩	FM-01-007TL	降噪	耳塞:12;耳罩:36
	自锁器/速差自控器	FM-01-007ZL	防坠落	60
	安全带	FM-01-007ZL	防坠落	36
FM-01-008	安全帽	FM-01-008TB	防冲击,防穿刺	30
	职业眼面部防护具	FM-01-008YM	防御矿石碎片的冲击,防御紫外线,防粉尘	12
	自吸过滤式防颗粒物呼吸器	FM-01-008HX	防颗粒物	佩戴呼吸阻力明显增加时更换滤料或口罩
	工作服	FM-01-008FZ	防静电	24
	防护手套	FM-01-008SF	防机械伤害,防寒	3
	安全鞋	FM-01-008ZB	耐油,保护足趾,防刺穿,防滑,防寒	12
	耳塞/耳罩	FM-01-008TL	降噪	耳塞:12;耳罩:36
	自锁器/速差自控器	FM-01-008ZL	防坠落	60
	安全带	FM-01-008ZL	防坠落	36

表 B.1（续）

工种编号	配备装备	配备编号	功能、特点[a]	建议最长更换期限[b]/月
FM-01-009	安全帽	FM-01-009TB	防冲击,防穿刺	30
	职业眼面部防护具	FM-01-009YM	防御矿石碎片的冲击,防御紫外线,防粉尘	12
	自吸过滤式防颗粒物呼吸器	FM-01-009HX	防颗粒物	佩戴呼吸阻力明显增加时更换滤料或口罩
	工作服	FM-01-009FZ	防静电	24
	防护手套	FM-01-009SF	防机械伤害,防寒	3
	安全鞋	FM-01-009ZB	耐油,保护足趾,防刺穿,防滑,防寒	12
	耳塞/耳罩	FM-01-009TL	降噪	耳塞:12;耳罩:36
	自锁器/速差自控器	FM-01-009ZL	防坠落	60
	安全带	FM-01-009ZL	防坠落	36
FM-01-010	安全帽	FM-01-010TB	防冲击,防穿刺,防静电	30
	职业眼面部防护具	FM-01-010YM	防御矿石碎片的冲击,防御紫外线,防粉尘	12
	自吸过滤式防颗粒物呼吸器	FM-01-010HX	防颗粒物	佩戴呼吸阻力明显增加时更换滤料或口罩
	工作服	FM-01-010FZ	防静电,防静电功能的阻燃服	24
	防护手套	FM-01-010SF	防机械伤害,防寒,防静电	3
	安全鞋	FM-01-010ZB	保护足趾,防刺穿,防滑,防寒,防静电	12
	耳塞/耳罩	FM-01-010TL	降噪	耳塞:12;耳罩:36
	自锁器/速差自控器	FM-01-010ZL	防坠落	60
	安全带	FM-01-010ZL	防坠落	36

表 B.1（续）

工种编号	配备装备	配备编号	功能、特点[a]	建议最长更换期限[b]/月
FM-01-011	安全帽	FM-01-011TB	防冲击,电绝缘	30
	职业眼面部防护具	FM-01-011YM	防御矿石碎片的冲击,防御紫外线,防粉尘	12
	自吸过滤式防颗粒物呼吸器	FM-01-011HX	防颗粒物	佩戴呼吸阻力明显增加时更换滤料或口罩
	工作服	FM-01-011FZ	防静电	24
	防护手套	FM-01-011SF	防机械伤害,防寒,电绝缘	3
	安全鞋	FM-01-011ZB	保护足趾,防寒,防静电	12
	耳塞/耳罩	FM-01-011TL	降噪	耳塞:12;耳罩:36
	自锁器/速差自控器	FM-01-011ZL	防坠落	60
	安全带	FM-01-011ZL	防坠落	36
FM-01-012	安全帽	FM-01-012TB	防冲击	30
	职业眼面部防护具	FM-01-012YM	防御矿石碎片的冲击,防御紫外线,防粉尘	12
	自吸过滤式防颗粒物呼吸器	FM-01-012HX	防颗粒物	佩戴呼吸阻力明显增加时更换滤料或口罩
	自给开路式压缩空气呼吸器	FM-01-012HX	缺氧或防毒	需年检
	工作服	FM-01-012FZ	防静电,防静电功能的阻燃服	24
	防护手套	FM-01-012SF	防机械伤害,防寒	3
	安全鞋	FM-01-012ZB	保护足趾,防滑,防寒	12
	耳塞/耳罩	FM-01-012TL	降噪	耳塞:12;耳罩:36
	自锁器/速差自控器	FM-01-012ZL	防坠落	60
	安全带	FM-01-012ZL	防坠落	36

表 B.1（续）

工种编号	配备装备	配备编号	功能、特点[a]	建议最长更换期限[b]/月
FM-01-013	安全帽	FM-01-013TB	防冲击,电绝缘	30
	职业眼面部防护具	FM-01-013YM	防御矿石碎片的冲击,防御紫外线,防粉尘	12
	自吸过滤式防颗粒物呼吸器	FM-01-013HX	防颗粒物	佩戴呼吸阻力明显增加时更换滤料或口罩
	工作服	FM-01-013FZ	防静电	24
	防护手套	FM-01-013SF	防机械伤害,防寒,电绝缘	3
	安全鞋	FM-01-013ZB	保护足趾,防刺穿,防滑,防寒	12
	耳塞/耳罩	FM-01-013TL	降噪	耳塞:12；耳罩:36
FM-01-014	安全帽	FM-01-014TB	防冲击,电绝缘	30
	职业眼面部防护具	FM-01-014YM	防御矿石碎片的冲击,防御紫外线,防粉尘	12
	自吸过滤式防颗粒物呼吸器	FM-01-014HX	防颗粒物	佩戴呼吸阻力明显增加时更换滤料或口罩
	工作服	FM-01-014FZ	防静电,防颗粒物	24
	防护手套	FM-01-014SF	防机械伤害,防寒,防静电,电绝缘	3
	安全鞋	FM-01-014ZB	保护足趾,防刺穿,防滑,防寒,防静电	12
	耳塞/耳罩	FM-01-014TL	降噪	耳塞:12；耳罩:36
	自锁器/速差自控器	FM-01-014ZL	防坠落	60
	安全带	FM-01-014ZL	防坠落	36

表 B.1（续）

工种编号	配备装备	配备编号	功能、特点[a]	建议最长更换期限[b]/月
FM-01-015	安全帽	FM-01-015TB	防冲击	30
	职业眼面部防护具	FM-01-015YM	防御矿石碎片的冲击,防御紫外线,防粉尘	12
	自吸过滤式防颗粒物呼吸器	FM-01-015HX	防颗粒物	佩戴呼吸阻力明显增加时更换滤料或口罩
	自吸过滤式防毒面具	FM-01-015HX	防御有毒、有害气体或蒸气、颗粒物等	根据需要及时更换
	工作服	FM-01-015FZ	防静电,防颗粒物,防化学品	24
	防护手套	FM-01-015SF	防机械伤害,防寒,防静电,电绝缘	3
	安全鞋	FM-01-015ZB	保护足趾,防刺穿,防滑,防寒,防静电	12
	耳塞/耳罩	FM-01-015TL	降噪	耳塞:12;耳罩:36
	自锁器/速差自控器	FM-01-015ZL	防坠落	60
	安全带	FM-01-015ZL	防坠落	36
FM-01-016	安全帽	FM-01-016TB	防冲击,电绝缘	30
	职业眼面部防护具	FM-01-016YM	防御矿石碎片的冲击,防御紫外线,防粉尘	12
	自吸过滤式防颗粒物呼吸器	FM-01-016HX	防颗粒物	佩戴呼吸阻力明显增加时更换滤料或口罩
	自吸过滤式防毒面具	FM-01-016HX	防御有毒、有害气体或蒸气、颗粒物等	根据需要及时更换
	工作服	FM-01-016FZ	防静电,防颗粒物,防化学品	24
	防护手套	FM-01-016SF	防机械伤害,防寒,电绝缘	3
	安全鞋	FM-01-016ZB	保护足趾,防刺穿,防滑,防寒,防静电	12
	耳塞/耳罩	FM-01-016TL	降噪	耳塞:12;耳罩:36
	自锁器/速差自控器	FM-01-016ZL	防坠落	60
	安全带	FM-01-016ZL	防坠落	36

表 B.1（续）

工种编号	配备装备	配备编号	功能、特点[a]	建议最长更换期限[b]/月
FM-01-017	安全帽	FM-01-017TB	防冲击,电绝缘	30
	职业眼面部防护具	FM-01-017YM	防御矿石碎片的冲击,防御紫外线,防粉尘	12
	自吸过滤式防颗粒物呼吸器	FM-01-017HX	防颗粒物	佩戴呼吸阻力明显增加时更换滤料或口罩
	工作服	FM-01-017FZ	防静电	24
	防护手套	FM-01-017SF	防机械伤害,防寒,电绝缘	3
	安全鞋	FM-01-017ZB	保护足趾,防刺穿,防滑,防寒	12
	耳塞/耳罩	FM-01-017TL	降噪	耳塞:12;耳罩:36
	自锁器/速差自控器	FM-01-017ZL	防坠落	60
	安全带	FM-01-017ZL	防坠落	36
FM-02-001	安全帽	FM-02-001TB	防冲击	30
	职业眼面部防护具	FM-02-001YM	防御飞屑的冲击,防御紫外线	12
	工作服	FM-02-001FZ	防静电	12
	防护手套	FM-02-001SF	防机械伤害,隔热,防化学品,防寒	3
	安全鞋	FM-02-001ZB	耐油,保护足趾,防刺穿,防滑,防水,防寒	12
FM-02-002	安全帽	FM-02-002TB	防冲击	30
	职业眼面部防护具	FM-02-002YM	防御飞屑的冲击,防御紫外线	12
	工作服	FM-02-002FZ	防静电	12
	防护手套	FM-02-002SF	防机械伤害,隔热,防化学品,防寒	3
	安全鞋	FM-02-002ZB	耐油,保护足趾,防刺穿,防滑,防水,防寒	12

表 B.1（续）

工种编号	配备装备	配备编号	功能、特点[a]	建议最长更换期限[b]/月
FM-02-003	安全帽	FM-02-003TB	防冲击	30
	职业眼面部防护具	FM-02-003YM	防御飞屑的冲击，防御紫外线	12
	工作服	FM-02-003FZ	防静电，阻燃	12
	防护手套	FM-02-003SF	防机械伤害，隔热，防化学品，防寒	3
	安全鞋	FM-02-003ZB	耐油，保护足趾，防刺穿，防滑，防水，防寒	12
FM-03-001	安全帽	FM-03-001TB	防冲击，电绝缘	30
	职业眼面部防护具	FM-03-001YM	防御矿石碎片的冲击，防御紫外线，防粉尘	12
	自吸过滤式防颗粒物呼吸器	FM-03-001HX	防颗粒物	佩戴呼吸阻力明显增加时更换滤料或口罩
	自吸过滤式防毒面具	FM-03-001HX	防御有毒、有害气体或蒸气、颗粒物等	根据需要及时更换
	工作服	FM-03-001FZ	防静电，防电弧	24
	防护手套	FM-03-001SF	防机械伤害，防寒，电绝缘	3
	安全鞋	FM-03-001ZB	电绝缘	12
	耳塞/耳罩	FM-03-001TL	降噪	耳塞：12；耳罩：36
	自锁器/速差自控器	FM-03-001ZL	防坠落	60
	安全带	FM-03-001ZL	防坠落	36
FM-03-002	安全帽	FM-03-002TB	防冲击，阻燃	30
	职业眼面部防护具	FM-03-002YM	防御矿石碎片的冲击，防御紫外线，防粉尘	12
	自吸过滤式防颗粒物呼吸器	FM-03-002HX	防颗粒物	佩戴呼吸阻力明显增加时更换滤料或口罩

表 B.1（续）

工种编号	配备装备	配备编号	功能、特点[a]	建议最长更换期限[b]/月
FM-03-002	自吸过滤式防毒面具	FM-03-002HX	防御有毒、有害气体或蒸气、颗粒物等	根据需要及时更换
	焊接服	FM-03-002FZ	焊接防护	24
	防护手套	FM-03-002SF	防机械伤害,隔热,防寒,电绝缘	3
	安全鞋	FM-03-002ZB	保护足趾,防寒,隔热	12
	耳塞/耳罩	FM-03-002TL	降噪	耳塞:12;耳罩:36
	自锁器/速差自控器	FM-03-002ZL	防坠落	60
	安全带	FM-03-002ZL	防坠落	36

注1：最长更换期限的日期是从个体防护装备发放给作业人员（见个体防护装备的发放领用记录）开始计算的。

注2：企业所在地区季节温差变化较大的,可按季节配置春秋、冬、夏的防护用品,同时最长更换期限也要相应变化。

注3：自给开路式压缩空气呼吸器、安全带(含其他坠落防护产品)、长管呼吸器等个体防护装备可为班组配置。

[a] 企业应根据岗位特点和对应的危险有害因素增加或减少部分功能。

[b] 个体防护装备的最长更换期限可根据产品说明书、有效期限、实际使用时间、工作强度、磨损情况等适当缩短。

参 考 文 献

[1] 国家职业分类大典修订工作委员会.中华人民共和国职业分类大典(2015年版)[M].北京:中国人力资源和社会保障出版集团有限公司(中国劳动社会保障出版社),2015.

2. 头及眼面部防护

头部防护 安全帽(GB 2811—2019)

前 言

本标准按照 GB/T 1.1—2009 给出的规则起草。

本标准代替 GB 2811—2007《安全帽》。本标准与 GB 2811—2007 相比,主要技术变化如下：

——修改了标准适用范围(见第 1 章);

——修改了部分术语和定义的措辞,并删除了部分术语(见第 3 章,2007 年版的第 3 章);

——增加了安全帽的分类(见第 4 章);

——修改了对于安全帽质量的要求(见 5.2.6,2007 年版的 4.1.7);

——修改了对于佩戴高度的要求(见 5.2.9,2007 年版的 4.1.11);

——修改了对于通气孔的要求(见 5.2.13,2007 年版的 4.1.15);

——修改了对于耐低温性能的要求(见 5.3.3,2007 年版的 4.3.5);

——增加了对于耐极高温性能的要求(见 5.3.4);

——修改了对于电绝缘性能的要求(见 5.3.5,2007 年版的 4.3.2);

——修改了对于防静电性能的要求(见 5.3.6,2007 年版的 4.3.1);

——增加了对于耐熔融金属飞溅性能的要求(见 5.3.7);

——修改了对于安全帽永久标识的要求(见 7.2,2007 年版的 6.1)。

本标准由中华人民共和国应急管理部提出并归口。

本标准起草单位：北京市劳动保护科学研究所、梅思安(中国)安全设备有限公司、北京慧缘有限责任公司、浙江耐特科技有限公司、北京力达塑料制造有限公司。

本标准主要起草人：杨文芬、陈倬为、许超、肖义庆、张意飞、项树乔、蒋旭日、张东伟。

本标准所代替标准的历次版本发布情况为：

——GB 2811—1989、GB 2811—2007。

1 范围

本标准规定了安全帽的分类与标记、技术要求、检验及标识。

本标准适用于作业场所头部防护所用的安全帽。

本标准不适用于消防、应急救援、运动用和车用头部防护用品。

2 规范性引用文件

下列文件对于本文件的应用是必不可少的。凡是注日期的引用文件,仅注日期的版本适用于本文件。凡是不注日期的引用文件,其最新版本(包括所有的修改单)适用于本文件。

GB/T 2812　安全帽测试方法

3 术语和定义

下列术语和定义适用于本文件。

3.1

安全帽　safety helmets

对使用者头部受坠落物或小型飞溅物体等其他特定因素引起的伤害起防护作用的帽。

注：一般由帽壳、帽衬及配件等组成。

3.2

帽壳　shell

安全帽的外壳。

注：一般由壳体、帽舌、帽沿、顶筋等部分组成。

3.3

顶筋　top reinforcement

用于增加帽壳顶部强度的结构。

3.4

帽衬　harness

安全帽内部部件的总称。

注：一般由帽箍、吸汗带、顶带、缓冲垫等组成。

3.5

帽箍　headband

围绕头围起固定作用的可调节带圈。

3.6

吸汗带　sweatband

附加在帽箍上的吸汗材料。

3.7

顶带　liner strip

与使用者头顶直接接触的衬带。

3.8

下颏带　chins trap

系在下颏上，起辅助固定作用的可调节配件。

3.9

水平间距　horizontal distance

安全帽在佩戴时，帽箍与帽壳内侧之间在水平面上的径向距离。

3.10

垂直间距　vertical distance

安全帽在佩戴时，头顶最高点与帽壳内表面之间的轴向距离(不包括顶筋的空间)。

3.11

佩戴高度　wearing height

安全帽在佩戴时,帽箍侧面底部的最低点至头顶最高点的轴向距离。

4 分类与标记

4.1 分类

4.1.1 安全帽按性能分为普通型(P)和特殊型(T)。普通型安全帽是用于一般作业场所,具备基本防护性能的安全帽产品;特殊型安全帽是除具备基本防护性能外,还具备一项或多项特殊性能的安全帽产品,适用于与其性能相应的特殊作业场所。

4.1.2 带有电绝缘性能的特殊型安全帽按耐受电压大小分为G级和E级。G级电绝缘测试电压为2 200 V,E级电绝缘测试电压为20 000 V。

4.2 分类标记

4.2.1 安全帽的分类标记由产品名称、性能标记组成。

4.2.2 安全帽的分类标记详见表1,按表中从上至下的顺序选择相应性能进行标记。

表1 安全帽的分类标记

产品类别	符号	特殊性能分类	性能标记		备注
普通型	P	—	—		—
特殊型	T	阻燃	Z		—
		侧向刚性	LD		—
		耐低温	−30 ℃		—
		耐极高温	+150 ℃		—
		电绝缘	J	G	测试电压2 200 V
				E	测试电压20 000 V
		防静电	A		—
		耐熔融金属飞溅	MM		—

示例1:普通型安全帽标记为:安全帽(P);

示例2:具备侧向刚性、耐低温性能的安全帽标记为:安全帽(T LD−30 ℃);

示例3:具备侧向刚性、耐极高温性能、电绝缘性能,测试电压为20 000 V的安全帽标记为:安全帽(T LD+150 ℃ JE)。

5 技术要求

5.1 一般要求

5.1.1 不得使用有毒、有害或引起皮肤过敏等伤害人体的材料。

5.1.2 不得使用回收、再生材料作为安全帽受力部件(如帽壳、顶带、帽箍等)的原料。

5.1.3 材料耐老化性能应不低于产品标识明示的使用期限,正常使用的安全帽在使用期限内不能因材料原因导致防护功能失效。

5.2 基本性能要求

5.2.1 帽箍

帽箍应可根据安全帽标识中明示的适用头围尺寸进行调整。

5.2.2 吸汗带
帽箍对应前额的区域应有吸汗性织物或增加吸汗带,吸汗带宽度应不小于帽箍的宽度。

5.2.3 下颏带尺寸
安全帽如有下颏带,应使用宽度不小于10 mm的织带或直径不小于5 mm的绳。

5.2.4 帽壳
帽壳表面不能有气泡、缺损及其他有损性能的缺陷。

5.2.5 部件安装
安全帽各部件的安装应牢固,无松脱、滑落现象。

5.2.6 质量(不包括附件)
特殊型安全帽不应超过600 g;普通型安全帽不应超过430 g;产品实际质量与标记质量相对误差不应大于5%。

5.2.7 帽舌
按照GB/T 2812规定的方法测试,帽舌应≤70 mm。

5.2.8 帽沿
按照GB/T 2812规定的方法测试,帽沿应≤70 mm。

5.2.9 佩戴高度
按照GB/T 2812规定的方法测量,佩戴高度应≥80 mm。

5.2.10 垂直间距
按照GB/T 2812规定的方法测量,垂直间距应≤50 mm。

5.2.11 水平间距
按照GB/T 2812规定的方法测量,水平间距应≥6 mm。

5.2.12 帽壳内突出物
帽壳内侧与帽衬之间存在的尖锐锋利突出物高度不得超过6 mm,突出物应有软垫覆盖。

5.2.13 通气孔
当帽壳留有通气孔时,通气孔总面积不应大于450 mm^2。

5.2.14 下颏带强度
当安全帽有下颏带时,按照GB/T 2812规定的方法测试,下颏带发生破坏时的力值应介于150 N~250 N之间。

5.2.15 附件
当安全帽配有附件(如防护面屏、护听器、照明装置、通信设备、警示标识、信息化装置等)时,附件应不影响安全帽的佩戴稳定性,同时不影响其正常防护功能。

5.2.16 冲击吸收性能
按照GB/T 2812规定的方法测试,经高温(50 ℃±2 ℃)、低温(−10 ℃±2 ℃)、浸水(水温20 ℃±2 ℃)、紫外线照射预处理后做冲击测试,传递到头模的力不应大于4 900 N,帽壳不得有碎片脱落。

5.2.17 耐穿刺性能
按照GB/T 2812规定的方法测试,经高温(50 ℃±2 ℃)、低温(−10 ℃±2 ℃)、浸水(水温20 ℃±2 ℃)、紫外线照射预处理后做穿刺测试,钢锥不得接触头模表面,帽壳不得有碎片脱落。

5.3 特殊性能要求

5.3.1 阻燃性能

按照 GB/T 2812 规定的方法测试,续燃时间不应超过 5 s,帽壳不得烧穿。

5.3.2 侧向刚性

按照 GB/T 2812 规定的方法测试,最大变形不应大于 40 mm,残余变形不应大于 15 mm,帽壳不得有碎片脱落。

5.3.3 耐低温性能

5.3.3.1 按照 GB/T 2812 规定的方法,经低温(−30 ℃±2 ℃)、3 h 预处理后做冲击测试,传递到头模的力不应大于 4 900 N,帽壳不得有碎片脱落。

5.3.3.2 按照 GB/T 2812 规定的方法,经低温(−30 ℃±2 ℃)、3 h 预处理后做穿刺测试,钢锥不得接触头模表面,帽壳不得有碎片脱落。

5.3.4 耐极高温性能

5.3.4.1 按照 GB/T 2812 规定的方法,或依照附录 A 进行预处理(仲裁检验优先采用 GB/T 2812 规定的方法),经极高温(150 ℃+5 ℃)、1 h 预处理后做冲击测试,传递到头模的力不应大于 4 900 N,帽壳不得有碎片脱落。

5.3.4.2 按照 GB/T 2812 或附录 A 规定的方法,或依照附录 A 进行预处理(仲裁检验优先采用 GB/T 2812 规定的方法),经极高温(150 ℃±5 ℃)、1 h 预处理后做穿刺测试,钢锥不得接触头模表面,帽壳不得有碎片脱落。

5.3.5 电绝缘性能

按照 GB/T 2812 规定的方法测试,G 级安全帽泄漏电流不应大于 3.0 mA;E 级安全帽泄漏电流不应大于 9.0 mA,当测试电压加大至 30 000 V 时,安全帽不应被击穿、发生燃烧现象。

5.3.6 防静电性能

按照 GB/T 2812 规定的方法进行测试,表面电阻应为 $1×10^5$ Ω~$1×10^{10}$ Ω。

5.3.7 耐熔融金属飞溅性能

按照 GB/T 2812 或附录 B 规定的方法进行测试(仲裁检验优先采用 GB/T 2812 规定的方法),安全帽不应存在以下情况:
——出现帽壳被穿透的现象;
——出现大于 10 mm 的损坏变形;
——帽壳续燃时间大于 5 s。

6 检验

6.1 总则

6.1.1 普通型安全帽应测试 5.2 中规定的各项性能。

6.1.2 特殊型安全帽应测试 5.2 中规定的各项性能以及 5.3 中规定的相应性能。

注1:耐低温安全帽可不做经(−10 ℃±2 ℃)预处理后的冲击吸收性能和耐穿刺性能。
注2:耐极高温安全帽可不做经(50 ℃±2 ℃)预处理后的冲击吸收性能和耐穿刺性能。

6.2 检验类别

检验类别可分为出厂检验、型式检验。

6.3 出厂检验

生产企业应按照生产批次对安全帽逐批进行出厂检验。检查批量以一次生产投料为一批次,检验项目名称、检验项目条款号、批量范围、样本大小、不合格分类、判定数组见表2。

表2 出厂检验

检验项目名称	检验项目条款号	批量范围	单项检验样本大小	不合格分类	单项判定数组 合格判定数	单项判定数组 不合格判定数
冲击吸收性能(除紫外线照射)	5.2.16	<500	1	A	0	1
耐穿刺性能(除紫外线照射)	5.2.17					
阻燃性能(适用时)	5.3.1					
侧向刚性(适用时)	5.3.2	500～5 000	2			
耐低温性能(适用时)	5.3.3					
耐极高温性能(适用时)	5.3.4					
电绝缘性能(适用时)	5.3.5	>5 000	4			
防静电性能(适用时)	5.3.6					
耐熔融金属飞溅性能(适用时)	5.3.7					
标识	第7章					
帽箍	5.2.1	<500	1	B	1	2
部件安装	5.2.5					
质量	5.2.6					
垂直间距	5.2.10					
帽壳内突出物	5.2.12					
下颏带强度(适用时)	5.2.14					

6.4 型式检验

有下列情况时应进行型式检验:
a) 新产品鉴定或老产品转厂生产的试制定型;
b) 当材料、工艺、结构设计发生变化时;
c) 停产超过一年后恢复生产时;
d) 周期检查,每年一次;
e) 出厂检验结果与上次型式检验结果有较大差异时;
f) 国家有关主管部门提出型式检验要求时。

样本由提出检验的单位或委托第三方从企业出厂检验合格的产品中随机抽取,样品数量以满足全部检验项目要求为原则。检验项目名称、检验项目条款号、不合格类别、不合格质量水平、判定数组见表3。

表 3 型式检验

检验项目名称	检验项目条款号	不合格类别	不合格质量水平 RQL	单项判定数组 合格判定数 Ac	单项判定数组 不合格判定数 Re
冲击吸收性能	5.2.16	A	50	0	1
耐穿刺性能	5.2.17	A	50	0	1
阻燃性能(适用时)	5.3.1	A	50	0	1
侧向刚性(适用时)	5.3.2	A	50	0	1
耐低温性能(适用时)	5.3.3	A	50	0	1
耐极高温性能(适用时)	5.3.4	A	50	0	1
电绝缘性能(适用时)	5.3.5	A	50	0	1
防静电性能(适用时)	5.3.6	A	50	0	1
耐熔融金属飞溅性能(适用时)	5.3.7	A	50	0	1
标识	第7章	A	50	0	1
帽箍	5.2.1	B	50	1	2
部件安装	5.2.5	B	50	1	2
质量	5.2.6	B	50	1	2
垂直间距	5.2.10	B	50	1	2
帽壳内突出物	5.2.12	B	50	1	2
下颏带强度(适用时)	5.2.14	B	50	1	2
吸汗带	5.2.2	C	50	2	3
下颏带尺寸(适用时)	5.2.3	C	50	2	3
帽壳	5.2.4	C	50	2	3
帽舌	5.2.7	C	50	2	3
帽沿	5.2.8	C	50	2	3
佩戴高度	5.2.9	C	50	2	3
水平间距	5.2.11	C	50	2	3
通气孔	5.2.13	C	50	2	3
附件	5.2.15	C	50	2	3

7 标识

7.1 标识组成
安全帽的标识由永久标识和制造商提供的信息组成。

7.2 永久标识
安全帽的永久标识是指位于产品主体内侧,并在产品整个生命周期内一直保持清晰可

辨的标识,至少应包括以下内容:
- a) 本标准编号;
- b) 制造厂名;
- c) 生产日期(年、月);
- d) 产品名称(由生产厂命名);
- e) 产品的分类标记;
- f) 产品的强制报废期限。

7.3 制造商提供的信息

每顶安全帽均要提供一个含有下列信息的材料,可以使用印刷品、图册或耐磨不干胶贴等形式,提供给最终使用者。至少应包括以下内容:
- a) 警示:"使用安全帽时应根据头围大小调节帽箍或下颏带,以保证佩戴牢固,不会意外偏移或滑落";
- b) 警示:"安全帽在经受严重冲击后,即使没有明显损坏,也必须更换";
- c) 警示:"除非按制造商的建议进行,否则对安全帽配件进行的任何改造和更换都会给使用者带来危险";
- d) 是否可以在外表面涂敷油漆、溶剂、不干胶贴的声明;
- e) 制造商的名称、地址和联系方式;
- f) 为合格品的声明及资料;
- g) 适用和不适用场所;
- h) 适用头围的大小;
- i) 安全帽的报废判别条件和使用期限;
- j) 调整、装配、使用、清洁、消毒、维护、保养和储存方面的说明和建议;
- k) 可使用的附件和备件(如果有)的详细说明;
- l) 质量(应提供该产品的自身质量,便于使用者选择)。

附 录 A
(规范性附录)
耐极高温性能测试

A.1 预处理装置

A.1.1 装置示意图
极高温预处理装置示意图见图 A.1。

A.1.2 箱体
箱体应具备保温功能,底部为具备一个可供头模及样品进入的开口,尺寸见图 A.2。箱体内部空间瞬时温度应为 150 ℃±5 ℃。

A.1.3 温控头模
温控头模为金属材质制成,厚度不小于 1.5 mm,内部应为中空结构,尺寸应符合 GB/T 2812 要求中对 1#头模的要求。头模内部可通过循环空气或循环水进行冷却,使其温度保持在 50 ℃±2 ℃,并通过热电偶对温度进行监控,热电偶距头模中点的距离不应超过

40 mm。

单位为毫米

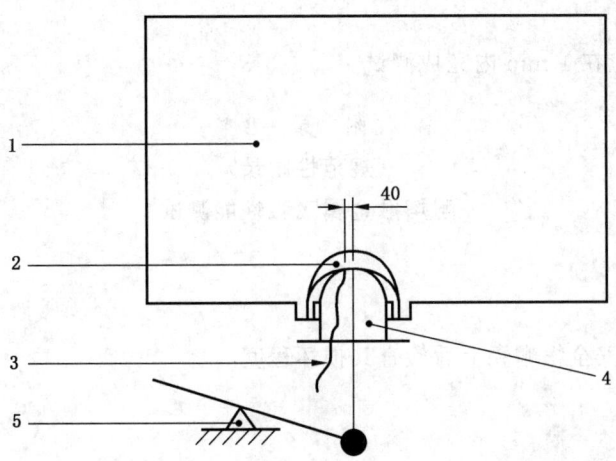

说明：
1——箱体；
2——试样；
3——热电偶；
4——温控头模；
5——提升装置。

图 A.1 极高温预处理装置

单位为毫米

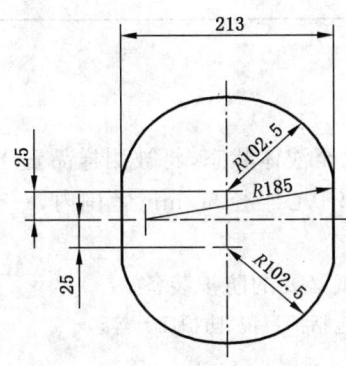

图 A.2 箱体底部开口尺寸

A.1.4 提升装置

提升装置应与温控头模相连，可抬升头模进入箱体内使被测样品最低点与箱体底面平齐。

A.2 预处理过程

待箱体内部温度达到150 ℃后，将被测样品佩戴至头模上，启动提升装置使样品进入箱体内,预处理时间为 60 min±2 min。

A.3 测试

样品取出后,应在 1 min 内完成测试。

附 录 B
（规范性附录）
耐熔融金属飞溅性能测试

B.1 测试原则

将铁水倾倒于安全帽帽壳上后检查其损坏程度。

B.2 测试装置

熔融金属组成及测试装置应满足表 B.1 要求。

表 B.1 熔融金属组成及测试装置要求

金属组成	倾倒温度/℃	倾倒高度/mm
铁元素含量应不低于93%,其他元素含量如下： ——C 2.8%～3.2%； ——Si 1.2%～2.0%； ——P 0.3%～0.6%	1400±20	225±5

B.3 测试过程

B.3.1 将 150 g±10 g 的铁熔化至液体状态,将被测样品置于头模上,调整倾倒位置,使得液态金属倾倒点处于安全帽顶部中心半径 50 mm 范围内,一次性倾倒全部液态金属后检查样品状态。

B.3.2 测试人员在操作时应佩戴必要的防护装备。

注：测试人员佩戴的防护装备可包括护目镜、防护面具等。

参 考 文 献

[1] ANSI/ISEA Z89.1—2014 American National Standard for Industrial Head Protection

[2] EN 397:2012+A1:2012 Industrial safety helmets

[3] EN 50365:2002 Electrically insulating helmets for use on low voltage installations

个人用眼护具技术要求（GB 14866—2006）

前 言

本标准在制定过程中主要参照了 ISO 4007:1977《个人用眼护具 词汇》、ISO 4849:1981《个人用眼护具 技术要求》、ISO 4854:1981《个人用眼护具 光学性能试验方法》、ISO 4855:1981《个人用眼护具 非光学性能试验方法》。另外有部分条款采用了欧洲标准和日本标准，如：

5.6.3 a)中滤光镜透射比相对误差项采用了 EN 166:2001《个人用眼护具 技术要求》的 7.1.5.2；

5.10 中有机镜片表面耐磨性能项采用了 JIS T 8147:2003《防护眼镜》的 5.1 e)；

5.11 中防高速粒子冲击性能项采用了 EN 166:2001《个人用眼护具 技术要求》的7.2.2。

本标准由国家安全生产监督管理总局提出。

本标准由全国个体防护装备标准化技术委员会(CSBTS/TC 112)归口。

本标准起草负责单位：上海市劳动保护科学研究所。

本标准主要起草人：王桂芬、顾建栋、宋毅、唐一鸣。

本标准代替 GB/T 14866—1993《眼面护具通用技术条件》。

1 范围

本标准规定了个人用眼护具的技术性能要求及相应的试验方法。

本标准适用于除核辐射、X 光、激光、紫外线、红外线及其他辐射以外的各类个人眼护具。

2 规范性引用文件

下列文件中的条款通过本标准的引用而成为本标准的条款。凡是注日期的引用文件，其随后所有的修改单（不包括勘误的内容）或修订版均不适用于本标准，然而，鼓励根据本标准达成协议的各方研究是否可使用这些文件的最新版本。凡是不注日期的引用文件，其最新版本适用于本标准。

GB/T 191　包装储运图示标志

GB/T 2428　成年人头面部尺寸

3 术语和定义

本标准采用以下定义。

3.1

眼护具　eye-protector

防御烟雾、化学物质、金属火花、飞屑和粉尘等伤害眼睛、面部的防护用品。

3.2
镜片　ocular

防御有害因素伤害眼部的各种透光构件。

3.3
眼镜　spectacle

镜架内装有镜片的眼护具。

3.4
眼罩　goggle

在头带框架内装有单片或双片镜片的眼护具。

3.5
面罩　face-shield

遮盖整个或部分面部的眼护具。

3.6
滤光镜　filter

能衰减入射光强度的镜片。

3.7
镜片水平基准长度　optical horizontal reference length

镜片顶部和底部之间的中心水平基准线长度。

3.8
镜片垂直高度　optical vertical height

垂直与镜片水平基准线的中心线长度。

3.9
镜片中心范围　optical central scope

距镜片边缘 5 mm 以内区域。

3.10
屈光度　refractive power

表征光学系统会聚或发散光束能力的量。其值为光学系统集距的倒数。单位:1/m;符号:D。

3.11
棱镜度　depth of parallelism

通过一个光学系统,物体的视位移与该物体距离之比的 100 倍。单位:cm/m;符号:$\triangle$。

3.12
透射比　transmission rate

透射光和入射光强度之比。

4　分类

4.1　眼护具类型

按外形结构进行分类,见表 1。

4.1.1　眼镜

4.1.2 眼罩

4.1.3 面罩

表 1 眼镜类型

名称	样 型			
眼镜	普通型		带侧光板型	
眼罩	开放型		封闭型	
面罩	手持式	头戴式	安全帽与面罩组合	头盔式
	全面罩	全面罩　半面罩	全面罩　半面罩	

4.2 镜片类型

4.2.1 无机镜片

4.2.1.1 非钢化无机镜片

4.2.1.2 钢化无机镜片：通过物理或化学方法使其钢化。

注：由于制造工艺或后处理的结果，钢化镜片抗机械冲击性能比非钢化镜片要好，而且当镜片破裂时产生的尖利碎片比非钢化镜片少。

4.2.2 有机镜片

4.2.3 胶合镜片：由黏结剂将多层镜片粘合而成。

注：所有类型镜片都可继续细分滤光片类型。也可分为带矫正功能的镜片和不带矫正功能的镜片。也可在表面涂上涂层以获得其他功能。

4.3 眼护具的功能

眼护具的功能是提供保护以及对抗以下伤害：

——不同强度的冲击；

——可见光辐射；

——熔融金属飞溅；

——液体雾滴和飞溅；

——粉尘；

——刺激性气体

或这些类型伤害的任何组合,其基本技术性能参见附录 A。

5 技术要求

5.1 材料
a) 佩戴者接触的部分不应使用会引起皮肤刺激的材料;
b) 防护部分的材料应满足其功能的需要。

5.2 结构
a) 表面光滑、无毛刺、无锐角或可能引起眼面部不舒适感的其他缺陷;
b) 应具有良好的透气性;
c) 可调零件或结构部件应易于调节和替换。

5.3 头箍
在与佩戴者接触的任一部分头箍至少应保持 10 mm 宽,头箍应能调节,选用的材料应质地柔软,经久耐用。

5.4 镜片规格
a) 单镜片:长×宽尺寸不小于:105 mm×50 mm;
b) 双镜片:圆镜片的直径不小于 40 mm;成形镜片的水平基准长度×垂直高度尺寸不小于:30 mm×25 mm。

5.5 镜片的外观质量
镜片表面应光滑、无划痕、波纹、气泡、杂质或其他可能有损视力的明显缺陷。

5.6 光学性能

5.6.1 屈光度
镜片屈光度互差为 $^{+0.05}_{-0.07}D$。

5.6.2 棱镜度
a) 平面型镜片棱镜度互差不得超过 0.125△;
b) 曲面型镜片的镜片中心与其他各点之间垂直和水平棱镜度互差均不得超过 0.125△;
c) 左右眼镜片的棱镜度互差不得超过 0.18△。

5.6.3 可见光透射比
a) 在镜片中心范围内,波光镜可见光透射比的相对误差应符合表 2 所规定的范围。

表 2 滤光镜可见光透射比相对误差

透射比值	相对误差/%
1～0.179	±5
0.179～0.085	±10
0.085～0.004 4	±10
0.004 4～0.000 23	±15
0.000 23～0.000 012	±20
0.000 012～0.000 000 23	±30

b) 无色透明镜片:可见光透射比应大于 0.89。

5.7 抗冲击性能

用于抗冲击的镜片及眼护具,都应经受直径为 22 mm、重约 45 g 钢球从 1.3 m 高度自由落下的冲击。

5.7.1 镜片

按 6.2.1 规定的方法测试后,不应发生下列缺陷:
a) 镜片破损:如镜片碎裂为二片或二片以上,或者从钢球冲击的另一表面脱落大于 5 mg 的碎片,或者钢球穿透镜片,则可认为该镜片已破损;
b) 镜片变形:经钢球撞击后,镜片背面的白纸上出现斑点,则可认为其变形。

5.7.2 眼护具

按 6.2.2 规定的方法测试后,不应发生下列缺陷:
a) 镜片破损:同 5.7.1 a);
b) 镜片变形:同 5.7.1 b);
c) 眼护具框架破损:经钢球撞击后,其分离成几个部分,或其不再具有装夹镜片的能力,则可认为其破损。

5.8 耐热性能

按 6.3 规定的方法测试后,应无异常现象出现。镜片的光学性能在 5.6 规定的范围内无变化。

5.9 耐腐蚀性能

按 6.4 规定的方法测试后,眼护具的所有金属部件应呈无氧化的光滑表面。

5.10 有机镜片表面耐磨性能

按 6.5 规定的方法测试后,镜片表面磨损率 H 应低于 8%。

5.11 防高速粒子冲击性能

用于防护高速粒子冲击的眼护具应能承受直径为 6 mm、重约 0.86 g 的钢球在以表 3 中给出速度的冲击。

防高速粒子冲击眼护具必须带有侧面防护。

表 3 防护要求

眼护具种类	钢球冲击速度		
	低速(L) $45^{+1.5}_{0}$ m/s	中速(M) 120^{+3}_{0} m/s	高速(H) 190^{+5}_{0} m/s
眼镜	+	不适用	不适用
眼罩	+	+	不适用
面屏	+	+	+

按 6.6 规定的方法测试后,不应发生下列缺陷:
a) 镜片破损:同 5.7.1 a);
b) 镜片变形:同 5.7.1 b);
c) 眼护具框架破损,同 5.7.2 c);
d) 侧面防护失效:如果侧面防护部分破裂为二个或更多部分,或让钢球完全穿透,或其部分或完全从眼护具脱离,或其零件部分脱离,则认为防护失效。

5.12 熔融金属和炽热固体防护性能

眼护具对眼部提供防护的所有零件的材料应为非金属或经过防熔融金属粘附及抗炽热固体穿透的处理。

　　a) 按 6.7.1 规定的方法测试后,若镜片无熔融金属粘附或破损,则此材料合格;

　　b) 按 6.7.2 规定的方法测试后,在 7 s 内没有发现钢球完全穿透镜片,则此材料合格。

5.13 化学雾滴防护性能

按 6.8 规定的方法测试后,若镜片中心范围内试纸无色斑出现,则认为合格。

5.14 粉尘防护性能

按 6.9 规定的方法测试后,若测试后与测试前的反射率比大于 80%,则认为合格。

5.15 刺激性气体防护性能

按 6.10 规定的方法测试后,若镜片中心范围内试纸无色斑出现,则认为合格。

6 技术性能试验方法

6.1 光学性能试验

6.1.1 屈光度

6.1.1.1 仪器

屈光度测试仪,精度为 $\pm 0.01D$。

6.1.1.2 试验方法

首先将要测试的镜片划出水平基准线和垂直基准线,确定出镜片中心,分别测试出镜片中心点、水平基准线上和垂直基准线上任一点的屈光度。

6.1.2 棱镜度

6.1.2.1 仪器

棱镜度测试仪。

6.1.2.2 试验方法

与 6.1.1.2 方法相同。

6.1.3 可见光透射比

6.1.3.1 仪器

分光光度计,精度为 $\pm 1\%$。

6.1.3.2 试验方法

在规定的波长范围内,每隔 10 nm 测取镜片透射比的读数,计算出积分平均值。

6.2 抗冲击性能试验

6.2.1 镜片

6.2.1.1 试验装置

装置见图 1。基本结构可分上下二个部分,上半部是标高柱,与标高柱连接的部分是定位尺,并可任意调节,上下自由滑动;所需高度可用固定螺栓定位,定位尺的外端有一钢球投放孔,孔的中心对准测试样品的中心。下半部分为样品基座,有钢制圆筒和压圈组成,圆筒的内径比待测镜片的直径小 5 mm,压圈的质量为 250 g,其内径与圆筒的内径相同,外径略大于圆筒。待测镜片的上、下两个表面各放有一厚度为 3 mm,布氏硬度为 40±5 的橡胶垫圈,其内径与圆筒相同。对于有曲率的镜片,则圆筒和压圈的曲率应分别与镜片的凹凸面相符。

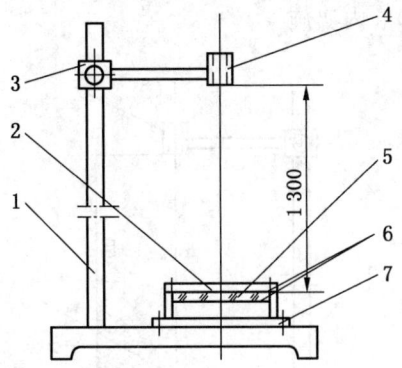

1——标高柱;
2——压圈;
3——定位支架;
4——钢球投放孔;
5——试样;
6——橡胶垫圈;
7——试样基座。

图 1 抗冲击性能试验装置(镜片)

6.2.1.2 试验步骤

把垫有橡胶垫圈的镜片安放在圆筒上,把一张白纸和复写纸衬于镜片下,复写纸位于镜片一侧,再用压圈和螺栓固定镜片的位置。调节装置到所需高度,并使钢球与圆筒中心相对,然后,不施加任何动能,使一直径为 22 mm、重约 45 g 的钢球从 1.3 m 高处垂直下落到待测镜片上。

6.2.1.3 试验温度要求

对于有机镜片或胶合镜片,测试温度在 23 ℃±3 ℃范围内;对于无机镜片,在正常的室温中进行。

6.2.2 眼护具

6.2.2.1 试验装置

试验装置见图 2。头模由硬木制成,水平放置在底座上,并用螺栓固定其位置。

注:本标准中测试用头模应符合 GB/T 2428 中成年男子头面部的尺寸要求。

6.2.2.2 试验步骤

将待测眼护具按使用的正常位置戴在头模上。头模和眼护具间插入一张白纸和复写纸,白纸在头模一方,复写纸在镜片一方,钢球投放点在眼护具的正上方,着落点为:
a) 镜片中心 5 mm 范围内;
b) 框架鼻梁处;
c) 框架的二个铰链处。

6.2.2.3 试验温度要求

a) 在试验前把眼护具放入 55 ℃±2 ℃的恒温箱内,保温 1 h;
b) 在第二次试验前,把眼护具冷却到-5 ℃±2 ℃,并保温 1 h;对用于低温作业的眼护具,应冷却到-20 ℃±2 ℃,并保温 4 h。

试验应在完成保温后 30 s 内实施。

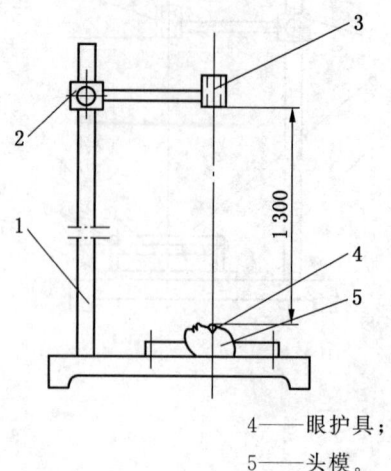

1——标高柱;
2——定位支架;
3——钢球投放孔;
4——眼护具;
5——头模。

图 2　抗冲击性能试验装置(眼护具)

6.3　耐热性能试验

把试样放入温度为 67 ℃±2 ℃的水中,保温 3 min 后取出,立即放入 4 ℃以下的水中,取出后按6.1 的方法对其进行光学性能试验。

6.4　耐腐蚀性能试验

测定眼护具金属组件的耐腐蚀性能,首先通过清除其粘附物,然后浸入质量分数 10% 氯化钠沸水溶液,浸泡 15 min。从此溶液中取出,再浸入质量分数 10%氯化钠常温水溶液,浸泡 15 min,取出后勿擦除粘附液,放在室温下干燥 24 h,然后用温水洗清,并待其干燥。视表面有无氧化现象。

6.5　有机镜片表面耐磨性能试验

6.5.1　试验装置

试验装置由落砂试验装置(见图 3)和镜片表面磨损率测试仪(或雾度仪)组成。

6.5.2　试验步骤

试验前,先测试样的雾度值,然后把试样装夹到图 3 所示的落砂试验机的转盘上,转盘转动时,落下磨料,清洗镜片表面后,再测定其雾度值,计算其表面磨损率 H。

镜片表面磨损率 H 的计算按式(1)进行:

$$H = \frac{T_d}{T_e} \times 100 \qquad\qquad\qquad (1)$$

式中:

H ——镜片表面磨损率,%;

T_e ——全透射率,为全透射光通量与入射光通量的比值;

T_d ——散射光透射率。

散射光透射率按式(2)计算。

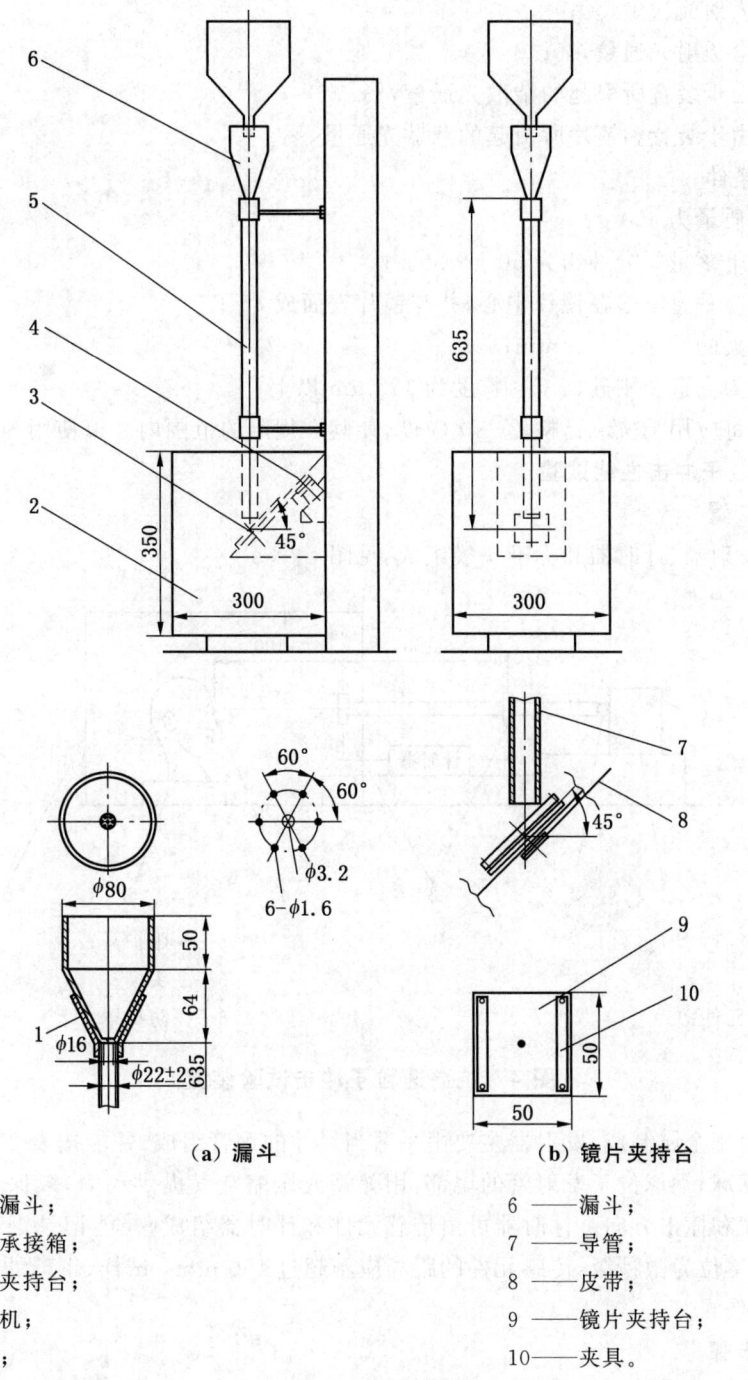

(a) 漏斗　　　　　　(b) 镜片夹持台

1——固定漏斗；
2——磨料承接箱；
3——镜片夹持台；
4——电动机；
5——导管；
6——漏斗；
7——导管；
8——皮带；
9——镜片夹持台；
10——夹具。

图 3　落砂试验装置

$$T_d = \frac{T_4 - T_3(T_2/T_1)}{T_1} \quad \cdots\cdots\cdots\cdots\cdots\cdots\cdots\cdots (2)$$

式中：

T_d——散射光透射率；

T_1——入射光通量,%;

T_2——全透射光通量,%;

T_3——由于装置所引起的杂散光通量,%;

T_4——由于装置和镜片所引起的杂散光通量,%。

6.5.3 试验条件

（1）磨料质量为 400 g；

（2）磨料下落量每分钟约为 60 g～80 g；

（3）磨料应垂直下落在镜片中心,并与镜片表面成 45°；

（4）镜片夹的转速为 5 r/min；

（5）磨料为人造金刚砂(SiC),粒度为 125 μm 以上；

（6）磨料每应用 10 次后,检验一次粒度,使其在规定的范围内。以使用 50 次为限度。

6.6 防高速粒子冲击性能试验

6.6.1 试验装置

装置由发射器、计时器和标准头模组成,见图 4。

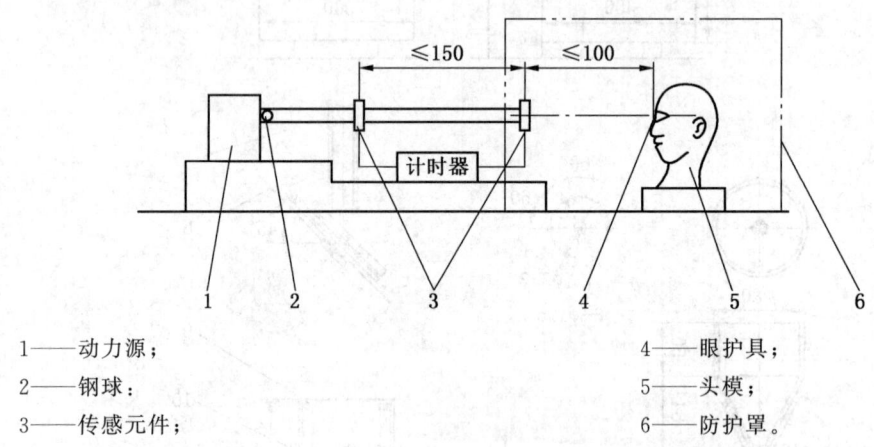

1——动力源；
2——钢球；
3——传感元件；
4——眼护具；
5——头模；
6——防护罩。

图 4 抗高速粒子冲击试验装置

标准头模用金属制成,发射器主要由一适当尺寸的钢管组成,并能按表 2 速度发射直径为 6 mm 的钢球,钢球位于发射管的尾部,用弹簧或压缩空气提供动力,以保证钢球有一恒定的出射速度和撞击方向。计时器可由传感元件和计时器组成,并能记录钢球通过二传感元件的时间,单位为微秒级,传感元件的距离应不超过 150 mm,试样、钢球的弹着点周围都应密封,以防伤人。

6.6.2 试验步骤

将待测眼护具按正常使用要求置于标准头模上,眼护具头箍的松紧程度按制造厂说明书调节,用适当尺寸的复写纸和白纸插入镜片和头模之间（复写纸在眼护具的一方,白纸在头模的一方）,眼护具和头模的组合装置位于发射器的正前方。从发射管的喷嘴到钢球撞击点的直线距离尽可能小,然后以选定的速度,对准双镜片眼护具的每一镜片中心发射钢球,单镜片眼护具的钢球撞击点处于镜片的中心水平线上,并与其垂直中线各相距 33 mm（见图 5）。发射方向应与眼护具镜片表面垂直。

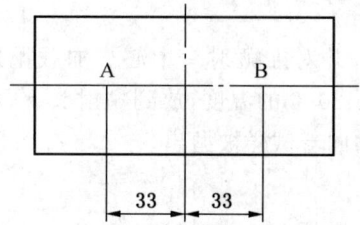

图 5　单镜片的钢球撞击点

6.7　熔融金属和炽热固体防护性能试验

6.7.1　熔融金属防护性能试验

6.7.1.1　试验装置

试验装置如图 6 所示。由一带有抛射头的弹簧加重的活塞组成，抛射头的中心凹陷，用来盛放熔融金属。一固定台架安装在抛射头的上面，其中心孔允许熔融金属通过。熔融金属向上抛射到镜片表面的额定距离为 250 mm。

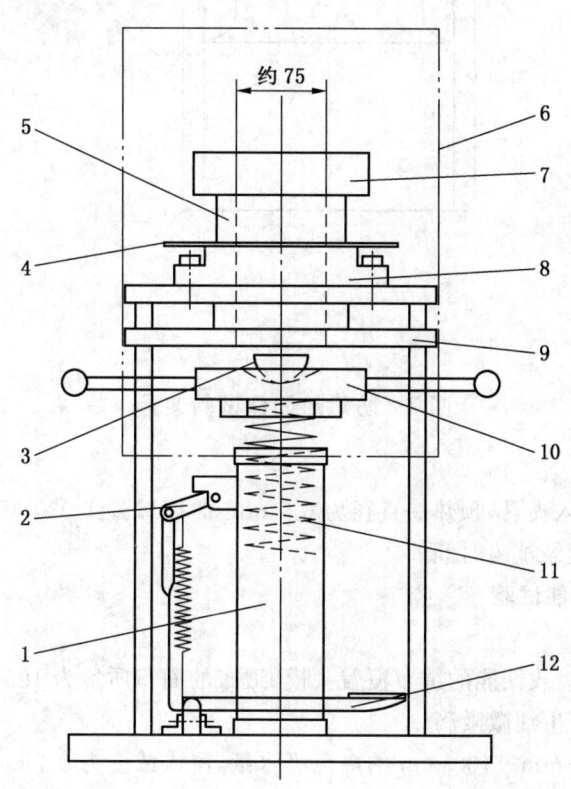

1——缸体；
2——弹簧释放扳机；
3——抛射物；
4——目镜；
5——夹具；
6——防护罩；
7——压板(重约 7.5 kg)；
8——目镜底座；
9——止动板；
10——抛射头；
11——弹簧；
12——踏板。

图 6　防熔融金属试验装置

6.7.1.2 试验步骤

把试样固定在规定的位置,并对准抛射头中心。加载抛射物,抛射物为 100 g 灰口铸铁,将抛射物加热到 1 450 ℃± 20 ℃ 的温度,放到抛射头上,释放踏板,弹簧驱动抛射头垂直向上直到撞击止动板,抛射物向着试样被抛出。

6.7.2 炽热固体防护性能试验

6.7.2.1 试验装置

试验装置见图 7,漏斗由隔热材料制成并与试样中心对准。

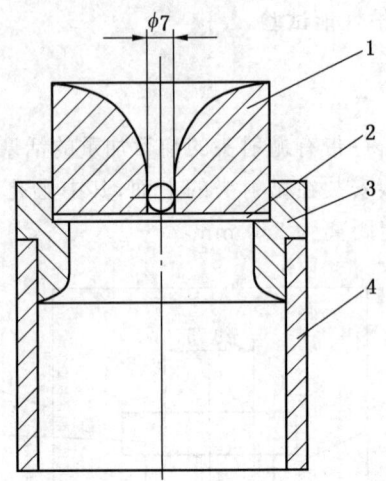

1——漏斗;
2——试样;
3——夹具;
4——支架。

图 7 防炽热固体试验装置

6.7.2.2 试验步骤

把试样按要求装入夹具,预热一直径为 6.5 mm 的钢球到 1 030 ℃,从炉内取出,立即放进漏斗内,并开始记录试验时间。

6.8 化学雾滴防护性能试验

6.8.1 试验装置

6.8.1.1 用一块具有吸收性能的绒布覆盖头模,绒布的面积质量为 185 g/m²。

6.8.1.2 喷雾器:能产生细微微滴。

6.8.1.3 试纸:约 180 mm×100 mm 的白色吸水纸,浸入浓度为 0.1 mol/L 的碳酸钠溶液。

6.8.1.4 试剂:将 5 g 酚酞溶解到 500 mL 的甲醇,再加 500 mL 的水,不断搅拌,滤去沉淀物,以获得 1 L 的试剂。

6.8.2 试验步骤

按正常要求将眼护具戴于头模上,在头模和眼护具间放入试纸。喷射试剂,水雾以 20 mL/min~30 mL/min 喷出,喷雾器和头模相隔 600 mm,喷射时间约为 10 s,从各个方向对头模进行喷射。然后,查看试样内试纸。

注:为安全起见,建议此项检测在防护罩内进行。

6.9 粉尘防护性能试验
6.9.1 试验装置
试验装置由发尘柜和光电反射计组成,如图8,图9。

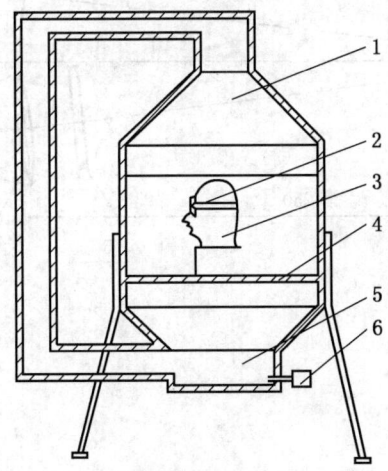

1——发尘柜(约560 mm×560 mm×560 mm);
2——眼护具;
3——头模;
4——阻隔板;
5——粉尘收集装置;
6——空压机。

图 8 发尘柜

6.9.1.1 发尘柜:内部尺寸为560 mm×560 mm,下接一漏斗形底,要求密封,粉尘收集装置连接空气压缩机,其风量约为2.8 m³/min,压力为2 255.5 Pa,以一个合适的搅拌器,使得从空压机里吹出的气流产生涡动。

6.9.1.2 试验粉尘:1 000 g煤粉放进发尘箱,煤粉的粒径如表4。

表 4 煤粉的粒径

滤网的额定网孔径/μm	通过的百分比/%
250	95
125	85
90	40

6.9.1.3 用一块有吸收性能的绒布覆盖头模,绒布的面积质量为185 g/m²,试样按要求固定在头模。绒布和试样间放一张潮湿白纸,在白纸上用铅笔标上直径为57 mm的2个圆,其中心的水平间距为66 mm。

6.9.1.4 光电反射计:用于反射率的测量。
仪器组成:干涉片,透镜,水银灯(放置在透镜的焦点处)以及传感器,如图9。

6.9.2 试验步骤

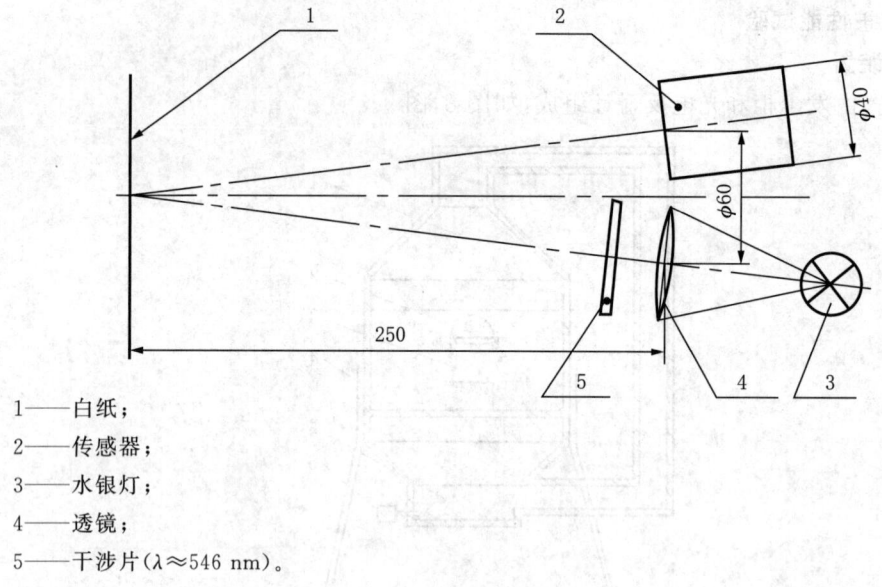

1——白纸;
2——传感器;
3——水银灯;
4——透镜;
5——干涉片($\lambda \approx 546$ nm)。

图 9 光电反射计

粉尘试验前,先测试白纸的反射率。

然后将安装试样的头模放入发尘箱,关紧玻璃罩,开动空压机,保持 1 min,直到粉尘全部沉降,小心地取出白纸,测试其反射率,然后计算其粉尘试验前后的反射率比。

6.10 有刺激性气体防护性能试验

6.10.1 试验装置

6.10.1.1 试验柜:一个密封性良好的玻璃罩,其内部尺寸为 560 mm×560 mm,以及一个密封并装有铰链的盖。试验柜借助于鼓风机通气,鼓风机的风量为 1.4 cm^3/s,排气管接到外面大气中。

6.10.1.2 刺激性气体供给:采用氨气发生器,制取浓度约为 0.89 g/mL 的氨气溶液,氨气发生器与试验柜连接。

6.10.1.3 硝酸汞溶液:用 1 mL 的质量分数为 65%~68%浓硝酸与蒸馏水配制成 100 mL 硝酸溶液,然后加入 10 g 的硝酸汞粉末。

6.10.1.4 试纸:用 180 mm×100 mm 的白色吸水纸,无硫化物,浸入已配制成的硝酸汞溶液,然后放入试验柜内及头模和眼护具之间。

6.10.2 试验步骤

将具有良好吸附性能的绒布覆盖头模,绒布的面积质量为 185 g/m^2,以双层厚度放置。然后按要求把试样固定在头模上。在头模和眼护具之间放入试纸,将其放进毒气柜,试验柜内的氨气量由试纸控制。打开氨气发生器,将氨气注入试验柜,待柜中的试纸呈褐色时,关闭试验柜进气孔后,让试样在氨气中保留 5 min。待试验柜内的气体清除干净后,取出试样,同时查看试样内试纸。

7 包装、标志、储运

7.1 包装

产品应有合适的包装,并且必须附有产品合格证和使用说明书。

7.2 标志

在产品表面不妨碍视野的地方,应表示制造厂名或商标,在包装上应有下列标识:

1) 产品名称;
2) 功能标识;
3) 制造厂名;
4) 生产日期。

7.3 储运

产品在储藏和运输的过程中,应满足下列条件:

1) 应保持清洁,禁止与酸、碱及其他有害物接触;
2) 防止雨淋、重压,要轻拿轻放,防止破碎;
3) 包装箱运输标志应符合 GB/T 191 的规定。

附 录 A

（资料性附录）

眼护具在不同场合的应用

序号	技术要求		标识	标准条款	眼护具			试验方法（条款）	备注
					眼镜	眼罩	面罩		
1	光学性能			5.6	+	+	+	6.1	
2	抗冲击性能			5.7	+	+	+	6.2	
3	耐热性能			5.8	+	+	+	6.2	
4	耐腐蚀性能			5.9	+	+	+	6.4	适用于有金属部件的眼护具
5	有机镜片表面耐磨性能			5.10	+	+	+	6.5	适用于有机材料制成的眼护具
6	防高速粒子冲击性能	低速	L	5.11	+	+	+	6.6	冲击速度为 $45^{+1.5}_{0}$ m/s
		中速	M		0	+	+		冲击速度为 120^{+3}_{0} m/s
		高速	H		0	0	+		冲击速度为 190^{+5}_{0} m/s
7	熔融金属和炽热固体防护性能		9*	5.12	0	+	+	6.7	
8	化学雾滴防护性能		3	5.13	0	+	+	6.8	
9	粉尘防护性能		4	5.14	0	+	0	6.9	
10	刺激性气体防护性能		5	5.15	0	+	0	6.10	

注:

　　+——允许应用;

　　0——禁止应用。

　　*——9号镜框与印有9号码为L、M或H的镜片配合使用。

个体防护装备 护听器的通用技术条件
（GB/T 31422—2015）

前言

本标准按照 GB/T 1.1—2009 给出的规则起草。

本标准参考了 BS EN 352 系列标准和 BS EN 13819 系列标准。

本标准由国家安全生产监督管理总局提出。

本标准由全国个体防护装备标准化技术委员会（SAC/TC 112）归口。

本标准起草单位：北京市劳动保护科学研究所、3M 中国有限公司、霍尼韦尔综合科技（中国）有限公司、厦门高科防静电装备有限公司、江西联创电声有限公司。

本标准主要起草人：杨文芬、刘宏娟、方向明、刘玉飞、徐盛、林国成、刘基、罗穆夏、陈倬为、智红亮、张鹏、余萌、刘金艳、宫国卓、谢小静。

1 范围

本标准规定了耳罩式和耳塞式护听器的要求、物理性能测试、声学性能测试及标识等。

本标准适用于在工作场所中使用的耳罩式和耳塞式护听器。

本标准不适用于带孔或阀的护听器的声学性能测试和带电路护听器的电路开启状态下的声学性能测试。

2 规范性引用文件

下列文件对于本文件的应用是必不可少的。凡是注日期的引用文件，仅注日期的版本适用于本文件。凡是不注日期的引用文件，其最新版本（包括所有的修改单）适用于本文件。

GB 2811 安全帽

GB/T 7584.1 声学 护听器 第 1 部分：声衰减测量的主观方法

GB/T 7584.2 声学 护听器 第 2 部分：戴护听器时有效的 A 计权声压级估算

GB/T 7584.3 声学 护听器 第 3 部分：使用专用声学 测试装置 测量耳罩式护听器的插入损失

3 术语和定义

下列术语和定义适用于本文件。

3.1

护听器 hearing protector

保护听觉、使人免受噪声过度刺激的防护用品。

[GB/T 23466—2009，定义 3.1]

3.2

耳罩　ear-muff

由压紧耳廓或围住耳廓四周并紧贴头部的罩杯等组成的护听器。

注：罩杯通过环箍或可装配到安全帽上的支撑臂固定和夹紧。

3.3

罩杯　cup

安装在耳罩环箍或支撑臂上的具有一定隔声能力的杯状组件。

注：通常配有罩杯垫和吸声内衬。

3.4

罩杯垫　cushion

装配在罩杯边缘的可变形的组件。

注：通常包含泡沫塑料或液体填充物，用于改进耳罩佩戴舒适性和密合性。

3.5

吸声内衬　liner

罩杯内部的吸声材料。

3.6

卫生护层　hygiene covers

覆盖在罩杯垫上的随弃式保护层。

注：使罩杯垫免受脏物、汗水、化妆品等的影响。

3.7

安全帽　safety helmet

对人头部受坠落物及其他特定因素引起的伤害起防护作用的帽。由帽壳、帽衬、下颚带、附件组成。

[GB 2811—2007，定义 3.1]

3.8

支撑臂　cup supporting arm

通过罩杯压紧罩杯垫、确保耳罩贴紧耳部周围，与安全帽外壳相连的臂状物。

3.9

环箍　headband

通过施加一定夹紧力、确保耳罩或耳塞贴紧耳部的半圆环。

3.10

头带　headstrap

经过头顶，连接在罩杯上或环箍上的柔性带。

注：颈后式或下颚式佩戴时，用于保持耳罩的位置。

3.11

环箍式耳罩　headband ear-muffs

通过环箍连接罩杯的耳罩。

3.12

挂安全帽式耳罩　ear-muffs attached to an industrial safety helmet

可通过支撑臂装配到安全帽上使用的耳罩。

注：通常设计有停用、待用、使用三个位置。

3.13

停用位置 parking position

挂安全帽式耳罩的罩杯高于安全帽帽沿的固定位置。

3.14

待用位置 stand-by position

挂安全帽式耳罩的罩杯低于安全帽帽沿、罩杯垫不与头部或耳部接触的固定位置。

3.15

耳塞 ear-plugs

塞入外耳道内，或堵住外耳道入口的护听器。

注：塞入外耳道内的称为全插入式耳塞，堵住外耳道入口的称为半插入式耳塞。

3.16

随弃式耳塞 disposable ear-plugs

不可清洁、用后即废弃的耳塞。

3.17

可重复使用的耳塞 re-usable ear-plugs

可清洁、多次使用的耳塞。

3.18

塑形耳塞 formable ear-plugs

佩戴前需要进行某些塑形操作的耳塞。

注：塑形耳塞也称为慢回弹耳塞。

3.19

预成形耳塞 pre-formed ear-plugs

佩戴前不需进行塑形操作的耳塞。

3.20

定制型耳塞 custom moulded ear-plugs

用佩戴者耳甲腔和外耳道印模制成的耳塞。

3.21

环箍式耳塞 headband ear-plugs

通过环箍连接的耳塞。

3.22

听阈 threshold of hearing

在规定条件下，受试者对重复试验能作出50%正确察觉的最低声压级。

[GB/T 7584.1—2004，定义3.7]

3.23

插入损失 insertion loss

在规定条件下的规定声场中，用专用声学测试装置中的传声器测量得到的无听力防护和有听力防护时的1/3倍频带声压级的代数差。

注：插入损失以分贝(dB)表示。

3.24
声衰减 sound attenuation

对一给定的测试信号,受试者无听力防护和有听力防护时的听阈之差。

注:声衰减以分贝(dB)表示。

3.25
基本组合 basic combination

挂安全帽式耳罩和制造商给定型号及号型的安全帽的组合。

3.26
附加组合 supplementary combination

挂安全帽式耳罩和制造商提供的不同于基本组合型号或号型的安全帽的组合。

3.27
测试高度 test height

在固定支架上,穿过耳廓模拟器安装孔中心的轴线与环箍或帽壳支撑垫顶点的垂直距离。

注:见图1、图2、图4。

3.28
测试宽度 test width

在固定支架上,穿过侧板外表面上耳廓模拟器安装孔中心的垂线间的水平距离。

注:见图1、图2、图4。

3.29
佩戴高度 wearing height

安全帽在佩戴时,帽箍底部至头顶最高点的轴向距离。

[GB 2811—2007,定义3.15]

3.30
专用声学测试装置 acoustic test fixture;ATF

接近成人人头平均尺寸的装置。

注:专用声学测试装置用于测量耳罩式护听器的插入损失,其中包括一个测量声压级的传声器。

[GB/T 7584.3—2011,定义3.4]

3.31
非平面罩杯垫适配器 non-planar cushion adaptor

可安装到固定支架上的适配器。

注:将带有非平面罩杯垫的耳罩装到两个侧板处于平行状态的固定支架上时,用于使罩杯垫的中心位于穿过力传感器中心的水平轴线上。

4 分类和号型

4.1 分类

4.1.1 耳罩式护听器

按佩戴方式分为环箍式耳罩和挂安全帽式耳罩,其中环箍式耳罩分为头顶式、颈后式、下颏式、多向环箍式。头顶式指佩戴时环箍经过头顶;颈后式指佩戴时环箍经过颈后;下颏式指佩戴时环箍经过下颏;多向环箍式指可按头顶式、颈后式及下颏式佩戴。

4.1.2 耳塞式护听器

按设计类型分为塑形耳塞、预成形耳塞、定制耳塞等;按佩戴方式分为环箍式耳塞和不带环箍的耳塞,其中环箍式耳塞分为头顶式、颈后式、下颌式、多向环箍式;按使用次数分为随弃式耳塞、可重复使用的耳塞。

4.2 号型

环箍式耳罩、挂安全帽式耳罩、环箍式耳塞按适应性一般分为大号、中号、小号3个号型,用字母 L、M、S 分别表示。

注:1 副护听器可对应一种以上的号型。

5 要求

5.1 一般要求

5.1.1 材料

5.1.1.1 护听器直接接触皮肤的部分应柔软有韧性,对皮肤无刺激,不应掉色,不会引起过敏反应或产生任何其他对健康不利的影响。

5.1.1.2 按产品说明书规定的方法清洁和消毒后,护听器所有材料应无变形、收缩等引起性能改变的明显变化。

5.1.1.3 在耳塞使用期内,接触汗液、耳垢或耳道内的其他类似物质后,性能不应发生明显劣化。

5.1.2 结构

5.1.2.1 耳罩的所有部件应表面光滑、无尖锐边缘。

5.1.2.2 可由用户更换罩杯垫或吸声内衬的耳罩,进行更换操作时应无需使用专用工具。

5.1.2.3 环箍式耳罩质量超过 150 g 时,除仅以头顶式佩戴的耳罩外,均应配备头带。

5.1.2.4 按照产品说明书佩戴和使用时,耳塞的所有部件都不应对佩戴者造成任何伤害。

5.1.2.5 按照产品说明书佩戴和使用时,取出耳塞时应无需使用工具或器械。

5.1.2.6 应为每副可重复使用的耳塞提供可反复使用的确保卫生的封闭包装。

5.2 耳罩的技术要求

5.2.1 总则

耳罩技术要求的适用条件见附录 A。

5.2.2 适应性

按 6.4.1.2 测试,罩杯/环箍的调节范围及罩杯垫间的宽度应能使耳罩与固定支架相匹配。

5.2.3 罩杯旋转性

按 6.4.1.3 测试,罩杯垫应持续、严密接触测试装置侧板。

5.2.4 夹紧力

按 6.4.1.4 测试,耳罩的夹紧力不应大于 14 N。对于夹紧力可调的耳罩,夹紧力应能调至 14 N 或低于 14 N。

5.2.5 罩杯垫压强

按 6.4.1.5 测试,罩杯垫压强不应大于 4 500 Pa。对于夹紧力可调的耳罩,将夹紧力调至 14 N(如果夹紧力无法达到 14 N,将夹紧力调至低于 14 N 的最大值)时,罩杯垫压强不应大于 4 500 Pa。

5.2.6 抗跌落性能

按 6.4.1.6 测试,除可更换的罩杯垫之外,耳罩应无破损,挂安全帽式耳罩的罩杯和支撑臂均不应破损。如果耳罩部件出现脱落,重新正确组装时,应无需使用工具或备件。

5.2.7 低温抗跌落性能

按 6.4.1.7 测试,除可更换的罩杯垫之外,耳罩应无破损。挂安全帽式耳罩的罩杯和支撑臂均不应破损。如果耳罩部件出现脱落,重新正确组装时,应无需使用工具或备件。

5.2.8 抗疲劳性能

按 6.4.1.8 测试,各部件应无断裂和裂缝。

5.2.9 待用位置机械耐久性

按 6.4.1.9 测试,各部件应无断裂和裂缝。

5.2.10 夹紧力变化

5.2.10.1 按 6.4.1.10 测试,夹紧变化不应超过±15%。

5.2.10.2 完成 6.4.1.1～6.4.1.10.2 后,按 6.4.1.4 测试的夹紧力不应大于 14 N。

5.2.11 抗泄漏性

按 6.4.1.11 测试,罩杯垫应无破裂或液体泄漏。

5.2.12 阻燃性

按 6.4.1.12 测试,接触加热棒后耳罩的任何部分不得燃烧,且移开加热棒后耳罩不阴燃。

5.2.13 插入损失

按 6.5.1 测试,至少连续 4 个 1/3 倍频带的插入损失的标准差不应大于 4.0 dB,并且任何 1/3 倍频带的标准差不应大于 7.0 dB。

5.2.14 声衰减

按 6.5.2 测试,(M_f-S_f)值不应小于表 1 中规定的数值。

表 1 声衰减要求

频率/Hz	125	250	500	1 000	2 000	4 000	8 000
(M_f-S_f)/dB	5	8	10	12	12	12	12
注:M_f 是按规定方法测得的平均声衰减,S_f 是标准差。							

5.3 耳塞的技术要求

5.3.1 总则

耳塞技术要求的适用条件见附录 A。

5.3.2 适应性

按 6.4.2.2 测试,环箍的调节范围应能使耳塞与固定支架相匹配。

5.3.3 抗跌落性能

按 6.4.2.3 测试,耳塞应无破损。如果耳塞部件出现脱落,重新正确组装时,应无需使用工具或备件。

5.3.4 低温抗跌落性能

按 6.4.2.4 测试,耳塞应无破损。如果耳塞部件出现脱落,重新正确组装时,应无需使用工具或备件。

5.3.5 阻燃性

按 6.4.2.5 测试,接触加热棒后耳塞的任何部分不得燃烧,且移开加热棒后耳塞不阴燃。

5.3.6 声衰减

按 6.5.2 测试,(M_f-S_f) 值不应小于表 1 中规定的数值。

6 测试方法

6.1 测试流程

测试流程图见附录 B。

6.2 样品数量

6.2.1 环箍式耳罩的样品数量为 10 副。

6.2.2 挂安全帽式耳罩基本组合的样品数量为 10 套;每增加一种型号或号型的安全帽,应增加 6 套附加组合样品。

6.2.3 耳塞的样品数量为 30 副。

6.3 试验环境

除测试程序另有要求外,样品的调节和试验环境温度为 (22 ± 5)℃,相对湿度不大于 85%。样品的调节时间不应少于 4 h。

6.4 物理性能测试

6.4.1 耳罩

6.4.1.1 称重

将每一副耳罩称重,报告 10 副耳罩质量的平均值,精确到 1 g。

6.4.1.2 适应性测试

6.4.1.2.1 测试装置

测试装置包括:

a) 固定支架。测试环箍式耳罩、挂安全帽式耳罩的固定支架示例分别见图 1、图 2;
b) 耳廓模拟器见图 3;
c) 由制造商提供的非平面罩杯垫适配器。

6.4.1.2.2 环箍式耳罩测试步骤

测试步骤如下:

a) 将耳廓模拟器安装到固定支架两个侧板上,耳廓模拟器中心的孔位于力传感器的水平轴线上。对于头顶式耳罩及下颌式耳罩,使耳廓模拟器的长轴为垂向,对于颈后式耳罩,使耳廓模拟器的短轴为垂向;
b) 调整罩杯或环箍至它们的最长位置,如果耳罩夹紧力可调,将夹紧力调至最大;
c) 将耳罩戴到固定支架上,环箍竖直,罩杯垫围住耳廓模拟器;
d) 按表 2 中的测试宽度和测试高度组合调整侧板间距和环箍支撑垫的高度;
e) 检查是否满足:
   1) 对头顶式耳罩,环箍内侧顶点接触到环箍支撑垫;对颈后式耳罩或下颌式耳罩,环箍内侧顶点接触环箍支撑垫或高于环箍支撑垫;
   2) 罩杯垫和支架侧板的接触面保持连续,使罩杯垫能有效隔离耳罩内、外部;

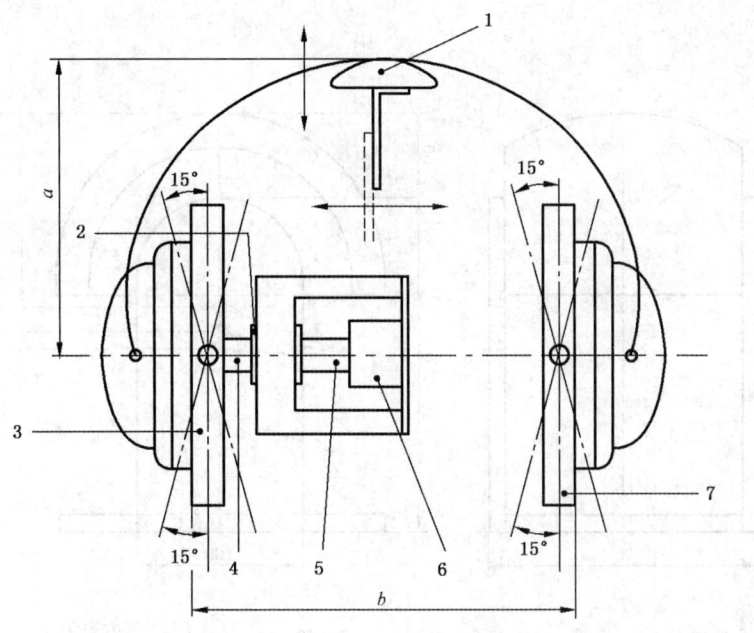

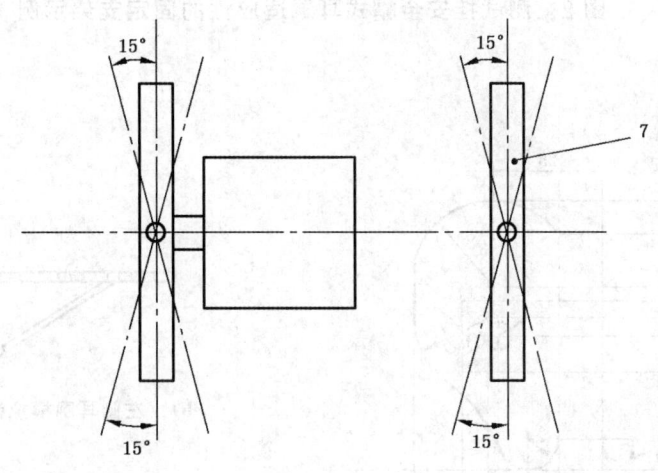

说明：
1——环箍支撑垫；
2——直线型滚珠轴承；
3——侧板（推板）；
4——轴；
5——联接轴；
6——力传感器；
7——侧板（调整板）；
a ——测试高度；
b ——测试宽度。

图 1 测试环箍式耳罩适应性、罩杯旋转性、夹紧力、罩杯垫压强的固定支架示例

单位为毫米

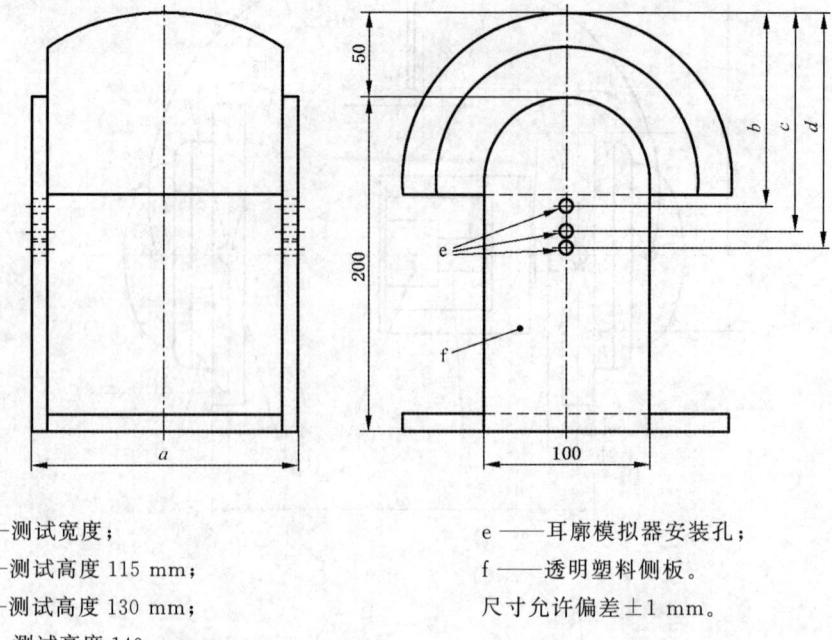

说明：
a ——测试宽度；
b ——测试高度 115 mm；
c ——测试高度 130 mm；
d ——测试高度 140 mm；
e ——耳廓模拟器安装孔；
f ——透明塑料侧板。
尺寸允许偏差±1 mm。

图 2 测试挂安全帽式耳罩适应性的固定支架示例

单位为毫米

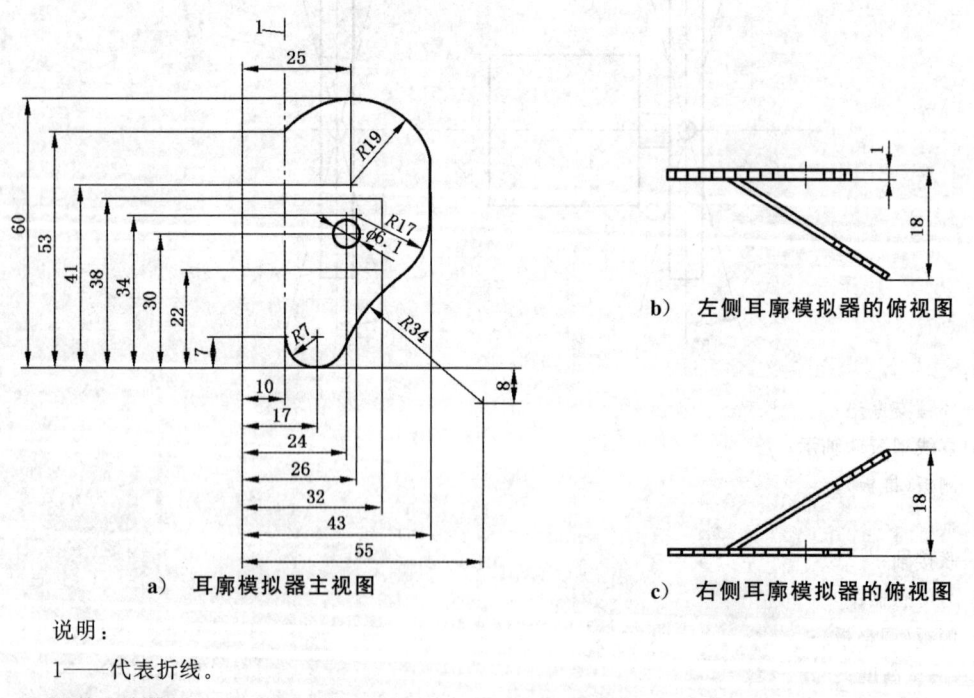

a) 耳廓模拟器主视图

b) 左侧耳廓模拟器的俯视图

c) 右侧耳廓模拟器的俯视图

说明：
1——代表折线。
尺寸允许偏差±0.2 mm。

图 3 耳廓模拟器

注1：如果因耳罩结构的原因，不能正确装配到图1的固定支架时（例如，设计为环箍只能从颈后绕过的耳罩），使用适宜的全头模测试，并选择图2中适合耳罩尺寸的高度安装耳廓模拟器。

注2：耳廓模拟器紧贴侧板的矩形区域（46 mm×10 mm）内，允许罩杯垫和侧板不连续接触。

f) 如果耳罩夹紧力可调，将夹紧力调至最小，并重复d)~e)；
g) 对于覆盖多个号型的耳罩，按表2中其他的测试宽度和测试高度重复a)~f)。

表2 耳罩适应性测试尺寸

耳罩	测试高度/mm	测试宽度/mm		
		125	145	155
头顶式耳罩、下颌式耳罩	115	S	S/M	—
	130	S/M	S/M/L	M/L
	140	—	M/L	L
颈后式耳罩	75	S	S/M	—
	90	S/M	S/M/L	M/L
	105	—	M/L	L
挂安全帽式耳罩	115	S	S/M	—
	130	S/M	S/M/L	M/L
	140	—	M/L	L

注1：M、S、L 指耳罩的号型，M代表中号，S代表小号，L代表大号。

注2：如果将非平面罩杯垫适配器安装在固定支架上，测试宽度为罩杯垫适配器外表面与穿过力传感器中心的水平轴线相交的两点间的距离。

6.4.1.2.3 挂安全帽式耳罩测试步骤

测试步骤如下：

a) 按安全帽说明书调整帽衬，使佩戴高度最小并符合 GB 2811 的要求；
b) 如果挂安全帽式耳罩夹紧力可调，将夹紧力调至最大；
c) 按表2的测试宽度，选择固定支架；
d) 将耳廓模拟器安装到固定支架的侧板上，使耳廓模拟器的长轴为垂向；
e) 按表2的测试高度调整耳廓模拟器的垂直位置；
f) 将挂安全帽式耳罩戴到固定支架上，设定在使用位置，使罩杯垫围住耳廓模拟器，沿垂直轴线向安全帽施加（50±1）N 的力；
g) 检查是否满足：罩杯垫和支架侧板的接触面保持连续，使罩杯垫能有效隔离耳罩内、外部；

注：耳廓模拟器紧贴侧板的矩形区域（46 mm×10 mm）内，允许罩杯垫和侧板不连续接触。

h) 如果挂安全帽式耳罩夹紧力可调，将夹紧力调至最小，并重复c)~g)；
i) 对于覆盖多个号型的耳罩，按表2中其他的测试宽度和测试高度重复a)~h)。

6.4.1.3 罩杯旋转性测试

6.4.1.3.1 测试装置

测试装置包括：
a) 固定支架。测试环箍式耳罩、挂安全帽式耳罩的固定支架示例分别见图1、图4；
b) 耳廓模拟器，见图3；
c) 由制造商提供的非平面罩杯垫适配器。

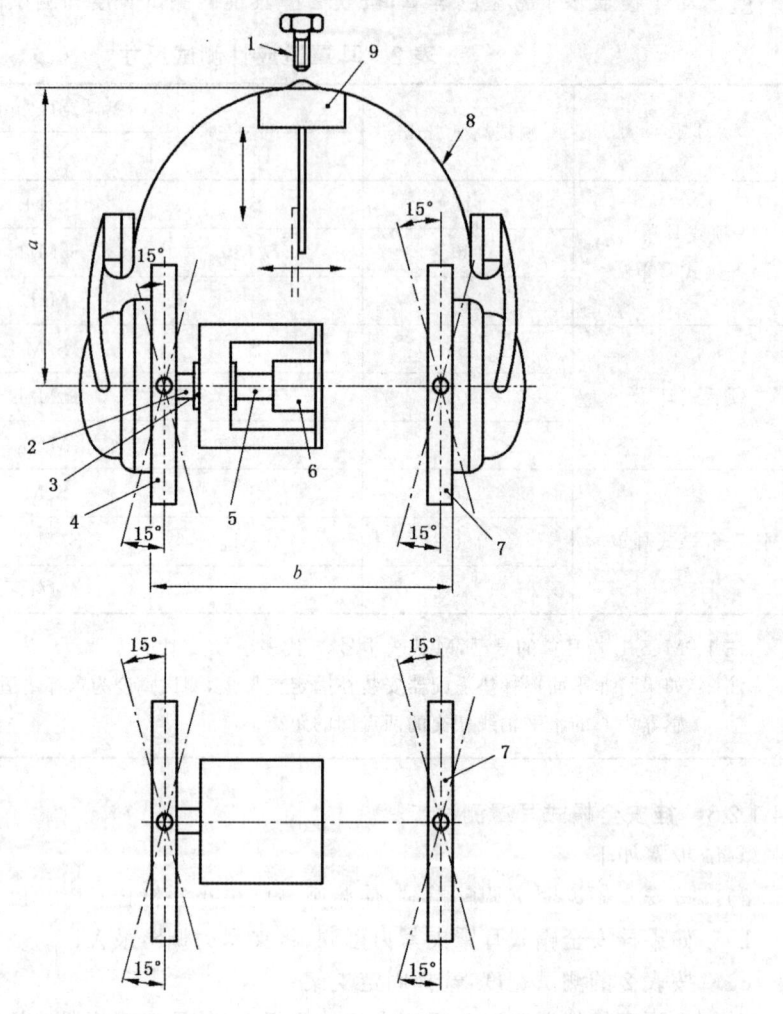

说明：
1——装配螺栓；
2——轴；
3——直线型滚珠轴承；
4——侧板（推板）；
5——联接轴；
6——力传感器；
7——侧板（调整板）；
8——去掉帽衬的安全帽壳；
9——球形半径为95 mm的帽壳支撑垫；
a——测试高度；
b——测试宽度。

图 4 测试挂安全帽式耳罩罩杯旋转性、夹紧力、罩杯垫压强的固定支架示例

6.4.1.3.2 环箍式耳罩测试步骤

测试步骤如下：
a) 将耳廓模拟器安装到固定支架两个侧板上，耳廓模拟器中心的孔位于力传感器的

水平轴线上。对于头顶式耳罩及下颏式耳罩,使耳廓模拟器的长轴为垂向,对于颈后式耳罩,使耳廓模拟器的短轴为垂向;

b) 调整图 1 中两个侧板,使顶端向外、板与垂线的夹角为 5°,两板外表面间水平中心线上的距离符合表 3 的测试宽度;

c) 如果耳罩夹紧力可调,将夹紧力调至最大;

d) 按表 3 调整测试高度;

e) 将耳罩戴到固定支架上,环箍竖直,罩杯垫围住耳廓模拟器;

f) 转动图 1 中的两个侧板:以板平面内过中心点的水平线为轴偏转±5°,再以板平面内过中心点与水平线垂直的线为轴偏转±5°;

g) 观察 f)过程中罩杯垫和支架侧板的接触面是否保持连续;

注: 耳廓模拟器紧贴侧板的矩形区域(46 mm×10 mm)内,允许罩杯垫和侧板不连续接触。

h) 如果耳罩夹紧力可调,将夹紧力调至最小,重复 d)~g);

i) 对于覆盖多个号型的耳罩,按表 3 中其他的测试宽度和测试高度重复 a)~h)。

表 3 罩杯旋转性、夹紧力、罩杯垫压强测试尺寸

号型	测试高度/mm		测试宽度/mm
	头顶式耳罩 下颏式耳罩 挂安全帽式耳罩	颈后式耳罩[a]	
S	122	82	135
M	130	90	145
L	135	98	150
注: M、S、L 指耳罩的号型,M 代表中号,S 代表小号,L 代表大号。			
[a] 当不能调节到指定的高度时,使用能调节到的最小高度。			

6.4.1.3.3 挂安全帽式耳罩测试步骤

测试步骤如下:

a) 将耳廓模拟器安装到固定支架两个侧板上,耳廓模拟器中心的孔位于力传感器的水平轴线上,耳廓模拟器的长轴为垂向;

b) 调整图 4 中两个侧板,使顶端向外、板与垂线的夹角为 5°,两板外表面间水平中心线上的距离符合表 3 的测试宽度;

c) 拆下安全帽帽衬,在帽壳顶部中心钻一个尽可能小的孔,使之能够穿过装配螺栓,用装配螺栓将帽壳固定在支架的支撑垫上;

d) 将挂安全帽式耳罩安装到安全帽上;

e) 如果挂安全帽式耳罩夹紧力可调,将夹紧力调至最大;

f) 按表 3 调整测试高度;

g) 调整罩杯/支撑臂,使罩杯垫围住耳廓模拟器;

h) 转动图 4 中的两个侧板:以板平面内过中心点的水平线为轴偏转±5°,再以板平面内过中心点与水平线垂直的线为轴偏转±5°；

注：当侧板偏转时，可能需要重新调整支撑垫的高度。

i) 观察h)过程中罩杯垫和支架侧板的接触面是否保持连续；

注：耳廓模拟器紧贴侧板的矩形区域(46 mm×10 mm)内，允许罩杯垫和侧板不连续接触。

j) 如果挂安全帽式耳罩夹紧力可调，将夹紧力调至最小，重复f)～i)；

k) 对于覆盖多个号型的耳罩，在其他测试宽度和测试高度，重复a)～j)。

6.4.1.4 夹紧力测试

6.4.1.4.1 测试装置

测试装置包括：

a) 固定支架。测试环箍式耳罩、挂安全帽式耳罩的固定支架示例分别见图1、图4，测试时不安装耳廓模拟器；

b) 由制造商提供的非平面罩杯垫适配器。

6.4.1.4.2 环箍式耳罩测试步骤

测试步骤如下：

a) 按表3调整测试宽度，图1中两个侧板成平行状态；

b) 将耳罩戴到固定支架上，环箍竖直，罩杯垫中心对应侧板上固定耳廓模拟器的安装孔；

c) 按表3调整测试高度，确保环箍不接触固定支架的任何部分；

d) 对于夹紧力可调的耳罩，将夹紧力调至最小；

e) 在耳罩安装调整完毕后(120±5)s时读取力值，然后取下耳罩；

f) 对于覆盖多个号型的耳罩，在其他的测试宽度和测试高度重复a)～e)，每次测试的间隔不少于4 h；

g) 记录测得的夹紧力，精确到0.1 N。对于每一测试宽度和测试高度组合，计算并报告6副样品的夹紧力平均值，精确到1 N。

6.4.1.4.3 挂安全帽式耳罩测试步骤

测试步骤如下：

a) 按表3调整测试宽度，图4中两个侧板成平行状态；

b) 将挂安全帽式耳罩戴到固定支架上，罩杯垫中心对应侧板上固定耳廓模拟器的安装孔。如果安全帽的帽衬可拆卸，应在测试前拆下帽衬；

c) 按表3调整测试高度，确保挂安全帽式耳罩与固定支架的接触不影响夹紧力测量。某些情况下，需采取防止安全帽转动的措施；

d) 对于夹紧力可调的挂安全帽式耳罩，将夹紧力调至最小；

e) 在耳罩安装调整完毕后(120±5)s时读取力值，然后取下挂安全帽式耳罩；

f) 对于覆盖多个号型的挂安全帽式耳罩，在其他的测试宽度和测试高度重复a)～e)，每次测试的间隔不少于4 h；

g) 记录测得的夹紧力，精确到0.1 N。对于每一测试宽度和测试高度组合，计算并报告6副样品的夹紧力平均值，精确到1 N。

6.4.1.5 罩杯垫压强测试

6.4.1.5.1 测试装置

测试装置包括：

a) 固定支架。测试环箍式耳罩、挂安全帽式耳罩的固定支架示例分别见图1、图4；
b) 由制造商提供的非平面罩杯垫适配器；
c) 标记用的介质：可使用稀释的印刷油墨，白色的凡士林油或乳化漆；
d) 测试接触面积的装置，可使用求积仪。

6.4.1.5.2 环箍式耳罩测试步骤

测试步骤如下：

a) 按表3调整测试宽度，图1中两个侧板成平行状态；
b) 将一张尺寸比罩杯垫稍大的纸固定在一个侧板的外表面上；
c) 把标记用的介质涂在罩杯垫上；
d) 对于夹紧力可调的耳罩，将夹紧力调至最小，将耳罩戴到固定支架上，环箍竖直，罩杯垫中心对应侧板上固定耳廓模拟器的安装孔；
e) 按表3调整测试高度，确保耳罩与固定支架的接触不影响夹紧力测量；
f) 对于夹紧力可调的耳罩，将夹紧力调至14 N，如果夹紧力无法达到14 N，将夹紧力调至低于14 N的最大值；
g) 在耳罩安装调整完毕后(120±5)s时读取力值，然后取下耳罩。不允许使用其他特殊的工具及装备或仅仅用手将单个罩杯压在一个平面上进行测量；
h) 取下固定支架上的纸，检查罩杯垫的压痕是否完整。必要时，用铅笔描绘压痕轮廓。如果压痕不完整，应重复b)～g)；
i) 测量罩杯垫接触区域内的压痕面积；
j) 计算罩杯垫压强，精确到1 Pa；
k) 对于覆盖多个号型的耳罩，在其他的测试宽度和测试高度重复a)～j)，每次测试的间隔不少于4 h；
l) 报告罩杯垫压强，单位为Pa。

6.4.1.5.3 挂安全帽式耳罩测试步骤

测试步骤如下：

a) 按表3调整测试宽度，图4中两个侧板成平行状态；
b) 将一张尺寸比罩杯垫稍大的纸固定在一个侧板的外表面上。如果安全帽包含可分离的帽衬，应在测试前去掉帽衬；
c) 把标记用的介质涂在罩杯垫上；
d) 对于夹紧力可调的耳罩，将夹紧力调至最小，将挂安全帽式耳罩戴到固定支架上，罩杯垫中心对应侧板上固定耳廓模拟器的安装孔；
e) 按表3调整测试高度，确保挂安全帽式耳罩与固定支架的接触不影响夹紧力测量。某些情况下，需采取防止安全帽转动的措施；
f) 对于夹紧力可调的耳罩，将夹紧力调至14 N，如果夹紧力无法达到14 N，将夹紧力调至低于14 N的最大值；
g) 在耳罩安装调整完毕后(120±5)s时读取力值，然后取下耳罩。不允许使用其他特殊的工具及装备或仅仅用手将单个罩杯压在一个平面上进行测量；
h) 取下固定支架上的纸，检查罩杯垫的压痕是否完整。必要时，用铅笔描绘压痕轮廓。如果压痕不完整，应重复b)～g)；

i) 测量罩杯垫接触区域内的压痕面积;
j) 计算罩杯垫压强,精确到 1 Pa;
k) 对于覆盖多个号型的耳罩,在其他的测试宽度和测试高度重复 a)~j),每次测试的间隔不少于 4 h;
l) 报告罩杯垫压强,单位为 Pa。

6.4.1.6 抗跌落性能测试

6.4.1.6.1 测试装置

厚度不少于 10 mm,尺寸为 500 mm×500 mm 的平滑钢板。

6.4.1.6.2 环箍式耳罩测试步骤

测试步骤如下:
a) 将钢板放置于水平地面上;
b) 将罩杯/环箍调至整个调整范围的中间点;
c) 通过环箍的中心点悬挂耳罩,使罩杯的长轴为垂向,耳罩的最低点位于钢板上方(1 500±10)mm;
d) 释放耳罩使之自由跌落到钢板上;对于每副样品,本步骤仅允许进行一次;
e) 检查并记录耳罩(除可更换的罩杯垫之外的)任何部分破损及脱落的情况;需要时,可取下罩杯垫及吸声内衬,检查后再装回;
f) 如果耳罩部件出现脱落,应重新组装好并继续后续测试,且组装时无需使用工具或备件;
g) 报告耳罩破损及脱落的情况。

6.4.1.6.3 挂安全帽式耳罩测试步骤

测试步骤如下:
a) 将钢板固定在垂直的墙壁上,如图 5 所示布置双线悬挂装置;
b) 将耳罩设定在使用位置,然后将罩杯/支撑臂长度调至最大;
c) 将双线悬挂点夹在安全帽外壳的前、后端点处,使安全帽倒置且保持水平,耳罩的对称面平行于钢板,安全帽顶部的最低点位于悬挂点下(1 000±10)mm,见图 5;
d) 提起挂安全帽式耳罩,使双线处于拉紧状态并位于水平面内;
e) 释放耳罩;对于每副样品,本步骤仅允许进行一次;
f) 检查并记录撞击钢板后的耳罩(除可更换的罩杯垫之外的)任何部分破损及脱落的情况;需要时,可取下罩杯垫及吸声内衬,检查后再装回;
g) 如果耳罩部件出现脱落,应重新组装好并继续后续测试,且组装时无需使用工具或备件;
h) 报告耳罩破损及脱落的情况。

6.4.1.7 低温抗跌落性能测试

6.4.1.7.1 测试装置

测试装置包括:
a) 能保持(−20±3)℃恒温的低温箱;
b) 厚度不少于 10 mm,尺寸为 500 mm×500 mm 的平滑钢板。

单位为毫米

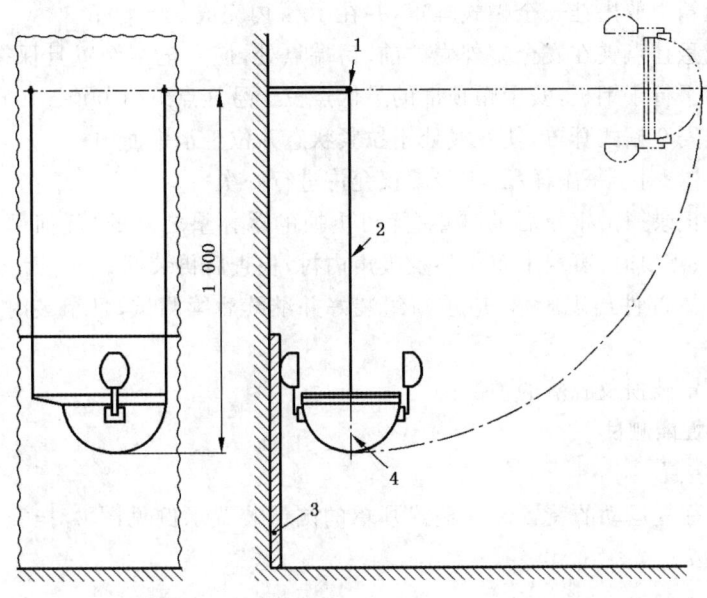

说明：
1——悬挂点；
2——双线悬挂；
3——钢板；
4——耳罩的对称面。

图 5 挂安全帽式耳罩抗跌落性能测试示意图

6.4.1.7.2 环箍式耳罩测试步骤

测试步骤如下：
a) 将罩杯/环箍调至整个调整范围的中间点；
b) 将耳罩放置在温度为(−20±3)℃的低温箱内不少于 4 h；
c) 将钢板放置于水平地面上；
d) 从低温箱中取出耳罩，并在 10 s 内完成 e)和 f)；
e) 通过环箍的中心点悬挂耳罩，使罩杯的长轴为垂向，耳罩的最低点位于钢板上方(1 500±10)mm；
f) 释放耳罩使之自由跌落到钢板上；对于每副样品，本步骤仅允许进行一次；
g) 检查并记录耳罩(除可更换的罩杯垫之外的)任何部分破损及脱落的情况；需要时，可取下罩杯垫及吸声内衬，检查后再装回；
h) 如果耳罩部件出现脱落，应重新组装好并继续后续测试，且组装时无需使用工具或备件；
i) 报告耳罩破损及脱落的情况。

6.4.1.7.3 挂安全帽式耳罩测试步骤

测试步骤如下：
a) 将耳罩设定在使用位置，然后将罩杯/支撑臂长度调至最大；
b) 将挂安全帽式耳罩放置在温度为(−20±3)℃的低温箱内不少于 4 h；

c) 将钢板固定在垂直的墙壁上,如图 5 所示布置双线悬挂装置;
d) 从低温箱中取出挂安全帽式耳罩,并在 10 s 内完成 e)~g);
e) 将双线悬挂点夹在安全帽外壳的前、后端点处,使安全帽倒置且保持水平,耳罩的对称面平行于钢板,安全帽顶部的最低点位于悬挂点下(1 000±10)mm,见图 5;
f) 提起挂安全帽式耳罩,使双线处于拉紧状态并位于水平面内;
g) 释放耳罩;对于每副样品,本步骤仅允许进行一次;
h) 检查并记录撞击钢板后的耳罩(除可更换的罩杯垫之外的)任何部分破损及脱落的情况;需要时,可取下罩杯垫及吸声内衬,检查后再装回;
i) 如果耳罩部件出现脱落,应重新组装好并继续后续测试,且组装时无需使用工具或备件;
j) 报告耳罩破损及脱落的情况。

6.4.1.8 抗疲劳性能测试

6.4.1.8.1 测试装置

两块板相对往复运动的装置。环箍式耳罩的测试装置示例见图 6,挂安全帽式耳罩的测试示意图见图 7。

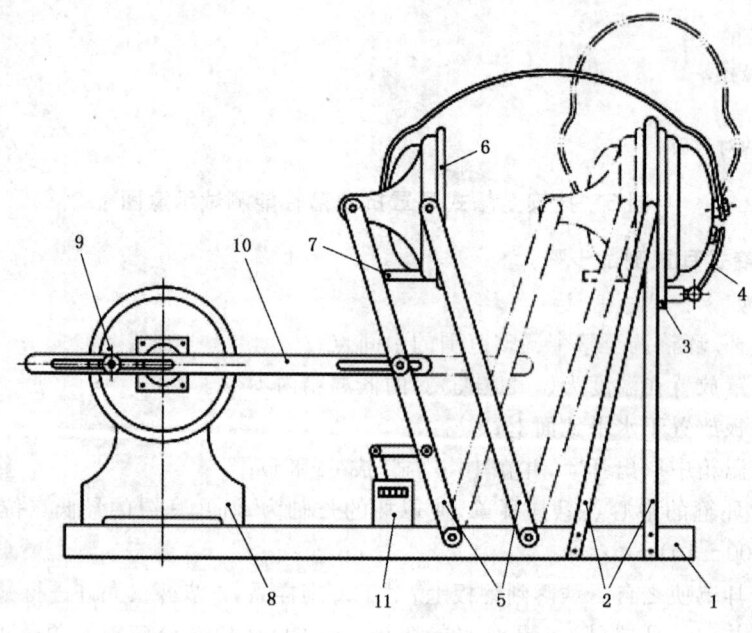

说明:
1——基座;
2——固定支撑臂;
3——固定支撑板;
4——罩杯夹具;
5——摇摆臂;
6——移动板;
7——活动罩杯支架;
8——带减速箱的电机(在基座上的位置可调);
9——连轴曲柄;
10——连杆(可调);
11——计数器。

图 6 环箍式耳罩抗疲劳试验装置示例

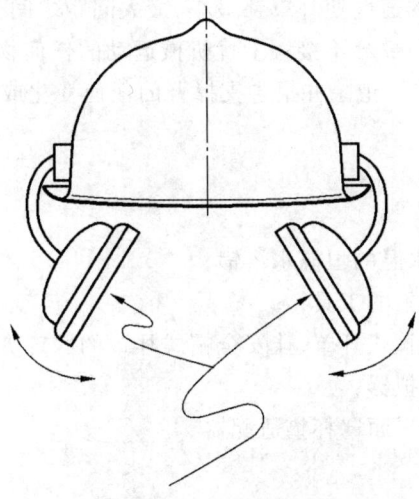

图 7 挂安全帽式耳罩抗疲劳、待用位置机械耐久性测试示意图

6.4.1.8.2 测试步骤

测试步骤如下:
a) 将环箍或支撑臂调至整个调整范围的中间点。如果环箍或支撑臂可调部分可能松动,应将其固定,例如用胶带固定,并确保这种固定方式不会妨碍罩杯的正常转动;
b) 将耳罩安装到试验装置上,使罩杯与托板固定,例如用弹性带固定。对于挂安全帽式耳罩,必要时应支撑安全帽帽壳;
c) 将两块托板接触罩杯垫的平面间最小距离调整为耳罩不受约束状态下两个罩杯垫间的距离;当距离小于 25 mm 时,应调整为 25 mm;
d) 将两块托板接触罩杯垫的平面间最大间距调整为(200±5)mm;
e) 以每分钟(10~12)次的速度使耳罩在最小、最大间距之间循环 1 000 次。确保试验过程中,环箍的任何部分不接触干扰机械运动的任何物体;
f) 完成 1 000 次循环后,记录并报告耳罩或环箍的任何变化或损坏情况。

6.4.1.9 待用位置机械耐久性测试

6.4.1.9.1 测试装置

两块板间相对往复运动的装置,示意图见图 7。

6.4.1.9.2 测试步骤

测试步骤如下:
a) 将支撑臂调至整个调整范围的中间点。如果支撑臂可调部分可能松动,应将其固定,例如用胶带固定,并确保这种固定方式不会妨碍罩杯的正常转动;
b) 将挂安全帽式耳罩安装到试验装置上,使罩杯与托板固定,例如用弹性带固定。必要时应支撑安全帽帽壳;
c) 将两块托板接触罩杯垫的平面间最小间距调整为耳罩不受约束状态下两个罩杯垫间的距离;
d) 调整两块托板间的最大间距,使耳罩完全转为待用位置;

e) 以每分钟4~6次的速度使耳罩在最小、最大间距之间循环1 000次。确保试验过程中,支撑臂的任何部分不接触干扰机械运动的任何物体;
f) 完成1 000次循环后,记录并报告支撑臂的任何变化或损坏情况。

6.4.1.10 夹紧力变化测试

6.4.1.10.1 测试装置

测试装置包括:
a) 能保持(50±2)℃水温的恒温水浴锅;
b) 将耳罩固定在水面下的工具;
c) 固定支架。测试环箍式耳罩、挂安全帽式耳罩的固定支架示例分别见图1、图4,测试时不安装耳廓模拟器;
d) 由制造商提供的非平面罩杯垫适配器。

6.4.1.10.2 浸水处理

处理步骤如下:
a) 从耳罩上取下罩杯,当罩杯不可取下时应从罩杯上取下罩杯垫及吸声内衬,然后将耳罩的剩余部分完全浸入温度为(50±2)℃的水浴锅中(24±1)h。对于挂安全帽式耳罩,夹紧力、支撑臂长度的调整装置设置在中间点,耳罩保持在出厂时的位置(使用位置,待用位置,停用位置等),然后将支撑臂浸入水中。如果罩杯不可取下,而且罩杯垫或吸声内衬不可取下或不可更换,应在测试过程中防止罩杯垫和吸声内衬浸水;
b) 从水浴锅取出样品,记录时间;
c) 擦去多余水分;
d) 如果取下了罩杯,则重新装配;
e) 如果取下了吸声内衬,则重新安装上;
f) 对于带有可更换罩杯垫的样品,按照产品说明书为罩杯装上新罩杯垫;
g) 在6.3规定的环境下,从b)记录的时间开始计时,将样品调节(24±1)h。

6.4.1.10.3 测试步骤

测试步骤如下:
a) 进行6.4.1.5~6.4.1.10.2前、后,分别按6.4.1.4测试夹紧力 F_0、F_1;对于覆盖多个号型的耳罩,采用能给出最大夹紧力 F_0 的测试宽度和测试高度设置测试 F_1;
b) 按式(1)计算夹紧力变化 ΔF:

$$\Delta F = \frac{F_1 - F_0}{F_0} \times 100\% \quad\quad\quad\quad\quad\quad (1)$$

式中:
F_0——进行6.4.1.5前,按6.4.1.4测试的夹紧力平均值,单位为牛(N);
F_1——完成6.4.1.5~6.4.1.10.2后,按6.4.1.4测试的夹紧力平均值,单位为牛(N)。

6.4.1.11 抗泄漏性测试

6.4.1.11.1 测试装置

测试装置包括:
a) 面积足够容纳变形后的罩杯垫,厚度不少于10 mm的平滑钢板;

b) 对罩杯垫施加力的装置。

6.4.1.11.2 测试步骤

测试步骤如下：
a) 将钢板水平放置于坚实表面上；
b) 将一只罩杯放在钢板上，使罩杯垫端面与钢板完全接触；
c) 对罩杯施加(28 ± 1)N 的垂向力，保持(15 ± 1)min；
d) 卸载，检查罩杯垫破裂或液体泄漏的情况；
e) 更换一只罩杯重复 b)～d)；
f) 报告每一只罩杯垫破裂或液体泄漏的情况。

6.4.1.12 阻燃性测试

6.4.1.12.1 测试装置

测试装置包括：
a) 长(300 ± 3)mm，直径 6 mm，底面平整且与其纵轴垂直的钢棒；
b) 热源；
c) 温度测量装置。

6.4.1.12.2 测试步骤

测试步骤如下：
a) 将钢棒从底面起至少 50 mm 的长度加热至(650 ± 20)℃；
b) 使钢棒为垂向，检查距底面 20 mm 处的温度，应为(650 ± 20)℃，然后使底面紧靠耳罩表面，钢棒保持垂向，依靠其自身重量施加压力，保持(5.0 ± 0.5)s；
c) 按需要重复 a)～b)，确保对佩戴耳罩时所有暴露在外的材料都进行测试，检查并记录材料燃烧和阴燃情况及材料变化情况；
d) 报告耳罩各部件及挂安全帽式耳罩的支撑臂在接触钢棒后燃烧或移开钢棒后阴燃的情况及材料变化情况。

6.4.2 耳塞

6.4.2.1 称重

对于环箍式耳塞，将每一副样品称重，报告 10 副样品质量的平均值，精确到 1 g。

6.4.2.2 适应性测试

6.4.2.2.1 测试装置

固定支架，示例见图 8。

6.4.2.2.2 测试步骤

测试步骤如下：
a) 将环箍式耳塞戴到固定支架上，环箍竖直，耳塞塞入孔洞；
b) 对于表 4 中每一测试宽度和测试高度组合，检查是否满足：
   1) 环箍内侧顶点接触固定支架的顶点或高于该点；
   2) 耳塞不受垂直的剪切力作用。

6.4.2.3 抗跌落性能测试

6.4.2.3.1 测试装置

测试装置包括：

单位为毫米

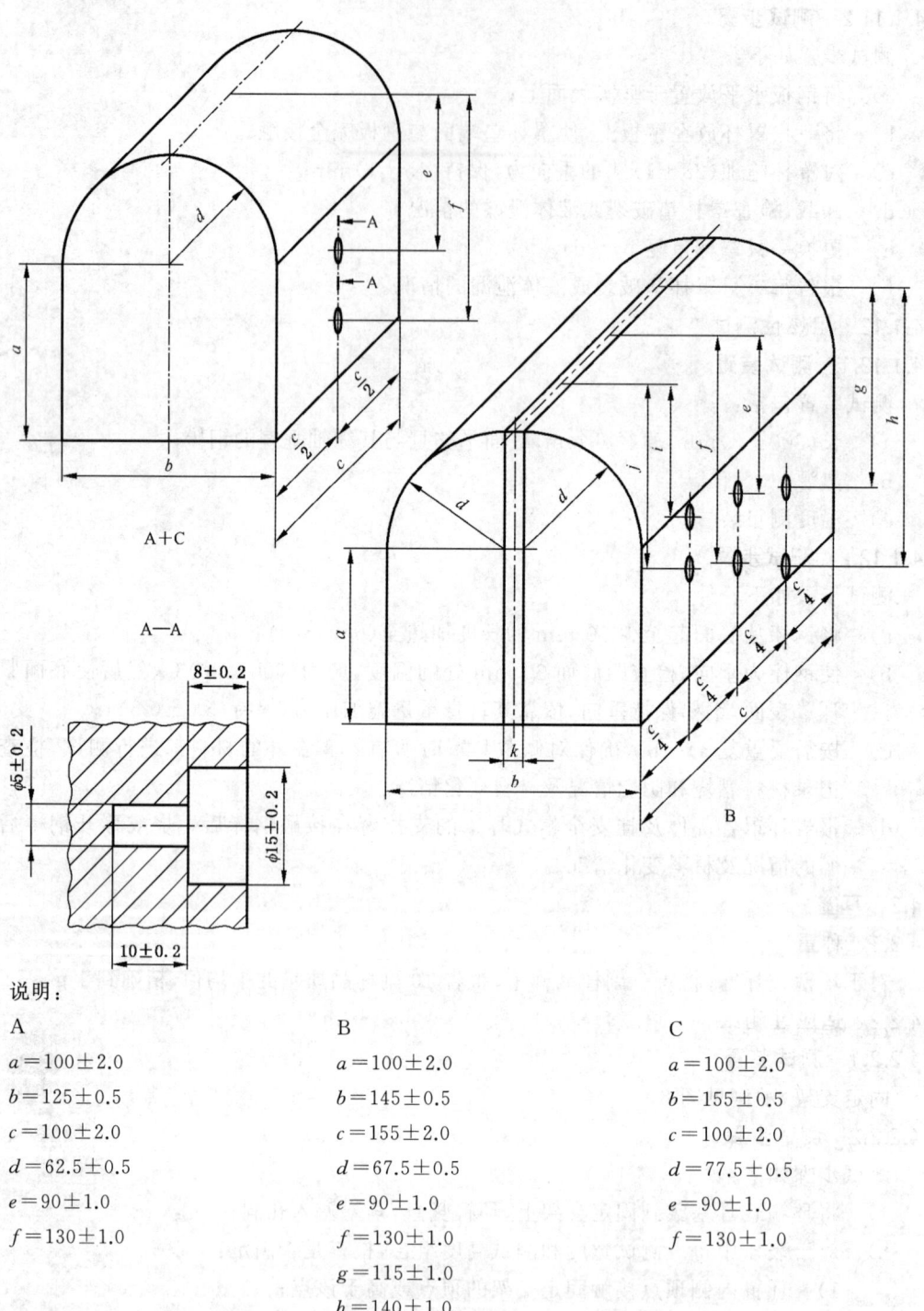

说明：

A
$a = 100 \pm 2.0$
$b = 125 \pm 0.5$
$c = 100 \pm 2.0$
$d = 62.5 \pm 0.5$
$e = 90 \pm 1.0$
$f = 130 \pm 1.0$

B
$a = 100 \pm 2.0$
$b = 145 \pm 0.5$
$c = 155 \pm 2.0$
$d = 67.5 \pm 0.5$
$e = 90 \pm 1.0$
$f = 130 \pm 1.0$
$g = 115 \pm 1.0$
$h = 140 \pm 1.0$

C
$a = 100 \pm 2.0$
$b = 155 \pm 0.5$
$c = 100 \pm 2.0$
$d = 77.5 \pm 0.5$
$e = 90 \pm 1.0$
$f = 130 \pm 1.0$

图 8 环箍式耳塞固定支架示例

表 4 环箍式耳塞适应性测试尺寸

耳塞	测试高度/mm	测试宽度/mm		
		125	145	155
头顶式耳塞 下颏式耳塞	115	S	S/M	—
	130	S/M	S/M/L	M/L
	140	—	M/L	L
颈后式耳塞	75	S	S/M	—
	90	S/M	S/M/L	M/L
	105	—	M/L	L

注：M、S、L 指环箍式耳塞的号型，M 代表中号，S 代表小号，L 代表大号。

a) 厚度不少于 10 mm，尺寸为 500 mm×500 mm 的平滑钢板；
b) 耳塞悬挂装置。

6.4.2.3.2 测试步骤

测试步骤如下：
a) 将钢板放置于水平地面上；
b) 悬挂耳塞，使耳塞的最低点位于钢板上方(1 500±10)mm；
c) 释放耳塞使之自由跌落到钢板上；对于每个样品，本步骤仅允许进行一次；
d) 检查并记录耳塞任何部分破损及脱落的情况；如果耳塞部件出现脱落，应重新组装好并继续后续测试，且组装时无需使用工具或备件；
e) 报告耳塞破损及脱落的情况。

6.4.2.4 低温抗跌落性能测试
6.4.2.4.1 测试装置

测试装置包括：
a) 能保持(−20±3)℃恒温的低温箱；
b) 厚度不少于 10 mm、尺寸为 500 mm×500 mm 的平滑钢板；
c) 耳塞悬挂装置。

6.4.2.4.2 测试步骤

测试步骤如下：
a) 将耳塞放置在温度为(−20±3)℃的低温箱内不少于 4 h；
b) 将钢板放置于水平地面上；
c) 从低温箱中取出耳塞，并在 10 s 内完成 d)和 e)；
d) 悬挂耳塞，使耳塞的最低点位于钢板上方(1 500±10)mm；
e) 释放耳塞使之自由跌落到钢板上；对于每个样品，本步骤仅允许进行一次；
f) 检查并记录耳塞任何部分破损及脱落的情况；如果耳塞部件出现脱落，应重新组装好并继续后续测试，且组装时无需使用工具或备件；
g) 报告耳塞破损及脱落的情况。

6.4.2.5 阻燃性测试

6.4.2.5.1 测试装置

测试装置包括：

a) 长(300±3)mm,直径 6 mm,底面平整且与其纵轴垂直的钢棒；
b) 热源；
c) 温度测量装置。

6.4.2.5.2 测试步骤

测试步骤如下：

a) 将钢棒从底面起至少 50 mm 的长度加热至(650±20)℃；
b) 使钢棒为垂向,检查距底面 20 mm 处的温度,应为(650±20)℃,然后使底面紧靠耳塞表面,钢棒保持垂向,依靠其自身重量施加压力,保持(5.0±0.5)s；
c) 按需要重复 a)~b),确保对佩戴耳塞时所有暴露在外的材料都进行测试,检查并记录材料燃烧和阴燃情况及材料变化情况；
d) 报告耳塞在接触钢棒后燃烧或移开钢棒后阴燃的情况及材料变化情况。

6.5 声学性能测试
6.5.1 插入损失测试
6.5.1.1 测试装置

测试装置包括：

a) GB/T 7584.3 中规定的专用声学测试装置和测试场所；
b) 安装在专用声学测试装置上,用于支撑整个挂安全帽式耳罩的支撑垫,如图 9 所示。

单位为毫米

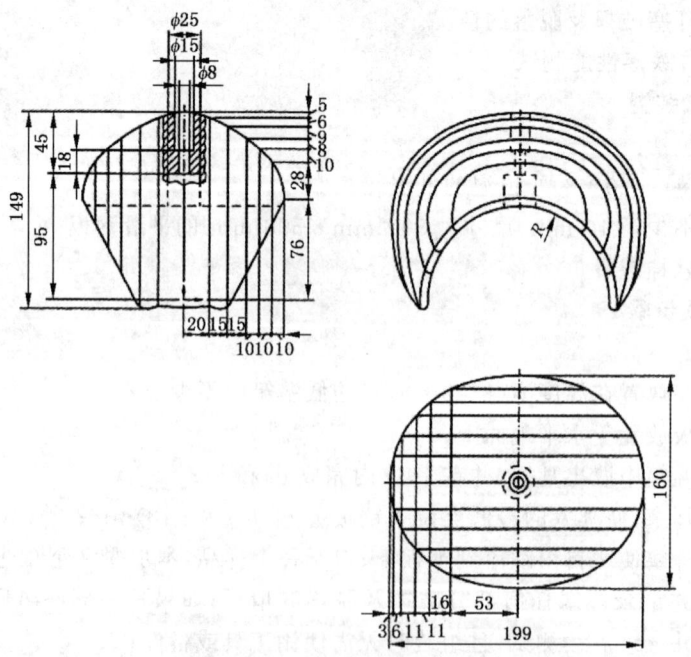

图 9 安装在专用声学测试装置上的支撑垫

6.5.1.2 测试步骤

按照 GB/T 7584.3 的步骤测试,但应进行如下调整:
a) 如果环箍夹紧力可调,将夹紧力调至最大;
b) 测量中心频率从 250 Hz~8 000 Hz 的所有 1/3 倍频带的插入损失;
c) 计算所有罩杯在各中心频率处测得值的算术平均值和标准差;
d) 对于多向环箍式耳罩,仅测量一种佩戴方式下的插入损失,推荐在头顶佩戴方式下测量;
e) 对于给定型号及号型的挂安全帽式耳罩,当配用同一型号、不同号型的安全帽时,则仅选择一种号型的安全帽进行插入损失测试;
f) 按各中心频率,报告每个罩杯的插入损失值,并报告所有罩杯插入损失的算术平均值和标准差。

6.5.2 声衰减测试

6.5.2.1 测试装置

GB/T 7584.1 中规定的测试装置和测试场所。

6.5.2.2 环箍式耳罩测试步骤

测试步骤如下:
a) 如果夹紧力可调,将夹紧力调至最小;
b) 按 GB/T 7584.1 测试样品的声衰减。

6.5.2.3 多向环箍式耳罩测试步骤

测试步骤如下:
a) 如果夹紧力可调,将夹紧力调至最小;
b) 使用 16 名受试者,选择一种佩戴方式,按 GB/T 7584.1 测试;
c) 其他两种佩戴方式下采用如下的简化程序进行测量:
   1) 使用 10 名受试者按 GB/T 7584.1 测试;
   2) 按 GB/T 7584.2 计算 $\alpha=1$ 时的高频衰减值(H 值)、中频衰减值(M 值)和低频衰减值(L 值);
   3) 按 GB/T 7584.2 计算第一种佩戴方式下 $\alpha=1$ 时的 H、M 和 L 值,并与 2)的计算值进行比较;
   4) 如果其他佩戴方式下的 H、M 和 L 值与第一种模式下的差值在 ±3 dB 范围内,则不继续进行声衰减测试,并认为其他模式的声衰减数据与第一种佩戴方式的数据相同,将第一种佩戴方式的声衰减数据作为其他佩戴方式的数据;
   5) 如果不满足 4)中的条件,则用其余 6 名受试者完成声衰减测试,报告测量的声衰减数据。

6.5.2.4 挂安全帽式耳罩测试步骤

6.5.2.4.1 基本组合

测试步骤如下:
a) 如果夹紧力可调,将夹紧力调至最小;
b) 使用 16 名佩戴合适的受试者按 GB/T 7584.1 测试。

6.5.2.4.2 附加组合

测试步骤如下：

a) 进行 6.4.1.5～6.4.1.10.2 前，按 6.4.1.4 测试夹紧力，将基本组合夹紧力平均值记为 F_{B0}，将附加组合夹紧力平均值记为 F_{S0}；

b) 当 F_{S0} 小于 8 N 时，如果 F_{S0} 小于式(2)中的 S_{min} 值，应进行附加组合的声衰减测试：

$$S_{min} = F_{B0} - \frac{R \times F_{B0}}{100} \quad \cdots\cdots\cdots\cdots\cdots\cdots\cdots(2)$$

式中：

F_{B0}——基本组合夹紧力平均值，单位为牛(N)；

R ——附加组合夹紧力平均值的最大允许减少百分数，由图 10 得到。

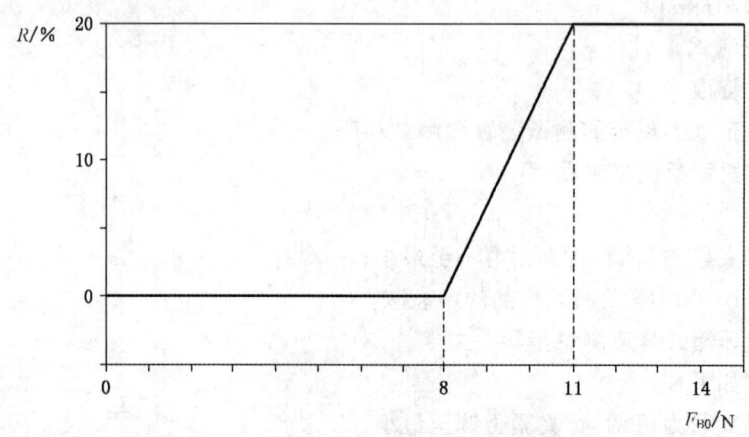

图 10 附加组合夹紧力平均值的最大允许减少百分数

c) 附加组合的声衰减测试步骤如下：

1) 如果夹紧力可调，将夹紧力调至最小；
2) 使用 10 名佩戴合适的受试者按 GB/T 7584.1 测试；
3) 按 GB/T 7584.2 计算 α=1 时的 H 、M 和 L 值；
4) 按 GB/T 7584.2 计算基本组合 α=1 时的 H 、M 和 L 值，并与 3)的计算值进行比较；
5) 如果附加组合与基本组合 H 、M 和 L 值的差值在±3 dB 范围内，则不继续进行声衰减测试，并认为附加组合的声衰减数据与基本组合的数据相同，将基本组合的声衰减数据作为附加组合的数据；
6) 如果不满足 5)中的条件，则用其余 6 名受试者完成声衰减测试，报告测量的声衰减数据；
7) 如果给定型号及号型的挂安全帽式耳罩配用同一型号、不同号型的安全帽，使用 16 名佩戴合适的受试者，将这些号型附加组合的样品在受试者间均匀分配，每一号型的安全帽至少使用 4 名受试者，任一样品被测试的次数不应超过 4 次，测试结果作为耳罩配用该型号被测号型安全帽的声衰减数据；
8) 不应将附加组合的数据用作基本组合的声衰减数据。

6.5.2.5 耳塞测试步骤

测试步骤如下：
a) 对于环箍式耳塞,如果夹紧力可调,将夹紧力调至最小;
b) 测试可重复使用的耳塞时,应按照产品说明书进行清洁和消毒1次;
c) 为每个受试者单独提供一副合适尺寸的耳塞,按 GB/T 7584.1 测试。

7 标识

7.1 耳罩

耳罩应具有以下永久标识信息：
a) 制造商或代理商名称、商标或其他识别信息;
b) 型号;
c) 本标准编号;
d) 耳罩佩戴有方向性时,罩杯上应有前或上,或左和右的标记;
e) 国家有关法律法规规定应有的标识。

7.2 耳塞

耳塞或包装应具有以下标识信息：
a) 制造商或代理商名称、商标或其他识别信息;
b) 型号;
c) 本标准编号;
d) 耳塞是随弃式的还是可重复使用的;
e) 对于定制型耳塞,需使用特定标记或颜色区分左、右;
f) 国家有关法律法规规定应有的标识。

8 制造商提供的信息

8.1 耳罩

应有但不仅限于以下内容：
a) 标准编号;
b) 制造商或代理商名称、商标或其他识别信息;
c) 生产日期;
d) 型号和号型;
e) 生产地址;
f) 适用时,本型号耳罩在-20 ℃时满足要求的声明;
g) 罩杯垫、环箍或支撑臂的材料;
h) 与挂安全帽式耳罩配用的安全帽的制造商和型号的信息,表述为:"本型号耳罩应配用在下列安全帽上:……(列出安全帽清单)";
i) 佩戴及调节的方法,包括调节夹紧力的方法;挂安全帽式耳罩的安装方法,设置待用位置、停用位置的说明;
j) 应将耳罩每一种佩戴模式的号型标注在包装上及向佩戴者提供的信息里;
k) "耳罩分为中号耳罩、小号耳罩、大号耳罩,中号耳罩适合大部分佩戴者,不适合中号耳罩的佩戴者可选用小号或大号耳罩"的陈述；
l) 每一种佩戴模式下的声衰减，包括：
   1) 每一测试频率下的平均值和标准差；
   2) 按照 GB/T 7584.2，$\alpha=1$ 时计算的每一测试频率下的假设保护值（APV）；（APV 值及计算示例见 GB/T 7584.2）
   3) 按照 GB/T 7584.2，$\alpha=1$ 时计算的 H 值、M 值和 L 值；
   4) 按照 GB/T 7584.2，$\alpha=1$ 时计算的单值评定量（SNR）；
   5) 如果测试了挂安全帽式耳罩附加组合的声衰减，应提供附加组合的声衰减值。
m) 给佩戴者的建议：
   1) 按照产品说明书佩戴、调节和维护耳罩；
   2) 在噪声环境中全程佩戴耳罩；
   3) 经常检查耳罩的适用性；
   4) 警告信息：如果没有按照以上建议使用耳罩，将严重削弱耳罩的保护作用；
n) 应指定清洁和消毒的方法，并要求使用不会伤害佩戴者的清洁剂和消毒剂；
o) "某些化学物质可能对本产品产生不利影响，可向制造商索取更多信息"的声明；
p) "耳罩，特别是罩杯垫，可能在使用中劣化，因此应经常检查，例如检查是否出现破裂、泄漏等情况"的声明；
q) "安装罩杯垫的卫生护层可能会影响耳罩的声学性能"的声明；
r) 建议的使用前和使用后的储存条件；
s) 当订购可替换的罩杯垫时需要的相关信息；
t) 适用时，罩杯垫的更换方法；
u) 按 6.4.1.1 测试的耳罩的质量；
v) 能让用户获得更多信息的联系方式。

8.2 耳塞

应有但不仅限于以下内容：
a) 标准编号；
b) 制造商或代理商名称、商标或其他识别信息；
c) 型号；
d) 号型（仅适用于环箍式耳塞）；
e) 生产日期；
f) 生产地址；
g) 推荐的保存期限；
h) 适用时，本型号耳塞在 $-20\ ℃$ 时满足要求的声明；
i) 环箍的材料（仅适用于环箍式耳塞）；
j) 佩戴的方法；
k) 每一种佩戴模式下的声衰减，包括：
   1) 每一测试频率下的平均值和标准差；
   2) 按照 GB/T 7584.2，$\alpha=1$ 时计算的每一测试频率下的假设保护值（APV）；

    3) 按照 GB/T 7584.2,α=1 时计算的 H 值、M 值和 L 值;
    4) 按照 GB/T 7584.2,α=1 时计算的单值评定量(SNR);
l) 给佩戴者的建议:
    1) 按照产品说明书佩戴、调节和维护耳塞;
    2) 在噪声环境中全程佩戴耳塞;
    3) 对于可重复使用的耳塞,经常检查耳塞的适用性;
    4) 警告信息:如果没有按照以上建议使用耳塞,将严重削弱耳塞的保护作用;
m) 对于带连接绳的耳塞,应标明警告信息:"存在钩挂、卷绕危险时,禁止使用带连接绳的耳塞。"
n) 对于带环箍的耳塞,应标明警告信息:"如果环箍受到撞击,可能会产生有害的噪声。"
o) 对于可重复使用的耳塞,应指定清洁和消毒的方法,并要求使用不会伤害佩戴者的清洁剂和消毒剂;
p) "某些化学物质可能对本产品产生不利影响,可向制造商索取更多信息"的声明;
q) 建议的使用前和使用后的储存条件;
r) 按 6.4.2.1 测试的环箍式耳塞的质量;
s) 能让用户获得更多信息的联系方式。

附 录 A
(规范性附录)
护听器技术要求的适用条件

A.1 耳罩

耳罩技术要求的适用条件见表 A.1。

表 A.1 耳罩技术要求的适用条件

序号	技术要求	技术要求条款	测试方法条款	适用条件
1	适应性	5.2.2	6.4.1.2	所有耳罩
2	罩杯旋转性	5.2.3	6.4.1.3	所有耳罩
3	夹紧力	5.2.4	6.4.1.4	所有耳罩
4	罩杯垫压强	5.2.5	6.4.1.5	所有耳罩
5	抗跌落性能	5.2.6	6.4.1.6	未标注-20 ℃时满足要求的耳罩
6	低温抗跌落性能	5.2.7	6.4.1.7	标注-20 ℃时满足要求的耳罩
7	抗疲劳性能	5.2.8	6.4.1.8	不适用于包含待用位置的挂安全帽式耳罩
8	待用位置机械耐久性	5.2.9	6.4.1.9	包含待用位置的挂安全帽式耳罩
9	夹紧力变化	5.2.10	6.4.1.10	对于依靠塑料部件提供夹紧力的耳罩,应进行浸水处理

表 A.1（续）

序号	技术要求	技术要求条款	测试方法条款	适用条件
10	抗泄漏性	5.2.11	6.4.1.11	带液体充填罩杯垫的耳罩
11	阻燃性	5.2.12	6.4.1.12	所有耳罩
12	插入损失	5.2.13	6.5.1	所有耳罩
13	声衰减	5.2.14	6.5.2	所有耳罩

A.2 耳塞

耳塞技术要求的适用条件见表 A.2。

表 A.2 耳塞技术要求的适用条件

序号	技术要求	技术要求条款	测试方法条款	适用条件
1	适应性	5.3.2	6.4.2.2	环箍式耳塞
2	抗跌落性能	5.3.3	6.4.2.3	未标注−20 ℃时满足要求的耳塞
3	低温抗跌落性能	5.3.4	6.4.2.4	标注−20 ℃时满足要求的耳塞
4	阻燃性	5.3.5	6.4.2.5	所有耳塞
5	声衰减	5.3.6	6.5.2	对于可重复使用的耳塞,应先进行清洁和消毒

附 录 B
（规范性附录）
测 试 流 程

B.1 环箍式耳罩

B.1.1 完整的测试流程见图 B.1,测试声学性能时应按完整的流程进行。如果未能按完整的测试流程进行时,声学性能测试结果仅作为参考,不能作为产品的标称数据。

B.1.2 10 个样品称重后,1～6 号进行后续物理性能测试,7～10 号不进行后续物理性能测试。

B.1.3 1～10 号样品进行插入损失测试,1～4 号样品进行声衰减测试,5、6 号样品进行抗泄漏性和阻燃性测试。

B.1.4 对于带电路的耳罩,应在电路关闭状态下进行测试。

B.2 挂安全帽式耳罩

B.2.1 完整的测试流程见图 B.2,测试声学性能时应按完整的流程进行。如果未能按完整的测试流程进行时,声学性能测试结果仅做为参考,不能做为产品的标称数据。

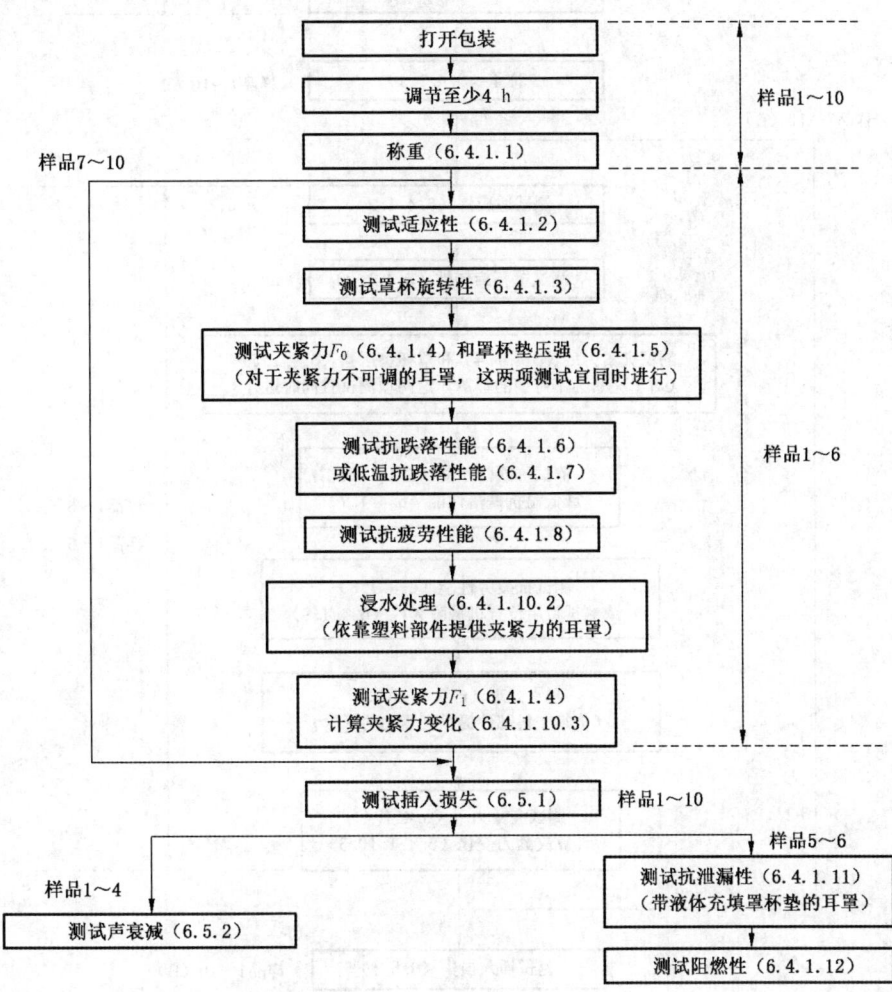

图 B.1 环箍式耳罩测试流程图

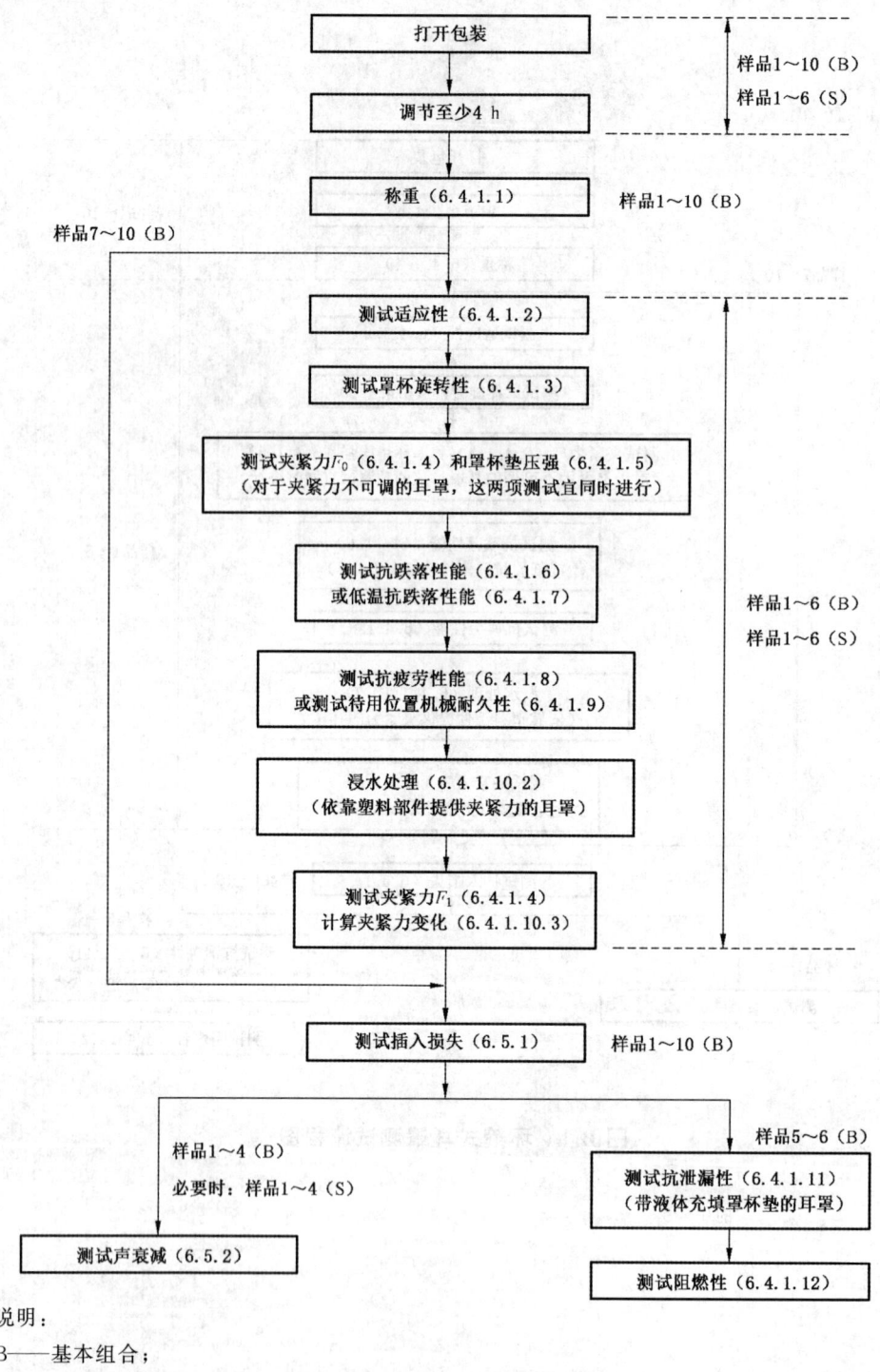

说明：
B——基本组合；
S——附加组合。

图 B.2 挂安全帽式耳罩测试流程图

B.2.2 当配用的安全帽不止一种型号或号型时,按制造商指定的型号及号型进行基本组合测试,所有其他型号或号型应进行附加组合测试。

B.2.3 将罩杯/支撑臂调至整个调整范围的中间点,并保持在出厂时的位置(使用位置、待用位置、停用位置等)。

B.2.4 当夹紧力可调时,在调节和测试的所有阶段,除非另有说明,应将夹紧力调至最小。

B.2.5 10 个基本组合样品称重后,1～6 号进行后续物理性能测试,7～10 号不进行后续物理性能测试。

B.2.6 1～10 号基本组合样品进行插入损失测试,1～4 号基本组合样品进行声衰减测试,5、6 号基本组合样品进行抗泄漏性和阻燃性测试。

B.2.7 6 个附加组合样品不进行称重,直接进行其他物理性能测试,必要时,1～4 号附加组合样品进行声衰减测试。

B.2.8 对于带电路的挂安全帽式耳罩,应在电路关闭状态下进行测试。

B.3 耳塞

B.3.1 完整的测试流程见图 B.3。

B.3.2 1～10 号样品进行物理性能测试,11～30 号样品进行声衰减测试。

B.3.3 对于带电路的耳塞,应在电路关闭状态下进行测试。

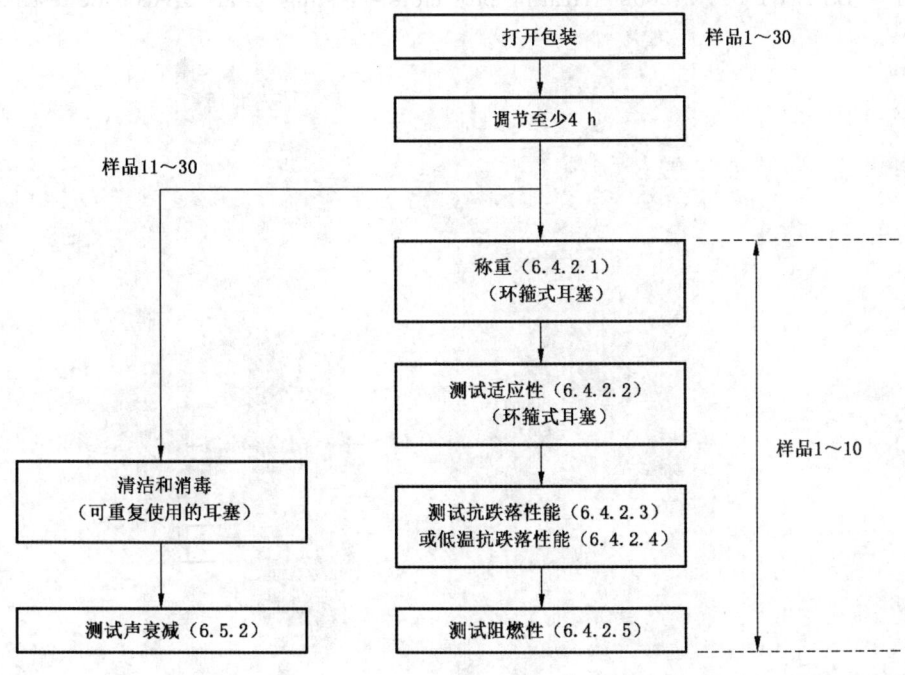

图 B.3 耳塞测试流程图

参 考 文 献

[1] GB/T 23466—2009 护听器的选择指南
[2] BS EN 352-1:2002 Hearing protectors—General requirements—Part 1:Ear-muffs
[3] BS EN 352-2:2002 Hearing protectors—General requirements—Part 2:Ear-plugs
[4] BS EN 352-3:2002 Hearing protectors—General requirements—Part 3:Ear-muffs attached to an industrial safety helmet
[5] BS EN 352-4:2001 Hearing protectors—Safety requirements and testing—Part 4:Leveldependent ear-muffs
[6] BS EN 352-5:2002 Hearing protectors—Safety requirements and testing—Part 5:Active noise reduction ear-muffs
[7] BS EN 352-6:2002 Hearing protectors—Safety requirements and testing—Part 6:Ear-muffs with electrical audio input
[8] BS EN 352-7:2002 Hearing protectors—Safety requirements and testing—Part 7:Leveldependent ear-plugs
[9] BS EN 352-8:2008 Hearing protectors—Safety requirements and testing—Part 8:Entertainment audio ear-muffs
[10] BS EN 13819-1:2002 Hearing protectors—Testing—Part 1:Physical test methods
[11] BS EN 13819-2:2002 Hearing protectors—Testing—Part 2:Acoustic test methods

3. 呼 吸 防 护

呼吸防护 自吸过滤式防颗粒物呼吸器
（GB 2626—2019）

前 言

本标准按照 GB/T 1.1—2009 给出的规则起草。

本标准代替 GB 2626—2006《呼吸防护用品 自吸过滤式防颗粒物呼吸器》。

本标准与 GB 2626—2006 相比主要变化如下：

——标准名称从《呼吸防护用品 自吸过滤式防颗粒物呼吸器》调整为《呼吸防护 自吸过滤式防颗粒物呼吸器》；

——删除了"烟""雾""微生物"三项术语，增加了"穿透率""佩戴气密性检查""指定防护因数""计数中位径""质量中位径""空气动力学粒径"和"空气动力学质量中位径"七项术语（见 3.14 和 3.19～3.24）；

——修改了各类呼吸器的吸气阻力和呼气阻力要求（见 5.5）；

——修改了呼气阀气密性的要求和检测方法（见 5.6.1 和 6.7）；

——将呼气阀盖的称呼调整为呼气阀保护装置（见 5.6.2 和 6.8）；

——修改了对各类呼吸器的视野要求（见 5.8）；

——增加了对制造商声称过滤元件可清洗和/或消毒后重复使用的产品的要求和检测方法［见5.14.1、5.16d）和 6.2.3］；

——增加了实用性能的要求和检测方法（见 5.15 和 6.16）；

——在制造商应提供的信息部分增加了对过滤元件使用寿命判断方法的说明，对不阻燃的产品增加了应用限制（见 5.16）；

——在过滤效率检测方法部分增加了过滤效率检测用颗粒物粒径的换算方法（见附录 B）、过滤效率检测设备的颗粒物检测器精度及分辨率要求（见 6.3.2）和对加载终点的判断方法（见 6.3.4.4、6.3.4.5、6.3.4.6 和附录 C），对加载量也增加了要求（见 6.3.3）；

——在泄漏性检测方法部分增加了对样品检查的要求（见 6.4.1.4），增加了颗粒物检测器精度要求（见 6.4.2.4），增加了接受试者计算泄漏率的公式［见式（5）］；

——增加了用于呼吸阻力检测和死腔检测用试验头模内置呼吸管构造的示意图（见图 4）；

——在呼吸阻力检测方法中，修改了对微压计参数要求（见 6.5.2.3），增加了呼吸器面罩和试验头模之间应气密的要求（见 6.5.4 和 6.6.4）；

——修改了死腔检测装置的示意图（见图 6）；

——在头带检测方法中增加了按照头带正常使用被拉伸方向施加测试拉力的要求（见 6.11.3）。

注:本标准与2006年版标准的主要区别参见附录E。

本标准由中华人民共和国应急管理部提出并归口。

本标准起草单位:中钢集团武汉安全环保研究院有限公司、军事科学院防化研究院、3M中国有限公司。

本标准主要起草人:程钧、丁松涛、杨小兵、姚红、周小平、蔡夏林、张守鑫、余晶晶。

本标准于1981年首次发布,1992年修订为GB/T 2626—1992,2006年修订为GB 2626—2006。

1 范围

本标准规定了自吸过滤式防颗粒物呼吸器的分类和标记、技术要求、检测方法和标识。

本标准适用于防护颗粒物的自吸过滤式呼吸器。

本标准不适用于防护有害气体和蒸气的呼吸器,不适用于缺氧环境、水下作业、逃生和消防用呼吸器。

2 规范性引用文件

下列文件对于本文件的应用是必不可少的。凡是注日期的引用文件,仅注日期的版本适用于本文件。凡是不注日期的引用文件,其最新版本(包括所有的修改单)适用于本文件。

GB 2890—2009　呼吸防护　自吸过滤式防毒面具

GB/T 5703　用于技术设计的人体测量基础项目

GB/T 10586　湿热试验箱技术条件

GB/T 10589　低温试验箱技术条件

GB/T 11158　高温试验箱技术条件

GB/T 18664—2002　呼吸防护用品的选择、使用与维护

GB/T 23465—2009　呼吸防护用品　实用性能评价

3 术语和定义

下列术语和定义适用于本文件。

3.1

颗粒物　particle

悬浮在空气中的固态、液态或固态与液态混合的颗粒状物质,如粉尘、烟、雾和微生物。

[GB/T 18664—2002,定义3.1.15]

3.2

粉尘　dust

悬浮在空气中的微小固体颗粒物,一般由固体物料受机械力作用破碎而产生。

[GB/T 18664—2002,定义3.1.16]

3.3

自吸过滤式呼吸器　non-powered air-purifying respirator

靠佩戴者呼吸克服部件气流阻力的过滤式呼吸器。

[GB/T 18664—2002,定义3.1.3]

3.4

密合型面罩　tight-fitting facepiece

能罩住口和鼻,与面部密合的面罩,或能罩住眼睛、口和鼻,与头面部密合的面罩。

注1:密合型面罩分半面罩和全面罩。

注2:改写GB/T 18664—2002,定义3.1.5。

3.5

半面罩　half facepiece

能覆盖口和鼻,或覆盖口、鼻和下颌的密合型面罩。

注:半面罩分随弃式面罩和可更换式半面罩。

3.6

全面罩　full facepiece

能覆盖眼睛、口、鼻和下颌的密合型面罩。

3.7

随弃式面罩　disposable facepiece

主要是由滤料构成面罩主体的一种半面罩,可设呼气阀。

3.8

可更换式面罩　replaceable facepiece

有单个或多个可更换过滤元件的密合型半面罩和全面罩,可设呼吸气阀和/或呼吸导管。

3.9

吸气阀　inhalation valve

只允许吸入气体通过其进入面罩,防止呼出气体通过它排出面罩的单向阀门。

[GB 2890—2009,定义3.6]

3.10

呼气阀　exhalation valve

只允许呼出气体通过其排出面罩,防止吸入气体通过它进入面罩的单向阀门。

[GB 2890—2009,定义3.7]

3.11

呼吸导管　breathing hose

用于连接面罩与过滤元件的柔软、气密的导气管。

3.12

过滤元件　filter element

过滤式呼吸器使用的,可滤除吸入空气中有害物质的过滤材料或过滤组件。

示例:滤毒罐(滤毒盒)、滤尘盒、滤料等。

[GB/T 18664—2002,定义3.1.22]

3.13

过滤效率　filter efficiency

在规定检测条件下,过滤元件滤除颗粒物的水平。

3.14

穿透率　penetration

在规定检测条件下,颗粒物穿透过滤元件的水平。
注:穿透率=100%-过滤效率。

3.15

总泄漏率 total inward leakage;TIL

在规定的实验室检测环境下,受试者吸气时从包括过滤元件在内的所有面罩部件泄漏入面罩内的模拟剂的浓度与呼吸器面罩外测试环境中模拟剂浓度的比值。

$$总泄漏率 = C_i/C_0 \times 100\% \quad \cdots\cdots\cdots\cdots\cdots\cdots (1)$$

式中:

C_i——呼吸器面罩内模拟剂的浓度;

C_0——呼吸器面罩外测试环境中模拟剂的浓度。

3.16

泄漏率 inward leakage;IL

在规定的实验室检测环境下,受试者吸气时从除过滤元件以外的面罩所有其他部件泄漏入面罩内的模拟剂浓度与呼吸器面罩外测试环境中模拟剂浓度的比值。

$$泄漏率 = C_i/C_0 \times 100\% \quad \cdots\cdots\cdots\cdots\cdots\cdots (2)$$

式中:

C_i——呼吸器面罩内模拟剂的浓度;

C_0——呼吸器面罩外测试环境中模拟剂的浓度。

3.17

死腔 dead space

从前一次呼气中被重新吸入的二氧化碳气体的体积分数。

3.18

头带 head harness

用于将面罩固定在头部的部件。

3.19

佩戴气密性检查 user face-seal check

由呼吸器佩戴者自己进行的一种简便的密合性检查方法,用以确保密合型面罩佩戴正确。

注:改写 GB/T 18664—2002,定义 3.1.24。

3.20

指定防护因数 assigned protection factor

一种或一类适宜功能的呼吸防护用品,在适合使用者佩戴且正确使用的前提下,预期能将空气污染物浓度降低的水平。

注:改写 GB/T 18664—2002,定义 3.1.29。

3.21

计数中位径 count median diameter;CMD

当把颗粒物按粒径大小排序时,比它粒径大的和比它粒径小的颗粒物个数各占颗粒物总数量 50% 的粒径。

3.22

质量中位径 mass median diameter;MMD

当把颗粒物按粒径大小排序时，比它粒径大的和比它粒径小的颗粒物质量各占颗粒物总质量50%的粒径。

3.23

空气动力学粒径　aerodynamic diameter

与所考虑的颗粒物有相同沉降速度的单位密度球形颗粒的直径。

3.24

空气动力学质量中位径　mass median aerodynamic diameter；MMAD

当把颗粒物接空气动力学粒径大小排序时，比它粒径大的和比它粒径小的颗粒物质量各占颗粒物总质量50%的粒径。

4 分类和标记

4.1 面罩分类

面罩按结构分为随弃式面罩、可更换式半面罩和全面罩三类。

4.2 过滤元件分类

过滤元件按过滤性能分为KN和KP两类，KN类只适用于过滤非油性颗粒物，KP类适用于过滤油性和非油性颗粒物。

4.3 过滤元件级别

根据过滤效率水平，过滤元件的级别按表1分级。

表1　过滤元件的级别

过滤元件类型	面罩类别		
	随弃式面罩	可更换式半面罩	全面罩
KN类	KN90 KN95 KN100	KN90 KN95 KN100	KN95 KN100
KP类	KP90 KP95 KP100	KP90 KP95 KP100	KP95 KP100

4.4 标记

随弃式面罩和可更换式面罩的过滤元件应标注级别，级别用本标准编号与过滤元件类型和级别的组合方式标注。

示例1：KN90过滤元件的标记为 GB 2626—2019 KN90。

示例2：KP100过滤元件的标记为 GB 2626—2019 KP100。

5 技术要求

5.1 基本要求

按照6.1方法检查，并在6.16中评价，呼吸器的材料和结构设计应符合以下要求：

a) 材料应符合以下要求：

1) 直接与面部接触的材料对皮肤应无害;
   2) 滤料对人体应无害;
   3) 所用材料应具有足够的强度,在正常使用中不应出现破损和影响使用效果的变形;
   4) 佩戴时不应产生明显的压痛或刺痛感。
  b) 结构设计应符合以下要求:
   1) 应不易产生结构性破损,部件的设计、组成和安装不应对使用者构成任何危险;
   2) 头带的设计应为弹性材料或可调,便于佩戴和摘除,应能将面罩牢固地固定在脸上,且佩戴时不应出现明显的压迫或压痛现象,可更换式半面罩和全面罩的头带设计应为可更换;
   3) 同一大小号码和相同款式的面罩若有不同的佩戴方式,应作为不同的产品检测;
      注1:同款式面罩的不同佩戴方式会影响到面罩的密合性。
   4) 不应明显影响视野;
   5) 在佩戴时,全面罩的镜片不应出现结雾等影响视觉的情况;
   6) 使用可更换过滤元件、吸气阀、呼气阀以及头带的呼吸器应采用方便更换的设计,并且能使佩戴者随时和方便地检查面罩与面部的气密性,做佩戴气密性检查;
      注2:佩戴气密性检查方法见 GB/T 18664—2002 附录 G。
   7) 呼吸导管不应限制头部活动或佩戴者的行动,不应影响面罩的密合性,不应出现限制、阻塞气流的情况;
   8) 应对呼气阀的正面设置保护,呼气阀保护装置可以是专设的一个部件,也可以借助面罩上其他的部件起到保护作用;
   9) 随弃式面罩的结构应能保证与面部的密合,且应在正常使用中不出现变形;
   10) 可更换式面罩的部件(除过滤元件)应可清洗。

5.2 外观检查

按照 6.1 方法检查。

样品表面不应破损、变形和有明显的其他缺陷,部件材料和结构应能耐受正常使用条件及可能遇到的温度、湿度和机械冲击。按照 6.2 方法经温度湿度预处理和机械强度预处理后,部件不应脱落、损坏和变形。检查内容还应包括标识和制造商所提供的各种信息。

5.3 过滤效率

用氯化钠(NaCl)颗粒物检测 KN 类过滤元件,用邻苯二甲酸二辛酯(DOP,dioctyl phthalate)或性质相当的油类颗粒物(如石蜡油)检测 KP 类过滤元件。

按照 6.3 方法检测。

在检测过程中,每个样品的过滤效率应始终符合表2的要求。

5.4 泄漏性

5.4.1 随弃式面罩的 TIL

按照 6.4 方法检测。随弃式面罩的 TIL 应符合表3的要求。

表2 过滤效率

过滤元件的类别和级别	用氯化钠颗粒物检测	用油类颗粒物检测
KN90	≥90.0%	不适用
KN95	≥95.0%	
KN100	≥99.97%	
KP90	不适用	≥90.0%
KP95		≥95.0%
KP100		≥99.97%

表3 随弃式面罩的 TIL

滤料级别	以每个动作的 TIL 为评价基础时（即10人×5个动作），50个动作中至少有46个动作的 TIL	以人的总体 TIL 为评价基础时，10个受试者中至少有8个人的总体 TIL
KN90 或 KP90	<13%	<10%
KN95 或 KP95	<11%	<8%
KN100 或 KP100	<5%	<2%

5.4.2 可更换式半面罩的 IL

按照6.4方法检测。当以每个动作的 IL 为评价基础时（即10人×5个动作），50个动作中至少有46个动作的 IL 应小于5%；并且，在以人的总体 IL 为评价基础时，10个受试者中至少有8个人的总体 IL 应小于2%。

5.4.3 全面罩的 IL

按照6.4方法检测。当以每个动作的 IL 为评价基础时（即10人×5个动作），每个动作的 IL 应小于0.05%。

5.5 呼吸阻力

按照6.5和6.6方法检测。

各类呼吸器的吸气阻力和呼气阻力应符合表4的要求。

表4 呼吸阻力要求

面罩类别	吸气阻力/Pa			呼气阻力/Pa
	KN90 和 KP90	KN95 和 KP95	KN100 和 KP100	
随弃式面罩，无呼气阀	≤170	≤210	≤250	同吸气阻力
随弃式面罩，有呼气阀	≤210	≤250	≤300	≤150
包括过滤元件在内的可更换式半面罩和全面罩	≤250	≤300	≤350	

5.6 呼气阀

5.6.1 呼气阀气密性

只检测半面罩。呼气阀应符合以下要求：

按照 6.7 方法检测，每个呼吸器的呼气阀的泄漏气流量不应大于 30 mL/min；若面罩设有多个呼气阀，每个呼气阀应符合的泄漏气流量应均分，例如，若呼吸器面罩设置了 2 个呼气阀，则每个呼气阀的泄漏气流量都不应大于 15 mL/min。

5.6.2 呼气阀保护装置

按照 6.8 方法检测。

呼气阀保护装置在承受表 5 规定的轴向拉力时，不应出现滑脱、断裂和变形。

表 5 呼气阀保护装置应承受的轴向拉力

面罩种类	随弃式面罩	可更换式面罩
拉力	10 N,持续 10 s	50 N,持续 10 s

5.7 死腔

按照 6.9 方法检测。

呼吸器的死腔结果平均值不应大于 1%。

5.8 视野

按照 6.10 方法检测。

呼吸器的视野应符合表 6 的要求。

表 6 视野

视野	面罩类别		
	半面罩	全面罩	
		大眼窗	双眼窗
下方视野	≥35°	≥35°	≥35°
总视野	不适用	≥70%	≥65%
双目视野	≥65%	≥55%	≥24%

5.9 头带

按照 6.11 方法检测。

呼吸器的每条头带、带扣及其他调节部件在承受表 7 规定的拉力时，不应出现滑脱或断裂。

表 7 头带应承受的拉力

面罩种类	随弃式面罩	可更换式半面罩	全面罩
拉力	10 N,持续 10 s	50 N,持续 10 s	150 N,持续 10 s

5.10 连接和连接部件

按照 6.12 方法检测。

在规定检测条件下,可更换式过滤元件与面罩之间,呼吸导管与过滤元件及面罩之间的所有连接和连接部件,在承受表8规定的轴向拉力时,不应出现滑脱、断裂或变形。

表8 连接和连接部件应承受的轴向拉力

面罩种类	可更换式半面罩	全面罩
拉力	50 N,持续10 s	250 N,持续10 s

5.11 镜片

5.11.1 只检测全面罩。

5.11.2 按照6.13方法检测,每个样品的镜片不应破碎或产生裂纹;然后按6.14方法检测气密性,应符合5.12的要求。

5.11.3 按照6.16方法检测,镜片不应导致视物变形。

5.11.4 如果产品增设保明贴片,或设计使用防雾剂,防雾剂不应使用已知的对人有害的物质;在使用保明贴片和/或防雾剂后,不应导致视物变形和模糊,防雾剂不应对人产生刺激和其他不适,按照6.1和6.16方法检测。

5.12 气密性

按照6.14方法检测。

在规定检测条件下,60 s内每个全面罩内的压力变化不应大于100 Pa。

5.13 可燃性

5.13.1 若产品设计不阻燃,应按照5.16c)1)的要求提供说明信息。

5.13.2 若产品设计阻燃,应按照6.15方法检测。暴露于火焰的各部件在从火焰移开后,继续燃烧时间不应超过5 s。

5.14 清洗和消毒

5.14.1 若产品设计允许过滤元件在清洗和/或消毒后重复使用,应符合5.16d)的要求,并且过滤元件应能够耐受制造商推荐的清洗或消毒的处理,清洗或消毒后的样品应符合5.3对过滤效率、5.4对泄漏性和5.5中对吸气阻力的要求。制造商提供使用者判断清洗或消毒后过滤元件继续有效的方法应正确和有效。

5.14.2 对可更换式面罩,面罩应能够耐受制造商推荐的清洗或消毒的处理;清洗或消毒后的样品应符合5.4的要求。

5.15 实用性能

按6.16方法检测,在模拟使用的条件下,对其他检测方法难以评价的性能,如5.1b)和5.11中规定的性能,由受试者提供主观评价。

若呼吸器不能通过检测,实验室应详细描述检测方法,便于其他实验室能够重复该检测过程。

5.16 制造商应提供的信息

按照6.1方法检查。

应按照GB/T 18664—2002的有关规定判断制造商提供信息的正确性。

制造商提供的信息应符合以下要求:

a) 应随最小销售包装一起提供。

b) 应有中文说明。
c) 应包括使用者必须了解的以下信息：
   1) 应用范围与限制,应包括(但不限于)适用的颗粒物类别(如是否含油),呼吸器的指定防护因数,和/或其他不适用的应用环境;如果产品设计不阻燃,应有"本产品不适合存在明火的作业场所(如焊接、铸造等)"的文字说明；
   2) 对可更换过滤元件,说明其与全面罩或半面罩一起使用的方法,若为多重滤料,应标明；
   3) 可更换式面罩的组装方法；
   4) 使用前的检查方法；
   5) 佩戴方法和做佩戴气密性检查的方法；
   6) 对随弃式面罩,判断其使用寿命的方法；
   7) 对可更换式面罩,提供何时更换面罩或过滤元件的建议；
   8) 如果适用,维护方法(如清洗和消毒方法)；
   9) 储存方法；
   10) 使用的任何符号和图标的含义。
d) 如果产品宣称过滤元件可清洗和/或消毒后重复使用,应提供以下信息：
   1) 适用的颗粒物的具体特征和/或范围；
   2) 可清洗和/或消毒的最大次数；
   3) 判断过滤元件清洗、消毒后是否继续有效和何时更换的方法。
e) 应对使用中可能遇到的问题提供警示,如：
   1) 与佩戴者面部的适合性；
   2) 密合框下的毛发会导致面罩泄漏；
   3) 空气质量(污染物、缺氧等)。
f) 信息应明确,可增加解说、部件号和标注等帮助说明。

5.17 包装

按照 6.1 方法检查。

销售用包装应能保护产品,防止在使用前受到机械损伤和污染。

6 检测方法

6.1 表观检查

根据各技术要求的需要(参见附录 A),在进行实验室性能检测前,应对样品进行目测外观检查。

6.2 预处理

6.2.1 温度湿度预处理

6.2.1.1 样品数量及要求

2 个未处理样;或其他检测方法所要求的数量。

6.2.1.2 检测设备

检测设备应符合以下要求：

a) 高温试验箱技术性能应符合 GB/T 11158 的要求；

b) 低温试验箱技术性能应符合 GB/T 10589 的要求;
c) 湿热试验箱技术性能应符合 GB/T 10586 的要求。

6.2.1.3 检测方法

将样品从原包装中取出,顺序按下述条件处理:

a) 在(38±2.5)℃和(85±5)%相对湿度环境放置(24±1)h;
b) 在(70±3)℃干燥环境放置(24±1)h;
c) 在(-30±3)℃环境放置(24±1)h。

采用的预处理方式应避免产生热冲击,使样品温度恢复至室温后至少 4 h,再进行后续预处理或检测。

6.2.2 机械强度预处理

6.2.2.1 样品数量及要求

仅适用于可更换式过滤元件。2 个未处理样;或其他检测方法所要求的数量。

6.2.2.2 检测设备

振动试验装置示意见图 1。该装置由放置样品的钢制箱体、钢制平台、凸轮及驱动、控制系统组成;钢制箱体固定在可垂直移动的支架上,通过凸轮转动,使钢制箱体提升 20 mm,然后靠自身重量落在一钢制平台上,产生一次振动;钢制箱体质量应大于 10 kg,钢制平台的质量应至少是钢制箱体质量的 10 倍;凸轮转动频率为(100±5)r/min。

单位为毫米

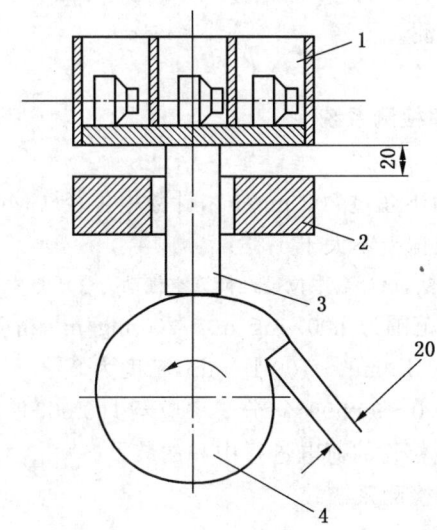

说明:
1——钢制箱体;
2——钢制平台;
3——活塞;
4——旋转凸轮。

图 1 振动试验装置示意图

6.2.2.3 检测方法

将样品从包装中取出,非封装型过滤元件应为最小销售包装。

将样品侧放在钢制箱体内;放置方式应保证检测中样品不会彼此接触,允许有 6 mm 水平移动间隔和自由垂直移动的距离。

振动检测持续时间 20 min。

检测结束后,再进行后续检测。

6.2.3 清洗和/或消毒预处理

6.2.3.1 样品数量及要求

仅适用于设计并声称过滤元件可清洗和/或消毒的产品。用其他检测方法所要求的数量。

6.2.3.2 检测方法

应根据产品说明中所推荐的清洗和/或消毒方法,和允许清洗和/或消毒后重复使用的最大次数,对样品进行预处理。每进行一次清洗和/或消毒,应先确保样品完全干燥,然后按制造商提供的方法判断清洗或消毒后的样品是否继续有效,记录结果,然后再开始下一次的清洗和/或消毒预处理。

6.3 过滤效率

6.3.1 样品数量及要求

随弃式面罩 20 个样品;若产品有不同大小号码,则每个号码至少 5 个样品。可更换式过滤元件 20 个样品,应包括滤棉和放置滤棉的承接座部件(如果适用)。其中 5 个为经6.2.1 预处理后样品,另 5 个为经 6.2.2 预处理后样品(如果适用);对满足 5.14.1 要求的产品,还应至少有 5 个为经 6.2.3 预处理后的样品;其余为未处理后样品。应将预处理后的样品放置在气密性容器中,在 10 h 内检测。

6.3.2 检测设备

6.3.2.1 NaCl 颗粒物过滤效率检测系统

主要技术参数如下:

a) NaCl 颗粒物的浓度为不超过 200 mg/m³,计数中位径(CMD)为 $(0.075 \pm 0.020)\mu m$,粒度分布的几何标准偏差不大于 1.86;

注:采用附录 B 提供的换算方法,该计数中位径经换算空气动力学质量中位径(MMAD)约为 0.3 μm。

b) 颗粒物检测器的动态范围为 0.001 mg/m³~200 mg/m³,精度为 1%或 0.001 mg/m³;

c) 检测流量的范围为 30 L/min~100 L/min,精度为 2%;

d) 过滤效率检测范围为 0~99.999%,分辨率应至少 0.003%;

e) 应具有能将所发生颗粒物的荷电进行中和的装置。

6.3.2.2 油性颗粒物过滤效率检测系统

主要技术参数如下:

a) DOP 或其他适用油类(如石蜡油)颗粒物的浓度为 50 mg/m³~200 mg/m³,计数中位径(CMD)为 $(0.185 \pm 0.020)\mu m$,粒度分布的几何标准偏差不大于 1.60;

注1:采用附录 B 提供的换算方法,该计数中位径经换算空气动力学质量中位径(MMAD)约为 0.3 μm。

注2:适用的 DOP 的替代物是经过确认的、测试结果与 DOP 具有可比性的油性物质。

b) 颗粒物检测器的动态范围为 0.001 mg/m³~200 mg/m³,精度为 1%或 0.001 mg/m³;

c) 检测流量的范围为 30 L/min~100 L/min,精度为 2%;

d) 过滤效率检测范围为 0~99.999%,分辨率至少 0.003%;

6.3.2.3 检测条件

KN类过滤元件的检测温度条件为(25±5)℃,相对湿度为(30±10)%,NaCl颗粒物浓度不应超过200 mg/m³。

KP类过滤元件的检测温度条件为(25±5)℃,油性颗粒物浓度不应超过200 mg/m³。

检测流量为(85±4)L/min,若为多重过滤元件,应平分流量;如:对双过滤元件设计,每个过滤元件的检测流量应为(42.5±2)L/min。若多重过滤元件有可能单独使用,应按单一过滤元件的检测条件检测。

6.3.3 对加载量的要求

6.3.3.1 在检测过滤元件的过滤效率时,应在过滤元件上持续加载颗粒物,每个呼吸器过滤元件的累积加载量以(200±5)mg 颗粒物为基本要求。若呼吸器采用多重过滤元件,加载量应平分,如:对双过滤元件设计,每个过滤元件上的颗粒物加载量应为(100±5)mg,对三个过滤元件的设计,每个过滤元件上的颗粒物加载量为(66.7±5)mg;若多重过滤元件有可能单独使用,加载量应与单滤过滤元件相同。

6.3.3.2 对于KP类过滤元件,如果当加载量达到基本要求时出现了6.3.4.6中所描述的需要延长加载继续检测过滤效率的情况,每个呼吸器的最大加载量应为6.3.3.1所规定的基本加载量的2倍,即(400±5)mg,若呼吸器采用多重过滤元件,加载量应平分,每个过滤元件上的最大加载量应为6.3.3.1规定的对应的基本加载量的2倍。

6.3.4 检测方法

6.3.4.1 首先将过滤效率检测系统调整到检测状态,并调整相关测试参数。

6.3.4.2 用适当的夹具将过滤元件以气密的方式连接在检测装置上,过滤元件应包括滤料的承接座和密封垫(如果适用);如果过滤元件与面罩不可拆分(如随弃式面罩),应将面罩上的呼气阀完全密封。

6.3.4.3 检测开始后,应连续记录过滤效率结果。当过滤效率已低于该级别产品过滤效率限值时,应立即停止检测,应判定该产品不合格。

6.3.4.4 对于KN类过滤元件,在加载过程中,如果过滤效率低于该级别产品过滤效率限值,应停止检测;当达到6.3.3.1所规定的基本加载量时,如果过滤效率一直未低于该级别产品过滤效率限值,应判定该产品合格。

6.3.4.5 对于KN类过滤元件,只有当按6.3.4.4通过检测掌握了该产品过滤效率随加载量增加所呈现的有规律的变化趋势,该趋势会显示存在一个过滤效率最低点,且该最低点之后的过滤效率会随加载量增加而持续升高,则在随后的其他样品检测中,允许在加载量尚未达到6.3.3.1所规定的基本加载量之前,当过滤效率曲线出现了预期的最低值,该最低值未低于该级别产品过滤效率限值,并在此后加载过程中过滤效率也呈现升高的趋势后,允许停止检测并判定该产品合格。

6.3.4.6 对KP类过滤元件,如果滤料上累积颗粒物的量已达到6.3.3.1所规定的基本加载量,同时过滤效率出现下降,应继续加载;在加载量达到6.3.3.2规定的最大加载量之前,如果过滤效率低于该级别产品过滤效率的限值,应立即停止检测,否则应继续加载;当依据附录C提供的方法判断波动带宽不大于表9的波动带宽限值(BL)时,可判定曲线停止下降,此时数据为过滤效率最低值,可停止检测;如果该最低值不低于该级别产品过滤效率限值,应判断该产品合格;当加载量达到了6.3.3.2规定的最大加载量,只要过滤效率一直不低于该级别产品过滤效率限值,也应判断该产品合格。

表9 各级别 KP 类过滤元件的波动带宽限值(BL)

用于判断加载过滤效率是否继续下降的波动带宽限值	KP类过滤元件的级别		
	KP90	KP95	KP100
BL	0.20%	0.10%	0.004%

6.3.4.7 应报告每个过滤元件的最低过滤效率。

6.4 泄漏性

6.4.1 样品数量及要求

6.4.1.1 随弃式面罩10个样品;其中5个为未处理样,另5个为6.2.1预处理后样品;若产品宣称满足5.14.1的要求,其中5个为6.2.1预处理后样品,另5个为经6.2.3预处理后样品;然后,所有样品按6.4.1.4处理(如果适用)。若产品具有不同的大小号码,则每个号码应至少有两个样品。

6.4.1.2 可更换式面罩2个样品;其中1个为未处理样品,另1个为6.2.1预处理后样品;若产品宣称满足5.14.1的要求,其中1个为6.2.1预处理后样品,另1个为经6.2.3预处理后样品。若产品具有不同的大小号码,则每个号码应有两个样品;其中1个为未处理样品或为6.2.3预处理后样品(如果适用),另1个为6.2.1预处理后样品。然后,所有样品按6.4.1.4处理。

6.4.1.3 有呼吸导管时,呼吸导管应作为面罩的组成部分进行检测。

6.4.1.4 依据产品使用说明书,若呼吸器面罩上设有以日常性过滤元件更换、面罩清洗或维护为目的的、应由佩戴者经常拆卸或更换的部件(如吸气阀片、呼气阀片或可更换的过滤元件等),在做泄漏性检测之前,应由经过培训的、有经验的人员依据产品说明书提供的操作方法,将样品上的该类部件拆卸后再组装,然后供受试者检测。

6.4.2 检测设备

6.4.2.1 检测系统示意图见图2。

6.4.2.2 检测仓拥有大观察窗的可密闭仓室,大小可容许受试者完成规定动作;应设计使模拟剂从仓内顶部均匀送入,并在仓的下部由排气口排出。

6.4.2.3 模拟剂发生装置应符合以下要求之一:

a) NaCl颗粒物发生气量不低于100 L/min,颗粒物浓度为 4 mg/m^3~12 mg/m^3,在检测仓有效空间内的浓度变化不应高于10%;颗粒物的空气动力学粒径分布应为 0.02 μm~2 μm,质量中位径约为 0.6 μm。

b) 油类颗粒物对人体应无害,如玉米油、石蜡油等;发生气量不低于100 L/min,颗粒物浓度为20 mg/m^3~30 mg/m^3,在检测仓有效空间内的浓度变化不应高于10%;颗粒物的空气动力学粒径分布应为 0.02 μm~2 μm,质量中位径约为 0.3 μm。此方法不应用于KN类过滤元件的随弃式面罩的TIL检测。

6.4.2.4 颗粒物检测器的动态范围为 0.001 mg/m^3~200 mg/m^3,精度为1%或 0.001 mg/m^3,检测器的响应时间不应大于 500 ms。

6.4.2.5 采样泵:调节范围为 0.50 L/min~4 L/min。

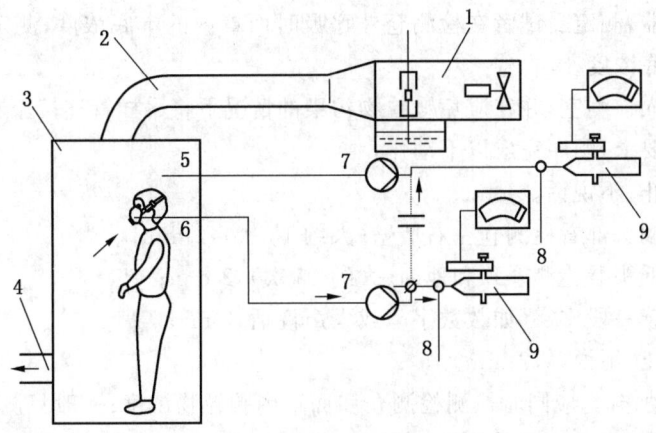

说明：
1——气溶胶发生器；
2——气道和导流板；
3——检测仓；
4——排气口；
5——检测仓采样管样品；
6——被测样品采样管；
7——气泵；
8——补充新鲜空气；
9——颗粒物检测器。

图 2 总泄漏率和泄漏率的检测系统示意图

6.4.3 检测条件

6.4.3.1 检测前，应按照 6.1 方法检查并确认样品完好，而且对受试者不存在任何危险。

6.4.3.2 应选择熟悉使用这类产品的人员参与检测。选择 10 名刮净胡须的受试者，其脸型应属该类产品的有代表性的使用者，并考虑到脸型和性别的不同，但不应包括脸型明显异常者。按 GB/T 5703 的要求测量并记录受试者的形态面长和面宽数据（精确到 mm）。

6.4.3.3 颗粒物采样流量应控制为 1 L/min～2 L/min。

6.4.3.4 检测仓内颗粒物采样位置应位于受试者头部活动区域；被测样品内颗粒物采样位置应尽可能位于受试者口部中心线，采样管应与被测样品气密连接。

6.4.3.5 受试者先阅读被测样品的使用方法，若被测样品有不同大小号码，应按要求为受试者选择最合适的号码。受试者还应了解检测要求和方法。

6.4.3.6 检测可更换式半面罩和全面罩的泄漏性时，应采用至少 KP100 级，且阻力相当的过滤元件替代面罩原过滤元件。

6.4.4 检测方法

准备被测样品，并安装好采样管，采样管的安装位置应尽可能接近使用者口鼻的正前方位置；对随弃式面罩，应采取必要措施，避免采样管在检测中影响面罩的位置；适用时，连接好 KP100 等级的过滤元件。检查检测系统，确认处于正常工作状态。

将颗粒物导入检测仓内，使其浓度达到要求。

受试者在洁净空气区域佩戴好被测样品，并按使用方法检查佩戴气密性，然后连接采样管至颗粒物检测器,测定受试者在检测仓外呼吸时面罩内的本底浓度,测定 5 个数据,取算术平均值作为本底浓度。

令受试者进入检测室,并在避免颗粒物污染的情况下将采样管连接至颗粒物检测器;然后受试者按时间要求,顺序完成以下动作：

a) 头部静止、不说话,2 min；
b) 左右转动头部看检测仓左右墙壁(大约 15 次),2 min；
c) 抬头和低头看检测仓顶和地面(大约 15 次),2 min；
d) 大声阅读一段文字(如数数字),或大声说话,2 min；
e) 头部静止、不说话,2 min。

在进行每个动作时,应同时检测检测仓和面罩内颗粒物浓度；一般只测定该动作的最后 100 s 时间区段域,避免检测动作的交叉区段。对每个动作,应检测 5 个数据,并计算算术平均值作为该动作的结果。

在检测过程中允许受试者调整佩戴的面罩,但该动作的检测应重做。

可更换式面罩使用过后,应按制造商推荐的清洗或消毒方法处理后再用于下一位受试者的检测。

采用 NaCl 颗粒物检测时,检测随弃式面罩时各动作的总泄漏率和检测可更换式面罩的各动作的泄漏率按式(3)计算：

$$总泄漏率_{按动作}(泄漏率_{按动作}) = \frac{(C - C_a) \times 1.7}{C_0} \times 100\% \quad\quad\quad (3)$$

式中：

C ——做各动作时被测面罩内颗粒物浓度,单位为毫克每立方米(mg/m^3)；
C_a ——被测面罩内颗粒物本底浓度,单位为毫克每立方米(mg/m^3)；
C_0 ——做各动作时,检测仓内颗粒物浓度,单位为毫克每立方米(mg/m^3)；
1.7 ——修正系数,对受试者呼吸道吸收氯化钠导致呼吸器面罩内颗粒浓度降低所做的修正。

采用油类颗粒物检测时,检测随弃式面罩时各动作的总泄漏率和检测可更换式面罩的各动作的泄漏率按式(4)计算：

$$总泄漏率_{按动作}(泄漏率_{按动作}) = \frac{C - C_a}{C_0} \times 100\% \quad\quad\quad (4)$$

式中：

C ——做各动作时被测面罩内颗粒物浓度,单位为毫克每立方米(mg/m^3)；
C_a ——被测面罩内颗粒物本底浓度,单位为毫克每立方米(mg/m^3)；
C_0 ——做各动作时,检测仓内颗粒物浓度,单位为毫克每立方米(mg/m^3)。

按人计算的各受试者的总体总泄漏率或总体泄漏率按式(5)计算：

$$总体总泄漏率_{按人}(总体泄漏率_{按人}) = \frac{1}{5}\sum 总泄漏率_{按动作}(泄漏率_{按动作}) \quad\quad\quad (5)$$

6.4.5 检测报告
检测报告应报告以下内容：
a) 每个受试者每个测试动作下泄漏率或总泄漏率检测结果的算术平均值；
b) 每个受试者的总体泄漏率或总体总泄漏率的计算结果。

6.5 吸气阻力
6.5.1 样品数量及要求
4个样品；其中2个为未处理样品，另2个为6.2.1预处理后样品；对满足5.14.1要求的产品，2个为经6.2.3预处理后的样品，另2个为6.2.1预处理后样品。若产品具有不同大小号码，则每个号码应有两个样品；其中1个为未处理样品或6.2.3预处理后样品(如果适用)，另1个为6.2.1预处理后样品。

6.5.2 检测设备
6.5.2.1 吸气阻力检测装置示意图见图3。
6.5.2.2 流量计量程为 0 L/min～100 L/min，精度为 3%。
6.5.2.3 微压计量程为 —1 000 Pa～1 000 Pa，精度为 1%，分辨率至少为 1 Pa。

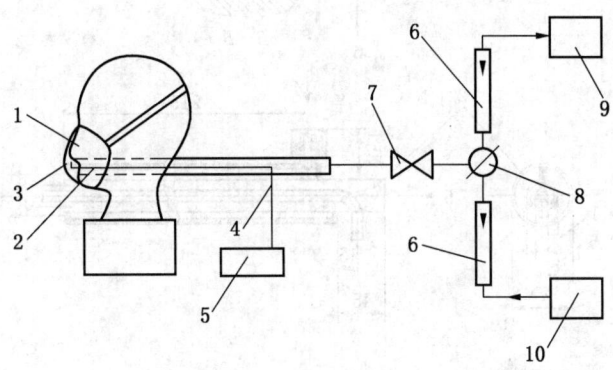

说明：
1——被测样品；
2——试验头模呼吸管道；
3——试验头模上装有检测面罩内压力用的采样口附件；
4——测压管；
5——微压计；
6——流量计；
7——调节阀；
8——切换阀；
9——抽气泵(用于吸气阻力检测)；
10——空气压缩机(用于呼气阻力检测)。

图 3 呼气阻力和吸气阻力检测装置示意图

6.5.2.4 试验头模：在试验头模口部安装有呼吸管道，见图4；头模主要尺寸应符合附录D的要求，分大号、中号和小号三个号型。

单位为毫米

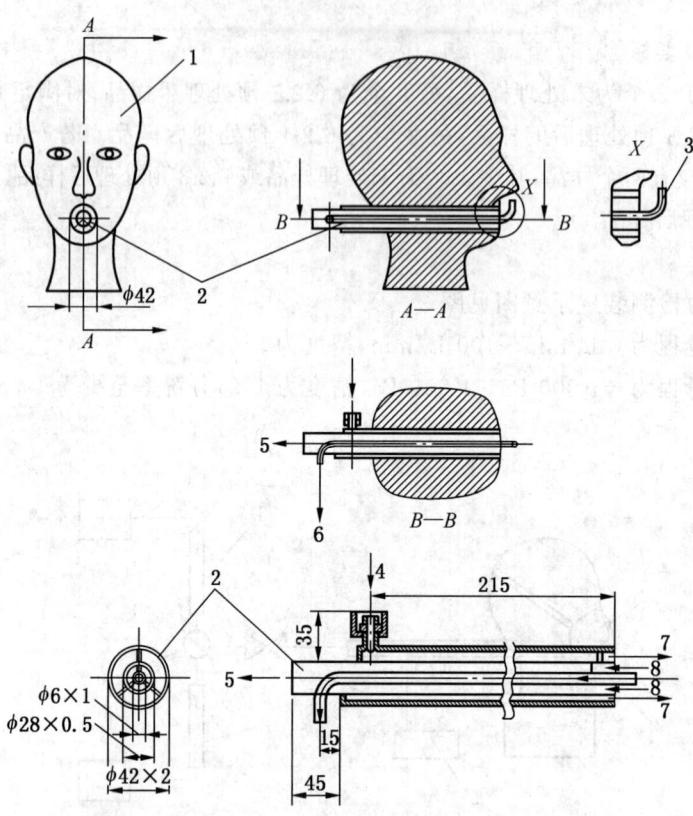

说明：
1——试验头模；
2——试验头模内置呼吸管；
3——检测呼吸阻力时使用的附件，是面罩内压力检测的采样口；
4——检测死腔时与呼吸机连接的呼气入口；
5——检测死腔时与呼吸机连接的吸气出口；
6——检测呼吸阻力时接微压计的接口，检测死腔时接二氧化碳气体分析仪的接口（吸气阶段）；
7——呼气；
8——吸气。

图 4 用于呼吸阻力和死腔检测的试验头模内置呼吸管构造示意图

6.5.3 检测条件

6.5.3.1 若适用，被测样品应包含可更换过滤元件和呼吸导管。

6.5.3.2 通气量为(85 ± 1)L/min。

6.5.4 检测方法

检查检测装置的气密性及工作状态。将通气量调节至(85 ± 1)L/min，并将检测装置的系统阻力设定为 0。

应采取适当的措施(如使用密封剂),将被测样品以气密的方式佩戴在匹配的试验头模上,应确保面罩佩戴位置正确,固定方式不应影响过滤元件的有效通气面积,也不应使面罩变形。将通气量调节至 (85 ± 1) L/min,测定并记录最大的吸气阻力。

6.6 呼气阻力

6.6.1 样品数量及要求

4 个样品;其中 2 个为未处理样品,另 2 个为 6.2.1 预处理后样品。若产品具有不同的大小号码,则每个号码应有两个样品;其中 1 个为未处理样品,另 1 个为 6.2.1 预处理后样品。

6.6.2 检测设备

6.6.2.1 呼气阻力检测装置示意图见图 3。

6.6.2.2 流量计同 6.5.2.2。

6.6.2.3 微压计同 6.5.2.3。

6.6.2.4 试验头模同 6.5.2.4。

6.6.3 检测条件

同 6.5.3 的规定。

6.6.4 检测方法

检查检测装置的气密性及工作状态。将通气量调节至 (85 ± 1) L/min,并将检测装置的系统阻力设定为 0。

应采取适当的措施(如使用密封剂),将被测样品以气密的方式佩戴在匹配的试验头模上,应确保面罩的佩戴位置正确,固定方式不应影响过滤元件的有效通气面积,也不应使面罩变形。将通气量调节至 (85 ± 1) L/min,测定并记录最大的呼气阻力。

6.7 呼气阀气密性

6.7.1 样品数量及要求

4 个呼吸器的样品。其中 2 个呼吸器的为未处理样品,另 2 个为 6.2.1 预处理后样品。

6.7.2 检测条件

6.7.2.1 常温、常压环境,相对湿度应小于 75%。

6.7.2.2 被测样品应包括与呼气阀连接的面罩部分,呼气阀应保持洁净与干燥,对随弃式面罩呼气阀样品,应采取必要措施,防止样品在制备过程中(如从面罩上剪切下来)阀被面罩碎屑污染。

6.7.3 检测设备

呼气阀气密性检测装置示意图见图 5。检测设备应符合以下要求:
a) 真空泵抽气速率约 2 L/min。
b) 缓冲容器的容量至少 5 L。
c) 微压计量程为 $-1\,000$ Pa~0 Pa,精度为 1%,分辨率至少为 1 Pa。
d) 流量计量程为 0 mL/min~100 mL/min,精度为 1%,分辨率至少为 0.1 mL/min。

6.7.4 检测方法

检测测试系统和呼气阀夹具密封,确保气密。

采取适当的方式(如使用密封剂),将呼气阀样品以气密的方式密封在呼气阀测试夹具上;开启真空泵,调节调节阀,使呼气阀承受 -249 Pa 的压力,检测呼气阀的泄漏气流量。

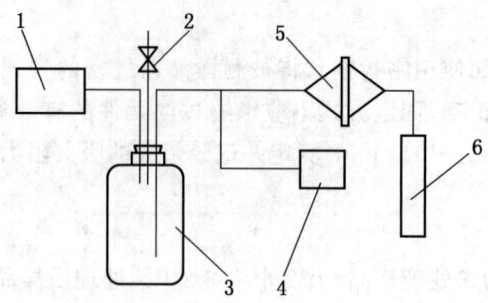

说明：
1——真空泵；
2——调节阀；
3——缓冲容器；
4——微压计；
5——呼气阀测试夹具；
6——流量计。

图5 呼气阀气密性检测装置示意图

6.8 呼气阀保护装置

6.8.1 样品数量及要求
3个未处理呼吸器样品。

6.8.2 检测设备

6.8.2.1 材料试验机测量范围0 N～1 000 N,精度为1%；或选用标准砝码悬挂法,可施加符合表5所规定的拉力。

6.8.2.2 夹具具有适当结构和夹紧度。

6.8.2.3 计时器精度0.1 s。

6.8.3 检测方法
用适当的夹具分别固定被测样品的呼气阀保护装置和面罩罩体(固定点应合理接近相应的连接部位)。启动材料试验机,或通过悬挂标准砝码,施加表5规定的轴向拉力,记录是否出现断裂、滑脱和变形现象。

6.9 死腔

6.9.1 样品数量及要求
随弃式面罩,3个未处理样品。半面罩或全面罩,1个未处理样品,或每个号码(如果适用)1个未处理样品。

6.9.2 检测设备

6.9.2.1 死腔(吸入气体CO_2含量)检测装置示意图见图6。除了呼吸模拟器外,检测装置气路的总容积不应大于2 000 mL。

6.9.2.2 试验头模同6.5.2.4。

6.9.2.3 呼吸模拟器模拟呼吸频率调节至20次/min,模拟呼吸潮气量调节范围为0.5 L/min～3.0 L/min。

6.9.2.4 二氧化碳(CO_2)气源CO_2的体积分数为$(5.0±0.1)$%。

6.9.2.5 CO_2流量计量程不低于40 L/min,精度为1 L/min。

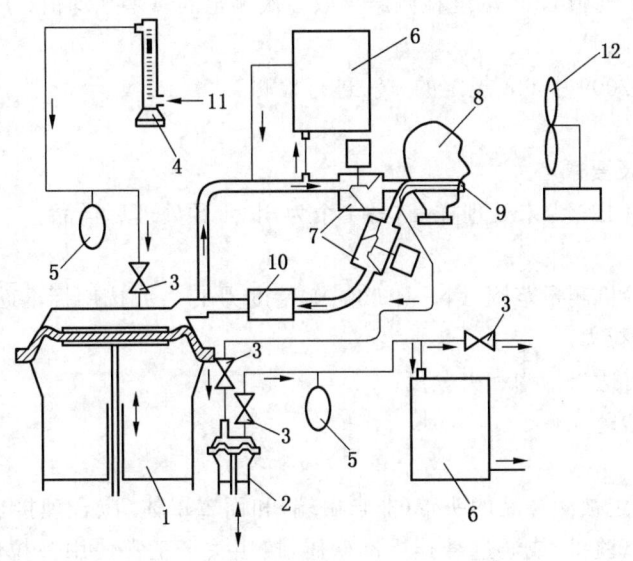

说明:
1——呼吸模拟器;
2——辅助泵;
3——单向阀;
4——流量计;
5——补偿袋;
6——二氧化碳气体分析仪;
7——电磁阀;
8——试验头模;
9——吸入气体取样管;
10——二氧化碳吸收器;
11——二氧化碳;
12——风扇。

图 6 死腔检测装置示意图

6.9.2.6 CO_2 分析仪器量程不低于 12%(体积分数),精度不低于 0.1%(体积分数)。

6.9.2.7 风速仪、电风扇等其他设备。

6.9.3 检测条件

6.9.3.1 检测应在室温环境下进行;室温范围为 16 ℃～32 ℃。

6.9.3.2 呼吸模拟器的呼吸频率和潮气量应分别设定为 20 次/min 和 1.5 L。

6.9.3.3 采取适当通风措施,使检测环境中 CO_2 的浓度不高于 0.1%(体积分数),环境中 CO_2 浓度检测点应位于被测样品正前方约 1m 处。

6.9.3.4 只有在检测随弃式面罩样品时,需用电风扇在被测样品侧面吹风,并应使气流在面罩前的流速为 0.5 m/s。

6.9.4 检测方法

检查检测系统,确认处于正常工作状态。采取必要措施,以气密方式将被测样品佩戴在匹配的试验头模上,并防止面罩出现变形。

开启死腔检测装置,连续监测和记录吸入气和检测环境中的 CO_2 浓度,直至达到稳定值。

随弃式面罩 3 个样品各检测 1 次,半面罩或全面罩每个样品应重复检测 3 次。

只有当检测环境中 CO_2 浓度不大于 0.1%(体积分数)时,测试有效,并应扣除检测环境

中 CO_2 浓度。吸入气中 CO_2 浓度检测结果取 3 次测定的算术平均值。

6.10 视野
按 GB 2890—2009 中 6.8 规定的方法进行检测。

6.11 头带

6.11.1 样品数量及要求
2 个样品,其中 1 个为未处理样品,另 1 个为 6.2.1 预处理后样品。

6.11.2 检测设备
6.11.2.1 材料试验机测量范围 0 N～1 000 N,精度为 1‰;或选用标准砝码悬挂法,可施加符合表 7 所规定的拉力。

6.11.2.2 夹具具有适当结构和夹紧度。

6.11.2.3 计时器精度 0.1 s。

6.11.3 检测方法
用夹具分别固定被测样品的头带(非自由端)和面罩罩体(应合理接近相应头带扣连接部位)。启动材料试验机,或通过悬挂标准砝码,按照头带正常使用被拉伸的方向施加表 7 规定的拉力,记录是否出现断裂和滑脱现象。

应检测被测样品的每一头带连接部位,并记录结果。

6.12 连接和连接部件

6.12.1 样品数量及要求
2 个样品,其中 1 个为未处理样品,另 1 个为 6.2.1 预处理后样品。

6.12.2 检测设备
6.12.2.1 材料试验机测量范围 0 N～1 000 N,精度为 1‰;或选用标准砝码悬挂法,可施加符合表 8 所规定的拉力。

6.12.2.2 夹具具有适当结构和夹紧度。

6.12.2.3 计时器精度 0.1 s。

6.12.3 检测方法
用适当的夹具分别固定被测样品的连接部件和面罩罩体(固定点应合理接近相应的连接部位)。启动材料试验机,或通过悬挂标准砝码,施加表 8 规定的轴向拉力,记录是否出现断裂、滑脱和变形现象。

应分别检测被测样品的每一连接和连接部件,并记录结果。

6.13 镜片

6.13.1 样品数量及要求
5 个未处理样品。

6.13.2 检测设备
6.13.2.1 试验头模:主要尺寸应符合附录 C 的要求,分大号、中号和小号三个号型。

6.13.2.2 钢球直径 22 mm,质量(45±1)g,表面应光滑。

6.13.3 检测方法
将被测样品正确佩戴在匹配的试验头模上,并以镜片向上的方式放置并固定头模。使钢球从 1.3 m 高度自由下落至镜片的中心部位,记录是否出现破裂现象。

应分别检测被测样品的每一镜片,并记录结果。

6.14 气密性

6.14.1 样品数量及要求

所有未处理样品,或其他检测方法所要求的数量。

6.14.2 检测设备

6.14.2.1 试验头模同 6.5.2.4。

6.14.2.2 微压计量程为 0 Pa~2 000 Pa,精度为 1%,分辨率至少为 1 Pa。

6.14.2.3 计时器精度为 0.1 s。

6.14.2.4 真空泵抽气速率约 2 L/min。

6.14.3 检测方法

将面罩戴在匹配的试验头模上,封死吸气阀,润湿呼气阀。启动真空泵,使面罩内压力达到 −1 000 Pa,停止抽气,开始计时,观察并记录 60 s 内面罩压力变化值。

6.15 可燃性

6.15.1 样品数量及要求

随弃式面罩 4 个,其中 2 个为未处理样品,另 2 个为 6.2.1 预处理后样品。

半面罩或全面罩 3 个,其中 1 个为未处理样品,另 2 个为 6.2.1 预处理后样品。

6.15.2 检测设备

可燃性检测装置示意图见图 7。检测设备包括一安装在支架上的金属头模,金属头模的高度应可调节,可作水平移动或圆周运动,头模鼻尖处位移速度或线速度应为(60±5)mm/s;头模移动中可经过丙烷燃烧器上方,燃烧器火焰高度可调,使用适当的量具测量高度,并使用直径约 1.5 mm 的热电偶测量火焰温度。

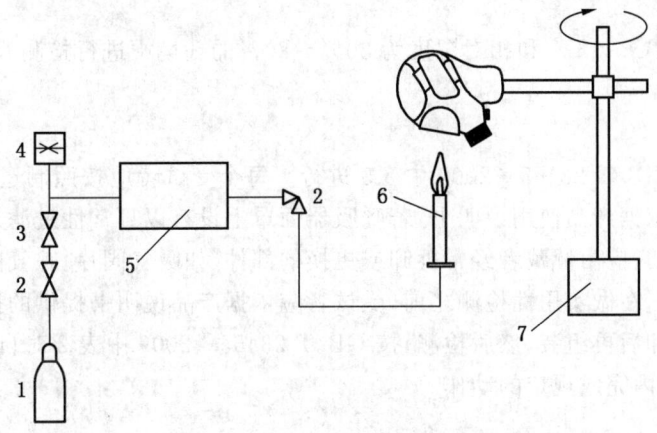

说明:
1——丙烷气瓶;
2——控制阀;
3——减压阀;
4——压力表;
5——火焰止回装置;
6——燃烧器;
7——旋转电机和速度控制器。

图 7 可燃性检测装置示意图

6.15.3 检测方法

将被测样品佩戴在金属头模上,调整金属头模高度,使燃烧器顶端与面罩最下端的垂直距离为(20±2)mm;然后使金属头模位于燃烧器燃烧区外。

点燃燃烧器后,调节火焰,使燃烧器顶端的火焰高度达到(40±4)mm,使距离燃烧器顶端(20±2)mm处的火焰温度达到(800±50)℃。

启动金属头模运动控制装置,使被测样品经过燃烧区,记录通过火焰上方时面罩材料的燃烧情况。

应重复检测,检测面罩的所有外表面材料,应使每个部件都通过1次火焰。

6.16 实用性能

6.16.1 基本要求

在进行实用性能检测之前,呼吸器应先经过所有实验室性能检测(除6.15可燃性),确认对受试者无害。

6.16.2 原理

由受试者佩戴呼吸器,模拟实际应用状态下的一些动作,然后对使用感受提供主观评价。

6.16.3 样品数量及要求

2个样品,1个为未处理样品,另1个为6.2.1预处理后样品。所有样品经过6.1方法检查,处于良好工作状态。每个受试者使用1个样品。

6.16.4 受试者要求

应符合GB/T 23465—2009中4.2的要求。应选用两名受试者。

6.16.5 检测条件

在温度为16 ℃～32 ℃和相对湿度为30%～80%的环境中进行检测。应记录实际的检测条件。

6.16.6 检测方法

检测步骤按GB/T 23465—2009中5.5进行。每个受试者应按照制造商提供的使用说明使用呼吸器。依据产品使用说明书,若呼吸器面罩上设有以日常性过滤元件更换、面罩清洗或维护为目的的、应由佩戴者经常拆卸或更换的部件(如吸气阀片、呼气阀片、头带或可更换的过滤元件等),在做实用性检测之前,受试者应依据产品说明书提供的操作方法,将样品上的该类部件拆卸后再组装,然后检测,按GB/T 23465—2009中表2对自吸过滤式产品的要求,在规定时间内完成规定的动作。

6.16.7 检测报告

每个受试者应按GB/T 23465—2009中第6章和表3的要求,并根据5.15的要求,提供主观评价。

检测报告应符合GB/T 23465—2009中第7章的要求。

7 产品标识

7.1 产品上的标识

产品上应有以下标识:

a) 名称、商标或其他可辨别制造商或供货商的标注;

b) 型号和号码(如果适用);

c) 本标准编号,过滤元件应标注滤料级别,级别用本标准编号和过滤元件级别组合方式标注,如 GB 2626—2019 KN90,或 GB 2626—2019 KP100。

7.2 包装上的标识

在最小销售包装上,应至少以中文用清晰、持久的方式标注,或透过透明包装可见下述信息:

a) 名称、商标或其他可辨别制造商或供货商的标注;

b) 面罩类型、型号和号码(如果适用);

c) 本标准编号,过滤元件应标注级别,级别用本标准编号和过滤元件级别组合方式标注,如GB 2626—2019 KN90,或 GB 2626—2019 KP100;

d) 适用的许可或认证信息;

e) 生产日期(至少为年月)或生产批号,储存寿命(至少为年);

f) "参见制造商提供信息"字样;

g) 制造商建议的储存条件(至少包括温度和湿度)。

附 录 A
(资料性附录)
检测要求汇总

本附录将标准中的技术要求、样品要求及检测条件等进行汇总,见表 A.1。

表 A.1 技术要求、样品要求和检测条件汇总

检测内容	技术要求条款	样品数量			样品预处理条件	检测条件章条号
		随弃式面罩	可更换式半面罩	全面罩		
基本要求	5.1	所有样品	所有样品	所有样品	未处理样品	6.1、6.16
外观检查	5.2	2个	2个	2个	分别经过温度湿度预处理和机械强度预处理	6.1、6.2
过滤效率	5.3 及表2	20个,若有不同大小号码,每个号码至少5个	20个过滤元件	20个过滤元件	5个温度湿度预处理后样品,5个机械强度预处理后样品;5个清洗和消毒预处理后样品(如果适用);其余为未处理样品	6.3

表 A.1（续）

检测内容	技术要求条款	样品数量			样品预处理条件	检测条件章条号
		随弃式面罩	可更换式半面罩	全面罩		
泄漏性	5.4及表3	10个，若有不同大小号码，每个号码至少2个样品	2个，若有不同大小号码，每个号码2个样品	2个，若有不同大小号码，每个号码2个样品	一半数量为经过温度湿度预处理后样品，另一半为经过清洗和/或消毒预处理后样品（如果适用），或未处理样品；然后按6.4.1.4的要求，对设计允许某些部件经常拆卸或更换的产品（以日常清洗、维护为目的），将部件先拆卸，再重新组装后用于测试	6.4
吸气阻力	5.5及表4	4个，若有不同大小号码，每个号码2个	4个，若有不同大小号码，每个号码2个	4个，若有不同大小号码，每个号码2个	一半数量为未处理样品或按6.2.3预处理后样品（如果适用），另一半数量为温度湿度预处理后样品	6.5
呼气阻力	5.5及表4	4个有呼气阀的样品，若有不同大小号码，每个号码2个。若无呼气阀，可不检	4个，若有不同大小号码，每个号码2个	4个，若有不同大小号码，每个号码2个	一半数量为未处理样品，另一半数量为温度湿度预处理后样品	6.6
呼气阀气密性	5.6.1	4个呼吸器上的呼气阀	4个呼吸器上的呼气阀	不适用	一半数量为未处理样品，另一半数量为温度湿度预处理后样品	6.7
呼气阀保护装置	5.6.2及表5	3个呼吸器上的呼气阀保护装置	3个呼吸器上的呼气阀保护装置	3个呼吸器上的呼气阀保护装置	未处理样品	6.8
死腔	5.7	3个	1个	1个	未处理样品	6.9

表 A.1（续）

检测内容	技术要求条款	样品数量			样品预处理条件	检测条件章条号
		随弃式面罩	可更换式半面罩	全面罩		
视野	5.8 及表 6	1个	1个	1个	未处理样品	6.10
头带	5.9 及表 7	2个	2个	2个	1个为未处理样品，1个为温度湿度预处理后样品	6.11
连接和连接部件	5.10 及表 8	不适用	2个	2个	1个为未处理样品，1个为温度湿度预处理后样品	6.12
镜片	5.11	不适用	不适用	5个	未处理样品	6.13、6.14；和 6.1、6.16（如果适用）
气密性	5.12	不适用	不适用	所有样品	未处理样品或其他条款规定的样品	6.14
可燃性	5.13	4个	3个	3个	随弃式面罩：2个未处理样品，2个为温度湿度预处理后样品；半面罩和全面罩，1个未处理样品，2个为温度湿度预处理后样品	6.15
清洗和/或消毒	5.14	如果适用，分别包含在 5.3 过滤效率、5.4 泄漏和 5.5 吸气阻力的检测中	包含在 5.4 中。如果过滤元件适用，分别包含在 5.3 过滤效率、5.4 泄漏和 5.5 吸气阻力的检测中	包含在 5.4 中。如果过滤元件适用，分别包含在 5.3 过滤效率、5.4 泄漏和 5.5 吸气阻力的检测中	按产品使用说明推荐的方法，和最大允许清洗和/或消毒的次数（如果适用）进行预处理。并记录使用制造商提供的判断或消毒后过滤元件有效性的方法后的判断结果	6.4 或 6.2.3、6.3、6.4 和 6.5（如果适用）
实用性能	5.15	2个	2个	2个	2个样品，1个为未处理样品，另1个为 6.2 预处理后样品。在进行实用性能检测之前，呼吸器应先经过所有实验室检测（除 6.15 可燃性）	6.16

表 A.1（续）

检测内容	技术要求条款	样品数量			样品预处理条件	检测条件章条号
		随弃式面罩	可更换式半面罩	全面罩		
制造商应提供的信息	5.16	所有样品	所有样品	所有样品	未处理样品	6.1、6.16
包装	5.17	所有样品	所有样品	所有样品	未处理样品	6.1
标识	7	所有样品	所有样品	所有样品	未处理样品	6.1

附 录 B
（资料性附录）
CMD 和 MMAD 的换算方法

B.1 将计数中位径（CMD）换算为质量中位径（MMD）

使用式（B.1），将 CMD 换算为 MMD：

$$D_{MMD} = D_{CMD} \exp(3\ln^2 \sigma_g) \quad\quad\quad\quad (B.1)$$

式中：
D_{MMD}——颗粒物的质量中位径，单位为微米（μm）；
D_{CMD}——颗粒物的计数中位径，单位为微米（μm）；
σ_g——颗粒物粒度分布的几何标准偏差。

在 6.3.2.1a)中，NaCl 颗粒物的 CMD 为$(0.075\pm0.020)\mu m$，即分布在 $0.055~\mu m \sim 0.095~\mu m$ 范围内，粒度分布的几何标准偏差不大于 1.86；在 6.3.2.2a)中，DOP 等适用的油类颗粒物的 CMD 为$(0.185\pm0.020)\mu m$，即分布在 $0.165~\mu m \sim 0.205~\mu m$ 范围内，粒度分布的几何标准变差不大于 1.60，分别代入式（B.1），计算得出：

$$D_{MMD,NaCl} = (0.055\sim0.095)\exp(3\ln^2 1.86) = (0.175\sim0.302)$$

$$\quad\quad\quad\quad\quad\quad\quad\quad\quad\quad\quad\quad\quad\quad (B.2)$$

式中：
$D_{MMD,NaCl}$——6.3.2.1a)中规定的氯化钠颗粒物的 MMD，单位为微米（μm）。

$$D_{MMD,DOP} = (0.165\sim0.205)\exp(3\ln^2 1.60) = (0.320\sim0.398)$$

$$\quad\quad\quad\quad\quad\quad\quad\quad\quad\quad\quad\quad\quad\quad (B.3)$$

式中：
$D_{MMD,DOP}$——6.3.2.2a)规定的 DOP 等适用的油性颗粒物的 MMD，单位为微米（μm）。

B.2 将 MMD 换算为空气动力学质量中位径（MMAD）

使用式（B.4），将 MMD 换算为 MMAD：

$$D_{MMAD}=D_{MMD}\left(\frac{\rho_p}{\rho_0 \chi}\right)^{\frac{1}{2}} \quad\quad\quad\quad\quad\quad\quad (B.4)$$

式中：
D_{MMAD}——颗粒物的空气动力学质量中位径，单位为微米（μm）；
D_{MMD} ——颗粒物的质量中位径，单位为微米（μm）；
ρ_p ——颗粒物的密度，单位为千克每立方米（kg/m^3）；
ρ_0 ——标准球形颗粒物，即水的密度，为 $1\ 000\ kg/m^3$；
χ ——颗粒物的动力学形状系数，由表 B.1 提供。

表 B.1 某些典型颗粒物的动力学形状系数（χ）

按颗粒几何形状或粉尘类型分类	χ
球形	1.00
立方体	1.08
煤尘	1.05～1.11
石英尘	1.36
沙尘	1.57
滑石粉尘	1.88
注：本表数据来自 Aerosol Technology: Properties, Behavior, and Measurement of Airborne Particles, 2nd Edition, Table 3.2。见参考文献[5]。	

B.3 本标准规定的 NaCl 颗粒物的 MMAD

NaCl 的密度为 $2\ 200\ kg/m^3$，NaCl 颗粒的几何形状最接近立方体，NaCl 的 χ 从表 B.1 中按立方体形状取 1.08。将式（B.2）计算得出的 $D_{MMD,NaCl}$ 粒度范围代入式（B.4），计算得出：

$$D_{MMAD,NaCl}=(0.175\sim0.302)[2\ 200/(1\ 000\times1.08)]^{1/2}$$
$$=(0.249\sim0.430) \quad\quad\quad\quad\quad\quad (B.5)$$

式中：
$D_{MMAD,NaCl}$——6.3.2.1a）中规定的 NaCl 颗粒物的 MMAD，单位为微米（μm）。

B.4 本标准规定的 DOP 颗粒物的 MMAD

DOP 的密度取 $985\ kg/m^3$，DOP 颗粒的几何形状最接近球形，DOP 的 χ 从表 B.1 中按球形取 1，将式（B.3）计算得出的 $D_{MMD,DOP}$ 粒度范围代入式（B.4），计算得出：

$$D_{MMAD,DOP}=(0.320\sim0.398)[985/(1\ 000\times1)]^{1/2}$$
$$=(0.318\sim0.395) \quad\quad\quad\quad\quad\quad (B.6)$$

式中：
$D_{MMAD,DOP}$——6.3.2.2a）中规定的 DOP 颗粒物的 MMAD，单位为微米（μm）。

附 录 C
（规范性附录）
判断 KP 过滤元件加载过滤效率是否继续下降的方法

C.1 基本原理

在加载的状态下判断过滤效率的下降趋势（即穿透率的升高趋势），会受检测设备的分辨率和该过滤元件的过滤效率级别两个因素的影响。假设某过滤效率检测设备的分辨率为 $X\%$，那么，对于穿透率分别为 0.000% 和 $X\%$ 的两个过滤元件，设备就无法区分。在 6.3.2.2b)中，对颗粒物过滤效率检测设备的测试精度要求是 1%，那么，对于穿透率为 Y 的一个过滤元件，在反复检测其穿透率时，结果将在 $(Y-1\%\times Y)$ 和 $(Y+1\%\times Y)$ 范围内波动，所以穿透率测试读数之间最大会相差 $2\%Y$，或 $0.02Y$。

综合上述两个因素的影响作用，可以确定穿透率升高趋势的判断依据，即加载穿透率曲线的波动带宽限值，用 BL 表示。

C.2 计算波动带宽限值

不同过滤效率检测设备的分辨率会不同，应依据过滤效率检测设备的实际分辨率，使用式(C.1)计算 KP 类过滤元件的各过滤效率级别所对应的波动带宽限值。

使用式(C.1)，计算波动带宽限值：

$$BL_{KP100}（BL_{KP95} 或 BL_{KP90}）=R+0.02\times P \quad\quad\quad (C.1)$$

式中：

BL_{KP100} —— KP100 过滤元件的波动带宽限值；
BL_{KP95} —— KP95 过滤元件的波动带宽限值；
BL_{KP90} —— KP90 过滤元件的波动带宽限值；
R —— 检测过滤效率设备的分辨率；
0.02 —— 6.3.2.2b)规定的过滤效率的检测精度的 2 倍；
P —— 各级别 KP 类过滤元件的最大穿透率限值，KP100 为 0.03%，KP95 为 5.0%，KP90 为 10.0%。

C.3 应用波动带宽限值判断 KP 类过滤元件过滤效率的下降趋势

当 KP 类过滤元件的颗粒物加载量已达到 6.3.3.1 规定的基本要求时，从符合加载量基本要求的第一个读数开始倒推 5 个读数（见图 C.1 中的 5 个 A 点），如果连续记录的这 5 个穿透率读数的最大值和最小值的差（即被动带宽）大于式(C.1)计算得出的波动带宽限值，或这 5 个读数中包含一个最大穿透率读数（如图 C.1 中的 A1 点），都应判断过滤效率在继续下降，应继续加载；随后每增加 5 个穿透率的读数（如图 C.1 中的 B 点、C 点和 D 点），应计算波动带宽；如果波动带宽不大于式(C.1)计算得出的波动带宽限值（见图 C.1 中的 5 个 C 点），但其中新出现了一个最大穿透率读数（如图 C.1 中 C4 点），仍应判断过滤效率在继续下降，应继续加载；如果波动带宽不大于式(C.1)计算得出的波动带宽限值，其中未出现新的最大穿透率读数,宜判断过滤效率已停止下降(见图 C.1 中的 5 个 D 点)。

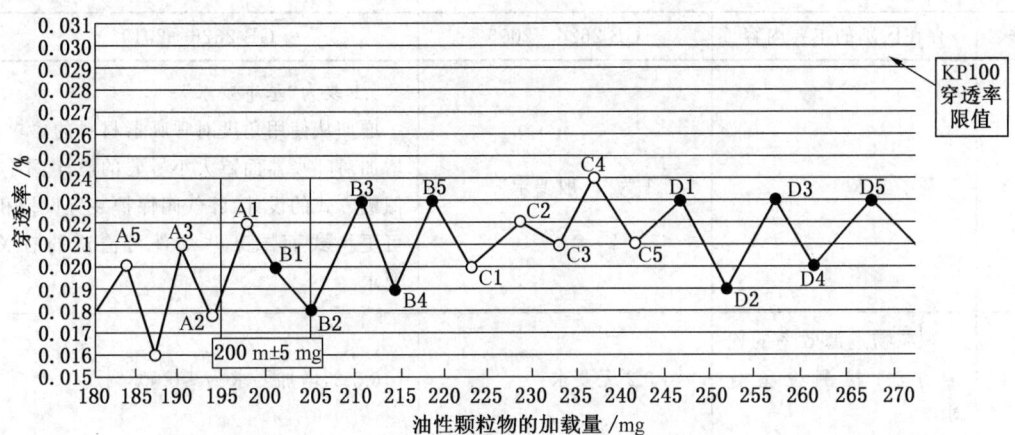

图 C.1　BL＝0.004％条件下的判断 KP100 过滤元件加载穿透率曲线升高趋势的示意图

附　录　D
（规范性附录）

试验头模主要尺寸

本标准检测中使用的试验头模主要尺寸见表 D.1。

表 D.1　试验头模主要尺寸要求　　　　　　　　　　　　　　　　单位为毫米

尺寸项目	小号	中号	大号
形态面长	113	122	131
面宽	136	145	154
瞳孔间距	57.0	62.5	68.0

附　录　E
（资料性附录）

本标准与 2006 年版标准的主要区别

本附录对本标准与 2006 年版标准的主要区别进行汇总,见表 E.1。

表 E.1　GB 2626—2019 与 GB 2626—2006 的主要区别

序号	存在区别的主要内容	GB 2626—2006	GB 2626—2019
1	标准名称	呼吸防护用品　自吸过滤式防颗粒物呼吸器	呼吸防护　自吸过滤式防颗粒物呼吸器
2	术语和定义	烟(3.3)、雾(3.4)、微生物(3.5)	无烟、雾、微生物三项术语；3.14 和 3.19～3.24,增加穿透率、佩戴气密性检查、指定防护因数、计数中位径、质量中位径、空气动力学粒径和空气动力学质量中位径七项术语

表 E.1（续）

序号	存在区别的主要内容	GB 2626—2006	GB 2626—2019
3	基本要求	5.1 为"一般要求"	5.1 改为"基本要求"；增加从使用角度对呼吸器材料的要求；增加对呼吸器面罩大小号码的设计、不同佩戴方式的设计、呼气阀保护装置设计和可更换式面罩某些部件可清洗的有关要求
4	颗粒物过滤效率的检测方法；检测设备分辨率	6.3.2 无要求	6.3.2,增加要求为≤0.003%
5	颗粒物过滤效率的检测方法；颗粒物粒径的换算方法	6.3.2 未提供	6.3.2 和附录 B,增加相关内容
6	颗粒物过滤效率的检测方法；KP 过滤元件过滤效率加载测试终点判断方法	6.3.3 规定不够详细	6.3.3 和 6.3.4,增加最大加载量限值和波动带宽限值的要求和规范性附录 C,提供详细判断方法
7	泄漏性的检测方法	6.4 未考虑产品部件拆卸、组装对呼吸器面罩泄漏性的影响	6.4,增加要求,产品设计如果允许某些部件经常拆卸或更换（以日常清洗、维护为目的）,检测泄漏性之前,应先将样品上的该类部件拆卸、组装后再用于检测
8	呼吸阻力的检测方法	6.5 和 6.6,测试中未要求面罩与试验头模之间应密合；对试验头模内置呼吸管道构造无要求	6.5 和 6.6,修改要求面罩与试验头模之间应气密,增加要求呼吸阻力测试应取最大值；增加图 4,示意试验头模内置呼吸管道的构造细节
9	吸气阻力（Pa）技术要求	5.5,所有类型和级别的呼吸器面罩≤350	5.5,修改要求, 无呼气阀的随弃式面罩：KN90/KP90：≤170；KN95/KP95：≤210；KN100/KP100：≤250； 带呼气阀的随弃式面罩：KN90/KP90：≤210；KN95/KP95：≤250；KN100/KP100：≤300； 可更换式半面罩和全面罩：KN90/KP90：≤250；KN95/KP95：≤300；KN100/KP100：≤350
10	呼气阻力（Pa）技术要求	5.5,所有类型和级别的呼吸器面罩≤250	5.5,修改要求,带呼气阀的各类面罩≤150

表 E.1（续）

序号	存在区别的主要内容	GB 2626—2006	GB 2626—2019
11	呼气阀气密性的技术要求和检测方法	5.6.1和6.7,未考虑一个面罩有多个呼气阀的情况;检测气密性时呼气阀为水平状态,与典型使用状态不符;没有要求样品与检测装置之间应气密	5.6.1和6.7,增加对一个面罩有多个呼气阀情况下应做出的要求;检测气密性时呼气阀改为垂直状态;增加要求样品与检测装置之间应气密;更改检测方法为在249 Pa负压条件下呼气阀泄漏气流量不应大于30 mL/m³
12	呼气阀保护装置的名称	5.6.2和6.8为"呼气阀盖"	5.6.2和6.8改为"呼气阀保护装置"
13	死腔的检测方法	图5,检测装置示意图存在错误	图7,修改检测装置示意图
14	半面罩视野的技术要求	表5,下方视野≥60°	表6,修改要求,与GB 2890—2009对半面罩的要求保持一致,双目视野≥65%和下方视野≥35°
15	全面罩视野的技术要求	表5, 大眼窗;总视野≥70%,双目视野≥80%; 双眼窗;总视野≥70%,双目视野≥20%	表6,修改要求,与GB 2890—2009对全面罩的要求保持一致, 大眼窗;总视野≥70%,双目视野≥55%,下方视野≥35°; 双眼窗;总视野≥65%,双目视野≥24%,下方视野≥35°
16	全面罩镜片的技术要求	5.11,未考虑镜片会导致视物变形的问题,未考虑产品使用保明贴片或防雾剂的情况	5.11,增加要求,在6.16实用性能检测中对镜片是否导致视物的变形,对保明片、防雾剂(如果适用)是否导致视物变形、模糊,或防雾剂对人产生的刺激和其他不适等进行评价
17	可燃性	5.13,要求所有产品都符合	5.13.1,修改要求,允许产品设计不阻燃,在(5.16c)1)中要求制造商增加对产品设计不阻燃的说明"本产品不适合存在明火的作业场所(如焊接、铸造等)"
18	清洗和消毒	5.14,未考虑产品宣称过滤元件可清洗和/或消毒的情况	5.14、5.16d)和6.2.3,对产品设计允许过滤元件可清洗和/或消毒后重复使用的产品增加要求,在制造商应提供的信息部分要求提供适用的颗粒物具体特性和/或范围;可清洗和/或消毒的最大次数,供使用者判断是否继续有效或更换的方法;在6.2.3中,增加样品按照制造商的说明方法做预处理后满足5.3过滤效率、5.4泄漏性和5.5中吸气阻力的要求

表 E.1（续）

序号	存在区别的主要内容	GB 2626—2006	GB 2626—2019
19	制造商应提供的信息	5.15	5.16，增加对呼吸器适用范围与限制、产品更换、产品可燃性、产品可清洗或消毒的具体说明内容的要求
20	实用性能	无规定	5.15 和 6.16，增加规定，对 5.1、5.11 提出的基本技术要求提供检测方法，采纳 GB/T 23465—2009 方法
21	头带测试方法	6.11.3	6.11.3，增加按照头带正常使用被拉伸的方向施加测试拉力的要求

参 考 文 献

[1] ISO 16900-2:2009 Respiratory protective devices—Methods of test and test equipment—Part 2:Determination of breathing resistance

[2] ISO 16972:2010 Respiratory protective devices—Terms, definiations, graphical symbols and units of measurement

[3] EN 136:1998 Respiratory protective devices—Full face masks—Requirements, testing, marking

[4] EN 149:2001 Respiratory protective devices—Filtering half masks to protect against particles—Requirements, testing, marking

[5] William C.Hinds, Aerosol Technology: properties, behavior and measurement of airborne particles, 2nd Edition, A Wiley—Interscience Publication, John Wiley & Sons, Inc.1999.ISBN 0-471-19410-7

[6] US CDC,Procedure No.TEB-APR-STP-0051 Revision 2.1, Date: 20 August 2012, Determination of Particulate Filter Efficiency Level for P100 Series Filters against Liquid Particulates for Nonpowered, Air-Purifying Respirators Standard testing Procedure (STP). http://www.cdc.gov/niosh/npptl/stps/pdfs/TEB-APR-STP-0051

[7] US CDC,Procedure No.TEB-APR-STP-0053 Revision 2.1 Date:20 August 2012.Determination of Particulate Filter Efficiency Level for P95 Series Filters against Liquid Particulates for Nonpowered, Air-Purifying Respirators Standard testing Procedure (STP). http://www.cdc.gov/niosh/npptl/stps/pdfs/TEB-APR-STP-0053

呼吸防护 自给开路式压缩空气逃生呼吸器
(GB 38451—2019)

前言

本标准按照 GB/T 1.1—2009 给出的规则起草。

本标准由中华人民共和国应急管理部提出并归口。

本标准起草单位：军事科学院防化研究院、军事科学院系统工程研究院军需工程技术研究所、梅思安(中国)安全设备有限公司、上海宝亚安全装备股份有限公司、霍尼韦尔安全防护设备(上海)有限公司。

本标准主要起草人：杨小兵、王春宇、张明明、傅雅慧、姚海锋、张守政、马闯、王德生、周川、颜晓珊、丁松涛、吴磊、刘瑞民、陆宇铮。

1 范围

本标准规定了逃生用自给开路式压缩空气呼吸器的分类、分级、标记、技术要求、试验方法、标识和包装。

本标准适用于作业和公共场所发生意外事故逃生用自给开路式压缩空气呼吸器。

本标准不适用于氧气呼吸器、潜水呼吸器、作业用自给开路式压缩空气呼吸器。

2 规范性引用文件

下列文件对于本文件的应用是必不可少的。凡是注日期的引用文件，仅注日期的版本适用于本文件。凡是不注日期的引用文件，其最新版本(包括所有的修改单)适用于本文件。

GB/T 529—2008 硫化橡胶或热塑性橡胶撕裂强度的测定(裤形、直角形和新月形试样)

GB/T 2410 透明塑料透光率和雾度的测定

GB 2626—2006 呼吸防护用品 自吸过滤式防颗粒物呼吸器

GB 2890—2009 呼吸防护 自吸过滤式防毒面具

GB 3836.1—2010 爆炸性环境 第1部分：设备 通用要求

GB/T 5099—1994 钢质无缝气瓶

GB/T 7307—2001 55°非密封管螺纹

GB/T 12586—2003 橡胶或塑料涂覆织物 耐屈挠破坏性的测定

GB/T 12903—2008 个体防护装备术语

GB/T 13277.1 压缩空气 第1部分：污染物净化等级

GB/T 16556—2007 自给开路式压缩空气呼吸器

GB/T 18664—2002 呼吸防护用品的选择、使用与维护

GB/T 23465—2009 呼吸防护用品 实用性能评价

GB/T 28053 呼吸器用复合气瓶

3 术语和定义

GB/T 12903—2008 和 GB/T 18664—2002 界定的以及下列术语和定义适用于本文件。

3.1

自给开路式压缩空气逃生呼吸器 self-contained open-circuit compressed air breathing apparatus for escape

具有自带的压缩空气源,能供给人员呼吸所用的洁净空气,呼出的气体直接排入大气,用于逃生的一种呼吸器。

3.2

头罩 hood

能完全罩住头、眼、鼻、口至颈部,也可罩住部分肩或与防护服连用的非密合型面罩。

注:改写 GB/T 18664—2002,定义 3.1.12。

3.3

全面罩 full facepiece

能覆盖口、鼻、眼睛和下颌的密合型面罩。

[GB 2626—2006,定义 3.8]

3.4

额定防护时间 rated working duration

在规定测试条件下测定的呼吸器工作时间。

3.5

静态压力 static pressure

供气阀正压装置开启后,系统气路平衡时面罩内的压力。

[GB/T 16556—2007,定义 3.5]

4 分类、分级和标记

4.1 分类

按照面罩类型分为两类,具体如下:
a) 全面罩型自给开路式压缩空气逃生呼吸器,标记代号:FF;
b) 头罩型自给开路式压缩空气逃生呼吸器,标记代号:H。

4.2 分级

按照额定防护时间(t)来分级,共分为 10 min、15 min、20 min、30 min 四级,其中:
a) 10 min$\leqslant t<$15 min,标记代号:10;
b) 15 min$\leqslant t<$20 min,标记代号:15;
c) 20 min$\leqslant t<$30 min,标记代号:20;
d) $t\geqslant$30 min,标记代号:30。

4.3 标记

产品标记由名称、本标准编号、面罩类型、气瓶类别和额定防护时间五部分组成。面罩类型标记代号和额定防护时间标记代号见 4.1 和 4.2。字母 F、G 分别代表复合气瓶和钢质气瓶。

示例1：全面罩型自给开路式压缩空气逃生呼吸器，采用复合气瓶，额定防护时间为15 min～20 min，其标记为：

逃生呼吸器 GB 38451-FF-F-15

标记中各要素的含义如下：

FF ——全面罩；

F ——复合气瓶；

15 ——额定防护时间为15 min～20 min。

示例2：头罩型自给开路式压缩空气逃生呼吸器，采用钢质气瓶，额定防护时间为10 min～15 min，其标记为：

逃生呼吸器 GB 38451-H-G-10

标记中各要素的含义如下：

H ——头罩；

G ——钢质气瓶；

10——额定防护时间为10 min～15 min。

5 技术要求

5.1 设计要求

按6.2方法检查，并在6.12中评价，呼吸器结构设计应满足以下要求：
a) 呼吸器应结构简单、紧凑、性能可靠，并便于根据制造商提供的信息进行检查；
b) 呼吸器应无突出部件或尖锐边缘，佩戴者通过狭窄的通道时呼吸器应不被攀挂；
c) 呼吸器上可能与佩戴者接触的零件表面应无锐边和毛刺；
d) 呼吸器处于任何方向时应能保持其全部功能；
e) 呼吸器应方便穿戴和投入使用，即便在黑暗和狭小空间等不利条件下也能迅速穿戴完毕；
f) 呼吸器气瓶瓶阀的安装位置应方便佩戴者迅速开启瓶阀；
g) 呼吸器应有过滤压缩空气中杂质的装置；
h) 呼吸器应能实时显示气瓶的压力。

5.2 材料要求

按6.2方法检查，并在6.12中评价，呼吸器材料应满足以下要求：
a) 呼吸器所用的材料应具有适当的机械强度和抗腐蚀能力；
b) 呼吸器所用的材料应能耐受制造商推荐的清洗剂和消毒剂，在清洗和消毒后无明显损伤；
c) 呼吸器上与使用者皮肤可能直接接触的材料应对皮肤无刺激、对健康无害；
d) 若制造商声明产品能用于易燃易爆环境，则呼吸器上裸露的零件不应使用铝、镁、钛及其合金；
e) 若制造商声明产品能用于易燃易爆环境，呼吸器背具材料表面电阻不得超过$1\times10^9 \Omega$，按GB 3836.1—2010中26.13的方法测试。

5.3 性能要求

5.3.1 质量

气瓶充满气体后，呼吸器整机重量（不含携行箱）应不超过6.5 kg。

5.3.2 额定防护时间
按 6.5 方法测试,呼吸器额定防护时间应符合其标记的分级要求。

5.3.3 呼吸阻力
按 6.6 方法测试,呼吸器呼吸阻力应满足以下要求:
a) 对于头罩型呼吸器,气瓶满压至 5 MPa 时,以呼吸频率 40 次/min,潮气量 2.5 L/次呼吸,呼气阻力和吸气阻力均应不大于 1 000 Pa。气瓶压力 5 MPa~1 MPa 时,以呼吸频率 25 次/min,潮气量 2 L/次呼吸,呼气阻力和吸气阻力均应不大于 500 Pa。
b) 对于全面罩型呼吸器,气瓶满压至 5 MPa 时,以呼吸频率 40 次/min,潮气量 2.5 L/次呼吸,全面罩内应保持正压。气瓶压力 5 MPa~1 MPa 时,以呼吸频率 25 次/min,潮气量 2 L/次呼吸,呼气阻力应不大于 800 Pa。

5.3.4 吸入气体中二氧化碳含量
按 6.7 方法测试,吸入气体中二氧化碳含量应不超过 1.8%。

5.3.5 泄漏率
按 6.8 方法测试,呼吸器的泄漏率应满足以下要求:
a) 对于全面罩型呼吸器,10 个受试者中至少有 8 个人的平均泄漏率应不超过 0.01%。
b) 对于头罩型呼吸器,10 个受试者中至少有 8 个人的平均泄漏率(口鼻区)应不超过 0.05%。

5.3.6 耐温性
5.3.6.1 一般要求
呼吸器应在 −15 ℃~60 ℃无故障地工作。用于特殊温度区间的呼吸器应按规定进行试验并标出温度条件。呼吸器在指定温度范围的最高和最低温度下,应满足 5.3.6.2 和 5.3.6.3 规定的呼吸阻力。

5.3.6.2 低温呼吸阻力
按 6.6.4 方法测试,头罩型呼吸器要求低温吸气阻力应不超过 500 Pa,低温呼气阻力应不超过 700 Pa;全面罩型呼吸器要求全面罩内始终保持正压,低温呼气阻力应不超过 1 000 Pa。

5.3.6.3 高温呼吸阻力
按 6.6.5 方法测试,头罩型呼吸器要求高温吸气阻力不应超过 500 Pa,呼气阻力不应超过 700 Pa;全面罩型呼吸器要求全面罩内始终保持正压,高温呼气阻力应不超过 1 000 Pa。

5.3.7 静态压力
按 6.9 方法测试,在平衡条件下全面罩内腔体的压力应不大于 500 Pa。

注:此指标仅针对全面罩型呼吸器。

5.3.8 气密性
按 6.10 方法测试,呼吸器(不含面罩)应在 750 Pa 的正压下进行气密试验。在压力稳定后,压力变化在 1 min 内应不大于 30 Pa。

5.3.9 可燃性
按 6.11、6.10、6.6 方法依次进行测试,呼吸器所有有可能暴露在火焰上的部件应具有阻燃特性,续燃时间应不大于 5 s。试验后呼吸器仍应保持气密性,符合 5.3.3 呼吸阻力要求,不应出现供气中断现象。

5.3.10 实用性能

按 6.12 方法,在模拟使用的条件下,对于其他测试方法难以评价的性能,由受试者提供主观评价。应满足以下要求:
a) 呼吸器应进行真实条件下的常温实用性能和低温实用性能试验;
b) 在任一活动中,任一受试者若由于呼吸器不适合其所设定的用途,而未能完成指定的活动,则认定该呼吸器不合格;
c) 若呼吸器不能通过测试,实验室应详细描述测试方法,便于其他实验室能够重复该测试过程。

5.3.11 机械强度

按 6.4 和 6.6 方法测试,呼吸器经振动处理后应无明显可见的损伤,呼吸阻力应符合 5.3.3 的要求。

5.4 部件要求

5.4.1 面罩

5.4.1.1 头罩

头罩应满足以下要求:
a) 头罩与呼吸软管应连接牢固,头罩设计应方便脱戴。在实用性能测试中,头罩在头部应保持稳定(必要时可使用头带)和舒适。
b) 头罩的视窗应与头罩材料结合牢固,视窗在实用性能测试中应确保视野不失真,视野大小不受到影响,视窗起雾不应严重损害头罩视野。当视窗表面喷涂有防雾材料时,该材料应对头罩其他性能无影响,且对皮肤无刺激、对健康无害。
c) 视窗的抗冲击性能应根据 GB 2626—2006 中 6.13 规定的方法进行测试,确保视窗经冲击后无击穿、无开裂,试验后应按 5.3.5 的要求进行泄漏率测试。
d) 按 GB/T 12586—2003 方法 B 测试,头罩材料(不包括视窗和颈部密封圈)试样经 5 000 次屈挠后应无明显可见损坏。
e) 按 GB/T 529—2008 方法 B(使用有割口的直角形试样)测试,头罩材料(不包括视窗和颈部密封圈)试样的撕裂强度不小于 20 N。
f) 按 6.13 方法测试,头罩材料的接缝强度应不小于 30 N。
g) 在保证防护性能和使用性能满足要求的前提下,头罩可包含阻水罩和呼气阀,以增加呼吸器的舒适性。

5.4.1.2 全面罩

全面罩应满足以下要求:
a) 全面罩密合框应与人面部轮廓紧密贴合,无明显压痛感;全面罩的固定系统应具有足够的强度和弹性,并应能根据佩戴者的需要调节。固定系统与全面罩的结合强力应不小于 50 N。试验按 6.2、6.12 和 6.13 的规定进行。
b) 按 GB 2890—2009 中 6.8 方法测试,全面罩应视野开阔,视物真实无畸变。总视野保留率不小于 70%,双目视野保留率不小于 55%,下方视野不小于 35°。
c) 按 GB/T 16556—2007 附录 B 方法测试,全面罩镜片应能承受速度为 44.2 m/s、直径为 3 mm 的钢球冲击,试验后应无可见裂痕或破碎情况。

d) 按 GB/T 2410 中的方法测试,全面罩镜片的透光率应不小于 85%。

5.4.2 供气阀

按 6.2 方法检查,供气阀应具备主动正压机构。

注:仅全面罩型呼吸器包含该部件。

5.4.3 连接件

连接件应满足以下要求:

a) 按 6.2 方法检查、6.12 方法测试,呼吸器的连接件应易于拆卸,以便于进行清洗、检查和试验。所有可拆卸的连接件在拆卸后应易于用手工连接和紧固。连接件在正常使用和维修中拆开时,采用的密封件应不会脱落和移位。

b) 按 6.2 方法检查、6.12 方法测试,呼吸器呼吸导管的扭曲不应影响连接件的安装或呼吸器的性能,或导致呼吸导管的脱离。连接件的结构应能防止气源的意外中断。

c) 按 6.13 方法测试,呼吸导管与面罩接头、供气阀之间,或面罩接头与供气阀之间的结合强力应不小于 250 N。呼吸导管与头罩之间的结合强力应不小于 50 N。

d) 按 6.2 方法检查,高压、中压和低压连接件应不能互换。

5.4.4 呼吸导管

呼吸导管应满足以下要求:

a) 按 6.14 方法测试,呼吸导管施压下,空气流量的降低值不应大于 10%。在压力撤除 5 min 后,按 6.2 方法检查,呼吸导管应无漏气和变形。

b) 按 6.12 方法测试,呼吸导管应不妨碍佩戴者头部的自由活动,且不干扰其与面罩的连接,应符合 GB/T 23465—2009。

5.4.5 减压器

按 6.2 方法检查,呼吸器应设置减压器,确保下游部件应能承受减压后的压力。当下游部件不能承受减压器的全部压力时,应设置泄压阀。设置泄压阀时,泄压阀应满足以下要求:

a) 按 6.15.1 方法测试,在输入压力不超过 3 MPa 的压力下,减压器泄压阀应能通过 400 L/min 的气流;

b) 按 6.15.2 方法测试,减压器泄压阀启动后,吸气阻力和呼气阻力应不大于 2.5 kPa。

5.4.6 高压部件

按 6.2 方法检查,金属高压管、阀和连接件应能承受 1.5 倍气瓶额定工作压力,非金属部件应能承受 2 倍气瓶额定工作压力。

5.4.7 压力指示器

按 6.2 方法检查、6.12 方法测试,压力指示器应满足以下要求:

a) 呼吸器应配备一个可靠的压力指示器,能指示气瓶的最大充气压力;

b) 压力指示器的量程应比气瓶最大充气压力多至少 5 MPa;压力指示器的读数应与气瓶瓶阀的开关状态无关;

c) 压力指示器应设有防爆机构以保护佩戴者免受伤害,其视窗材料应采用不易破裂的透明材料;

d) 当压力指示器破裂时,在其最大充气压力下泄漏气体流量应不大于 25 L/min。

5.4.8 气瓶阀

按 6.2 方法检查、6.12 方法测试,气瓶阀应满足以下要求:
a) 气瓶阀作为特种设备应通过相应的型式检验以确保其安全性能,如有必要可向制造商索取型式检验报告;
b) 气瓶阀的开关可为拔销式或旋钮式,其结构设计应使气瓶阀容易自动或用手迅速开启;
c) 气瓶阀的结构应使气瓶阀在开启后不会被无意关闭;
d) 气瓶阀应包含气体输入和输出端口。气体输入端口应为内螺纹,螺纹尺寸为 G 5/8,其公差应符合 GB/T 7307—2001 中表 1 的规定。

5.4.9 气瓶

按 6.2 方法检查,气瓶应满足以下要求:
a) 钢质气瓶应符合 GB/T 5099—1994 的规定;
b) 复合气瓶应符合 GB/T 28053 的规定。

5.4.10 背具

按 6.2 方法检查、6.12 方法测试,呼吸器应包含一个背具或类似部件使得用户在使用呼吸器时能解放双手。背具的设计应确保用户无需辅助,能够快速、简单、正确地穿戴好呼吸器。

5.5 制造商应提供的信息

按 6.2 方法检查,每套呼吸器应提供中文使用说明,使人员易于掌握使用方法。有关产品选择、使用和维护的内容应与 GB/T 18664—2002 的相关要求一致,并应至少包括以下信息:
a) 应随最小销售包装一起提供;
b) 应用范围与限制;
c) 应以图文的形式给出呼吸器的正确穿戴、脱除方法;
d) 正确佩戴、使用、维护、保养、充电(如果适用)、储存和保质期的信息,建议的使用温度和储存温度与湿度范围;
e) 产品应标明与制造商或其指定的服务商的联系方式,供使用者在特定环境下,了解某型号呼吸器适用性的建议等其他信息;
f) 应告知使用者呼吸器气瓶中压缩空气应符合 GB/T 13277.1;
g) 信息应明确,可增加解说、部件号和标注等帮助说明;
h) 警告应给出产品可能遇到的问题,例如:爆炸环境下的使用、穿戴中可能出现的问题等;
i) 对典型的故障、原因与排除方法的说明。

6 试验方法

6.1 试验样品和试验环境条件

6.1.1 试验样品

除非另有要求,应测试 2 个样品,测试前应按 6.3 的规定进行温湿度预处理。样品应符合产品标识的描述,功能有效。

6.1.2 受试者要求

在低温使用性能测试和实用性能试验中,涉及受试人员参加试验时,受试者应满足GB/T 23465—2009 中 4.2 的要求,受试者心电、心率、血压等常规检测应合格。

6.1.3 试验环境条件

除另有规定外,试验应在以下环境条件下进行:
a) 温度范围:16 ℃~32 ℃;
b) 湿度范围:相对湿度为 20%~80%。

6.2 表观检查

6.2.1 在实验室性能试验之前,应进行表观检查,包括根据制造商的使用维护手册进行拆卸。

6.2.2 表观检查应包括对呼吸器标识、制造商提供的信息、安全数据单或结构所用材料的相关声明的评估。

6.3 温湿度预处理

将样品所有部件均暴露于空气中,按照下列步骤依次进行处理:
a) 在(70±3)℃、相对湿度小于 20%的干燥环境中放置(72±3)h;
b) 在(70±3)℃、相对湿度 95%~100%的潮湿环境中放置(72±3)h;
c) 在(-30±3)℃的低温环境中放置(24±1)h。

样品进行温湿度处理时,气瓶压力不应超过最大充气压力的 1/2;在每一步骤前后,为确保样品不受热冲击,温湿度箱温度变化梯度不应超过 2 ℃/min。

6.4 机械强度

6.4.1 试验装置

机械强度试验装置见图 1。试验装置包含一个垂直固定在活塞(S)上的钢制容器(K),

单位为毫米

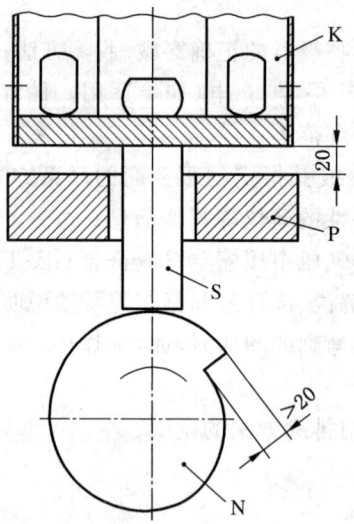

说明:
K——钢制容器;   P——钢板;
N——凸轮;   S——活塞。

图 1 机械强度试验装置

其能够被一个旋转凸轮(N)抬高 20 mm,并且随着凸轮的转动依靠自身的重量跌落在一块钢板(P)上。钢制容器的重量应在 10 kg 以上,并且测试设备的基座至少为容器重量的 10 倍以上或用螺栓固定在地面上。

6.4.2 试验方法

测试样品放置在钢制容器(K)的隔板内以免在测试过程中相互碰撞,样品在水平方向应保留(6±2)mm的空隙并且在垂直方向能够自由活动。以 100 r/min 的速度转动 5 min,检查并记录呼吸器试验后的损伤情况。

6.5 额定防护时间

额定防护时间测试通过一台呼吸机来完成,测试条件为呼吸频率 20 次/min,潮气量 1.75 L/次。将气瓶充满气体,面罩正确佩戴在试验头模上,启动呼吸机开始试验并计时,当呼吸阻力不满足 5.4.3 要求时停止测试。记录呼吸器的工作时间,即为额定防护时间。

6.6 呼吸阻力

6.6.1 一般规定

若环境条件不是 23 ℃、0.1 MPa,则应按照 23 ℃、0.1 MPa 的条件对流量值进行修正。

6.6.2 吸气阻力

将面罩戴在号型适合的试验头模上,头模的呼吸接口同呼吸机相连,面罩应气密但没有变形,将压力指示器校零,启动呼吸机,将呼吸机呼吸频率和潮气量调整到规定的条件,测试口鼻区附近的、吸气阶段的峰值静压(Pa)。应测试面罩不同朝向位置的吸气阻力:水平向前看、垂直向上看、垂直向下看;然后使试验头模处于平躺状态,以试验头模原有的垂直轴为轴,分别向左、向右看。以记录的最大测试值作为测试结果。

6.6.3 呼气阻力

将面罩戴在号型适合的试验头模上,头模的呼吸接口同呼吸机相连,面罩应气密但没有变形,将压力指示器校零,启动呼吸机,将呼吸机呼吸频率和潮气量调整到规定的条件,测试口鼻区附近的、呼气阶段的峰值静压(Pa)。应测试面罩不同朝向位置的呼气阻力:水平向前看、垂直向上看、垂直向下看;然后使试验头模处于平躺状态,以试验头模原有的垂直轴为轴,分别向左、向右看。以记录的最大测试值作为测试结果。

6.6.4 低温呼吸阻力

低温下呼吸阻力应将测试样品(含包装)在(−15±3)℃(或制造商声明的最低使用温度)条件下处理(20±1)h,随即测试呼吸阻力。气瓶压力应充至制造商推荐的最大充气压力,呼吸机测试条件为:呼吸频率 25 次/min,潮气量 2 L/次。

6.6.5 高温呼吸阻力

高温下呼吸阻力应将测试样品(含包装)在(60±2)℃(或制造商声明的最高使用温度)条件下处理(20±1)h,随即测试呼吸阻力。气瓶压力应充至制造商推荐的最大充气压力,呼吸机测试条件为:呼吸频率 25 次/min,潮气量 2 L/次。

6.7 吸入气体中二氧化碳含量

6.7.1 试验装置

试验装置见图 2。试验装置主要由带电磁阀的呼吸机、连接管、CO_2 流量计和 CO_2 气体分析仪组成。

CO_2 气体通过一个流量计、补偿袋和单向阀送入呼吸机内。为防止 CO_2 的聚集,在电磁阀和呼吸机之间的吸气回路上应使用CO_2吸收器。在电磁阀的前端,通过一取样管连续抽取少量的呼出气体,然后经过CO_2分析仪后再将这些呼出气体送回呼气气流中。

用辅助泵将呼吸机吸气过程中冲程容积的5%的气体在标记的位置抽出,并送入CO_2分析仪。试验装置气路的总死腔(不包括呼吸机)应不超过2 000 mL。

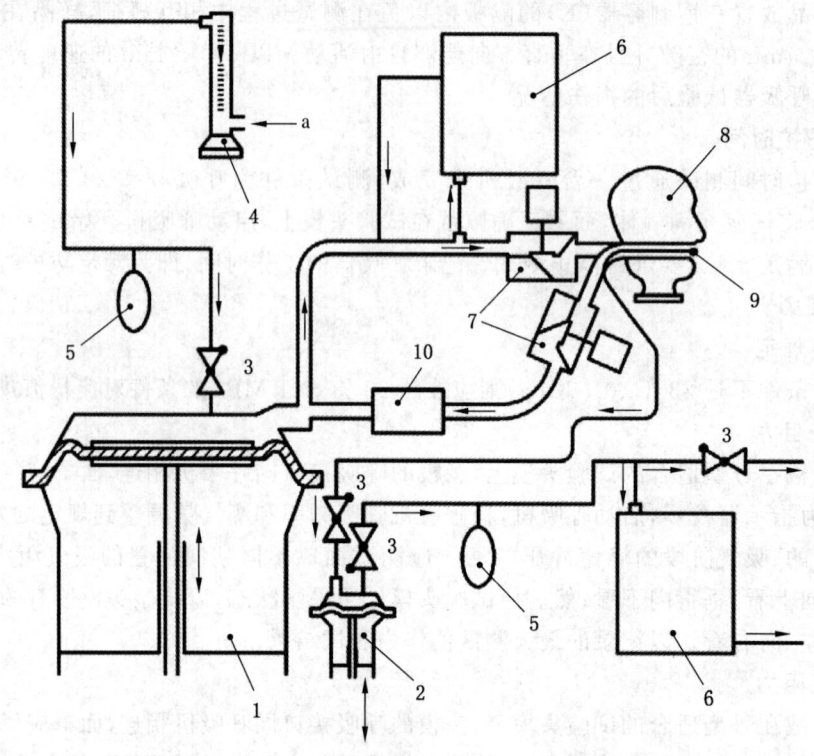

说明:
1——呼吸机;
2——辅助泵;
3——单向阀;
4——流量计;
5——补偿袋;
6——二氧化碳气体分析仪;
7——电磁阀;
8——试验头模;
9——吸入气体取样管;
10——二氧化碳吸收器;
a——二氧化碳气体。

图2 面罩吸入气体中二氧化碳含量试验装置

6.7.2 试验条件

呼吸机:呼吸频率20次/min,潮气量1.75 L/次。

6.7.3 试验方法

将面罩正确佩戴到试验头模上,面罩应气密无变形。需要时,可用PVC带或其他合适的密封剂将面罩的周边与试验头模密封。

开启呼吸机,调整呼吸机到规定的条件,连续测量并记录吸入气体中的 CO_2 含量,试验进行至 CO_2 浓度达到稳定时为止。

测试离试验头模鼻端 1 m 远处的环境中 CO_2 浓度。当吸入气体中的 CO_2 浓度达到稳定时,同时测量环境中 CO_2 浓度。环境中 CO_2 浓度也可在 CO_2 气源关闭之后,从取样管中进行测量。只有当环境中的 CO_2 浓度低于 0.1% 时,试验结果才被认为有效。

测试结果为从吸入气体中 CO_2 浓度减去实验室环境中 CO_2 浓度。

受试样品应进行 3 次试验,取平均值即为吸入气体中的 CO_2 含量。

6.8 泄漏率

按 GB 2626—2006 中 6.4 方法进行,测试介质为油性气溶胶。

6.9 静态压力

将全面罩气密地佩戴在试验头模上,试验头模呼吸接口同呼吸机相连,在供气阀完全关闭的状态下打开气瓶瓶阀,启动呼吸机做几次缓慢的呼吸,然后停止呼吸,记录全面罩内的压力。

6.10 气密性

关闭呼吸器的气瓶阀,将呼吸器(不含面罩)连接到一个可产生 750 Pa 的正压的装置上,并连接到一个压力计上进行试验。

注:在气密试验时,必要时可将警报器(如果呼吸器有)进行密封。

6.11 可燃性

6.11.1 测试装置和条件

测试设备示意图见图 3。检测装置主要由带流量控制阀的丙烷气瓶、压力指示器、回火消除器、样品支架、带速度控制的旋转电机和燃烧喷嘴组成。丙烷的纯度应不低于 95%。

燃烧器的火焰可调,使火焰高度为 (40 ± 4) mm,距离燃烧器顶端 (20 ± 2) mm 的火焰温度为 (800 ± 50) ℃,该高度点即被测样品与火焰接触的受试点。使用直径约 1.5 mm 的热电偶测量火焰温度。

呼吸器面罩或头罩佩戴在一个金属的试验头模上,试验头模面朝下方;呼吸器其他部件需固定在金属支架上。试验头模和金属支架可作水平运动或圆周运动,使被测样品从燃烧器火焰的正上方通过并与火焰接触,受试点相对于火焰的位移速度为 (60 ± 6) mm/s。被测样品支架高度应可调,使被测样品的受试点与燃烧器顶端垂直距离为 (20 ± 2) mm。

单位为毫米

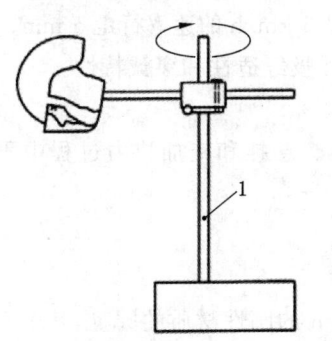

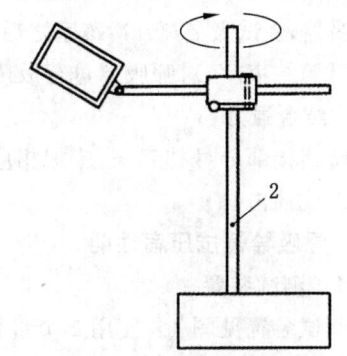

a) 面罩固定在旋转电机上的示意图　　b) 部件固定在旋转电机上的示意图

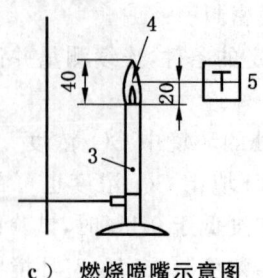

c) 燃烧喷嘴示意图

说明：
1——旋转电机(面罩)；
2——旋转电机(部件)；
3——燃烧喷嘴；
4——热电偶；
5——测温计。

图 3 阻燃性测试装置示意图

6.11.2 测试方法

将被测呼吸器面罩佩戴在金属试验头模上，或将其他被测部件固定在金属支架上，使燃烧器顶端与被测样品受试点间的垂直距离为(20±2)mm，然后使试验头模或支架位于燃烧器燃烧区外。

点燃燃烧器后，调节火焰，使火焰高度和受试点火焰温度满足6.11.1的要求。

启动金属试验头模或支架运动控制装置，使被测样品经过燃烧区。记录通过火焰上方时被测样品材料的燃烧情况。应检测呼吸器所有裸露表面，应使每个部件都通过1次火焰。

观察并报告样品的燃烧现象。

6.12 实用性能

6.12.1 常温实用性能

按照GB/T 23465—2009中隔绝式逃生呼吸器的要求进行试验。

6.12.2 低温实用性能

将两台处于备用状态的呼吸器，在温度为(−15±3)℃条件下放置(4±1)h。两名穿戴暖和服装的受试者，佩戴上已在冷冻室内冷冻处理的空气呼吸器，在温度为(−15±3)℃的环境中作业。受试者以6 km/h的速度在平地上无障碍行走10 min。对于额定防护时间超过10 min的呼吸器，受试人员离开冷冻室之后应返回常温环境继续以6 km/h的速率行走5 min。

试验结束后，对呼吸器进行故障检查，受试者应报告呼吸舒适性和穿戴特性。

6.13 结合强力

将连接部分悬挂起来，施加相应的轴向拉力持续10 s。悬挂和施加拉力过程中不应对样品形成冲击。

6.14 呼吸导管抗压扁性能

6.14.1 测试装置

测试装置见图4。使用2个直径为100 mm、厚10 mm的刚性材质的圆盘，其中一个固定，另一个能在垂直于圆盘平面的方向上移动，并可以在其上施加负载，使两个圆盘之间所夹的样品承受总计 50 N 的力。

单位为毫米

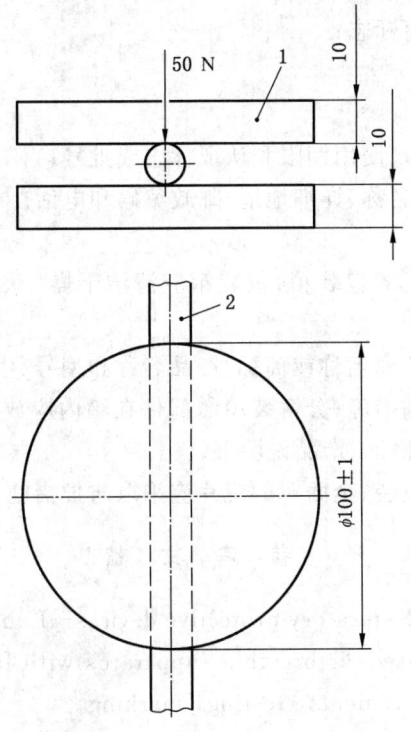

说明：
1——活动圆板；
2——呼吸导管。

图 4　呼吸导管抗压扁测试装置示意图

6.14.2　测试方法

将呼吸导管放在两个圆盘之间的中部，使流量 120 L/min 的空气流经呼吸软管，向呼吸导管施加50 N的压力（包括上面圆盘自重），再次测试空气流量。

若同时有多根呼吸导管，应同时测试每根呼吸管，每根呼吸管应经受加载 50 N。

记录加载后空气流量的变化值。

6.15　减压器泄压阀

6.15.1　将呼吸器通过适当方式连接到呼吸机上，面罩戴到试验头模上。将呼吸机调节到呼吸频率 25 次/min、潮气量 2 L/次。

6.15.2　开启呼吸机之前，将一合适的流量测量计连接到泄压阀的出口端，向减压器的中压段供给空气。逐渐增大供给空气的压力，直至通过泄压阀的空气流量达到 400 L/min 为止。此时，启动呼吸机，在适合的压力取样点测量呼吸阻力。

7　标识和包装

7.1　标识

每台呼吸器应明显、牢固地标识出以下信息：

a) 应有"仅供逃生使用"字样；
b) 警示标识或中文警示说明；
c) 产品名称和制造商标志；
d) 产品标记；
e) 产品型号；
f) 生产日期(或编号)、使用期限和认证标志或批号；
g) 产品产地、制造商名称、详细地址、邮政编码和电话。

7.2 包装

7.2.1 每台呼吸器应有固定的包装箱，包装箱应清洁干燥，不准许采用能导致呼吸器锈蚀或产生有害气体的材料。

7.2.2 包装箱表面应有制造商名称或商标、产品名称和型号、生产日期和批号、产品数量。

7.2.3 包装箱内应采取防潮措施；分解装箱的部件在箱内应放置适当、布局合理，并应采取固定措施，箱内应有产品合格证、产品说明书。

7.2.4 全面罩应单独进行包装，全面罩的镜片应采取防护措施。

参 考 文 献

[1] EN 402:2003 Respiratory protective devices—Lung governed demand self-contained open-circuit compressed air breathing apparatus with full face mask or mouthpiece assembly for escape—Requirements, testing, marking

[2] EN 1146:2005 Respiratory protective devices—Self-contained open-circuit compressed air breathing apparatus incorporating a hood for escape—Requirements, testing, marking

呼吸防护 动力送风过滤式呼吸器
（GB 30864—2014）

前　言

本标准的第4章、5.2、5.3.1、5.4、5.5、5.6.1、5.6.2、5.7、5.8、5.9、5.10、5.11、5.12、5.14、5.16、5.17、5.18、5.20和第7章为强制性的，其余为推荐性的。

本标准按照GB/T 1.1—2009给出的规则起草。

本标准由国家安全生产监督管理总局提出。

本标准由全国个体防护装备标准化技术委员会(SAC/TC 112)归口。

本标准起草单位：防化研究院、北京市劳动保护科学研究所、中国安全生产科学研究院、公安部消防局装备处、3M中国有限公司、霍尼韦尔安全防护设备(上海)有限公司、梅思安(中国)安全设备有限公司、德尔格安全设备(中国)有限公司、上海依格安全装备有限公司、国营第八〇九厂。

本标准主要起草人：杨小兵、丁松涛、杨文芬、姚红、陈倬为、张明明、毕赢、姚海锋、孙延华、吴丽娟、刘瑞民、房鹤、陈丑和、赵宾、杨博、袁晓华。

1 范围

本标准规定了动力送风过滤式呼吸器的分类、标记、技术要求、测试方法和标识。

本标准适用于防护颗粒物和有毒有害气体或蒸气的动力送风过滤式呼吸器。

本标准不适用于燃烧、爆炸、缺氧环境及逃生用呼吸器。

2 规范性引用文件

下列文件对于本文件的应用是必不可少的。凡是注日期的引用文件，仅注日期的版本适用于本文件。凡是不注日期的引用文件，其最新版本（包括所有的修改单）适用于本文件。

GB/T 2428　成年人头面部尺寸

GB 2626—2006　呼吸防护用品　自吸过滤式防颗粒物呼吸器

GB 2811—2007　安全帽

GB 2890—2009　呼吸防护　自吸过滤式防毒面具

GB/T 3609.1—2008　职业眼面部防护　焊接防护　第1部分：焊接防护具

GB/T 3609.2—2009　职业眼面部防护　焊接防护　第2部分：自动变光焊接滤光镜

GB/T 3785.1—2010　电声学　声级计　第1部分：规范

GB 3836.1—2010　爆炸性环境　第1部分：设备　通用要求

GB 3836.4—2010　爆炸性环境　第4部分：由本质安全型"i"保护的设备

GB/T 5703　用于技术设计的人体测量基础项目

GB 12476.4—2010　可燃性粉尘环境用电气设备　第4部分：本质安全型"iD"

GB/T 12903—2008　个体防护装备术语

GB 14866—2006　个人用眼护具技术要求
GB/T 18664—2002　呼吸防护用品的选择、使用与维护
GB/T 23465—2009　呼吸防护用品　实用性能评价
IEC 61241.1:2004　可燃性粉尘环境用电气设备　第1部分:外壳保护型"tD"

3 术语和定义

GB/T 12903—2008界定的以及下列术语和定义适用于本文件。

3.1
动力送风过滤式呼吸器　powered air-purifying respirator;PAPR
靠电动风机提供气流克服部件阻力的过滤式呼吸器。

3.2
正压式　positive pressure
在任一呼吸周期里呼吸器面罩或头罩及呼吸导管等部件的内部压力均不低于环境大气压力。

3.3
负压式　negative pressure
在任一吸气周期里呼吸器面罩及呼吸导管等部件的内部压力可能会低于环境大气压力。

3.4
密合型面罩　tight-fitting facepiece
通过与佩戴者面部皮肤紧密贴合将呼吸道与环境空气隔离的防护面罩。密合型面罩分半面罩和全面罩。

3.5
半面罩　half facepiece
能覆盖口和鼻,或覆盖口、鼻和下颌的密合型面罩。
[GB 2626—2006,定义3.8]

3.6
全面罩　full facepiece
能覆盖口、鼻、眼睛和下颌的密合型面罩。
[GB 2626—2006,定义3.9]

3.7
开放型面罩　loose-fitting facepiece
只罩住眼、鼻和口,与脸部形成部分密合,用于正压式呼吸器的送气导入装置。
注:改写GB/T 12903—2008,定义5.2.2.1。

3.8
送气头罩　loose-fitting hood
能完全罩住整个头直至颈部,也可罩住部分肩或与防护服连用,用于正压式呼吸器的送气导入装置。
注:改写GB/T 18664—2002,定义3.1.12。

3.9

呼吸导管　breathing hose

将可呼吸空气输送到面罩或头罩的气密的柔性导气管。

3.10

头带　head harness

用于将面罩固定在头部的部件。

[GB 2626—2006,定义 3.20]

3.11

检查装置　checking device

能够供呼吸器佩戴者在使用前或使用过程中检查呼吸器的送风量是否满足制造商最低设计条件的装置。

3.12

警示装置　warning device

呼吸器所具备的能通知佩戴者采取相应行动的装置。

3.13

失效指示器　end-of-service-life indicator

警告呼吸器佩戴者呼吸防护接近失效的装置。

注：改写 GB/T 12903—2008,定义 5.2.14。

3.14

防颗粒物过滤元件　particle filter element

可滤除空气中颗粒物的呼吸器过滤元件。

3.15

防毒过滤元件　gas and/or vapor filter element

可滤除空气中某些有毒气体和(或)蒸气的呼吸器过滤元件。

3.16

综合防护过滤元件　combination filter element

可同时滤除空气中颗粒物和某些类型的气体和(或)蒸气的呼吸器过滤元件。

3.17

过滤效率　filter efficiency

在规定测试条件下,过滤元件滤除颗粒物的百分比。

[GB 2626—2006,定义 3.16]

3.18

防护时间　protective time

在规定测试条件下,从测试介质开始通入过滤元件,至测试介质透过浓度达到限定值时的时间。

注：改写 GB 12903—2008,定义 5.3.2。

3.19

制造商设计最低送风量　manufacture's minimum design flow rate;MMDF

制造商承诺的,保证呼吸器满足相应性能要求的最低送风量。

3.20

制造商设计持续使用时间 manufacturer's design duration

制造商承诺的,保证动力送风呼吸器不低于制造商设计最低送风量的持续使用时间。

3.21

实际送风量 actual flow rate

在规定条件下测出的动力送风过滤式呼吸器产生的送风量。

3.22

有效气流流量 interactive flow rate

使用 PAPR 时,由佩戴者呼吸作用与送风叠加所产生的实际的气流量。

3.23

泄漏率 inward leakage

在实验室规定测试条件下,受试者吸气时从呼吸器过滤元件以外的所有其他部件泄漏入面罩或头罩内的模拟剂浓度,与面罩或头罩外空气中模拟剂浓度的比值,用百分比表示。

$$IL = c_i/c_o \times 100 \quad\quad\quad\quad\quad\quad\quad\quad (1)$$

式中:

IL——泄漏率,%;

c_i——呼吸器面罩或头罩内模拟剂浓度;

c_o——呼吸器面罩或头罩外模拟剂浓度。

注：改写 GB 2626—2006,定义 3.18。

3.24

死腔 dead space

从前一次呼气中被重新吸入的气体的体积,用吸入气中二氧化碳体积分数表示。

[GB 2626—2006,定义 3.19]

3.25

实用性能 practical performance

在模拟的典型作业或逃生活动条件下,对呼吸器的评价。

注：改写 GB/T 23465—2009,定义 3.2。

3.26

视窗机械强度 mechanical strength of visor

呼吸器对施加于佩戴者双目前视窗上机械力的承受能力。

3.27

呼吸机 breathing machine

能模拟人呼吸循环过程的换气机器。

3.28

立即威胁生命或健康 immediately dangerous to life or health;IDLH

有害的空气环境达到某种危险水平,可致命或可永久损害健康,或可使人立即丧失逃生能力。

4 分类和标记

4.1 动力送风过滤式呼吸器(PAPR)的分类和标记

PAPR 按面罩类别和压力模式分类。PAPR 的分类和标记见表1。

表1 PAPR 的分类和标记

PAPR 类别	PAPR 面罩类别			
	密合型面罩		开放型面罩	送气头罩
	半面罩	全面罩		
正压式 PAPR 标记	PHF	PFF	PLF	PLH
负压式 PAPR 标记	NHF	NFF	不适用	

注：此表中 PHF 是正压式密合型半面罩的标记，NHF 是负压式密合型半面罩的标记，PFF 是正压式密合型全面罩的标记，NFF 是负压式密合型全面罩的标记，PLF 是正压式开放型面罩的标记，PLH 是正压式送气头罩的标记。

4.2 PAPR 过滤元件的分类、标记和标色

4.2.1 过滤元件分类

过滤元件的分类如下：
a) P 类：防颗粒物；
b) A 类：防某些由制造商规定的、沸点大于 65 ℃ 的有机蒸气；
c) B 类：防某些由制造商规定的无机气体；
d) E 类：防某些由制造商规定的酸性气体；
e) K 类：防氨和制造商规定的某些氨的有机衍生物；
f) NO 类：防氮氧化物；
g) Hg 类：防汞蒸气；
h) CO 类：防一氧化碳气体；
i) AX 类：防某些由制造商规定的、沸点不大于 65 ℃ 的有机蒸气；
j) SX 类：防某些由制造商规定的特殊的化合物；
k) 以上类别的任意组合。

4.2.2 过滤元件的标记和标色

防颗粒物过滤元件和综合防护过滤元件对颗粒物的过滤效率分 95.00% 和 99.97% 两个级别，分别对应 P95 和 P100 的标记。A、B、E 和 K 类防毒过滤元件按防护容量分 3 个级别，1 级代表低等防护容量，2 级代表中等防护容量，3 级代表高等防护容量；其他类防毒过滤元件（如：SX、CO、AX、NO 等）不分级。综合防护过滤元件中所包括的 A、B、E、K 的分类方法与其单独防护过滤元件的分级相同，见表2标记举例中的最后一行。PAPR 各类过滤元件的标记、标色和防护污染物举例见表2。

表2 PAPR 过滤元件分类、标色、标记和防护污染物举例

类型标记	标色	过滤元件类型	防护污染物举例	标记举例
P	粉	防颗粒物	粉尘、烟、雾及微生物	P95，P100
A	褐	防某些沸点大于 65 ℃ 的有机蒸气	苯、甲苯、环己烷	A1，A2，A3

表2（续）

类型标记	标色	过滤元件类型	防护污染物举例	标记举例
B	灰	防某些无机气体	氯气、硫化氢	B1,B2,B3
E	黄	防某些酸性气体	二氧化硫、氯化氢	E1,E2,E3
K	绿	防氨和某些氨的有机衍生物	氨气、甲胺	K1,K2,K3
NO	蓝	防氮氧化物气体	一氧化氮、二氧化氮	NO
Hg	红	防汞蒸气	汞蒸气	Hg
CO	白	防一氧化碳气体	一氧化碳	CO
AX	褐	防某些沸点不大于65 ℃的有机蒸气	二甲基醚、异丁烷	AX
SX	紫	防某些特殊化合物	以上分类不包括的某些特殊化合物，如氰化氢、环氧乙烷、氟化氢、甲醛、磷化氢、砷化氢、光气、二氧化氯等	SX(特殊化合物的中文名称)
以上任意组合	以上组合	—	—	A1B2E1P95[a] A2B2E1K1 B2E2AXP100[a] A2B1E1K1NOP100[a]

[a] 应先标记防毒类型与容量级别,并按本表"类型标记"栏目所提供的顺序排序,最后标记防颗粒物的效率级别。

5 技术要求

5.1 一般要求

PAPR所使用的材料和结构设计应满足以下要求,按6.2方法检查,并在6.19中评价。

a) 材料应满足以下要求：

1) 适合在预期暴露的温湿度条件和腐蚀性环境中使用,在经过6.3.1规定条件下的预处理后,PAPR部件（不包括过滤元件）不应出现明显变形,部件在内部也不应分离,仍然满足5.2～5.9、5.11～5.18的要求；

注：除非呼吸器设计使电池充电器和呼吸器本体无法分离,预处理通常不包括充电器。

2) 可能与佩戴者皮肤直接接触的部件不得采用已知的可导致皮肤刺激或其他不良反应的材料；

3) 产品能够承受制造商建议的清洗和消毒剂及其处理方法；

4) 过滤元件内部应能承受过滤介质的腐蚀性；

5) 经过滤元件过滤的气流中不应含有对人有害的物质或异味。

b) 产品结构设计应符合以下要求：
   1) 不应易产生结构性破损，部件的设计、组成和安装不应对佩戴者构成任何危险；
   2) 头带和PAPR佩戴固定装置的设计应可调，便于佩戴和摘除，应能将PAPR牢固地固定在佩戴者身上，且佩戴时不应出现明显的压迫或压痛现象；
   3) 在佩戴、摘脱过程中，能够和佩戴者直接接触的部分不得有尖锐边缘和毛刺；
   4) 在正常使用状态下，面罩或头罩的镜片不应出现结雾等影响视觉的情况；
   注：关机状态某些全面罩内可能起雾。
   5) 使用可更换过滤元件、吸气阀、呼气阀、头带和呼吸导管的呼吸器应采用方便更换的设计，并且能方便佩戴者检查密合型面罩与面部的佩戴气密性；
   6) 呼吸导管不应限制头部活动或佩戴者的行动，不应影响面罩的密合性，不应出现限制、阻塞气流的情况；
c) 防护警示性差的防毒过滤元件宜提供失效指示器。了解有毒气体或蒸气的警示性，见GB/T 18664—2002中附录C。

5.2 密合型面罩
5.2.1 呼气阀
呼气阀应满足以下要求：
a) 按6.2方法检查，密合型面罩应具有呼气阀，呼气阀片应可更换，便于维护；
b) 按6.2方法检查，呼气阀应得到保护，使其不容易受机械性损伤和污染；
c) 按GB 2626—2006中6.8方法检查，呼气阀的保护装置如果与面罩采取连接方式固定，应能经受持续时间为10 s的50 N的轴向拉力，不应出现滑脱和断裂；在拉力撤除后，不应变形；
d) 按6.5.4方法测试，呼气阀在各种朝向位置时应功能正常，应满足5.5.1c)的要求；
e) 按6.8方法测试，呼气阀在经受持续时间为60 s、流量为(300±15)L/min的不间断呼气气流处理后，应符合5.7要求；
f) 呼气阀气密性应符合GB 2890—2009中5.1.4.2的要求。

5.2.2 头带
头带强度应满足GB 2890—2009中5.1.11的要求。

5.2.3 负压式PAPR
负压式PAPR使用的密合型面罩应满足以下要求：
a) 应符合GB 2626—2006中5.5、5.7、5.11和5.12的要求；
b) 按6.2方法检查，负压式PAPR所使用的密合型面罩应只与防护颗粒物过滤元件配合使用，不应使用防毒过滤元件和综合防护过滤元件。

5.3 开放型面罩和送气头罩
5.3.1 一般要求
产品设计应符合以下要求：
a) 如果面罩或头罩内不包括风机部件，则过滤元件与面罩或头罩应无法直接连接。按6.2方法检查；
b) 面罩或头罩应根据需要提供固定装置，以便将面罩或头罩固定在身体上，其设计

和构成应提供适当的紧固力,并应可调节,或具备一定的伸缩性,以适合一定范围的头型和(或)体型。在6.19中评价;

c) 如果声称具有满足本标准要求以外的,对眼、面和头部的额外防护功能(如防护机械冲击或非电离辐射等),这些附加功能不应妨碍本标准所规定的呼吸防护性能。在6.19中评价。

5.3.2 安全帽功能

如果面罩或头罩声称具备安全帽功能,应满足 GB 2811—2007 中 4.2.1 冲击吸收性能、4.2.2 耐穿刺性能和 4.2.3 下颏带的强度的要求。如果用于易燃易爆环境,安全帽宜符合 GB 2811—2007 中 4.3.1 防静电性能的要求。

5.4 制造商设计最低送风量(MMDF)和制造商设计持续使用时间

5.4.1 制造商应提供 MMDF 和满足 MMDF 的制造商设计持续使用时间。

5.4.2 使用密合型面罩的正压式 PAPR 的 MMDF 不应低于 95 L/min;使用开放型面罩或送气头罩的 PAPR 的 MMDF 不应低于 120 L/min;使用密合型面罩的负压式 PAPR 的 MMDF 不应低于 45 L/min。

5.4.3 对使用电池驱动电动风机的 PAPR,在满足 MMDF 的条件下,其制造商设计持续使用时间不应低于 240 min。

5.4.4 按 6.4 方法测试进入呼吸器面罩或头罩内的实际送风量,不应低于 MMDF;在满足 MMDF 的前提下测试持续使用时间,不应低于制造商设计持续使用时间。

5.4.5 送风量和风的分布不应造成佩戴者紧张和不适(如局部过冷或刺激眼睛),在6.19中评价。

5.4.6 若 PAPR 提供送风量调节功能,应满足以下要求。按 6.2 方法检查,并在 6.19 中评价。

a) 产品设计应能避免流量被意外改变;

b) 如果风量调节能使正压式 PAPR 转变为负压式 PAPR,则这类风量调节机制应同时提供所对应的 PAPR 类别的指示(见表1),且产品设计不应允许在使用过程中进行这种调节;

c) 允许在使用过程中对属于同一 PAPR 类别的送风量进行调节。

5.5 呼吸阻力

5.5.1 密合型面罩的 PAPR

使用密合性面罩的 PAPR 的呼吸阻力应满足以下要求:

a) 按 6.5.2 方法测试,关机状态下 PAPR 的峰值吸气阻力不应超过 1 100 Pa;

b) 按 6.5.3 方法测试,开机状态下 PAPR 的峰值吸气阻力不应超过 350 Pa;

c) 按 6.5.4 方法测试,开机状态下 PAPR 的峰值呼气阻力不应超过 700 Pa。

5.5.2 开放型面罩和送气头罩的 PAPR

按 6.5.5 方法测试,面罩或头罩内的正压不应超过 500 Pa。

5.6 视窗

5.6.1 视野

按 6.6 方法测试,密合型面罩应满足 GB 2890—2009 中 5.1.7 的要求;开放型面罩和送气头罩的总视野不应低于 70%。如果面罩或头罩有多个号型,每个号型都应满足本要求。

声称具有焊接防护功能的面罩或头罩不适用于此要求。

5.6.2 视窗机械强度
按 6.7 方法测试,视窗不应出现任何形式的损坏,测试后面罩或头罩还应符合 5.7 要求。

5.6.3 视窗防高速粒子冲击性能
如果 PAPR 面罩或头罩声称具有防高速粒子冲击的性能,应满足 GB 14866—2006 中 5.11 对视窗的技术要求。测试后的面罩或头罩还应符合 5.7 的要求。

5.6.4 焊接防护用特殊要求
如果 PAPR 面罩或头罩声称具有焊接防护功能,除应满足本标准 5.1、5.2 或 5.3 的适用要求外,还应满足以下要求:

a) 非自动变光型焊接滤光镜片的长不应小于 90 mm、宽不应小于 40 mm,光学性能应符合 GB/T 3609.1—2008 中 5.4.1、5.4.2、5.4.3、5.4.4 和 5.4.6 的要求;

b) 自动变光焊接滤光镜片的规格应满足 GB/T 3609.2—2009 中 5.2.1 的要求,光学性能应满足 GB/T 3609.2—2009 中 5.1 的要求,非光学性能应满足 GB/T 3609.2—2009 中 5.2.2 的要求;

c) 焊接用面罩或头罩的金属部件耐腐蚀性应满足 GB/T 3609.1—2008 中 5.5.2 的要求;

d) 焊接用面罩或头罩的电绝缘性按附录 A.1 方法测试,泄漏电流应小于 1.2 mA;

e) 焊接用面罩或头罩的抗热穿透性按附录 A.2 方法测试,在 5 s 内面罩或头罩应无穿透、不透光。

5.7 泄漏率
由 10 个受试者按 6.8 方法测试,PAPR 在满足 MMDF 条件下,每个受试者的总体 IL 不应超过表 3 规定的限值。对于使用密合型面罩的 PAPR,在完成开机状态下的测试后,从 10 个受试者中任选 3 人,不摘除面罩,继续在关机状态下测试,测试样品应包括收到样和 6.3.1 预处理后的样品,每个受试者的总体 IL 不应超过表 3 规定的对应条件下的限值。

表 3 PAPR 泄漏率技术要求

PAPR 分类	过滤元件分类			每个受试者的总体 IL/%	
	防颗粒物	防毒	综合防护	PAPR 开机状态	PAPR 关机状态
NHF	适用	不适用	不适用	2	2
NFF				0.05	0.05
PHF	适用	适用	适用	0.2	2
PFF				0.01	0.05
PLF				0.5	不适用
PLH				0.01	

5.8 呼吸导管
5.8.1 按 6.9 方法测试,施压前,密合型面罩 PAPR 吸气阻力的峰值不应超过 350 Pa;施压后,吸气阻力的峰值变化值不应超过 50 Pa;对于开放型面罩或送气头罩 PAPR,施压下送风量的下降值不应超过 MMDF 数值的5%,在压力撤除5 min 后,按6.2方法检查,呼吸导管不应出现变形。

5.8.2 按6.19方法测试,呼吸导管不应限制佩戴者头部的自由活动,应符合 GB/T 23465—2009。

5.9 死腔

按6.10方法测试,对于密合型面罩 PAPR,在开机状态下,吸入空气中二氧化碳平均含量体积分数不应超过1%,在关机状态下,吸入空气中二氧化碳平均含量体积分数不应超过2%;对于开放型面罩和送气头罩 PAPR,在开机状态下,吸入空气中二氧化碳平均含量体积分数不应超过1%。

5.10 过滤元件

5.10.1 基本要求

按6.2方法检查,过滤元件的设计和选材应满足以下要求:
a) 防毒过滤元件的设计应不允许重新装填吸附剂;
b) 应无需特殊工具即可更换;
c) 综合防护过滤元件的防颗粒物部分应处于进气方向;
d) 经6.3.2预处理后,应无机械性损伤,并应符合5.10.2和(或)5.10.3的要求。

5.10.2 颗粒物过滤效率

按6.11方法,使用油性颗粒物测试,P95级防颗粒物过滤元件和综合防护过滤元件的过滤效率不应低于95.00%,P100级防颗粒物过滤元件和综合防护过滤元件的过滤效率不应低于99.97%。

5.10.3 防护时间

各类防毒过滤元件的防护时间应满足表4~表8的要求,按6.12方法测试。对于含失效指示器的过滤元件,应在防护时间测试中评价失效指示器的性能。表4~表8中的防护时间是实验室规定测试条件下获得的过滤元件防护时间,不代表实际使用条件下可能的防护时间。随过滤元件实际使用条件的不同,实际防护时间与本标准确定的试验条件下的防护时间会不一致。

表4 A/B/E/K 类过滤元件的防护时间要求

过滤元件	测试介质	防护时间 min	测试介质浓度 mL/m³	测试介质浓度 mg/L	透过浓度 mL/m³
A1	环己烷(C_6H_{12})	70	500	1.8	10
B1	氯气(Cl_2)	20	500	1.5	0.5
B1	硫化氢(H_2S)	40	500	0.7	10
E1	二氧化硫(SO_2)	20	500	1.3	5
K1	氨气(NH_3)	50	500	0.4	25
A2	环己烷(C_6H_{12})	70	1 000	3.5	10
B2	氯气(Cl_2)	20	1 000	3.0	0.5
B2	硫化氢(H_2S)	40	1 000	1.4	10

表 4（续）

过滤元件	测试介质	防护时间 min	测试介质浓度 mL/m³	mg/L	透过浓度 mL/m³
E2	二氧化硫(SO_2)	20	1 000	2.7	5
K2	氨气(NH_3)	50	1 000	0.7	25
A3	环己烷(C_6H_{12})	35	5 000	17.5	10
B3	氯气(Cl_2)	20	5 000	15.0	0.5
	硫化氢(H_2S)	40	5 000	7.1	10
E3	二氧化硫(SO_2)	20	5 000	13.3	5
K3	氨气(NH_3)	40	5 000	3.5	25

表 5 NO/Hg 类过滤元件的防护时间要求

过滤元件	测试介质	防护时间/min	测试介质浓度		透过浓度
NO	一氧化氮(NO)[a]	20	2 500 mL/m³	3.1 mg/L	5 mL/m³
	二氧化氮(NO_2)[b]	20	2 500 mL/m³	4.8 mg/L	5 mL/m³
Hg	汞蒸气(Hg)	6 000	1.6 mL/m³	(13±1)mg/m³	0.1 mg/m³

[a] 测试介质纯度不应小于95%，宜使用气瓶中的压缩气体。
[b] 一氧化氮(NO)和二氧化氮(NO_2)都可能在透过气体中存在，(NO+NO_2)的总浓度不应超过 5 mL/m³。测试中，应使用能够区分 NO 与 NO_2 的测试方法。

表 6 AX 类过滤元件的防护时间要求

过滤元件	测试介质	防护时间 min	测试介质浓度 mL/m³	mg/L	透过浓度 mL/m³
AX	二甲基醚(CH_3OCH_3)	50	500	0.95	5
	异丁烷(C_4H_{10})	50	2 500	6.0	5

表 7 SX 类过滤元件的防护时间要求

过滤元件	测试介质	防护时间/min	测试介质浓度/(mL/m³)	透过浓度/(mL/m³)
SX	制造商提供	20	5 000	5[a]

[a] 对于防 HCN 气体的 SX 过滤元件的监测，在透过气体中可能存在 C_2N_2，(C_2N_2＋HCN)的总浓度不应超过5 mL/m³。

表8 CO类过滤元件的防护时间要求

过滤元件	测试介质	防护时间 min	测试温度(℃)/相对湿度(%)	测试介质浓度 mL/m³	透过浓度 mL/m³
CO	一氧化碳(CO)	120	(25±3)/(95±3)	200	任意5 min时段内的时间加权平均值25和累计量达到200 mL
			(5±2)ᵃ/不适用	200	
			(25±3)/(95±3)	2 500	任意5 min时段内的时间加权平均值200和累计量达到200 mL
			(5±2)ᵃ/不适用	2 500	

ᵃ 在(5±2)℃测试条件下,测试应持续至确定CO催化反应能够正常启动为止,通常只测试初始的20 min。

5.10.4 对同时使用的多重过滤元件的阻力要求

若PAPR设计同时使用多重过滤元件,按6.13方法测试,使用平均气流通过每个过滤元件的最大阻力差应满足公式(2)要求。

$$[|\Delta P|_{max}/P] \leqslant 0.2 \quad \cdots\cdots\cdots\cdots\cdots\cdots(2)$$

式中:
$|\Delta P|_{max}$——单个过滤元件之间的最大阻力差,单位为帕(Pa);
P ——各过滤元件阻力的平均值,单位为帕(Pa)。

5.11 连接部件强度

按6.15方法测试,连接部件在承受表9规定的持续时间为10 s的轴向拉力时,不应出现滑脱、断裂或变形。测试后的面罩或头罩还应符合5.7的要求。

注:连接部件和PAPR设计相关,如面罩或头罩与呼吸导管或与风机之间的连接,呼吸导管和风机之间的连接,裸露的过滤元件接头(如果适用)和风机之间的连接。

表9 连接和连接部件强度要求

面罩种类	密合型半面罩	密合型全面罩	开放型面罩	送气头罩
拉力	50 N	250 N	50 N	250 N

5.12 噪声

由3个受试者按6.16方法测试,PAPR产生的噪声不应超过80 dB(A),且3个受试者都应通过。

5.13 可燃性

按6.17方法测试,暴露于火焰的所有PAPR裸露部件,在从火焰移开后,不应燃烧或续燃时间不应超过5 s。

5.14 检查装置

5.14.1 按6.2方法检查,每套PAPR应包含检查装置,用于检查PAPR是否达到MMDF。
5.14.2 当使用检查装置显示PAPR送风量合格时,实际送风量不应低于MMDF,应在6.4实际送风量测试结束后,按照检查装置的使用方法,确认检查装置的显示准确、可靠。

5.15 警示装置

PAPR宜具备警示装置。

若PAPR具有警示装置,按6.2方法检查,使用过程中警示信息应无法关闭,应能被佩戴者感知,并应提供佩戴者检查警示装置是否正常的方法。

按6.19方法测试,确认对警示装置可以进行检查。了解PAPR的警示功能见附录B。

5.16 本质安全和电气部分

PAPR应符合以下要求:
a) 按6.19方法测试,确认PAPR电气部分的设计不会产生对气流的不当限制,或使气流倒灌;
b) 若声称在易燃易爆环境具有本质安全特性,PAPR整体和电气部分的本质安全性应满足GB 3836.1—2010和GB 3836.4—2010的要求;
c) 若声称在爆炸性粉尘场所中使用,PAPR整体和电气部分的本质安全性还应符合GB 12476.4—2010本质安全型"iD"或符合IEC 61241-1:2004外壳保护型"tD"的要求;
d) 按6.2方法检查,使用的电池的设计应为液体不可溢出型;
e) 按6.19方法测试,使用的电池应提供防短路保护措施;
f) 按6.2方法检查,应具备防止电池在充电时正负极反接的防错设计,充电过程中应有对充电状态的指示,并应能提示操作者避免过度充电;
g) 按6.2方法检查,若PAPR设计使用电源供电,工作电源应为低电压,直流电应低于60 V,交流电应低于25 V(50 Hz)。

5.17 质量

按6.18方法测试,应满足以下要求:
a) 与半面罩直接连接并由半面罩支撑的所有部件(含过滤元件)的总质量不应超过300 g;
b) 与全面罩直接连接并由全面罩支撑的所有部件(含过滤元件)的总质量不应超过500 g;
c) 佩戴在佩戴者身上的PAPR总质量不应超过5 kg,其中由头部支撑的部分不应超过1.5 kg。

5.18 实用性能

按6.19方法,在模拟使用的条件下,对在其他测试方法难以评价的性能,如5.1、5.3.1、5.4.5、5.4.6、5.8.2、5.15、5.16a)和e),由受试者提供主观评价。

若呼吸器不能通过测试,实验室应详细描述测试方法,便于其他实验室能够重复该测试过程。

5.19 消防用PAPR要求

消防用PAPR应为PFF类别,使用的防颗粒物过滤元件和综合防护过滤元件应为P100级,应至少具有满足5.16b)的本质安全性,并应具有适当的警示功能,且警示功能应满足5.15的要求。

注:附录C对消防用PAPR的特殊性做了说明。

5.20 制造商应提供的信息

5.20.1 整套呼吸器

按 6.2 方法检查,每套呼吸器应提供中文使用说明,应能使经过培训的人员掌握正确使用的方法。有关产品选择、使用和维护的内容应与 GB/T 18664—2002 的相关要求一致,并应至少包括以下信息:

a) 应用范围与限制;
b) PAPR 的类别(见表 1);
c) 正确佩戴、使用、维护、保养、充电(如果适用)和储存的信息,建议的使用温度和储存温度与湿度范围;
d) 详尽说明允许使用的过滤元件及其组合部件,并说明其所对应的 PAPR 类别;

注:使用图示、部件号和标记可帮助说明。

e) 对过滤元件使用和更换的详细建议;
f) 过滤元件如果用于 CO 防护,应一次性使用;
g) 产品应标明与制造商或其指定的服务商的联系方式,供使用者在特定环境下,了解某型号过滤元件适用性的建议等其他信息;
h) 若有失效指示器,应提供相应的使用说明;
i) 电池设计在与不同类别的 PAPR(如果适用)组配使用状态下的制造商设计持续使用时间;
j) 若电池与送风机为可拆卸设计,电池的制造商设计持续使用时间信息应体现在电池本体上;
k) 若电池与送风机为一体化设计,电池的制造商设计持续使用时间信息应体现在送风机上;
l) 若 PAPR 具有本质安全性,应提供本质安全认证的部件组配清单,并有相应的本质安全的标识;
m) 说明 MMDF,并详细说明每次使用前进行检查的方法;
n) 对可能的不正确使用方法的警示,对呼吸导管和(或)电线被钩挂的可能性(如果适用)的警示;
o) 对正压式 PAPR,应告知佩戴者,在高劳动强度下有可能成为负压的危险性;
p) 若呼吸器可能受到强风的影响,应提供警示说明;
q) 应告知,对使用密合型面罩的 PAPR,关机状态是非正常使用状态,佩戴者可能得不到呼吸防护,或者防护水平降低;同时还应告知,关机状态下呼吸器面罩内二氧化碳会积聚,有缺氧的风险;
r) 若呼吸器提供 5.15 规定的警示功能,除提供检查警示装置功能是否正常的方法外,还应提供对于警示功能的说明,如各警示状态所代表的含义以及对应的处理方法等;
s) 应告知,呼吸器不适合在缺氧等 IDLH 环境中使用;
t) 对典型的故障、原因与排除方法的说明;
u) 消防用 PAPR 宜参考附录 C 提供的附加说明。

5.20.2 过滤元件

按 6.2 方法检查,在最小销售包装内应至少提供以下信息:

a) 5.20.1 中 d)~h)的内容；
b) 适用范围、安装和维护方法；
c) 储存条件(应至少包括温度和湿度范围)和相应的质保期；
d) 对可能的错误使用提供警示。

6 测试

6.1 试验样品和试验环境条件

6.1.1 试验样品

除非另有要求,对整套 PAPR 的所有测试需要两套样品,一个为收到样,另一个为 6.3.1 预处理后样。若面罩或头罩设计有不同的号型,每个号型应至少提供一个样品。除非另有要求,和 PAPR 一起测试的过滤元件为收到样。

注：了解各测试方法所需要的样品信息见附录 D。

6.1.2 试验环境条件

除非另有要求,测试应在以下环境条件下进行：
a) 温度范围:16 ℃~32 ℃；
b) 相对湿度范围:20%~80%。

试验头模主要尺寸按照 GB 2626—2006 中附录 B 的要求,分为大、中和小号 3 个号型。

6.2 表观检查

表观检查包括对 PAPR 完整性的检查和对制造商提供的信息和标识的检查。

根据各技术要求的需要,在进行实验室性能测试前、后,对样品进行目测外观检查,并报告结果。

6.3 预处理

6.3.1 整套呼吸器温湿度预处理

将整套呼吸器在制造商提供的信息中所示的一个最低温度和最低湿度条件下放置(72±1)h,使呼吸器恢复到室温至少 4 h,然后再在另一个最高温度和最高湿度条件下放置(72±1)h。

6.3.2 过滤元件机械强度预处理

采用 GB 2626—2006 中 6.2.2 规定的测试设备和测试方法。

6.4 实际送风量和制造商设计持续使用时间

6.4.1 基本原理

在室温和测试系统内外压差为 0 的状态下,测量经 PAPR 过滤后的送风量。分别测试开机初始实际送风量和持续运行达到制造商设计持续使用时间时的最终实际送风量。

6.4.2 测试装置

测试装置包括：
a) 试验头模:在口部有测压口；
b) 风机或抽气泵:流量计的标定范围为 50 L/min~500 L/min；
c) 微压计:分辨率为±1 Pa,量程不大于 1 000 Pa；
d) 轻质的气密的塑料袋:供某些开放型面罩或送气头罩的测试使用,见图 3 或图 4；
e) 计时器:精确到秒,量程至少为 12 h；

f) 流量计:量程为 0 L/min～500 L/min,精度为 3%。

6.4.3 样品要求

应选择阻力最大的过滤元件类别用于测试,同时电池应预先充满电。宜先开启呼吸器,直至流量检查装置显示流量已不满足 MMDF,然后再按制造商建议的方法充电。

根据 PAPR 设计的不同,选择图 1～图 4 中适合的测试系统。在试验头模上安装受试面罩或头罩样品,并连接微压计、流量计和抽风、送风设备,确保整个测试系统的气密。若需要使用适配器,应确保不会产生压力或流量的损失。

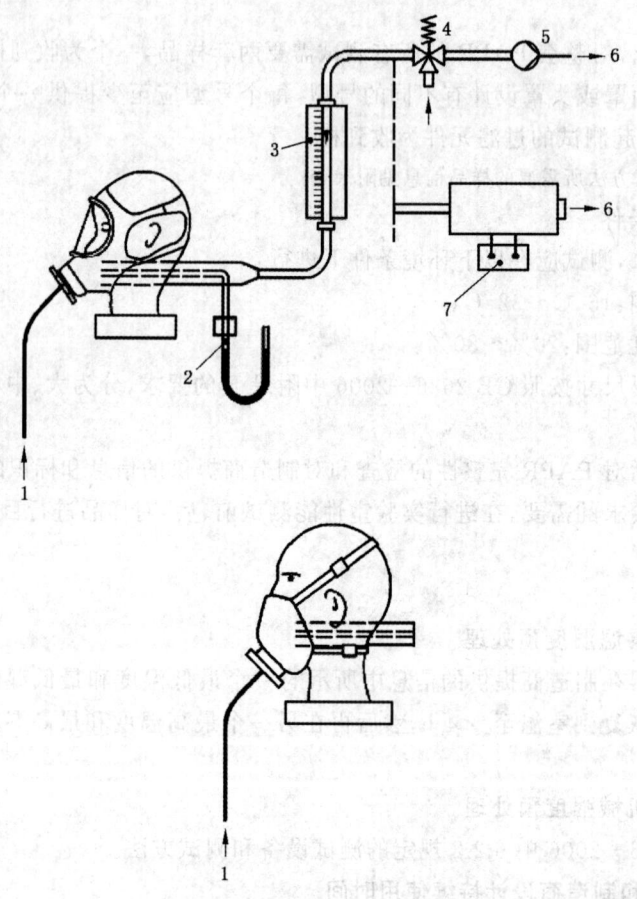

说明:
1——空气入口;
2——微压计;
3——流量计;
4——可调空气入口;
5——真空泵;
6——空气出口;
7——可调动力控制器。

图 1 密合型面罩 PAPR 实际送风量测试系统示意图

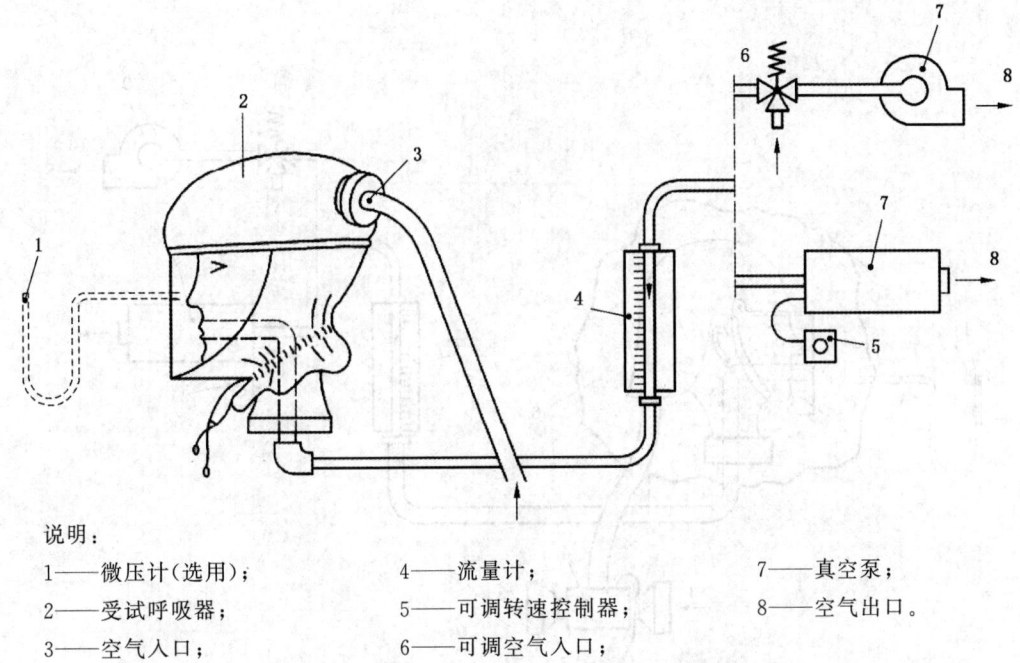

说明:
1——微压计(选用);
2——受试呼吸器;
3——空气入口;
4——流量计;
5——可调转速控制器;
6——可调空气入口;
7——真空泵;
8——空气出口。

图 2 颈部有密封设计的送气头罩 PAPR 实际送风量测试系统示意图

说明:
1——气流自由出口;
2——受试呼吸器;
3——适配器;
4——轻质塑料袋;
5——微压计(选用);
6——空气入口;
7——可调空气溢出口;
8——送风机;
9——可调转速控制器;
10——流量计。

图 3 送风机设计位于开放型面罩内的 PAPR 实际送风量测试系统示意图

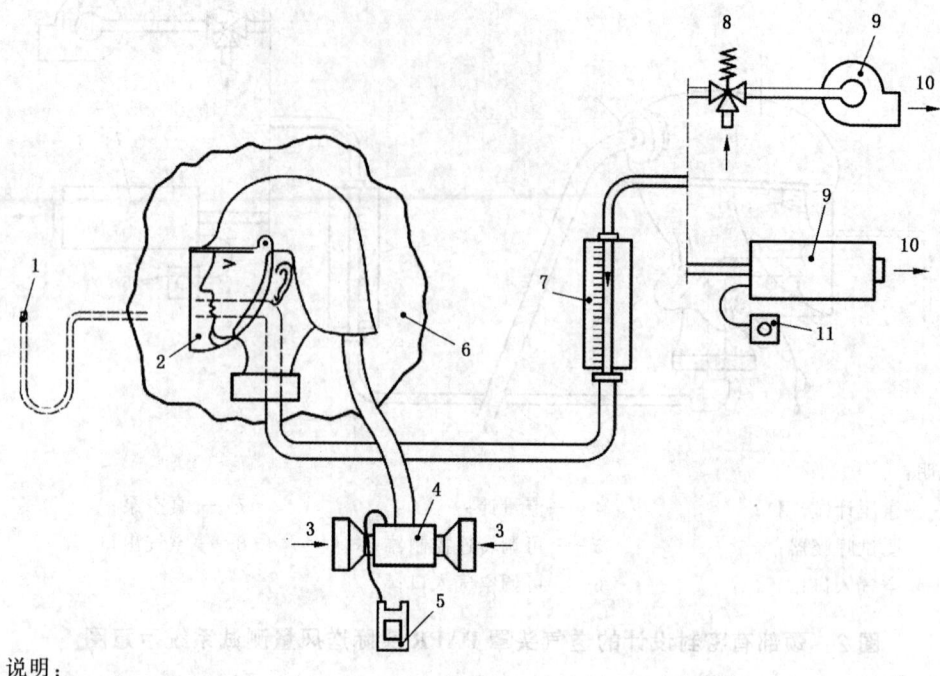

说明：
1——微压计（选用）；
2——开放型面罩；
3——空气入口；
4——送风机；
5——电池；
6——轻质塑料袋；
7——流量计；
8——可调空气入口；
9——真空泵；
10——空气出口；
11——可调转速控制器。

图 4　送风机设计位于开放型面罩外的 PAPR 实际送风量测试系统示意图

若 PAPR 使用的头罩为颈部密封的设计（如采用颈套、颈箍或在颈下有内衬的方式），或头罩设计未使用头带或头箍，使头罩在试验头模上的佩戴位置不稳定，或在试验头模颈部的密合程度无法确定时，宜采用附录 E 使用的可调节流量的项圈装置（图 E.1）和方法，调节头罩在试验头模上的佩戴位置和（或）在颈部的密合程度，使之与实际佩戴状况一致。应使微压计的采样口位于头罩面镜前的呼吸区，并使其不受气流流速的影响。

注：流经压力采样口的气流可能会对压力测定结果产生影响。

6.4.4　初始实际送风量

开启 PAPR，使其在满足 MMDF 的条件下运行。调节送风泵或抽气泵，使微压计显示为 0，或使塑料袋处于既不瘪也不胀的状态，即塑料袋内外压差为 0，记录流量计的流量；继续保持塑料袋内外压差为 0 的状态，每隔 5 min 测定一个结果，直至测定 30 min，对记录的 7 个测定值取平均作为初始实际送风量。

若初始实际送风量低于 MMDF，终止测试。

在测试过程中，应验证 PAPR 的检查装置是否能够正确指示 MMDF 条件，并报告结果。

6.4.5　制造商设计持续使用时间

初始实际送风量测试结束后，应拆除测试装置，并保持被测样品继续处于工作状态；等到距离制造商设计持续时间终点 1 h 的时候,重新搭建测试系统,重新测试,按 6.4.4 方法测试流量。

总的测试时间包括初始实际送风量和最终实际送风量的测试时间段在内,应不小于制造商设计持续使用时间。

6.5 呼吸阻力

6.5.1 测试装置

测试装置包括：

a) 呼吸机:呼吸频率范围为 10 次/min～40 次/min,潮气量调节范围为 1.0 L～3.0 L;
b) 流量计:量程为 0 L/min～500 L/min,精度为 3%;
c) 压差计:量程至少为 0 Pa～1 500 Pa,精度为 1 Pa;
d) 试验头模:在头模口部安装有呼吸管道;
e) 抽气泵:抽气流量不低于 100 L/min。

6.5.2 密合型面罩的 PAPR 在关机状态下的吸气阻力

将面罩戴在号型适合的试验头模上,使用充满电的电池和洁净的过滤元件,在关机状态下,调整呼吸机呼吸频率为 20 次/min,潮气量为 1.5 L,测试口鼻区附近的、吸气阶段的峰值静压(Pa)。测试所有过滤元件,都应满足要求。

6.5.3 密合型面罩的 PAPR 在开机状态下的吸气阻力

将面罩戴在号型适合的试验头模上,使用充满电的电池和洁净的过滤元件,在满足 MMDF 状态下,调整呼吸机呼吸频率为 25 次/min,潮气量为 2.0 L,测试口鼻区附近的、吸气阶段的峰值静压(Pa)。测试所有过滤元件,都应满足要求。

6.5.4 密合型面罩的 PAPR 在开机状态下的呼气阻力

将面罩戴在号型适合的试验头模上,使用充满电的电池和洁净的过滤元件,在满足 MMDF 状态下,调整呼吸机呼吸频率为 25 次/min,潮气量为 2.0 L,测试口鼻区附近的、呼气阶段的峰值静压(Pa)。应测试面罩不同朝向位置的呼气阻力:水平向前看、垂直向上看、垂直向下看;然后使试验头模处于平躺状态,以试验头模原有的垂直轴为轴,分别向左、向右看。测试所有过滤元件,都应满足要求。以记录的最大测试值作为测试结果。

6.5.5 开放型面罩和送气头罩的 PAPR 的呼气阻力

将面罩或头罩戴在试验头模或假人上。使用充满电的电池和洁净的过滤元件,根据制造商提供的信息,使呼吸器运行,如果呼吸器有多个送风量设置,选择最高送风量。调整呼吸机呼吸频率为 25 次/min,潮气量为 2.0 L,测量试验头模抬头状态下(抬头看的动作)的呼吸阻力;测试口鼻区附近的、呼气阶段的静压(Pa)。测试所有过滤元件,都应满足要求。宜使用附录 E 提供的方法用于某些设计的送风头罩的测试。

6.6 视野

6.6.1 密合型面罩

按 GB 2890—2009 中 6.8 方法测试。

6.6.2 开放型面罩或送气头罩

按 6.19 方法进行。如果按 6.19 方法测试不合格,应使用视野仪测试,在满足 MMDF 的条件下,按 GB 2890—2009 中 6.8 的条件和方法,并采取措施,使被测面罩或头罩受到适当支撑,使之与实际佩戴方式相符,宜使用附录 E 提供的方法进行某些设计的送风头罩的测试,应使用表 10 进行综合评价和判定。

表 10 视野评价

满足 5.6.1 视野要求的最终评价	依据的测试方法及测试结果
合格	6.19 实用性能评价合格
	6.19 实用性能评价不合格,但视野仪测试合格
不合格	6.19 实用性能评价和视野仪测试都不合格

6.7 视窗机械强度

按照佩戴位置,将整套呼吸器安装在试验头模上,使呼吸器视窗面向垂直上方,风机送风量在满足 MMDF 的条件下,使钢球(直径 22 mm,质量约 44 g)从 130 cm 高度,以垂直于视窗中央表面的角度,自由落体坠落在视窗中央。记录任何形式的损坏。

6.8 泄漏率

6.8.1 样品要求

密合型面罩的呼气阀应经过 5.2.1e)所要求的处理,面罩或头罩的视窗应经过 6.7 和 6.15 测试。如果面罩或头罩有不同号型,每个号型的面罩或头罩应至少 1 个样品。

注:如果一款面罩设计有 3 个号型,则需提供 3 个面罩样品与 2 套风机配合用于测试。

在面罩或头罩的呼吸区安装采样管,采样管与测试仪器和面罩的连接应气密。采样管的布置应避免测试中因受试者运动而对面罩或头罩的佩戴位置产生影响。如果呼吸器面罩或头罩使用了硬质视窗,则视窗可对采样管提供支撑;如果视窗使用柔软的材料,则应使用适当的固定材料(如:头箍)来布置采样管,见图 5。

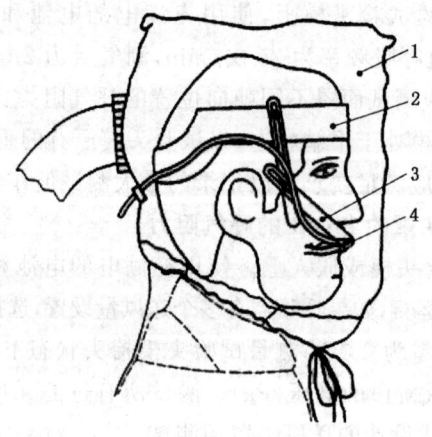

说明:
1——被测头罩样品;
2——头箍;
3——塑料材质的可调节的支撑臂;
4——采样管。

图 5 软材质头罩的采样管布置示意图

6.8.2 受试者要求

选择 10 名受试者,应包括男女受试者,测试密合型面罩类产品的男性受试者应刮净胡须。应按 GB/T 5703 的要求测量并记录受试者的形态面长和面宽数据。受试者应阅读被测呼吸器使用说明书,必要时应教会使用,并熟悉测试步骤和方法。

如果呼吸器面罩或头罩设计有不同号型,每个号型的面罩或头罩应提供一个样品,由受试者根据自己的脸、头型选择适合的面罩或头罩进行测试。每套呼吸器经过 5 个受试者测试。

一个受试者测试完后,应按照制造商提供的方法清洗、消毒呼吸器,并干燥,转交下一个人测试。

6.8.3 原理

测试的 PAPR 应使用 P100 过滤元件,如果 PAPR 设计无 P100 过滤元件,则需要制备测试用、阻力相当、过滤效率达到 P100 的过滤元件用于替代,并调节 PAPR 满足 MMDF 条件。受试者佩戴整套 PAPR,在含有已知浓度的测试试剂的空气环境下,在规定时间内从事指定动作,同时测试环境中的和呼吸器呼吸区内的试剂浓度,通过计算得出呼吸器的泄漏率。测试中,由被测样品过滤导致的试剂浓度降低,不应影响测试的准确性,应维持测试环境中试剂的浓度,使之在规定范围内。

6.8.4 测试装置和条件

应采用氯化钠或油性颗粒物进行测试,测试装置和条件应满足 GB 2626—2006 中 6.4.2 要求。

6.8.5 测试步骤

使用流量调节装置,调节安装在面罩上的采样管的采样流量,控制流量在 1 L/min～2 L/min 范围。

告知受试者,允许受试者在测试过程中调整头面罩,但该动作需重新测试;受试者在测试过程中不得知道测试结果。

将测试用颗粒物导入测试仓内,使测试仓内颗粒物浓度达到要求。

受试者在洁净空气区佩戴好被测呼吸器,对密合型面罩,进行关机状态下的面罩佩戴气密性检查,检查合格后,连接采样管至测试仪器,在测试仓外,测试受试者呼吸时面罩或头罩内的本底浓度,测定 5 个数据,取算数平均值作为本底浓度 c_a。

如果受试者无法取得与所佩戴面罩的密合,应停止测试。记录受试者脸型,替换该受试者,并在报告中注明。

令受试者进入测试仓内,并在避免颗粒物污染的情况下将采样管连接至颗粒物测试仪,并确保气密;待测试仓内测试介质浓度稳定后,顺序完成以下动作。

a) 头部静止不说话,2 min;
b) 左右转头(约 15 次/min,类似在巷道内检查左右两侧墙壁),2 min;
c) 上下抬头低头(约 15 次/min),2 min;
d) 大声说话,2 min;
e) 头部静止不说话,2 min。

在进行每个动作时,应同时测量测试仓和头面罩内呼吸区测试试剂的浓度;一般只测定该动作的最后 100 s 时间区段,避免测试动作的交叉区段。对每个动作,应测试 5 个数据,并计算算术平均值作为该动作的结果。

如果测试密合型面罩 PAPR 关机状态下的泄漏率,则在上述开机状态下测试结束后,立即将呼吸器关机,不摘面罩,重复测试动作 a)～e)。确保两台 PAPR 都经过关机状态下的测试。

测试完成后,由每个受试者评价 PAPR 开机状态下面罩内起雾情况。如果有其他评价,应记录。

6.8.6 测试结果的计算

采用 NaCl 颗粒物测试时,每个动作的泄漏率按式(3)计算:

$$IL_{动作}=\frac{(c-c_a)1.7}{c_0}\times100 \quad\quad\quad\quad\quad(3)$$

式中:

$IL_{动作}$ ——每个动作的泄漏率,%;
c ——做各动作时被测面罩内颗粒物浓度,单位为毫克每立方米(mg/m^3);
c_a ——被测面罩内颗粒物本底浓度,单位为毫克每立方米(mg/m^3);
c_0 ——做各动作时,测试仓内颗粒物浓度,单位为毫克每立方米(mg/m^3)。

采用油类颗粒物测试时,每个动作的泄漏率按式(4)计算:

$$IL_{动作}=\frac{c-c_a}{c_0}\times100 \quad\quad\quad\quad\quad(4)$$

式中:

$IL_{动作}$ ——每个动作的泄漏率,%;
c ——做各动作时被测面罩内颗粒物浓度,单位为毫克每立方米(mg/m^3);
c_a ——被测面罩内颗粒物本底浓度,单位为毫克每立方米(mg/m^3);
c_0 ——做各动作时,测试仓内颗粒物浓度,单位为毫克每立方米(mg/m^3)。

每个受试者的总体 IL 按式(5)计算:

$$IL_{个体}=\frac{1}{5}\sum IL_{动作} \quad\quad\quad\quad\quad(5)$$

式中:

$IL_{个体}$ ——受试者的总体 IL,%;
$IL_{动作}$ ——受试者每个动作的 IL,%。

6.9 呼吸导管抗压扁性

6.9.1 测试装置

测试装置见图 6。使用两个直径为 100 mm、厚 10 mm 的刚性材质的圆盘,其中一个固定,另一个能在垂直圆盘平面的方向上移动,并可以在其上施加负载,使两个圆盘之间所夹的样品承受总计 50 N 的力。

6.9.2 密合型面罩 PAPR 的测试方法

调整 PAPR 至满足 MMDF 条件,开启风机,按照 6.5.3 方法测试吸气阻力的峰值;将呼吸导管放在两个圆盘之间的中部,向呼吸导管施加 50 N 的压力(包括上面圆盘自重),再次按照 6.5.3 方法测试吸气阻力的峰值。

若同时有多根呼吸导管,应同时测试每根呼吸管,每根呼吸管应经受加载 50 N。

记录加载后吸气阻力的峰值和吸气阻力的变化值。

6.9.3 开放型面罩或送气头罩 PAPR 的测试方法

单位为毫米

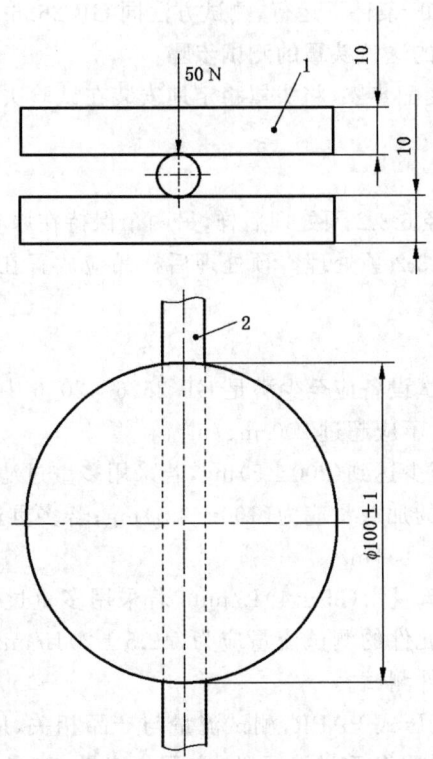

说明:
1——可移动圆盘;
2——呼吸导管。

图6 呼吸导管抗压扁测试装置示意图

调整 PAPR 至满足 MMDF 的条件,开启风机,按照 6.4.4 方法测试送风量,送风量应满足 MMDF;将呼吸导管放在两个圆盘之间的中部,向呼吸导管施加 50 N 的压力(包括上面圆盘自重),再一次按 6.4.4 方法测试送风量。

若同时有多根呼吸导管,应同时测试每根呼吸管,每根呼吸管应经受加载 50 N 的测试。

记录加载前后送风量及加载后送风量相对于 MMDF 的变化,用%表示。

6.10 死腔

6.10.1 样品数量

1个收到样,或每个号型(如果适用)1个收到样。

6.10.2 测试装置

同 GB 2626—2006 中 6.9.2。

6.10.3 测试条件

测试条件如下:
a) 呼吸机:呼吸频率为 25 次/min,潮气量 2.0 L;
b) PAPR 满足 MMDF 条件,其他条件等同于 GB 2626—2006 中 6.9.3。

6.10.4 测试方法

使PAPR在满足MMDF条件下运行,测试方法同GB 2626—2006中6.9.4。

6.10.5 对有颈部密封设计的送气头罩的测试步骤

应采用附录E提供的装配步骤,将头罩稳定地安装在试验头模上;测试方法同6.10.4。

6.11 过滤效率

6.11.1 样品数量和要求

4个样品,其中两个为经6.3.2预处理后样,另两个保持在原有包装或密封状态下,先经6.3.1条件预处理后,再经6.3.2预处理。预处理后样品应放置在气密容器中,并在10 h内测试。

6.11.2 测试设备和条件

用油性颗粒物测试,测试设备应至少满足GB 2626—2006中6.3.2.2要求,测试温度条件为(25 ± 5)℃,颗粒物浓度不应超过200 mg/m³。

过滤元件的加载量应至少达到(200 ± 5)mg,若采用多重过滤元件,应平分加载量,如对双过滤元件,每个过滤元件的加载量应为(100 ± 2.5)mg;若多重过滤元件有可能单独使用,应按单一过滤元件加载(200 ± 5)mg。

对负压式PAPR,测试流量为(85 ± 4)L/min,若采用多重过滤元件,应平分流量;如对双过滤元件设计,每个过滤元件的测试流量应为(42.5 ± 2)L/min;若多重过滤元件有可能单独使用,应按单一过滤元件测试。

对使用密合型面罩的正压式PAPR,测试流量与产品相关,应使用按6.14方法确定的有效气流峰值流量O_P;若采用多重过滤元件,应平分流量;若多重过滤元件有可能单独使用,应按单一过滤元件测试。

对使用开放型面罩和送气头罩的PAPR,测试流量应为按6.4.4方法测定的初始实际送风量;若采用多重过滤元件,应平分流量;若多重过滤元件有可能单独使用,应按单一过滤元件测试。

6.11.3 测试方法

首先将过滤效率测试系统调整到测试状态,并调整相关测试参数。

测试开始后,应记录初始的过滤效率,并应连续记录过滤元件在加载过程中的过滤效率。过滤元件的加载量应满足6.11.2的要求;在测试中,任何时候,当过滤效率低于该级别的限值,应停止测试;若颗粒物累计量虽已达到规定的加载量,但过滤效率正在下降,则应继续测试,一直持续到过滤效率下降停止为止,或持续到过滤效率低于该级别限值为止。

6.12 防护时间

6.12.1 样品数量和要求

4个样品,其中两个为经6.3.2预处理后样,另两个保持在原有包装或密封状态下,先经6.3.1条件预处理后,再经6.3.2预处理。预处理后样品应放置在气密容器中,并在10 h内测试。

6.12.2 测试装置

测试装置包括:

a) 计时器:分度值0.1 s,精度1级;
b) 温度计:0 ℃~50 ℃,精度为0.1 ℃;

c) 流量计:0 L/min～200 L/min,精度 1 级;
d) 测试介质浓度及透过浓度监测系统:应通过标定,精准度符合测试要求。

6.12.3 测试条件

测试条件如下:
a) 测试介质的规定测试浓度和透过浓度见表 4、表 5、表 6、表 7 和表 8,实际的测试浓度相对于规定测试浓度的容许变化范围为±10%,透过浓度容许变化范围为±20%;
b) 测试气流应水平通过过滤元件;
c) 测试温度:(25±3)℃;对于 CO 气体的测试,应符合表 8 的要求;
d) 测试空气相对湿度:(70±2)%,或指定条件;
e) 测试流量:
   1) 对使用密合型面罩的 PAPR,测试流量与产品相关,应使用按 6.14 方法确定的平均有效气流量 Q_A;若采用多重过滤元件,应平分流量;若多重过滤元件有可能单独使用,应按单一过滤元件测试;
   2) 对使用开放型面罩或送气头罩的 PAPR,测试流量应为 6.4.4 测试的初始实际送风量;若采用多重过滤元件,应平分流量;若多重过滤元件有可能单独使用,应按单一过滤元件测试;
   3) 若过滤元件设计可同时用于密合型面罩、开放型面罩或送气头罩,应使用 e)1)或 e)2)中较高的流量。

6.12.4 **SX 类型过滤元件防护时间的测试方法**

SX 型过滤元件的防护时间按以下步骤测试:
a) 吸附过程:测试条件与 6.12.3 的要求相同;
b) 解吸附过程:按照 a)规定的测试条件,先使过滤元件吸附测试介质气体或蒸气 10 min;之后将过滤元件密封,在(20±1)℃条件下储存(3±1)天;然后在(20±1)℃和相对湿度(70±2)%条件下,使清洁空气以 6.12.3 规定的测试流量通过过滤元件,为时 2 h,并应实时测试通过过滤元件的气体中测试介质的浓度,不应超过表 7 规定的透过浓度。

6.12.5 测试结果

每次测试中,测试介质的实际测试浓度只有在 6.12.3a)规定的容许变化范围之内,测试结果才有效。对于每组过滤元件的测试,测试结果应取最小值。对于含失效指示器的过滤元件,应在防护时间测试的同时评价失效指示器的性能,并在测试结果中报告。

应按式(6),把在实际测试浓度下所测得的防护时间,换算成规定测试浓度下的防护时间:

$$t=\frac{t_1 \times c_1}{c_0} \quad\quad\quad\quad\quad\quad\quad (6)$$

式中:
t ——规定测试浓度下过滤元件的防护时间,单位为分钟(min);
t_1 ——实际测试浓度下的防护时间,单位为分钟(min);
c_1 ——实际测试时混合气体中的测试介质浓度,单位为毫克每立方米(mg/m³);

c_0——表4、表5、表6、表7或表8中规定的测试浓度,单位为毫克每立方米(mg/m^3)。

6.13 多重过滤元件的阻力

若PAPR设计同时使用多重过滤元件,应测试送检的所有同一类型的过滤元件对气流的阻力,测试流量由MMDF除以PAPR使用的多重过滤元件的数量获得,根据由这个平均流量下测试的每个过滤元件的阻力,计算出平均阻力P和单个过滤元件之间阻力差的最大值ΔP_{max},判断ΔP_{max}是否符合式(2)的要求。

6.14 密合型面罩PAPR的有效气流量

6.14.1 原理

对使用密合型面罩的PAPR,当使用恒定流量分别测试过滤元件的过滤效率和防护时间时,需使用有效气流的流量。

有效气流的峰值流量Q_P,是当整套呼吸器佩戴在试验头模上,开启风机,使用呼吸机,在30 L/min的设置条件(20次/min,潮气量1.5 L/次)下,当呼吸机的吸气流量达到峰值时,叠加以PAPR风机所产生的气流,最终实际通过过滤元件的气流流量。

有效气流的平均流量Q_A,是当整套呼吸器佩戴在试验头模上,并开启风机,使用呼吸机,在30 L/min的设置条件(20次/min,潮气量1.5 L/次)下,实际通过过滤元件的气流流量的平均值。

根据过滤元件的气流阻力特性,可以用一个方程式表达Q和ΔP的关系,例如式(7),可计算得出Q_P和Q_A的数值。

$$Q = a \times (\Delta P)^b \quad \cdots\cdots\cdots\cdots(7)$$

式中:

Q ——气流量;

a和b ——常数;

ΔP ——过滤元件及其他部件的气流阻力。

a和b可按式(8)经过线性回归计算得出:

$$\lg Q = \lg a + b \times \lg(\Delta P) \quad \cdots\cdots\cdots\cdots(8)$$

6.14.2和6.14.3提供了有效气流量的典型测试方法。进行测试前需对过滤元件的阻力特性方程(7)进行标定,在测试过程中该阻力特性方程不应有改变。

对使用密合型面罩的PAPR,当测试过滤元件的过滤效率和防护时间时,需使用有效气流的流量。

6.14.2 测试装置

测试装置示意图见图7,主要由以下部件组成:

a) 呼吸机:呼吸频率范围为10次/min~40次/min,潮气量范围为1.0 L~3.0 L;
b) 压力传感器和记录设备:采样的灵敏度不宜低于10次/s;
c) 标准试验头模;
d) 流量计:量程为20 L/min~200 L/min;
e) 抽气泵:抽气量至少为200 L/min;
f) 阀、管路和连接管。

宜使用计算机数据采集和分析系统,以便获得实时数值,并计算ΔP。

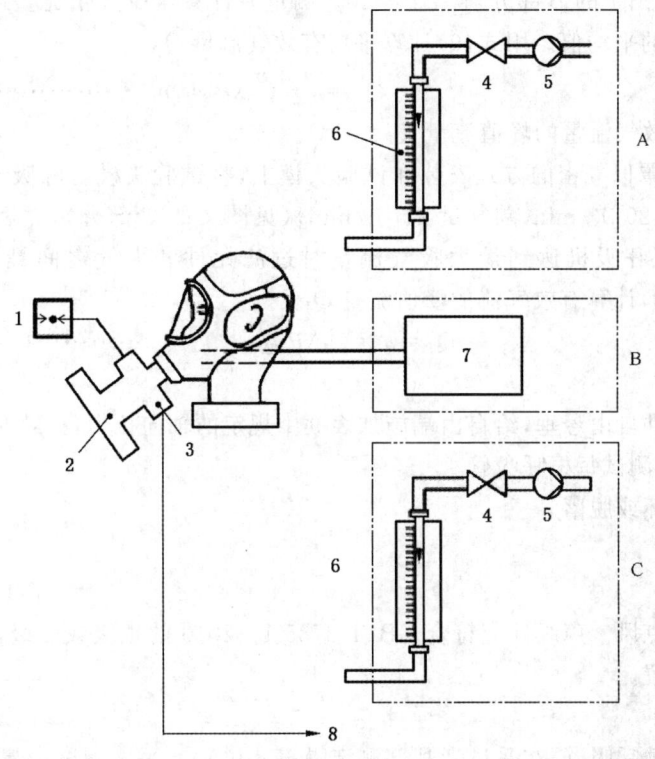

说明:
1——压力传感器;
2——过滤元件;
3——送风机;
4——阀;
5——抽气泵;
6——流量计;
7——呼吸机;
8——送风机的电源。

图 7 有效气流量测试系统示意图

6.14.3 测试方法

在以下测试过程中,PAPR 所使用的过滤元件应保持不变。具体测试步骤如下:

a) 获得常数 a 和 b:将呼吸器面罩以气密的方式安装在试验头模上,将试验头模与抽气泵连接(见图 7 的 A 部分),在抽气量从 0 L/min~180 L/min 的变化范围内,等待整个系统平衡后,测试过滤元件的阻力 ΔP(典型的测试气流量如:20 L/min、30 L/min、50 L/min、70 L/min、95 L/min、150 L/min 和 180 L/min)。根据获得的 ΔP 和对应的气流量 Q,按照式(8)计算 a 和 b 值;

b) 获得平均有效气流量 Q_A:将呼吸器面罩以气密的方式安装在试验头模上,将试验头模与呼吸机连接,将呼吸机设置在 30 L/min(20 次/min,潮气量 1.5 L/min)(见图 7 的 B 部分),然后开启受试呼吸器和呼吸机,等待整个系统平衡后,记录过滤元件和大气之间静压差 ΔP_S 的变化。考虑到 ΔP_S 仅与通过过滤元件的气流量相

关,对应图 7 的 B 部分,且 $\Delta P_S \leqslant 0$。测量并计算至少 3 个完整呼吸循环时间内 $|\Delta P_S|^b$ 的平均值。用式(9)计算平均有效气流量 Q_A:

$$Q_A = a \times (\overline{|\Delta P_S|^b}) \quad\quad\quad\quad\quad (9)$$

c) 获得有效气流量的峰值流量 Q_P:

将 PAPR 面罩以气密的方式安装在试验头模上,将试验头模与呼吸机连接,将呼吸机设置在 30 L/min(20 次/min,潮气量 1.5 L/min)(见图 7 的 C 部分),然后开启受试 PAPR 和呼吸机,记录当呼吸机达到最大吸气流量时过滤元件和大气之间最大的瞬时压力降 ΔP_{PEAK}。用式(10)计算有效气流的峰值流量 Q_P。

$$Q_P = a \times (|\Delta P_{PEAK}|^b) \quad\quad\quad\quad\quad (10)$$

6.15 抗拉强度

使呼吸器部件自由悬垂,给自由端施加表 9 中规定的轴向拉力,持续时间 10 s。对多根呼吸管设计,分别测试每根呼吸管。

记录任何损坏或脱落。

6.16 噪声

6.16.1 测试设备

声级计和麦克风。声级计应符合 GB/T 3785.1—2010 的 1 级或 2 级,麦克风应能固定在受试者耳部位置。

6.16.2 测试步骤

由受试者佩戴呼吸器,在受试者耳部测定噪声 dB(A)水平。测试步骤如下:

a) 选择 3 个受试者,考虑性别和体型差异;
b) 使用前,根据制造商的说明,对声级计进行标定;
c) 被测样品应使用充满电的电池,从该 PAPR 设计的过滤元件组件类别中选择一类用于测试;
d) 如果适用,选择送风机的最高送风量设置;
e) 将麦克风固定于受试者双耳,位置是外耳中部耳屏点的高度。耳屏点位置由 GB/T 2428 定义;
f) 使受试者佩戴上整套 PAPR;
g) 开启送风装置,将声级计调至"A"档,选择慢档,然后顺序测量每只耳朵位置的 30 s 期间的等效连续声压级 L_{eq};
h) 关闭送风装置,查看测试环境的背景噪声,确认其声压级比呼吸器噪声的测量值至少低 10 dB(A);如果不符合此要求,需调整背景噪声以满足此要求;
i) 逐一将该 PAPR 设计的所有其他类过滤元件安装在呼吸器上,重复测试;
j) 取每个受试者双耳测量值的最大值。

6.17 可燃性

6.17.1 样品数量

1 个收到样,或每个号型(如果适用)1 个收到样。

6.17.2 测试装置和条件

测试设备示意图见图 8。燃烧器的火焰可调,使火焰高度为(40±4)mm,距离燃烧器顶端(20±2)mm 的火焰温度为(800±50)℃,该高度点即被测样品与火焰接触的受试点。使用直径约 1.5 mm 的热电偶测量火焰温度。

呼吸器面罩或头罩佩戴在一个金属的试验头模上,试验头模面朝下方;呼吸器其他部件需固定在金属支架上。试验头模和金属支架可作水平运动或圆周运动,使被测样品从燃烧器火焰的正上方通过并与火焰接触,受试点相对于火焰的位移速度为(60±6)mm/s。被测样品支架高度应可调,使被测样品的受试点与燃烧器顶端垂直距离为(20±2)mm。

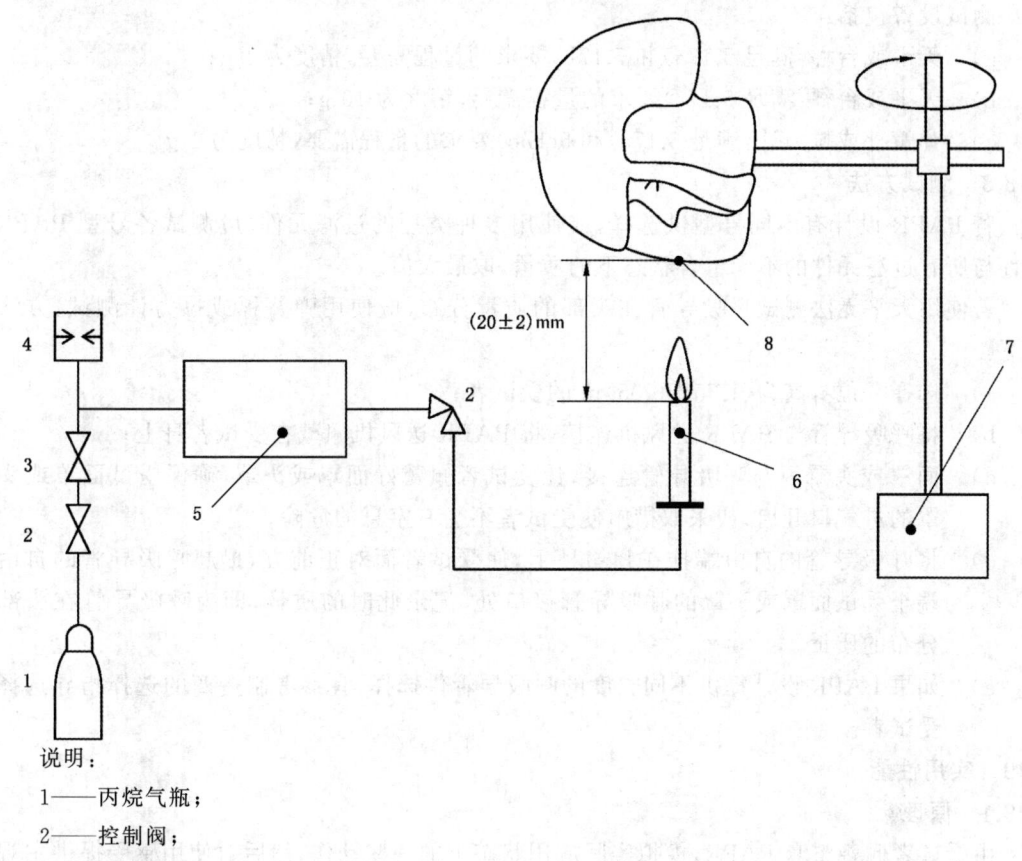

说明:
1——丙烷气瓶;
2——控制阀;
3——减压阀;
4——压力表;
5——火焰止回装置;
6——燃烧器;
7——旋转电机和速度控制器;
8——样品受试点。

图 8 可燃性检测装置示意图

6.17.3 测试方法

将被测呼吸器头罩或面罩佩戴在金属试验头模上,或将其他被测部件固定在金属支架上,使燃烧器顶端与被测样品受试点间的垂直距离为(20±2)mm,然后使试验头模或支架位于燃烧器燃烧区外。

点燃燃烧器后,调节火焰,使火焰高度和受试点火焰温度满足 6.17.2 的要求。

启动金属试验头模或支架运动控制装置,使被测样品经过燃烧区。记录通过火焰上方时被测样品材料的燃烧情况。应检测呼吸器所有裸露表面,应使每个部件都通过1次火焰。

6.18 质量

6.18.1 样品数量

2套样品,为收到样。如果有不同号型,每个号型至少1个样品。

6.18.2 测试设备

测试设备包括:
a) 天平或台秤:满足5.17a)和5.17b)要求的量程需要,精度为1 g;
b) 天平或台秤:满足5.17c)要求的量程需要,精度为10 g;
c) 弹簧秤或拉力计:满足5.17a)和5.17b)要求的量程需要,精度为1 g。

6.18.3 测试方法

若PAPR设计有不同号型供选择,或使用多种类型的过滤元件,应测试各号型PAPR配置与所有过滤元件的不同组合状态下的质量,取最大值。

若使用天平无法测试呼吸导管在头部的质量分布,应使用弹簧秤或拉力计测试,方法如下:

a) 选择一位身高为(1.75±0.05)m的受试者;
b) 将呼吸导管与PAPR送风机连接,将PAPR送风机佩戴在受试者身上;
c) 面罩或头罩不与呼吸导管连接,让受试者佩戴好面罩或头罩,确保受试面罩或头罩的进气口开启,或采取措施使受试者不会有窒息的危险;
d) 将呼吸导管的自由端挂在弹簧秤上,使受试者面对正前方,提起呼吸导管的自由端至受试面罩或头罩的呼吸导管接口处,记录此时的质量,即为呼吸导管在头部分布的质量;
e) 如果PAPR设计提供不同长度的呼吸导管供选择,宜参考制造商的选择指导选择受试者。

6.19 实用性能

6.19.1 原理

由受试者佩戴整套PAPR,模拟实际应用状态下的一些动作,然后对使用感受提供主观评价。

6.19.2 样品数量及要求

测试两套PAPR,每个受试者测试一套PAPR,每套PAPR均配有充满电的电池和从原包装中取出的过滤元件,如果PAPR设计使用不同类别的过滤元件,应选择质量和(或)体积最大的过滤元件的组配用于测试。在进行实用性能测试之前,PAPR应先经过所有实验室测试(除6.17可燃性)。

6.19.3 受试者要求

应满足GB/T 23465—2009中4.2的要求。应选用两名受试者。

6.19.4 测试条件

在温度为16 ℃~32 ℃和相对湿度为30%~80%的环境中进行测试,环境噪声应不高于80 dB(A),并应记录实际的测试条件。

6.19.5 测试方法

测试步骤按GB/T 23465—2009中5.5进行。每个受试者应按照制造商提供的使用说明使用呼吸器,并按 GB/T 23465—2009 中表 2 对 PAPR 产品的要求,在规定时间内完成规定的动作。

6.19.6 测试报告

每个受试者应按 GB/T 23465—2009 中第 6 章和 GB/T 23465—2009 中表 3 的要求,并根据本标准 5.18 的要求,提供主观评价。

测试报告应符合 GB/T 23465—2009 中第 7 章的要求。

7 标识

7.1 标识内容

7.1.1 PAPR 应标识制造商名称或注册商标、产地、产品型号及号型、生产日期、认证标志或批准文件的编号。

7.1.2 所有的适用的呼吸器类别和过滤元件类别,都应在 7.2 规定的位置标识。

7.1.3 PAPR 的类别应按表 1 标识,同时标识本标准号。

示例 1:配半面罩的负压式 PAPR 标识:GB 30864—2014 NHF。

示例 2:配半面罩和全面罩的正压式 PAPR 标识:GB 30864—2014 PHF/PFF。

示例 3:配全面罩、开放型面罩和送气头罩的正压式 PAPR 标识:GB 30864—2014 PFF/PLF/PLH。

7.1.4 所有过滤元件应按表 2 标识(含标记和标色),同时标识本标准号。

示例 1:过滤效率为 95.00% 的防颗粒物过滤元件标识:GB 30864—2014 P95。

示例 2:防护容量为 1 级的同时防护有机蒸气、无机气体、酸性气体的过滤元件标识:GB 30864—2014 A1B1E1。

示例 3:对有机蒸气防护容量为 2 级的、对某些碱性气体防护容量为 1 级的、同时防护一氧化碳气体和过滤效率为 99.97% 的综合防护过滤元件标识:GB 30864—2014 A2K1COP100(CO 一次性使用)。

示例 4:对防护一氧化碳气体过滤元件标识:GB 30864—2014 CO(CO 一次性使用)。

示例 5:防护特殊气体(磷化氢)的过滤元件标识:GB 30864—2014 SX(磷化氢)。

7.1.5 对于声称具有本质安全的 PAPR,本质安全的标识内容应遵照 GB 3836.1—2010 和 GB 12476.4—2010 的有关要求。

7.1.6 对于声称具有其他附加的防护性能的标识(如抗高速粒子冲击或抗非电离辐射性能,或安全帽性能等)应遵照适用标准的有关要求。

7.2 标识位置

在 PAPR 送风机上应有 PAPR 类别标识,应选择不易被污染的位置标识;在开放型面罩和送气头罩内应有标签,标识 PAPR 类别。过滤元件类别的标识(含标记和标色)应标在过滤元件本体上。本质安全的标识应在送风机和设计可拆卸的电池上。

附 录 A
(规范性附录)
焊接防护用呼吸器面罩或头罩电绝缘性和抗热穿透性测试方法

A.1 电绝缘性

A.1.1 原理

焊接面罩或头罩置于金属盘上,其外表面用湿布覆盖。在金属盘和面罩内施加一电位,测试漏电电流。

A.1.2 样品数量和要求

一个收到样,样品为呼吸器头罩或面罩整体。被测样品在(23±5)℃、相对湿度小于70%的条件下应放置至少2 h。

A.1.3 测试设备

测试设备包括：

a) 电极,2个；

b) 电压表:0 V~500 V,精度±1%；

c) 毫安表:精度0.1 mA；

d) 金属盘:用于放置样品。

A.1.4 测试条件

测试条件中温度为(23±5)℃,相对湿度小于70%。

A.1.5 测试方法

将配有焊接镜片的焊接面罩或头罩放置在金属盘上,使湿布和金属盘之间取得尽可能好的接触。

将一电极与金属盘相连接,另一电极作为测试探头,将电流表串联在两个电极之间。在电极之间施加(440±10)V、频率为(50±5)Hz 的交流电,在面罩内部用测试探头测定至少10个不同的位置,包括焊接镜片的安装槽的任何位置,尤其应测试使用的金属部件,测量漏电电流。

A.2 抗热穿透性

A.2.1 样品数量和要求

一个收到样,样品为呼吸器头罩或面罩整体。

A.2.2 测试设备

测试设备包括：

a) 钢棒:直径6 mm,长(300±3)mm,末端为平面,并与长轴垂直；

b) 热源；

c) 热电偶和温度显示装置:能够测试的温度范围包含600 ℃~700 ℃,精度1%；

d) 计时器:精度0.1 s。

A.2.3 测试条件

测试环境温度应为(23±5)℃。

A.2.4 测试方法

将钢棒末端至少50 mm长度区域加热至(650±20)℃,用热电偶在距离加热末端(20±1)mm处测试温度,然后使钢棒与样品表面垂直,将钢棒加热端与被测样品外表面接触,接触压力仅为钢棒的自身重量,接触持续时间(5.0±0.5)s,然后移除钢棒。测试点除塑料材质的头箍和织物材质的边缘外,应包括面罩所有部位。

测试后按6.2进行表观检查。

附 录 B
（资料性附录）
警示装置的应用

B.1 警示装置与警示方法的类型

具备某些警示功能的 PAPR，可以向佩戴者提供警示信息，显示 PAPR 已经，或即将无法达到制造商设计的最低使用条件，以便佩戴者及时采取措施。典型的警示信息如低电量和低的送风量等。

PAPR 提供警示的方法会不同，典型的方法有发不同颜色的光、闪光、发声或者震动等，以便佩戴者能够感知。理想的警示装置，警示信息应该易于被感知，而不需要佩戴者停下手中的工作刻意去关注，这样才能起到警示的作用，确保佩戴者的安全。但是，警示信息的送达和接受会受到周围环境的影响（如噪声和光线条件），也会受到佩戴者作业状态的影响（如自身运动），PAPR 佩戴者只有能有意识地去关注警示装置，才能确保及时获得警示信息。

B.2 带警示装置 PAPR 的选择与使用

带有警示装置的 PAPR 成本相对较高，但能有效提高 PAPR 的使用安全性。当选用开放型面罩、送气头罩的 PAPR 产品或防毒的 PAPR 产品，或准备用于污染物浓度较高的环境（低于 IDLH 浓度，非 IDLH 环境），宜首选具备警示功能的产品。

B.3 警示功能的局限性

通常情况下，PAPR 警示功能具有一定的局限性，不能解决 PAPR 安全使用过程中的全部问题。依照 PAPR 设计的不同，低电量和（或）低的送风量的警示，往往可以提示防颗粒物过滤元件失效（阻力升高导致的电池寿命缩短，或阻力过高导致的送风量下降），提示更换防颗粒物过滤元件（结合具体的产品使用说明），这些警示功能对防毒过滤元件的更换没有提示作用，而这正是安全使用过滤式呼吸器的一个主要问题。受技术的限制，防毒过滤元件的失效指示器（见 3.13），目前仍然没有成熟的技术，绝大多数过滤元件仍不具备该功能；即便将来技术的发展，PAPR 所用的过滤元件有失效指示器，但其适用的有毒有害物质的种类也是十分有限。

附 录 C
（资料性附录）
关于 PAPR 在消防中应用的说明

C.1 对消防应用的限制

符合本标准的 PAPR 产品不适合以下消防作业环境的使用：
 a) 各类 IDLH 环境，这包括：
  1) 缺氧环境，或可能缺氧的环境；
  2) 污染物种类未知的环境；

3) 污染物浓度未知的环境；

4) 污染物浓度超过 IDLH 浓度的环境。

注：IDLH 浓度见 GB/T 18664—2002 中附录 B。

b) 燃烧或爆炸的环境。

C.2 判断 PAPR 适用性时需要考虑的因素

对预期的作业条件和防护需求的评估，是选择适合消防应用的呼吸器的基础。除 C.1 所列举的对 PAPR 在消防应用的限制外，还应遵守 GB/T 18664—2002 中表 3、4.3 和 4.4 中对选择呼吸器的要求。

有些因素会影响 PAPR 的选用，应考虑 PAPR 的具体设计和(或)功能特点。下面对一些典型的影响因素进行讨论。

C.2.1 气态空气污染物的种类

受到科学技术的限制，没有一种过滤式呼吸器能对所有气态的空气污染物都有效。PAPR 使用者应咨询制造商，核实其适用性。如果对适用性不确定，或对防护效果(包括防护性能和防护时间)有怀疑，不应选用过滤式呼吸器。

C.2.2 作业强度

本标准对正压式 PAPR 的测试条件是基于中等劳动强度条件下中国人的平均通气量，满足本标准的 PFF PAPR 的 MMDF 将不低于 95 L/min。通常，随着作业强度的增加，呼吸器使用者的呼吸量会提高，如果是这种情况，在使用正压式 PAPR 的过程中，呼吸器面罩内在吸气阶段也会出现短时负压的状态。

PFF PAPR 的 MMDF 设计水平可能会高于本标准设定的最低要求，而另有一些产品具备送风量的调节功能，使用者可以自行选择高于 MMDF 的送风量，以适应高强度作业的需求。对于这种情况，使用者应注意，制造商设计持续使用时间是以 MMDF 为基准的，选择高送风量通常会降低电池的持续使用时间，继而影响持续作业时间(见 C.2.3)。

C.2.3 持续作业时间

消防用 PAPR 使用电池供电，使用时间有限，PAPR 的制造商设计持续使用时间是选择 PAPR 的一个重要考虑因素。制造商设计持续使用时间应满足消防持续作业时间的需求，并应适当留有余地，应对可能出现的、高浓度的颗粒状污染物的情况，由于随颗粒物的累积，防颗粒物过滤元件对空气的阻力会增加，这可能会降低电池的使用时间，比制造商设计持续使用时间短，因为在依据本标准对产品制造商设计持续使用时间进行验证测试时，所使用的是新的过滤元件。为应对长时间使用的可能，建议准备备用电池，或选择制造商设计持续使用时间较长的产品，并选择具备适当报警功能的 PAPR，对使用者提供低电量或低送风量的警示。

C.2.4 防毒过滤元件的失效和更换

在使用中，防毒过滤元件对空气的阻力通常不会有明显的变化，而防护时间会受空气中气态污染物种类和浓度的变化而发生明显的改变，有时会受到湿度的影响，如防有机蒸气的过滤元件的防护时间可能会因为湿度的升高(如湿度大于 60%)而使防护能力下降；有时还会受到温度的影响，如 CO 过滤元件可能会因为温度的降低(如温度低于 0 ℃)而使防护能力下降。空气污染物有不同的警示性，包括嗅觉的、味觉的或刺激性等，但仍可能有许多其他的情况,过滤式呼吸器的使用者无法判断防毒过滤元件是否失效。GB/T 18664—2002 中附录C对气态污染物的警示性,及依靠对这些警示性的感觉来判断过滤元件是否失效等问题进行了讨论。PAPR使用者应理解,完全依靠对污染物的感观判断过滤元件的更换时间是不安全的,在实际使用过程中存在重大安全隐患。

如果可能,应尽量选择具有防毒过滤元件失效指示器的产品;当受到各种限制无法获得这样的产品时,为安全起见,应根据最佳的预测,以需要防护的有毒、有害气体和(或)蒸气的种类和浓度等因素为基础,建立防毒过滤元件的更换时间表,按时更换。此外,对使用过的防毒过滤元件,建议不宜重复使用。

C.2.5 电池和电池充电

PAPR可使用充电电池或非充电电池作为动力,使用者应注意电池的有效期限,并了解存放期间电池容量会发生变化,采取措施,对电池进行管理。

充电电池在存放期间会自动放电,放电率还会随储存温度的升高而提高,使电池容量进一步下降。电池充电的时间长短各异,虽然有一些快速充电的功能设计,但通常也需要数小时的时间才能完成充电;有些产品的设计,允许将充电电池与充电器长时间连接(如数日、数周或更长的时间),以便维持电量,这样可以降低存放期间对电池的管理需求。应阅读产品使用说明,了解相关信息,对电池进行相应的管理,保证作业中能随时使用。

C.2.6 其他

基于消防作业对PAPR的某些特殊要求,如防水设计、能够洗消等,或需要PAPR能够耐受产品说明书中提供的使用条件以外的、特定的温度和/或湿度环境,使用者应向制造商咨询,核实产品的适用性及具体使用方法。

附 录 D
(资料性附录)
测试样品要求汇总

本标准各测试方法中对样品的要求汇总见表D.1。

表D.1 测试方法对样品要求的汇总

技术要求条款号	内容	样品数量[a]	样品预处理条件[a]	测试方法条款号
5.1	材料和结构	2	收到样1个,温湿度预处理后样1个	6.2,6.19
5.2.1a)b)	密合型面罩的呼气阀	2	收到样1个,温湿度预处理后样1个	6.2
5.2.1e)	密合型面罩的呼气阀	2	收到样1个,温湿度预处理后样1个	6.8
5.2.1c)	密合型面罩呼气阀的保护装置	3	收到样	GB 2626—2006中6.8

表 D.1（续）

技术要求 条款号	内容	样品数量[a]	样品预处理条件[a]	测试方法 条款号
5.2.1f)	密合型面罩的呼气阀气密性	4	收到样 2 个，温湿度预处理样 2 个	GB 2890—2009 中 6.5
5.2.2	头带强度	2	收到样 1 个，温湿度预处理样 1 个	GB 2890—2009 中 6.13
5.2.3a)	负压式 PAPR 用密合型面罩	—	—	GB 2626—2006
5.2.3b)	负压式 PAPR 用密合型面罩	2	收到样	6.2
5.3.1	开放型面罩和送气头罩一般要求	2	收到样 1 个，温湿度预处理后样 1 个	6.2，6.19
5.4	MMDF 和持续使用时间	2	收到样 1 个，温湿度预处理后样 1 个	6.4
5.4	PAPR 对送风和调节的设计	2	收到样 1 个，温湿度预处理后样 1 个	6.2，6.19
5.5	呼吸阻力	2	收到样 1 个，温湿度预处理后样 1 个	6.5
5.6.1	密合型面罩的视野	至少 1 个，需所有号型	收到样	GB 2890—2009 中 6.8
5.6.1	开放型面罩和送气头罩视野	至少 2 个，需所有号型	收到样 1 个，温湿度预处理后样 1 个	6.19 GB 2890—2009 中 6.8
5.6.2	视窗机械强度	2	收到样 1 个，温湿度预处理后样 1 个	6.7
5.7	泄漏率	至少 2 个，需所有号型	收到样 1 个，温湿度预处理后样 1 个。密合型面罩呼气阀经持续气流预处理；视窗经过机械强度测试；样品按制造商提供信息做清洗和/或消毒	6.8
5.8.2	呼吸导管抗压扁	2	收到样 1 个，温湿度预处理后样 1 个	6.9，6.19
5.9	死腔	至少 1 个，需所有号型	收到样	6.10

表 D.1（续）

技术要求条款号	内容	样品数量[a]	样品预处理条件[a]	测试方法条款号
5.10.1	过滤元件基本要求	所有样品	收到样和/或机械强度预处理样	6.2
5.10.2	过滤元件过滤效率	4	机械强度预处理样两个，另两个在密封状态下，先经温湿度预处理，再经机械强度预处理	6.11
5.10.3	过滤元件防护时间	4	机械强度预处理样两个，另两个在密封状态下，先经温湿度预处理，再经机械强度预处理	6.12
5.10.4	多重过滤元件的阻力	所有样品	收到样和预处理后样	6.13
5.11	连接部件的强度	2	收到样1个，温湿度预处理后样1个	6.15
5.12	噪声	2	收到样1个，温湿度预处理后样1个	6.16
5.14	检查装置	2	收到样1个，温湿度预处理后样1个	6.2,6.4
5.16	电气部分	2	收到样1个，温湿度预处理后样1个	6.2,6.19
5.17	质量	2	收到样	6.18
5.18	实用性能，同时包括了5.1、5.3.1、5.4.5、5.4.6、5.8.1、5.15、5.16a)和e)的相关要求	2	收到样1个，温湿度预处理后样1个。样品先经过所有其他测试	6.19
5.20	制造商提供的信息	所有样品	收到样	6.2
7	标识	所有样品	收到样和预处理后样	6.2
注：此表只对前言规定的强制性技术要求的测试方法进行了汇总。				
[a] 绝大多数样品会多次使用。				

附 录 E
（规范性附录）
使用和不使用头部固定装置的有颈部密封设计的送气头罩的装配方法

E.1 适用范围

本测试方法用于送气头罩 PAPR 的死腔测试；如果需要，本步骤也适用于该类头罩的其他测试方法，例如呼吸阻力的测试。

E.2 原则

将呼吸器的送气头罩装配在试验头模上，或根据需要装配在适合的人体模型上，使测试装置与呼吸机连接。受送气头罩的固定方法的影响，在测试中，送气头罩的佩戴位置有可能变化。保持佩戴位置的稳定，是获得合理的测试结果的前提条件。

E.3 装置

在人体模型头的部位，装配 1 个项圈，该项圈与试验头模的颈部密封，上面有允许空气从送气头罩中导出的通孔，这些通孔的分布能保证气流分布均匀，借助 1 个可以滑动的环，来调节从通孔中流出的气流量，以便控制送气头罩内的气体压力（见图 E.1）。通过调节送气头罩在试验头模上的不同装配位置，来确定测试结果是否合适。利用一根有弹性的线绳（见图 E.2）实现对头罩位置的控制。如果送气头罩设计有用于头部固定的装置，应采用正常的佩戴位置。

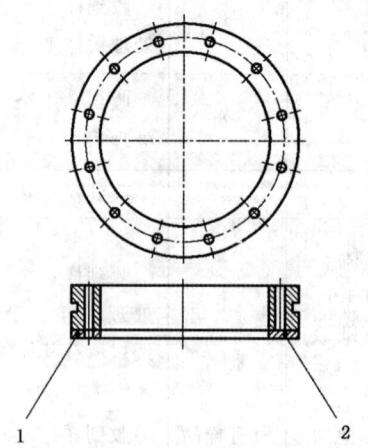

说明：
1——显示下方调节环使通气孔处于开放状态；
2——显示下方调节环使通气孔处于闭合状态。

图 E.1 可调流量的项圈

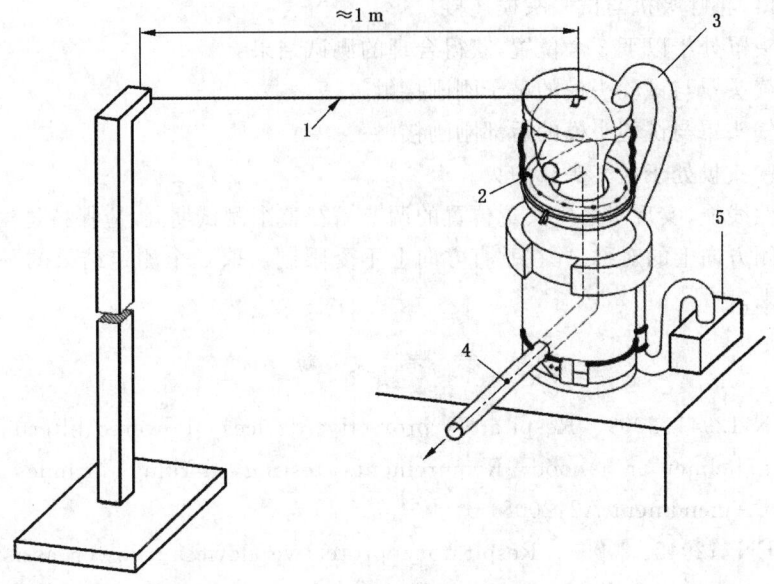

说明:
1——弹性线绳(允许送气头罩在垂直方向不受限制地移动);
2——可调项圈(见图 E.1);
3——呼吸器导气管;
4——和呼吸机连接的中心导管;
5——送风机。

图 E.2　使用头部固定装置测试方法示意图

E.4　无头部固定装置头罩内压力的测试方法

应至少选择 3 名受试者,由他们分别佩戴送气头罩,按照制造商提供的信息,将送气头罩与受试者颈部密封。应在受试者屏住呼吸的状态下,并在呼吸器刚开机状态下(即达到初始气流量),记录送气头罩内的压力。

应对各受试者的测试结果取平均,获得送气头罩内压力的平均值,并记录结果。

E.5　有头部固定装置的测试方法

将送气头罩装配在试验头模上,在项圈外收紧颈部密封拉带(如果有),如果使用弹性的颈箍,将颈箍套在项圈外面。

在 1 个支架上固定一根有弹性的线绳,线绳长度以 1 m 为宜。将线绳另一端固定在送气头罩顶部(见图 E.2)。利用线绳的弹性,既能控制送气头罩在水平方向上的位移,又对送气头罩在垂直方向的移动产生尽可能少的影响。通过调节支架高度,使送气头罩顶部在垂直方向上,在可移动的范围内,不受线绳的限制。

使气流进入送气头罩,流量达到初始气流量。关闭项圈上的通孔,并将试验头模口部的通气口密封。缓缓开启项圈上的通气孔,使送气头罩内压力达到 E.4 部分所记录的平均头罩内压力,并保持项圈通气孔通气状态不变。

通过呼吸导管,向送气头罩内导入送气气流,将气流量调节至 MMDF。打开试验头模口部位通气口,将呼吸机与试验头模连接。

使送气头罩处于以下 3 个位置,获得合理的测试结果:

a) 送气头罩与试验头模的鼻子刚刚接触;
b) 送气头罩与试验头模的后部刚刚接触;
c) 试验头模处于送气头罩中央。

通过弹性线绳,实现对送气头罩位置的调节。在整个测试期间,应保持送气头罩相对于试验头模两侧方向上的对称,并在垂直方向上不受限制。取 3 个测定结果的平均值作为合理的测试结果。

参 考 文 献

[1] EN 12941:2009 Respiratory protective devices—Powered filtering devices incorporating a helmet or a hood—Requirements, testing, marking(includes Amendment A1:2003 and Amendment A2:2008)

[2] EN 12942:2009 Respiratory protective devices—Power assisted filtering devices incorporating full face masks, half masks or quarter masks—Requirements, testing, marking (includes Amendment A1:2002 and Amendment A2:2008)

[3] ISO/TS 16976-1:2007 Respiratory protective devices—Human factors—Part 1:Metabolic rates and respiratory flow rates

[4] ISO 16972:2010 Respiratory protective devices—Terms, definitions, graphical symbols and units of measurement

[5] NIOSH Proposed Concept:Powered air-purifying respirator (PAPR) standard Subpart P, Dec 21, 2007

[6] JIS 8157:2009 電動フアン付き呼吸用保護具

[7] EN 175:1997 Personal protection—Equipment for eye and face protection during welding and allied processes

[8] EN 403:2004 Filtering devices with hood for escape from fire

[9] DIN 58620:2007 Respiratory protective devices—Gas filter(s) and combined filter(s) for protection against carbon monoxide—Requirements, testing, marking

[10] NFPA 1984:2011 Standard on respirators for wildland fire-fighting operations

呼吸防护 自吸过滤式防毒面具
（GB 2890—2009）

前　言

本标准的 5.1.2、5.1.5、5.1.6、5.1.8、5.1.9、5.1.11、5.1.12、5.2.3、5.2.4、5.2.5、5.2.6、5.2.7、5.2.8、第 9 章为强制性条款，其余为推荐性的条款。

本标准代替 GB 2890—1995《过滤式防毒面具通用技术条件》、GB/T 2891—1995《过滤式防毒面具面罩性能试验方法》、GB/T 2892—1995《过滤式防毒面具滤毒罐性能试验方法》。

本标准与 GB 2890—1995、GB/T 2891—1995、GB/T 2892—1995 相比主要变化如下：
——增加面罩的预处理；
——增加面罩阻燃性的要求及测试方法；
——增加面罩头带强度指标的要求及测试方法；
——增加面罩与过滤件间结合强度的要求及测试方法；
——增加面罩导气管气密性测试方法；
——增加过滤件的预处理；
——增加特殊性能的过滤件测试介质透过浓度的计算公式；
——增加特殊过滤件防护时间的分析方法；
——修改全面罩、半面罩、过滤件的定义；
——修改面罩、过滤件的分类；
——修改面罩连接部件的要求；
——修改面罩泄漏率的要求及测试方法；
——修改面罩死腔的要求及测试方法；
——修改部分过滤件的标色；
——修改过滤件的防护时间要求；
——修改过滤件通气阻力要求及测试方法；
——修改过滤件强度的要求及测试方法；
——删除过滤件装填牢固度的要求及测试方法；
——删除头罩式全面罩罩体材料的要求；
——删除面罩装配气密性的要求及测试方法；
——删除呼气阀耐老化性的要求及测试方法。

本标准的附录 A、附录 B 和附录 C 为资料性附录。

本标准由国家安全生产监督管理总局提出。

本标准由全国个体防护装备标准化委员会(SAC/TC 112)归口。

本标准负责起草单位：北京市劳动保护科学研究所。

本标准参加起草单位：防化研究院、梅思安(中国)安全设备有限公司、山西新华防护器材有限责任公司、3M中国有限公司。

本标准主要起草人:杨文芬、刘江歌、丁松涛、周芸芸、姚海峰、赵大力、姚红、陈倬为。

本标准所代替标准的历次版本发布情况为:
——GB 2890—1982、GB 2890—1995；
——GB 2891—1982、GB/T 2891—1995；
——GB 2892—1982、GB/T 2892—1995。

1 范围

本标准规定了自吸过滤式防毒面具的分类及标记、技术要求、面罩测试方法、过滤件测试方法、检验规则及标识。

本标准适用于基于自吸过滤原理的防毒面具。

本标准不适用于缺氧环境、水下作业、逃生和消防热区用呼吸防护用品。

2 规范性引用文件

下列文件中的条款通过本标准的引用而成为本标准的条款。凡是注日期的引用文件，其随后所有的修改单(不包括勘误的内容)或修订版均不适用于本标准，然而，鼓励根据本标准达成协议的各方研究是否可使用这些文件的最新版本。凡是不注日期的引用文件，其最新版本适用于本标准。

GB/T 2428—1998 成年人头面部尺寸

GB 2626—2006 呼吸防护用品 自吸过滤式防颗粒物呼吸器

GB/T 5703—1999 用于技术设计的人体测量基础项目

GB/T 10586—2006 湿热试验箱技术条件

GB/T 10589—2008 低温试验箱技术条件

GB/T 11158—2008 高温试验箱技术条件

GB/T 12903—2008 个体防护装备术语

GB 14866—2006 个人用眼护具技术要求

3 术语

GB/T 12903—2008 确立的以及下列术语和定义适用于本标准。

3.1

自吸过滤式防毒面具 non-powered air-purifying respirator

靠佩戴者呼吸克服部件阻力，防御有毒、有害气体或蒸气、颗粒物(如毒烟、毒雾)等危害其呼吸系统或眼面部的净气式防护用品。

3.2

全面罩 full mask

与面部密合，能遮盖住眼、面、鼻、口和下颌等的面罩。

3.3

半面罩 half mask

与面部密合，能遮盖口和鼻，或覆盖口、鼻和下颌的面罩。

3.4

防护时间 protective time

在规定条件下,测试介质从开始通入过滤件至测试介质透过浓度达到限定值时的时间。

3.5

过滤件 filter

滤毒盒 cartridge

滤毒罐 canister

自吸过滤式防毒面具使用的,可滤除吸入空气中有毒、有害物质的过滤组件。

3.6

吸气阀 inhalation valve

只允许吸入气体通过其进入面罩,防止呼出气体通过它排出面罩的单向阀门。

3.7

呼气阀 exhalation valve

只允许呼出气体通过其排出面罩,防止吸入气体通过它进入面罩的单向阀门。

3.8

面罩泄漏率 inward leakage of mask

在规定的条件下,受试者吸气时泄漏入面罩内的模拟剂浓度与吸入空气中模拟剂浓度的比值。

3.9

死腔 dead space

从前一次呼气中被重新吸入的气体的体积。

注:用二氧化碳在吸入气体中的体积分数表示。

3.10

导气管 breathing hose

用于连接面罩与过滤件的气密性软管。

4 分类及标记

4.1 自吸过滤式防毒面具

自吸过滤式防毒面具按照面罩与过滤件的连接方式可分为导管式防毒面具和直接式防毒面具。

4.2 面罩

面罩按结构分为全面罩和半面罩。

4.3 过滤件

4.3.1 过滤件类型

4.3.1.1 普通过滤件

普通过滤件包括:

a) A型:用于防护有机气体或蒸气;

b) B型:用于防护无机气体或蒸气;

c) E型:用于防护二氧化硫和其他酸性气体或蒸气;

d) K 型:用于防护氨及氨的有机衍生物;
e) CO 型:用于防护一氧化碳气体;
f) Hg 型:用于防护汞蒸气;
g) H_2S 型:用于防护硫化氢气体。

4.3.1.2 多功能过滤件
用于防护 4.3.1.1 中两种或两种以上类型的过滤件。

4.3.1.3 综合过滤件
带有滤烟功能的普通过滤件或多功能过滤件。

4.3.1.4 特殊过滤件
用于防护本标准未规定的、由制造商特别指明气体或蒸气的过滤件。

4.3.2 过滤件级别

4.3.2.1 过滤件防护时间
过滤件按照防护时间的不同分为:
a) 1 级:一般能力的防护时间;
b) 2 级:中等能力的防护时间;
c) 3 级:高等能力的防护时间;
d) 4 级:特等能力的防护时间。

4.3.2.2 综合过滤件的滤烟性能
综合过滤件的滤烟性能按照滤烟效率不同分为:
a) P1:一般能力过滤效率;
b) P2:中等能力过滤效率;
c) P3:高等能力过滤效率。

4.3.3 标记
过滤件的标记由过滤件类型、过滤件级别、滤烟性能级别组成。字母 P、D、Z、T 分别代表普通过滤件、多功能过滤件、综合过滤件和特殊过滤件。

示例 1:1 级 A 型普通过滤件标记为:P-A-1。
示例 2:2 级具有防护 A、B 两种类型气体的多功能过滤件标记为:D-A/B-2。
示例 3:1 级 E 型具有滤烟性能 P2 级的综合过滤件标记为:Z-E-P2-1。
示例 4:特殊过滤件的标记为:T。

5 技术要求

5.1 面罩

5.1.1 一般要求

5.1.1.1 面罩边缘应平滑,无明显棱角和毛刺,无影响气密性的缺陷。

5.1.1.2 面罩应与面部紧密贴合,无明显压痛感,面罩的固定系统应能根据佩戴者的需要调节。

5.1.1.3 面罩上可更换部件应易于更换。

5.1.1.4 面罩观察眼窗应视物真实,有防止镜片结雾的措施。

5.1.1.5 面罩材料应无毒、无刺激性、对健康无害,能够经受制造商推荐的清洗或消毒处理。

5.1.1.6 面罩上的金属材料表面应进行防腐蚀处理。

5.1.2 高低温适应性

按 6.3 预处理后的面罩应无明显变形,螺纹连接部分应能与过滤件很好地连接。

5.1.3 阻燃性

按 6.4 的规定进行测试,续燃时间不应超过 5 s。

5.1.4 面罩的呼气阀

5.1.4.1 呼气阀应有保护其不受损害的呼气阀盖,呼气阀应具有良好的动作性。

5.1.4.2 按 6.5 的规定进行测试,测试结果应符合:

a) 当呼气阀减压至 $-1\,180\,Pa$ 时,全面罩呼气阀于 45 s 内负压值下降不应大于 500 Pa;

b) 当呼气阀减压至 $-1\,180\,Pa$ 时,半面罩呼气阀恢复至常压的时间不应小于 20 s。

5.1.5 面罩泄漏率

按 6.6 的规定进行测试,测试结果应符合:

a) 全面罩的泄漏率不应大于 0.05%;

b) 半面罩的泄漏率不应大于 2%。

5.1.6 面罩死腔

按 6.7 的规定进行测试,测试结果不应大于 1%。

5.1.7 视野

按 6.8 的规定进行测试,测试结果应符合表 1 要求。

表 1 面罩视野

项目		全面罩		半面罩
		大眼窗	双眼窗	
视野	总视野/%	≥70	≥65	—
	双目视野/%	≥55	≥24	≥65
	下方视野/(°)	≥35	≥35	≥35

5.1.8 面罩的吸气阻力和呼气阀阻力

按 6.9、6.10 的规定进行测试,测试结果应符合表 2 要求。

表 2 面罩的吸气阻力和呼气阀阻力

测试项目	吸气阻力/Pa	呼气阀阻力/Pa
全面罩	≤40	≤100
半面罩	≤20	≤50

5.1.9 面罩观察眼窗

5.1.9.1 按 6.11 的规定进行测试,镜片的透光率(透光比)不应小于 89%。

5.1.9.2 按 GB 14866—2006 中 6.2.1 的规定进行测试,镜片不能破碎。

5.1.10 面罩与过滤件结合强度

按 6.12 的规定进行测试,测试结果应符合:

a) 全面罩与过滤件接头的结合力不应小于 250 N,不能有明显的破坏;
b) 半面罩与过滤件接头的结合力不应小于 50 N,不能有明显的破坏;
c) 带导气管的全面罩,导气管与全面罩的结合力不应小于 50 N。

5.1.11 头带强度

按 6.13 的规定进行测试,测试结果应符合:

a) 全面罩头带应能够经受 150 N 的拉力持续时间 10 s,不发生破断;
b) 半面罩头带应能够经受 50 N 的拉力持续时间 10 s,不发生破断。

5.1.12 导气管

5.1.12.1 导气管应具有良好的伸缩性,弯曲成各种形状时应能保证气流通畅。

5.1.12.2 按 6.14 的规定进行测试,导气管内压力值应在 15 s 内不变化。

5.1.12.3 导气管长度应为(50~100)cm。

5.2 过滤件

5.2.1 外观要求

过滤件外观应平滑,无毛刺,无影响致密性的缺陷。

5.2.2 过滤件的质量

a) 直接连接半面罩的过滤件总质量不应大于 300 g;
b) 直接连接全面罩的过滤件总质量不应大于 500 g。

5.2.3 过滤件的通气阻力

按 7.5 规定的条件测试,测试结果应符合表 3 的要求。

表 3 过滤件的通气阻力   单位为帕

过滤件级别	4 级		3 级		2 级		1 级	
测试条件	30 L/min	95 L/min	30 L/min	95 L/min	30 L/min	95 L/min	30 L/min	95 L/min
普通过滤件	≤180	≤640	≤200	≤770	≤120	≤560	≤80	≤400
综合过滤件	≤200	≤770	≤220	≤820	≤140	≤610	≤120	≤560
多功能过滤件	≤180	≤640	≤200	≤770	≤120	≤560	≤80	≤400
特殊过滤件	≤180	≤640	≤200	≤770	≤120	≤560	≤80	≤400

5.2.4 过滤件的排尘量

按 7.6 的规定进行排尘量测试,A 型、CO 型过滤件的排尘量不应大于 0.24 mg,其他类型过滤件的排尘量不应大于 0.12 mg。

5.2.5 过滤件的致密性

5.2.5.1 过滤件(罐型)按 7.7 规定的条件测试,1 min 内不应有气泡逸出。

5.2.5.2 过滤件(盒型)应密封包装。

5.2.6 过滤件强度

按 7.8 规定的条件测试,过滤件(罐型)的致密性应符合 5.2.5.1 的要求。

5.2.7 综合过滤件的滤烟性能
按 7.9 的规定进行滤烟性能测试,测试结果应符合表 4 的要求。

表 4 综合过滤件的滤烟性能

级别	P3	P2	P1
效率/%	≥99.99	≥99.0	≥95.0

5.2.8 过滤件的标色及防护时间
5.2.8.1 标色色条要环绕过滤件一周,色条宽度不应小于 3 mm。

5.2.8.2 普通过滤件的标色应符合表 5 的规定;多功能过滤件应标识每种防护气体在表 5 中规定的相应标色,两色条间无间隔;综合过滤件的标色要在表 5 规定的标色基础上加粉色色条,两色条间无间隔。

5.2.8.3 按 7.10 的规定进行防护时间的测试,普通过滤件的防护时间应符合表 5 的规定;多功能过滤件的防护时间应能分别满足表 5 中对每种气体的要求;综合过滤件的防护时间与相对应的普通过滤件的防护时间相同,应符合表 5 的规定。

5.2.8.4 特殊过滤件的标色及防护性能

5.2.8.4.1 特殊过滤件的标色应为紫色。

5.2.8.4.2 应在过滤件上清晰标明防护气体名称。

5.2.8.4.3 特殊过滤件的防护时间:
a) 测试介质浓度:由制造厂商提出;
b) 防护时间:按照式(1)计算:

$$t = \frac{100\ 000}{C_i} \quad\quad\quad\quad\quad\quad (1)$$

式中:
t ——防护时间,单位为分(min);
C_i ——制造厂商提出的测试介质浓度,单位为毫升每立方米(mL/m³)。

6 面罩测试方法

6.1 测试样品
测试样品应符合产品标识的描述,功能有效。测试样品的总数量应根据测试的具体要求确定,参见附录 C。

6.2 外观检查
在进行实验室性能测试前,应对样品进行目测外观检查,样品应符合 5.1.1 的要求。

6.3 预处理

6.3.1 设备
a) 高温试验箱技术性能应符合 GB/T 11158—2008 的要求;
b) 低温试验箱技术性能应符合 GB/T 10589—2008 的要求;
c) 湿热试验箱技术性能应符合 GB/T 10586—2006 的要求。

6.3.2 方法
将样品从原包装中取出,按照顺序依次进行下列条件处理:

表 5 过滤件的标色及防护时间

过滤件类型	标色	防护对象举例	测试介质	4级 测试介质浓度/(mg/L)	4级 防护时间/min ≥	3级 测试介质浓度/(mg/L)	3级 防护时间/min ≥	2级 测试介质浓度/(mg/L)	2级 防护时间/min ≥	1级 测试介质浓度/(mg/L)	1级 防护时间/min ≥	穿透浓度/(mL/m³)
A	褐	苯、苯胺类、四氯化碳、硝基苯、氯化苦	苯	32.5	135	16.2	115	9.7	70	5.0	45	10
B	灰	氯化氰、氢氰酸、氰气	氢氰酸(氯化氰)	11.2 (6)	90 (80)	5.6 (3)	63 (50)	3.4 (1.1)	27 (23)	1.1 (0.6)	25 (22)	10[a]
E	黄	二氧化硫	二氧化硫	26.6	30	13.3	30	8.0	23	2.7	25	5
K	绿	氨	氨	7.1	55	3.6	55	2.1	25	0.76	25	25
CO	白	一氧化碳	一氧化碳	5.8	180	5.8	100	5.8	27	5.8	20	50
Hg	红	汞	汞	—	—	0.01	4 800	0.01	3 000	0.01	2 000	0.1
H₂S	蓝	硫化氢	硫化氢	14.1	70	7.1	110	4.2	35	1.4	35	10

注：本标准过滤件与原标准的对照参见附录 A。

[a] C_2N_2 有可能存在于气流中，所以（C_2N_2＋HCN）总浓度不能超过 10 mL/m³。

a) 在(70±3)℃,相对湿度小于20%的高温试验箱中放置(72±3)h;
b) 在(70±3)℃,相对湿度(95~100)%的湿热试验箱中放置(72±3)h;
c) 在(-30±3)℃的低温试验箱中放置(24±1)h。

在进行每一步骤前,应在样品温度恢复至室温后至少4 h再进行后续测试。

注：预处理应确保样品在不受热冲击的方式下进行。

6.4 阻燃性测试

6.4.1 样品数量

1个未处理样品。

6.4.2 测试步骤

按 GB 2626—2006 中6.15.3的规定进行。

6.4.3 测试结果

测试结果应符合5.1.3的要求。

6.5 呼气阀气密性测试

6.5.1 样品数量

呼气阀应从面罩罩体上取样。

4个样品,其中2个为未处理样品,2个为经过预处理后样品。

6.5.2 测试装置

测试装置示意见图1。

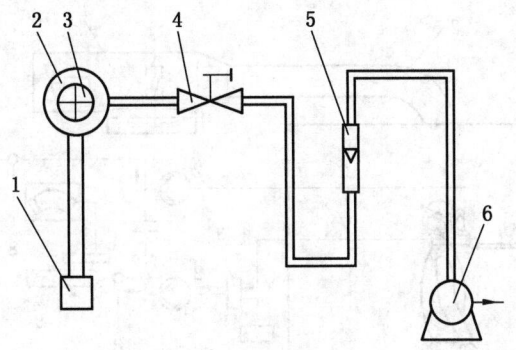

1——微压计;
2——定容腔体;
3——被测呼气阀;
4——抽气控制阀;
5——空气流量计;
6——抽气泵。

图 1 呼气阀气密性测试装置示意图

6.5.2.1 定容腔体:容积(150±10)mL。

6.5.2.2 气体流量计:量程(0~800)mL/min,精度1级。

6.5.2.3 微压计:量程(0~2 000)Pa,精度1 Pa。

6.5.2.4 秒表:精度0.1 s。

6.5.3 测试条件

6.5.3.1 常温常压,相对湿度应小于75%。

6.5.3.2 呼气阀与定容腔体应气密,与水平垂直,阀片不应受力而变形,呼气阀应清洁干燥。

6.5.4 测试步骤

6.5.4.1 将定容腔体与呼气阀的通气孔封闭,抽气至-1 180 Pa,关闭抽气控制阀后,2 min 内不应观察到压力变化。

6.5.4.2 将呼气阀装在定容腔体上,以不大于 500 mL/min 的流速抽气至定容腔体内为 -1 250 Pa,关闭控制阀。

6.5.4.3 当系统为-1 180 Pa 时开始计时。

6.5.5 测试结果

6.5.5.1 全面罩记录 45 s 时负压变化值。

6.5.5.2 半面罩记录恢复到 0 Pa 时所需的时间。

6.5.5.3 测试结果应符合 5.1.4 的规定,4 个样品中有一个不合格则视为未通过。

6.6 面罩泄漏率的测试——油雾法

6.6.1 样品数量

4 个样品,其中 2 个为未处理样品,2 个为预处理后样品。

面罩应正确装配制造商提供的过滤件或导气管。

6.6.2 测试装置

测试装置示意见图 2。

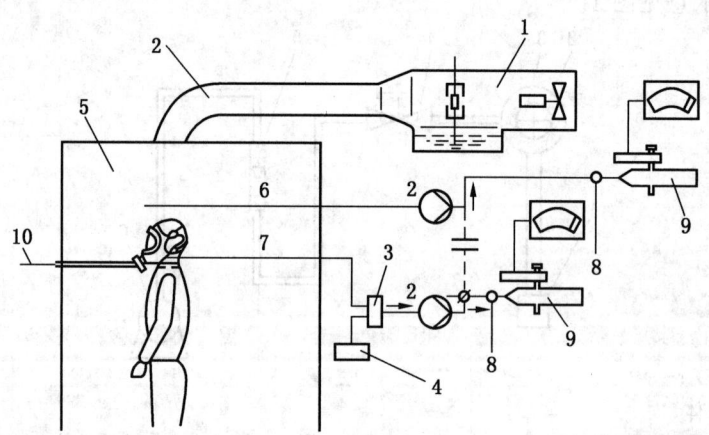

1——油雾发生器;
2——抽气泵;
3——调节阀;
4——过滤件;
5——检测仓;
6——检测仓采样管;
7——受试面罩采样管;
8——补充新鲜空气;
9——光度计;
10——新鲜空气。

图 2 面罩泄漏率测试装置示意图

6.6.2.1 油雾发生装置:使用玉米油,能发生气量不低于 100 L/min 的气溶胶状油雾,油雾的空气动力学粒径分布应为(0.02~2)μm,质量中位径约为 0.3 μm。且发生装置附带有大粒径油雾分离器以及控制工作条件的各种组成部分。

6.6.2.2 检测仓:有玻璃壁的密室,其大小应允许受试人员完成规定动作,有油雾入口和溢出口并允许取样管路通出和受试人员吸气流从外部通入。油雾室亦可用木材、塑料等制成。检测仓内有效空间的浓度变化不应超过10%。

6.6.2.3 光度计:检测范围为(0.001~200)mg/m³,精度为1%,响应时间不大于 500 ms。

6.6.2.4 采样流量:(1~2)L/min。

6.6.3 测试条件

6.6.3.1 每个面罩按其适配范围选头、面部尺寸符合的人员 10 名进行配戴测试。受试者应将胡须刮干净。面罩佩戴应以受试者感觉合适为度,头带调节不应过紧或过松。按 GB/T 5703—1999 的要求测量并记录受试者的形态面长和面宽数据。

6.6.3.2 检测仓油雾浓度应在(150~200)mg/m³ 范围内。

6.6.3.3 过滤件对油雾过滤效率应高于99.995%,若制造商无此油雾过滤效率的过滤件,测试过程中允许用高于99.995%的过滤件替代,但应能与面罩装配良好。

6.6.3.4 检测仓采样管的位置应位于受试者头部活动区域,被测样品上安装取样管,接口应保持气密,其管端应靠近口鼻区。

6.6.4 测试步骤

6.6.4.1 将油雾通入检测仓,将浓度调节到测试要求浓度并使其稳定,开动抽气泵,气流浓度经光度计测量,即为 C_0。

6.6.4.2 受试者正确佩戴面罩,按使用方法作初步气密检查,调整合适,将取样管连接至光度计。

6.6.4.3 开动抽气泵,测取受试者在检测仓外无烟雾的空气中呼吸时面罩内气流的浓度,取 5 个数,其平均值为本底浓度 C_e。

6.6.4.4 令受试者进入检测仓并按指令完成下列动作,测取每个动作下面罩内气流的浓度,各 5 个数据,其平均值作为该动作的泄漏浓度 C。

  a) 平静状态最少 1 min;
  b) 头部上下左右摆动最少 1 min;
  c) 讲话约 1 min。

6.6.5 测试结果

6.6.5.1 每个受试者在静、动、讲任一种状态的面罩泄漏率 K_x 按式(2)计算:

$$K_x = \frac{(C - C_e)}{C_0} \times 100 \quad\quad\quad\quad\quad\quad (2)$$

式中:

K_x——分别为静、动、讲时各动作的面罩泄漏率,%;

C——分别为静、动、讲时各动作的面罩内气流浓度,单位为毫克每立方米(mg/m³);

C_e——被测面罩本底浓度,单位为毫克每立方米(mg/m³);

C_0——检测仓内油雾浓度,单位为毫克每立方米(mg/m³)。

6.6.5.2 对每个受试者的面罩泄漏率按式(3)计算:

$$K_n = \frac{1}{3}\sum K_x \quad \cdots\cdots\cdots\cdots\cdots\cdots\cdots\cdots\cdots\cdots (3)$$

式中：

K_n——每个受试者的面罩泄漏率，%；

K_x——静、动、讲每个动作的面罩泄漏率，%。

6.6.5.3 测试结果

样品的泄漏率按式（4）计算：

$$K = \frac{1}{10}\sum K_n \quad \cdots\cdots\cdots\cdots\cdots\cdots\cdots\cdots\cdots\cdots (4)$$

式中：

K ——每个面罩的泄漏率，%；

K_n——每个受试者的面罩泄漏率，%。

测试结果应符合 5.1.5 的要求，4 个样品中有一个不合格则视为未通过。

6.7 面罩死腔测试

6.7.1 样品数量

2 个样品，其中 1 个为未处理样品，1 个为预处理后样品。

6.7.2 测试设备

测试装置示意见图 3。

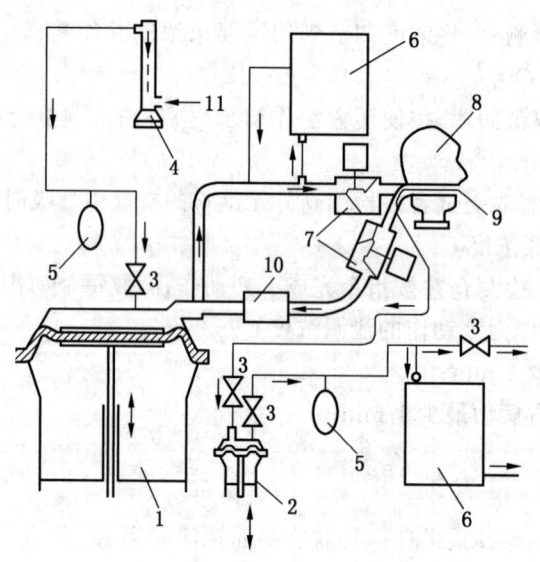

1——呼吸机；　　　　　　　　　　　7——电磁阀；
2——辅助泵；　　　　　　　　　　　8——测试头模；
3——单向阀；　　　　　　　　　　　9——吸入气体取样管；
4——流量计；　　　　　　　　　　　10——二氧化碳吸收器；
5——补偿袋；　　　　　　　　　　　11——二氧化碳。
6——二氧化碳气体分析仪；

图 3 面罩死腔测试装置

6.7.2.1 呼吸机:模拟呼吸频率调节范围为(10~40)次/min,模拟呼吸潮气量调节范围为(0.5~3.0)L/min。

6.7.2.2 二氧化碳(CO_2)气源:CO_2 的体积分数为$(5.0\pm0.1)\%$。

6.7.2.3 CO_2 流量计:量程不低于 40 L/min,精度为 2 级。

6.7.2.4 CO_2 分析仪器:量程不低于 12%,精度不低于 0.1%。

6.7.2.5 测试装置气路的总死腔(不包括呼吸机)不应超过 2 000 mL。

6.7.2.6 电风扇:应用电风扇在被测样品侧面吹风,使气流在面罩前的流速为 0.5 m/s。

6.7.3 测试步骤

6.7.3.1 将面罩正确地佩带到测试头模上,面罩应气密无变形。需要时,可用 PVC 带或其他合适的密封剂将面罩的周边与测试头模密封。

6.7.3.2 将呼吸机调整到呼吸频率 25 次/min,呼吸潮气量 2 L/次。

6.7.3.3 CO_2 应通过一个流量计、补偿袋和单向阀送入呼吸机内。为防止 CO_2 的聚集,在电磁阀和呼吸机之间的吸气回路上应使用 CO_2 吸收器。

6.7.3.4 连续测量并记录吸入气体中的 CO_2 含量,测试应进行至 CO_2 浓度达到稳定时为止。

6.7.3.5 检测离测试头模鼻端 1 m 远处的环境中的 CO_2 浓度。当吸入气体中的 CO_2 浓度达到稳定时,即刻测量环境中的 CO_2 浓度。环境中的 CO_2 浓度也可在 CO_2 气源关闭之后,从取样管中进行测量。只有当环境中的 CO_2 浓度低于 0.1%时,测试结果才被认为有效。

6.7.4 测试结果

6.7.4.1 从吸入气体中的 CO_2 含量的测量值中扣除检测环境中的 CO_2 浓度。受试样品应进行 3 次测试,其平均值即为吸入气体中的 CO_2 含量。

6.7.4.2 测试结果应符合 5.1.6 的规定,2 个样品中有一个不合格则视为未通过。

6.8 视野

6.8.1 样品数量

1 个未处理样品,面罩上正确装配制造商提供的过滤件或导气管。

6.8.2 测试装置

6.8.2.1 视野计

视野计由三部分组成:

a) 半圆弧弓:半径(300~340)mm 可以绕通过其中点 0°的水平半径而转动,两边自 0°起每 5°有一刻度延伸至 90°弧弓上装有可滑动的白色视标;

b) 记录装置:记录针通过轴轮等组件与视标连动,将视标的方位和角度对应地记录在视野图纸上;

c) 座架:用以支撑半圆弧弓及固定记录装置。

6.8.2.2 测试头模

头模本身的视野应符合中国成年人平均视野,两眼瞳孔位置装置小灯泡,两眼瞳孔距离应符合 GB/T 2428—1998 的规定,灯泡顶点连线在两眼中点后(7 ± 0.5)mm,测试头模在工作台上安装的位置应能使左右眼分别置于半圆弧弓的圆心处,并直视其"0"点。

6.8.2.3 记录纸与记录装置配套使用,上印有平均视野曲线。

6.8.2.4 求积仪:精度 0.1 cm^2。

6.8.3 测试要求

6.8.3.1 测试工作应在暗室中进行。

6.8.3.2 正确佩带面罩,头带应调节适宜,注意面罩在头模上的左右对称性。

6.8.4 测试步骤

6.8.4.1 检查视野计记录装置和视标连动工作是否正确并仔细校正,在记录台上正确装好记录纸,把受试面具佩带在测试头模上调整正确,不过松、过紧。将戴着面具的测试头模放在座上使左或右眼处于弧弓圆心,并接通该眼灯泡电源。从垂直或水平的任一方位开始每(15～30)°之间测量一点,直至全方位都测到。

6.8.4.2 移动头模按 6.8.4.1 对另一眼测量然后取下记录纸。

6.8.4.3 将面罩脱下,重新调整,按上述步骤重复测 3 次。

6.8.5 测试结果

6.8.5.1 把每张记录纸上所记的点分别按左右眼视野连接成封闭曲线除特殊点外一般要自然平滑。

6.8.5.2 用求积仪分别量取每张记录纸上双目视野图和总视野图的面积 S_i,设未戴面罩的相应平均视野图面积 S,测得视野保存率 τ。

$$\tau = \frac{\gamma \cdot S_i}{S} \times 100 \quad \cdots\cdots\cdots\cdots\cdots\cdots\cdots\cdots\cdots\cdots\cdots\cdots\cdots (5)$$

式中:

τ ——视野保存率,%;

γ ——校正系数,由图 4 给出;

S_i ——双目视野图和总视野图面积,单位为平方厘米(cm^2);

S ——平均视野图面积,单位为平方厘米(cm^2)。

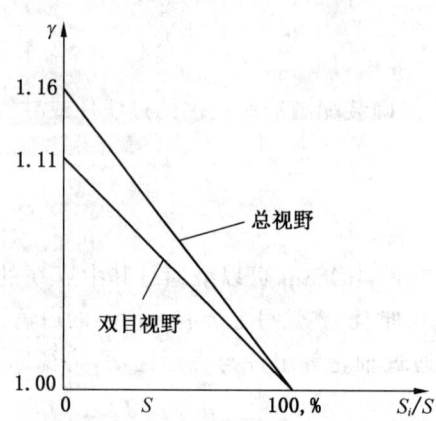

图 4 总视野和双目视野校正系数图

6.8.5.3 按照每张视野图左右视野曲线的下方交点的位置,得出下方视野值(°)。

6.8.5.4 求出受试面罩 3 次视野结果的平均值。

6.8.5.5 测试结果应符合 5.1.7 的规定。

6.9 吸气阻力测试

6.9.1 样品数量

3个未处理样品。

6.9.2 测试装置

测试装置示意见图5。

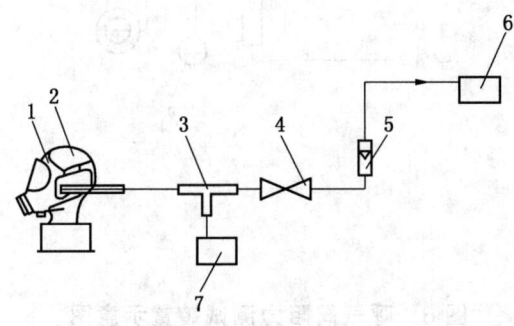

1——受试面罩;
2——测试头模;
3——测压三通管;
4——调节螺旋夹;
5——空气流量计;
6——抽气泵;
7——压力计。

图 5 吸气阻力测试装置示意图

6.9.2.1 流量计:量程为(0~40)L/min,精度1级。

6.9.2.2 压力计:量程为(0~2 000)Pa,精度为1 Pa。

6.9.2.3 测试头模:主要尺寸应参考附录B的要求,分为大号、中号和小号。

6.9.2.4 抽气泵:抽气流量不低于150 L/min。

6.9.3 测试步骤

6.9.3.1 将通气量调节至(30±0.6)L/min,测量并记录系统的阻力 P_1。

6.9.3.2 将面罩按照制造商推荐的方法佩戴在匹配的测试头模上,调节通气量(30±0.6)L/min,测量并记录阻力 P_2。

6.9.4 结果计算

面罩吸气阻力按照式(6)进行计算:

$$P = P_2 - P_1 \quad\quad\quad\quad\quad (6)$$

式中:

P ——面罩吸气阻力,单位为帕(Pa);

P_1——系统吸气阻力,单位为帕(Pa);

P_2——面罩和系统吸气阻力,单位为帕(Pa)。

测试结果应符合5.1.8的规定,3个面罩有一个不合格,则视为测试未通过。

6.10 呼气阀阻力测试

6.10.1 样品数量

3个未处理样品上的呼气阀,呼气阀应从面罩罩体上取样。

6.10.2 测试装置

测试装置示意见图6。

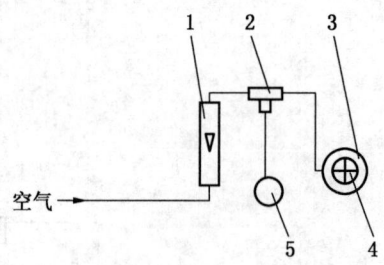

1——空气流量计；
2——测压三通管；
3——呼气阀座；
4——被测呼气阀；
5——压力计。

图 6　呼气阀阻力测试装置示意图

6.10.2.1　流量计：量程为(0～40)L/min，精度 1 级。

6.10.2.2　压力计：量程为(0～2 000)Pa，精度为 1 Pa。

6.10.2.3　测压三通：管内径 $\phi(16\pm0.5)$ mm，长度 100 mm，传压孔在气流内的开口不大于 $\phi6$ mm。

6.10.2.4　空气压缩机：通气量不小于 250 L/min。

6.10.3　测试步骤

6.10.3.1　将通气量调至 (30 ± 0.6) L/min，测量系统的阻力 P_1。

6.10.3.2　将呼气阀装入测试系统，调节通气量 (30 ± 0.6) L/min，并记录测量阻力 P_2。

6.10.4　测试结果

呼气阀阻力按照式(7)计算：

$$P = P_2 - P_1 \quad\quad\quad\quad\quad\quad (7)$$

式中：
P ——面罩呼气阀阻力，单位为帕(Pa)；
P_1 ——系统呼气阀阻力，单位为帕(Pa)；
P_2 ——面罩和系统呼气阀阻力，单位为帕(Pa)。

测试结果应符合 5.1.8 的规定，3 个样品有一个不合格，则视为测试未通过。

6.11　镜片透光率测试

6.11.1　样品数量

2 个样品，其中 1 个为未处理样品，1 个为预处理后样品。

6.11.2　测试步骤

按 GB 14866—2006 中 6.1.3 的规定进行测试。

6.11.3　测试结果

测试结果应符合 5.1.9.1 的规定，2 个面罩有一个不合格，则视为测试未通过。

6.12　面罩与过滤件结合强度测试

6.12.1　样品数量

2 个样品，其中 1 个为未处理样品，1 个为预处理后样品。

6.12.2　测试装置

测试装置示意见图 7。

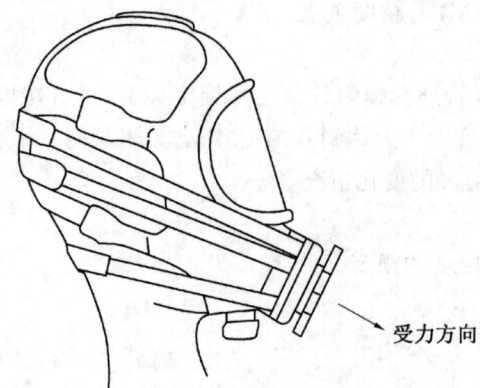

受力方向

图 7 面罩与过滤件结合强度的测试

6.12.3 测试步骤

6.12.3.1 将面罩按照制造商推荐的方法佩戴在匹配的测试头模上,用带子将面罩固定在头型上,使施加的轴向拉力作用在连接部位而不是罩体上。

6.12.3.2 按照5.1.10的要求向连接部位施加轴向力,持续10 s。观察连接部位的情况。

6.12.4 测试结果

测试结果应符合5.1.10的规定,2个面罩有一个不合格,则视为测试未通过。

6.13 头带强度测试

6.13.1 样品数量

2个样品,其中1个为未处理样品,1个为预处理后样品。

6.13.2 测试步骤

按照5.1.11的要求分别对面罩的每根头带悬挂规定质量的重物,持续10 s,观察头带有无明显损伤或断裂。悬挂过程不应对样品形成冲击。

6.13.3 测试结果

测试结果应符合5.1.11的规定,2个面罩有一个不合格,则视为测试未通过。

6.14 面罩导气管气密性测试

6.14.1 样品数量

1个未经预处理的导气管。

6.14.2 测试装置

测试装置示意见图8。

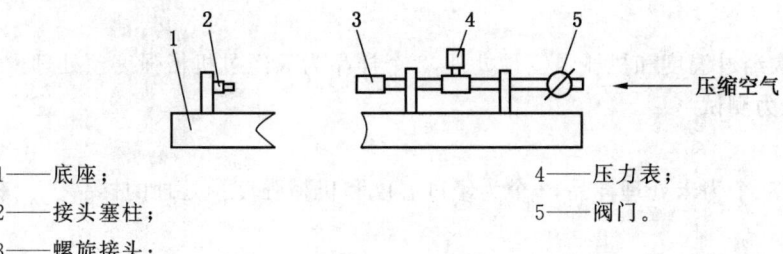

压缩空气

1——底座;
2——接头塞柱;
3——螺旋接头;
4——压力表;
5——阀门。

图 8 面罩导气管气密性测试装置示意图

压力表:量程(0～0.1)MPa,精度1级。

6.14.3 测试步骤

6.14.3.1 将装配好的导气管外套螺帽拧紧在螺旋接头上,另一端接在接头塞柱上。打开压缩空气,调节阀门,使导气管内压力达到 0.049 MPa,关闭阀门。

6.14.3.2 观察 15 s 内压力表的变化情况。

6.14.4 测试结果

测试结果应符合 5.1.12.2 的规定。

7 过滤件测试方法

7.1 总则

在所有条款的测试中,测试样品应全部符合要求,该条款检测视为通过。

7.2 测试样品

测试样品应符合产品标识的描述,功能有效。测试样品的总数量应根据测试的具体要求确定,参见附录 C。

7.3 外观检查

在进行实验室性能测试前,应对样品进行目测外观检查,样品应符合 5.2.1 的要求。

7.4 预处理

7.4.1 样品数量及要求

4 个未处理样品,样品为其最小包装状态。

7.4.2 温度预处理

7.4.2.1 设备

a) 高温试验箱技术性能应符合 GB/T 11158—2008 的要求;
b) 低温试验箱技术性能应符合 GB/T 10589—2008 的要求。

7.4.2.2 方法

将样品从原包装中取出,按照顺序依次进行下列条件处理:

a) 在(70±3)℃,相对湿度小于20%的干燥高温试验箱中放置(24±1)h;
b) 在(−30±3)℃的低温试验箱中放置(24±1)h。

样品温度恢复至室温后至少 4 h 再进行后续检测。

注: 预处理应确保样品在不受热冲击的方式下进行。

7.4.3 机械强度预处理

按照 GB 2626—2006 中 6.2.2 的规定进行。

7.4.4 要求

2 个样品为依次经过温度和机械强度预处理,2 个样品为只经过机械强度预处理。

7.5 过滤件通气阻力测试

7.5.1 样品数量

4 个样品,其中 2 个为未处理样品,2 个为经过温度和机械强度预处理的样品。

7.5.2 测试装置

测试装置示意见图 9。

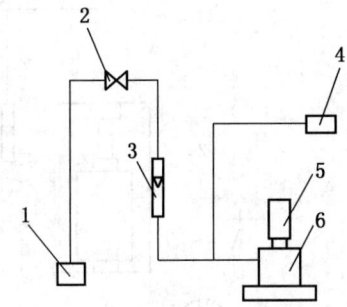

1——空气压缩机;
2——调节阀;
3——气体流量计;
4——微压计;
5——过滤件;
6——过滤件支座。

图 9　通气阻力测试装置示意图

7.5.2.1　微压计:量程为(0~2 000)Pa,精度为 1 Pa。
7.5.2.2　气体流量计:量程(0~100)L/min,精度 1 级。

7.5.3　测试条件
7.5.3.1　温度:(16~32)℃。
7.5.3.2　相对湿度:(30~60)%。
7.5.3.3　测试流量:(30±0.6)L/min;(95±4)L/min;若同时有两个及两个以上的过滤件同时装配在一个过滤式防毒面罩上,则通过每个过滤件的气体流量在总流量的基础上均分。

7.5.4　测试步骤
7.5.4.1　将空气流调整到规定范围。
7.5.4.2　测定出测试装置本身的阻力 P_1。
7.5.4.3　将过滤件安装在支座,并使其气密,测定样品和测试装置的总阻力 P_2(精确到 1 Pa)。

7.5.5　测试结果
过滤件的通气阻力按式(8)计算:

$$P=P_2-P_1 \quad\quad\quad\quad\quad\quad\quad\quad\quad\quad (8)$$

式中:
P ——过滤件的通气阻力,单位为帕(Pa);
P_2 ——过滤件与测试装置的总阻力,单位为帕(Pa);
P_1 ——测试装置的阻力,单位为帕(Pa)。
测试结果应符合 5.2.3 的规定。

7.6　过滤件排尘量测试
7.6.1　样品数量
4个样品,其中 2 个为未处理样品,2 个为依次经过温度和机械强度预处理的样品。
7.6.2　测试装置
测试装置示意见图 10。

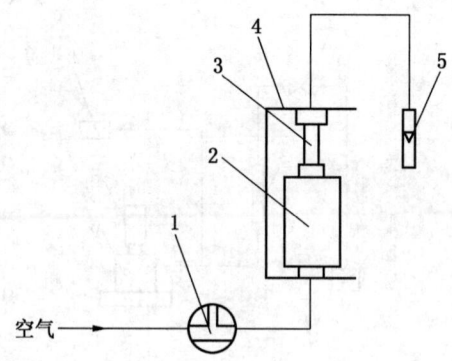

1——呼吸器；
2——过滤件；
3——气体涡流器；
4——过滤件夹具；
5——气体流量计。

图 10 过滤件排尘量试验装置示意图

注：呼吸器的频率和呼吸深度应可调节。

7.6.3 测试条件

7.6.3.1 空气流量：(60 ± 1)L/min 脉冲气流。

7.6.3.2 呼吸频率：$(21\sim24)$次/min。

7.6.3.3 测试时间：1 min。

7.6.3.4 呼气吸气时间相同。

7.6.3.5 标准极差比色板

标准极差比色板分为两级：

a) 0.12 mg 级极差比色板（相当于 2 mg/m³）；
b) 0.24 mg 级极差比色板（相当于 4 mg/m³）。

注：也可用标准比色片作为比色标准。

7.6.4 测试步骤

7.6.4.1 将仪器零件和测试样品擦拭干净。

7.6.4.2 将空气流量和呼吸频率调整到规定的范围。

7.6.4.3 将气体涡流器一端与样品连接，另一端的外套螺帽装入滤纸圆片（光滑面朝向过滤件），然后装在仪器装置的夹具上，进行测试。

7.6.4.4 测试结束后取出滤纸圆片与标准极差比色板进行比色。

7.6.5 测试结果

每型号的样品，用相对应的标准极差比色板进行比色，测试结果应符合 5.2.4 的规定。

7.7 过滤件致密性测试

7.7.1 样品数量

4 个样品，其中 2 个为未处理样品，2 个为依次经过温度和机械强度预处理的样品。

7.7.2 测试装置

测试装置示意见图 11。

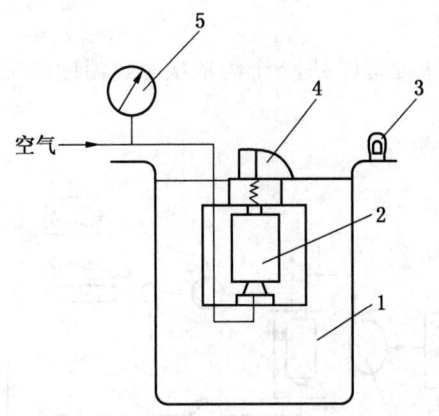

1——水槽；
2——过滤件；
3——灯泡；
4——夹具；
5——压力表。

图 11 过滤件致密性测试装置示意图

7.7.3 测试条件

7.7.3.1 空气压力：(0~20)kPa，精度1级。

7.7.3.2 测试时间：1 min。

7.7.3.3 水温不高于30 ℃。

7.7.4 测试步骤

打开水槽的灯，向水槽内注水，水面应浸没过滤件，过滤件顶部距离水面2 cm。将被检验的过滤件夹入专用夹具内，夹紧过滤件；打开空气开关，调整压力，使进入过滤件内的空气压力为(15±2)kPa；将夹有过滤件的夹具浸入水槽内，保持1 min，转动和倾斜过滤件，观察有无气泡逸出。

7.7.5 测试结果

测试结果应符合5.2.5的规定。

注：本条款测试仅适用于罐型过滤件。

7.8 过滤件强度测试

7.8.1 样品数量

4个样品，其中2个为未处理样品，2个为依次经过温度和机械强度预处理的样品。

7.8.2 测试步骤

7.8.2.1 将试样垂直放置，由(1 000±5)mm高度自由落体到厚度为(50±2)mm的红松木板上。

7.8.2.2 对试样按7.7.4的规定进行气密性测试。

7.8.3 测试结果

测试结果应符合5.2.6的规定。

注：本条款测试仅适用于罐型过滤件。

7.9 过滤件滤烟性能测试

7.9.1 样品数量

4个样品,其中2个为未处理样品,2个为依次经过温度和机械强度预处理的样品。

7.9.2 测试装置

测试装置示意见图12。

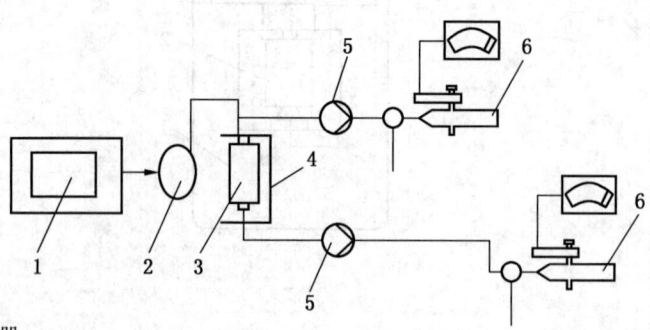

1——油雾发生器;
2——缓冲器;
3——过滤件;
4——过滤件夹具;
5——抽气泵;
6——光度计。

图 12 过滤件滤烟性能测试装置图

7.9.2.1 油雾发生器:使用玉米油,能发生气量不低于 100 L/min 的气溶胶状油雾,粒径分布为 0.02 μm～2 μm,质量中位径为 0.3 μm。

7.9.3 测试条件

7.9.3.1 油雾浓度:(150～200)mg/m³。

7.9.3.2 通过样品的气溶胶流量:(30±0.5)L/min。

7.9.3.3 光度计:检测范围(0.001～200)mg/m³,精度为1‰,响应时间不大于500 ms。

7.9.4 测试步骤

7.9.4.1 将玉米油加入预热的油雾发生器,调整温度使油蒸发雾化,控制其浓度。

7.9.4.2 经光度计测定后,符合要求的油雾按照(30±0.5)L/min 流量通入过滤件,用另一台光度计测定其尾气油雾的散射光强度。

7.9.5 测试结果

过滤件的滤烟性能用式(9)计算:

$$K' = \frac{\rho_2}{\rho_1} \times 100 = \frac{I_2}{I_1} \times 100 \quad \cdots\cdots(9)$$

式中:

K'——滤烟效率,%;

ρ_2——尾气的油雾浓度,单位为毫克每立方米(mg/m³);

ρ_1——油雾的初始浓度,单位为毫克每立方米(mg/m³);

I_2——油雾浓度为 ρ_2 时的散射光强度;

I_1——油雾浓度为 ρ_1 时的散射光强度。

当仪器自身的散射系数为 K_c 时,样品的滤烟效率按式(10)计算:

$$K = K' - K_c \quad \quad \quad \quad \quad \quad (10)$$

式中:

K ——过滤件滤烟效率,%;

K' ——滤烟效率,%;

K_c ——仪器滤烟效率,%。

测试结果应符合 5.2.7 的规定。

7.10 防护时间测试的总方法

7.10.1 样品数量

4 个样品,其中 2 个为未处理样品,2 个为经过机械强度预处理的样品。

7.10.2 仪器设备

7.10.2.1 动态气体吸附装置

7.10.2.1.1 A 法动态气体吸附装置:见图 13。

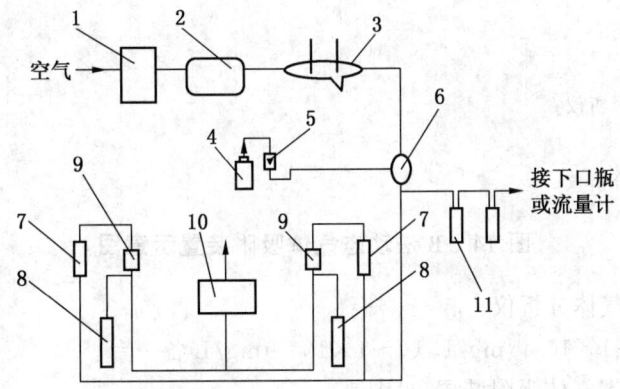

1——净化器;

2——气体调湿装置;

3——温湿度显示装置;

4——测试介质发生装置或蒸发器;

5——流量计;

6——混合器;

7——过滤件;

8——指示瓶;

9——气体流量计;

10——废气吸收罐;

11——吸收瓶。

图 13 A 法动态气体吸附分析装置示意图

7.10.2.1.2 B法动态气体吸附装置：见图14。

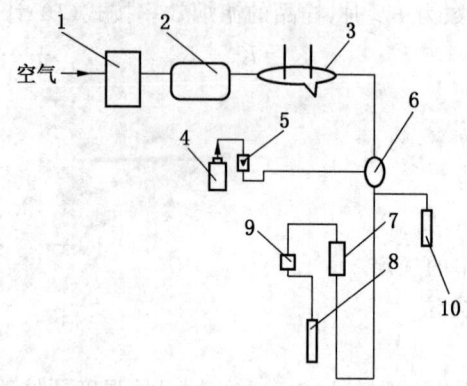

1——空气净化器；
2——气体调湿装置；
3——温湿度显示装置；
4——一氧化碳钢瓶；
5——流量计；
6——混合器；
7——过滤件；
8——红外气体分析仪；
9——流量计；
10——红外气体分析仪。

图14 B法动态气体吸附装置示意图

7.10.2.1.2.1 红外气体分析仪

分析范围：$(0\sim1\times10^{-2})$mg/L，$(0\sim1\times10^{-4})$mg/L 各一台。

7.10.2.1.3 C法动态气体吸附装置：见图15。

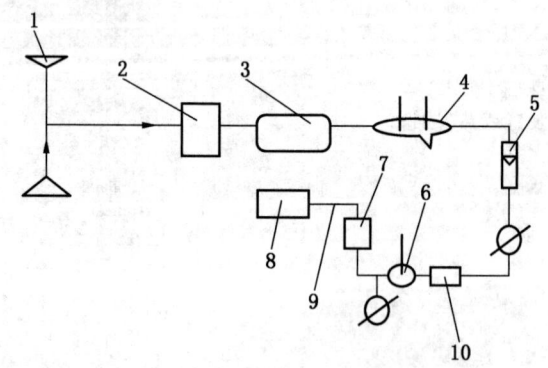

1——固定式螺旋夹；
2——空气净化器；
3——气体调湿装置；
4——温度计；
5——孔板式气体流量计；
6——湿度计；
7——过滤件；
8——汞蒸气吸收器；
9——指示管；
10——恒温蒸发器。

图15 C法动态气体吸附装置图

7.10.2.2 适用范围：

—— A 法动态气体吸附装置:适用于对测试介质为氢氰酸、氯化氰、苯、氨、硫化氢、二氧化硫的防护时间测试;

—— B 法动态气体吸附装置:适用于对测试介质为一氧化碳的防护时间测试;

—— C 法动态气体吸附装置:适用于对测试介质为汞的防护时间测试。

7.10.2.3 蒸发器:蒸发器示意见图 16。

单位为毫米

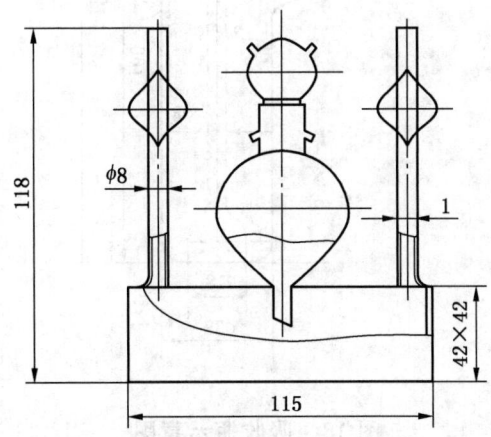

图 16 蒸发器示意图

7.10.2.4 指示瓶:指示瓶示意见图 17。

单位为毫米

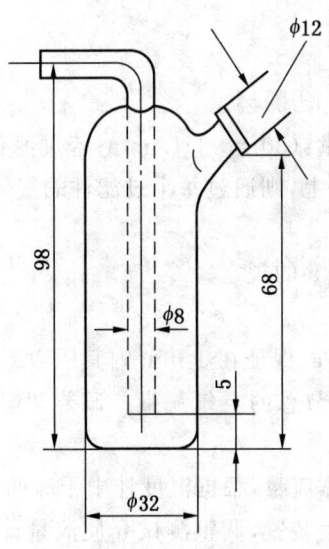

图 17 指示瓶示意图

7.10.2.5 吸收瓶:吸收瓶示意见图18。

单位为毫米

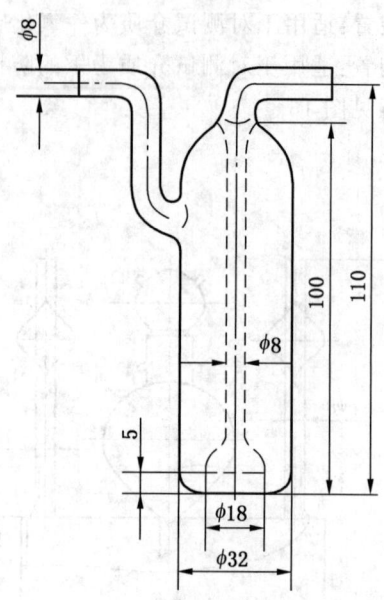

图18 吸收瓶示意图

7.10.2.6 天平:精度 0.01 g。

7.10.2.7 计时器:分度值 0.1 s,精度 1 级。

7.10.2.8 温度计:(0~50)℃,精度为 0.1 ℃。

7.10.2.9 流量计:(30±0.3)L/min,精度 1 级。

7.10.3 测试条件

7.10.3.1 测试温度:(17~30)℃。

7.10.3.2 测试空气相对湿度:(50±3)%。

7.10.3.3 通过过滤件的气体流量:(30±0.3)L/min;若过滤件仅用于同时两个或两个以上装配在一个自吸过滤式防毒面罩上,则通过每个过滤件的气体流量在总流量的基础上均分。

7.10.4 测试介质蒸气浓度

测试介质蒸气浓度应符合表5的规定。

7.10.5 测试步骤

7.10.5.1 使仪器内压力为 13 kPa,保证在 1 min 内其压力下降不大于 270 Pa。

7.10.5.2 打开压缩空气阀门,调节总的空气流量。调节调湿装置的空气流量,用温度表控制气体的湿度。

7.10.5.3 调节通过过滤件的气体流量,根据温度计中干球的温度控制测试温度。

7.10.5.4 慢慢开启测试介质发生装置,调整测试介质流量计至事先校正过浓度的位置,同时用秒表计时。

7.10.5.5 测试结束后,关闭测试介质浓度控制阀门和测试介质发生装置上的阀门,继续通以干净空气对仪器吹洗 20 min。

7.10.6 混合气体中测试介质浓度的测定方法

7.10.6.1 重量法

用天平称量测试前后测试介质的质量(精确至 0.01 g),混合气体中测试介质质量浓度按式(11)计算:

$$\rho = \frac{m_1 - m_2}{t \times V} \times 1\,000 \quad \cdots\cdots\cdots\cdots\cdots\cdots\cdots (11)$$

式中:
ρ ——混合气体中测试介质的质量浓度,单位为毫克每升(mg/L);
m_1——测试前测试介质的质量,单位为克(g);
m_2——测试后测试介质的质量,单位为克(g);
t ——测试的总时间,单位为分(min);
V ——总的空气流量,单位为升每分(L/min)。

7.10.6.2 化学吸收法

用两个吸收瓶各装入 25 mL 吸收液,串联接到测试装置上,见图 13。开启阀门混合气体以(50~100)mL 的速度通过吸收瓶,用下口瓶和量筒或流量计测定通气量。每次测试通过吸收瓶的气体体积在(1.5~3.0)L 之间。测试结束时关闭阀门,取下吸收瓶,将吸收液移入三角瓶中,用化学分析法测定出吸收液中测试介质量.并根据下口瓶排出水的体积计算混合气体中测试介质蒸气的浓度。

7.10.6.3 仪器分析法

用相关的仪器设备对通入过滤件的混合气进行分析,通过仪器测定混合气体浓度。

7.10.7 测试介质蒸气透过过滤件的判定

7.10.7.1 指示法

在指示剂瓶中装入 20 mL 指示剂,接入测试装置中,见图 13。以(1.0±0.1)L/min 的速度通过,当微量测试介质透过过滤件时根据指示剂颜色变化来判断试验终点。

7.10.7.2 仪器分析法

可以采用仪器对透过过滤件的测试介质质量浓度进行测试,透过测试介质质量浓度达到表 5 的规定即为终点。

7.10.8 测试结果

在测试浓度下所测得的防护时间,按式(12)换算成标准浓度下的防护时间:

$$t = \frac{t_1 \times \rho_1}{\rho_0} \quad \cdots\cdots\cdots\cdots\cdots\cdots\cdots (12)$$

式中:
t ——过滤件的防护时间,单位为分(min);
t_1 ——测试浓度下的防护时间,单位为分(min);
ρ_1 ——测试时混合气体中的测试介质质量浓度,单位为毫克每升(mg/L);
ρ_0 ——表 5 规定的标准浓度,单位为毫克每升(mg/L)。

过滤件的防护时间应符合 5.2.8 的规定。

7.11 对氢氰酸蒸气防护时间的测定方法

7.11.1 化学分析方法
7.11.1.1 试剂
a) 氢氰酸:外观为无色透明液体,在有胶体硫和硫酸铁的情况下,允许稍现乳光;含量不低于97.5%;硫化氢含量不超过0.2%;安定剂硫酸含量0.3%～0.5%;

b) 硝酸银标准溶液:$c(AgNO_3)=0.02$ mol/L;

c) 氢氧化钠标准溶液:$c(NaOH)=0.1$ mol/L;

d) 碘化钾:分析纯;

e) 氨水:分析纯;

f) 定量分析指示剂:称取2 g碘化钾溶于40 mL氨水与60 mL水中;

g) 氢氰酸蒸气透过过滤件的指示剂:称取0.5 g盐酸联苯胺,溶于250 mL热水中,冷却后加入3%的乙酸铜溶液10 mL和5%乙酸溶液40 mL配成的指示剂存放在棕色瓶中,存放时间不超过15天,如果在使用时发现指示剂变成蓝黑色,应更换。

7.11.1.2 测试介质的发生和浓度的测定

7.11.1.2.1 氢氰酸蒸气采用舟型瓶发生,舟型瓶放入0 ℃的冰水浴中。

7.11.1.2.2 混合气体中氢氰酸蒸气浓度的测定

以重量分析为标准,同时用化学吸收分析法作为对照。

进行化学吸收分析时,用50 mL氢氧化钠标准溶液[$c(NaOH)=0.1$ mol/L]作为吸收液,吸收后,加入1 mL定量指示剂,用硝酸银标准溶液[$c(AgNO_3)=0.02$ mol/L]滴至溶液呈淡混浊为终点。混合气体中氢氰酸蒸气的质量浓度按式(13)计算:

$$\rho_a = \frac{54.05 \times c_1 V_1}{V} \quad\quad\quad\quad\quad (13)$$

式中:

ρ_a ——混合气体中氢氰酸蒸气的质量浓度,单位为毫克每升(mg/L);

c_1 ——硝酸银标准溶液的物质的量浓度,单位为摩尔每升(mol/L);

V_1 ——硝酸银标准溶液用量,单位为毫升(mL);

V ——通过吸收瓶的混合气体的体积,单位为升(L);

54.05——与1.00 mL硝酸银标准溶液[$c(AgNO_3)=1.000$ mol/L]相当的以毫克表示的氢氰酸的质量。

7.11.1.3 氢氰酸蒸气透过过滤件的指示法

在指示瓶中注入20 mL蒸馏水,滴加3～4滴指示剂,当指示剂变为蓝色即为终点。

7.11.2 仪器分析法
7.11.2.1 仪器

气体分析仪:(0～13)mg/L;精度:0.1 mg/L;

(0～15)mL/m³;精度:1 mL/m³。

7.11.2.2 测试介质的发生和浓度的测定

7.11.2.2.1 氢氰酸的发生

氢氰酸蒸气采用舟型瓶发生,舟型瓶放入0 ℃的冰水浴中,也可采用氢氰酸钢瓶进行发生。

7.11.2.2.2 氢氰酸浓度的测定

用气体分析仪对通入过滤件的混合气进行分析,通过仪器测定混合气体进入过滤件的浓度并使其达到表5的规定,开始进行测试。

7.11.2.3 氢氰酸蒸气透过过滤件的浓度测定

用气体分析仪对通过过滤件的混合气进行分析,通过仪器测定混合气体通过过滤件的浓度,当其达到表5的规定时即为测试终点。

7.12 对氯化氰蒸气防护时间的测定方法

7.12.1 化学分析方法

7.12.1.1 仪器

a) 7.10.2.1中规定的A法动态气体吸附装置;
b) 自动电位滴定仪一套。

7.12.1.2 试剂

a) 氯化氰:外观为无色透明液体(允许略带淡黄色)含量不低于96%;氢氰酸含量不大于4%;氯化氢含量不大于0.01%;无游离氯;安定剂(焦磷酸钠)含量为0.3%~1.0%;
b) 硝酸银标准溶液:$c(AgNO_3)=0.02$ mol/L;
c) 硫氰酸钾标准溶液:$c(KSCN)=0.02$ mol/L;
d) 氢氧化钠溶液:$w(NaOH)=5\%$;
e) 酚酞溶液:$w(酚酞)=1\%$;
f) 平平加(聚氨乙烯脂肪醇醚)溶液:2%;
g) 硝酸:分析纯;
h) 碳酸氢钠:分析纯;
i) 吡啶(氮苯):分析纯;
j) 碘标准溶液:$c(1/2\ I_2)=0.05$ mol/L;
   $c(1/2\ I_2)=0.01$ mol/L;
k) 三氧化二砷标准溶液:$c(1/4\ As_2O_3)=0.02$ mol/L;
l) 淀粉溶液:1%;
m) 指示剂:
   1) 贮备液的配制:在700 mL水中,加40 g碳酸氢钠,加热溶解,在室温下加入250 mL氮苯和0.05 mol/L的碘溶液50 mL,放置5 d后作为贮备液。在贮备过程中,应检查保证有过量的游离碘存在。
   游离碘存在的检查方法:在试管中加(2~3)mL贮备液和1%的淀粉溶液2 mL,此时应生成蓝色。
   2) 透过指示剂的配制:取100 mL贮备液,加1%淀粉液20 mL,用水稀释至(900~950)mL,滴入三氧化二砷标准溶液[$c(1/4\ As_2O_3)=0.02$ mol/L]直到蓝色消失。用碘标准溶液[$c(1/2\ I_2)=0.02$ mol/L]回滴到呈蓝色,然后准确地加入碘标准溶液[$c(1/2\ I_2)=0.01$ mol/L]5.0 mL。加水至1 000 mL。此溶液即为使用的指示液,指示剂配制后,放置时间不得超过8 h。
n) 硫酸铁铵饱和水溶液。

7.12.1.3 测试介质的发生和浓度的测定
7.12.1.3.1 氯化氰
采用装氯化氰的钢瓶发生。
7.12.1.3.2 混合气体中氯化氰蒸气浓度的测定
用 50 mL 氢氧化钠溶液[$w(NaOH)=5\%$]作为吸收液。吸收液中氯化氰浓度分析允许使用自动电位滴定或化学滴定(手滴)两种方法。

a) 自动电位滴定分析

将吸收液及洗涤液汇集在 200 mL 的烧瓶中,加入几滴酚酞。在搅拌下加入浓硝酸至红色褪去,继续加浓硝酸 20 滴,平平加溶液 8 滴,待滴定。

检查自动电位滴定仪使其呈工作状态,用银电极作指示电极,饱和氯化钾的特殊甘汞电极为参比电极(硝酸饱和液作电桥)插入待滴定溶液中,调节零点电位在 700 mV 处,终点电位为 -270 mV(即 430 mV 处),开动电磁搅拌,先观测初电位(约为 -100 mV)。然后用硝酸银标准溶液[$c(AgNO_3)=0.02$ mol/L]进行滴定,到达终点,滴定自行停止,读取所消耗的硝酸银溶液的体积。

空白滴定:取氢氧化钠溶液[$w(NaOH)=5\%$]50 mL,于 200 mL 烧杯中,加入 30 mL 水和 1 滴酚酞指示剂,在搅拌情况下加浓硝酸使红色褪去,继续加浓硝酸 20 滴,平平加溶液 8 滴,按上述方法滴定,读取消耗的硝酸银溶液体积。

混合气体中氯化氰质量浓度按式(14)计算

$$\rho_a = \frac{61.5 \times c_1(V_1-V_0)}{V} \quad \cdots\cdots\cdots\cdots\cdots\cdots (14)$$

式中:
ρ_a ——混合气体中氯化氰质量浓度,单位为毫克每升(mg/L);
c_1 ——硝酸银标准溶液的物质的量浓度,单位为摩尔每升(mol/L);
V_1 ——硝酸银标准溶液用量,单位为毫升(mL);
V_0 ——空白滴定硝酸银标准溶液用量,单位为毫升(mL);
V ——通过吸收瓶混合气体积,单位为升(L);
61.5 ——与 1.00 mL 硝酸银标准溶液[$c(AgNO_3)=1.000$ mol/L]相当的以毫克表示的氯化氰的质量。

b) 化学滴定分析

将吸收液和洗涤液汇集于 300 mL 三角瓶中,向三角瓶中加入几滴酚酞指示液,在搅拌下加浓硝酸至红色褪去为止,加过量浓硝酸 1.0 mL,滴入硝酸银标准溶液[$c(AgNO_3)=0.02$ mol/L]20 mL,加硫酸铁铵指示液(3~5)滴。摇匀后用硫氰化钾标准溶液[$c(KSCN)=0.02$ mol/L]进行滴定,直至溶液呈淡血色为止。

空白滴定:取氢氧化钠溶液[$w(NaOH)=5\%$]50 mL 于三角瓶中,加 100 mL 水,加(2~3)滴酚酞溶液,用浓硝酸中和到红色褪去为止。加浓硝酸 1.0 mL、硝酸银标准溶液[$c(AgNO_3)=0.02$ mol/L]20 mL、硫酸铁铵指示液(3~5)mL,摇匀后用硫氰化钾标准溶液[$c(KSCN)=0.02$ mol/L]滴定至呈淡血色为止。然后按式(15)计算出硫氰化钾的空白滴定体积:

$$V_0 = 20 - V' \quad \cdots\cdots\cdots\cdots\cdots\cdots (15)$$

式中:
V_0——硫氰化钾的空白滴定体积,单位为毫升(mL);
V'——空白滴定时硫氰化钾标准溶液用量,单位为毫升(mL)。

混合气体中氯化氰质量浓度按式(16)计算:

$$\rho_a = \frac{61.5 \times [c_1 V_1 - c_2(V_2 + V_0)]}{V} \quad\quad\quad\quad\quad\quad\quad (16)$$

式中:
ρ_a——混合气体中氯化氰质量浓度,单位为毫克每升(mg/L);
c_1——硝酸银标准溶液的物质的量浓度,单位为摩尔每升(mol/L);
V_1——硝酸银标准溶液用量,单位为毫升(mL);
c_2——硫氰化钾标准溶液的物质的量浓度,单位为摩尔每升(mol/L);
V_0——硫氰化钾空白滴定液体积,单位为毫升(mL);
V_2——硫氰化钾标准溶液用量,单位为毫升(mL);
V——通过吸收瓶混合气体积,单位为升(L)。

7.12.1.4 氯化氰蒸气透过过滤件的指示方法
在指示剂瓶中放 20 mL 指示液,当指示液蓝色消失,即为终点。

7.12.2 仪器分析法

7.12.2.1 仪器
气体分析仪:(0~10)mg/L;精度:0.1 mg/L;
(0~15)mL/m³;精度:1 mL/m³。

7.12.2.2 测试介质的发生和浓度的测定

7.12.2.2.1 氯化氰的发生
采用装氯化氰的钢瓶发生。

7.12.2.2.2 氯化氰浓度的测定
用气体分析仪对通入过滤件的混合气进行分析,通过仪器测定混合气体进入过滤件的浓度并使其达到表 5 的规定,开始进行测试。

7.12.2.3 氯化氰透过过滤件的浓度测定
用气体分析仪对通过过滤件的混合气进行分析,通过仪器测定混合气体通过过滤件的浓度,当其达到表 5 的规定时即为测试终点。

7.13 对苯蒸气防护时间的测定方法

7.13.1 化学分析方法

7.13.1.1 试剂
a) 苯:分析纯;
b) 硫酸:分析纯,$w(H_2SO_4)=98\%$;
c) 亚硝酸钠:分析纯,经(105~110)℃干燥;
d) 指示剂:称取 2 g 干燥的亚硝酸钠溶解于 100 mL 硫酸中,只限当日使用。

7.13.1.2 测试介质的发生和浓度的测定

7.13.1.2.1 测试介质的发生
测试用蒸发器（舟形瓶）发生苯蒸气，蒸发器放在35 ℃的恒温水浴中。

7.13.1.2.2 混合气中苯测试介质浓度的测定
混合气体中苯蒸气的浓度用7.10.6.1重量法的规定进行测定。

7.13.1.3 苯蒸气透过过滤件的测定方法
在指示瓶中装入20 mL指示剂，指示剂由无色变成黄色即为终点。

7.13.2 仪器分析法
7.13.2.1 仪器
气体分析仪：$(0\sim35)\,\text{mg/L}$；精度：$0.1\,\text{mg/L}$；

$(0\sim15)\,\text{mL/m}^3$；精度：$1\,\text{mL/m}^3$。

7.13.2.2 测试介质的发生和浓度的测定
7.13.2.2.1 苯的发生
测试用蒸发器（舟形瓶）发生苯蒸气，蒸发器放在35 ℃的恒温水浴中。

7.13.2.2.2 苯浓度的测定
用气体分析仪对通入过滤件的混合气进行分析，通过仪器测定混合气体进入过滤件的浓度并使其达到表5的规定，开始进行测试。

7.13.2.3 苯蒸气透过过滤件的浓度测定
用气体分析仪对通过过滤件的混合气进行分析，通过仪器测定混合气体通过过滤件的浓度，当其达到表5的规定时即为测试终点。

7.14 对氨气的防护时间的测定方法
7.14.1 化学分析方法
7.14.1.1 试剂
a) 硫酸标准溶液：$c(1/2\,H_2SO_4)=0.02\,\text{mol/L}$；
b) 氢氧化钠标准溶液：$c(NaOH)=0.02\,\text{mol/L}$；
c) 酚酞指示剂：w（酚酞）$=1\%$；
d) 甲基橙指示剂。

7.14.1.2 测试介质的发生和浓度的测定
7.14.1.2.1 测试介质发生
采用钢瓶装的液氨供气。

7.14.1.2.2 混合气中氨气测试介质浓度的测定
混合气体中氨气的浓度测定采用化学吸收分析法进行测定。

取50.0 mL硫酸标准溶液$[c(1/2H_2SO_4)=0.02\,\text{mol/L}]$为吸收液，吸收后，以甲基橙作指示剂，用氢氧化钠标准溶液$[c(NaOH)=0.02\,\text{mol/L}]$滴定吸收液至黄色即为终点，其计算公式如式(17)：

$$\rho_a=\frac{17.03\times(c_2V_2-c_1V_1)}{V} \quad\cdots\cdots\cdots\cdots\cdots\cdots(17)$$

式中：
ρ_a ——混合气流中氨的质量浓度，单位为毫克每升（mg/L）；
c_2 ——硫酸标准溶液物质的量浓度，单位为摩尔每升（mol/L）；

V_2 ——硫酸标准溶液用量,单位为毫升(mL);

c_1 ——氢氧化钠标准溶液物质的量浓度,单位为摩尔每升(mol/L);

V_1 ——氢氧化钠标准溶液用量,单位为毫升(mL);

V ——通过吸收瓶的混合气体的体积,单位为升(L);

17.03 ——与 1.00 mL 硫酸标准溶液[$c(1/2H_2SO_4)=1.000$ mol/L]相当的以毫克表示的氨的质量。

7.14.1.3 氨气透过过滤件的指示方法

在指示剂瓶中加入 20 mL 水,滴加(2~3)滴酚酞指示剂,指示剂由无色变为粉红色即为终点。

7.14.2 仪器分析法

7.14.2.1 仪器

气体分析仪:(0~10)mg/L;精度:0.1 mg/L;

(0~30)mL/m³;精度:1 mL/m³。

7.14.2.2 测试介质的发生和浓度的测定

7.14.2.2.1 氨气的发生

采用钢瓶装的液氨供气。

7.14.2.2.2 氨气浓度的测定

用气体分析仪对通入过滤件的混合气进行分析,通过仪器测定混合气体进入过滤件的浓度并使其达到表 5 的规定,开始进行测试。

7.14.2.3 氨气透过过滤件的浓度测定

用气体分析仪对通过过滤件的混合气进行分析,通过仪器测定混合气体通过过滤件的浓度,当其达到表 5 的规定时即为测试终点。

7.15 对硫化氢的防护时间的测定方法

7.15.1 化学分析方法

7.15.1.1 试剂

a) 冰乙酸:分析纯;

b) 碘标准溶液:$c(1/2I_2)=0.02$ mol/L;

c) 高锰酸钾标准溶液:$c(1/5KMnO_4)=0.01$ mol/L;

d) 硫代硫酸钠标准溶液:$c(Na_2S_2O_3)=0.02$ mol/L;

e) 硫酸溶液:$c(1/2H_2SO_4)=5$ mol/L;

f) 乙酸锌溶液:称取 2 g 乙酸锌和取 1 mL 冰乙酸,用 100 mL 容量瓶,配成 100 mL 水溶液;

g) 指示剂:取 4 mL 高锰酸钾[$c(1/5KMnO_4)=0.01$ mol/L]标准溶液和 20 mL 硫酸[$c(1/2 H_2SO_4)=5$ mol/L]溶液,配成 100 mL 水溶液。

7.15.1.2 测试介质的发生和浓度的测定

7.15.1.2.1 测试介质发生

采用钢瓶装的液硫化氢供气。

7.15.1.2.2 混合气中硫化氢测试介质浓度的测定

混合气体中硫化氢的浓度测定采用化学吸收分析法进行测定。

用50 mL乙酸锌溶液作为吸收液,吸收后加入20.0 mL碘标准溶液[$c(1/2I_2)=0.02$ mol/L],用硫代硫酸钠标准溶液[$c(Na_2S_2O_3)=0.02$ mol/L]滴定,当滴定溶液呈浅黄色时加入5％的淀粉溶液(3～4)mL,继续滴定至蓝色消失为终点。混合气体中硫化氢的质量浓度按式(18)计算：

$$\rho_a = \frac{17.1 \times (c_2V_2 - c_1V_1)}{V} \quad\quad\quad\quad (18)$$

式中：
ρ_a ——混合气体中硫化氢的质量浓度,单位为毫克每升(mg/L);
c_2 ——碘标准溶液之物质的量浓度,单位为摩尔每升(mol/L);
V_2 ——碘标准溶液用量,单位为毫升(mL);
c_1 ——硫代硫酸钠标准溶液之物质的量浓度,单位为摩尔每升(mol/L);
V_1 ——硫代硫酸钠标准溶液用量,单位为毫升(mL);
V ——通过吸收瓶的混合气体的体积,单位为升(L);
17.1 ——1.00 mL碘标准溶液[$c(1/2I_2)=1.000$ mol/L]相当的以毫克表示的硫化氢的质量。

7.15.1.3 硫化氢透过过滤件的指示方法
在瓶中注入20 mL指示剂,指示剂由粉红色变为无色即为终点。

7.15.2 仪器分析法
7.15.2.1 仪器
气体分析仪:(0～20)mg/L;精度:0.1 mg/L;
(0～15)mL/m³;精度:1 mL/m³。

7.15.2.2 测试介质的发生和浓度的测定
7.15.2.2.1 硫化氢的发生
采用钢瓶装的液硫化氢供气。

7.15.2.2.2 硫化氢浓度的测定
用气体分析仪对通入过滤件的混合气进行分析,通过仪器测定混合气体进入过滤件的浓度并使其达到表5的规定,开始进行测试。

7.15.2.3 硫化氢透过过滤件的浓度测定
用气体分析仪对通过过滤件的混合气进行分析,通过仪器测定混合气体通过过滤件的浓度,当其达到表5的规定时即为测试终点。

7.16 对二氧化硫的防护时间的测定
7.16.1 化学分析方法
7.16.1.1 试剂
a) 硫酸:分析纯;
b) 碘标准溶液:$c(1/2I_2)=0.02$ mol/L;
c) 硫代硫酸钠标准溶液:$c(Na_2S_2O_3)=0.02$ mol/L;
d) 高锰酸钾标准溶液:$c(1/5KMnO_4)=0.01$ mol/L;
e) 淀粉溶液:0.5％。

7.16.1.2 测试介质的发生和浓度的测定

7.16.1.2.1 测试介质的发生
采用钢瓶液态二氧化硫,也可采用发生方法制取二氧化硫。

7.16.1.2.2 混合气中二氧化硫测试介质浓度的测定
混合气体中二氧化硫的浓度测定采用化学吸收分析法进行测定。

用 50 mL 碘标准溶液[$c(1/2\ I_2)=0.02$ mol/L]作为吸收液,吸收后用硫代硫酸钠标准溶液[$c(Na_2S_2O_3)=0.02$ mol/L]滴定过量的碘,当滴定到溶液变成淡黄色时加入 0.5% 的淀粉指示剂(4~5)mL,继续滴定至溶液蓝色消失为终点,其质量浓度按式(19)计算:

$$\rho_a = \frac{32.1 \times (c_2 V_2 - c_1 V_1)}{V} \quad\quad\quad\quad\quad\quad(19)$$

式中:

- ρ_a ——混合气体中二氧化硫质量浓度,单位为毫克每升(mg/L);
- c_2 ——碘标准溶液之物质的量浓度,单位为摩尔每升(mol/L);
- V_2 ——碘标准溶液之用量,单位为毫升(mL);
- c_1 ——硫代硫酸钠标准溶液之物质的量浓度,单位为摩尔每升(mol/L);
- V_1 ——硫代硫酸钠标准溶液之用量,单位为毫升(mL);
- V ——通过吸收瓶的混合气体的体积,单位为升(L);
- 32.1 ——与 1.00 mL 碘标准溶液[$c(1/2 I_2)=1.000$ mol/L]相当的以毫克表示的二氧化硫的质量。

7.16.1.3 二氧化硫通过过滤件的指示方法
在指示瓶中加入 20 mL 水,半滴(约 0.03 mL)高锰酸钾标准溶液[$c(1/5KMnO_4)=0.01$ mol/L],指示液由粉红色变为无色即为终点。

7.16.2 仪器分析法

7.16.2.1 仪器
气体分析仪:(0~30)mg/L;精度:0.1 mg/L;
(0~10)mL/m³;精度:1 mL/m³。

7.16.2.2 测试介质的发生和浓度的测定

7.16.2.2.1 二氧化硫的发生
采用钢瓶液态二氧化硫,也可采用发生方法制取二氧化硫。

7.16.2.2.2 二氧化硫浓度的测定
用气体分析仪对通入过滤件的混合气进行分析,通过仪器测定混合气体进入过滤件的浓度并使其达到表 5 的规定,开始进行测试。

7.16.2.3 二氧化硫透过过滤件的浓度测定
用气体分析仪对通过过滤件的混合气进行分析,通过仪器测定混合气体通过过滤件的浓度,当其达到表 5 的规定时即为测试终点。

7.17 对一氧化碳防护时间的测定

7.17.1 测试介质的发生
本方法是采用工业一氧化碳气体,也可自行发生。

7.17.2 混合气中一氧化碳测试介质的分析方法
混合气体中一氧化碳的浓度测定采用仪器分析法进行测定。

9 标识

9.1
产品标识由产品永久性标识和产品说明构成。

9.2 产品永久性标识
产品应以中文清晰标识以下内容：
a) 本标准号；
b) 过滤件标记或型号；
c) 防护气体种类；
d) 面罩应标注类型、型号及号型；
e) 制造商名称、厂址；
f) 生产日期；
g) 有效期（过滤件）；
h) 商标（若有）；
i) 国家有关法律法规规定应有的标识。

9.3 产品说明
每个自吸式过滤式防毒面具均应在其销售的最小包装内附加产品说明，可以使用印刷品、图册提供给最终使用者，应包括但不限于以下内容：
a) 产品制造商厂名、厂址和联系资料；
b) 适用及不适用条件；
c) 佩戴指导说明；
d) 防护气体种类的详细说明，包括气体举例；
e) 装配、使用、清洁、消毒的说明和建议；
f) 制造商建议的储存条件；
g) 使用的附件和备件的详细说明（如果适用）；
h) 为合格品的声明及资料。

附 录 A
（资料性附录）
过滤件类型与原标准对照表

表 A.1 过滤件类型与原标准对照

本标准过滤件类型	本标准规定的过滤件防护气体类型	GB 2890—1995 规定的滤毒罐(盒)类型	本标准规定的过滤件标色	GB 2890—1995 规定的滤毒罐(盒)标色
A	用于防护有机气体或蒸气	3号	褐	褐
B	用于防护无机气体或蒸气	1号	灰	绿
E	用于防护二氧化硫和其他酸性气体或蒸气	7号	黄	黄
K	用于防护氨及氨的有机衍生物	4号	绿	灰

表 A.1（续）

本标准过滤件类型	本标准规定的过滤件防护气体类型	GB 2890—1995 规定的滤毒罐（盒）类型	本标准规定的过滤件标色	GB 2890—1995 规定的滤毒罐（盒）标色
CO	用于防护一氧化碳气体	5号	白	白
Hg	用于防护汞蒸气	6号	红	黑
H_2S	用于防护硫化氢气体	8号	蓝	蓝

附 录 B
（资料性附录）
测试头模主要尺寸

本标准测试中使用的测试头模主要尺寸参见表 B.1。

表 B.1 测试头模主要尺寸要求

尺寸项目	小号	中号	大号
形态面长/mm	113	122	131
面宽/mm	136	145	154
瞳孔间距/mm	57.0	62.5	68.0

附 录 C
（资料性附录）
测试要求汇总

本附录将标准中的技术要求、样品要求及预处理条件等进行汇总，见表 C.1。

表 C.1 技术要求、样品要求和预处理条件汇总

	检测内容	技术要求条款	样品数量	样品预处理条件	检测条件条款
面罩	外观	5.1.1	3	3个为未处理样	目测
	高低温适应性	5.1.2	3	3个为预处理样	6.3
	阻燃性	5.1.3	1	未处理样	6.4
	呼气阀	5.1.4	4	2个为未处理样,2个为预处理样	6.5
	泄漏率	5.1.5	4	2个为未处理样,2个为预处理样	6.6
	死腔	5.1.6	2	1个为未处理样,1个为预处理样	6.7
	视野	5.1.7	1	未处理样	6.8
	吸气阻力	5.1.8	3	未处理样	6.9
	呼气阀阻力	5.1.8	3	未处理样	6.10

表 C.1（续）

	检测内容	技术要求条款	样品数量	样品预处理条件	检测条件条款
面罩	观察眼窗	5.1.9	2	1个为未处理样,1个为预处理样	6.11
	面罩与过滤件结合强度	5.1.10	2	1个为未处理样,1个为预处理样	6.12
	头带强度	5.1.11	2	1个为未处理样,1个为预处理样	6.13
	面罩导气管	5.1.12	1	未处理样	6.14
过滤件	外观	5.2.1	8	4个为未处理样,2个为经过温度和机械强度预处理样	目测
	质量	5.2.2	4	未处理样	称量
	通气阻力	5.2.3	4	2个为未处理样,2个为经过温度和机械强度预处理样	7.5
	排尘量	5.2.4	4	2个为未处理样,2个为经过温度和机械强度预处理样	7.6
	致密性	5.2.5	4	2个为未处理样,2个为经过温度和机械强度预处理样	7.7
	强度	5.2.6	4	2个为未处理样,2个为经过温度和机械强度预处理样	7.8
	滤烟性能	5.2.7	4	2个为未处理样,2个为经过温度和机械强度预处理样	7.9
	防护时间	5.2.8	4	2个为未处理样,2个为经过温度预处理样	7.10

参 考 文 献

[1] EN 405:2002 Respiratory protective devices-Valved filtering half masks to protect against gases or gases and particles-Requirements,testing,marking

[2] EN 14387:2004 Respiratory protective devices-Gas filter(s) and combined filter(s)-Re- quirements,testing,marking

[3] EN 140:1998 Respiratory protective devices-Half masks and quarter masks-Requirements, testing,marking

[4] EN 136:1998 Respiratory protective devices-Full face masks and quarter masks-Requirements,testing,marking

4. 防护服装

防护服装 化学防护服（GB 24539—2021）

前 言

本文件按照 GB/T 1.1—2020《标准化工作导则 第1部分：标准化文件的结构和起草规则》的规定起草。

本文件代替 GB 24539—2009《防护服装 化学防护服通用技术要求》、GB 24540—2009《防护服装 酸碱类化学品防护服》和 GB/T 29511—2013《防护服装 固体颗粒物化学防护服》，与 GB 24539—2009、GB 24540—2009 和 GB/T 29511—2013 相比，除结构调整和编辑性改动外，主要技术变化如下：

a) 更改了产品分型，删除了"非气密型化学防护服-ET"，增加了"气密型化学防护服""有限泼溅化学防护服"和"织物酸碱类化学防护服"（见第4章，GB 24539—2009 的第4章）；

b) 更改了各产品类别代号，增加了"气密型化学防护服"产品类别代号为"1"，"有限泼溅化学防护服"产品类别代号为"6"，"织物酸碱类化学防护服"产品类别代号为"7"（见第4章，GB 24539—2009 的第4章）；

c) 增加了针对 1c 型、面罩非永久地连接到面具上的 1b 型（1b-ET 型）化学防护服的向内泄漏率的技术要求和测试方法[见 5.2.1 中 f）、5.2.2 中 c）、5.3.2.2、6.5 和附录 B]；

d) 删除了化学防护服整体防护性能的液体泄漏性能的技术要求及相应测试方法"化学防护服液体穿透性能测试方法"（见 GB 24539—2009 的 5.3.1.3、5.3.2.2、6.2 和附录 B）；

e) 删除了固体颗粒物化学防护服的耐固体颗粒物穿透性能的技术要求及相应测试方法（见 GB 24539—2009 的 5.3.1.3、5.3.3.5 和 6.9）；

f) 增加了有限泼溅化学防护服整体防护性能的有限液密泼溅的技术要求及其相应测试方法（见 5.3.2.5、6.8 和附录 C 中方法 3）；

g) 在面料的各项性能指标中增加了有限泼溅化学防护服的技术要求（见 5.3.3）；

h) 增加了化学防护服整体性能测试的温湿度预处理和穿戴试验的试验方法（见 6.1 和 6.2）；

i) 增加了化学防护服面料性能测试的预处理条件和测试条件（见 6.3）；

j) 完善了产品永久标识的相关内容（见 7.1，GB 24539—2009 的 7.1）；

k) 增加了气密型防护服向内泄漏率的测试方法（见附录 B）；

l) 增加了气密型化学防护服的实用性能的技术要求及测试评估方法（见附录 E）；

m) 增加了面料耐磨损和面料耐屈挠破坏性的测试方法及终点判定方法（见附录 J 和附录 F）。

请注意本文件的某些内容可能涉及专利。本文件的发布机构不承担识别专利的责任。

本文件由中华人民共和国应急管理部提出并归口。

本文件及其所替代文件的历次版本发布情况为：

——2009年首次发布为GB 24539—2009；

——本次为第一次修订，并入了GB 24540—2009《防护服装 酸碱类化学品防护服》（2009年首次发布）和GB/T 29511—2013《防护服装 固体颗粒物化学防护服》（2013年首次发布）。

1 范围

本文件规定了化学防护服的分型、分级、标识、基本技术要求和试验方法。

本文件适用于从业人员在作业场所及应急救援工作中所需要的化学防护服。

本文件不适用于消防等场合使用的化学防护服。

注1：本文件不专门提出手套、防护靴/鞋、防护面具、视窗、安全眼镜以及呼吸装置等个体防护装备的性能指标要求，除非该防护装备属于防护服整体的一部分，并提供相应的化学防护性能。

注2：本文件所涉及的防护对象包括气态、液态、固态化学物质。

2 规范性引用文件

下列文件中的内容通过文中的规范性引用而构成本文件必不可少的条款。其中，注日期的引用文件，仅该日期对应的版本适用于本文件；不注日期的引用文件，其最新版本（包括所有的修改单）适用于本文件。

GB/T 2912.1 纺织品 甲醛的测定 第1部分：游离和水解的甲醛（水萃取法）

GB/T 3820 纺织品和纺织制品厚度的测定

GB/T 3917.3 纺织品 织物撕破性能 第3部分：梯形试样撕破强力的测定

GB/T 3920 纺织品 色牢度试验 耐摩擦色牢度

GB/T 3923.1 纺织品 织物拉伸性能 第1部分：断裂强力和断裂伸长率的测定（条样法）

GB/T 4669 纺织品 机织物 单位长度质量和单位面积质量的测定

GB/T 4744 纺织品 防水性能的检测和评价 静水压法

GB/T 7573 纺织品 水萃取液pH值的测定

GB/T 8629 纺织品 试验用家庭洗涤和干燥程序

GB/T 8685 纺织品 维护标签规范 符号法

GB/T 12586 橡胶或塑料涂覆织物 耐屈挠破坏性的测定

GB/T 13640 劳动防护服号型

GB/T 13773.2 纺织品 织物及其制品的接缝拉伸性能 第2部分：抓样法接缝强力的测定

GB/T 17592 纺织品 禁用偶氮染料的测定

GB 18401 国家纺织产品基本安全技术规范

GB/T 19981.2 纺织品 织物和服装的专业维护、干洗和湿洗 第2部分：使用四氯乙烯干洗和整烫时性能试验的程序

GB/T 20655　防护服装　机械性能　抗刺穿性的测定

GB/T 21196.2—2007　纺织品　马丁代尔法织物耐磨性的测定　第2部分:试样破损的测定

GB/T 21294—2014　服装理化性能的检验方法

GB/T 23344　纺织品　4-氨基偶氮苯的测定

GB/T 23462　防护服装　化学物质渗透试验方法

ISO 15797　纺织材料　工作服检测用工业洗涤和整理规程（Textiles—Industrial washing and finishing procedures for testing of workwear）

3　术语和定义

下列术语和定义适用于本文件。

3.1

化学防护服　chemical protective clothing

用于防护化学物质对人体伤害的服装。

注：该服装可覆盖整个或绝大部分人体,至少可提供对躯干、手臂和腿部的防护。化学防护服允许是多件具有防护功能服装的组合,也可和其他的防护装备匹配使用。

3.2

全包覆式化学防护服　fully encapsulated chemical protective clothing

可完全覆盖穿着者(或完全覆盖穿着者和呼吸防护装备)并且能够提供气密和/或液密防护的服装。

3.3

非全包覆式化学防护服　non-encapsulated chemical protective clothing

提供对绝大部分人体(至少包括躯干、手臂和腿部)防护的服装,但无须覆盖穿着者使用的呼吸装备。

注：分为连体式防护服和分体式防护服。

3.4

有限次使用的化学防护服　limited use chemical protective clothing

对服装面料强度和耐磨性要求较低,仅一次性使用或者在服装未受污染前有限次数使用的防护服。

3.5

可重复使用的化学防护服　reusable chemical protective clothing

对服装面料强度和耐磨性要求较高,使用后进行必要的洗消处理,经评估,依然可提供有效防护的防护服。

3.6

气密型化学防护服　gas-tight chemical protective suits

带有头罩、视窗和手足部防护的单件化学防护服,当配套适宜的呼吸防护装备时,能够防护较高水平的有毒有害化学物质(气态、液态和固态颗粒物等)。

3.7

应急救援响应队伍用的化学防护服　chemical protective clothing for emergency

response team

应急救援工作中作业人员所穿着的化学防护服类型。

注：应急救援响应队伍用的化学防护服用缩略语"ET"表示，如：气密型化学防护服-ET，喷射液密型化学防护服-ET。

3.8

气密型化学防护服-ET gas-tight chemical protective suits for emergency response team

应急救援工作中作业人员穿着的，带有头罩、视窗和手足部防护的，能够防护气态、液态和固态颗粒等有毒有害化学物质的单件化学防护服类型。

3.9

液密型化学防护服 liquid tight chemical protective clothing

防护液态化学物质的防护服。

注：防护服各部件之间，以及与其配套使用的头罩、手套、鞋靴、面屏或呼吸防护等装备之间，保持液密连接的全身性防护服。可以是单件连体服、上下身分体式的套装，或者配套头罩、面屏、袜靴、套靴、手套等。

3.10

喷射液密型化学防护服 liquid jet tight chemical protective clothing

防护具有较高压力液态化学物质的全身性防护服。

注：防护服各部件之间，以及与其配套使用的头罩、手套、鞋靴、面屏或呼吸防护等装备之间，保持喷射液密连接。可以是单件连体服、上下身分体式的套装，或者配套有头罩、面屏、袜靴、套靴、手套等。

3.11

泼溅液密型化学防护服 liquid spray tight chemical protective clothing

防护具有较低压力或者无压力液态化学物质的全身性防护服。

注：防护服各部件之间，以及与其配套使用的头罩、手套、鞋靴、面屏或呼吸防护等装备之间，保持泼溅液密连接。可以是单件连体服、上下身分体式的套装，或者配套有头罩、面屏、袜靴、套靴、手套等。

3.12

固体颗粒物化学防护服 chemical protective clothing providing protection against airborne solid particulate

防护作业场所空气中固态化学颗粒物的全身性防护服。

注：可以配有或者不配有手套、靴套。

3.13

有限泼溅型化学防护服 limited liquid spray chemical protective clothing

能够对液态化学物质进行有限防护的全身性防护服。

注：防护服各部件之间，以及与其配套使用的头罩、手套、鞋靴、面屏或呼吸防护等装备之间，保持有限泼溅液密连接。可以是单件连体服、上下身两件的套装，或者配套有头罩、袜靴、套靴等。

3.14

织物酸碱类化学防护服 woven material liquid acid and alkali chemical protective clothing

由机织面料构成，能够防护液态酸性、或/和碱性化学品（不包括氢氟酸、氨水和有机酸碱）的防护服。

注：织物酸碱类化学防护服根据防护酸碱的类型，分为：无机酸类、无机碱类和无机酸碱类。

3.15
面料　clothing materials

提供防护性能的化学防护服单层材料或多层材料的组合。

3.16
渗透　permeation

化学物质分子透过防护材料的过程,即化学物质分子被材料吸附、在材料内的扩散以及从材料另一面析出的过程。

3.17
穿透　penetration

化学物质通过材料、接缝、针孔或者其他瑕疵透过防护服装材料的过程。

3.18
标准沾污面积　calibrated stain area

将一定量的特定测试溶液滴加到测试用指示服表面所形成的最小显色面积。

4 分型及代号

根据防护对象和整体防护性能,化学防护服按表1分型。

表1 分型及代号

化学防护服分型	气密型		液密型			固体颗粒物化学防护服	有限泼溅化学防护服	织物酸碱类化学防护服
	气密型化学防护服	气密型化学防护服-ET	喷射液密型化学防护服	喷射液密型化学防护服-ET	泼溅液密型化学防护服			
类别代号	1 (1a、1b、1c)	1-ET (1a-ET、1b-ET)	3	3-ET	4	5	6	7
注：国际标准中的非气密型化学防护服类型(2型和2-ET型)几乎没有实际应用,未来发展趋势也将被逐步取消,所以本文件不再列出。								

5 技术要求

5.1 一般要求

化学防护服的设计和选材应考虑满足：

a) 化学防护服及其他组成部分的材料应无皮肤刺激性或其他有害的健康效应,不应释放任何有害物质影响或刺激呼吸系统。

b) 化学防护服应在保证防护性的前提下充分考虑其舒适性及穿脱的方便性。可通过考核材料透气性等指标来评价面料的舒适性。在保证防护性能和材料强度的前提下,应采用单位面积质量小的材料。

c) 化学防护服结构设计应充分考虑与其他必要个体防护装备的兼容性和配套性。

5.2 设计要求

5.2.1 气密型化学防护服

气密型化学防护服(1型)设计应符合：

a) 应采用全包覆式化学防护服设计，即能够提供对穿着者躯干、头部、眼面部、手臂、手部、腿部和脚的整体防护。

b) 气密型化学防护服分为1a、1b和1c型。
1a型：内置自给式呼吸器的气密型化学防护服；
例如，自给式压缩空气呼吸器内置型化学防护服；
1b型：外置自给式呼吸器的气密型化学防护服；
例如，自给式压缩空气呼吸器外置型化学防护服；
1c型：通过外部呼吸气源向防护服内提供正压的气密型化学防护服；
例如，长管供气型气密型防护服。

c) 所有1型化学防护服均应采用具有抗化学渗透性能的面料，并通过自给式（防护服内置或外置）呼吸器或其他外部供气装置给人员提供呼吸用清洁气源。

d) 1a和1c型化学防护服应安装2个及以上单向排气阀，1b型化学防护服应安装1个及以上单向排气阀，要求在从化学防护服内部向环境排气时，能完全阻止外部气体逆向流入。

e) 在眼面部设计具有化学防护功能的透明视窗，以满足穿着人员的观察需求，如有必要，制造商应提供面屏的除雾措施。

f) 1型化学防护服每件产品均应通过整体气密性测试。此外，面罩未永久固定在服装上的1b型以及1c型化学防护服还应通过向内泄漏率测试。

g) 允许在化学防护服装外面另行穿着/佩戴防护服、防护手套和/或防护靴/鞋，以满足化学防护服所有性能要求。所有组合的各部分及其各层材料应视为化学防护服整体进行测试。

5.2.2 气密型化学防护服-ET

气密型化学防护服-ET（1-ET型）设计应符合：

a) 采用全包覆式化学防护服设计，即能够提供对穿着者躯干、头部、眼面部、手臂、手部、腿部和脚的整体防护。

b) 气密型化学防护服1-ET型分为1a-ET和1b-ET型，通过自给式呼吸器（内置或外置）给人员提供呼吸用清洁气源。
1a-ET型：内置自给式呼吸器的气密型化学防护服-ET；
1b-ET型：外置自给式呼吸器的气密型化学防护服-ET。

c) 每件产品均应通过整体气密性测试。此外，面罩未永久固定在服装上的1b-ET型化学防护服还应通过向内泄漏率测试。

d) 1a-ET型化学防护服应安装2个及以上单向排气阀，1b-ET型化学防护服应安装1个及以上单向排气阀，要求在从化学防护服内部向环境排气时，能完全阻止外部气体逆向流入。

e) 在眼面部设计具有化学防护功能的透明视窗，以满足穿着人员观察的需求。

f) 允许通过在化学防护服外面另行穿着/佩戴防护服、防护手套和或防护靴/鞋以满足化学防护服所有性能要求。所有涉及组合的多层材料应作为一个整体进行测试。

5.2.3 喷射液密型化学防护服和喷射液密型化学防护服-ET

喷射液密型化学防护服(3型)和喷射液密型化学防护服-ET(3-ET型)设计应符合：
a) 应至少提供对穿着者躯干、头部、手臂和腿部的防护；
b) 化学防护服面料应满足化学物质穿透和渗透性能要求；
c) 化学防护服应通过液密喷射试验。

5.2.4 泼溅液密型化学防护服

泼溅液密型化学防护服(4型)设计应符合：
a) 应至少提供对穿着者躯干、头部、手臂和腿部的防护；
b) 化学防护服面料应满足化学物质耐压穿透或渗透性能要求；
c) 化学防护服应通过液密泼溅试验。

5.2.5 固体颗粒物化学防护服

固体颗粒物化学防护服(5型)设计应符合：
a) 应至少提供对穿着者躯干、头部、手臂和腿部的防护；
b) 化学防护服面料应满足防止化学固体颗粒物穿透的要求；
c) 化学防护服整体应通过固体颗粒物向内泄漏率试验。

5.2.6 有限泼溅型化学防护服

有限泼溅型化学防护服(6型)设计应符合：
a) 至少提供对穿着者躯干、手臂和腿部的防护；
b) 化学防护服面料应满足拒液性能的要求；
c) 防护服应通过有限液体泼溅试验。

5.2.7 织物酸碱类化学防护服

织物酸碱类化学防护服(7型)设计应符合：
a) 便于穿脱，有利于作业时的肢体活动和穿着者的安全与卫生，不影响人体正常生理要求；
b) 连体式或上下装分身式结构；
c) 连体式防护服应"领口紧、袖口紧、裤脚紧"；分身式防护服上衣应"领口紧、袖口紧和下摆紧"，裤子应为紧口裤；
d) 防护服各部分的结合部位、与其他防护装备搭配使用的结合部位应严密、合理、防止酸碱侵入；
e) 服装上应无可积存酸碱的明衣袋等结构，但可以有内衣袋；
f) 附件应便于连接和脱开、材质应耐腐蚀。

5.3 性能要求

5.3.1 总则

所有化学防护服的服装及其面料应对表2中所列项目进行评估。

作为气密型化学防护服(1型)和气密型化学防护服-ET(1-ET型)整体防护一部分的化学防护手套、化学防护视窗和化学防护靴/鞋，若提供化学防护的材料和防护服面料不同，应对表3中所列项目评估。

化学防护服接缝性能应对表 4 中所列项目评估。

除特别说明外,所有测试项目的性能指标应不低于 1 级。

表2 服装整体防护性能、面料化学防护性能和面料物理防护性能评估项目

性能类别	测试项目	化学防护服类别							
		气密型化学防护服		液密型化学防护服			固体颗粒物化学防护服	有限泼溅型化学防护服	织物酸碱类化学防护服
		气密型化学防护服	气密型化学防护服-ET	喷射液密型化学防护服	喷射液密型化学防护服-ET	泼溅液密型化学防护服			
类别代号		1	1-ET	3	3-ET	4	5	6	7
化学防护服整体防护性能	气密性	✓	✓						
	向内泄漏率	✓	✓						
	液密喷射			✓	✓				
	液密泼溅					✓			
	有限液密泼溅							✓	✓
	固体颗粒物向内泄漏率						✓		
	实用性能	✓	✓						
面料化学防护性能	渗透性能	✓	✓	✓	✓	✓			
	穿透时间								✓
	液体耐压穿透性能	✓	✓	✓					
	耐液态静压力								✓
	拒液性能					✓		✓	✓

表 2（续）

性能类别	测试项目	化学防护服类别							
		气密型化学防护服		液密型化学防护服			固体颗粒物化学防护服	有限泼溅型化学防护服	织物酸碱类化学防护服
		气密型化学防护服	气密型化学防护服-ET	喷射液密型化学防护服	喷射液密型化学防护服-ET	泼溅液密型化学防护服			
类别代号		1	1-ET	3	3-ET	4	5	6	7
面料化学防护性能	耐干摩擦色牢度								√
	甲醛								√
	pH 值								√
	可分解致癌芳香胺染料								√
	异味								√
面料物理防护性能	耐磨损性能	√	√	√	√	√	√	√	
	耐屈挠破坏性能	√	√	√	√	√	√	√	
	抗刺穿性能	√	√	√	√	√	√	√	
	耐低温耐高温性能	√	√	√	√	√	√	√	
	撕破强力	√	√	√	√	√	√	√	√
	断裂强力	√	√	√	√	√	√	√	√
	强力下降率								√

表 2（续）

性能类别	测试项目	化学防护服类别					固体颗粒物化学防护服	有限泼溅型化学防护服	织物酸碱类化学防护服
		气密型化学防护服		液密型化学防护服					
		气密型化学防护服	气密型化学防护服-ET	喷射液密型化学防护服	喷射液密型化学防护服-ET	泼溅液密型化学防护服			
类别代号		1	1-ET	3	3-ET	4	5	6	7

注1：标注"√"的项目，即为该类型防护服必须符合的技术要求。
注2：标注空白的项目，即为该类型防护服无须符合的技术要求。
注3：对于向内泄漏率测试，1a(或1a-ET)不需做此项检测；1b(或1b-ET)只有当面罩未永久固定在服装上时，需做此项检测；1c需做此项检测。

表3 化学防护视窗、手套和化学防护靴/鞋材料评估项目

部件类别	测试项目	化学防护服类别					固体颗粒物化学防护服	有限泼溅型化学防护服	织物酸碱类化学防护服
		气密型化学防护服		液密型化学防护服					
		气密型化学防护服	气密型化学防护服-ET	喷射液密型化学防护服	喷射液密型化学防护服-ET	泼溅液密型化学防护服			
类别代号		1	1-ET	3	3-ET	4	5	6	7
化学防护视窗	渗透性能	√	√						
	抗刺穿性能	√	√						
化学防护手套	渗透性能	√	√						
	液体耐压穿透性能	√	√						
化学防护靴/鞋	渗透性能	√	√						
	液体耐压穿透性能	√	√						

注1：标注"√"的项目，即为该类型防护服必须符合的技术要求。
注2：标注空白的项目，即为该类型防护服无须符合的技术要求。

表 4 接缝性能评估项目

部件类别	测试项目	化学防护服类别							
		气密型化学防护服		液密型化学防护服			固体颗粒物化学防护服	有限泼溅型化学防护服	织物酸碱类化学防护服
		气密型化学防护服	气密型化学防护服-ET	喷射液密型化学防护服	喷射液密型化学防护服-ET	泼溅液密型化学防护服			
类别代号		1	1-ET	3	3-ET	4	5	6	7
接缝性能	渗透性能	√	√	√	√	√			
	液体耐压穿透性能	√	√	√	√				
	接缝强力	√	√	√	√	√	√	√	√

注1：标注"√"的项目，即为该类型防护服必须符合的技术要求。
注2：标注空白的项目，即为该类型防护服无须符合的技术要求。

5.3.2 服装整体防护性能
5.3.2.1 整体气密性
按 6.4 的规定，对气密型化学防护服和气密型化学防护服-ET 进行整体气密性测试，4 min 内压力下降应不大于测试压的 20%。

5.3.2.2 向内泄漏率
按照 6.5 的规定进行测试，1c 型化学防护服向内泄漏率应不大于 0.05%。1b 型（1b-ET 型）化学防护服，当面罩未永久地连接到面具上时，应进行向内泄漏测试，并且面罩目镜凹陷处的向内泄漏率应不大于 0.05%。

5.3.2.3 液密喷射
按 6.6 的规定，对喷射液密型化学防护服和喷射液密型化学防护服-ET 进行整体液密喷射性能测试，指示服上穿透液体形成的沾污面积应小于 3 倍的标准沾污面积。

5.3.2.4 液密泼溅
按 6.7 的规定，对泼溅液密型化学防护服进行整体液密泼溅性能测试，指示服上穿透液体形成的沾污面积应小于 3 倍的标准沾污面积。

5.3.2.5 有限液密泼溅
按 6.8 的规定，对有限泼溅型化学防护服和织物酸碱类化学防护服进行整体有限液密泼溅性能测试，指示服上穿透液体形成的沾污面积应小于 3 倍的标准沾污面积。

5.3.2.6 固体颗粒物向内泄漏率
按 6.9 的规定，对固体颗粒物化学防护服进行固体颗粒物向内泄漏率的测试。固体颗粒物向内泄漏率 $L_{jmn,82/90} \leqslant 30\%$；单件防护服的总向内泄漏率 $L_{S,8/10} \leqslant 15\%$。

注1：$L_{jmn,82/90}$：以百分比表示的向内泄漏率。82/90指的是所有90个泄漏率按从小到大的顺序排列，取第82个向内泄漏率。90个数据包括全部试验动作、采集点和测试样品的向内泄漏率。

注2：$L_{S,8/10}$：单件防护服的总向内泄漏率。8/10指10件防护服样品的向内泄漏率按从小到大顺序排列的第8个数值。

注3：如果测试的防护服样品超过10件，$L_{jmn,82/90}$数据取在所有泄漏率按从小到大的顺序排列，91%处选取；$L_{S,8/10}$数据取在所有向内泄漏率按从小到大顺序排列，80%处选取。

5.3.2.7 实用性能

按6.10的规定，对气密型化学防护服和气密型化学防护服-ET进行整体实用性能测试评估。

实用性能测试过程中，化学防护服不应限制受试者完成任何规定动作；

受试者应在距离6 m之外，读出由四个高100 mm、宽20 mm的随机字符组成的标记。如果化学防护服头罩与受试者眼镜之间的距离不固定，测试过程中头罩或面屏应固定在某一个典型位置；

如果以下因素限制受试者完成实用性能测试的任何一项动作的完成，受试者应对相关因素进行主观评价并记录。

——背带舒适性。
——连接件和接头的安全性。
——控制部件和压力表的操作方便性（如果有）。
——面罩或面屏的视觉清晰度。
——护目面屏的环视视野。
——服装舒适性。
——话语交流的方便性。
——受试者指出的其他方面。

5.3.3 面料的化学防护性能

5.3.3.1 渗透性能

按6.11的规定，选择表5所列化学物质进行化学防护服面料的渗透性能测试。根据透过时间测试结果的最小值按表6进行分级、标识。具体要求如下：

a) 对于气密型化学防护服-ET(1-ET型)，应至少选择表5中15种化学物质进行测试，所测15种化学物质的渗透性能均应不低于3级。15种化学物质的测试结果均应在生产商的产品技术说明书中列出。

b) 对于气密型化学防护服(1型)，应选择表5中15种化学物质进行测试，至少12种化学物质的渗透性能不低于3级，15种化学物质的测试结果应在生产商的产品技术说明书中列出。

c) 对于喷射液密型化学防护服-ET(3-ET型)，应选择表5中15种化学物质进行测试，至少12种化学物质的渗透性能不低于2级，所有15种化学物质的测试结果均应在生产商的产品技术说明书中列出。

d) 对于喷射液密型化学防护服(3型)，应选择表5中至少1种化学物质进行测试，渗透性能不低于3级。

e) 对于泼溅液密型化学防护服(4型)，应选择表5中至少1种化学物质进行测试，渗透性能不低于 1 级。

f) 如防护服标明能够防护表 5 所列之外的其他化学物质,生产商应对该化学物质进行渗透性能测试,并将测试结果在产品技术说明书中列出。

表 5 渗透性能测试用化学物质

序号	化学物质名称(中文/英文)		CAS 编号	物理状态
1	丙酮	Acetone	67-64-1	液态
2	乙腈	Acetonitrile	75-05-8	液态
3	二硫化碳	Carbon disulfide	75-15-0	液态
4	二氯甲烷	Dichloromethane	75-09-02	液态
5	二乙胺	Diethylamine	109-89-7	液态
6	乙酸乙酯	Ethyl acetate	141-78-6	液态
7	正己烷	n-Hexane	110-54-3	液态
8	甲醇	Methanol	67-56-1	液态
9	氢氧化钠(质量分数 30%)	Sodium hydroxide, 30%	1310-73-2	液态
10	硫酸(质量分数 96%)	Sulfuric acid, 96%	7664-93-9	液态
11	四氢呋喃	Tetrahydrofuran	109-99-9	液态
12	甲苯	Toluene	108-88-3	液态
13	氨气(无水,体积分数 99.99%)	Ammonia gas	7664-41-7	气态
14	氯气(体积分数 99.5%)	Chlorine gas	7782-50-5	气态
15	氯化氢(体积分数 99.0%)	Hydrogen chloride gas	7647-01-0	气态

表 6 渗透性能分级

级别	标准透过时间 min
1	≥10
2	≥30
3	≥60
4	≥120
5	≥240
6	≥480

5.3.3.2 液体耐压穿透性能

按 6.12 的规定,应至少选择表 5 中 3 种液态化学物质,对气密型化学防护服(1 型)、气密型化学防护服-ET(1-ET 型)、喷射液密型化学防护服(3 型)、喷射液密型化学防护服-ET(3-ET 型)的面料进行测试。根据液体耐压穿透性能测试结果最低值按表 7 分级;面料的液态耐压穿透性能应不低于 1 级。

表 7 液体耐压穿透性能分级

级别	液体穿透压力值 kPa
1	>3.5
2	>7
3	>14
4	>21
5	>28
6	>35

5.3.3.3 穿透时间

按6.13的规定对织物酸碱类化学防护服进行测试,有接缝和无接缝部位的穿透时间均应满足表8的要求。

表 8 织物酸碱类化学防护服面料穿透时间

级别		1	2	3
穿透时间 min	洗后	≥3	≥5	≥10
	洗前	≥30		

5.3.3.4 耐液体静压力

按6.14的规定对织物酸碱类化学防护服进行测试,洗后耐液体静压力应符合表9的要求。

表 9 耐液体静压力

级别	耐液体静压力值 p Pa
1	≥175
2	≥520
3	≥1 020

5.3.3.5 拒液性能

按6.15的规定,对防护服面料的拒液性能进行测试。根据拒液指数最小值和穿透指数最大值,按表10进行分级、标识。

泼溅液密型化学防护服(4型)、有限泼溅型化学防护服(6型)的面料拒液性能应不低于1级,穿透指数不低于1级,应至少选择表11中1种化学物质进行测试。

织物酸碱类化学防护服的面料拒液性能应不低于2级(洗前和洗后)。应选择表12中与产品标明的防护对象对应的酸和/或碱试剂进行测试。

表 10 拒液和液体穿透性能分级

级别	拒液指数	穿透指数
1	>80%	<10%
2	>90%	<5%
3	>95%	<1%

表 11 拒液性能测试用化学物质

化学物质	浓度
硫酸	30%(质量分数)
氢氧化钠	10%(质量分数)
正丁醇	分析纯
邻二甲苯	分析纯

表 12 织物酸碱类防护服拒液性能测试用化学物质

化学物质	浓度
硫酸	80%(质量分数)
氢氧化钠	30%(质量分数)
盐酸	30%(质量分数)
硝酸	40%(质量分数)

5.3.3.6 耐干摩擦色牢度

按 6.16 的规定对织物酸碱类化学防护服(7 型)进行测试,耐干摩擦色牢度应不小于 3 级。

5.3.3.7 甲醛含量

按 6.17 的规定对织物酸碱类化学防护服(7 型)进行测试,甲醛含量应不大于 75 mg/kg(直接接触皮肤),或应不大于 300 mg/kg(非直接接触皮肤)。

5.3.3.8 pH 值

按 6.18 的规定对织物酸碱类化学防护服(7 型)进行测试,pH 值应在 4.0 至 8.5 之间。

5.3.3.9 可分解致癌芳香胺染料

按 6.19 的规定对织物酸碱类化学防护服(7 型)进行测试,服装材料应禁用 GB 18401 中所列可分解致癌芳香胺染料。

5.3.3.10 异味

按 6.20 的规定对织物酸碱类化学防护服(7 型)进行测试,应无异味。

5.3.4 面料的物理防护性能

5.3.4.1 耐磨损性能

按 6.21 的规定,进行面料耐磨损性能测试。测试压力 9 kPa,根据面料损坏所需循环次数测试结果按照表 13 分级、标识。面料的耐磨性能要求如下:

a) 气密型化学防护服(1型)、气密型化学防护服-ET(1-ET型,包括可重复使用的化学防护服和有限次使用的化学防护服)、喷射液密型化学防护服(3型)和喷射液密型化学防护服-ET(3-ET型),耐磨损性能应不低于3级;

b) 泼溅液密型化学防护服(4型)、固体颗粒物化学防护服(5型)、有限泼溅型化学防护服(6型),耐磨损性能应不低于1级。

表13 耐磨损性能分级

级别	产生损坏所需循环次数
1	>10
2	>40
3	>100
4	>400
5	>1 000
6	>2 000

5.3.4.2 耐屈挠破坏性能

按6.22的规定,进行面料耐屈挠破坏性能测试。根据屈挠破坏循环次数测试结果平均值按表14分级、标识。面料的耐屈挠破坏性能要求如下:

a) 可重复使用的气密型化学防护服-ET(1-ET型)的面料耐屈挠破坏性能均应不低于4级;

b) 气密型化学防护服-ET(1-ET,有限次使用的)、1型、3-ET型、3型、4型、5型和6型化学防护服的面料耐屈挠破坏性能应不低于1级。

表14 耐屈挠破坏性能分级

级别	循环次数
1	>500
2	>1 250
3	>3 000
4	>8 000
5	>20 000
6	>50 000

5.3.4.3 撕破强力

按6.23的规定,进行面料撕破强力测试。

对于非织物化学防护服,面料撕破强力测试结果平均值按表15分级、标识。面料的撕破强力要求如下:

a) 气密型化学防护服(1型)、气密型化学防护服-ET(1-ET型,包括可重复使用的化学防护服和有限次使用的化学防护服),面料撕破强力应不低于3级;

b) 喷射液密型化学防护服(3型)、喷射液密型化学防护服-ET(3-ET型)、泼溅液密型化学防护服(4型)、固体颗粒物化学防护服(5型)、有限泼溅型化学防护服(6型)，面料撕破强力应不低于1级。

对于织物酸碱类化学防护服，面料撕破强力应不小于147 N(经向)和49 N(纬向)。

表15 撕破强力分级

级别	撕破强力 N
1	＞10
2	＞20
3	＞40
4	＞60
5	＞100
6	＞150

5.3.4.4 断裂强力

按6.24的规定，进行化学防护服面料的断裂强力测试。

对于非织物化学防护服，根据面料断裂强力测试结果的平均值按表16分级、标识。面料的断裂力要求如下：

a) 可重复使用的气密型化学防护服-ET(1-ET型)，面料断裂强力应不低于4级；
b) 气密型化学防护服(1型)、有限次使用的气密型化学防护服-ET(1-ET型)，面料断裂强力应不低于3级；
c) 喷射液密型化学防护服(3型)、喷射液密型化学防护服-ET(3-ET型)、泼溅液密型化学防护服(4型)、固体颗粒物化学防护服(5型)、有限泼溅型化学防护服(6型)，面料断裂强力应不低于1级。

对于织物酸碱类化学防护服，面料的断裂强力不应小于980 N(经向)和490 N(纬向)。

表16 断裂强力分级

级别	断裂强力 N
1	30
2	60
3	100
4	250
5	500
6	1 000

5.3.4.5 织物酸碱类防护服面料断裂强力下降率

按 6.25 的规定测试,织物酸碱类化学防护服面料的强力下降率应不大于 30%。

5.3.4.6 抗刺穿性能

按 6.26 的规定测试,根据面料抗刺穿力测试结果平均值按表 17 分级、标识。面料的抗刺穿性能要求如下:

a) 气密型化学防护服-ET(1-ET 型,包括可重复使用化学防护服的和有限次使用的化学防护服)和气密型化学防护服(1 型),面料抗刺穿强力应不低于 2 级;

b) 喷射液密型化学防护服(3 型)、喷射液密型化学防护服-ET(3-ET 型)、泼溅液密型化学防护服(4 型)、固体颗粒物化学防护服(5 型)、有限泼溅型化学防护服(6 型),面料抗刺穿强力应不低于 1 级。

表 17 抗刺穿性能分级

级别	抗刺穿强力 N
1	>5
2	>10
3	>50
4	>100
5	>150
6	>250

5.3.4.7 耐高温性能

按 6.27 规定,面料经过 70 ℃ 预处理 8 h 后,面料断裂强力下降应不大于 30%。

5.3.4.8 耐低温性能

按 6.27 规定,面料经过 −30 ℃ 预处理 8 h 后,面料断裂强力下降应不大于 30%。

5.3.5 防护视窗、化学防护手套和化学防护靴/鞋材料性能要求

5.3.5.1 防护视窗

5.3.5.1.1 渗透性能

视窗材料渗透性能的测试、分级应符合 5.3.3.1 的要求。

气密型化学防护服 1-ET 型的视窗材料应至少选择表 5 中 15 种化学物质进行测试,15 种化学品的渗透性能均应不低于 3 级。

气密型化学防护服 1 型的视窗材料应选择表 5 中 15 种化学物质进行测试,至少 12 种化学物质的渗透性能不低于 3 级。15 种化学物质的测试结果应在生产商的产品技术说明书中列出。

5.3.5.1.2 抗刺穿性能

视窗材料抗刺穿性能的测试、分级应符合 5.3.4.6 的要求。

气密型化学防护服 1-ET 型(包括可重复使用的化学防护服和有限次使用的化学防护服)和气密型化学防护服 1 型,视窗材料的抗刺穿性能应不低于 3 级。

5.3.5.2 化学防护手套、化学防护靴/鞋

5.3.5.2.1 化学防护手套、化学防护靴/鞋材料的渗透性能

防护手套、防护靴/鞋材料渗透性能的测试、分级应符合 5.3.3.1 的要求。

气密型化学防护服 1-ET 型的防护手套、防护鞋/靴材料,应选择表 5 中 15 种化学物质进行测试,15 种化学品的渗透性能均应不低于 3 级。

气密型化学防护服 1 型的防护手套、防护鞋/靴材料,应选择表 5 中 15 种化学物质进行测试,至少 12 种化学物质的渗透性能不低于 3 级。15 种化学物质的测试结果应在生产商的产品技术说明书中列出。

5.3.5.2.2 化学防护手套、化学防护靴/鞋材料的液体耐压穿透性能

防护手套、防护靴/鞋材料的液体耐压穿透性能的测试、分级应符合 5.3.3.2 的要求。

气密型化学防护服 1 型和气密型化学防护服 1-ET 型的化学防护手套材料和化学防护靴/鞋材料,应选择表 5 中 3 种液态化学物质进行测试,液体耐压穿透性能应不低于 1 级。

5.3.6 接缝性能的要求

5.3.6.1 渗透性能

化学防护服接缝渗透性能的测试、分级应符合 5.3.3.1 的要求。

气密型化学防护服 1-ET 型的接缝,应选择表 5 中 15 种化学物质进行测试,15 种化学品的渗透性能均应不低于 3 级。

气密型化学防护服 1 型的接缝,应选择表 5 中 15 种化学物质进行测试,至少 12 种化学品渗透性能应不低于 3 级。

喷射液密型化学防护服 3-ET 型的接缝,应选择表 5 中 15 种化学物质进行测试,至少 12 种化学物质的渗透性能不低于 2 级。

喷射液密型化学防护服 3 型的接缝,应选择表 5 中至少 1 种化学物质进行测试,渗透性能应不低于 3 级。

泼溅液密型化学防护服 4 型的接缝,应选择表 5 中至少 1 种化学物质进行测试,渗透性能不低于 1 级。

5.3.6.2 液体耐压穿透性能

防护服接缝液体耐压穿透性能的测试、分级应符合 5.3.3.2 的要求。

气密型化学防护服 1-ET 型,气密型化学防护服 1 型,喷射液密型化学防护服 3-ET 型、喷射液密型化学防护服 3 型应至少选择表 5 中 3 种液态化学物质进行测试,液体耐压穿透性能应不低于 1 级。

5.3.6.3 接缝强力

按 6.28.1 的规定,进行化学防护服(7 型除外)接缝强力测试,并按表 18 进行分级。

如果一件衣服有不同类型的接缝,例如车缝、贴条接缝或热焊接接缝,每种接缝都要进行单独取样测试并取平均值,根据最低的接缝类型的强度,进行分级。

气密型化学防护服 1 型和气密型化学防护服 1-ET 型(包括可重复使用的化学防护服和有限次使用的化学防护服),接缝强力应不低于 5 级。喷射液密型化学防护服 3 型、喷射液密型化学防护服 3-ET 型、泼溅液密型化学防护服 4 型、固体颗粒物化学防护服 5 型、有限泼溅型化学防护服 6 型,接缝强力应不低于 1 级。

表 18 接缝强力分级

级别	接缝强力 N
1	>30
2	>50
3	>75
4	>125
5	>300
6	>500

按 6.28.2 的规定测试,织物酸碱类化学防护服(7 型)的接缝断裂强力应不小于 98 N。

6 试验方法

6.1 服装整体防护性能温湿度预处理

化学防护服整体性能测试之前,应按如下顺序进行温湿度预处理:
a) 在(−30±3)℃条件下预处理,不少于 4 h,之后恢复至室温;
b) 在(60±3)℃、相对湿度(95±4)％条件下预处理,不少于 4 h,之后恢复至室温。

如果产品不适用于上述温湿度条件,生产厂商应给出推荐的预处理温湿度条件,并在产品技术资料中注明该产品适用的温湿度范围。

6.2 穿戴试验

当化学防护服整体性能测试之前需要进行样品的穿戴试验时,受试者应按附录 E 中步骤 C 的活动内容进行 3 次。

受试者身体尺寸应适合被测服装规格。

6.3 面料性能测试预处理和测试条件

6.3.1 预处理

对于可重复使用的非织物类化学防护服或面料,如果标明了清洗方法,在进行各项面料性能的测试之前,应按照生产商推荐的清洗方式清洗 5 次(或者生产商推荐的清洗次数),除非测试方法另有说明。

对于织物酸碱类化学防护服或面料,应按照 GB/T 8629 中规定的 A 型自动洗衣机、使用中性洗涤剂(pH 值为 7.0～7.5),使用正常搅拌方式洗涤 4.0 h,漂洗 3 h,并悬挂干燥,漂洗过程中应换水两次,每次换水前脱水 2 min;或者按照 GB/T 8629 中规定的 A 型自动洗衣机、使用中性洗涤剂、4 N 程序洗涤 16 次,并悬挂干燥。

所有样品应在(20±2)℃,相对湿度(65±4)％的环境下调节 24 h。测试前 10 min 取用。除非测试方法另有说明。

6.3.2 测试环境条件

面料的各项性能测试应在(20±2)℃,相对湿度(65±4)％环境下进行,除非测试方法另有说明。

6.4 整体气密性测试

按附录 A 的规定进行。

6.5 向内泄漏率测试

按附录 B 的规定进行。

6.6 液密喷射性能测试

测试前,按 6.2 的规定进行穿戴试验,如不能通过穿戴试验,则停止后续测试。
按附录 C 方法 1 的规定进行。

6.7 液密泼溅性能测试

测试前,按 6.2 的规定进行穿戴试验,如不能通过穿戴试验,则停止后续测试。
按附录 C 方法 2 的规定进行。

6.8 有限液密泼溅性能测试

测试前,按 6.2 的规定进行穿戴试验,如不能通过穿戴试验,则停止后续测试。
按附录 C 方法 3 的规定进行。

6.9 颗粒物向内泄漏测试

按附录 D 的规定进行。
测试前,按附录 E 的 E.3(步骤 C)进行穿着测试,如不能通过测试,则停止后续测试。

6.10 实用性能测试评估

按 E.1(步骤 A)和 E.2(步骤 B)的规定进行。
实用性能测试应取 2 件化学防护服进行测试,其中 1 件为经过 6.1 温湿度预处理后的样品。
如果预期将应用于某些地区,测试可在特定的其他条件下进行。
进行实用性能测试评估前,应核查受试者的病史或对其进行基本医学检查,以确保受试者的身体状况可以从事此类试验,并满足试验的作业强度和相应要求;应记录受试者的姓名、年龄、性别、身高和体重等信息。选定受试者应属于产品使用说明书中规定的适用人群类型,符合国家有关规定和测试要求。

6.11 渗透性能测试

按 GB/T 23462 的规定进行。

6.12 液体耐压穿透性能测试

按附录 F 的规定进行。

6.13 穿透时间测试

织物酸碱类化学防护服面料(7 型)穿透时间的测试按附录 G 的规定进行。

6.14 耐液体静压力测试

织物酸碱类化学防护服面料(7 型)耐液体静压力的测试按附录 H 的规定进行。

6.15 拒液性能测试

按附录 I 的规定进行。

6.16 耐干摩擦色牢度测试

织物酸碱类化学防护服(7 型)面料耐干摩擦色牢度按 GB/T 3920 进行测试。

6.17 甲醛含量测试

织物酸碱类化学防护服(7 型)面料甲醛含量按 GB/T 2912.1 进行测试。

6.18 pH值测试

织物酸碱类化学防护服(7型)面料pH值按GB/T 7573进行测试。

6.19 可分解致癌芳香胺染料的测试

从织物酸碱类化学防护服(7型)面料和服装衬里的不同部位分别选取样品,按GB/T 17592和GB/T 23344规定的方法进行测试。一般先按GB/T 17592测试,当检出苯胺和1,4-苯二胺时,再按GB/T 23344测试。可分解致癌芳香胺染料清单见GB 18401,限量值≤20 mg/kg。

6.20 异味的测试

织物酸碱类化学防护服(7型)面料异味按GB 18401规定的方法测试。

6.21 耐磨损性能测试

按附录J的规定进行测试和终点判定。

6.22 耐屈挠破坏性能测试

按附录K的规定进行测试和终点判定。

6.23 撕破强力测试

按GB/T 3917.3的规定进行。

6.24 断裂强力测试

按GB/T 3923.1条样法的规定进行。

6.25 织物酸碱类防护服面料断裂强力下降率的测试

6.25.1 原理

通过防护服服料未浸试剂和浸过试剂后的平均断裂强力F_a、F_b,可计算出服料经试剂浸泡后的强力下降率。

6.25.2 试剂的选择

选择与产品标明的防护对象对应的酸和/或碱作为测试试剂。无机酸类防护服应取80%硫酸、30%盐酸、40%硝酸分别进行测试;无机碱类防护服应取30%氢氧化钠进行测试;无机酸碱类防护服应取80%硫酸、30%盐酸、40%硝酸、30%氢氧化钠分别进行测试。

6.25.3 测试条件

温度:17 ℃~30 ℃;相对湿度:(65±5)%。

6.25.4 准备试样

按GB/T 3923.1的规定将防护服服料裁成规定尺寸和数量的试样。

用试剂浸泡试样5 min,清洁后按照制造商说明书要求晾干。

6.25.5 测试试样

按GB/T 3923.1的规定分别测试出每块试样未浸试剂时的断裂强力,并取算术平均值得到试样浸试剂前的平均断裂强力F_a。

按GB/T 3923.1的规定分别测试出每块试样经过试剂浸泡后的断裂强力,并取算术平均值得到试样浸试剂后的平均断裂强力F_b。

6.25.6 结果处理

断裂强力下降率根据式(1)计算:

$$D = \frac{F_a}{F_b} \times 100\% \quad \quad \quad \quad \quad \quad (1)$$

式中：
D ——断裂强力下降率；
F_a ——试样浸试剂前平均断裂强力，单位为牛(N)；
F_b ——试样浸试剂后平均断裂强力，单位为牛(N)。

6.26 抗刺穿性能测试

按 GB/T 20655 的规定进行。

6.27 耐高温（或耐低温）性能测试

经纬向各裁取 5 个试样，然后将试样在规定温度下处理 8 h，之后在 5 min 之内按 GB/T 3923.1 规定完成断裂强力测试，以测试结果的平均值作为试样该方向的最终测试结果。

按公式(2)计算材料经过低温或高温处理后，断裂强力的下降率，精确到小数点后一位。

$$R = \frac{F_0 - F_1}{F_0} \times 100\% \quad \cdots\cdots\cdots\cdots\cdots\cdots (2)$$

式中：
R ——经低温或高温处理后断裂强力的下降率；
F_0 ——未经低温或高温处理的面料经向或纬向断裂强力平均值，单位为牛(N)；
F_1 ——经低温或高温处理的面料经向或纬向断裂强力平均值，单位为牛(N)。

6.28 接缝强力测试

6.28.1 非织物化学防护服（1 型、1-ET、3 型、3-ET 型、4 型、5 型、6 型）

按 GB/T 13773.2 的规定进行，取样部位符合 GB/T 21294—2014 中 9.2 的要求。

6.28.2 织物酸碱类化学防护服（7 型）

随机从防护服成品的不同部位剪取 4 个试样，接缝在试样中心，接缝方向与受力方向成 90°。如果接缝采用线缝，应将试样接缝端的线打结，以防滑脱。

取样的尺寸和数量、测试方法按 GB/T 3923.1 规定进行。

所测试样的断裂强力最低值记为接缝的断裂强力。

7 标志

7.1 永久标识

应在化学防护服上的醒目位置固定永久标识，并应至少包括以下信息（字体高度至少 1.5 mm）：

a) 名称、商标或证明制造厂的其他形式；
b) 制造厂类别代号、标识号或工作服的型号；
c) 化学防护服的类别（例如 1a-ET、1b-ET、1a 型、1b 型、1c 型、3-ET 型、3 型、4 型、5 型、6 型和 7 型（无机酸类、无机碱类或无机酸碱类））；
d) 本文件编号（GB 24539—2021）；
e) 生产年月和保质期；
f) GB/T 13640 定义的尺寸范围；
g) 表明防护服是用于化学品防护用途的图形符号（见图 1），并有"详见制造商说明书"等字样；
h) 按照 GB/T 8685 的要求保护好图形符号。应考虑采用合适的附加标识；

i) 适用的清洗方法和清洗程序(按照 GB/T 19981.2、GB/T 8629、ISO 15797 或参照其他同等标准中规定的方法)。

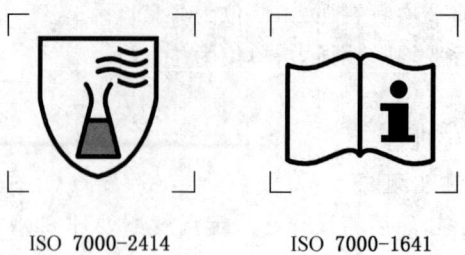

图 1 化学防护服图形符号

7.2 合格证

合格证内容应至少包括产品名称、生产日期、号型规格、厂名和厂址。

7.3 包装

外包装上应有产品名称、商标、产品类别代号、号型规格、本文件编号等信息。

7.4 说明书

独立包装中均应有产品说明书,产品说明书应至少包括以下信息:

a) 使用限制;
b) 本文件编号,产品类型和主要性能级别,应包括测试化学物质渗透性能数据;
c) 号型;
d) 有效期;
e) 使用前检查程序;
f) 保养和维护信息;
g) 失效和弃置建议。

附 录 A
(规范性)
化学防护服整体气密性测试方法

A.1 范围

本附录规定了气密型化学防护服整体气密性的测试方法。

A.2 原理

对气密性化学防护服充气后,经过一定时间后通过检查服装内压力的下降情况,判定其气密性。

A.3 测试装置

A.3.1 气密性测试装置及连接示意图见图 A.1,包括:

a) 气泵,最大压力不小于 100 kPa;

b) 压缩空气胶管；
c) 压力表，精度 10 Pa，分辨率 1 Pa。
d) 排气阀密封塞或密封胶带。

A.3.2 肥皂溶液和软刷。

A.3.3 计时器，精度 0.1 s。

A.3.4 温度计，精度 1 ℃。

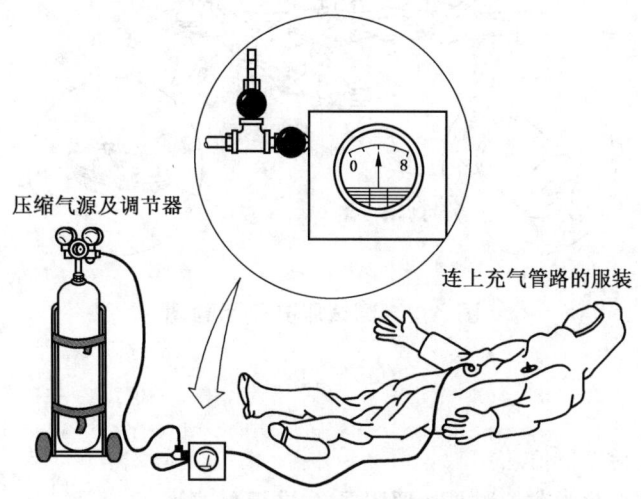

图 A.1 气密性测试设备及连接示意图

A.4 测试程序

按如下条件和步骤进行测试。
a) 测试区域应避开温度、气流影响；测试过程中的温度变化不应超过±3 ℃。
b) 测试前检查化学防护服，确认接缝、通气管道、配件、面屏、拉链和阀门完好。
c) 将排气阀、进气口和排气口密封；密封过程应保证不损坏气密型化学防护服部件。
d) 关闭拉链门襟等所有闭合件。
e) 测试前应核查测试系统的气密性。
f) 按图 A.1 连接压力测试装置和气密型化学防护服。
g) 按图 A.2 所示的方法通过气泵为化学防护服充气至充气压 A，充气压 A 不低于 1.29 kPa。关闭气泵与化学防护服相连的管道。充压状态至少保持 1 min，以使气密型化学防护服的充分展开。
h) 泄压到测试压 B 开始计时，4 min 后，记下最终压力 C，计算测试压 B 和最终压力 C 的差值，即 B-C 作为压力下降值，测试压 B 应不低于 1.02 kPa。
i) 4 min 内压力下降值大于 B 的 20%，即判定此气密型化学防护服不合格，不能正常使用。
j) 泄漏部位检查。对检验不合格的化学防护服应检查泄漏部位。充压到充气压 A，用肥皂水溶液涂刷整个气密型化学防护服，包括接缝、密封处、视窗、手套袖子连接处等。出现气泡的部位即为泄漏部位。

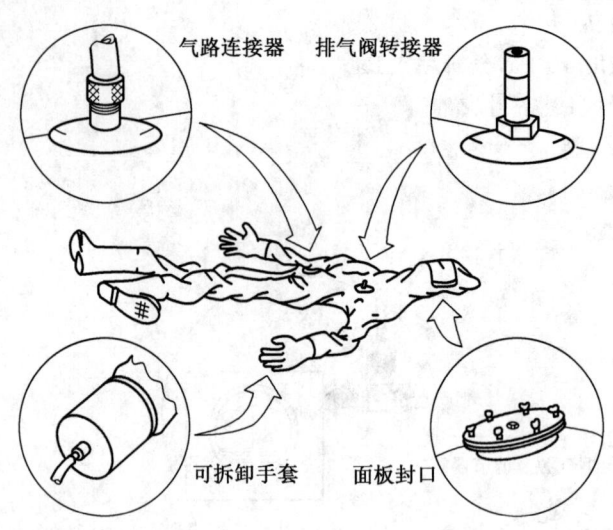

图 A.2 测试服充气示意图

A.5 测试报告

测试报告应包括以下信息：
a) 声明气密型化学防护服是按照附录 A 进行测试的；
b) 所用测试设备的生产商/型号以及压力表的性能；
c) 测试环境条件；
d) 样品规格型号等；
e) 记录下 A、B 和 C 对应的压力值及观测时间，如果最终压力 C 小于 B 的 80%，则表示气密型化学防护服不合格；
f) 每一个样品给出"合格"或"不合格"的结果；
g) 与本附录不符合的说明，以及测试人员认为应说明的其他问题；
h) 测试人员及测试日期。

附 录 B
（规范性）
化学防护服向内泄漏率的测试方法

B.1 概述

本附录规定了气密型化学防护服向内泄漏的两种测试方法，方法 1 使用氯化钠（NaCl）作为测试试剂，方法 2 使用六氟化硫（SF_6）作为测试试剂。具体测试时，可选择方法 1 或方法 2，其中方法 1 作为仲裁方法。

B.2 原理

穿着被测服装的测试对象行走在检测仓的跑步机上。检测仓内连续流动着有恒定浓度的测试试剂,对被测服装内的空气进行取样,以确定测试试剂的含量。通过放置在服装内的探头提取样品。另一个探测器测量服装内的压力。

调整服装内气体的流速保持在制造商要求的最低流量。如果该服装没有配备外部供气装置,则测试对象应佩戴适合于测试的自给式开路压缩空气呼吸装置(持续时间和工作量),同时向服装内输入气体,输入的流量应该等于取样的流量。典型配置见图 B.1 和图 B.2。

B.3 测试试剂和测试对象

B.3.1 测试试剂

方法 1——氯化钠测试剂

该方法使用氯化钠气溶胶作为测试试剂。穿着被测服装的测试对象站在充满 NaCl 气溶胶的检测仓中(见图 B.1)。检测仓内 NaCl 的平均浓度应为 $(8\pm4)\,\mathrm{mg/m^3}$,整个有效工作体积的偏差不应超过 10%。粒度分布应为 $0.02\,\mu\mathrm{m}\sim2\,\mu\mathrm{m}$ 等效空气动力学直径,质量中值直径为 $0.6\,\mu\mathrm{m}$。

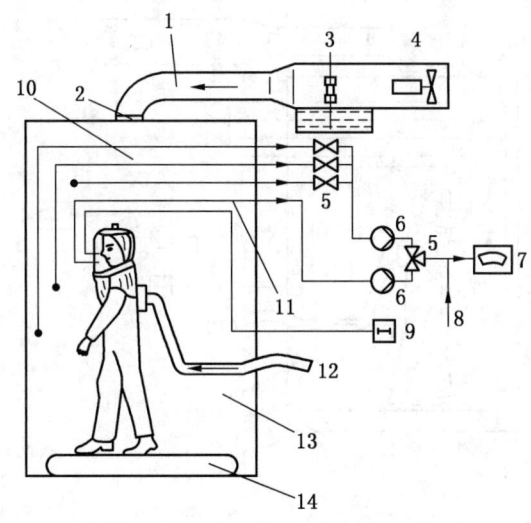

标引序号说明:
1——管路;
2——挡板;
3——雾化器;
4——风扇;
5——阀门;
6——泵;
7——光度计;
8——额外输入和空气;
9——压力计;
10——测试腔取样;
11——呼吸区域取样;
12——供气系统;
13——测试腔;
14——跑步机。

图 B.1 使用氯化钠进行向内泄漏试验的典型布置

方法 2——六氟化硫测试剂

该方法使用六氟化硫气体作为测试试剂。穿着被测服装的测试对象站在充满 SF_6 气溶胶的检测仓中(见图 B.2)。根据测试模拟的危害环境,泄漏率测定的精确度应在 0.001%~20% 的范围内。建议使用 0.1% SF_6(按体积计)的测试范围,因为 SF_6 可能会在服装内聚集。

SF_6 不能用于将滤棉作为排气组件的整套服装,除非在测试过程中服装的排气组件连接到不含测试试剂的环境中。

B.3.2 测试对象

应选择熟悉使用相同或类似设备、且健康条件满足测试要求的人员作为测试对象。进行测试前,应核查测试对象的病史或者对其进行基本医学检查,以证明其适合进行此类测试。测试对象的选择应符合国家有关规定和测试要求。

在测试之前,检查该服装是否处于良好的工作状态,并且可以安全地使用。应测试两件服装,每件服装应安排两个测试对象。

如果服装有多个规格,则要求测试对象根据制造商的说明选择合适的尺码。

注:预处理应根据预期的使用条件确定。如果不相关,则不应在高温或低温下进行预处理。

要求测试对象阅读制造商的穿戴说明,并在必要时,测试主管需要对如何穿戴进行指导。在穿着结束后,询问每个测试对象"装备是否适合?"。如果答案为"是",请继续测试。如果答案为"否",终止测试并记录。

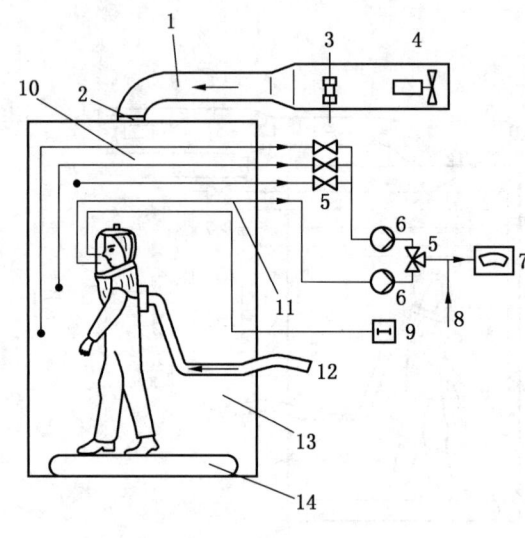

标引序号说明:
1——管路;
2——挡板;
3——空气中的六氟化硫;
4——风扇;
5——阀门;
6——泵;
7——六氟化硫检测器;
8——额外输入和空气;
9——压力计;
10——测试腔取样;
11——呼吸区域取样;
12——供气系统;
13——测试腔;
14——跑步机。

图 B.2 使用六氟化硫进行向内泄漏试验的典型布置

B.4 测试设备及测试条件

B.4.1 方法 1——氯化钠方法

B.4.1.1 气溶胶发生器

NaCl 气溶胶应由 2% NaCl(分析纯)的蒸馏水溶液产生。雾化喷嘴不应指向瓶中的断流口,这需要在压力为 0.7 MPa 时空气流速为 100 L/min。喷雾器及其外壳应安装在管道内,管道内保持恒定的空气流量。为了使气溶胶颗粒完全干燥,可能需要对空气进行加热或除湿。

B.4.1.2 氯化钠检测器

优选能够连续测试大气体中的 NaCl 浓度、灵敏度为 0.1% 的火焰光度计或激光光度计,取样的探头应放置在头罩附近。

用光度计测试和记录衣服内的 NaCl 浓度,头部区域的测试结果即为向内泄漏率,测得的 NaCl 浓度应增加 1.25 倍,以说明 NaCl 的滞留情况。在室温,相对湿度小于 60% 的测试腔内进行测试。

氯化钠检测器的具体要求如下。

a) 火焰光度计,可直接测试分析 NaCl 气溶胶的浓度,测量范围 0.5 mg/m^3 ~ 15 mg/m^3;光度计所需的总气溶胶样品不得大于 15 L/min;光度计的响应时间(不包括采样系统)不应大于 500 ms;有必要减少对其他元素的反应,特别是碳,其浓度在呼吸周期中会有所不同。根据所用光度计的类型,必要时可用干净的空气稀释样品,采样点处的空气补充还可以帮助减少采样管线中的颗粒损失。

b) 激光光度计,动态范围为 0.001 mg/m^3 ~ 200 mg/m^3,精度为 ±1%,检测器响应时间不大于 500 ms。

c) 可调式取样流量泵,如果光度计中未装有任何用于采样的泵,则应使用可调式取样流量泵来进行服装内部的空气采样。调节该泵,以使泵的流量恒定在 1 L/min 到 3 L/min。

d) 测试腔室浓度的监测装置,应为一个独立的系统,以避免与服装采样系统的相互污染。最好使用单独的光度计。如果没有第二个光度计,采样可以使用单独的采样系统对腔室浓度进行测量。但是,这将需要时间使光度计恢复到干净的背景。图 B.2 显示了典型的采样布置。

B.4.2 方法 2——六氟化硫方法(SF_6)

B.4.2.1 SF_6 的检测器

最好能够通过合适的分析仪或必要时进行点检来连续分析 SF_6,以确定测试过程中的浓度。至少应每 3 分钟分析一次测试气氛。用于取样测试气氛的探头应放置在距顶部箱壁约 200 mm,高度 (1 800±200) mm。分析并记录防护服内部的 SF_6 浓度。在防护服头部测量的数据,是向内泄漏的率。

基于热导率,红外光谱或稀释后电子捕获的分析仪适用于 SF_6 的检测。可以使用电子捕获检测器或红外系统监测服装中的 SF_6 浓度。

B.4.2.2 采样探针

由一段合适的塑料管组成,装有直径约 20 mm 的塑料球,球上有 8 个孔,每个孔 1.5 mm 直径沿球的圆周等距分布。

B.4.2.3 测试腔体

由透明材料制成,最小横截面尺寸为 0.7 m。

在测试对象的头部上方应留有足够的间隙,并向下延伸到跑步机的表面。测试的 SF_6 通过流量分配器进入腔室的顶部,并以至少为 0.12 m/s 的流量向下引导到测试对象的头部上方。应当在靠近受试者头部的位置测量该流速。此外,在有效的工作空间内部(距离腔室壁 0.1 m,高度为 0.75 m)的流量不应低于 0.1 m/s。必须检查有效工作空间内测试剂的浓度是否均匀。

B.4.2.4 跑步机

具有 2% 的坡度,能够保持(5±0.5)km/h 的恒定运行速度,并安装在测试腔内。

B.4.2.5 压力检测探头

安装在样品探头附近并连接到压力传感器。

如果压力从取样管线上测试,并对取样流量引起的压降进行校正,则可以使用单个探头。

B.5 测试步骤

应按照以下步骤进行测试和结果计算:

a) 根据被测服装类型的说明,测试者选择合适的内衣。内衣应包括标准内衣、裤子和长袖衬衫。应告知测试对象,如果他们希望在测试期间调整测试服装,则可以进行调整。如果这样做,将重复测试的相关部分,并留出时间让系统重新稳定。测试进行中,不应给受试者任何结果的暗示。

b) 按照表 B.1 中的测试程序进行测试。在测试过程中,应每隔 3 min 对检测仓进行采样。

c) 在每个运动周期的最后 2 min 分析结果(如表 B.1 所示),以避免上一个运动测试结果影响到下一个运动的测试结果。

d) 记录整个测试时间内服装的内部压力。

表 B.1 气体向内泄漏测试步骤

动作	持续时间[a]
a) 穿戴测试服装	—
b) 根据制造商说明,穿靴子、手套等	—
c) 受试者进入测试腔,并进行管道连接(无测试试剂)	3 min
d) 进行空白采样,受试者保持静止	3 min
e) 启动测试试剂,等待平衡	3 min
f) 受试者静止时测试泄漏和测试点压力	3 min
g) 启动跑步机	—
h) 行走 3 min[b]	3 min
i) 受试者以 5 km/h 的速度行走,测试泄漏和测试点压力	—
j) 停止跑步机	—
k) 记录取样点的泄漏和压力,受试者在头的上方上下移动手臂并向上看,例如,将物体(1/2 块砖)从桌面移到架子上	3 min
l) 受试者连续下蹲,记录取样点的泄漏和压力[c]	3 min
m) 使用气体采样手动泵记录对象在采样点的泄漏和压力	3 min
n) 受试者扭腰,双臂抱胸,记录取样点的泄漏和压力[c]	3 min
o) 停止测试剂,让其在室内分散,受试者依旧在腔内	3 min

表 B.1（续）

动作	持续时间[a]
p） 断开样管,将受试者从检测仓内移出,脱掉服装	3 min
[a] 总的测试时间可能变化,所有的时间都是估计的,测试在稳定状态下进行。 [b] 受试者在弯腰和下蹲时,动作要轻柔缓慢,例如每 3 s 一次。 [c] 如果使用 SCBA 或其他短时呼吸保护设备,应将运动时间分成适当的时间段,以适应空气供应的变化和完成整个运动计划。	

e） 计算

对于每个单独的测试运动,请计算运动最后 2 min 的算术平均值,然后计算每个运动的总内向泄漏百分比（L_n）,如式（B.1）所示：

$$L_n = \frac{c_2}{c_1} \times 100 \qquad (B.1)$$

式中：

c_1——腔内浓度；

c_2——每个动作呼吸位置的平均浓度。

对于方法 1,从每次测量的呼吸位置浓度和腔体浓度中减去 NaCl 的背景浓度。考虑到呼吸滞留浓度实测 NaCl 浓度应乘以系数 1.25。

B.6 测试报告

报告应包括以下信息：

a） 所使用的方法,即方法 1 或方法 2；

b） 制造商/供应商和识别标记；

c） 测试腔内的试验温度和相对湿度；

d） 试验过程中测试腔中试验剂的平均浓度,包括有关试验方法的详细信息；

e） 测每次运动在呼吸位置测试试剂的平均浓度；

f） 测定的向内泄漏百分比；

g） 试验期间测得的压力；

h） 任何其他合格的评论和意见,例如程序中的替换。

附 录 C
（规范性）
化学防护服液密性能测试方法

C.1 范围

本附录规定了化学防护服抗液态化学物质穿透性能的三种测试方法。其中,方法 1 适用于喷射液密型化学防护服穿透性能的检测；方法 2 适用于泼溅液密型化学防护服穿透性能的检测;方法 3 适用于有限泼溅型化学防护服穿透性能的检测。

C.2 原理

向穿着在测试模型或人体测试对象上的化学防护服喷射(方法 1)、泼溅(方法 2)、或较低流量泼溅(方法 3)测试溶液,检查化学防护服的内表面和测试模型或人体测试对象穿着的吸水性指示服的外表面,通过与标准沾污面积的比对,判断化学防护服是否符合要求。

C.3 测试溶液

配制测试溶液所需试剂包括:
a) 水溶性的荧光或普通染料,例如甲基蓝,CAS 号:28983-56-4;
b) 表面活性剂,例如 Genapol LRO 溶液(十二烷基醚硫酸钠,CAS 号:009004-82-4);
c) 染料稳定剂(如果需要),例如柠檬酸(CAS 号:77-92-9,分析纯)。

把水溶性的荧光或普通染料和表面活性剂溶于水中[(20±2)℃],加入稳定剂(如果需要)配制成一定表面张力的溶液:(0.030±0.005)N/m(方法 1 和方法 2),或(0.052±0.007 5)N/m(方法 3)。

注:用于液密喷射和泼溅测试的典型浓缩溶液配置:将 4 g 甲基蓝,25 mL Genapol LRO 液体和 125 g 柠檬酸溶解在 1 L 水中。磁力搅拌 15 min~20 min,最后将 200 mL 混合物稀释在 10 L 水中。

可以选用适合的表面张力测试方法对所配制溶液进行测试,例如使用标准 12 mm 直径铂金环的 Wright 扭称法。

应确保测试溶液在整个液密性能试验过程中表面张力保持稳定,即喷嘴喷出的液体表面张力以及罐内液体的张力都应符合要求。在每次测试之前和之后进行验证。

应避免染料与吸水指示服面料黏附得太强,导致湿斑大于有色斑点。

C.4 标准沾污面积的测定

从吸水性指示服上选取一块面料,在它下面放一块内衣面料,确保两层都接触。在面料垂直上方(5±0.5)cm 的高度滴加(25±5)μL 测试溶液,在面料表面上产生清晰可见的沾污,标记沾污区域并进行面积测量(可选用合适的面积测量方法,例如面积测量仪)。最小沾污面积应不小于 1 cm²。校准后的标准沾污面积应作为被测试服装的合格/不合格评估的参考。

C.5 方法 1——喷射液密型化学防护服防护性能测试(液密喷射测试)

C.5.1 人体测试对象

可选人体模型或人体测试对象。

如果使用人体测试对象,必须特别注意安全防护。注意因使用高压液体喷射而对测试对象的眼睛、耳朵、鼻子、嘴巴、腹部和生殖器造成的危害。

选用人体测试对象时,受试者身体尺寸应介于被测服装高和宽尺寸上限的 95%~100%之间。

注:在选择合适的测试服装尺寸时,应将测试对象本身所穿着的服装和指示服考虑在内。应尽可能接近尺寸范围的上限。如果衣服太大,因为测试衣服和指示服之间没有接触,可能检测不到穿透。

C.5.2 测试装置

C.5.2.1 指示服

用厚度小于 5 mm 吸水材料制成,单层,带帽兜,使用的吸水材料应保证能产生 C.3 中所述的标准沾污面积。

吸水指示服应是单件带帽连体服,由吸水面料制成,吸水面料应符合以下要求:
a) 厚度:(0.39 ± 0.03) mm WSP 120.6;
b) 吸水能力:(510 ± 10)% WSP 10.1;
c) 单位面积吸水能力:(335 ± 10) mL/m² WSP 10.21。

C.5.2.2 喷嘴

喷嘴形状结构见图 C.1,测试中产生喷射测试溶液,工作压力(150 ± 15) kPa。为了避免喷嘴与测试目标之间的距离波动,喷嘴应固定在喷杆上。

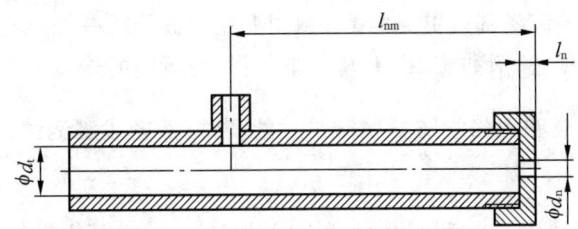

标引序号说明:
d_n —— 喷嘴工作直径,(4 ± 0.1) mm;
l_n —— 喷嘴工作长度,(4 ± 0.1) mm;
d_t —— 管直径,(12.5 ± 1) mm;
l_{nm} —— 喷嘴开口和压力计之间的距离,(80 ± 1) mm。

图 C.1 喷嘴形状

C.5.2.3 液压泵

自吸循环式。泵应配备压力表和调节装置、可调节喷射流量的过滤器和软管,以便将测试液体从液体容器输送到喷嘴。泵应该能够提供 400 kPa 的最小压力。应采取措施避免在压力完全建立之前就开始测试。

C.5.3 试样准备

a) 测试对象应穿上 C.5.2.1 所述的尺寸合适的指示服,指示服内尽可能减少不必要的服装。
b) 按照生产商说明书的要求,给测试对象穿上合适型号的化学防护服及配套的其他个体防护装备。

为测试对象佩戴防测试溶液穿透的手套,化学防护服的袖子应覆盖手套外面。如果袖子有内护腕,则可把它穿在手套里面。为测试对象配置防测试溶液穿透的防护靴。化学防护服的裤口应覆盖在靴子的外面。对于不属于测试范围而未覆盖的部位,如围绕头部、面部和颈部可能被测试溶液通过的缝隙,都应予以密封,防止测试溶液流入化学防护服内部,造成其他区域发生内泄漏的假象。如果制造商没有额外说明需要在身体的一些部位(如手腕、脚踝处)进行贴条,则不应该进行贴条处理。

C.5.4 测试程序

测试程序如下:
a) 调整喷嘴与测试点间的距离为 1 m。
b) 将喷嘴对准一个测试点喷射测试溶液,压力为 150 kPa,时间为 5 s,然后移向下一个测试点喷射 5 s,直至所有测试点完成测试。
c) 放置 2 min,待化学防护服表面残留测试溶液自然沥下。
d) 取下化学防护服,检查化学防护服内表面和指示服外表面是否有穿透迹象;若有,在化学防护服和指示服上标记穿透的位置(十字标记)和范围,或拍照记录。

测试过程中,测试点应该尽量选择一些关键区域,这些区域至少应该包括:
1) 防护服的连接点,例如接缝处,装配处,拉链和门襟处等,每个不同的连接方式应该测试三个点。
2) 不同防护装备部件的结合点;例如夹克和裤子重叠处,或者服装和其他防护附件的连接处,例如头罩、手套和靴子;每种不同的连接处应至少测试一个点。

C.6 方法 2——泼溅液密型化学防护服防护性能测试(液密泼溅测试)

C.6.1 测试对象

人体测试对象,身高介于被测服装尺寸上限的 95%~100%之间。

使用人体测试对象,必须特别注意安全防护。注意因使用高压液体喷射而对测试对象的眼睛、耳朵、鼻子、嘴巴、腹部和生殖器造成的危害。

注:在选择合适的测试服装尺寸时,应将测试对象本身所穿着的服装和指示服考虑在内。应尽可能接近尺寸范围的上限。如果衣服太大,因为测试衣服和指示服之间没有接触,可能检测不到穿透。

C.6.2 测试装置

C.6.2.1 指示服

同 C.5.2.1。

C.6.2.2 转盘

防水材料制成,能支撑一个人的身体,转速为(1 ± 0.1)r/min。

C.6.2.3 刻度容器

盛放液体。

C.6.2.4 液压泵

自吸循环式。泵应配备压力表和调节装置,可调节喷射流量的过滤器和软管,以便将测试液体从液体容器输送到喷嘴。泵的出口连接一个四通道的管路,每个管子的出口直接与喷嘴相连。

C.6.2.5 计时器

秒表或电子计时器,精度为 1 s。

C.6.2.6 喷淋装置

喷淋装置结构示意图见图 C.2。垂直安装,配备四个间距为 45 cm 的喷嘴附件。

C.6.2.7 液压喷嘴

空心圆锥形,喷射角为 75°,在 300 kPa 压力下的流量为(1.14 ± 0.1)L/min。

单位为毫米

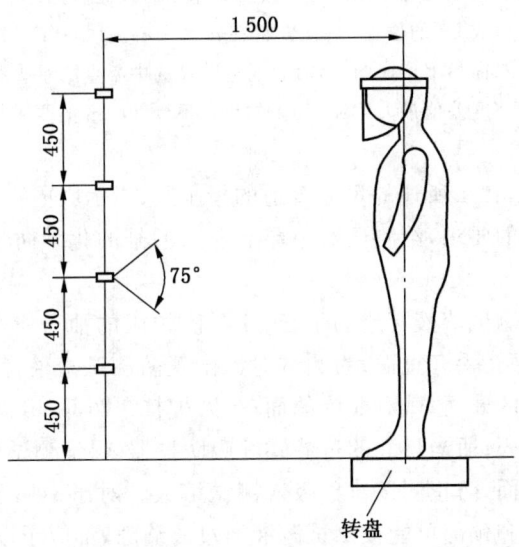

图 C.2 液密泼溅性能测试装置

C.6.3 测试系统的调节

C.6.3.1 喷嘴的流量

打开流向喷嘴的管道,调节液压泵的压力,使每个喷嘴的流量达到(1.14 ± 0.1)L/min。

注1:流量校准可以在每个喷嘴上接一个橡胶管,用烧杯收集1 min内的液体量。根据管道的结构,可能需要15 s的时间喷嘴的压力才能达到300 kPa。因此需要使用一个在300 kPa($+50$ kPa,-0 kPa)下打开的阀门。

注2:可以轻微的升高或降低压力(最高不要超过20 kPa)来调节喷嘴的流量到需要的值。如果这样仍不能达到目标流量,应该更换喷嘴的阀芯和阀盘,因为喷嘴的阀芯和阀盘会磨损老化,每做50组测试,应该进行更换。

C.6.3.2 喷嘴的校准

如图C.2所示,将喷嘴喷出的测试溶液对准距离约(1.5 ± 0.1)m远处的转盘几何中心线,并沿垂直方向通过转盘中心点形成对称的喷淋图案。

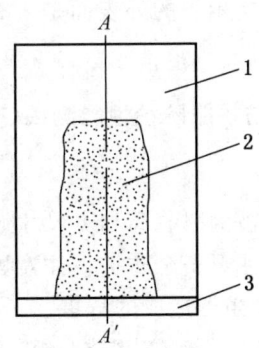

标引序号说明:
1 ——非吸水面料(目标面料);
2 ——目标面料上形成图案;
3 ——转盘;
AA'——通过转盘中心点的垂直直线 n。

图 C.3 喷嘴的校准图示

注：喷嘴的距离以及是否安装正确可以通过喷淋图案来进行校验。把一个 2 m×2.5 m 的非吸水面料垂直放置与喷嘴出口成 90°的位置，并且放置在转盘中心。设备如果得到正确调整的话，喷淋的液体应在目标非吸水面料上形成图案，沿着通过转盘的中心点的垂直线对称分布(见图 C.3)。垂直线两侧液体图案宽度差值最大为 20 cm。如果达不到 20 cm 的要求，则应进行调整。

C.6.4 试样准备

测试对象应穿上 C.5.2.1 所述的尺寸合适的指示服，指示服内穿着防水服装。

按照生产商说明书的要求，给测试对象穿上合适型号的化学防护服及配套的其他个体防护装备。

为测试对象佩戴防测试溶液穿透的手套，化学防护服的袖子应覆盖手套外面。如果袖子有内护腕，则可把它穿在手套里面；为测试对象配置防测试溶液穿透的防护靴，化学防护服的裤口应覆盖在靴子的外面；戴有面屏的面罩，防护整个额部，覆盖眼睛和脸部，面罩的深度为 18 cm，宽度为 32 cm；适当尺寸的过滤式呼吸防护器(保证测试的顺利进行和人员的健康安全)，佩戴在面罩下面，防止测试对象吸入测试溶液。对于不属于测试范围而未覆盖的部位，如围绕头部、面部和颈部可能被测试溶液通过的缝隙，都应予以贴条密封，防止测试溶液流入化学防护服内部，造成其他区域发生内泄漏的假象。如果制造商没有额外说明需要在身体的一些部位(如手腕、脚踝处)进行贴条，则不应该进行贴条处理。

C.6.5 测试程序

测试程序如下：

a) 把穿着化学防护服的测试对象定位在转盘的几何中心，并标记脚的位置。

b) 在转盘转速为 1 r/min 时，释放测试溶液 1 min。

c) 在泼溅过程中，测试对象在转盘上交替抬起双脚，抬脚高度约为 20 cm，同时，手臂伸直并前后摆动，以与腿的动作协调来保持平衡，脚放下后仍应定位在初始标记的位置上。动作时长 1 min，动作频率为(30±5)次/min。

d) 受试者在转盘上保持静止 2 min，待化学防护服表面残留测试溶液自然沥下。

e) 小心地脱下防护服，以避免污染指示服。检查化学防护服内表面是否有穿透迹象，尤其是在开口，接缝，门襟和拉链处；若有，在化学防护服上标记穿透的位置和范围，或拍照记录。检查指示服的外表面是否有穿透迹象，若有，标记穿透位置并拍照，测量总沾污面积。

C.7 方法 3——有限泼溅型化学防护服防护性能测试(有限液密泼溅测试)

C.7.1 测试对象

人体测试对象，身体尺寸介于被测服装高和宽尺寸上限的 95%～100%之间。

使用人体测试对象，必须特别注意安全防护。注意因使用高压液体喷射而对测试对象的眼睛、耳朵、鼻子、嘴巴、腹部和生殖器造成的危害。

注：在选择合适的测试服装尺寸时，应将测试对象本身所穿着的服装和指示服考虑在内。应尽可能接近尺寸范围的上限。如果衣服太大，因为测试衣服和指示服之间没有接触，可能检测不到穿透。

C.7.2 测试装置

同 C.6.2。

空心圆锥形液压喷嘴，喷射角为 75°，在 300 kPa 压力下的流量为(0.47±0.047)L/min。

C.7.3 测试系统的调节

C.7.3.1 喷嘴的流量

打开流向喷嘴的管道,调节液压泵的压力,使每个喷嘴的流量达到(0.47±0.047)L/min。

流量的校准同 C.6.3.1。

C.7.3.2 喷嘴的校准

同 C.6.3.2。

C.7.4 试样准备

同 C.6.4。

C.7.5 测试程序

同 C.6.5。

C.8 测试报告

测试报告应至少包含以下内容:

a) 声明化学防护服是按照附录 C 进行测试的;
b) 标明测试方法,喷射测试、泼溅测试或者有限泼溅测试;
c) 制造商或者供应商的名字以及任何识别标记;
d) 测试服装的尺寸以及测试对象的身体尺寸(身高,胸围);
e) 吸水指示服的描述;
f) 任何其他测试时用到的装备或附件,是否进行贴条以及如何使用的;
g) 测试时的环境温度;
h) 测试所用溶液的组成以及表面张力;
i) 在人体轮廓图上标出测试防护服以及指示服的污染处,并且用阴影给出大概面积(身体前面和背面分别给出);
j) 总的穿透位置数目以及总沾污面积;
k) 如果测试服装进行了任何预处理,请在报告中说明;
l) 测试人员认为合适的任何其他意见和评论。

附 录 D
（规范性）
固体颗粒物化学防护服向内泄漏率的测试方法

D.1 范围

本附录规定了固体颗粒物化学防护服向内泄漏率的测试方法。

D.2 原理

气溶胶发生器生成标准的 NaCl 颗粒气溶胶,通入检测仓保持相对稳定状态。被测对象身穿被测防护服在检测仓内按预先确定的方案进行试验动作。由颗粒物检测器在固定的取样点测量被测防护服内部 NaCl 颗粒气溶胶质量浓度,由以下指标,评价防护服对颗粒物的整体防护性能：
——每一个取样位置的单项向内泄漏率 L_{ijmn}；
——每件被测防护服的总向内泄漏率 L_S；
——每个被测对象的总向内泄漏率 L_H；
——每个试验动作的总向内泄漏率 L_E；
——每个取样位置的总向内泄漏率 L_P；
——平均总向内泄漏率 L。

D.3 检测系统及被测对象

D.3.1 检测仓

D.3.1.1 仓体设计

拥有大观察窗的可密闭仓室，大小可容许受试者完成规定动作，应设计使模拟剂从仓内顶部均匀送入，并在仓的下部由排气口排出。

D.3.1.2 NaCl 颗粒气溶胶发生器

NaCl 颗粒气溶胶发生器 1 台，发生气量不低于 100 L/min，NaCl 颗粒气溶胶质量浓度 (10 ± 1) mg/m³，在检测仓有效空间内的质量浓度变化不应高于 10%；颗粒物的空气动力学粒径分布为 0.02 μm～2 μm，质量中位径约为 0.6 μm。

D.3.1.3 颗粒物检测器

颗粒物检测器 2 台，分别用于测试检测仓与被测防护服内部 NaCl 颗粒气溶胶质量浓度。动态范围为 0.001 mg/m³～200 mg/m³，精度为±1%，检测器的响应时间不应大于 500 ms。

D.3.1.4 水平脚踏传动式试验台

水平脚踏传动式试验台 1 台，运行速度(5 ± 0.5) km/h，可安装在检测仓内。

D.3.1.5 采样泵与空气管路

采样泵 2 台，分别用于采集检测仓内与被测防护服内部 NaCl 颗粒气溶胶。流量范围 0.05 L/min～4 L/min，流量波动应小于 0.2 L/min。可保证取样探头可以在被测防护服内部以(2 ± 0.5) L/min 的流量取样。

为了确保在被测防护服内取样所产生的减压不会造成额外的向内泄漏率，应在取样的同时以(2 ± 0.5) L/min 的速率向被测防护服内输送。按照表 D.1 的取样顺序，通过处于取样间歇状态的另 2 个取样探头中的一个，输入清洁空气。

表 D.1 取样顺序

测试顺序		时间/min	取样探头位置	输送清洁空气的取样探头位置	试验动作
编号	测试内容				
1	发生气溶胶之前被测防护服内部的气溶胶基础测试环境浓度	—	膝部	胸部	静止站立
		—	后腰	膝部	
		—	胸部	后腰	

表 D.1（续）

测试顺序 编号	测试内容	时间/min	取样探头位置	输送清洁空气的取样探头位置	试验动作
2	等待浓度稳定,并测试检测仓内的气溶胶质量浓度	—	—	—	
3	被测防护服内的气溶胶质量浓度	3	膝部	胸部	静止站立
		3	后腰	膝部	以 5 km/h 的速度步行
		3	胸部	后腰	
		3	膝部	胸部	
		3	后腰	膝部	
		3	胸部	后腰	
4	步行与蹲坐之间稳定站立时防护服内的气溶胶质量浓度	1	膝部	胸部	静止站立
		1	后腰	膝部	
		1	胸部	后腰	
5	被测防护服内部的气溶胶质量浓度	3	膝部	胸部	双手握住站立面之上(1±0.05)m 高度的把手,在笔直站立和膝部完全弯曲之间,以每分钟蹲坐五次的频率进行连续蹲坐
		3	后腰	膝部	
		3	胸部	后腰	
6	检测仓内部的气溶胶质量浓度	—	—	—	静止站立

D.3.1.6 取样探头

4 个取样探头布置位置见图 D.1。其中 1 个用于检测仓体环境中 NaCl 颗粒气溶胶的质量浓度,另外 3 个用于检测被测防护服内部的 NaCl 颗粒气溶胶质量浓度。取样探头连接在内径 4.0 mm、长度适合的透明塑料管上。

D.3.2 样品及被测对象

D.3.2.1 被测对象

选择 5 名被测对象,每个被测对象应无禁忌证,及相关法规、规章所规定的不适宜从事本试验的情况。

D.3.2.2 样品

测试 10 件防护服,每个被测对象应穿着两件防护服测试。应依照被测对象的身材,并根据制造商的说明书选择适宜号型的防护服。

D.3.2.3 测试环境条件

检测仓内环境温度(20±5)℃,相对湿度不大于 60%。

D.4 测试程序

D.4.1 确定取样探位置

用于测量被测防护服内部 NaCl 颗粒气溶胶质量浓度的 3 个取样探头的位置应接近于被测对象的身体,具体位置如图 D.1 所示。

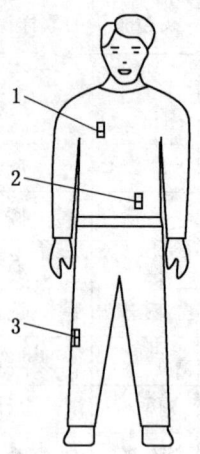

标引序号说明:
1——左胸;
2——后腰处(在图示背面);
3——膝部侧面。

图 D.1 取样探的位置

对配有弹性腰带或在服装上要穿皮带的两件套防护服,应该仔细选择取样点的位置。应将取样探头固定在内衣上,不应直接接触皮肤。在被测防护服内部连接取样探头的取样管路应固定在接近于被测对象身体的位置,并在手腕之上 5 cm～15 cm 之间的位置,穿过被测防护服面料并加以密封。取样管路穿过防护服面料及固定对防护服穿着性能的影响尽可能小,并不应妨碍被测对象的活动。

D.4.2 确定取样顺序

按表 D.1 的取样顺序。

D.4.3 操作程序

D.4.3.1 检测前的准备

检测前应做好如下准备工作。

a) 检查每一件被测防护服,确保防护完好,在使用本方法测试时,不存在任何使用危险性。

b) 被测对象应穿着紧身内衣(例如涤纶/棉制长裤和有长袖子的 T 恤衫)。每件被测防护服检测完毕之后,应更换内衣。

c) 被测对象按防护服制造商的说明书进行穿着,如果需要,检测人员应向被测对象显示如何按照说明书正确地穿着被测防护服。

d) 检测人员应告知被测对象,可以在试验过程中调整被测防护服,但应在调整后及时告知检测人员,保证有充分的时间将系统返回到稳定状态,重复进行相关的试验。

e) 检测人员应向每一位穿着好被测防护服的被测对象确定衣服是否合身,在得到肯定回答后,方可进行下一步的试验。

f) 将取样探头固定在被测防护服上,连接空气管路,并确保取样探头穿过防护服处密封。按照制造商的说明书为被测对象穿上被测防护服和配用的其他防护装备,如防护靴、防护手套、防护兜帽、防护面罩等。如果制造商的说明书没有规定配用的其他防护装备,被测对象应除佩戴合适的呼吸防护装置,如呼吸防护装备外,不需要配用额外的防护装备。如制造商说明书没有要求将被测防护服固定到被测对象身体的任何部分(例如手腕或脚踝)或被测对象穿戴的任何额外装备上(例如防护手套或防护靴),则不需要固定。

D.4.3.2 测试检测仓基础测试环境浓度

让被测对象进入到检测仓,气溶胶发生器工作前,测量并报告所有 3 个取样探头的采取的空气样本浓度,作为测试的基础测试环境浓度(对应表 D.1 编号 1)。如果基础测试环境浓度较高,则应调查原因改正,以保证基础测试环境浓度处于适宜的水平。

D.4.3.3 测试检测仓环境浓度

启动气溶胶发生器,直至检测仓环境的 NaCl 颗粒气溶胶质量浓度达到稳定。确保被测对象在这一过程中保持静止站立。测量并报告检测仓环境的 NaCl 颗粒气溶胶质量浓度(对应表 D.1 编号 2)。

如果检测仓环境的 NaCl 颗粒气溶胶质量浓度的稳定需要 1 min 以上的时间,则应对被测防护服内部进行通风,以避免颗粒渗透到被测防护服中。

D.4.4 测试

按表 D.1 的取样顺序,在被测对象的膝部(侧面)、腰部(背面)、胸部(右侧)等 3 个位置分别取样测量 NaCl 颗粒气溶胶质量浓度。计算并且报告每一项试验动作最后 100 s 的平均质量浓度和每一个取样点的平均质量浓度。应使用积分记录仪测量平均质量浓度。

完成一件防护服的测试,关闭气溶胶发生器,停止取样检测。

按以上步骤,依次完成 5 个被测对象,共 10 件防护服样品的检测。

D.4.5 注意事项

注意事项如下:

a) 试验进行过程中,不应向被测对象提供任何有关试验结果的暗示。

b) 每一件防护服测试结束时,检测仓环境中 NaCl 颗粒气溶胶质量浓度,不应超过测试前,检测仓环境中 NaCl 颗粒气溶胶质量浓度±10%的范围内。如超出范围,应舍弃试验结果,找出问题修正后,重新测试。

c) 表 D.1 编号 4 步行与蹲坐之间测量并记录质量浓度,但不进行计算与报告。

D.5 试验结果的计算

D.5.1 单项向内泄漏率

按照式(D.1),测量出的 5 个被测对象(i)、10 件被测防护服(j)、3 个取样点(n)对 3 个试验动作(m)的每一个试验动作最后 100 s 被测防护服内部 NaCl 颗粒气溶胶质量浓度的 90 个平均质量浓度测量结果,分别计算并报告全部 90 个百分比向内泄漏率 L_{ijmn}。

$$L_{ijmn}=\frac{C_{ijmn}}{C}\times100\% \quad\quad\quad\quad\quad\quad (D.1)$$

式中:

L_{ijmn}——被测对象 i,穿着被测防护服 j,进行 m 试验动作时,在 n 位置取样测得的防护服内泄漏率,%;

C_{ijmn}——被测对象 i,穿着被测防护服 j,进行 m 试验动作时,在 n 位置取样测得的防护服内 NaCl 颗粒气溶胶质量浓度,单位为毫克每立方米(mg/m³);

C ——检测仓环境中 NaCl 颗粒气溶胶质量浓度,单位为毫克每立方米(mg/m³)。

D.5.2 总向内泄漏率的计算

按照式(D.2),计算每件被测防护服 j 的总向内泄漏率 $L_{S,j}$。报告所有用于测试的,不少于 10 件防护服装的 10 个结果。

$$L_{S,j} = \frac{1}{mn}\sum_m \sum_n L_{ijmn} \quad\quad\quad\quad\quad\quad (D.2)$$

式中:

$L_{S,j}$——对被测防护服 j 的总向内泄漏率,%;

m ——试验动作总数;

n ——测试位置总数。

所有 90 向内泄漏率 L_{ijmn} 按从小到大的顺序排列,取第 82 个数值作为向内泄漏率的最终结果;10 件防护服总向内泄漏率 $L_{S,j}$ 按从小到大的顺序排列,取第 8 个数值作为防护服总向内泄漏率 $L_{S,8/10}$ 的最终结果。如果测试的防护服超过 10 件,$L_{jmn,82/90}$ 数据取在所有泄漏率按从小到大顺序排列,91%处选取;$L_{S,8/10}$ 数据取在所有总向内泄漏率按从小到大顺序排列,80%处选取。

附 录 E
(规范性)
实用性能测试评估的受试者动作

E.1 步骤 A

步骤 A 包括以下试验动作。

——左膝跪地,双膝跪地,右膝跪地,站立。重复 4 次。

——鸭蹲,向右回转,向左回转,站立。重复 4 次。

——笔直站立,双臂自然下垂,向左弯曲身体然后回复,向前弯曲身体然后回复,向右弯曲身体然后回复。重复 4 次。

——笔直站立,双臂从两侧水平伸直,举过头顶,屈肘。重复 4 次。笔直站立,双臂向前伸直,举过头顶,屈肘。重复 4 次。

——笔直站立,双臂垂直举起,向左扭动上身然后回复,向右扭动上身然后回复。重复 4 次。

——笔直站立,单手抱左上臂,单手抱右上臂。重复 4 次。

——步行 100 m,或者步行不少于 3 min;

——手脚着地爬行 6 m,或者爬行不少于 1 min。

E.2 步骤 B

步骤 B 包括以下试验动作:

——单人举起装填有 10 kg 非危险材料的 4 个运输箱(纤维板材质,容积不小于 0.03 m³);
——将装有 100 kg 非危材料的 200 L 钢桶放置到手推车上,移动推车 8 m。卸载钢桶。然后再放置钢桶到手推车上,并推回原位。卸载钢桶。(选择性做)
——打开和缠绕两卷软管,并连接接头、断开接头(橡胶软管外径 25 mm,其中一根软管的两端均为螺纹接口,另一根软管的两端为快接接口)。
——打开和关闭定置阀门(阀门直径 200 mm,安装在受试者的头顶高度的正上方位置)。
——用扳手安装和拆卸一个螺栓(250 mm 长的手动钩扳手,螺栓直径 12 mm)。
——用螺丝刀拆卸和安装一个螺丝钉(250 mm 长的一字螺丝刀,螺丝钉直径 9 mm)。
——爬上 5 阶的梯子(梯子应至少 3 m 长)。

E.3 步骤 C

步骤 C 包括以下试验动作:

实用性能测试应进行真人佩戴体验。如果化学防护服不止一个号型,受试者应选择最适号型。如有必要,受试者应按照制造商说明书佩戴其他相配套的个体防护装备。

试验动作应在中等速度下顺序完成以下 7 个动作,并重复 3 次。

每个动作均是从直立姿势开始。

——动作 1:双膝跪地,身体前倾,双手于膝前(45±15)cm 处着地,分别向前和向后爬行 3 m。
——动作 2:爬上直梯至少 4 个阶(现场可能遇到的典型梯子)。
——动作 3:于胸前,张开双手,升至头顶上方,双手十指交叉,向上推。
——动作 4:右膝跪地,左脚置于地面,左膝屈膝(90±10)°,右手手指触及左脚尖;相反的动作重复一次(如,左膝跪地,右脚置于地面,右膝屈膝 90°,左手手指触及右脚尖)。
——动作 5:于身前将双臂伸展开,双手十指交叉,向左和向右扭动上半身(90±10)°。
——动作 6:双脚保持同肩宽的距离站立,双臂从两侧伸出,并于身前保持与地面平行姿态,尽量向下蹲。
——动作 7:右膝跪地,左脚置于地面,左膝屈膝(90±10)°,左臂自然下垂,保持完全伸展状态举过头顶;相反的动作重复一次(如,左膝跪地,右脚置于地面,右膝屈膝 90°,右臂自然下垂,保持完全伸展状态举过头顶)。

如果受试者由于防护服的妨碍,无法完成其中一个或几个动作,或者动作导致了防护服的实质性损坏,该防护服将被取消剩余的其他测试项目。

附 录 F
(规范性)
液体耐压穿透性能测试方法

F.1 范围

本附录规定了测试化学防护服面料在持续接触有压力的液体条件下的防护性能的实验室测试方法。

本方法适用于化学防护服面料及其接缝的性能评价。

本方法不适用于化学防护服的设计、整体结构、部件、界面及其他影响化学防护服整体防护性能的因素的评价。

注：本方法无须模拟化学防护服面料的实际使用条件，而仅限于对化学防护服面料耐压穿透性能的比较评价。

F.2 原理

按照一定的压力/时间序列将有压力的测试溶液作用于化学防护服面料，通过观察是否有测试溶液穿透化学防护服面料来评价化学防护服面料的耐压穿透性能。

F.3 测试溶液

根据表5选择。

F.4 测试装置

F.4.1 测厚仪

精度为0.02 mm。

F.4.2 液体耐压穿透测试系统

液体耐压穿透测试系统三维视图见图F.1，图中所标注的各部件的名称、规格及数量见表F.1。

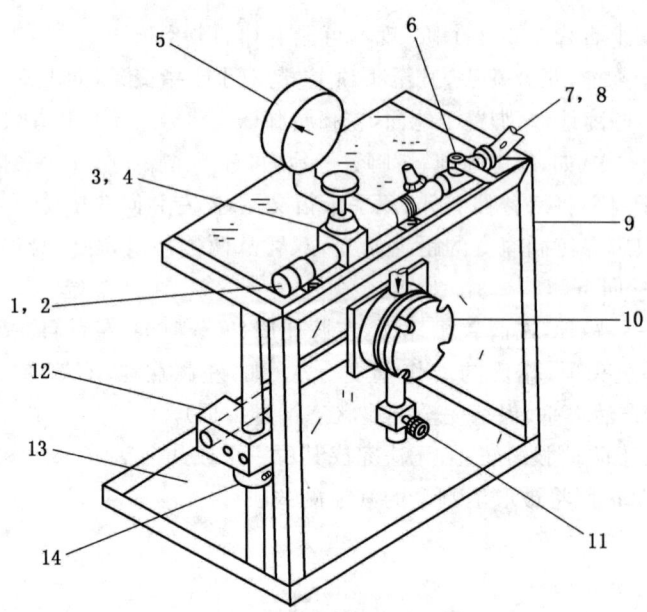

标引序号说明：
1——压缩空气或氮气；
2——空气管线接头；
3——空气压力调节器；
4——调节阀；
5——压力表；
6——排气阀；
7——内接头；
8——带外接头的空气软管；
9——安全护栏；
10——穿透测试池；
11——排水阀；
12——旋转夹具；
13——溢流盘；
14——双片轴环。

图 F.1 液体穿透测试系统三维视图

表 F.1 液体穿透检测系统部件

图 F.1 中序号	名称	规格	数量
2	空气管线快速接头、堵头、插座	6 mmNPT	1 套
3	空气压力调节器	6 mmNPT,可释放型,可调,量程 0 kPa～70 kPa	1
4	调节阀	量程 0 kPa～35 kPa	1
5	压力表	0 kPa～35 kPa,直径 115 mm,精度 1%,首选磁性表	1
6	泄放阀		1
7	No 316 管接头	6 mm NPT×40 mm	3
8	橡胶空气软管	6 mm,带 6 mmNPT 内接头	1 m
9	安全护栏	见图 F.10	1
10	穿透测试池	见图 F.3～图 F.7	1
11	球阀	6 mmNPT316 型,不锈钢	1
12	旋转卡具	见图 F.8	1
13	溢流盘	见图 F.9	1
14	双片轴环	13 mm	2
其他	三通道带扳手龙头	6 mmNPT	1
	镀锌管配件和管件	6 mmNPT	1
	垫圈	6 mmPTFE,材料:膨胀绳	1
	半轴环	13 m 直径 2	1

F.4.2.1 液体穿透测试仪

液体穿透测试仪的示意图如图 F.2 所示。

F.4.2.2 穿透测试池

穿透测试池在测试时用以夹持试样,试样将测试溶液与观察侧隔开,图 F.3 为一个带滞留筛的穿透测试池分解图。

穿透测试池包括一个固定在支架上的池体(图 F.4),可容纳约 60 mL 的测试溶液。穿透测试池安装在测试池支架(见图 F.5)上,观察侧用法兰与透明盖密封(见图 F.6、图 F.7)。

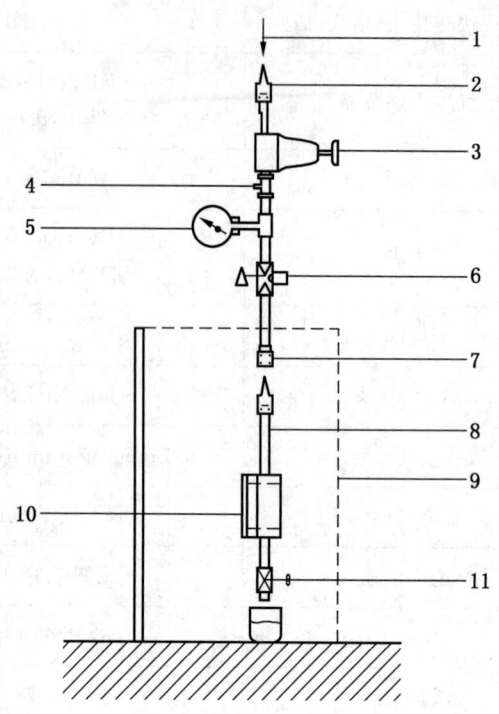

标引序号说明：
1——压缩空气或氮气；
2——空气管线接头；
3——空气压力调节器；
4——调节阀；
5——压力表；
6——排气阀；
7——内接头；
8——带外接头的空气软管；
9——安全护栏（见图 F.8）；
10——穿透测试池；
11——排水阀。

图 F.2　液体穿透测试仪示意图

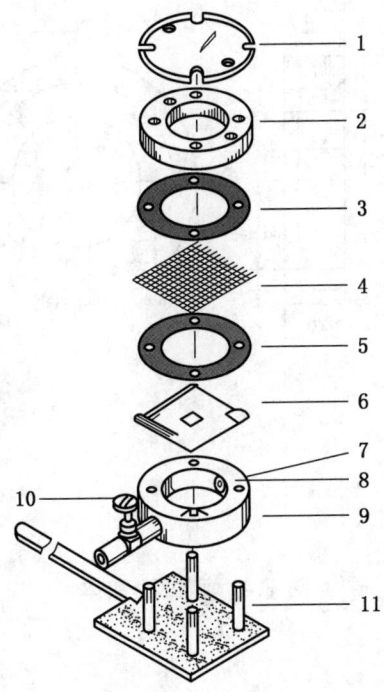

标引序号说明：
1——透明盖；
2——法兰；
3——垫圈(试样经程序 B)；
4——阻滞筛(试样经程序 B)；
5——垫圈；
6——测试样；
7——上部端口；
8——膨胀 PTFE 垫圈材料；
9——池体；
10——排水阀；
11——测试池支架。

图 F.3　穿透测试池

单位为毫米

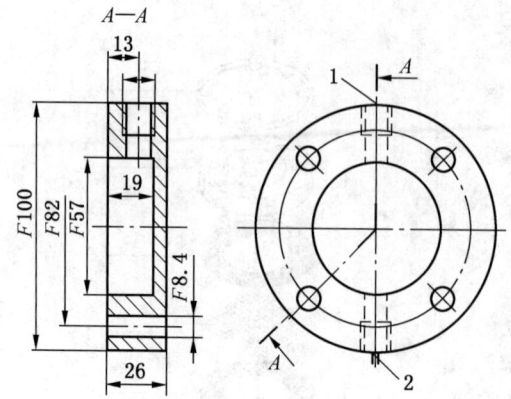

标引序号说明：
1——软管接头螺纹；
2——排水阀螺纹。
注：材料为铝制。

图 F.4　测试池池体

单位为毫米

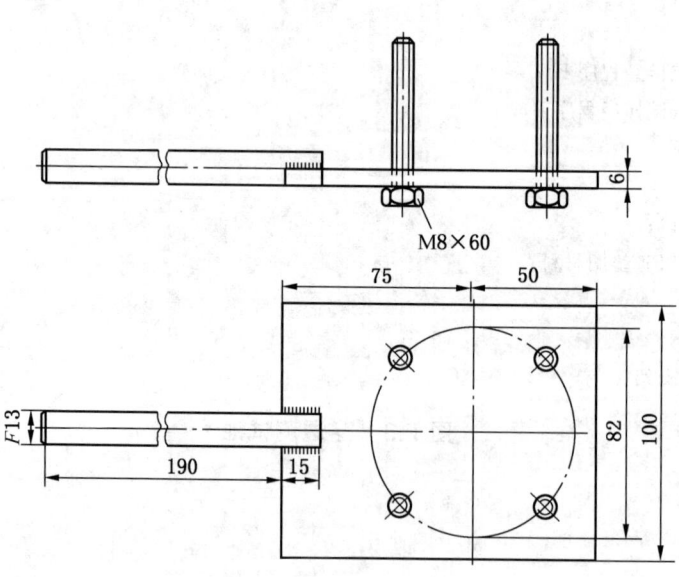

注：材料为钢。

图 F.5　测试池支架

单位为毫米

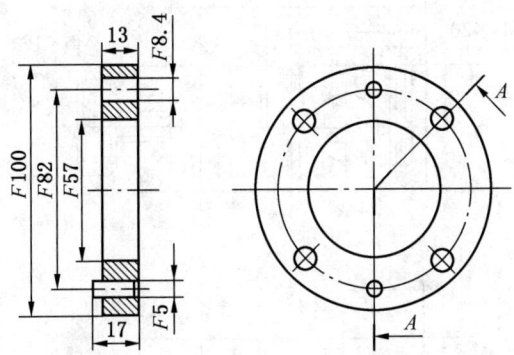

注：材料为铝。

图 F.6　法兰

单位为毫米

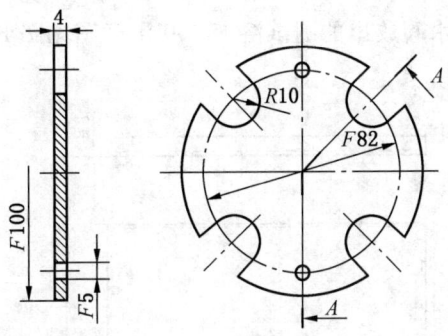

注：材料为树脂玻璃或其他透明材料。

图 F.7　透明盖

F.4.2.3　滞留筛

由一个光滑完整的塑料片或金属方孔丝网组成，要求：开孔率大于50%，与试样的偏差应不大于0.5 mm。

F.4.2.4　旋转卡具

旋转卡具的示意图见图 F.8。

单位为毫米

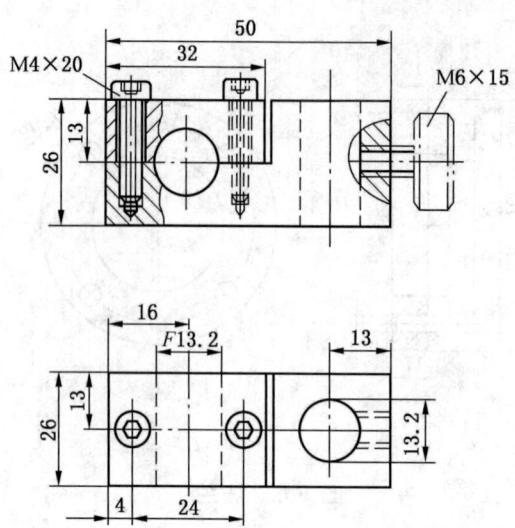

注:材料为钢。

图 F.8 旋转夹具

F.4.2.5 溢流盘

溢流盘用以承接由排水阀放出的测试溶液。其示意图见图 F.9。

单位为毫米

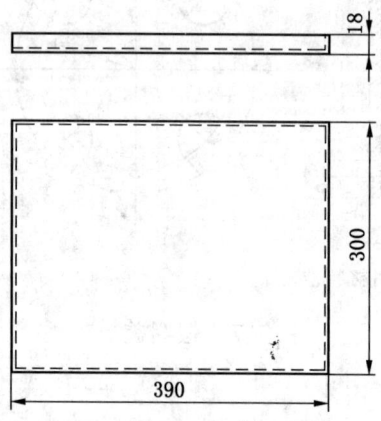

注:材料为不锈钢板,1 mm～2 mm 厚,转角处焊接。

图 F.9 溢流盘

F.4.2.6 安全护栏

安全护栏的示意图见图 F.10。

单位为毫米

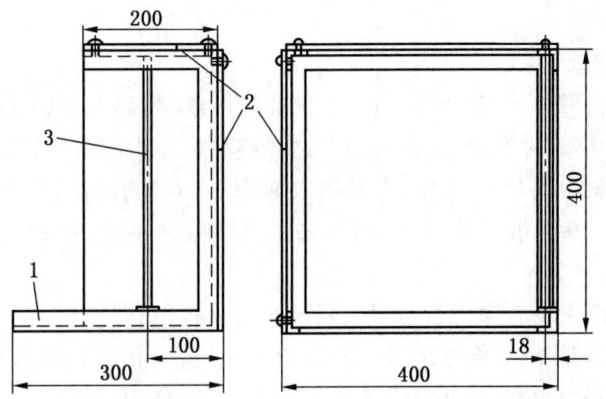

标引序号说明：
1——框架：角钢，25 mm×25 mm×3 mm，焊接；
2——防护盖：树脂玻璃，4 mm；
3——柱：圆钢，13 mm，安放处焊接。

图 F.10 安全护栏

F.4.3 气泵

能提供(13.8±1.38)kPa 的气体。

F.4.4 计时器

秒表或电子计时器，精度 1 s。

F.4.5 分析天平

精度为 0.001 g。

F.4.6 容器

用以测量液体体积，精度为 1 mL。

F.5 测试环境条件

温度(20±2)℃；相对湿度(65±4)%。

F.6 试样的准备

F.6.1 取样

取样应能代表化学防护服的结构特点。如果化学防护服不同部位的面料、厚度及结构不同，则应分别取样；如果接缝要求达到与面料相同的防护性能，亦应在接缝部位取样。每类取 3 块样，尺寸为 75 mm×75 mm。

注：对于复合材料，如果在两层织物间结合了一层阻隔层，则可能在试样边缘处因毛细作用产生失效假象，从而得出"不合格"的错误结果。应使用胶合剂、帕拉胶、石蜡或胶性泡沫等在测试前密封试样边缘，以防止因毛细作用导致的失效。密封时应注意仅密封试样的边缘，保证留出 57 mm×57 mm 的测试区域，防止密封剂阻塞测试区域的试样结构。应根据化学防护服面料选择合适的密封剂与密封方法。

F.6.2 试样预处理

将裁剪好的试样置于测试环境条件下调湿 24 h。

F.7 测试程序

按照如下步骤进行测试。

a) 按 GB/T 3820 的规定,测量每一个试样的厚度,精确至 0.02 mm。

b) 按 GB/T 4669 的规定,测量每一个试样的单位面积质量,精确至 1 g/m^2。

c) 从待测面料上另取一块样,在其内表面滴一小滴测试溶液,作为确定试样穿透终点的参照。参照液滴应易于观察,如果观察效果不好,可通过以下着色方式增强其可视性:
   1) 在试样内表面撒滑石粉以增强液滴的可视性;
   2) 改变测试溶液颜色以增强液滴的可视性;对化学物质溶液,可使用食用色素和酸基指示剂;对大部分有机化学物质,可使用红油;
   3) 在试样内表面涂抹食用色素或红油以增强液滴的可视性;
   4) 如果上述方法效果都不明显,可在测试溶液中加入荧光染料来增强液滴的可视性。

d) 根据待测化学防护服的类别,按表 F.2 选择测试程序。

e) 将测试池水平置于实验台上,放入试样,试样外表面朝向测试池将加入测试溶液的一端。

f) 按图 F.3 装配好测试池各部件,然后将螺栓拧紧,扭矩为 13.6 N·m。建议在池体与试样间增加一个聚四氟乙烯(PTFE)垫圈,以防泄漏。

注1:透明盖为可选部件。

g) 按图 F.2 将穿透测试池垂直安放到液体穿透测试仪上(排水阀向下),暂不连接空气管线。

h) 关闭排水阀。

i) 通过顶部端口向穿透测试池内注满测试溶液,确保测试溶液与试样间不留任何气泡。如果试样在压力下延伸,那么应在内腔充满测试溶液的条件下重新开始测试。一旦液体穿透试样,终止测试。

j) 将空气管线连接到穿透测试池。

k) 关闭排气阀,将压力调至 0 kPa。

l) 按表 F.2 的程序进行测试,压力调节速度应不超过 3.5 kPa/s。

表 F.2 不同类别化学防护服的测试程序

程序	压力/时间序列	化学防护服类别
A	0 kPa 作用 5 min, 随后 13.8 kPa 作用 10 min	用于选用的化学防护服面料、接缝、锁合处, 以限制其暴露在飞溅的液体中,3 型
B	0 kPa 作用 5 min, 随后 6.9 kPa 作用 10 min	用于选用的化学防护服面料(如手套)以限制其 暴露在飞溅的液体中,3 型、手套、鞋靴

表 F.2（续）

程序	压力/时间序列	化学防护服类别
C1	0 kPa 作用 5 min， 随后 13.8 kPa 作用 1 min， 0 kPa 作用 54 min， 不使用滞留筛支撑试样	用于选用的化学防护服服料、接缝、锁合处，在突发事件的应急响应中用以限制其消防人员暴露在飞溅的液体中，1-ET 型、1 型、3-ET 型、3 型
C2	0 kPa 作用 5 min， 随后 13.8 kPa 作用 1 min， 0 kPa 作用 54 min， 使用滞留筛支撑试样	用于选用的化学防护服服料、接缝、锁合处，在突发事件的应急响应中用以限制其消防人员暴露在飞溅的液体中，在试样要加以支撑时，替代 C1 程序 1-ET 型、1 型、3-ET 型、3 型
D	0 kPa 作用 5 min， 随后以 3.5 kPa/s 的速率升压， 直至观察到失败或升到 最高压力 35 kPa	欲了解面料在该化学品下的穿透压力时，采样此程序
E	如果使用的压力/时间序列与 A、B、C 不同，在报告中注明	用于其他特定需求或环境

注 1：在特别应用中，可能要附加测试如渗透阻力试验充分表征服料的特性。
注 2：若怀疑选择的测试程序引起试样变形而导致不合格，则可在法兰和试样间加一个滞留筛，滞留筛与法兰和试样间垫上合适的垫圈，滞留筛适用于延展性或弹性材料。

m）观察试样。如果在试样的观察侧有液滴出现或有变色现象，则判定试样不合格，终止测试。如果测试期间无上述现象发生，则判定试样合格。

注 2：在某些情况下，试样的观察侧出现液滴或发生变色是由于渗透造成的，但任何液滴出现的现象应作为材料失效记录下来，并终止试验。

n）测试结束，卸压并打开排气阀，打开排水阀排尽穿透测试池内的测试溶液，用适当的洗液冲洗穿透测试池中的残留测试溶液，将试样和垫圈从测试池上卸下，清洁测试池的所有外表面。

o）按上述程序测试剩余试样。

F.8 结果判定

每类面料 3 个平行样中任何一个试样测试结果为不合格，则该化学防护服面料的测试结果为不合格。

F.9 测试报告

测试报告应至少包含以下内容：

a）声明测试是按照附录 F 进行测试的；
b）测试环境条件；
c）如果测试时采用的是与表 F.2 不同的压力/时间序列，应加以说明；

d) 每个试样的厚度和化学防护服面料的平均厚度(mm);
e) 每个试样的单位面积质量和化学防护服面料的平均单位面积质量(g/m²);
f) 使用的测试溶液,包括成分、商品名称、浓度、温度等;
g) 测试环境条件,如果测试池与测试溶液的起始温度不同,分别记录;
h) 描述用以提高测试溶液渗透可视性的方法;
i) 如果使用阻滞筛,报告类型和规格;
j) 对每个试样给出"合格"或"不合格"的结果,结果为"不合格"的,记录不合格现象;
k) 与本附录不符合的说明,以及测试人员认为应说明的其他问题;
l) 测试人员及测试日期。

附 录 G
（规范性）
织物酸碱类化学防护服面料穿透时间测试方法

G.1 原理

利用电导法和自动计时装置测试织物酸碱类化学品防护服的穿透时间,试样放置在上下极板之间,导电丝和上极板连通,同时与试样上表面接触,当发生穿透现象时,电路导通,停止计时。

G.2 测试装置

测试装置的基本组成部分包括自动计时装置、电极板等,测试装置示意图见图 G.1。

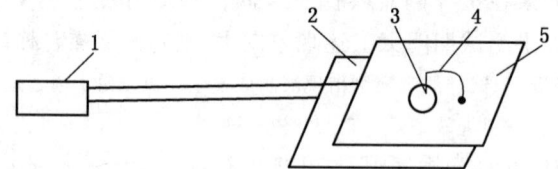

标引序号说明:
1——电子计时器;
2——下电极;
3——试剂液滴;
4——导电丝;
5——上电极。

图 G.1 导电法测试装置示意图

G.3 测试环境

温度:17 ℃～30 ℃;相对湿度:(65±5)%。

G.4 试剂

从表 11 中选择与产品标明的防护对象对应的酸和/或碱作为测试试剂。无机酸类防护服应取 80％硫酸、30％盐酸、40％硝酸分别进行测试;无机碱类防护服应取 30％氢氧化钠进行测试;无机酸碱类防护服应取 80％硫酸、30％盐酸、40％硝酸、30％氢氧化钠分别进行测试。

G.5 准备试样

按如下方法准备试样:
a) 从防护服上取 6 个试样,规格为 100 mm×100 mm。其中 3 个为无接缝试样,3 个为有接缝试样。有接缝试样上的接缝应位于试样的中心位置。
b) 按照 6.3.1 规定的织物酸碱类化学防护服的洗涤方法和程序进行洗涤处理。

G.6 测试步骤

测试步骤如下:
a) 将试样平铺于上下电极之间,从圆孔处顺导电丝向试样表面滴 0.1 mL 试剂,同时开始计时。对有接缝的试样,应该将试剂滴在接缝处,导电丝放置在接缝处。
b) 发生穿透后,停止计时,分别记录计时停止时的读数。

G.7 结果计算

按如下方式计算:
a) 对无接缝试样:读数分别记为 t_1、t_2、t_3;穿透时间 $t=(t_1+t_2+t_3)/3$;
b) 对有接缝试样:读数分别记为 t_4、t_5、t_6;穿透时间 $t=(t_4+t_5+t_6)/3$。

附 录 H
（规范性）
织物酸碱类化学防护服面料耐液体静压力测试方法

H.1 原理

本方法用于测试织物酸碱类化学品防护服耐液态静压的能力,以织物承受的液态静压值来表示试剂透过织物的阻力。

H.2 测试装置

测试装置示意图见图 H.1。

H.3 试剂

防酸产品取 80％硫酸作为试剂,防碱产品取 30％氢氧化钠作为试剂;防酸碱产品取 80％硫酸和 30％氢氧化钠作为试剂。

H.4 测试条件

温度:17 ℃～30 ℃;相对湿度:(65±5)％。

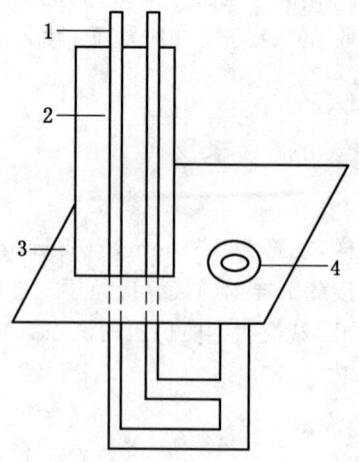

标引序号说明：
1——玻璃管；
2——压力显示装置；
3——玻璃板；
4——夹具。

图 H.1 耐液态静压测试设备示意图

H.5 测试准备

从成品防护服上取3个试样，试样尺寸为 $\phi 32$ mm。

H.6 测试步骤

测试步骤如下：
a) 将试样在夹具上夹紧，确保试样水平夹持、不鼓起、不滑动、夹具边缘无产生渗透的可能；试剂从垂直下方接触试样。
b) 对试剂进行持续、稳定的加压。
c) 观察试样，记录试样上第3处液珠出现时的液态静压。
d) 每种试样应进行3次测试，取算术平均值，得到试样耐液态静压值。

附 录 I
（规范性）
化学防护服面料拒液性能测试方法

I.1 范围

本附录规定了化学防护服面料抗低挥发性液态化学物质穿透性能的测试方法。

I.2 原理

将一定量的测试溶液按照规定的流速连续喷射至固定在倾斜槽上的化学防护服面料表

面,通过确定试样的穿透指数、吸收指数和拒液指数来评价化学防护服面料抗液态化学物质穿透性能。

I.3 测试溶液

根据5.3.3.5要求,选择表11中化学物质进行测试。测试溶液温度应为(20±2)℃。

I.4 测试装置

测试装置由下面各部分组成,见图I.1。

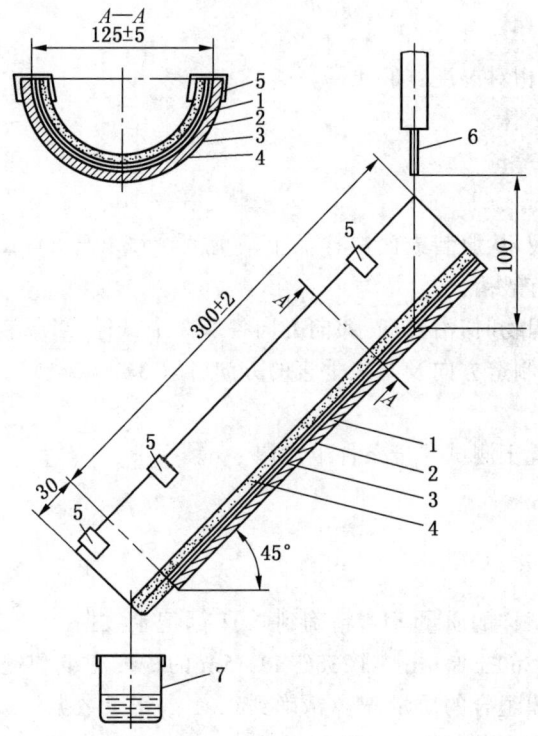

标引序号说明:
1——硬质透明槽;
2——透明薄膜;
3——滤纸;
4——试样;
5——夹子;
6——注射器;
7——烧杯。

图 I.1 测试装置图

a) 硬质透明槽,半圆柱形,内径(125±5)mm,长度(300±2)mm,倾斜度45°。
b) 硬质盖,质量均匀的半圆柱形,长度270 mm,外径(105±5)mm,重(140±7)g。
c) 注射器,规格为(10±0.5)mL,针孔直径为(0.8±0.02)mm;长度没有严格要求,但是针尖要是平的。

d) 自动注射系统,可保证注射器在(10±1)s内连续喷射(10±0.5)mL测试溶液,并带有固定注射器的支架。不应使用人工或依靠重力注射。

e) 烧杯,容量约 50 mL。

f) 天平,精度为 0.01 g。

g) 透明薄膜,不被测试溶液腐蚀,放置在硬质透明槽与滤纸之间,保护硬质透明槽。

h) 滤纸,厚度为 0.15 mm～0.2 mm,放置在试样与透明薄膜之间。

i) 计时器,秒表或电子计时器,精度为 0.1 s。

I.5 测试环境条件

温度:(20±2)℃;相对湿度:(65±4)%。

I.6 试样的准备

I.6.1 取样

对于每种测试溶液,从服装或面料样品上裁剪 6 个(360±2)mm×(235±5)mm 的试样,取样要细心,不得有皱褶。

当服装面料是机织物时,沿经向、纬向方向各取 3 个试样;当服装面料是无纺布时,如果制造方向可辨认,则沿制造方向及与之垂直的方向各取 3 个试样。

I.6.2 试样预处理

将裁剪好的试样置于测试环境条件下调湿 8 h。

I.7 测试程序

测试程序如下:

a) 用天平称量试样的质量 M_1,精确到 0.01 g,记录数据。

b) 裁剪大小为(360±2)mm×(235±50)mm 的矩形滤纸和透明薄膜各 1 块,称量滤纸和透明薄膜组合的质量 M_2,精确到 0.01 g,记录数据。

c) 将称量过的透明薄膜放入硬质透明槽内,上面覆盖滤纸,相互间紧密贴合,注意不要留有空隙,也不要出现皱褶,并保证硬质透明槽、透明薄膜、滤纸三者下端面平齐。

d) 将试样放在滤纸上,使试样的长边与槽边平行,外表面向上,试样被折叠的边超出槽的下端30 mm。仔细检查试样,确保其表面与滤纸紧密贴合后,用夹子将试样固定在硬质透明槽上。

e) 用天平称量小烧杯的质量 M_3,精确到 0.01 g,记录数据。

f) 将小烧杯安放在试样折叠边缘的下面,保证所有从试样表面流下的测试溶液都能被收集到。

g) 注射器针头向下,垂直安装在支架上,针头应通过硬质透明小槽的轴心线,与试样表面的垂直距离为(100±2)mm,试样外表面喷射点与试样下端面间的长度为(330±2)mm,见图 I.1。

h) 启动自动注射系统,同时启动计时器,使 10 mL 测试溶液在(10±1)s 内由针头喷射至试样的外表面。

i) 计时器计时到 60 s,轻敲硬质透明槽的边缘,使悬浮于试样折叠边缘的测试溶液滑落。

j) 小心地取下试样,仔细将接触测试溶液的一面向内折叠好,注意不要让试样上沾附的测试溶液流失或滑落。用天平称量沾有测试溶液的试样质量 M_1',精确到 0.01 g,记录数据。

k) 小心地取出滤纸与透明薄膜组合,注意不要让沾附的测试溶液流失或滑落。将接触测试溶液的一面向上,用天平称量带有测试溶液的滤纸与透明薄膜质量 M_2',精确到 0.01 g,记录数据。

l) 称量小烧杯和收集的测试溶液的质量 M_3',精确到 0.01 g,记录数据。

m) 按 a)~l),依次测得 6 块试样的数据。

I.8 结果计算

I.8.1 穿透指数

按式(I.1)计算每个试样对测试溶液的穿透指数。

$$I_P = \frac{M_2' - M_2}{M_t} \times 100\% \quad \cdots\cdots\cdots\cdots\cdots\cdots\cdots\cdots (I.1)$$

式中:
I_P ——穿透指数,精确到小数点后一位;
M_2 ——测试前滤纸和透明薄膜组合的质量,单位为克(g);
M_2' ——测试后沾附了测试溶液的滤纸和透明薄膜组合的质量,单位为克(g);
M_t ——测试中喷射向试样的 10 mL 测试溶液的质量,单位为克(g);
取 6 个试样的最小值作为最终测试结果。

I.8.2 拒液指数

按式(I.2)计算每个试样对测试溶液的拒液指数。

$$I_R = \frac{M_3' - M_3}{M_t} \times 100\% \quad \cdots\cdots\cdots\cdots\cdots\cdots\cdots\cdots (I.2)$$

式中:
I_R ——拒液指数,精确到小数点后一位;
M_3 ——测试前小烧杯的质量,单位为克(g);
M_3' ——测试后收集了液体的小烧杯质量,单位为克(g);
M_t ——测试中喷射向试样的 10 mL 测试溶液的质量,单位为克(g);
取 6 个试样的最小值作为最终测试结果。

能应用可靠的蒸发损耗修正因素的地方,在计算指数 I_P、I_R 和 I_A 前,应分别将技术条件下的质量损耗加到 M_A、M_P 或 M_R 上。

I.8.3 结果判定

取 6 个试样中拒液指数、穿透指数结果的最小值,作为最终测试结果。

I.9 测试报告

测试报告应至少包括以下内容:

a) 声明测试是按照附录 I 进行测试的；
b) 被测试面料的单位面积质量，g/m^2；
c) 测试环境条件；
d) 被测试面料的预处理情况；
e) 使用的化学物质；
f) 每一个样品的测试结果，穿透指数、拒液指数的最小值以及分级结果；
g) 与本附录不符合的说明，以及测试人员认为应说明的其他问题；
h) 测试人员及测试日期。

附 录 J
（规范性）
化学防护服面料耐磨损性能测试方法

J.1 测试原理

按照 GB/T 21196.2—2007 耐磨测试方法的倒置模式进行测试，即直径不小于 140 mm 的试样装在磨台上，直径不小于 30 mm 的砂纸安装在样品支架上，测试时施加 9 kPa 的向下压力，根据 J.4 规定的耐磨损性终点判定方法来确定不会对面料造成显著损坏的最大摩擦循环次数。

J.2 磨料

砂纸种类可以选择 A65(APEX or Structured Abrasive)或者 240(ANSI)进行。背衬材料应选择拉伸强度不低于 390 N(经向)和 215 N(纬向)的 B 纸。

J.3 试样

每组试样选择 4 个面料试样，每个试样应包含所有层。每个耐磨损级别准备一组试样。另取 1 个未经测试的试样来判断该试样是否适用压力罐法。

J.4 耐磨损性终点判定以及分级

进行一定次数的耐磨损测试后，需要对 4 个试样的测试终点进行分级判定。有三种终点判定方法：压力罐法、静水压法和目测法。首选压力罐法，如果压力罐法不适用，则使用静水压法。如果这两种方法都不适用，采用目测法进行判定，如通过目测法进行终点评估，可报告的最高测试等级为 3 级。

J.4.1 压力罐法

首先需要测试该面料是否可以使用压力罐法判定终点。将未磨损的参考试样夹持在圆形压力罐装置中，将压力罐中的压力从大气压降低至 −(1 000±10)Pa，测量并记录 1 min 后的压力变化。如果压力增加小于 100 Pa，则该面料可以使用压力罐法进行终点判定。具体判定方法如下。

将试样的测试区域夹持在圆形压力罐装置上(见图 J.1)，确保试样的外表面朝外，不能暴露于负压一侧。抽气使压力罐中的压力降低至 −(1 000±10)Pa，测量并记录 1 min 后的压力变化最大值。计算同一试样磨损前与磨损后内两次压力罐测试的压力变化最大值的差值。

对于同一组的 4 个试样,如果磨损测试前和磨损测试后 4 个差值均不大于 100 Pa,则新选取一组 4 个试样进行耐磨损测试;将摩擦测试的次数提高至表 13 中更高的一个级别,直到最大差值超过 100 Pa 时,终止摩擦测试。选取样品能通过压力罐测试的最高摩擦次数用于样品耐磨损性能的分级。

单位为毫米

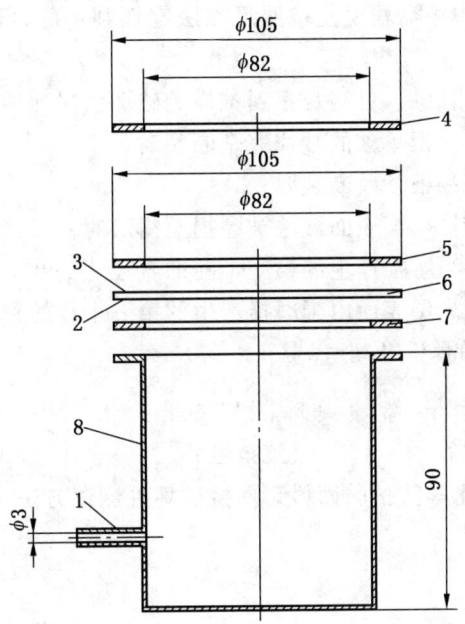

标引序号说明:
1——用于产生负压和测量压力变化的连接;
2——下表面;
3——上表面;
4——夹紧环(例如不锈钢);
5——垫片;
6——圆形样品;
7——垫片;
8——圆形压力罐(例如不锈钢)。

图 J.1 圆形压力罐

J.4.2 静水压法

首先需要测试该面料是否可以使用静水压法判定终点。选取一组 4 个未经测试的样品根据 GB/T 4744 进行测试,其升压速率为 (0.98 ± 0.05) kPa/min(或 10 cm/min),如果 4 个试样的静水压平均值超过 200 mm,则该面料可以使用静水压法进行终点判定。具体判定方法如下。

经过磨损测试的样品,将其磨损区域夹入静水压试验装置中测量静水压。如果一组 4

个样品的静水压平均值超过 200 mm,则新选取一组 4 个样品进行耐摩擦测试;将摩擦测试的次数提高至表 13 中更高的一个级别,直到在该测试次数下,其平均静水压值小于 200 mm。平均静水压值高于 200 mm 的最高摩擦次数用于样品耐磨损性能的分级。

J.4.3 目测法

不能使用压力罐或静水压评估的面料应通过目测法进行终点判定。如果 4 个试样中,有 1 个在经过一定级别次数(表 13)的磨损处理后显示试样破坏,则该面料被认为已经不能满足这一级别的耐磨损性能要求。所有 4 个试样全部通过测试的最高摩擦次数用于耐磨损性能分级判定。在测试报告中需写明是按照目测法定性判定的,可报告的最高测试等级为3 级。

经过一定次数的摩擦测试后,目测观察到试样的破坏情况列举如下:
a) 在机织面料中,当两根单独的纱线完全断裂时;
b) 在针织面料中,当一根纱线断裂时;
c) 在起绒和割绒面料中,当表面绒毛被磨损至露底时;
d) 在非织造面料中,当磨损产生的第一个孔的直径达到 0.5 mm 时;
e) 在涂层面料中,当涂层表面由于磨损产生的第一个孔的直径达到 0.5 mm 时。

注:只要有孔形成即为试样破坏,不一定要贯穿全部的材料。

附 录 K
(规范性)
化学防护服面料耐屈挠破坏性测试方法

K.1 耐屈挠破坏性测试

选择 6 个面料试样(经向 3 个,纬向 3 个),每个试样应包含所有层,按照 GB/T 12586—2003(方法 B)进行测试。根据 K.2 的终点判定方法确定不会对面料造成损坏的最大耐屈挠次数。

K.2 耐屈挠破坏性终点判定以及分级

进行一定次数的耐屈挠测试后,需要对 6 个试样的测试终点进行分级判定。另取 1 个未经测试的试样来判断该试样是否适用压力罐法。

有三种终点判定方法:压力罐法、静水压法和目测法。首选压力罐法,如果压力罐法不适用,则使用静水压法。如果这两种方法都不适用,采用目测法进行判定,1 型、1-ET 型、3 型和 3-ET 型防护服面料耐屈挠破坏性测试的终点判定不宜用目测法。

K.2.1 压力罐法

首先需要测试该面料是否可以使用压力罐法判定终点。将未经屈挠的参考试样夹持在圆形压力罐装置中,将压力罐中的压力从大气压降低至 −(1 000±10)Pa,测量并记录 1 min 后的压力变化。如果压力增加小于 100 Pa,则该面料可以使用压力罐法进行终点判定。具体判定方法如下。

将试样的测试区域夹持在长方形压力罐装置上(见图 K.1),确保试样的外表面朝外,不能暴露于负压一侧。抽气使压力罐中的压力降低至 −(1 000±10)Pa,测量并记录 1 min 后的压力变化最大值。计算同一试样未经屈挠与经屈挠后两次压力罐测试的压力变化最大值的差值。

对于同一组的6个试样,如果未经屈挠与经屈挠后6个差值均不大于100 Pa,则新选取一组6个试样进行耐屈挠破坏测试;将屈挠测试的次数提高至表14中更高的一个级别,直到最大差值超过100 Pa时,终止屈挠测试。选取样品能通过压力罐测试的最高屈挠次数用于样品耐屈挠破坏性能的分级。

单位为毫米

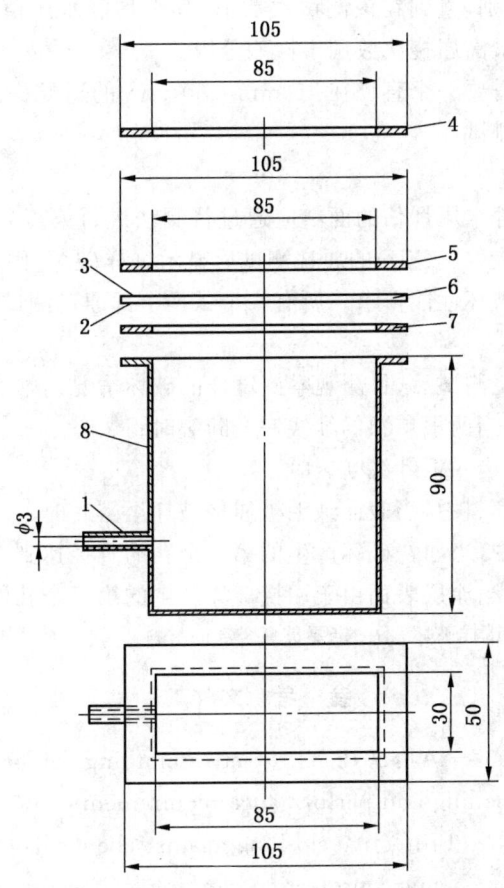

标引序号说明:
1——用于产生负压和测量压力变化的连接;
2——下表面;
3——上表面;
4——长方形夹紧装置(例如不锈钢);
5——长方形垫片;
6——长方形样品;
7——长方形垫片;
8——长方形压力罐(例如不锈钢)。

图 K.1 长方形压力罐

K.2.2 静水压法

首先需要测试该面料是否可以使用静水压法判定终点。选取一组6个未经测试的样品根据GB/T 4744进行测试,其升压速率为(0.98 ± 0.05) kPa/min(或10 cm/min),如果6个试样的静水压平均值超过200 mm,则该面料可以使用静水压法进行终点判定。具体判定方法如下。

经过屈挠测试的试样,将其屈挠测试区域夹入静水压试验装置中测量静水压。如果一组6个样品的静水压平均值超过200 mm,则新选取一组6个试样,将屈挠测试的次数提高至表14中更高的一个级别,直到在该测试次数下,其平均静水压值小于200 mm。平均静水压值高于200 mm的最高屈挠次数用于性能分级。

耐静水压测试装置需要一个直径在45 mm~60 mm的适配头。选取耐屈挠测试试样的中心区域进行静水压测试。

K.2.3 目测法

不能使用压力罐或静水压评估的面料应通过目测法进行终点判定。如果6个试样中,有1个在经过一定级别次数(表14)的屈挠测试后显示试样破坏,则该面料被认为已经不能满足这一级别的耐屈挠破坏性能要求。所有6个试样全部通过测试的最高屈挠次数用于耐屈挠破坏性能分级判定。

经过一定次数的屈挠测试后,目测观察到试样的破坏情况列举如下。

a) 在机织面料中,当两根单独的纱线完全断裂时;
b) 在针织面料中,当一根纱线断裂时;
c) 在起绒和割绒面料中,当表面绒毛被屈挠破坏至露底时;
d) 在非织造面料中,当屈挠破坏产生的第一个孔的直径达到0.5 mm时;
e) 在涂层面料中,当涂层表面由于屈挠破坏产生的第一个孔的直径达到0.5 mm时。

注:只要有孔形成即为试样破坏,不一定要贯穿全部的材料。

参 考 文 献

[1]　ISO 16602:2007+A1:2012　Protective clothing for protection against chemicals—Classifi-cation, labelling and performance requirements

[2]　EN 14325:2018　Protective clothing against chemicals—Test methods and performance classification of chemical protective clothing materials, seams, joins and assemblages

防护服装 职业用高可视性警示服
（GB 20653—2020）

前　言

本标准按照 GB/T 1.1—2009 给出的规则起草。

本标准代替 GB 20653—2006《职业用高可视性警示服》。本标准与 GB 20653—2006 相比，主要变化如下：
— 修改了标准名称，从《职业用高可视性警示服》调整为《防护服装　职业用高可视性警示服》；
— 增加和修改了部分术语和定义；
— 增加了警示服面积测量和级别评定的要求；
— 修改了警示服的设计要求；
— 修改了警示服的人类工效学要求；
— 修改了基底材料和非荧光材料的耐汗渍色牢度的技术要求；
— 修改了基底材料和非荧光材料的耐水洗、耐干洗、耐次氯酸盐漂白和耐热压色牢度的技术要求；
— 修改了基底材料和非荧光材料的尺寸变化的技术要求，增加了尺寸变化的测试方法；
— 修改了基底材料和非荧光材料的机械性能的技术要求；
— 增加了基底材料和非荧光材料的化学安全性能要求及测试方法；
— 修改了单一性能反光材料的反光性能要求，取消3个分级，统一了技术要求；
— 修改了水洗和干洗的试验方法；
— 修改了高可视性警示服的图形符号，删除了原图形符号中反光材料级别标识符；
— 增加了规范性附录D"工业洗涤时反光带的布置方式"；
— 增加了资料性附录F"环境风险等级及可视性服装设计指导"，为指导高可视性警示服的应用和设计提供参考信息。

本标准使用重新起草法修改采用 ISO 20471:2013《高可视性服装　测试方法和要求》。

本标准与 ISO 20471:2013 的主要差异如下：
— 修改了标准名称；
— 删除了国际标准的"简介"；
— 关于规范性引用文件，本标准做了具有技术性差异的调整，以适应我国的技术条件，调整的情况集中反映在第2章"规范性引用文件"中，具体调整如下：
  • 用等同采用国际标准的 GB/T 250 和 GB/T 251 分别代替了 ISO 105-A02 和 ISO 105-A03:1993（见5.3）；
  • 增加引用了 GB/T 1335.1（见4.3）、GB/T 1335.2（见4.3）、GB 5296.4（见8.3）、GB/T 12704.1（见5.6）和 GB 18401—2010（见5.7）；

- 用修改采用国际标准的 GB/T 3920 代替了 ISO 105-X12(见 5.3);
- 用修改采用国际标准的 GB/T 3922 代替了 ISO 105-E04(见 5.3);
- 用修改采用国际标准的 GB/T 3923.1 代替了 ISO 13934-1(见 5.5.1);
- 用非等效采用国际标准的 GB/T 3978 代替了 CIE 15 和 CIE S 005(见 7.2);
- 用非等效采用国际标准的 GB/T 3979 代替了 CIE 15(见 7.2);
- 用修改采用国际标准的 GB/T 5711 代替了 ISO 105-D01(见 5.3.3);
- 用等效采用国际标准的 GB/T 6152 代替了 ISO 105-X11(见 5.3.3);
- 用等效采用国际标准的 GB/T 7069 代替了 ISO 105-N01(见 5.3.3);
- 用修改采用国际标准的 GB/T 7742.1 代替了 ISO 13938-1(见 5.5.2);
- 用修改采用国际标准的 GB/T 8427—2008 代替了 ISO 105-B02(见 5.2.2);
- 用修改采用国际标准的 GB/T 8628—2013 代替了 ISO 3759(见 7.3);
- 用修改采用国际标准的 GB/T 8629—2017 代替了 ISO 6330:2012(见 7.3 和 7.5.5.3);
- 用修改采用国际标准的 GB/T 8685 代替了 ISO 3758:2005(见 8.2);
- 用修改采用国际标准的 GB/T 12490—2014 代替了 ISO 105-C06:2010(见 5.3.3);
- 用等同采用国际标准的 GB/T 18426 代替了 ISO 4675(见 7.5.3);
- 用修改采用国际标准的 GB/T 19981.2 代替了 ISO 3175-2(见 7.3 和 7.5.5.3);
- 用修改采用国际标准的 GB/T 21196.2 代替了 ISO 12947-2(见 7.5.1);
- 用修改采用国际标准的 HG/T 2581.1—2009 代替了 ISO 4674-1:2003 (5.5.3);

——术语和定义中增加了"逆反射""非荧光材料",删除了"躯干""长袖(1/1 手臂)""道路""主动道路使用者""被动道路使用者""外层";

——修改了警示服的设计要求和典型设计款式,将 1 级警示服反光带最小宽度由 50 mm 调整为 25 mm,增加了肩部反光带设计的要求;

——增加了 4.4"警示服的工效学要求";

——修改 ISO 20471:2013 中 5.6"舒适性-湿阻和热阻"为"透湿性能";

——增加了 5.7"化学安全性能要求";

——ISO 20471:2013 共 9 章,本标准共 8 章,修改合并 ISO 20471:2013 中第 8 章和第 9 章,作为本标准第 8 章"标志、维护标签和使用说明";

——相比 ISO 20471:2013 的 4 个附录(附录 A～附录 D),本标准增加到 6 个附录(附录 A～附录 F);

——修改了 ISO 20471:2013 第 4 章中的警示服设计图例,作为资料性附录 A"警示服典型设计款式";

——增加了资料性附录 B"基底材料和组合性能材料色度图";

——增加了规范性附录 C"逆反射系数测定方法";

——调整 ISO 20471:2013 中附录 B,作为本标准规范性附录 D"工业洗涤时反光带的布置方式";

——调整 ISO 20471:2013 中附录 C,作为本标准规范性附录 E"淋雨状态反光性能测

定方法";

——修改整合 ISO 20471:2013 中"简介"、附录 A 和附录 D 中相关内容,作为本标准资料性附录 F"环境风险等级及可视性服装设计指导",并在表 F.1 中增加了场所示例。

本标准由中华人民共和国应急管理部提出并归口。

本标准所代替标准的历次版本发布情况为:

——GB 20653—2006。

1 范围

本标准规定了职业用高可视性警示服的设计要求、材料性能要求、反光性能要求、试验方法、标志、维护标签和使用说明。

本标准适用于在可视性较低的环境中,作业人员为提升其视觉可见性而穿着的高可视性警示服。

2 规范性引用文件

下列文件对于本文件的应用是必不可少的。凡是注日期的引用文件,仅注日期的版本适用于本文件。凡是不注日期的引用文件,其最新版本(包括所有的修改单)适用于本文件。

GB/T 250 纺织品 色牢度试验 评定变色用灰色样卡(GB/T 250—2008,ISO 105-A02:1993,IDT)

GB/T 251 纺织品 色牢度试验 评定沾色用灰色样卡(GB/T 251—2008,ISO 105-A03:1993,IDT)

GB/T 1335.1 服装号型 男子

GB/T 1335.2 服装号型 女子

GB/T 3920 纺织品 色牢度试验 耐摩擦色牢度(GB/T 3920—2008,ISO 105-X12:2001,MOD)

GB/T 3922 纺织品 色牢度试验 耐汗渍色牢度(GB/T 3922—2013,ISO 105-E04:2013,MOD)

GB/T 3923.1 纺织品 织物拉伸性能 第1部分:断裂强力和断裂伸长率的测定(条样法)(GB/T 3923.1—2013,ISO 13934-1:1999,MOD)

GB/T 3978 标准照明体和几何条件(GB/T 3978—2008,CIE 15:2004,CIE S 005:1999,NEQ)

GB/T 3979 物体色的测量方法(GB/T 3979—2008,CIE 15:2004,NEQ)

GB/T 5296.4 消费品使用说明 第4部分:纺织品和服装

GB/T 5711 纺织品 色牢度试验 耐四氯乙烯干洗色牢度(GB/T 5711—2015,ISO 105-D01:2010,MOD)

GB/T 6152 纺织品 色牢度试验 耐热压色牢度(GB/T 6152—1997,eqv ISO 105-X11:1994)

GB/T 7069 纺织品 色牢度试验 耐次氯酸盐漂白色牢度(GB/T 7069—1997,eqv ISO 105-N01:1995)

GB/T 7742.1 纺织品 织物胀破性能 第1部分:胀破强力和胀破扩张度的测定 液压法(GB/T 7742.1—2005,ISO 13938-1:1999,MOD)

GB/T 8427—2008 纺织品 色牢度试验 耐人造光色牢度:氙弧(ISO 105-B02:1994,MOD)

GB/T 8628—2013 纺织品 测定尺寸变化的试验中织物试样和服装的准备、标记及测量(ISO 3759:2011,MOD)

GB/T 8629—2017 纺织品 试验用家庭洗涤和干燥程序(ISO 6330:2012,MOD)

GB/T 8685 纺织品 维护标签规范 符号法(GB/T 8685—2008,ISO 3758:2005,MOD)

GB/T 12490—2014 纺织品 色牢度试验 耐家庭和商业洗涤色牢度(ISO 105-C06:2010,MOD)

GB/T 12586—2003 橡胶或塑料涂覆织物 耐屈挠破坏性的测定(idt ISO 7854:1995)

GB/T 12704.1 纺织品 织物透湿性试验方法 第1部分:吸湿法

GB 18401—2010 国家纺织产品基本安全技术规范

GB/T 18426 橡胶或塑料涂覆织物 低温弯曲试验(GB/T 18426—2001,idt ISO 4675:1990)

GB/T 19981.2 纺织品 织物和服装的专业维护、干洗和湿洗 第2部分:使用四氯乙烯干洗和整烫时性能试验的程序(GB/T 19981.2—2014,ISO 3175-2:2010,MOD)

GB/T 21196.2 纺织品 马丁代尔法织物耐磨性的测定 第2部分:试样破损的测定(GB/T 21196.2—2007,ISO 12947-2:1998,MOD)

HG/T 2580—2008 橡胶或塑料涂覆织物拉伸强度和拉断伸长率的测定(idt ISO 1421:1998)

HG/T 2581.1—2009 橡胶或塑料涂覆织物 耐撕裂性能的测定 第1部分:恒速撕裂法(ISO 4674-1:2003,MOD)

3 术语和定义

GB/T 3978界定的以及下列术语和定义适用于本文件。

3.1
高可视性警示服 high visibility warning clothing

利用荧光材料和反光材料进行特殊设计制作,以增强穿着者在可见性较差的高风险环境中的可视性并起警示作用的服装。

3.2
荧光材料 fluorescent material

在接收并吸收光波辐射的同时,能发出在可见光范围内、比吸收光波长更长的光辐射的材料。

3.3
基底材料 background material

用于增强在环境中可视性的彩色荧光材料,但不符合本标准中对反光材料的要求。

3.4

逆反射 retro reflection

反射光从接近入射光的方向返回的一种反射。当入射光方向在较大范围内变化时,仍能保持这种性质。

3.5

反光材料 retroreflective material

具有逆反射性能的材料,但不符合本标准中对基底材料的要求。

3.6

单一性能材料 separate-performance material

单独具备基底材料性能或者反光材料性能的材料,但不同时具备上述两种材料的性能。

3.7

组合性能材料 combined-performance material

同时具备基底材料性能和反光材料性能的材料。

3.8

方向敏感性材料 orientation sensitive material

当在旋转角度分别为0°和90°时得到逆反射系数差异大于15%的反光材料。

3.9

非荧光材料 non-fluorescent material

通常与基底材料共同构成警示服外层主体的面料,但不符合本标准中对反光材料和基底材料的要求。

4 级别和设计要求

4.1 级别

根据可视性的相对强弱,高可视性警示服(简称警示服)分为3个级别。每个级别的警示服应含有相应面积的可视性材料(基底材料、反光材料,或组合性能材料)。警示服上可视性材料的最小使用面积见表1。

测量面积时,应选取服装的最小设计号型,并将所有拉链、搭扣等扣件全部扣合到最小位置。将衣服平整放置在桌面上进行测量,测量区域包括躯干及四肢部位。

在计算可视性材料的使用面积时,只计入满足4.2设计要求的材料。当使用两种或更多种基底材料时,不考虑颜色,统一计算面积。任何类型的图案、印字或标签均不计入表1中最小可视面积的计算。

单件服装或者整套服装(如上衣加裤子)均可以评定警示服级别。如果使用者穿上整套服装后,整套服装的可视性材料面积所满足的警示服级别高于其中任一单件服装的级别,则可以按照整套服装的可视性材料面积评定警示服级别。整套服装的警示服级别应分别标注在每个单件服装的标签和使用说明中。

为保证360°可视性,服装各个面都应设计有可视性材料,水平反光带和荧光材料应环绕躯干、裤腿和袖子。服装前部、服装后部配置的可视性材料面积均应不低于相应级别警示服可视性材料最小使用面积的40%。

3级警示服应覆盖整个躯干,且至少在袖子或长裤裤腿上环绕反光带。

表 1 可视性材料的最小使用面积

单位为平方米

项目	3级警示服	2级警示服	1级警示服
基底材料	0.80	0.50	0.14
反光材料	0.20	0.13	0.10
组合性能材料	—	—	0.20

4.2 设计要求

4.2.1 覆盖部位仅含上身躯干的警示服（如背心和无袖短外套）

覆盖部位仅含上身躯干的警示服（如背心和无袖短外套）的设计应满足以下要求,典型设计款式示意图参见附录 A 的图 A.1。

a) 基底材料应环绕上身躯干,宽度不小于 50 mm（基底材料被反光带中断的区域不算入内）。2级和3级警示服反光带最小宽度为 50 mm,1级警示服反光带最小宽度为 25 mm。

b) 仅覆盖上身躯干的警示服应至少有一条环绕躯干的反光带,反光带与水平线之间的最大可倾斜角度为±20°;左右两肩应各有一条反光带从胸前延伸到后背,从肩缝向胸前和后背各延伸至少 15 cm 或者与躯干部位的反光带相连接;躯干部位最下面的反光带的底端距衣服底边的距离不小于 50 mm。如果服装有多条水平方向的反光带,相邻两条间距应不小于 50 mm。

c) 两侧开口的套头背心在设计时应确保穿着者穿上适合的尺码后,两侧开口的任何部位的水平间距不大于 50 mm。

d) 由反光材料或组合性能材料组成的条带在长度方向上的间隙（如门襟或接缝处）应不大于50 mm,同时如果该条带环绕躯干部位,则该条带上的总间隙应不大于 100 mm。

4.2.2 覆盖部位包括上身躯干和胳膊的警示服（如夹克、衬衫/大衣、T 恤等）

覆盖部位包括上身躯干和胳膊的警示服（如夹克、衬衫/大衣、T 恤等）的设计应满足以下要求,典型设计款式示意图参见图 A.2。

a) 基底材料应环绕上身躯干部位和袖子,宽度应不小于 50 mm（基底材料被反光带中断的区域不算入内）。2级和3级警示服反光带最小宽度为 50 mm,1级警示服反光带最小宽度为 25 mm。

b) 覆盖上身躯干和胳膊的警示服应至少有一条环绕躯干的反光带,反光带与水平线之间的最大可倾斜角度为±20°;左右两肩应各有一条反光带从胸前延伸到后背,从肩缝向胸前和后背各延伸至少 15 cm 或者与躯干部位的反光带相连接;躯干部位最下面的反光带底端距衣服底边的距离应不小于 50 mm。如果服装有多条水平方向的反光带,相邻两条间距应不小于 50 mm。

c) 或者,当袖子上环绕反光带时,覆盖上身躯干和胳膊的警示服应至少有两条反光带环绕躯干,相邻反光带间隔不小于 50 mm,反光带与水平线之间的最大可倾斜角度为±20°,躯干部位最下面的反光带的底端距衣服底边的距离不小于 50 mm。

d) 如果袖子明显遮挡躯干部位的一条水平反光带,袖子上应环绕一圈反光带。如果是长袖,袖子上应环绕间隔不小于 50 mm 的两条反光带。

e) 如果袖子明显遮挡躯干部位的两条水平反光带,袖子上应环绕间隔不小于 50 mm 的两条反光带。最下端的反光带底端距袖口边缘的距离应不小于 50 mm。可以通过不同的姿势活动胳膊同时观察袖子对于水平反光带的遮挡情况。

f) 由反光材料或组合性能材料组成的条带在长度方向上的间隙(如门襟或接缝处)应不大于 50 mm,同时如果该条带环绕躯干或袖子,则该条带上的总间隙应不大于 100 mm。

4.2.3 主要覆盖腿部的警示服(如长裤、背带裤等)

主要覆盖腿部的警示服(如长裤、背带裤等)的设计应满足以下要求,典型设计款式示意图参见图 A.3。

a) 基底材料应环绕裤腿,宽度不小于 50 mm(基底材料被反光带中断的区域不算入内)。2 级和 3 级警示服反光带最小宽度为 50 mm,1 级警示服反光带最小宽度为 25 mm。

b) 覆盖腿部的警示服应至少有两条反光带,间隔不小于 50 mm,反光带最大可倾斜角度为 ±20°。最下端的反光带底端距裤口边缘的距离应不小于 50 mm。

c) 由反光材料或组合性能材料组成的条带在长度方向上的间隙(如门襟或接缝处)应不大于 50 mm。

4.2.4 覆盖部位包括上身躯干和腿部的警示服(如无袖连体工作服)

覆盖部位包括上身躯干和腿部的警示服(如无袖连体工作服)的设计应满足以下要求,典型设计款式示意图参见图 A.4。

a) 基底材料应环绕上身躯干部位和裤腿,宽度不小于 50 mm(基底材料被反光带中断的区域不算入内)。2 级和 3 级警示服反光带最小宽度为 50 mm,1 级警示服反光带最小宽度为 25 mm。

b) 应同时满足 4.2.1 和 4.2.3 的要求。

4.2.5 可覆盖上身躯干、胳膊和腿部的警示服(如连体工作服)

可覆盖上身躯干、胳膊和腿部的警示服(如连体工作服)的设计应满足以下要求,典型设计款式示意图参见图 A.5。

a) 基底材料应环绕上身躯干部位、袖子和裤腿,宽度不小于 50 mm(基底材料被反光带中断的区域不算入内)。2 级和 3 级警示服反光带最小宽度为 50 mm,1 级警示服反光带最小宽度为 25 mm。

b) 应同时满足 4.2.2 和 4.2.3 的要求。

4.3 尺寸

警示服的尺寸应符合 GB/T 1335.1 和 GB/T 1335.2 的规定。

4.4 警示服的工效学要求

警示服还应满足以下工效学要求:

a) 适应作业时肢体活动,便于穿脱;

b) 在不影响设计强度的前提下,服装应尽可能轻便。

5 基底材料、非荧光材料和组合性能材料的性能要求

5.1 试验前的颜色性能

5.1.1 基底材料
按7.2进行测试,基底材料的色度坐标和亮度因子应符合表2的要求。
5.1.2 组合性能材料
按7.2进行测试,组合性能材料的色度坐标和亮度因子应符合表2的要求。
5.1.3 方向敏感性材料
按7.2进行测试,分别在0°和90°两个旋转角度条件下,其色度坐标均值和亮度因子均值均应符合表2的要求。

表2 基底材料和组合性能材料的颜色性能要求

颜色	各角点色度坐标		最小亮度因子 β_{min}
	x	y	
荧光黄色	0.387	0.610	0.70
	0.356	0.494	
	0.398	0.452	
	0.460	0.540	
荧光橘红色	0.610	0.390	0.40
	0.535	0.375	
	0.570	0.340	
	0.655	0.345	
荧光红色	0.655	0.345	0.25
	0.570	0.340	
	0.595	0.315	
	0.690	0.310	

5.2 物理试验后的颜色性能
5.2.1 水洗和干洗
按7.5.5进行测试,基底材料的色度坐标和亮度因子应符合表2的要求。
5.2.2 耐光色牢度试验
按GB/T 8427—2008方法3进行耐光色牢度试验后,基底材料和组合性能材料的色度坐标和亮度因子应符合表2的要求。

进行耐光色牢度试验时,对于红色和橘红色材料,当5号蓝色羊毛标样变为灰色样卡3级时,试验结束;对于黄色材料,当4号蓝色羊毛标样变为灰色样卡4级时,试验结束。

如果颜色发生了改变,但色度坐标仍在表2规定的区域内,也可以使用,如荧光红色经过耐光试验后变为荧光橘红色,其色度坐标在荧光橘红色规定的颜色区域,且最小亮度因子大于0.4,但应在产品说明书中注明。基底材料和组合性能材料的色度坐标区域及其分布参见附录B的图B.1。

5.3 基底材料和非荧光材料的色牢度
5.3.1 耐摩擦色牢度
按GB/T 3920规定的方法进行测试。

基底材料和非荧光材料的耐摩擦色牢度(干摩和湿摩)不小于4级,根据GB/T 250进行评定。

5.3.2 耐汗渍色牢度

按 GB/T 3922 规定的方法进行测试。

基底材料变色不低于 4 级,根据 GB/T 250 进行评定;基底材料和非荧光材料,沾色不低于 4 级,根据 GB/T 251 进行评定。

5.3.3 耐水洗、耐干洗、耐次氯酸盐漂白和耐热压色牢度

根据服装维护标签上的保养建议,按表 3 规定的试验方法进行测试,对应的色牢度性能应符合表 3 中的要求。

试样应在不超过 60 ℃ 的气温条件下自然悬挂晾干;在晾干过程中,不得有任何物品接触试样。

表 3 色牢度要求

保养要求	最低色牢度(级)		试验方法
	基底材料	非荧光材料	
水洗	变色:4-5 沾色:4	沾色:4	GB/T 12490—2014 (试验编号 E2S)
干洗	变色:4 沾色:4	沾色:4	GB/T 5711
次氯酸盐漂白	变色:4	—	GB/T 7069
热压	变色:4-5 沾色:4	沾色:4	GB/T 6152 干压法

5.4 基底材料和非荧光材料的尺寸变化

按 7.3 规定的方法进行测试。

针织材料在长度和宽度上的尺寸变化应不大于 ±5%。

梭织材料的长度和宽度上的尺寸变化应不大于 ±3%。

5.5 基底材料和非荧光材料的机械性能

5.5.1 机织材料的断裂强力

按 GB/T 3923.1 进行测试。

机织材料经向和纬向的断裂强力应不小于 100 N。

5.5.2 针织材料的胀破强度

按 GB/T 7742.1 规定的方法进行测试。

当测试面积为 50 cm² 时,胀破强度应不小于 100 kPa;或者,当测试面积为 7.3 cm² 时,胀破强度应不小于 200 kPa。

5.5.3 涂层布料和复合布料的断裂强力和撕破强力

警示服最外层材料是涂层布料或复合布料时,断裂强力应不小于 100 N(不适用于伸长率大于 50% 的材料)。按 HG/T 2580—2008 规定的方法 1 进行测试。

撕破强力应不小于 20 N(不适用于伸长率大于 50% 的材料),按 HG/T 2581.1—2009

规定的方法 A 进行测试。

5.6 透湿性能

按 GB/T 12704.1 规定的方法进行测试。

除背心和两侧开口的套头背心外,基底材料和非荧光材料的透湿量应不小于 5 000 g/(m^2 · 24 h)。

5.7 化学安全性能要求

基底材料、非荧光材料应满足以下要求。

a) pH 值介于 4.0～8.5;
b) 甲醛含量不大于 75 mg/kg(直接接触皮肤),或不大于 300 mg/kg(非直接接触皮肤)。

按 GB 18401—2010 中 6.1 和 6.2 规定进行 pH 值和甲醛含量的测试。

6 反光材料和组合性能材料的反光性能要求

6.1 物理试验前的反光性能

在进行物理性能试验之前,单一性能反光材料和组合性能材料应分别符合表 4 和表 5 的要求。按照 7.4 规定的方法进行测试。

在 0°和 90°其中一个旋转角条件下测试材料的反光性能时,方向敏感性材料应满足表 4 或表 5 中最小逆反射系数值的要求;在另一个旋转角条件下测试时,方向敏感性材料的逆反射系数值应不低于该对应值的 75%。

组合性能材料的逆反射系数值适用于任意颜色。

表 4　单一性能反光材料最小逆反射系数

单位为坎德拉每勒克斯平方米

观测角	入射角 β_1(β_2=0)			
	5°	20°	30°	40°
12′	330	290	180	65
20′	250	200	170	60
1°	25	15	12	10
1°30′	10	7	5	4

表 5　组合性能材料最小逆反射系数　单位为坎德拉每勒克斯平方米

观测角	入射角 β_1(β_2=0)			
	5°	20°	30°	40°
12′	65	50	20	5
20′	25	20	5	1.75
1°	5	4	3	1
1°30′	1.5	1	1	0.5

6.2 物理试验后的反光性能
6.2.1 一般要求
根据6.1规定测试过的样品,应按照表6规定进行相应的物理试验;试验结束之后,试样应满足6.2.2、6.2.3及6.2.4中的光学性能要求。

表6 物理试验

测试项目	试验方法
耐 磨	7.5.1
屈 挠	7.5.2
低温弯曲	7.5.3
温度变化	7.5.4
水 洗	7.5.5
干 洗	7.5.5
淋 雨	7.6

6.2.2 单一性能反光材料
按7.4规定的方法测试,在12′观测角、5°入射角条件下,逆反射系数值应大于100 cd/(lx·m^2)。

6.2.3 组合性能材料
按7.4规定的方法测试,在12′观测角、5°入射角条件下,逆反射系数值应大于30 cd/(lx·n^2)。

按7.6规定的方法测试,在12′观测角、5°入射角条件下,逆反射系数值应大于15 cd/(lx·m^2)。

6.2.4 方向敏感性材料
按7.4规定的方法进行测试,在0°和90°任一旋转角条件下的逆反射系数应符合6.2.2或6.2.3的规定;在另一个旋转角条件下的逆反射系数不应低于6.2.2或6.2.3中相应值的75%。

7 试验方法

7.1 样品准备
7.1.1 取样
测试样品可以从成衣或者成衣所使用的材料上选取。试样的尺寸、形状和数量应符合各测试项目的要求。

7.1.2 调湿
试样应在温度为(20±2)℃、相对湿度为(65±4)%的条件下,至少调湿24 h。如果试验需要在其他条件下进行,应在试样从调湿环境中取出后5 min内进行测试。

7.2 颜色性能
采用GB/T 3978规定的标准照明体D65光源、几何条件45/0、2°标准色度观察者,按

GB/T 3979 规定方法测试。

测试时,单层试样(含服装原有衬垫或衬里)下面应有黑色衬垫物,衬垫物的逆反射系数应小于 0.04。

至少在十字正交的 4 个方向分别测试 1 次,取其均值。如果光源为环带入射,可以只测 1 次。

7.3 材料的尺寸变化

样品的制备、标记和测量应按照 GB/T 8628—2013 的相关规定进行。

应优先按照服装使用说明中推荐的清洗方法和程序进行清洗。

当警示服适合工业洗涤时,优先选择工业洗涤。

当适合家庭水洗时,应按 GB/T 8629—2017 规定程序进行;如果服装保养标签中未说明洗涤程序,应采用 6N 程序进行水洗,一个完整水洗循环包括洗涤和干燥。

当仅适合干洗时,应按 GB/T 19981.2 规定的程序进行。

按所选方法完成 5 次清洗后,进行尺寸测量。

7.4 反光性能

逆反射系数应按附录 C 规定的方法进行测试。如果单条反光带的尺寸无法达到测试要求,可进行拼接。逆反射系数应分别在 0°和 90°两个旋转角条件下测定。0°旋转角的位置依照以下条件确定:

a) 每一试样上清晰的定向标记;
b) 材料制造商提供清晰的说明。

如果没有标记或说明,0°旋转角位置可以任意选择。

7.5 物理试验

7.5.1 耐磨

按 GB/T 21196.2 试样倒置模式进行测试,测试时施加 9 kPa 的向下压力,采用羊毛织物磨料;磨损 5 000 个循环后,测试试样逆反射系数。

7.5.2 屈挠

按 GB/T 12586—2003 中方法 A 的规定,对试样进行屈挠试验;屈挠 7 500 个循环后,测试试样逆反射系数。

7.5.3 低温弯曲

按 GB/T 18426 的规定,将试样在(−20±2)℃的条件下进行放置和折叠,在 7.1.2 规定的条件下调湿至少 2 h,然后测试逆反射系数。

7.5.4 温度变化

取两条 100 mm 长的反光带依次进行如下步骤的预处理:

a) 在(50±2)℃的条件下放置 12 h,然后立即进行 b)项;
b) 在(−30±2)℃的条件下放置 20 h;
c) 按 7.1.2 规定的条件下调湿至少 2 h。

然后将反光带拼接成 100 mm×100 mm 的试样,测试试样的逆反射系数。

7.5.5 水洗和干洗

7.5.5.1 样品选择

应选取成品服装,也可选取基底材料和反光材料固定后进行清洗。

7.5.5.2 固定方式

对于家庭洗涤和干洗,取三块 300 mm×250 mm 基底材料试样,每一块基底材料试样上固定两条 250 mm 的反光带,两条带之间的间距为 50 mm。

对于工业洗涤,按附录 D 进行取样和定位。

7.5.5.3 清洗方法

应优先按照服装使用说明推荐的清洗方法和程序进行清洗。

如果清洗方法不明确,当警示服适合水洗时,应采用 GB/T 8629—2017 规定的 6N 程序进行,一个完整的水洗循环应包括洗涤和干燥;当仅适合干洗时,应按 GB/T 19981.2 规定的程序进行。

如果产品说明中给出了最多清洗次数,则应按照该最多次数进行清洗;如果产品说明没有给出清洗次数,则应进行 15 次清洗。

7.6 淋雨

试样应按附录 E 规定的方法进行测试。

方向敏感性材料应选取干燥状态时逆反射系数较小的旋转角进行测试。

8 标志、维护标签和使用说明

8.1 标志

产品标志应包括以下信息:

a) 在成衣衣领和裤腰内侧部位应有耐久型维护标签,标签上应含有品名、号型或规格、洗涤方法以及警示服图形符号(见图 1)等产品信息,使用说明应注明品名,以及厂名、厂址、产品执行标准、洗涤方法等生产信息;

b) 警示服图形符号和警示服级别应在每个单件服装的标签和使用说明书中进行标注,并说明该级别是作为整套警示服,或单件警示服的级别。

8.2 维护标签

警示服维护标签应根据 GB/T 8685 的要求注明维护方法。

最多清洗次数应标注在服装的维护标签上,位置靠近警示服的图形符号,并在"最多"字样之后紧邻相应的清洗符号。例如:最多 25×水洗符号。

服装的最多清洗次数应为该服装的可视材料(基底材料、反光材料和组合性能材料)中可水洗次数最低的材料对应的次数。

注:图形符号旁边的数字(×位置)为表 1 中的警示服级别。

图 1　高可视性警示服的图形符号(ISO 7000:2019 中 2419)

8.3 使用说明

使用说明应符合 GB/T 5296.4 的有关规定。

应至少包含 8.1 中相关产品信息、生产信息,以及产品正确使用、储存、维护、报废等使用信息。必要时,可说明适用的风险等级和场所(参见附录 F 的表 F.1),以供最终使用者参考。

应包含推荐的清洗方法和清洗程序(参照 GB/T 19981.2、GB/T 8629 ISO 15797 或其他同等标准中规定的方法)。

应包括"最多可清洗次数并不是影响服装使用寿命的唯一因素。使用寿命还受到使用情况、储存、维护等方面的影响"等内容。

附 录 A
(资料性附录)
警示服典型设计款式

职业用高可视性警示服的典型设计款式示意图如图 A.1~图 A.5 所示。

单位为毫米

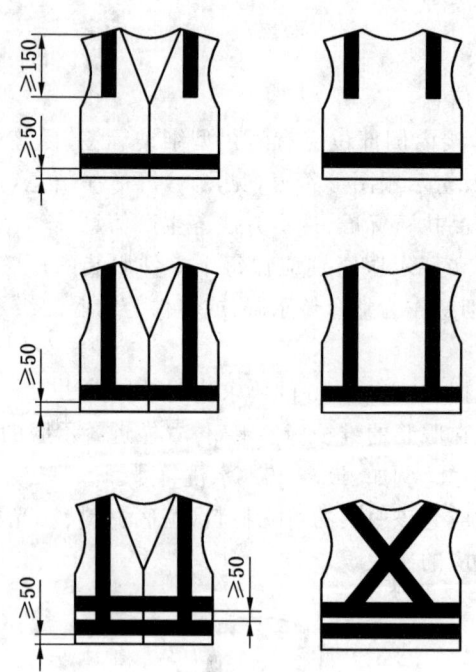

图 A.1 仅覆盖上身躯干警示服的示意图(背心和无袖短外套)

单位为毫米

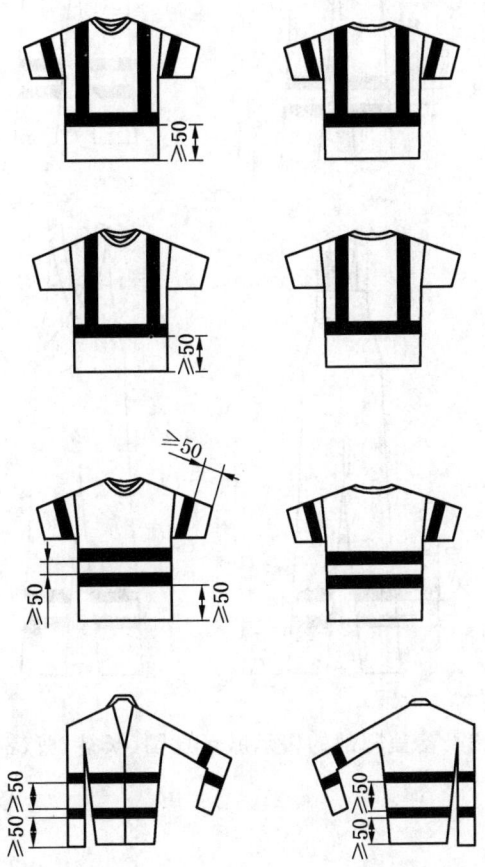

图 A.2 覆盖上身躯干和胳膊的警示服示意图(夹克/衬衫/大衣/T 恤)

单位为毫米

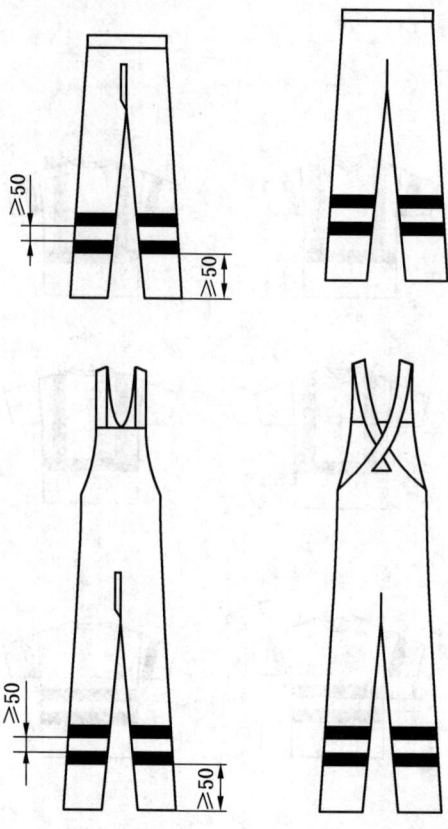

图 A.3 覆盖腿部的警示服示意图(长裤、背带裤等)

单位为毫米

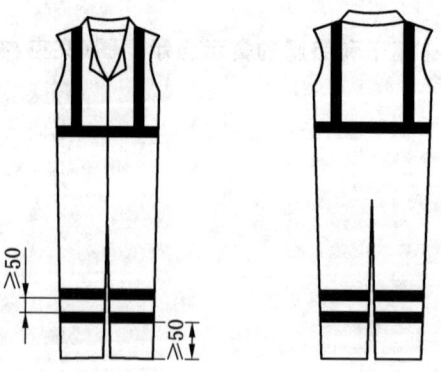

图 A.4 覆盖上身躯干和腿部的警示服示意图(无袖连体工作服)

单位为毫米

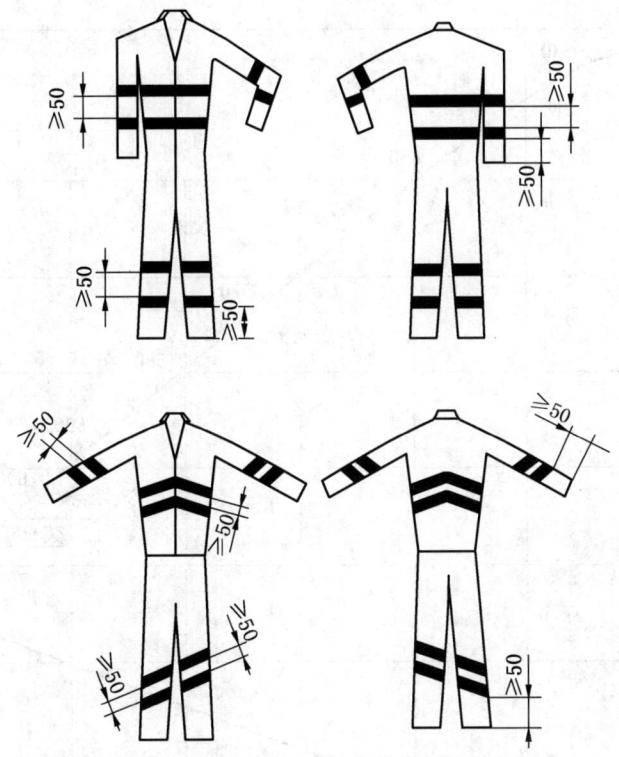

图 A.5 覆盖上身躯干、胳膊和腿部的警示服示意图(连体工作服)

附 录 B
（资料性附录）
基底材料和组合性能材料色度图

基底材料和组合性能材料色度坐标（D_{65} 45/0 照明/观察）如图 B.1 所示。

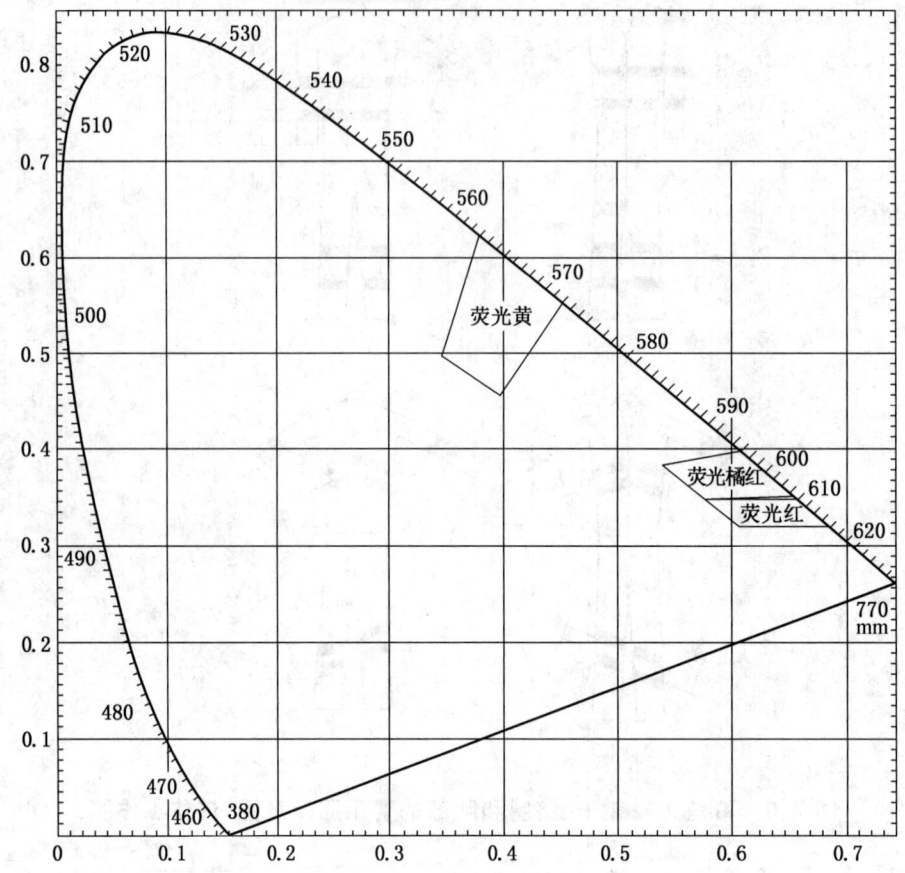

图 B.1 基底材料和组合性能材料色度图

附 录 C
（规范性附录）
逆反射系数测定方法

C.1 术语和定义

C.1.1
逆反射体 retroreflector
具有逆反射性能的反光面或器件。

C.1.2
逆反射体中心 retroreflector center

逆反射体上或靠近逆反射体，用于表示逆反射体位置的点。

C.1.3

参考轴　reference axis

起始于参考中心，垂直于被测试样反射面的直线。

C.1.4

照明轴　illumination axis

从逆反射体中心发出，通过光源点的射线。

C.1.5

观测轴　observation axis

从逆反射体中心发出，通过观测点的射线。

C.1.6

入射角　entrance angle

β

照明轴与逆反射体轴之间的夹角。

C.1.7

观测角　observation angle

α

照明轴与观测轴之间的夹角。

C.1.8

发光强度系数　coefficient of luminous intensity

R_I

逆反射在观察方向的发光强度 I 除以投向逆反射体且落在垂直于入射光方向平面内光照度 $E_\perp$ 的商。

$$R_I = \frac{I}{E_\perp}$$

式中：

R_I——反光强度系数，单位为坎德拉每勒克斯(cd/lx)；

I　——发光强度，单位为坎德拉(cd)；

$E_\perp$——垂直照度，单位为勒克斯(lx)。

C.1.9

逆反射系数　coefficient of retroreflection

R_A

平面逆反射表面上的发光强度系数 R_I 除以它的表面面积 A 的商。

$$R_A = \frac{R_I}{A} = \frac{I}{E_\perp \cdot A}$$

式中：

R_A——逆反射系数，单位为坎德拉每勒克斯平方米[cd/(lx·m²)]；

A　——试样表面的面积，单位为平方米(m²)。

C.2 试验环境

温度(20±2)℃,相对湿度(65±4)%。

C.3 测量仪器

逆反射系数测量仪器的光源为 A 光源,观测角应能在 12′到 2°或更大的范围内可调,最小分度值不应大于 6′;入射角应能在 0°到 40°范围内可调,最小分度值为 1°。

C.4 逆反射系数的测试

C.4.1 绝对测量法

当测试设备和测试条件能够满足时,应首选绝对测量法,按如下步骤进行:

a) 试样的尺寸不小于 150 mm×150 mm。

b) 测试于暗室中进行,测试原理见图 C.1,测量装置示意图见图 C.2。

光源应采用 GB/T 3978 规定的标准照明体 A 光源,试样参考中心对光源孔径张角 δ 应不大于 12′。试样整个受照区域的垂直照度的不均匀性不应大于 5%。

光探测器是经光谱光效率曲线校正的照度计,安装在光源的正上方。试样参考中心对光探测器孔径张角应不大于 12′,光探测器应能上下自由移动,以保证观测角从 12′至 1°30′或更大范围的变化。

光探测器前表面至试样表面的距离一般不应小于 15 m。

反光材料试样安装在一可转动的样品架上。当它沿第二轴旋转时,试样能获得入射角 β_2;当它沿第一轴旋转时,试样能获得入射角 β_1。

c) 测量过程:

把光探测器放在试样的参考中心位置上,正对着光源,测量出垂直于试样表面的照度值 $E_\perp$。

把上述光探测器置于图 C.2 的位置上,移动光探测器使观测角为 12′;转动试样,使光的入射角 β_1($\beta_2=0$)分别为 5°、20°、30°或 40°,测出在每个入射角时,试样反射光所产生的照度值 E_r。

重复上述测试过程,使观测角分别为 20′、1°和 1°30′,入射角 β_1 为 5°、20°、30°或 40°等各种几何条件,测出试样反射光所产生的照度值 E_r。

用下列公式计算在不同观测角和入射角条件下的发光强度系数 R_I 和逆反射系数 R_A:

$$R_I = \frac{I}{E_\perp} = \frac{E_r \cdot d^2}{E_\perp}$$

$$R_A = \frac{R_I}{A} = \frac{R_I}{E_\perp \cdot A} = \frac{E_r \cdot d^2}{E_\perp \cdot A}$$

式中:

R_I ——试样的反光强度系数,单位为坎德拉每勒克斯(cd/lx);

I ——试样的发光强度,单位为坎德拉(cd);

$E_\perp$ ——试样在参考中心的垂直照度,单位为勒克斯(lx);

E_r ——光探测器在不同观测角和入射角条件下测得反射光的照度,单位为勒克斯(lx);

d ——试样参考中心与光探测器孔径表面的距离,单位为米(m);

R_A——试样的逆反射系数,单位为坎德拉每勒克斯平方米[cd/(lx·m²)];

A ——试样表面的面积,单位为平方米(m²)。

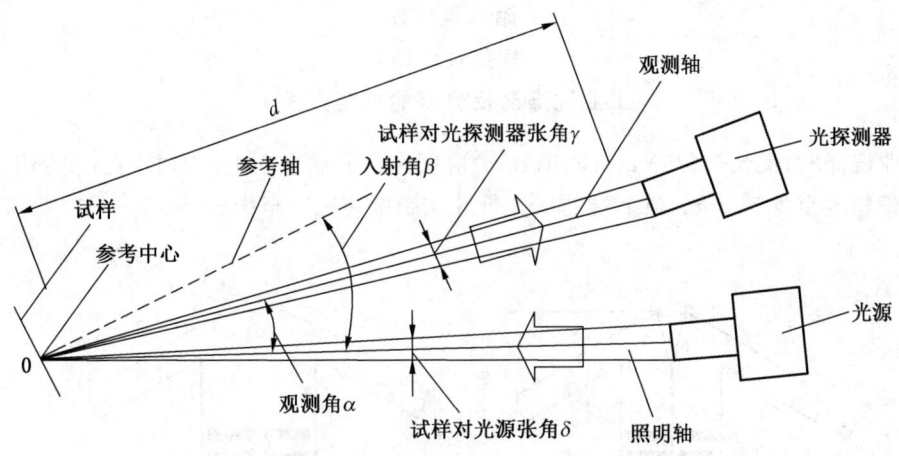

图 C.1 逆反射系统光学测试原理

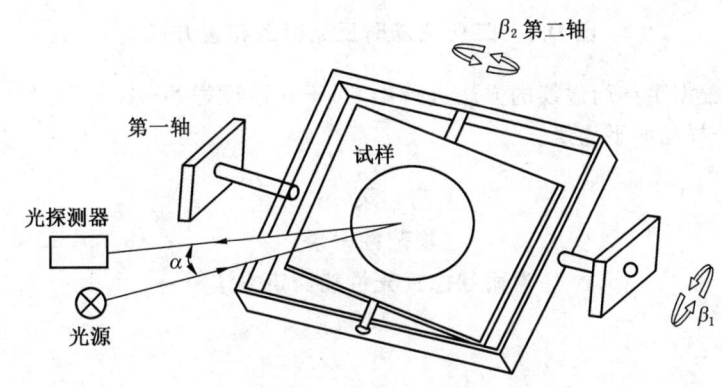

图 C.2 逆反射性能测量装置示意图

C.4.2 相对测量法

当绝对测量法的测试设备和条件无法满足时,可采用相对测量法,测试方法如下:

a) 试样尺寸不小于 100 mm×100 mm[试样应至少包括 2 条反光带紧密并行排列,每条反光带应至少有 100 mm 的有效区域(除标志、印刷体或其他装饰性部分外)]。

b) 样品需放置在规定的试验环境中 2 h 后方可开始测试。

c) 测量过程:逆反射系数测量仪在测量前,要用已计量的标准逆反射系数板(或桶)进行标定。调整逆反射系数测量仪的入射角和观测角至规定条件,顺序将试样的不同部位放在仪器的测量孔下(试样应全部覆盖测量孔)进行测量,记录逆反射系数值,精确到 0.1 cd/(lx·m²)。

C.5 计算结果

检测结果以所测 4 块试样的算术平均值修约到整数报出。

附 录 D
(规范性附录)
工业洗涤时反光带的布置方式

工业洗涤时,反光带(250 mm×50 mm)应固定在成品上衣上。布置方式见图 D.1。两条反光带相隔至少 50 mm,最下端的反光带底端距服装底边至少 50 mm。

单位为厘米

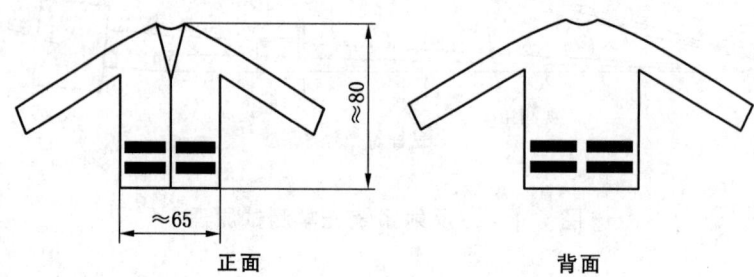

图 D.1 工业洗涤时反光带的布置方式

洗涤后,应根据生产商建议的方法进行中和,干燥后试样的 pH 值不低于 5.5。逆反射系数结果取 8 个样品的平均值。

附 录 E
(规范性附录)
淋雨状态反光性能测定方法

E.1 原理

将试样安装在一个垂直的平面上,对试样进行连续喷水;在喷水过程中,测定试样湿润表面的逆反射系数值。本方法用于在模拟淋雨条件下反光材料光学性能的测定。

E.2 设备

模拟淋降雨设备如图 E.1 所示。

试样 A 固定在垂直的试样架 B 上,位于收水槽 C 和排水口 D 之上。试样架牢固地安装在量角仪桌子上(图中未画出),与量角仪保持一定距离。喷嘴 E 设置在与试样相对固定的位置上,通过柔性接口 F 或软管调节压力连续喷出自来水。

喷嘴 E 距离试样 A 1 000 mm,其设置角度使得喷出的水柱在垂直方向成 10°±5°角撞击试样。试样、试样架和喷嘴密封在罩子 G 中,以避免光学测量设备接触水。

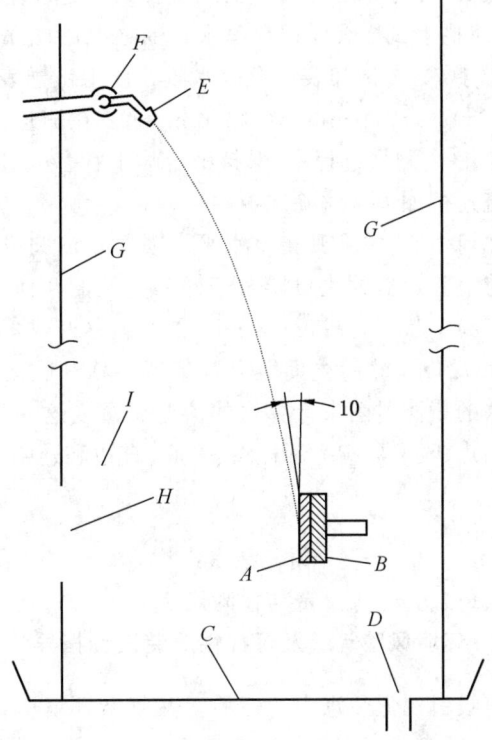

说明:
A——试样;
B——试样架;
C——收水槽;
D——排水口;
E——喷嘴;
F——柔性接口;
G——罩子;
H——正方形孔;
I——檐槽。

图 E.1 湿状态反光性能测试装置示意图

最好用大面积的刚性透明塑料材料制作罩子 G,并至少保留一块可移动的板或门,一方面便于观察,另一方面便于操作。边长为 150 mm 的正方形孔 H 用于作为光线的通道,檐槽 I 用于帮助方孔 H 挡住落水。罩子 G 接近方孔 H 的部位喷上了无光的黑漆,以减少散射。喷嘴 E 含一直径 1.19 mm 的口和设计恰当的给水管,确保产生稳定均匀的锥形水柱。

E.3 测试程序

校准光学测试设备,分别在干状态和湿状态校正测量设备的逆反射系数 R_A,确定在干湿两种状态之间散射光变化的校正因数(确定在两种状态之间 R_A 的变化量)。

将边长不小于 50 mm 的平整、正方形试样安装在垂直试样架上的垂直平面上,试样架在任何点上不得突出于试样的边缘。如果材料是方向敏感性反光材料(如 6.1 所述),试样的安装应使得逆反射系数 R' 的测量在测得干状态试样最小逆反射系数值的旋转角条件下进行。调节喷嘴和供水,使整个试样表面都在喷水包围之中,撞击试样表面的水流和试样表面的夹角 θ 应为 10°,不小于 5°,在试样表面形成水膜。撞击试样表面的水流量应与实际降雨等同,降水速度相当于(50/tan10°)mm/h(284 mm/h)。在测量之前,先使喷水在稳定状态下保持至少 2 min;并在整个测量过程中,保持稳定喷水状态。

撞击试样表面的水流速按如下方法确定:

标记出样品支架的几何中心,并将其转至水平。喷射水流圆锥面的近似中心应与样品支架的几何中心重合。将盖有顶盖的收集器放于样品支架的几何中心上。打开喷射开关,调节喷嘴水压使喷射处于稳定状态,并持续 2 min 以上。移开收集器盖,同时打开记时器,喷注一段时间(至少 1 min)的水,然后立即盖上收集器。移开收集器,放在一个水平面上,测量水深。根据水深和水的喷注时间来计算水的流速。重复这一步骤,直至流速等于(50/tan10°)mm/h(284 mm/h)。收集器应为圆柱型、平底、直边和透明。底面积应大于 25 cm^2,高度应不超过 70 mm。

附 录 F
(资料性附录)
环境风险等级及可视性服装设计指导

可视性是指物体快速吸引视觉注意力的性质。在复杂环境中,如果存在其他吸引视线的物体,可视性就显得尤为重要。可视性的决定因素包括物体与周边环境的亮度对比度、颜色对比度、外形、设计,以及动态特性。

高可视性警示服通过采用增强可视性的材料,并规定其最小使用面积和配置位置(设计),从而实现在高风险环境下提高可视性的目的。高可视性警示服的 3 个级别提供了不同等级的可视性。3 级警示服能够在城市或乡村、白天或黑夜、大多数的背景环境下提供最高等级的可视性。使用者应对应用场所或环境进行风险评估后,选择合适的警示服级别。高可视性服装能够增强可视性但是并不能绝对保证使用者在任何条件下的可视性。

为增强服装的可视性,在确定反光材料和荧光材料的最佳设计时,还可考虑以下因素:
a) 360°可视性

由于很难判断车辆来自于穿着者的哪个方位,因此可以设计服装的各个面均使用高可视材料,水平反光带和荧光材料应环绕躯干、裤腿和袖子。

b) 减少基底材料的分散设计

相比于使用分散的小面积基底材料,集中使用较大面积的基底材料能够提供更好的日间可视性。

c) 通过体现人体动态达到最佳的可视性
1) 司机更容易通过动态来识别出远处的人员。反光材料配置在四肢的末端时能够更好地体现人体动态。
2) 垂直和水平反光带的组合设计能够与大多数背景实现最佳的视觉对比度。应避免角度较大的倾斜设计和块状设计。
3) 如果穿着者仅上衣为高可视服装,则袖子上的反光材料提供的可视效果远超过无袖背心。

4) 如果仅裤子为高可视服装,则即使使用的可视材料满足最小使用面积要求,能达到的可视效果也非常有限。

警示服的最终使用者应基于恰当的风险评估来最终决定采用哪种设计,环境风险等级及可视性服装的设计指导见表F.1。

表 F.1 环境风险等级及可视性服装设计指导

环境风险等级（可视性要求）	风险等级影响因素			可视性服装级别	设计指导要求
	车辆或设备行驶速度	人员参与度	场所示例		
高风险（高可视性）	>60 km/h	被动参与	高速公路作业人员、轨道作业工人、急救人员、机场作业人员	3级高可视性警示服	—— 日间和夜间的高可视性 —— 360°可视性 —— 实现穿着者的轮廓识别 —— 高可视性材料应环绕躯干 —— 面积和性能应符合要求
	≤60 km/h	被动参与	公共道路作业人员、送货员、道路勘测人员、交通指挥	2级高可视性警示服	
	≤30 km/h	被动参与	停车场、服务区、仓库及厂区内道路作业人员	1级高可视性警示服	—— 日间和夜间的高可视性 —— 360°可视性 —— 实现穿着者的轮廓识别 —— 面积和性能应符合要求
中等风险（增强可视性）	≤60 km/h	主动参与	一般行人、慢跑人员、步行学生、通勤人员、其他非作业人员等	具有较强可视性的服装	—— 日间和夜间较强的可视性 —— 不同观察方位的可视性 —— 实现穿着者的动态识别（无需环绕设计） —— 面积和性能满足日间和夜间的可视性 —— 款式和色彩更加多样化
	≤60 km/h	主动参与			
	≤15 km/h	被动参与			—— 夜间可视性 —— 不同观察方位的可视性 —— 实现穿着者的动态识别（无需环绕设计） —— 面积和性能满足日间和夜间的可视性 —— 不建议设计成配饰和附件形式

表 F.1（续）

环境风险等级 （可视性要求）	风险等级影响因素			可视性服装级别	设计指导要求
	车辆或设备行驶速度	人员参与度	场所示例		
低风险 （可视性）	—	—	—	可视性的服装或装饰	——服装颜色鲜亮 ——可视性材料可随意设计 ——面积及性能无要求

注 1：交通场所(road)：存在移动车辆或机械的交通相关区域，如自行车道、港口、机场、铁路轨道和停车场等。

注 2：移动机车(vehicle)：可移动的、人或货物的运载工具，如叉车、卡车、摩托车、起重车辆、吊装设备等。

注 3：交通活动主动参与者(active road user)：交通场所内，主动参与交通活动，且注意力集中在交通活动上的人员，如交通场所内的行人、骑行人。

注 4：交通活动被动参与者(passive road user)：交通场所内，没有主动参与车辆和交通活动，注意力集中在交通活动之外的其他工作上的人员，如交通道路维护人员、紧急情况下的相关人员。

注 5：风险等级还受到具体应用环境下的天气状况、背景环境的复杂程度、车辆活动量及其他相关因素的影响，任一影响因素的变化可能造成风险等级的不同。

参 考 文 献

[1]　JT/T 688—2007　逆反射术语

[2]　ISO 7000:2019　Graphical symbols for use on equipment—Registered symbols

[3]　CIE 54.2 2001　Retroreflection：definition and measurement

防护服装　阻燃服(GB 8965.1—2020)

前　言

本标准按照 GB/T 1.1—2009 给出的规则起草。

本标准代替 GB 8965.1—2009《防护服装　阻燃防护　第 1 部分:阻燃服》。本标准与 GB 8965.1—2009 相比,主要技术变化如下:

——补充并更新了规范性引用文件;
——补充并修改了部分术语和定义;
——删除了 C 级阻燃服及其要求;
——增加了针织类面料和服装的技术要求;
——删除了面料弯曲长度要求,增加了可分解致癌芳香胺染料限量、异味要求;
——增加了里料理化性能要求;
——依据 GB/T 5455—2014,规定了面料阻燃性测试方法;
——修改了针距的技术要求与指标,增加了一般部位接缝强力要求和接缝阻燃性的测试方法和要求;
——修改了裤后裆缝和肩缝强力的指标要求,增加了袖窿缝和其他部分接缝强力要求;
——增加了假人轰燃试验测试服装整体热防护能力;
——删除了 GB 8965.1—2009 中附录 A 热防护性能试验方法,GB 8965.1—2009 中附录 B 热稳定性试验方法修改为本标准中附录 A;
——修改了热稳定性和热防护性能检测样品数量;
——修改了检验规则;
——对标志标识内容进行了补充和修改。

本标准由中华人民共和国应急管理部提出并归口。

本标准所代替标准的历次版本发布情况为:
——GB 8965—1988、GB 8965—1998;
——GB 8965.1—2009。

1　范围

本标准规定了阻燃服的分级、要求、试验方法、检验规则、标识、包装及储存。

本标准适用于在有明火、散发火花,或在有易燃物质并有轰燃风险的场所使用的阻燃服。

2　规范性引用文件

下列文件对于本文件的应用是必不可少的。凡是注日期的引用文件,仅注日期的版本适用于本文件。凡是不注日期的引用文件,其最新版本(包括所有的修改单)适用于本文件。

GB/T 250　纺织品　色牢度试验　评定变色用灰色样卡

GB/T 2912.1　纺织品　甲醛的测定　第 1 部分:游离和水解的甲醛(水萃取法)

GB/T 3291.3　纺织　纺织材料性能和试验术语　第 3 部分:通用

GB/T 3916—2013　纺织品　卷装纱　单根纱线断裂强力和断裂伸长率的测定(CRE法)

GB/T 3917.3　纺织品　织物撕破性能　第 3 部分:梯形试样撕破强力的测定

GB/T 3920　纺织品　色牢度试验　耐摩擦色牢度

GB/T 3921　纺织品　色牢度试验　耐皂洗色牢度

GB/T 3922　纺织品　色牢度试验　耐汗渍色牢度

GB/T 3923.1　纺织品　织物拉伸性能　第 1 部分:断裂强力和断裂伸长率的测定(条样法)

GB/T 4802.1　纺织品　织物起毛起球性能的测定　第 1 部分:圆轨迹法

GB/T 4802.3　纺织品　织物起毛起球性能的测定　第 3 部分:起球箱法

GB/T 5296.4　消费品使用说明　第 4 部分:纺织品和服装

GB/T 5453　纺织品　织物透气性的测定

GB/T 5455—2014　纺织品　燃烧性能　垂直方向损毁长度、阴燃和续燃时间的测定

GB/T 7573　纺织品　水萃取液 pH 值的测定

GB/T 7742.1　纺织品　织物胀破性能　第 1 部分:胀破强力和胀破扩张度的测定 液压法

GB/T 8628　纺织品　测定尺寸变化的试验中织物试样和服装的准备、标记及测量

GB/T 8629—2017　纺织品　试验用家庭洗涤和干燥程序

GB/T 8630　纺织品　洗涤和干燥后尺寸变化的测定

GB/T 12704.1　纺织品　织物透湿性试验方法　第 1 部分:吸湿法

GB/T 12903　个体防护装备术语

GB/T 13640　劳动防护服号型

GB/T 17592　纺织品　禁用偶氮染料的测定

GB 18401—2010　国家纺织产品基本安全技术规范

GB/T 20097　防护服　一般要求

GB 20653　防护服装　职业用高可视性警示服

GB/T 21294　服装理化性能的检验方法

GB/T 23344　纺织品　4-氨基偶氮苯的测定

GB/T 38302—2019　防护服装　热防护性能测试方法

FZ/T 70007　针织上衣腋下接缝强力试验方法

FZ/T 81007　单、夹服装

ISO 13506-1　防热和防火防护服　第 1 部分:完整服装的试验方法　用装备仪器的假人对转移能量的测量(Protective clothing against heat and flame—Part 1:Test method for complete garments—Measurement of transferred energy using an instrumented manikin)

ISO 13506-2　防热和防火防护服　第 2 部分:皮肤烧伤预测　计算要求和测试用例(Protective clothing against heat and flame—Part 2:Skin burn injury prediction—Calculation requirements and test cases)

3 术语和定义

GB/T 12903 和 GB/T 3291.3 界定的以及下列术语和定义适用于本文件。

3.1

阻燃服 flame retardant protective clothing

在接触火焰及炽热物体后,在一定时间内能阻止本身被点燃、有焰燃烧和无焰燃烧的防护服。

3.2

续燃时间 afterflame time

在规定的试验条件下,移开点火源后材料持续有焰燃烧的时间。

注1:以秒表示。

注2:改写 GB/T 3291.3—1997,定义 2.145。

3.3

阴燃时间 afterglow time

在规定的试验条件下,当有焰燃烧终止后,或本为无焰燃烧者,移开点火源后,材料持续无焰燃烧的时间。

注1:单位为秒(s)。

注2:本标准中阴燃指发生在损毁区的边缘并伴随损毁区蔓延的无焰燃烧现象。在损毁区内部,部分区域会由于前期所吸收热量的持续释放而产生红热现象,该红热现象的持续时间不计入阴燃时间。

注3:改写 GB/T 3291.3—1997,定义 2.146。

3.4

损毁长度 damaged length

在规定的试验条件下,在规定方向上材料损毁部分的最大长度。

注1:单位为毫米(mm)。

注2:改写 GB/T 3291.3—1997,定义 2.157。

3.5

热防护性能值 thermal protective performance;TPP

在测试热防护材料过程中,通过测得的该材料在累计时间上的传热反应曲线与 Stoll 曲线的交点来确定的累积能量。

注1:单位为千瓦秒每平方米($kW \cdot s/m^2$)。

注2:改写 GB/T 38302—2019,定义 3.1。

3.6

本质阻燃织物 inherent flame retardant fabric

不经过任何阻燃后处理,仅通过构成织物的阻燃纤维材料或阻燃纤维材料的组合,即具备相应等级阻燃性能的阻燃织物。

3.7

后处理阻燃织物 after treatment flame retardant fabric

通过对不具备阻燃性能或阻燃性能不足的纤维、纱线、织物进行化学处理而具备阻燃性的织物。

3.8
面料 outer shell/layer

服装最外层所用材料。

3.9
里料 lining

服装最内层用于全部或部分覆盖服装内表面的材料。

4 分级

根据服装防护能力,阻燃服分为 A、B 两个级别。

5 要求

5.1 材料
5.1.1 面料
5.1.1.1 阻燃性

A 级和 B 级阻燃服所用材料的阻燃性能,在洗涤前和经过 6.2 规定的洗涤程序洗涤后,都应符合表 1 的要求。

表 1 面料阻燃性能项目和指标

测试项目	防护等级	指 标
热防护性能值(TPP) kW·s/m²	A 级	皮肤直接测试:≥126
	B 级	皮肤与服装间有空隙:≥250
续燃时间 s	A 级	≤2
	B 级	≤2
阴燃时间 s	A 级	≤2
	B 级	≤4
损毁长度 mm	A 级	≤50
	B 级	≤100
熔融、滴落		无

5.1.1.2 理化性能

阻燃服所用面料的理化性能应符合表 2 的要求。夏装的整体,春秋装和冬装的服装领口、袖口、裤管所用材料的理化性能应满足直接接触皮肤面料的要求。对包含衬里的服装使用的面料、覆膜和涂层织物,无透气率和透湿率要求。未标注"机织物"或"针织物"的技术要求,对所有类型面料均适用。

表 2 面料理化性能要求

项 目		指 标
断裂强力(机织物)/N (洗前,洗后)	单位面积质量≤200 g/m²	≥300
	单位面积质量>200 g/m²	≥450

表 2（续）

项　目		指　标
撕破强力（机织物）/N	单位面积质量≤200 g/m²	≥25
	单位面积质量＞200 g/m²	≥35
胀破强力（针织物）/kPa		≥200
透湿率/[g/(m²·24 h)]		≥5 000
起球/级		≥3
透气率/(mm/s)		≥50
水洗尺寸变化率（机织物）/%		−3.0～+3.0
松弛尺寸变化率（针织物）/%		−5.0～+5.0
热稳定性/%		≤10
色牢度（机织物）/级	耐皂洗（变色/沾色）	≥3-4/3-4
	耐摩擦（干摩）	≥3-4
	耐汗渍（变色/沾色）	≥3-4/3-4
色牢度（针织物）/级	耐皂洗（变色/沾色）	≥3-4/3-4
	耐摩擦（干摩）	≥3
	耐汗渍（变色/沾色）	≥3/3-4
甲醛含量/(mg/kg)	直接接触皮肤	≤75
	非直接接触皮肤	≤300
pH 值		4.0～8.5
可分解致癌芳香胺染料		不得检出
异味		无

5.1.2 里料

如阻燃服使用里料，里料的阻燃性能在洗涤前和经过 6.2 规定的洗涤程序洗涤后，应符合表 3 的要求。

表 3　里料理化性能要求

项　目		技术要求
阻燃性能	续燃时间/s	≤2
	阴燃时间/s	≤4
	损毁长度/mm	不得烧通
	熔融、滴落	无
热稳定性/%		≤10
甲醛含量/(mg/kg)		≤75
pH 值		4.0～8.5

表3（续）

项 目	技术要求
可分解致癌芳香胺染料	不得检出
异味	无

5.1.3 缝纫线

5.1.3.1 强力

按6.18规定试验时，缝纫线的断裂强力不小于10 N。

5.1.3.2 阻燃性

按6.19规定试验时，无熔融和烧焦现象。

5.1.4 附件、辅料与衬布

5.1.4.1 扣、钩、拉链应便于连接和解脱，扣、钩、拉链的材质不应使用易熔、易燃、易变形的材料，若必须使用时其表面需加阻燃衣料掩襟。按6.19规定的方法进行测试，纽扣、拉链、钩不得出现燃烧、熔融或变形情况，并能解开。

5.1.4.2 金属部件不应与身体直接接触。如使用橡筋类材料，包覆材料应阻燃。

5.1.4.3 阻燃服如使用反光带和荧光材料等配料，配料的阻燃性能应与服装面料一致，反光带的逆反射系数应符合GB 20653对反光材料的反光性能要求。使用荧光材料的，荧光材料的颜色性能应符合GB 20653对基底材料或组合性能材料的颜色性能要求。

5.1.4.4 服装可敷热熔粘合衬，用于领子、褂面、袖头、下摆卡夫、裤腰、袋盖等部位。敷料部位不应渗胶，按GB/T 8629—2017中4N方法水洗20次后，不应有起泡、脱层现象。

5.2 款式

款式应简洁、实用、美观，宜在如下款式中选用：

上、下装分离式，衣裤（帽）连体式等。

5.3 结构

5.3.1 测试人员穿着与其尺寸相符的服装进行如下动作时，服装应始终包覆躯干和四肢，不得出现腰部、腹部、前臂、手腕、小腿以及其他被服装包覆部位露出的情况。

a) 身体直立，双臂侧平举至两臂高举过头；
b) 身体直立，双臂前伸，继续上举至高举过头，然后弯腰至手指触地；
c) 双臂前伸，蹲下，起立；
d) 弓箭步行走。

5.3.2 明衣袋应带袋盖，上衣长度应盖住裤子上端20 cm以上，袖口、脚口、领子应收口，袋盖长度应大于袋口长度2 cm。裤子两侧口袋不得用斜插袋，避免明省、活褶向上倒。

5.3.3 在作业中不易引起钩、挂、绞、碾。

5.3.4 在适宜处可留有透气孔隙，以便排汗散湿调节体温。但通风孔隙不得影响服装强度，孔隙结构不得使外界异物进入服装内部。

5.4 号型及规格

防护服的号型应符合GB/T 13640的规定，超出GB/T 13640范围按档差自行设置。成品尺寸测量位置及主要部位允许公差符合FZ/T 81007的规定。

5.5 缝制

5.5.1 接缝强力

按6.20规定的方法测试,机织类面料制成的服装,肩缝、袖窿缝、裤后裆缝接缝强力应不小于225 N,裤内侧缝接缝强力应不小于100 N,针织类服装的裤后裆缝和腋下接缝强力应不小于74 N。

5.5.2 缝制工艺

5.5.2.1 各部位缝合平服,线路顺直、整齐、牢固,针迹均匀,起止针处及袋口应回针缉牢,各部位缝头不小于0.8 cm。

5.5.2.2 左右对称,部件定位准确,对称部位基本一致。

5.5.2.3 绱袖圆顺,位置适宜。

5.5.2.4 领子平服,不反翘,领子部位明线不能有接线。

5.5.2.5 眼位不偏斜,锁眼针迹美观、整齐、平服。

5.5.2.6 钉扣牢固,不得钉在单层布上(装饰扣除外)。四合扣牢固,吻合适度,无变形或过紧现象。扣与扣眼及四合扣上下要对位。

5.5.2.7 绱门襟拉链平服,左右高低一致。

5.5.2.8 各部位30 cm内不得有两处跳线和连续跳线,链式线迹不允许跳线。

5.5.2.9 面里平服,不反翘,无明显抽皱。

5.6 外观

5.6.1 整洁美观、熨烫平展、定型充分、整叠规整,无烫黄和水渍,无破损、斑点、污物及其他影响服装性能的缺陷。

5.6.2 同色面料服装每套(件、条)各部位表面颜色互差不低于4级,非表面部位颜色不低于3-4级,色差评定级别应按照GB/T 250规定进行。

5.6.3 疵点、污渍对产品美观和牢固无影响,判定应在室内标准光照明,照度不低于600 lx条件下距产品1.5 m处观察,不允许断经断纬及破损。

5.7 成品水洗后的尺寸变化率

按6.21规定的方法测试,机织物面料制成的服装成品水洗后的尺寸变化率按表4规定。

表4 水洗尺寸变化率

部位	尺寸变化率/%	备注
领大	≥-1.0	只考核立领
胸围	≥-2.0	—
衣长	≥-2.5	—
腰围	≥-1.0	—
裤长	≥-2.5	—

5.8 成品轰燃条件下的阻燃性能

按6.22规定的方法对洗涤前和洗涤后的样品分别进行测试,穿着A级服装的假人二级烧伤和三级烧伤面积之和不得大于总面积的25%,穿着B级服装的假人,二级烧伤和三级烧伤面积之和不得大于总面积的50%。

6 试验方法

6.1 面料的热防护性能值按GB/T 38302—2019的规定测试,样品数量为3块,面料和里料的续燃时间、阴燃时间、损毁长度和熔融、滴落的试验方法按GB/T 5455—2014中条件A规定的方法测试。样品测试前应洗涤,洗涤依据6.2的要求进行。如样品提供方说明服装中包含非阻燃的功能层,按6.19规定的方法测试,功能层不应有熔融、滴落现象。

6.2 如无特殊说明,本标准中阻燃服或面料的洗涤应使用GB/T 8629—2017中规定的A2型自动洗衣机,使用正常搅拌方式洗涤12.5 h,漂洗8 h,并悬挂干燥。漂洗过程中应换水两次,每次换水前脱水2 min。洗涤所用洗衣粉应为中性,pH值为7.0~7.5。或使用A2型自动洗衣机并使用中性洗涤剂按GB/T 8629—2017中4N方式洗涤50次,并悬挂干燥。如服装注明为一次性使用服装,则测试前可不经过洗涤预处理。

6.3 面料的断裂强力按GB/T 3923.1测试。

6.4 面料的撕破强力按GB/T 3917.3测试。

6.5 面料的胀破强力按GB/T 7742.1规定的方法测试,测试面积为7.3 cm^2。

6.6 面料的透湿率试验按GB/T 12704.1方法规定测试。

6.7 机织物类面料的起球试验按GB/T 4802.1的规定进行,针织物类面料的起球试验按GB/T 4802.3的规定进行。

6.8 面料的透气率按GB/T 5453的规定测试。

6.9 面料尺寸变化率和松弛尺寸变化率按GB/T 8628和GB/T 8630规定进行,采用GB/T 8629—2017中的4N程序洗涤,机织物采用悬挂晾干的方式干燥,针织物采用平铺晾干方式干燥。如果使用说明上为轻柔洗涤或手洗,则采用4G或4H程序洗涤,洗涤次数为1次。

6.10 面料和里料的热稳定性测试方法按附录A进行。A级在(260±5)℃条件下、B级在(180±2)℃条件下进行测试。

6.11 耐皂洗色牢度的试验按GB/T 3921的规定测试。

6.12 耐摩擦色牢度的试验按GB/T 3920规定测试。

6.13 耐汗渍色牢度的试验按GB/T 3922规定测试。

6.14 甲醛含量的测试方法按GB/T 2912.1规定测试。

6.15 pH值的测试方法按GB/T 7573规定测试。

6.16 可分解致癌芳香胺染料按GB/T 17592和GB/T 23344测试。

6.17 异味按GB 18401—2010中6.7的规定测试。

6.18 缝纫线强力按GB/T 3916—2013中方法A或方法B的规定测试。

6.19 烘箱加热至(260±10)℃,稳定后,将待测样品放入烘箱5 min后取出。如测试样品为缝纫线,取100 m阻燃线经缠绕后放入烘箱。钩、扣、拉链样品按使用状态系好后取样品及其附着的织物和防护用的掩襟(如果有)放入烘箱中。

6.20 成品接缝强力测试,机织类服装按GB/T 21294规定的方法进行,针织物材料制成的服装接缝强力按FZ/T 70007规定的方法测试,测试位置为裤后裆缝和腋下接缝,每个部位各取一个试样。

6.21 成品水洗后的尺寸变化率按 GB/T 8628 和 GB/T 8630 规定进行,采用 GB/T 8629—2017 中的 4 N 程序洗涤,机织物采用悬挂晾干的方式干燥,针织物采用平铺晾干方式干燥。

6.22 成品轰燃条件下阻燃性能按 ISO 13506-1 规定的方法进行测试,测试系统结构见 ISO 13506-1 中的要求,假人身上应穿着紧身的全棉圆领衫再穿着适合号型的测试服装进行测试,圆领衫所用面料单位面积质量应为 140 g/m²~170 g/m²。测试用热通量为 84×(1±5%)kW/m²,暴露时间为(3.0±0.1)s。烧伤面积的分析和计算按 ISO 13506-2 规定的方法进行。

注 1:对单套服装,如无特殊说明,测试烧伤面积过程中不包含手部和足部所测数据。
注 2:模拟假人身高为(1 810±60)mm,胸围为(995±105)mm,腰围为(870±25)mm。

7 检验规则

7.1 质量缺陷划分

质量缺陷划分见表 5。

表 5 阻燃服产品质量缺陷划分依据

	项 目	缺陷类别
面料	阻燃性	A
	断裂强力	A
	撕破强力	A
	胀破强力	A
	透湿率	B
	起球	B
	透气率	C
	水洗尺寸变化率	B
	松弛尺寸变化率	B
	热稳定性	A
	色牢度	B
	甲醛含量	A
	pH 值	A
	可分解致癌芳香胺染料	A
	异味	B
里料	阻燃性能	A

表 5（续）

项　目		缺陷类别
里料	热稳定性	B
	甲醛含量	A
	pH 值	A
	可分解致癌芳香胺染料	A
	异味	B
缝纫线	强力	A
	阻燃性	A
附件、辅料与衬布		A
款式		A
结构		A
号型及规格		A
缝制		A
外观		C
成品水洗后的尺寸变化率		B
成品轰燃条件下的阻燃性能		A
标识		A
包装		B
注：型式检验时，甲醛含量、pH值、可分解致癌芳香胺染料、异味仅测试服装成品。		

7.2 各项质量缺陷根据表5累积计算，单个产品合格条件：A类缺陷数＝0、B类缺陷数＝0、C类缺陷数≤2，或A类缺陷数＝0、B类缺陷数≤1、C类缺陷数≤1。

8 标识、包装及储存

8.1 标识

8.1.1 每套防护服上应有永久性标识，包括合格证、使用说明和图形符号。

8.1.2 合格证中的内容应包含产品名称、产品类别、材料组分、材料为本质阻燃织物或后处理阻燃织物说明、防护级别、洗涤方法、生产日期、批次、有效期、制造厂名、厂址等，一次性服装应注明"不可洗涤"。

8.1.3 产品应附有使用说明，产品使用说明应符合GB/T 5296.4的要求，并包含如下内容：
　　a） 产品洗涤方法、最大洗涤次数和保质期要求。
　　b） 如服装包含多种部件或服装由几件衣服构成，各部件和各层服装应有明确标识并确保服装内外层顺序正确。
　　c） 注明在接触化学品或可燃液体后，使用人员应立即离开工作场所，并小心脱去工作服，尽量避免化学品或液体与皮肤接触。

d) 应注明在某些情况下,还需要其他的个体防护装备。
e) 应说明由于服装本身性能限制,可能在使用过程中遇到的其他风险。
f) GB/T 20097 中规定的其他生产厂商的信息。
g) 不同等级阻燃服的使用环境。

8.1.4 阻燃服应有图形符号,依据 GB/T 20097,应采用图 1 形式并在图形符号下方标注本标准编号和阻燃服级别。

阻燃服级别：

图 1 阻燃服图形符号标志

8.2 包装

产品包装容器应规整牢固、无破损,内外包装应设防潮层,组合尺寸配套,产品数量准确,整叠规整,码放整齐,箱内应放入承制方包装检验单,包装检验单应包括产品名称、号型、批次、承制方名称、数量、检验员、检验日期,箱外注明产品名称、数量、质量、体积、生产日期、承制方名称和有效期限。

8.3 储存

产品不得与有腐蚀性物品放在一起,存放处应干燥通风,避免阳光直晒,包装件距墙面及地面 20 cm 以上,防止鼠咬、虫蛀、霉变。

附 录 A
（规范性附录）
热稳定性试验方法

A.1 试样

试样尺寸 100 mm×100 mm,如果阻燃服具有多层,则作为一个整体测试。样品数量为 6 块,其中 3 块为未洗涤样品,3 块为按照本标准规定洗涤后样品。如样品不可洗涤,则样品数量为 3 块。

A.2 测试装置

A.2.1 干燥箱

温度范围:20 ℃~300 ℃;
温度波动度:±2.0 ℃;
有足够的容积使试验样品单独放置。

A.2.2 测量直尺

采用总长不超过 1 m 的毫米刻度尺。

A.3 试验准备

在一个标准大气压,温度(20±2)℃和相对湿度(65±5)%的条件下将样品保持 24 h。

A.4 试验步骤

干燥箱加热至所需温度:A 级(260±5)℃,B 级(180±2)℃,迅速将悬挂样品放入干燥箱内,样品不应与干燥箱壁接触,关上干燥箱门起记录时间,5 min 后打开干燥箱门,取出试样。试样应在 2 min 以内,在常温环境下测量完长、宽方向的尺寸,按式(A.1)计算最大尺寸变化率,以 3 块试样的平均值为检验结果。

$$P = |(D_1 - D_2)/D_1| \times 100\% \quad\quad\quad (A.1)$$

式中:
P ——尺寸变化率;
D_1 ——加热前尺寸,单位为厘米(cm);
D_2 ——加热后尺寸,单位为厘米(cm)。

参 考 文 献

[1] EN ISO 11612:2015 Protective clothing—Clothing to protect against heat and flame—Minimum performance requirements

[2] NFPA 2112:2018 Standard on flame-resistant clothing for protection of industrial personnel against short-duration thermal exposures from fire

防护服装 防静电服(GB 12014—2019)

前言

本标准按照 GB/T 1.1—2009 给出的规则起草。

本标准代替了 GB 12014—2009《防静电服》和 GB/T 23464—2009《防护服装 防静电毛针织服》。本标准以 GB 12014—2009 为主，整合了 GB/T 23464—2009 的部分内容，与 GB 12014—2009 相比，除编辑性修改外主要技术变化如下：

——引入 GB/T 23464—2009《防护服装 防静电毛针织服》主要内容；
——增加了面料撕破强力、可分解致癌芳香胺染料、异味的要求；
——取消了防静电服分级；
——明确了防静电服带电电荷量和点对点电阻的测试细节和要求；
——对防静电服的使用说明进行了修改补充。

本标准由中华人民共和国应急管理部提出并归口。

本标准起草单位：北京市劳动保护科学研究所、日照市太阳鸟贸易有限公司、保定三源纺织科技有限公司、陕西元丰纺织技术研究有限公司。

本标准主要起草人：杨文芬、刘基、罗穆夏、周丽、樊争科、房树基。

本标准代替了 GB 12014—2009 和 GB/T 23464—2009。

GB 12014—2009 的历次版本发布情况为：
——GB 12014—1989。

1 范围

本标准规定了防静电服的技术要求、测试方法、检验规则、标识等。

本标准适用于可能因静电引发电击、火灾及爆炸危险的场所穿用的防静电服。

本标准不适用于无纺布类防静电服和抗电源电压用防静电服。

2 规范性引用文件

下列文件对于本文件的应用是必不可少的。凡是注日期的引用文件，仅注日期的版本适用于本文件。凡是不注日期的引用文件，其最新版本（包括所有的修改单）适用于本文件。

GB/T 1335.1　服装号型　男子
GB/T 1335.2　服装号型　女子
GB/T 2912.1　纺织品　甲醛的测定　第 1 部分：游离和水解的甲醛（水萃取法）
GB/T 3917.3　纺织品　织物撕破性能　第 3 部分：梯形试样撕破强力的测定
GB/T 3920　纺织品　色牢度试验　耐摩擦色牢度
GB/T 3921—2008　纺织品　色牢度试验　耐皂洗色牢度
GB/T 3922　纺织品　色牢度试验　耐汗渍色牢度
GB/T 3923.1　纺织品　织物拉伸性能　第 1 部分：断裂强力和断裂伸长率的测定（条

样法）

GB/T 4802.3　纺织品　织物起毛起球性能的测定　第3部分：起球箱法

GB/T 5453　纺织品　织物透气性的测定

GB/T 7568.5　纺织品　色牢度试验　聚丙烯腈标准贴衬织物规格

GB/T 7573　纺织品　水萃取液pH值的测定

GB/T 7742.1　纺织品　织物胀破性能　第1部分：胀破强力和胀破扩张度的测定　液压法

GB/T 8427　纺织品　色牢度试验　耐人造光色牢度：氙弧

GB/T 8628　纺织品　测定尺寸变化的试验中织物试样和服装的准备、标记及测量

GB/T 8629　纺织品　试验用家庭洗涤和干燥程序

GB/T 8630　纺织品　洗涤和干燥后尺寸变化的测定

GB/T 17592　纺织品　禁用偶氮染料的测定

GB 18401　国家纺织产品基本安全技术规范

GB/T 20097—2006　防护服　一般要求

GB/T 23344　纺织品　4-氨基偶氮苯的测定

FZ/T 70007　针织上衣腋下接缝强力试验方法

FZ/T 80012—2012　洁净室服装　点对点电阻检测方法

3　术语和定义

下列术语和定义适用于本文件。

3.1

防静电服　static protective clothing

以防静电织物为面料，按规定的款式和结构制成的以减少服装上静电积聚为目的的工作服。

3.2

防静电织物　static protective fabric

在纺织时，采用混入导电纤维纺成的纱或嵌入导电长丝织造形成的织物，也可以是经过处理的静电耗散材料构成的织物。

3.3

静电耗散材料　electrostatic dissipative material

表面电阻率大于或等于 1×10^5 Ω/□，但小于 1×10^{11} Ω/□ 的材料。

3.4

导电纤维　conductive fibre

全部或部分使用导电材料或静电耗散材料制成的纤维。

3.5

表面电阻率　surface resistivity

平行于通过材料表面上电流方向的电位梯度与表面单位宽度上的电流之比，即单位面积正方形材料两对边之间的直流电阻。

注:单位:Ω/□。

3.6

点对点电阻 point-to-point resistance

在给定的时间内,施加在两个电极间的直流电压与流过这两电极间的直流电流之比。

注:单位:Ω。

3.7

针织物 knitted fabrics

至少一组纱线系统形成线圈,且彼此相互串套而形成的一类织物的总称。

[GB/T 5708—2001,定义 2.1]

3.8

机织物 woven fabric

通常是由相互垂直的一组经纱和一组纬纱,在织机上按一定规律交织而成的织物。

[GB/T 8683—2009,定义 2.1]

3.9

肩带 shoulder strap

毛衣肩部的带状结构或带状部分。

3.10

接地点 groundable point

服装上用于将服装与地或接地线通过适当方式连接的点。

注:可采用形式包括紧贴穿着者皮肤的袖口,或服装上专门用于接地的钉扣等形式的连接点。

4 技术要求

4.1 面料

4.1.1 外观质量

按 5.1 规定的方法测试,面料应无破损、斑点、污物或其他影响面料性能的缺陷。

4.1.2 机织物面料理化性能

机织物面料的理化性能应符合表 1 的要求,包含衬里的服装,衬里甲醛含量、pH 值、可分解致癌芳香胺染料应符合表 1 的要求。

表 1 机织物面料理化性能技术要求

测试项目		技术要求	测试方法
甲醛含量 /(mg/kg)		≤75	5.2
pH 值		4.0~8.5	5.3
可分解致癌芳香胺染料		禁用	5.4
异味		无	5.5
尺寸变化率 /%		−2.5~+2.5(经、纬向)	5.6
透气率ª /(mm/s)	涂层面料	≥10	5.7
	非涂层面料	≥50	

表1（续）

测试项目		技术要求	测试方法
耐洗色牢度/级	变色	≥3-4	5.8
	沾色	≥3-4	
耐干摩擦色牢度/级（沾色）		≥3-4	5.9
耐光色牢度/级		≥3-4	5.10
耐汗渍色牢度/级	变色	≥3	5.11
	沾色	≥3-4	
断裂强力/N		≥400	5.12
撕破强力/N		≥15	5.13
点对点电阻/Ω		$1\times10^5 \sim 1\times10^{11}$	附录A
[a] 含内胆的服装和洁净服不做此项。			

4.1.3 针织物面料的理化性能

针织物面料理化性能应符合表2要求，包含衬里的服装，衬里甲醛含量、pH值、可分解致癌芳香胺染料应符合表2的要求。

表2　针织物面料理化性能技术要求

测试项目		技术要求	测试方法
甲醛含量/(mg/kg)		≤75	5.2
pH值		4.0～8.5	5.3
可分解致癌芳香胺染料		禁用	5.4
异味		无	5.5
松弛尺寸变化率/%	宽度伸长	≤5	5.6
	宽度收缩	≤8	
	长度收缩	≤10	
耐洗色牢度/级	变色	≥3	5.8
	沾色	≥3-4	
耐干摩擦色牢度/级（沾色）		≥3	5.9
耐光色牢度/级		≥3	5.10
耐汗渍色牢度/级	变色	≥3	5.11
	沾色	≥3-4	
胀破强力/kPa		≥200	5.14
起球/级		≥3	5.15

4.2 服装

4.2.1 服装面料
成品服装面料应符合 4.1 的技术要求。

4.2.2 结构及款式
服装结构应便于穿脱并适应作业时的肢体活动。如果服装本身为多层结构,应能保证穿着时最外层材料始终包覆内层服装。按 5.16 规定的方法测试,测试人员穿着适合尺寸的服装进行活动时,服装均能有效覆盖需要防护的部位。

4.2.3 号型及规格
防静电服男装号型规格按照 GB/T 1335.1 的要求选定,防静电服女装的号型规格按照 GB/T 1335.2 的要求选定。

4.2.4 对称部位尺寸互差和领圈拉开尺寸
针织类服装对称部位尺寸互差和领圈拉开尺寸应符合表 3 的要求。

表 3 对称部位尺寸互差和领圈拉开尺寸

项目		技术要求
袖长互差	长袖	≤1.0 cm
	短袖	≤0.5 cm
左右肩宽互差	有肩带	≤0.5 cm
	无肩带	≤1.0 cm
袖笼长短互差	上衣	≤0.5 cm
	背心	≤1.0 cm
口袋高低位置互差		≤0.5 cm
裤腿长短互差	长裤	≤1.0 cm
裤腿肥互差	长裤	≤0.5 cm
裤口肥互差	长裤	≤0.5 cm
领圈拉开尺寸		≥30 cm

4.2.5 缝制
服装各部位缝制线路顺直、整齐、平服牢固。上下松紧适宜,无跳针、断线、起落针处应有回针。缝线针距 12 针/3 cm～16 针/3 cm,按 5.17 规定的方法测试,机织物服装接缝强力不得小于 100 N,针织物服装的裤后裆缝和腋下接缝强力不得小于 75 N。

4.2.6 附件
服装上一般不得使用金属材质的附件,若必须使用时,其表面应加掩襟,金属附件不得直接外露。

4.2.7 尺寸变化率
机织物类防静电服按 5.6 规定的方法测试后,水洗后的尺寸变化率应符合表 4 的规定。

表 4 尺寸变化率要求

测试项目	尺寸变化率/%
领大	≥－1.5
胸围	≥－2.5
衣长	≥－3.5
腰围	≥－2.0
裤长	≥－3.5

4.2.8 服装防静电性能

4.2.8.1 使用条纹或网格状导电纤维或导电长丝实现防静电性能的,导电材料的间距不应大于 10 mm。

4.2.8.2 按附录 B 规定的方法测试,带电电荷量不应大于 0.60 μC/套。

4.2.8.3 作为接地措施使用的,或具有接地功能的防静电服,按附录 C 规定的方法洗涤和调湿后,服装点对点电阻依据 FZ/T 80012—2012 中 7.2 规定的方法进行测试,应为 $1.0×10^5 \ \Omega \sim 1.0×10^{11} \ \Omega$。具有接地点的防静电服,按 5.18 规定的方法测试,服装各测试点与接地点之间的电阻应为 $1.0×10^5 \ \Omega \sim 1.0×10^9 \ \Omega$。

> 注:部分环境中为保证安全,需要将人体带电量降低至 0.05 μC 以下,或将人体静电电压降低至 500 V 以下。由于防静电服难以通过电晕放电的方式将人体产生的电荷及时耗散至安全限值以下,且防静电服包覆的内层服装由于摩擦所产生的静电电场也有可能对周围设备造成危害,故上述行业可根据防护要求选择使用符合 4.2.8.3 要求的防静电服。作为接地通路,电荷由服装和人体经由腕带、接地线等途径传输至地。

5 测试方法

5.1 将面料或服装平铺在台面上,在良好光照条件下,距产品 1.5 m 处观察,不允许有断经、断纬、破损和污渍。

5.2 从面料和服装衬里的不同部位分别选取样品,按 GB/T 2912.1 规定的方法测试甲醛含量。

5.3 从面料和服装衬里的不同部位分别选取样品,按 GB/T 7573 规定的方法测试 pH 值。

5.4 从面料和服装衬里的不同部位分别选取样品,可分解致癌芳香胺染料按 GB/T 17592 和 GB/T 23344 规定的方法测试。一般先按 GB/T 17592 检验,当检出苯胺和/或 1,4-苯二胺时,再按 GB/T 23344 检测。可分解致癌芳香胺染料清单见 GB 18401,限量值≤20 mg/kg。

5.5 异味的检测按 GB 18401 中规定的方法测试。

5.6 面料尺寸变化率和松弛尺寸变化率按 GB/T 8628 和 GB/T 8630 规定进行,采用 GB/T 8629 中的 4N 程序洗涤,机织物采用悬挂晾干的方式干燥,针织物采用平铺晾干方式干燥。

5.7 从面料或服装的不同部位分别选取 10 个样品,按 GB/T 5453 规定的方法测试透气率。

5.8 面料耐洗色牢度的试验按 GB/T 3921—2008 中表 2 规定的 A(1)方法测试。

5.9 面料耐摩擦色牢度按 GB/T 3920 规定的方法测试。

5.10 面料耐光色牢度按 GB/T 8427 规定的方法测试。

5.11 面料耐汗渍色牢度按 GB/T 3922 规定的方法测试。

5.12 面料断裂强力按 GB/T 3923.1 规定的方法测试。

5.13 面料的撕破强力试验按 GB/T 3917.3 规定的方法测试。

5.14 面料的胀破强力按 GB/T 7742.1 规定的方法测试。

5.15 面料的起球按 GB/T 4802.3 规定的方法测试。

5.16 测试人员穿着适合尺寸的服装进行如下动作：
    a) 直立抬膝至大腿与地面平行；
    b) 双臂高举至垂直于地面；
    c) 弯腰体前屈至触摸地面；
    d) 下蹲至最低。

5.17 成品服装接缝强力依据服装所用面料的不同采用不同的测试方法。机织物材料制成的服装按 GB/T 3923.1 规定的方法测试，从衣裤接缝薄弱部位裁取五个接缝在中心的试样，接缝的方向与受力方向成 90°角，如接缝采用单线应将接缝端线打结，以防滑脱；针织物材料制成的服装按 FZ/T 70007 规定的方法测试，测试腋下和裤后裆位置。

5.18 具有接地点的防静电服，服装各测试点与接地点之间的电阻测试按附录 A 进行。

6 检验规则

6.1 出厂检验

生产企业应按照生产批次对防静电服逐批进行出厂检验。服装各测试项目、测试样本大小、不合格分类、判定数组见表5、表6。

表 5 机织物类服装出厂检验

测试项目	批量范围	单项测试样本大小	不合格分类	单项判定数组	
				合格判定数	不合格判定数
附件 点对点电阻 服装防静电性能 尺寸变化率 断裂强力 撕破强力 标识	≤100	2	A	0	1
	101~1 000	3			
	≥1 001	5			
外观质量 结构及款式 缝制	≤100	2	B	1	2
	101~1 000	3			
	≥1 001	5			
注：尺寸变化率只测试服装。					

表6 针织物类服装出厂检验

测试项目	批量范围	单项测试样本大小	不合格分类	单项判定数组	
				合格判定数	不合格判定数
附件 服装防静电性能 松弛尺寸变化率 胀破强力 标识	≤100	2	A	0	1
	101～1 000	3			
	≥1 001	5			
外观质量 结构及款式 缝制	≤100	2	B	1	2
	101～1 000	3			
	≥1 001	5			

6.2 型式检验

有下列情况之一时需要进行型式检验:
——新产品鉴定或老产品转厂生产的试制定型鉴定；
——当面料、工艺、结构设计发生变化时；
——停产超过一年后恢复生产时；
——周期检查,每年一次；
——出厂检验结果与上次型式检验结果有较大差异时；
——国家有关主管部门或用户提出型式检验要求时。

型式检验项目应包含第4章、第7章全部要求。型式检验样本由提出检验的单位或第三方从企业出厂检验合格的产品中随机抽取,样品数量以满足全部测试项目要求为原则。各项目不合格分类、判定数组见表7。

表7 防静电服型式检验项目

检验项目	不合格分类	单项判定数组	
		合格判定数	不合格判定数
外观质量	B	0	1
甲醛含量	A	0	1
pH值	A	0	1
可分解致癌芳香胺染料	A	0	1
异味	A	0	1
尺寸变化率[a]/松弛尺寸变化率[b]	A	0	1
透气率[a]	B	1	2
耐洗色牢度	B	1	2
耐干摩擦色牢度	B	1	2

表 7（续）

检验项目	不合格分类	单项判定数组	
		合格判定数	不合格判定数
耐光色牢度	B	1	2
耐汗渍色牢度	B	1	2
断裂强力[a]	A	0	1
撕破强力[a]	A	0	1
胀破强力[b]	A	0	1
起球[b]	B	1	2
点对点电阻[a]	A	0	1
结构及款式	B	1	2
号型及规格	B	1	2
对称部位尺寸互差和领圈拉开尺寸[b]	B	1	2
缝制	B	1	2
附件	A	0	1
尺寸变化率[a]	B	1	2
服装防静电性能	A	0	1
标识	A	0	1
[a] 仅机织物类样品做此项。			
[b] 仅针织物类样品做此项。			

7 标识

7.1 永久标识

7.1.1 每套服装上应有防静电图形符号标识，标识样式见 GB/T 20097—2006 附录 B。

7.1.2 每套（件、条）服装上应有耐久性标签，标签内容包含产品名称、商标（如有）、号型规格、生产厂名称、洗涤方法、织物类型（机织物/针织物）。

7.1.3 每套产品应附有合格证，内容包括：材料组分、生产厂名称、厂址、联系电话、生产日期、标准号。

7.1.4 每套产品应附有产品使用说明及有关国家标准或行业标准规定应具备的标记或标志。

7.2 制造商提供的信息

制造商提供的信息应包括但不限于以下内容：

a) 静电服的正确穿着和使用方式。

b) 禁止在火灾爆炸危险场所穿、脱防静电服。

c) 富氧环境可能会导致易燃易爆气体的最小点火能降低，因此该环境中穿着的防静电服应在经过专业人员评估后方可使用。
d) 服装的正确穿着、洗涤、存储等信息。
e) 服装的防静电性能可能受到使用过程中如洗涤、沾污、磨损等因素的影响而降低。
f) 禁止在火灾爆炸危险场所穿用的防静电服上附加或佩带任何外露金属物件。
g) 外层服装应完全遮盖住内层非防静电的服装。
h) 防静电服应与适当的防护装备配套使用,保证人员良好接地,人员的对地电阻不应大于 100 MΩ。
i) 其他需要说明的内容。

8 包装和存储

产品包装应按客户的要求达到整齐、牢固、无破损、产品数量准确、内外包装应设防潮层。箱内应放入生产厂包装检验单,包装检验单应包括产品名称、号型、批号、数量、检验员、检验日期,箱外注明产品名称、数量、生产日期、生产厂名称、厂址。

附 录 A
（规范性附录）
点对点电阻测试方法

A.1 原理

将被测样品放置在绝缘平板上,上放电极装置,在电极装置间施加直流电压测量样品的点对点电阻。

A.2 设备

A.2.1 测试电极

测试电极为两个直径(65 ± 5) mm 的金属圆柱体;电极材料为不锈钢或铜;电极接触端的材料为导电橡胶,其硬度 60 ± 10(邵氏 A 级),厚度(6 ± 1) mm,体积电阻小于 500 Ω;电极单重(2.5 ± 0.25) kg。

A.2.2 高阻计

高阻计的测量范围:10^5 Ω~10^{13} Ω;
测量精度:≤10^{12} Ω 时,应为 ±5%;>10^{12} Ω 时,应为 ±20%。

A.2.3 绝缘台面

台面表面电阻、体积电阻分别大于 1×10^{14} Ω,其几何周边尺寸均大于被测材料 10 cm。

A.2.4 绝缘垫板

垫板台面表面电阻、体积电阻分别大于 1×10^{14} Ω。

A.3 洗涤与调湿

A.3.1 洗涤

机织物服装按附录 C 规定的洗涤方法进行洗涤,针织物服装按附录 D 规定的方法进行洗涤。

A.3.2 调湿

经洗涤后的样品,在(60 ± 10) ℃温度下干燥 1 h 后,在测试环境条件下,放置 6 h。

A.4 试样

测试样品为经过 A.3 洗涤和调湿后的样品,可以为面料,也可以为服装。

A.5 测试条件

测试环境条件为温度(20±5)℃,相对湿度为(35±5)%。

注:大部分防静电材料与环境湿度有明显的依赖关系。一般来说环境湿度越高,材料的防静电性能越好。如防静电服使用环境的湿度要求明显低于本标准(相对湿度≤25%),宜在要求的环境中测试,并在报告中注明环境温湿度条件。

A.6 测试程序

A.6.1 清洗

用沾有清洗剂(如丙二醇或乙醇)的纸巾将电极的下表面和绝缘台面的上表面擦拭干净,并在空气中晾干。

注:丙二醇或乙醇是易燃和有毒的,使用注意避免溅到皮肤、眼睛和衣服上以及吸入其蒸气。

A.6.2 面料点对点电阻测试

A.6.2.1 测试过程

将测试样品正面向上或实际使用面向上放置在绝缘台面上,避免样品褶皱或层叠。将测试电极组放在试样上,电极中心点间间距为 30 cm。测试过程应保证电极组沿导电丝的方向放置,如样品表面无明显导电丝,测试方向应为经向。

在两测试电极间施加直流电压(100±5)V,待示数稳定后读取数值,测试时间最低为 15 s。如果电阻小于 10^5 Ω,应降低电压至 10 V 测试。重复上述测试过程,在同一试样上再选取四组测试点测试。面料样品取点应避免测试同一组导电丝。如样品为分体服,应分别从上装和裤子各选取五组测试点测试。

A.6.2.2 测试结果处理

取五次测量值的几何平均值为最终结果,保留两位有效数字。分体服样品上衣和裤子应分别计算其几何平均值。

A.6.3 具有接地点的防静电服点对点电阻测试

A.6.3.1 测试过程

将测试样品尽可能地平铺在绝缘台面上,按图 A.1 的方式连接电路,将绝缘垫板放置于袖口内,将柱状测试电极放置在试样袖口上。如样品为裤子则将柱状电极放置于裤脚相对应位置。将高阻计的另一极以适当的形式连接在服装接地点上,确保二者良好接触。在两测试电极间施加直流电压 10 V,待示数稳定后读取数值,测试时间最低为 15 s。如果电阻大于 10^5 Ω,应升高电压至(100±5)V 测试。重复上述测试过程,测试 FZ/T 80012—2012 的图 2 中所有被测点与接地点之间的电阻。如服装本身设计使袖口或其他部位为接地点,则测试服装其他测试点与该袖口间的电阻。

A.6.3.2 测试结果处理

记录所有测试点与接地点的电阻值,保留两位有效数字。

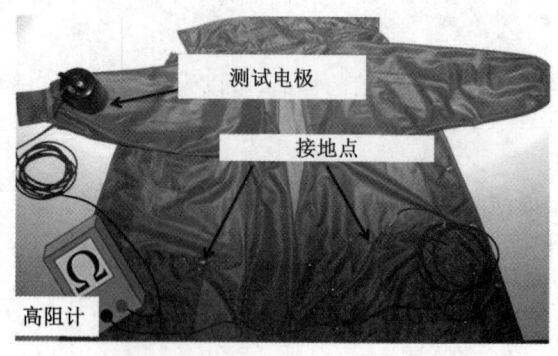

图 A.1 具有接地点的防静电服点对点电阻测试示意图

附 录 B
（规范性附录）
带电电荷量测试方法

B.1 原理

将经过滚筒摩擦机摩擦后的试样，投入法拉第筒内，以测量试样的带电量。

B.2 试样

防静电服一套（应包含上衣和裤子，如服装为连体服，则使用一件连体服测试）。

B.3 装置

B.3.1 摩擦装置

回转式滚筒摩擦机，其技术要求应符合表 B.1 规定。聚丙烯腈标准布应符合 GB/T 7568.5 要求。如有起毛等外观变化的现象，应予更换。

表 B.1 回转式滚筒摩擦机技术要求

项目	规格	项目	规格
滚筒内径	(65±5)cm	滚筒内衬材质	聚丙烯腈标准布
滚筒深度	(45±5)cm	滚筒叶片数	2 片以上
滚筒转数	46 r/min 以上	风量	2 m³/min 以上
滚筒口径	30 cm 以上		

B.3.2 带电量测试装置

B.3.2.1 带电量测量装置由法拉第筒和静电电量测试仪组成。按图 B.1 所示连接。

B.3.2.2 法拉第筒：内、外两只金属制圆筒，$h_内$ 等于 $2d_内$、$h_外$ 等于 $2d_外$、$d_内$ 大于或等于 40 cm、$d_外$ 等于 $d_内+10$ cm。

B.3.2.3 静电电量测试仪：测量范围：2 nC～2 μC，精度：±1%。

B.3.2.4 绝缘支架:绝缘电阻在 10^{12} Ω 以上的聚四氟乙烯。

B.3.2.5 聚乙烯胶带:绝缘电阻在 10^{12} Ω 以上。

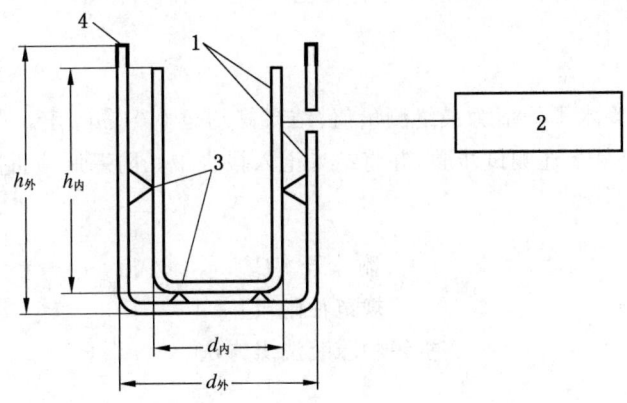

说明:
1——法拉第筒;
2——静电电量测试仪;
3——绝缘支架;
4——聚乙烯胶带。

图 B.1 带电量测试电路

B.4 洗涤与调湿

B.4.1 说明

试样在测试前应经洗涤处理与调湿。

B.4.2 洗涤处理

机织物服装按附录 C 规定的洗涤方法进行洗涤,针织物服装按附录 D 规定的方法进行洗涤。

B.4.3 调湿

经洗涤后的样品,在(60±10)℃温度下干燥 1 h 后,在测试环境条件下,放置 6 h。

B.5 测试条件

测试环境要求同附录 A。

B.6 测试程序

B.6.1 将试样放入滚筒摩擦机中运转 15 min。

B.6.2 将试样直接从滚筒摩擦机中自动导入(或戴绝缘手套绝缘电阻在 10^{12} Ω 以上,直接取出,立即投入)法拉第筒内,此时应注意试样距离人体、金属等物体 300 mm 以上。仲裁检验应使用自动导入的方式。

B.6.3 读取静电电量测试仪读数,单位为微库仑(μC)。

B.6.4 按 B.6.1~B.6.3 规定程序,重复测试 5 次。每次测试与测试之间,相隔 10 min,在每次测试前,应对试样和滚筒内衬标准布进行消电处理。

B.7 测试结果

取 5 次测试的算术平均值为最终测量值,结果修约至 0.01 μC/套。带衬里的工作服应将衬里翻转朝外,重复上述测试步骤,并将结果记入报告中。防寒服应拆除内胆后测试挂面及衬里。

附 录 C
（规范性附录）
机织物服装洗涤方法

C.1 设备

C.1.1 洗衣机:符合 GB/T 8629 中规定的 A2 型洗衣机。
C.1.2 普通温度计。
C.1.3 精度为 0.1 g 的天平。

C.2 洗涤剂

pH 为 7~7.5 的中性洗涤剂。

C.3 洗涤条件

洗涤条件应符合表 C.1 规定。

表 C.1 机织类样品洗涤条件

项目	条件	项目	条件	项目	条件
洗涤方式	普通洗涤	洗涤水温	(40±3) ℃	水容量	30 L 以上
洗涤液浓度	2 g/L	浴比	1:30(布:水)	负荷	添加棉白布
注:负荷为使待洗样品符合浴比要求的织物,其目的为当样品质量低于 1 kg 时,添加棉白布(负荷)使样品重量满足最小洗涤要求,即 30 L 水洗涤 1 kg 织物。					

C.4 机织物服装洗涤程序

C.4.1 按洗涤次数洗涤

C.4.1.1 将试样放入 C.1.1 规定的洗衣机中,按 C.3 规定的洗涤条件洗涤 15 min 后,排水,脱水 1 min。
C.4.1.2 换常温清水,漂洗 2 min 后,排水,脱水 1 min。
C.4.1.3 重复步骤 C.4.1.1~C.4.1.2,共 100 次。

C.4.1.4 洗涤完脱水后的试样自然晾干,或根据需要在适合试样熨烫的温度下熨烫。

C.4.2 按连续时间洗涤

C.4.2.1 将试样放入 C.1.1 规定的洗衣机中,按 C.2 规定的洗涤条件进行洗涤。

C.4.2.2 洗涤程序按表 C.2 进行,洗涤脱水后的试样自然晾干,或根据说明在适当的熨烫的温度下熨烫。

表 C.2 机织类样品洗涤程序

序号	1	2	3	4	5	6	7
洗涤程序	洗涤 9.0 h	排水	脱水 2 min	漂洗 8.0 h	排水	脱水 2 min	按序号4～6 重复3次

附 录 D
（规范性附录）
针织物服装洗涤方法

D.1 设备

D.1.1 洗衣机:符合 GB/T 8629 中规定的 A2 型洗衣机。

D.1.2 天平:精度为 0.1 g。

D.2 洗涤剂

pH 为 7～7.5 的中性洗涤剂。

D.3 洗涤条件

洗涤条件应符合表 D.1 规定。

表 D.1 洗涤条件

项目	条件	项目	条件	项目	条件
洗涤方式	弱洗	洗涤水温	常温	水容量	30 L 以上
洗涤液浓度	1 g/L	浴比	1:30(布:水)	负荷	添加棉白布

D.4 洗涤程序

D.4.1 将试样放入 D.1.1 规定的洗衣机中,按 D.3 规定的洗涤条件进行洗涤。

D.4.2 洗涤程序按表 D.2 进行,洗涤脱水后的试样平铺晾干,或根据制造商的说明熨烫。

表 D.2 洗涤程序

序号	1	2	3	4	5	6	7
洗涤程序	洗涤 3.5 h	排水	脱水 2 min	漂洗 1.0 h	排水	脱水 2 min	序号4～6 重复3次

参 考 文 献

［1］ IEC/TS 60079-32-1:2013　Explosive atmospheres. Electrostatic hazards, guidance

［2］ IEC 61340-4-9:2016　Standard test methods for specific applications—Garment

［3］ IEC/EN 61340-5-1:2016　Electrostatics—Part 5-1: Protection of electronic devices from electrostatic phenomena—General requirements

［4］ ANSI/ESD S 20.20:2014　For the Development of an Electrostatic Discharge Control Program for—Protection of Electrical and Electronic Parts, Assemblies and Equipment (Excluding Electrically Initiated Explosive Devices)

［5］ EN ISO 13688:2013　Protective clothing—General requirement

［6］ JIS T 8118—2001　Working Wears for Preventing Electrostatic Hazards

［7］ JIS L 1094-1997　Testing methods for electrostatic propensity of woven and knitted fabrics

［8］ STM2.1-1997　For the Protection of Electrostatic Discharge Susceptible Items—Garments

5. 手部防护

手部防护 电离辐射及放射性污染物防护手套
（GB 38452—2019）

前　言

本标准按照GB/T 1.1—2009给出的规则起草。

本标准由中华人民共和国应急管理部提出并归口。

本标准起草单位：上海市安全生产科学研究所、浙江东亚手套有限公司、上海天健地坤防护科技有限公司。

本标准主要起草人：唐一鸣、俞清秀、奈芳、童遂放、商景林、俞捷。

1　范围

本标准规定了电离辐射及放射性污染物防护手套的要求、测试方法、标识及产品信息。

本标准适用于保护穿戴者的手部免遭作业区域电离辐射及放射性污染物危害的手套、可安装在永久性密封箱室的手套，以及手套与永久性密封箱室之间的中间袖筒。

本标准不适用于医用辐射防护手套。

2　规范性引用文件

下列文件对于本文件的应用是必不可少的。凡是注日期的引用文件，仅注日期的版本适用于本文件。凡是不注日期的引用文件，其最新版本（包括所有的修改单）适用于本文件。

GB/T 7762　硫化橡胶或热塑性橡胶　耐臭氧龟裂　静态拉伸试验

GB/T 12624—2009　手部防护　通用技术条件及测试方法

GB 24541—2009　手部防护　机械危害防护手套

GB 28881—2012　手部防护　化学品及微生物防护手套

EJ/T 1175.1—2004　密封箱室部件　第1部分：手套接盘、封袋接盘、手套孔盖、封袋孔盖、密封环及可互换件

EJ/T 1175.2—2004　密封箱室部件　第2部分：手套、焊封袋、剑式机械手护套及主从机械手护套

YY 0292.1—1997　医用诊断X射线辐射防护器具　第1部分：材料衰减性能的测定

3　术语和定义

下列术语和定义适用于本文件。

3.1

放射性污染物　radioactive contamination

存在于废弃或有害的物质或场所中的放射性物质。

3.2

电离辐射　ionizing radiation

由直接或间接电离粒子或两者混合体构成的辐射,通常不包括紫外辐射。

[GB/T 10149—1988,定义 2.1.1]

3.3

韧致辐射　bremsstrahlung

带电粒子通过原子核或其他带电粒子的电场时,减速或加速产生的 X 射线辐射。

[GB/T 10149—1988,定义 2.1.2]

3.4

水蒸气渗透性　water vapour permeability

在规定的温度和相对湿度的环境下,每 24 小时每平方米透过某材料的水蒸气质量。

注:单位为克每平方米日[$g/(m^2 \cdot d)$]。

3.5

密封箱室　containment enclosure

防止内部介质中的物质向外部扩散,或者外部大气向内部介质渗透或者同时防止扩散和渗透之目的的箱室。

满足特定密封要求的箱室,其结构及系统设置可避免包容在其内的物质泄漏至外部环境或防止外部环境的物质渗透入其内,或同时防止双向渗漏。

[EJ/T 1108—2001,定义 3.2]

3.6

中间袖筒　intermediary sleeve

配备于永久密封箱室的手套上,固定在手套与密封箱室间的部分。

3.7

手套接盘　glove port

一个安装有圆珠或者沟槽的圆形项圈,安装在手套箱或者密封箱室的器壁上,可以接受带有同尺寸圆珠的手套或者其他柔性附件通过。

[EJ/T 1175—2014,定义 3.1]

3.8

环形接口　cell ring

固定在密封箱室上的可组合的塑料或者金属环扣,在不破坏密闭性的情况下,可通过推动进行更换的密闭配件。

3.9

支承环　support ring

可更换的气密性环,其材料通常为金属合金或者塑料。配有凹槽,安装在环形接口上,与手套或者其他塑料部件配套使用,通过同直径的圆珠、螺纹连接或者卡扣连接安装使用。

[EJ/T 1175—2014,定义 3.3]

4　要求

4.1　总则

电离辐射及放射性污染物防护手套和密封箱室用手套应符合表1给出的要求。

表 1 手套和密封箱室用手套的要求

条款		手套		密封箱室用手套	
		防放射性污染物	防放射性污染物且防电离辐射	防放射性污染物	防放射性污染物且防电离辐射
要求[a]	4.2.1	●	●	●	●
	4.2.2	●	●		
	4.3		●		●
	4.4	●	●		
	4.5	●	●	●	●
	4.6	○	○	○	○
	4.7.2			●	●
	4.7.3			●	●
	4.7.4			○	○
[a] 本表中对特定分类要求的适用性说明如下: ●:要求应符合。 ○:如产品信息中有相应要求,则要求应符合。					

4.2 通用要求

4.2.1 总则

手套应能满足 GB/T 12624—2009 中相应要求。

手套可由一层或多层材料组成。材料的选择取决于手套的用途。

防电离辐射手套可由含有起衰减作用的铅(PbO、Pb_3O_4)或者其他重金属元素的单层或多层材料组成。

在明确特殊用途的情况下,可参照附录 A 设计特殊用途测试。

4.2.2 手套规格与尺寸

手套的规格尺寸应满足 GB/T 12624—2009 的 5.1 要求。密封箱室用手套应满足 4.7.2.2要求。

4.3 防护材料的衰减效率及分布均匀性

铅当量厚度应按5.1中所给出的方法之一进行测试。

手套材料辐射吸收效率是引用铅当量厚度来表示。手套的防护材料应有至少 0.05 mm 的铅当量厚度。

除非有特殊设计(见 4.7.2),否则手套防护材料的分布均匀性应满足以下要求:任何单一测量值应不小于规定的铅当量厚度值。在每个测试条件下,所得到的四个测量值取最小值作为铅当量厚度的测试结果,单位为毫米(mm)。

铅当量厚度的表示应包括测试辐射的性质和能量(见第 6 章和第 7 章)。

注:明确告知使用者,如果有其他的放射性元素,手套的特性有可能不同。

4.4 手套的气密性
手套按照 GB 28881—2012 中 5.3 规定的方法测试时,应不发生泄漏。

4.5 抗机械危害防护性能要求
对于每只电离辐射及放射性污染物防护手套,其所具备的抗机械危害防护性能等级应由制造商在其提供的产品信息中加以说明。机械性能应包括下述 4 项：
——耐摩擦性;
——耐切割性;
——耐撕裂性;
——耐穿刺性。

按照 GB 24541—2009 中第 5 章规定的测试方法,至少有一项抗机械危害防护性能应不低于表 2 中的 1 级。否则,应在手套的使用说明中明示:"本手套不具有抗机械危害防护性能"。

表 2 抗机械危害防护性能等级

性能等级	1 级	2 级	3 级	4 级	5 级
耐摩擦性/周期	100	500	2 000	8 000	—
耐切割性/指数	1.2	2.5	5.0	10.0	20.0
耐撕裂性/N	10	25	50	75	—
耐穿刺性/N	20	60	100	150	—

4.6 化学品的防护要求
当按照 GB 28881—2012 中 5.4 规定的方法进行测试时,手套应能满足 GB 28881—2012 中 4.3.2 的要求。

4.7 密封箱室用手套的特殊要求
4.7.1 总则
密封箱室用手套应满足 4.1、4.2、4.3 及 4.4 的要求。

如制造商在产品信息中明确给出了水蒸气渗透性的指标,则可参照附录 B 进行水蒸气渗透性测试。

4.7.2 密封箱室用手套的设计
4.7.2.1 基本要求
手套应符合 EJ/T 1175.2—2004 规定的有关要求。

如金属元素的分布不均匀,制造商应根据第 6 章和第 7 章标记并提供相应的信息。

4.7.2.2 手套的规格和尺寸
在手套安装在密封箱室上时,应满足 EJ/T 1175.1—2004 和 EJ/T 1175.2—2004 的要求。

如果使用者在使用安装在密封箱室的手套前需预先佩戴手套,则安装在密封箱室的手套尺寸规格应考虑由此带来的尺寸规格的变化。

注:EJ/T 1175.1—2004 和 EJ/T 1175.2—2004 中详细给出了标准手套以及手套接盘、支承环、环形接口的规格尺寸。

4.7.2.3 手套的配件
4.7.2.3.1 配有支承环的手套
在少数永久密封箱室中，手套可以配备一个支承环。支承环应作为手套不可分割的一部分看待。整体装备应按照4.7.3在带有环形接口的测试平台上进行测试，不应发生泄漏。

4.7.2.3.2 袖筒
安装在永久密封箱室的手套可以配备"中间袖筒"，固定在手套与密封箱室之间。该袖筒不是手套的不可分割的一部分。该袖筒应满足本标准的所有相关要求，且能与手套配套使用。

手套与袖筒以及袖筒与密封箱室的固定方法应在制造商提供的信息中详细说明。
袖筒应与相应的手套配合且应根据4.7.3进行气密性测试。
按5.4测试所得的结合强度不应小于100 N。

4.7.3 密封箱室用手套的特殊气密性
密封箱室用手套的特殊气密性测试应按5.2中所述进行空气泄漏测试。压力下降应不大于初始压力的一半，否则认为发生泄漏现象。初始压力如果不是3 kPa，制造商应在提供的产品信息中加以明确说明。

4.7.4 耐臭氧龟裂（静态拉伸）
暴露在臭氧环境[臭氧浓度（体积分数）$\geqslant 50\times 10^{-8}$]中的手套，应进行耐臭氧龟裂测试。按照5.3中的测试方法进行测试，性能等级应至少满足表3中的1级。

表3 耐臭氧龟裂性能等级

性能等级	测试结果
1	10%伸长率时出现龟裂未断裂
2	10%伸长率时未出现龟裂
3	20%伸长率时未出现龟裂
4	100%伸长率时未出现龟裂

5 测试方法

5.1 铅当量厚度和均匀性的测定

5.1.1 概述
本标准给出了几种铅当量厚度测定方法。铅当量厚度的测定结果不是一个完全绝对的结果，其结果与辐射源及辐射能量频谱有关，因此，结果是一个相对值。同时，铅当量厚度应在不同条件下进行测试（见5.1.3）。

各测试方法应给出当量结果。如进行仲裁试验，应按照5.1.7方法进行测试。

5.1.2 取样
应至少取两个试样。
每个试样上应至少进行4次测量。取样位置依次如下：
——在手套的手掌侧中心线上，在手掌中心位置；

——在手套的手掌侧中心线上,距离袖口 10 cm 的位置;
——在手套的手背侧中心线上,在手背中心位置;
——在手套的手掌侧中心线上,手掌和袖口之间的中点。

5.1.3 测试条件

用于测定铅当量厚度和均匀分布的测试方法 5.1.5、5.1.6 和 5.1.7 应在 YY 0292.1—1997 规定的测试台上进行,且在以下 X 射线光束质量下进行测量:

——X 射线管电压为 70 kV 带 0.10 mm 的铜滤件;
——X 射线管电压为 100 kV 带 0.25 mm 的铜滤件;
——X 射线管电压为 120 kV 带 0.40 mm 的铜滤件;
——X 射线管电压为 150 kV 带 0.70 mm 的铜滤件。

5.1.4 结果的表达

不同测试条件下所获得的各测试点的测试值取铅当量厚度的最小值作为最终的测量结果,单位为毫米(mm)。

5.1.5 方法 1 X 射线胶片法

5.1.5.1 原理

铅当量厚度的测量应由一个标准的 X 射线管源进行。手套应与校准铅楔进行比对。

本方法中,将 X 射线胶片置于手套的不同部分之下,手套与校准铅楔相邻放置。使用带有特定 X 射线管电压及过滤的 X 射线管对整个系统进行曝光,得到的 X 射线胶片,用光密度计进行测读。

应采用 YY 0292.1—1997 中图 1 的试验台(大光束几何测试台)。

5.1.5.2 设备及耗材

设备及耗材至少应包含:

a) 可提供在 70 kV,100 kV,120 kV 和 150 kV 下持续的 X 射线的发生装置;
b) 适当的铜滤件(分别为 0.10 mm 铜,0.25 mm 铜,0.40 mm 铜和 0.70 mm 铜);
c) 校准铅楔;
d) 试验台各部件:发生装置的瞄准设备,测试台支架;
e) 适当的 X 射线胶片;
f) 光密度计;
g) 必要的冲洗 X 射线胶片的实验室装置。

5.1.5.3 测试方法

5.1.5.3.1 测试步骤

每个测量点能被认作是约 5 cm^2 面积(直径约 2.5 cm)的圆形表面。围绕测量点,按垂直于纵向轴线的方向在手套上进行分区段剪取试样。

测试材料试样被放置在合适测试台上的一张 X 射线胶片上。相应厚度的校准铅楔被置于手套试样边上。测试系统在 5.1.3 中某一特定测试环境中暴露于一个持续 X 射线发生装置之下。

暴露时间取决于 X 射线源的强度以及手套的衰减效率。选择暴露时间及电流,使得 X 射线胶片可在光密度计上可读。然后再冲洗 X 射线胶片。

X射线胶片的映像通过使用光密度计进行光密度测量。在每个测量点,进行5次光密度测量,并取其平均值为该测量点的测量结果。在每个校准铅楔上测量至少3个光密度值,取其测量值的平均值作为校准铅楔的测量结果。此步骤在每个样品每个测量点重复进行。

持续X射线发射装置应在测量前预热达到充分稳定。可以通过进行几次空白曝光来确认其稳定性。

5.1.5.3.2 重要说明

X射线胶片的放置固定装置应特别注意。固定装置应由高原子序数的材料制成或者被覆盖(例如铅),从而尽可能减少反向散射。

在胶片两边都可以照射的情况下,上述的固定装置应由低原子序数的材料再次被覆盖(例如树脂玻璃),从而避免在固定装置中从铅层脱离出来的电子对X射线胶片的影响。

当将样品置于X胶片上时,应尽可能注意将样品材料平铺,以免褶皱造成不均匀且具有尽可能小的张力。

5.1.5.3.3 报告与计算

通过测量校准铅楔(铅当量厚度关于光密度的函数)获得的回归曲线,计算测量点的铅当量厚度。同时应给出其扩展测量不确定度。

本方法也可用于检测材料的缺陷(例如撕裂、气泡等等)。如果观察到此类缺陷,报告中应给出精确位置、性质以及相应的铅当量厚度。

5.1.6 方法2 数字胶片法

除用于测定的是数字胶片例如光激励胶片或等同装置代替X射线胶片外,本方法与5.1.5中描述的测试方法相同。其胶片的测读则采用合适的数字处理设备。

5.1.7 方法3 电离室法

5.1.7.1 原理

测试方法按照YY 0292.1—1997。通过利用发射平行光束的持续X射线发射装置来对校准铅楔和手套试样进行连续曝光,进而连续测量所产生的衰减。X射线管的几何要求应符合YY 0292.1—1997。测量衰减率应使用一台已给出空气比释动能率的电离室。

测量点是一个约3.5 cm^{2}的圆形表面,直径为(20 ± 1)mm。

5.1.7.2 测试步骤

测试步骤应按照5.1.3中要求的测试条件,依据YY 0292.1—1997中测定铅当量(窄波束几何测试台)的方法进行。

5.1.7.3 报告与计算

通过测量校准铅楔(空气比释动能率关于铅当量厚度的函数)获得的回归曲线,计算测量点的铅当量厚度。同时应给出其扩展测量不确定度。

5.2 手套气密性测试(空气泄漏测试)

5.2.1 原理

手套气密性测试是在接近手套使用条件下检查密封箱室用手套的气密性。手套安装在一个垂直的手套接口(单件环形接口),在其固定使用环境下,向其内部充入环境空气。手套会由于内压而升起至水平位置,然后可以检查其泄漏情况。

对于带袖筒的手套,袖筒也应进行完整性测试。袖筒与手套应一同进行测试。测试过程中,应注意生产商在产品信息中给出的固定方法。

5.2.2 取样

至少取2个样品。

5.2.3 测试设备

测试设备是一个配备有各种用于密封箱室手套的对应直径口径的手套接口(单件环形接口)的垂直面板。垂直面板将手套的开口密封，配备有自带一个充气阀和一个压力表的各种尺寸口径的手套接口(单件环形接口)。压力表的测量范围为0 kPa～10 kPa，精度等级不低于2.5级。设备应另配备一个计时器。测试设备示例图见图1。

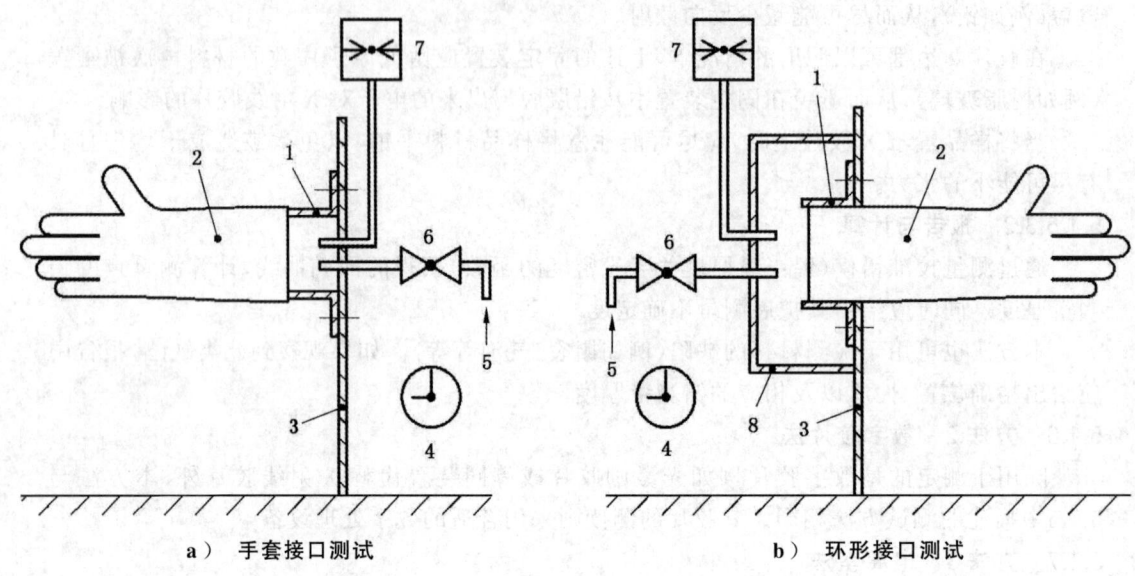

a) 手套接口测试　　　　　　　　　　　b) 环形接口测试

说明：
1——手套接口或环形接口；
2——测试手套；
3——面板；
4——计时器；
5——输入气流(10 kPa)；
6——密闭阀；
7——压力表(0 kPa～10 kPa)；
8——密闭面板。

图1　手套气密性测试(空气泄漏测试)装置示例图

5.2.4 测试步骤

待测试的手套(或带袖筒的手套)被安装在与手套开口(单件环形接口)相同直径的手套接口(单件环形接口)上。手套(或带袖筒的手套)在环境温度下充气至3 kPa。此压力应能使手套(或带袖筒的手套)维持在水平位置(此压力比使用压力要高)。如果手套(或带袖筒的手套)由于圆珠的原因(归于高压)无法维持在测试面板上的话，可以使用附件(胶带、夹持环)来确保试样固定在测试面板上。如果有这种情况，则生产商应在产品信息里明确说明可使用的附件以及相应的性质。

然后关闭空气压力阀，1 h后测量手套内部压力。

某些手套(或带袖筒的手套)由于其材料、厚度及形状,不能充气至 3 kPa。在此情况下,则手套被充气至尽可能高的压力。测试压力应在生产商提供的产品信息里明确说明。

5.2.5 结果报告

应在报告中说明测试手套(或带袖筒的手套)的数量,使用的附件,以及测试环境。

5.3 耐臭氧龟裂的测定(静态拉伸法)

5.3.1 测试条件

测试应在温度(40 ± 2)℃,臭氧浓度(体积分数)$(100\pm10)\times10^{-8}$的环境下进行。测试持续时间应为 4 d。

5.3.2 取样

至少取 2 个样品。

5.3.3 测试方法

按照 GB/T 7762 进行测试。

5.3.4 结果表述

结果应以表 3 中给出的性能等级的形式给出。

5.4 连接部件拉力测试(袖筒与手套)

根据生产商的说明书安装相应连接部件。如果手套本身不能承受 100 N 的拉力,则使用可以满足要求的替代品。将连接部件的一头连在固定夹具上,另一头连在可移动的夹具上。沿纵向提升拉力至 100 N。

记录 100 N 时各部件及整体是否完好。

6 标识

防护手套的标识应符合 GB/T 12624—2009 中的标识要求。同时,相应的图形标识(图 2 和图 3)也应标注。其他手套上或者最小包装上的标识应由生产商自行设计(如:材料性质:丁基合成橡胶)。

防化学品手套应标注 GB 28881—2012 中的图形标识。

注:手套的参考信息可遵循 EJ/T 1175.2—2004 中的信息条款。

对于防放射性污染物的手套,应使用图 2 所示标识。

图 2 防放射性污染物图形标识

对于防电离辐射的手套,应加上图 3 所示标记。该标识应说明铅当量厚度[单位为毫米(mm)],并说明测试条件(举例:"X-70 kV-0.10 mm Cu；X-100 kV-0.25 mm Cu；X-120 kV-0.40 mm Cu；X-150 kV-0.70 mm Cu")。对于在不同部位有不同铅当量厚度的手套,应明确标准各部分对应的铅当量厚度。

图 3 防电离辐射图形标识

7 产品信息

7.1 产品信息应满足 GB/T 12624—2009 中的信息要求。同时,还应提供以下的信息:
   a) 手套的适用场合。
   b) 使用限制。
   c) 防护材料的铅当量厚度。
   d) 依据 GB 24541—2009 的机械性能等级。
   e) 依据 GB 28881—2012 的化学品防护种类及穿透测试结果。
   f) 对于密封箱室使用的手套的特别说明如下:
      1) 带有圆珠的手套:圆珠直径、袖口直径或可固定手套的手套接口的直径;
      2) 对于有支承环的手套:支承环的直径或者支承环可配套使用的环形接口直径,支撑袖管的直径;
      3) 如有必要,水蒸气渗透性的结果(信息);
      4) 如有必要,完整性测试中使用的配件;
      5) 完整性测试的测试压力。
   g) 防电离辐射的防护手套的信息应包含:
      1) 应增加特别的警告,说明不能使用高原子序数材料的手套来防护高 β 能量的辐射,以避免产生韧致辐射;
      2) 对于在不同部分有不同铅当量厚度的手套,各部分铅当量厚度应详细说明。
   h) 暴露在臭氧环境下的防护手套的信息应有耐臭氧龟裂性能等级。

7.2 对于可重复使用的手套,应告知用户应在手套有效期内,进行检查以确保手套的防护能力或者防护等级。

附 录 A
(资料性附录)
特殊用途测试

A.1 总则

建议特别注意测试条件与作业场所条件之间的关系。
在大多数情况下,手套的老化与以下几种因素有关:
——与化学品接触;
——机械打击;
——电离辐射。

为确保设备性能等级没有下降,建议使用者在使用期内定期进行检查。

另外,如果有特殊用途需要说明,则建议按照B.2及B.3进行相应的特殊用途测试。

B.2给出了抗化学测试的详细要求。

B.3给出进行抗电离辐射的特殊用途测试的基础。这些测试建议在手套需要暴露在高等级辐射下的前提下进行。由于手套的材料以及辐射性质的多样性,建立一种通用的模拟电离辐射环境下的测试条件就变得非常复杂。因此,本附录给出了在开始此项测试前必须确定的基本参数。

A.2 特殊用途测试:抗化学品

A.2.1 本附录给出了包括手套在化学试剂中的老化性能的特别化学测试,以满足使用者的相应需求。

A.2.2 测试的形式取决于手套材料的性质以及危害的种类(酸、氯化溶剂、芳香族溶剂、电离物质等等)。测试利用初始拉伸强度和伸长、以及最终拉伸强度和伸长,来衡量老化程度。或者利用其他客户要求的某种参数的百分比。测试条件可由危害种类以及防护等级来确定。

A.3 特殊用途测试:抗辐射

本要求仅针对于可能处于高强度辐射条件下的手套(如在密封箱室中的手套),此类手套的机械性能有可能会有所调整。在此前提下,建议优先考虑通过辐射测试检查材料的抗辐射性能而非选择手套材料。测试条件可在考虑以下因素后确定:
——辐射的性质与能量;
——空气中的放射剂量率;
——测试剂量;
——外部环境;
——温度;
——机械压力等;
——样品厚度。

附 录 B
(资料性附录)
水蒸气渗透性的测试

B.1 概述

使用于密封箱室的手套在无水环境中作业时,经常会有要求抗水或者水蒸气的隔水层。水蒸气渗透性的测定可以作为手套选择的一个重要参考指标。本附录通过给出测试方法,提供了对手套渗水性的评估方法。

注:本附录给出的方法适用于有一定抗水蒸气通过能力的隔水材料,不同于在GB/T 12624—2009中测定皮革渗水性的测试方法。

B.2 测试方法

B.2.1 原理

本测试的目的是确定弹性材料的水蒸气渗透性。在本方法中,一定量的干燥剂由一片测试材料密封在一个盘状容器中。盘状容器极其配件置于调试好的大气环境中。水蒸气的透过率则由盘状容器整体增重率来计算。

B.2.2 设备与材料

B.2.2.1 测试盘

使用尺寸可以便于使用于天平上的浅口铝盘。

测试盘(见图 B.1)应准确保证试样的通气面积,并且在铝盘与浅盘接触面上用蜡封来保证水蒸气不会从试样边缘渗透通过。

图中盘与盖的尺寸均为内径,仅整体尺寸为外径尺寸(见表 B.1)。

表 B.1 测试盘的尺寸

测试面积	d_1/cm	d_2/cm	d_3/cm	d_4/cm	d_5/cm
50 cm²	8.0	9.0	7.98	7.8	9.6
25 cm²	5.7	6.6	5.64	5.4	7.2
测试面积尺寸为 50 cm² 及 25 cm²。					

推荐材料:20 标准线规(0.914 mm)铝板。

B.2.2.2 称重盖

如果测试盘需从实验柜或实验室中移出,则每个测试盘应有铝盖盖上,以最低程度地降低试样离开控制大气环境后发生的质量变化。

图 B.1 给出了切割及密封样品可行的测试盘及其模板的设计。使用给出的尺寸,测试面积 50 cm² 可以得到。测试盘及其盖盘应使用 20 标准线规(0.914 mm)铝板制得。

B.2.2.3 天平

天平精度应不低于±0.5 mg。

B.2.2.4 测试柜

测试柜应有柜架以支撑测试盘,并有给出相对湿度(50±5)%,温度(25±2)℃的流通气流的空气调节装置。

特别应注意测试柜可以保证水分摄取的程度不会导致相对湿度降低至允许范围之下。

B.2.2.5 干燥剂

所用的干燥剂,应能使测试盘内的相对湿度在测试期间上升小于 2%。无水氯化钙是合适的,并应以细颗粒状的形式使用,粒度直径 0.85 mm～2.00 mm(10～20 目)为宜。

B.2.2.6 蜡

密封用蜡应能确保与试样表面以及测试盘贴合紧密。蜡在室温下应不易碎裂。蜡的相对稳定性以及不吸水性在本测试中非常重要,50 cm² 的蜡表面面积暴露于 90% 相对湿度和 38 ℃下 24 h,质量变化应小于 1 mg。

B.2.2.7 厚度测量设备

试样厚度测量应精确到毫米(mm),测试设备参照 GB/T 2941—2006。

单位为厘米

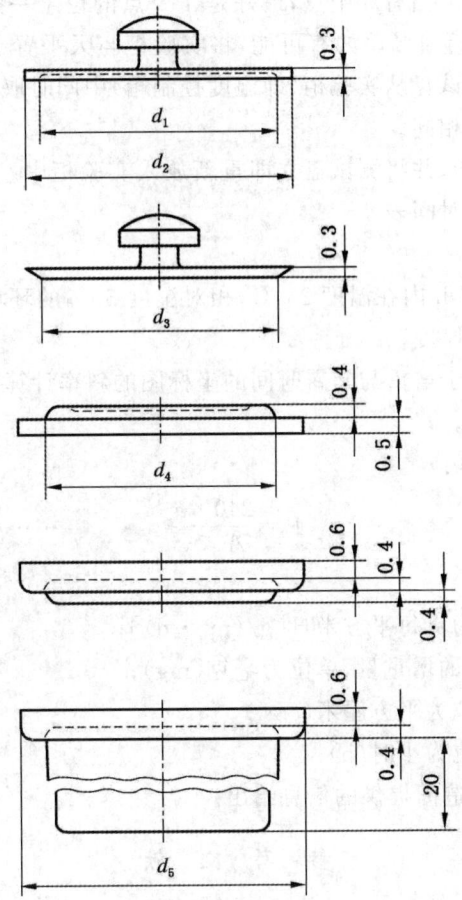

图 B.1 水蒸气渗透性测试装置示意图

B.2.3 试样

至少取 2 片试样。

B.2.4 步骤

测试样品使用一个模板固定进行测试,该模板直径可达测试盘环形凹槽的中间位置。样品厚度根据 GB/T 2941—2006 测得。

测试盘中装填有距支承环 1 mm～3 mm 的干燥剂,试样在支承环与测试盘之间。对于多层手套,外表面置于测试盘的内部,内表面向外。密封蜡注于测试盘与试样之间。熔融的蜡注于环形槽内,直至蜡与模板上表面齐平。如蜡中有气泡,则应使用小型空气枪打破。当蜡硬化后,移去模板。

检查测试盘,确保密封符合要求,并去除在外侧多余的蜡。将测试盘的装填与密封需尽可能快,以最大程度减少从大气中吸收的水蒸气。应小心不要破坏测试面积,不要使干燥剂与试样直接接触。可以使用凡士林薄膜在密封前贴在斜面边缘上,以帮助模板从蜡上取出。在下表面残余的薄膜应去除。

准备好所需的测试盘后,置于湿度控制箱。应在合适间隔中进行充分次数的连续称重,直至盘内相对湿度超过2%。将每个测试盘的增重累积(精确至mg),与其在湿度控制箱中的暴露时间作为坐标两轴。当有3个点,最好是4个点的位于一条直线上时,停止测试。2次连续称重的质量差应小于1%。如有可能,将实验柜与天平置于一个房间内以保持恒定的温湿度环境。约8个测试盘从实验柜(即湿度控制箱)中同时取出并盖上相应的盖子。测试盘应冷却至与室温基本相同。

完成称重后,移除盖子,并将测试盘立即重新放入实验柜中。在连续称重过程中,应严格保持同样的测试路线与时间表。

B.2.5 报告、计算与结果

水蒸气渗透性应以24 h内在温度25 ℃,相对湿度50%的环境条件下每平方米增重克数表示。同时应给出试样厚度。

渗透性由之前所作关于增重与暴露时间的坐标图的斜率计算而得。该斜率是能穿过各记录点的最佳直线的斜率。

渗透性按式(B.1)计算：

$$P = \frac{240 \times x}{A \times y} \quad\quad\quad\quad\quad\quad (B.1)$$

式中：

P ——渗透性,单位为克每平方米日[g/(m² · d)];

x ——单位时间间隔的增重量,单位为毫克(mg);

A ——暴露面积,单位为平方厘米(cm²);

y ——间隔时间,单位为小时(h);

对应的测试结果由制造商提供的信息给出。

参 考 文 献

[1]　GB/T 2941—2006　橡胶物理试验方法试样制备和调节通用程序

[2]　GB/T 10149—1988　医用X射线设备术语和符号

[3]　ISO 1431-1:2012　Rubber, vulcanised or thermoplastic—Resistance to ozone cracking—Part 1: Static and dynamic strain testing

[4]　ISO 4648:1991　Rubber, vulcanized or thermoplastic—Determination of dimensions of test pieces and products for test purposes

[5]　ISO 7000:2014　Graphical symbols for use on equipment—Resgistered symbols

[6]　ISO 11933-1:1997　Components for containment enclosures—Part 1: Glove/bag ports, bungs for glove/bag ports, enclosure rings and interchangeable units

[7]　ISO 11933-2:1997　Components for containment enclosures—Part 2: Gloves, welded bags, gaiters for remote-handling tongs and for manipulators

[8]　ISO/TR 11610:2004　Protective clothing—Vocabulary

[9]　EN 374-1:2003　Protective gloves against chemicals and micro-organisms—Part 1: Terminology and performance requirements

[10]　EN 374-2:2014　Protective gloves against dangerouse chemicals and microorganisms—Part 2: Determination of resistance to penetration

[11]　EN 374-3:2003　Protective gloves against chemicals and micro-organisms—Part 3: Determination of resistance to permeation by chemicals

[12]　EN 388:2016　Protective gloves against mechanical risks

[13]　EN 420:2003+A1:2009　Protective gloves—General requirements and test methods

[14]　EN 421:2010　Protective gloves against ionizing radiation and radioactive contamination

[15]　EN 61331-1:2002　Protective devices against diagnostic medical X-radiation—Part 1: Determination of attenuation properties of materials (IEC 61331-1:1994)

手部防护 化学品及微生物防护手套
（GB 28881—2012）

前　言

本标准按照 GB/T 1.1—2009 给出的规则起草。

本标准的第 4 章（除 4.2 条款）、第 5 章（除 5.1、5.2 条款）、第 6 章为强制性的，其余为推荐性的。

本标准参考了 EN 374:2003《化学品及微生物防护手套》，主要差异如下：
——改写了 EN 374-1:2003 的前言部分；
——修改了 EN 374-1:2003 规范性引用文件；
——修改了 EN 374-1:2003 范围中与 EN 420 共同使用的要求，并以相关国内标准替代；
——将 EN 374-2 的内容纳入本标准中作为附录 A；
——将 EN 374-1:2003 第 4 章中的抗化学品渗透性测试方法（EN 374-3）直接引用 GB/T 23462；
——将 EN 374-1:2003 第 5 章第 4 节机械性能中的测试方法（EN 388）直接引用 GB 24541。

本标准由国家安全生产监督管理总局提出。

本标准由全国个体防护装备标准化技术委员会（SAC/TC 112）归口。

本标准起草单位：北京安源咨询有限公司、防化研究院、安思尔（上海）商贸有限公司、浙江东亚手套有限公司、北京首都国际机场股份有限公司、上海市安全生产科学研究所、桂林乳胶厂。

本标准主要起草人：奈芳、杨光、田蕴墨、俞清秀、王哲、李护彬、唐一鸣、龙益敏、刘俊强。

1　范围

本标准规定了化学品及微生物防护手套的技术要求、试验方法及标识。

本标准适用于职业用化学品及微生物防护手套。

2　规范性引用文件

下列文件对于本文件的应用是必不可少的。凡是注日期的引用文件，仅注日期的版本适用于本文件。凡是不注日期的引用文件，其最新版本（包括所有的修改单）适用于本文件。

GB/T 12624—2009　手部防护　通用技术条件及测试方法
GB/T 23462—2009　防护服装　化学物质渗透试验方法
GB 24541—2009　手部防护　机械危害防护手套

3　术语和定义

下列术语和定义适用于本文件。

3.1
防护手套材料 protective gloves materials
为避免手或手和手臂直接接触化学品和/或微生物而在防护手套中使用的材料或材料组合。

3.2
微生物防护手套 protective gloves against micro-organisms
能够对不包括病毒在内的其他各类微生物形成有效屏障从而阻止其穿透的防护手套。

3.3
降解 degradation
防护手套因与化学品接触而造成其一项或多项性能产生破坏性变化,包括剥落、膨胀、碎裂、脆化、褪色、变形、外观变化、变硬及变软等。

3.4
穿透 penetration
化学品和/或微生物通过防护手套材料上的孔隙、接缝、针孔等缺陷在非分子水平上透过防护手套的过程。

3.5
渗透 permeation
化学品在分子水平上透过防护手套材料的过程,具体包括化学品分子被材料吸附、在材料内的扩散以及从材料另一面析出的过程。

3.6
测试化学品 test chemical
在实验室条件下,用于测定对防护手套材料透过时间的化学品或化学品混合物。

3.7
透过时间 breakthrough time
从测试化学品施于防护手套材料外层至其在材料另一面出现的时间间隔。

4 技术要求

4.1 总则

4.1.1 防护手套所采用的主体材料及辅助材料(如手套的内衬、线、贴边等)均应无皮肤刺激性或有损使用者的安全和健康。

4.1.2 防护手套的设计与制造应保证手套各部位主体材料厚度的均匀性。

4.1.3 防护手套的设计与制造需考虑使用要求,令使用者在进行相关的作业活动中得到最大限度的保护和操作灵活性;手套应便于穿戴和脱卸。

4.1.4 防护手套的结构设计应与其他配套使用的个体防护装备兼容。

4.2 人类工效学要求

4.2.1 尺寸

防护手套的尺寸,应符合 GB/T 12624—2009 中 5.1 的要求。

4.2.2 灵活性

防护手套的灵活性,应符合 GB/T 12624—2009 中 5.2 的要求。

4.3 防护性能
4.3.1 抗穿透性能
按 5.3 规定的方法测试时,手套应不发生泄漏。
4.3.2 抗渗透性能
从表 1 列出的测试化学品中选取 3 种化学品,按 5.4 规定的方法进行测试时,防护手套的抗渗透性能应不低于 2 级。手套的抗渗透性能等级见表 2。

表 1 抗渗透性能测试用化学品

序号	化学物质		CAS	类别
1	甲醇	Methanol	67-56-1	初级醇
2	丙酮	Acetone	67-64-1	酮
3	乙腈	Acetonitrile	75-05-8	腈化物
4	二氯甲烷	Dichloromethane	75-09-02	氯化链烷烃
5	二硫化碳	Carbon disulfide	75-15-0	有机硫化物
6	甲苯	Toluene	108-88-3	芳香烃
7	二乙胺	Diethylamine	109-89-7	胺
8	四氢呋喃	Tetrahydrofuran	109-99-9	杂环醚类化合物
9	乙酸乙酯	Ethyl acetate	141-78-6	酯
10	正己烷	n-Hexane	110-54-3	饱和碳氢化合物
11	氢氧化钠(质量分数 40%)	Sodium hydroxide,40%	1 310-73-2	无机碱
12	硫酸(质量分数 96%)	Sulfuric acid,96%	7 664-93-9	无机酸

表 2 抗渗透性能等级

级别	透过时间 min
1	>10
2	>30
3	>60
4	>120
5	>240
6	>480

4.4 机械性能
4.4.1 耐磨性能
按 5.5 规定的方法测试,防护手套的耐磨性能应符合表 3 的不同等级的要求。

表 3 耐磨性能等级

性能等级	1	2	3	4
周期数	100	500	2 000	8 000

4.4.2 抗切割性能

按 5.6 规定的方法测试,防护手套的抗切割性能应符合表 4 的不同等级的要求。

表 4 抗切割性能等级

性能等级	1	2	3	4	5
指数	1.2	2.5	5.0	10.0	20.0

4.4.3 抗撕裂性能

按 5.7 规定的方法测试,防护手套的抗撕裂性能应符合表 5 的不同等级的要求。

表 5 抗撕裂性能等级

性能等级	1	2	3	4
强度/N	10	25	50	75

4.4.4 抗穿刺性能

按 5.8 规定的方法测试,防护手套的抗穿刺性能应符合表 6 的不同等级的要求。

表 6 抗穿刺性能等级

性能等级	1	2	3	4
强度/N	20	60	100	150

5 测试方法

5.1 手部和手套尺寸

按 GB/T 12624—2009 中 6.2 的规定进行测试。

5.2 灵活性

按 GB/T 12624—2009 中 6.3 的规定进行测试。

5.3 抗穿透性能

按附录 A 的规定进行测试。

5.4 抗渗透性能

试样从防护手套的手掌和手背部位裁取,按 GB/T 23462—2009 中 6.4 的规定进行测试。

5.5 耐磨性能

按 GB 24541—2009 中 5.2 的规定进行测试。

5.6 抗切割性能

按 GB 24541—2009 中 5.3 的规定进行测试。

5.7 抗撕裂性能

按 GB 24541—2009 中 5.4 的规定进行测试。

5.8 抗穿刺性能

按 GB 24541—2009 中 5.5 的规定进行测试。

6 标识和信息

6.1 标识

防护手套的标识应符合 GB/T 12624—2009 中 7.1 的要求。防护手套的标识图应与本标准的标准号及测试所用化学品在表 1 中对应的编号一起使用(见图 1 示例)。

图 1 化学危害防护标识图(示例)

6.2 信息

防护手套的信息应符合 GB/T 12624—2009 中 7.2 的要求,并应包括以下内容:
——测试所用的化学品及相应的性能等级;
——穿透测试的可接受质量水平;
——机械性能的等级;
——防护手套的适用范围与限制;
——选择适合号型防护手套的方法;
——防护手套使用前的检查方法;
——防护手套的佩戴方法和/或与其他防护用品(如防护服)匹配注意事项;
——如果适用,防护手套的维护方法(如清洗和消毒)。

除上述信息外,还应提供如下说明:如果手套满足现有测试要求,即能够满足对微生物的防护要求;同时,提供如下警告:本信息并不反映防护手套在工作场所中的实际防护性能,因为许多因素都会影响其性能,如温度、磨损和材料的老化等。

附 录 A
（规范性附录）
抗穿透性能测试方法

A.1 范围

本附录规定了化学品及微生物防护手套抗穿透性能测试方法。

本测试方法包括气密性测试和液密性测试两种测试方法。其中,气密性测试方法为首选方法,但气密性测试不一定适用于所有防护手套,有些手套不能平均充满空气,充气时,有些部分极度膨胀而其他部分并没充满甚至不能充气,此时,不适宜采用气密性测试,而只能采用液密性测试。

A.2 原理

A.2.1 气密性测试

把内部充有一定压力空气的手套浸入水中。如果发现手套表面产生一连串的气泡,即表明手套发生泄漏。

A.2.2 液密性测试

将手套充满水。如果发现手套表面出现渗水,即表明手套发生泄漏。

A.3 取样

每种尺寸取 1 只手套,每次测试至少取 4 只手套。

A.4 测试装置

A.4.1 气密性测试装置

气密性测试装置示意图见图 A.1,其主要包括以下组成部分:

单位为毫米

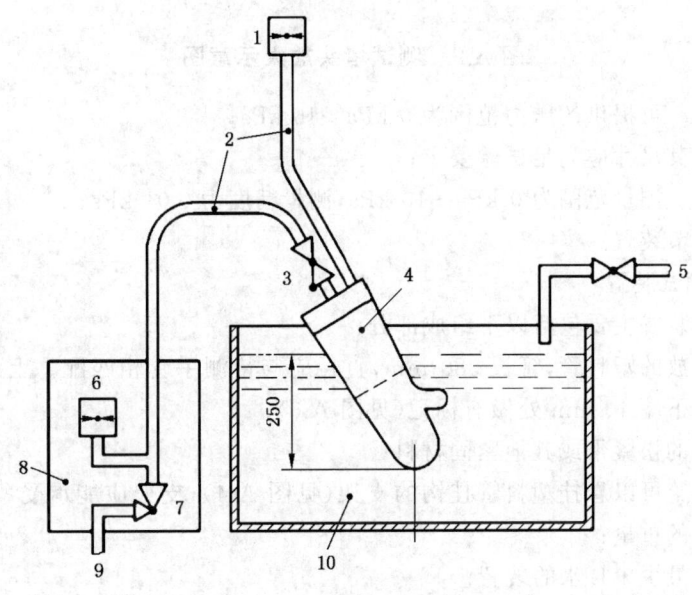

说明:
1——压力计;
2——软管;
3——止回阀门;
4——固定圆心轴;
5——供水;
6——压力计;
7——气压调节器;
8——仪表板;
9——压缩空气供应;
10——箱。

图 A.1 气密性测试装置示意图

a) 测试堵头 有一定的锥度,能提供合适的直径范围以使得测试手套保持气密。堵头能绕轴心旋转180°,其放大示意图见图A.2;

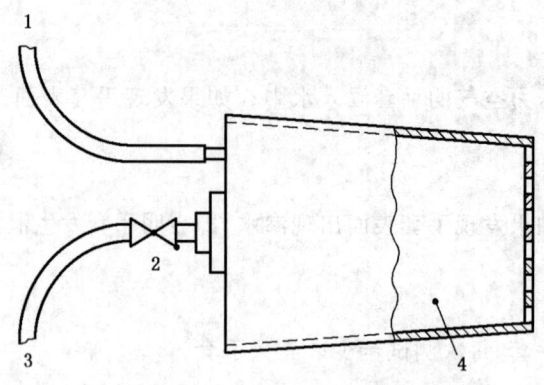

说明：
1——压力计；
2——止回阀门；
3——仪表板；
4——测试堵头。

图 A.2 测试堵头放大示意图

b) 空气泵 可提供的压力范围为 0 kPa～10 kPa；
c) 水箱 其尺寸应满足试验要求；
d) 压力表 测量范围为 0 kPa～10 kPa,测量精度为 0.01 kPa；
e) 压力调节装置。

A.4.2 液密性测试装置

液密性测试装置主要包括以下组成部分：
a) 两端开放的塑料管,管长 380 mm,直径应与待测手套相匹配。上端装有吊钩,在距离管下端 40 mm 处做有标记(见图 A.3)；
b) 带扣件的松紧带或其他紧固材料；
c) 带有横竿可以悬挂塑料管挂钩的支架(见图 A.4),支架应能承受所有试验手套同时悬挂的重量；
d) 可提供最少 1 L 水的装置。

试验装置应能让试验手套固定在直径合适的圆形轴上,并能注水至手套防水边缘 40 mm 内的地方。试验装置应能够盛载过量注入手套的水。

A.5 测试方法

A.5.1 样品准备

将手套从包装中小心取出。记录手套的识别代码、批号、尺寸和商标。目视检查手套,如果手套有破缝、裂缝和破洞,则报告手套不合格。

单位为毫米

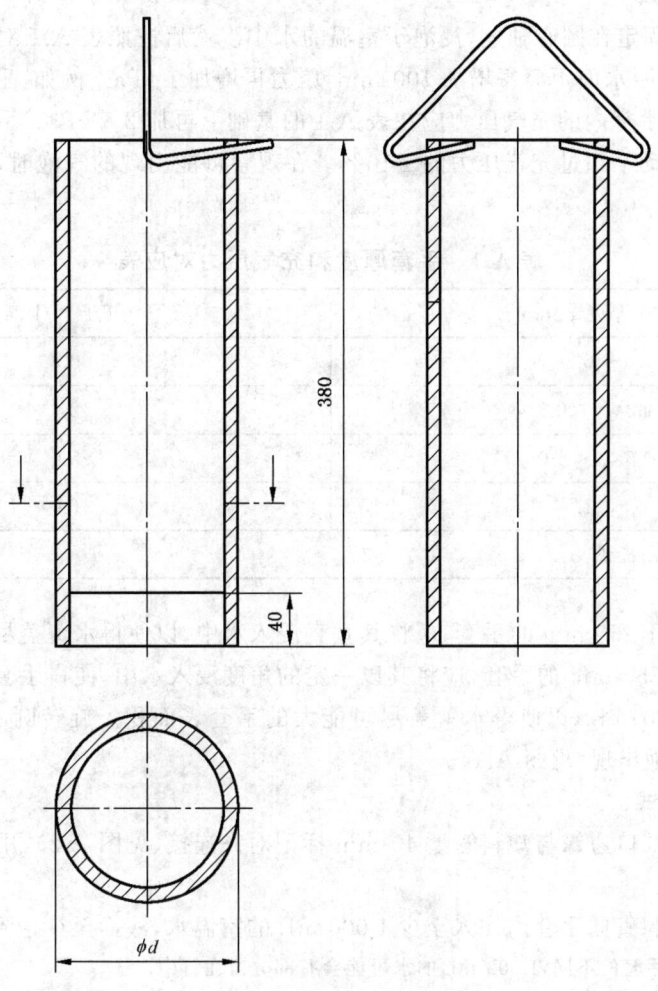

图 A.3 带吊钩的注水管

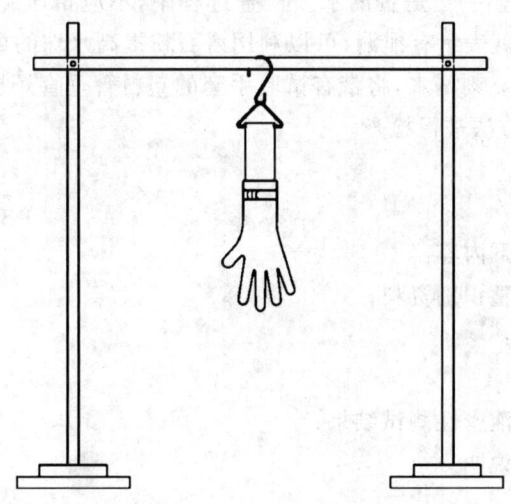

图 A.4 支架示意图

A.5.2 气密性测试

A.5.2.1 把手套固定在圆心轴上,浸泡于室温的水中。然后按照表 A.1 对应的压力向手套内充气,手套指尖距水面距离每增加 100 mm,压力再增加 1 kPa。例如,手套指尖浸入水中 250 mm 深处,则手套内的充气压力应在表 A.1 的基础上再加 2.5 kPa。手套内的充气压力应保持 2 min,波动不超过充气压力的±10%。在观察可能出现的气泡时,可延长一定测试时间,但不应超过 30 s。

表 A.1 手套厚度和充气压力对应表

手套厚度[a] e/mm	气压 X/kPa
$e<0.3$	0.5
$0.3<e<0.5$	2.0
$0.5<e<1.0$	5.0
$e>1.0$	6.0

[a] 资料由供应商提供。

A.5.2.2 长度小于 250 mm 的手套,应将其垂直浸入水中,以使得水覆盖尽可能大的手套表面积。长度大于 250 mm 的手套,应将其以一定的角度浸入水中,使得手套中指尖的垂直浸入深度为(250±10)mm,以使得水覆盖尽可能大的手套表面积。旋转圆心轴,检查整个手套表面是否有气泡出现(见图 A.1)。

A.5.3 液密性测试

A.5.3.1 将手套袖口边缘与塑料管上 40 mm 标记对齐连接(见图 A.3),用松紧带将其扣紧以保持液密。

A.5.3.2 通过塑料管向手套内注入至少 1 000 mL 的室温水,液面至少达到 40 mm 标记处。

注 1:由于试验手套的不同,1 000 mL 的水可能会有部分留在管中。

注 2:如有需要,可以使用合适的方法支撑手套,以防止手套因水的重力而变形。

A.5.3.3 注水后立即检查手套是否漏水。检查过程中,不应挤压手套,并尽量减少对手套的触摸。如果发现水珠就表示有泄漏,可以利用滑石粉提高水珠的可见度。

A.5.3.4 如果手套没有立刻漏水,将带有试验手套的塑料管垂直悬挂(见图 A.4),并在注水 2 min 后再次按照上述方法进行检查。

A.6 结果记录

结果记录应包括以下内容:
a) 试验手套的完整识别资料;
b) 目视检查结果;
c) 试验条件;
d) 气密性测试及液密性测试结果;
e) 未进行测试的说明。

手部防护 机械危害防护手套
（GB 24541—2009）

前 言

本标准的第 4、5、6 章为强制性，其余为推荐性。
本标准修改采用欧洲标准 EN 388:2003《机械危害防护手套》（英文版）。
本标准根据 EN 388:2003 重新起草。
本标准与 EN 388:2003 相比，主要技术性差异如下：
——将 EN 388:2003 规范性引用文件：EN 420 修改为 GB/T 12624；EN ISO 12947-1 修改为 GB/T 21196.1—2007；
——在规范性引用文件中增加了 ISO 13997 以及 GB/T 21196.2—2007；
——简化了 EN 388:2003 中 6.1"耐磨性能测试"中有关耐摩擦性能测试方法的描述；
——将 EN 388:2003 中第 5 章"取样和环境条件"调整为 5.1"取样和测试环境"；
——在 EN 388:2003 中第 4 章"技术要求"中加入了耐切割性能 5 级以上手套需增加 ISO 13997 测试；
——删除了 EN 388:2003 中脚注 1,2,3 中供应商信息；
——修改了 EN 388:2003 中第 7 章"标识"和第 8 章"生产商信息"为第 6 章"标识"；
——删除了 EN 388:2003 中附录 B 和 ZA；
——将 EN 388:2003 中 6.2.6"测试方法"中有关 ISO 切割性能测试方法转换关系的注释部分以及表 3 调整为资料性附录。

为了便于使用，本标准还做了下列编辑性修改：
——用小数点符号"."代替小数点符号","；
——删除了 EN 388:2003 的前言；
——增加了引言。

本标准的附录 A 和附录 B 为资料性附录。
本标准由国家安全生产监督管理总局提出。
本标准由全国个体防护装备标准化技术委员会归口。
本标准起草单位：北京安源咨询有限公司、上海市安全生产科学研究所、安思尔（上海）商贸有限公司、杜邦中国集团有限公司、帝斯曼（中国）有限公司、北京君安泰防护科技有限公司。
本标准起草人：奈芳、邵宝仁、马罡亮、田蕴墨、戚敏、金郡潮、吴军、高长德、高轶夫。

引 言

在工业加工生产领域以及应急救援工作中的作业人员在其工作中可能接触到摩擦、切割、穿刺等机械危害，为了减少或隔绝此类伤害，以上人员需要配置不同等级机械危害防护手套（以下简称防护手套）。

1 范围

本标准规定了机械危害防护手套的技术要求、测试方法和标识。

本标准适用于具有防护摩擦、切割、穿刺中一种机械危害的手套。

本标准中所使用的测试方法也适用于独立于手套和服装的手臂保护装备。

2 规范性引用文件

下列文件中的条款通过本标准的引用而成为本标准的条款。凡是注日期的引用文件，其随后所有的修改单（不包括勘误的内容）或修订版均不适用于本标准，然而，鼓励根据本标准达成协议的各方研究是否可使用这些文件的最新版本。凡是不注日期的引用文件，其最新版本适用于本标准。

GB/T 12624 劳动防护手套通用技术条件

GB/T 21196.1—2007 纺织品 马丁代尔法织物耐磨性的测定 第1部分：马丁代尔耐磨试验仪(ISO 12947-1:1998,MOD)

GB/T 21196.2—2007 纺织品 马丁代尔法织物耐磨性的测定 第2部分：试样破损的测定(ISO 12947-2:1998,MOD)

ISO 13997 防护服 机械特性 抗尖锐物切割特性的测定

3 术语和定义

下列术语和定义适用于本标准。

3.1

机械危害防护手套 protective gloves against mechanical risks

保护手或手臂免受摩擦、切割、穿刺中至少一种机械危害的手套。

注：耐撕裂性能只反映手套的物理机械性能信息，并不用来指导对某种危害的防护。一般认为数值更高性能更好。

3.2

局部增强型防护手套 glove providing a specific protection

在设计中对整个手部或其部分区域提供更高防护性能的手套。

3.3

手套系列 glove series

具有相同设计或从手掌部分到手腕部分使用相同材料，仅尺寸、长度、左右手和颜色不同的手套类型。

3.4

手臂 arm

手腕和肩膀之间的身体部分。

4 技术要求

4.1 一般技术要求

执行本标准时，应首先符合 GB/T 12624 的所有相关要求。

4.2 机械防护性能要求

机械危害防护手套性能应要求至少达到1级。表1列出了针对每种性能等级分级的最低要求。

注：符合防穿刺性能要求的手套并不一定适合防护特别尖锐物体的穿刺,如注射器针头。

表1 性能等级

性　　能	1级	2级	3级	4级	5级
耐摩擦性/周期	100	500	2 000	8 000	—
耐切割性/指数	1.2	2.5	5.0	10.0	20.0
耐撕裂性/N	10	25	50	75	—
耐穿刺性/N	20	60	100	150	—

注：其中磨损耐摩擦性能的周期为其轨迹形成一个完整李莎茹图形的平面摩擦运动,包括16次摩擦,即侧驱动轮转动16圈,内侧驱动轮转动15圈。

对耐切割性能5级以上的手套需按照ISO 13997测试方法进行耐切割性能的测试作为补充数据,并将测试的牛顿力反应在测试报告中。

如有需要,应对防护手套的其他部位进行额外测试,例如增强型防护手套的增强部位。

5 测试方法

5.1 取样和测试环境

5.1.1 取样

如无其他要求,所有试样应取自不同手套的掌部。

5.1.2 测试环境

试样调湿时间为24 h。测试应在以下的环境下进行：
——温度(23±2)℃；
——相对湿度(50±5)%。

如果测试环境与标准大气不同,应在从标准环境条件离开的5 min内开始测试。

如果特殊应用要求在不同环境中进行测试,则由生产商或其授权代表负责另行安排测试。在生产商提供的信息中注明测试结果时应包括完整的测试环境描述。

5.2 耐摩擦性能

5.2.1 原理

在规定压强下,圆形试样以李莎茹图形(LISSAJOUS)的运动轨迹进行循环平面运动摩擦,该图形是2个振动方向相互垂直、频率成简单整数比的简谐振动的运动轨迹。

耐摩擦性能用试样出现破损时的循环周期来表征。破损指的是测试样品出现穿透的洞。

5.2.2 磨料

5.2.2.1 磨料应符合以下规格

——基布材料:基布材料应是适当质量纸张,最小单位质量为(125±6.25)g/m²。
——粘合剂:粘合剂应是水溶性的,质量好并且适用。

——研磨剂：砂粒应质量好并且适用，应符合表2中的粒径分布要求。

表2 研磨剂粒径分布要求

要 求	通过筛孔径/μm
全部通过	212
过筛率≥75%	180
过筛率≤50%	125
过筛率≤5%	106

5.2.2.2 整张的砂纸须具备以下特性

——破裂强度应不小于：长度方向为392 N/50 mm；宽度方向为215 N/50 mm。
——砂纸的单位质量应是(300±30)g/m²。

5.2.3 仪器

采用GB/T 21196.1—2007中所述的马丁代尔耐磨试验仪。加载块和试样夹具组件的总质量应为(595±7)g，从而保证试样在测试过程中承受(9±0.2)kPa压强。

5.2.4 试样

同一手套系列应提供4个取自不同手套的测试试样。如果测试试样由未粘合的多层组成，应对每一层进行单独测试，性能等级为循环周期总和。

5.2.5 测试过程

5.2.5.1 样品安装

样品安装方法参照GB/T 21196.2—2007执行。为防止试样在测试过程中产生松动，应使用双面胶带来固定试样。

5.2.5.2 装配磨料

磨料装配方法参照GB/T 21196.2—2007执行。为确保磨料没有褶皱和突起地紧贴在机器表面，应使用双面胶带来固定磨料。

5.2.5.3 装配样布架

将样布架装在顶盘，上面加(9±0.2)kPa压强，开动测试机器。如果需中断测试一段时间(例如晚上或周末)，将测试试样从样布架上拿下来，面朝上存放。用干净的卡片或布片盖住试样以起保护作用。

5.2.5.4 判定方法

每次测试都应用新的磨料。开始测试100循环周期后检查试样。如果没有破损，则继续测试，直到500循环周期(2级)。每次对样品进行确定性能等级检查时，都应用清洁的压缩空气清洁测试试样和磨料，并且在将试样放回机器前拧紧固定器。如果没有破损，则继续测试，直到表1中所示的下一性能等级所规定的循环周期。达到每一性能等级要求的循环周期时都应检查测试试样。如果试样在设定的性能等级检查时被发现破损了，则记录为前一级的性能等级。

如果破损发生在离测试试样边缘2 mm以内或者试样被撕裂，则该试样应丢弃并重复整个测试过程。如果在第二次测试中至少又有一个测试试样发生同样的情况，则记录下两次测试中没有被丢弃的试样中的最低值。

5.3 耐切割性能

此测试不适用于由非常坚硬的材料制成的手套,例如金属链环手套。

5.3.1 原理

试样被指定负荷下往复运动的圆形刀片来回切割。

5.3.2 设备

设备(见图1,图2和图3)由以下部分组成:

a) 一个连接圆形旋转刀片,能进行往复水平运动的测试工作台。水平移动距离50 mm,刀片的旋转方向和其移动方向完全相反。由此产生的刀片正弦最大切割速度为10 cm/s;

b) 一个用来在刀片上施加(5±0.05)N压力的物体;

c) 一个圆形刀片,直径(45±0.5)mm,厚(3±0.3)mm,切割角在30°~35°之间(见图3)。刀片应用钨钢制成,硬度在740 HV~800 HV之间;

单位为毫米

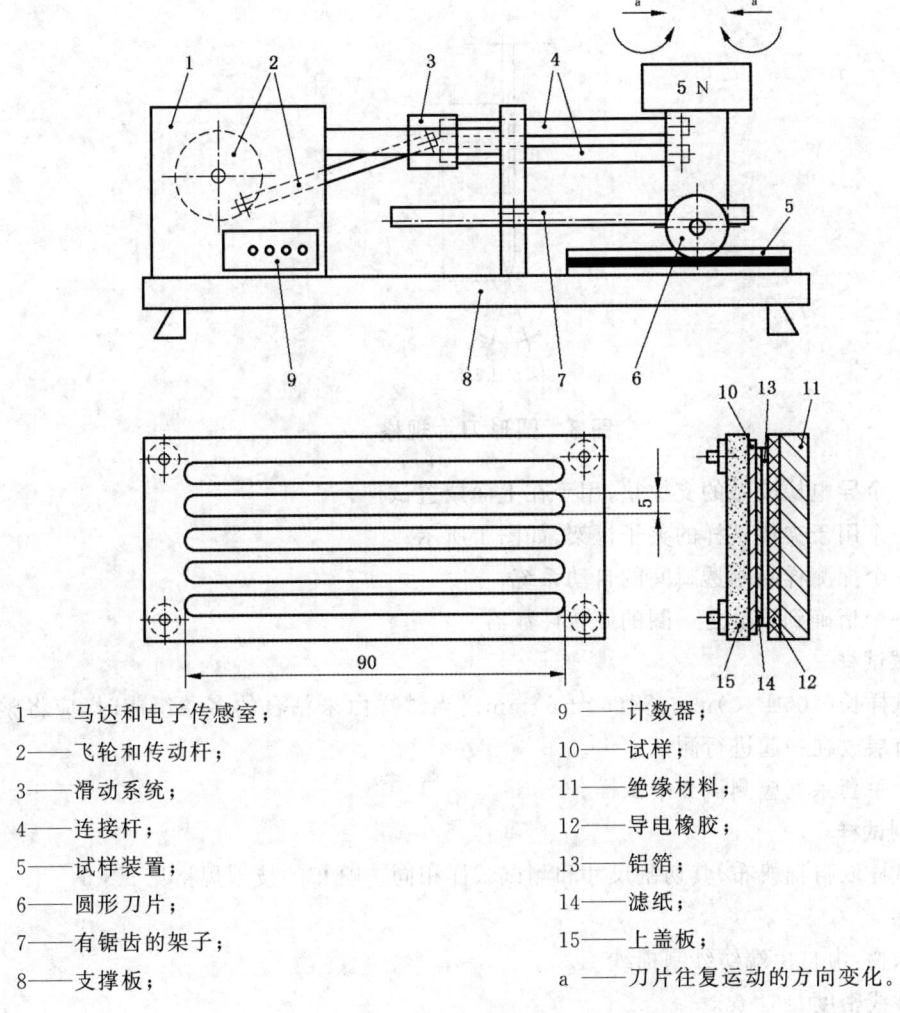

1——马达和电子传感室;
2——飞轮和传动杆;
3——滑动系统;
4——连接杆;
5——试样装置;
6——圆形刀片;
7——有锯齿的架子;
8——支撑板;
9——计数器;
10——试样;
11——绝缘材料;
12——导电橡胶;
13——铝箔;
14——滤纸;
15——上盖板;
a——刀片往复运动的方向变化。

图1 防护手套耐切割性能测试仪

单位为毫米

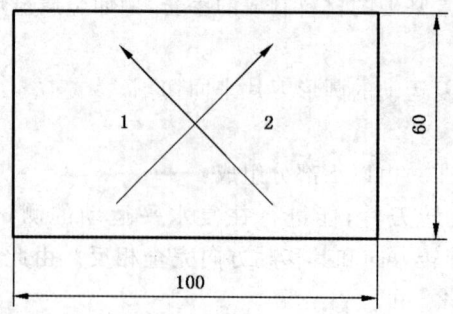

1——经线方向或纵向；
2——纬线方向或横向。

图 2　控制试样尺寸

单位为毫米

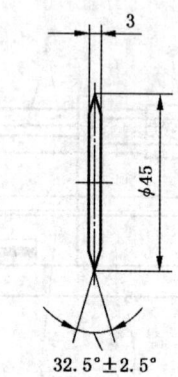

图 3　圆形刀片规格

d)　一个导电橡胶做的支撑垫，用于在上面放置试样；

e)　一个用于夹住试样的夹子框架，如图1所示；

f)　一个探测样品割透瞬间的自动系统；

g)　一个精确到十分之一圈的旋转计数器。

5.3.3　测试试样

每个试样长(100±10)mm，宽(60±6)mm。当试样由未粘合的多层组成时，应将整个试样的所有层放在一起进行测试。

每一个手套系列应测试2个试样。

5.3.4　控制试样

控制试样取自棉帆布，其切割尺寸和测试试样相同。帆布的技术规格见5.3.5。

5.3.5　帆布

经纬织物：由自由端纺纱制棉纱

经纬纱线密度：161 tex

经线捻度：股线 S 捻向 280 t/m

单纱:Z 捻向 500 t/m

纬纱捻度:同经纱

经纱密度:18 根/cm

纬纱密度:11 根/cm

经纱织缩率:29%

纬纱织缩率:4%

经向拉伸强力:1 400 N

纬向拉伸强力:1 000 N

单位面积质量:540 g/m²

厚度:1.2 mm

控制试样沿经纱斜线方向切割取得,详细规格见附录 A。

5.3.6 测试过程
5.3.6.1 样品安装

在橡胶支撑垫上,放一张约 0.01 mm 厚的铝箔,再用一张质量为(65±5)g/m²,厚度小于 0.1 mm 的滤纸将其覆盖。放滤纸的目的是限制试样在测试时的移动,同时避免由于某些纤维里的钢丝或者薄针织物结构上的缝隙而导致探测到意外的割透。将控制试样保持在无张力的情况下放在夹子框架里的滤纸上面。夹子框架被固定在设备测试台上。通过缓慢降低连有刀片的杠杆,将刀片轻轻放到控制试样上。

5.3.6.2 刀片锋利度的校正

在测试开始之前,用以下方法测定刀片的锋利度:当控制试样被割透时,记下所用循环周期(C)。如果测试试样的预计性能等级小于 3,则控制试样割破的周期应该在 1~4 之间。如果测试试样的预计性能等级大于或等于 3,则控制试样割破的周期应该在 1~2 之间。

如果控制试样割破的周期小于 1,则应用此刀片切割三层的控制试样织物或其他适合的耐切割材料,以降低它的锋利度。

5.3.6.3 样品的测试步骤

每一个测试试样应做五次测试,记下循环周期(T)。每一次测试应按照以下步骤来做:

a) 控制试样测试;

b) 测试试样测试;

c) 控制试样测试。

如果测试结果在两个性能等级的界限上,则更换新的刀片重新测试。记录最低的平均值。

对于高耐切割性材料,如果第一个步骤在控制试样上所做的循环周期大于 3,则应更换刀片。整个测试过程重复两次,每次都用新的刀片,指数 i 的计算根据 5.3.7。最后的指数值(I)取两试样测试的最小值。

5.3.7 测试结果的计算

测试结果排列如表 3。

$\overline{C}_n$ 表示在测试试样 T_n 之前和之后所做的控制试样的循环周期平均值,按式(1)计算:

$$\overline{C}_n = \frac{(C_n + C_{n+1})}{2} \quad \cdots\cdots\cdots\cdots\cdots\cdots\cdots\cdots\cdots\cdots\cdots (1)$$

每一个测试试样的最终指数值(I)按式(2)计算:

表3 切割测试——指数计算

次 序	C 控制试样	T 测试试样	C 控制试样	I 指标
1	C_1	T_1	C_2	i_1
2	C_2	T_2	C_3	i_2
3	C_3	T_3	C_4	i_3
4	C_4	T_4	C_5	i_4
5	C_5	T_5	C_6	i_5

$$I = \frac{1}{5}\sum_{n=1}^{5} i_n \quad\cdots\cdots\cdots\cdots\cdots\cdots(2)$$

式中：

$$i_n = \frac{(\overline{C}_n + T_n)}{\overline{C}_n} \quad\cdots\cdots\cdots\cdots\cdots\cdots(3)$$

如果 $T=0$，则 I 的最小值是1。I 是一个没有单位的数字。

报告包含有10个 i_n。耐切割性能等级由两个计算所得指数值中的最低值决定。

本标准耐切割性能测试方法的最高性能等级和ISO 13997等价切割重量的对应关系见附录B。

5.4 耐撕裂性能

耐撕裂性为沿着长度方向一半开口的矩形试样方向将其撕裂所需要的力。

5.4.1 设备

配有低惯性力测量系统的可拉伸测试装置。

5.4.2 测试试样

测试试样的尺寸见图4。被测试样尺寸为：(100 ± 10) mm×(50 ± 5) mm。(50 ± 5) mm 的切口应该沿着试样的纵向在离边缘(25 ± 2.5) mm处切开。最后一厘米的切口应该用未使用过的锋利刀片垂直地在试样表面切开。

单位为毫米

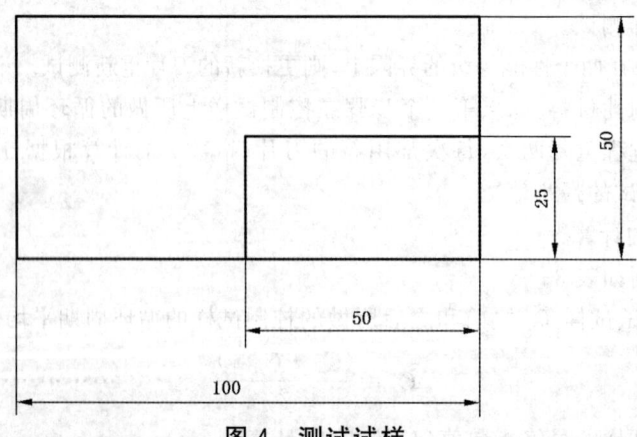

图4 测试试样

两个试样取自袖口到指尖的手套方向,另两个试样取自横跨手掌宽度方向(见图5)。

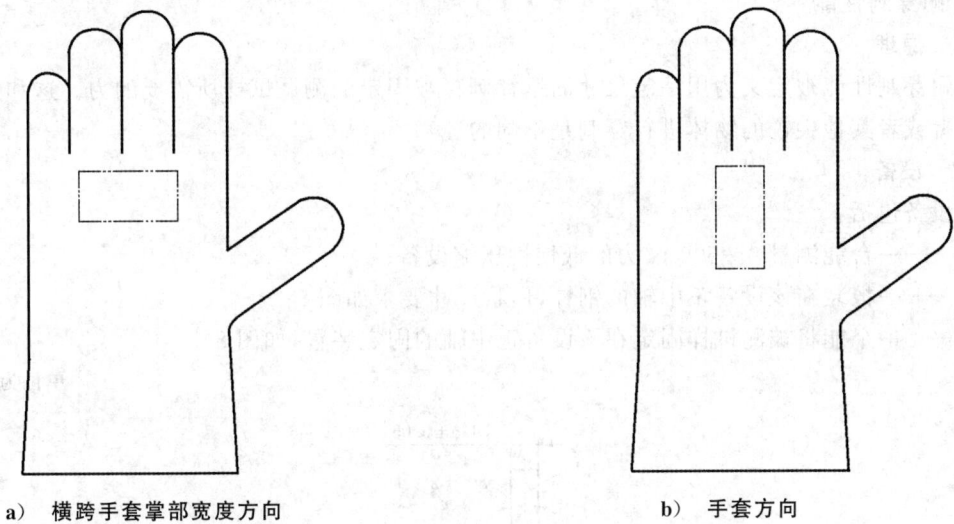

a) 横跨手套掌部宽度方向　　　　　　b) 手套方向

图 5　撕裂测试——测试区域

5.4.3　测试过程

5.4.3.1　设备测试条件

在(100 ± 10) mm/min 的拉伸速度下,由一台 X-Y 记录器记录撕裂时的力。

5.4.3.2　多层手套的测试方法

取自 4 只不同手套相同部位的测试样品都要做该测试。如果测试试样由未粘合的多层组成,则应对每一层进行测试,性能等级由所得的最高值决定。

5.4.3.3　测试试样的装配

切好的每一个试样条(见图6)至少应该有 20 mm 被夹具固定在可拉伸的测试装置上,两个夹具间的距离至少有 10 mm 以保证拉伸的方向平行于试样的纵向。

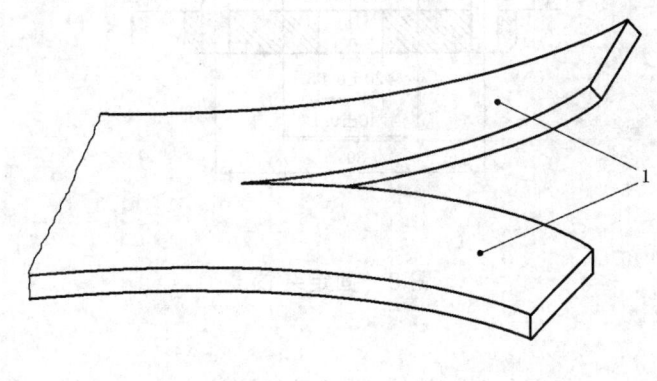

1——试样条。

图 6　测试试样条

5.4.4　测试结果

每个试样的耐撕裂性能是记录其所能达到的最高值,而手套的耐撕裂性能等级则由 4 个测试结果的最低值决定。试样应被完全撕开。如果试样在超过 75 N 力的作用下还没有被完全撕开,则可以停止测试并记录下所达到的最大力。

5.5 耐穿刺性能

5.5.1 原理

耐穿刺性能被定义为用一定尺寸的钢针刺穿被固定的测试试样所需要的力。这和用细小的针或者其他尖锐的物体进行穿刺是不同的。

5.5.2 设备

设备包括:

——一台能测量0~500 N力的低惯性压缩设备;

——一根装在该设备正中轴的钢针,形状尺寸要求如图7;

——一个能将被测试样固定在该设备正中轴的固定装置,如图8。

单位为毫米

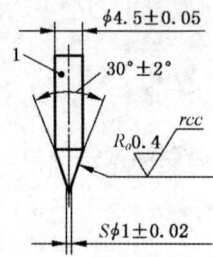

1——钢针的洛氏硬度为60 HRC。

图 7 钢针

单位为毫米

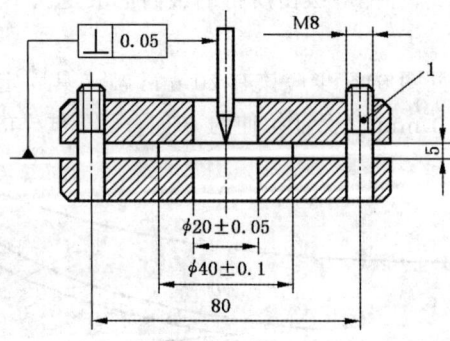

1——固定旋钮。

图 8 固定装置

5.5.3 测试试样

直径不少于40 mm的圆形试样,接缝、加固及加厚处应在夹具夹住的区域和穿孔的区域以外。在有未粘合层的情况下,分开的各层应一起进行测试。

5.5.4 测试过程

5.5.4.1 试样安装

将被测试样在固定装置中央夹住,确保外表面正对钢针。

5.5.4.2 测试条件

将钢针以 100 mm/min 的速度向下对着测试试样移动,直到相对于试样的位移达到 50 mm。记录下此间力的最大值,即使此时试样还没有被穿透。

5.5.4.3 取样方法

应用取自不同手套相同部位的 4 个测试样品进行测试。

5.5.4.4 设备校正

每一次测试都应确认钢针的外形和尺寸符合图 7 的要求。对于大多数材料来说,建议至少每使用 500 次检查钢针一次。但对于能损坏钢针的坚硬和研磨性材料,则需要更频繁的检查。

5.5.4.5 测试结果

耐穿刺性能等级由所记录的最低值决定。

6 标识

防护手套的标记应遵循 GB/T 12624 的适用条款。

手套的机械性能应该用以下的机械危害图标并配上 4 个性能等级数字来表示,如图 9,其中:

图 9 机械危害图标

——A 对应耐摩擦性能;
——B 对应耐刀割性能;
——C 对应耐撕裂性能;
——D 对应耐穿刺性能。

图标和性能等级的匹配关系应遵循 GB/T 12624 的要求。

附 录 A
(资料性附录)
抗切割性能测试用帆布控制试样的附加技术要求

A.1 概述

表 A.1 表示在 5.3 中定义的耐切割性能测试中作为控制试样的棉帆布的附加特性和规格。

这些数值由全世界所熟知的 KESF(川端织物风格评估系统)测试设备和方法得到。

所使用的棉的聚合度是 2 000±50。

表 A.1 识别说明——控制试样——棉织物

KESF 测试性能	参数代号	特征值			测试设置		
		单位	经向	纬向	尺寸	力	速度
拉伸性	LT WT RT	— J/m %	0.98～1.04 15～25 49～50	0.98～1.04 7～8 52～53	200 mm× 50 mm	最大拉力＝ 9.8 N/cm	0.020 00 cm/s
弯曲度	B 2HB	μN·m mN	300～350 40～50	430～530 45～55	10 mm× 50 mm	最大曲率＝ ±2.5 cm^{-1}	0.5 cm^{-1}/s
剪切性	G 2HG 2HG5	N/[m·(°)] N/m N/m	20～30 45～60 45～55	20～30 45～60 45～55	200 mm× 50 mm	张力＝1 000 g 最大角度＝ ±8.0°	0.478°
压缩性	LC WC RC	— J/m %	0.43～0.49 0.21～0.25 32～35		2 m²	最大压力＝ 5.00 kPa	0.020 00 cm/s
表面特性	MIU MMD SMD	— — μm	0.200～0.210 0.035～0.050 160～200	0.200～0.210 0.035～0.050 80～100	5 mm× 20 mm 5 mm× 20 mm	张力＝5.88 N P＝ 0.49 N/25 mm² P＝ 0.098 N/5 mm²	1 mm/s
厚度	T_0	mm	1.2～1.35		2 m²	P＝0.05 kPa	0.020 00 cm/s
单位面积质量	W	g/m²	520～540				

A.2 KESF:川端织物风格评估系统

A.2.1 拉伸性

(拉伸循环,最大拉伸力为 9.8 N/cm)

LT:拉伸线性,表示弹力,1 代表完全线性。

WT:拉伸能量,单位为焦每米(J/m)。

RT:拉伸弹性,也就是回复力的百分比。

A.2.2 弯曲度

(在垂直的试样上进行交替弯曲循环)

B:弯曲硬度。

2HB:在 1 cm^{-1} 曲率下的弯曲滞后。

A.2.3 剪切性

(在矩形试样上交替进行平行四边形变形,角度为8°)

G:剪切刚性。

2HG 和 2HG5:0.5°和5°的变形下的剪切滞后。

A.2.4 压缩性

(在厚度上进行压缩循环,最大值为5.0 kPa)

LC:压缩线性,表示弹力,1代表完全弹性。

WC:压缩功,单位为焦每米(J/m)。

RC:压缩弹性,也就是回复力的百分比。

A.2.5 表面特性

[用以表征表面特征,测试25 mm^2 面积(摩擦系数)和5 mm 宽度(粗糙度)]

MIU:平均摩擦系数。

MMD:摩擦系数平均偏差。

SMD:表面粗糙度平均值,单位为微米(μm)。

附 录 B
(资料性附录)
ISO 抗切割性能测试与本标准切割性能的转换关系

ISO 13997 记述了一种对于耐切割材料的替代测试方法。该测试方法可以提供对于以上所描述的切割方法的交叉认证。表 B.1 显示了本标准测试方法的最高性能等级和 ISO 13997 等价切割力的对应关系,但此数据还未得到最终确认。

表 B.1 此标准与 ISO 13997 性能等级的比较

本标准中切割性能等级	ISO 13997 切割力/N
4	≥13
5	≥22

6. 足 部 防 护

足部防护 安全鞋(GB 21148—2020)

前 言

本标准按照 GB/T 1.1—2009 给出的规则起草。

本标准代替 GB 12011—2009《足部防护 电绝缘鞋》、GB 21146—2007《个体防护装备 职业鞋》、GB 21147—2007《个体防护装备 防护鞋》和 GB 21148—2007《个体防护装备 安全鞋》。本标准以 GB 21148—2007 为主,整合了 GB 21146—2007、GB 21147—2007 和 GB 12011—2009 的内容。

本标准与 GB 21148—2007 相比,主要变化如下:
——修改了适用范围(见第 1 章,2007 年版的第 1 章);
——修改了"安全鞋""皮革"聚合材料"和"保护包头"四项术语(见 3.1、3.2、3.4、3.12, 2007 年版的 3.1、3.2、3.4、3.12);删除了"导电鞋""防静电鞋""电绝缘鞋"和"燃料油"四项术语(见 2007 年版的 3.14~3.17);增加了"混合鞋"术语(见 3.14);
——修改了部分鞋部件说明(见图 1、图 2、图 3,2007 年版的图 1、图 2、图 3);
——增加和修改了防护性能标记符号(见 4.3,2007 年版的表 15);
——安全鞋的基本要求和附加要求调整为基本要求、防护性能和附加要求(见第 5 章、第 6 章和第 7 章,2007 年版的第 5 章和第 6 章);
——增加了鞋座区域要求(见 5.2.1.2);
——修改了鞋底性能的结构要求(见 5.2.2.1,2007 年版的 5.3.1.1);
——修改了工效学要求(见 5.2.4,2007 年版的 5.3.4);
——增加了防滑性要求(见 5.2.5);
——增加了鞋座区域衬里耐磨性要求(见 5.4.2,2007 年版的 5.5.2);
——增加了足趾保护中一般要求内容(见 6.2.1,2007 年版的 5.3.2.1);
——增加和修改了防刺穿垫刺穿力和结构要求(见 6.3.1.2 和 6.3.2,2007 年版的 6.2.1.2),相应增加了附录 B;
——修改了电绝缘性能要求(见 6.4.3,2007 年版的 6.2.2.3),并相应增加附录 C;
——修改了隔热性要求(见 6.5.1,2007 年版的 6.2.3.1),并相应增加附录 D;
——删除了附录 A(见 2007 年版的附录 A);
——增加了"混合鞋"相关内容(见 4.2 和附录 A);
——制造商应提供的信息中增加无害性申明及安全性信息要求[见 9.1e)];
——调整增加了附录 E(见附录 E,2007 年版的表 17)。

本标准使用重新起草法参考 ISO 20345:2011《个体防护装备 安全鞋》编制,与 ISO 20345:2011 的一致性程度为非等效。

本标准由中华人民共和国应急管理部提出并归口。

本标准所代替标准的历次版本发布情况为：
——GB 12011—1989、GB 12011—2000、GB 12011—2009；
——GB 21146—2007；
——GB 21147—2007；
——GB 21148—2007。

1 范围

本标准规定了安全鞋的术语和定义、分类、式样和标记、基本要求、防护性能、附加要求、标识和制造商应提供的信息。

本标准适用于保护穿着者足部免遭作业区域危害或工作区域安全的鞋。

2 规范性引用文件

下列文件对于本文件的应用是必不可少的。凡是注日期的引用文件，仅注日期的版本适用于本文件。凡是不注日期的引用文件，其最新版本（包括所有的修改单）适用于本文件。

GB/T 308.1　滚动轴承　球　第1部分：钢球

GB/T 20991—2007　个体防护装备　鞋的测试方法

GB/T 22807　皮革和毛皮　化学试验　六价铬含量的测定：分光光度法

GB 24541—2009　手部防护　机械危害防护手套

GB/T 28287　足部防护　鞋防滑性测试方法

GB/T 28288—2012　足部防护　足趾保护包头和防刺穿垫

GB/T 31009　足部防护　鞋（靴）限量物质要求及测试方法

3 术语和定义

下列术语和定义适用于本文件。

3.1

安全鞋　safety footwear

保护穿着者免受意外事故引起的伤害，具有保护特征和保护工作区域安全的鞋。

注1：不包括消防员作业用靴、防链锯切割鞋、防化学品鞋、防熔融金属及熔融金属飞溅鞋和摩托车骑手鞋。

注2：安全鞋部件在图1、图2和图3中说明。

3.2

皮革　leather

经过鞣制不会腐烂的皮。

3.3

橡胶　rubber

硫化橡胶。

3.4

聚合材料　polymeric materials

结构单元（单体）通过共价键重复连接而成的高分子量化合物。

示例:聚氨酯(PU)或聚氯乙烯(PVC)。

3.5

内底　insole

制鞋过程中通常与鞋帮连接的固定的鞋底部件。

3.6

鞋垫　insock

覆盖部分或全部内底的可移动的或固定的鞋部件。

3.7

衬里　lining

覆盖鞋帮内表面的材料。

注1:穿着者的脚直接与衬里接触。

注2:在装有保护包头的前部鞋帮被剖开处,或一个外部材料缝在鞋帮上形成一个袋装入保护包头,保护包头下方材料起衬里作用。

3.7.1

前帮衬里　vamp lining

覆盖鞋帮前部内表面的材料。

3.7.2

后帮衬里　quarter lining

覆盖鞋帮后侧部内表面的材料。

3.8

花纹　cleat(s)

鞋底外表面凸出部分。

3.9

刚性外底　rigid outsole

当整只鞋按照GB/T 20991—2007中8.4.1测试时,30 N负荷下弯曲达不到45°的鞋底。

3.10

发泡外底　cellular outsole

0.9 g/cm^3 或更小密度、在10倍放大镜下可看见多孔结构的外底。

3.11

防刺穿垫　penetration-resistant insert

为提供穿透保护而放在鞋底组合体中的鞋部件。

3.12

保护包头　toecap

装在鞋内、用于保护穿着者的脚趾免受重物冲击和挤压伤害的鞋部件。

3.13

鞋座区域　seat region

鞋的后部(帮和底),整个鞋子长度的后10%区域。

3.14

混合鞋　hybrid footwear

Ⅱ类鞋中鞋帮上部装有其他材料的鞋。

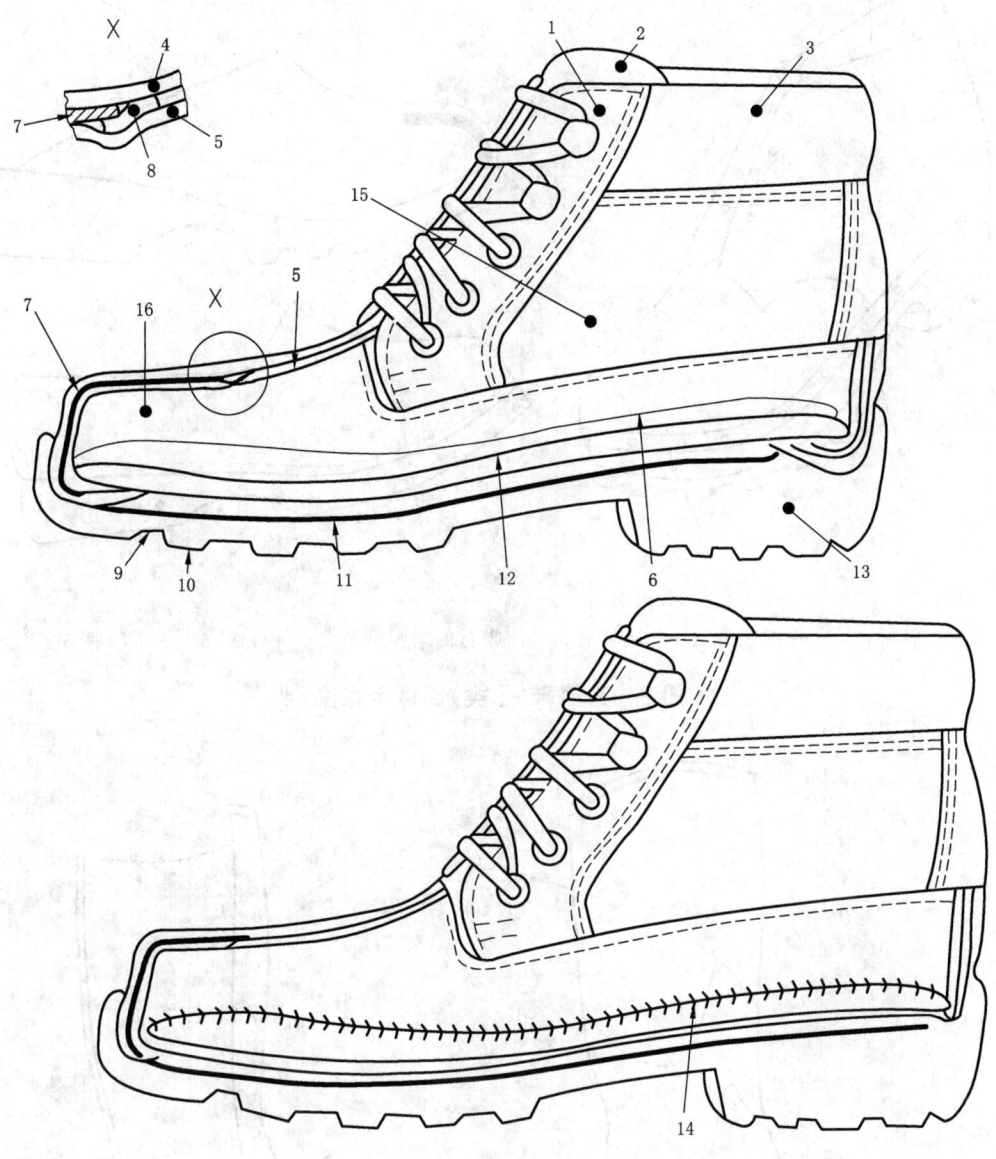

说明:
1——鞋眼护条;
2——鞋舌;
3——领口/沿口皮;
4——鞋帮;
5——前帮衬里;
6——鞋垫;
7——保护包头;
8——边缘覆盖层,如泡沫;
9——外底;
10——花纹;
11——防刺穿垫;
12——内底;
13——后跟;
14——内底与帮面缝合;
15——后帮;
16——前帮。

图 1 缝制鞋(Ⅰ类)部件示意图

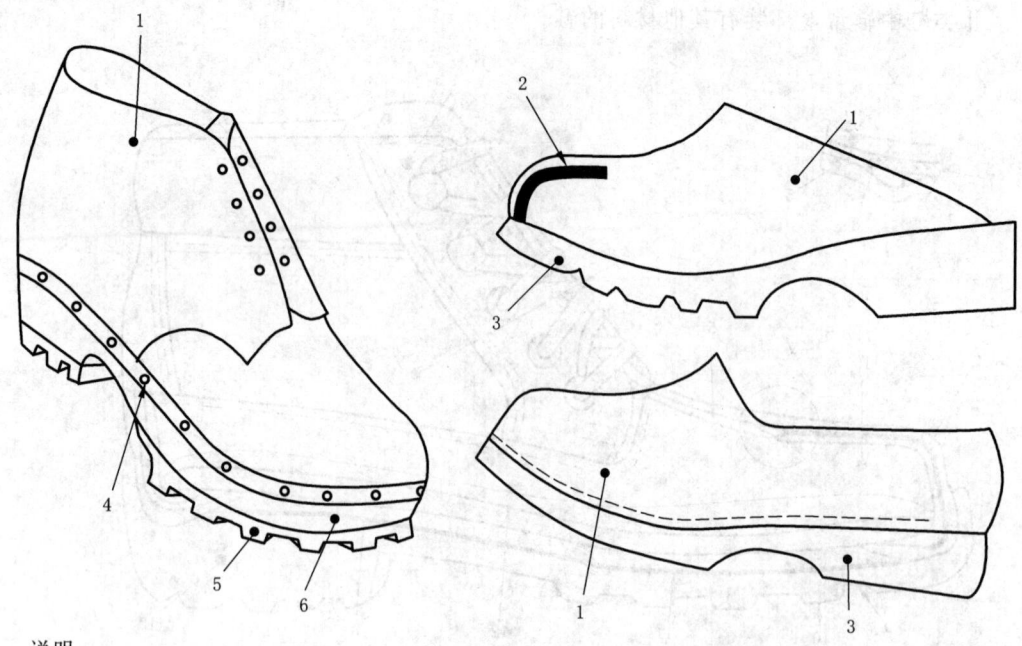

说明：
1——鞋帮；2——保护包头；3——刚性底；4——带钉的增强沿条；5——外底；6——木制底。

图 2　其他鞋（Ⅰ类）部件示意图

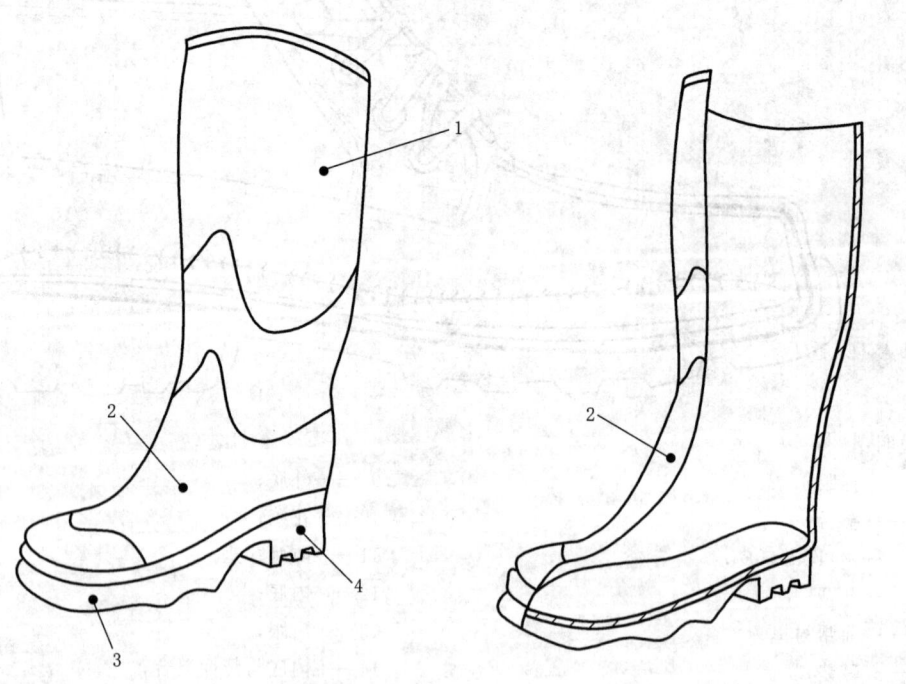

说明：
1——鞋帮；2——前帮；3——外底；4——后跟。

图 3　全橡胶（即硫化的）或全聚合材料（即完全模制的）鞋（Ⅱ类）部件示意图

4 分类、式样和标记

4.1 分类

安全鞋应按表1分类。

表 1 安全鞋的分类

规定代号	分 类
Ⅰ	用皮革和/或其他材料制成的鞋,全橡胶或全聚合材料鞋除外
Ⅱ	全橡胶(即完全硫化的)或全聚合材料(即完全模制的)鞋

4.2 式样

安全鞋应符合图4给出的式样之一。

Ⅱ类鞋的鞋帮上部可以装有其他材料,混合鞋的要求见附录A。

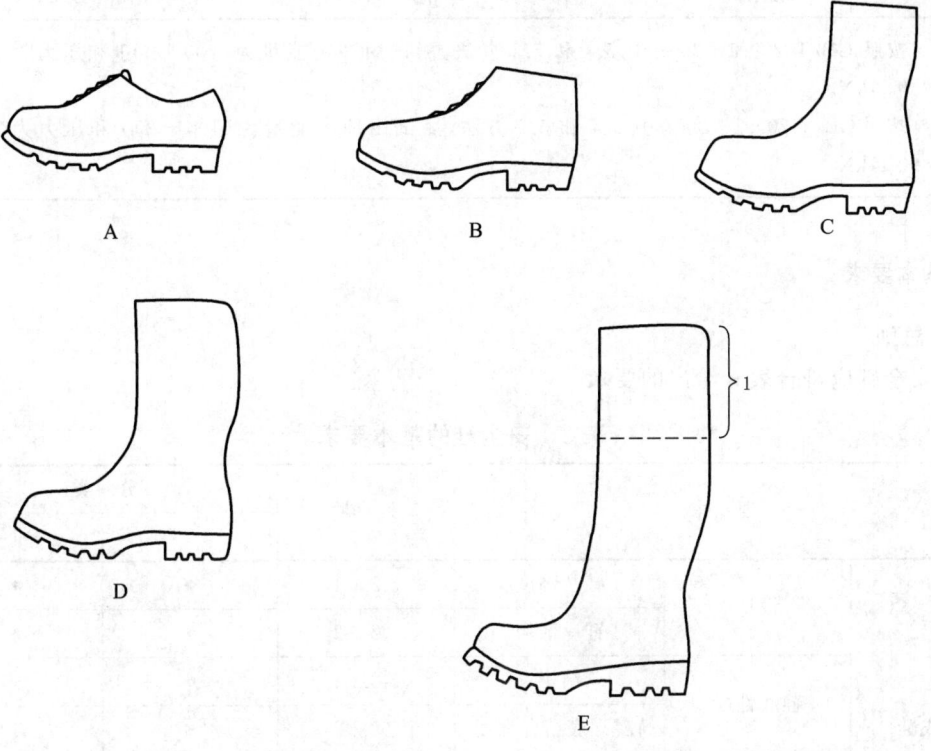

说明:
1——能适合穿着者的各种延长部分;
A——低帮鞋;
B——高腰靴;
C——半筒靴;
D——高筒靴;
E——长靴。

注:式样 E 是在高筒靴(D型)上装一种薄的、能延长帮面的不渗水或防沙材料,且该材料能裁剪以适合穿着者。

图 4 安全鞋式样

4.3 标记

应按表2标记安全鞋的防护性能中文或英文标识。

表2 防护性能标记

防护性能		标记		标记示例
		中文标识	英文标识	
足趾保护		足趾保护(冲击能量)	SB[a] 或 PB[b]	足趾保护(200J)或 SB
抗刺穿性		防刺穿	P	防刺穿或 P
电性能	导电性能	导电	C	导电或 C
	防静电性能	防静电	A	防静电或 A
	电绝缘性能	绝缘(测试电压)	EH(测试电压)	绝缘(10 kV)或 EH(10 kV)
耐恶劣环境性能	隔热性	隔热(温度)	HI(温度)	隔热(150 ℃)或 HI(150 ℃)
	防寒性	防寒	CI	防寒或 CI

[a] 按照 GB/T 20991—2007 中 5.4 和 5.5 方法,测试用冲击能量为(200±4)J 和压力为(15±0.1)kN。
[b] 按照 GB/T 20991—2007 中 5.4 和 5.5 方法,测试用冲击能量为(100±2)J 和压力为(10±0.1)kN。

5 基本要求

5.1 总则

安全鞋应符合表3给出的要求。

表3 安全鞋的基本要求

要求			条款	分类	
				I	II
成鞋	设计	鞋帮高度	5.2.1.1	●	●
		鞋座区域	5.2.1.2	●	●
	鞋底性能	结构	5.2.2.1	●	
		鞋帮/底结合强度	5.2.2.2	●	○
	防漏性		5.2.3		●
	工效学要求		5.2.4	●	●
	防滑性		5.2.5		
鞋帮	总则		5.3.1	●	
	厚度		5.3.2		●
	撕裂性能		5.3.3	●	

表 3（续）

要　求		条　款	分　类	
			Ⅰ	Ⅱ
鞋帮	拉伸性能	5.3.4	●	●
	耐折性	5.3.5		●
	水蒸气渗透性和系数	5.3.6	●	
	pH 值	5.3.7	●	
	水解	5.3.8		●
	六价铬含量	5.3.9	●	
前帮衬里	撕裂性能	5.4.1	●	○
	耐磨性	5.4.2	●	○
	水蒸气渗透性和系数	5.4.3	●	
	pH 值	5.4.4	●	○
	六价铬含量	5.4.5	●	○
后帮衬里	撕裂性能	5.4.1	○	○
	耐磨性	5.4.2	○	○
	水蒸气渗透性和系数	5.4.3	○	
	pH 值	5.4.4	○	○
	六价铬含量	5.4.5	○	○
内底/鞋垫[a]		见表 4	●	○
鞋舌	撕裂性能	5.5.1	○	
	pH 值	5.5.2	○	
	六价铬含量	5.5.3	○	
外底	设计	5.7.1	●	●
	撕裂强度	5.7.2	●	●
	耐磨性	5.7.3	●	●
	耐折性	5.7.4	●	●
	水解	5.7.5	●	●
	中间层结合强度	5.7.6	○	○

注 1：● 表示要求应符合。某些情况下，要求仅与分类范围内的特定材料相关，例如皮革部件的 pH 值，这不表示其他材料不可用。○ 表示部件可以有，也可以没有，有则适用。无 ● 或 ○ 表示没有要求。

注 2：成型工序前套在鞋楦上的袜套不视为衬里。

注 3：防滑性测试从三个鞋号（覆盖鞋的最大、最小和中间号）中各取一只鞋进行。

[a] Ⅱ类鞋通常没有内底，如果有可移动的鞋垫在用，则表 4 不适用。

表 4 内底和/或鞋垫的基本要求

选择项		所评价的部件	符合的要求					
			厚度 5.6.1	pH 值[a] 5.6.2	吸水性和水解吸性 5.6.3	内底耐磨性 5.6.4.1	六价铬含量[a] 5.6.5	鞋垫耐磨性 5.6.4.2
1	无内底 非移动鞋垫	鞋垫	●	●	●		●	●
2	有内底	无鞋垫	内底	●	●		●	●	
		有鞋座垫							
3		非移动的全鞋垫	鞋垫和内底一起	●		●			
			鞋垫		●			●	●
4		可移动的和水能透过[b]的全鞋垫	内底	●	●	●	●	●	
			鞋垫		●			●	●
5		可移动的、水不能透过[b]的全鞋垫	内底	●	●		●	●	
			鞋垫		●	●		●	●

注 1：● 表示要求应符合，无 ● 表示没有要求。
注 2：可移动鞋垫见 9.3。
[a] 仅适用皮革。
[b] 水能透过的鞋垫是指按照 GB/T 20991—2007 中 7.2 方法测试时，在 60 s 或更短时间内水透过。

5.2 成鞋

5.2.1 设计

5.2.1.1 鞋帮高度

按照 GB/T 20991—2007 中 6.2 方法测量，鞋帮高度应符合表 5 要求。

表 5 鞋帮高度

鞋号	高度/mm			
	式样 A	式样 B	式样 C	式样 D
≤225	<103	≥103	≥162	≥255
230～240	<105	≥105	≥165	≥260
245～250	<109	≥109	≥172	≥270
255～265	<113	≥113	≥178	≥280
270～280	<117	≥117	≥185	≥290
≥285	<121	≥121	≥192	≥300

5.2.1.2 鞋座区域

鞋座区域应封闭。式样 A 鞋座区域的鞋帮在表 7 给出的高度范围内不应有缝合之外的孔洞。

5.2.2 鞋底性能

5.2.2.1 结构

有内底时,在不损坏鞋的情况下内底应不能移动。如果没有内底,应有固定不能移动的鞋垫。

5.2.2.2 鞋帮/底结合强度

除缝合底外,按照 GB/T 20991—2007 中 5.2 方法测试时,结合强度不应小于 4.0 N/mm;如果测试发现鞋底有撕裂现象,则结合强度不应小于 3.0 N/mm。

5.2.3 防漏性

按照 GB/T 20991—2007 中 5.7 方法测试时,应没有空气泄漏。

5.2.4 工效学要求

如果 GB/T 20991—2007 中 5.1 给出的所有问卷回答是肯定的,应认为安全鞋满足工效学要求。

刚性外底不适用 GB/T 20991—2007 表 2 的跪/蹲下姿势。

5.2.5 防滑性

按照 GB/T 28287 方法测试时,应符合表 6 要求。

表 6 在瓷砖上测定的摩擦系数要求

测试平面	测试模式	摩擦系数
带有洗涤剂溶液的陶瓷砖面	后跟向前滑动	≥0.28
	水平向前滑动	≥0.32

5.3 鞋帮

5.3.1 总则

如果安全鞋鞋帮采用多种材料复合而成,则每种材料应分别符合本条款相应要求。

从紧靠鞋底的水平表面测量时,满足本条款要求的鞋帮区域应有符合表 7 的最小高度。

表 7 满足鞋帮要求的最小高度

鞋号	最小高度/mm			
	式样 A	式样 B	式样 C	式样 D 和式样 E
≤225	44	64	113	172
230～240	46	66	115	175
245～250	48	68	119	182
255～265	50	70	123	188
270～280	52	72	127	195
≥285	53	73	131	202

当沿口皮和嵌入材料位于表7给出的高度上方时,其应符合对衬里要求的撕裂性能(5.4.1)和耐磨性(5.4.2)。皮革材料应另外符合pH值(5.3.7)要求和六价铬含量(5.3.9)要求。位于表7给出高度上方的非沿口皮和嵌入材料应符合鞋帮要求。

5.3.2 厚度

按照GB/T 20991—2007中6.1方法测量时,Ⅱ类鞋的鞋帮任何一处厚度应符合表8要求。

表8 鞋帮最小厚度

材料种类	最小厚度/mm
橡胶	1.50
聚合材料	1.00

5.3.3 撕裂性能

按照GB/T 20991—2007中6.3方法测试时,Ⅰ类鞋的鞋帮撕裂性能应符合表9要求。

表9 鞋帮撕裂强度

材料种类	最小力/N
皮革	120
涂覆织物/纺织品	60

5.3.4 拉伸性能

按照GB/T 20991—2007中6.4方法测试时,鞋帮拉伸性能应符合表10要求。

表10 拉伸性能

材料种类	抗张强度/(N/mm²)	扯断强力/N	100%定伸应力/(N/mm²)	扯断伸长率/%
皮革	≥15	—	—	—
橡胶	—	≥180	—	—
聚合材料	—	—	1.3~4.6	≥250

5.3.5 耐折性

按照GB/T 20991—2007中6.5方法测试时,耐折性应符合表11要求。

表11 耐折性

材料种类	耐折性
橡胶	连续屈挠125 000次,应无裂纹
聚合材料	连续屈挠150 000次,应无裂纹

5.3.6 水蒸气渗透性和系数

按照 GB/T 20991—2007 中 6.6 和 6.8 方法测试时,水蒸气渗透率不应小于 0.8 mg/($cm^2 \cdot h$),水蒸气系数不应小于 15 mg/cm^2。

5.3.7 pH 值

皮革鞋帮按照 GB/T 20991—2007 中 6.9 方法测试时,pH 值不应小于 3.2,如果 pH 值小于 4,则稀释差应小于 0.7。

5.3.8 水解

聚氨酯鞋帮按照 GB/T 20991—2007 中 6.10 方法测试时,连续屈挠 150 000 次,应无裂纹产生。

5.3.9 六价铬含量

皮革鞋帮按照 GB/T 22807 方法测试时,六价铬含量应不超过 3.0 mg/kg。

5.4 前帮和后帮衬里

5.4.1 撕裂性能

按照 GB/T 20991—2007 中 6.3 方法测试时,衬里撕裂性能应符合表 12 要求。

表 12 衬里撕裂性能

材料种类	最小力/N
皮革	30
涂覆织物和纺织品	15

5.4.2 耐磨性

按照 GB/T 20991—2007 中 6.12 方法测试时,在完成下列转数前,衬里不应产生任何破洞:

——前帮和后帮衬里:
- 干式测试时 25 600 r;
- 湿式测试时 12 800 r。

——鞋座区域衬里:
- 干式测试时 51 200 r;
- 湿式测试时 25 600 r。

5.4.3 水蒸气渗透性和系数

按照 GB/T 20991—2007 中 6.6 和 6.8 方法测试时,水蒸气渗透率不应小于 2.0 mg/($cm^2 \cdot h$),水蒸气系数不应小于 20 mg/cm^2。

注:无衬里主跟没有要求。

5.4.4 pH 值

皮革衬里按照 GB/T 20991—2007 中 6.9 方法测试时,pH 值不应小于 3.2,如果 pH 值小于 4,则稀释差应小于 0.7。

5.4.5 六价铬含量

皮革衬里按照 GB/T 22807 方法测试时,六价铬含量应不超过 3.0 mg/kg。

5.5 鞋舌

注:仅当制作鞋舌的材料或厚度与鞋帮不同时,才测试鞋舌。

5.5.1 撕裂性能

按照 GB/T 20991—2007 中 6.3 方法测定时,鞋舌撕裂性能应符合表 13 要求。

表 13 鞋舌撕裂性能

材料种类	最小力/N
皮革	36
涂覆织物和纺织品	18

5.5.2 pH 值

皮革鞋舌按照 GB/T 20991—2007 中 6.9 方法测试时,pH 值不应小于 3.2,如果 pH 值小于 4,则稀释差应小于 0.7。

5.5.3 六价铬含量

皮革鞋舌按照 GB/T 22807 方法测试时,六价铬含量应不超过 3.0 mg/kg。

5.6 内底和鞋垫

5.6.1 厚度

按照 GB/T 20991—2007 中 7.1 方法测定时,内底和/或鞋垫厚度不应小于 2.0 mm。

5.6.2 pH 值

皮革内底或皮革鞋垫按照 GB/T 20991—2007 中 6.9 方法测试时,pH 值不应小于 3.2,如果 pH 值小于 4,则稀释差应小于 0.7。

5.6.3 吸水性和水解吸性

按照 GB/T 20991—2007 中 7.2 方法测试时,吸水性不应小于 70 mg/cm^2,水解吸性不应小于水吸收的 80%。

5.6.4 耐磨性

5.6.4.1 内底

非皮革内底按照 GB/T 20991—2007 中 7.3 方法测试时,完成 400 次前,不应有严重磨损。

5.6.4.2 鞋垫

非皮革鞋垫及鞋垫的非皮革部分按照 GB/T 20991—2007 中 6.12 方法测试时,完成下列次数前,摩擦表面不应产生任何破洞:

——干式测试时 25 600 次;

——湿式测试时 12 800 次。

5.6.5 六价铬含量

皮革内底按照 GB/T 22807 方法测试时,六价铬含量应不超过 3.0 mg/kg。

5.7 外底

5.7.1 设计

5.1.1 花纹区域

除保护包头卷边下方区域外,至少图 5 所示的阴影部分应有向侧边开口的花纹。

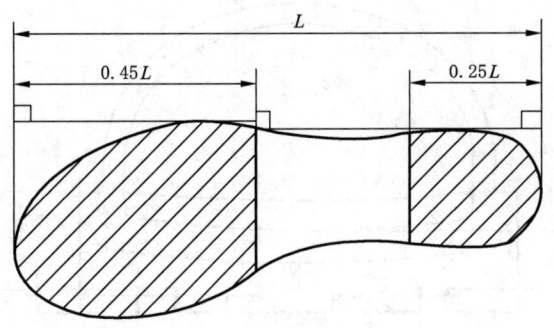

说明：

L——鞋长。

图 5　花纹区域

5.7.1.2　厚度

按照 GB/T 20991—2007 中 8.1 方法测量时，图 6、图 7 或图 8 所示的花纹高度 d_2 及厚度 d_1 和 d_3 应符合表 14 的要求。

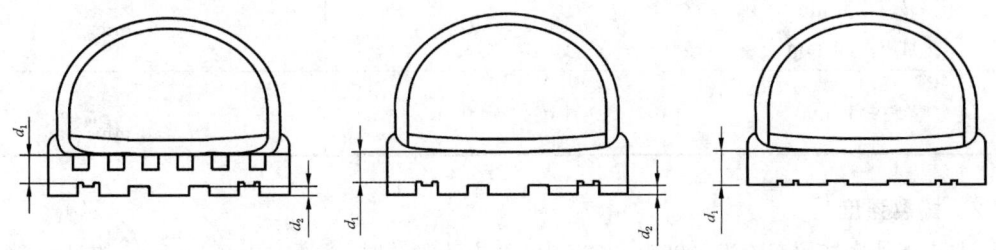

a)　胶粘外底　　　　　　　b)　直接硫化或注压的外底　　　c)　花纹高度＜2.5 mm 的外底

图 6　直接注压、硫化和胶粘的外底

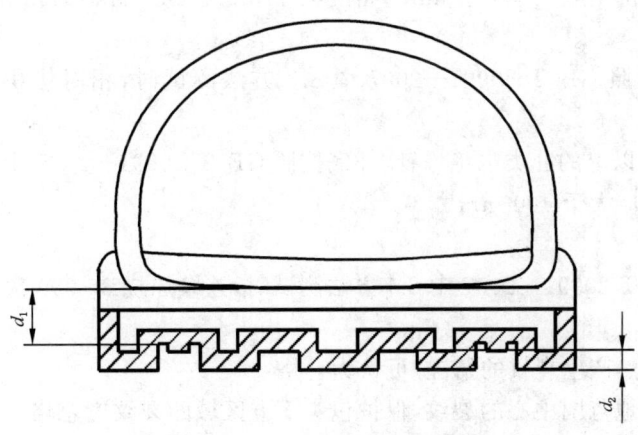

图 7　多层外底（花纹高度≥2.5 mm）

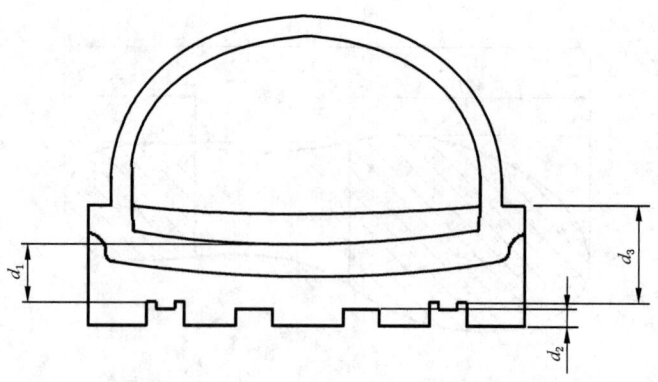

图 8 全橡胶和全聚合材料鞋(花纹高度≥2.5 mm)

表 14 外底厚度和花纹高度

花纹高度	厚度	
	Ⅰ类	Ⅱ类
$d_2<2.5$ mm	$d_1≥6$ mm	$d_1≥6$ mm
$d_2≥2.5$ mm 且 $d_2<4$ mm	$d_1≥4$ mm	$d_1≥3$ mm
$d_2≥4$ mm	$d_1≥4$ mm	$d_1≥3$ mm $d_3≥6$ mm

5.7.2 撕裂强度

非皮革外底按照 GB/T 20991—2007 中 8.2 方法测试时,密度大于 0.9 g/cm³ 的材料,撕裂强度不应小于 8 kN/m;密度小于或等于 0.9 g/cm³ 的材料,撕裂强度不应小于 5 kN/m。

5.7.3 耐磨性

Ⅰ类鞋外底按照 GB/T 20991—2007 中 8.3 方法测试时,密度等于或小于 0.9 g/cm³ 材料的相对体积磨耗量不应大于 250 mm³,密度大于 0.9 g/cm³ 材料的相对体积磨耗量不应大于 150 mm³。

Ⅱ类鞋外底按照 GB/T 20991—2007 中 8.3 方法测试时,相对体积磨耗量不应大于 250 mm³。

对于 20 kV 及以上的Ⅱ类电绝缘鞋,外底按照 GB/T 20991—2007 中 8.3 方法测试时,相对体积磨耗量不应大于 400 mm³。

5.7.4 耐折性

外底按照 GB/T 20991—2007 中 8.4 方法测试时,连续屈挠 30 000 次,切口增长不应大于 4 mm。

如发生下列自然产生裂纹的情况,可认为合格:
a) 仅评价踏地范围中心的裂纹,保护包头下方区域的裂纹应忽略;
b) 深度小于 0.5 mm 的浅表裂纹应忽略;
c) 如果裂纹深度不超过 1.5 mm,长度不超过 4 mm,且数量不超过 5 处,应认为鞋底合格。

5.7.5 水解

聚氨酯外底和外层由聚氨酯组成的鞋底按照 GB/T 20991—2007 中 8.5 方法测试时，连续屈挠 150 000 次，切口增长不应大于 6 mm。

5.7.6 中间层结合强度

按照 GB/T 20991—2007 中 5.2 方法测试时，外层或花纹层与相邻层之间的结合强度不应小于 4.0 N/mm；如果鞋底有撕裂现象，则结合强度不应小于 3.0 N/mm。

6 防护性能

6.1 总则

安全鞋应至少满足下述条款规定的一项或多项防护性能要求。安全鞋应具备的防护性能取决于预定工作场所可能遇到的危害。

6.2 足趾保护

6.2.1 一般要求

在不损坏鞋的情况下，装入鞋内的保护包头应不能移动。

除Ⅱ类鞋外，装有内部保护包头的鞋有一层前帮衬里或鞋帮的一部分起衬里作用。此外，保护包头应有一层边缘覆盖层从保护包头后部边缘开始在其下方延伸至少 5 mm，并在相反方向延伸至少 10 mm。

如果保护包头有卷边，其宽度 e 不应大于 10 mm（见图 9）。

脚趾部位的抗磨损覆盖层厚度不应小于 1 mm。

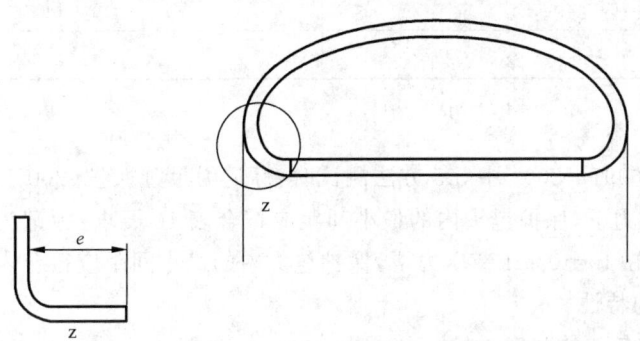

图 9 保护包头卷边宽度 e

6.2.2 保护包头内部长度

按照 GB/T 20991—2007 中 5.3 方法测量时，保护包头最小内部长度应符合表 15 要求。

表 15 保护包头最小内部长度

鞋号	最小内部长度/mm
≤225	≥34
230～240	≥36
245～250	≥38
255～265	≥39

表 15（续）

鞋号	最小内部长度/mm
270～280	≥40
≥285	≥42

6.2.3 抗冲击性

按照 GB/T 20991—2007 中 5.4 方法测试时，在(200±4)J 或(100±2)J 冲击能量冲击后，保护包头内的最小间距应符合表 16 要求。此外，在保护包头的测试轴线上不应产生任何贯穿材料的裂缝，即光线能透过裂缝。

注：标记为足趾保护(200 J)或 SB 的安全鞋使用(200±4)J 冲击能量，标记为足趾保护(100 J)或 PB 的安全鞋使用(100±2)J 冲击能量。

表 16 冲击后保护包头内的最小间距

鞋号	最小间距/mm
≤225	≥12.5
230～240	≥13.0
245～250	≥13.5
255～265	≥14.0
270～280	≥14.5
≥285	≥15.0

6.2.4 耐压力性

按照 GB/T 20991—2007 中 5.5 方法测试时，标记为足趾保护(200 J)或 SB 的安全鞋，在(15±0.1)kN 压力下，保护包头内的最小间距应符合表 16 要求；标记为足趾保护(100 J)或 PB 的安全鞋，在(10±0.1)kN 压力下，保护包头内的最小间距应符合表 16 要求。

6.2.5 保护包头的特性

6.2.5.1 金属保护包头的耐腐蚀性

Ⅱ类鞋按照 GB/T 20991—2007 中 5.6.1 方法测试和评估时，金属保护包头腐蚀区域不应超过 3 处，且腐蚀区域任何方向长度不应超过 2 mm。

Ⅰ类鞋按照 GB/T 20991—2007 中 5.6.2 方法测试和评估时，金属保护包头腐蚀区域不应超过 3 处，且腐蚀区域任何方向长度不应超过 2 mm。

6.2.5.2 非金属保护包头的稳定性

非金属保护包头应符合 GB/T 28288—2012 中 4.2.6 要求。

6.3 抗刺穿性

6.3.1 刺穿力

6.3.1.1 金属防刺穿垫

按照 GB/T 20991—2007 中 5.8.2 方法测试时，测试钉尖穿透鞋底所需的力不应小于 1 100 N。

6.3.1.2 非金属防刺穿垫

如果非金属防刺穿垫不设计为内底用(如在缝制鞋中),按照 GB/T 20991—2007 中 5.8.2方法测试;如果非金属防刺穿垫设计为内底用,按照附录 B 的方法测试。通过目测观察、摄像或电子监测检查,测试钉尖不应从试样中露出。

6.3.2 结构

防刺穿垫应装在鞋底中,在不损坏鞋的情况下应不能移动垫。除用作内底的非金属防刺穿垫外,垫不应位于保护包头卷边上方及不应与其接触。

6.3.3 尺寸

依据图10,按照 GB/T 20991—2007 中 5.8.1方法测量防刺穿垫尺寸。

除鞋座区域外,代表楦底边缘的曲线和防刺穿垫边缘之间的最大距离(X)应为 6.5 mm。鞋座区域,代表楦底边缘的曲线和垫之间的最大距离(Y)应为 17 mm(见图10)。

将防刺穿垫固定于鞋底的最大直径为 3 mm 的开孔不应超过 3 个。

开孔不应位于阴影区域1中(见图10)。

阴影区域2中的开孔应忽略(见图10)。

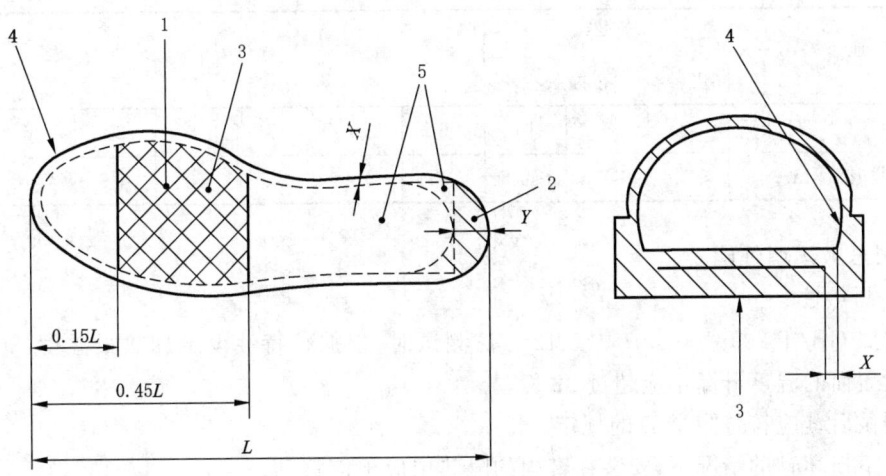

说明:
1——阴影区域1;
2——阴影区域2;
3——防刺穿垫;
4——楦底边缘留下的曲线;
5——防刺穿垫可选择的形状;
L——鞋底内部长度。

图 10 防刺穿垫的位置

6.3.4 防刺穿垫耐折性

防刺穿垫按照 GB/T 20991—2007 中 5.9方法测试时,经受 1×10^6 屈挠后不应出现肉眼可见的断裂、裂纹或分层现象。

6.3.5 防刺穿垫特性

6.3.5.1 金属防刺穿垫的耐腐蚀性

全橡胶鞋按照 GB/T 20991—2007 中 5.6.1方法测试时,金属防刺穿垫的腐蚀区域不应超过 5 处,每处面积不应超过 2.5 mm²。用在其他类型鞋中的金属防刺穿垫按照 GB/T

20991—2007 中 5.6.3 方法测试时,腐蚀区域不应超过 5 处,每处面积不应超过 2.5 mm²。

6.3.5.2 非金属防刺穿垫的稳定性

非金属防刺穿垫应符合 GB/T 28288—2012 中 5.2.4 要求。

6.4 电性能

6.4.1 导电性能

按照 GB/T 20991—2007 中 5.10 方法测量时,在干燥环境[GB/T 20991—2007,5.10.3.3a)]中调节后,电阻值应不大于 100 kΩ。

6.4.2 防静电性能

按照 GB/T 20991—2007 中 5.10 方法测量时,在干燥和潮湿环境[GB/T 20991—2007,5.10.3.3a)和 b)]中调节后,电阻值应大于 100 kΩ 和小于或等于 1 000 MΩ。

6.4.3 电绝缘性能

鞋不应使用金属材料的部件或配件,帮底结合不应采用上下穿通线缝。

按照附录 C 方法测试时,应符合表 17 要求。

表 17 电绝缘性能要求

要求	I 类			II 类						
	皮鞋	布面胶鞋								
测试电压(工频)/kV	6	5	15	6	10	15	20	25	30	35
泄漏电流/mA	≤1.8	≤1.5	≤4.5	≤2.4	≤4	≤6	≤8	≤9	≤10	≤14

6.5 耐恶劣环境性能

6.5.1 隔热性

按照 GB/T 20991—2007 中 5.12 方法测试时,根据鞋特性设定加热板温度,30 min 后内底上表面的温度升高不应超过 22 ℃。

测试后鞋应符合附录 D 的规定。

在不损坏鞋的情况下,安装在鞋内的隔热层应不能移动。

6.5.2 防寒性

按照 GB/T 20991—2007 中 5.13 方法测试时,内底上表面的温度降低不应超过 10 ℃。

在不损坏鞋的情况下,安装在鞋内的隔冷层应不能移动。

7 附加要求

7.1 总则

附加要求是否必需取决于预期工作场所可能遇到的危害,适合的安全鞋应符合表 18 给出的适用的附加要求。

7.2 鞋座区域能量吸收

按照 GB/T 20991—2007 中 5.14 方法测试时,鞋座区域能量吸收不应小于 20 J。

7.3 防水性

按照 GB/T 20991—2007 中 5.15.1 方法测试,走完 100 个槽长后,或按照 GB/T 20991—2007 中 5.15.2 方法测试,80 min 后,鞋内侧浸湿的总面积不应超过 3 cm²。

表 18 安全鞋的附加要求

要求	条款	分类 I	分类 II	标记 中文标识	标记 英文标识
鞋座区域能量吸收	7.2	●	●	能量吸收	E
防水性	7.3	●		防水	WR
跖骨保护	7.4	●	●	跖骨保护	M
踝保护	7.5		●	踝保护	AN
防切割	7.6	●	●	防切割	CR
鞋帮透水性和吸水性	7.7	●		透水吸水	WRU
外底耐热接触性	7.8		●	耐热	HRO
外底耐油性	7.9	●	●	耐油	FO
注：● 表示有此特性要求应符合。					

7.4 跖骨保护

7.4.1 结构

跖骨保护装置应由合适的材料制成并应有合适的形状，使冲击时产生的作用力分配在鞋底、保护包头和与脚表面尽可能一样大的区域上。

在不损坏鞋的情况下，装在鞋上的跖骨保护装置应不能移动。

在脚的内侧和外侧，跖骨保护装置应与鞋的形状相适应。

7.4.2 跖骨保护装置的抗冲击性

按照 GB/T 20991—2007 中 5.16 方法测试时，冲击后的最小间距应符合表 19 的要求。

表 19 冲击后的最小间距

鞋号	最小间距/mm
≤225	≥37.0
230～240	≥38.0
245～250	≥39.0
255～265	≥40.0
270～280	≥40.5
≥285	≥41.0

7.5 踝保护

按照 GB/T 20991—2007 中 5.17 方法测试时，测试结果的平均值不应超过 10 kN 和单个值不应超过 15 kN。

7.6 防切割

7.6.1 式样

防切割鞋不应为式样 A（见图 4）。

7.6.2 结构

防切割鞋应有从帮脚边缘到其上方至少30 mm和从保护包头到鞋后跟末端延伸的保护区域。该区域应延伸超过保护包头边缘至少10 mm。

在保护包头和保护材料之间应没有缝隙。保护材料应永久地附于鞋上。如果不同材料用于防切割保护,其应相互连接或重叠(见图11)。

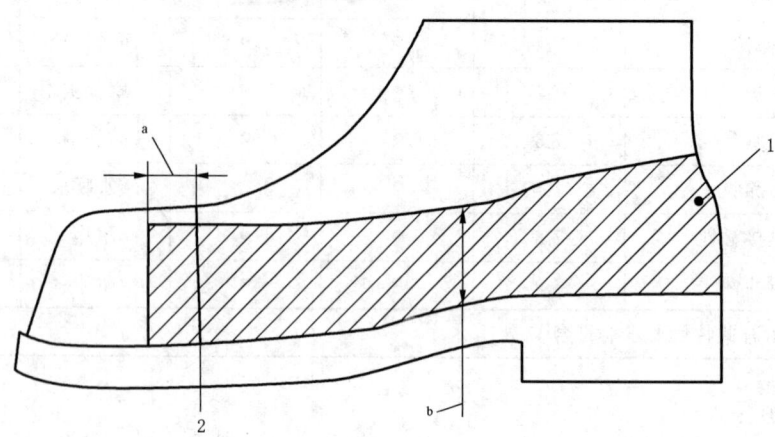

说明:
1——防切割保护区域;
2——保护包头后边缘。
a 保护包头边缘10 mm重叠;
b 帮脚线上方30 mm最小高度。

图 11 防切割保护区域范围

7.6.3 抗切割性

按照GB 24541—2009中5.3方法测试时,防割指数不应小于2.5。

7.6.4 抗刺穿性

防切割鞋应符合6.3的要求。

7.7 鞋帮透水性和吸水性

按照GB/T 20991—2007中6.13方法测试时,透水量(表示为60 min后吸水布的质量增加)不应高于0.2 g,吸水率不应高于30%。

除非符合上述要求,非功能性的及装饰性的缝缀和穿孔不应用在要求鞋帮防水的鞋上。
当符合7.3的要求时,非功能性的及装饰性的缝缀和穿孔可接受。

7.8 外底耐热接触性

按照GB/T 20991—2007中8.7方法测试时,橡胶和聚合材料外底应无熔融和沿圆轴弯曲时应无任何龟裂。

7.9 外底耐油性

按照GB/T 20991—2007中8.6.1方法测试时,体积增大不应超过12%。

如果按照GB/T 20991—2007中8.6.1方法测试后,试样体积收缩超过1%,或者硬度增加超过10个邵尔A单位,则按照GB/T 20991—2007中8.6.2方法进一步取样和测试,连续屈挠 150 000 次,切口增长不应超过 6 mm。

8 标识

应清晰持久地标记下列各项,例如压印或烙印:
a) 产品名称;
b) 鞋号;
c) 商标,或可辨别制造商或供货商的标注;
d) 生产日期(年、月);
e) 本标准编号,即 GB 21148—2020;
f) 表 2 规定的标识,及表 18 的标识(如有),且与 e)彼此相邻。

注:附录 E 给出了国际标准的标记类别对应的性能组合。

9 制造商应提供的信息

9.1 一般要求

安全鞋应给出下列信息,所有信息应清楚明了:
a) 制造商和/或他的全权代表的名称和完整地址;
b) 本标准编号;
c) 任何象形文字、标识和性能水平的说明;
d) 适用于鞋的测试的基本说明,包括防滑性测试说明;
e) 无害性申明,相关安全性信息(依据 GB/T 31009)。
f) 使用说明:
  1) 如果需要,使用前通过穿着者进行测试;
  2) 如果有关,穿上和脱下鞋的方法;
  3) 涉及可能用途的基本信息,及详细信息来源;
  4) 使用限制(例如温度范围,等等);
  5) 储存和维护说明,维护检查的最长周期(如果重要,规定干燥过程);
  6) 清洗和/或消毒说明;
  7) 报废最终期限或报废周期;
  8) 如果适用,对可能遇到的问题提出警告(更改能使认可的类型无效,例如整形外科的鞋);
  9) 如果有帮助,附加示例、部分数字,等等。
g) 参考零件和备用件(如果有关)。
h) 适于运输的包装类型(如果有关)。

9.2 电性能

9.2.1 导电性能

每双导电性能安全鞋应提供有下列文字的说明书:
"如果必须在尽可能的最短时间内将静电荷减至最小,如处理炸药,则必须使用导电鞋。如果来自任何电器或带电部件的电击危险没有完全消除,则不能使用导电鞋。为确保鞋是导电的,规定在鞋的全新状态下电阻上限值 100 kΩ。

使用期间,由于屈挠和污染,导电材料制成的鞋的电阻值可能会发生显著变化,那么必须确保导电鞋在整个使用期限内能履行消散静电荷的设计功能。因此,在需要的场所,建议使用者建立一个内部电阻测试并定期使用它。这项测试以及下面提到的测试应当成为工作场所事故预防程序的例行部分。

如果鞋在鞋底材料可能被增加鞋电阻的物质所污染的场所穿用,穿着者每次进入危险区域前应当经常检查所穿鞋的电阻值。

在使用导电鞋的场所,地面电阻不应使鞋提供的防护失效。

使用中,鞋内底与穿着者的脚之间不得有绝缘部件。如果内底和脚之间有鞋垫,则应检查鞋/鞋垫组合体的电阻值。"

9.2.2 防静电性能

每双防静电性能安全鞋应提供有下列文字的说明书:

"如果必须通过消散静电荷来使静电积累减至最小,从而避免诸如易燃物质和蒸气的火花引燃危险,同时,如果来自任何电器或带电部件的电击危险尚未完全消除,则必须使用防静电鞋。然而,要注意由于防静电鞋仅仅是在脚和地面之间加入一个电阻,不能保证对电击有足够的防护。如果电击的危险尚未完全消除,避免这种危险的附加措施是必要的。这类措施与下面提到的附加测试一样应成为工作场所事故预防程序的例行部分。

经验表明,对于防静电用途,在鞋的整个使用期限内的任何时间,通过产品的放电路径通常应有小于 1 000 MΩ 的电阻。在电压达到 250 V 操作时,万一出现任何电器故障,为确保对电击或引燃危险提供一些有限的保护,新鞋的电阻最低限值规定为 100 kΩ。然而在某些情况下,使用者应知道鞋可能提供不充分的保护且应始终采取附加措施以保护穿着者。

这类鞋的电阻会由于屈挠、污染或潮湿而发生显著变化。如果在潮湿条件下穿用,鞋将不能实现其预定的功能。因而必须确保产品在整个使用期限内能实现其消散静电荷的设计功能并同时提供一些保护。建议使用者建立一个内部电阻测试并定期经常地使用它。

如果延长穿用周期,Ⅰ类鞋能吸潮并在潮湿条件下导电。

如果在鞋底材料被污染的场所穿用鞋,穿着者每次进入危险区域前应经常检查鞋的电阻值。

在使用防静电鞋的场所,地面电阻不应使鞋提供的防护无效。

在使用中,鞋内底与穿着者的脚之间不得有绝缘部件。如果内底和脚之间有鞋垫,则应检查鞋/鞋垫组合体的电阻值。"

9.2.3 电绝缘性能

每双电绝缘性能安全鞋应提供有下列文字的说明书:

"鞋在首次使用前和持续使用间隙之间应存放在一个适宜的盒子或容器中,不宜受压、折叠或靠近热源存放,不宜长时间暴露在阳光、人造光或其他臭氧源环境中,建议存放在(20±15)℃的环境中。

每次使用前应仔细检查,如果发现机械或化学损伤,鞋不宜穿用。如有疑问,鞋必须进行耐压测试。

鞋帮必须干燥。

穿着者应检查鞋的耐压级别是否提供足够保护。

鞋不宜在有切割、穿刺危险、可能降低绝缘性能的机械或化学侵犯的场所使用。

在潮湿条件下穿用应特别注意。

如果鞋变脏或被污染,特别是鞋帮,需要按照制造商推荐的方法清洁和干燥。

为确保使用安全,应定期依据 GB 21148—2020 的 6.4.3 检测鞋的电性能,如果没有相关规定,建议半年一次。

对于存放超过 24 个月(自生产日期起计算)的鞋,须逐只进行电性能检验,只有符合 GB 21148—2020 的 6.4.3 的鞋,方可继续销售和使用。"

9.3 鞋垫

如果鞋提供了可移动鞋垫,则应在说明书上解释测试是鞋垫在适当的位置时进行的。应给出警告,鞋只在适当位置使用鞋垫及鞋垫最好由原鞋制造商提供的同等鞋垫代替。

如果鞋未提供鞋垫,则应在说明书上解释测试是在没有鞋垫时进行的。应给出警告,装鞋垫能影响鞋的防护性能。

附 录 A
(规范性附录)
混 合 鞋

A.1 总则

混合鞋应符合下述条款要求。

A.2 高度

对于式样 B 的鞋,测量聚合材料(或橡胶)部分最低处和底部(见图 A.1)距离 H,应符合表 7 给出的最小高度。

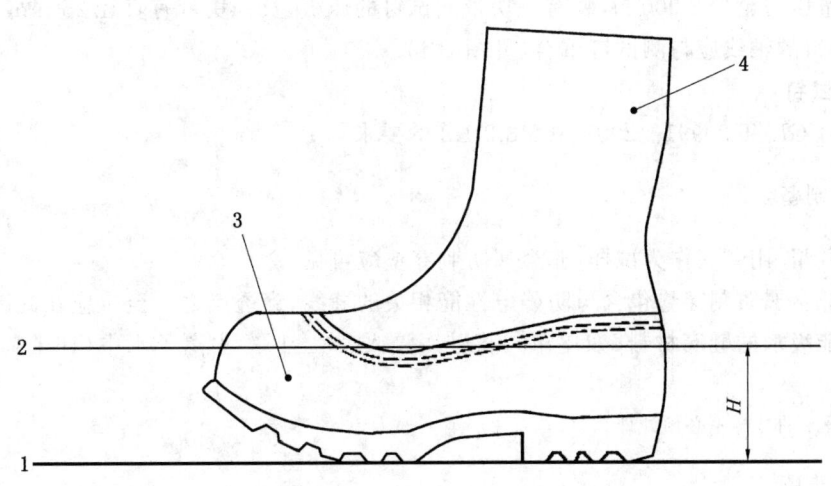

说明:
1——底部;
2——聚合材料(或橡胶)部分的最低处;
3——区域 A;
4——区域 B。

图 A.1 混合鞋的设计

A.3 区域 A

区域 A 中,鞋的较低部分应符合Ⅱ类鞋要求(见表 3),防漏性除外;如果有,内底和/或鞋垫应符合表 4 要求。

A.4 区域 B

区域 B 中,鞋帮延伸材料应符合 5.3.3、5.3.4、5.3.6、5.3.7 和 5.3.9 的要求,衬里应符合 5.4 的要求。

A.5 防水性

鞋应符合 7.3 的要求。

如果按照 GB/T 20991—2007 中 5.15.1 方法测试,5.15.1.4 规定的水位深度应大于或等于 H,单位为毫米。

如果按照 GB/T 20991—2007 中 5.15.2 方法测试,5.15.2.4 规定的水位深度应大于或等于 H,单位为毫米。

附 录 B
(规范性附录)
非金属防刺穿垫测试

B.1 装置

B.1.1 测试设备

能测量压力至少 2 000 N,装有一块带测试钉的压板,及一块带有直径 25 mm 开口的平行底板,开口的轴线应与测试钉重合(见图 B.1)。

B.1.2 测试钉

应符合 GB/T 20991—2007 中 5.8.2.1.2 的要求。

B.2 试样制备

移除鞋帮,用鞋底作为试样,非金属防刺穿垫应可见。

如果非金属防刺穿垫包含与防静电性能相关的缝线,穿透点之一至少应在此区域进行。

对于能吸水的鞋底材料(如皮革),将鞋底浸入(23±1)℃去离子水中(16±1)h 后进行测试。

注:非吸水的试样不必预处理。

B.3 测试步骤

试样置于底板上,使测试钉能穿透底部。

以(10±3)mm/min 的速度对着鞋底运行测试设备至压力为 1 100 N,然后停止设备并在 10 s 内以 90°±15°的角度进行目测检查或摄像或电子监测检查。

测试在鞋底四个不同点处进行(至少一个点在后跟区域),任何两穿透点之间至少相距

30 mm，并且距内底边缘至少 10 mm。对于有花纹鞋底，在花纹间进行测试。四个测试点中的两个应距鞋楦边缘对应的曲线 10 mm~15 mm。

报告测试结果。

单位为毫米

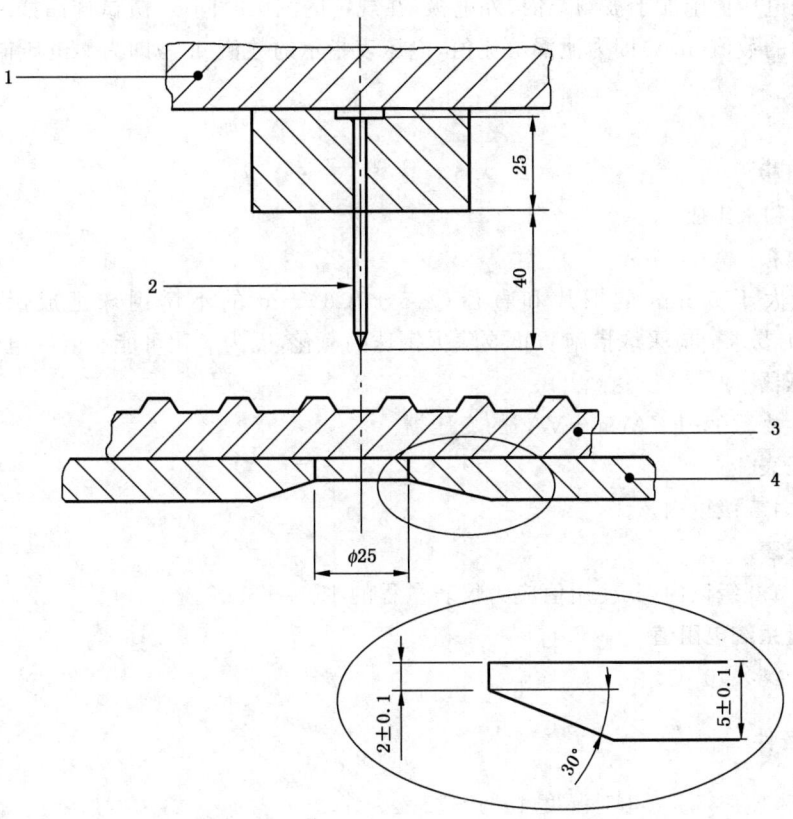

说明：
1——压板；
2——测试钉；
3——鞋底试样；
4——底板。

图 B.1 测试装置

附 录 C
（规范性附录）
电绝缘性能耐电压测试

C.1 测试原理

以工频电压值施加于被测鞋内、外电极，在规定的测试时间内，测试样品如未被击穿，则毫安表指示的数值(mA)即为泄漏电流值，电压表指示的数值(kV)即为耐电压值。

C.2 装置

C.2.1 外电极
由海绵和水组成。

C.2.2 内电极
由直径大于 5 mm 的铜片和直径(3.5±0.6)mm 的不锈钢珠组成，钢珠应符合 GB/T 308.1 要求。应采取措施防止或除去钢珠的氧化，因为氧化可能影响导电性。

C.2.3 变压器
应选用大于 0.5 kVA(500 VA)的变压器。

C.2.4 电压表
准确度 1.5 级以内。

C.2.5 毫安表
准确度 1.0 级以内，其使用值应为仪表量程的 15%～85%。

C.2.6 测量系统电阻值
不超过 28×10^4 Ω。

C.3 测试条件

温度 15 ℃～35 ℃、相对湿度 45%～75%。

C.4 试样制备

取 3 双鞋作为试样，试样应是制成后至少存放 72 h 的成鞋，穿用后的鞋应擦洗干净和干燥，试样应在测试条件下放置至少 3 h。

C.5 测试步骤

将铜片放入鞋内，铜片上铺满直径(3.5±0.6)mm 的不锈钢珠。对于电绝缘布面胶鞋，其钢珠高度至少 15 mm，其他鞋的钢珠高度至少 30 mm。

内电极装好后，将试样鞋放入盛有水和海绵的器皿中。

注：测试电绝缘皮鞋和电绝缘布面胶鞋时，含水海绵不得浸湿鞋帮。

按图 C.1 所示接好电路，以 1 kV/s 的速度使电压从零升到测试电压值的 75%，再以 100 V/s 的速度升到规定的电压值。保持 1 min，记录电流表所示之值，精确到 0.01 mA。

测试结束应迅速降压至零位，但不得突然切断电源。

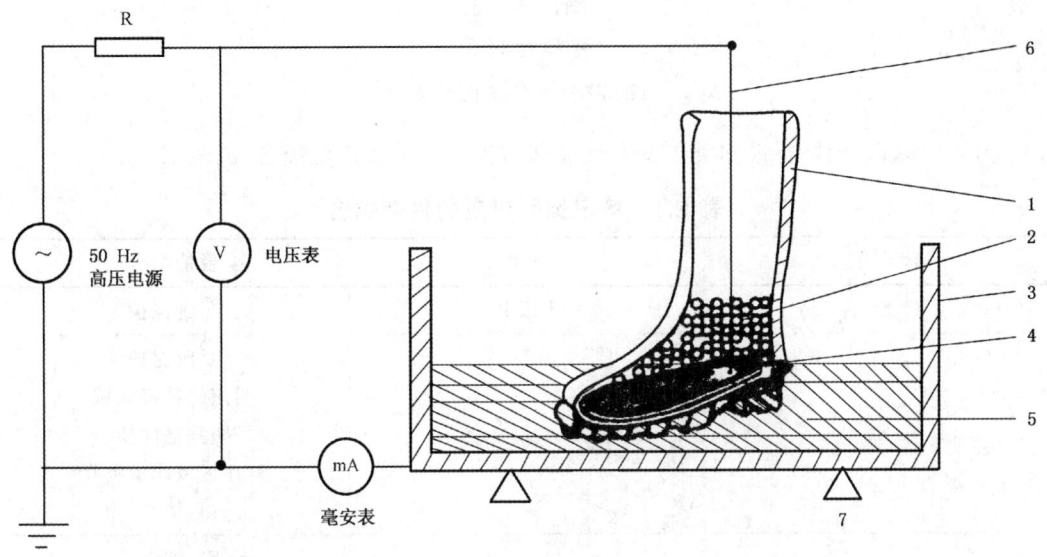

说明：
1——试样；
2——不锈钢珠；
3——金属盘；
4——铜片(与金属导线相连)；
5——海绵和水；
6——金属导线；
7——绝缘支架。

图 C.1 电绝缘性测试装置

附 录 D
（规范性附录）
热性能测试时鞋的评价

D.1 总则

下述描述提供了按照 GB/T 20991—2007 中 5.12 测试时鞋性能的评价。

D.2 隔热性测试后鞋状况的评价依据

按照 GB/T 20991—2007 中 5.12 测试时，如果发现下述任一损坏迹象，鞋应判定不合格：
——外底裂纹超过 10 mm 长和 3 mm 深；
——帮底分离超过 15 mm 长和 5 mm 宽(深)；
——内底和鞋垫(如果有)上有明显变形和裂纹超过 10 mm 长和一半材料厚度的深度；
——当鞋回到室温时，外底明显变形仍存在。
外底明显变形是否存在，可以用 5.2.4 描述的工效学测试去评价。

附 录 E
（资料性附录）
国际标准的标记类别

为便于标识，国际标准归类了基本性能和防护性能的最广泛组合，见表 E.1。

表 E.1 标记类别对应的性能组合

标记类别	分类	性能组合
SB	Ⅰ或Ⅱ	足趾保护
S1	Ⅰ	足趾保护 封闭的鞋座区域 防静电性能 鞋座区域能量吸收 耐油性
S2	Ⅰ	S1，加上： 透水性和吸水性
S3	Ⅰ	S2，加上： 抗刺穿性 外底花纹高度≥2.5 mm
S4	Ⅱ	足趾保护 封闭的鞋座区域 防静电性能 鞋座区域能量吸收 耐油性
S5	Ⅱ	S4，加上： 抗刺穿性 外底花纹高度≥2.5 mm

参 考 文 献

[1] ISO 20344:2011 Personal protective equipment—Test methods for footwe

[2] ISO 20345:2011 Personal protective equipment—Safety footwear

[3] ISO 20346:2014 Personal protective equipment—Protective footwear

[4] ISO 20347:2012 Personal protective equipment—Occupational footwear

[5] EN 12568:2010 Foot and leg protectors—Requirements and test methods for toecaps and penetration resistant inserts

足部防护　防化学品鞋(GB 20265—2019)

前　　言

本标准按照 GB/T 1.1—2009 给出的规则起草。

本标准代替 GB 20265—2006《耐化学品的工业用塑料模压靴》和 GB 20266—2006《耐化学品的工业用橡胶靴》。与 GB 20265—2006 和 GB 20266—2006 相比,除编辑性修改外,主要技术内容变化如下:

——增加了部分术语和定义(见第 3 章);
——增加了分类和分级(见第 4 章);
——增加了Ⅰ类产品技术要求及相关内容(见第 5 章);
——修改了抗化学品性能要求和测试方法(见 5.8 和 6.23,GB 20265—2006 的 3.8,GB 20266—2006 的 3.7);
——修改了标识内容(见第 7 章,GB 20265—2006 第 5 章,GB 20266—2006 第 5 章);
——增加了"制造商提供的信息"(见第 8 章)。

本标准由中华人民共和国应急管理部提出并归口。

本标准起草单位:中钢集团武汉安全环保研究院有限公司、天津双安劳保橡胶有限公司、东莞市新虎威实业有限公司。

本标准主要起草人:程钧、陈铁、刘天一、余晶晶、章文福、周子超。

本标准所代替标准的历次版本发布情况为:
——GB 20265—2006;
——GB 20266—2006。

1　范围

本标准规定了防化学品鞋的术语和定义、分类和分级、技术要求、测试方法、标识和制造商提供的信息。

本标准适用于保护穿着者足部免遭作业过程中化学品伤害的鞋靴。

2　规范性引用文件

下列文件对于本文件的应用是必不可少的。凡是注日期的引用文件,仅注日期的版本适用于本文件。凡是不注日期的引用文件,其最新版本(包括所有的修改单)适用于本文件。

GB/T 2411　塑料和硬橡胶　使用硬度计测定压痕硬度(邵氏硬度)
GB/T 2941—2006　橡胶物理试验方法试样制备和调节通用程序
GB/T 20991—2007　个体防护装备　鞋的测试方法
GB/T 22807　皮革和毛皮　化学试验　六价铬含量的测定
GB/T 23462—2009　防护服装　化学物质渗透试验方法

GB/T 28287　足部防护　鞋防滑性测试方法
HG/T 2581.1—2009　橡胶或塑料涂覆织物　耐撕裂性能的测定　第1部分:恒速撕裂法
QB/T 2711　皮革　物理和机械试验　撕裂力的测定:双边撕裂
QB/T 2724　皮革　化学试验　pH的测定

3 术语和定义

下列术语和定义适用于本文件。

3.1
降解　degradation
由于与化学品接触导致鞋材料的一项或多项性能发生有害变化,这些变化可能包括:剥落、膨胀、碎裂、脆化、变色、变形、外观变化、变硬和变软。

3.2
渗透　permeation
化学品在分子水平上通过鞋材料的过程,此过程包括:与材料(外)表面接触的化学品分子的吸附;被吸附分子在材料中的扩散;分子从材料的另一(内)表面的脱附。

3.3
测试用化学品　test chemicals
用于测定实验室条件下透过时间及性能变化的化学品或化学品混合物,该化学品皮肤接触后会对人体产生不利影响。

4 分类和分级

4.1 分类

防化学品鞋应按表1分类。

表1 防化学品鞋分类

规定代号	分类
Ⅰ	用皮革和其他材料制成的鞋,全橡胶或全聚合材料鞋除外
Ⅱ	全橡胶(即完全硫化的)或全聚合材料(即完全模制的)鞋

4.2 分级

按防化学品水平分为降解级和渗透级。
降解级的鞋可以是Ⅰ类或Ⅱ类,渗透级的鞋应只是Ⅱ类。

5 技术要求

5.1 总则

防化学品鞋应符合表2给出的要求。
如果防化学品鞋有其他防护需求,则应符合相应标准规定的防护性能及相关要求。

表 2 防化学品鞋的要求

要求			条款	分类	
				I	II
成鞋	设计	式样	5.2.1.1	●	●
		鞋帮高度	5.2.1.2	●	●
		鞋座区域	5.2.1.3	●	●
	鞋底性能	结构	5.2.2.1	●	
		鞋帮/外底结合强度	5.2.2.2	●	
	防水性		5.2.3	●	
	防漏性		5.2.4		●
	防滑性		5.2.5	●	
	工效学要求		5.2.6	●	
	安全性		5.2.7	●	
鞋帮	一般要求		5.3.1	●	
	厚度		5.3.2		●
	撕裂性能		5.3.3	●	
	拉伸性能		5.3.4	●	●
	耐折性		5.3.5		●
	pH 值		5.3.6	●	
	六价铬含量		5.3.7	●	
	透水性和吸水性		5.3.8	●	
衬里	撕裂性能		5.4.1	○	
	耐磨性		5.4.2	○	
	pH 值		5.4.3	○	
	六价铬含量		5.4.4	○	
内底/鞋垫			见表 3	●	
鞋舌	撕裂性能		5.5.1	○	
	pH 值		5.5.2	○	
	六价铬含量		5.5.3	○	
外底	花纹		5.7.1	●	●
	厚度		5.7.2	●	●
	撕裂强度		5.7.3	●	
	耐磨性		5.7.4	●	●

表 2（续）

要求		条款	分类	
			I	II
外底	耐折性	5.7.5	●	●
	中间层结合强度	5.7.6	○	○
抗化学品性能	降解	5.8.1、5.8.2	●	●
	渗透	5.8.1、5.8.3		●

注：● ——表示要求应符合。某些情况下，要求仅与分类范围内的特定材料相关，例如皮革部件的 pH 值，这不表明其他材料不可用。
　　○ ——表示如果部件存在，要求应符合。
　　空格——表示没有要求。

表 3　内底和/或鞋垫的基本要求

选择项		所评价的部件	应符合的要求					
			厚度 5.6.1	pH 值[a] 5.6.2	吸水性 水解吸性 5.6.3	耐磨性 5.6.4.1	耐磨性 5.6.4.2	六价铬含量[a] 5.6.5
1	无内底	非移动鞋垫	鞋垫	●	●	●		●	●
2	有内底	无鞋垫 / 有鞋座垫	内底	●	●	●	●		●
3		非移动的全鞋垫	鞋垫和内底在一起	●	●				
			鞋垫			●		●	
4		可移动的和水能透过[b]的全鞋垫	内底	●	●	●	●		
			鞋垫		●			●	
5		可移动的和水不能透过[b]的全鞋垫	内底	●	●	●	●		
			鞋垫		●	●		●	

注：●——表示要求应符合。

[a] 仅适用皮革。
[b] 水能透过的鞋垫是指按照 GB/T 20991—2007 中 7.2 方法测试时，在 60 s 或较少时间内水透过。

5.2 成鞋

5.2.1 设计

5.2.1.1 式样

防化学品鞋不应使用图1中的式样A。降解级的鞋,应使用图1中的式样B,C,D或E。渗透级的鞋,应使用图1中的式样C,D或E。

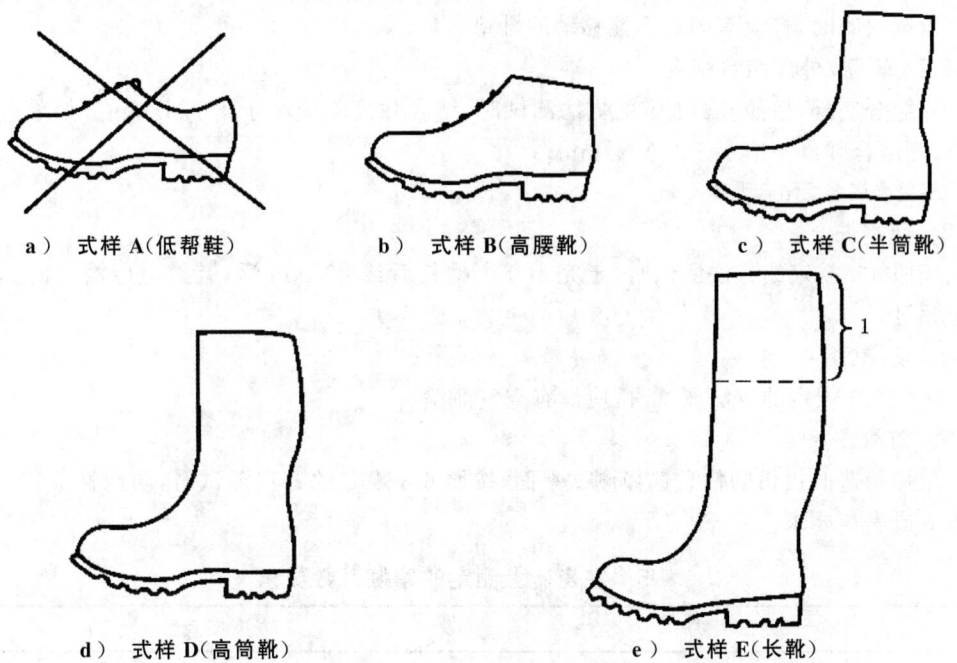

a) 式样A(低帮鞋)　　b) 式样B(高腰靴)　　c) 式样C(半筒靴)

d) 式样D(高筒靴)　　e) 式样E(长靴)

说明:
1——能适合穿着者的各种延长部分。

注:式样E是在高筒靴(式样D)上装一种薄的、能延长帮面的不渗水材料,且该材料能裁剪以适合穿着者。

图 1　鞋式样

5.2.1.2 鞋帮高度

按照6.2规定的方法测量时,鞋帮高度应符合表4要求。

表 4　鞋帮高度

鞋号	高度/mm		
	式样B	式样C	式样D
≤225	≥103	≥162	≥255
230～240	≥105	≥165	≥260
245～250	≥109	≥172	≥270
255～265	≥113	≥178	≥280
270～280	≥117	≥185	≥290
≥285	≥121	≥192	≥300

5.2.1.3 鞋座区域

鞋座区域应封闭。

5.2.2 鞋底性能

5.2.2.1 结构

有内底时,在不损坏鞋的情况下内底应不能移动。

没有内底时,鞋应有固定不能移动的鞋垫。

5.2.2.2 鞋帮/外底结合强度

除缝合底外,按照6.3规定的方法测试时,结合强度不应小于4.0 N/mm。如果有撕裂现象,则结合强度不应小于3.0 N/mm。

注:缝合底鞋无结合强度要求。

5.2.3 防水性

按照6.4规定的方法测试时,走完100个槽长后或80 min后,鞋最里层浸湿的总面积不应超过3 cm²。

5.2.4 防漏性

按照6.5规定的方法测试时,应没有空气泄漏。

5.2.5 防滑性

根据制造商提供的信息选择测试平面,按照6.6规定的方法测试时,防滑性应符合表5或表6或表7要求。

表5 在瓷砖上测定的摩擦系数要求

测试模式	摩擦系数
后跟向前滑动	≥0.28
水平向前滑动	≥0.32

表6 在钢板上测定的摩擦系数要求

测试模式	摩擦系数
后跟向前滑动	≥0.13
水平向前滑动	≥0.18

表7 在瓷砖和钢板上测定的摩擦系数要求

测试模式	摩擦系数	测试平面
后跟向前滑动	≥0.28	瓷砖
水平向前滑动	≥0.32	瓷砖
后跟向前滑动	≥0.13	钢板
水平向前滑动	≥0.18	钢板

5.2.6 工效学要求

按照6.7规定的方法测试时,如果所有问卷回答是肯定的,应认为防化学品鞋满足工效学要求。

5.2.7 安全性

防化学品鞋对使用者应无害,应用化学性适合的纺织品、皮革、橡胶或塑料等材料制成,这些材料在正常使用时不应释放或降解出有毒、致癌、致基因突变、过敏、生殖毒素或其他有害物质,应检查产品宣称的无害信息。

5.3 鞋帮

5.3.1 一般要求

从紧靠鞋底的水平表面测量时,满足本条款要求的鞋帮区域应有与表8一致的最小高度。

表8 满足鞋帮要求的最小高度

鞋号	最小高度/mm			
	式样 B	式样 C	式样 D	式样 E
≤225	≥64	≥113	≥172	≥265
230～240	≥66	≥115	≥175	≥270
245～250	≥68	≥119	≥182	≥280
255～265	≥70	≥123	≥188	≥290
270～280	≥72	≥127	≥195	≥300
≥285	≥73	≥131	≥202	≥310

当沿口皮和垫材料在超出表8高度的地方时,其应符合对衬里要求的撕裂性能(5.4.1)和耐磨性(5.4.2),皮革材料应另外符合pH值要求(5.3.6)和六价铬含量要求(5.3.7)。在表8给出的高度上方非沿口皮和垫材料应符合鞋帮要求。

5.3.2 厚度

按照6.8规定的方法测量时,Ⅱ类鞋的鞋帮任何一处厚度应符合表9要求。

表9 鞋帮最小厚度

材料种类	厚度/mm
橡胶	≥1.50
聚合材料	≥1.00

5.3.3 撕裂性能

按照6.9规定的方法测试时,Ⅰ类鞋的鞋帮撕裂性能应符合表10要求。

表10 鞋帮撕裂性能

材料种类	最小力/N
皮革	120
涂覆织物/纺织品	60

5.3.4 拉伸性能

按照6.10规定的方法测试时,鞋帮拉伸性能应符合表11要求。

表 11 鞋帮拉伸性能

材料种类	抗张强度/(N/mm²)	扯断强力/N	100%定伸应力/(N/mm²)	扯断伸长率/%
皮革	≥15	—	—	—
橡胶	—	≥180	—	—
聚合材料	—	—	1.3~4.6	≥250

5.3.5 耐折性

按照6.11规定的方法测试时,鞋帮耐折性应符合表12要求。

表 12 鞋帮耐折性

材料种类	耐折性
橡胶	连续屈挠125 000次,应无裂纹
聚合材料	连续屈挠150 000次,应无裂纹

5.3.6 pH值

皮革鞋帮按照6.12规定的方法测试时,pH值不应小于3.2;如果pH值小于4,则稀释差应小于0.7。

5.3.7 六价铬含量

皮革鞋帮按照6.13规定的方法测试时,六价铬含量不应超过3.0 mg/kg。

5.3.8 透水性和吸水性

按照6.14规定的方法测试时,透水量不应高于0.2 g,吸水率不应高于30%。

5.4 衬里

5.4.1 撕裂性能

按照6.9规定的方法测试时,衬里撕裂性能应符合表13要求。

表 13 衬里撕裂性能

材料种类	最小力/N
皮革	≥30
涂覆织物/纺织品	≥15

5.4.2 耐磨性

按照6.15方法测试时,在完成下列转数前,衬里不应产生任何破洞:
——干式测试:25 600转;
——湿式测试:12 800转。

注:对无线纹的硬衬没有要求。

5.4.3 pH值

皮革衬里按照6.12规定的方法测试时,pH值不应小于3.2;如果pH值小于4,则稀释差应小于0.7。
5.4.4 六价铬含量
皮革衬里按照6.13规定的方法测试时,六价铬含量不应超过3.0 mg/kg。
5.5 鞋舌
注:仅测试与鞋帮材料或厚度不同的鞋舌。
5.5.1 撕裂性能
按照6.9规定的方法测定时,鞋舌撕裂性能应符合表14要求。

表14 鞋舌撕裂性能

材料种类	最小力/N
皮革	≥36
涂覆织物/纺织品	≥18

5.5.2 pH值
皮革鞋舌按照6.12规定的方法测试时,pH值不应小于3.2;如果pH值小于4,则稀释差应小于0.7。
5.5.3 六价铬含量
皮革鞋舌按照6.13方法测试时,六价铬含量不应超过3.0 mg/kg。
5.6 内底和鞋垫
5.6.1 厚度
按照6.16规定的方法测定时,内底厚度不应小于2.0 mm。
5.6.2 pH值
皮革内底或皮革鞋垫按照6.12规定的方法测试时,pH值不应小于3.2;如果pH值小于4,则稀释差应小于0.7。
5.6.3 吸水性和水解吸性
按照6.17规定的方法测试时,吸水性不应小于70 mg/cm^2,水解吸性不应小于水吸收的80%。
5.6.4 耐磨性
5.6.4.1 非皮革内底按照6.18规定的方法测试时,完成400次前,不应有严重磨损。
5.6.4.2 非皮革鞋垫按照6.15规定的方法测试时,完成下列次数前,摩擦表面不应产生任何破洞:
——干燥:25 600次;
——潮湿:12 800次。
5.6.5 六价铬含量
皮革内底按照6.13规定的方法测试时,六价铬含量不应超过3.0 mg/kg。
5.7 外底
5.7.1 花纹
外底至少应在图2所示的阴影部分有向侧边开口的花纹。

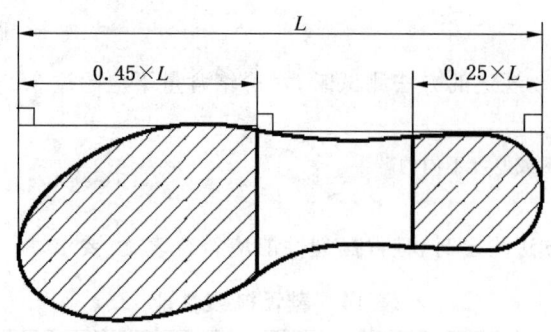

图 2 花纹范围

5.7.2 厚度

按照 6.19 规定的方法测量时,外底厚度应符合表 15 要求。

表 15 外底厚度要求

外底花纹高度	Ⅰ类	Ⅱ类
<2.5 mm	$d_1 \geqslant 6$ mm	$d_1 \geqslant 6$ mm
≥2.5 mm	$d_1 \geqslant 4$ mm $d_2 \geqslant 2.5$ mm	$d_1 \geqslant 3$ mm $d_2 \geqslant 4$ mm $d_3 \geqslant 6$ mm

5.7.3 撕裂强度

按照 6.20 规定的方法测试时,撕裂强度不应小于 8 kN/m。

5.7.4 耐磨性

Ⅰ类鞋外底按照 6.21 规定的方法测试时,相对体积磨耗量不应大于 150 mm^3。

Ⅱ类鞋外底按照 6.21 规定的方法测试时,相对体积磨耗量不应大于 250 mm^3。

5.7.5 耐折性

按照 6.22 规定的方法测试时,连续屈挠 30 000 次,切口增长不应大于 4 mm。

5.7.6 中间层结合强度

按照 6.3 规定的方法测试时,外层或防滑层与相邻层之间的结合强度不应小于 4.0 N/mm。如果鞋底有撕裂现象,则结合强度不应小于 3.0 N/mm。

5.8 抗化学品性能

5.8.1 总则

降解级的鞋,应至少选择两种化学品进行降解测试。

渗透级的鞋,应至少选择三种化学品分别进行降解测试和渗透测试。

鞋帮和鞋底应选择同一种化学品。

选择表 16 规定的测试用化学品,或根据设计的用途选择其他化学品进行测试,所选化学品按降解级和渗透级要求至少应归属表 16 中两种或三种不同分类。

表 16 测试用化学品

序号	化学品		CAS号	分类	
1	甲醇	Methanol	67-56-1	醇	Primary alcohol
2	丙酮	Acetone	78-93-3	酮	Ketone
3	乙腈	Acetonitrile	75-05-8	腈	Nitrile compound
4	二氯甲烷	Dichloromethane	75-09-2	氯代烃类	Chlorinated hydrocarbon
5	二硫化碳	Carbon disulphide	75-15-0	含硫有机物	Sulfur containing organic compound
6	甲苯	Toluene	108-88-3	芳(族)烃	Aromatic hydrocarbon
7	二乙胺	Diethylamine	109-89-7	胺	Amine
8	四氢呋喃	Tetrahydrofurane	109-99-9	杂环醚	Heterocyclic ether
9	乙酸乙酯	Ethyl acetate	141-78-6	酯	Ester
10	正庚烷	n-Heptane	142-85-5	饱和烃	Saturated hydrocarbon
11	氢氧化钠溶液40%	Sodium hydroxide solution	1310-73-2	碱溶液	Alkali solution
12	硫酸96%	Sulphuric acid	7664-93-9	无机矿物酸	Inorganic mineral acid
13	硝酸(65±3)%	Nitric acid	7697-37-2	无机酸	Inorganic acid
14	乙酸(99±1)%	Acetic acid	64-19-7	有机酸	Organic acid
15	氨溶液(25±1)%	Ammonia solution	1336-21-6	碱溶液	Alkali solution
16	过氧化氢(30±1)%（体积分数）	Hydrogen peroxide	124-43-6	过氧化物	Peroxide
17	异丙醇	Isopropanol	67-63-0	脂肪族醇	Aliphatic alcohol
18	次氯酸钠(13±1)%（活性氯化物）	Sodium Hypochlorite (of active chloride)	7681-52-9	次氯酸盐	Hypochlorite

注：CAS号是美国化学文摘服务社为每一种化学物质制订的唯一的数字识别号码。

5.8.2 降解

按照6.23.1方法降解处理后，如果试样受影响明显（见A.3.3），或内表面有透过痕迹，则本性能判为不合格。

按照6.23.1规定的方法测试时，应符合表17和表18要求。

对于Ⅰ类鞋外底，按照6.23.1规定的方法测试时，相对体积磨耗量不应大于250 mm³。

对于Ⅱ类鞋外底，按照6.23.1规定的方法测试时，相对体积磨耗量不应大于350 mm³。

表 17 鞋底降解后要求

撕裂强度/(kN/m)	硬度/邵尔A
≥6.4	最小值：30；最大值：降解前+10

表 18 鞋帮降解后要求

鞋分类及材料		撕裂力/N	撕裂强度/(kN/m)	扯断伸长率/%
Ⅰ类	皮革	≥96	—	—
	涂覆织物/纺织品	≥48	—	—
Ⅱ类		—	≥降解前80%	≥降解前80%

5.8.3 渗透

按照 6.23.2 规定的方法测试,应符合下列级别之一:
——级别 1:透过时间≥121 min 且≤240 min;
——级别 2:透过时间≥241 min 且≤480 min;
——级别 3:透过时间≥481 min 且≤1 440 min;
——级别 4:透过时间≥1 441 min 且≤1 920 min;
——级别 5:透过时间≥1 921 min。

6 测试方法

6.1 取样和调节

被测样品的最少数量以及从每个样品上取得的试样最少数量应与表 19 一致。

表 19 样品和试样的最少数量

测试项目	条款号	鞋样品数量	从每个鞋号样品中取得的试样数量
鞋帮高度	6.2	3 个鞋号每号取 1 只	3 个
鞋帮/外底和鞋底中间层结合强度	6.3	3 个鞋号每号取 1 只	1 个
防水性	6.4	3 个鞋号每号取 1 双	1 双
防漏性	6.5	不同鞋号 2 只	1 只
防滑性	6.6	3 个鞋号每号取 1 只	1 只
工效学要求	6.7	3 个鞋号每号取 3 双	1 双
鞋帮厚度	6.8	3 个鞋号每号取 1 只	3 个
鞋帮、衬里和鞋舌撕裂性能	6.9	3 个鞋号每号取 1 只	3 个
鞋帮拉伸性能	6.10	3 个鞋号每号取 1 只	3 个
鞋帮耐折性	6.11	3 个鞋号每号取 1 只	1 个
pH 值	6.12	1 只	2 个
六价铬含量	6.13	1 只	2 个

表 19（续）

测试项目	条款号	鞋样品数量	从每个鞋号样品中取得的试样数量
透水性和吸水性	6.14	3只	1个
衬里和鞋垫耐磨性	6.15	3只	4个
内底和鞋垫厚度	6.16	3只[a]	1个
吸水性和水解吸性	6.17	3只[a]	1个
内底耐磨性	6.18	3只[a]	1个
外底厚度	6.19	3个号每号取1只	1只
外底撕裂强度	6.20	3个号每号取1只	1个
外底耐磨性	6.21	3个号每号取1只	1个
外底耐折性	6.22	3个号每号取1只	1个
降解	6.23.1	1双	鞋帮和鞋底各2片
渗透	6.23.2	1双	鞋帮和鞋底各2片
[a] 如果样品来自鞋，用3个不同鞋号。			

试样应尽可能从成鞋上取下，如果不能从成鞋上获得足够大的试样，可以用生产该部分所用的材料样品代替，并且应在测试报告中注明。

如果样品要求三个鞋号，测试时应选择鞋的最大、最小和中间号。

除非测试方法中另有说明，所有试样测试前应在(23 ± 2)℃和相对湿度$(50\pm5)\%$的标准环境中调节至少48 h；从停止调节到测试开始之间的时间间隔最长不应超过10 min。

6.2 鞋帮高度
按照GB/T 20991—2007中6.2方法测量。

6.3 鞋帮/外底和鞋底中间层结合强度
按照GB/T 20991—2007中5.2方法测试。

6.4 防水性
按照GB/T 20991—2007中5.15.1方法测试，走完100槽长后鞋最里层浸湿的总面积；或按照GB/T 20991—2007中5.15.2方法测试80 min后鞋最里层浸湿的总面积。

6.5 防漏性
按照GB/T 20991—2007中5.7方法测试。

6.6 防滑性
按照GB/T 28287方法测试。

6.7 工效学要求
按照GB/T 20991—2007中5.1方法测试。

6.8 鞋帮厚度

按照GB/T 2941—2006中7.1方法A测量,测厚计压足直径(10 ± 0.1) mm,施加压力(1 ± 0.1) N。

6.9 鞋帮、衬里和鞋舌撕裂性能

按照下述方法之一测定撕裂力:
—— QB/T 2711适用于皮革;
—— HG/T 2581.1—2009方法B适用于涂覆织物和纺织品。

6.10 鞋帮拉伸性能

按照GB/T 20991—2007中6.4方法测试。

6.11 鞋帮耐折性

按照GB/T 20991—2007中6.5方法测试。

6.12 pH值

按照QB/T 2724方法测试。

6.13 六价铬含量

按照GB/T 22807方法测试。

6.14 透水性和吸水性

按照GB/T 20991—2007中6.13方法测试。

6.15 衬里和鞋垫耐磨性

按照GB/T 20991—2007中6.12方法测试。

6.16 内底和鞋垫厚度

按照GB/T 20991—2007中7.1方法测试。

6.17 吸水性和水解吸性

按照GB/T 20991—2007中7.2方法测试。

6.18 内底耐磨性

按照GB/T 20991—2007中7.3方法测试。

6.19 外底厚度

在对应图2的阴影区域的踏地处切开鞋底后,根据不同的外底类型,用0.1 mm刻度的合适仪器测量图3、图4或图5所示的花纹高度d_2,及厚度d_1和d_3。

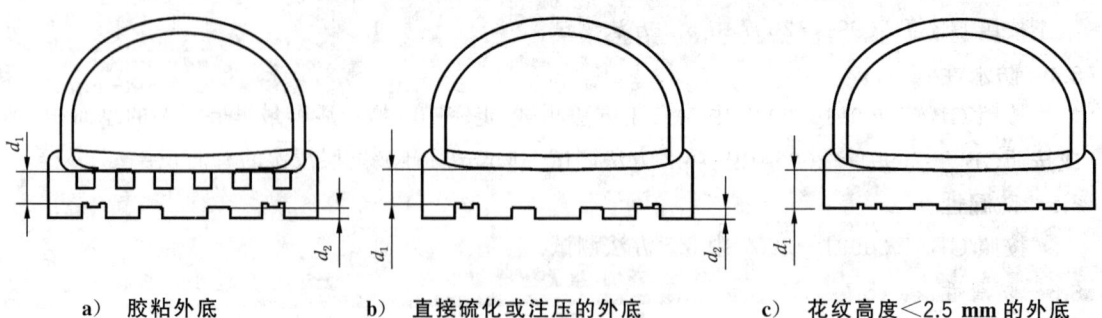

a) 胶粘外底　　b) 直接硫化或注压的外底　　c) 花纹高度<2.5 mm的外底

图3 直接注压、硫化和胶粘的外底

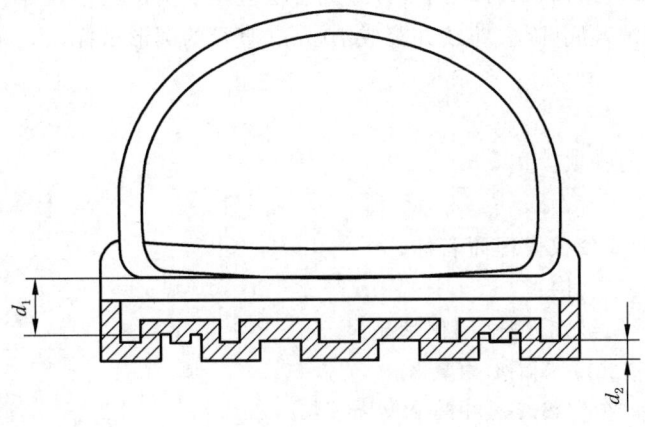

图 4　多层外底（花纹高度≥2.5 mm）

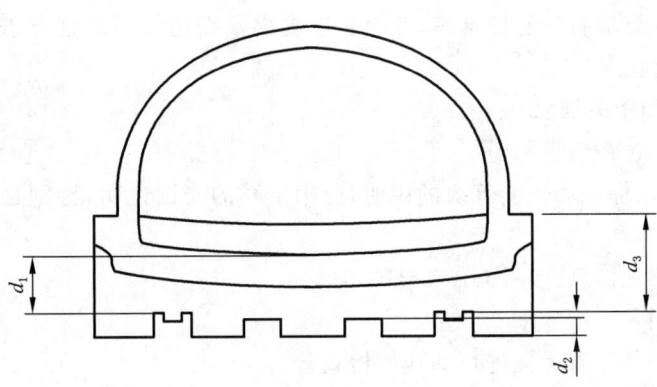

图 5　全橡胶和全聚合材料鞋（花纹高度≥2.5 mm）

6.20　外底撕裂强度

按照 GB/T 20991—2007 中 8.2 方法测试。

6.21　外底耐磨性

按照 GB/T 20991—2007 中 8.3 方法测试。

6.22　外底耐折性

按照 GB/T 20991—2007 中 8.4 方法测试。

6.23　抗化学品性能

6.23.1　降解

依据 5.8.1 规定选择测试用化学品，按照附录 A 方法测试。

6.23.2　渗透

依据 5.8.1 规定选择测试用化学品，按照 GB/T 23462—2009 中 6.4 方法测试，透过时间以分（min）为单位，结果修约到个数位。

对每种化学品，应测试来自鞋的三个试样（最弱点，通常鞋帮）（鞋取样区域见图 A.2）。

不规则设计和/或多重结构,每种不同设计或结合层应至少测试三个试样。

如果有必要测试鞋底,除去花纹并裁成 70 mm 直径的圆形试样。

7 标识

应清晰标记下列各项:

a) 鞋号;
b) 制造商和/或授权代理商名称;
c) 生产日期(年、月);
d) 本标准编号、级别、测试用化学品。

示例1:GB 20265—2019 降解级 氢氧化钠(40%)-氨。
示例2:GB 20265—2019 渗透级 甲醇-丙酮-异辛烷。

8 制造商提供的信息

8.1 一般要求

每双防化学品鞋应有一份信息单,其至少应提供预期销售国的官方语言版本及应包含 8.2~8.4 规定的信息。

8.2 使用说明书和相关信息

下列信息应包含在信息单中:

a) 防护符号、标识和性能等级的说明,应用于鞋的测试说明,特别是关于防滑测试的说明。
b) 安全性相关信息(参考 GB/T 31009)。
c) 使用说明:
   1) 使用前穿着者应进行的任何检查;
   2) 试穿——怎样穿脱鞋;
   3) 用途——可能的使用信息,用在哪里的详细信息,出处;
   4) 鞋防护的化学品清单;
   5) 适用范围和使用限制(如,降解级鞋和渗透级鞋各自适用范围、温度范围等);
   6) 存储和维护指南,维护检查的最大周期。如果可能,应提供干燥程序;
   7) 清洁和/或消毒指南;
   8) 使用期限,失效和弃置建议;
   9) 如果适用,可能遭遇问题的警告(修改能使型式认可无效,如矫形鞋);
   10) 附加图示,部分数字,等。
d) 关于任何部件和备件。
e) 适于运输的包装类型。

8.3 抗化学品性能

每双防化学品鞋应提供包含下列文字的信息单:

你正在使用防化学品鞋,本产品依据 GB 20265—2019 使用下表中的化学品进行了测试与评定,产品的防护性能在实验室条件下评定且仅与测试用化学品相关。穿着者应知悉:如果接触其他化学品或物理因素(如高温、磨损),本产品提供的防护可能受到不利影响,应采取必要预防措施避免这些影响。

产品名称				
标准	GB 20265—2019			
测试用化学品				
CAS 号				
渗透性能级别(如适用)				
备注				

8.4 鞋垫

如果防化学品鞋采用可拆卸鞋垫,则应在说明书上明示,鞋的防护性能测试是在使用鞋垫的条件下进行的。同时警告:该鞋穿着时必须使用配套鞋垫,鞋垫如需更换,最好使用原鞋制造商提供的同等鞋垫。

如果防化学品鞋无可拆卸鞋垫,则应在说明书上明示,鞋的防护性能测试是未使用鞋垫的条件下进行的。同时警告:加装鞋垫将影响鞋的防护性能。

附 录 A
（规范性附录）
降 解 测 试

A.1 仪器

A.1.1 降解池

降解池结构与尺寸应适合放置试样,如图 A.1 的示例,包括一个底盘(5)和一个一端敞口的柱形容器(4),试样通过装在螺栓(2)上的蝶形螺母(1)夹持在底盘和容器之间。测试期间,容器顶端开孔应用密封塞(3)封闭。

注:可以在底盘上加工直径大约 50 mm 的圆孔以使不与液体接触来进行表面检查。

A.1.2 其他用品

其他用品包括：
a) 洗瓶、容量瓶等；
b) 吸水纸或无绒布。

A.2 试样制备

如果无法从成鞋上取样,可以用鞋材料样品代替。

鞋帮试样应由直径(120±10) mm 圆片组成,从鞋上(见图 A.2)或从设计用于制作鞋的材料上取下。应除去衬里。

注:衬里去除过程中尽可能去掉聚合物质。

单位为毫米

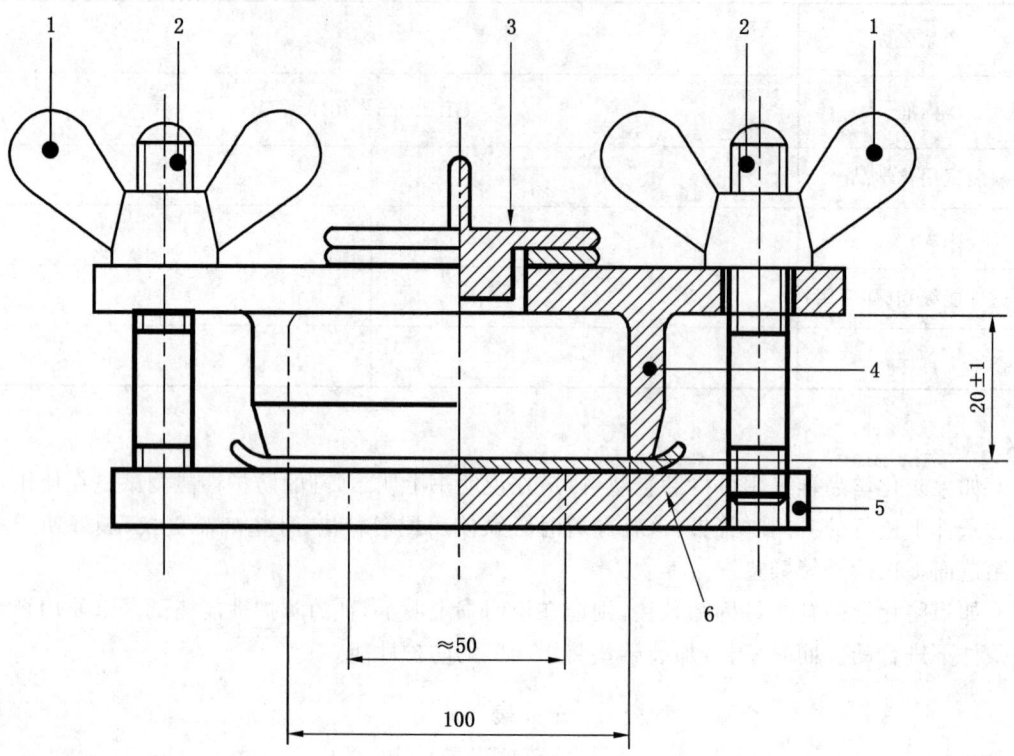

说明:
1——蝶形螺母;
2——螺栓;
3——密封塞;
4——敞口容器;
5——底盘;
6——试样。

图 A.1 降解测试用容器示例

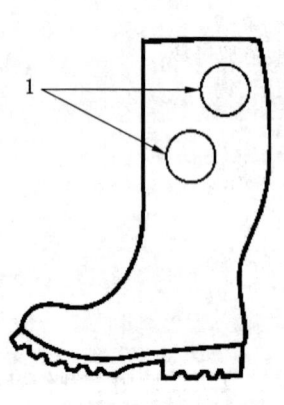

a) 半筒靴或高筒靴

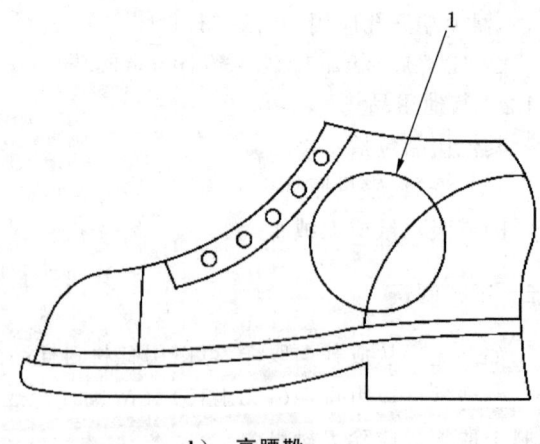

b) 高腰靴

图 A.2 鞋取样区域

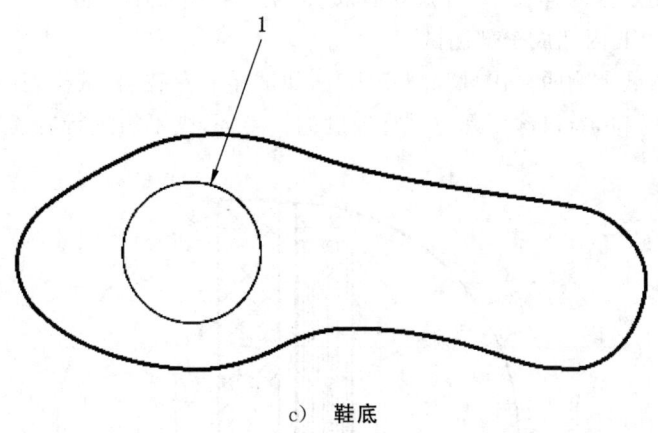

c) 鞋底

说明：
1——鞋取样区域。

图 A.2（续）

对于鞋底，直径(120±10) mm 的圆片应取自鞋底前部，应按下列步骤制备至少 1.8 mm 厚的圆片：
a) 切除鞋底踏地面；
b) 去除内部材料得到至少 1.8 mm 厚度。

制备过程中除了必需的处理外，与化学品接触的表面应没有任何机械处理。如果样品上面有接缝，应包含接缝取样。

A.3 步骤

A.3.1 降解前的测试

鞋底试样按照 GB/T 2411 方法测量硬度。

Ⅱ类鞋帮试样按照 GB 20991—2007 中 6.4 方法测定扯断伸长率，按照 GB 20991—2007 中 8.2 方法测定撕裂强度。

A.3.2 降解

将试样置于图 A.1 所示的仪器中，其外表面应与化学品接触。

在仪器的容器中装入大约 15 mm 深的测试用化学品并插入塞子，保持仪器在(23±2)℃或其他温度下(23±1)h。后一种情况时，在测试报告中记录该温度。

移走液体并松开试样，除去试样表面多余的液体。

A.3.3 降解后的测试

用装有清水的洗瓶冲洗试样并用吸水纸或不掉绒织物擦干试样，表面不要残留碎屑。

在(23±2)℃温度下，按照 GB/T 2411 方法测定鞋底试样的硬度，测试应在 30 min 内完成。

尽可能快地从降解后的试样上裁取图 A.3 所示试样，鞋底试样按照 GB/T 20991—2007 中 8.2 方法测定撕裂力，Ⅰ类鞋帮试样按照 GB/T 20991—2007 中 6.3 方法测定撕裂力或按照 GB/T 20991—2007 中 8.2 方法测定撕裂强度，Ⅱ类鞋帮试样按照 GB 20991—

2007中6.4方法测定扯断伸长率,外底试样按照GB/T 20991—2007中8.3方法测试相对体积磨耗量,应在2 h内完成全部测试。

试样受降解测试影响明显出现强烈变化时,如试样上有破洞、试样表面严重膨胀变形以及试样变脆,出现裂口,裂口深度超过试样厚度的一半等,则不需进行后续测试。

单位为毫米

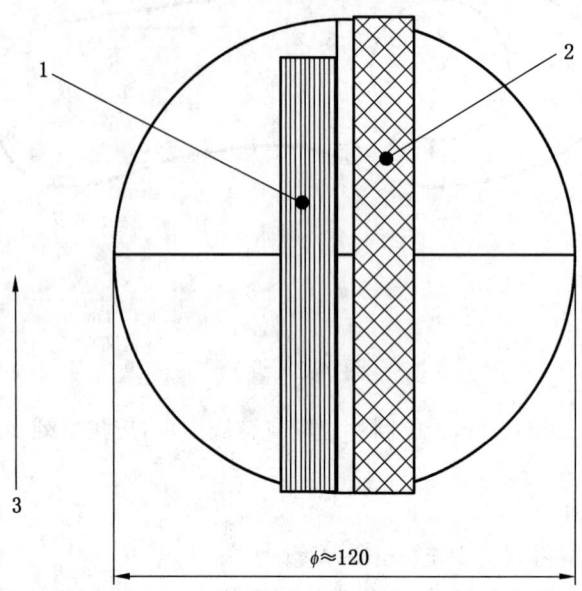

说明:
1——撕裂;
2——拉伸性能;
3——鞋底的纵轴。

图 A.3 降解后取样

参 考 文 献

[1] GB/T 31009 足部防护 鞋(靴)安全性要求及测试方法

[2] EN 13832-1:2006 Footwear protecting against chemicals—Part 1: Terminology and test methods

[3] EN 13832-2:2006 Footwear protecting against chemicals—Part 2: Requirements for footwear resistant to chemicals under laboratory conditions

[4] EN 13832-3:2006 Footwear protecting against chemicals—Part 3: Requirements for footwear highly resistant to chemicals under laboratory conditions

7. 坠落防护

坠落防护 安全带(GB 6095—2021)

前言

本文件按照 GB/T 1.1—2020《标准化工作导则 第 1 部分:标准化文件的结构和起草规则》的规定起草。

本文件代替 GB 6095—2009《安全带》。本文件与 GB 6095—2009 相比,主要技术变化如下:

——增加了坠落防护用安全带、区域限制用安全带、围杆作业用安全带等的定义(见第 3 章);
——增加了安全带的组成与设计(见 5.3);
——增加了安全带系统性能(见 5.4);
——增加了安全带附加性能(见 5.5);
——增加了安全带金属零部件耐腐蚀性能(见 5.6);
——增加了测试方法(见第 6 章);
——增加了制造商提供的信息(见第 8 章);
——增加了附录 A(规范性)系带技术要求及测试方法(见附录 A);
——增加了附录 C(资料性)周期性检查(见附录 C);
——修改了分类与标记(见第 4 章,2009 年版的第 4 章);
——修改了检验规则(见附录 B,2009 年版的第 6 章);
——修改了标识(见第 7 章,2009 年版的第 7 章);
——删除了基本技术性能(见 2009 年版的 5.2);
——删除了特殊技术性能(见 2009 年版的 5.3)。

本文件由中华人民共和国应急管理部提出并归口。
本文件所代替文件的历次版本发布情况为:
——1965 年首次发布为 GB 720~723—1965;
——1985 年第一次修订为 GB 6095—1985,代替 GB 720~723—1965;
——2009 年第二次修订;
——本次为第三次修订。

1 范围

本文件规定了高处作业用安全带的分类与标记、技术要求、测试方法、检验规则及标识、制造商提供的信息。

本文件适用于高处作业过程中使用者体重及负重之和不大于 100 kg 时所使用的安全带。

本文件不适用于体育运动、消防等行业所使用的安全带。

2 规范性引用文件

下列文件中的内容通过文中的规范性引用而构成本文件必不可少的条款。其中,注日期的引用文件,仅该日期对应的版本适用于本文件;不注日期的引用文件,其最新版本(包括所有的修改单)适用于本文件。

GB/T 6096—2020　坠落防护　安全带系统性能测试方法
GB/T 8427　纺织品　色牢度试验　耐人造光色牢度:氙弧
GB/T 23268.1　运动保护装备要求　第1部分:登山动力绳
GB/T 23469　坠落防护　连接器
GB 23525　座板式单人吊具悬吊作业安全技术规范
GB/T 24537　坠落防护　带柔性导轨的自锁器
GB/T 24538　坠落防护　缓冲器
GB 24539—2021　防护服装　化学防护服
GB 24542　坠落防护　带刚性导轨的自锁器
GB 24543　坠落防护　安全绳
GB 24544　坠落防护　速差自控器
GB 30862　坠落防护　挂点装置
GB/T 38230　坠落防护　缓降装置
GB 38454　坠落防护　水平生命线装置

3 术语和定义

下列术语和定义适用于本文件。

3.1
安全带　personal fall protection systems

在高处作业、攀登及悬吊作业中固定作业人员位置、防止作业人员发生坠落或发生坠落后将作业人员安全悬挂的个体坠落防护装备的系统。

3.2
围杆作业用安全带　work positioning systems

通过围绕在固定构造物上的绳或带将人体绑定在固定构造服附近,防止人员滑落,使作业人员的双手可以进行其他操作的个体坠落防护系统。

3.3
区域限制用安全带　restraint systems

通过限制作业人员的活动范围,避免其到达可能发生坠落区域的个体坠落防护系统。

3.4
坠落悬挂用安全带　fall arrest systems

当作业人员发生坠落时,通过制动作用将作业人员安全悬挂的个体坠落防护系统。

3.5
安全绳　lanyard

在安全带中连接系带与挂点的绳或带。

注：安全绳一般起扩大或限制佩戴者活动范围、吸收冲击能量的作用。

3.6

缓冲器　energy absorber

串联在系带和挂点之间，发生坠落时吸收部分冲击能量、降低冲击力的部件。

3.7

速差自控器　retractable type fall arrester

串联在系带和挂点之间、具备可随人员移动而伸缩长度的绳或带，在坠落发生时可由速度变化引发锁止制动作用的部件。

3.8

自锁器　guided type fall arrester

附着在导轨上、由坠落动作引发制动作用的部件。

3.9

系带　harnesses

将安全带穿戴在人体上，并在坠落时支撑和控制人体、分散冲击力的部件。

注：系带由织带、带扣及其他金属部件组成，一般有全身式系带、单腰式系带、半身式系带。

3.10

主带　primary strap

系带中直接承受冲击力的织带。

3.11

辅带　secondary strap

系带中不直接承受冲击力的织带。

3.12

伸展长度　deploy distance

在测试过程中当坠落停止后，模拟人悬吊状态下从测试挂点到模拟人最低点的垂直距离。

3.13

坠落距离　fall distance

从坠落起始点或作业面到安全带佩戴者的身体最低点的最大垂直距离。

3.14

安全空间　safety space

位于作业面下方，不存在对坠落者造成碰撞伤害物体的立体空间。

3.15

锁止距离　locking distance

自锁器或速差自控器在测试中，从启动到运动停止，自锁器在导轨上的运动距离或安全绳从速差自控器腔体伸出的距离。

3.16

调节扣　adjusting buckle

用于调节主带或辅带长度的零件。

3.17

扎紧扣　fastening buckles

用于将主带系紧或脱开的零件。

3.18

连接点　attachment point

用于连接系带及其他零部件的金属环类零件。

注：连接点按照用途可分为区域限制、围杆作业、坠落悬挂、救援用连接点。

3.19

护腰带　comfort pad

同腰带一起使用的宽带。

注：该部件起分散压力、提高舒适程度的作用。

3.20

连接器　connector

具有常闭活门的，用于系统中各组成部分之间进行相互连接与分离的部件。

3.21

挂点装置　anchor device

用于连接安全带与附着物(墙、脚手架、地面等固定设施)的部件。

注：挂点装置不是安全带的组成部分，但同安全带的使用密切相关。

3.22

导轨　anchor line

与自锁器相互连接的柔性绳索或刚性滑道。

注：导轨不是安全带的组成部分，但同安全带的使用密切相关。

3.23

模拟人　torso test mass

在进行测试时使用的模拟人的躯干外形、重心的重物。

3.24

调节器　adjustment device

用于调整安全绳长短的零件。

4 分类与标记

4.1 安全带的分类

安全带按作业类别分为区域限制用安全带、围杆作业用安全带、坠落悬挂用安全带。

4.2 安全带的标记

4.2.1 安全带的标记由安全带作业类别及附加功能两部分组成：

——安全带作业类别：区域限制用字母 Q 表示、围杆作业用字母 W 表示、坠落悬挂用字母 Z 表示。

——安全带附加功能：防静电功能用字母 E 表示、阻燃功能用字母 F 代表、救援功能用字母 R 代表、耐化学品功能用字母 C 表示。

4.2.2 安全带的标记应以汉字或字母的形式明示于产品标识。

示例1：区域限制用安全带表示为"Q"；可用于围杆作业、坠落悬挂，并具备阻燃功能、救援功能及耐化学品功能的安全带表示为"W/Z-FRC"。

示例2：区域限制用安全带表示为"区域限制"；可用于围杆作业、坠落悬挂，并具备阻燃功能、救援功能及耐化学品功能的安全带表示为"围杆作业/坠落悬挂-阻燃 救援 耐化学品"。

5 技术要求

5.1 安全带总体结构

5.1.1 安全带中使用的零部件应圆滑，不应有锋利边缘，与织带接触的部分应采用圆角过渡。

5.1.2 安全带中使用的动物皮革不应有接缝。

5.1.3 安全带中的织带应为整根，同一织带两连接点之间不应接缝。

5.1.4 安全带同工作服设计为一体时不应封闭在衬里内。

5.1.5 安全带中的主带扎紧扣应可靠，不应意外开启，不应对织带造成损伤。

5.1.6 安全带中的腰带应与护腰带同时使用。

5.1.7 安全带中所使用的缝纫线不应同被缝纫材料起化学反应，颜色应与被缝纫材料有明显区别。

5.1.8 安全带中使用的金属环类零件不应使用焊接件，不应留有开口。

5.1.9 安全带中与系带连接的安全绳在设计结构中不应出现打结。

5.1.10 安全带中的安全绳在与连接器连接时应增加支架或垫层。

5.2 安全带中零部件的要求

5.2.1 安全带中所使用的系带应符合附录A的要求。

5.2.2 安全带中所使用的安全绳应符合GB 24543的要求。

5.2.3 安全带中所使用的连接器应符合GB/T 23469的要求。

5.2.4 安全带中所使用的速差自控器应符合GB 24544的要求。

5.2.5 安全带中所使用的自锁器应符合GB 24542、GB/T 24537的要求。

5.2.6 安全带中所使用的座板式单人吊具应符合GB 23525的要求。

5.2.7 安全带中所使用的缓降装置应符合GB/T 38230的要求。

5.2.8 在仅含安全绳与缓冲器的坠落悬挂用安全带中所使用的缓冲器应符合GB/T 24538的要求。

5.2.9 与安全带所连接的挂点装置应符合GB 30862的要求。

5.2.10 与安全带连接的水平生命线装置应符合GB 38454的要求。

5.3 安全带组成与设计

5.3.1 区域限制用安全带的组成与设计

5.3.1.1 区域限制用安全带应至少包含下列组成部分：
—— 可连接区域限制用部件的系带；
—— 可连接系带与挂点装置的区域限制安全绳或速差自控器等起限制及定位作用的零部件；
—— 可连接安全带内各组成部分的环类零部件及连接器。

5.3.1.2 区域限制用安全带的设计应至少符合下列要求：

——区域限制用系带应为半身式、单腰带式或全身式系带；
——系带应包含一个或多个区域限制用连接点；
——系带连接点应位于使用者前胸、后背或腰部；
——当区域限制安全绳长度大于 2 m 时应加装长度调节装置或安全绳回收装置；
——当安全带可用于多个作业类别时，应符合相应作业类别的要求。

5.3.2 围杆作业用安全带的组成与设计

5.3.2.1 围杆作业用安全带应至少包含下列组成部分：
——可连接围杆作业用部件的系带；
——可围绕杆、柱等构筑物并可与系带连接的围杆作业安全绳等部件；
——可连接安全带内各组成部分的环类零部件及连接器。

5.3.2.2 围杆作业用安全带的设计应至少符合下列要求：
——围杆作业用系带应为半身式、单腰带式或全身式系带；
——系带应包含一对围杆作业用连接点；
——系带连接点应位于使用者腰部两侧；
——当围杆作业安全绳长度大于 2 m 时应加装长度调节装置或安全绳回收装置；
——当安全带可用于多个作业类别时，应符合相应类别的要求。

5.3.3 坠落悬挂用安全带的组成与设计

5.3.3.1 坠落悬挂用安全带应至少包含下列组成部分：
——可连接坠落悬挂用部件的系带；
——可连接系带与挂点装置或构筑物的安全绳及缓冲器、速差自控器、自锁器等中的一种；
——可连接安全带内各组成部分的环类零部件及连接器。

5.3.3.2 坠落悬挂用安全带的设计应至少符合下列要求：
——坠落悬挂用系带应为全身式系带；
——系带应包含一个或多个坠落悬挂用连接点；
——系带连接点应位于使用者前胸或后背；
——当安全带中的坠落悬挂用零部件仅含坠落悬挂安全绳时，安全绳应具备能量吸收功能或与缓冲器一起使用；
——包含未展开缓冲器的坠落悬挂安全绳长度应小于或等于 2 m；
——当安全带可用于多个作业类别时，应符合相应类别的要求。

5.4 安全带系统性能

5.4.1 区域限制用安全带性能要求

区域限制用安全带应符合下列要求：
a) 区域限制安全带各零部件应能承受相应的测试载荷；
b) 带扣不应松脱，模拟人不应与系带滑脱；
c) 系带不应出现明显的不对称滑移；
d) 连接器不应打开，零部件不应断裂；
e) 织带或绳在各调节扣内的最大滑移应小于或等于 25 mm。

5.4.2 围杆作业用安全带性能要求

围杆作业用安全带应符合下列要求:
a) 带扣不应松脱,模拟人不应与系带滑脱或坠落至地面;
b) 连接器不应打开,零部件不应断裂;
c) 系带不应出现明显的不对称滑移;
d) 模拟人悬吊在空中时模拟人的腋下、大腿内侧不应有金属件;
e) 模拟人悬吊在空中时不应有任何部件压迫模拟人的喉部、外生殖器;
f) 织带或绳在各调节扣内的最大滑移应小于或等于 25 mm。

5.4.3 坠落悬挂用安全带性能要求

坠落悬挂用安全带应符合下列要求:
a) 带扣不应松脱,模拟人不应与系带滑脱或坠落至地面;
b) 连接器不应打开,零部件不应断裂;
c) 安全带冲击作用力峰值应小于或等于 6 kN;
d) 安全带应标明伸展长度,且伸展长度应小于或等于永久标识中明示的数值;
e) 模拟人悬吊在空中时不应出现头朝下的现象;
f) 系带不应出现明显不对称滑移或不对称变形;
g) 模拟人悬吊在空中时其腋下、大腿内侧不应有金属件;
h) 模拟人悬吊在空中时不应有任何部件压迫其喉部、外生殖器;
i) 织带或绳在各调节扣内的最大滑移应小于或等于 25 mm;
j) 如果系带具备坠落指示功能,坠落指示功能应正常显示坠落发生。

5.5 安全带附加性能

5.5.1 救援性能

5.5.1.1 救援挂点的位置应位于使用者双肩或前胸。

5.5.1.2 系带应符合下列要求:
a) 带扣不应松脱,模拟人不应与系带滑脱或坠落至地面;
b) 连接器不应打开,零部件不应断裂;
c) 模拟人悬吊在空中时不应出现头朝下的现象;
d) 系带不应出现明显不对称滑移或不对称变形;
e) 模拟人悬吊在空中时其腋下、大腿内侧不应有金属件;
f) 模拟人悬吊在空中时不应有任何部件压迫其喉部、外生殖器;
g) 织带或绳在各调节扣内的最大滑移应小于或等于 25 mm。

5.5.2 阻燃性能

5.5.2.1 安全带中所使用的织带、绳套的材料续燃时间、阻燃时间应小于或等于 2 s,应无熔融、滴落现象。

5.5.2.2 安全带中所使用的缝纫线应无熔融和烧焦现象。

5.5.3 防静电性能

5.5.3.1 具备防静电性能的安全带中使用的金属零部件应采用静电耗散材料包裹,金属材料及附件不应外露。

5.5.3.2 安全带中使用的织带、绳套的材料点对点电阻应在 1×10^5 Ω~1×10^{11} Ω 之间。

5.5.4 耐化学品性能

安全带中使用的织带、绳及金属零部件的断裂强力下降率应小于或等于30%。

5.6 安全带金属零部件耐腐蚀性能

安全带中所使用的金属零部件应按照 GB/T 6096—2020 的 5.8 进行测试,不应出现可见红锈。

6 测试方法

6.1 总则

6.1.1 安全带性能测试时每次测试应使用全新的能量缓冲部件。

6.1.2 系带含有多个连接点时,每个连接点都应进行测试。

6.1.3 5.2 的测试应按照相应的标准或条款进行型式检验或由委托方提供型式检验报告。

6.1.4 安全带的检验规则参考附录 B。

6.2 安全带组成与设计测试

6.2.1 模拟人穿戴测试

将模拟人悬吊至半空,并将安全带穿戴至模拟人身上,检查是否符合 5.1 及相关条款要求。

6.2.2 安全绳长度测试

6.2.2.1 将包含连接器的安全绳一端连接至测试台架上并保持垂直状态,另一端悬挂(10±0.1)kg 的测试重物,保持载荷施加(60±10)s 后测量安全绳长度,测试结果保留至 0.01 m。

6.2.2.2 如果安全绳有多个端点或带有长度调节装置,应选取最长的绳体部分,并将长度通过长度调节装置调节至最长后进行测试。

6.3 区域限制用安全带性能测试

5.4.1 的测试应按照 GB/T 6096—2020 的 5.1 进行。

6.4 围杆作业用安全带性能测试

5.4.2 的测试应按照 GB/T 6096—2020 中 5.2 的要求进行。

6.5 坠落悬挂用安全带性能测试

5.4.3 的测试应按照 GB/T 6096—2020 中 5.3 的要求进行。

6.6 救援性能测试

5.5.1 的测试应按照 GB/T 6096—2020 中 5.4 的有关要求进行。

6.7 阻燃性能测试

6.7.1 材料阻燃性

5.5.2.1 的测试应按照 GB/T 6096—2020 中 5.5 的有关要求进行。

6.7.2 缝纫线阻燃性

5.5.2.2 的测试应按照 GB/T 6096—2020 中 5.5 的有关要求进行。

6.8 防静电性能测试

5.5.3.2 的测试应按照 GB/T 6096—2020 中 5.6 的要求进行。

6.9 耐化学品性能测试

5.5.4 的测试应按照 GB 24539—2021 中 6.25 的要求进行。

7 安全带标识

7.1 安全带标识应固定于系带。

7.2 安全带标识应加护套或以其他方式进行必要保护。

7.3 安全带标识应至少包括以下内容：
   a) 产品名称；
   b) 执行标准(本文件编号)；
   c) 分类标记(应符合第 4 章要求)；
   d) 制造商名称或标记及产地；
   e) 合格品标记；
   f) 生产日期(年、月)；
   g) 不同类型零部件组合使用时的伸展长度(适用于坠落悬挂)；
   h) 醒目的标记或文字提醒用户使用前应仔细阅读制造商提供的信息；
   i) 国家法律法规要求的其他标识。

8 制造商提供的信息

安全带的制造商应以产品说明书或其他形式为每套安全带提供必要的信息用于产品的连接组装、使用维护等，应至少包括以下内容：
   a) 制造商标识；
   b) 适用和不适用对象、场合的描述；
   c) 本安全带所连接的各部件种类及执行标准清单；
   d) 安全带中所使用的字母、符号意义说明；
   e) 安全带各部件间正确的组合及连接方法；
   f) 安全带同挂点装置的连接方法；
   g) 扎紧扣的使用方法及扎紧程度；
   h) 对可能对安全带产生损害的危险因素描述；
   i) 提示使用方应根据自身使用情况制定相应的救援方案；
   j) 安全空间的确定方法；
   k) 根据现场环境及安全带特性判定该安全带是否适用的方法,现场环境及安全带特性可包括安全带的伸展长度、坠落距离、工作现场的安全空间及挂点位置等因素；
   l) 周期性检查的规程和对检查周期的建议；
   m) 整体报废或更换零部件的条件及要求；
   n) 清洁、维护、储存的方法及最长的储存时间；
   o) 警示语:使用者必须经过培训确认有能力正确使用安全带；
   p) 警示语:当标识在产品报废期限内无法辨认时,产品应当报废；
   q) 警示语:未经安全带制造商同意不允许对安全带进行任何改装或更换非制造商认可的零部件。

附 录 A
（规范性）
系带技术要求及测试方法

A.1 技术要求

A.1.1 设计与结构

A.1.1.1 用于生产系带的纤维单丝断裂强度应大于或等于 0.6 N/tex。

A.1.1.2 系带样式应为单腰带式、半身式及全身式系带。半身式系带在单腰带基础上至少增加 2 条肩带。全身式系带在半身式系带的基础上至少包含 2 条绕过大腿的腿带和位于臀部的骨盆带。

A.1.1.3 系带腋下、大腿内侧不应有金属零部件，不应有任何零部件压迫喉部、外生殖器。

A.1.1.4 系带中的主带扎紧扣应可靠，不应意外开启，不应对织带造成损伤。

A.1.1.5 系带中的金属零部件表面应圆滑，不应对织带造成损伤。

A.1.1.6 缝纫线应采用不会同织带材料起化学反应的材料，颜色同织带应有明显区别。

A.1.1.7 织带应为整根，同一织带两连接点之间不应接缝。

A.1.1.8 主带宽度应大于或等于 40 mm，辅带宽度应大于或等于 20 mm。

A.1.1.9 腰带应和护腰带同时使用。护腰带整体硬挺度应大于或等于腰带的硬挺度，宽度应大于或等于 80 mm，长度应大于或等于 600 mm，接触腰的一面应有柔软、吸汗、透气的材料。

A.1.1.10 织带折头及织带间的连接应使用线缝，缝纫后不应进行燎烫。

A.1.1.11 织带端头不能留有散丝，每个端头有相应的带箍。

A.1.1.12 系带中的每个连接点均应位于连接点附近的织带上用相应的字母或文字明示用途。

注：可参照第 4 章进行标记。

A.1.2 织带静态强度

A.1.2.1 按照 A.2.2 进行测试，用于主带的织带断裂强力应大于或等于 22 kN，用于辅带的织带应大于或等于 12 kN。

A.1.2.2 按照 A.2.3 进行预处理后按照 A.2.2 测试，强度下降率应小于或等于 30%。

A.1.3 系带静态强度

按照 A.2.3 进行测试，系带应可承受测试载荷，直接承受载荷的织带及金属零部件应无断裂，系带在各调节扣内的最大滑移应小于或等于 25 mm。

A.1.4 系带动态强度

按照 A.2.4 进行测试，带有坠落悬挂用连接点的应符合下列要求：
a) 带扣不应松脱，模拟人不应与系带滑脱或坠落至地面；
b) 模拟人悬吊在空中时，模拟人中心纵轴与垂直面的夹角应小于或等于 50°；
c) 系带不应出现明显不对称滑移或不对称变形；
d) 模拟人悬吊在空中时模拟人的腋下、大腿内侧不应有金属件；
e) 模拟人悬吊在空中时不应有任何部件压迫模拟人的喉部、外生殖器；

f) 织带或绳在各调节扣内的最大滑移应小于或等于 25 mm;
g) 如果系带具有坠落指示功能,坠落指示功能应正常显示坠落发生。

A.1.5 系带金属零部件耐腐蚀性能

系带中所使用的金属零部件应按照 GB/T 6096—2020 中 5.8 的要求进行测试,不应出现可见红锈。

A.2 测试方法

A.2.1 测试设备

A.2.1.1 断裂强力测试设备量程应大于或等于 50 kN,精度应大于或等于 1 级,分辨率应至少为 1 N。

A.2.1.2 静态强度测试台架应有足够大的台面使模拟人固定在测试台架上,使模拟人承受测试负荷时不致歪斜。加载装置应匀速加载并实时显示加载测试负荷力值,分辨率应至少为 1 N,加载速度小于或等于 100 mm/min,到达规定测试负荷后应能对测试负荷进行保持,加载点应有缓冲装置不致形成对样品的冲击。

A.2.1.3 动态强度测试装置应符合 GB/T 6096—2020 中第 4 章的有关要求。

A.2.1.4 角度测量装置分辨率应至少为 1°。

A.2.1.5 测试绳应符合 GB/T 23268.1 的要求,包含两端连接装置的长度为 (2.0 ± 0.1) m。

A.2.1.6 老化预处理设备应符合 GB/T 8427 的要求。

A.2.2 断裂强力及强度下降率测试

A.2.2.1 测试样品

A.2.2.1.1 应确保被测织带样品与系带所有织带保持一致。

A.2.2.1.2 被测样品长度应确保与合适的卡具进行连接后两卡具之间的垂直距离大于或等于 200 mm。

A.2.2.1.3 被测样品数量为 6 根,其中 3 根进行耐光老化处理、另外 3 根作为原样。

A.2.2.2 断裂强力测试

将测试样品安装在测试设备上,样品夹持应避免在测试过程中对样品产生损伤,测试样品拉伸速度为 (100 ± 5) mm/min,匀速加载直至样品断裂,计算 3 根样品的断裂强力算术平均值,单位为 kN,结果保留至小数点后 2 位。断裂强力算术平均值计算公式如式(A.1):

$$F=(F_1+F_2+F_3)/3 \quad\quad\quad\quad\quad (A.1)$$

式中:

F ——断裂强力平均值,单位为千牛(kN);

F_1、F_2、F_3——3 段试样的断裂强力,单位为千牛(kN),保留至小数点后 2 位。

A.2.2.3 预处理

将 3 根被测样品按照 GB/T 8427 的规定进行光照预处理,确保样品中间部位 50 mm~70 mm 位置暴露在光照范围内。同时放入标准羊毛标样,辐照至标准羊毛标样从 7 级变至 4 级,取出后在实验室环境中放置至少 24 h。

A.2.2.4 强力下降率测试

将经过 A.2.2.3 预处理后的样品按照 A.2.2.2 的规定进行断裂强力测试,并与未经预处理的织带断裂强力测试计算强力下降率,结果保留至小数点后 2 位。强力下降率计算公式如式(A.2)：

$$\alpha=(F-F')/F\times100\% \quad\quad\quad\quad\quad (A.2)$$

式中：
- α ——强力下降率，%，保留至小数点后 2 位；
- F ——未经预处理的试样断裂强力算术平均值，单位为千牛(kN)，保留至小数点后 2 位；
- F' ——经预处理的试样断裂强力算术平均值，单位为千牛(kN)，保留至小数点后 2 位。

A.2.3 系带静态强度测试

A.2.3.1 带有区域限制用连接点的系带

A.2.3.1.1 测试示例

带有区域限制用连接点的系带测试示例如图 A.1。

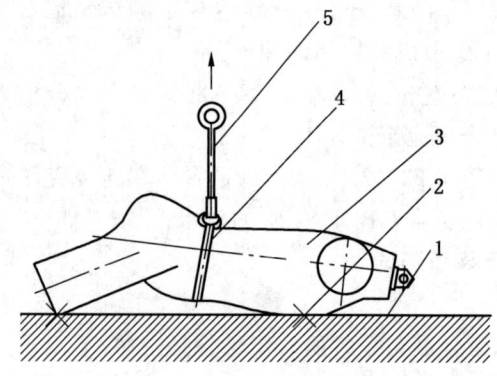

标引序号说明：
1——测试台架；
2——连接固定点；
3——模拟人；
4——被测样品；
5——加载装置。

图 A.1 带有区域限制用连接点的系带静态强度测试示意图

A.2.3.1.2 测试步骤

带有区域限制用连接点的系带静态强度测试步骤如下：
a) 按照制造商的说明将样品穿戴在模拟人身上，固定在测试台架上；
b) 将加载点调整到安全绳与系带连接点的正上方；
c) 在穿过调节扣的带扣和带扣框架处做出标记；
d) 将连接装置同加载装置连接；
e) 5 min 内匀速加载至(15±0.3)kN，保持 3 min；
f) 卸载后，测量并记录偏离标记的滑移，观察并记录系带情况。

A.2.3.2 带有围杆作业用连接点的系带

A.2.3.2.1 测试示例

带有围杆作业用连接点的系带测试示例如图 A.2。

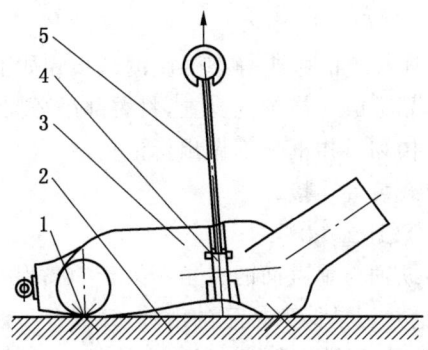

标引序号说明：
1——连接固定点；
2——测试台架；
3——模拟人；
4——测试样品；
5——加载装置。

图 A.2 带有围杆作业用连接点的系带静态强度测试示意图

A.2.3.2.2 测试步骤

带有围杆作业用连接点的系带静态强度测试步骤如下：
a) 按照制造商的说明将样品穿戴在模拟人身上，固定在测试台架上；
b) 将加载点调整到安全绳与系带连接点的正上方；
c) 在穿过调节扣的带扣和带扣框架处做出标记；
d) 将连接装置同加载装置连接；
e) 5 min 内匀速加载至 (15 ± 0.3) kN，保持 3 min；
f) 卸载后，测量并记录偏离标记的滑移，观察并记录系带情况。

A.2.3.3 带有坠落悬挂及救援用连接点的系带
A.2.3.3.1 测试示例

带有坠落悬挂及救援用连接点的系带测试示例如图 A.3。

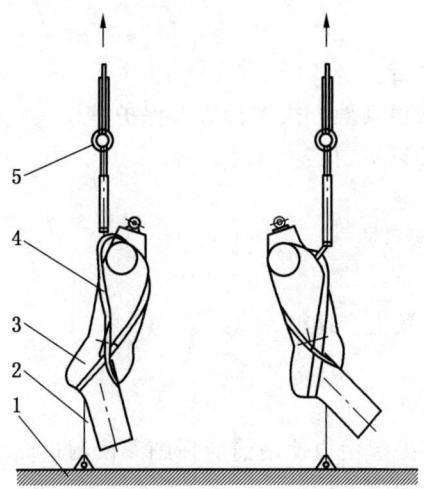

标引序号说明：
1——连接固定点；
2——测试台架；
3——模拟人；
4——测试样品；
5——加载装置。

图 A.3 带有坠落悬挂及救援用连接点的系带静态强度测试示意图

A.2.3.3.2 测试步骤

带有坠落悬挂及救援用连接点的系带静态强度测试步骤如下：
a) 按照产品说明将样品穿戴在模拟人身上,将臀部吊环同测试台架连接；
b) 在穿过调节扣的带扣和带扣框架处做出标记；
c) 将样品连接点同加载装置连接；
d) 5 min 内均速加载至(15±0.3)kN；
e) 确保模拟人的中心纵轴与垂直面的夹角不大于 50°,保持 3 min；
f) 观察样品情况,测量并记录偏离标记的滑移,卸载；
g) 换一套系带,将头部吊环同测试台架固定点连接；
h) 5 min 内匀速加载至(10±0.3)kN,保持 3 min；
i) 确保模拟人的中心纵轴与垂直面的夹角不大于 50°,保持 3 min；
j) 观察样品情况,测量并记录偏离标记的滑移,卸载。

A.2.4 系带动态强度测试

带有坠落悬挂及救援用连接点的系带动态强度测试步骤如下：
a) 按照制造商提供的说明将样品穿戴在模拟人身上,模拟人头部吊环与释放器连接；
b) 用测试绳分别连接系带连接点及测试架悬挂点；
c) 提升模拟人到系带连接点高于悬挂点(2.0±0.01)m 处,保证悬挂点到释放点水平距离小于或等于 300 mm；
d) 在穿过调节扣的带扣和带扣框架处做出标记；
e) 释放模拟人,待模拟人静止后检查样品情况,并测量角度；
f) 重新调整系带与模拟人相对位置后将模拟人臀部吊环与释放器连接；
g) 重复步骤 c)~e)。

A.3 系带标识

A.3.1 系带标识应固定于主带。

A.3.2 产品标识应加护套或以其他方式进行必要保护。

A.3.3 系带标识应至少包括以下内容：
a) 产品名称；
b) 执行标准(本文件编号)；
c) 规格型号；
d) 制造商名称或标记及生产地址；
e) 合格品标记；
f) 生产日期(年、月)；
g) 醒目的标记或文字提醒用户使用前应仔细阅读制造商提供的信息；
h) 国家法律法规要求的其他标识。

A.4 制造商提供的信息

系带的制造商应以产品说明书或其他形式为每套系带提供必要的信息用于产品的连接

组装、使用维护等,应至少包括以下内容:
   a) 制造商标识;
   b) 适用和不适用对象、场合的描述;
   c) 本安全带所连接的各部件种类及执行标准清单;
   d) 系带中所使用的字母、符号意义说明;
   e) 系带各部件间正确的组合及连接方法;
   f) 扎紧扣的使用方法及扎紧程度;
   g) 对可能对系带产生损害的危险因素描述;
   h) 系带判废的条件及要求;
   i) 清洁、维护、贮存的方法;
   j) 警示语:当标识在产品报废期限内无法辨认时,产品应当报废;
   k) 警示语:未经制造商同意不允许对系带进行任何改装或更换非制造商认可的零部件。

附 录 B
（资料性）
检 验 规 则

B.1 检验类别

检验类别分为出厂检验、型式检验、判废检验、周期性检查。

B.2 出厂检验

安全带的制造商应按照生产批次对安全带逐批进行出厂检验。各测试项目、测试样本数量、不合格分类、判定数组见表 B.1。

表 B.1 出厂检验

测试项目	批量范围/套	单项测试样本数量/套	不合格分类	单项判定数组	
				合格判定数	不合格判定数
安全带系统性能 安全带附加性能	<500	2	A	0	1
	500～5 000	4			
	>5 000	6			
安全带总体结构 安全带设计与组成 标识	<500	3			
	500～5 000	5			
	>5 000	8			

B.3 型式检验

B.3.1 有下列情况时应进行型式检验:
——新产品鉴定或老产品转厂生产的试制定型鉴定;

——当安全带中零部件材料、工艺、结构设计发生变化时；
——当安全带设计、配置发生变化时；
——停产超过一年后恢复生产时；
——出厂检验结果与上次型式检验结果有较大差异时；
——国家有关主管部门提出型式检验要求时。

B.3.2 型式检验应包含产品所适用的第 5 章全部项目。

B.3.3 检验样品由提出检验的单位或委托第三方从企业出厂检验合格的产品中随机抽取，样品数量应满足第 5 章所有要求的测试。

B.4 判废检验

B.4.1 使用单位应根据使用环境、使用频次等因素对在用的安全带是否需要整体报废或零部件是否需要更换进行判废检验。

B.4.2 产品整体报废或更换零部件的条件应按照制造商提供的信息进行。

B.4.3 整体报废的检验项目应至少包含 5.4 及第 7 章中相应技术条款所规定的内容。

B.4.4 更换零部件的检验项目应参考相关零部件标准进行规定。

B.5 周期性检查

B.5.1 使用单位应根据使用环境、使用频次等因素对在用的安全带进行周期性检查。

注：建议检验周期最长不超过 1 年。

B.5.2 安全带的制造商有义务提供周期性检查所需的方案、信息或必要的技术支持。检查要求可参考附录 C 中的规定。

B.5.3 安全带的使用方应确保实施周期性检查的人员具备相应的能力，并有责任对周期性检查进行记录，记录内容参考附录 C 中的规定。

附 录 C
（资料性）
周 期 性 检 查

C.1 安全带周期性检查要求

安全带的使用方可参考表 C.1 或根据自身使用情况制定周期性检查的要求。

表 C.1 安全带周期性检查要求

部件组成	检查内容及可能存在的损伤
织带	是否存在断裂或撕裂； 可能与尖锐物体或坚硬物体接触部位的磨损情况； 是否存在过度的拉伸或变形； 因接触高温、腐蚀性物质、有机溶剂后的损坏； 因潮湿、汗液、紫外线等因素引起的霉变或老化； 坠落指示装置状态

表 C.1（续）

部件组成	检查内容及可能存在的损伤
连接器	是否存在裂纹； 活门功能是否正常； 旋转机构是否正常； 可能与尖锐物体或坚硬物体接触部位的磨损情况； 是否存在过度的拉伸或变形； 因潮湿、腐蚀性物质、有机溶剂所引起的腐蚀
金属环类零件	是否存在裂纹； 可能与尖锐物体或坚硬物体接触部位的磨损情况； 是否存在过度的拉伸或变形； 因潮湿、腐蚀性物质、有机溶剂所引起的腐蚀
锁止机构	锁止机构运动的状态是否正常
缝线	是否存在断裂或撕裂； 可能与尖锐物体或坚硬物体接触部位的磨损情况
标识	是否清晰可辨认

C.2 安全带周期性检查记录

周期性检查记录应根据制造商所提供的方案进行记录，可参考表 C.2 进行制定。

表 C.2 安全带周期性检查记录示例

安全带周期性检查记录表							
制造商（名称/联系方式）：							
产品名称		型号/类型/级别			产品批号/唯一性编号		
制造日期/有效期		购买日期			首次投入使用日期		
其他相关信息（内部编号、保管人等）							
周期性检查记录							
检查日期	检查项目						
^	织带	连接器	金属环类零件	锁止机构	缝线	标识	检查人员签字	下次检查期限

表 C.2（续）

检查日期	周期性检查记录							
	检查项目							
	织带	连接器	金属环类零件	锁止机构	缝线	标识	检查人员签字	下次检查期限
检查日期	检查项目							
	织带	连接器	金属环类零件	锁止机构	缝线	标识	检查人员签字	下次检查期限
检查日期	检查项目							
	织带	连接器	金属环类零件	锁止机构	缝线	标识	检查人员签字	下次检查期限

参 考 文 献

[1] ISO 10333-1:2000　Personal fall-arrest systems—Part 1：Full-body harnesses

[2] ISO 10333-2:2000　Personal fall-arrest systems—Part 2：Lanyards and energy absorbers

[3] ISO 10333-3:2000　Personal fall-arrest systems—Part 3：Self-retracting lifelines

[4] ISO 10333-4:2002　Personal fall-arrest systems—Part 4：Vertical rails and vertical lifelines incorporating a sliding-type fall arrester

[5] ISO 10333-5:2001　Personal fall-arrest systems—Part 5：Connectors with self-closing and self-locking gates

[6] ISO 10333-6:2004　Personal fall-arrest systems—Part 6：System performance tests

[7] ANSI/ASSE Z359.1-2016　The Fall Protection Code

[8] AS/NZS 1891.1:2020　Personal equipment for work at height—Part 1：Manufacturing requirements for full body combination and lower body harnesses

[9] BS EN 361:2002　Personal protective equipment against falls from a height-Full body harnesses

安全网(GB 5725—2009)

前 言

本标准的 5.1.7～5.1.10、5.1.12、5.2.2.1～5.2.2.9、第 7 章和第 8 章为强制性条款,其余为推荐性条款。

本标准代替 GB 5725—1997《安全网》、GB 16909—1997《密目式安全立网》。

本标准与 GB 5725—1997《安全网》、GB 16909—1997《密目式安全立网》相比主要变化如下:
——增加了网目、初始下垂、A 级密目式安全立网、B 级密目式安全立网的定义;
——修改了部分术语和定义的解释;
——增加了密目网的性能分级;
——增加了平(立)网网目边长与规格尺寸的测量方法;
——增加了密目网网目密度及网宽度的测量方法;
——增加了对平(立)网网绳的断裂强力要求;
——修改了平(立)网耐冲击性能测试方法和要求;
——修改了密目网贯穿测试方法;
——增加了平(立)网耐候性测试方法的具体要求,作为规范性附录 B;
——增加了密目网的耐老化性测试;
——删除了 GB 5725—1997《安全网》中的附录 B;
——删除了 GB 16909—1997《密目式安全立网》中的附录 A。

本标准附录 A、附录 B 为规范性附录,附录 C 为资料性附录。

本标准由国家安全生产监督管理总局提出。

本标准由全国个体防护装备标准化技术委员会归口。

本标准负责起草单位:北京市劳动保护科学研究所。

本标准参加起草单位:山东省特种设备检验研究院、泰州市大华化纤厂、泰州市君安绳网厂。

本标准主要起草人:杨文芬、陈倬为、肖义庆、张波、陆冰、邓宝举、刘宏娟。

本标准所代替标准的历次版本发布情况为:
——GB 5725—1985、GB 5725—1997;
——GB 16909—1997。

1 范围

本标准规定了安全网的分类标记、技术要求、测试方法、检验规则及标识。

本标准适用于建筑等高处作业场所使用,防止人员或物体坠落的安全网。

2 规范性引用文件

下列文件中的条款通过本标准的引用而成为本标准的条款。凡是注日期的引用文件,其随后所有的修改单(不包括勘误的内容)或修订版均不适用于本标准,然而,鼓励根据本标准达成协议的各方研究是否可使用这些文件的最新版本。凡是不注日期的引用文件,其最新版本适用于本标准。

GB/T 5455　纺织品　燃烧性能试验　垂直法
GB/T 8834　绳索　有关物理和机械性能的测定
GB/T 10125　人造气氛腐蚀试验　盐雾试验
GB/T 12903　个体防护装备术语
GB/T 14522　机械工业产品用塑料、涂料、橡胶材料人工气候老化测试方法　荧光紫外灯

3 术语和定义

GB/T 12903确立的以及下列术语和定义适用于本标准。

3.1
安全网　safety nets
用来防止人、物坠落,或用来避免、减轻坠落及物击伤害的网具。
注1:安全网一般由网体、边绳、系绳等组成。
注2:安全网按功能分为安全平网、安全立网及密目式安全立网。

3.2
安全平网　horizontal safety nets
安装平面不垂直于水平面,用来防止人、物坠落,或用来避免、减轻坠落及物击伤害的安全网,简称为平网。

3.3
安全立网　vertical safety nets
安装平面垂直于水平面,用来防止人、物坠落,或用来避免、减轻坠落及物击伤害的安全网,简称为立网。

3.4
密目式安全立网　fine mesh safety vertical net
网眼孔径不大于12 mm,垂直于水平面安装,用于阻挡人员、视线、自然风、飞溅及失控小物体的网,简称为密目网。
注:密目网一般由网体、开眼环扣、边绳和附加系绳组成。

3.5
A级密目式安全立网　fine mesh safety vertical net(class A)
在有坠落风险的场所使用的密目式安全立网,简称为A级密目网。

3.6
B级密目式安全立网　fine mesh safety vertical net(class B)
在没有坠落风险或配合安全立网(护栏)完成坠落保护功能的密目式安全立网,简称为

B级密目网。

3.7
网目 mesh

由一系列绳等经编织或采用其他工艺形成的基本几何形状。

注:网目组合在一起构成安全网的主体。

3.8
网目密度 mesh density

密目网每百平方厘米面积内所具有的网孔数量。

3.9
开眼环扣 round button with hole

密目网上用金属或其他硬质材料制成,中间开有孔的环状扣,两个环扣间的距离叫环扣间距。

3.10
边绳 border ropes

沿网体边缘与网体连接的绳。

3.11
系绳 tie ropes

把安全网固定在支撑物上的绳。

3.12
筋绳 tendon ropes

为增加平(立)网强度而有规则地穿在网体上的绳。

3.13
网目边长 mesh size

平(立)网相邻两个网绳结或节点之间的距离。

3.14
初始下垂 initial sag

水平悬挂好的安全网由于自重而造成的下垂距离。

3.15
预加张力 pre-tension

在测试前,消除试样不自然皱纹用的负荷。

3.16
断裂强力 breaking stress

网体试样被拉伸至断裂时所测得的最大拉伸力。

注:断裂强力单位为牛(N)或千牛(kN)。

3.17
断裂伸长 extension at break

试样达到断裂强力时的伸长。

注:断裂伸长单位为毫米(mm)。

3.18
接缝部位抗拉强力 streching resistance at unwelded joint

在规定的测试条件下,对试样施加拉力,当接缝部位撕裂时所测得的最大力。

注:接缝部位抗拉强力单位为牛(N)或千牛(kN)。

3.19
梯形法撕裂强力 trapezoidal method tearing stress

梯形试样受拉伸时,试样撕裂时所测得的最大拉伸力。

注:梯形法撕裂强力单位为牛(N)。

4 分类标记

4.1 平(立)网的分类标记由产品材料、产品分类及产品规格尺寸三部分组成:

——产品分类以字母 P 代表平网、字母 L 代表立网;
——产品规格尺寸以宽度×长度表示,单位为米;
——阻燃型网应在分类标记后加注"阻燃"字样。

示例 1:宽度为 3 m,长度为 6 m,材料为锦纶的平网表示为:锦纶 P—3×6;

示例 2:宽度为 1.5 m,长度为 6 m,材料为维纶的阻燃型立网表示为:维纶 L—1.5×6 阻燃。

4.2 密目网的分类标记由产品分类、产品规格尺寸和产品级别三部分组成:

——产品分类以字母 ML 代表密目网;
——产品规格尺寸以宽度×长度表示,单位为米;
——产品级别分为 A 级和 B 级。

注:宽度为 1.8 m,长度为 10 m 的 A 级密目网表示为"ML-1.8×10A 级"。

5 技术要求

5.1 安全平(立)网

5.1.1 材料

平(立)网可采用锦纶、维纶、涤纶或其他材料制成,其物理性能、耐候性应符合本标准的相关规定。

5.1.2 质量

单张平(立)网质量不宜超过 15 kg。

5.1.3 绳结构

平(立)网上所用的网绳、边绳、系绳、筋绳均应由不小于 3 股单绳制成。绳头部分应经过编花、燎烫等处理,不应散开。

5.1.4 节点

平(立)网上的所有节点应固定。

5.1.5 网目形状及边长

平(立)网的网目形状应为菱形或方形,按 6.1.3 中规定的方法测量网目边长,其网目边长不应大于 8 cm。

5.1.6 规格尺寸

按 6.1.4 中规定的方法测量平(立)网的规格尺寸,平网宽度不应小于 3 m,立网宽(高)

度不应小于 1.2 m。平(立)网的规格尺寸与其标称规格尺寸的允许偏差为±4%。

5.1.7 系绳间距及长度

平(立)网的系绳与网体应牢固连接,各系绳沿网边均匀分布,相邻两系绳间距不应大于 75 cm,系绳长度不小于 80 cm。当筋绳加长用作系绳时,其系绳部分必须加长,且与边绳系紧后,再折回边绳系紧,至少形成双根。

5.1.8 筋绳间距

平(立)网如有筋绳,则筋绳分布应合理,平网上两根相邻筋绳的距离不应小于 30 cm。

5.1.9 绳断裂强力

按 6.1.5 的规定进行测试,平(立)网的绳断裂强力应符合表 1 的规定。

表 1 平(立)网绳断裂强力要求

网类别	绳类别	绳断裂强力要求/N
安全平网	边绳	≥7 000
	网绳	≥3 000
	筋绳	≤3 000
安全立网	边绳	≥3 000
	网绳	≥2 000
	筋绳	≤3 000

5.1.10 耐冲击性能

按附录 A 规定的方法进行测试,平(立)网的耐冲击性能应符合表 2 的规定。

表 2 平(立)网的耐冲击性能要求

安全网类别	平网	立网
冲击高度	7 m	2 m
测试结果	网绳、边绳、系绳不断裂,测试重物不应接触地面。	网绳、边绳、系绳不断裂,测试重物不应接触地面。

5.1.11 耐候性

按附录 B 的要求进行耐候性测试,平(立)网的绳断裂强力应符合 5.1.9 的规定。

5.1.12 阻燃性能

阻燃型平(立)网按 6.1.6 规定的方法进行测试,续燃、阴燃时间均不应大于 4 s。

5.2 密目式安全立网

5.2.1 一般要求

5.2.1.1 缝线不应有跳针、漏缝、缝边应均匀。

5.2.1.2 每张密目网允许有一个缝接,缝接部位应端正牢固。

5.2.1.3 网体上不应有断纱、破洞、变形及有碍使用的编织缺陷。

5.2.1.4 密目网各边缘部位的开眼环扣应牢固可靠。

5.2.1.5 密目网的宽度应介于(1.2~2)m。长度由合同双方协议条款指定,但最低不应小于2 m。

5.2.1.6 按6.2.2规定的方法进行测试,网目、网宽度的允许偏差为±5%。

5.2.1.7 开眼环扣孔径不应小于8 mm。

5.2.1.8 按6.2.3规定的方法进行测试,网眼孔径不应大于12 mm。

5.2.2 基本性能

5.2.2.1 断裂强力×断裂伸长

按6.2.4规定的方法进行测试,长、宽方向的断裂强力(kN)×断裂伸长(mm):
——A级不应小于65 kN·mm;
——B级不应小于50 kN·mm。

5.2.2.2 接缝部位抗拉强力

按6.2.5规定的方法进行测试,接缝部位抗拉强力不应小于断裂强力。

5.2.2.3 梯形法撕裂强力

按6.2.6规定的方法进行测试,长、宽方向的梯形法撕裂强力不应小于对应方向断裂强力的5%。

5.2.2.4 开眼环扣强力

按6.2.7规定的方法进行测试,长、宽方向的开眼环扣强力(N)不应小于2.45× 对应方向环扣间距。

5.2.2.5 系绳断裂强力

按6.2.8规定的方法进行测试,系绳断裂强力不应小于2 000 N。

5.2.2.6 耐贯穿性能

按6.2.9规定的方法进行测试,不应被贯穿或出现明显损伤。

5.2.2.7 耐冲击性能

按6.2.10规定的方法进行测试,边绳不应破断且网体撕裂形成的孔洞不应大于(200×50)mm。

5.2.2.8 耐腐蚀性能

按6.2.11规定的方法进行测试,金属零件应无红锈及明显腐蚀。

5.2.2.9 阻燃性能

按6.2.12规定的方法进行测试,纵、横方向的续燃及阴燃时间不应大于4 s。

5.2.2.10 耐老化性能

按6.2.13规定的方法进行测试,断裂强力×断裂伸长、梯形法撕裂强力和耐贯穿性能应分别符合5.2.2.1、5.2.2.3、5.2.2.6的规定。

6 测试方法

6.1 安全平(立)网测试方法

6.1.1 平(立)网的绳结构、节点、网目形状检验采用目测。

6.1.2 平(立)网的重量采用精度不低于 0.05 kg 的秤称量。

6.1.3 网目边长的测量

平(立)网的网目边长采用精度不低于 1 mm 的长度测量设备测量。

沿测量方向在相邻的两根平行网绳上各施加(10±1)N 的预加张力,然后在其中一根网绳上测量连续 n 个($n \geqslant 10$)网目的总边长,除以测量的网目个数 n 后得到安全网的网目边长。结果保留小数点后一位。

6.1.4 规格尺寸的测量

平(立)网的规格尺寸采用精度不低于 10 mm 的长度测量设备测量。

沿测量方向在边绳上施加(500±50)N 的预加张力,然后测量平(立)网的边长。结果保留小数点后一位。

6.1.5 绳断裂强力测试

从样品网上随机取下足够长度的网绳、边绳、筋绳,按 GB/T 8834 的要求各制成三根试样进行绳断裂强力测试。网绳、边绳结果取最小值,筋绳结果取最大值,数值均保留整数位。

6.1.6 阻燃性能测试

从样品网上随机取下长度为(300±5)mm 的网绳、边绳、系绳各 5 根,按 GB/T 5455 规定的方法进行测试。结果保留小数点后一位。

6.2 密目式安全立网测试方法

6.2.1 总则

测试使用的密目网,如果设计长度超过 6 m,则测试样品的长度为 6 m;如果设计长度低于 6 m,则按实际样品测试。如果设计宽度超过 1.8 m,则测试样品的宽度为 1.8 m;如果设计宽度低于 1.8 m,则按实际样品测试。

6.2.2 密目网宽度

在室内环境中,在测试样品中心部位选择连续 3 组相对的开眼环扣,每个环扣施加 30 N 预加张力,测量边绳最远点组成的连线之间的距离。如果没有边绳则以扣眼中心为准。测量结果准确到 1 mm。

如果在施加预加张力过程中,网发生损坏,则视为测试未通过。

6.2.3 网目密度

在室内环境中,使用截面直径为 12 mm 的圆柱试穿任意一个孔洞,应不得穿过。

6.2.4 断裂强力(kN)×断裂伸长(mm)

6.2.4.1 试样

分别沿长、宽方向从网体上随机截取宽(50±1)mm、长(300±5)mm 的试样各 3 条。

6.2.4.2 测试步骤

将试样夹持在精度 1 级的拉力试验机钳口上,钳口宽度 30 mm,钳口距离 200 mm,拉伸速度(200±10)mm/min,读取测力计的最大值及对应伸长值。

6.2.4.3 测试结果

分别计算每条试样的断裂强力(kN)×断裂伸长(mm)值,按长、宽方向分别计算平均值作为测试数据。断裂强力数值保留 3 位有效数字,断裂伸长数值保留至整数位。

6.2.5 接缝部位抗拉强力
6.2.5.1 试样
从网体接缝处随机截取宽(50±1)mm、长(300±5)mm的试样各3条,保证接缝位于试样中央。
6.2.5.2 测试步骤
将试样夹持在精度1级的拉力试验机钳口上,钳口宽度30 mm,钳口距离200 mm,拉伸速度(200±10)mm/min,直至试样完全撕裂,观察试样撕裂位置。
6.2.5.3 测试结果
如试样撕裂发生在接缝两边10 mm范围内,则判定测试未通过。

6.2.6 梯形法撕裂强力
6.2.6.1 试样
分别沿长、宽方向从网体上随机截取宽75 mm、长150 mm的试样各3片。在试样长边中部剪10 mm开口。
6.2.6.2 测试步骤
将试样按图1夹持在精度1级的拉力试验机钳口上,钳口宽度80 mm,钳口距离10 mm,拉伸速度(200±10)mm/min,直至完全撕裂,读取测力计的最大值。

单位为毫米

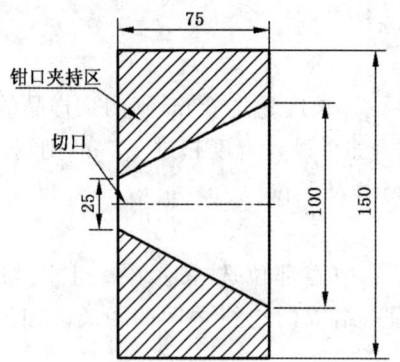

图1 梯形法撕裂强力试样夹持示意图

6.2.6.3 测试结果
按长、宽方向分别计算平均值作为测试数据。测试结果单位为N,保留至整数位。

6.2.7 开眼环扣强力
6.2.7.1 试样
按长、宽方向从网边截取3个试样,规格为沿网边方向网体长(450±5)mm、保留边绳甩头200 mm以上、中央有一个开眼环扣,网体方向长300 mm以上。
6.2.7.2 测试步骤
将网边通过开眼环扣及两侧边绳固定在精度1级的材料试验机一端钳口上,网体夹持在材料试验机另一端钳口上,夹持点距离300 mm,夹持宽度300 mm,以(200±20)mm/min速度拉伸,读取测力计读数。
6.2.7.3 测试结果
按长、宽方向分别计算平均值作为测试数据。测试结果单位为N,保留至整数位。

6.2.8 系绳断裂强力
6.2.8.1 试样
试样按 GB/T 8834 规定的方法制备,数量为 3 根。
6.2.8.2 测试步骤
按 GB/T 8834 规定的方法进行测试。
6.2.8.3 测试结果
计算平均值作为测试数据。测试结果单位为 N,保留至整数位。

6.2.9 耐贯穿性能
6.2.9.1 试样
按长、宽方向沿网边截取(1×1)m 试样各一块,试样应有一边为完整网边。
6.2.9.2 测试步骤
将试样在自然状态下,夹持在(1×1)m 的框架内,斜放 30°,网边安装在上方。距网中心高度 1 m 释放测试棒。测试棒直径 50 mm、质量(5±0.2)kg,端面为测试棒的最小截面且边角锋利,圆角小于 R_1。
6.2.9.3 测试结果
目测,如果测试棒穿过网体或出现测试棒可以穿过的撕裂空洞,则视为测试未通过。

6.2.10 耐冲击性能
6.2.10.1 测试样品
测试样品为可以销售、使用或在用的完整密目网。
6.2.10.2 测试步骤
按附录 A 中规定的方法进行测试,试验高度如下:
——A 级:1.8 m;
——B 级:1.2 m。
6.2.10.3 测试结果
以截面(200×50)mm 的立方体不能穿过撕裂空洞视为测试通过。测试结果以测试重物吊起之前为准,立方体穿过撕裂空洞时不应施加明显的外力。

6.2.11 耐腐蚀性能
6.2.11.1 试样
沿网边截取带连续 3 个开眼环扣的网片,宽度 30 mm。
6.2.11.2 测试步骤
所有金属零件按 GB/T 10125 中规定的中性盐雾(NSS)测试方法进行,测试周期为 2 d。

6.2.12 阻燃性能
按 GB/T 5455 中规定的测试方法进行。

6.2.13 耐老化性能
实际使用时间超过 1 年的密目网可以不做此项。
6.2.13.1 试样
分别按 6.2.4.1、6.2.6.1 和 6.2.9.1 裁取试样。

6.2.13.2 老化处理

有机材料采用紫外线照射(A法)和氙灯照射(B法)两种方法。仲裁以A法为准。

含金属丝(纤维)网体应额外采用盐雾法(C法)预处理。

6.2.13.2.1 紫外线照射(A法)

应保证试样中心面向灯泡距离为(400±20)mm;正常工作时箱内温度不超过60 ℃,灯泡为标称450 W的紫外高压氙气灯,推荐的型号为XBO-450 W/4或CSX-450 W/4。连续照射260 h,放置1 h后测试。

6.2.13.2.2 氙灯照射(B法)

氙灯波长在(280~800)nm范围内的辐射能可测量;黑板温度(70±3)℃;相对湿度(50±5)%;喷水或喷雾周期每隔102 min喷水18 min。试样中心累计接受波长(280~800)nm范围内的辐射能量为0.8 GJ/m²,放置1 h后测试。

6.2.13.2.3 盐雾法(C法)

按GB/T 10125中规定的中性盐雾(NSS)测试方法进行,测试周期为7 d。

6.2.13.3 测试结果

经老化处理后的试样分别按6.2.4、6.2.6和6.2.9中规定的方法测试断裂强力×断裂伸长、梯形法撕裂强力和耐贯穿性能,结果应符合5.2.2.10的规定。

7 检验规则

7.1 检验类别

检验类别分为出厂检验和型式检验。

7.2 出厂检验

生产企业应对所生产的安全网批次逐批进行出厂检验,检验项目、单项检验样本大小、不合格分类、判定数组见表3及表4。

表3 平(立)网的出厂检验要求

检验项目	批量范围	单项检验样本大小	不合格分类	单项判定数组	
				合格判定数	不合格判定数
系绳间距及长度 筋绳间距 绳断裂强力 耐冲击性能 标识	<500	3	A	0	1
	501~5 000	5			
	≥5 001	8			
节点 网目形状及边长 规格尺寸	<500	3	B	1	2
	501~5 000	5			
	≥5 001	8			

表 4 密目式安全立网的出厂检验要求

检验项目	批量范围	单项检验样本大小	不合格分类	单项判定数组 合格判定数	单项判定数组 不合格判定数
断裂强力×断裂伸长 接缝部位抗拉强力 梯形法撕裂强力 开眼环扣强力 系绳断裂强力 耐贯穿性能 耐冲击性能 阻燃性能 标识	<500	3	A	0	1
	501~5 000	5			
	≥5 001	8			
一般要求	<500	3	B	1	2
	501~5 000	5			
	≥5 001	8			

7.3 型式检验

7.3.1 有下列情况时需进行型式检验：
——新产品鉴定或老产品转厂生产的试制定型鉴定；
——正式生产后，当原材料、生产工艺、产品结构形式等发生较大变化，可能影响产品性能时；
——停产超过半年后恢复生产时；
——周期检查，每年一次；
——出厂检验结果与上次型式检验结果有较大差异时；
——国家有关主管部门提出型式检验要求时。

7.3.2 样本由提出检验的单位或委托第三方从企业出厂检验合格的产品中随机抽取，样品数量以满足全部测试项目要求为原则。

8 标识

8.1 平(立)网的标识由永久标识和产品说明书组成。

8.1.1 平(立)网的永久标识：
——本标准号；
——产品合格证；
——产品名称及分类标记；
——制造商名称、地址；
——生产日期；
——其他国家有关法律法规所规定必须具备的标记或标志。

8.1.2 制造商应在产品的最小包装内提供产品说明书，应包括但不限于以下内容：

——平(立)网安装、使用及拆除的注意事项；
——储存、维护及检查；
——使用期限；
——在何种情况下应停止使用。

8.2 密目网的标识由永久标识和产品说明组成。

8.2.1 密目式安全立网的永久标识：
——本标准号；
——产品合格证；
——产品名称及分类标记；
——制造商名称、地址；
——生产日期；
——其他国家有关法律法规所规定必须具备的标记或标志。

8.2.2 批量供货的密目网应在最小包装内提供产品说明，应包括但不限于以下内容：
——密目网的适用和不适用场所；
——使用期限；
——整体报废条件或要求；
——清洁、维护、储存的方法；
——拴挂方法；
——日常检查的方法和部位；
——使用注意事项；
——警示"不得作为平网使用"；
——警示"B级产品必须配合立网或护栏使用才能起到坠落防护作用"；
——为合格品的声明。

附 录 A
（规范性附录）
安全网的耐冲击性能测试

A.1 原理

利用专用的测试装置，使测试球从规定的高度自由落入测试网，根据其破坏程度来判断安全网的耐冲击性能。

A.2 测试设备

A.2.1 测试重物

A.2.1.1 表面光滑，直径为(500±10)mm，质量为(100±1)kg的钢球。

A.2.1.2 底面直径为(550±10)mm，高度不超过900 mm，质量为(120±1)kg的圆柱形沙包。

A.2.1.3 出厂检验可选用A.2.1中规定的任意一种测试重物。

A.2.1.4 型式检验、仲裁检验等应使用A.2.1.1中规定的测试重物。

A.2.2 测试吊架

能将测试重物提升、并在规定的位置释放使之自由落下的测试吊架一个。

A.2.3 安全网测试框架

长 6 m、宽 3 m,距地面高度为 3 m,采用管径不小于 50 mm,壁厚不小于 3 mm 的钢管牢固焊接而成的刚性框架。

A.3 测试样品

规格尺寸为 3 m×6 m 的平网或立网,或可以销售、使用或在用的完整密目网。

A.4 测试方法

安全网的耐冲击性能测试如图 A.1 所示。

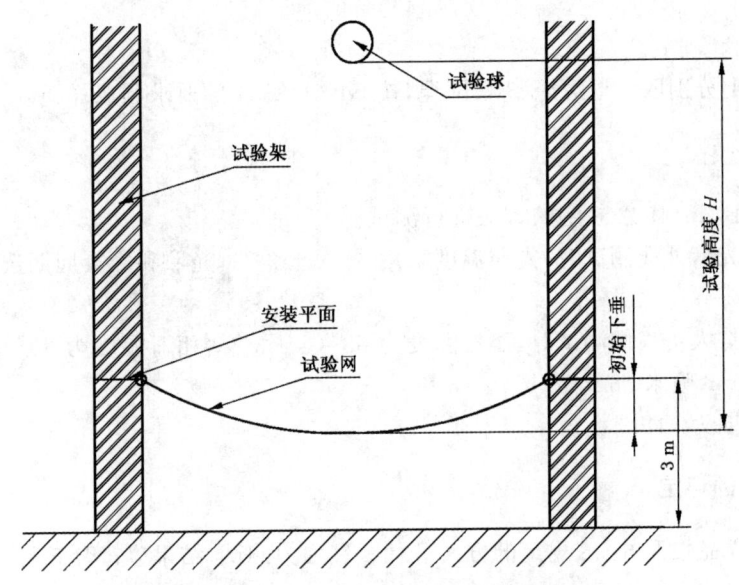

图 A.1 平(立)网的耐冲击性能测试

A.4.1 试验高度 H:平网为 7 m,立网为 2 m,A 级密目网为 1.8 m,B 级密目网为 1.2 m。

A.4.2 冲击点应为样品的几何中心位置。

A.4.3 测试步骤

A.4.3.1 将测试样品牢固系在测试框架上;

A.4.3.2 提升测试吊架,将测试重物提升到规定高度,使其底面与样品网安装平面间的距离再加上样品网的初始下垂等于试验高度 H,然后释放测试重物使之自由落下;

A.4.3.3 观察样品情况。

A.5 测试结果的评定

平(立)网按表 2 的规定,密目网按 6.2.10.3 的规定进行测试结果的评定,并记录测试结果。

附 录 B
（规范性附录）
平（立）网的耐候性测试

B.1 原理

通过采用模拟户外湿热自然大气中主要因素的人工气候加速测试方法，测试平（立）网的耐候性。

B.2 测试设备

符合 GB/T 14522 要求的耐候测试箱。

B.3 测试样品

从样品网上分别取 3 根边绳、3 根网绳，按 GB/T 8834 的要求制成样绳。

B.4 测试方法

B.4.1 按照 GB/T 14522 规定的方法进行测试。

B.4.2 采用荧光紫外线测试时，光照温度采用 60 ℃±3 ℃，光照和冷凝周期选择 4 h 光照、4 h 冷凝。

B.4.3 采用氙灯人工气候测试时，黑板温度为 63 ℃±3 ℃，相对湿度为 65%±5%，喷水周期为每 102 min 喷水 18 min。

B.4.4 测试周期为 14 d。

B.5 测试结果的评定

测试后的样品按照 6.1.5 规定的方法进行断裂强力测试，结果应符合 5.1.9 的要求。

附 录 C
（资料性附录）
包装、运输、储存的一般要求

C.1 每张安全网宜用塑料薄膜、纸袋等独立包装，内附产品说明书、出厂检验合格证及其他按有关规定必须提供的文件。

C.2 安全网的外包装可采用纸箱、丙纶薄膜袋等。

C.3 安全网应由专人保管发放，如暂不使用，应存放在通风、避光、隔热、无化学品污染的仓库或专用场所。

C.4 如安全网的贮存期超过两年，应按 0.2% 抽样，不足 1 000 张时抽样 2 张进行耐冲击性能测试，测试合格后方可销售使用。

参 考 文 献

[1] BS EN 1263-1:2002　Safety nets—Part 1:Safety requirements,test methods
[2] BS EN 1263-2:2002　Safety nets—Part 2:Safety requirements for the positioning limits
[3] ANSI A10.11—1989　Personnel and debris nets
[4] BS 8411:2007　Code of practice for safety nets on construction sites and other works